教育部人文社会科学重点研究基地重大项目

"中国国家豁免立法问题研究"（项目编号：10JJD820004）的研究成果

国家豁免法

THE LAW OF STATE IMMUNITY

（上）

郭玉军　蔡斯芊　主编

武汉大学出版社

图书在版编目(CIP)数据

国家豁免法 : 全 2 册 / 郭玉军,蔡斯芊主编 . -- 武汉 : 武汉大学出版社,2024.11. -- ISBN 978-7-307-24686-7

Ⅰ. D993.7

中国国家版本馆 CIP 数据核字第 2024CR6425 号

责任编辑:胡　荣　沈继侠　　责任校对:汪欣怡　　　版式设计:马　佳

出版发行:**武汉大学出版社**　　(430072　武昌　珞珈山)

（电子邮箱:cbs22@ whu.edu.cn 网址:www.wdp.com.cn）

印刷:武汉精一佳印刷有限公司

开本:787×1092　1/16　印张:59.5　字数:1448 千字　　插页:4

版次:2024 年 11 月第 1 版　　2024 年 11 月第 1 次印刷

ISBN 978-7-307-24686-7　　定价:298.00 元

國家豁免法

平勝

《郭玉军——中国艺术法先驱者》
布面油画·160cm×480cm（局部）
朗雪波作品
2023—2024年

郭玉军

（1964年11月22日—2023年4月22日），我国著名法学家、法学教育家，我国艺术法学和文化财产法学的开创者和奠基人，武汉大学法学院教授，武汉大学艺术法研究中心主任，武汉大学国际法研究所教授、博士生导师，武汉大学国际法治研究院核心团队首席专家，武汉大学国家文化发展研究院研究员，中央美术学院艺术法研究中心副主任，湖北美术学院特聘教授，湖北省重点人文社科基地——长江流域文化遗产研究所研究员，湖北省非物质文化遗产研究中心研究员，湖北省非物质文化遗产保护中心首席法律专家兼法律顾问，湖北省人民代表大会常务委员会副秘书长，中国国际私法学会副会长兼秘书长，中国欧洲法律研究会常务理事，中国法学会理事，中国国际法学会理事，湖北省美学学会常务理事，湖北省美术家协会常务理事，中国文物学会法律专业委员会专家委员，中国博物馆协会法律专业委员会专家委员，中国国际经济贸易仲裁委员会仲裁员，上海国际经济贸易仲裁委员会（SHIAC上海国际仲裁中心）和武汉仲裁委员会仲裁员，《中国国际私法与比较法年刊》执行编委，《法学评论》杂志编委会编委，国际法协会（International Law Association）会员，国际比较法协会（International Academy of Comparative Law）联系会员，精通英、法、德、日文。

曾任武汉大学法学院国际私法教研室主任，武汉东湖新技术开发区管委会副主任，韩德培法学基金会秘书长，湖北省人民代表大会城乡建设与环境资源保护委员会副主任委员，湖北省城乡建设与环境资源保护研究会副会长。受外交部委派曾任海牙国际私法会议国际商事合同法律选择原则专家工作小组成员。曾留学和访问于日本北海道大学、德国奥斯纳布吕克国际私法与比较法研究所、葡萄牙科英布拉大学、英国牛津大学、美国哈佛大学、德国马斯克—普朗克比较法与国际私法研究所等。

蔡斯芊

武汉大学外国语言文学学院英语专业本科，获得法学双学位，武汉大学法学院国际私法专业硕士、博士研究生，特聘为中央美术学院艺术法研究中心研究员，《中国国际私法与比较法年刊》学生编辑。曾在新加坡国立大学与澳门大学访学。求学期间在海牙国际私法会议（HCCH）、湖北省高级人民法院、湖北黄鹤律师事务所、武汉大学文化遗产智能计算实验室（教育部首批哲学社会科学实验室）、武汉铁路公安局等实习。在校期间担任《武大国际法评论》、公众号"国际私法视点"编辑。参与编写的《艺术法》教材（上下册）获第五届中国法学优秀成果奖，"十四五"国家重点出版物出版规划项目、湖北省公益学术著作出版专项资金项目《文化产业促进法》获首届荆楚优秀出版物奖。多次在《中国国际私法与比较法年刊》《国际法与比较法论丛》《时代法学》《海外英语》《校园英语》《中华文学》《人民日报》《光明日报》《法制日报》《人民公安报》《湖北日报》《长江日报》以及人民网、新华网、中国新闻网等发表学术论文、新闻报道和文章。多次获得武汉大学校级奖项，如武汉大学优秀学生、武汉大学校级优秀学生干部、武汉大学研究生学术科技活动先进个人等。多次获得学术奖项，如上海"国际法学"学术论坛二等奖、第九届"中伦杯"全国国际商事仲裁征文大赛一等奖、中国国际私法学会费宗祎青年国际私法学者优秀科研成果一等奖、中国国际私法学会国际私法优秀学术成果二等奖、湖北省优秀大学生科研成果奖三等奖等。参与2020年度国家社科基金重大课题"国际私法视域下中国法域外适用的制度构建研究"的课题申报及论证全程。

天人合一

书贺国家語言免法出版 甲辰秋 達宝

萬物一理大道相通

右錄郭玉軍佳句周志昂於二觀堂

萬物并育而不相害　道并行而不相悖

敬賀國家辭書出版

甲辰冬啟功於漢上

内 容 简 介

本书是中国第一部全面、系统、深入研究国家豁免法的巨作。本书从国际法与比较法的视角出发，对国家豁免领域的最新问题进行了深入追踪与系统研究，重点研究了国家豁免的发展历程、国家豁免的相对性、国家豁免的特殊主体、国家豁免的放弃、国家豁免的例外、涉外国家侵权问题、国家豁免诉讼中的程序性问题、国家财产执行豁免相关问题、国际商事仲裁中的国家豁免问题、美国国家豁免立法的源流与发展等问题。本书突出"以我为主、为我所用"，立足于中国当前在国家豁免领域面临的难题，细致分析了主要国家和国际组织在国家豁免领域的立法与司法实践，充分吸收了国际社会在国家豁免领域的优秀成果，对中国国家豁免法律制度的完善和实施提出了建议，旨在为中国在国际舞台上维护自身正当权益提供坚实的法律支持。

本书的亮点在于选题具有创新性、前沿性、时代性和开拓性，服务于国家涉外法治建设的需求，紧跟国际社会在国家豁免立法与实践方面的最新动向，特别是对指导我国相关立法和政策的实施具有重大意义。本书的研究内容具有全面性、思想性和学术性，不仅深入剖析了国家豁免的主体、例外、诉讼程序等基础议题，还考察了我国与外国国家豁免立法的源流和最新应用，更围绕我国立法的进步和落实提出相应对策，观点明确、资料翔实、论述充分。本书的研究方法具有系统性、专业性和科学性，综合运用了比较研究、实证研究和历史研究等多种研究方法。通过对多国国家豁免理论和实践的研究以及对相关国际条约的分析，本书比较了不同法域在国家豁免特定法律问题上的规则差异，并从国际法和国内法的双重维度为我国面对这些问题的选择提出了客观中肯且切实可行的建议。

推动我国国家豁免法律制度的实施和完善是统筹推进国内法治与涉外法治的必然要求。本书对于促进《外国国家豁免法》正确运用，发展中国的国家豁免制度，完善涉外法治体系，有效应对外部风险和挑战，推动高水平对外开放具有重要意义。本书为中国维护国家、组织和公民在海外的安全和正当权益，协调推进国内治理与国际治理提供了理论支撑。本书有助于发展国家豁免国际法理论，促进国际法统一平等适用，为中国式现代化行稳致远营造有利的法治条件和外部环境，推动构建人类命运共同体，捍卫国际公平与正义。

Introduction

This book is the first comprehensive, systematic and in-depth study of state immunity law of China. From the perspective of international law and comparative law, the book conduct in-depth tracking and systematic research on the latest issues in the field of state immunity. The book is focusing on the developing process of state immunity, the relativity of state immunity, special subjects of state immunity, waiver of state immunity, exceptions to state immunity (including commercial exceptions, tort exceptions, intellectual property exceptions, terrorism exceptions, jus cogens exceptions, etc.), foreign state tort issues, procedural issues in state immunity litigation, issues related to state property enforcement immunity, state immunity issues in international commercial arbitration, the origin and development of U.S. state immunity legislation, etc. The book emphasizes "keep our own culture as the base and make use of others' good experience", and is based on the difficulties China currently faces in the field of state immunity. It carefully examines the legislative and judicial practices of major countries and international organizations in the field of state immunity. It fully absorbs foreign achievements in the field of state immunity and puts forward suggestions for the improvement and implementation of China's state immunity legislation, aiming to provide solid legal support for China to protect its legitimate rights and interests in the international arena.

The highlight of this book lies in its innovation, frontier field, contemporary needs and its pioneering topic selection. It serves the needs to build up China's foreign-related legal framework and the topic keeps up with the latest trends in the field of state immunity of international community. The book is of great significance especially in guiding our country to better legislation. The content of this book shows comprehensiveness, in-depth thoughts and great academic quality. It not only investigates basic issues of state immunity, e.g. the subject, exceptions, and litigation procedures, but also studies the source and the latest development of foreign legislation on state immunity, and then it provides measures on the improvement and application of the legislation of China. It has clear views, detailed information and sufficient discussion. The research methodology of this book is systematic, professional and scientific. It comprehensively uses various methods such as comparative research, empirical research and historical research. Through in-depth research on the theory and practice of state immunity of many countries as well as the analysis of relevant international conventions, this book compares the differences in the rules of different jurisdictions on specific issues in the field of state immunity, thus providing objective and practical suggestions for China in the face of these issues from the dual aspects of international law and domestic law.

Promoting the implementation and improvement of China's legal system of state immunity is an inevitable requirement to integrate the rule of law at the national level and the rule of law in the aspect of foreign affairs. The book plays an important role in promoting the correct application of China's Foreign State Immunity Law and the development of China's state immunity system, and it can help improving China's foreign-related legal system, effectively responding to external risks and challenges, and promoting high-level opening up to the outside world. It provides theoretical support for China to safeguards the security and legitimate rights and interests of the country, organizations and citizens overseas and to coordinate the promotion of domestic governance and international governance. Also, the book helps to develop the theory of state immunity under international law. It promotes the unified and equal application of international law, which creates favorable legal conditions and external environment for the steady and long-term development of Chinese-style modernization. It promotes the construction of a community with a shared future for mankind, and safeguards international fairness and justice.

序　言

黄　进[*]

当今世界正经历百年未有之大变局，国际环境日趋复杂，国际关系复杂多变，国际冲突叠加，全球治理体系亟待改革和完善。作为世界第二大经济体和负责任的大国，中国是推动构建公正合理的国际秩序、促进国际合作与发展的重要力量，在百年变局中面临前所未有的巨大机遇和险峻挑战。国际法是当代国际秩序和国际合作的基石。在中国主动融入全球治理体系的关键时期，深入研究和发展国际法、构建中国特色社会主义涉外法治体系是时代的迫切要求，也是实现中华民族伟大复兴的必然要求。习近平总书记在党的二十大报告中明确提出，要统筹推进国内法治和涉外法治，加强重点领域、新兴领域、涉外领域立法。国家豁免法律制度涉及国家对外关系和重大利益，是中国特色社会主义涉外法律体系的重要部分，在国家涉外法治战略布局中具有特殊的重要地位。加强国家豁免法律规则的制定和实施，有助于维护中国主权、安全和利益，有利于保障中国对外战略的实现。

国家豁免问题是国际民事关系不断发展的产物。自 1234 年罗马教皇格列高利九世颁布"平等者之间无管辖权"（par in parem non habet imperium）的教谕，到 19 世纪西方多国先后在实践中确立国家不受他国司法管辖的原则，再到 2004 年联合国大会通过《联合国国家及其财产管辖豁免公约》，国家豁免的理论和实践经历了从无到有、从个别到普遍、从绝对到相对的发展历程。随着经济全球化的发展，国家越来越多地参与国际民商事交往中并与私人市场主体发生联系。出于维护交易公平的考虑，国际社会在国家豁免的立场上已出现了从绝对豁免主义转向限制豁免主义的潮流。长期以来，中国坚持绝对豁免主义，中国法院不受理以外国国家为被告的案件，中国也不接受外国法院管辖。然而，近年来中国对外开放不断扩大，中外经济合作更加深入，"一带一路"倡议影响力日益提升，发生在国家和私人主体之间的民事纠纷数量大增，中国政府时常面临在外国法院被起诉的境况，许多时候甚至遭遇无端滥诉而缺乏应对与反制手段。转变国家豁免立场，制定国家豁免法逐渐成为中国法律界的共识。

基于形势的变化，全国人大常委会在 2023 年 9 月 1 日颁布了《中华人民共和国外国国家豁免法》，该法于 2024 年 1 月 1 日起正式实施。这标志着中国在国家豁免立场上实现了从绝对豁免到限制豁免的重大转变。《外国国家豁免法》的出台是实现中华民族伟大复兴的必然选择，对于完善我国涉外法治体系，增强法律斗争能力，丰富法律斗争手段，维

---

　*　武汉大学人文社科资深教授，中国法学会副会长，中国国际法学会会长，中国国际私法学会会长。

护国家主权、安全和发展利益，以及服务国家外交大局具有深远意义。在此背景下，对于国家豁免法的研究成为我国国际法领域一个迫切需要突破的重点方向。全面而深入地研究国家豁免问题有助于明确我国法院对外国国家的管辖权，合理应对国家豁免诉讼，提升我国涉外法治工作水平，推动高水平对外开放。

面对国家豁免法理论与实践中的重大问题，郭玉军教授带领其团队因势而动、迎难而上，对国家豁免原则的发展历程、相对性、适用主体、例外情况、诉讼程序等问题进行了全面研究，对相关的国际条约、各国立法和司法实践中的争议进行了深入分析，填补了国内相关领域的研究空白，形成了《国家豁免法》一书。本书是中国第一部全面、系统、深入研究国家豁免法的巨作，选题切合实践关切，视角涵盖国际法和国内法两个维度，内容充实且有深度，体现了郭玉军教授提出的国际意识形态说的最新理论成果。本书对中国国家豁免理论的发展及《外国国家豁免法》的实施和完善具有重要推动作用，为维护中国主权、安全和发展利益提供了重要理论支撑，极大地促进了中国涉外法治体系建设的守正创新。此外，中国国家豁免的理论研究与相关实践亦将丰富国家豁免的国际法理论与实践，发展国家主权平等原则，推动这一领域内国际惯例的形成，对于反对霸权主义与强权政治，推动国际关系民主化、法治化具有重要意义。

《国家豁免法》一书采用比较分析法、历史分析法和实证分析法等研究方法，对国家豁免领域的最新问题进行了深入追踪与系统研究，重点研究了国家豁免的发展历程、国家豁免的相对性、国家豁免的特殊主体、国家豁免的放弃、国家豁免的例外（包括商业例外、侵权行为例外、知识产权例外、恐怖主义例外、强行法例外等）、涉外国家侵权问题、国家豁免诉讼中的程序性问题、国家财产执行豁免相关问题、国际商事仲裁中的国家豁免问题、美国国家豁免立法的源流与发展等问题。本书突出"以我为主、为我所用"，立足于中国当前在国家豁免领域面临的难题，细致考察比较了主要国家和国际组织在国家豁免领域的立法与司法实践，从中汲取经验和教训，对中国国家豁免立法与实践提出了具有针对性和可行性的建议。

本书的亮点在于选题的创新性、前沿性、时代性和开拓性，其服务于国家涉外法治建设的需求，紧跟国际社会在国家豁免立法与实践方面的最新动向，特别是对指导我国相关立法和政策的实施具有重大意义。本书的研究内容展现了原创性、思想性和学术性，结合领域内的最新文献和大量重点案例，系统、全面、深入地讨论了国家豁免的各个方面和环节，关注了我国立法与外国涉华国家豁免诉讼的最新动态，并提出了众多新的观点和见解，观点明确、资料翔实、论述充分。《国家豁免法》一书的学术与理论贡献可以概括为"新、深、实"三个方面。

"新"体现在本书发现和研究了许多新问题，利用了最新的资料，提出了许多新的观点和见解。本书对国家豁免立法和司法的多个重要问题作出了具有创新性的分析和回答，这些新的思想立意鲜明，具有浓厚的时代气息和特征。在中美竞争博弈的大背景下，本书重点评析了美国的《外国主权豁免法》，并针对近年屡屡在美国法院发起的对华滥诉提出了应对策略。鉴于《外国国家豁免法》刚刚正式施行，本书分析了中国立场转变的原因和意义，并对国家豁免制度的进一步完善提出了建议。本书针对新情况提出的新理论不仅弥补了我国相关研究的空白，而且扩展了学术研究的视野，开拓了一片新的研究天地。

"深"指的是本书在覆盖国家豁免制度各个方面的同时，更注重对问题的深入挖掘和分析。本书结构严谨，内容全面，资料充实，不仅深入探讨了国家豁免的主体、例外、诉讼程序等基础性问题，还考察了国家豁免相关条约和各国立法的源流与发展，并结合经济、政治、文化等因素分析各国国家豁免法律制度、政策立场变化的根本原因，显示出系统性和全面性，理论观点合理且可靠。

"实"是本书的根本宗旨和目标。郭玉军教授及其团队在本书的撰写过程中始终坚持"从实践中来，到实践中去"的原则。本书从各章的选题到研究内容的确定都紧扣我国国家豁免制度的需要，提倡借鉴外国国家豁免理论和制度中适合我国实际国情的成果，针对我国国家豁免法律实践中面临的问题提出了具体可行的应对策略，注重理论与实践的紧密结合。

总而言之，《国家豁免法》是一部富有洞见且学术价值高的著作，对于发展中国的国家豁免制度、完善涉外法治体系、有效应对外部风险和挑战、推动高水平对外开放、用法治方式更好维护国家和人民利益具有重要意义。本书为法学研究者和法律实务从业者提供了珍贵的参考资料，对于促进中国涉外法治建设及国际交往具有深远的学术启发与实践指导价值。一方面，它有利于中国在对外斗争中掌握主动权，维护国家、组织和公民在海外的安全和正当权益，协调推进国内治理与国际治理；另一方面，它有助于发展国家豁免国际法理论，促进国际法统一平等适用，为中国式现代化行稳致远营造有利的法治条件和外部环境，推动构建人类命运共同体，捍卫国际公平与正义。

郭玉军教授博学多才，治学严谨，尤其重视开展法律与艺术、国际关系等学科的交叉融合研究。她长期专注于国家豁免法的研究，深入参与了《外国国家豁免法》的起草过程，带领团队呕心沥血历时十余年完成了《国家豁免法》这部极具理论与实践意义的高水平学术著作。遗憾的是，郭玉军教授不幸于2023年4月22日在武汉因病离世，她再也无法看到这部饱含她心血和智慧的著作出版问世，再也无法看到学界同仁对本书的讨论与评价，再也无法看到她的研究对中国涉外法治实践的贡献。"出身唐城扎根在荆楚大地珞珈山辛勤耕耘相夫育女持家风清气正懿德长存馨香天下，求学武大醉心于国际私法艺术法纵横驰骋求真向善至美才高学富桃李芬芳名留千古。"她的离世是国际法学界、法学教育界和实务界、艺术界的重大损失！郭玉军教授去世后，本书由她的女儿蔡斯芊继续主持编写，写作团队根据我国《外国国家豁免法》正式实施的崭新形势对本书内容进行了完善。我们对郭玉军教授在国家豁免领域作出的杰出贡献深感敬佩，并对未来学界在这一领域的持续深入研究充满期待。期望本书的读者能够在阅读的过程中得到启发，继往开来，努力将国家豁免理论与实践推向更高水平，为推动全球治理与国际法治贡献中国智慧！

2024年6月1日

Preface

Jin Huang [*]

Today's world is in the midst of great changes that have not been seen in a century. The international environment is becoming increasingly complex. At the same time, international relations are complex and ever-changing. These all lead to increasing numbers of international conflicts. The global governance system is in urgent need of reform and improvement. As the world's second largest economy and a major responsible country, China plays an important role in accelerating the establishment of a fair and reasonable international order, and promoting international cooperation and development. China faces unprecedented opportunities and steep challenges in the changing situation. International law is the cornerstone of contemporary international order and international cooperation. It is a critical period when China actively integrates into the global governance system, in-depth study and development of international law and the construction of a socialist foreign-related legal system with Chinese characteristics are the urgent requirements of the times and it is also an inevitable requirement to fulfil the Chinese dream of great national renewal. In his report to the 20th National Congress of the Communist Party of China, General Secretary Xi Jinping clearly stated that it is necessary to coordinate the promotion of domestic rule of law and foreign-related rule of law, and strengthen legislation in key areas, emerging fields, and foreign-related fields. The legal system of state immunity involves the country's foreign relations and major interests. It is an important part of the foreign-related legal system with Chinese socialist characteristics and has a unique and important position in the country's strategy of building a complete foreign-related legal system. Strengthening the formulation and implementation of legal rules on state immunity will help safeguarding China's sovereignty, security and interests, and help ensuring the realization of China's foreign policy.

The issue of immunity of states is a product of the development of international civil relations. Since Pope Gregory IX promulgated the edict "par in parem non habet imperium" in 1234, many western countries in the 19th century have established principles which clearly state that states are not subject to the jurisdiction of other countries. And then in 2004 when the United Nations

---

[*] Senior Professor of Humanities and Social Science at Wuhan University, vice president of China Law Society, president of Chinese Society of International Law, president of Chinese Society of Private International Law.

General Assembly adopted the *United Nations Convention on Jurisdictional Immunities of States and Their Property*, the theory and practice of the issue of immunity of states have experienced a developing process from scratch, from individual to universal, and from absolute to relative. With the development of economic globalization, number of countries involved in international civil and commercial exchanges has become more than ever and all those countries have more contacts with private market entities. In order to maintain fair transactions, the international community has shifted from the doctrine of absolute immunity to the doctrine of limited immunity in terms of state immunity. For a long time, China has adhered to the principle of absolute immunity. Chinese courts will not accept cases in which foreign countries being regarded as defendants. At the same time, China will not submit to the jurisdiction of a foreign court. However, in recent years, China has become more opening to the outside world, economic cooperation between China and foreign countries has deepened, and the influence of the "Belt and Road Initiative" has increased. The number of civil disputes between the state and private entities has increased significantly. The Chinese government often faces being sued in foreign courts. In many cases, we even encounter unwarranted complaints and lack the means to respond and counterattack. Changing the position on state immunity and formulating a state immunity law have gradually become the consensus of the Chinese legal community.

As the situation changes, the Standing Committee of the National People's Congress promulgated The Law of the People's Republic of China on Foreign State Immunity on September 1, 2023, which was officially implemented on January 1, 2024. This marks a major shift in China's attitude on state immunity, which is from absolute immunity to restricted immunity. The promulgation of the Foreign State Immunity Law is an inevitable choice to fulfil the Chinese dream of great national renewal. It is of great significance to improve China's foreign-related legal system. It can strengthen the ability to fight back, enriching legal remedies, safeguarding national sovereignty, security and development interests, and serving the overall interests of the country's diplomacy. In this context, the study of state immunity law has become a key area that needs urgent breakthroughs in China. A comprehensive and in-depth study of the issue of state immunity will help clarify the jurisdiction of our courts over foreign countries, reasonably respond to state immunity litigation, improve the level of China's foreign-related legal framework, and promote high-level opening up to the outside world.

Facing major issues in the theory and practice of state immunity law, Professor Yujun Guo led her team to adapt to the times and face difficulties, and analyzed the developing history, relativity, applicable subjects, exceptions, litigation procedures, etc. of the state immunity principle. They conducted a comprehensive study on the issue, conducted an in-depth analysis of relevant international treaties, disputes in national legislation and judicial practice, filled the research gaps in relative domestic fields, and formed the book *The Law of State Immunity*. This book is the first comprehensive, systematic and in-depth study of state immunity law of China. The topic selected is in line with practical concerns, and the book also included perspectives from two dimensions, from the perspective of international law and domestic law. The content is substantial and in-depth, reflecting the latest theoretical works of international awareness ideology proposed by Professor Yujun Guo. This book plays an important role in promoting the development of China's state immunity theory and the implementation and improvement of the Foreign State Immunity Law. It provides important theoretical support to safeguard China's sovereignty, security and development interests, and greatly promotes the construction of a fair and innovative China's foreign-related legal system. In addition, the theoretical research and related practice on state immunity in China will also enrich the theory and practice of international law on state immunity, help developing the principle of sovereign equality of states, promoting the formation of international practices in this field, and contributing to opposing hegemonism and power politics and promoting democracy in international relations.

The book *The Law of State Immunity* uses research methods such as comparative analysis, historical analysis and empirical analysis to conduct in-depth tracking and systematic research on the latest issues in the field of state immunity. The book is focusing on the developing process of state immunity, the relativity of state immunity, special subjects of state immunity, waiver of state immunity, exceptions to state immunity (including commercial exceptions, tort exceptions, intellectual property exceptions, terrorism exceptions, jus cogens exceptions, etc.), foreign state tort issues, procedural issues in state immunity litigation, issues related to state property enforcement immunity, state immunity issues in international commercial arbitration, the origin and development of US state immunity legislation, etc. This book emphasizes "keep our own culture as the base and make use of others' good experience", and is based on the difficulties China currently faces in the field of state immunity. It carefully examines and compares the legislative and judicial practices of major countries and international organizations in the field of state immunity, and draws experience and lessons from it. This book also put forward targeted and feasible suggestions on China's national immunity legislation and practice.

The highlight of this book lies in its innovation, frontier field, contemporary needs and its pioneering topic selection. It serves the needs to build up China's foreign-related legal framework and the topic keeps up with the latest trends in the field of state immunity of international community. The book is of great significance especially in guiding our country to better legislation. The content of this book shows originality, in-depth thoughts and great academic quality. It combines the latest materials and a large number of key cases in the field of state immunity. The book systematically, comprehensively and in-depth discussing all aspects of state immunity, paying special attention to our country's legislation and related cases. The book also discussed the latest developments in state immunity litigation and put forward many new views and insights. With clear views, detailed information and sufficient discussion, the academic and theoretical contributions of the book *The Law of State Immunity* can be summarized into three aspects: "new, profound and practical".

"New" is reflected in the fact that this book discovers and studies many new issues, using the latest information, and brings up many new perspectives and insights. This book provides innovative analysis and answers to many important issues in the field of state immunity legislation and judicial practice. These new ideas are pioneering and have a strong flavor and characteristics of the times. In the background of the competitive situation between China and the United States, this book focuses on analyzing the United States' Foreign Sovereign Immunities Act, and proposes responding strategies to the frequent abuses of lawsuits against China launched in US courts in recent years. In view of the fact that the Foreign State Immunity Law has just been officially implemented, this book analyzes the reasons and significance of China's shifting attitude and proposed new suggestions to further improve the state immunity system. In response to the new situation, the new theory proposed in this book not only filled the gaps in relevant research in China, but also expanded a new horizon.

"Profound" means that not only the book covers all aspects of the state immunity legal framework, it also pays special attention to in-depth exploration and analysis of all these issues. The book has a rigorous structure, comprehensive content and also included substantial information. It not only discusses basic issues such as the subjects, exceptions, and litigation procedures of state immunity, but also examines the origin and development of treaties related to state immunity. What's more, the book includes legislation of various countries, and combines economic, political, cultural and other factors together. These all help to reliably analyze the causes of changes in national immunity legal systems in various countries, reflecting the book's systematicness and comprehensiveness.

"Practical" is the fundamental purpose and goal of this book. Professor Yujun Guo and her team always follow the principle "from practice, to practice" during the writing process of this book. From the topic selection of each chapter to the determination of research content, this book strictly follows the urgent needs of our country's state immunity system. This book advocates learning from other foreign countries' state immunity theories and systems that are suitable for China's actual needs. To solve relevant state immunity legal issues of our country, this book put forwards many specific and feasible coping strategies and it also pays special attention to integrate theory and practice.

All in all, *The Law of State Immunity* is an insightful and highly academic valuable work. By studying this book, China could learn how to better develop a state immunity system, and the contents can help improving our country's foreign-related legal system, effectively responding to external risks and challenges, and promoting high-level opening up to the outside world. The book is of great significance for it safeguards the interests of the country and the people. This book provides valuable reference materials for legal researchers and legal practitioners, and has far-reaching academic inspiration and practical guidance value for promoting China's foreign-related legal construction and international exchanges. On the one hand, it helps China to seize the initiative while encounters foreign legal battles. By wining these legal battles, it safeguards the security and legitimate rights and interests of the country, organizations and citizens overseas, and coordinate the promotion of domestic governance and international governance. On the other hand, it helps to develop the theory of state immunity under international law. It promotes the unified and equal application of international law, which creates favorable legal conditions and external environment for the steady and long-term development of Chinese-style modernization. All in all, it promotes the construction of a community with a shared future for mankind, and safeguards international fairness and justice.

Professor Yujun Guo is knowledgeable and rigorous in her scholarship, and she attaches great importance to conducting cross-cutting research on themes of law, art, international relations and so on. She has been focusing on the research of state immunity law for a long time and has been deeply involved in the drafting of the *Foreign State Immunity Law of China*, and she led the team to work hard for more than ten years to complete the book *The Law of State Immunity*, which is a high-level academic work with great theoretical and practical significance. Unfortunately, Professor Yujun Guo passed away due to disease in Wuhan on April 22, 2023. She could not see the publication of this work that reflects her dedication, nor witness the impact of her research on legal practices in our country, or the praise and evaluation of her peers in academia. It is no longer possible to see the contribution of her research to China's foreign-related legal practice. "Born in Tangshan, rooted in Jingchu land, hardworking at Luojia Hill, supporting husband and raising daughter, maintaining a pure and upright family style, spreading fragrance across the world with her eternal virtues. Studied at Wuhan University, devoting herself to private international law and art law, striving for truth and goodness, pursuing beauty and excellence, being talented and learned, leaving a lasting legacy of fame and honor with students all over the world." Her decease is a big loss to the international legal community, legal education community, practical community, and art community! After the decease of Professor Yujun Guo, her daughter Siqian Cai continued to preside over the writing and construction of this book. The writing team complete the content of this book based on the newly adopted China's foreign state immunity law (The Law of the People's Republic of China on Foreign State Immunity). We deeply admire Professor Yujun Guo's outstanding contributions in the field of state immunity law and fully expecting the academic community to continue researching in this field. I hope readers will be inspired by the reading process, build on the past and forge ahead, strive to bring the theory and practice of state immunity to a higher level, and contribute Chinese wisdom to the promotion of global governance and international rule of law!

1 June 2024

前　言

蔡斯芊[*]

国家豁免是国际法领域中一项历史悠久的主题，其内涵在现代国际法的发展中得到不断丰富与发展。它既是一个法律问题，也是一个涉及国际关系的重要理论和实践议题。随着国际实践的发展，围绕着国家豁免是否存在例外以及例外的范围，国际社会出现了分歧和争议。20世纪后半叶起，全球多个国家在国家豁免领域的立场从绝对豁免主义转向限制豁免主义，并制定了专门的国家豁免立法，为本国法院处理涉及国家豁免的诉讼提供了法律依据，如美国、英国、加拿大、澳大利亚、新加坡、南非和巴基斯坦等。2004年第59届联合国大会通过的《联合国国家及其财产豁免公约》在肯定国家豁免原则是国际法原则的同时，采取了限制豁免主义的立场，明确列出了国家不享有豁免权的例外情形。

在当前全球经历百年未有之大变局的背景下，国际与国内形势的深刻变化，特别是中国与世界关系的历史性演进，给中国带来了前所未有的风险与挑战。国际社会的意识形态冲突与斗争尚未结束且不会终结，但其内容与形式会随着时代的发展而发生变化。人工智能、生物工程等新领域的发展带来了新的国际竞争与挑战，中国经济规模的发展和人民币国际化的推进让中国逐渐走到国际舞台中央。将来的大国之争，必定是制度之争、法律之争。这些变化要求我们不断加强国家制度和治理能力的建设，其中加快推进涉外法治体系建设更是重中之重。唯有如此，我们才能充分发挥制度优势并提升治理效能，以法治之力协调推进国内治理和国际治理，用法治方式更好地维护国家和人民利益，促进国际法治进步，推动构建人类命运共同体。在国家豁免领域，随着国际关系日益复杂化，涉外争议的解决与国家间的政治和法律竞争交织在一起，对中国的涉外法治能力提出了新的挑战。

中国曾经长期坚持对主权国家及其财产享有绝对豁免的立场。然而，随着经济全球化的深入发展以及越来越多国家转向限制豁免立场，中国的绝对豁免立场逐渐有所缓和。中国签署的《联合国国家及其财产豁免公约》成为中国转向限制豁免立场的法理基础。2023年9月1日，《中华人民共和国外国国家豁免法》通过，该法自2024年1月1日起正式生效。该法是我国第一部全面规定国家豁免问题的法律，适应了我国对外交往的新形势、新变化，回应了党的二十大提出的"加强重点领域、新兴领域、涉外领域立法，统筹推进国内法治和涉外法治，以良法促进发展、保障善治"的要求。它有利于维护国家主权平等、促进国际友好交往和维护当事人合法权益。在《外国国家豁免法》正式实施的背景下，有必要进一步深入探讨国家豁免问题，发展我国国家豁免理论。深入研究国家豁免问题有助于推动《外国国家豁免法》的正确应用，有利于完善中国对外斗争的法律工具箱，维护国

---

* 武汉大学国际法研究所博士研究生，中央美术学院艺术管理与教育学院艺术法研究中心研究员。

1

家、组织和公民的海外正当权益，为我国推进高水平对外开放提供法治保障，还能推动国际法理论的发展，为国际法治贡献中国智慧。

本书是教育部人文社会科学重点研究基地重大项目"中国国家豁免法立法问题研究"（项目编号：10JJD820004）的研究成果。本书从国际法与比较法的视角出发，系统地研究了国家豁免问题。在当前国际关系错综复杂、国际形势快速变化、全球治理体系急需改革的大背景下，本书以中国国家豁免实践需求为出发点，综合考察了主要国家和国际组织的国家豁免立法与司法实践。本书旨在全面阐述国家豁免的各个方面和环节，重点探讨了国家豁免的主体、相对性、放弃、各种例外、诉讼程序、财产执行等议题，结合国际国内的相关立法和司法实践展开分析。本书充分介绍和吸收了国际社会在国家豁免领域的优秀成果，并对中国国家豁免法律制度的完善和实施提出了建议，旨在为中国在国际舞台上维护自身正当权益提供坚实的法律支持。

本书具有以下显著特点：首先，本书体系严谨、结构完整、内容详尽，涵盖了管辖豁免和财产执行豁免两大领域，不仅深入剖析了国家豁免的主体、例外、诉讼程序等基础议题，还考察了外国国家豁免立法的源流和最新应用，更围绕我国立法的进步和落实提出相应对策，体现了本书的系统性和全面性。其次，本书紧跟时代脉搏，关注前沿问题，理论与实践紧密结合，并提出了创新性的见解。最后，本书视野广阔，资料翔实，综合运用了比较分析法、实证分析法和历史分析法等多种研究方法。通过对多国国家豁免立法和司法实践的深入研究，以及对国家豁免相关国际条约的分析，本书比较了不同法域在国家豁免特定理论问题上的规定差异，并从国际法和国内法的双重维度为我国立法面对这些问题的选择提出了客观、中肯且切实可行的建议。

推动我国国家豁免法律制度的实施和完善是统筹推进国内法治与涉外法治的必然要求，是顺应时代大势、把握战略主动的应然结果，是实现中国式现代化的重要保障。《外国国家豁免法》的出台有助于推动我国相关理论与实践的发展，有助于合理应对他国滥诉并维护我国主权、安全和发展的利益。通过科学、民主、依法的立法进程，我国的国家豁免法得以不断完善，其将成为提升我国国际话语权、反对霸权主义与强权政治的有力抓手，推进我国高水平对外开放、强化外交能力建设的法治保障，推动全球治理与国际法治、维护国际秩序、构建人类命运共同体的重要工具。期待本书为我国国家豁免法律实践与学术研究提供有益参考。

本书的写作分工如下：

第一章　国家豁免法概述：郭玉军、付鹏远、蔡斯芊；

第二章　国家豁免的相对性：郭玉军、徐锦堂；

第三章　国家豁免的特殊主体：樊婧、陈泰男；

第四章　国家豁免的放弃：周园；

第五章　国家豁免中的商业例外：陆寰；

第六章　国家豁免中的涉外国家侵权：李华成、蔡斯芊；

第七章　国家豁免中的侵权行为例外：侯鹏；

第八章　国家豁免中的知识产权例外：张倩云；

第九章　国家豁免中的恐怖主义例外：郭玉军、陈毅颖、周道红；

本书是我的母亲郭玉军教授带领团队历时十余年著成的重大理论成果，其编写过程既充满艰难和挑战，也饱含着整个团队的心血与智慧。从最初的概念构思和项目规划，到资料的收集与系统化整理，再到内容的撰写与精细编辑，每一个步骤都经过了细致的推敲和严格的质量把控。母亲于 2023 年 4 月 22 日不幸因病辞世，在此之后，我常常想起家中墙上挂着的父母早年收藏的尚扬与方少华伯伯寓意代代传承的合作油画作品《全家福》，我立志继承母亲的遗志继续完善书稿，尤其是根据 2023 年 9 月 1 日全国人大常委会通过的《外国国家豁免法》对本书内容进行了重大修订，让这部著作能够回应我国国家豁免领域的最新立法成果。在此，我要感谢李双元老师在母亲写作本书的过程中给予的关注和建议，感谢黄进老师为本书作序，感谢肖永平老师、邓朝晖老师、甘勇老师、乔雄兵老师、邹国勇老师等对本书的出版给予的支持与帮助。我要代表母亲对本书写作团队成员表示衷心的感谢，他们的辛勤工作和无私奉献是本书能够顺利问世的关键。他们投入了大量的时间和精力，研读了大量的学术著作、论文和相关资料，进行了广泛而深入的讨论与研究，确保了本书内容的准确性、全面性和理论性。感谢李华成、付鹏远、陈泰男、陈毅颖在书稿整理和校对方面的贡献。感谢湖北省公益学术著作出版专项资金资助项目对本书出版的资助。感谢湖北省美术家协会、湖北省美学学会及湖北美术学院对郭玉军教授法学思想的弘扬。同时，特别感谢一级美术师、湖北美术学院朗雪波教授基于弘扬郭玉军法学思想的主题历时一年半精心创作了大型油画作品《郭玉军——中国艺术法先驱者》（又名《思想先行者》），对我的母亲郭玉军在中国艺术法领域的探索和研究致以敬意。该作品获得国家艺术基金资助。同时，对于武汉大学出版社的胡荣老师和美术编辑涂驰老师在本书出版过程中的辛勤付出，我也表示诚挚的感谢。

蔡斯芊

2024 年 5 月 12 日

Foreword

Siqian Cai *

The immunity of states and is a theme in the field of international law which has a long history being discussed, and its contents have been enriched by the development of modern international law. It is both a legal issue and an important theoretical and practical issue related to international relations. With the development of international practice, differences and controversies have arisen in the international community as for whether exceptions to the immunity of states exist and the scope of such exceptions. Since the second half of the twentieth century, a lot of countries around the globe have shifted their point of view on state immunity from absolute immunity to restrictive immunity, and they have enacted special state immunity laws which provide legal bases for domestic courts to deal with lawsuits involving the immunity of states. *The United Nations Convention on Jurisdictional Immunities of States and Their Property* adopted by the 59th session of the General Assembly of the United Nations in 2004 asserted that the immunity of states is a principle of international law, and it adopted a restrictive immunity position by explicitly listing the cases in which a state is not entitled to immunity.

In the background that today's world is in the midst of great changes that have not been seen in a century, the profound changes of the situations at home and abroad, particularly the historic evolution of the relationship between China and the world, have brought unprecedented risks and challenges to China. The ideological conflicts and struggles in the international community are not yet over and will not end, but their contents and forms will change when time flows. New international competitions and challenges has arisen with the development of new frontiers such as artificial intelligence and bioengineering, and the development of the economy of China as well as the internationalization of the RMB have gradually brought China to the center of the international stage. In the future, the competition between great powers will be the competition of systems and laws. These changes require China to continuously strengthen the construction of state system and governance capacity, and the most important point is to accelerate the development of the foreign-related rule of law system. Only in this way can we give full play to the advantages of our state system, enhance the effectiveness of governance, coordinate the promotion of domestic and

---

* Ph. D. candidate at the Institute of International Law of Wuhan University, reseracher at Art Law Research Center of Central Academy of Fine Arts School of Arts Management and Education.

international governance by the rule of law, better safeguard the interests of our state and people by the rule of law, promote the progress of international rule of law, and contribute to the building of a global community of shared future. In the field of state immunity, with the increasing complexity of international relations, the resolution of foreign-related disputes is interfered with the political and legal competition between states, which poses new challenges to foreign-related rule of law of China.

China had long held the position that sovereign states and their property enjoyed absolute immunity. However, with the deepening of economic globalization and the shift of position to limited immunity by more and more states, China's position on absolute immunity had gradually soften. The United Nations Convention on Jurisdictional Immunities of States and Their Property, which China signed, became a jurisprudential basis for China to shift position to limited immunity. On September 1, 2023, The Law of the People's Republic of China on Foreign State Immunity was adopted, and it entered into force on January 1, 2024. As China's first law to comprehensively regulate the issue of state immunity, the law fits in new situations and changes in China's external relations, and it fulfills the requirements of the 20th National Congress of the Communist Party of China "Strengthen legislation in key areas, emerging areas, and foreign-related fields, coordinate the promotion of domestic and foreign-related rule of law, and promote development and ensure good governance through good laws". It is conducive to upholding sovereign equality among states, promoting international friendly exchanges, and safeguarding the legal rights of the parties concerned. It is conducive to safeguarding the sovereign equality of states, promoting friendly international exchanges, and protecting the legitimate rights and interests of the parties concerned. Under the background of the formal implementation of China's Foreign State Immunity Law, it is necessary to further explore the issue of state immunity and develop the theory of state immunity in China. An in-depth study of the issue of state immunity can help promoting correct application of the Foreign State Immunity Law of China, it provides a legal basis for China in external competition, it helps to protect lawful rights and interests of the country as well as its organizations and citizens abroad, it enhances judicial protection for the high standard opening up of China, and it also promotes the development of the theory of international law and contributes to the development of the rule of law at the international level by sharing Chinese wisdom.

This book is a research result of the Major Project of the Key Research Institute of Humanities and Social Sciences of the Ministry of Education, "Research on the legislative issues of China's State Immunity Law" (Project No. 10JJD820004). This book systematically studies the issue of state immunity from the perspective of international law and comparative law. Against the backdrop of intricate international relations, rapid changes in the international situation and the urgent need to reform the global governance system, this book starts on the basis of China's needs in the practice of state immunity and it investigates the legislation and judicial practice of state immunity in main countries and international organizations. This book aims to comprehensively elaborate all aspects and sectors of state immunity, focusing on the subject of state immunity, the relativity of immunity, the waiver of immunity, various exceptions to immunity, litigation procedures, state property enforcement immunity and other topics, analyzing them in the light of international and domestic legislation and judicial practice. This book fully introduces and absorbs foreign achievements in the field of state immunity and puts forward suggestions for the improvement and implementation of China's state immunity legislation, aiming to provide solid legal support for China to protect its legitimate rights and interests in the international arena.

This book has the following distinctive features. First, this book has a rigorous system, complete structure, and detailed content, covering two major areas of immunity from jurisdiction and immunity from property enforcement. It not only investigates basic issues of state immunity, e. g. the subject, exceptions, and litigation procedures, but also studies the source and the latest development of foreign legislation on state immunity. Then the book provides measures on the improvement and application of the immunity law of China, that reflects the systematic and comprehensive nature of the book. Secondly, this book grasps the pulse of the times, focusing on frontier issues, closely integrates theory and practice, and puts forward innovative insights. Finally, this book has a broad vision and abundant information, and it comprehensively utilizes a variety of research methods such as comparative research, empirical research, and historical research. Through in-depth research on the legislation and judicial practice of state immunity of many countries as well as the analysis of international conventions related to state immunity, this book compares the differences in the provisions of different jurisdictions on specific theoretical issues in the field of state immunity, thus providing objective and practical suggestions for the legislation of China in the face of these issues from the dual aspects of international law and domestic law.

Promoting the implementation and improvement of China's legal system of state immunity is an inevitable requirement to integrate the rule of law at the national level and the rule of law in the aspect of foreign affairs. It is also a natural result of following the general trend of the times and grasping the strategic initiative. Furthermore, it can provide an important guarantee for the realization of Chinese-style modernization. The introduction of the Foreign State Immunity Law of China has helped to promote the development of relevant theories and practices in China, and it has helped to reasonably respond to abusive claims by other countries and safeguard the interests of China's sovereignty, security and development. Through the scientific, democratic and legal legislative process, China's state immunity law can be further improved, and it will become a powerful tool to enhance China's international discourse right. What's more, it can oppose hegemony and power politics, promote China's high standard opening up to the outside world, strengthen the law behind building diplomatic capacity, and promote global governance and the rule of law in the international arena, safeguard the international order, and build a community of shared destiny for mankind. Hope this book could provide useful reference which contribute to our country's development of legal practice and academic research on state immunity.

The writing of this book is divided as follows:

Chapter 1 Overview of State Immunity Law: Yujun Guo, Pengyuan Fu and Siqian Cai;

Chapter 2 The Relativity of State Immunity: Yujun Guo and Jintang Xu;

Chapter 3 Special Subjects of State Immunity: Jing Fan, Tainan Chen;

Chapter 4 The Waiver of State Immunity: Yuan Zhou;

Chapter 5 The Commercial Exception to State Immunity: Huan Lu;

Chapter 6 Foreign-Related State Torts in State immunity: Huacheng Li, Siqian Cai;

Chapter 7 The Tort Exception to State Immunity: Peng Hou;

Chapter 8 The Intellectual Property Exception to State Immunity: Qianyun Zhang;

Chapter 9 The Terrorism Exception to State Immunity: Yujun Guo, Yiying Chen and Daohong Zhou;

Chapter 10 The Jus Cogens Exception to Jurisdictional Immunity of the State: Chuanchao Zuo and Xiaolin Li;

Chapter 11 Several Procedural Issues in State Immunity Litigation: Qing Wang and Nan Nan;

Chapter 12 The Waiver and Exceptions to Immunity from Enforcement on State Property: Yuanyuan Liu;

Chapter 13 Specific Property Issues on State Property Immunity from Enforcement: Di Peng;

Chapter 14 State Immunity in International Commercial Arbitration: Yujun Guo and Fang Xiao;

Chapter 15 The Historical Evolution and the New Development of US Law on State Immunity: Yujun Guo, Jintang Xu, Jing Wang and Feifeng Zhang;

Compilation of References and Appendices: Siqian Cai, Tainan Chen and Yiying Chen.

This book is a major theoretical achievement of my mother, Prof. Yujun Guo, who led the team in writing the book for more than ten years, and the process was full of difficulties and challenges. This book represents the efforts and wisdom of the whole team. From the initial idea and project planning, to the collection and systematic organization of materials, and finally to the writing and editing of the content, each step was carefully prepared and strictly examined. Since my mother unfortunately passed away due to illness on April 22, 2023, I often reminiscent of the oil painting collected by my parents hung on our bedroom wall named *Family Portrait* meaning "legacy to carry on from generation to generation" painted by Yang Shang and Shaohua Fang, I made up my mind to carry on my mother's unfinished work to further improve the content of this book. In particular, the book was significantly revised in accordance with The Law of the People's Republic of China on Foreign State Immunity adopted by the Standing Committee of the National People's Congress on September 1, 2023, so that this book could reflect the latest legislative achievements in the field of state immunity in China. I sincerely appreciate the support and advices Professor Shuanyuan Li gave to my mother during her writing of this book. I genuinely appreciate Professor Jin Huang who wrote the preface of this book. Also, special thanks to

Professor Yongping Xiao, Professor Zhaohui Deng, Professor Yong Gan, Professor Xiongbing Qiao and Professor Guoyong Zou, for they have supported and helped the publication of this book. On behalf of my mother, I would like to express my feeling of gratitude to the members of the writing team, whose hard work and selflessness dedication were the key to successfully release this book. They have spent a great deal of time and energy studying numerous academic books, papers and related materials, and they have conducted extensive and in-depth discussion and research to ensure the accuracy, comprehensiveness and theoretical depth of this book. I am grateful to Huacheng Li, Pengyuan Fu, Tainan Chen and Yiying Chen for their contributions in organizing and proofreading the manuscript. Thanks for the funding by Hubei Provincial Public Academic Works Publication Special Fund Project. I am also grateful that Hubei Artists Association, Hubei Aesthetics Association and Hubei Institute of Fine Arts have promoted Prof. Yujun Guo's pioneer legal thoughts! Meanwhile, special thanks to Hubei Institute of Fine Arts' Prof. Xuebo Lang, the first-class artist who spent more than a year and a half carefully creating a large oil painting named "Yujun Guo—A Pioneer in Chinese Art Law" (also known as "Forerunner of Thought") based on promoting Prof. Yujun Guo's pioneer legal thoughts, and this painting pays tribute to My Mother Prof. Yujun Guo's exploration and research in the field of Chinese art law. The painting is funded by the China National Arts Fund. At the same time, I would also like to express my sincere thanks to Rong Hu and Chi Tu from Wuhan University Press for their hard work during the publication of this book.

12 May 2024

目　　录

Table of Contents

第一章　国家豁免法概述

国家豁免是国际法上一个古老而又常新的重大理论与实践问题，国家在参与国际民商事交往时，难免会与其他民事主体发生纠纷，因而产生国家及其财产能否在外国法院被诉等有关问题。一般而言，国家及其财产享有豁免特权是国际法上公认的一项普遍原则，国际社会只是在其具体范围与程度上存在一定争议。世界各国的学说、政府意见和司法判例以及国家立法和国际条约都明确地支持这一原则。

国家豁免的根本依据在于国际法上的国家主权平等原则，该原则最早可追溯至 1234 年罗马教皇格列高利九世颁布的"平等者之间无管辖权"（par in parem non habet imperium）的教谕。国家之间主权平等，国家具有独立自主处理对内和对外事务的最高权力，故而一国享有免受他国管辖的天然权力。但当国家从事商业行为等非主权行为时，则不适合享有豁免权。由此，限制豁免主义应运而生，并得到越来越多的国家支持，逐渐成为国际社会的主流。

20 世纪 70 年代以来，国际上对国家及其财产豁免问题的立法进入了一个新的高潮，成文化立法是这一时期的典型特征，1972 年欧洲理事会通过了《欧洲国家豁免公约》（European Convention on State Immunity），1976 年美国制定了《外国主权豁免法》（Foreign Sovereign Immunity Act），1978 年英国颁布了《国家豁免法》（State Immunity Act）。在这一潮流带动下，同时期其他一大批国家也先后完成了对国家豁免的国内立法，如 1979 年《新加坡外国国家豁免法》、1981 年《巴基斯坦国家豁免条例》、1981 年《南非外国国家豁免法》、1985 年《加拿大国家豁免法》以及 1985 年《澳大利亚外国国家豁免法》等。

为消弭分歧、统一立场，1977 年联合国大会决定编纂关于国家及其财产豁免问题的有关公约。其间历经曲折，最终于 2004 年 3 月特委会举行的第三次会议上，各国就《联合国国家及其财产管辖豁免公约》（United Nations Convention on Jurisdictional Immunities of States and Their Property，以下简称《联合国国家豁免公约》）的内容达成一致意见。2004 年 12 月 2 日，第 59 届联大通过了《联合国国家豁免公约》；2005 年 9 月 14 日，中国政府签署了该公约。

2023 年 9 月 1 日第十四届全国人大常委会第五次会议表决通过了《中华人民共和国外国国家豁免法》，该法是我国第一部全面规定外国国家豁免制度的法律，是深入贯彻习近平法治思想和习近平外交思想，落实党的二十大关于加强涉外领域立法、统筹推进国内法治和涉外法治的重大战略部署，是完善我国涉外法律体系的重要成果，标志着我国的外国国家豁免立场正式由绝对豁免主义转向限制豁免主义。

第一节 国家豁免的概念、根据与理论

一、国家豁免的概念

一般认为，国家豁免包括管辖豁免（immunity from jurisdiction）和执行豁免（immunity from execution）。管辖豁免是指非经一国同意，他国法院不得受理以该国为被告或以该国财产为诉讼标的的诉讼案件，即一国法院禁止审理针对外国国家的诉讼请求。执行豁免是指未经一国同意，他国法院不得对该国财产采取司法强制措施，即在诉讼程序进行中以及判决作出后，一国可通过主张执行豁免而使本国财产免受他国法院的诉讼保全或强制执行。需要注意的是，国家豁免立法属于程序法范畴，具体而言，属于一国民事诉讼程序法中专门调整国家这类特殊民事主体及其财产的管辖与执行问题的特别法。① 因此，国家豁免是被告基于其主权国家身份而享有的程序性权利，而非在实体法上对其权利义务、是非曲直的价值判断，故而国家豁免立法无关实体法上的溯及力问题。

关于管辖豁免和执行豁免的关系，学界主要有一体说和区分说两种观点。② 一体说认为，国家财产的执行豁免与国家行为的管辖豁免是结为一体不可分割的一个问题，关于管辖豁免的规定同样适用于执行豁免。如果在管辖问题上采取绝对豁免主义，那么自然不存在执行的问题；如果在管辖上采取限制豁免主义，那么在执行问题上也应如此。区分说则认为，管辖豁免与执行豁免在性质、法律根据以及效果上都属于不同的领域，因而应当区别对待。区分说又分为完全区分说和部分区分说。完全区分说对国家管辖豁免和执行豁免采取截然相反的态度，具体而言，其在管辖问题上采取限制豁免主义，而在执行问题上采取绝对豁免主义。部分区分说则一方面对管辖豁免和执行豁免皆采取限制豁免主义的立场，但另一方面又不同程度地对管辖豁免和执行豁免加以区别对待，对外国财产强制措施豁免问题采取更为严格的例外规定。③ 目前，部分区分说有被越来越多的国家接受的趋势。《联合国国家豁免公约》采取的即是部分区分说的立场。应该说，国家行为不享有绝对的管辖豁免，同时国家的财产也不能完全免于执行。基于主权原则，国家用于公共利益的财产是不能执行的，同时，对国家财产的执行不得导致国家丧失最低限度的必要的公共职能。

二、国家豁免的根据

国家豁免的根据是国家主权原则。自1234年罗马教皇格列高利九世颁布"平等者之间

---

① 参见何志鹏：《〈外国国家豁免法〉的司法功能与话语功能》，载《当代法学》2023 年第 6 期，第 33 页。

② 参见龚刃韧：《国家豁免问题的比较研究——当代国际公法、国际私法和国际经济法的一个共同课题》，北京大学出版社 1994 年版，第 352 页。

③ 例如，2022 年 6 月 28 日，英格兰和威尔士高等法院就英国船东互保协会诉委内瑞拉案（UK P&I Club NV & Anor v. Republica Bolivariana De Venezuela［2022］EWHC 1655（Comm））作出判决。法院认为根据 1978 年《英国主权豁免法》第 9 条规定的仲裁例外，委内瑞拉在英国法院不享有管辖豁免权。但委内瑞拉享有《英国主权豁免法》规定的执行豁免权，英国船东互保协会无权就委内瑞拉在外国法院的诉讼程序寻求英国法院发布永久禁诉令。

无管辖权"（par in parem non habet imperium）的教谕以来，国家主权原则已得到了世界各国的普遍赞同。1945 年《联合国宪章》和 1970 年《国际法原则宣言》明确规定各会员国主权平等之原则。

国家主权学说认为："国家豁免权和国家的属地管辖权一样，是国家主权派生出来的一项国家权利。因此也可以说，国家豁免原则是国家主权原则派生出来的一项独立的国际法原则。我们知道，主权是国家具有的独立自主地处理自己的对内和对外事务的最高权力。国家主权具有两方面的特性，在国内是最高的，对外国是独立和平等的。国家主权在本国领土内享有最高权力这一特性派生出属地管辖权，而国家主权在国际关系中的平等性和独立性则派生出国家豁免权。由此可见，国家豁免权是国家固有的权利，国家豁免原则来源于国际法的基础——国家主权原则。"①这样基于主权的原因，国家就享有免于被他国管辖的特权。②

正如主权理论所正确分析的那样，国家主权是国家独立自主处理自己内外事务的最高权力，国家主权在本国领土内享有最高权力派生出属地管辖权，而属地管辖权行使的范围及于一国领域内的所有人、物和事，即便是非本国人也是要服从本国法律的，任何违反本国法律的行为，本国都有权管辖。这是主权的必然要求。只有同样基于主权或者超主权的理由，主权的属地性才会"收敛自己的脾气"，把它作为"例外"而加以容忍。

在国际交往的历史上，除了得到普遍认可的国家主权原则之外，关于国家豁免的根据还出现过几种不同的主张，包括治外法权说、国际礼让说、互惠说等。治外法权说认为，主权者在另一国领土内犹如在自己国内一样可以行使法权，因而享有法律上的特权与豁免。这种主张将一国在他国的行为拟制为在本国的行为，不符合客观事实。事实上，治外法权往往与不平等条约相伴，已为现代国际法所摒弃。国际礼让说认为，国家主权及于本国的领域，而国家之间相互给予豁免权是基于礼让和善意。根据该说，给予外国及其财产豁免权并非国家的法律义务而是可自由斟酌的，这可能会导致一些国家侵犯外国及其财产的豁免权。该说强调国家主权的属地性，却忽视了国家主权的独立性和平等性。互惠说认为，国家之间相互给予豁免权的根据在于国家之间互利互惠，即只有一方给予另一方豁免，后者才会给予前者豁免。将该主张推行到极端，将使国家根据对外政策的需要以及国家利益来决定给予外国豁免，这无异于否定国家豁免原则。③

一个有趣的问题是管辖权与豁免权的关系问题。如果从国际习惯法来看，显然可以将国家管辖豁免视为一个一般规则。从一个国家的豁免请求在另一个国家通常能得到承认的情况来讲，豁免是原则，是多数情况；不豁免是少数情况，是例外。但是与管辖权相比，豁免权却变成管辖权的例外了。只有在存在管辖权的前提下，才会出现管辖豁免的问题，无管辖则无管辖豁免。此外，管辖权是普遍及于领域内一切人、物和事，客国的任何行为

---

① 黄进主编：《国际私法》，法律出版社 1999 年版，第 198 页。

② 国家豁免根据的主权说的另一层含义是只有基于主权的理由，一个国家才享有豁免的特权。而这一内涵由于非常浅显往往为国内学者所忽略和不察。

③ 参见黄进：《国家及其财产豁免问题研究》，中国政法大学出版社 1987 年版，第 3~5 页。

首先不得违反地主国的法律，在治外法权早已成为历史的今天，我们认为，入乡还要随俗，所以，无论从道义上还是法律上讲，客国遵守地主国法律都属应然；相反，只有基于主权的人、物和事才会产生豁免的问题。从这个角度来讲，国家豁免不是普遍的和当然的。因此，客国首先有服从地主国相关法律的义务，如果客国违反了相关规定，地主国有权对其采取相应的措施。质言之，管辖权具有主动性，相应的，客国的主权豁免请求取决于地主国的法律规定，具有明显的受动性。不言而喻，相对于国家豁免权，司法管辖权处于优势地位。

三、国家豁免的理论

关于国家豁免问题，各国学说和实践存在着较大分歧。[①] 传统的理论有绝对豁免主义（the doctrine of absolute immunity）和限制豁免主义（the doctrine of relative/restrictive immunity）。第二次世界大战以后，国际法学界又出现了废除豁免主义和平等豁免主义的理论。目前，前两种理论在不同国家的法律实践中得到了贯彻和支持，而后两种理论尚限于学理层面的探讨。

绝对豁免主义是一种最古老的国家豁免理论。这种理论认为，一个国家，不论其行为的性质如何，在他国享有绝对的豁免，除非该国放弃其豁免权。享有国家豁免的主体包括国家元首、国家本身、中央政府及各部门、其他国家机构、国有公司或企业等。国家不仅在直接被诉的情况下享受豁免，在涉及国家的间接诉讼中也享受豁免。另外，它主张在国家未自愿接受管辖的情况下，通过外交途径解决有关国家的民事争议。绝对豁免主义得到了许多著名国际法学家如奥本海、海德、戴赛、菲兹莫利斯、哈克沃斯等的支持，并在国际法院裁判的比利时国会号案、佩萨罗号案中获得了实践。绝对豁免主义在19世纪曾经得到了所有西方国家的支持，只是自20世纪30年代以来，西方国家渐渐地放弃了这种理论。但不少发展中国家仍然支持绝对豁免主义。不过，绝对豁免主义在提法上有欠科学性，而且，把国家本身同国有公司或国有企业在豁免问题上混合起来也是不当的。此外，强调通过外交途径解决涉及国家的民事争议，也不利于及时、公平、有效地解决涉外民事纠纷。

限制豁免主义又被称为职能豁免说（functional state immunity），它产生于19世纪末，主张把国家的活动分为主权行为（act jure imperii）和非主权行为（act jure gestionis）。主权行为享有豁免权，而非主权行为不享有豁免权。有些国家的国家豁免立法，如1976年《美国外国主权豁免法》、1978年《英国国家豁免法》等，在承认国家享有豁免权的前提下，同时详细地列举了国家不享有豁免权的例外情形。例如，美国法中国家管辖豁免的例外主要包括：国家放弃豁免（同意例外）、国家提起诉讼则其在反诉中不可以主张豁免（反诉例外）、国家从事商业活动（商业活动例外）、违反国际法的征收（非法征收例外）、案涉特定种类的财产权如继承和捐赠的财产或位于美国的不动产（特定财产例外）、在美国境内的侵权行为造成原告损害（非商业侵权例外）、存在仲裁协议（仲裁例外）、诉讼是为了实现对外国国家船舶或货物的基于商业活动产生的船舶优先权（船舶优先权例外）、实施或支

---

① 参见黄进：《国家及其财产豁免问题研究》，中国政法大学出版社1987版，第48~129页。

持资助恐怖主义(恐怖主义例外)。① 限制豁免主义实质上是通过对国家行为性质的区分，实现在国家豁免问题上的区别对待。

至于某一具体的国家行为到底是主权行为还是非主权行为，这是国际私法上的识别问题。首先，应根据有关国际法进行识别，国际上普遍承认为主权行为的，比如立法行为(legislative action)、执法行为(executive action)、司法行为(judicial action)、军事行为(military action)、外交行为(diplomatic action)和国有化(nationalization)，不得被认定为非主权行为；国际法上规定为商业行为的，也不得被认定为主权行为。其次，如果没有这方面的国际公约、国际习惯法规则或一般法律原则，则应适用法院地国对该具体行为的冲突法所指引的准据法来确定；如果不存在相关的冲突规范，或准据法对其界定也不明确或违反公共秩序的，则适用法院地法来识别。适用法院地法是实践中解决识别冲突的最惯常、最主要的做法。在此过程中，对于一些普适性差、争论性大的特殊事项，则应充分尊重客国法律。如某一外国或其媒介让渡矿产开发权的行为，就属于这种情况，法院不应武断地根据本国法认定其性质，而应妥善考虑客国法的规定。如果客国法规定只有主权机关才有转让的权力，则此让渡行为是主权行为；如果客国法规定任何土地所有者在其财产范围内都有让渡的权力，则该让渡行为就属于商业行为。

第二节　国家豁免的国际规则

长期以来，绝对豁免主义一直作为国际习惯法得到各国法院的普遍支持。直到19世纪末，一些国家开始作为民事主体参与国际商事交易，为保护交易相对人的合法利益，维护公平的市场秩序，限制豁免主义应运而生，比利时和意大利是最早支持和采纳限制豁免主义的国家。② 在1903年的卢森堡列日铁路公司诉荷兰案中，比利时法院指出，"只有当国家完成政治行为时才涉及主权"，"国家本身并不限于政治角色，它可以在购买、拥有、签订合同时充当债权人和债务人以及从事商业活动"，"当行使这些功能时，国家并不是行使公共权力，而是处于如私人般地位的行为，因此不能享有豁免"。③ 1918年瑞士联邦法院在德雷菲斯案件中采用限制豁免立场；奥地利最高法院在20世纪20年代转向限制豁免立场；第一次世界大战之后，法国、希腊、爱尔兰高级法院以及埃及混合仲裁法庭都相继发展了有限豁免的实践。1951年，联邦德国地方法院和高等法院也开始采用限制豁免的方式，并在此后的判决中一直坚持。④

自20世纪70年代以来，越来越多的国家通过立法和判例等方式转向限制豁免立场。

---

① 参见李庆明：《美国的外国主权豁免理论与实践》，人民日报出版社2021年版，第168页及以下。

② 参见龚刃韧：《国家豁免问题的比较研究——当代国际公法、国际私法和国际经济法的一个共同课题》(第二版)，北京大学出版社2005年版，第36~40页。

③ Joseph M. Sweeney, *The International Law of Sovereign Immunity*, US Department of State, 1963, p.21；转引自张玲：《欧洲的国家豁免立法与实践——兼及对中国相关立场与实践的反思》，载《欧洲研究》2011年第5期，第134页。

④ 参见何志鹏：《主权豁免的中国立场》，载《政法论坛》2015年第3期，第66页。

其中，美国、英国、加拿大、澳大利亚、新加坡、南非等普通法系国家以及日本、俄罗斯等大陆法系国家颁布了专门的国家豁免单行立法，意大利、德国、法国、瑞典等欧洲国家则是通过法院判例或加入1972年《欧洲国家豁免公约》的方式确立限制豁免立场。① 目前，限制豁免主义在实践中已得到国际社会的广泛认同。② 据统计，目前采用绝对豁免主义立场，或者说对限制豁免主义有所抵制的国家，主要限于亚洲以及拉丁美洲等地区的一些发展中国家。其中，亚洲国家有泰国、印尼、老挝、叙利亚、科威特等，拉丁美洲国家有巴西、委内瑞拉、智利、哥伦比亚、厄瓜多尔、特立尼达和多巴哥，另外还有少数非洲国家如苏丹以及个别西欧国家如葡萄牙，其他大多数国家均采取限制豁免的立场。③

一、国家豁免的国别立法

(一) 美国

美国关于国家豁免的立场经历了判例法时期、判例法向成文法过渡时期以及成文法时期，其国家豁免的立场也经历了由早期的绝对豁免转向后来的限制豁免的演进过程。19世纪末，美国通过以交易号案④为代表的司法判例确定其在国家豁免方面的绝对立场，根据国家主权平等原则，并为了维护国家之间的外交友好，出于国际礼让，对于其他国家的财产和行为，不论其性质如何，都不受美国法院的管辖。在交易号案中，一艘被法国收归国有的私人商船停入美国宾州费城港，原船主就该船所有权向美国法院提起诉讼。美国联邦最高法院认为主权者彼此之间完全平等和绝对独立，一个主权者在任何情况下都不从属于另一主权者，最终裁决法国政府享有主权豁免，驳回原告起诉。到了20世纪中期，鉴于欧洲国家逐渐转向限制豁免立场，美国为扭转其在国家豁免上的被动局面，于1952年通过"泰特信函"以政策的形式确立了其国家豁免立场由绝对豁免转向限制豁免。"泰特信函"比较了绝对豁免与限制豁免，认为从诸多欧洲国家的司法实践来看，限制豁免是发展趋势，如美国继续坚持绝对豁免会对私人当事人造成不公平局面，故而美国国务院也采纳限制豁免原则。⑤ "泰特信函"虽然使美国国家豁免立场及时转向，但同时也带来新的问题。根据"泰特信函"，国家豁免的认定权仍部分归属于行政部门，其介入国家豁免案件审判程序导致各地方法院裁判结果不一致，引发了许多的争议与矛盾。为此，美国国会1976年通过了《外国主权豁免法》，统一调整对外国国家及其财产的诉讼。该法是世界上

---

① 参见李庆明：《论中国〈外国国家豁免法〉的限制豁免制度》，载《国际法研究》2023年第5期，第30页。

② 参见龚刃韧：《国家豁免问题的比较研究——当代国际公法、国际私法和国际经济法的一个共同课题》，北京大学出版社1994年版，第447页；黄进等：《国家及其财产豁免的几个悬而未决的问题》，载《中国法学》2001年第4期，第150页。

③ 参见龚刃韧：《国家豁免问题的比较研究——当代国际公法、国际私法和国际经济法的一个共同课题》，北京大学出版社1994年版，第141~142页。

④ The Schooner Exchange v. Mcfaddon. 11 US 1812.

⑤ US State Department, *Changed Policy Concerning the Granting of Sovereign Immunity to Foreign Governments*, Department of State Bulletin, Vol. 26, 1952, p. 985.

第一部专门针对国家豁免的国内立法。《美国外国主权豁免法》的主要内容包括：外国国家的定义，管辖豁免的例外情形，执行豁免的例外情形，对外国国家的送达、反诉以及开示程序等。根据《美国外国主权豁免法》第 1605 条的规定，外国国家管辖豁免的例外情形主要包括：主权国家放弃豁免、商业行为、违反国际法的征收行为、非商业侵权行为、当事方约定仲裁、资助恐怖主义以及艺术展览活动。此外，该法第 1610 条还规定了外国国家财产免于执行、扣押等司法强制措施的豁免例外情形。

(二) 英国

同属判例法传统的英国，在国家豁免实践发展上同美国一样，也经历了从判例法向成文法、由绝对豁免转向限制豁免的演进过程。在 1938 年克里斯汀娜号案中，英国法官阿特金仍持绝对豁免主义的立场，他认为一个国家不可以对另一个外国主权者进行诉讼，并且无论外国主权者是否为一方当事人，不可经由诉讼程序查封或扣押它所有或控制的财产。然而，在 1947 年《皇室诉讼法》(Crown Proceedings Act) 中，英国开始抛弃绝对豁免立场，直至 1976 年菲律宾海军上将号案中，英国法院正式以判例法的形式确立了限制豁免的立场。① 1978 年《英国国家豁免法》以成文法的形式进一步明确了英国的限制豁免立场以及对于外国国家管辖豁免和财产豁免的具体规则。② 根据 1978 年《英国国家豁免法》，作为一般原则，外国主权国家的行为及财产享有豁免权；与此同时，该法规定了国家豁免的例外情形，主要包括：外国国家接受管辖、商业交易和需在英国境内履行的合同、雇佣合同、人身伤害和财产损害、用于商业目的的船舶、不动产纠纷、财产继承、商标专利纠纷等。与 1976 年《美国外国主权豁免法》类似，《英国国家豁免法》也对主权国家的含义、送达与缺席判决的程序予以规定。不同之处在于，作为欧洲国家，英国特别针对国内法与《欧洲国家豁免公约》的衔接问题予以规定，其他国家法院基于《欧洲国家豁免公约》对英国作出的判决原则上可以得到英国法院的承认与执行，除非存在以下例外情形：违反公共政策、存在平行诉讼、存在相互矛盾的判决、外国法院无管辖权或适用准据法不当。

(三) 英联邦成员国

新加坡、巴基斯坦、南非、马拉维、加拿大、澳大利亚等国家在近代殖民时期曾经处于英国的统治下，它们在独立后加入了英联邦，其法律传统和制度受到英国的深刻影响。在 1978 年出台《英国国家豁免法》后，这些国家纷纷以之为模范制定了本国的国家豁免法，如 1981 年《新加坡外国国家豁免法》、1981 年《巴基斯坦国家豁免法令》、1981 年《南非外国国家豁免法》、1984 年《马拉维特权与豁免法》、1985 年《加拿大国家豁免法》、1985 年《澳大利亚外国国家豁免法》。这些法律均采取限制豁免立场，规定的豁免例外与

---

①　参见杨玲：《欧洲的国家豁免立法与实践——兼及对中国相关立场与实践的反思》，载《欧洲研究》2011 年第 5 期，第 136 页。

②　该法全文具体可见徐宏主编：《国家豁免国内立法和国际法律文件汇编》，知识产权出版社 2019 年版，第 19 页。

《英国国家豁免法》基本一致，如接受管辖、商业交易、雇佣合同、人身和财产损害、不动产纠纷、财产继承、专利和商标纠纷。有些国家在豁免的部分问题上作出了不同的规定，例如，《澳大利亚外国国家豁免法》第 29 条第 1 款规定法院可以针对外国国家发布命令(包括临时或最终救济令，但不能命令雇佣某人)，除非不符合该法规定的豁免权。而《英国国家豁免法》第 13 条第 2 款规定法院不得以对主权国家发出禁令或行为强制令的方式提供救济。在这个问题上，《新加坡外国国家豁免法》第 15 条、《巴基斯坦国家豁免法令》第 14 条、《南非外国国家豁免法》第 14 条、《马拉维特权与豁免法》第 15 条、《加拿大国家豁免法》第 11 条均采取了与英国相同的规定，而澳大利亚作出了与英国相反的规定。又如，《加拿大国家豁免法》规定了商业活动应依行为性质决定，规定了外国国家包括其政府首脑、政治分支机构、政府的代理机构等，而《英国国家豁免法》没有此类规定。《加拿大国家豁免法》中的这些规定明显是受到了《美国外国主权豁免法》的影响。

(四) 德国

德国关于国家豁免立场的转变是在第二次世界大战结束之后。1951 年，联邦德国的法院开始适用限制豁免主义审理国家豁免案件，并在此后的判决中一直坚持。[1] 1963 年伊朗王国案标志着德国法院彻底放弃绝对豁免主义的立场，1977 年菲律宾共和国案则进一步标志着德国法院将限制豁免主义适用于执行豁免问题。作为大陆法系国家，德国至今未就国家行为及其财产豁免问题制定专门立法，而是通过 1973 年外交部照会以及《1877 年司法法》《民事诉讼法典》的有关条款对外国国家豁免问题进行规定，并通过法院在司法实践中的判决对其国家豁免的立场和零散规则予以肯定和明确。[2] 在判断外国国家行为的性质时，德国法院亦采用国际通行分类，即公法行为与私法行为，并依据德国国内法来裁量主权国家的行为性质，并且其执行豁免的实践立场十分开放，认为主权国家的涉诉财产是否享有执行豁免权完全取决于其是否享有管辖豁免待遇。[3]

(五) 法国

与德国同属大陆法系的法国在国家豁免法律实践中也未制定专门立法，其国家豁免的理论与规则主要源于国内法和司法案例。20 世纪初第一次世界大战之后，法国逐渐发展了其限制豁免的理论与规则，由于不存在判例法国家"遵循先例"的传统，其不同法院在涉及国家豁免问题的案件中裁量标准并不一致。[4] 关于管辖豁免问题，法国立足其本土法学理论资源，将国家行为区分为公法行为与私法行为，对于国家在政治、军事和外交等领域以国家主权者资格行事的公法行为予以豁免；而对于国家直接参与的经济贸易等商业活

---

[1]　参见何志鹏：《主权豁免的中国立场》，载《政法论坛》2015 年第 3 期，第 66 页。

[2]　参见杨玲：《欧洲的国家豁免立法与实践——兼及对中国相关立场与实践的反思》，载《欧洲研究》2011 年第 5 期，第 140~141 页。

[3]　参见杨玲：《欧洲的国家豁免立法与实践——兼及对中国相关立场与实践的反思》，载《欧洲研究》2011 年第 5 期，第 140~141 页。

[4]　黄进：《国家及其财产豁免问题研究》，中国政法大学出版社 1987 年版，第 146 页。

动这类私法行为则予以管辖。并针对两种行为的划分提出了目的标准、性质标准和混合标准三种裁量标准。① 关于执行豁免，法国法院也同样持限制豁免主义的立场，如果被要求执行的财产是用于私法性质的经济或商业活动时，则可以作为执行豁免的例外；甚至在2000 年 Creighton v. Qatar 案中，② 法国最高法院认为主权国家签订仲裁协议的行为表示该主权国家根据相关仲裁规则对于仲裁裁决的执行过程中的豁免权一并予以放弃。③

（六）日本

日本曾长期奉行绝对豁免主义。在 1928 年的松山和佐野诉中华民国案中，日本最高法院认为一国不应受到另一国法院的管辖，除非其自愿接受，由此确立了绝对豁免立场。"二战"后，日本在司法实践中一直遵循松山案的意见。特殊的是，法院认为就位于日本的不动产诉讼而言，外国国家要服从日本法院管辖。例如，在 1954 年的 Limbin Hteik Tin Lat 诉缅甸联邦案中，法院指出，国际上在关于不动产的诉讼中广泛承认管辖权专属于不动产所在地国，因而必须认为外国国家受该国管辖。而日本政府在其参加的条约和相关实践中出现支持限制豁免主义的倾向。例如，1953 年《日美友好通商条约》规定日本和美国在对方境内从事的商业、工业、运输等业务时不得为自身及其财产主张豁免权。又如，1960 年亚非法律协商委员会接受了一项建议实行限制豁免的报告，日本政府对报告表示支持。尽管如此，日本政府自身在国外被诉的情况下仍然主张绝对豁免立场。④ 21 世纪以来，随着《联合国国家豁免公约》通过，日本逐渐接受了公约的限制豁免立场，并完成了将公约转化为国内立法的过程。2009 年，日本国会通过了《外国国家民事管辖法》，该法于 2010 年起正式实施。该法采取限制豁免立场，规定了国家同意、商业交易、雇佣合同等豁免例外，也规定了国家财产在执行程序中的豁免权和例外情形，其大多数条文与《联合国国家豁免公约》一致，在部分问题上则对公约条文作了回避或修改。⑤

二、国家豁免的国际公约

在国际公约方面，各国最早在航海领域开始进行限制豁免的合作努力。1926 年，意大利、法国、德国、西班牙、英国、比利时、丹麦、荷兰等国在布鲁塞尔签订了《关于统一国有船舶豁免若干规则的公约》。该公约规定载运货物和旅客的国有或国营船舶以及对此项船舶有所有权或经营其业务的国家，均应承担与私有船舶同样的责任，并应适用同样的法院管辖权规则和诉讼程序。1958 年，八十多国在日内瓦签订的《领海及毗连区公约》规定，沿海国有权对在其领海内停泊或驶离其内水而通过其领海的从事商业用途的外国政

---

① 参见陈纯一：《国家豁免问题之研究——兼论美国的立场与实践》，台湾三民书局 2000 年版，第 72~73 页。

② Creighton v. Ministère des Finances de l' Etat du Qatar, French Cour de Cassation, 6 July 2000, Reported in XXV Year Commercial Book Arbitration, 2000, p. 458.

③ 参见杨玲：《欧洲的国家豁免立法与实践——兼及对中国相关立场与实践的反思》，载《欧洲研究》2011 年第 5 期，第 138~139 页。

④ 参见黄进：《国家及其财产豁免问题研究》，中国政法大学出版社 1987 版，第 196~197 页。

⑤ 参见许可：《日本主权豁免法制的最新发展与启示》，载《北方法学》2014 年第 5 期，第 114 页。

府船舶加以扣押或执行。① 此外，1933 年《关于防止扣押飞行器的罗马公约》、1940 年《国际海商法公约》、1969 年《国际油污损害民事责任公约》、1972 年《欧洲国家豁免公约》、1983 年美洲法律委员会起草的《美洲国家豁免公约草案》以及 2004 年《联合国国家豁免公约》等，也都采取了限制豁免主义的立场。特别是 2004 年《联合国国家豁免公约》肯定了国际社会主流对绝对豁免主义的摒弃，并推动了后续一些国家在国家豁免领域的立法变革。另外，有重大影响的学术见解包括国际法学会 1891 年《关于外国国家及其元首的法院管辖权限问题的决议》及 1991 年经过修正的《关于国家豁免的决议草案》，国际法协会 1926 年《国际法上关于豁免的条约草案》及 1982 年经过修正的《关于国家豁免公约的条款草案》，还有哈佛大学法学院主持拟定的以杰塞普教授为主报告人的《哈佛研究草案》② 等，都是以限制豁免主义为基础的。

(一)《联合国国家豁免公约》

2004 年 12 月 2 日第五十九届联合国大会通过了《联合国国家豁免公约》，从 2005 年 1 月 17 日至 2007 年 1 月 7 日供各国签署。2005 年 9 月 14 日，我国政府正式签署了该公约。截至 2024 年 1 月 1 日，共有 28 个国家签署该公约，23 个国家批准或加入该公约。根据《联合国国家豁免公约》的规定，《联合国国家豁免公约》将于第 30 份批准书、接受书、核准书或加入书交存联合国秘书长后第 30 天生效，故而《联合国国家豁免公约》至今仍未生效。尽管如此，但《联合国国家豁免公约》第一次将国家及其财产豁免原则以全球性公约的方式确定下来，使得习惯国际法规则走向了成文国际法规则。

《联合国国家豁免公约》在管辖豁免和执行豁免上均采用限制豁免的立场，只不过对于执行豁免问题其态度更为谨慎，一方面执行例外情形更少，另一方面适用条件也更为严格。关于管辖豁免，《联合国国家豁免公约》确认国家及其财产豁免是一项国际法的普遍原则，同时又明确列举了 8 种管辖豁免的例外情形：商业例外，雇佣合同，人身伤害和财产损害，财产的所有、占有和使用，知识产权，公司及其他机构纠纷，商业经营的船舶，仲裁。关于执行豁免，公约区分判决前与判决后的强制执行，执行豁免例外情形包括三类：国家明示同意、拨出专门财产用于执行、与被诉实体有联系的商业用途财产。《联合国国家豁免公约》反映了多数国家在国家豁免立法和司法实践上的共识。《联合国国家豁免公约》的通过和开放签署，标志着限制豁免原则已为越来越多的国家接受，有利于统一各国关于国家豁免的法律实践，增强该领域国际法的确定性和预见性，并在一定程度上照顾到发展中国家的利益，如在一定条件下以交易目的为标准来判断商业行为；此外，《联合国国家豁免公约》对遏制有关国家单方面不断扩大豁免例外具有重要意义。③

(二)《欧洲国家豁免公约》

1964 年，面对各国法院在实践中限制他国主权豁免的趋势，欧洲国家司法部部长会

---

① 参见何志鹏：《主权豁免的中国立场》，载《政法论坛》2015 年第 3 期，第 68 页。
② 全称为《关于法院对外国国家管辖权限的条约草案》。
③ 参见马新民：《〈联合国国家及其财产管辖豁免公约〉评介》，载《法学家》2005 年第 6 期，第 6~7 页。

议设置了一个专门的委员会研究有关国家豁免的问题，旨在形成统一的规则，确保各国享有国家豁免的范围一致并且有关判决能够得到普遍遵从。1972 年 5 月 16 日，英国、法国、联邦德国、意大利、奥地利、瑞士、荷兰、卢森堡、比利时、挪威、冰岛、爱尔兰、丹麦、瑞典、马耳他、塞浦路斯、土耳其一共 17 个国家在巴塞尔签订了《欧洲国家豁免公约》，其中英国、联邦德国、奥地利、瑞士、卢森堡、荷兰、比利时、塞浦路斯共 8 个国家最终批准了该公约，《欧洲国家豁免公约》于 1976 年 6 月 11 日生效。虽然它是欧洲国家之间的区域性公约，但该公约仍属于世界上第一部订立且生效的关于国家豁免的专门性公约。

《欧洲国家豁免公约》的主要目的在于使欧洲委员会成员国之间在国家豁免问题上达成一致规则，进而实现欧洲国家相互之间的团结与合作。具体而言，一方面，《欧洲国家豁免公约》顺应了国家豁免立场的主流趋势，采取限制豁免立场，并通过《欧洲国家豁免公约》第 1~14 条明确规定了主权国家管辖豁免的例外情形；另一方面，《欧洲国家豁免公约》规定了关于国家豁免案件的程序性规则，特别是判决的承认与执行规则，从而规范了各国法院关于国家豁免案件的审理程序，并促进有关民事判决能够在缔约国之间自由流通，得到普遍的承认与执行。《欧洲国家豁免公约》在管辖豁免与执行豁免方面皆采取限制豁免原则，不过与管辖豁免例外的诸多情形相比，执行豁免的例外情形仅为一种，即主权国家的明示同意，具体规定于《欧洲国家豁免公约》第 23 条："不得对缔约国在另一缔约国领土内的财产采取任何执行措施或保全措施，但个别案件，经缔约国以书面明示同意时，在其同意的范围内，不在此限。"

通过考察与比较关于国家豁免的国内立法和国际公约，可以发现虽然限制豁免主义已经成为国际社会的主流与共识，但有关国家在国家豁免的总体目标、原则或价值取向之间仍存在许多矛盾和真实的紧张关系。在一国法院对另一主权国家提起诉讼往往在相关国家之间产生相当大的政治压力，并可能在国际法院、欧洲人权法院、欧洲法院等国际机构引发新的争端[①]；在不断演变的国内立法和国内法院实践的影响下，有关主权豁免的国内规则会迅速发生变化，且未能形成一般惯例。例如，美国、加拿大关于国家豁免的恐怖主义例外，美国有关违反国际法的征收的国家豁免例外。与此同时，存在反对扩大国家执行豁免的趋势，即限制可扣押的国家财产的范围，并对国家财产执行增加新的程序障碍。例如，对针对外国财产的任何限制措施要求事先司法授权(prior judicial authorization)。在法国和比利时，最近颁布了两项关于执行豁免的新法规。现有的规则在不同的司法管辖区之间可能存在明显的不同，并受到不同的条件、例外情况和保留意见的影响，对限制豁免规则的基本要素，例如何为主权行为、商业交易，何为明示或默示的放弃豁免缺乏一致的理解。此外，互惠(对等)原则在国家豁免中发挥的作用越来越大，这在俄罗斯、中国、阿

---

① 2022 年 4 月 29 日，德国提交诉讼申请书，将意大利侵犯其国家豁免权的争端提交至国际法院。在其申请书中，德国请求法院宣判意大利自 2014 年起受理针对德国的民事案件和对德国在意大利境内的四项不动产采取的诉讼保全措施侵犯了德国的国家豁免权，并要求意大利确保已作判决无效、不再受理相关民事案件、对德国进行赔偿并保证不再犯。该争端是 2012 年国际法院审理的德国诉意大利"国家管辖豁免案"的后续。

根廷、巴西、智利、哥伦比亚等国的实践中皆有所体现。①

第三节　国家豁免的基本原则

国家豁免的根本依据是国际法上的国家主权原则，国家主权相互平等，一国无权对另一国的行为进行管辖。但是，并非国家从事的所有行为都是主权行为，当国家从事商业行为等非主权行为时，则不适合享有并行使基于主权原则而产生的豁免权。此时，基于法律的公平原则，需要对有关民事法律关系中另一方主体的合法权利予以保护和救济。因此，限制豁免主义逐渐取代绝对豁免主义，成为国际社会的主流立场。而具体如何把握限制豁免的标准，各国在实践中又存在诸多不同，由此产生的国家利益博弈为主权豁免问题赋予司法与外交的双重属性，也使得外交原则和对等原则成为国家豁免的基本原则。

一、主权原则

主权原则是国际法赖以建立的基石，又称为国家主权平等原则，是国际法上最基本的原则，也是处理国家间关系的一个最重要的准则。国家豁免亦是由主权原则衍生而来。

"现代国际法之父"、荷兰国际法学家格劳秀斯从国际关系的角度，阐述了国家的对外主权。他在《战争与和平法》一书中指出："凡行为不从属于其他人的权力的限制，从而不因其他人意志的行使而使之无效的权力，就是主权。"格劳秀斯将主权从国内政治引入国际关系领域，揭示了国家主权的两重性，即对内的最高权和对外的独立权。1648 年《威斯特伐利亚和约》吸取了格劳秀斯的主权思想，确立了领土主权（对内的最高统治权）、主权平等（独立）和主权不可分割性原则，建立了以国家为基本单位的国际体系。1945 年《联合国宪章》将主权平等原则作为国际法和联合国的最根本的原则。

《奥本海国际法》将主权定义为最高权威，这在国际法上并非意味着它高于所有其他国家的法律权威，而是在法律上不从属于任何世俗权威的法律权威。因此，依据最严格和最狭义的意义，主权含有全面独立的意思，无论在国土以内还是国土以外都是独立的。② 这是迄今为止关于主权的最新权威表述，确认了主权在当今国际法体系中的核心地位。据此，主权可分为对内主权和对外主权，对内主权即最高权意味着国家对其领域内的一切人、物、事件和行为都有最高的管辖权，且这个最高的法律权威仅受限于国际法规范。对外主权即独立权意味着主权国家在国际关系中的地位是平等的，不受其他国家的干涉。根据主权原则，国家之间主权平等，国家具有独立自主地处理其对内和对外事务的最高权力，该权力有两个基本的属性，即在国内是最高的，对国外是独立的。③ 故而主权国家之间享有免受他国管辖的权力。在国家的豁免权被侵犯时，国家完全有权拒绝参加诉讼或拒绝有关判决的承认与执行，甚至可以采取报复措施。

---

① R. Bismuth et al.（eds.），*Sovereign Immunity under Pressure*，Springer，2022，pp. 1-2.

② ［英］詹宁斯·瓦茨修订：《奥本海国法》（第一卷第一分册），王铁崖等译，中国大百科全书出版社 1995 年版，第 92 页。

③ 参见周鲠生：《国际法》（上册），商务印书馆 1976 年版，第 75 页。

不过，主权并非绝对的概念，1992 年 1 月 1 日，联合国前秘书长加利在联合国安理会第一次首脑会议上的报告《和平纲领》中写道：绝对和专属的主权……的理论从来不符合事实。① 同样，基于主权平等而产生的国家豁免权也并非是永远绝对、一成不变的。绝对豁免原则曾是习惯国际法，各国法院普遍对外国国家及其财产给予管辖豁免和司法强制措施豁免。然而，并非国家从事的所有行为都是主权行为，当国家从事商业行为等非主权行为时，则不适合享有并行使基于主权原则而产生的豁免权。19 世纪末，一些国家开始参与市场交易，比利时、意大利等国法院开始在个案审判中采纳限制豁免原则。第一次世界大战尤其是第二次世界大战之后，不但苏联这样的社会主义国家通过国营企业参与国际经贸活动，广大的西方发达国家、新独立的国家也都直接或间接参与市场交易，坚持绝对豁免立场将使得交易相对人无法获得程序上的救济，造成不公平、不公正的结果，也会损害市场秩序。② 因此，越来越多的国家根据"行为标准""目的标准"或将两者结合，区分主权国家的行为性质，确立国家豁免的例外，保障商事交易中一般民事主体的合法权益，维护公平秩序。因此可以说，限制豁免主义是由主权原则派生而来并顺应时代发展的产物。

二、公平原则

作为民法的一项基本原则，公平原则也被称为公正原则、正义原则或公道原则。它要求当事人在民事活动中应以社会正义、公平的观念指导自己的行为，平衡各方的利益，并以公平合理的方式处理当事人之间的纠纷。公平原则强调在市场经济中，对任何参与者都只能以市场交易规则为准则，享受公平合理的对待，既不享有任何特权，也不履行任何不公平的义务，权利与义务相一致。这一原则的核心在于实现社会公平和正义，确保民事主体在从事民事活动时受到公正、平等、合理的对待。

国家豁免的国际主流立场由绝对豁免主义发展为限制豁免主义，其根本目的在于公平有效地保护同国家开展国际民商事交往的一般民事主体的合法利益。通过设置国家豁免的例外来合理限制国家豁免权的适用，可以为一般民事主体提供法律救济途径，使之能够在一国法院中通过诉讼手段与另一主权国家解决民商事争议，从而维护自身合法利益。因此，作为民法基本原则之一的公平原则同样也属于国家豁免的基本原则，特别是在限制豁免主义成为国际社会主流的今天。

对于作为民事诉讼程序特别法的国家豁免规则而言，其公平原则的内涵已远远超乎实体法的范畴，更包含了程序公平的价值追求。为了在民事诉讼中保障一般当事人的合法权益，实现实体正义公正和程序正义，国家豁免法的公平原则必然要求在民事诉讼中，在符合豁免例外的情形下，所有当事人不论其身份、地位或其他特性如何，都应当被平等对待，并享有相同的诉讼权利和承担相同的诉讼义务，具体而言，主要包含以下四个方面：第一，诉讼地位平等。所有当事人在民事诉讼中具有相同的诉讼地位，无论其是主权国家，还是一般民事主体。他们在诉讼过程中享有相同的诉讼权利和承担相同的诉讼义务，

---

① 参见翟玉成：《论国际法上主权理论的发展趋势》，载《法学评论》1997 年第 3 期，第 1 页。

② 李庆明：《论中国〈外国国家豁免法〉的限制豁免制度》，载《国际法研究》2023 年第 5 期，第 30 页。

没有任何一方享有特权或受到歧视。第二，平等行使诉讼权利。国家豁免案件中的各方当事人有权平等地行使各项诉讼权利，包括申请回避、提供证据、请求调解、进行辩论、提起上诉等。管辖法院应当为当事人平等地行使诉讼权利提供必要的保障和便利。第三，平等保护合法权益。国家豁免案件的管辖法院在审理民事案件时，应当平等保护各方当事人的合法权益。无论当事人的身份、地位或其他特性如何，都应当受到公正、平等、合理的对待。第四，适用法律平等。国家豁免案件的各方当事人在民事诉讼中适用法律上一律平等。法院在审理案件时，应当遵循法律规定，不受任何行政机关、社会团体和个人的干涉，确保法律的公正适用，除非案件涉及外交事务等重大国家利益问题，此时可以依法妥善考虑外交部门的有关意见。

三、外交原则

外国国家豁免问题不仅具有法律属性，它还涉及被诉国和法院地国的国家利益和对外政策，与两国间的外交关系双向作用与影响，具有明显的外交属性。尽管国家豁免首先表现为国际法问题，但国家豁免被普遍认为是政府无法彻底回避的、有关外交关系的政治敏感问题，处理不当会给法院地国和有关外国之间的外交关系带来严重的后果。① 甚至从某种程度而言，国家豁免案件的外交属性不仅不低于法律属性，反而还占据主导地位。因此，法院在处理国家豁免案件时，务必要在本国外交原则的指导下，妥善维护本国的国家利益，促进两国之间的友好关系，至少是要稳定两国之间的外交关系。这就要求各国摒弃单边主义和霸权主义思维，不以国家豁免案件作为要挟的工具，杜绝将外交问题或政治问题法律化，不纵容对其他国家的恶意滥诉和无端诬告。

我国立法机关认为国家豁免属于外交事务范畴，具有法律和外交双重属性，始终注重对国家利益、外交利益的长远考量，明确指出："国家豁免建基于国家主权和平等的原则，既是一个法律问题，又是一个涉及国家对外关系的政策问题。作为法律问题，它涉及一国法院对外国国家及其财产是否拥有管辖权，外国国家及其财产在一国法院是否享有豁免权。作为国家对外政策问题，它直接关系到一国与外国国家的关系和该国对外政策的实施，直接涉及国家的对外关系和利益，各国都按照本国国情需要和对外政策，采用符合本国利益的国家豁免制度。"②实践中，一国的国家豁免立场和实践与该国的国家利益、外交政策彼此之间是不断互动、适时调整的。很多国家都是从本国利益出发灵活选择国家豁免政策，印度、菲律宾、意大利、日本等国都会根据本国的国家利益需求适时在绝对豁免和限制豁免立场之间切换。③

外交原则要求在国家豁免这种兼具政治与法律、外交与司法的领域，在司法机关处理案件时，外交部门及外交政策必须发挥重要作用，我国《对外关系法》将国家豁免问题纳

---

① 参见叶研：《论当代中国的国家豁免政策选择》，载《国际法研究》2022 年第 1 期，第 52 页。

② 参见《关于〈全国人民代表大会常务委员会关于《中华人民共和国香港特别行政区基本法》第十三条第一款和第十九条的解释（草案）〉的说明》。

③ 参见龚刃韧：《国家豁免问题的比较研究——当代国际公法、国际私法和国际经济法的一个共同课题》，北京大学出版社 1994 年版，第 152~154 页。

入其调整的范畴正是出于这样的考虑。该法第 36 条规定："中华人民共和国依据有关法律和缔结或者参加的条约和协定，给予外国外交机构、外国国家官员、国际组织及其官员相应的特权与豁免。中华人民共和国依据有关法律和缔结或者参加的条约和协定，给予外国国家及其财产豁免。"根据《外国国家豁免法》第 19 条的规定，我国外交部门在国家豁免案件中的外国国家认定、外交送达等国家行为的事实问题上将发挥决定性作用，在其他涉及重大国家利益的事项上也将发挥重要作用。此外，该法第 20 条规定的外交特权与豁免及第 21 条规定的对等原则虽未明确外交部的作用，但外交部实际上均可以而且也必将发挥重大作用。

四、对等原则

对等原则(reciprocity)通常也被称为互惠原则，是国际法的一项重要原则。对等原则源于国家间的主权平等原则和国际法本身的横向性、任意性特征。国际法正是通过调整具体的对等相互关系来达到调整整个国际社会的国际关系。① 相比于互惠原则而言，对等原则侧重指两国相互对等采取限制性或歧视性措施，而非相互给予对方优待或方便。国际法是建立在对等基础上的，对等原则属于"习惯国际法适用过程中的权力运用"，也就难免与各国实力挂钩，而强国"只会主张他们准备看到的普遍权利"。②

作为国际私法中国际民事诉讼法的有机组成，对等原则当然属于国家豁免的基本原则之一，也客观存在于国家豁免的实践中。如果一个国家采取绝对豁免，就意味着该国法院无权受理以他国为被告的案件，但该国同时也获得了向他国主张自己同样享有绝对豁免的话语权利，或是在他国不给予自己豁免的情况下进行报复的权利；如果一个国家采取了限制豁免，就意味着该国法院在特定情形下可以受理以他国为被告的案件。③ 因此，从某种意义上讲，对等原则实际上也促进了限制豁免原则的扩散。

从国际上看，许多国家在其国家豁免立法中都规定了对等原则。《英国国家豁免法》第 15 条规定："如果女王陛下认为一国根据本法该部分所享有的豁免和特权：(a)超出根据该国法律对联合王国所给予的豁免和特权；或者(b)少于根据任何条约、公约或其他国际协定所要求的豁免和特权，且该国和联合王国均为其缔约方，则女王陛下可通过枢密令限制或者根据具体情况扩大该豁免和特权，只要女王陛下认为适当。"此外，俄罗斯、澳大利亚、加拿大、新加坡、巴基斯坦、南非等国的国家豁免立法也都确立了对等原则。

虽然在国家豁免领域适用对等原则一定程度上会削弱法律的确定性，但对等原则可以起到明显的震慑和反制作用，其可以有效防止在特殊情况下，比如在外国法院不当剥夺我

---

① 参见王欣濛、徐树：《对等原则在国家豁免领域的适用》，载《武汉大学学报(哲学社会科学版)》2015 年第 6 期，第 127~128 页。

② Rana M. Essawy, *The United States Hegemony and Reshaping the Norms of State Immunity for International Crimes*, in Régis Bismuth, Vera Rusinova, Vladislav Starzhenetskiy, and Geir Ulfstein (eds.), *Sovereign Immunity Under Pressure: Norms, Values and Interests*, p. 359.

③ 叶研：《论当代中国的国家豁免政策选择》，载《国际法研究》2022 年第 1 期，第 40 页。

国豁免权时，我国可以越过现有国家豁免例外，对等反制该国。① 中国在国家豁免立法中一直坚持对等原则。之前我国 2005 年《外国中央银行财产司法强制措施豁免法》第 3 条专门规定了对等原则："外国不给予中华人民共和国中央银行或者中华人民共和国特别行政区金融管理机构的财产以豁免，或者所给予的豁免低于本法的规定的，中华人民共和国根据对等原则办理。"最新颁布的《外国国家豁免法》第 21 条同样明确规定了对等原则："外国给予中华人民共和国国家及其财产的豁免待遇低于本法规定的，中华人民共和国实行对等原则。"在对等原则的震慑作用下，外国法院会担心我国基于对等原则予以反制，在处理对华民事诉讼时，将更加审慎，不随意受理案件，从而有效减少对华诬告与滥诉。

第四节　我国国家豁免的立场与规则

一、我国有关国家豁免立场的历史回顾

我国政府一直强调国家豁免是一般国际法原则，在 2023 年颁布《外国国家豁免法》之前，反复重申在外国法院我国作为主权国家其自身及其财产享有绝对豁免的立场。从 1949 年"两航公司案"和 1978 年"湖广铁路债券案"可以看出，当时我国基本上是采取绝对豁免主义立场的，不过同时也赞成通过协议来消除各国在国家豁免问题上的分歧。后来情况有所变化。

1986 年第 41 届联大六委会上，我国政府代表就国际法委员会一读通过的《国家及其财产的管辖豁免条款草案》表明立场："根据国家主权和主权平等原则，以及'平等者之间无管辖权'这一著名法律格言，国家享有豁免是一项重要的国际法原则；一国非经其同意不受他国法院管辖"；"条款草案既应以明确的规范性语言确认国家豁免是国际法的一般性原则，同时又要充分注意到这一原则的实施可能受到某些'例外'的限制，从而达到真正'合理的平衡'"②。

1991 年第 46 届联大六委会上，我国政府代表进一步表明立场："国家豁免是基于国家主权和主权平等的一项国际法基本原则"，"国家财产的执行豁免是一项久已确立和公认的原则"，同时我国代表重申："为了维护和促进国家间正常的往来和经贸关系，可以就国家管辖豁免制定一些例外的规定。然而考虑到国家豁免原则的性质和内涵，这些例外必须限于实际需要的某些情况而保持在最低限度上。""我们承认和尊重国际上已存在着关于国家及其财产豁免的两种不同的主张和实践，我们认为这两种不同的主张都有合理的内核。"③

1994 年第 49 届联大六委会上，我国代表还表示："就这一问题制定一项国际公约，有助于平衡和规范各国的实践，找出各方都能接受的解决办法，不仅为私方当事人提供公

---

① 参见李庆明：《论中国〈外国国家豁免法〉的限制豁免制度》，载《国际法研究》2023 年第 5 期，第 40 页。

② 中国国际法学会主编：《中国国际法年刊》，中国对外翻译出版公司 1987 年版，第 835 页。

③ 董立坤：《国际私法论》，法律出版社 2000 年版，第 191 页。

平合理的救济，而且也避免由于豁免问题而影响到有关国家间关系。"①

我国政府在国际会议上在表明"国家豁免是一项国际法基本原则"的同时，又表示可以"就国家管辖制定一些例外的规定"，"为私方当事人提供公平合理的救济"，限制豁免主义"也有合理的内核"，可见我国政府的立场已经开始在绝对豁免主义的立场上缓和，体现了限制豁免主义的趋势。

而在理论界，从公开发表的论文来看，较早的一些观点几乎全是批判限制豁免主义的②，但现在一些学者已经观点大变，开始接受和赞同限制豁免主义了。有学者认为：在现今世界法律环境中，我国如一味地坚持绝对豁免论，势必是行不通的。实际上，我国似乎也没有从绝对豁免论中受益。限制豁免论本身是伸缩性非常强的概念，留有很大的回旋余地，我们必须结合自己的国情和现状加以接受。③ 在 2000 年我国国际法学会"展望 21 世纪国际法发展"武汉研讨会"国家及其财产豁免"的专题讨论上，发言的专家学者几乎一致"接受"、"不反对"和"肯定"限制豁免主义，并认为限制豁免主义走向立法是一个趋势。④

事实上，我国代表在 1993 年第 48 届联大六委会上关于《国家及其财产的管辖豁免条款草案》的发言中就表示"总的来看，草案是可以接受的，可以作为将来缔结一项国际公约的基础"。⑤ 2005 年 9 月 14 日，我国签署了《联合国国家及其财产管辖豁免公约》。

二、《外国国家豁免法》颁布前我国的相关立法

2005 年 10 月 25 日我国通过了《外国中央银行财产司法强制措施豁免法》，这是我国第一部有关国家财产豁免的立法，其主要内容如下：

(1)豁免的对象是外国中央银行财产。所谓外国中央银行，既包括外国的中央银行，也包括区域经济一体化组织的中央银行，以及履行中央银行职能的金融管理机构。所谓外国中央银行财产，包括外国中央银行的现金、票据、银行存款、有价证券、外汇储备、黄金储备、有关不动产和其他类型的财产。

(2)豁免的范围限于司法强制措施豁免，即我国法院对外国中央银行的财产在判决前不能采取查封、扣押、冻结等财产保全措施，在判决后不能采取查封、扣押和执行措施。

(3)享有豁免权的外国中央银行或该行所属国政府有权放弃强制执行豁免。通常放弃豁免有两种方式：一种是书面明示放弃；另一种是默示放弃，即指定中央银行的某一财产可被法院用于财产保全，或可被法院强制执行。

(4)对外国中央银行财产的豁免实行对等原则。如果外国不给予或给予我国中央银行

---

① 中国国际法学会主编：《中国国际法年刊》，法律出版社 1994 年版，第 467 页。

② 这方面的论文有陈体强：《国家豁免与国际法》，载中国国际法学会主编：《中国国际法年刊》，中国对外翻译出版公司 1983 年版；李双元：《美国 1976 年〈外国主权豁免法〉所奉行的"限制豁免论"批判》，载《法学评论》1983 年第 1 期。

③ 参见黄进等：《国家及其财产管辖豁免的几个悬而未决的问题》，载《中国法学》2001 年第 4 期，第 143~144 页。

④ 参见黄进、邹国勇：《"展望 21 世纪国际法发展"武汉研讨会综述》，载《法学评论》2001 年第 4 期，第 142 页。

⑤ 中国国际法学会主编：《中国国际法年刊》，法律出版社 1994 年版，第 432 页。

或港澳两个特区的金融管理局财产的豁免低于本法规定的，则我国对该外国中央银行的财产将同样不给予或只给予相应的豁免。

《外国中央银行财产司法强制措施豁免法》的公布、实施标志着我国在国家财产豁免立法领域迈出了重要一步。此外，《中华人民共和国领海及毗连区法》第 10 条规定："外国军用船舶或者用于非商业目的的外国政府船舶在通过中华人民共和国领海时，违反中华人民共和国法律、法规的，中华人民共和国有关主管机关有权令其立即离开领海，对所造成的损失或者损害，船旗国应当负国际责任。"但应注意这并未表明上述两类船舶在我国领海内造成损害时不享有豁免。[①] 享有管辖豁免是程序法上的问题，承担国际责任是实体法上的问题，两者不应混淆。

从实践看，我国已经出现以外国有关政府部门为被告的司法实践，如成都华川进出口集团有限公司、格鲁吉亚共和国司法部信用证欺诈纠纷案[②]，但上诉期间当事人达成和解而撤回上诉，法院在裁定书中未提及国家豁免问题。

此外，值得关注的还有我国香港特别行政区法院受理的 FG Hemisphere Associates LLC 诉刚果民主共和国及其他人案。[③] 在该案中，香港特区终审法院提请全国人大常委会对国家豁免规则或政策是否属于"外交事务"等相关问题进行释法。2011 年 8 月 26 日，全国人大常委会公布了《全国人民代表大会常务委员会关于〈中华人民共和国香港特别行政区基本法〉第十三条第一款和第十九条的解释》。该解释针对香港终审法院提出的问题主要作出以下说明：(1)国家豁免规则或政策属于国家对外事务中的外交事务范畴，中央政府有权决定中国的国家豁免规则或政策，并在中国领域内统一实施；(2)香港特区，包括香港特区法院，有责任适用或实施中央政府决定采取的国家豁免规则或政策，不得偏离上述规则或政策，也不得采取与上述规则或政策不同的规则；(3)"国防、外交等国家行为"包括中央政府决定国家豁免规则或政策的行为；(4)依照相关规定，香港特区原有法律中有关国家豁免的规则，从 1997 年 7 月 1 日起，在适用时，须作出必要的变更、适应、限制或例外，以符合中央政府决定采取的国家豁免规则或政策。最终，香港特区终审法院根据全国人大常委会的释法意见判决香港特区法院对刚果(金)无司法管辖权。

从我国应对有关案件的实践可以总结归纳出我国在《外国国家豁免法》颁布之前采取以下主要立场：坚持国家及其财产豁免是国际法上的一项原则，反对限制豁免主义和废除豁免主义；坚持国家本身或者以国家名义从事的一切活动享有豁免，除非国家自愿放弃豁免；认为国有公司或企业是具有独立法律人格的经济实体，可以依据有关国家的国内法主张豁免；赞成通过协议来消除各国在国家豁免问题上的分歧。根据我国 1980 年参加的 1969 年《国际油污损害民事责任公约》第 11 条的规定，我国实际上已经放弃了在油污损害发生地的缔约国法院的管辖豁免权；如果外国国家无视我国主权，对我国或我国财产强行

[①]　许俊强：《进入我国管辖海域外国政府公务船舶的豁免问题》，载《法律适用》2019 年第 13 期，第 77 页。

[②]　参见(2017)最高法民终 143 号。

[③]　关于本案的详细评析参见郭玉军、刘元元：《评 FG Hemisphere Associates LLC 诉刚果民主共和国及其他人案》，载《时代法学》2012 年第 2 期，第 3 页。

行使司法管辖权，我国保留对该国进行报复的权利；我国在外国法院出庭主张豁免权的抗辩不得被视为接受外国法院管辖。另外，我国已于 2005 年 9 月 14 日正式签署了《联合国国家豁免公约》，但至今尚未批准或加入该公约。

三、《外国国家豁免法》的基本立场与主要内容

《中华人民共和国外国国家豁免法》是我国第一部全面规定外国国家豁免制度的法律，是深入贯彻习近平法治思想和习近平外交思想，落实党的二十大关于加强涉外领域立法、统筹推进国内法治和涉外法治的重大战略部署，是完善我国涉外法律体系的重要成果。

面对世界百年未有之大变局，围绕实现中华民族伟大复兴的战略全局，立足我国对外交往不断扩大的新形势新变化，《外国国家豁免法》正式标志着我国的国家豁免立场由绝对豁免主义转向限制豁免主义，为今后我国法院管辖和审判以外国国家作为被告的民事案件提供了必要的法律依据，丰富和完善了我国对外斗争的法律"工具箱"，健全了反制裁、反干涉、反"长臂管辖"的法律机制。这对于统筹推进国内法治和涉外法治，完善我国涉外法律体系，服务高水平对外开放和"一带一路"建设，保障我国公民和法人合法权益，维护我国主权、安全和发展利益具有重要意义。

《中华人民共和国外国国家豁免法》共 23 条，系统、全面地构建了我国的外国国家豁免制度，主要涵盖以下六方面内容：①

第一，确立国家豁免的一般原则。《外国国家豁免法》第 3 条规定："外国国家及其财产在中华人民共和国的法院享有管辖豁免，本法另有规定的除外。"也就是说，我国法院原则上不对外国国家及其财产行使管辖权，但符合本法规定情形的，我国法院可以行使管辖权。同时，根据该法第 13 条、第 14 条规定，外国国家的财产在我国法院享有司法强制措施豁免；除法律规定的情形外，我国法院不得对外国国家财产采取司法强制措施。

第二，确定对外国国家及其财产豁免的例外。《外国国家豁免法》第 4 条至第 12 条对我国法院可以对外国国家及其财产行使管辖权的范围作出明确规定，包括外国国家明示就特定事项或者案件接受管辖、进行商业活动引起的诉讼、因劳动或者劳务合同履行引起的诉讼、有关侵权行为引起的赔偿诉讼以及仲裁相关事项等。同时，该法第 14 条对我国法院可以采取相关司法强制措施的情形作出明确规定。外国国家财产在我国法院原则上免于强制措施，但对于外国国家的商业活动财产，我国法院可在一定条件下强制执行。总体而言，《外国国家豁免法》关于我国法院可以对外国国家及其财产行使管辖权情形的规定是较为严格的、特定的，与有关国际条约和国际通行做法总体上保持一致。

第三，明确外国国家豁免制度与其他相关特权与豁免制度的关系。依据《外国国家豁免法》第 20 条，该法的规定不影响外国的外交代表机构、领事机构、特别使团、有关代表团及相关人员享有的特权与豁免，也不影响外国国家元首、政府首脑、外交部长及其他具有同等身份的官员根据我国法律、我国缔结或者参加的国际条约以及国际习惯享有的特权与豁免。该条款明确将"国际习惯"列为有关人员享有特权与豁免的法定依据之一，这

---

① 参见《全国人大常委会法工委负责人就外国国家豁免法答记者问》，载中国人大网，http://www.npc.gov.cn/c2/c30834/202309/t20230904_431522.html，2024 年 2 月 15 日访问。

在我国立法体系中是第一次明确将"国际习惯"列为法律渊源。

第四，确认外交部在处理外国国家豁免案件中的重要作用。主要包括两方面：一是就有关国家行为的事实问题向法院出具证明文件。根据《外国国家豁免法》第19条的规定，我国外交部就案件中相关国家是否构成外国主权国家、外交照会送达等有关国家行为的事实问题出具的证明文件，我国法院应当采信。二是就涉及外交事务等重大国家利益的问题出具意见。该法第19条还规定，外交部对于其他涉及外交事务等重大国家利益的问题，可以向法院出具意见。这些规定有利于保证和发挥国家外交主管部门在涉及外国国家案件审理中的重要作用。

第五，确立对等原则。依据《外国国家豁免法》第21条，外国给予中华人民共和国国家及其财产的豁免待遇低于本法规定的，中华人民共和国实行对等原则。对等原则是国际法和国际关系中的一项重要原则，即国家间在某一方面相互给予平等或者非歧视的待遇，目的是体现和实现国与国之间相互尊重、平等互利。《外国国家豁免法》列举了我国法院可以管辖涉及外国国家及其财产民事案件的具体情形，符合有关国际条约和国际通行做法。但是，如果一旦遇有外国国家剥夺、限制或者降低给予我国的豁免待遇，我国则有权按照对等原则采取必要的措施加以反制和对冲，如相应调整对涉及该国国家及其财产民事案件的管辖等，以维护我国的主权、安全、发展利益。

第六，明确了适用于外国国家豁免案件的特殊诉讼程序。考虑到外国国家作为民事案件当事人的特殊性，《外国国家豁免法》第17条和第18条对外国国家豁免案件中的有关文书送达、缺席判决等程序作出专门规定。关于涉及外国国家及其财产的民事案件的审判和执行程序，《外国国家豁免法》没有规定的，适用我国《民事诉讼法》以及其他相关法律的规定。

第五节　我国《外国国家豁免法》实施的策略与安排

目前，《外国国家豁免法》已于2024年1月1日起正式施行。不同于一般国内立法以及其他涉外立法，《外国国家豁免法》具有鲜明的法律和外交双重属性。在当前单边主义盛行、国际秩序动荡不安的全球背景下，如何充分发挥该法预期的功能质效，特别是在捍卫国家主权和领土完整的关键节点上，如何以该法有力地防范、警示和震慑外部势力，有效拒止和对等反制外国的干涉制裁，维护我国国家尊严和海外利益，这需要在司法与外交的复合语境下，将两者的智慧和原则有机结合，特别是在司法解释的制定出台、内部报告制度的建立、跨部门协调机制的构建以及与《民事诉讼法》的衔接适用共四个方面作出合理策略选择与机制安排。

一、不宜急于制定配套司法解释

在未来一段时期内不宜就《外国国家豁免法》制定配套司法解释。我国《外国国家豁免法》总共23条，有观点认为该法条文数量有限、具体标准仍存在不清晰之处，需要制定配套司法解释以便对豁免例外的裁量标准、对等原则的具体适用等问题予以解释和厘清。然而从该法涉外法治的地位与属性出发进行考量，急于出台司法解释既不符合我国当前实际，反而在效果上还会适得其反。

涉外法治同国内法治相比存在本质不同，国内法治因存在最高权威机关而可以通过追求规则的详细明确借以实现法的秩序的预期稳定，而涉外法治所作用的国际社会并无超越平等主权国家的全球最高权威机构，因此各国并不能借以追求、也不可能通过规则的明确完备实现秩序稳定。国家豁免作为一国外交政策的有机组成，需要通过法治与外交的双重博弈，才能实现相对的国际秩序平衡和国家利益最大化。如果此时急于出台详细的司法解释，将会使我国的外国国家豁免制度丧失灵活性与裁量空间，这无疑是自缚手脚，限制该法对外反制与震慑的效果。

况且，比较而言，我国《外国国家豁免法》体量并不单薄，《联合国国家豁免公约》共33条、《美国外国主权豁免法》共10条、《英国国家豁免法》共23条、《加拿大国家豁免法》共18条，此外作为大陆法系国家的德国和法国甚至至今仍未就国家豁免制定专门立法，而是通过具体案件裁判确立限制豁免原则，并且在不同案件中持不同的立场和标准。

此外，我国刚刚从长期坚持的绝对豁免立场转向限制豁免立场，相关规则的裁量适用需要在实际审判工作中逐渐积累经验，短期内出台司法解释难免存在不周之处。比较而言，宜待未来通过个案审判逐步确立具体的标准尺度，然后再根据外部环境局势和法律斗争需要出台司法解释或调整修订该法。与此相似，长期以来，美国在国家豁免领域的法律实践中也是亦步亦趋，灵活把握其规则的适用，不断根据外交政策和国家利益需要作出调整，逐步以判例或修法的方式完善其豁免规则及裁量标准。

二、建立国家豁免案件全面报告制度

在《外国国家豁免法》颁布之前，最高人民法院曾于2007年发布了《最高人民法院关于人民法院受理涉及特权与豁免的民事案件有关问题的通知》（法〔2007〕69号），就人民法院受理的涉及特权与豁免的案件建立报告制度，规定凡以外国国家等12类在中国享有特权与豁免的主体为被告、第三人向人民法院起诉的民事案件，人民法院应在决定受理之前，报请本辖区高级人民法院审查；高级人民法院同意受理的，应当将其审查意见报最高人民法院。在最高人民法院答复前，一律暂不受理。按照该《通知》要求，下级法院在依据《外国国家豁免法》判断是否存在管辖豁免例外并最终受理之前须逐级向最高人民法院报告，等待最高法的答复。这一机制的核心精神在于确保我国法院能够审慎、正确地处理该类案件。但是，放诸当前《外国国家豁免法》施行的语境下，该报告机制在范围与向度上已显得不够健全，无法适应我国国家豁免制度的立场转变，以及当前及今后较长一段时期我国对外法律斗争的形势需要。

具体而言，一是报告范围有限。根据现有报告制度，下级法院仅须对案件的管辖受理问题进行上报，报告范围并不包含实体问题审判与司法强制措施。而在外国国家豁免案件中，其豁免问题不仅限于管辖豁免，还包括保全与执行等司法强制措施的豁免问题。另外，与普通民事案件相比，这类案件在实体审判上也存在较大的不同，外国国家不仅会组建强大的法律团队应诉，还会在案件司法进程中，综合运用外交、国际舆论等手段争取有利结果，并且这类案件有时还涉及历史问题与政治问题，例如战争赔偿、旧债清偿。下级法院如不事先将有关问题向最高人民法院全面报告，那么很可能会产生法律适用错误、裁判说理不充分、司法强制措施适用不当等问题，这不仅会对我国司法形象产生负面影响，还可能会招致涉案国家的对等报复，对两国关系产生不良影响，甚至西方国家还会借题发挥、大肆炒作，在国际社会上陷我国于难堪境地。

二是报告向度片面单一。现有报告制度下，仅当下级法院决定对外国国家豁免案件进行管辖时，才需要上报最高人民法院审核；而当下级法院决定不予管辖时，则不需要向上报告。这种单一、片面的报告制度是建立在过去我们坚持绝对豁免原则、对外国主权国家一律不予管辖的前提下的，而现在我国已正式采纳限制豁免原则，在构成豁免例外的情形下，我国法院有权对外国国家予以管辖。另外，面对日渐严峻复杂的对外斗争局势，特别是以美国为典型的国家，长期以来，将政治问题法律化，借司法手段行霸权主义，其法院频繁受理和管辖针对我国国家的，以旧债清偿、地方企业改制、有关行业管理为由而发起的滥诉和诬告，并大有愈演愈烈之势。对此，我国法院要巧用、善用《外国国家豁免法》予以对等反制，在更高水平上运用法治思维和法治方式应对挑战、防范风险，打击国外反华势力及霸权主义的嚣张气焰。

为避免在某些案件中，下级法院囿于审判水平和信息接触层级所限，未能正确灵活把握适用该法，在最高人民法院毫不知情的情况下，对应该管辖的以某些国家为被告的案件未予以管辖，故建议明确规定下级法院在面对外国国家豁免案件时，无论是否决定受理，都必须逐级报请最高人民法院核准答复。同样，在这类案件的实体争议审判和强制措施执行问题上，不论下级法院考虑作出的裁判是否有利于外国国家，都需要在正式裁判作出之前报请最高人民法院审核。

综上所述，并考虑到涉外国国家民事案件的敏感性，建议以内部文件的形式确立涵盖外国国家民事案件管辖受理、实体问题审判以及强制措施执行在内的全面报告制度，以配套保障《外国国家豁免法》更好地实施。

三、围绕外交利益和对等原则建立部门间的协调机制

外国国家豁免制度具有非常鲜明的司法与外交双重属性。《外国国家豁免法》作为我国涉外法律体系的重要组成部分，其功能的主要预期在于，以该法在国内的实施，保障我国在国外的利益。为此，不能简单将其归为单纯的司法问题，而是要从服务宏观大局的角度出发，统筹司法质效提升与外交利益实现，从整体上促进我国国家利益尤其是国外利益的增益。根据《外国国家豁免法》第19条的规定，在外国国家豁免案件中，外交部除了对有关事实问题包括外国国家、外交送达、国家行为等提供证明，还可以就涉及外交事务等重大国家利益的问题出具意见。因此，在具体案件的审判中，务必要重视司法机关与外交部门的衔接与协调，确保两者能够用"同一声音"表达对外立场，平衡我国涉外司法审判的标准一致性与外交政策运用的灵活性之间的关系。

另外，《外国国家豁免法》第21条还规定了外国国家豁免案件的对等原则。如果发生外国国家剥夺、限制或者降低给予我国豁免待遇的情况，我国有权按照对等原则采取必要的措施加以反制和对冲，相应降低对该外国国家及其财产在管辖与执行方面的豁免待遇。实践中，我国作为被告在外国参加的民事案件皆是由外交部作为代表接受外国法院文书送达并主导参与案件解决的全过程。对于外国法院给予我国国家豁免待遇的具体情况，外交部

是我国有关部门中掌握得最为全面、系统和具体的。因此，在我国法院审理外国国家豁免案件时，为了准确适用对等原则，对此前有关国家降低我国豁免待遇的做法予以精准反制，需要司法与外交两部门之间能够即时顺畅地交流有关情况。

综上，在外国国家豁免案件中，一方面，为确保人民法院的审判工作能够与我国对外政策、对外交往保持步调一致，服务国家整体利益的需要；另一方面，为确保《外国国家豁免法》的对等原则能够精准适用、有的放矢，有效反制有关国家对我国主权豁免利益的侵犯与限制，最高人民法院与外交部应尽快建立涉外国国家民事案件审判工作的协调机制。

该机制具体涵盖以下功能：一是案情通报，最高人民法院与外交部于第一时间彼此通报有关人民法院受理的外国国家豁免案件以及我国在外国法院被起诉案件的基本情况；二是事务协助，外交部在人民法院受理的外国国家豁免案件中，对外国国家认定、司法文书送达等问题提供协助与证明，保障案件审理进程的顺利推进；三是会商协作，在涉及我国外交事务等重大国家利益的外国国家豁免案件中，最高人民法院与外交部就案件的基本立场与整体把握充分沟通、通力合作，共同服务国家大局；四是意见建议，外交部根据所掌握的外国对我国提供豁免待遇的情况，在如何具体适用对等原则上向最高人民法院提供意见和建议，包括管辖和执行的豁免待遇、司法文书的送达方式、裁判尺度的宽严把握（例如是否对外国国家施以惩罚性赔偿）等。

四、在管辖级别与时间效力上与《民事诉讼法》良好衔接

《外国国家豁免法》作为特别调整以外国国家为主体的民事诉讼规则，与《民事诉讼法》之间属于特别法与一般法的关系。《外国国家豁免法》第16条以及最新修订的《民事诉讼法》第305条皆规定了两者之间的衔接适用问题。一般而言，优先适用《外国国家豁免法》，在其没有规定的情况下，则适用《民事诉讼法》及其他相关法律的规定。但是，落到具体问题包括管辖级别与时间效力上，尤其要注意有关规则与标准的衔接适用。

（一）适用《民事诉讼法》关于级别管辖的规定

关于外国国家豁免案件的管辖级别，应正常适用我国《民事诉讼法》及相关司法解释的规定，即在一般情形下，由中级人民法院管辖一审案件；如案件存在特别重大的影响，则由高级人民法院进行一审管辖；原则上，尽量避免由最高人民法院作为初审法院。对此，尤其要慎用《民事诉讼法》第20条和第21条，不轻易提高外国国家豁免案件的初审审级。

这样安排主要是基于三方面考虑：一是有利于从整体上维护我国立法体系和司法体系的权威与尊严。将外国被告在国家豁免案件中的特别待遇限制在主权豁免方面，而不再给予其他更多优待。二是符合对等原则。我国在美国法院被起诉的有关案件，其初审法院是最低级别的联邦地区法院（District Court），而非层级更高的联邦巡回法院（Court of Appeals）或最高法院（Supreme Court）；并且，根据美国1891年《司法法》①设立的调档复

---

① 　Judiciary Act of 1891（26 Stat. 826）.

核制度(certiorari)，美国司法系统中，绝大多数案件包括国家豁免案件的诉讼程序止步于联邦巡回法院，其联邦最高法院只复核极少数案件。因此，没有任何理由在中国法院审理以美国政府为被告的案件中，特别安排由更高级别的法院进行初审，而是恰恰应当令其政府在我国的民事诉讼规则下，经历一审、二审乃至再审程序，这也更有利于发挥《外国国家豁免法》对等反制与威慑制止的效果。三是有利于合理安排司法资源。2022年最高人民法院受理案件18547件，已经严重超负荷。将外国国家豁免案件的初审主要安排在中级人民法院和高级人民法院，而由最高人民法院负责部分二审工作，可以有效减轻最高人民法院的审判负担，也避免因最高人民法院从一开始就直接审理涉及外国国家被告的案件，而压缩我们在后续司法程序中调整缓冲的空间和余地。

(二) 与《民事诉讼法》保持一致的时间效力

关于《外国国家豁免法》时间效力的确定，也应当与《民事诉讼法》保持标准一致。《外国国家豁免法》第23条规定该法自2024年1月1日起施行，但并未提及该法是否具有溯及既往的效力。

在这一问题上，美国出于本国利益等方面的考虑，其立场从语焉不详到一再改变。1976年《美国外国主权豁免法》出台时，并未对该法的溯及力问题予以规定；后来在1984年以我国为被告的"湖广铁路债券案"中，美国阿拉巴马北区联邦地区法院以《外国主权豁免法》无溯及力为由驳回原告起诉，① 并撤销了该院此前对我国作出的不利判决；② 再到2004年，美国联邦最高法院在"纳粹劫掠艺术品案"③中推翻了此前的规则，而认定《外国主权豁免法》具有溯及力，可以适用于该法生效前的行为。也正是基于该标准，在随后2007年针对中国的"善后大借款案"中，美国纽约南区联邦地区法院决定受理该案。④

从我国《外国国家豁免法》的功能预期层面而言，针对美国坚持其《外国主权豁免法》具有溯及力的立场，为有效维护我国的国家利益，我们不能在这一问题上自我限制，主动放弃依法应当享有的对有关外国国家豁免案件的管辖权，而是应当肯定我国《外国国家豁免法》的溯及力，在时间维度上合理扩大我国法院对于外国国家豁免案件的管辖权范围，以便今后对美国法院不计案件发生时间而一概受理的做法予以有力震慑和对等反制。

另外，从法理层面而言，《外国国家豁免法》与《民事诉讼法》一样，性质上属于程序法规范，其调整的是诉讼程序中法院、当事人和其他诉讼参与人的诉讼活动和程序性权利义务关系，而非实体权利义务关系，其不对案件双方实体争议的是非曲直进行价值判断，也就不会像《民法典》等实体法那样对民事主体的活动产生行为规范与结果预期的效果。

---

① Jackson v. People's Republic of China, 596 F. Supp. 386 (N. D. Ala. 1984). 该裁定得到美国联邦第十一巡回上诉法院的维持，参见 Jackson v. People's Republic of China, 794 F. 2d 1490 (11th Cir. 1986)。

② Jackson v. People's Republic of China, 550 F. Supp. 869 (N. D. Ala. 1982)。

③ Republic of Austria v. Altmann, 541 US 67 (2004).

④ 该案又称"莫里斯诉中华人民共和国案"，最终该法院以案件中的商业行为对美国不存在"直接影响"(direct effect in the US)且已过诉讼时效为由而撤销了案件，但在近两年的诉讼过程中，我国政府投入了相当多的精力和资源去应对。参见 Marvin L. Morris, Jr. v. The People's Republic of China et al., 478 F. Supp. 2d 561 (S. D. N. Y. 2007)。

因此，同其他程序法一样，《外国国家豁免法》其实并不存在实体法所涉及的时间上的溯及力问题。作为调整外国国家在民事案件中管辖与执行的程序规则，《外国国家豁免法》属于我国民事诉讼规则的组成部分，自施行之日起便对法院以及作为当事人的外国国家发生效力，无论案件纠纷发生在何时，只要在《外国国家豁免法》生效后被起诉至人民法院，则一律适用该法来判断对外国国家的管辖与执行事宜。正如新修订的《民事诉讼法》一样，自2024年1月1日起实施后，起诉至人民法院的案件，即便案件争议在此之前发生，其诉讼程序和诉讼活动也同样由新法来调整，这并不违背"法不溯及既往"的原则或者说与之并不相关。

综上所述，作为统筹推进国内法治与涉外法治建设、完善我国涉外法律体系的重大立法成果，《外国国家豁免法》具有浓厚的法律与外交双重属性。为更加充分地发挥该法的预期功能，防范与震慑外部势力，拒止并反制外国干涉，维护我国国家尊严和海外利益，就需要在《外国国家豁免法》的适用过程中，将司法和外交的智慧与原则有机结合，特别是在以下四个方面作出合理安排：第一，短期内不就《外国国家豁免法》出台司法解释，作为涉外法治的重要组成部分，该法需要足够的裁量空间以保障其制度弹性与张力，从而充分发挥对外反制与震慑的作用，未来可在积累一定经验后，根据国际环境和法律斗争的需要，制定司法解释。第二，尽快以内部文件的形式制定外国国家豁免案件报告制度，规定下级法院在审理该类案件时逐级向最高人民法院全面报告包括管辖受理、实体审判以及强制措施在内的有关事宜，避免因下级法院不当裁判而损害我国外交利益和司法形象。第三，围绕外交政策和对等原则的落实，建立最高人民法院和外交部的部门间协调机制，确保两部门能够在外国国家豁免案件中充分沟通，协调一致，用"同一声音"表达对外立场，统筹增进司法质效与外交利益。第四，做好《外国国家豁免法》和《民事诉讼法》的适用衔接。在管辖级别上，适用《民事诉讼法》的级别管辖规则，不特意提升初审审级，从整体上维护我国司法体系的尊严与权威。在时间效力上，与《民事诉讼法》保持标准一致，无论案件发生在《外国国家豁免法》施行之前还是之后，一律适用该法判断有关国家豁免问题。

第二章　国家豁免的相对性

国家及其财产豁免是国际法上一个古老而又常新的话题，同时又是一个重大的理论和实践问题，尽管在范围和程度上有所争议，但国家及其财产享有免于被审判和执行的管辖豁免特权是国际法上公认的一项普遍原则，世界各国的学说、政府意见和司法判例以及国家立法和国际条约都广泛而又强烈地支持这一点。20 世纪 70 年代以来，国际上对国家及其财产豁免问题的立法进入了一个新的高潮，成文化是这一时期的典型特征，判例法国家的成文化运动也不示弱，再次彰显两大法系逐步融通之大势。1972 年欧洲理事会通过了《欧洲国家豁免公约》，1976 年美国制定了《外国主权豁免法》①，1978 年英国颁布了《国家豁免法》，这几个重要的立法带动了其他一大批国家的成文化运动。② 1978 年联合国大会决定编纂关于国家及其财产豁免问题的有关公约，1986 年联合国国际法委员会提出了《国家及其财产管辖豁免条款草案》的一读文本，1991 年修订二读通过并提交联大审议，联大把前期工作交给了其第六委员会具体负责，根据 1998 年第 53 届联大决议，第六委员会于 1999 年成立了"国家及其财产管辖豁免公约"工作组对条款进行专门审议，2000 年第 55 届联大决定于 2002 年 3 月成立"国家及其财产管辖豁免公约"特设委员会，就"国家及其财产管辖豁免"专题制定国际文件；2004 年年底，《联合国国家豁免公约》获得通过。当然争议仍然是存在的，尤其是对个别关键性问题的争议还比较激烈。目前，《联合国国家豁免公约》并未生效，但该公约所采纳的限制豁免原则影响越来越大。

第一节　限制豁免主义

国家豁免的根据是主权，当基于主权的理由时，国家的行为就享有不可剥夺的豁免权。这样我们可以顺理成章地得出符合逻辑的结论：当国家从事主权行为时，享有豁免权；当国家从事非主权行为时，就不享有豁免权。这也就是限制豁免主义的基本观点。显而易见的是，在关于国家豁免问题的几个学说中，限制豁免主义才是最符合根据且逻辑最周延的国家豁免理论。其他理论则不具有这样的特点，绝对豁免主义认为国家的一切行为都可享受豁免，这是没有充分根据的，因为并非任何国家行为都具有主权性；废除豁免主

---

① 由于该法在语言和结构方面都存在着一些问题，美国正试图对其进行修订。美国律师协会工作组已经提出了修改报告，该报告发表在 *Columbia Journal of Transnational Law*，Vol. 40，No. 3，2002。

② 例如有 1979 年《新加坡国家豁免法》、1981 年《巴基斯坦国家豁免法令》、1981 年《南非外国国家豁免法》、1982 年《加拿大国家豁免法》、1985 年《澳大利亚外国国家豁免法》、2009 年《日本外国国家民事管辖法》、2015 年《俄罗斯关于外国国家和财产在俄罗斯联邦的管辖豁免法》等。

义又恰恰相反，认为原则上应否认国家豁免权，只有在明确规定的几种情况下作为例外国家才享有豁免权，这显然是颠倒主次、轻重不分，因为在市场经济条件下以国家名义从事的行为大多数还是公法行为或主权行为，以国家名义从事私法行为或非主权行为是极少数的情况，这是由国家作为一个公共机关的性质所决定的。

一、限制豁免主义更加合理公平

限制豁免主义不仅完全契合国家豁免的主权根据，而且是公正的，也势在必行。

(一)正确处理领土管辖权与国家豁免权的国际公法关系

限制豁免主义承认国家豁免是国际法的一项原则，国家不享有豁免的情况是例外。这样限制豁免主义就不是"对国家主权的极大蔑视"，而是对国家主权恰如其分的尊重，如果不带偏见的话，我们很容易从限制豁免主义的典型立法中看到这一点，如 1972 年《欧洲国家豁免公约》、1976 年《美国外国主权豁免法》、1978 年《英国国家豁免法》、国际法委员会 1991 年二读通过的《国家及其财产的管辖豁免条款草案》。[1] 因此，无论是国家立法还是国际条约都对豁免权给予了极大的肯定，对外国主权给予了必要的尊重，因此，限制豁免主义既不是"对国家主权的极大蔑视""与主权原则是不相容的"，更谈不上"彻底违反国际法"。因此，对有的国家会"利用内国法院对其他主权国家滥用自己的司法管辖以任意干涉侵犯他国主权和利益"的担心即便不是多余，也不宜过分渲染。同时，限制豁免主义在肯定豁免是一个原则的同时，又列举了一些具体事项，被诉国不能享受豁免权，法院地国并不放弃管辖，这样也有力地维护了法院地国的领土主权，从而比较妥善地处理了法院地国领土主权和被诉国豁免权的关系，真正体现了主权平等和利益均衡。

(二)公平处理国家当事人与私方当事人之间的国际私法关系

正如一个人有多种身份，一个国家也会扮演不同的角色，在公法关系它是不平等的管理者和服务者，在私法关系中它是平等的当事人。"尽管国家参与国际民商事活动仍然是主权者，但一旦它直接参与之，就意味着它同时具有了国际民商事法律关系的当事者的身份，也就是说，它是以国际民商事法律关系的当事者和主权者的双重身份出现的。根据当事人在民商事活动中地位平等原则，在国际民商事法律关系中，国家首先是民商事法律关系的当事者，应限制其主权者地位，以免背离这一基本原则。"[2]国家既然参与借债、投资等私法关系从事私法活动，理应遵守基本的私法规则，与私方当事人一样平等地享受权利、履行义务和承担责任。我们认为，勇于承担自己的责任不仅不会贬损自己的尊严，恰

---

① 参见《国家及其财产的管辖豁免条款草案》，载王铁崖、田如萱编：《国际法资料选编(续编)》，法律出版社 1993 年版，第 79 页。

② 参见《国家及其财产的管辖豁免条款草案》，载王铁崖、田如萱编：《国际法资料选编(续编)》，法律出版社 1993 年版，第 195 页。

恰相反，这是讲求信誉值得赞赏的"壮举"，同时也是任何一个"负责任"的国家所应为的。可以断言，主张国家在私法关系中享有豁免权的绝对豁免主义是国际民商旧秩序的体现，而主张国家在私法关系中不享有豁免权的限制豁免主义则是国际民商新秩序的重要内容。绝对豁免主义违反了私法的根本原则，破坏了私人在私法关系中的正当期望和依赖利益，从而不利于发展国际经贸合作，不利于促进跨国友好往来，进而不利于改革开放和社会主义现代化建设的顺利进行。

在这里，我们有必要对"平等者之间无管辖权"的法谚进行深入的分析：平等从来都是具体的，不存在抽象的普遍的平等。在不同性质的法律关系中，平等的主体和内涵是不一样的。在主权行为中，公法关系的参与者之间是平等的，他们之间互不享有管辖权，也就是说一个作为主权者的国家不受另一个主权者的管辖；同样，在商业交易中，私法关系的参与者之间是平等者，他们之间也互不享有管辖权，也就是说一方当事人不受另一方当事人的管辖，即便其中一方是国家时也是如此。所以在国家参与商业行为时，它是以私法主体身份出现的，与另一方当事人的法律地位是平等的，此时，"平等者之间无管辖权"仅仅是指国家当事人和私方当事人之间互不享有管辖权，国家当事人不受私方当事人管辖，私方当事人也不受国家当事人管辖，并不是指参与私法关系的某方当事人可以不受任何管辖。具体的法律关系不同，平等者的对象也就不一样，在某一法律关系下的平等者并不意味着在其他任何法律关系中都是平等的。我们要克服把国际公法中的平等与国际私法中的平等混为一谈的错误倾向，尽管目前它在世界上还比较流行。

需要强调的一点是，在新的世纪，一个日趋现代化的逐步"走出去"的中国绝不会总是站在被告席上，我们还会是法院地国或者是私方当事人的祖国，因此，我们在角色定位时，一定要克服片面甚至僵化的倾向。

二、限制豁免主义具有扩张力

妥善处理了"两个关系"的限制豁免主义还具有极强的渗透力和扩张性，从第一个采取相对主义立场的国家开始，它就注定会向全世界扩散。当这个最初执火炬者对任何一个其他国家的私法行为行使管辖权时，根据对等和互惠原则，其他任何一个绝对豁免主义国家无论是出于利益还是尊严的考虑，在以后的案件中它都不会作茧自缚，当然地不会给予或不会长久地给予最初执火炬者的私法行为以豁免权，这样任何其他国家都会向最初执火炬者看齐，至少在事实上采取相对主义的政策，[①] 尽管它也可能宣称自己是个绝对豁免主义者。如果说在相对主义的初期，这种理论上的宣示还具有很大的实际意义的话，那么在世界上多数国家都采取相对主义立场的今天，这种理论宣示的意义就极其有限了。鉴于单方面的无条件的国家豁免不可能存在或者不可能持久，因此限制豁免主义自其产生之日起就注定会是世界趋势，尽管这一趋势在初期可能并不明显。顽固坚持绝对豁免主义的立场

---

① 这就是学者主张的"要管大家管"的道路。参见李泽锐：《国家豁免问题的回顾和前瞻》，载中国国际法学会主编：《中国国际法年刊》，中国对外翻译出版公司1986年版，第276~277页。

既会危害本国利益和尊严，又会为世界潮流所抛弃。

正是由于以上诸多原因，限制豁免主义才会"在实践中得到广泛的支持"①，"成为一种越来越有力的世界性趋势"②，"将最终取代绝对豁免主义"③。有重大影响的学术见解包括国际法学会 1891 年《汉堡决议》（全称《关于外国国家及其元首的法院管辖权限问题的决议》）及 1991 年经过修正的《关于国家豁免的决议草案》，国际法协会 1926 年《国际法上关于豁免的条约草案》及 1982 年经过修正的《关于国家豁免公约的条款草案》，还有哈佛大学法学院主持拟定的以杰赛普为主报告人的《哈佛研究草案》（全称《关于法院对外国国家管辖权限的条约草案》，这在当时奉行绝对豁免的美国可以说是一石激起千层浪，起到了解放思想的作用）也都是以限制豁免主义为基础的。另外，在国际公约方面，1926 年的《布鲁塞尔公约》（即《关于统一国有船舶豁免若干规则的公约》）、1969 年《国际油污损害民事责任公约》、1972 年《欧洲国家豁免公约》，1983 年美洲法律委员会起草的《美洲国家豁免公约草案》以及 2005 年联合国《国家及其财产管辖豁免条款草案》也以限制豁免主义为基调。2023 年 9 月 1 日，中华人民共和国《外国国家豁免法》的公布标志着我国以立法的形式正式确立了完全符合国际法和各国实践的国家豁免制度。

第二节　主权行为和非主权行为的划分问题

限制豁免主义首先要解决一个问题，这就是界定主权行为/非主权行为或公法行为/私法行为的划分标准。目前国际上关于国家行为的划分主要存在三种理论和实践，即"性质标准""目的标准"以及性质和目的比重不同的诸多"混合标准"，当然核心的概念是"性质"和"目的"。性质标准认为，主权行为是一国只能以主权者身份依照公法行使权力的行为，如果私人依法也能从事的行为则是非主权行为，而不管其动机和目的如何。性质标准又被称为国家行为划分的"客观标准"。目的标准认为，如果国家的某一行为以公共利益为目的，则此行为是主权行为，享有豁免权，否则就是非主权行为，不享有豁免权。这又被称为划分国家行为的"主观标准"。性质标准和目的标准争议的焦点是国家以社会公共利益为目的而从事的商业行为是否享有豁免的问题。

---

① 刘想树：《国际私法基本问题研究》，法律出版社 2001 年版，第 211 页。

② 参见《国际法委员会年鉴》，1982 年英文版，第 2 卷，第 1 部分，第 203 页；转引自龚刃韧：《国家豁免问题的比较研究——当代国际公法、国际私法和国际经济法的一个共同课题》，北京大学出版社 1994 年版，第 447 页。

③ 董立坤：《国际私法论》，法律出版社 2000 年版，第 191 页。国内学者的相关论点还有（限制豁免主义）"已基本形成一种趋势"，参见王铁崖主编：《国际法》，法律出版社 1995 年版，第 132 页；"已成为一种世界性趋势"，参见韩健：《现代国际商事仲裁法的理论和实践》，法律出版社 2000 年版，第 498 页；"目前，这种限制国家豁免的主张和实践已是大势所趋，并可能成为国际习惯规则"，参见梁淑英：《浅析国家豁免的几个问题》，载《政法论坛》2000 年第 2 期；"越来越多的国家主张限制豁免论""限制豁免主义已成为一种世界性趋势"，参见黄进等：《国家及其财产豁免的几个悬而未决的问题》，载《中国法学》2001 年第 4 期，第 150 页。

一、"性质标准"和"目的标准"密切联系

人们过去往往容易把"性质标准"和"目的标准"当作完全对立的两个标准，其中最典型的就是 1976 年《美国外国主权豁免法》的规定："一项活动的商业性，应当根据行为的过程的性质，或特殊的交易和行动的性质决定，而不是根据其目的来决定。"

其实性质和目的两者之间是相互渗透、密切联系的，尤其是在识别行为的性质时，往往要通过考察其目的来确定。任何事物都不会粘贴着"性质"的天然标签，因此事物的性质需要人来分析和判断。比如，商业行为本身在很大程度上就是根据该行为的目的来判定的，某行为之所以成为商业行为并不是因为它们本身固有某种神秘莫测的性质，而是因为它们往往是以谋利为目的。主权行为同样也可以这样分析。也就是说"性质"和"目的"不是两个绝缘体，而是有内在联系的两个导体。①

二、"以性质为主、以目的为辅"的混合标准

鉴于性质标准在很大程度上已经内化了"目的"，所以我们认为将性质标准突出来作为一条主要标准是完全合适的，同时考虑到"目的"并没有完全被"性质"化解，所以我们主张"以性质为主、以目的为辅"的混合标准。

(一)"目的"不应成为认定主权行为的主要标准

无论如何，"目的"作为一种主观的东西，有两个极大的缺陷：

首先，目的作为一种主观概念，外人难以确知并界定，只能根据表现出来的行为作一般的推论，针对性不足，随意性有余，具有很大的不确定性，因此它不可能成为划分行为的基础性标准。

其次，国家作为公共机构，其绝大部分行为都有社会公共利益方面的考虑，另外还有一部分行为具有混合目的，如果按照目的标准来划分的话，那么相对豁免实际上就会与绝对豁免相差无几，从而失去限制豁免主义的意义。

(二)"性质"已是被广为接受的主要划分标准

所以，目的论标准"已遭受许多国家的抛弃，相反，性质论标准则受到相对豁免立场

①　相似观点还有："对人类活动的性质进行分类而不涉及其目的是不可能的。某项活动的性质不是抽象的理念，更确切地说是集中的或'中心的'目的，对'政府的'和'商业的'分类本身就是显示目的的。"参见澳大利亚法律改革委员会：《外国国家豁免》，1984 年英文版，第 28 页；事实上，一些西方国家的法院在具体判例中也时常将目的因素作为辅助标准加以考虑，例如《美国外国主权豁免法》颁布生效后的 1980 年，美国联邦得克萨斯西部地区法院在卡斯特罗诉沙特阿拉伯案中就仍以"非营利"作为承认美国与沙特阿拉伯之间培训军事人员协定主权性质的辅助理由。参见《国际判例汇编》第 63 卷，第 412~422 页；转引自龚刃韧：《国家豁免问题的比较研究————当代国际公法、国际私法和国际经济法的一个共同课题》，北京大学出版社 1994 年版，第 428 页。美国立法历史文件也陈述商业行为包括"通常为了利润的行为(customarily carried on for profit)，参见 *Working Group of the American Bar Association: Reforming the Foreign Sovereign Immunities Act, Columbia Journal of Transnational Law*, Vol. 40, No. 3, 2002, p. 552。

的学者、国家占绝对优势的支持"。① 1923 年，曾任常设国际法院法官的魏斯就提出以行为的性质作为标准来区分主权行为和非主权行为；1932 年，哈佛大学法学院主持拟定的研究草案对此也持肯定态度；1957 年英国法官丹宁在审理案件时也表明了性质标准的主张，当然最绝对的做法是 1976 年《美国外国主权豁免法》的规定。

我们认为行为的性质标准之所以被广泛接受，主要有下面几个原因：首先，从哲学上讲，性质是一事物区别于其他事物的质的规定性，可见，性质是事物分类上的哲学标准，具有普遍性，国家行为依此划分也属正常。其次，在国内法上行为也主要是以性质而不是以目的来划分的。再次，性质标准较为客观，容易识别，适用便宜，能有效避免目的标准的主观随意性和难以确定的缺陷。最后，性质标准更加符合限制豁免主义的宗旨，如果按照目的论标准，限制豁免主义就会与绝对豁免主义没有多少差别，从而丧失其在人们心目中的价值。②

（三）"目的"应作为认定主权行为的辅助标准

尽管性质标准如此优越，但是把国家行为的性质作为划分主权行为/商业行为的唯一标准而完全不考虑行为的目的，也不妥当。首先，目的并没有被性质全部消解，"性质的专制"只会带来偏执和混乱。性质标准是一个客观标准，而目的标准是个主观标准，主客观相统是哲学的一个重要原理。"目的"作为划分的一个辅助标准或考虑因素很有必要，因为它对性质标准具有补充和修正的功能，这是极为重要的。

首先，虽然性质标准为限制豁免主义提供了一个一般标准，但并非所有的国家行为依此都能作明确的划分，因为到底哪些行为是"一国只能以主权者身份行使权力的行为"，哪些行为是"私人依法也能从事的行为"，并非总是一目了然的，对于那些处于模糊区域的非典型性行为，如果仅依性质标准就将其认定为是主权行为或非主权行为，就显得有些草率武断而不能令人心悦诚服，这时就需要借助目的标准来权衡。如果这个非典型性行为是以公共利益为目的，就把它识别为主权行为；否则，就把它识别为非主权行为。在此情形下，适用目的标准显然可以对性质标准起到补充的作用，从而增强判决的说服力。

其次，目的在划分标准中占有一席之地更重要的还是因为它有另外一个优点，即灵活性，可以在性质标准的基础上稍稍扩大对主权行为的认定，进而扩大国家豁免的范围。在需要考虑国家关系的重大案件时，为法院在审判中接受作为"法庭之友"的行政机关的建议或自由裁量时留下了回旋的余地，从而不致严重影响国家间的友好关系。确切地讲，某一国家行为根据性质标准是商业行为，但根据目的标准又被判断为主权行为，在必要时，可以把该行为当作主权行为处理，这就是目的标准对性质标准的修正功能。上述情况都是特殊情形，不是问题的主要方面，"目的"作为"性质"之外的辅助性标准恰如其分。《联合

---

① 黄进：《国家及其财产豁免问题研究》，中国政法大学出版社 1987 年版，第 77 页。

② 关于性质标准的其他优点，可参见黄进：《国家及其财产豁免问题研究》，中国政法大学出版社 1987 年版，第 80~81 页；龚刃韧：《国家豁免问题的比较研究——当代国际公法、国际私法和国际经济法的一个共同课题》，北京大学出版社 1994 年版，第 425~426 页。

国国家豁免公约》最终采取的正是这种做法。① 我国《外国国家豁免法》第 7 条也规定，"中华人民共和国的法院在认定一项行为是否属于商业活动时，应当综合考虑该行为的性质和目的"。

(四)考虑"目的"时应限于"直接目的"

根据我们"以性质为主、以目的为辅"的理念，对于"国家以社会公共利益为目的而从事的商业活动"这个焦点问题，我们认为，国家从事商业活动本身就已经构成了商业性质的初步证据，原则上不享有豁免权，国家欲使其商业活动得到豁免，就必须证明该商业活动是以社会公共利益为直接目的。例如，政府为改善其工作条件而进行的商业采购，尽管最终可能增进社会公共利益，但由于不是以社会公共利益为直接目的，就不能算是主权行为，依然不能豁免。同样，"使馆维修设备""军队购买衣靴"也不是以社会公共利益为直接目的，因而也摆脱不了其商业性质。但是"军队购买用于保家卫国的武器""政府采购用于赈济灾贫的食品"，由于是以社会公共利益为直接目的，这就可以破除该交易的商业性质，因而也就可以作为主权行为享受豁免权。当然，在这里举证责任是由国家承担的。

这里笔者还想就国家行为划分中的两个国际私法问题谈一下自己的看法。

三、国家行为的识别依据

某一具体的国家行为到底是主权行为还是非主权行为，这是国际私法上的识别问题。

我们认为首先应根据法院地国和被诉国共同参加或认可的相关国际法进行识别，国际上普遍承认为主权行为的，比如立法行为、执法行为、司法行为、军事行为、外交行为和国有化，不得认定为非主权行为；国际法上规定为非主权行为的，也不得认定为主权行为，比如《联合国国家豁免公约》第三部分列举的行为就应被识别为非主权行为。

其次，如果没有共同参加的相关国际公约或者国际条约没有规定的事项，则应适用法院地的相关豁免法来识别。适用法院地法是实践中解决识别冲突的最惯常、最主要的

---

① 关于合同或交易的商业性质的判断标准问题，国际法委员会在讨论其第 51 届工作报告时，委员会主席介绍了这方面的情况。他说由于性质标准和目的标准的整合遇到了障碍，准备删除这一条款，在考虑这一问题时可供选择的方案有：(a)采用完全的性质标准；(b)将性质标准作为首要的标准；(c)将目的标准作为补充性质标准，由每个国家在相关的国内法或政策中宣布；(d)将目的标准作为补充性质标准(均衡使用)；(e)将目的标准作为补充性质标准，但目的的范围受到一些限制或对其进行列举；(f)仅仅规定"商业合同或交易"而不作进一步的详细说明；(g)接受国际法学会 1991 年推荐的方案，该方案以标准的列举和原则的平衡为基础，以在与司法豁免相关的特定案件中界定法院的权限为目的。他接着说：鉴于案件事实和法律传统的差异，委员会决定删除该款并采用(f)方案，并认为这是最可接受的，同时国际法学会的建议为国家法院和裁判所在决定是否满足豁免要求的具体案例中能够提供有效的指导。但有代表团认为工作组删除该条款的建议并不妥当。因为如果把交易或商业性质的决定权交给各国法院，那实践的结果就会与国家的政治体制一样花样繁多。另外这种删除做法还有悖于整个条款的目标，即向政府、法院和执行人员提供指导。最终，公约第 2 条第 2 款保留了"性质为主、目的为辅"原则，规定：在确定一项合同或交易是否为第 1 款第 3 项所述的"商业交易"时，应主要参考该合同或交易的性质，但如果合同或交易的当事方已达成一致，或者根据法院地国的实践，合同或交易的目的与确定其非商业性质有关，则其目的也应被考虑。

做法。

在此过程中，对于一些普适性差、争论性大的特殊事项，则应充分尊重被诉国法律。如某一外国或其媒介让渡矿产开发权的行为，就属于这种情况，法院不应武断地根据本国法认定其性质，它应考虑被诉国法的规定。如果被诉国法规定只有主权机关才有转让的权力，则此让渡是主权性的；如果被诉国法规定任何土地所有者在其财产范围内都有让渡的权力，则该让渡行为就是非主权性的。国家行为性质的识别依据问题，是一个权宜性相当强的领域。"具体分析区别对待"总是对的，那就应把裁量权留给面对案情的法官。

四、法院地国与案件事实应有一定的联系

由于国家在国际私法关系中与普通当事人具有一样的地位，所以法院地国调整关于双方都是普通当事人的管辖权规则同样适用于一方当事人是国家的情形。因此这在很大程度上并不是一个新的问题。按照我们的理解，管辖权的行使自然应与案件存在一定的联系。其实，这也是很多国家的做法。《欧洲国家豁免公约》不仅明确而且严格地将领土联系作为一缔约国对另一缔约国行使管辖权的前提条件；此外《美洲国家豁免公约草案》关于领土联系的规定体现得也很明确；甚至《美国外国主权豁免法》也以特殊方式规定了领土联系的必要性。[1] 而且对外国国家行使管辖权毕竟是一个敏感的问题，理应谨慎从事，因此法院地国应与案件存在着领土上的关联，行使管辖权应以此为必要条件，否则就是过分地扩张了本国的管辖权，造成管辖权上的积极冲突不说，还很难得到当事国的认同和尊重；即便勉强作出判决，也很难得到承认与执行。正如有的学者所主张的那样：为了防止不公正地挑选法院和原告对被告的滥用诉权，规定诉讼案件和法院地国存在一定的联系，是合理而又必要的做法。同时，为了防止外国私人对一个主权国家滥用诉权，也应该要求豁免案件和法院地国存在一定的联系，甚至是实质性的联系。[2]

第三节　国家财产的强制措施

管辖豁免与查封、扣押和执行等强制措施豁免的关系有"一体说"和"区分说"两种理论。[3]

一、"一体说"和"区分说"

"一体说"认为，国家财产的执行豁免应当与国家行为的管辖豁免是结为一体不可区分的一个问题，关于管辖的规定同样适用于执行。如果在管辖问题上采取绝对豁免主义，

---

①　参见龚刃韧：《国家豁免问题的比较研究——当代国际公法、国际私法和国际经济法的一个共同课题》，北京大学出版社 1994 年版，第 320 页。

②　参见黄进等：《国家及其财产豁免的几个悬而未决的问题》，载《中国法学》2001 年第 4 期，第 150 页；黄进、邹国勇：《"展望 21 世纪国际法发展"武汉研讨会综述》，载《法学评论》2001 年第 4 期，第 142 页。

③　参见龚刃韧：《国家豁免问题的比较研究——当代国际公法、国际私法和国际经济法的一个共同课题》，北京大学出版社 1994 年版，第 352 页。

那么自然不存在执行的问题；如果在管辖上采取限制豁免主义，那么在执行情况上也应完全如此，即如果可以管辖外国国家的非主权行为，那么就可以直接执行外国国家的商用财产。

"区分说"认为管辖豁免与执行豁免在性质、法律根据以及效果上都属于不同的领域因而应该区别对待。区分说又分为完全区分说和部分区分说。完全区分说常常表现为对国家的管辖豁免和执行豁免采取截然相反的态度，也就是说在管辖问题上采取限制豁免主义，而在执行问题上采取绝对豁免主义。部分区分说则表现为一方面对管辖豁免和执行豁免都采用了相对主义的立场，但另一方面又不同程度地对管辖豁免和执行豁免加以区别对待，对外国财产的强制措施问题采取更为严格的规定。目前部分区分说有为越来越多的国家所接受的趋势。联合国国际法委员会一读和二读通过的《国家及其财产的管辖豁免条款草案》及《联合国国家豁免公约》最后采纳的正是"部分区分说"，对外国国家的商用财产采取强制措施还需要具备其他条件。我国《外国国家豁免法》采取的是更加严格的"部分区分说"。

我们赞同"部分区分说"的观点，因为"一体说"无视管辖在豁免和执行豁免在客观上存在的差别，把两个确实不同的问题当作一个问题处理显然是不科学的，而且可行性不强。完全区分说看到了执行比管辖具有更大的不可违反性，因而在执行问题上采取绝对豁免主义的立场，显然，这也不是非常值得称道的。这样做一方面不符合限制豁免主义的宗旨，限制豁免主义的一个重要目的就是把国家的私法行为区别出来以使其在私法关系中承担平等的责任，如果国家财产绝对不能执行或者其执行取决于被执行者的态度的话，则此目的很难达到。因而这是不完整、不彻底的限制豁免。另一方面这样做人为地割裂了管辖和执行之间的密切联系。没有执行保障的管辖无疑会失去司法最基本的属性，也就是强制性和权威性，使管辖丧失实际价值而陷入矛盾尴尬的境地，基于这种管辖作出的判决无异于向当事人"打白条"。所以我们赞同"部分区分说"，管辖是执行的前提，执行是管辖的归宿，不能执行的管辖是无家可归的弃儿。可管辖在原则上就是可执行的，只是出于国际法上的特殊考虑，执行财产时需要更加谨慎，条件才更加严格而已。

我们的观点是国家行为不享有绝对的管辖豁免，同时国家的财产也不能完全免于执行。当然人们也不应该去设想国家的全部财产都可以成为执行的对象。因为基于主权原则，国家用于公共利益的财产是不能执行的，同时，对国家财产的执行不得导致国家丧失最低限度的必要的公共职能。

二、执行外国国家商用财产的条件

由于国家商用财产是法院地国执行的主要对象，而一个实际的困难就是如何界定国家商用财产。

(一) 位于法院地国的商业财产

一般来说，从时间角度看，正在用于商业的财产是商用财产，可以对其采取强制措施，这是显而易见的；如果有充分证据证明国家预定即将用于商业的财产也是可以执行的，但是仅仅过去用于商业目的的财产则不是商用财产，不可强制执行。从领土管辖权与豁免权的关系来看，只有处于法院地国的商业财产才有可能被强制执行，根据主权原则，法院地国无权执行外国在第三国境内的财产，更别说外国在其本国领域内的财产，因为这些财产在法院地国的实际有效控制之外。[1]

(二) 财产不必限于诉讼相关

至于财产是否必须与诉基行为存在一定的联系，各国的实践并不一致，国际法上也没有统一的规则。美国和国际法委员会认为只有财产与外国国家商业活动相联系时才可成为强制措施的对象，我国《外国国家豁免法》也要求可被采取司法强制措施的商用财产必须与诉讼有联系。[2] 但是英国和德国却有不同的立场。

笔者认为要求商用财产与诉基行为之间存在一定的联系是不必要的。

首先，债务人必须以其全部财产(在此问题上是指全部商用财产)作为其债务的总担保，这是债法上的一个基本规则，在国际法上要求财产必须与诉基行为之间存在联系并没有什么特别的理由。

其次，国际法上理论和实践对国家及其财产豁免方面的保护应该说已经是非常充分了，但在私法关系中不应存在任何特权。否定商业财产与诉基行为之间必须存在一定的联系是为了"合理地平衡"私法关系中双方当事人的利益，促进国际民商新秩序的建立。事实上，在联大六委会"国家及其财产管辖豁免公约"工作组新的备选案文中，"财产与诉讼标的的要求有关"是受到了极大轻视的。[3] 而美国律师协会工作组的报告也认为对一商业行为案件判决的执行仅限于与同一商业行为有关的财产，这过分限制了对外国国家的执行，在外国国家不愿履行时，应给予胜诉原告实现判决的更大机会，不应要求被扣押或执行的财产与争议有关，同时也应明确只有外国的商业财产才可用来执行。

三、判决前和判决后强制措施的区分问题

关于区分判决前和判决后强制措施的问题，第一任专题报告员素差伊库在 1985 年就已提出，但在一读和二读《国家及其财产的管辖豁免条款草案》中均未被采纳，二读草案只是笼统地规定"在法院诉讼中免于强制措施的国家豁免"，并未对强制措施作出判决前和判决后的区分。一般认为，这表明草案对判决前和判决后的强制措施是采取同一立场的，并未对判决前强制措施予以更大的限制。

不过，《联合国国家豁免公约》最后还是作了区别，其第 18 条、第 19 条分别对"免于

---

[1]　被执行财产"处于法院地国领土上"已为二读《国家及其财产的管辖豁免条款草案》所肯定，而且在 2000 年工作组的两个备选案文中都得到了完全的保留。参见联合国文件：A/C.6/55/L.12，2000 年中译本，第 25 页。

[2]　我国《外国国家豁免法》第 14 条规定：有下列情形之一的，外国国家的财产在中华人民共和国的法院不享有司法强制措施豁免：(1)外国国家以国际条约、书面协议或者向中华人民共和国的法院提交书面文件等方式明示放弃司法强制措施豁免；(2)外国国家已经拨出或者专门指定财产用于司法强制措施执行；(3)为执行中华人民共和国的法院的生效判决、裁定，对外国国家位于中华人民共和国领域内、用于商业活动且与诉讼有联系的财产采取司法强制措施。

[3]　参见联合国文件：A/C.6/55/L.12，2000 年中译本，第 25~26 页。

判决前的强制措施的国家豁免"和"免于判决后的强制措施的国家豁免"进行规定。由于只有在国家"明示同意"和"已经拨出或专门指定该财产用于清偿该诉讼标的要求"这两种情况下,法院才可以对外国国家财产采取判决前强制措施,而这样基本上也就没有什么危害了。

我国代表团当年并不同意对国家财产可以实行诉讼保全措施或判决前的扣押措施。① 我国的态度是争取禁止对国家财产采取判决前的强制措施,因为这会"造成国与国之间的紧张关系,对各国之间的正常经贸关系也会带来严重后果"。②

四、判决后强制措施的宽限期

国际法委员会第 51 届工作报告中对于判决后强制措施的落实问题提出了三种办法③:

(1)给予被执行国 2~3 个月的宽限期,由其自由地决定用哪些财产来履行判决;若在宽限期内未履行,则法院地国可对其财产予以强制执行。

(2)给予被执行国 2~3 个月的宽限期,由其自由地决定用哪些财产来履行判决;若在宽限期内未履行,则可将执行判决之请求诉诸国际争端解决机制(比如国际法院),这将启动与执行请求特定问题相关的争端解决程序。

(3)由于强制措施问题的复杂性和微妙性,对之不予规定。

无论是《联合国国家豁免公约》还是我国《外国国家豁免法》,最终对判决后强制措施的履行问题没有规定。关于判决履行宽限期的规定,这似乎是理所当然的,因为不可能法院判决一作出,就要求国家当事人立即履行,其间肯定会有一段合理的宽限期,而且除非破产,④ 无限期拖延肯定是不行的,即便在国内债法上也是这样。因此这一规定只是对实际做法的法律化、规范化,其目的是谋求执行双方利益的合理平衡,一方面给予被执行国一段合理的时间来履行判决,另一方面又使执行国能及时保证有关当事人获得的胜诉判决得到履行。正如有学者所言:在国家财产的强制执行问题上,设置履行宽限期可以缓冲全球经济一体化与国家利益之间的冲突,同时它也是一个桥梁,可以将国际争端解决的法律方法和其他如政治方法结合起来,以期减少和避免国家间的摩擦。⑤

整体而言,我们赞同第一种思路,即给予被执行国一定的宽限期,由其自由地决定用哪些财产来履行判决;若在宽限期内未履行判决,则法院地国决定对其符合条件的财产予以强制执行。

---

① 中国国际法学会主编:《中国国际法年刊》,法律出版社 1994 年版,第 432~433 页。

② 中国国际法学会主编:《中国国际法年刊》,法律出版社 1994 年版,第 432~433 页。

③ 参见联合国文件:A/C.6/54/SR.18,1999 年英文版,第 5 页。

④ 国家可以破产吗?据悉,某一重要国际组织在芝加哥学派经济学家的协助下想起草国家破产方面的公约,据说这样可以把国家从无穷无尽的债务深渊中解放出来。美国律师协会工作组的报告也提到了国家破产的问题,并认为在国家面临财政或其他方面的极大困境时,破产能够平衡债权人利益和债务人保护两者之间的关系,同时认为赋予法院暂停诉讼的权力也可起到一样的效果,不过这两种方法都超出了豁免法的范围。

⑤ 参见黄进等:《国家及其财产豁免的几个悬而未决的问题》,载《中国法学》2001 年第 4 期,第 149 页。

第三章　国家豁免的特殊主体

第一节　国家豁免主体的基本理论

一、国家豁免主体的含义

国家豁免的主体毫无疑问是"国家"。依据国际公法学上的定义，国家是指具有一定的居民、领土、政权组织和主权的社会实体。① 1993 年《蒙特维多国家权利义务公约》第 1 条规定，作为国际法主体的国家应该具备下列条件：固定的居民、一定界限的领土、政府及与他国交往的能力。② 这被称为国家豁免主体的外部属性。但是在各国的实践中，关于国家豁免的具体适用最早并不是直接由对外国提起的控诉发展起来，而是间接地由一系列与船舶有关的诉讼而展开的。因为国家的行为是通过各种具体的主体实现的，以国家直接作为被告的情况比较少见，大多数的诉讼都是与国家的舰艇、访问部队、弹药武器和飞机等问题相关。③ 因此，在国家豁免的领域内，有关主体问题的研究重点不是国际法上"国家"的抽象定义，而是由哪些人或组织能够代表国家或经国家授权从事行为，因而可以主张国家豁免。④ 这被称为国家豁免的内部属性。

一般认为，绝对豁免理论更加关注主体的身份，即只要被告能够证明其身份是国家、政府或其他国家机关等，而无论其行为性质为何，一律给予其豁免。相对豁免理论则更关注行为的性质，即使被告被认定为具有"国家"的资格，但是其最终是否得到豁免仍要视其行为性质而定，因此国家行为或交易是否具有主权性质对国家是否享有豁免权利至关重要。随着绝对豁免理论向限制豁免理论的转变，研究重心应从豁免主体身份转向主体行为的性质。但是即使在相对豁免理论的语境下，对豁免主体的研究仍然具有重要意义，在法院所属的当地国确定有管辖权的情况下，法院面临的首要问题仍然是确定被告是否具备豁免主体资格。缘此之故，已有的国家豁免成文立法一般都对"国家豁免主体"这一概念作了界定，以方便法院在实际中予以认定。

---

① 梁西主编：《国际法》，武汉大学出版社 2011 年版，第 79 页。

② Hazel Fox and Philippa Webb, *The Law of State Immunity*(3rd ed.)，Oxford University Press，2013，pp. 40-41.

③ 《国际法委员会第四十三届会议工作报告》，第 47~49 页；转引自陈纯一：《国家豁免问题之研究——兼论美国的立场与实践》，台湾三民书局 2000 年版，第 31 页。

④ 王铁崖：《国际法》，法律出版社 1995 年版，第 131 页。

二、国家豁免主体的类型

正如前文所言，作为国家豁免主体的"国家"，其意义和范围不是只有国家本身，而是扩大包含代表国家行使公权力的个人或机关。但是不同的国际条约①或者国内立法②对国家豁免主体的规范并不一致。纵观这些立法文本，国家豁免的主体主要包括以下几种：

(一)国家及其政府的机关

国家及其政府的各种机关是国家豁免的基本主体。2004 年《联合国公约》第 2 条第

①　在国际公约方面，2004 年《联合国国家豁免公约》第 2 条"用语"规定："国家是指：(1)国家及其政府的各种机关；(2)有权行使主权权力并以该身份行事的联邦国家的组成单位或国家政治区分单位；(3)国家机构、部门或其他实体，但须它们有权行使并且实际在行使国家的主权权力；(4)以国家代表身份行事的国家代表。"从该定义可以看出，《联合国国家豁免公约》对于国家豁免主体的规定采取了广义解释和从宽认定，即判断是否给与该主体豁免权利的标准是考察争议时的主体是否为国家的机构或组成单位，以及该主体是否正在行使国家主权权力。所有的国家机关、地方组织和个人，只要是行使公权力，都可以主张豁免。相较于《联合国国家豁免公约》，《欧洲国家豁免公约》第 27 条规定"缔约国"有权享有管辖豁免，但除了强调独立的法律实体不在豁免的范围内之外，该公约并未对"缔约国"下定义。

②　在各国立法方面，《美国外国主权豁免法》第 1603 条规定："'外国'包括外国的政治分机构或者第 2 款所规定的某外国的代理机构或部门。'外国的代理机构或部门'是指下列任何一个实体：(1)独立的社团法人或非社团法人。(2)外国机关或该机关的政治分机构，或其大多数股份或其他所有权属于外国或其政治分机构的。(3)既非本编第 1332 条第 3 款和第 4 款所规定的美国某州公民，亦非依照任何第三国法律设立的实体。"根据 1976 年美国众议院对《美国外国主权豁免法》的立法报告，"外国的机构或部门"可以是一个独立的实体，而该实体包括"公司、社团、基金会，或任何其他根据所成立的外国国家法律可以以自己的名义起诉或被诉、订立合同或持有财产的实体"。"可以采取多种形式，包括国有贸易公司、矿产开发公司、诸如航运和空运这样的运输公司、钢铁公司、中央银行、出口联合会、政府采购媒介或能以自己名义行事和诉讼的部、署。"

《英国国家豁免法》第 14 条"享有豁免权与特权的国家"规定："(1)本法本篇规定的豁免权和特权，适用于任何外国或英联邦内联合王国以外的国家，其所指国家，还包括：(a)该国行使公职的君主或其他元首；(b)该国政府；以及(c)该国政府各部，但不包括同该国家政府行政机构有别并具有起诉、被诉能力的任何实体(以下称'独立实体')。"

《加拿大国家豁免法》第 2 条规定："本法中'外国国家代理机构'系指任何为外国国家所组织但又与外国国家有别的法律实体；'外国国家'包括：(a)任何外国国家的君主或其他首脑，以及以此种身份行使公权力的外国国家政治组成单元的君主或首脑；(b)外国国家以及任何外国国家的政治组成单元的政府，包括政府各部与外国国家的代理机构；(c)外国国家的任何政治组成单位；'政治组成单位'系指省、州或联邦制国家中类似的政治组织部分。"

《澳大利亚外国国家豁免法》第 3 条规定："'外国国家'指在澳大利亚领土以外的国家领域，且为：(a)一个独立的主权国家；或为(b)不为一独立主权国家组成部分的一个独立地区(无论是否自治)。""除有相反的意思表示外，本法中所提及的'外国国家'包括所提及的：(a)外国国家的省、州、自治地区或其他政治分支(无论其名称)；(b)外国国家或外国国家的政治分支的首脑，且他或她拥有公职身份；及(c)外国国家或外国国家的政治分支的执政政府或执政政府的组成部分，包括该外国国家或政治分支的执政政府的部门或机构；但不包括所提及的外国国家的独立法人。"

1款(b)项规定："国家是指：(一)国家及其政府的各种机关⋯⋯"根据国际法委员会的评论，"国家及其政府的各种机关"包括以自己名义或通过政府的各种机关行事的国家本身、主权国家的君主或国家元首、中央政府、政府部门和政府首长、政府部门的机关或下属机关、办公室或局以及代表国家的使团，包括外交使团、领事、常驻代表团和使节等。此外，"政府的各种机关"的表述并不限于行政机关，还包括立法机关和司法机关。①

《美国外国主权豁免法》(以下简称 FSIA)第 1603 条把外国的政治区分单位或外国国家的机构、部门包括在"国家"的术语范围内，但并没有对国家本身进行定义。像军队那样与政府结构紧密联系并履行核心公共职能的实体应被当作国家本身而不是国家的机构或部门。②

《英国国家豁免法》把享有豁免权的实体分为两类，第一类就是国家，虽然该法并没有对国家进行定义，但第 14 条第 1 款规定："本法本篇规定的豁免权和特权，适用于任何外国或英联邦内联合王国以外的国家，其所指国家，还包括：(1)该国行使公职的君主或其他元首；(2)该国政府；(3)该国政府各部。"根据这一规定，国家的行政机关被包含在国家的定义之内。这些行政机关包括政府部门，也包括政府部门的具有自身法律人格的下属机关。

此外，主权国家的君主或国家元首亦被包括在"国家及其政府的各种机关"这一概念之中。这主要是基于国家元首在行使公职时是重要的国家机关之一，在对外交往时与中央政府是等同的，能够行使与国家等同的国家豁免权。值得注意的是，国家元首作为政府机关享有的国家豁免仅仅限于其行使公职的情形下。

(二)联邦国家的组成单位

对于联邦国家组成单位的豁免主体地位，各国的理论和实践不太一致。《联合国国家豁免公约》以行使主权权力作为判断其是否国家豁免主体的标准，联合国国际法委员会1986 年一读通过的关于"国家"的定义的原第 3 条第 1 款案文中，并没有对联邦国家的组成单位专门作出规定。但在二读文案中根据一些来自联邦国家的委员会和政府的意见，在该条款的基础上增设了"联邦国家的组成单位"。③ 而《欧洲国家豁免公约》原则上否认其享有豁免，但是在联邦国家声明允许自己的组成单位援引豁免的例外情况下其能够援引豁免。

美国、加拿大和澳大利亚的立法都明确承认联邦国家的组成单位与国家享有同样的管辖豁免。美国 FSIA 第 1603 条第 1 款和第 2 款在对"外国国家"的定义中明确规定外国政治

---

① Hazel Fox and Philippa Webb, *The Law of State Immunity*(3rd ed.), Oxford University Press, 2013, p. 428.

② Hazel Fox and Philippa Webb, *The Law of State Immunity*(3rd ed.), Oxford University Press, 2013, p. 429.

③ Hazel Fox and Philippa Webb, *The Law of State Immunity*(3rd ed.), Oxford University Press, 2013, p. 435.

区分单位与外国国家本身所属的实体也包括在外国国家的机构之中。1982年《加拿大国家豁免法》第2条规定国家包括外国国家的任何政治组成单位，"政治组成单位"系指省、州或联邦制国家中类似的政治组织部分。1985年《澳大利亚外国国家豁免法》第3条第3款规定外国国家包括外国国家的省、州、自治地区或其他政治分支。

　　法国①、比利时②和意大利③的实践表明，其否认联邦国家的组成单位具有国家豁免的主体地位。例如法国科尔马上诉法院1928年在"塞阿拉州诉多尔案"中认为作为被告的塞阿拉州不具有对外主权，因而不能享有管辖豁免。1969年巴黎大程序法院在"内热诉黑森州案"中也以联邦德国的黑森州不具有国际法律人格为由，认为其不享有管辖豁免。

(三) 政治区分单位

　　与联邦国家的组成单位不同，国家政治区分单位在对外关系中没有自己独立的人格。英国和法国法院都不给予国家政治区分单位、自治市或自治区豁免权，因为根据英法两国自己的宪法，它们都没有权力与其他国发生国际关系。美国FSIA第1603条把外国的政治区分单位或外国国家的机构、部门包括在国家的术语范围内。

　　联合国国际法委员会在1999年建议将联邦国家的组成单位与非联邦制国家的政治区分单位放在一起，因为非联邦制国家认为这两者在一定程度上是差不多的，所以折中地把这两种单位放在一起加以规定。而在2004年《联合国国家豁免公约》中，界定"国家"的含义包括有权行使和正在行使主权权力的联邦国家的组成单位或国家政治区分单位。至此，这个多年来悬而未决的问题得到了解决。

(四) 行使主权权力的国家机构或部门

　　行使主权权力的国家机构或部门，是指国家成立的用来从事商业交易并具有独立法人资格的实体，它将国家的范围延伸到由于与国家的密切关系或者代表国家行事而享有豁免权的其他实体。这个类型的主体享有国家豁免引起的争议最多。④ 原因在于这些实体不同于主要以公权力代表的身份行事的其他主体，在实践中通常是具有私权的属性。国际法委员会对此款所作批注是"加上这一术语的目的主要是考虑到某些国家将一些政府权力赋予民间实体，让它们为行使国家主权权力而行为的特殊情况"。

　　对于这一层次，美国FSIA、国际法学会的《蒙特利尔公约》和联合国国际法委会1991

---

　　①　龚刃韧：《国家豁免问题的比较研究——当代国际公法、国际私法和国际经济法的一个共同课题》(第二版)，北京大学出版社2005年版，第143页。

　　②　1907年"菲尔德诉巴西伊亚州案"，参见埃伦：《外国国家在国内法院的地位》，1993年英文版，第204页；转引自龚刃韧：《国家豁免问题的比较研究——当代国际公法、国际私法和国际经济法的一个共同课题》(第二版)，北京大学出版社2005年版，第143页。

　　③　1906年"索米吉里诉巴西圣保罗州案"，参见埃伦：《外国国家在国内法院的地位》，1993年英文版，第239页；转引自龚刃韧：《国家豁免问题的比较研究——当代国际公法、国际私法和国际经济法的一个共同课题》(第二版)，北京大学出版社2005年版，第143页。

　　④　Hazel Fox and Philippa Webb, *The Law of State Immunity* (3rd ed.), Oxford University Press, 2013, pp. 426-427.

年的"条款草案"以及《联合国国家豁免公约》所使用的术语是"国家的机构、部门和其他实体"（agencies or instrumentalities of the state or other entities）；《欧洲国家豁免公约》所使用的术语是"法律实体"（legal entity），而英国和澳大利亚的立法所使用的术语是"单独实体"（separate entity）。

是否赋予其豁免主体地位，各国实践不一。综观主要国家的立法，对此有两种截然相反的方式，美国 FSIA 对国家的范围采取宽泛界定，赋予国家机构或部门以豁免主体资格。《欧洲国家豁免公约》和《英国国家豁免法》在通常的范围内来定义国家，将有能力起诉和被诉的实体排除在国家的定义之外，但是允许履行主权权力的这类实体享有豁免权。

(五) 国家代表

个人以其自己的名义行事的时候是不享有国家豁免权的。但是由于国家是由法律创造的拟制个人，其行为只能通过实在的个人来实现，因此个人以国家的名义作出的行为享有国家所享有的豁免权。国家豁免中的国家代表主要包括国家元首和其他以国家名义行事的国家代表。他们享有的豁免是职能豁免，即仅能够在以国家代表身份行事的情况下享有豁免。

实际上，上述五类主体可以形象地用诸个同心圆的形式排列如下：处于核心的是履行公职的国家元首及中央政府的机构或部门；第二层是联邦国家的组成单位；第三层是行使主权权力的政治区分单位；第四层是代表国家行事的个人；最外层是将国家的范围延伸到由于与国家的密切关系或者代表国家行事而享有豁免权的实体。

在这五类主体中，地方政府、国有企业以及国家代表的地位较为特殊，对于其是否属于国家豁免的主体，其享有豁免主体地位的条件为何，实践中各国产生的争议较大。这三类主体与我国的实际也息息相关，故下文拟将这三类主体作为研究重点进行阐述。

三、与国家豁免主体有关的国际法问题

(一) 国家豁免主体与主权国家

从理论上讲，享有国家豁免的主体必须同时具备国际法上独立的主权国家的外部特征和作为国家组成部分的内部特征。[1] 就其外部特征而言，只有独立的主权国家才能主张国家豁免。实践中很少有案件在赋予豁免权时不将主体符合国际法上的国家地位视为必需。在两起有关巴勒斯坦解放组织（Palestine Liberation Organization，简称 PLO）的案件中，意大利和美国的法院依据以上标准否认了其国家的地位进而否认其要求作为国家豁免主体的资格。意大利最高上诉法院拒绝接受一项针对许可 PLO 领导人 Yasser Arafat 的逮捕令而提出的豁免申请，因为法院查明 PLO 并非是一个国家。法院的理由主要有：其对难民营的领土控制需要得到其宗主国（host state）的同意；联合国给予 PLO

---

① Hazel Fox and Philippa Webb, *The Law of State Immunity*（3rd ed.）, Oxford University Press, 2013, pp. 418-421.

的观察员身份只是为了巴勒斯坦人民民族自决的目的；PLO 在意大利不享有法律上的权利；其与意大利的关系不同于国家之间的关系。① 同样的，美国的一个上诉法院在 Klinghoffer v. SNC Achille Lauro 案②中认定，由于缺乏固定的领土、人口以及有效控制，PLO 不具有国家的地位。③

然而，由于国际法并未明确禁止赋予半独立实体豁免权利，实践中一些国家根据其宪法或者基于外交关系的需要，将豁免权延伸或者是有限度地延伸到非完全主权独立国家这类实体。例如美国、英国与法国法院都曾经同意非主权独立国家也可以享有管辖豁免。④ 美国主要是赋予其联邦豁免主体地位，英国主要是对依附于大英帝国和英联邦的半主权国家赋予豁免主体资格，法国也主要是对其保护国赋予豁免主体资格，尽管它们并非严格意义上的国际法上的国家。此外，1985 年《澳大利亚外国国家豁免法》在第 3 条第 1 项有关"外国国家"的定义中，明确地将非独立主权国家组成部分的"分离领土"(separate territory)纳入其中。每一国家法律的规定实际上反映了其背后的国家利益的需要。澳大利亚的国家豁免法之所以如此规定，正是因为澳大利亚周围有很多非自治领土或者非国家实体，基于区域政治利益的考量出现了独树一帜的立法设计。

国际法委员会 1991 年对《国家及其财产的管辖豁免条款草案》的评注(以下简称国际法委员会评注)正是基于此种实践，做了折中的解释，认定"国家"这一表述不仅包括完全独立的主权国家，还扩大到某些情况下并非真正意义上的"外国"以及并非完全独立或者只是具有部分主权的实体。

综上，由于国际法上没有明确的禁止规定，是否给予非完全主权独立国家管辖豁免将由各国国内法院自行考量。⑤

(二)国家豁免主体与国家承认的关系

国际法上的承认制度是指既存国家以一定的方式对新国家或新政府出现这一事实的确认，并表明愿意与之建立正式外交关系的国家行为⑥。国家豁免主体与承认制度的关系在于国内法院是否应将"承认"作为给予外国国家豁免的前提条件，换句话说，未被法院地国承认的实体能否具有国家豁免的主体资格。对此问题，国际法没有统一的规则。英国、美国、印度和爱尔兰等国的实践认为未被承认的国家不能享有管辖豁免。而荷兰、日本和法国等国不以被告国被承认作为赋予其国家豁免主体地位的前提。⑦

---

① 92(1998)Rev. Gen. DIP.

② 937 F 2d 44(2nd Cir. 1991); 96ILR 68.

③ Hazel Fox and Philippa Webb, *The Law of State Immunity*(3rd ed.), Oxford University Press, 2013, pp. 40-41.

④ 龚刃韧：《国家豁免问题的比较研究——当代国际公法、国际私法和国际经济法的一个共同课题》(第二版)，北京大学出版社 2005 年版，第 130 页。

⑤ 陈纯一：《国家豁免主体问题之研究》，载《台北大学法学论丛》2007 年第 61 期，第 117 页。

⑥ 梁西主编：《国际法》，武汉大学出版社 2011 年版，第 89 页。

⑦ 陈纯一：《国家豁免问题之研究——兼论美国的立场与实践》，台湾三民书局 2000 年版，第 43 页。

实际上，各国对于国家豁免主体和国家承认实践的不同与各国对承认制度效力的不同主张有关。目前国际法上对于承认制度的效力有两种理论，一种是"宣示说"，认为国家的存在只要符合国际法上的四个条件即可，与其他国家是否承认其地位无关。在采取此种理论的国家中，外国国家存在的事实即可作为决定管辖与豁免的基础，无须以外国国家获得承认为前提。例如，法国在国家承认制度的效力上主张"宣示说"，在 Clerget 案中，尽管政府并未承认越南民主共和国，但是法国法院基于越南民主共和国有足够的理由证明"其在固定的领土上行使国家的职能，且其统治为大多数人民所遵守"而赋予其国家豁免权利。① 同样，加拿大在其国家豁免法制定之前，一个规定加拿大法院只能将国家豁免权利赋予被加拿大政府承认的国家和政府的修正案被否决。② 另一种是"构成说"，认为其他国家的承认是一个实体获得国家地位的必要条件。采取此种理论的国家仅给予被承认的外国国家以豁免权利。英国认为，一个国家要想在英国获得国家豁免权利，其政府、元首及其部门必须获得英国政府（Her Majesty's Government）的承认。在 Caglar v. Billingham 案中，北塞浦路斯土耳其共和国为其国家代表在英国的纳税申请豁免权，这遭到英国法院的否定，原因在于该国仅得到土耳其的承认，并未得到英国、其他欧盟国家和联合国的承认。因此英国法院认定其不能作为国际法上的"国家"，进而否认其国家豁免权。③ 在美国，对于国家承认的权力由总统统一行使。尽管 FSIA 颁布后，属于国家豁免的主体范围在很大程度上由法院决定，但是在一些与政府利益密切相关的案件之中，美国政府的意见经常作为法庭之友（amicus curiae）在法院决定是否给与豁免时加以考量。例如在有关PLO、巴拿马总统曼纽尔·诺列加和海地总统 Aritide 的案件中，法院不得不考量行政机关的意见。④

国际法上的承认制度包括对国家的承认和对政府的承认。与此相关的另一个问题是，如果国家被承认而其政府未被承认，则其政府能否作为国家豁免的主体。对此各国的实践依然不一致。在英国，早期的案例表明只有政府获得承认，该国家才能在英国法院享有管辖豁免。而近期案例显示，英国法院将国家或政府的地位留给行政部门解决。若行政部门决定被告国政府拥有主权地位，法院就给予豁免。而美国认为未被承认的政府可以主张主权豁免。《美国对外关系法重述（第三次）》第 203 条第 1 款表明，美国对待有效控制某国的实体如对待该国政府一般的对待。最有名的案例是伍尔夫森诉苏联案（Wulfson v. Russian Socialist Federated Soviet Republic），在该案中，法院认为美国虽然并未承认当时的

---

① Clerget v. Banque Commerciale Pour l'Europe and Others, French. Ct of Appeal, 7 June 1969; 52ILR310; Hazel Fox, *The Law of State Immunity*(2nd ed.), Oxford University Press, 2008, p. 425.

② Canada House of Commons, Standing Committee on Justice and Legal Affairs, Minutes of Proceedings and Envidence(4 february 1982)60, para. 30; Hazel Fox, *The Law of State Immunity*(2nd ed.), Oxford University Press, 2008, p. 425.

③ Hazel Fox and Philippa Webb, *The Law of State Immunity*(3rd ed.), Oxford University Press, 2013, p. 425.

④ Hazel Fox and Philippa Webb, *The Law of State Immunity*(3rd ed.), Oxford University Press, 2013, p. 427.

苏联政府，但是其依然可以主张享有主权豁免。①

(三)国家豁免主体的法律适用问题

在国际豁免主体的法律适用问题上，有两个问题值得讨论。首先，是依据国内法还是国际法来决定一个实体具有国家豁免的主体地位。对于这一问题尚无定论。笔者认为，对于符合国际法上国家的标准这一外部属性，国际法已经形成了固有的规则，并得到广大国家的遵守，不容变更。因此对于此问题依据国际法比较合理。对于哪些人或组织能够代表国家或经国家授权从事行为这一内部属性，涉及国内宪法及相关法律的具体规定，各国差异较大，对此问题依据国内法比较合理。

其次，若依据国内法，是依据法院地所属的法律还是该机关或实体所属国的法律。答案也尚无定论。有的学者主张国家机关的设置通常是由该国的宪法和其他有关法律确定，故不应由其他国家来加以评判，因此当法院决定有关机关是否为外国"国家"时，应当依据该机关所属国的国内法及其他相关规定。例如苏联曾经明文规定，苏联派驻各地的商务代表处是国家机关，则其他国家在判断商务代表处的地位时应以苏联的国内法为准。各国的立法似乎也没有直接规定这一问题。但是根据《英国国家豁免法》的立法历史，现行第 14 条第 1 款有关"独立实体"的规定在议会通过的时候作了修改，修改之一是删除了之前立法文本中"依据外国的国内法认定的独立实体"这一条件。因此，在英国这一问题留待冲突法指引的准据法解决。②

第二节　地方政府的国家豁免

一、立法表现

在国家豁免立法中，对于地方政府的表述主要是"政治区分单位"(political subdivision)，如《联合国国家豁免公约》、美国 FSIA。此外，澳大利亚 1985 年《外国国家豁免法》的立法文本使用的是"province"。

关于政治区分单位的含义有不同看法。根据《布莱克法律辞典》，政治区分单位是指"国家的适当当局所设立的国家的一个部门，在宪法权力范围内活动，目的在于实现国家的一部分职能，出于长期的惯例和政府固有的需要，这些职能始终被认为是公职"。这一概念原来主要是指联邦国家的各邦组成单位以及某些所谓的"部分主权国家"。③ 近年来

---

① 陈纯一：《国家豁免问题之研究——兼论美国的立场与实践》，台湾三民书局 2000 年版，第 42~44 页。

② Andrew Dickinson, Rae Lindsay and James P. Loonam, *State Immunity—Selected Materials and Commentary*, Oxford University Press, 2004, p. 398.

③ 联合国国际法委员会"国家及其财产管辖豁免"专题第一任报告员素差伊库(S·Sucharitkul)认为，外国国家的政治区分单位是"诸如联邦的各邦和部分主权国，诸如缺乏完全对外主权的被保护国"。参见郭玉军、徐锦堂等：《美国国家豁免法的历史演进及其新动向》，载《国际法与比较法论丛》，中国方正出版社 2005 年版，第 450 页。

出现了将政治区分单位扩大解释为包括单一制国家地方政府的倾向。例如，美国 FSIA 立法报告认为外国国家政治区分单位是指所有处于中央政府之下包括地方政府在内的政府单位。① 而联合国国际法委员会在 1991 年二读通过的条款草案中又将"联邦国家的组成单位"和"政治区分单位"加以区分，不仅名称不同，而且二者享有豁免权利的条件也不同。2004 年《联合国国家豁免公约》依旧保留了这两个概念，但是将二者规范在同一个条文中，使二者在具备国家豁免主体资格时具有相同的条件限制。

二、地方政府享有国家豁免的理由

在国际法理论中，一般都否认市镇以及郡县等地方政府的管辖豁免。因为这些实体不具备国际法的主体资格，也不具有像联邦国家组成单位那样的一定程度上的对外交往权利。但是对国家的一级行政区域，如中国的省、自治区和直辖市，在一定情况下可以享有豁免。地方政府是中央政府的派出机构或分支机构，其公法权力是中央政府通过法律或其他方式授予的。在授权的范围内，地方政府的公法行为是归之于中央政府的，法律后果由中央政府承担。② 因此，当地方政府有中央政府的授权并正在行使主权行为时，是属于国家豁免的主体的。不过这种豁免权是间接的、派生的豁免权，地方政府并不是以自己的名义享有。此外，其他任何类似的实体在国家授权范围内行使主权的行为也都是可以享有豁免的。

三、地方政府的豁免主体地位分析

(一) 地方政府是国家豁免主体

承认地方政府是国家豁免主体的主要有美国、澳大利亚以及 2004 年《联合国国家豁免公约》。按照这种见解，联邦国家的组成单位和其他国家的政治区分单位没有本质上的区别，二者的法律地位相同。

美国 FSIA 第 1603 条规定："'外国'包括外国的政治分机构或者第 2 款所规定的某外国的代理机构或部门。国会报告还进一步解释到，这样的政治区分单位包括国家的地理区分单位和包括地方政府在内的所有中央政府的下属单位，但不包括城市和城镇。这也证明了美国 FSIA 将豁免主体范围界定得较为宽泛。实践中，地方政府在美国是享有国家豁免主体资格的。在有关中国主体在美国被诉的案例中，仰融案③与天宇案④都是与中国的地方政府有关。在这两个案例中美国政府分别承认了中国地方政府的豁免主体地位。

与美国类似，澳大利亚的立法也赋予地方政府国家豁免主体地位，且没有附加条件。其《外国国家豁免法》第 3 条第 3 款规定："外国国家包括外国国家的省、州、自治区域或

---

① 张茂：《美国国际民事诉讼法》，中国政法大学出版社 1999 年版，第 141 页。

② 参见郭玉军、徐锦堂等：《美国国家豁免法的历史演进及其新动向》，载《国际法与比较法论丛》，中国方正出版社 2005 年版，第 450 页。

③ Yang Rong v. Liaoning Provincial Gov't, 452 F. 3d 883, 890 (D. C. Cir. 2006).

④ Big Sky Network Canada, Ltd. v. Sichuan Provincial Gov't, 533 F. 3d 1183 (10th Cir. 2008).

其他政治区分单位。"在这里不仅联邦国家的组成单位，甚至单一制国家中的政治区分单位也被包含在"外国国家"之中。

《联合国国家豁免公约》对于地方政府作为国家豁免主体的规定较为严格，限制了其作为豁免主体的条件。这包括授权行使和正在行使国家权力两个要件。

(二)地方政府不是国家豁免主体

否认地方政府是国家豁免主体的主要有 1972 年《欧洲国家豁免公约》、英国、加拿大，还有巴基斯坦、新加坡和南非。按照这种见解，联邦国家的组成单位和其他国家的政治区分单位有根本区别，二者的法律地位不同，只有前者具有国家豁免的主体的资格。

1972 年《欧洲国家豁免公约》并未规定地方政府的豁免主体资格，仅仅对联邦国家的组成单位(constitute units)的豁免主体资格做了有条件的承认。该公约对联邦国家的组成单位是否享有豁免权这一问题争议较大，最终达成的妥协体现在第 27 条和 28 条的规定中。第 28 条规定，原则上联邦国家的组成单位不享有管辖豁免(第 1 款)；但是作为本公约缔约国的联邦国家，得向欧洲理事会秘书长发出通知，声明其所属各邦可以援引适用于缔约国的规定并承担相同的义务(第 2 款)。因此只有在作为联邦制的缔约国依照公约规定作出声明或通知的前提条件下，才能对其组成单位援引国家豁免。澳大利亚和德国作出了相应的声明。

同样，《英国国家豁免法》只规定了联邦国家组成单位的豁免主体地位以外，并未规定地方政府的豁免主体资格。在联邦国家组成单位的管辖豁免上，《英国国家豁免法》对其豁免附加了条件。《英国国家豁免法》第 14 条第 5 款规定，英国政府可以通过枢密院规定该法第一编中适用于外国国家的其他条款也同样适用于该命令所指的联邦国家的组成单位。但同时该条第 6 款又规定，如果根据该命令本法第一编的条款不适用于某联邦国家的组成单位，则对其适用本条有关单独实体的规定。新加坡、巴基斯坦、南非的有关立法也作了类似的规定。①

四、与地方政府有关的案例简析

本节以我国地方政府在美国被诉的两个案件为例，说明地方政府在美国的国家豁免主体地位。

(一)仰融案

从国家豁免的角度来看，仰融案是中国的地方政府在美国被诉的首例案件。基于本章讨论的重点，笔者略去仰融及其"华晨股权迷宫"所涉及的股权变更及具体的操作事宜，仅就在美国诉讼中涉及的国家豁免主体的问题进行分析。

1992 年 6 月，仰融在百慕大群岛注册了华晨中国汽车控股有限公司(Brilliance China Automotive Holdings Limited：CBA)，由华晨控股 100%持股。1992 年 10 月 9 日，华晨汽

---

① 　1979 年《新加坡国家豁免法》第 16 条第 5、6 款，1981 年《巴基斯坦国家豁免法令》第 16 条第 5、6 款，1981 年《南非外国主权豁免法》第 1 条第 2 款。

车得以顺利在美国纽约股票交易所上市(NYSE：CBA)。其招股说明书称，发行后公司由中国金融教育发展基金会(占 55.88%)、沈阳金杯(占 15.37%)和公众股东(占 28.75%)所有。中国金融教育发展基金会成立于 1992 年 5 月，发起人是中国人民银行教育司、华晨、中国金融学院、华银信托投资集团四个单位，对外称注册资金为 210 万元，其中 10 万元由央行教育司拨款，200 万元来自华晨。财政部企业司(简称"财企司")于 2002 年 3 月 11 日下发 5 号函，该函的详细内容尚不可知，部分内容为："经批准，把香港华晨中国汽车控股有限公司、香港园通科技控股有限公司、珠海华晨控股有限责任公司、上海华晨集团股份有限公司、上海华晨实业公司及其派生的所有公司，及管理层以个人名义注册的公司及以其亲属名义注册的公司一并划转辽宁省人民政府，所有债务一并划转。"随后执行该函时，辽宁省政府和仰融在华晨集团的控股方——中国金融教育发展基金会持有的股权的归属——这一历史问题上，展开了旷日持久的纷争和较量。辽宁省政府认定华晨集团为国有企业，仰融作为国有资产的管理者，不持有股份，辽宁省政府通过购买中国教育基金会持有的华晨股份而成为华晨集团的控股方。而仰融认为自己作为华晨集团、中国金融教育发展基金会实际的出资人，其投资权益被辽宁省在执行财政部文件过程中侵害，于是在国内提起民事诉讼、行政诉讼，理由之一为财政部的 5 号文件明确要求辽宁省接收华晨中国的国有资产部分，而最后结果则是在没有进行审计和界定的情况下辽宁省仅以 6% 的市价将中国金融教育发展基金会持有的股份全部收归国有。2003 年 8 月，仰融于国内诉讼无结果的情况下，仰融以侵占、征收、违反国际法和不当得利等理由，依据 FSIA 的商业活动例外和征用例外条款在哥伦比亚特区联邦地方法院对中国辽宁省政府提起了诉讼，并为美国法院所受理。

原审地方法院认为，辽宁省政府的行为是典型的主权行为，因此 FSIA 的商业活动例外不适用；且被告的行为没有违反国际法，FSIA 的征收例外也不适用，因此驳回仰融的起诉。原告仰融针对地方法院否定商业活动的例外决定提起了上诉，美国上诉法院哥伦比亚特区巡回法庭维持了原判。这两份判决中，法院都毫无争议地认定辽宁省政府属于 FSIA 第 1603 条规定的"政治分支机构"，进而构成 FSIA 保护的国家豁免主体。

尽管本案的争议焦点是被告行为的性质是商业行为还是主权行为，法院对辽宁省政府的豁免主体地位毫无异议。但是笔者认为，认定被告属于 FSIA 第 1603 条规定的"政治分支机构"进而属于国家豁免的主体是地方政府被诉案件的重要前提。因为这关系到举证责任的分配。依据 FSIA，在举证责任分配上，主张豁免的当事人(往往是被告)负有最初的证明义务，它必须证明自己符合 FSIA 对"外国国家"的定义。一旦这一点得到证明，主张豁免的表面证据即告成立，证明义务就转向另一方当事人(往往是原告)。原告如果主张法院有管辖权，就要证明案件适用 FSIA 规定的主权豁免的例外。提出这一主张的原告，必须提出一些能够满足该例外适用条件的事实。如果这一证明义务得到履行，被告必须履行其最终的说服义务，证明豁免例外不适用。

(二)天宇案

天宇案是又一例比较有影响力的涉及中国地方政府在美国被诉的案件。该案中，原告加拿大天宇网络有限公司(以下简称天宇)，是一家在英属维京群岛注册，由美国犹他州股东在内华达州投资的一家名为"中国宽带"（China Broadband）的公司的全资子公司。其总部位于加拿大阿尔伯特省的卡尔加里市。2000 年，天宇与成都华宇信息产业股份有限公司（以下简称华宇）合资成立了一家企业，共同为四川成都市提供有线电视网络服务。然而，2001 年 5 月 11 日，中国国家广播电影电视总局发布《关于制止广播电视有线网络违规融资的紧急通知》，严禁外商独资、合资、合作经营广播电视有线网络。2003 年 7 月，华宇通知天宇终止合资，双方未达成解散方案。天宇认为，华宇违反合资协议是受到了被告四川省政府和青羊区政府的诱导，且被告在天宇的投资中获取了不当利益，于是以被告故意干涉合同关系及不当得利为由在犹他州州法院提起诉讼。

被告希望将该案移送到联邦法院审理，但是他们的移送请求超出了 30 天的期限。犹他州联邦地方法院接受了被告迟到的移送请求。随后被告提出主权豁免主张，也得到了地方法院的支持。原告不服，向第十巡回上诉法院提起上诉。上诉法院认为，FSIA 的移送条款在延长移送期限的问题上赋予了地方法院一定的裁量权，若当事人能够说明原因，地方法院就可以延长移送期限。在本案中地方法院的决定并未滥用裁量权，因为被告作为在美国首次出庭的一国地方政府，面对着特别的挑战，且迟延的时间不长，不损害原告的利益。

在这一分析中，法院阐述道："FSIA 将享有国家豁免的'国家'的定义扩展到广泛的实体，从中央政府及其各部门，到国有企业及地方政府。因此，很难想象，如同青羊区政府这种属于成都市的一个区的次级国家政府（sub-national government），在面对这种连许多国家和国有企业这种经常被诉的主体都没有面临过的情形的时候，能够很好地面对。这种政府也许会面临诸如资源和人力方面的缺乏，从而其不能像其他主体那样从容应诉。此外，这些地方政府也缺乏应诉经验。"据此，美国法院不仅毫无疑问地承认了地方政府豁免的主体地位，而且甚至在一定程度上给予其优待。

第三节　国有企业的国家豁免

一、概念

（一）含义及分类

各国对"国有企业"（state-owned enterprise）的界定，并没有一个统一的标准①，但其核心内容是指由国家设立、所有或者控制的经济实体。与此相关的概念主要有"国家企

---

①　例如，欧盟委员会《关于企业透明度条例》第 2 条规定，国有企业即"政府当局可以凭借它对企业的所有权、控制权及管理条例，对其施加直接或间接的支配性影响"的一类企业。英国国有化特别委员会规定，凡是企业的董事会成员由内阁各相应大臣任命，其报告和账目由国有化工业特别委员会进行检查，年度收入不能全部或主要不能依靠国会提供或财政部门预付其资金的企业，统称为国有企业。新加坡规定，国有企业是指根据商业原则建立的，其所有权和有效控制权全部或部分属于政府部门和公共机构或其派生机构的组织。印度对国有企业的界定为，凡是从事包括制造业、货物生产和从事可以计价的有效服务的经营活动，且可明确认定政府是这些组织的主要所有者的企业，都可以认定为国有企业，也称"公营企业"。

业"（state enterprise）和"国营企业"（state-trading enterprise）①，一般认为，国有企业与国家企业的含义大致相同，而国营企业包括国有企业②。各国对于国有企业的组织结构和认定标准也不一致③，这是由于各国经济体制的差异所导致的，但是国有企业一般是以公司企业的形式而存在。

从各国的立法实践来看，实行市场经济体制的国家一般将国有企业区分为不同的种类，并采用不同的法律形式来规范。④ 在欧洲各国中，法国拥有的国有企业比较多，将国有企业区分为垄断型国有企业和竞争型企业。⑤ 一般来说对于垄断型企业由专门的法律进行规范，而竞争性企业和私人企业一样由私法进行规范，国家只作为股东，企业拥有充分的经营自主权。

美国学者费里德曼在对各国国有企业的现状及立法进行广泛研究与比较的基础上，将国有企业分为三种类型：第一种是由政府部门控制的企业，没有独立的法人资格，形成一般行政机构的一部分；第二种是公法人，即根据法规或特许令设立的具有法人地位的公共机构，一般视为公法团体；第三种是国家部分或全部控制的商业公司，形式上它与任何其他商业企业没有区别，受该国商法和民法调整。⑥ 第一种类型的国有企业没有独立的法律

---

① 在《联合国国家豁免公约》中，将其称为"国家企业"（state enterprise），在 GATT \ WTO 体制下，有"国有企业"（state-owned enterprise）和"国营企业"（state-trading enterprise）的区分。

② 国营企业包括国有企业，参见龚柏华：《中国政府及国有企业在美国法院面临的主权豁免问题分析——兼评美国 Walters 夫妇就"中国制造"手枪质量问题导致儿子死亡告中华人民共和国政府缺席判决执行案》，载《国际商务研究》2010 年第 4 期，第 28 页。

③ 例如，美国于 1935 年颁布的《公用事业控制公司法》中规定，任何公司已发行的有表决权的股票中如果有 10% 以上为另一个公司掌握时该公司即为此另一公司的子公司，另一国则为该公司的母公司或控股公司；依此规定，若控制一公用事业性质的公司有表决权的股票 10% 以上，该公司即被认定为国有企业。在芬兰、巴西、瑞典等国，凡属国家资本占企业资本的 51% 以上的所有企业都被称为国有企业。

④ 例如：德国一般将国有企业分为公法上的国有企业和私法上的国有企业两大类。公法上的国有企业，是指依照国家的专门法律或行政命令设立的，隶属于政府或经营相对自主的国有企业。而私法上的国有企业，是指按照私法上的公司法设立和经营管理的国有企业，其大多数采取股份有限公司和有限责任公司的形式，即国家在私法的范围内通过掌握股份、委派董事、聘任经理等方式来控制的国有企业。参见顾功耘：《国有经济论》，北京大学出版社 2006 年版，第 274 页。日本对国有企业的分类和德国相类似，主要将其分为三类：第一类是部门企业，为政府和地方自治体的部局所属，国会或地方议会对其预算、决算事业计划等有决议权，并对其实行监理。第二类是公共法人，为政府或地方公共团体全额出资，依特别法设定，委托企业的经营者经营。第三类是公私合营企业，即政府或地方公共团体持有部分股份的企业。参见[德]迪特尔·格罗塞尔主编：《德意志联邦共和国经济政策及实践》，晏小宝等译，上海翻译出版公司 1992 年版，第 222~223 页。

⑤ 垄断型企业一般为国家作为唯一股东或国家控股为 51% 以上，主要集中在能源和交通等国民经济命脉行业，竞争型国有企业是国家只持有其部分股份的企业，领域较为广泛；这两类企业采用的管理制度及法律规范各有不同，如稽查员在垄断性国有企业中出席董事会并拥有否决权，而在竞争型企业中只有咨询权。参见张承耀等：《世界各国国有企业改革的经验教训》，载《中国经贸导刊》1998 年第 22 期。

⑥ 龚刃韧：《国家豁免问题研究——当代国际公法、国际私法和国际经济法的一个共同课题》（第二版），北京大学出版社 2005 年版，第 157 页。

人格，属于国家主权机构的组成部分，后两类国有企业与国家之间的产权关系才是各国之间存在争议的。通常国家对公法人企业控制较严，对私法人企业则视同私人企业一样对待，控制较松。

(二) 立法表现

纵观各国的立法及相关的国际条约，除了《联合国国家豁免公约》之外，立法的文本中并未直接出现"国有企业"这一用语，国有企业间接地包含在其他的主体之中。例如美国 FSIA 第 1603 条规定，"外国"包括外国的政治分机构或者第 2 款所规定的某外国的机构或部门(agencies or instrumentalities)。根据美国 1976 年众议院的立法报告①，"外国的机构或部门"可以是一个独立的实体，而该实体包括"公司、社团、基金会，或任何其他根据所成立的外国国家法律可以以自己的名义起诉或被诉、订立合同或持有财产的实体"。"可以采取多种形式，包括国有贸易公司、矿产开发公司、诸如航运和空运这样的运输公司、钢铁公司、中央银行、出口联合会、政府采购媒介或能以自己名义行事和诉讼的部、署。"因此，在美国，国有企业包含在"国家的机构或部门"之中。

总结现有的法律文件可知，美国 FSIA 使用的术语是"外国的代理机构或部门"，英国、澳大利亚、新加坡、巴基斯坦、南非的立法所使用的术语是"单独实体"(separate entity)，《欧洲国家豁免公约》所使用的术语是"法律实体"(legal entity)，2004 年《联合国国家豁免公约》所使用的术语是"国家的机构、部门和其他实体"(agencies or instrumentalities of the State or other entities)。

在国家豁免的领域内，国有企业常常被包含在以上这几个不同的概念或用语中。措辞上的不同反映了各国在该问题上的不同态度——"法律实体"和"单独实体"的使用是为了将它们排除在国家的定义之外，其地位与私人公司相同。而"国家的机构、部门和其他实体"的使用是为了不因这些实体的身份而根据行为的性质来决定是否给予豁免权②。《联合国国家豁免公约》的规定是将二者加以调和折中的结果。正是由于各国国家豁免立法规定的不同，国有企业在不同国家是否具有豁免的主体地位的认定标准和方式也不同。

二、国有企业的豁免主体地位分析

(一) 结构主义和职能主义

国有企业是否是国家豁免的主体，这是研究国有企业与国家豁免的关系中最重要的问题。对此的判断标准，理论上有结构主义和功能主义的区分。

"结构主义"标准，即通过审查实体表现出来的法律特征，如是否具有单独的人格，能否以自己的名义缔结合同或控制财产，是否有能力起诉和被诉，以及政府的控制程度等。结构主义的主要表现是严格区分国家机构或部门与国家本身的关系，原则上不承认具

---

① H. R. REP. 94-1487.
② 王海虹：《国家豁免问题研究》，中国政法大学 2006 年博士学位论文，第 60 页。

有独立法律人格的外国机构或实体或部门享有管辖豁免，除非被授权履行主权权力并实际履行了主权权力。依照结构主义标准，若国有企业形式上符合独立法人，能以自己的名义在法院起诉或被诉等条件，在一般情况下就应当承担法律责任，不能享有豁免地位。因此，一般而言，具有独立法人资格的国有企业都是与一国和中央政府相区别的。结构主义立场在一定程度上反映了各国的法律和实际，但也存在不足，由于各国经济体制不同，各种国家机构或实体的国内法地位也有所不同。如果仅仅依据在国内法上是否具有独立的法律人格来判断是否享有豁免，显然是不合理的。

"职能主义"标准，主要根据行为的性质来决定是否能享有管辖豁免，而无论一个国有企业的国内法地位如何。如果该国有企业的职能主要是商业性而不是政府性的，那么它就不能享有管辖豁免。其主要表现是将国有企业与外国国家同等对待。随着国家经济活动的增加，国有企业从事的行为也极有可能是国家授权的行为，因而具有主权性质，而国家机构也可能从事商业行为。因此根据其行为性质而不是主体地位来决定能否享有豁免的判断标准相对来说更加符合限制豁免的本质。正是在这个意义上讲，职能主义与国家主权行为和商业行为的划分标准更加协调。此外，它可以使法院避开确认机构或实体国内法地位的困难，从而专注行为的性质。但是职能主义本身也存在一些理论和实践上的问题。首先，将国家机构或实体与国家本身完全等同而不顾其在国内法上具有独立法律人格的做法，无论在国际法上和国内法上都是缺乏法律依据的，也不符合各国的实际。其次，在司法实践中，如果仅仅根据行为的性质来决定是否给予管辖豁免而不考虑实体的法律地位，势必会引起对外国国家的滥诉。最后，判定哪些行为属于外国政府的职能也有适用法律的问题，而职能主义完全由国内法院按照本国法来判定的通常做法，也是颇有疑问的。

标准不同导致了实践中两种结果：一种是外国的国有企业同外国国家的地位一样，原则上享有豁免的地位和权利；另一种主张是原则上将国有企业与国家本身相区别，否认国有企业是国家豁免的主体，只有在国有企业被授权或代表国家行使国家主权权力的例外情况下，才和国家一样享有豁免主体资格。在传统的绝对豁免论的理论下，国有企业能否主张国家豁免主要关注其主体地位，即只要国有企业具有国家的地位，则当然享有国家豁免的资格。但是在限制豁免论的理论下，国有企业能否享有主权豁免主要依据该企业的行为性质，若该企业从事主权行为，则享有主权豁免；反之，若从事商业行为，则不能主张和享有主权豁免。据此，限制豁免主义提倡主要以"功能"而不是以"结构"来确定一个实体是否属于国有企业。

从理论上说，这两种标准的差别只是观念上的对立。因为在限制豁免主义的语境下，任何主权行为都可以得到豁免，不论实施该行为的主体是否独立，也不论该主体的核心职能是什么；同时，任何商业行为都不能豁免，尽管实施该行为的主体的核心职能具有主权的性质。因此，尽管国有企业依据不同的标准具有不同的法律地位，但是从理论上讲不会影响判决的实质性内容。但是这种不同会对审判和执行过程中的程序方面带来重大的影响，在一定条件下甚至可能影响到判决的内容。例如，当事人举证责任的分配因适用不同的标准而有所不同，进而就可能产生实质上的影响。因为某个实体一旦被认定为"国家"，就被推定为享有豁免权，而证明其行为是商业行为的举证责任由对方承担；相反，如果它被认定为国家机构或部门或实体,就被推定为不享有豁免权,而证明其行为是主权行为的举证责任由它自己承担。

(二)国有企业是否是国家豁免主体的分歧

1. 国有企业不是国家豁免主体

从国有企业的法律地位分析:在国内法上,其是独立于政府机关的法人实体,具有独立承担民事责任的能力;在国际法上,其不具有国际法上的人格。国有企业本身的法律性质决定了其一般不是国家豁免主体。

"二战"后,美国和一些国家签订的友好通商航海条约明确规定包括公司、社团或政府机构在内的国家企业不享有管辖豁免。苏联和其他国家签订的一系列有关通商贸易的双边条约,也都将具有独立法人资格的国家企业与苏联政府机关加以区别。①

在司法实践中,法国最高法院在 1979 年"国家公路运输公司(SNTR)诉阿尔及利亚转口和租船公司等案"的判决中指出②:"阿尔及利亚国家公路运输公司具有与所属国家不同的法人地位,具有作为债权人的诉讼所专门针对的它自己的资产,并以与普通企业相同的作业方式运输货物来从事商业活动。阿尔及利亚国家公路运输公司不能在法国法院要求利用属于阿尔及利亚国家的资产,也不能在加以利用的情形下依据公权力行为或基于公共事业的利益而采取行动。因此,阿尔及利亚国家公路运输公司不能享有管辖豁免或行政豁免。"德国法院在涉及外国国有企业案例中也明确判决外国国有企业不享有管辖豁免,如1980 年法兰克福高等法院在"伊朗国家石油公司法律地位案"中的判决指出,被告是具有独立法人资格的,尽管伊朗政府是该公司的唯一股东,但这并不能改变该公司是独立法人地位,据此,法院认为这种具有独立法人资格的商业企业不能享有管辖豁免。在加拿大的司法实践中,在 Ferranti Pachard Ltd. v. Cushman Rentals Ltd. 案中,安大略高等法院(分庭)认为,纽约干道管理局不是纽约州的机关或指定单位,而是为进行其自己的商业活动而设立的一个独立的机构,因此,它不享有主权豁免。③

在制定了国家豁免法的国家,大多将国家与包含国有企业的"实体"或者"机构""部门"相区别④。英国是在立法上坚持结构主义立场的代表国家。在对国家机构的定义上,

---

① 龚刃韧:《国家豁免问题研究——当代国际公法、国际私法和国际经济法的一个共同课题》(第二版),北京大学出版社 2005 年版,第 158 页。

② 《国际法判例汇编》(第 65 卷),第 83 页。转引自龚刃韧:《国家豁免问题研究——当代国际公法、国际私法和国际经济法的一个共同课题》(第二版),北京大学出版社 2005 年版,第 157 页。

③ 《国际法判例汇编》(第 22 卷),第 17 页;转引自龚刃韧:《国家豁免问题研究——当代国际公法、国际私法和国际经济法的一个共同课题》(第二版),北京大学出版社 2005 年版,第 149 页。

④ 20 世纪 70 年代以来,一些国家相继制定了关于国家豁免的专门立法,其中除美国 1976 年《外国主权豁免法》第 1603 条比较特殊地规定外国国家包括"机构或部门",而"机构或部门"又包含外国国家拥有大部分或全部股份的实体外,英国及其他一些国家的豁免立法普遍将外国国家与包括国家企业在内的单独实体加以区别。如 1979 年《新加坡国家豁免法》第 16 条第 1、2 款,《巴基斯坦国家豁免法令》第 15 条第 1、2 款,1981 年《南非外国主权豁免法》第 1 条第 2 款,1985 年《澳大利亚外国国家豁免法》第 3 条第 3 款。

《英国国家豁免法》严格区分"单独实体"和国家本身，原则上不承认"单独实体"享有管辖豁免。该法第 14 条第 1 款规定，外国国家不包括"单独实体"。其次，根据该条第 2 款的规定，外国"单独实体"在以下的例外情况下可以在英国法院享有管辖豁免："（a）诉讼涉及该独立实体为国家行使代理权所为的行为；且（b）该国家于同样的情况下可享有豁免（或一个在适用第 10 条情况下之非《布鲁塞尔公约》当事国之国家）。"这样，按照英国法的规定，单独实体原则上不能享有与国家同等的管辖豁免，只有在"行使主权权力"这样的例外情形下，才能援引管辖豁免。客观地讲，第 14 条第 2 款的整体效力可以概括如下：国家的豁免权与单独实体的豁免权各自具有完全不同的特征。国家的豁免权与身份有关，这种豁免权是要求给予此类豁免权的人或机构所固有的本质，这种豁免权要受到该立法规定的例外的限制。相反，单独实体不具有被赋予一般的豁免权的身份，只享有由该法第 14 条所规定的各自的豁免权。

关于国有企业是否为国家豁免的主体的问题，《联合国国家豁免公约》的相关规定如下：首先，在《联合国国家豁免公约》第 2 条"用语"里，关于"国家"的定义没有直接包括由国家设立、能够独立承担责任并具有占有和处置其资产权利的国有企业及其他法律实体。其次，值得注意的是，与以前的《国家及其财产的管辖豁免条款草案》略有不同，《联合国国家豁免公约》在"国家机构或部门"之外新增加了"其他实体"。按照国际法委员会的评注，加上这一概念的目的主要是考虑到某些国家将一些政府权力赋予民间实体，让它们为行使国家的主权权力而行为的特殊情况。第 10 条第 3 款规定了有关国有企业或其他实体的概念的专门内容。该款规定："当国家企业或国家设立的其他实体具有独立的法人资格，并有能力：（1）起诉或被诉；和（2）获得、拥有或占有和处置财产，包括国家授权其经营或管理的财产，其卷入与其从事的商业交易有关的诉讼时，该国享有的管辖豁免不应受影响。""处置"在这里的含义是，国有企业可以对于国家授权其经营或管理的财产采取限制措施，例如当债权人提出债的请求，法院对这部分财产可以查封、扣押和执行。根据《联合国国家豁免公约》的规定，在涉及商业交易的国家豁免的问题上，国家与国有企业之间存在实质的法律区别。国有企业在商业交易中具有独立的法人资格，能够独立承担法律责任，此时它们是代表自己，是作为独立于母国的实体而不是代表母国从事商业交易。至于在交易中发生的纠纷，该国有企业应当独立地为后果负责，该责任与其母国没有关系。

在制定《联合国国家豁免公约》的过程中，对于国有企业在国家管辖豁免制度中的法律地位条款的设计一直是存在争议的。如在 1991 年公约草案条例中就已经有《联合国国家豁免公约》第 10 条第 3 款的规定，当时草案委员会的各国代表对于该条款内容设计有不同的观点和立场。① 《联合国国家豁免公约》的这一规定得到大多数国家的支持，

---

① 1991 年草案工作组第六次会议最后建议了两种备选案文，案文一强调"一旦某一国家企业或实体被诉，国家享有的豁免不受影响"，这侧重保护国有企业所属的国家的利益；案文二强调"一旦某一国家企业或实体被诉，其不享有国家豁免"，这侧重保护国有企业涉诉的相对一方当事人的利益。《联合国国家豁免公约》采纳了案文一。参见黄进等：《国家及其财产豁免的几个悬而未决的问题》，载《中国法学》2001 年第 4 期，第 143 页。

尤其是广大发展中国家，包括中国。这些国家认为"该条款有利于防止一国利用另一国国有企业的责任，对另一国滥用法律程序，该条款有利于国家关系的正常发展"。然而这一条款也遭到了一些国家，特别是一些发达国家的强烈反对。①《联合国国家豁免公约》将国家和具有独立法人资格的国有企业区分开来，将法人责任和国家责任区分开来是十分必要的，一方面反映了各国通行的做法和公约的整体目标，有利于保护发展中国家，尤其是一些国有经济比重较大的国家；另一方面公约强调此种情况下具有独立的法人地位的国有企业及其他实体须以从事商业交易为前提条件，以及公约其他条款规定了"确定合同或交易的商业特性标准"，都意在防止上述发达国家在报告中指出的有国有企业以国家豁免为由逃避责任的情况的发生，从而保护商业交易中的私人企业及私人利益。

2. 国有企业是国家豁免的主体

美国独树一帜，赋予国有企业同国家一样的国家豁免主体资格。如前述分析，在美国，国有企业被包含在"外国代理机构或部门"这一定义之中。根据 FSIA 第 1603 条的规定，一个外国国家的机构或部门要享有豁免权，必须满足以下条件：（1）具有独立法律人格；（2）是政府的机关或政治区分单位，或其主要股份为政府或政府的政治区分单位所拥有，简而言之即与外国国家有紧密的联系；（3）没有在美国和第三国组成公司。

对这一条款的解析如下：

（1）对于"独立法人"，美国法院主要依据该实体的核心职能主要是主权性质的还是商业性质进行判断，若该实体的核心职能是主权性质的，则其不能被认定为是独立的。众议院的立法报告还对此进一步说明：独立法人包括"一个公司、协会、基金会，依其所成立的外国法，可以以自己的名义起诉或被控告、缔约或是拥有财产的实体"。实际上，无论如何进行解释，大多数国有企业都符合这一标准。

（2）第一，对于"机关"的理解，应该指的是"外国"或者"外国政治区分单位"的机关（organ）。如果该实体代表外国政府从事主权行为，那么该实体可以认定为外国的（或者外国政治区分单位的）"机关"②。根据判例，判断一个实体是否为"机关"有实体设立时的状况、行为的目的、与国家的依赖关系、政府对其进行财政支持的程度、雇用政策以及依照国内法其享有的特权与豁免这几项因素需要考虑。③ 在 FSIA 的定义中，人们通常依据"所有权标准"来判定国有企业的国家豁免主体地位。实际上，判定某一实体是否为外国代理机构或部门还有一种方法，即是否为第 1603 条第 2 款的外国"机关"（organ provision）。由

---

① 如意大利提交给联合秘书长的评论中指出，他们认为草案中这一条款是多余的，甚至是令人混淆的，应该删除。他们认为一些发展中国家对国有企业和政府政企不分，有企业做生意亏了本，法院要扣押其财产，国家早已把企业资产抽走，此时坚持国有企业具有独立的法律地位，可能会对商业交易中的私人公司造成欺诈或不公平。

② Patrickson v. Dole Food Co., 251 F. 3d 795(9th Cir. 2001).

③ 1997 年 Med. Corp. 案（Supra Medical Corp. v. McGonigle，955 F. Supp. 374，379（1997）（DC Eastern District Pennsylvania）确立了五项分析因素，即平衡标准，此后的案例多援用此标准（Ocean Line Holdings Ltd. v. China Nat'l Chartering Corp.，578 F. Supp. 2d 621，624（S. D. N. Y. 2008））。2009 年的 Alperin v. Vatican Bank 案［Alperin v. Vatican Bank，360 F. App'x 847，849（9th Cir. 2009）］，第九巡回法院考量了六项因素，作为确定是否为"机关"的标准。

于 FSIA 文本以及立法报告对"机关"的含义并没有明确的界定，因此为法院在实践中留下了很大的判断空间。但是，过于宽泛的标准和自由裁量权更容易导致法院判决的不一致性。

在 FSIA 通过后早期的一些判例中，法院依据机关条款认定该实体为外国代理机构或部门，却并没有分析作为外国机构或部门的机关有什么特征。① 直到 1996 年的墨西哥公司案和 1997 年的医药公司案②才开始讨论满足 FSIA 定义下的"机关"需要什么条件。这些案例所确定下来的标准，被称为"平衡因素"（the balancing factors），至今被大多数美国法院用来作为判断某个实体是否具有"机关"地位。平衡标准的渊源是跨洲字典出版社案③和墨西哥公司案④。在第一个案例中，法院判断原告跨洲字典出版社能否因作为被告的澳洲国立大学的教员侵犯其知识产权而起诉澳洲国立大学。法院依据被告的以下特征认定澳洲国立大学为澳大利亚政府的一个机构：①其为澳大利亚政府为了提高全国的学术水平而设立；②雇员的薪水由政府支付；③其每年向澳大利亚政府呈交报告并且接受政府的基金会资金支持；④其在其他国家立法中被认为是政府的机构（agency）。尽管其学术上的相对独立地位，其仍然应当被视为澳洲政府的一个机关（organ）。在第二个案例中，法院判断 FSIA 能否对作为墨西哥媒介的墨西哥油气公司的子公司 PEMEX 适用，在不能依据所有权标准认定其媒介地位的情况下，法院考量了以下因素认定其作为墨西哥的"机关"从而构成外国媒介：①其是否为墨西哥政府的组成部分；②其是依据墨西哥宪法、联邦组织法设立；③其完全为墨西哥政府所有；④其完全为政府官员所控制；⑤其工作人员均是公务员；⑥其对墨西哥政府财产的占有和分配具有独立责任。这两个案例中法院的分析构成了日后认定"机关"时的标准——"平衡因素"的基础。

然而以上两个案例也仅限于个案分析，"平衡因素"的真正集大成者是 1997 年的医药公司案⑤，该案中法院首次总结并列举了判定某一实体是否为外国"机关"的考量标准：①外国设立该实体是否为了国家目的；②外国是否积极监督该实体；③外国是否要求该实体雇用公务员并由国家支付他们薪水；④该实体是否享有国家的某些独占性的权利；⑤该实体在其他国家是如何被对待的。这便是使用广泛的"平衡标准"。在以后的许多适用该

---

① Yessenin-Volpin v. Novosti Press Agency 案是法院面临的第一个有关机关的认定的案例，该案中的被告 TASS 机构和 Novosti 出版社均主张其依据 FSIA 享有豁免，法院依据苏联大使出具的证明 TASS 为苏联的机关的证明书认定其为外国机关；而依据苏联对 Novosti 出版社的所有权利益和控制程度认定其为苏联的媒介（instrumentality）。对这二者地位的认定不同仅仅是苏联大使出具的证明书，并无其他关于机关或者媒介的实质特征的分析。早期的一些其他案例也表明，此时法院在面对外国豁免主体认定的问题时，只是就事论事，既没有分析"外国机构或者部门""机关"的性质，亦未对"机关"的含义作出界定。Yessenin-Volpin, 443 F. Supp., at 852; Rios v. Marshall, 530 F. Supp. 351, 371（S. D. N. Y. 1981）; Jet Line Servs., Inc. v. M/V Marsa El Hariga, 462 F. Supp. 1165, 1172（D. C. Md. 1978）.

② Corporacion Mexicana de Servicios Maritimos v. M/T Respect, 89 F. 3d 650, 655（9th Cir. 1996）; Med. Corp. v. McGonigle, 955 F. Supp. 374, 379（E. D. Pa. 1997）.

③ Intercont'l Dictionary Series v. DeGruyter, 822 F. Supp. 662, 673（C. D. Cal. 1993）.

④ Corporacion Mexicana de Servicios Maritimos, S. A. v. M/T Respect, 89 F. 3d 650, 652（9th Cir. 1996）.

⑤ Med. Corp. v. McGonigle, 955 F. Supp. 374, 379（E. D. Pa. 1997）.

标准的案例中，法院极少对该标准的由来质疑或者进行考察。仅仅在 2003 年的 USX 案①中，法院对此标准进行了改良：将以上五项分析因素中的第一项分立成两项——设立该实体时的客观情形以及行为的目的；并且增加了一项——该实体的所有权结构。这样一来，五项分析因素变为了七项分析因素，这两种分析方法都被称为"平衡因素"，在判断外国实体的"机关"地位时广为美国法院所利用。近年来的一些案例亦采用这种分析标准②。实际上，该标准并非完美无缺，在美国国内业已受到一些学者的批评。③ 例如，就该标准的分析因素本身来看，其过于简单、不充分，各种因素之间存在重复；从宏观上来看，仅依据这一种标准来判断会使法院忽视实体与外国国家的其他联系方式，潜在地增加了对外国歧视的风险，不符合 FSIA 的立法目的。

实际上，抛开认定"机关"的标准是否合理的问题（留待美国法院判例最终确定），"机关"条款是对认定外国机构或部门时"所有权标准"的一种补充④。在面对日益复杂的公司组织结构时，"所有权标准"不足以准确判断一个实体的外国机构或部门地位。试想，假设某外国国家设立某一公司，该公司由国家指定的官员进行管理并且其日常经营活动受到该国的监管，然而该国将此公司设置为其国有公司的一个子公司，因而该公司不属于 FSIA 定义中的外国机构或部门，但是其比普通的子公司与国家的联系更为密切。因此，尚未被定义的机关条款就成为一种灵活的工具，作为判断某一实体是否属于外国机构或部门的另一种选择。尤其是在 2003 年美国最高法院否认了间接为外国国家所有的企业的豁免主体地位之后，将会有越来越多的外国企业利用这一条寻求 FSIA 的保护。

第二，关于"多数股权"的认定，一度是实践中各个法院之间的争议最多的领域，主要问题有三个：①国家间接拥有的实体是否享有豁免，即层级问题；②认定实体取得国家机构地位的时间；③两个以上外国国家共同拥有但每个国家享有的份额都不超过 50% 的实体是否享有豁免。对于前两个问题，在 2002 年最高法院对 Dole 案⑤进行判决之后，明确了对于外国间接所有的实体不赋予豁免主体的地位以及依据立案时间作为确定主体地位的标准。第三项的目的在于排除美国公民和依第三国法律所成立的实体，根据众议院的见解，外国在另一第三国所成立的实体都被推定为从事商业或私人活动。这一问题将在本节第三部分具体阐释，在此不详述。

因此，国有企业在美国具有国家豁免主体地位，享有国家豁免主体所能享有的特权和豁免。只不过其法律对于"国家"和"外国机构或机关"做了严格区分，二者享有的程序权利和豁免权利有一定的区别。但这并不影响国有企业在美国受到优待，一旦某个实体被认为具有国家豁免的主体地位，即使最终并不能认定其享有豁免权，其在程序上还是享有一

---

① USX Corp. v. Adriatic Ins. Co., 345 F. 3d 190, 209 (3rd Cir. 2003).

② Alperin v. Vatican Bank, 360 F. App'x 847, 849 (9th Cir. 2009).

③ Michael A. Granne, *Defining "Organ of a Foreign State" under the Foreign Sovereign Immunities Act of 1976*, 42 U. C. Davis L. Rev. 1, 2008, p.22.

④ Michael A. Granne, *Defining "Organ of a Foreign State" under the Foreign Sovereign Immunities Act of 1976*, 42 U. C. Davis L. Rev. 1, 2008, p.55.

⑤ Dole Food Co. v. Patrickson 538 US 468 Ct. 1655, 155 L. Ed. 2d 643, 188 A. L. R. Fed. 661 (2003).

系列的特权。这些权利主要包括：①在举证责任分配上，主张豁免的当事人，负有最初的证明义务，它必须证明自己符合 FSIA 对"外国国家"的定义。一旦这一点得到证明，主张豁免的表面证据即告成立，证明义务就转向另一方当事人，另一方当事人如果主张法院有管辖权，就要证明案件适用 FSIA 规定的主权豁免的例外。主张适用某豁免例外的当事人，必须提出一些能够满足该例外适用条件的事实。如果这一证明义务得到履行，主张豁免的当事人必须履行其最终的说服义务，证明豁免例外不适用。②主权豁免主体禁止惩罚性赔偿。③采用无陪审团审判方式（一般认为无陪审团审判的法庭审判更快捷更专业）。④由联邦法院审判（一般认为联邦法院比地方法院对外国当事人更公正更有经验）。⑤主权豁免主体在送达、审判地、关联财产、判决执行等方面，都拥有较为有利的程序性权利。所以美国国家豁免法赋予国有企业国家豁免主体地位仍然有利于国有企业。

值得注意的是，国有企业如果不符合 FSIA 定义中的"外国机构或部门"，则无权在美国法院主张主权豁免。但是，即使某一国有企业被认定为是属于"外国的机构或部门"，也不表示它一定享有豁免，法院还需要进一步地考虑该实体所从事的行为性质。

三、国有企业国家豁免的具体问题

由于美国独树一帜地赋予国有企业国家豁免主体地位，法院在实践中面临一些新形式的实体是否为国有企业的问题。

（一）"分层式"国有企业的豁免主体地位认定

随着国家参与经济活动的增多，为国家控制的经济实体的形式也越来越多。其中，为外国国家所间接拥有的实体（如国有企业的子公司）能否依据 FSIA 的多数所有权标准享有国家豁免的主体地位这一问题，即层级问题（tiering）曾在美国法院中引起了广泛的争议。美国的各大巡回法院一度分为两派，直到 2003 年最高法院在多尔案①中作出判决，认定只有外国国家直接所有的实体才符合 FSIA 的豁免主体条件，才结束了这不一致局面。

在 FSIA 颁布后的早期案例中，法院一致认定这种不为外国国家所直接拥有却通过子公司的形式与外国有间接联系的企业能够受到 FSIA 保护。在 1983 年的康奈尔机械公司诉 MV 美国②案中，第二巡回法院认定作为子公司的意大利船业公司能够受到 FSIA 保护，因为其母公司——FINMARE 是一个与意大利政府联系密切的政治分支机构。而该船业公司的大部分股权为 FINMARE 控制，因此，符合 FSIA 定义下的国家机构或媒介。在后来的类似案件中，法院经常引用该案的推论，认定这种为外国所间接所有的公司符合国家机构或媒介因而享有豁免主体资格，他们认为：所有权形式不能否认议会广泛地认定"外国国家机构或媒介"包括直接或者间接为外国所有的公司这一本意，认定间接所有权是非本质的问题③，法院更关注实质问题而非公司形式问题④。因此，在 FSIA 通过后的头二十

---

① Dole Food Co. v. Patrickson, 538 US 468 Ct. 1655, 155 L. Ed. 2d 643, 188 A. L. R. Fed. 661(2003).

② O'Connell Machinery Co. v. M. V. "Americana", 734 F. 2d 115 (2rd Cir. 1984).

③ Delgado, 890 F. Supp., at 1318n. 5.

④ Rutowski, 1988WL 107342, at 1.

年，美国法院赋予子公司享有豁免主体资格。

此后，以第九巡回法院和第七巡回法院为代表，美国法院在是否给予子公司豁免主体地位的案件中产生了分歧。在盖茨诉维克多食品公司案中①，第九巡回法院否认了子公司享有的豁免主体资格。在 Roselawn 空难案件②中，第七巡回法院赞成子公司的豁免主体资格。大多数美国学者亦反对，其主要理由是：赋予子公司豁免主体资格，既不符合 FSIA 的文义，也不符合 FSIA 的制定目的。

直到 2003 年多尔案，最高法院结束了美国巡回法院在这一问题上的纷争局面，认定为外国国家间接所有的公司不能享有豁免主体资格。最高法院在此案中还认定：判断外国实体地位的时间，应该依据立案时为准。这一判决之后，判断子公司是否为外国国家或媒介的标准得以确定。

(二)"共有式"国有企业的豁免主体地位认定

为两个以上外国国家所有且每一国家所有的比例不超过 50% 的企业亦是一种新的企业形式，这种企业能否被认定为 FSIA 定义中的外国国家或媒介这一问题被称为"共有"问题(pooling)。对待这一问题，美国的法院和学者亦有两种不同的态度，反对者认为：(1)根据第 1603 条的定义，只是规定了大部分为"一个"外国国家所有的实体，明确了是单数；(2)如果议会意图允许共有式公司作为外国国家机构或媒介，会在立法中明确规定为一国或多国(a state or states)，但其并未如此规定；(3)立法报告在分析多数所有权标准时亦明确强调了单数形式的外国国家，③ 这可以表明，议会实际上间接地反对共有式公司作为外国国家机构或媒介。因此，无论是根据 FSIA 文本，还是议会意图，抑或是立法历史，都明确表明多数所有权标准是指为"一个"外国国家所有。

支持者认为：(1)反对者的这种解读过于拘泥于文字的表面意图。实际上，立法者在制定 FSIA 条文时，尚未出现像层级式或者共有式这种新型的公司形式，因此，立法时不能预见这些形式的出现，那么立法当时的未规定就不能作为反对的理由。(2)根据美国法典第 1 节④的规定，立法中单数形式的个人、实体等词语一般也指其复数形式，除非立法有明确的相反规定。据此，FSIA 中并未明文规定反对共有式公司作为外国国家机构或媒介，因此，可以解读为 FSIA 允许共有式公司的存在。(3)允许共有式公司还有更重要的深层原因，即这样做符合 FSIA 审慎对待外国国家和限制豁免主义立场的宗旨。因为实践中共有式公司多数从事的是主权行为，因而应该受到 FSIA 限制豁免主义的保护。例如，在 EAL 公司案⑤中，一个为了规范其成员国的空运安全而为 15 个欧洲国家所组成的组织——"Eurocontrol"擒获了一架美国公司所有的飞机，理由是该飞机使用了一个欧洲空军导航服务设备却逾期未付费，法院判定该行为是主权行为，因为该行为只有主权国家才能

---

① Gates v. Victor Fine Foods, 54 F. 3d 1457 (9th Cir. 1995).

② 96 F. 3d 932 (7th Cir. 1996).

③ H. R. REP. 94-1487.

④ USC. S 1(1994).

⑤ No. CIV. A. 93-578-SLR, 1994 WL 828320 (D. Del. Aug. 3, 1994).

够行使。同样，在 OPEC 案①中，法院认定 OPEC 从事的是主权行为，理由是其成员国同意该组织在其各自国家的石油开采条件。法院首先认定，设立自然资源开采的条件是只有国家才能从事的行为，因而是主权行为；接着法院认定，几个国家联合起来确定各自成员国如何行使主权权利的行为也是主权行为。据此得出结论，OPEC 设立成员国石油开采条件的行为是主权行为。从这两个案例可以看出，共有式公司大多从事主权行为，均为外国国家所有，若否定其豁免主体地位将会导致否定豁免外国国家主权行为，这一结果与 FSIA 出于外交利益的考虑而审慎对待外国国家和贯彻限制豁免主义的目的是矛盾的。因此，支持者认为，为了更好地实现 FSIA 的目的，应该认定允许 FSIA 赋予多国共有的企业以豁免主体地位。

关于此问题，虽然尚未有最高法院的判例作为定论确定下来，但是实践中大多数法院和学者的意见实际上都是持同意态度。近年来一些新的判例也表明了此种态度。②

(三)国有企业是否享有国家豁免权

笔者认为，国有企业是否属于国家豁免主体与国有企业是否享有豁免权是两个问题。国有企业是否属于豁免主体的判断主要是依据一国立法或者实践中对待外国国有企业的态度，是如美国那样明确国有企业同国家一样属于豁免主体，认定其豁免主体地位，还是如英国那样区分国有企业与国家，一般否认国有企业的豁免主体地位。

对于第二个问题，无论其是否豁免主体，国有企业在一定条件下都是可以享有豁免权的。大多数国家的立法和实践都认为国有企业原则上不是国家豁免的主体。但是值得注意的是，否认国有企业的国家豁免主体地位并不否认国有企业在一些特殊情况下享有豁免权。由于现代国家参与国内经济活动的增加，政府行为日益复杂，某些国家会将一些政府权力赋予一些包括国有企业在内的民间实体，让它们行使某些国家的主权权力。此时，国有企业可以主张豁免。这里的特殊情况包括国家授权国有企业行使国家主权权力，以及国有企业代表国家行使主权权力。此时，国有企业从事的活动不属于商业交易的范畴，而相当于国家行使主权权力。

第四节　国家代表的国家豁免

一、含义及类型

根据国际法委员会 1991 年对《国家及其财产的管辖豁免条款草案》的评注，享有国家豁免权利的"以国家代表身份行为的国家代表"包括：国家元首，以及以国家代表身份行为的政府首脑、政府部门首长、大使、使团团长、外交代表和领事。③ 由此，我们可以将

---

① International Assoc. of Machinists & Aerospace Workers v. OPEC, 477 F. Supp. 553 (C. D. Cal. 1979).

② United Arab Shipping Company v. Eagle Systems, Inc. 2008 WL 4087121 (S. D. Ga. Sept. 2, 2008).

③ Hazel Fox and Philippa Webb, *The Law of State Immunity*(3rd ed.), Oxford University Press, 2013, p. 459.

国家代表的类型归纳为享有国家豁免的国家代表包括国家元首和其他国家代表这两类。

如前所述，国家是国际法上拟制的个人，国家的行为往往是通过具体的国家机关尤其是实在的个人的行为来实现的。众所周知，个人以其自己的名义行事的时候是不享有国家豁免权利的。但个人代表国家或者由国家授权所为的行为不同于个人从事的私人行为。根据国内法上的代理理论可知，代理的后果归于被代理人。因此，当个人以国家代表的身份，以国家的名义行使公职时，该行为的后果由国家承担。此时国家享有的主权豁免权利也应及于作为其代表的个人。正如卡萨斯总结道："在国际关系中，国家官员就行使公权力的行为有权享有豁免是国家有权主张外国管辖豁免的必然结果。以官方名义行事的国家官员的行为应该归结于其所代表的国家，如果该行为违反了国际法，应该由国家承担国际责任。"①这一原则最早可以在英美两国之间的 Mcleod 案②中体现。该案发生于 1854 年，当时的英国的法官指出："根据国际法原则，即不能认为像私人违法者或犯罪分子一样，个人应对其经所属国授权及批准从事的敌对行动承担个人责任；相反，该行为是个人所属国应该独立负责的行为之一，是一个根深蒂固的原则，对此不存在什么争议。"此外，《联合国国家豁免公约》也明确将那些"以国家的名义行为的国家代表"包含在"国家"这一概念之中。

毫无疑问，国家豁免是以国家为基础的，个人如果要主张国家豁免，必须证明该个人等同于国家。从国际实践来看，目前主要有三种方式来证明个人与国家的等同性。第一种是确定行使国家职能的个人的类别，并规定特殊的规则以给予他们不受当地法院管辖的权利。外交代表、出访的军队和派驻国际组织的国家代表团就是由特殊的原则来规范等同于国家的个体。国家元首也是这一类享有特别待遇的个人。这些个体在国内外履行官方职能，因此有必要建立一套特殊的原则来规范他们的行为。第二种是将个人的行为融入国家人格之中以防止国家由于其官员被诉而间接地被起诉，从而使国家成为适格的被告。第三种方式是授予个人权力或者证明国家与个人之间存在代理或者雇佣等法律关系。③ 联合国公约采用此种方式。通过三种方法实现：将个人行为与国家行为等同，将国家视为真正被告；使责任归于国家而免除个人的责任。当个人与国家的关系十分密切以至于被视为国家的部门和机关时，即使个人的行为超出了其职能范围甚至滥用权力，仍被视为国家的行为而由国家承担责任。

二、国家豁免与外交豁免的关系

除了国家豁免，习惯国际法针对外交代表还规定了一系列特权与豁免，即外交特权与豁免。对这些规定的集大成者是 1961 年的《维也纳外交关系公约》。该公约大多数条款很大程度上是对于习惯国际法的宣示，或者已经成为普遍的法律。享有国家豁免的主体与外交豁免的主体有所重合，例如在有关国家元首个人豁免制度地位的问题上，18 世纪宾客

---

① ［英］安东尼奥·卡萨斯：《国际法》，蔡从燕等译，法律出版社 2009 年，第 126 页。

② ［英］安东尼奥·卡萨斯：《国际法》，蔡从燕等译，法律出版社 2009 年，第 126 页。

③ Hazel Fox and Philippa Webb, *The Law of State Immunity*（3rd ed.），Oxford University Press，2013，pp. 456-458.

舒克和法泰尔的著作中都是将外国君主豁免与外交使节的豁免一起论述的。但是在 19 世纪的一些国家，特别是英美法系国家的判例中，国家元首个人的豁免却常被作为国家豁免的一个组成部分。① 因此在这里有必要澄清国家豁免与外交豁免的关系的区别。

外交豁免和国家豁免的区别主要表现在：第一，发展的历史不同，外交豁免主要是依据国际条约和国内立法而建立的制度，而国家豁免主要是经由欧美国家的国内法院判例而形成，外交豁免的历史早于国家豁免。第二，理论依据不同，依据通说，外交豁免的理论依据是执行职务的需要，而国家豁免的理论依据是国家主权平等原则。第三，法律的效力和各国的遵守程度不同，在外交豁免领域，已经有各国公认的比较一致的国际条约规范，对于其内容范围各国几乎没有太大差异；而在国家豁免领域，各国的争议较大，尚未有普遍性的国际条约通过并生效，未形成统一的国际法规则。第四，内容不同，外交豁免在某种程度上对外交人员的非公务行为也给予豁免，但是只有在职的外交代表才享有该权利；而国家豁免不及于从事非主权行为的主体，也无论该代表是否在位。第五，性质不同，国家豁免是属物理由的豁免，即如果确定国家享有豁免，只要主权国家始终存在，豁免权利就始终存在，不会因国家代表的变更有所变更，因为该豁免是国家享有的豁免，给予的理由是基于活动的主权性质而非基于个人；而外交豁免是属人理由的豁免，是基于外交代表行使职权的需要而赋予的豁免，一旦其官方职务解除或终止，其一切与官方无涉的活动则不得再主张豁免权利。

因此，国家豁免与外交豁免是两种不同的豁免制度。在涉及某些特殊主体如国家代表的情况下二者容易混淆，因此有必要在立法中对二者的关系予以澄清。值得注意的是，2004 年《联合国国家豁免公约》第 3 条第 1 款规定该公约规范的国家豁免不影响外交豁免。第 2 款将依据国际法给予国家元首个人的特权和豁免这一属人理由的豁免排除在公约调整的国家豁免领域以外，由国际习惯法决定，这即是对二者的关系做了澄清。

三、国家元首的国家豁免

国家元首是指一个国家对内对外的最高代表。国家元首既包括君主政体中的君主，也包括共和政体中国家机关的最高职位者。行使公职的国家元首，即以国家的名义行事并代表国家的国家元首，属于国家豁免主体的"国家"范围。根据国际法委员会的评论解释，这种赋予国家元首的豁免是基于国家元首的代表性质而赋予其的属物理由的豁免。② 至于国家元首享有国家豁免的原因，国际法委员会的评论认为，作为国家主要机关的行使公职的国家元首享有同国家一样的豁免权的原因在于无论是国王、君主、政府首脑抑或国家元首，其与该国的中央政府是等同的。③ 此外，值得注意的是，尽管国家元首个人豁免作为

---

① 龚刃韧：《国家豁免问题的比较研究——当代国际公法、国际私法和国际经济法的一个共同课题》(第二版)，北京大学出版社 2005 年版，第 8 页。

② Hazel Fox and Philippa Webb, *The Law of State Immunity* (3rd ed.), Oxford University Press, 2013, p. 431.

③ Hazel Fox and Philippa Webb, *The Law of State Immunity* (3rd ed.), Oxford University Press, 2013, p. 431.

国际习惯法上的规则早已确立，但是国家元首个人的管辖豁免在国际法中的地位至今也没有被澄清。1961年《维也纳外交关系公约》中就没有涉及国家元首个人的特权与豁免的条款。在国际法和国内立法中也不存在专门针对国家元首豁免的成文立法。国家元首豁免一直是以习惯国际法规则的形式存在的。

2004年《联合国国家豁免公约》第2条第1款(b)项规定："国家是指(一)国家及其政府的各种机关……(四)以国家代表身份行为的国家代表"，因此在联合国公约的文本中并没有直接出现"国家元首"这一用语。但是，根据国际法委员会的评注，具有官方身份的君主或国家元首既可以包含在"国家及其政府的各种机关"之中，也可以包含在"以国家代表身份行事的国家代表"之中。① 也就是说，在《联合国国家豁免公约》中，国家元首享有豁免的理由既可以是国家元首是国家机关，也可以是基于其国家代表身份。此外，《联合国国家豁免公约》第3条明确了三类不受《联合国国家豁免公约》影响的特权与豁免，其关于国家元首个人豁免的例外是公约采取限制国家主权豁免原则的必然。② 如前所述，国家元首可以归于《联合国国家豁免公约》限定的"国家"的范畴，《联合国国家豁免公约》采纳了限制豁免主义后，就需将国家主权豁免和国家元首个人豁免区别开来。即对国家主权的限制豁免不应影响到国际法赋予国家元首个人的豁免。举例来说，一国的国家元首依其职责可以代表国家从事商事活动，该行为可以归因为国家，本身是国家行为。但在《联合国国家豁免公约》下，国家的种此类行为可能不得援引国家豁免，但国家元首并不因此使其个人豁免受到任何限制，该国家元首不会因此在外国法院受到起诉。《联合国国家豁免公约》的该条规定明确界定了国家元首不因国家行为的限制豁免而有所影响。

在国家豁免的领域内，《英国国家豁免法》第14条第2款明确地将以官方身份行为的国家元首包含在"国家"的定义之中。同时，其第20条第1款规定国家元首及其家属的公务行为和非官方行为都可以享有豁免。

在美国，FSIA制定之前法院并未对国家元首豁免与国家豁免进行区分，著名的交易号案件③中是将二者混为一谈。FSIA颁布后，其的立法文本中并未提及国家元首。根据大多数法院的实践，FSIA及其例外对外国国家元首并不适用，美国法院在国家元首豁免的问题上仍然依据行政机关的意见。例如，在Lafontant v. Aristide案④中，法院在判断海地元首Aristide是否享有豁免时认为国务院的意见是具有决定性的。法院详尽地分析了FSIA产生的历史进程，声明FSIA"绝不是要去影响外交代表和国家元首的豁免权"。FSIA通过后，美国法院一直只将其作为处理国家主权豁免案件的依据，而不是用于处理外国国家元首豁免。法院认为由于国家元首豁免涉及政治、外交、互惠以及相对国的国家豁免的态度和国内立法等问题，十分敏感，故在该问题上，法院应延续交易号案件确定下来的判例，诉诸行政机关的意见。

---

① Hazel Fox and Philippa Webb, *The Law of State Immunity*(3rd ed.), Oxford University Press, 2013, p. 431.

② 张超群：《国家元首豁免相关法律问题研究》，外交学院2006年硕士学位论文，第10页。

③ Schooner Exchange v. M'Faddon, 11 US(7Cranch)116, 3L. Ed. 287(1812).

④ 844 F. Supp. 128, 139-40 (E. D. N. Y. 1994).

四、国家代表的豁免主体地位分析

(一) 国家代表是国家豁免主体

英国的立法与实践表明，行使公职的外国官员享有职能豁免。《英国国家豁免法》并没有直接提到国家代表身份行事的国家代表，但在实践中，法院倾向于对政府的机关做宽泛的解释，赋予那些作为国家代表行为的个人以豁免权。

早在 1877 年的 Twycross v. Dreyfus 案中①，被告作为秘鲁国家的代表发行了债权，原告因被告不能兑现支付债权利益的承诺而向法院起诉。上诉法院拒绝了原告的请求，其理由是原告的诉讼请求将导致秘鲁这一主权国家间接地被诉，使其受到本国法院管辖权的约束这一结果。因此秘鲁基于英国当时的绝对豁免主义享有了国家豁免权。

1958 年的 Rahimtoola v. Nizam Hyderabad 案②说明个人享有豁免可以基于两种身份，一是作为国家机关，二是作为国家的官员或雇员。二者在程序规则上有所不同。在该案中，巴基斯坦最高行政长官 Rahimtoola 错误地收取了本属于其他国家的财产。法院认为，在基于国家机关的地位而给予个人的豁免的情况下，个人的官方身份能够由司法认知确定，因此对其送达的程序直接适用对国家的送达程序，由其掌控的财产将成为国家的财产。而在基于国家代表的身份赋予其豁免的情况下，其必须亲自证明这些问题。而上议院却认为基于这两种身份而给予个人的豁免权没有什么不同。

在 1997 年的 Propend Finance Pty. Ltd. v. Sing 案③中，尽管英国王室法院没有明确提到《英国国家豁免法》中的个人以及警察局的局长并不是立法所规定的单独实体，但法院判决，澳大利亚联邦警察局的局长享有管辖豁免。法院指出："如果政府的雇员和官员可以因为其服务于国家的行为而受到起诉，则 1978 年立法所给予国家的保护将会受到破坏。《英国国家豁免法》第 14 条第 1 款必须被理解为应当像保护国家本身那样来保护国家的个人雇员或官员。"在 2005 年的 Grovit v. De Nederlandsche 案中，法院认定被告的行为是行使公共监督权的行为因而享有豁免。综上，作为国家代表的个人享有的国家豁免是属物理由的豁免，仅限于其行使公职的行为。

随后的 Jones v. Saudi Arabia 案④除了涉及 Rahimtoola 案中作为国家机构的内政大臣是否享有豁免之外，还涉及被诉称以个人名义实施了虐待罪行的内政大臣以及其他个人是否符合《英国国家豁免法》第 14 条第 1 款的国家豁免主体要件。该案的第一原告 Jones 是在沙特阿拉伯工作的英国人，其职业是国际税收顾问。2001 年他在首都利雅得的一次爆炸中受到轻伤被送到医院，而沙特阿拉伯政府却将他带离医院并单独监禁。此后他受到了长达 67 天的虐待和折磨。其他原告也有类似被该政府虐待的经历。虐待的目的是通过刑讯逼供提取证据。回到英国后原告以沙特阿拉伯的内政部长和其他一些实施者为被告提出了诉讼。该案先由伦敦高级法院审理。后又上诉到上诉法院和上议院。上诉法院认为本案与

---

① [1877]5Ch. D. 605.

② [1958]AC 379.

③ 17April 1997，CA，111 ILR611.

④ Jones v. Ministry of Interior of the Kingdom of Saudi Arabia. Case No. [2006] UKHL 26.

Propend 案不同，本案中被诉的行为性质不属于《英国国家豁免法》第 14 条的调整范围。因此实施虐待行为的个人不能享有国家豁免。然而上议院又推翻了这一结论，认为大臣、部长和行使公职的个人享有国家豁免权，即使其行为不合法和未经授权。上议院指出国家只能通过其公职人员和雇员行为，这些人员的官方行为就是国家的行为，因此他们享有的豁免权是国家豁免原则的基础。尽管上议院将豁免权赋予实施了虐待罪行的个人的判决引起了很大的争议，这一结论带来的影响有待实践的检验，但是可以肯定的是，尽管《英国国家豁免法》中没有明文规定个人的豁免权，英国法院在实践中将豁免权赋予行使公职的个人。

(二) 国家代表不是国家豁免主体

美国在国家代表是否国家豁免主体问题上的态度有一个转变的过程，起初认可，后来巡回法院之间认可与否定并存，直到 2010 年 Smatar 案最高法院又予以否认。美国现行的观点是，国家代表不是国家豁免的主体，其享有的豁免权利应该留给普通法上的豁免来规范。

早在 FSIA 制定之前，就有相关的案例出现。采取限制豁免主义之后到 FSIA 颁布之前，有四个案例与外国官员的豁免有关。法院只在一个案例中拒绝给予豁免，其他三个案例中都认可了外国官员的豁免权利，但是并不意味着在任职期间的所有行为都能自动地享有豁免。

FSIA 颁布之后，其文本中没有直接提及外国官员个人的豁免。而行政机关一直认为 FSIA 只适用于外国国家，不适用其政府官员个人。尽管立法没有明文规定，法院在实践中通过丰富的案例对此问题进行了演绎。早在 1990 年的 Chuidian v. Philippine National Bank 案[1]中，第九巡回法院推定议会意图使 FSIA 保护以国家代表身份行事的外国官员，不同意行政机关将外国官员豁免留待 FSIA 颁布之前的普通法解决的观点。该案中 Daza 是菲律宾的一个政府官员，因为命令菲律宾国家银行加州分行押汇信用证而被诉。但是其行为是在一个菲律宾的政府委员会决定该信用证具有欺诈性质之后依据政府的命令所为。法院认为 FSIA 适用于以官方身份行为的外国官员，但是不适用于其所为的超出职能范围的事情。认定 Daza 的行为属于以官方身份而为的行为而且不属于豁免的情形，因此享有豁免权。

此后的案例中，美国第二、五、六巡回法院以及华盛顿特区巡回法院[2]都沿袭了 Chuidian 案的判决，认为 FSIA 适用于行使公职的政府官员。一直到 2009 年，才有法院支持行政机关的观点。第四、七巡回法院[3]反对 FSIA 适用于行使公职的政府官员。至此，美国法院在该问题上产生了分歧。争议的焦点在于 FSIA 第 1603 条"seprate legal person"仅仅是指商业实体还是也包括个人。法院之间产生的这种分歧直到 2010 年对 Samantar 案[4]作出判决后才得以解决。

Samantar 案涉及前任国家元首的豁免问题。原告 Yousuf 是一个组织的发起人，1981

---

① 912 F. 2d 1095 (9th Cir. 1990).

② In re Terrorist Attacks on September 11, 2001, 538 F. 3d 71, 81 (2nd Cir. 2008); Keller v. Cent. Bank of Nigeria, 277 F. 3d 811, 815 (6th Cir. 2002); Byrd v. Corporacion Forestal y Industrial de Olancho, 182 F. 3d 380, 388 (5th Cir. 1999); El-Fadl v. Cent. Bank of Jordan, 75 F. 3d 668, 671 (D. C. Cir. 1996).

③ Yousuf v. Samantar 552 F. 3d 371, 379-83 (4th Cir. 2009); Enahoro v. Abubakar, 408 F. 3d 877, 881-83 (7th Cir. 2005).

④ Samantar v. Yousuf, 130 S. Ct. 2278, 2289 (2010).

年他在南索马里被 Samantar 控制之下的安全部队所逮捕，并遭到了残忍的虐待和长达 7 年的关押。被告 Samantars 是 20 世纪 80 年代统治索马里的 barre 政权的第五任总统、总理兼国防部部长。当发现 Samantar 生活在维吉尼亚州后，Yousuf 便向联邦地区法院提起了诉讼。共同原告还有一些被 Samantar 当年的军队所虐待和监禁的被害人或者已经死去的被害人的家属。索马里过渡联邦政府的代表致信法院，声明 Samantar 的行为是行使公职的行为。尽管美国仅仅承认索马里的 Barre 政权，并未承认该政权，但是地区法院仍据此认定 Samantar 的行为是行使公职的行为而非出于个人的目的或者动机，故受到外国国家豁免的保护。地区法院驳回了原告的诉讼请求。上诉中，第四巡回法院推翻了地区法院的驳回诉讼请求，认定 FSIA 不适用于外国官员，[1] 因此不能保护 Samantar，并要求地区法院考虑 Samantar 是否符合习惯法上的豁免。[2] 最高法院对该案的判决结束了法院在这个问题之上的不同做法，最高法院认为，根据 FSIA 的立法结构、法条的明确用语和立法历史，议会并没有意图使外国官员也包括在 FSIA 之中。最高法院对于第四巡回法院将案件退回原审法院重新考虑 Samantar 是否能受到普通法上的豁免的保护这一做法予以肯定。因此，美国现行法律认为，外国官员不是国家豁免的主体，这一问题由普通法上有关的豁免来调整。

但是最高法院对普通法上豁免实质的讨论是不足的，因为下级法院没有涉及该问题。不过法院的意见仍然能为下级法院的分析提供依据。首先，法院认可了国家官员在一些情况下可能受到普通法上的豁免的保护。官员个人的豁免是国家豁免的衍生物，但是与国家豁免的范围不同。不同之处在于在一些情况下外国国家的豁免延伸到以国家名义行事的个人。但是法院并未说明这种情形指的是什么，也没有说明在什么情况下某一行为能被认定为"以国家名义行事"。

在美国，有关外国官员的豁免问题一直存在三个问题：外国官员是受 FSIA 有关国家豁免的保护？还是受普通法有关豁免的保护？如果外国官员享有豁免，是否对其任职期间内的任何行为，包括违反人权的行为都赋予豁免权？Samantar 案仅仅回答了第一个问题，认定 FSIA 不适用于行使公职的外国官员。最高法院的分析仍然为我们提供了一些借鉴：第一，在 Samantar 案中，法院认为外国国家的豁免权在一定情况下可以延伸到个人的主张说明它承认个人豁免是国家豁免的衍生物。这表明个人没有独立的豁免权，外国官员享有的豁免权能够由国家放弃。第二，外国官员豁免与国家豁免是不能共存的。因此，法院不赞同那种基于国家只能通过个人来行事，因而如果国家代表不能享有同国家一样的豁免权利，则国家豁免也就没有意义的观点。[3]

五、国家代表国家豁免的具体问题

(一)国家代表的民事豁免

1. 官方行为

国家代表享有国家豁免主体地位的条件是其"以官方身份行为"（国家代表身份行为），

---

[1] Samantar, 552 F. 3d, at 379-83.

[2] Samantar, 552 F. 3d, at 383-84.

[3] Beth Stephens, *The Modern Common Law of Foreign Official Immunity*, 79 FDMLR 2669, 2011, p. 89.

根据联合国委员会对《联合国国家豁免公约》的评注，以官方身份行为这一表述意味着这种豁免是基于其代表身份而赋予其的属物理由的豁免(immunity ratione materiae)。① 这种豁免也被称为职能豁免(functional immunity)。职能豁免源自外交法上的词汇，起初是适用于在职的外交官，但是仅仅对其以官方身份行事的行为赋予豁免权。后来其范围扩大适用于所有的官员、工作人员和雇员，而且不论其是否在职，对其以官方身份行事的行为均赋予豁免权。

但是如何认定"以官方身份行为"，是以行为性质还是国家授权为标准？尽管有学者和法院的实践适用的是行为性质标准，② 但是根据联合国委员会的评注，这种豁免的性质是职能豁免，实际上还包含赋予国家代表豁免除了要求其行使公职行为以外，还要求国家的授权的双重标准这一层含义。③ 因此，《联合国国家豁免公约》第2条第4款的规定限于授权的国家代表，不包括偶然行使公职的个人。

此外，关于国家代表的任期问题，对于不在职的国家代表，其在职期间的官方行为是否能够享有豁免。对于这个问题，属物理由的豁免与国家的利益一致，国家享有的豁免权利不受国家代表的变动、任职和职权的影响。因此，对于已经卸任的国家代表，若对其任职期间的官方行为提起诉讼，往往不能得到支持，其原因就在于该国家代表行使公职的行为享有的豁免是职能豁免。

2. 个人行为

外交豁免规定了两类特权与豁免，它们与作为国家官员的外交官就其以官方身份从事的行为而享有的职能性豁免有所重合。一类特权与豁免包括与外交官员拥有的用于履行其所负有的使命的住所和财产的豁免(涉及财产的豁免)；另一类特权与豁免包括外交官个人行为的豁免(个人性豁免)。这些豁免基于保证其公务职能顺利履行的目的而使其个人生活免受干涉。④

个人性豁免与职能性豁免具有不同之处，具体表现在：第一，个人性豁免包括私人行为与事物。第二，个人性豁免不包括东道国或接受国的实体法豁免，而只是法院管辖豁免与执法机关的执法行为豁免。第三，与职能性豁免不同，个人性豁免只适用于接受国与派遣国之间。外国官员以官方身份行为时可能会针对其他国家主张豁免，即对一切的豁免。第四，个人性豁免随着职能的终止而终止，职能性豁免则是永久存在的。在 Laperdrix and Penquer v. Kouzouboff and Belin 案中，法国巴黎的一家法院指出了这一国际实践背后的理由："外交豁免原则是为了政府的利益，而不是为外交官员的利益而确立的；它在外交使命之外不能使用……若不如此，会导致为外交代表穿射一种时效法上的利益，造成永远地不负责任。"⑤

因此，国家代表的个人行为尽管可能基于外交豁免或者国家元首豁免而得到豁免，但

---

① Hazel Fox, The *Law of State Immunity*(2nd ed.), Oxford University Press, 2008, p. 460.

② Hazel Fox, The *Law of State Immunity*(2nd ed.), Oxford University Press, 2008, p. 460.

③ Hazel Fox, The *Law of State Immunity*(2nd ed.), Oxford University Press, 2008, p. 460.

④ [英]安东尼奥·卡萨斯：《国际法》，蔡从燕等译，法律出版社2009年版，第126页。

⑤ [英]安东尼奥·卡萨斯：《国际法》，蔡从燕等译，法律出版社2009年版，第128页。

是不享有国家豁免。

(二)国家代表的刑事豁免

第二次世界大战以后,国际社会为了惩治德国和日本法西斯而成立了纽伦堡国际军事法庭和远东国际军事法庭。《纽伦堡法庭宪章》第7条规定:"被告之官职地位,无论系国家之元首或政府各部之负责官吏,均不得为免除责任或减轻刑罚之理由。"《远东国际军事法庭宪章》第6条也规定:"被告在任何时期所曾任之官职……均不足以免除其被控所犯罪行之责任。"这表明,国际法对那些罪大恶极的战犯,开始采取"官方身份无关性"原则,即不管担任国家或政府怎样的官职,只要犯有国际法上的严重罪行,就都要被惩处。

之后,"官方身份无关性"原则在诸多国际条约中得到肯定和确认。联合国国际法委员会在编纂1954年《惩治危害人类和平与安全治罪法草案》时坚持了"与官职地位无关"原则,并明确规定该原则不仅适用于一般的官员也包括国家元首;在1996年的《治罪法草案》中国际法委员会同样坚持了这个原则。另外,根据1948年《防止及惩治灭绝种族罪公约》第4条、1973年《禁止并惩治种族隔离罪行国际公约》第3条、1984年《禁止酷刑和其他残忍、不人道或有辱人格的待遇或处罚公约》第2条和第12条的规定,国家元首和其他官员如果犯有这些国际条约的规定,也都不能享有不被刑事起诉的豁免权。[①]

成立国际刑事法院的《罗马规约》专条规定了"官方身份的无关性"条款。该法第27条第1款规定:"本规约对任何人一律平等适用,不得因官方身份而差别适用。特别是作为国家元首或政府首脑、政府成员或议会议员、选任代表或政府官员的官方身份,在任何情况下都不得免除个人根据本规约所负的刑事责任,其本身也不得构成减轻刑罚的理由。"第2款规定:"根据国内法或国际法可能赋予某人官方身份的豁免或特别程序规则,不妨碍本法院对该人行使管辖权。"据此规定,在违反国际罪行的情况下,国家代表不能因其官方身份而豁免管辖。

有关国家代表刑事豁免的著名案例是英国的皮诺切特案,该案涉及国内法院首次拒绝给予外国国家元首豁免权,在国家元首豁免理论的发展史上具有里程碑式的意义。该案案情简介如下:1998年英国警方根据西班牙法院签发的一份国际逮捕令状签发了临时逮捕令,并在英国伦敦的一家医院逮捕了前来就医的智利共和国前总统、时任终身参议员的皮诺切特。皮诺切特的律师向英国高等法院提出异议,要求法院对逮捕令的合法性进行审查,以保护皮诺切特作为外国前国家元首所享有的特权与豁免不受侵犯。英国高等法院作出裁决,认定逮捕皮诺切特是不合法的,其被指控的罪行是他担任国家元首期间的行为,应享有豁免权。后来,英国上议院推翻了高等法院的裁决,判决不予豁免。此后又重新组织了特别法庭对该案开庭审理,并判决维持了上议院的判决,即皮诺切特不享有豁免权,并交由内政部在法院认定的罪行范围内作出是否引渡的最终决定。尽管国家元首豁免是已被证实的习惯国际法规则,而国际罪行是否取得了习惯国际法的地位还是个值得怀疑的问题。该案在一定程度上说明了国家元首卸任后,有可能因为其在本国犯下了严重侵犯人权

---

① 朱文奇:《国际法追究个人刑事责任与管辖豁免问题》,载《法学》2006年第9期,第28页。

的罪行，而在外国受到逮捕、起诉或是审判。①

综上，由于国际刑法的发展，现代国际法上也开始强调追究个人刑事责任，主张任何个人(自然人)如果犯有国际法罪行都必须承担个人刑事责任。这对传统国际法上国家代表的豁免原则产生了影响和冲击。

第五节　我国国家豁免主体述评

一、对我国的启示

(一)宏观启示

基于以上分析，无论是从各国立法制定的历程、立法文本还是法院的判例中都可以看出：国家利益和对外关系是其立法和实践的指示灯。

以美国为例，FSIA 是美国采纳限制豁免主义并将其法典化的集大成者，究其在国家豁免问题上态度转向的原因，在于限制豁免主义更符合美国的国家利益——在作为美国最大贸易伙伴的欧洲转向限制豁免主义之后，若美国再固守绝对豁免主义，其结果便是欧洲的企业或者公司，不论行为的性质是否具有商业性，只要被认定为"外国国家"，便能依据美国的绝对豁免主义享有国家豁免的特权；然而美国的公司在欧洲却极有可能因其从事的商业行为而不能享有豁免。如此一来，对美国在外投资交易极为不利。因此，美国亦摒弃了其实践中坚持多年的绝对豁免主义，采纳了相对豁免主义。

FSIA 是目前世界上有关国家豁免的立法及公约中唯一将"外国的机构或部门"认定为属于"外国国家"范畴，并赋予其同国家一样的豁免主体资格的。看似不可理解，其背后的原因仍然是美国的国家利益——在美国早先的实践中，出于对外关系稳定的考虑，为了防止不同法院对有关国家豁免的案件结果的不一致性影响美国的对外关系，在涉及外国国家豁免的案件时美国法院并不能独立判决，需要征求美国外交部的意见。FSIA 的订立使得判断外国国家豁免的权利被法院收回了，然而出于同样的考虑因素，FSIA 赋予所有的外国机构或部门以主权豁免主体资格，减少因不同法院判决的不一致而影响美国对外关系的概率。另外，FSIA 通过设计豁免例外中的商业行为例外，从而达到减少对从事商业行为的外国企业赋予豁免权利的效果，实际上这与国际主流做法可谓是殊途同归，只是形式上的不同罢了。

尽管第 1603 条的定义因其模糊、矛盾和不确定广受诟病，然而美国是典型的判例法国家，立法上的这些"缺陷"可以通过实践中一系列判例的演绎得以确立。如此，不但实现了立法的确定性目标，也在一定程度上解决了立法的滞后性问题，使得立法更加符合现实的需要。例如，立法者在制定第 1603 条的"多数所有权标准"时，恐怕难以预料到企业日后出现的层级问题(tiering)和共有问题(pooling)，尽管美国各个法院经历了一段时期的不确定和不一致，但是最终层级问题在最高法院的判决中得以确定。我们可以预见，对于"共有"问题和"机关"的界定问题，在不久的将来，随着实践中新问题的显现和该问题出

---

① 陈纯一：《国家豁免主体问题之研究》，载《台北大学法学论丛》2007 年第 61 期，第 126 页。

现概率的增多，同样会有最高法院的判例将其明确化。

通过以上分析，国家利益亦应该是我国立法的首要指导因素。在绝对豁免或是相对豁免立场的选择问题上，我国应在我国当事人利益保护和对外关系的稳定这一博弈中，在不对我国的外交关系造成不利影响下，从最大限度地保护我国当事人以及国家利益的角度进行考量。一如 20 世纪 70 年代 FSIA 制定时期的美国，一方面，我国目前的主要贸易伙伴美国、欧洲等，均持限制豁免主义立场；另一方面，我国对外经济贸易往来的比重增长迅速，无论是国家还是个人投资者在国外的经济活动十分频繁。在此情形下，若固守绝对豁免主义的樊篱，会造成中外企业在相同情形下的不同对待，既不利于外国投资者利益的保护，亦对我国国家和投资者的长远利益的保护无益。因此，我国若有条件地接纳限制豁免主义的立场，不仅不会对我国的利益造成损失，也顺应了世界发展的主流做法和实践。当然，是否应该采纳相对豁免主义还有待于理论上的进一步论证。

(二) 微观启示

基于本章的分析，中国在国家豁免主体问题上可以得到如下启示：

1. 地方政府

在地方政府豁免问题上，各国实践不一致。根据前述分析，这种不一致性似乎与各国的国家结构形式没有必然的关系。一般而言，地方政府不是独立的国家豁免主体，因为其并非一国的主权者。然而其公法行为应当享有豁免权。《联合国国家豁免公约》对地方政府享有国家豁免的条件不仅要求行为性质，还要求有国家授权这一地位。

另外要注意的是，在"一国两制"的框架下，我国已经设立了香港和澳门两个特别行政区。根据我国宪法和特别行政区基本法的规定，特别行政区实行高度自治，享有行政权、独立的司法权和终审权，以及一定程度上对外交往的权力。特别行政区拥有的权力比联邦国家组成单位更大。因此，应当认为我国的特别行政区不同于其他地方政府，可以享有独立的豁免权，成为独立的豁免主体。

2. 国有企业

国有企业在我国是一个比较特殊的生产经营组织形式，我国的国有企业改革尚处于进行之中，政府与企业的关系尚未真正得以厘清，相关的国内立法亦不完善①。在此情形下，我国在《外国国家豁免法》的制定中对国企采取的态度和制定的规则，一方面不能仅

---

① 我国对于国有企业的规定曾分散在《公司法》《民法通则》《全民所有制工业企业法》之中。我国国有企业的产权归属经历了三个阶段：一是国家所有权阶段，《全民所有制工业企业法》第 2 条第 2 款规定："企业对国家授予其经营管理的财产享有占有、使用和依法处分的权利。"二是国有企业享有法人财产权，1994 年国务院发布的《国有企业财产监督管理条例》第 27~29 条规定，国有企业享有法人财产权，以法规的形式明确地规定了国有企业对其财产享有的权利为法人财产权，并且对法人财产权的具体内容作了初步规定。第三阶段是我国 2006 年对《公司法》的修改，删除了原《公司法》第 4 条第 3 款中的"公司中的国有资产所有权属于国家"的规定，使得国有企业的财产权与非国有企业的财产权规定一致，从而使国有企业的法律地位进一步明确。但是由于《全民所有制工业企业法》目前仍在适用，其对于国有企业财产产权归属问题也未作修改。虽然从法律效力位阶上讲，新法优于旧法，但是这种国内法律的不统一可能导致国家在外国法院被诉时引起诸多不必要的争议和麻烦。

仅依据我国国企的情况制定，而应该广泛研究其他国家国有企业的特点、形式等，并参考《联合国国家豁免公约》的规定，力求与通行的国际实践相一致。另一方面，在是否将国有企业认定为国家豁免主体这一问题上，相关国家的立法和国际公约不同，大多数国家认为在限制豁免主义的语境下，国有企业原则上不是国家豁免主体，不享有国家豁免权利。其只有在授权行使和正在行使主权的情况下才享有国家豁免权，此时其地位与私人企业无异。支持国有企业的国家豁免主体地位的美国先赋予国有企业国家豁免主体地位，但是只有在其行为不属于国家豁免例外的情形下国有企业才能享有国家豁免权。二者在实际结果上可能相差无几，但是后者的在实践中操作的过程更为复杂，在一定程度上加重了法院的负担。鉴于此，我国在立法选择上，宜考虑采取前者的做法，这也与世界主流国家的做法一致。

此外，由于美国赋予国有企业国家豁免主体地位，在国有企业地位的具体认定中，还出现过以下三个问题：(1)"分层式"国有企业的豁免主体地位认定，即国家间接拥有的实体是否享有豁免；(2)"共有式"国有企业的豁免主体地位认定，即两个以上外国国家共同拥有的实体是否享有豁免；(3)认定实体取得国家机构地位的时间标准。关于第(1)和第(3)个问题，美国法院经历了一段时间的分歧，最高法院在2003年的多尔案之后已经确定了标准。关于第(2)个问题，法院通过一系列案例的演绎，但是至今仍存在分歧。美国在实践中遇到的这些情况，是由于实践中国有企业形式的发展和立法的空白导致的，而这正是其赋予国有企业国家豁免主体资格所必须面对的后果。我国若采纳前者的立法模式，将会避免对这些问题的认定。

3. 国家代表

如上所述，国家元首豁免、外交人员豁免与国家豁免三者之间有所重合又不完全等同，因此在国家代表豁免的问题上，应该注意的首要问题是厘清国家代表的国家豁免与外交豁免的关系。目前我国仅在外交豁免方面加入了《维也纳外交关系公约》和《维也纳领事关系公约》，有必要在未来的国家豁免立法中对国家豁免与外交豁免的关系予以澄清。这样不仅符合在理论上对二者相区别，而且便于实践的操作。《联合国国家豁免公约》的规定不失为一种值得借鉴的方式。

对于国家元首的豁免主体地位，根据我国宪法规定，国家元首是国家机关的一个重要部分，因此立法中可以将国家机关具体明确为包括国家元首、该国政府和政府的各个组成部分。至于国家元首的豁免权是否适用于国际犯罪的规则问题，根据我国对《罗马规约》的投反对票情况来看①，中国似乎尚未同意基于国际犯罪行为而否认国家元首的豁免权。

---

① 参见建立国际刑事法院罗马外交会议的中国代表团团长助理王亚光于1998年7月就《罗马规约》答新华社记者问时指出，中国是基于如下原因投反对票的：(1)中国代表团不能接受规约所规定的国际刑事法院的普遍管辖权。(2)中国代表团对将国内武装冲突中的战争罪纳入法院的普遍管辖具有严重保留。(3)中国代表团对规约中有关安理会作用的规定持保留意见。侵略罪是一种国家行为，尚且没有法律上的定义，为防止政治上的滥诉，在追究个人刑事责任之前由安理会首先判定是否存在侵略行为是必要的，也是《联合国宪章》第39条的规定。(4)中国代表团对检察官自行调查权有严重保留。(5)中国代表团对反人类罪的定义持保留立场。参见林欣主编：《国际刑法问题研究》，中国人民大学出版社2000年版，第253~254页。

至于其他国家代表的豁免主体地位，笔者认为由于国家只能通过其公职人员和雇员行为，这些人员的官方行为就是国家的行为，因此有必要赋予行使公职的国家代表以国家豁免主体地位，他们享有的豁免权是国家豁免原则的基础。尽管美国最高法院的案例表明FSIA不适用于外国官员，但是外国官员的豁免受到其普通法上豁免的调整。由于我国缺乏相关的立法和实践，在国家豁免的立法中应该明确赋予行使公职的外国官员豁免主体地位。同时宜对其享有豁免主体资格的条件予以明确规定。

二、我国国家豁免主体应考量的具体问题

我国是单一制的国家结构形式①，"一国两制"是我国特色的政治制度。从国家豁免基本理论的角度来看，国家豁免制度与一国的主权有关，只有主权者才能制定和实施国家豁免。而特别行政区享有高度自治权，但是不享有国家主权，没有外交和国防方面的能力，也不是一个独立的政治实体。② 因此，特别行政区不具备制定国家豁免法的能力。从全国性法律与特区基本法关系的角度来看，全国性法律理应在中国领土范围内普遍适用，但在实施"一国两制"的香港，只适用涉及国家统一和主权的少数必要的法律，这在基本法的附件三已经具体列明。全国性法律绝大部分不适用于香港。不过，考虑到未来形势的变化和需要，中央有权对附件三所列法律作出增减。因此，我国制定的《外国国家豁免法》也应适用于香港、澳门特别行政区。

刚果·(金)案③涉及香港法院对国家豁免问题应当采取的态度。在该案中香港法院请求全国人大常委会就国家豁免的立场作出相应的释法。全国人大常委会表示，国家豁免问题属于"一国"的范围，中央政府有权决定一国的国家豁免规则或政策，而香港特区及其法院应当与中央政府的做法保持一致。我国的"一国两制"制度虽然特殊，但仍是单一制体制下的制度模式，尽管香港、澳门享有高度的自治权，但是应当明确，我国今后制定的《外国国家豁免法》适用于香港、澳门等特别行政区。

国家豁免主体问题是国家豁免理论中的基本问题，也是实践中法院在涉及国家豁免的案件中必须面临的问题。国家豁免主体不限于国际公法上定义的"国家"，而是延伸到那些可以代表国家行为的实体或者个人上。纵观各国的立法和实践，国家豁免主体主要有以下五类：(1)国家及其政府的机关；(2)联邦国家的组成单位；(3)政治区分单位；(4)行使主权权力的国家机构或部门；(5)以国家代表身份行为的国家代表。这五类实体并非各个国家的国家豁免立法或实践一致认可的豁免主体，一些实体享有豁免主体资格需符合一定的条件。

地方政府常被包含在"政治区分单位"这一术语中，其享有国家豁免的理由是在国家授权的范围内，地方政府的公法行为是归之于中央政府的，法律后果由中央政府承担。在地方政府豁免主体地位上，各国的做法不一致，美国和澳大利亚赋予地方政府豁免主体资

---

① 秦前红：《宪法》，武汉大学出版社 2010 年版，第 218 页。

② 秦前红：《宪法》，武汉大学出版社 2010 年版，第 297 页。

③ Democratic Republic of the Congo and Others v. FG Hemisphere Associates LLC, FACV 5, 6 & 7/2010.

格，并且不附加条件；而《联合国国家豁免公约》要求享有豁免主体地位的地方政府必须满足被授权行使和正在行使公法权力两个要件；英国等国不承认地方政府的国家豁免主体资格。这与国家的政权结构形式没有必然的联系，而与一国有关国家豁免的立法目的有更大的关联。

　　国有企业是国家豁免主体中最具有争议的一类主体。判断国有企业是否国家豁免主体的理论标准，有结构主义和功能主义之分，二者各有利弊。一般而言，国有企业不是国家豁免主体，仅仅在该实体行使主权权力时才享有豁免权利。此时国有企业的地位与私人企业没有差异，其享有的豁免是基于其主权行为派生出来的豁免权利。此种主张在实践中适用的思路是首先认定被告的地位，若非国家而是国有企业，则一般不享有豁免。只有在其授权行使并正在行使主权权力的例外情况下才能赋予其国家豁免。然而美国却独树一帜，赋予国有企业等实体国家豁免主体地位。此种主张在实践中适用的思路是首先认定被告的身份，若是国有企业，则属于豁免主体。但这并不意味着其一定能够享有豁免，还要判断其行为性质，在其行为不属于国家豁免例外的情形下，国有企业才能享有豁免权利。二者在一定程度上是殊途同归的，行使主权权力的国有企业在以上两种方法中都能得到豁免；反之，进行商业行为的国有企业均不能获得豁免。鉴于此种结果，考虑到我国实际，采取第一种方式更为便捷，既免除法院认定形式多样的国有企业的地位之苦，又有利于诉讼的简便。

　　国家元首和其他政府官员具有特殊性，他们既享有外交豁免，也享有国家豁免，尽管二者有联系，但是仍然应该予以区分。国家元首的豁免主体地位在立法中要么直接规定在国家的定义中，要么被隐含包括在"国家机关"或者"国家代表"之中。在其他外国官员的豁免问题上，一般而言，多数立法和实践赋予以官方代表身份行为的外国官员以豁免主体地位。然而美国最新案例表明外国官员的豁免不适用 FSIA，而留待普通法方法解决。我国应该明确赋予行使公职的外国官员豁免主体地位；同时宜对其享有豁免主体资格的条件予以明确规定。

第四章　国家豁免的放弃

第一节　国家豁免放弃的基本理论

一、国家豁免放弃的价值和效果

(一)国家豁免放弃的价值

1. 放弃的内涵

对国家豁免权的放弃(waiver)，是指某一国家对其特定行为不援引管辖豁免，并表示愿意"服从"(submission)另一国法院的管辖。换言之，放弃是指某一外国国家对国内法院行使管辖权所表示的一种"同意"(consent)。① 而国家豁免的目的在于，一个国家及其财产未经该国同意不得在另一个国家的法院被诉，或者其财产不得被另一个国家扣押或用于强制执行。② 因此，放弃豁免权意味着一国法院移除了豁免阻碍，将外国国家置身于本国的司法权当中。有学者指出，国家豁免理论从"绝对豁免论"到"限制豁免论"的转变，归因于国家放弃豁免特权加入国际商业贸易中。③ 在国际法律关系中，国家既享有权利，也承担义务。国家对依照国际法所应承担的义务是不能放弃的，否则就要承担国际责任，但对于国际法上的权利，国家可以在特定条件下放弃。国家及其财产享有豁免权是国际法上的一项重要原则，④ 国家及其财产享有管辖豁免是一项程序性权利⑤，由此可以推出国家当然有权放弃豁免权，在放弃的范围内使自己处于与私主体同等的地位，享有同等的权利，承担同样的义务。放弃豁免在本质上是国家行使主权的一种方式。

美国早在 1883 年 Clark v. Barnard⑥ 一案中就确立了国家可以放弃豁免的原则。这是一起关于铁路公司破产的案件。在破产前，铁路公司董事从公司账户中划拨 10 万美元给

---

① 龚刃韧：《国家豁免问题的比较研究——当代国际公法、国际私法和国际经济法的一个共同课题》(第二版)，北京大学出版社 2005 年版，第 166 页。

② 黄进：《国家及其财产豁免问题研究》，中国政法大学出版社 1987 年版，第 1 页。

③ Hazel Fox，*The Law of State Immunity*，Oxford University Press，2008，p.477.

④ 参见黄进：《国家及其财产豁免问题研究》，中国政法大学出版社 1987 年版，第 1 页。

⑤ "刚果民主共和国诉比利时逮捕令案、德国诉意大利案中，国际法院均确认豁免本质上是程序性的，规制的是特定行为的管辖权的行使，因而完全不同于界定该行为是否合法的实体法。"李庆明：《论中国〈外国国家豁免法〉的限制豁免制度》，载《国际法研究》2023 年第 5 期，第 44 页。

⑥ 108 US436 (1883).

予波士顿司库，同时给予罗德岛司库 10 万美元债券。于是，铁路公司其他债权人起诉这两个司库并根据清偿顺序要求波士顿司库对债权人优先于罗德岛州清偿。在罗德岛司库提出了豁免请求和债权请求后，波士顿司库将钱提存给法院。法院把钱支付给了其他债权人，罗德岛司库再次以国家豁免表示反对。最高法院认为，罗德岛司库在联邦法院以原告的角色提出了债权请求，表示其已经放弃了主权豁免。虽然罗德岛司库在开始的诉讼中是被告，但诉讼进程发生了变化：自从波士顿司库付款以后，就变成了交互诉讼的情形，罗德岛司库自愿出庭应诉答辩。法院认为"国家豁免是一种单独的特权，国家可以任意地放弃"。1976 年《美国外国主权豁免法》规定，如果一个国家明示地（explicitly）或默示地（implicitly）表示放弃豁免，即使其行为符合享有国家豁免的条件，该国家仍然不得在美国法院主张管辖豁免。① 美国的大量司法实践表明，放弃豁免在否定外国国家享有豁免权时也赋予了美国法院对人管辖权和对物管辖权，其现实意义就在于放弃豁免是美国法院取得对外国国家管辖权的依据之一。②

《英国国家豁免法》对放弃豁免持一种极其严格保守的态度，认为放弃豁免必须向处理争议的特定法院作出，并且只能明示放弃。③ 而外国国家选择放弃豁免的合理时机只有在英国法院行使管辖权时，而非此前其他任何时间。例如，在 Kahan v. Pakistan Federation④ 一案中，原告因被告巴基斯坦违反合同义务而将其诉至英国法院，原告凭借巴基斯坦在合同中写明"愿意因合同产生的任何争议服从英国法院的管辖"主张巴基斯坦已经明确地放弃了国家豁免，法官却认为如果不是当庭放弃豁免的话，此种放弃因缺少外国国家真实的愿意服从英国法院管辖的意图而无效。在类似的案件中，英国法院都作出了同样的判决。⑤

2004 年《联合国国家豁免公约》在第 5、6 条规定了国家享有豁免的基本原则及实行豁免的方式的基础上，紧接着在第 7 条规定了国家放弃豁免的内容，即一国如明示同意另一国对某一事项或案件行使管辖，则不得在该法院就该事项或案件提起的诉讼中援引管辖豁免。⑥ 在国际法委员会（ILC）的评论中提到，如果一国通过放弃豁免同意接受另一国法院的管辖，第 5 条规定的豁免权就不再适用，同时另一国法院无须遵循第 6 条来避免对该外国国家的管辖权。因此，放弃豁免使得第 6 条规定的一国应避免在其法院对另一国提起的诉讼行使管辖成为一种"非绝对义务"，这取决于该国法院是否获得了外国国家的放弃豁

① Andrew Dickinson Rae and James P. Loonam, Clifford Chance LLP, *State Immunity*：*Selected Material and Commentary*, Oxford University Press, 2005, p. 246.

② Gary B. Born, *International Civil Litigation in United States Courts*：*Commentary and Materials*（3rd ed.）, 1996, p. 226.

③ Greig, *Forum State Jurisdiction and Sovereign Immunity under the International Law Commission's Draft Articles*, I. C. L. Q. 38, 1989, pp. 246-249.

④ ［1951］2K. B. 1003.

⑤ Johore v. Abubakar Tunku Aris Bendahar［1952］A. C. 318；Scott v. Baker［1969］1 Q. B. 659；Trendtex Trading Corp v. Central Bank of Nigeria［1977］Q. B. 529.

⑥ 1972 年《欧洲国家豁免公约》第 2 条也规定了放弃豁免的内容。

免同意接受管辖的决定。①

我国《外国国家豁免法》实现了从绝对豁免政策到限制豁免制度的转变，由外交中心主义转变为司法中心主义。②限制豁免主义正确处理了领土管辖权与国家豁免权的国际公法关系和国家当事人与私方当事人之间的国际私法关系，具体体现了国际民商事新秩序的发展要求，并且已经成为不以人的意志为转移的世界趋势。③ 该法明确规定了外国国家放弃管辖豁免及其例外的情形。其中，第 4 条是关于外国国家明示放弃管辖豁免的规定，第 5 条是关于外国国家默示放弃管辖豁免的规定，第 6 条规定了 3 种不视为放弃豁免、接受管辖的情形。我国当前处于世界百年未有之大变局的背景下，我国的崛起对以美西方的全球霸权地位构成挑战，美西方国家近年来更加频繁地运用法律"包装"下的措施对我国国家及各类私主体进行打击和遏制④，既严重影响了我国的利益，又损坏了我国在国际社会中的法治形象。《外国国家豁免法》的出台是我国统筹推进国内法治和涉外法治的又一里程碑，有利于提高我国涉外工作法治化水平，推动国家治理体系和治理能力现代化。⑤

2. 放弃的意义

主权国家放弃豁免权，作为被告是法律允许私主体一方起诉主权国家的少数案件类型之一。而且，放弃豁免为国家豁免理论体系的构建打开了一扇新的窗户。法院非常谨慎、理性地处理放弃豁免问题，试图平衡私主体和主权国家之间的利益。⑥ 如果否认放弃豁免的存在，那么私主体将无法对未来的争议予以预测和掌控，法院也可基于许多理由拒绝管辖以主权国家为被告的案件，比如有限的司法资源，不同意案件的实质问题，抑或者从政治考量出发避免侵犯外国的主权。因此，放弃豁免可以视为法院遏制主权国家随意参诉或撤诉的工具，进而可能为棘手的执行问题带来一丝希望的曙光。

(二)国家豁免放弃的撤回

放弃的撤回，是指一旦主权国家放弃了豁免，是否还可以重新要求获得豁免权，即撤回放弃的意思表示。在实践中，国家对放弃豁免的撤回主要体现在有关合同放弃豁免条款效果的诉讼案件中。⑦ 国家是否可以撤回其放弃豁免的承诺呢？放弃豁免应当是不能再撤

---

① Hazel Fox, *The Law of State Immunity*, Oxford University Press, 2008, p.478.

② 李庆明：《论中国〈外国国家豁免法〉的限制豁免制度》，载《国际法研究》2023 年第 5 期，第 28 页。

③ 郭玉军教授早在 20 多年前就对我国的国家豁免立法问题进行过系统的比较研究和分析论证，旗帜鲜明地支持限制豁免主义，致力于推动学界对我国国家豁免立法的研究，代表作如郭玉军、徐锦堂：《论国家豁免的相对性》，载《武大国际法评论》第 1 卷，武汉大学出版社 2003 年版，第 90~117 页。

④ 例如美西方国家多次通过"长臂管辖"在意识形态、金融经贸、科技军事等领域频繁对我国实施制裁等。

⑤ 参见马新民：《我国出台外国国家豁免法——涉外法治建设的里程碑》，载《人民日报》2023 年 9 月 4 日，第 15 版。

⑥ Jonathan R. Siegel, *Waivers of State Sovereign Immunity and the Ideology of the Eleventh Amendment*, Duke Law Journal, Vol.52, 2003, p.1170.

⑦ 龚刃韧：《国家豁免问题的比较研究——当代国际公法、国际私法和国际经济法的一个共同课题》(第二版)，北京大学出版社 2005 年版，第 182 页。

回的，除了与放弃的条款保持一致外，也是对于缔约双方达成合意的尊重，更是对于"约定必须遵守"及"诚实信用"原则的遵循。当国际协议中没有明确授予当事人可以撤回弃权时，撤回是无效的，除非对方当事人认可存在撤回的可能性或者协议的性质隐含着允许撤回。如果允许主权国家撤回放弃，那放弃的价值将荡然无存，一国可以根据自身利益需要选择随时进入司法程序或摆脱司法程序，增加了交易对方私主体当事人的风险，同时也是对私主体极大的不公正。在过去缺乏国家豁免立法的实践中，一些国家的法院曾根据不同的理由允许已经放弃豁免的外国国家撤回放弃。例如美国在 1976 年以前，法官认为既然国家放弃豁免是自愿的，国家可以对其服从于管辖作出任意的解释，由其自主定义"放弃"的含义，包括诉讼应该进行的方式以及放弃的撤回，甚至认为放弃豁免并不是合同条款的一部分。① 英国、日本的法院也有类似的做法，允许已经放弃豁免的外国国家重新请求管辖豁免。②

美国和澳大利亚的国家豁免法明文规定放弃豁免不可以撤回，除非按照放弃的条文规定可以撤回。③ 1972 年《欧洲国家豁免公约》的评注中也指出，一国作为原告或涉诉一方当事人提起诉讼不能再主张国家豁免。④ 德国、英国的法院也采用相同的见解。⑤ 我国《外国国家豁免法》没有明确规定放弃的撤回问题，且该法刚实施（2024 年 1 月 1 日）不久，暂时未能获知司法实践中可能遇到的障碍，从法理角度不难分析得出，如果允许主权国家当对其有利时以与交易私主体平等的资格出现，当对私人负有义务时又允许其去掉平等资格的"伪装"以主权国家身份出现，为自己的利益而损害私主体的利益，这无疑有违法律的公平正义和诚实守信原则。因此，主权国家作出的真实有效的放弃豁免，依据我国法律也不应允许其擅自撤回，当然该问题是否有必要在未来进一步在立法中予以补充或通过司法解释予以说明，需要进一步思考。

（三）国家豁免放弃的溯及力

外国国家在一项争议或诉讼中放弃豁免，并不能阻止它在其他独立的诉讼中主张豁免权，即放弃的效力仅限于外国国家作出放弃的特定事项和主体中，既不能延伸到此后的任何争议和诉讼，也不能延伸到非合同相对方的第三人。

1. 放弃的效力与非合同第三人

在 Human Rights in China v. Bank of China⑥ 一案中，原告通过 Chase 曼哈顿银行给李

---

① Jonathan R. Siegel, *Waivers of State Sovereign Immunity and the Ideology of the Eleventh Amendment*, Duke Law Journal, Vol. 52, 2003, pp. 1189-1190.

② 参见龚刃韧：《国家豁免问题的比较研究——当代国际公法、国际私法和国际经济法的一个共同课题》（第二版），北京大学出版社 2005 年版，第 182 页。

③ 参见 1976 年《美国外国主权豁免法》第 1605 条第 1 款第 1 项和 1985 年《澳大利亚外国国家豁免法》第 10 条第 5 款。

④ European Convention on State Immunity Additional Protocol and Explanatory Reports, 16 May 1972.

⑤ 参见龚刃韧：《国家豁免问题的比较研究——当代国际公法、国际私法和国际经济法的一个共同课题》（第二版），北京大学出版社 2005 年版，第 183 页。

⑥ F. Supp. 2d, WL 1278542 (S. D. N. Y. 2005).

某的中国银行北京分行的账户中汇入 2 万美元，汇款时原告刻意隐瞒其真实身份，然而当它察觉到此举被中国有关部门发现时，立即要求 Chase 银行取消该笔汇款，中国银行答复 Chase 银行该笔汇款已转入李某账户且已经无法取消，除非原告直接与受益人交涉取回。1999 年 7 月 27 日北京公安部门逮捕了取走该笔汇款的李某，并没收全部款额。原告在纽约南区地方法院起诉中国银行，声称中国银行拒绝取消汇款的行为不当，是与中国政府合谋占有其汇款。中国银行提出豁免。原告认为中国银行在美国 Chase 银行开设账户，表明其自愿将该账户受制于美国法，因而构成了默示放弃豁免。本案中的主要争议点为中国银行是否在本案中放弃了管辖豁免。法院认为，原告并非是中国银行与 Chase 银行存款合同的当事人，中国银行在该合同中的放弃豁免不能被理解为延伸至与该合同无关的第三人。因此，法院判决中国银行没有在本案中放弃豁免。据此可以得出，在美国法院看来，在合同中作出的放弃豁免，其效力不延伸到合同之外的第三人。在 Heroth v. Kingdom of Saudi Arabia① 一案中，Saudi 政府与美国政府签订了一份合同，愿意将所有合同项下争议依据美国采购法来解决。法院认为虽然 Saudi 政府依据合同内容放弃了豁免，但放弃豁免的效力并未延伸到 Saudi 政府与原告的争议中，因为原告并不是前一份含有放弃条款的合同的签字方，判决 Saudi 政府在本案中仍然享有豁免。②

2. 放弃的效力与特定的事项

在 Rechard M. Kramer and Patricia Kramer v. The Boeing Company and Pratt & Whitney Group③ 一案中，由于比利时客机在喀麦隆失火造成原告人身损害，因此原告将飞机制造商 The Boeing Company 和发动机制造商 Pratt & Whitney Group 诉至法院。而发动机制造商申请将比利时航空公司 Sabena 列为第三人，因为其怠于维修保养发动机，而比利时航空公司发出拒绝的动议。法庭查明后认为，比利时持有比利时航空公司 50% 的股份，因此比利时航空公司根据《美国外国主权豁免法》(FSIA) 拥有豁免权。Pratt & Whitney Group 认为 FSIA 不适用于 Sabena，原因在于其签订的购买发动机合同、电子测试研发合同、电脑软件租赁合同中已经放弃了豁免，且这些合同中都包含有将争议依据美国康乃迪克州或者纽约州的法律来解决的条款。依据美国的实践，这的确构成放弃豁免，但法庭认为这次诉讼是飞机事故造成的人身侵权损害，并不是任何基于上述合同所产生的争议，判定合同中的放弃豁免条款与本次诉讼完全不相关，即 Sabena 享有豁免。在 Keller v. Transportes Aereos Militares Ecuadorianos④ 和 Ohntrup v. Firearms Center, Inc.⑤ 案中，法庭都采用相同的原则，即放弃豁免仅仅限于特定的事项，放弃的效力不能延伸到放弃豁免事项以外的其他任何事项中。

---

① 565 F. Supp. 2d 59, 64 (D. D. C. 2008).

② 关于放弃效力不支配第三人的案例判决还有很多，例如 Patersan, Zochonis, Ltd. v. Compania United Arrow 493 F. Supp. 621 (S. D. N. Y. 1980) 等。

③ 705 F. Supp. 1392 (1989).

④ 601 F. Supp. 787 (D. D. C. 1985).

⑤ 516 F. Supp. 1281 (E. D. Pa. 1981).

3. 放弃的效力与特定的主体

在 Coleman v. Alcolac Inc.① 一案中，美国海湾战争退伍老兵们对包括中国北方工业公司在内的数个化工企业提起集团诉讼。老兵们认为这些化工企业为海湾战争提供用于制造生化武器的化工产品，他们在作战过程中由于身体暴露在生化武器中而遭到巨大的健康损害，这种损害一直持续到他们退伍返乡，且对他们的家人造成了间接损害。北方工业公司作为中国的一家国有企业未出庭答辩，但通过其在美国的全资子公司第一比特公司提出了主权豁免要求。第一比特公司没有从事任何生化武器业务，但依据母公司责任同体理论也被列为被告。法庭认为，放弃豁免例外一般应狭义解释，虽然北方工业公司在美国设立全资子公司进行商业活动和诉讼活动，但并无充分证据表明北方工业公司在本案中具有放弃豁免的意图。法庭驳回了原告主张的第一比特公司通过自己的行为放弃了北方工业公司的豁免权，认为要判断这种放弃是否存在，应该重点分析外国国家自己的行为，而非他人的行为。

二、国家豁免放弃的条件

(一) 个案性

如前所述，国家对豁免的放弃一般都仅仅限于特定的事项、特定的行为、特定的主体，此外还包括特定的范围，即个案性。在 Aquamar, S. A. v. Del Monte Fresh Produce N. A., Inc.② 一案中，法庭对放弃豁免的范围作了详细的讨论。原告是厄瓜多尔的商业养殖虾农民，被告生产的供给厄瓜多尔香蕉农场的杀虫剂导致原告养殖的虾大范围被污染致死。被告申请加入 PNB(厄瓜多尔农业部的一个下属部门)作为第三方被告。本案原本在州法院审理，由于诉讼中含有主权因素，案件被移送到佛罗里达南区地方法院。移送后，PNB 加入被告的不方便法院的动议。为了促使该动议成功，PNB 表明放弃豁免，但仅仅是有限的放弃在特定范围(即不方便法院动议)的豁免。地方法院认为 PNB 放弃豁免的范围太有限，不能构成明示的放弃。因此该法院不再拥有管辖权审理这个动议。被告上诉至第十一巡回法院。巡回法院为了判断这个有限范围内的放弃豁免是否构成明示放弃，它仔细调查研究了 PNB 向地方法院作出的行为。1995 年 6 月厄瓜多尔大使寄给法院的信函中表明："厄瓜多尔放弃豁免，但放弃的范围仅仅限于与申请不方便法院的动议有关的诉讼中，但是不放弃在其他任何事项中主张豁免抗辩的权利。"③法庭认为大使作出的放弃豁免是明确有效的。同时本案中透视出放弃豁免有时也是一种策略，厄瓜多尔大使其实是为了通过在有限范围内放弃豁免，使得案件停留在巡回法院。

在 Gulf Resources America, Inc. v. Republic of Congo④ 一案中，最初投资方以实物援助

---

① 888 F. Supp. 1388 (US Dist. 1995).

② 179 F. 3d 1279 (C. A. 11Fla. 1999).

③ 原文如下："without waiving any other defense of law or fact to the claims asserted against it ……for the purposes of these litigations only and in connection with the pending forum non conveniences motion."

④ 370 F. 3d 65, 361 US App. D. C. 434 (C.. A. D. C. 2004).

方式与刚果签订矿藏开采协议的条款中包含刚果明确放弃主权豁免的内容，而法庭判定该放弃豁免同样适用于合同的受让人，即使该受让人并非原始采矿协议的缔约方，但其通过与最初投资方签订的附加条款受让得到采矿权，该附加条款中载明了刚果放弃豁免适用于受让人，且实施的附加条款没有任何包含限制受让人充分获得合同项下利益的内容。在 Kern v. Oesterreichische Elektrizitaetswirtschaft Ag[1]一案中，由奥地利国有公司全资控股的子公司放弃了因租赁合同争议而在美国法院享有的豁免权，这种放弃是为了方便其作为一个法人而从事金融活动，法庭认为该放弃的范围与母公司经营的滑雪车在一次事故中造成的人身伤害并没有必然联系，因而依据美国的主权豁免法奥地利国有公司并没有放弃豁免权，它在这次人身伤害事故中依旧可以主张豁免权。[2]

(二) 自愿性

放弃是国家行使主权的一种方式，放弃必须基于有关国家自身的意志。这就是说，是否放弃豁免，或者在何时、何地以及何种范围内放弃豁免，完全是有关国家自行裁量和决定的事情。[3] 学者大多把国家豁免视为一种程序请求(procedural plea)，法院往往是根据外国国家自身的意思表示和行为来判断它是否放弃豁免。因此，一个国家不能强迫另一个国家放弃豁免，否则不仅会造成政治上的阻碍，也是对主权原则的侵犯。而且，法院通过放弃豁免获得针对外国国家的管辖权存在的正当性依据就是得到了外国国家的同意。1986年美国运输部曾发布了一项命令，要求将主权豁免的放弃扩展到所有外国的航运事务。这一命令立即遭到各国国际航空业界的抗议，指责美国运输部没有此权限。

(三) 双向性

放弃豁免是一种双向性的行为，不仅由外国国家自主作出，也要受到法院地国法的制约。[4]《欧洲国家豁免公约》《美国外国主权豁免法》和《英国国家豁免法》均支持这一观点，它们都把放弃豁免视为国家豁免的例外，将这种例外规定在其法律中。例如《欧洲国家豁免公约》第2、3条专门规定了放弃豁免的法律问题，《美国外国主权豁免法》第1605~1607条对外国国家享有豁免的例外情况作出了规定，第1605条专门就放弃豁免例外作出了详细规定，与其他七种例外情况并存，这些例外在否定外国国家豁免权的同时也赋予了美国法院管辖权。《英国国家豁免法》第2条为放弃豁免例外条款。与此同时，接受这种观点的国家普遍认为，一旦证明国家放弃豁免，就无须将所诉行为列入其他豁免例外中，这既显示了对外国国家决定的尊重，也显示了外国国家对豁免的放弃实质上是外国有权决

---

[1]　178 F. Supp. 2d 367 (S. D. N. Y. 2001).

[2]　类似的实践还有 In re Air Crash Near Nantucket Island, Massachusetts, 392 F. Supp. 2d 461 (E. D. N. Y. 2005)，Acree v. Republic of Iraq, 276 F. Supp. 2d 95 (D.. D. C. 2003)等。

[3]　参见龚刃韧：《国家豁免问题的比较研究——当代国际公法、国际私法和国际经济法的一个共同课题》(第二版)，北京大学出版社2005年版，第168页。

[4]　Hazel Fox, QC, *The Law of State Immunity*, The Oxford International Law Library, 2002, p.263.

定解决问题的方式。① 我国《外国国家豁免法》第 3 条规定外国国家及其财产在我国法院享有管辖豁免是原则，第 4~12 条规定不予豁免的例外情形，其中第 4~6 条为放弃豁免的专门规定，与上述域外国家豁免立法的规定大致相同，可见该法的立法体例、具体内容均与国际通行规则接轨。

第二节　国家豁免放弃的授权

一、国家豁免放弃授权问题法律适用

外国国家放弃豁免权服从另一国法院的管辖，无论明示还是默示，都必须由该国家自己作出放弃的意思表示，该外国国家的代表要获得合法授权才能替外国作出有效放弃。很多学者将放弃豁免的授权问题视为一个法律选择问题，并且是由法院地法来决定的问题。② 有学者指出，审判法院本身可以或必须设计出一套自己的规则来判断外国国家为了追求期望的结果而作出放弃豁免的行为。③ 正如 Dellapenna 教授在解读《美国外国主权豁免法》(FSIA)时提到国会报告中略去了任何关于谁有资格代表外国国家放弃豁免的条款或解释："放弃豁免的授权问题可以由该代表所效力的国家的法律来确定，或者由意图放弃地国的法律来确定，由法院地法来确定，或者由其他有最密切联系的法律来确定。"他认为尤其在美国的联邦体制中，关于确定放弃豁免的授权问题的准据法存在许多相冲突的决议。④

对法院而言，判断一国代表是否享有明确授权替该外国国家放弃主权豁免的准据法，究竟是法院地法还是其他司法管辖区的法律，是一项棘手的问题。在这类确定谁有资格替一国放弃主权豁免的案件中，律师通常会十分谨慎地寻找足够证据，来证明放弃豁免的人是否有资格代表国家作出此等放弃。也有人认为，默示放弃主权豁免可以从相关法律中推测得出，而不是从当事人一方的真实意思中看出，对这种情况的判断存在较大争议。Dellapenna 教授认为，如果美国的法律提供了这种暗示，那么关于授权问题的外国法将变得无关紧要，而这种结果将导致外国国家觉得自己的内政受到干涉。⑤ 因此，不论是明示放弃还是默示放弃，美国的法院最好听从外国法的指引来判断放弃豁免的授权问题的法律适用，而不要理会诸多具有合理充分论证但与此截然相反的主张。需要指出的是，适用法院地法也并非毫无道理。例如，如果一起发生在美国的诉讼中，当事人指定合同适用其本国法，而该国家恰好支持绝对豁免，那结果将极其不公正。又如，一个外国实体在美国被

---

① Gerhard Hafner, Murselo G. Kohen, Susan Breau, *State Practice Regarding State Immunities*, Martinus Nijhoff Publishers, 2006, pp. 56-57; Sarah C. Rispin, *Cooperative Federalism Constructive Waiver of State Sovereign Immunity*, University of Chicago of Law Review, Vol. 70, 2003, p. 1639.

② Hazel Fox, *The Law of State Immunity*, Oxford University Press, 2008, p. 480.

③ Hazel Fox, *The Law of State Immunity*, Oxford University Press, 2008, p. 480.

④ Dellapenna, *Suing Foreign Governments and Their Corporations*, Commercial Law Journal, Vol. 85, 1980, p. 441.

⑤ Dellapenna, *Suing Foreign Governments and Their Corporations*, Commercial Law Journal, Vol. 85, 1980, p. 441.

诉，而它的财产根据其本国法不享有豁免但依据美国法享有豁免，这种情况又将如何处理？再如，面对《美国外国主权豁免法》中没有规定的问题，例如一个依据该法不属于"主权国家"的私主体声称其财产遭到执行，因为该私主体被视为该主权国家的职能代表，那么美国法院该依据什么法律来解决这个问题？以上的假设唯有在适用法院地法时才可以得到合理的解决。从我国《外国国家豁免法》的规定来看，将国家豁免视为一项程序性权利，"程序问题适用法院地法"是各国公认的冲突规则，该法第 16 条也规定："对于外国国家及其财产民事案件的审判和执行程序，本法没有规定的，适用中华人民共和国的民事诉讼法律以及其他相关法律的规定。"①如果我国法院将来面临判断一国代表是否享有明确授权替该外国国家放弃主权豁免的问题时，直接适用我国法律也具有正当性，当然该问题同样需要未来进一步明确。

二、国家豁免放弃授权问题立法规定及理论探讨

(一)各国立法规定

在各国司法实践中判断谁有权代表外国国家或政府放弃豁免，直接关系到该放弃是否有效，而且也关系到外国国家的自由意志。有些国家直接立法明文规定了有权放弃豁免的代表主体。例如 1978 年《英国国家豁免法》第 2 条第 7 款规定：驻联合王国的外交使团团长，或其时正执行此等任务的人员，应认为有权代表其国家在诉讼中表示接受管辖；任何有权代表国家，以及经国家授权签订契约的人员，在因此等契约发生的诉讼中，应认为有权代表国家表示接受管辖。但英国仅规定了放弃管辖豁免的代表人员，却没有规定有权放弃执行豁免的代表人员，即该条款规定的放弃豁免主体仅适用放弃管辖豁免，给执行豁免的放弃这一至关重要的问题留下了空白，可谓百密一疏。而 1985 年《澳大利亚外国国家豁免法》第 10 条第 11 款也规定了有权代表外国国家接受司法管辖的人员：履行外国国家驻澳大利亚的外交使团团长职能之人在其公职期间，以及代表国家权力或经过国家授权订立合同的人员，就该合同引发的诉讼而代表外国国家接受司法管辖。同时，该法第 31 条第 5 款规定了有权放弃执行豁免的代表人员：除有权代表外国国家或外国国家的独立实体放弃适用前款的人员外，还有当时在该国驻澳大利亚外交使团中履行具有该权限的团长职责的人员。1981 年《巴基斯坦国家豁免法令》、1985 年《新加坡国家豁免法》、1981 年《南非外国国家豁免法》②都规定了和《英国国家豁免法》放弃管辖豁免的主体一致的内容，在放弃执行豁免的主体上，巴基斯坦和新加坡有相同的规定，即驻法院地国外交使团团长或其他正在履行此项职责的人员被视为有权代表其本国放弃执行豁免。③ 南非则没有规定放弃

---

① 　《中华人民共和国民事诉讼法》（2023 年修正）第 305 条规定："涉及外国国家的民事诉讼，适用中华人民共和国有关外国国家豁免的法律规定；有关法律没有规定的，适用本法。"

② 　参见 1981 年《巴基斯坦国家豁免法令》第 4 条第 5 款、1985 年《新加坡国家豁免法》第 4 条第 7款、1981 年《南非外国国家豁免法》第 3 条第 6 款。

③ 　参见 1981 年《巴基斯坦国家豁免法令》第 14 条第 4 款、1985 年《新加坡国家豁免法》第 15 条第5 款。

执行豁免的主体。

立法中明文规定哪些人有资格作出放弃是有意义的，这样的立法条款打消了法官对于判断究竟哪些人有资格放弃豁免的疑惑。但大多数国家避免规定该条款，因为国际法本身也可以用来解决该问题。例如，通过解读 1969 年《维也纳条约法公约》第 7 条第 2 款 a 项，"国家元首，政府首脑及外交部长，为实施关于缔结条约之一切行为可视为代表其国家"，可以推出这些政府官员也有权代表本国在另一国法院放弃国家豁免权。在 1972 年《关于国家豁免的欧洲公约》第 2 条的评注中写道："任何获得授权的个人或团体以国家的名义签订书面合同也被视为有权替该国家在关于合同争议的案件中在另一国法院放弃豁免权。"①

我国《外国国家豁免法》没有规定有权放弃豁免的代表主体，但我国是《维也纳条约法公约》的缔约国，同时该法第 19 条规定了外交部在国家豁免案件中的重要作用，对于外国主权国家的认定、其他有关国家行为的事实认定问题及其他涉及外交事务等重大国家利益的问题有权出具证明文件，我国法院应当采信。国家豁免问题兼具政治和法律、外交与司法等多重属性，既是一个涉及管辖权与豁免权的法律问题，又是直接关系到一国与外国国家的关系和该国对外关系和利益的对外政策问题，② 第 19 条不仅有效划分了外交和司法的权限，有助于我国在实践中更好地处理国家豁免案件，达到法律和政策的平衡。此外，我国最高人民法院于 2007 年对下级法院受理的涉及特权与豁免的案件建立报告制度，③ 规定凡以在中国享有特权与豁免的主体为被告、第三人向人民法院起诉的民事案件，人民法院应在决定受理之前，报请本辖区高级人民法院审查；高级人民法院同意受理的，应当将其审查意见报最高人民法院，在最高人民法院答复前，一律暂不受理。该报告制度目前尚未失效，我国法院在受理外国国家豁免案件之前应逐级上报，对有权放弃豁免的主体资格的判定也将在最高人民法院及外交部这一层级予以慎重判定和妥善解决。

（二）学者的不同主张

作为世界上最早制定国家豁免立法的美国，立法中没有规定放弃豁免的授权问题，导致实践中法院在判断外国国家的代表替其放弃豁免是否有效的问题上有很大分歧。④ 实践中经常遇到的问题是，外国的官员、雇员及其代理机构是否有权替该国用明示或默示的方式放弃豁免。2001 年美国律师协会国际法律和实务部国际诉讼委员会工作组出具的 FSIA 改革报告中对该问题做了初步讨论。报告中声称，放弃的授权问题应由该外国国家的官员、雇员为其所效力的国家的法律来确定，或者由这种放弃豁免发生地国法律支配，或者

① Andrew Dickinson Rae and James P. Loonam, Clifford Chance LLP, *State Immunity: Selected Material and Commentary*, Oxford University Press, 2005, p. 10.

② 参见张天培：《全国人大常委会法工委负责人就外国国家豁免法答记者问》，载人民网，http://cpc.people.com.cn/n1/2023/0902/c64387-40069136.html，2023 年 9 月 5 日访问。

③ 2007 年 5 月 22 日，最高人民法院发布《最高人民法院关于人民法院受理涉及特权与豁免的民事案件有关问题的通知》（法〔2007〕69 号）。

④ 例如在 Aquamar, S. A. v. Del Monte Fresh Produce N. A., Inc. 案中，地方法院认为厄瓜多尔大使替厄瓜多尔作出的放弃豁免无效，而第十一巡回法院则认为大使作出的放弃有效，类似的不一致的判决还有很多。

由法院地法决定，抑或者由其他一些相关的法律来决定。因为美国国会的报告和 FSIA 的立法历史背景中没有提到放弃豁免授权问题的法律适用，所以大多数法官倾向于回避这个棘手的问题，不愿意直接判定作出放弃豁免的主体的适格问题。该工作组认为，正确的做法是区别真实授权(actual authority)和表象授权(apparent authority)。前者由权利来源国的法律认定，是建立在禁止反言基础上的，理应由与其有最密切联系的法来支配，通常包括放弃豁免的行为发生地法和法院地法，因此最本源的支配该行为的法律应当是外国国家自己的法律。如果没有发现真实授权，接下来就看表象授权。①

另外，也不能排除外国国家或政府主管部门特别授权的代表，比如律师或代理人在法院放弃豁免的情形。② 有学者专门研究了律师或代理人是否有权作出放弃，并指出如果外国国家的代理律师仅仅向美国法院拿出一个文件声明放弃豁免是无效的，法院有责任查明该律师是否存在授权的事实，但只要该律师拥有这种程度的授权即可根据联邦法律代表外国作出有效的放弃，而不论该外国的法律是否有此项规定。③

三、国家豁免放弃授权问题司法实践

由于在每个具体诉讼中所涉及的主体是不同的，可能是外国国家本身，也可能是外国政府的某一机构或实体，因此，关于哪种人具有放弃豁免的权限也不能一概而论。各主要国家在司法实践中，也体现了不同的做法。

(一)美国

在 First Fidelity Bank v. Government of Antigua & Barbuda④ 一案中，Jacobs(安提瓜驻美大使)于 1983 年 11 月从 First Fidelity Bank 有担保获得 $250,000 贷款，意在修复 Antigua 对美国的永久外交使命，由 Jacobs 签到"作为 Antigua & Barbuda 政府的大使，为了永久的外交"。1985 年还款日期结束后该银行联系了安提瓜政府官员，双方却没有达成一致。原告便从 1986 年开始追索这笔债务。事实随后表明 Jacobs 把这笔贷款投资到了安提瓜的赌场。当多次意图与被告达成和解的尝试失败后，原告在 1986 年 12 月 19 日获得了针对被告的缺席判决。当原告申请扣押安提瓜账户时，Jacobs 通知地方法院想与原告达成和解。和解的内容包括安提瓜放弃国家豁免，由 Jacobs 和安提瓜的律师共同签字。原告在得到了 7 万美元的赔偿后，被告拒绝支付余款。当原告再次申请扣押被告银行账户时，安提瓜请求法院拒绝原告的申请或撤回双方的和解。纽约南部地方法院拒绝了被告的动议。地方法院认为 Jacobs 作为安提瓜代理人，应当由安提瓜为他的行为负责。该案上诉到第二巡回法院，巡回法院认为地方法院拒绝撤销缺席判决是滥用自由裁量权的行为。同时认为当

---

① Working Group of the American Bar Association, *Reforming the Foreign Sovereign Immunities Act*, Columbia Journal of Transnational Law, Vol. 40, 2002, p. 546.

② 参见龚刃韧：《国家豁免问题的比较研究——当代国际公法、国际私法和国际经济法的一个共同课题》(第二版)，北京大学出版社 2005 年版，第 170~171 页。

③ Jonathan R. Siegel, *Waivers of State Sovereign Immunity and the Ideology of the Eleventh Amendment*, Duke Law Journal, Vol. 52, 2003, p. 1239.

④ 877 F. 2D 189 (2D. Cir. 1989).

Jacobs 替安提瓜放弃豁免时是否安提瓜的代理人的问题产生了特别的因素使得该判决应该被撤销。最后该案件被发回重审以便安提瓜可以重提豁免。当外国国家的代理人在国际舞台上作出行为时，该外国将为其行为负责。甚至一国大使未授权的行为也会被视为得到了该国许可以便令其负责任，从而保护私人主体，然而这些原则仅用于国际法院中。而在国内法院中，受害的私主体必须证明外国国家的代理人即使缺乏真实的授权，也具有表面的授权使得其对该代理人的代理行为具有合理的信赖。表面的授权可以从该代理人所拥有的特别职位推断出来。在本案中，上诉法院认为 Jacobs 作为安提瓜大使的身份并不会自动约束安提瓜与私主体一方的交易，而只是作为判定其是否有权取得贷款和替安提瓜放弃豁免的因素之一。法院认为大使所拥有的权限并非自动地使所有运用其权限的行为有效。毋庸置疑，上诉法院的判决是有问题的，它直接导致的不良后果是，大使必须担负向交易的私主体方证明自己有代表国家的权限的责任，此外也无法保护因外国使节的错误行为而对善意私主体一方造成的损害，使外国国家怠于采取严格有效的责任机制来规范其官员的行为。

在 Aquamar S. A. v. Del Monte Fresh Produce N. A. Inc.① 一案中，第十一巡回法院认为律师签署的文件不足以代表作为其雇主的主权国家放弃豁免，但认为本案中厄瓜多尔的大使有权代表本国放弃豁免。第十一巡回法院认为，由于 FSIA 本身及其立法历史在放弃豁免的授权问题上留下空白，因此法院必须依赖国会的政策、相关的判例及法官自身对 FSIA 的理解来处理这个问题。法院得出的结论是，一个当然被接受的外交使团团长，例如大使在诉讼程序中代表其所在的国家放弃豁免，在没有特殊的情形下，则法院应当判定该外国国家已经授权大使替其放弃豁免。该法院同时也借用了一些国际法的原则来支持自己的观点，例如《维也纳外交关系公约》《美国外交关系法重述（第三次）》《国际法院规约》等。该法院认为一国的外交代表有权替该国在诉讼程序中放弃豁免。

（二）英国

在 Anmed v. Government of Saudi Arabia② 一案中，原告为英国国民，她在沙特阿拉伯驻英国大使馆担任秘书期间被不合理地解雇了。她的律师将律师函送到该大使馆的陆军武官处，声称原告根据英国法有因不公平解雇而获得赔偿的权利。原告将沙特大使馆诉至英国劳资法庭。法庭发现原告是 1978 年《英国国家豁免法》（SIA）第 16 条第 1 款 a 项中所述的雇佣人员，即本案不适用《英国国家豁免法》，被告仍然享有豁免权。原告主张因根据《英国国家豁免法》第 2 条第 2 款，律师函相当于早前达成的双方服从于英国法院管辖的书面协议。但法庭认为，Browne-Wilkinson 法官在 Sengupta v. India ③案中的附带意见阐明了发函给陆军武官仅仅表明了原告方律师的观点，却并不存在根据《英国国家豁免法》第 2 条第 2 款的事先协议服从英国法院的管辖。

---

① 179 F. 3d 1279（11th Cir. 1999）.

② ［1996］I. C. R. 25；［1996］2 ALL ER 248. CA；［1996］104 ILR 629.

③ ［1983］I. C. R. 221.

在 Arab Republic of Egypt v. Gamal Eldin and Another① 一案中，原告是埃及人，在埃及驻英国大使馆医疗部担任司机，因其遭到不合理的解雇，于是将该争议诉至劳资法庭。该使馆医疗部负责人致函给法庭表示回应原告的诉求，但没有出庭。该法庭认为对本案有管辖权，且拒绝了大使馆提出的豁免请求。于是大使馆上诉到劳工上诉法庭。上诉法庭认为：(1)本法庭并不阻止大使馆提出任何主张国家豁免的新证据；(2)医疗部负责人并不是劳动合同的相对方，依据《英国国家豁免法》第 2 条第 7 款，他也无权替大使馆放弃豁免权而作出服从英国法院管辖的表示；(3)该负责人写给法院的信并不等于其应诉答辩或服从于英国法院管辖。因此，从上述两个判例可以看出，有权替外国国家作出放弃豁免的人必须是《英国国家豁免法》第 2 条第 7 款中法定有权利代表外国作出服从英国法院管辖的人。

在 SRL v. Servicio National del Trigo② 一案中，原告是依据意大利法设立的有限公司并在意大利从事经营活动。被告是西班牙农业部下属机构的一个独立法人，从事谷物贸易且受制于西班牙农业部。它与原告签订了两份黑麦买卖合同，每份合同中都包含有将合同下争议提交英国伦敦法院管辖的条款。争议发生时，原告诉到有管辖权的伦敦法院主张被告违反合同约定，被告由律师代其出庭。被告律师向法院提出了索赔清单及损失担保请求，随后，被告提出了其作为西班牙政府的一个下属机构享有国家豁免权。法院认为：(1)被告虽然是一个独立的法人实体，但有权主张国家豁免；(2)尽管被告出庭应诉且提出了赔偿请求，但没有故意放弃豁免服从于英国法院的管辖，且放弃的作出者也没有权利替其放弃豁免，因此被告享有豁免权，法院的传票应当被撤销。正如法官在判决中所言："除非放弃豁免的作出者知道这项特权可以放弃，且对英国的民事诉讼法有清楚的了解，另外还要得到外国国家的授权，缺少其中任何一个因素放弃的作出都是无效的。"③

第三节　国家豁免放弃的形式

放弃豁免的形式一般分为明示和默示两种。明示放弃豁免是指国家经由口头或书面形式表示接受外国法院的管辖。具体的方法可能是在争端发生前，或者在争端发生后，以签订条约、契约、书面通知或是口头声明的方式放弃豁免。默示放弃豁免则是由外国国家作出的与诉讼有关的行为来判定其愿意接受管辖，这包括国家在外国法院提起诉讼，参与诉讼以及反诉的情况，此外国家与私主体签订仲裁协议也被认为是默示放弃豁免。

一、明示放弃国家豁免

(一)明示放弃国家豁免的国际条约及立法规定

2004 年《联合国国家豁免公约》第 7 条第 1 款明确规定国家可以明示放弃豁免："一国

---

①　［1996］2 ALL ER 237；104 ILR 673.

②　［1957］1 QB 438.

③　类似的判决参见：Compania Mercantil Argentina v. United States Shipping Board, 18 Ll. L. Rep. 369 (1924)；Dollfus Mieg et Compagnie SA v. Bank of England,［1952］A. C. 582。

如以下列方式明示同意另一国对某一事项或案件行使管辖，则不得在该法院就该事项或案件提起的诉讼中援引管辖豁免：国际协定，书面合同，在法院发表的声明或在特定的诉讼中提出的书面函件。"1972 年《关于国家豁免的欧洲公约》第 2 条也规定了明示放弃豁免。"缔约国不得在另一缔约国法院主张豁免，如果由于下列事由，该国已承担了接受该法院管辖的义务：由于国际协定；由于在书面合同中包含了一项明示的条款；或由于在双方当事人间发生争端以后，已作出一项明示的同意。"多边条约中规定明示放弃豁免的典型是1926 年《统一国有船舶豁免若干规则的国际公约》，该公约规定国家或政府所有的商业性用途船舶不得享有管辖豁免，各缔约国为了实施公约规定的责任和义务，应适用与和有商船、货载及其所有人所适用者相同的法院管辖权、法律诉讼和程序方面的规则。双边条约中含有放弃豁免内容的主要有苏联和许多国家签署的通商航海条约和贸易协定，这些文件都规定苏联商务代表处所签署的商业条约不享有管辖豁免。

我国《外国国家豁免法》第 4 条规定了明示放弃豁免："外国国家通过下列方式之一明示就特定事项或者案件接受中华人民共和国的法院管辖的，对于就该事项或者案件提起的诉讼，该外国国家在中华人民共和国的法院不享有管辖豁免：(一)国际条约；(二)书面协议；(三)向处理案件的中华人民共和国的法院提交书面文件；(四)通过外交渠道等方式向中华人民共和国提交书面文件；(五)其他明示接受中华人民共和国的法院管辖的方式。"该条第 5 款使用兜底条款的立法技术囊括了实践中可能遇到的各种明示放弃豁免情形。1976 年美国的《外国主权豁免法》第 1605 条第 1 款规定外国国家可以明示放弃豁免。虽然该条款并未规定明示放弃豁免的方式，但国会的立法报告中指出，外国国家可以通过条约、公约以及和私主体签订的合同来放弃豁免。[①] 1978 年《英国国家豁免法》第 2 条规定外国国家可以自愿明示放弃豁免接受英国法院的管辖，在引起诉讼的争议发生后或者争议发生前通过书面的条约、公约和合同来放弃豁免。1982 年《加拿大外国国家豁免法》，1985 年《澳大利亚外国国家豁免法》，1981 年《巴基斯坦国家豁免法令》、1985 年《新加坡国家豁免法》、1981 年《南非外国国家豁免法》都有和上述英国相似的规定。

(二)明示放弃国家豁免的司法实践

1. "明示"的判断标准

"明示(explicit)"一词在 *Black's Law Dictionary* 中的解释是"不模糊，不引起歧义的，没有隐含的意思或保留，可以得到清晰地理解"。[②] 在 Aquinda v. Texaco[③] 一案中，法官对明示放弃的判断标准作出了解释。原告是一群厄瓜多尔公民，他们在美国提起集团诉讼控告美国石油公司请求环境污染损害赔偿，因其在与厄瓜多尔国有石油公司在厄瓜多尔合作开采石油时污染和破坏了他们的土地。一审法院以不方便法院、国家礼让、缺乏必要共同诉讼人驳回原告诉讼请求。原告申请复议，厄瓜多尔政府则申请参加复议以阻挠原告的

---

① H. R. Rep. No. 1487, *Jurisdictional of United States Courts in Suits Against Foreign States*, 94th *Cong*, at 18.

② Black's Law Dictionary(9th ed.), 2009.

③ 175 FRD 50, 52 (S. D. N. Y. 1997).

索赔请求。厄瓜多尔得到法庭允许参加复议的前提是厄瓜多尔明确放弃豁免作为必要共同诉讼人参加。然而，厄瓜多尔虽然同意放弃豁免，但声称保留任何针对它的索赔中的豁免权。厄瓜多尔总领事在送达给法院的放弃豁免的文件中声称："我代表厄瓜多尔声明，不参加也不承认其他任何在针对被告公司的环境污染索赔诉讼中赋予我国的责任，即有限度有保留地放弃豁免(limited waiver)。"法院认为，厄瓜多尔作出的放弃豁免不仅没有满足明示放弃豁免所要求的确定性，还提出了一系列限制放弃的条件，这种含糊的放弃豁免是致命的错误，不能构成有效的明示放弃。因为美国公认的原则是，放弃豁免必须是清楚的(clear)、彻底完整的(complete)、毫不含糊的(unambiguous)、明确的(unmistakable)才有效。因此，厄瓜多尔不被允许参加动议。结论是，法院认为诉讼中对于特定的角色有限制的放弃豁免从本质上说不构成明示放弃。

在 Capital Venture Intern v. Republic of Argentina① 一案中，法官同样界定了明示放弃的标准。原告 CVI 持有阿根廷共和国几组债券，其中一组受德国法支配。每组债券都载有各自的发行通告，通告的第 13 部分载明，阿根廷在此基于这些债券引起的任何诉讼、行为及程序问题而服从法兰克福地方法院的非独占管辖权和任何位于布宜诺斯艾里斯的联邦法院的管辖以及其中的上诉法院的管辖。2001 年 11 月阿根廷宣布停止对该国债券兑付本金和利息。2005 年 4 月原告 CVI 在纽约南区地方法院提起诉讼，然而地方法院认为自己没有管辖权，因为被告阿根廷拥有主权豁免，它在债券中的发行报告不能认为是明示放弃了豁免权。2008 年 10 月 CVI 向第二巡回法院上诉。上诉法院认为，FSIA 是法院取得针对外国国家对事管辖权的唯一依据。FSIA 规定的明示放弃要求外国国家在具体案件中的这种明示能够绝对地排除疏忽大意的(inadvertent)、默示的(implied)、模棱两可(constructive waiver in cases)的情形。债券发行通告中表明阿根廷就这组债券明示放弃了在美国法院的主权豁免，虽然发行通告并不包含有明确指向美国或者美国的特定管辖的内容，但由于此组债券第 13 部分载有这样一条：这种放弃的程度达到了阿根廷放弃了任何法院的任何豁免权。这表明阿根廷基于对自己所发行的债券义务的考虑而不可撤回地明示放弃了主权豁免。法院认为，根据 FSIA 的意思，放弃主权豁免可以是明示的，甚至合同中的条款指向一个特定的、非美国法院的管辖，且法院对于明示放弃是严格狭义地去理解的。值得注意的是，外国国家在今后的合同措辞中应该更加谨慎，以避免出现类似的错误。

2. 合同中的放弃条款

(1)美国。美国法院倾向于狭义理解合同中的放弃豁免条款。在 Eaglet Corp. Ltd. v. Banco Cent. De Nicaragua② 一案中，原告是一家英国公司，被告是尼加拉瓜银行。基于双方的债务重组争议，原告从英国法院得到了有利于自己的针对被告的缺席判决，因此在美国法院申请执行该判决。被告表示反对，认为美国法院没有属人管辖权和属物管辖权。法院审查后认为，尽管被告在债务重组合同中同意适用英国法且同意接受英国法院管辖，但这不意味着被告明确地放弃了主权豁免。主审法官认为，"明示放弃通常出现在当合同语

---

① 552 F. 3d 289. 294. 296 (2nd Cir. 2009).

② 23 F. 3d 641 (2nd Cir. 1994).

言本身清楚明确且毫不含糊地表明外国国家一方意图放弃豁免，进而服从美国法院的管辖"。那究竟什么样的合同语言表明国家一方明示放弃豁免呢？法官引用了 Proyecfin de Veneuela. S. A. v. Banco Indus. de Veneuela. S. A.① 一案中明示放弃豁免的合同语言：债务人，以此方式在法院地法允许的范围内完全放弃主权豁免，特别在纽约进行的诉讼中达到使前述的放弃充分有效的程度。②

在 World Wide Minerals，Ltd. v. Republic of Kazakhstan③ 一案中，原告加拿大公司因与被告哈萨克斯坦以及一家纽约公司签订的在被告国境内铀矿独家开采的四份销售合同引发争议而将其诉至法院，原告主张被告涉嫌违约、欺诈、侵权、敲诈勒索、腐败等违法行为，向哥伦比亚地方法院提起确认之诉遭拒后上诉至哥伦比亚巡回法院。上诉法院认为，一份管理合同和一份抵押合同中虽然载有哈萨克斯坦明示放弃豁免的条款，但该放弃条款并不延伸适用于其他两份合同，因为其他两份合同中并无载明放弃豁免条款，且不适用于基于外源法律产生的混合侵权或类似于侵权引发的诉讼，尤其是在这两份合同无法预测争议将要在美国解决。即合同中的放弃豁免条款必须是可以适用 FSIA 第 1605 第 1 款第 1 项的诉讼主题。与此同时，当一份合同中的明示放弃豁免条款可以并入另一份合同中时，法院则倾向于理解为这两份合同同时包含有放弃豁免的条款。

在前述 Proyecfin de Veneuela. S. A. v. Banco Indus. de Veneuela. S. A. 一案中，被告委内瑞拉银行主张在贷款合同中的明示放弃豁免条款不能延伸适用于因一个独立的监管合同引发的违约行为。第二巡回法院则认为放弃豁免条款并不仅仅受限于基于贷款合同引发的争议，它应当适用于并入该合同的监管合同。因为该监管合同包含这样一条："贷款合同完全地在此处重现(totally reproduced herein)。"法院将该条款理解为将所有贷款合同并入监管合同中，当然也就包含贷款合同中的放弃豁免条款。法院也进一步认为所有合同是同期产生的，合同双方当事人也是相同的。④ 此外，美国法院认为在他国法院中明示放弃豁免并不等于自动在美国法院放弃这一特权。例如在 Eaglet Corp. Ltd. v. Banco Central De Nicaragua⑤ 一案中，第二巡回法院认为尼加拉瓜银行基于债务重组合同引发的争议服从英国法院的非独占管辖并不构成在美国法院明示或默示放弃主权豁免。

（2）英国。依据 1978 年《英国国家豁免法》第 2 条第（2）款，外国国家在引起诉讼的争议发生前或发生后的书面协议中，均可表示接受英国法院的管辖。有学者认为该条款意味着这部法相对于既有的普通法重心的偏离。⑥ 尽管如此，在英国的司法实践中，当事人希望适用该条款必须满足四个条件。第一，外国国家和私主体间必须有合同的存在。这种合

---

① 760 F. 2d 390，393(2nd Cir. 1985).

② 原文表述为：Borrower…hereby waives such immunity to the full extent permitted by the laws of such jurisdiction and，in particular，to the extent that in any proceedings taken in New York the foregoing waiver of immunity shall have effect.

③ 296 F. 3d 1154，1162-1163 (D. C. Cir. 2009).

④ 760 F. 2d 393 (2nd Cir. 1985).

⑤ 23 F. 3d 641 (2nd Cir. 1994).

⑥ Andrew Dickinson Rae and James P. Loonam，Clifford Chance LLP，*State Immunity*：*Selected Material and Commentary*，Oxford University Press，2005，p. 348.

同应该是对国家和原告双方都有约束力的，而不是限于缔结合同相对方，这样可以使得名义上的代理人或继受者利用该明示放弃条款。第二，该合同必须是在 1978 年 11 月 22 日以后生效的(该法的生效日期)。第三，整个合同必须是书面形式。如果合同仅仅是部分具有书面形式或者仅仅是做了书面记录则是不符合要求的。① 而书面形式包括打印、复印及其他可视的文字表现和文字复制形式。至于电子合同形式是否属于该条款所指的书面形式，目前还有很大的争议。2000 年《电子通讯法案》(*Electronic Communication Act*) 第八节明确指出书面形式并不包含电子形式。笔者认为，《英国国家豁免法》颁布于 1978 年，无法涉及电子形式，所以该条款所指的书面形式应当不包含电子形式。第四，合同中必须含有外国国家自愿放弃主权豁免愿意服从英国法院管辖的条款。放弃必须是明示的，不包含任何默示放弃的形式。以上四个条件看似逻辑严密环环相扣，成为英国法院判定合同中的放弃豁免条款的重要指导，但也造成了一些实际操作上的困难。例如一份书面合同中虽然没有明确表示服从英国法院管辖的条款，但包含有表示该外国国家同意放弃其所享有的任何豁免权而服从合同相对方将会提起诉讼的法院的管辖，这类放弃条款并不符合《英国国家豁免法》第 2 条第 2 款规定的框架，在这种情形下并不当然表明该外国国家明示放弃了在英国法院的豁免权。

例如 New Hampshire Insurance Co. v. Strabag Bau② 一案中，原告是一家在英国有分支机构的美国公司，被告是德国公司。原告不服一审法院作出的对自己不利的判决而上诉，其主张作为争议核心的集团保险合同是在伦敦签订的，因此英国法是合同的准据法，且本案的争议事项并非 1968 年《布鲁塞尔公约》第 7 条所指的与保险有关的事项，因此英国法院才是本案的管辖法院。然而上诉法院驳回了原告的主张，法院认为合同中并未明确表示选择英国法院作为管辖法院，公约第 11 条应得到适用，所以本案的管辖法院是被告住所地法院。为了与《英国国家豁免法》第 2 条第 1 款保持一致，放弃豁免条款必须彰显外国国家服从英国法院管辖、且这些法院根据自身的法律拥有管辖权的特点，以此与《英国国家豁免法》第 2 条的立法意旨保持一致。

(3) 条约、公约和其他国际协定中的放弃豁免条款。1978 年《英国国家豁免法》第 2 条第 2 款中的书面合同包括条约、公约和其他国际协定。③ 与此同时，放弃豁免条款必须是明示的，排除任何默示放弃的情形。最后，条约、公约和其他国际协定必须是在该法生效后加入的，否则其中包含的放弃豁免条款无效。④ 1976 年《美国主权豁免法》第 1605 条允许外国国家通过签订条约或者公约来放弃豁免，其要求该条约或公约中要提到外国国家愿意在美国进行的诉讼中放弃主权豁免，或者至少要包含有使得外国国家在美国法院作出放弃豁免的行为有效的条款。早在 1989 年 Argentine Republic v. Amerada Hess Shipping Corp⑤ 一

---

① Abmed v. Government of the Kingdom of Saudi Arabia [1996] I. C. R. 25.

② [1992] I. L. Pr. 478.

③ 参见 1978 年《英国国家豁免法》第 17 第 2 款：上述第 2 条第 2 款第 13 条第 3 款中所指协议，包括条约、公约或其他国际协议。

④ Brownlie, *Principles of Public International Law*, Oxford University Press, 1998, p. 611.

⑤ 488 US428, 442-443 (1989).

案中，美国法官就指出签订的国际协定中并未包含有在美国进行的诉讼中放弃豁免的条款则不认为该外国国家放弃了主权豁免。①

二、默示放弃国家豁免

我国《外国国家豁免法》第5条规定了外国国家可以默示放弃豁免："外国国家有下列情形之一的，视为就特定事项或者案件接受中华人民共和国的法院管辖：（一）作为原告向中华人民共和国的法院提起诉讼；（二）作为被告参加中华人民共和国的法院受理的诉讼，并就案件实体问题答辩或者提出反诉；（三）作为第三人参加中华人民共和国的法院受理的诉讼；（四）在中华人民共和国的法院作为原告提起诉讼或者作为第三人提出诉讼请求时，由于与该起诉或者该诉讼请求相同的法律关系或者事实被提起反诉。外国国家有前款第二项规定的情形，但能够证明其作出上述答辩之前不可能知道有可主张豁免的事实的，可以在知道或者应当知道该事实后的合理时间内主张管辖豁免。"实践中默示放弃豁免案件较少，必须严格谨慎地作出判断。早在该法颁布以前，我国法院就已经受理过默示放弃豁免的案例。例如，在匈牙利驻上海总领事馆与钱华强房屋租赁合同纠纷案②中，匈牙利驻上海总领事馆作为本案原告主动向法院提起民事诉讼，委托了诉讼代理人，要求被告返还押金并支付利息损失。法院受理该案并依法作出有利于原告的民事判决。

《联合国国家豁免公约》、英国和美国的国家豁免立法均有默示放弃豁免的规定。大多学者倾向于赞同默示放弃的存在。学者们主要倾向于认为默示放弃必须有外国国家显示其放弃的意图，在判断是否有默示放弃的存在时须十分严格谨慎，狭义理解，默示放弃不等于沉默，必须有证据显示。③ 也有学者反对默示放弃的形式，认为放弃必须"确定（certain），毫不含糊（unequivocal）"。④ 总的来说，美国的学者一致支持默示放弃，有学者指出在美国不论联邦机构还是政府部门都不能得到真正的完全豁免，只有人民可以，因此默示放弃是对外国国家豁免的约束。⑤

默示放弃与明示放弃的主要区别就在于有关国家并没有事先或者事后通过书面或者口头形式明确表示接受法院的管辖。尽管FSIA没有明确规定默示放弃的构成要件，美国对于默示放弃的司法实践仍然比较多，1976年国会的报告中明确指出以下三种默示放弃的情形：外国国家同意在另一国仲裁；外国国家同意合同由一个特定国家的法律支配；外国

---

① 类似的判决还有：Haven v. Polska，531 US1014（2000）；Creighton Ltd. v. Government of the State of Qatar，181 F. 3d 118，123（D. C Cir. 1999）；Smith v. Socialist People's Libyan Arab Jamahiriya，520 US1204（1997）等。

② （2020）沪 0115 民初 10402 号。

③ Steven L. Schooner，*Diving a Purpose of the Statutory Scheme：Waiving Sovereign Immunity to What End？* Public Contract Law Journal，Vol. 635，1999，pp. 7-10；Gerhard Hafner，Murselo G. Kohen，Susan Breau，*State Practice Regarding State Immunities*，Martinus Nijhoff Publishers，2006，p. 64；Andrew Dickinson，*State Immunity：Selected Material and Commentary*，Oxford University Press，2005，p. 248.

④ Hazel Fox，QC，*The Law of State Immunity*，The Oxford International Law Library，2002，p. 265.

⑤ Gregory C. Sisk，*The Continuing Drift of Federal Sovereign Immunity Jurisprudence*，Wiliam and Mary Law Review，Vol. 50，p. 526.

国家进行答辩并且没有提出国家豁免的抗辩。① 法官们以此为指导原则，通过在实践中不断运用自由裁量权认真严格地解读，从而赋予了默示放弃一个完整的内涵，例如外国国家进行答辩并且没有提出国家豁免的抗辩构成默示放弃，但是参加证据开示不构成默示放弃；选择美国的法律构成默示放弃豁免；同意参加 ADR 不等于默示放弃豁免；合理依据国际法作出的行为不等于默示放弃豁免等。② 至于默示放弃是否延伸到上诉与反诉，不论立法还是学者都认为，默示放弃效果延伸到上诉，但对于延伸到反诉的效力则作出严格限制，仅仅限于反诉是就本诉同一法律关系或事实提出。③ 其中，对于默示放弃中争议最大的问题，即仲裁协议与默示放弃的关系，各法院的做法不一。但大多数学者及法官获得共识的是，如果一国家与外国自然人或法人签订了有效的仲裁协议，则表明该仲裁协议排除了法院的管辖，该仲裁协议所涉及的事项只能由约定的仲裁机构来实现，因此，与仲裁有关的特定事项，仲裁协议隐含着国家通过仲裁协议默示放弃管辖豁免。④

（一）一般默示放弃国家豁免

默示放弃虽然有很多不同的形式，但最普遍的方式就是外国国家直接提起诉讼、参与诉讼（包括出庭应诉和介入诉讼）等行为。究其原因，有学者指出，既然国家愿意在另一国法院以原告的资格提起诉讼，表示它已经决定就该案件接受法院的管辖，故没有理由再援引国家豁免。

1. 提起诉讼

2004 年《联合国国家豁免公约》第 8 条第 1 款（a）项规定一国本身提起该诉讼则不得在另一国法院的诉讼中援引管辖豁免。1972 年《关于国家豁免的欧洲公约》第 1 条第 1 款也规定：缔约国在另一缔约国法院提起诉讼或参与诉讼，即为诉讼的目的服从该国法院的管辖。早在 1983 年，奥地利最高法院在审理"A 诉土耳其政府"时就表示可以受理外国政府提起的诉讼。波兰最高法院 1928 年在"苏联驻华沙商务代表处诉莫里西"案中指出外国国家提起诉讼就应服从诉讼以及承担该诉讼的所有法律后果。⑤ 2009 年在某驻沪总领事馆

① H. R. Rep. No. 1487, 94th Cong., 2d Sess. 18, reprinted in 1976 US Code Cong, p. 6617.

② *The Foreign Sovereign Immunity Act*：2008 *Year in Review*, Law & Business Review of the Americas, Vol. 16, 2010, p. 188；*The Foreign Sovereign Immunity Act*：2009 *Year in Review*, Law & Business Review of the Americas, Vol. 17, 2011, pp. 48-50.

③ Hazel Fox, QC, *The Law of State Immunity*, The Oxford International Law Library, England, 2002, p. 266；Explanatory Report on the European Convention on State Immunity, Council of Europe（citing Gerhard Hafner, Murselo G., Kohen, Susan Breau, *State Practice Regarding State Immunities*, Martinus Nijhoff Publishers, 2006, p. 60.

④ Albert Jan Van Den Berg, *The New York Arbitration Convention of* 1958：*Consolidated Commentary Cases Reported in Volumes XIV*, Yearbook Commercial Arbitration, Kluwer Law International, Vol. 14, 1989, p. 537；Dhisadee Chamlongrasd, *Foreign State Immunity and Arbitration*, Cameron May, 2007, pp. 87-91；Gary B. Born, *International Civil Litigation in United States Courts*：*Commentary and Materials*（3th ed.）, 1996, p. 234.

⑤ 参见龚刃韧：《国家豁免问题的比较研究——当代国际公法、国际私法和国际经济法的一个共同课题》（第二版），北京大学出版社 2005 年版，第 179 页。

申请宣告票据无效案中，我国上海市长宁区人民法院作出〔2009〕长民催字第 23 号民事判决书，宣告收款人为某驻沪总领事馆，票据号码为"BB／0300091137"且票面金额为人民币 1290 元的银行本票无效。①

在 Republic of Haiti v. Plesch② 一案中，海地共和国（Republic of Haiti）在纽约州最高法院提起针对特定有价证券所有权的确认之诉，同时又主张自己享有豁免权。法院认为，海地国以一名普通原告的身份选择在本院提起诉讼，在这起诉讼中其主动放弃豁免服从法院管辖，就应服从当地程序法和法院的管辖。作为一名诉讼当事人，海地国不能为了诉讼目的而对特定的司法程序规则主张豁免权，它无权以此来妨碍司法。法官在本案中援引 United States v. General Motors Corporation③ 一案中法官作出的判决，即美国政府受制于证据开示和司法监察，不得在书面质询中主张豁免，而必须承担和私主体同样的披露义务，从而得出外国国家也应该遵循相同的规则。

在 Johore（Sultan of）v. Abubakar Tunku Aris Bendahar④ 一案中，1945 年 5 月由日本军事机构在前英属海峡殖民地设立的高等法院对上诉人提出的原诉传票作了判决，即柔佛苏丹之前作出的财产转让是无效的，那些财产的所有权属于柔佛苏丹。日本法院的判决和 1946 年《民事诉讼条例》（*Civil Proceedings Ordinance* 1946）第 3 款指出任何人的合法权益受到不公正判决侵害均有权向适当的法院申请撤销该判决，或者其有权自由地对该判决提起上诉。被告因此提出上诉，并基于自己享有主权豁免而主张是该判决的受害人，法庭认为该合法上诉是已有诉讼程序的延伸，并非一个新的独立的诉讼，因此认为上诉人已经放弃了管辖豁免，即一个国家在另一个国家的法院提起上诉，也被认为构成了对上诉审法院管辖的同意。⑤ 提起诉讼作为默示放弃的一种形式也得到了各国判例的认可。

2. 出庭应诉

倘若一国被诉后对一项权利主张答辩或者对案件实质问题提出抗辩而作出一般性的出庭，同时也没有主张主权豁免时，那么该国家的行为应当构成了默示放弃豁免。2004 年《联合国国家豁免公约》第 8 条第 1（b）项规定一国采取与案件实体有关的任何其他步骤则不得在另一国法院的诉讼中援引管辖豁免。1972 年《关于国家豁免的欧洲公约》第 1 条第 1 款也规定一缔约国在另一缔约国法院参与诉讼，即为诉讼的目的服从该国法院的管辖。1976 年美国国会的立法报告中明确指出外国国家出庭应诉而未提出豁免的要求将构成默

① 笔者在中国裁判文书网尚未检索到该判决书，本案参见李庆明：《论中国〈外国国家豁免法〉的限制豁免制度》，载《国际法研究》2023 年第 5 期，第 45 页。

② 195 Misc. 219，88 N. Y. S. 2d 9（1949）.

③ 2 F. R. D. 528（1942）.

④ 〔1952〕1 All E. R. 1261.

⑤ 类似的判决还有：Intpro Properties（UK）v. Sauvel，〔1983〕Q. B. 1019；Swiss-Israel Trade Bank v. Government of Salta，〔1972〕1 Lloyd's Rep. 497；Owners of the Philippine Admiral v. Wallem Shipping（Hong Kong）Ltd.（The Philippine Admiral），〔1977〕A. C. 373；Owners of the Philippine Admiral v. Wallem Shipping（Hong Kong）Ltd.（The Philippine Admiral），〔1974〕2 Lloyd's Rep. 568；Trendtex Trading Corp v. Central Bank of Nigeria，〔1977〕Q. B. 529 等。

示放弃豁免。① 在中国海外工程有限责任公司与中国进出口银行、波兰公路管理局等保证合同纠纷案②中，被告波兰公路管理局在提交答辩状期间对管辖权提出异议，未提出管辖豁免抗辩，本案法院一审裁定驳回其管辖权异议。该案原告于 2014 年提出撤诉并获得法院许可。

当然，并非国家所有的出庭行为都被推定为默示放弃豁免。这要根据国家采取的行为的具体内容、条件和目的来判断。我国《外国国家豁免法》第 6 条规定："外国国家有下列情形之一的，不视为接受中华人民共和国的法院辖：（一）仅为主张豁免而应诉答辩；（二）外国国家的代表在中华人民共和国的法院出庭作证；（三）同意在特定事项或者案件中适用中华人民共和国的法律。"

在 Inversora Murten, S. A. v. Energoprojekt Holding CO. Dec.③一案中，原告 Inversora 因债务纠纷在地方法院起诉被告，Inversora 于同年 9 月从该法院取得了针对第三债务人 Japan Bank for International Cooperation(JBIC) 的财产扣押命令，并附有两份印好的留有空间给 JBIC 回答的询问书。JBIC 当月回答了询问书上的问题。第一份问道：在财产扣押令送达给你的当时，或者你在收到财产扣押令和填写这份询问书时，是否对被告负债？ 如果是的话，具体是多少债务？ JBIC 回答：我没有放弃针对缺乏属人管辖权的任何抗辩，也没有对被告负债。第二份问道：在财产扣押令送达给你的当时，或者你在收到财产扣押令和填写这份询问书时，你是否占有或掌管被告的任何货物、动产、信用证？ 如果是的话，是哪些？ JBIC 回答：我没有放弃针对缺乏属人管辖权的任何抗辩，也没有对占有或掌管任何被告的财物。11 月，JBIC 给原告的负责人来信声明，JBIC 基于 FSIA 拥有主权豁免，原告取得的扣押债权令不具有效力。2008 年 12 月，JBIC 通知法院其已经分裂为两个实体：JFC 和 JICA。不久后需要出庭，JFC、JICA 拒绝，通知法院主张其有豁免权，它们是根据日本法设立的由日本政府掌管的全资国营企业。而原告认为，JFC、JICA 已经默示放弃豁免，因为 JBIC 之前对于法院的询问书做了答辩，这不包含有主张豁免或主张法院缺乏对事管辖权，构成了国会报告中第三点，即外国国家进行答辩并且没有提出国家豁免的抗辩。

本案的争议焦点是第三债务人 JBIC 的答辩行为是否构成默示放弃。法院经审查认为，1976 年 FSIA 虽然没有对默示放弃作出定义，但国会报告中指明了默示放弃的三种情形。默示放弃应该作狭义理解。法院援引先例认为，"默示"一词在默示放弃的含义中，要求外国国家有放弃豁免的意图，这是主观的意图放弃用豁免作为抗辩。本案中 JBIC 对法院询问书的答辩行为不构成应诉，其根据是《联邦民事诉讼规则》第 7 条 a 款，④ 而且，JBIC 该行为类似于参加了证据开示，因此，不构成默示放弃，同时参加证据开示也不能理解为

---

① H. R. Rep. No. 1487, 94th Cong., 2d Sess. 18, reprinted in 1976 US Code Cong, at 6617.

② (2011)一中民初字第 13686-2 号。

③ 671 F. Supp. 2d 152, 155 (2009).

④ "Only filings that are considered pleadings are a complaint, an answer to a complaint, an answer to a counterclaim designated as a counterclaim, an answer to a crosssclaim, a third-party complaint an answer to a third-party complaint, and a reply to an answer."

构成默示放弃。

在 A. R. International Anti-fraud Systems, Inc. v. Pretoria National Central Bureau of Interpol[①] 一案中，原告是一家主营业地在加州的公司，被告是南非公安部的下属机构，并于 1993 年加入了国际刑警组织。原告分别给被告提供了两次准确的逃犯信息，使得被告成功抓捕逃犯。但原告认为被告违反了两项协议，即承诺地要求被告支付原告因为为其提供国际逃犯的线索而奖励的报酬。被告主张其是南非的政府分支机构，享有豁免权，拒绝履行承诺。对于被告参加 ADR 是否等于默示放弃 FSIA 下的豁免权，法院认为，其拥有自由裁量权判断具体案件中是否存在默示放弃豁免。首先，法院肯定了被告享有 FSIA 下的豁免权。其次，列举了国会报告中默示放弃的三种情形，并且认为一般不愿意冒着风险超越这三种情形，此外，对于默示放弃，除了具备上述三种情形之一外，还要具备外国在美国法院的行为与原告的诉求具有直接联系(direct connection)才能构成。如果外国国家有意参与诉讼且并且没有主张豁免，那么就构成默示放弃。本案中举证责任为原告举证证明豁免例外的存在，如果证明存在，则由被告证明不存在。因此原告提供了两份证据：第一，被告的主管部门写给法院信中称，被告涉诉只是为了避免在南非的平行诉讼发生；第二，双方的协议中约定有这样一个条款：Stipulation to elect referral of action to Voluntary Dispute Resolution Program(法院的 VDRP)。法院认为，这两个文件都不能证明被告默示放弃。被告没有声明主管部门来信的表达具有默示放弃豁免的含义，不能证明被告放弃豁免。而同意参加 ADR 不等于同意参加仲裁那样，因为仲裁是一个非常正式的争端解决机制，同意参加 ADR 也不等于法院判决，因为它是没有拘束力(non-binding)的。由于默示放弃豁免的条款必须要狭义理解，美国法院难以找到充分的证据来说明外国国家意图放弃主权豁免。所以，ADR 程序不具有约束力，同意参加 ADR 不等于默示放弃管辖豁免。

为了更明确地阐述该问题，2004 年《联合国国家豁免公约》第 8 条第 2、3、4 款详细地规定了排除默示放弃的几种情形：第一，如果某一国家仅为援引豁免或对诉讼中有待裁决的财产主张一项权利或权益之目的而介入诉讼或采取任何步骤，该国不应视为同意另一国的法院行使管辖权；第二，一国代表在另一国法院出庭作证不应解释为该国同意法院行使管辖权；第三，一国未在另一国法院的诉讼中出庭不应解释为该国同意法院行使管辖权。1978 年《英国国家豁免法》第 2 条第 3、4 款中也作出了相似的规定：国家应认为已自愿接受管辖只要它已提起诉讼；或除第 4、5 款的情形外，它已介入诉讼或已在诉讼中采取行动；仅以主张享有豁免权或在诉讼如对该国提起它有权取得豁免的条件下，出面维护其财产权益目的所为之介入或任何行动，上述第 3 款第 2 项不得适用。

3. 介入诉讼

除了一般性的出庭应诉答辩以外，外国国家因与某一特定诉讼有利益关系而介入诉讼或采取与案件实质问题有关的其他步骤也被认为是默示放弃豁免。例如 1936 年法国巴黎上诉法院就曾判决芬兰在某一案件上诉过程中由于自动地介入诉讼而放弃了主权豁免。[②]

---

① 634 F. Supp. 2d 1108 (2009).

② 参见龚刃韧：《国家豁免问题的比较研究——当代国际公法、国际私法和国际经济法的一个共同课题》(第二版)，北京大学出版社 2005 年版，第 181 页。

然而，只有当一国放弃了质疑另一国法院管辖权的权力愿意遵循法院地的诉讼程序规则时，这种介入诉讼才可以被理解为放弃豁免。例如，一国介入诉讼仅仅是为了主张撤销一份缺席判决时，① 或请求法院停止执行该缺席判决，② 或者基于一些合理的原因对法院的管辖权提出异议，③ 或者仅对法院的送达作出认可④都不能被理解为默示放弃豁免。只有当一国在另一国法院作为有利害关系的当事方提出实质性的请求时才可以被认为是默示放弃豁免，这要求外国国家及其代理人对于介入诉讼的行为保持高度的谨慎。例如，英国法院曾经判决某一外国国家仅因为非方便法院的理由请求中止诉讼而被认为是默示放弃豁免。至于一国申请他国法院将其列为第三人或者申请聆讯是否暗含着放弃豁免的意图，目前的司法实践还不明朗。

4. 反诉

2004 年《联合国国家豁免公约》第 9 条对反诉的规定如下：第一，一国在另一国法院提起一项诉讼，不得就与本诉相同的法律关系或事实所引起的任何反诉向法院援引管辖豁免；第二，一国介入另一国法院的诉讼中提出诉讼请求，则不得就与该国提出的诉讼请求相同的法律关系或事实所引起的任何反诉援引管辖豁免；第三，一国在另一国法院对该国提起的诉讼中提出反诉，则不得就与本诉向法院援引管辖豁免。1972 年《关于国家豁免的欧洲公约》第 1 条第 3 款也规定，一缔约国在另一缔约国法院诉讼中提出反诉，不仅就反诉而言，而且就主诉而言，都应服从该国法院的管辖。1978 年《英国国家豁免法》第 2 条第 6 款规定：在诉讼中，自愿接受管辖，也扩大适用于上诉而不适用于反诉，但反诉是就本诉的同一法律关系或事实提出的，不在此限。美国在此问题上的规定大致和国际立法实践保持一致，但也有略微的差别，1976 年《美国外国主权豁免法》第 1607 条专门规定了反诉，如某外国在联邦法院或州法院提起诉讼或参加诉讼，则该外国对下述任何一项反诉不得享受豁免：如果此项反诉已在控诉该外国的另一诉讼中提出，而按照本章第 1605 条的规定该外国对于此项反诉是无权享受豁免的；反诉系由该外国所提出的作为权利要求主体部分的事件或事务所引起的；反诉索赔的范围在数额上不超过该外国索赔额，或在种类上和该外国索赔也无不同。之所以对基于本诉而提起的反诉减少了限制，立法者解释说如果允许一国家将争议诉诸他国法院却不允许该法院对争议的所有方面作出裁决是不公平的。⑤ 至于和本诉无关的反诉是否意味着放弃豁免，一个典型的案例恰好对该问题予以说明。

在 National City Bank of New York v. Republic of China⑥ 一案中，中国京沪铁路管理局曾于 1948 年在美国纽约市银行开户存入 20 万美元。随后中国由于请求提款遭拒而主动提起诉讼，纽约市银行则提出反诉，反诉理由是其持有的中国民国国库券尚未兑现因而拒绝

---

① Raprocki v. German State〔1995〕104 I. L. R. 684.

② Kuwait Airways Corporation v. Iraqi Airways Corporation〔1995〕1 Lloyd's Rep. 25.

③ Kuwait Airways Corporation v. Iraqi Airways Corporation〔1995〕1 Lloyd's Rep. 25.

④ London Branch of the Nigerian Universities Commission v. Bastians〔1995〕I. C. R. 358.

⑤ Hazel Fox, *The Law of State Immunity*, Oxford University Press, 2008, p. 495.

⑥ 348 US 356 (1955).

付款。中国就该反诉提出主权豁免。一、二审均支持中国的主张，但最高法院作出了相反的判决。虽然它肯定了中国享有主权豁免，但在考虑著名的 The Schocner Exchange v. Mcfaddon① 判决后，认为美国法院受理以中国为被告的反诉并无损于中国的主权和尊严，最后判决美国法院对本案拥有管辖权。此外，该案中也凸显了《美国外国主权豁免法》特有的反诉索赔的范围在数额上不超过该外国索赔额，或在种类上和该外国索赔也无不同。美国法院认为原告和反诉人在依赖法院对资金的分配上具有同等的利益，因为"允许反诉人在与主诉没有直接联系的反诉中提出积极的索赔请求，如果不作出该反诉的数额限制，将会对在美国法院以原告的身份提起诉讼的外国国家增加额外的风险"。②

(二)仲裁协议与默示放弃国家豁免

1. 仲裁与国家豁免的关系

在汉语里，"仲"就是居中的意思，"裁"就是衡量、裁判的意思。一般认为，仲裁就是指纠纷当事人在自愿的基础上达成协议，将纠纷提交非司法机构的第三者审理，第三者就纠纷居中评判是非，并作出对争议各方均具有拘束力的裁决的一种解决纠纷的制度、方法或方式。③ 尽管仲裁和诉讼在组织机构的性质、程序、适用法律及执行效力依据等方面都存在区别，④ 但仲裁仍以其独特的优势成为当今解决争端最重要的方式之一。随着经济的飞速发展，不论发达国家还是发展中国家，都积极地以交易主体一方的身份加入以自然人或法人为另一方主体的国际商事交易活动中。这些国际商事交易可以从不同形式的国家签订的合同当中看出，例如商品买卖合同、服务合同、租赁合同、借贷合同、担保合同、投资合同等。而这些合同中订有仲裁条款也是司空见惯的，因此，以提交仲裁来作为解决合同项下争议的一种方式，即导致了国家成为仲裁协议中一方当事人情况的出现。假如作为国际商事交易中一方当事人的国家能够自愿履行合同义务，则关于其主张国家豁免的问题就不会出现。然而，这在现实生活中几乎是不可能的。实践中，国家违反合同约定不履行合同义务的情形经常发生，就如同普通的国际商事交易合同中交易一方的自然人或法人违约一样。当自然人或法人一方请求国家履行合同义务时，作为合同另一方的国家就会成为另一国法庭的被告或者另一国仲裁庭中的当事人。而此时，国家便会提出豁免来抗辩法院或仲裁庭的管辖。

联合国国际法委员会关于国家豁免专题的第一任报告员素差伊库将国际仲裁分为国际商事仲裁、国际投资争端仲裁和国家或政府间的仲裁三大类。⑤ 因为前两种仲裁包含国家与外国自然人或法人之间的仲裁，故只有这类仲裁涉及国家豁免问题，本章所探讨的仲裁与国家豁免也限于这两类仲裁。

---

① 11 US116（1812）.

② Hazel Fox, *The Law of State Immunity*, Oxford University Press, 2008, p. 495.

③ 黄进、宋连斌、徐前权：《仲裁法学》(第三版)，中国政法大学出版社2007年版，第1页。

④ 仲裁与法院管辖的区别，参见宋连斌：《商事仲裁与民事诉讼的关系探微》，载《人民法院报》2009年4月22日，第5版。

⑤ 夏林华：《不得援引国家豁免的诉讼——国家及其财产管辖豁免例外问题研究》，暨南大学出版社2011年版，第68页。

仲裁协议与法院管辖权之间既相互排斥也相互联系，这也导致了仲裁协议与放弃豁免之间具有复杂的关系。首先，一份有效的仲裁协议是对法院诉讼程序的限制，法院无权受理一份仲裁协议所涉事项。据此可以看出，国家与外国自然人或法人签订仲裁协议，主要是为了排除国家豁免权的干预，避免引起国家豁免的复杂问题，这与国家在有关合同中的放弃豁免条款有本质区别，因而有关国家签订仲裁协议并不意味着明示放弃国家豁免。正如美国学者 Delaume 指出：“经济开发协议中仲裁条款的主要目的是把可能出现的争议不仅从东道国，而且包括投资者所属国或其他国家的国内法院管辖中移出来，并且为双方当事人提供一个中立的场所以便在此提出他们的请求。”① 然而，仲裁并非完全脱离国内法院的管辖，法院在一定条件下对仲裁具有监督的职能，仲裁裁决的有效性往往依赖于法院的支持和保障。依据奥地利学者 Schiller 的归纳，国内法院对仲裁裁决的监督职能主要有：强制实施仲裁协议的职能；为进行仲裁而采取临时措施的职能；撤销仲裁裁决的职能；执行仲裁裁决的职能。② 因而，仲裁协议也隐含着当事国默示放弃管辖豁免的意思。联合国国际法委员会前任特别报告员素差伊库指出：“一旦国家以书面形式同意将其与私人当事人之间有关交易的已经发生或可能发生的争议提交仲裁……则该国就有关仲裁程序的所有相关问题放弃了管辖豁免，从开始到司法确认以至仲裁裁决的执行。”③

2. 仲裁协议与默示放弃豁免的范围

仲裁协议有可能在以下几个阶段发生国家豁免的问题：首先，在仲裁前，如果双方对于如何实施仲裁该条款产生歧义，或者一方请求法院强制另一方进行仲裁，而诉讼的被告又是具有国家的身份资格时，则法院必须考虑到是否能行使管辖权；其次，在诉讼进行中，如诉讼的一方请求法院裁定扣押外国的财产或是以其他保全方式以确定最终仲裁裁决的执行时，法院也会面临同样的问题；最后，当仲裁裁决作出后，如果有国家身份的一方拒绝履行，而另一方要求承认与执行该裁决时，法院还是一样会考虑到国家豁免。④ 在目前的仲裁领域内，常常引起争议的问题包括外国同意仲裁是否意味着该国放弃豁免愿意接受管辖。各国对此做法不一，但大多数学者达成的共识的是，如果主权国家与外国自然人或法人签订了有效的仲裁协议，则表明该仲裁协议排除了法院的管辖，该仲裁协议所涉及的事项只能由约定的仲裁机构来实现，因此，与仲裁有关的特定事项，仲裁协议隐含着国家通过仲裁协议默示放弃管辖豁免。⑤ 也有学者明确地指出了仲裁协议与放弃豁免的关

---

①　G. Delaume, *State Contracts and Transnational Arbitration*, American Journal of International Law, Vol. 75, 1981, p. 788.

②　龚刃韧：《国家豁免问题的比较研究——当代国际公法、国际私法和国际经济法的一个共同课题》(第二版)，北京大学出版社 2005 年版，第 191 页。

③　龚刃韧：《国家豁免问题的比较研究——当代国际公法、国际私法和国际经济法的一个共同课题》(第二版)，北京大学出版社 2005 年版，第 192 页。

④　参见姜兆东：《外国国家主权豁免规则与有关国际商事仲裁的诉讼》，载《中国国际法年刊》1987年，第 100～118 页。

⑤　Dhisadee Chamlongrasd, *Foreign State Immunity and Arbitration*, Cameron May, 2007, pp. 87-91; Gary B. Born, *International Civil Litigation in United States Courts: Commentary and Materials*(3rd ed.), 1996, p. 234.

系："国家豁免与仲裁是不相关的，它不能干涉提交仲裁的双方的法律关系。国际法院与仲裁庭一致的做法是，拒绝外国国家在提交仲裁后又单方面提出豁免请求。因此，外国国家不能主张豁免来挑战其作出的有效的同意仲裁的约定。"①这里要特别强调的是，国家通过仲裁协议默示放弃豁免，仅限于与仲裁有关的特定事项。这与一国通过在他国法院提起诉讼、参与诉讼等默示放弃豁免形式也有着本质的区别。这里所谓的"仲裁事项"的范围究竟是什么，《欧洲国家豁免公约》和《联合国国家豁免公约》都明确规定限于仲裁协议的有效性、解释或适用，仲裁程序或裁决的确认和撤销。《英国国家豁免法》第9条笼统地规定外国国家在涉及仲裁的程序中不得主张豁免。可以看出，目前的立法仅仅将"仲裁事项"的范围限于管辖豁免阶段，国家通过签订仲裁协议而默示放弃豁免，是否包括执行豁免，国际社会对此并无统一的认识。

有学者认为，在国际商事仲裁中，国家豁免问题的产生或提出分为两个阶段：一个是国家作为被诉人被提交仲裁的阶段；另一个是出于将来执行仲裁裁决的需要，对国家的资产申请采取保全措施或者在针对国家的仲裁裁决作出后，裁决的债权人申请强制执行国家资产的阶段。这两个阶段分别涉及国家的仲裁管辖豁免和国家的司法管辖豁免也即执行管辖豁免。国家签订仲裁协议所默示放弃豁免，该豁免的放弃不仅包括仲裁管辖豁免的放弃，还包括执行仲裁裁决和为执行仲裁裁决所采取的查封、扣押等保全措施的豁免的放弃。② 尽管该观点遭到许多学者非议，且在目前大多数国家的立法和司法实践中，并不认为一国在与仲裁有关的事项中放弃管辖豁免将会自动延伸到司法执行豁免，③ 甚至在国际商事仲裁领域具有巨大影响力的《纽约公约》和《华盛顿公约》也似乎刻意回避国家豁免和执行仲裁裁决的关系，但笔者认为该观点具有合理性。

从限制豁免理论被广为接受以来，越来越多的国家立法和司法实践表明，当一个主权国家的行为符合豁免例外条件时，则无法再使用豁免的特权。其中最为显著的例外就是国家参与商业行为，其前提是这些行为不具有主权性质，而是有私主体可以进行的商业行为。尽管如此，国内法院仍然出于多种因素的考虑而允许外国国家在执行中主张豁免，这就使得外国国家利用主权豁免来对抗已经作出的仲裁裁决，反对执行令或者逃避仲裁裁决中的义务，就如同对抗法院判决的执行，外国国家可能以主权、独立、平等、国家尊严以及平等者之间无管辖权（par in parem non habet imperium）等理由来抗辩，或者基于管辖豁免和执行豁免的不同来主张执行豁免，该外国国家可能辩称，同意仲裁仅仅意味着放弃了管辖豁免，不等于放弃执行豁免，虽然请求执行豁免以便于逃避仲裁裁决中应当履行的义务看似不恰当，也可能与"条约必须遵守"（pacta sunt servanda）原则不一致。④ 因此，国家豁免成为胜诉私主体一方在申请执行仲裁裁决中遇到的巨大阻碍，也极大地破坏了国际商

---

① Gerhard Hafner, Murselo G., Kohen, Susan Breau, *State Practice Regarding State Immunities*, Martinus Nijhoff Publishers, 2006, p.138.

② 参见韩健：《现代国际商事仲裁法的理论与实践》，法律出版社2000年版，第504~505页。

③ Alexis Blane, *Sovereign Immunity As a Bar to The Execution of International Arbitral Awards*, International Law and Politics, Vol.41, 2009, p.460.

④ Dhisadee Chamlongrasd, *Foreign State Immunity and Arbitration*, Cameron May, 2007, p.96.

事仲裁协议所赖以支撑的公共政策。虽然仲裁因其非地域化的限制及程序公正备受青睐，但是仲裁裁决无法得到执行，对私主体一方不仅是极为不公正的，也使其失去了法律中允诺的利益保障。①

从逻辑上来讲，当事人在签订仲裁协议时应该料想到仲裁地法院可能实施执行仲裁裁决和为执行仲裁裁决所采取的查封、扣押等保全措施，则当事人通过签订仲裁协议放弃国家豁免应包括对这些程序的豁免的放弃。如果允许外国国家对已经同意的仲裁裁决主张执行豁免权，那无疑剥夺了私主体对仲裁裁决的期待利益。则仲裁本身作为纠纷解决机制的根本目标及仲裁的独特优势肯定无法实现。所以，外国国家同意仲裁就和其他私主体一样，可以被视为放弃了由该仲裁引起的所有法律诉讼程序中的司法豁免权，也当然包括执行豁免在内。实践中也有一些法院判决中贯彻了这一理念。

例如在 Banco de Seguros del Estado v. Mutual Marine Office, Inc. and Mt. Mckinely Insurance Company② 一案中，原告是乌拉圭政府的全资子公司，其与两名被告分别签订了两份伞形责任股份协议，两份协议中都约定任何争议将在纽约仲裁。两名被告分别发起了仲裁程序，声称原告违反了协议项下义务，并提出要求原告给予开庭前保全措施，仲裁庭要求原告提供庭审前担保。原告以国家豁免提出抗辩，并向纽约南区地方法院申请撤销仲裁庭的临时命令。法院驳回了原告的申请，认为原告同意仲裁等于放弃豁免，原告进而上诉。上诉法院认为：第一，原告已经放弃了豁免，因为伞形责任股份协议中的仲裁条款赋予仲裁员广泛的权力去采取他们认为合适的措施；第二，仲裁员要求原告提供庭审前担保并未超越其权限；第三，仲裁员要求原告提供庭审前担保并未构成显然漠视法律；第四，仲裁员要求原告提供庭审前担保并未违反公共政策。

在 Creignton Limited v. Ministry of Finance and Ministry of Municipal Affairs and Agriculture of the State of Qatar③ 一案中，原告和卡塔尔政府签订了在卡塔尔建造医院的合同，约定将争议提交 ICC 作出最终裁决。争议发生后，原告发起了仲裁程序，仲裁庭作出了有利于原告的裁决。原告在法国寻求执行该裁决，申请扣押卡塔尔内务部在法国的财产，巴黎上诉法院认为卡塔尔的财产享有主权豁免而驳回了原告申请。但法国最高法院却推翻了上诉法院的判决，其认为卡塔尔因为参与仲裁而放弃了执行豁免。根据 1988 年版 ICC 仲裁规则第 24 条，当事人应该毫不延迟地履行仲裁裁决，因此当事国一旦签订仲裁协议，就视为默示放弃了管辖豁免和执行豁免。

在 Ipitrade International S. A. v. Federal Republic of Nigeria④ 一案中，原被告签订了一份水泥购买合同，被告在合同中明确表示合同的解释、效力及履行由瑞士法来支配，任何合同项下争议将提交位于法国巴黎的 ICC 作出裁决。争议出现后，原告发起仲裁程序，被告以主权豁免为由拒绝参与仲裁程序，经过仔细审理后仲裁员最终认可了原告的部分请

---

① Alexis Blane, *Sovereign Immunity As a Bar to The Execution of International Arbitral Awards*, International Law and Politics, Vol. 41, 2009, p. 467.

② 344 F. 3d. 255 (N. Y. 2003).

③ Case No 98-19068; ILDC 772 (F. R. 2000).

④ 465 F. Supp. 824 (D. D. C. 1978).

求。裁决依据瑞士法生效后被告拒绝履行裁决，原告向美国哥伦比亚地方法院申请执行被告位于该处的财产。法院认为，该裁决受制于《纽约公约》，而美国、法国、瑞士、尼日利亚均是该公约缔约国，只有公约第 5 条是拒绝承认与执行仲裁裁决的理由，而依据国会报告，一国同意在另一国仲裁及选择他国法作为合同准据法构成默示放弃豁免，尼日利亚在合同中选择瑞士法作为准据法及愿意将争议提交 ICC 仲裁构成了在美国法院默示放弃豁免，又本案中不存在《纽约公约》中规定的拒绝承认与执行仲裁裁决的情形，因此法院判决被告履行仲裁裁决，无法再享有执行豁免。在 Birch Shipping Corp. v. United Republic of Tanzania① 一案中，被告坦桑尼亚申请哥伦比亚地方法院撤销原告获得针对它的财产扣押令。法院拒绝了原告的请求，法院认为被告同意将争议提交仲裁，并在合同中表明愿意履行仲裁裁决，且争议中的账户存款用于商业行为，因此根据美国 FSIA 的规定，其账户存款不能得到执行豁免。

3. 国际条约与各国国内立法中的相关条款

（1）国内立法。我国《外国国家豁免法》第 12 条②规定了外国国家因仲裁协议及仲裁司法审查产生的诉讼不享有管辖豁免。2007 年芬兰驻中国大使馆因安装空调等与我国北京艾迪尔建筑装饰工程公司发生合同纠纷，作为甲方的芬兰外交部单方面终止合同，作为乙方的北京艾迪尔声称至此甲方依旧拖欠工程款 500 万元人民币，该合同中载有仲裁条款，规定合同争议提交中国国际贸易仲裁委员会。③ 2008 年 12 月，中国国际贸易仲裁委员会受理该争议，因仲裁的保密性，笔者虽未能获悉最终裁决结果，但该案显示出本享有特权的外国国家一旦自愿进入正常的民商事领域中，应该遵循平等、公平、诚信等原则。

1976 年《美国外国主权豁免法》没有直接提到仲裁协定与放弃豁免的关系，美国国会在立法报告中指出默示放弃豁免包括某一外国国家已经同意在另一国家接受仲裁的情形。但此处所谓的"另一国家"是专指美国呢，还是包含其他国家？这一模糊的措辞引起了不少争议，也受到了美国学者的批评，他们认为国会夸大了默示放弃的范围，会导致混乱或不合理的结果。④ 于是，美国国会于 1988 年通过了《外国主权豁免法》的修正案。该修正案针对仲裁事项有三方面规定：第一，在美国联邦法典第一篇第一章中增加一个条款，规定美国法院不得基于"国家行为理论"而拒绝实施、确认和执行仲裁裁决，即扩大了美国法院对仲裁事项的管辖权；第二，在《外国主权豁免法》第 1610 条第 1 款增加内容，允许美国法院执行仲裁裁决；第三，在《外国主权豁免法》第 1605 条中增加规定

---

① 507 F. Supp. 311 (D. D. C. 1980).

② 《外国国家豁免法》第 12 条规定："外国国家与包括中华人民共和国在内的其他国家的组织或者个人之间的商业活动产生的争议，根据书面协议被提交仲裁的，或者外国国家通过国际投资条约等书面形式同意将其与包括中华人民共和国在内的其他国家的组织或者个人产生的投资争端提交仲裁的，对于需要法院审查的下列事项，该外国国家在中华人民共和国的法院不享有管辖豁免：（一）仲裁协议的效力；（二）仲裁裁决的承认与执行；（三）仲裁裁决的撤销；（四）法律规定的其他由中华人民共和国的法院对仲裁进行审查的事项。"

③ 该案来源自齐静：《国家豁免立法研究》，人民出版社 2016 年版，第 4 页。

④ G. B. Sullivan, *Implicit Waiver of Sovereign Immunity by Consent to Arbitration: Territorial Scope and Procedural Limits*, Texas International Law Journal, Vol. 18, 1983, p. 334.

在以下三种情形下，美国法院具有强制外国国家履行仲裁裁决的管辖权：①在美国或打算在美国进行仲裁；②美国依有效的条约或其他国际协定可要求仲裁裁决的承认与执行；③除了仲裁协定，所主张的权力可依据本条或第 1607 条在美国法院提出。① 该修正案明确表示，只有仲裁地在美国才能构成默示放弃豁免，但其中提到的"美国依有效的条约或其他国际协定可要求仲裁裁决的承认与执行"，依旧无法将问题理清，例如美国依照参加的《纽约公约》规定，一缔约国可以强制履行在另一缔约国进行的仲裁协议，但依照本修正案，似乎只要仲裁在任一《纽约公约》缔约国内进行，美国法院都可以享有管辖权。

1978 年《英国国家豁免法》第 9 条第 1 款明确规定，"如果外国国家同意以书面形式把一项已经发生或将要发生的争议提交仲裁，则该国对在联合王国法院与此项仲裁有关的诉讼中不享有管辖豁免"。国家一旦签订符合该条款的仲裁协议，则在英国法院的下列诉讼程序中无法再享有豁免权：①选定仲裁庭；②撤换仲裁员；③管辖权初步问题的决定；④法院支持仲裁行使的权力；⑤仲裁裁决的强制执行；⑥裁决的撤销或上诉。② 可以看出，与美国立法相比，英国立法对于仲裁例外的限制较少，这主要体现在三方面：第一，提交仲裁改的争议并不限于民事或商事争议；第二，仲裁不限于在英国进行或依据英国法作出；第三，对诉讼行为的种类仅仅用"与仲裁有关的"作出限制。也有学者对此种缺乏必要限制的立法规定提出尖锐批评，认为此举不仅与《欧洲国家豁免公约》《纽约公约》不一致，还会导致《英国国家豁免法》规定之间自相矛盾的结果。③

1985 年《澳大利亚外国国家豁免法》基本继承了英国立法模式，但比英国的规定稍微明确具体一些。该法第 17 条第 1 款规定，当一个外国国家成为仲裁协议当事人时，该外国国家在法院就有关仲裁事项行使监督管辖的诉讼程序中不享有管辖豁免。这些诉讼程序包括有关仲裁协定和仲裁程序的效力、有关宣布裁决无效等。该条第 2 款 b 项还规定，当外国国家成为仲裁协定当事人时，该国家在有关承认或执行仲裁裁决的诉讼程序中不得享有豁免，而无论该裁决在何处作出。

（2）国际条约。早在 1923 年，在国际联盟支持下起草的《仲裁条款议定书》中就写道："各缔约国都承认双方就解决现有的或将来的争议而签订的协议的有效性……同意将由于合同所产生的一切或任何争议，都提交仲裁……而不管这种仲裁是否在对当事人都无管辖权的国家境内进行。"1958 年联合国国际商事仲裁会议通过的《承认及执行外国仲裁裁决公约》第 3 条规定，各缔约国应当承认当事人就他们之间产生的所有或任何纠纷提交仲裁而达成的书面协议的有效性，还规定法院不能在当事人已有仲裁协议的情况下启动法律诉讼程序，而应当交由仲裁，从而使放弃豁免的规定更为有效并强迫国家通过已经协商好的仲裁程序解决纠纷。

---

①　Dhisadee Chamlongrasd, *Foreign State Immunity and Arbitration*, Cameron May, 2007, pp. 89-90.

②　Andrew Dickinson Rae and James P. Loonam, Clifford Chance LLP, *State Immunity*：*Selected Material and Commentary*, Oxford University Press, 2005, p. 378.

③　参见龚刃韧：《国家豁免问题的比较研究——当代国际公法、国际私法和国际经济法的一个共同课题》(第二版)，北京大学出版社 2005 年版，第 200 页。

1972 年《欧洲国家豁免公约》对仲裁问题有着较为严谨合理的规定，该公约第 12 条第1 款规定，"当一缔约国以书面形式同意将已经发生或可能发生的民事或商事争议提交仲裁时，则该国不得在另一缔约国法院就有关下列诉讼程序主张管辖豁免，如仲裁在后者领土内，或依照后者的法律已经进行或将要进行：（a）仲裁协定的有效性或解释；（b）仲裁程序；（c）裁决的撤销。但仲裁协定另有规定者除外。"公约中该条对仲裁与国家豁免的关系有着明确严格的限制。第一，该条将国家与外国自然人或法人间的争议限于"民事或商事争议"；第二，该条对法院有关仲裁事项的管辖权仅仅限于诉讼管辖阶段，而不包括执行仲裁裁决阶段；第三，仲裁地或仲裁依据的法律是国内法院对涉及外国国家的仲裁事项行使管辖权的前提条件。

1965 年《解决国家与他国国民间投资争端公约》明确给予私人投资者在有关投资争端中与外国国家相对抗的地位，通过排除至少在最初阶段考虑外国国家豁免的需要，使得有关商事或投资争端非政治化。[1] 如果双方当事人同意将有关投资争端提交 ICSID 裁决，则这种同意排除外交保护权（第 27 条），这种同意排除其他补救办法（第 26 条），这种同意对当事人双方具有拘束力，不得单方面撤销（第 25 条）。为了避免因外国国家提出国家豁免引起障碍，第 54 条还规定："每一缔约国应承认依照本公约所作出的裁决具有拘束力，并在其领土内履行该裁决所附加的金钱义务，如同该裁决是该国法院的最终判决一样。"即缔约国应该承认依照该公约作出的仲裁裁决，作为约束执行该裁决作出的金钱赔偿义务，在其领土范围内就如同该国法院终局判决。因此，该国同意提交 ICSID 仲裁可被解释成为构成了一个不可改变的放弃豁免。国家一方被禁止在 ICSID 仲裁进行中或在 ICSID 裁决承认时提出。在 ICSID 框架下，仲裁不受内国法院司法干涉，私主体一方的权益受到保障，不适时宜的豁免请求将不会发生。在此，有学者认为，提出豁免被根除在萌芽状态。[2]

2004 年《联合国国家豁免公约》第 17 条规定，"一国如与外国自然人或法人订立书面协议，将有关商业交易的争议提交仲裁，则该国不得在另一国原应管辖的法院有关下列事项的诉讼中援引管辖豁免：（a）仲裁协议的有效性、解释或适用；（b）仲裁程序；（c）裁决的确认或撤销。但仲裁协议另有规定者除外。"该条即为公约中的仲裁例外，笔者认为该条的适用应符合下列条件：第一，必须有书面的仲裁协议存在；第二，仲裁双方必须是国家和外国自然人或法人，排除国家与本国国民签订仲裁协议的情形，也排除国家与其他国家或国际组织签订仲裁协议的情形；第三，行使监督职能的法院必须具有管辖权，即根据法院地法产生管辖联系，与《欧洲国家豁免公约》中仲裁地或仲裁依据的法律是国内法院对涉及外国国家的仲裁事项行使管辖权的前提条件同；第四，具有监督管辖权的法院的监督职能包括裁决作出的阶段，但不包括裁决的执行阶段；第五，此处的仲裁仅指商业仲裁，此处的商业交易也包含投资事项。国际法委员会（ILC）对该条仲裁例外作出解释，像这样的同意仲裁并不等于放弃原应有权按事实裁定争议的法院的管辖豁免权。但是，同意

---

①　G. B. Sullivan, *Implicit Waiver of Sovereign Immunity by Consent to Arbitration*：*Territorial Scope and Procedural Limits*, Texas International Law Journal, Vol. 18, 1983, p. 334.

②　Dhisadee Chamlongrasd, *Foreign State Immunity and Arbitration*, Cameron May, 2007, p. 92.

接受商业仲裁必定意味着同意接受此种商业仲裁顺理成章产生的一切后果。在这个有限的范围内，也许可以说一国同意商业仲裁包含着该国愿意接受另一国法院的监督管辖，由另一国法院监督仲裁裁决的实施。①

从该解释中可以看出《联合国国家豁免公约》中规定的仲裁例外明显不同于上述任何国内立法和国际条约中的立法规定。首先，由于该公约第 2 条第 1 款(c)项对"商业交易"的内涵作了界定，因此公约中将争议范围限定为"有关商业交易的争议"。其次，公约中表明国家豁免仅在法院行使监督管辖职能阶段受到阻碍，在请求承认与执行仲裁裁决阶段，国家依旧可以提出豁免请求。最后，国内法院依据仲裁例外获得管辖权的前提必须是具有一定的管辖联系。然而，此处的遗漏便是公约中并未具体阐明何谓"管辖联系"，没有像《欧洲国家豁免公约》那样明文提到仲裁地或适用法的问题，仅仅表述为"另一国原应管辖的法院"。对于该模糊表述，国际法委员会作出了相关解释："它是指一法院在有关仲裁协定的诉讼中，依据法院地国国内法，特别是依据其国际私法规则，行使监督管辖的职能。在通常情况下，法院可因仲裁地位于法院地国境内或因仲裁协定选定法院地的国内法作为仲裁适用法而拥有此种管辖权。此外，由于扣押或查封的财产位于法院地国境内，也可以赋予法院此种管辖权。"②

4. 其他非默示放弃豁免行为

(1)合理依据国际法作出的行为。在 Andrea Good v. Fuji Fire & Marine Ins. Co., Ltd.; the Japanese Ministry of Finance; the Japanese Ministry of Justice; the Japanese Ministry of Transportation; the Branch③ 一案中，原告是美国公民，在新墨西哥州和日本都有住所。2004 年 1 月，她在日本札幌附近一起交通事故中受伤，她声称自己随后受到来自日本多方面的欺骗和威胁。2006 年 10 月，她在新墨西哥州地方法院对这起交通事故提起诉讼。7 名被告中包括 2 家日本公司，2 名日本人，3 家日本政府机构。在被告接到法院送达前，这 2 家日本公司在该地区法院特别出庭，提议驳回原告请求，因为缺乏属人管辖权。2007 年 2 月法院同意了被告的主张。随后，原告通过《海牙公约》给所有被告都做了有效送达，2007 年 4 月，她动议重新开庭将审判地点转移至伊利诺伊州。其余五名被告特别出庭，对法院的属人管辖权提出异议。其中这 3 家日本政府机构提出依据 FSIA 享有豁免，原告的动议再次被拒绝。原告对此向第十巡回法院提出上诉。巡回法院决定合并审理。对于日本的政府机构是否放弃了豁免，法院认为，日本政府机构享有管辖豁免，除非其作出放弃。原告则主张依据 FSIA 第 1605 条第 1 款第 1 项，这三名被告已经放弃了豁免，因为日本依据《海牙公约》对自己的政府部门进行了司法文书送达，所以日本已经替这三个日本政府部门放弃了豁免。法院则认为，日本此举只是按照国际法办事，并不代表它为自己的部门作出了放弃豁免。因此，法院对此无管辖权，这 3 名被告享有管辖豁免。法院又依据"最低联系"标准认为自己对其余的被告也没有管辖权，因为所有的被告都居住在日本，所有的被诉行为都发生在日本，法院也无法找出任何被告与美国有联系

---

① Hazel Fox, *The Law of State Immunity*, Oxford University Press, 2008, p. 495.

② Hazel Fox, *The Law of State Immunity*, Oxford University Press, 2008, p. 499.

③ 271Fed. Appx. 756 (2008).

的地方。最终法院判决日本合理依据国际法作出的行为不等于默示放弃豁免。

（2）选择外国法。目前，除美国以外，国际社会对于一国选择他国法律作为合同的准据法，一般均不认为构成默示放弃豁免。例如我国《外国国家豁免法》第6条第3款规定同意在特定事项或者案件中适用中华人民共和国的法律不视为默示放弃豁免。2004年《联合国国家豁免公约》第7条第2款明确规定："一国同意适用另一国法律，不应被解释为同意该另一国的法院行使管辖权。"1978年《英国国家豁免法》第2条第2款也规定协议中同意适用英国的法律不应被视为自愿接受英国法院管辖。唯有美国国会给出的立法报告中指出外国国家同意合同由一个特定国家的法律支配构成默示放弃豁免。①

在美国的司法实践中，也一直认为选择他国法律即构成默示放弃豁免，以此扩大美国法院的管辖权。例如在 Sonia Ghawanmmeh v. Islamic Saudi Academy and the Kingdom of Saudi Arabia② 一案中，原告是一名约旦裔女教师，现已成为美国公民。被告是沙特的伊斯兰学院和沙特阿拉伯共和国。原告诉其就职的 Islamic Saudi Academy（ISA）和 the Kingdom of Saudi Arabia（KSA），根据 *Famliy and Medical Leave Act*，其行为构成对她的性别和种族歧视，因为被告曾多次不给予她合理的请假，违反雇佣合同无正当理由解雇她，故意给她施加情感的创伤并多次诽谤她。被告则认为法院对本案没有对事管辖权。虽然被告承认 FSIA 是美国法院取得对外国国家、外国政府机构、外国媒介管辖权的唯一依据（Sole Basis）。究竟被告在合同中选择美国法律是否构成默示放弃，法院认为，如果管辖权是正当合法的，FSIA 还包含如果外国国家不享有豁免，则按照一个私人在类似情况下适用的方式和范围负责。豁免的例外之一就是放弃，而对于默示放弃应该狭义理解。国会1976年报告中外国国家同意合同由一个特定国家的法律支配构成默示放弃，外国国家通过合同中的法律选择条款表达了其原意受制于某一特定外国法院的管辖的意愿是充分的默示放弃。本案中，原告提交的雇佣合同中含有这样一个条款：本合同中所有的争议及其解释以及任何条款的有效性，由美国弗吉尼亚州法律支配。因此，法院认为，被告 ISA 的确意图放弃豁免，此外她从事的是商业行为，她通过雇佣合同中的语言表达默示放弃了主权豁免。法院据此判决其对本案拥有合法的管辖权。因此，在美国法官看来，外国国家选择美国法律当然地构成了默示放弃豁免。

第四节 国家豁免放弃的内容

国家财产的执行豁免是指一国财产免于在另一国法院诉讼中所采取的包括扣押、查封、扣留和执行等强制措施。具体分为三个阶段：第一个阶段，法院审理之前对外国财产进行的查封或扣押，对应我国《民事诉讼法》中的诉前财产保全措施；第二个阶段，在审理过程中为确保预期判决的实现采取的保障措施；第三个阶段，法院判决后的查封、扣押和没收等强制措施。③ 在任何国家的法院，管辖程序和执行程序都存在着基本的区别。管

---

① H. R. Rep. No. 1487, 94th Cong., 2d Sess. 18, reprinted in 1976 US Code Cong, p. 6617.

② 672 F. Supp. 2d (2009).

③ 齐静：《国家豁免立法研究》，人民出版社2016年版，第209页。

辖程序是法院确定诉讼当事人双方权利和义务的过程；而执行程序是在事实上使债权者的索赔请求获得满足状态的程序。在国家豁免问题上，管辖豁免的对象主要是指外国国家的有关行为，而执行豁免的对象则只限于外国国家的财产。对于管辖豁免和执行豁免之间的关系存在"一体说"和"区分说"两种观点。按照"一体说"，如果国家在一定情形下不享有管辖豁免，同样其财产也不应享有执行豁免，瑞士、德国、比利时等国的某些判例曾采用了这种理论。但是，到目前为止，"区分说"则长期得到大多数国家实践的支持和国际法学者的赞成。① "区分说"主张对管辖豁免和执行豁免分别对待和处理，而在各国实践中，具体表现为"完全区分说"和"部分区分说"的差异，前者坚持外国国家享有绝对的执行豁免；后者认为，虽然对管辖豁免和执行豁免都采用了限制主义立场，但是仍对二者加以区别对待。如明文规定外国国家对管辖豁免的放弃不及于执行豁免，某些特殊种类的外国财产仍享有绝对豁免等。英美等国的豁免立法一般都采取了"部分区分说"。

2004 年《联合国国家豁免公约》也基本采取了"部分区分说"，即区别对待管辖豁免和执行豁免，对外国财产的强制措施问题采取更为严格的限制。目前，"部分区分说"为越来越多的国家所接受，是一种占主流地位的观点。我国《外国国家豁免法》也采取"部分区分说"的立场，该法第 13 条规定："外国国家的财产在中华人民共和国的法院享有司法强制措施豁免。外国国家接受中华人民共和国的法院管辖，不视为放弃司法强制措施豁免。"该法第 14 条和第 15 条依次条理清晰地规定了不享有司法强制措施豁免的外国国家财产和外国国家享有司法强制措施豁免的特定财产。值得注意的是，我国立法中对"执行豁免"的措辞采用"司法强制措施豁免"一词，该用词与 2005 年《中华人民共和国外国中央银行财产司法强制措施豁免法》保持一致，也符合《联合国国家豁免公约》第四部分"在法院诉讼中免于强制措施的国家豁免"（第 18~21 条）的措辞。

作为区分管辖豁免和执行豁免的一个必然结果，国家对于管辖豁免的放弃效力通常不及于执行豁免，对于执行豁免必须另行表示放弃或同意。这一规则不仅体现在许多国家法院的判例中，而且也为近年来一些国家的豁免立法所遵循。② 因此，有必要区分不同阶段，国家对豁免权的放弃，即国家对其豁免权放弃的内容。

一、对管辖豁免的放弃

(一) 争议发生前对管辖豁免的放弃

国家可以在争端发生之前通过国家协定、合同等书面协议的形式放弃管辖豁免权。目前，只有英国明文立法规定放弃管辖豁免必须通过书面形式使其有效，其他国家并未明文要求放弃管辖豁免必须具备书面形式，例如我国立法允许默示放弃豁免，美国的实践也表明，可以通过一些默示放弃的行为来放弃管辖豁免，前文中对默示放弃已有论述，此处不

---

① 参见龚刃韧：《国家豁免问题的比较研究——当代国际公法、国际私法和国际经济法的一个共同课题》（第二版），北京大学出版社 2005 年版，第 267 页。

② 参见郭玉军、肖芳：《论国际商事仲裁中的国家豁免问题》，载《珞珈法学论坛（第三卷）》，武汉大学出版社 2003 年版，第 6 页。

再赘述。然而，由于默示放弃往往会引发较多的争议，事先通过签订合同等书面协议明示放弃管辖豁免，明确地表示愿意将与私主体在商业交易中将来可能发生的所有争议自愿服从法院的管辖，可以省去诸多不必要的负累。实践中要想实现这种事先明示放弃管辖豁免的理想状态绝非易事，因为现实生活中往往存在些许意想不到的情形，例如日本 2011 年核电站泄漏污染引发的跨国环境污染侵害，不仅涉及许多不同类型的责任，还涉及许多国家行为。笔者在此处预设一种明确的放弃管辖豁免需要涉及的内容包含：第一，说明一国同意接受哪个国家的法院管辖；第二，说明合同中的准据法问题；第三，说明放弃豁免的范围是否仅仅包含放弃管辖豁免，还是可以延伸至放弃执行豁免，在随后的案件中是否可以适用于执行该国财产；第四，说明同意接受司法送达程序，指定代表国家参与司法诉讼程序的代理人也是必不可少的。

（二）争议发生后对管辖豁免的放弃

争议发生后对管辖豁免的放弃主要表现为一个国家在另一个国家的法院中通过一些与特定诉讼直接有关的行为，反映出其对管辖豁免的放弃，例如前文中提到的提起诉讼、出庭应诉、介入诉讼和提起反诉。在法院诉讼程序开始后，下列国家作出的行为将构成法院判断其放弃管辖豁免的确凿证据：第一，当一国出庭应诉答辩，或因自己被卷入纠纷而出庭提出抗辩，或对涉及自身的利益出庭提出抗辩，且以上行为都与国家豁免的请求相矛盾时；第二，一国在另一国法院提起诉讼，希望得到他国法院的司法救济，使自己成为诉讼当事人。当然，一国介入诉讼仅为了援引豁免或对诉讼中有待裁决的财产主张一项权利或利益，或者仅为了出庭作证，则不得被视为放弃管辖豁免。

二、对判决前临时措施豁免的放弃

民事诉讼旨在保护私权，以诉讼方式保护私权的程序分为两种：一为确定，一为实现。权利实现之前必须先以判决方式确定其归属，其后受侵害的权利才能获得最终归属。但是当事人进行诉讼的时间往往较长，在取得胜诉判决之前难免发生妨碍日后判决执行的各种情形，例如债务人处分、转移或隐匿其财产，单方面擅自改变双方争议标的之状态，致使将来的胜诉判决落空、权利人的损害无从补救。因此各国的民事诉讼法一般都规定法官在终局判决作出前发布一定的暂时性裁决或命令以保护当事人的权益，此类在判决确定之前所采取的临时性救济手段即为临时措施。[①] 2004 年《联合国国家豁免公约》第 18 条明确规定，国家对于判决前的临时措施豁免可以放弃，但必须采用明示放弃形式，因而排除了默示放弃临时措施豁免："不得在另一国法院的诉讼中针对一国财产采取判决前的强制措施，例如查封和扣押措施，除非该国以下列方式明示同意采取此类措施：国际协定；仲裁协议或书面合同；在法院发表的声明或在当事方争端发生后提出的书面函件。"可以看出，《联合国国家豁免公约》把对临时措施的放弃严格规定为以书面形式明确表示放弃。与《联合国国家豁免公约》的规定相似，《欧洲国家豁免公约》第 23 条也明确规定放弃临时措施豁免唯有通过书面形式，《英国国家豁免法》第 13 条第 3 款也规定了只有通过书面形

---

① 杨剑：《论民事诉讼的临时措施》，载《广州大学学报（社会科学版）》2007 年第 7 期，第 32 页。

式才构成对临时措施豁免的放弃。《美国外国主权豁免法》第 1610 条第 4 款规定外国在判决前已明示放弃扣押豁免权，则不得在作出正式判决前享有扣押豁免。目前只有加拿大允许在临时措施豁免中采取默示放弃形式，《加拿大国家豁免法》第 11 条第 1 款规定国家可以明示或默示放弃临时措施豁免权。但加拿大对于默示放弃临时措施豁免有一定限制，例如规定用于扣押的财产仅限于商业用途财产。可以看出，各国在立法中对于放弃临时措施豁免基本上保持严格谨慎的态度，对于放弃临时措施豁免是作严格狭义理解的。例如在美国司法实践中，一项原则即在其他国家放弃管辖豁免并不等于在美国法院也放弃管辖豁免，该原则也被视为适用于执行豁免中。

例如在 Eaglet Corp Ltd. v. Banco Central de Nicaragua① 一案中，尼加拉瓜国企因债务重组协议引发的争议自愿放弃在英国法院的非独占管辖，第二巡回法院认为，尼加拉瓜的前述行为不等于在美国法院放弃管辖豁免和执行豁免。在 New England Merchants Natl Bank v. Iran Power Generation and Transmisssion Co.② 一案中，原告对被告伊朗政府及其掌控或拥有的国有企业和媒介提起 96 个独立的诉讼，因为当时伊朗政变导致新政府完全否定了前政府与原告签订的所有商业合同，被告明确拒绝履行合同义务。法官在本案中引用 1955 年《美国和伊朗友好、经济关系和领事权利条约》第 11 条第 4 款的规定："缔约任何一方的公有或公营的企业，包括公司、会社及政府机构和由政府机构支配的机关在内，如在缔约另一方领土内从事商业、工业、航运或其他业务活动，均不得为其本身，或为其财产，要求或享有在该领土内豁免征税、诉讼、判决的执行，或其他私有或私营的企业应负担的责任"，认为被告无法在原告申请扣押财产时提起豁免，因为其已经通过该条约放弃了临时措施豁免。然而该判决作出后一直饱受学者批评③，法官在本案中对于放弃临时措施豁免之所以作出如此广义的解释，是出于某些较强的政治因素，例如案发时正值美国驻德黑兰大使馆人质事件以及美伊关系恶化等。学者们认为如果不是因为这些非法律因素，法官应该对本案中放弃临时措施豁免行为作出严格狭义的解释。

在 Libra Bank Ltd. v. Banco Nacional de Costa Rica, S. A.④ 一案中，法官即对前述案件作出了否定的评价，并在本案的判决中给出了与前述判决相反的结论。被告是哥斯达黎加的国有银行，其获得了包括原告在内的 16 家银行的总计 4 亿美金的贷款，随后被告一直拖欠还款，原告通过本票记载证明了被告的该违约行为。原告因此向纽约最高法院起诉，法院扣押了被告在纽约的银行账户存款。被告向纽约南区地方法院提起管辖权异议，并申请撤销该扣押。纽约南区地方法院根据美国 FSIA 第 1610 条第 4 款规定，认为被告在本案中并未明示放弃临时措施豁免，因此同意了被告的动议撤销了扣押。原告不服判决，向第二巡回法院提起上诉。巡回法院认为，FSIA 第 1610 条第 4 款规定的目的在于当外国国家对于是否放弃临时措施豁免的意图不明时，该款明确排除任何默示的、含糊的、模棱两可的放弃，因此维持原判，认为被告依旧可以享有临时措施豁免。

---

① 23 F. 3d. 641(1994).

② 502 F. Supp. 120 (1980).

③ 参见 WESTLAW 法律数据库中对该案件的 Keysite Redflag 评注。

④ 676 F. 2d 47 (1982).

三、对判决后执行豁免的放弃

"免于强制执行的豁免是国家豁免的最后阵地,对外国国家财产的任何执行措施都必然会直接触及该国家特别是发展中国家的重要利益。"①因此,对于执行豁免的放弃,国际社会普遍采取极其严格的标准、谨慎的态度来判断一国是否放弃执行豁免。2004 年《联合国国家豁免公约》第 19 条明确规定外国国家对判决后的强制措施必须另行明示放弃的情形。"不得在另一国法院的诉讼中针对一国财产采取判决后的强制措施,例如查封、扣押和执行措施,除非该国以下列方式明示同意采取此类措施:国际协定;仲裁协议或书面合同;在法院发表的声明或在当事人争端发生后提出的书面函件。"第 20 条规定同意行使管辖并不构成默示同意采取强制措施。《欧洲国家豁免公约》第 23 条、《英国国家豁免法》第 13 条第 3 款都规定对执行豁免的放弃仅限于书面形式同意,此外,新加坡、巴基斯坦、南非、澳大利亚及以色列等国也作出了同样的立法规定。② 然而《美国外国主权豁免法》第 1610 条第 1 款第 1 项和第 2 款第 1 项却规定对执行豁免既可以明示放弃也可以默示放弃,且默示放弃的范围只适用于该法第 1603 条第 1 款所定义的"在美国用于商业用途的财产"。《加拿大国家豁免法》也采取了类似的规定,即对放弃的形式方面并不区分明示放弃和默示放弃。但这并非说明美国在执行豁免态度上走得更远,因为该法第 1611 条第 2 款第 1 项对于默示放弃执行豁免作出了限制条件:"尽管有本章第 1610 条的各项规定,如有下述情况,某外国的财产仍应享受扣押和执行豁免:(1)此项财产是某外国中央银行或者金融机关自己所有的,除非该银行、金融机关或者它们的政府已经在辅助执行的扣押问题上或者在执行问题上明确放弃其豁免权。对此项弃权,除根据弃权的条件予以撤回者外,该银行、金融机关或政府可能声称的任何撤回均属无效。"从中可以看出,默示放弃判决后执行豁免仅适用于对商业用途财产,对外国中央银行的财产则必须明示放弃执行豁免,排除默示放弃的形式。

例如在 LNC Investments, Inc. v. Republic of Nicaragua③ 一案中,被告尼加拉瓜签订了一份贷款合同,合同中载明尼加拉瓜对之前自己本身以及政府机构包括中央银行在内的债务进行重组,并对特定的债务负责偿还。合同中第 10 条载明尼加拉瓜对与该贷款合同有关的行为放弃主权豁免。然而债务到期时被告拒绝履行合同义务,原告 LNC 从二级市场以较低价格收购该笔债权,经多次催促被告偿还未遂后原告提起诉讼并获得胜诉判决。原告申请执行尼加拉瓜中央银行在纽约联邦储备银行的账户资金,尼加拉瓜中央银行发出撤销该执行措施的动议,声称自己不应对被告的违约行为负责,因为自己是独立于政府的法人实体,合同第 10 条放弃豁免条款效力不延伸适用于自己,且自己有权享有判决后的执行豁免。原告却认为尼加拉瓜在合同中已经明示放弃了自己和中央银行判决后的执行豁

---

① 钟澄:《论国际商事仲裁中国家对豁免的放弃》,载《仲裁研究》2010 年第 21 辑,第 89 页。

② 参见《新加坡国家豁免法》第 15 条第 3 款、《巴基斯坦国家豁免法令》第 14 条第 3 款、《南非外国主权豁免法》第 14 条第 2 款、《澳大利亚外国国家豁免法》第 31 条、《以色列国家豁免法》第 17 条第 1 款。

③ 115F. Supp. 2d 358(2000).

免，中央银行在此不得再次主张豁免权。法院通过考察合同第 10 条朴素的用语，同意中央银行的动议，认为其本身并未明示放弃执行豁免，所以不得执行其银行账户财产。

在 NML Capital, Ltd. v. Banco Central de la Republica Argentina① 一案中，原告作为阿根廷共和国债权人，因阿根提拒不履行到期债务而发出申请执行阿根廷的中央银行位于美国纽约联邦储备银行的账户资金的动议，纽约南区地方法院批准了该执行动议。阿根廷上诉，阿根廷中央银行作为有利害关系的第三人也提出上诉。第二巡回法院认为，阿根廷在借款合同中虽然放弃了其"税收、资产和财产"的执行豁免权，但该放弃条款并未涉及阿根廷的代理机构或中央银行的财产，因此根据 FSIA 第 1611 条第 2 款第 1 项的规定，阿根廷中央银行对于自己所有的财产在没有明示放弃判决后执行豁免的情况下依旧享有判决后的执行豁免。

国家豁免作为一国享有的权利可以当然予以放弃，但放弃却是一种双向性的行为，不仅由外国国家自主作出，也要受到法院地国法的制约。放弃豁免的现实意义是法院取得针对外国国家管辖权的依据之一。国家对其豁免放弃的程度决定了私主体在联邦法院多大范围内维护自己的权益，即外国国家一旦放弃这项特权，在法庭便处于与私主体同等的地位，享有平等的权利，承担同样的义务。放弃豁免一旦作出就不能再撤回，这除了与放弃的条款保持一致外，也是对于缔约双方达成合意的尊重，更是对于"约定必须遵守"以及"诚实信用"的原则的遵循。同时，放弃的效力也仅限于外国国家作出放弃的特定事项和主体中。

从法理的角度讲，能够在外国法院放弃本国管辖豁免的人，通常是被授权的人或公认为具有代表国家或其政府资格的人。对于该问题，各国的立法和实践不同。我国立法中虽未明确规有权作出放弃的主体，但综合其他条款及国际法，可由外交部和法院来谨慎确定。英国、澳大利亚、南非、新加坡的立法明确规定了有权作出放弃的主体，即驻法院地国外交使团团长在履职期间，任何有权代表国家及经国家授权签订合同的人员在因该合同引发的诉讼中有权作出放弃。对于律师是否有资格替代理国作出放弃，目前争议较大，笔者认为，得到外国国家完全授权的律师，应认为有权代表国家放弃豁免。但仅为完成代理业务，并未得到完全明确的授权，则不得认为有资格替其代理国放弃豁免。

放弃的形式包括明示和默示两种。由于明示放弃充分体现了国家放弃豁免的自愿性与明确性，是国家自愿参加诉讼进而减少了外国国家与法院地国的政治差异和冲突，因此现有立法均提倡明示放弃豁免的形式。对于默示放弃，是通过某一国家在另一国家法院中与特定诉讼直接有关的积极行为来判断该外国同意接受法院的管辖。我国及其他国家的立法、已有的司法实践以及学者的观点主要倾向于认为默示放弃必须有外国国家显示其放弃的意图，在判断是否有默示放弃的存在时需十分严格谨慎，进行狭义理解，默示放弃不等于沉默，必须有证据显示。最后在仲裁协议与默示放弃的问题上，笔者得出的结论是：一旦国家以书面形式同意将与外国自然人或法人之间有关商事交易的争议提交仲裁，则该国就有关仲裁程序的所有相关问题放弃了管辖豁免和执行豁免，即从司法确认开始以至仲裁裁决的执行。

---

① 652 F. 3d 172 (2011).

对管辖豁免的放弃，可以在争议发生前或发生后作出，可以明示也可以默示。但由于执行豁免直接关系一国的重大利益及国家间的外交等重大政策，又是国家豁免的最后阵地，笔者认为对于执行豁免的放弃，最好采用书面的明示形式作出。因为国家与私主体双方当事人通过在合同中明确约定的方式来直接处理国家豁免，可以使双方的关系更具可预见性。对我国而言，法院在未来面临外国国家是否放弃执行豁免问题的认定上应秉持高度谨慎、限缩解释的态度，理清外国国家享有司法强制措施豁免的特定财产，避免因执行豁免问题引发不必要的国际关系问题。此外，我国于2021年颁布了《中华人民共和国反外国制裁法》，依法应对近年来部分西方国家依其本国法律对我国有关国家机关、组织和国家工作人员实施所谓"制裁"，粗暴干涉中国内政。我国学者指出，如果我国有关部门依据该法作出制裁决定，查封、扣押、冻结①被制裁国家在我国境内的动产、不动产和其他各类财产，这是否符合《外国国家豁免法》的规定，即因制裁而对外国国家财产采取措施，是否涉及执行豁免问题？这两部法律都是我国涉外法律体系的组成部分，是对党的二十大报告指出的"要加强重点领域、新兴领域、涉外领域立法，统筹推进国内法治和涉外法治，以良法促进发展、保障善治；要健全反制裁、反干涉、反'长臂管辖'机制"的落实。因此，该问题是我国统筹推进国内法治和涉外法治，完善涉外法律体系进程中需要解答的问题。

---

① 《反外国制裁法》第6条规定："国务院有关部门可以按照各自职责和任务分工，对本法第四条、第五条规定的个人、组织，根据实际情况决定采取下列一种或者几种措施：（一）不予签发签证、不准入境、注销签证或者驱逐出境；（二）查封、扣押、冻结在我国境内的动产、不动产和其他各类财产；（三）禁止或者限制我国境内的组织、个人与其进行有关交易、合作等活动；（四）其他必要措施。"

第五章　国家豁免中的商业例外

第一节　国家豁免中商业例外的理论基础

国家豁免中的商业例外是指原则上某一国家行为可以通过援引国家豁免制度从而豁免于另一国法院的管辖，但由于该国家行为本身的商业属性而不得援引国家豁免制度的例外情形。商业例外作为现代国家豁免制度中的一个重要环节并不是凭空产生的，国家豁免制度本身的起源和形成、有关国家豁免制度各种理论的产生与发展都对国家豁免中的商业例外有着深远的影响。本节将对国家豁免制度的相关基本问题进行简单的梳理，并重点阐释国家豁免中商业例外的理论基础。

一、国家豁免的概念和法理依据

国家豁免也被称为主权豁免，或被进一步表述为国家及其财产的豁免。[①] 其含义为一个国家及其财产在另一国免于管辖。[②] 豁免的内容包括管辖豁免、程序豁免和执行豁免三个部分，即一国在另一国境内可以免受他国法院的审判，其财产也可以免于扣押、执行等强制措施。需要指出的是，国家享有管辖和执行的豁免并不意味着国家在相关的案件中没有法律责任，只是国家的法律责任不能够通过司法途径予以解决，国家豁免制度本身并不能排除国家的相关法律责任。

在了解国家豁免制度的概念后，需要进一步探求的就是国家豁免制度的理论基础。各国的理论和实践在此问题上有着不同的观点，其中，主权平等理论得到了广泛的支持，国

---

① 虽然有学者指出，国家豁免和主权豁免在严格意义上并不相同。主权豁免更强调作为主权代表的君主或者国家元首在他国领域内的豁免，而国家豁免则强调国家的财产和行为在他国领域内的豁免。参见苏义雄：《论英美管辖豁免——英美两国之实践》，载《中兴法学》1991 年第 31 期，第 29 页。但在实践中，目前大多数学者和国家的立法以及相关国际条约均在相同的意义上使用上述两种表述且更多地运用国家豁免的表述。如在现有的国家立法中，除美国将国家豁免表述为"Foreign Sovereign Immunity"外，英国、阿根廷、澳大利亚、加拿大、巴基斯坦、新加坡、南非和以色列的立法中均表述为"Foreign State Immunity"；欧盟和美洲条约组织的相关公约和草案中的表述也为"Foreign State Immunity"。国家及其财产豁免这种表述与上述两种表述具有相同的意义。2004 年《联合国国家豁免公约》使用了"Jurisdictional Immunities of States and Their Property"的表述。

② 参见龚刃韧：《国家豁免问题的比较研究——当代国际公法、国际私法和国际经济法的一个共同课题》（第二版），北京大学出版社 2005 年版，第 5 页。

家主权平等早已成为国际社会公认的国际法基本原则。①《联合国宪章》第 2 条第 1 款就明确表明主权平等原则是联合国及其会员国应当遵守的基本原则。1970 年联合国大会通过的《关于各国依〈联合国宪章建立友好关系及合作之国际法原则〉之宣言》(Declaration on Principle of International Law Concerning Friendly Relations and Cooperation among States in Accordance with the United Nations Charter) 也规定主权平等是国际法基本原则之一。所以，国家主权平等理论作为国家豁免的法理依据具有较强的法理基础和法律依据。同时，国家主权平等理论作为国家豁免的法理依据早已为各国所接受。"平等者之间无管辖权"的谕令是主权平等理论作为国家豁免法理依据的有力证据。一些著名的司法判例也支持上述观点。在美国的交易号案(The Schooner Exchange v. Mcfaddon) 中，大法官马歇尔认为：一个主权者在任何地方都不从属于另一个主权者，它有最高的义务不把自己或其主权置于另一主权者的管辖之下而导致国家尊严的受损。它只有在明示的特许下或相信给予其独立主权豁免时方能进入另一国领土。② 在英国的比利时国会号案(The Parlement Belge) 中，布莱特法官认为(Lord Brett) : 由于每一主权的绝对独立和每一主权国家尊重其他主权国家的独立和尊严，每一主权国家都拒绝由其法院对任何国家的君主或大使，或者其用于公共目的的财产行使管辖。③ 法国法院则认为：国家间的独立是国际法普遍承认的原则之一，一个政府从事活动时不可从属于另一国家的管辖，各国拥有审理由于自己行为引起争议的管辖权，而这是其所固有的权力，别国政府如果不想冒着彼此关系恶化的风险，就不要请求此项权力。④

为进一步明确国家豁免的概念和法理依据，需要将国家豁免和与其近似的外交豁免制度进行比较。外交豁免指依据国际公约或双边条约，接受国给予派遣国使馆和外交领事人员的特权和豁免。外交豁免的法理依据主要有三种主张：第一种是治外法权论，这种主张认为一国位于他国的使馆相当于本国领土的延伸，所以不受该外国的管辖；第二种是代表论，认为一国的外交人员代表着派遣国的尊严，所以应当给予豁免；第三种是功能论，认

---

①　国家豁免制度的理论基础主要有以下五种：第一，治外法权说。在 19 世纪之前，治外法权理论是外交代表享有豁免权的主要理论依据，该理论在国家豁免制度起源之时也被套用为国家豁免制度的理论基础。由于该理论实际上损害了领土国的国家主权，早在 19 世纪初就被认为不应当作为国家豁免制度的法理基础。第二，国际礼让说。这种观点认为国家之间相互给予豁免是出于国家之间的礼让和善意。第三，互惠说。这种观点认为给予豁免的基础在于各国之间的互惠互利，豁免并不是一项法律上的义务，只有在存在互惠关系的前提下，一国才给予另一国豁免。第四，尊严说。在英美国家的部分判例中，给予一国豁免被认为是维护该国尊严的需要。第五，主权平等说。这种观点认为国家豁免制度是国家主权平等原则所引申出的一种国际法制度，基于国家主权平等原则，国家之间应当是平等且相互独立，一国当然不能对另一国进行管辖。参见黄进：《国家及其财产豁免问题研究》，中国政法大学出版社1987 年版，第 172~173 页；龚刃韧：《关于国家管辖豁免理论根据的历史考察》，载《法学》1990 年第 6期，第 136~139 页；俞宽赐：《新世纪国际法》，台湾三民书局 1996 年版，第 303 页。

②　The Schooner Exchange v. Mcfaddon, 11 US(7 Cranch) 116, 137(1812).

③　Sompong Sucharitkul, Second Report of Jurisdictional Immunities of States and Their Property, YBILC 1980, Vol. 2, p. 216.

④　Sompong Sucharitkul, Second Report of Jurisdictional Immunities of States and Their Property, YBILC 1980, Vol. 2, p. 218.

为接受国之所以给予派遣国的外交人员一定的特权和豁免是为了确保派遣国使馆及其外交领事人员能够切实、有效地执行其职务，从而实现外交人员和机构应有的功能。功能说是目前普遍被接受的主张。《维也纳外交关系公约》在序言中明确指出："此等特权与豁免的意义，不再给予个人以利益，而在于使代表国家的使馆能够切实有效地执行职务。"《维也纳领事关系公约》也有类似的规定。① 虽然国家豁免和外交豁免有着密切的联系，但二者也有着明显的区别。② 首先，法律效力和各国遵守的程度有所不同。外交豁免由于已有生效的国际条约规范，各国不但普遍遵守而且豁免的主体及范围也没有太大争议。而国家豁免则不同，没有业已生效的国际社会普遍认可的国际条约，只能构成国际习惯法规则。③各国的立场、立法与实践具有较大差异。④ 其次，历史发展进程有所不同。外交使节的特权与豁免制度是随着常驻外交使节制度的形成而发展的。常驻使节制度最早出现在 13 世纪的意大利各共和国。自 15 世纪末期开始，德国、英国、法国和西班牙曾派常驻使节驻在彼此宫廷。到 17 世纪后半叶，常驻使节成为普遍的制度。⑤ 到 18 世纪中叶，有关外交官及其财产、房舍、通信等方面的特权与豁免的国际习惯法规则和制度已经大体成形。⑥而国家豁免则产生较晚。自 18 世纪后期开始，法国大革命与美国的独立，不仅为资本主义制度奠定了政治基础，同时也解放了生产力，促进了生产的发展，并且使一些国家政府职能向经济方面扩大。政府对经济活动的参与使它在国际关系上活动逐渐从外交领域扩大到经济领域，这就使政府与外国私人之间发生经济关系。当国家与私人在经济活动中出现纠纷时，不可避免地出现了私人在一些国家的法院起诉外国政府的情形，这就产生了外国国家在内国法院的豁免问题。因此，从历史发展方面说，外交豁免早于国家豁免出现。⑦再次，法理依据不同。如前所述，国家豁免的法理学依据是主权平等理论，而外交豁免的法理学依据则是功能论，二者有着根本的不同。最后，内容不尽相同。外交豁免对外交人员的部分私人财产和行为也赋予了相应的豁免权，而国家豁免则仅限于国家行为或财产。但有些时候，二者也存在重合，例如使馆属于外交豁免的对象，而同时作为国家的财产也应当属于国家豁免的对象。

　　总之，国家豁免作为国际法上的一项制度具有其独特的法理依据、性质和内容，应当

---

① 参见《维也纳外交关系公约》和《维也纳领事关系公约》。

② 从某种意义上说，外交豁免是国家豁免的最初表现形式，广义的国家豁免应当包括外交豁免。1991 年《联合国国家豁免公约草案》中对国家豁免主体的规定体现了上述观点。参见兰红燕：《国家豁免与外交豁免之比较》，载《贵州民族学院学报（哲学社会科学版）》2008 年第 2 期，第 77 页。

③ 目前只有《欧洲国家豁免公约》等生效的地区性条约和尚未生效的《联合国国家豁免公约》。

④ 目前可以查找到的资料显示，只有美国、英国、阿根廷、澳大利亚、加拿大、巴基斯坦、新加坡、南非和以色列这九个国家制定了专门的国家豁免法，其立法和实践也不尽相同。其他国家的立场和实践则更为丰富。

⑤ 参见［英］詹宁斯、瓦茨修订：《奥本海国际法》（第一卷第二分册），王铁崖等译，中国大百科全书出版社 1995 年版，第 478 页。

⑥ 参见［英］戈尔-布斯：《萨道义外交实践指南》，上海译文出版社 1984 年中译文，第 156 页。

⑦ 参见兰红燕：《国家豁免与外交豁免之比较》，载《贵州民族学院学报（哲学社会科学版）》2008年第 2 期，第 78 页。

自成体系，不断完善和发展。

二、国家豁免的历史起源

对国家豁免的历史起源很难有清晰的界定，在这个问题上较为一致意见的是国家豁免制度在早期受到了外交豁免、外国君主豁免以及国内法上主权豁免制度的影响。①

在 19 世纪以前，有关国家豁免的案例和国家实践极少，虽然早在 1668 年荷兰就发生过一件国家豁免案件。但依照荷兰法学家宝克斯克（Bynkershock）的研究，荷兰政府在该案中不行使管辖权是出于政策因素的考量，而非法律原则。② 所以，该事件并不能构成国家豁免的最早先例。此外，19 世纪以前，一些著名的国际法学者的著作也没有探讨国家豁免问题。③ 这种情况一直持续到 19 世纪，国与国之间的交往日益频繁，相关的案件才逐渐增多。④ 而且，可以确定的是，19 世纪以来各国的国内法判例和国家豁免制度的建立密切相关。⑤ 所以，一般认为国家豁免制度主要是起源于一些西方国家的相关判例，关于国家豁免问题的学术思想和国际条约多是后来出现的，至于相关国家的专门立法，则更是晚近时期的产物。⑥ 国家豁免的历史起源特点可以归纳为以下几项：

---

① 著名的法谚"平等者之间无管辖权"（par in parem non habet imperium）和习惯法规则"国王无错事"（the king can do no wrong）等观念已经可以窥见主权豁免的色彩。虽然这种豁免强调君主个人的管辖豁免，但在封建君主时代，君主和国家往往是一体的，因此君主个人的管辖豁免事实上反映了国家豁免的概念。参见龚刃韧：《国家豁免原则的历史起源》，载《中国法学》1991 年第 5 期，第 91~98 页。

② 当时有三艘军舰在荷兰遭到扣押，理由是西班牙国王欠债，但在西班牙驻荷兰大使的抗议下，荷兰政府要求法院释放了军舰。参见龚刃韧：《国家豁免的历史形成过程》，载《中外法学》1991 年第 1 期，第 35 页。

③ 这些学者有金特里（Gentili，1552—1608）、格劳秀斯（Grotius，1583—1605）、宝克斯克（Bynkershock，1673—1743）、瓦特尔（1714—1767）等，参见 Gamal M. Badr, *State Immunity: An Analytical and Prognostic View*, The Hague Marinus Nijhoff Publishers, 1984, p. 1.

④ 从 18 世纪后半叶开始，发端于英国的工业革命对近代国际关系的发展产生了深远的影响。尤其是进入 19 世纪以后，由于人工开凿运河、利用汽船航运以及修建铁路等，大大地改善了国际交通状况，促进了各国之间往来，特别是经济贸易关系的发展。法国大革命和美国独立，又为近代资本主义的国家制度奠定了政治基础。在一些欧美国家中，政府及其各部门开始取代过去的封建专制君主个人，从而发挥着越来越重要的作用。各国政府的职能也在不断扩大。例如，在经济领域，许多国家的政府直接参与铁路运输、邮电、电信事业以及金融等方面的活动。与此同时，近代各国政府的对外活动，也逐渐超出传统的外交关系领域，而扩大到经济以及其他领域。特别是在 19 世纪以后，不仅国家政府之间的各种方式的交往迅速发展，一国政府及其机关与他国个人或法人之间的各种方式的交往关系也随之发展起来。与此同时，在一些国家的国内法院出现了个人或法人诉外国政府的现象。参见夏林华：《不得援引国家豁免的诉讼若干问题研究——以 2004 年联合国〈国家及其财产管辖豁免公约〉为视角》，武汉大学 2007 年博士学位论文。

⑤ Gamal M. Badr, *State Immunity: An Analytical and Prognostic View*, The Hague Marinus Nijhoff Publishers, 1984, p. 1.

⑥ 参见倪征燠：《关于国家豁免的理论和实践》，载中国国际法学会主编：《中国国际法年刊》，中国对外翻译出版公司 1983 年版，第 5 页；转引自陈纯一：《国家豁免问题之研究——兼论美国的立场与实践》，台湾三民书局 1997 年版，第 10 页。

第一，在国家豁免的历史形成过程中，到 19 世纪末期，除了斯堪的纳维亚半岛国家和荷兰外，国家豁免已经在欧洲和美国得到了广泛的承认。① 其中美国 1812 年的交易号案、法国 1894 年的西班牙政府诉卡索案（Le Gouvernement Espagnol v. Cassaux）和英国的比利时国会号案影响最大。② 早期各国的判例均认为，一个主权国家不从属于另一个主权国家。所以当外国的国家代表或者财产位于本国境内时，应视为国家明示许可或默示承认该外国享有豁免，而这种豁免则被理解为国家放弃了部分领土管辖权。

第二，在各国的实践中，关于国家豁免的具体应用，最早并不是由针对国家提起的诉讼发展而来，而是间接地通过对一系列船舶有关的诉讼展开。因此，当时外国政府船舶的法律地位非常值得关注。1812 年的交易号案是最早确定外国军舰享有豁免的案件；英国的比利时国会号案则最早宣告外国政府所有的非军用船舶也享有豁免权。其他国家也有相关案例，但它们的判断是基于条约约定而非国际法，所以虽然外国军舰享有豁免的国际法原则在 19 世纪已经建立，但非军用船舶在当时是否具有同等的法律地位尚无统一认识。③

第三，在 19 世纪末以前，国家豁免只出现于处于平等地位的所谓欧美文明国家之间。这是因为当时亚洲、非洲和拉丁美洲的国家正在为争取民族独立和脱离殖民地地位而奋斗，根本无法在所谓的西方文明国家援引国家豁免以保护自身利益。④ 以我国为例，1840 年之后，外国列强通过一系列不平等条约在我取得了诸如"领事裁判权""会审公廨"等治外法权，我国政府对位于我国境内的普通外国国民尚无法行使管辖权，更不要说在外国法院主张自身的豁免了。

第四，国家豁免和外交豁免既有联系又有区别。如前所述，国家豁免在早期受到了外交豁免的影响。但当国家豁免作为一项独立的制度真正发展起来之后，二者均拥有了自己独立的发展轨迹。外交豁免主要是通过国际条约和国内立法建立起了一套公认的制度；国家豁免则主要通过欧美国家的国内法判例积累而成。通过对这些判例进行细致的观察可以发现，英美法系国家有关国家豁免的判例主要集中于针对外国政府所有船舶的海事诉讼。而欧洲大陆法系国家则大多表现为民事契约纠纷。⑤

第五，从 18 世纪末到 19 世纪，各国有关国家豁免的判例大多承认国家享有豁免权并

---

① 美国、英国、法国、德国、比利时、奥地利、意大利都有判例支持国家豁免原则，参见龚刃韧：《国家豁免的历史形成过程》，载《中外法学》1991 年第 1 期，第 35~38 页。

② 交易号案的事实如下：1810 年，原为美国人所有的交易号（Exchange）被法国海军捕获并改名为白乐号（Balaou），原因是当时拿破仑宣布对英国进行封锁并抓捕任何由新大陆到英国的船只。1811 年，该船为躲避大风驶入费城，原船主 Mcfaddon 和其合伙人发现该船后向联邦地方法院提起诉讼，主张对该船的所有权，法院认为该船现在属于法国所有，应当享有豁免权。该案最终诉至美国联行最高法院，最高院判决美国无管辖权。参见陈纯一：《国家豁免问题之研究——兼论美国的立场与实践》，台湾三民书局 1997 年版，第 11 页。

③ 参见龚刃韧：《国家豁免的历史形成过程》，载《中外法学》1991 年第 1 期，第 38~39 页。

④ Sompong Sucharitkul, *Second Report of Jurisdictional Immunities of States and Their Property*, YBILC 1980, Vol. 2, pp. 217-218.

⑤ 参见龚刃韧：《国家豁免的历史形成过程》，载《中外法学》1991 年第 1 期，第 38~39 页。

且坚持绝对豁免原则。但限制豁免原则已经开始萌芽。① 美国州与联邦之间的宪法争议也影响了美国的理论和实践。早先美国最高法院认为依据美国宪法第 3 条，对一州和他州公民之间的争议行使权力不需要经过该州的同意。但通过第 11 条宪法修正案以后各州均享有联邦司法管辖豁免。②

三、有关国家豁免的几种理论

国家豁免制度的建立是世界各国长期实践的结果。由于各国的经济发展程度和法律基本理念的差异，国家豁免在各国的发展也有很大差异。在 19 世纪末以前，各国国家豁免制度的指导思想是绝对豁免理论，从 19 世纪末开始，各国有关国家豁免的实践开始出现了不一致的情况。除了传统的绝对豁免理论外也有国家开始采纳限制豁免的主张。③ 第二次世界大战后，也有学者提出了关于国家豁免的新理论，以下分述之：

(一) 绝对豁免理论

绝对豁免理论(The Doctrine of Absolute Immunity)认为某一国家在其他国家应当享有绝对的豁免，即任何国家行为和财产都不受他国法院的管辖和执行。除非自己放弃，否则绝对豁免于他国法院的管辖和执行。1983 年英国著名的克里斯蒂娜号(The Cristina)案中，Lord Atkin 的意见很好地诠释了绝对豁免理论。他认为：第一，一个国家不可以对另一个主权者进行诉讼，他们不可以经由诉讼使外国主权者成为一方当事人，不论诉讼是针对国家本身或者寻求特定的财产或者要求损害赔偿。第二，无论外国主权者是否为一方当事人，都不可经由诉讼程序查封或者扣押其所有或者控制的财产。④ 所以，在绝对豁免理论的指引下，相关诉讼的重点在于判断被告人的身份，即只要被告能够被证明为国家或者被证明为构成国家的代表，则无论其所从事的行为是公法性质还是私法性质，无论其财产用于何种目的，也无论该财产是对人还是对物，国家都享有绝对的豁免。

除了之前提到了美国交易号案(The Schooner Exchange v. Mcfaddon)和英国的克里斯蒂娜号案(The Cristina)外，德国和奥地利也有关于绝对豁免理论的实践。1921 年德国法院在"冰王号"案中表示：虽然最近国际法学说中有取消外国的私人商业行为援引国家豁免的倾向。但这个倾向并不足以改变以往被普遍承认的国际法原则。因此，即使外国国家从

---

① 美国的交易号案已经提及并不是所有的行为一律给予豁免，参见陈纯一：《国家豁免问题之研究——兼论美国的立场与实践》，台湾三民书局 1997 年版，第 13 页。法国的国内法也很早就有区分政府行为(actes de governement)和当局行为(actes d' autorite)的观念，在审理英国著名的比利时国会号案时，也有法官认为如果国家从事商事行为就不得援引豁免，只是被上诉法院推翻。参见黄进：《国家及其财产豁免问题研究》，中国政法大学出版社 1987 年版，第 144 页。

② 参见黄进：《国家及其财产豁免问题研究》，中国政法大学出版社 1987 年版，第 137 页。

③ Gamal M. Badr, *State Immunity：An Analytical and Prognostic View*, The Hague Marinus Nijhoff Publishers, 1984, pp. 21-62.

④ Gamal M. Badr, *State Immunity：An Analytical and Prognostic View*, The Hague Marinus Nijhoff Publishers, 1984, p. 35.

事的行为具有纯粹的私法性质，该行为仍旧应当豁免于国内法院的管辖。[1] 奥地利法院在一个有关"外国国家(公使馆建筑)豁免"的案件中认为，无论某一外国国家所为的行为是产生于外国国家的主权权力还是出于私法权利，该行为都不能使一个国家服从外国法院的管辖。[2] 在1942韦伯诉苏联案中，荷兰法院明确表现出了对绝对豁免理论的支持。该法院判决中指出，对国家主权的承认和尊重，不允许有外国法院对一个国家行使管辖权，所谓"统治权行为"和"管理权行为"的区分既不适当，也是行不通的，因为公法职能和私法职能这两种要素经常混合在同一国家的同一行为之中。阿姆斯特丹上诉法院还认为，国家的所有行为都是主权行为，因而拒绝对该案行使管辖权。[3]

虽然绝对豁免理论对国家豁免制度的发展有很大的促进作用，但因其过于绝对还是引起了很多批评的声音。[4] 其实即使是传统的绝对豁免理论也并不是绝对的。传统的绝对豁免理论并不给予外国关于不动产诉讼的豁免。20世纪30年代以后，一些坚持绝对豁免的国家如巴西、智利、波兰、葡萄牙、委内瑞拉、土耳其、匈牙利等国参加了1926年的《布鲁塞尔公约》，不再给予外国国有商船以国家豁免。苏联则同三十几个国家签订了条约，放弃商务代表在接受地接或担保的商业管辖豁免。很多国家也宣布放弃国有企业作为国家豁免的主体。[5] 所以，随着国际社会经济交往的进一步发展，即使是绝对豁免理论也存在一定的例外。可也说，随着国家豁免制度的发展，绝对豁免的指导思想和不得援引国家豁免的例外情形之间的距离已经在日益缩短。通过国家承认这一形式，即使主张绝对豁免理论的国家在相关实践中也认可例外情形的存在。这说明，绝对豁免理论与例外之间并非水火不容。

(二)限制豁免理论

限制豁免理论试图限制传统的国家及其财产绝对豁免原则，把国家的行为划分为主权行为(acta jure imperii)和非主权行为(acta jure gestionis)，或是统治行为和管理行为，或是商业行为和非商业行为，或是公法行为和私法行为。依据限制豁免理论，国家的非主权行

---

[1] 在该案中，美国政府所拥有的商船"冰王号"因过失引起了船舶碰撞事故，原告在德国法院提起诉讼，要求美国进行损害赔偿。参见 *Annual Digest of International Law Cases*, Vol. 1(1919-1922), p. 150.

[2] 在该案中，原告因在捷克斯洛伐克公使馆的一次事故中受伤，向捷克斯洛伐克提起要求损害赔偿的诉讼。奥地利最高法院确认了维也纳上诉法院对该案所作出的无管辖权的判决。参见 *Annual Digest of International Law Cases*, Vol. 4 (1927-1928), p. 178.

[3] F. Enderlein, *The Immunity of State Property from Foreign Jurisdiction: Doctrine and Practice of Netherlands*, Netherlands International Law Review, Vol. 6, 1991, p. 122.

[4] 批评的主要观点有：第一，国家和私人交往时，如果双方发生民事法律争议，则依照绝对豁免的理论，会造成双方法律地位的不平等从而产生不公平的结果；第二，如果国家从事经济和商业活动，则该行为属于非主权行为而不应该予以豁免；第三，许多国家的实践已经放弃了绝对豁免理论；第四，主张绝对豁免理论会侵犯到法院地国的领土管辖权；第五，国家参加商业活动表示其已经放弃豁免。参见黄进：《国家及其财产豁免问题研究》，中国政法大学出版社1987年版，第52~53页。

[5] 参见江山：《试论国家豁免原则及其发展趋势》，载《外交评论——外交学院学报》1986年第1期，第85页；黄进：《国家及其财产豁免问题研究》，中国政法大学出版社1987年版，第56页。

为和用于该行为的财产不享有豁免。而国家从事主权行为或用于该行为的财产则享有豁免。①

国家豁免的理论由绝对豁免向相对豁免发展是与整个国际社会经济、文化的发展相适应的。其原因可以具体表述为：首先，自19世纪以来，随着经济的逐渐发展和国家角色的扩展，国家开始进入以往被认为是私权行为的领域。但一旦产生纠纷时，国家却享有豁免的权力，从而使私人相对人一方处于不利的地位。这样一来会极大地阻碍个人和国家进行经济活动的积极性。在国家参与经济和商业活动日益频繁的今天，传统国家绝对豁免理论变得不合时宜。其次，公平的理念深入人心。传统的国家豁免理论使国家成为没有任何规则限制的运动员。它可以凭借雄厚的实力参与任何的经济活动，但实际上超脱于法律规则之外。这种绝对豁免理论的存在实际上使个人丧失了请求保障公平的最后依仗，不利于世界经济的健康发展。相对豁免理论相较于绝对豁免理论有其进步性，但同时也受到了很多批评。② 但笔者认为，就当前国际社会的发展情形来看，限制豁免理论是符合国家主权平等原则的，之所以有很多诟病主要在于对主权行为和非主权行为划分的困难而非理论本身。并不能因为操作领域的困难而简单地否认该理论在方法论方面的适当性。

限制豁免理论也有着非常多的立法及司法案例予以支撑，除了美国和英国等制定了以限制豁免理论为指导思想的专门立法的国家外，法国和德国也有相关的司法实践。联邦德国法院1963年对向伊朗王国索赔案的判决标志着该国由绝对豁免理论最终转变为限制豁免理论。③ 德国宪法法院在本案的判决中认为，绝对豁免理论已经不再是国际法规则，因而也不构成联邦德国法的部分，法院对该案件享有管辖权。法国则以1969年对伊朗铁道管理局诉东方快速运输公司案的判决为标志宣告在有关国家豁免的实践中明确采用限制豁免理论。④ 另一个具有重要影响的案件是法国上诉法院1993年审理的爱沙尼亚共和国案。爱沙尼亚于1990年3月宣布脱离苏联而独立，1991年在法国法院起诉要求获得苏联在法国的一处房产的所有权，该房产曾用作使馆用房。在一审中，法院认为，使馆的房产享有

---

① 参见陈纯一：《国家豁免问题之研究——兼论美国的立场与实践》，台湾三民书局1997年版，第16页。

② 对限制豁免理论的批评主要认为其理论中含有自相矛盾的因素。国家的活动错综复杂，难以区分什么是主权行为，什么是非主权行为，在理论上提不出一个明确的界限。在实践中面对纷繁复杂的情况更是难有定论。还有学者认为限制豁免理论与国家主权原则并不相容。参见[英]伊恩·布朗利：《国际公法原理》，曾令良、余敏友等译，法律出版社2003年版，第359页；何志鹏：《对国家豁免的规范审视与理论反思》，载《法学家》2005年第2期，第112页。

③ 该案原告是一家私人公司，曾为伊朗驻德大使馆修理取暖设备，后来就修理费问题在英国对伊朗提起诉讼。在第一审中，伊朗豁免申请得到了法院的支持。在上诉审中，上诉法院则将私人能否在国内法院对外国国家提起诉讼的问题提交到联邦宪法法院。参见 E. Lauterpacht, C. J. Greenwood, ed., *International Law Reports*, Vol. 45, 1971, p. 57。

④ 在该案中，原告是一家法国公司，因其运往伊朗的货物受损，对伊朗铁道部提起诉讼。在上诉审中，法国最高法院指出，外国国家只有在履行公权行为时才享有豁免。本案涉及的铁路运输行为依照伊朗国内法不是行使主权行为，而属于商业行为，因此不享有管辖豁免。参见 E. Lauterpacht, C. J. Greenwood, ed., *International Law Reports*, Vol. 45, 1971, p. 236。

外交豁免权，因此法国法院无管辖权。爱沙尼亚于是上诉至巴黎上诉法院。上诉法院认为，外国国家的管辖豁免并不是绝对的，使领馆的房产虽然不可侵犯，但两个国家因位于法国境内的不动产归属而发生纠纷，根据现有国家豁免规则，法国法院应该对案件有管辖权。①

(三)废除豁免理论和平等豁免理论

废除豁免理论(The Doctrine of Abolishing Immunity)是由英国著名国际法学者劳特派特于1951年所提出。他认为应当从根本上废除国家豁免制度，无论是绝对豁免还是相对豁免都是不可取的。正确的做法是将国家不享有豁免作为一般原则，仅在例外的情况下才给予国家豁免。为实现废除国家豁免的目的，劳特派特认为应当从国内立法和国际协议两个方面协调进行。② 需要指出的是，劳特派特教授的观点与目前各国有关国家豁免的立法正好相反，现有国家豁免的立法和条约都认为应当将国家豁免作为一般原则，不能援引豁免的情形构成例外。

平等豁免理论是德国学者恩德林(F. Enderlein)提出的，他认为国家豁免是源于国家主权平等的一种权力，这种豁免并不是绝对的。但与此同时将国家行为划分为主权行为和非主权行为的做法对社会主义国家不利，所以绝对豁免理论和限制豁免理论都不能满足实践的要求。他将国家豁免分为结构豁免(Immunity Relating to Structure)和资产豁免(Immunity Relating to Funds)。在结构豁免方面，国家组织可以分成两种，第一种是满足国家豁免要求的组织，它们是依照国家预算形成的政治、行政、社会和文化功能的国家机构；另一种是不得享有国家豁免的国营公司。在资产豁免方面，他认为应当根据财产所有国的观点判断相关财产是否具有豁免权。③

上述两种理论都于"二战"后提出，它们都看到了传统的绝对豁免理论和限制豁免理论并不能完全适应实践的发展，并试图从理论上对国家豁免制度进行突破。但遗憾的是，这两种理论并没有能够实现上述目的。目前对国家豁免制度影响最大的还是绝对豁免理论和限制豁免理论。

2023年，我国出台了《中华人民共和国外国国家豁免法》，该法表明我国已经采取了限制豁免的理论。④ 这样一来，从各国的立法和联合国的相关公约来看，限制豁免已经取代绝对豁免成为国家豁免的"主流"理论。但需要注意的是，仍旧有一些国家坚持绝对豁免的理论，所以在国家豁免的相关理论和立场的交锋中，目前处于"限制为王、绝对为辅"的格局。

---

① E. Lauterpacht, C. J. Greenwood, ed., *International Law Reports*, Vol. 113, 1999, pp. 477-480.

② H. Lauterpacht, *The Problems of Jurisdictional Immunities of Foreign States*, BYIL, Vol. 28, 1951, pp. 220-272.

③ F. Enderlein, *The Immunity of State Property from Foreign Jurisdiction and Education：Doctrine and Practice of the German Democratic Republic*, Netherlands International Law Reciew, Vol. 10, 1979, pp. 111-124.

④ 张天培：《全国人大常委会法工委负责人就外国国家豁免法答记者问》，载《人民日报》2023年9月2日，第5版。

四、商业例外的理论基础——限制豁免理论

(一)限制豁免理论的适当性

所谓商业例外即将国家的行为分为商业行为和非商业行为，国家所从事的商业行为不得援引豁免。商业例外很大程度上就是限制豁免理论的具体运用，限制豁免理论就是商业例外的理论依据。[①] 之前提到有很多学者对限制豁免理论有所批评，但笔者认为限制豁免理论才是符合国家主权平等原则的国家豁免理论。限制豁免理论作为国家豁免中商业例外的理论基础是适当的。限制豁免理论的适当性在于：

首先，对国家及其主权的清晰认识使绝对豁免理论的基础发生动摇。早在 16 世纪，法国学者让·博丹在其《国家六论》中就主张"主权是最高的权力，不受法律限制"。此后的政治学者和国际法学者一直论证着国家主权的特征：最高、平等、独立。据此进行推理，主权的代表者国家所为的行为和所拥有或控制的财产也具有主权所具有的上述特征从而得以享有豁免。[②] 但随着对国家及其主权认识的进一步深化，我们发现：国家虽然是主权的代表者，但并不是所有的国家行为都是主权权力的行使。在国家豁免理论出现的早期，国家的职能较为单一，国家的行为绝大多数都是主权权力的行使。不区分国家行为的性质而笼统地给予豁免也是合适的。但随着社会的进一步发展，国家职能有了极大的丰富和发展，国家行为逐渐超出了主权的范畴。此时再对国家行为不加区分地给予豁免无疑是不科学的。正是现今国际社会中国家主权的最高性、根本性与国家职能的广泛性、复杂性之间的差异要求我们必须对国家行为进行深入的分析和审视，对相关行为作出是否为主权行为的判断。所以说，正是作为国家豁免理论基础的主权平等理论的发展动摇了传统的绝对豁免理论，为限制豁免理论提供了有力的理论基础。

其次，限制豁免主义正确处理了领土管辖权与国家豁免权的关系，承认国家豁免是国际法的一项原则，国家不享有豁免的情况是例外。这样限制豁免主义就不是"对国家主权的极大蔑视"，而是对国家主权恰如其分的尊重，如果不带偏见的话，我们很容易从限制豁免主义的典型立法中看到这一点，如 1972 年《欧洲国家豁免公约》、1976 年《美国外国主权豁免法》、1978 年《英国国家豁免法》和 2004 年《联合国国家豁免公约》。由此可见，现有国内立法和相关国际条约都对限制豁免理论给予了极大肯定。从各国的实践来看，法院地国也给予了当事国主权以必要的尊重。[③] 所以说，采取限制豁免理论也并不意味着对国家主权的无视和对当事国的干涉和侵犯。限制豁免理论的特征在于肯定豁免原则的同时规定国家不能援引豁免的例外。这样既保证了当事国的主权和利益，同时也有力地维护了

[①] 有人认为商业例外就一定是限制豁免理论的具体运用或延伸，这种看法过于绝对。之前在阐述绝对豁免理论时曾经提到绝对豁免理论下也存在例外。某一种具体的商业例外同样也可以作为绝对豁免下的例外存在而不论该行为的主权性质。参见参见江山：《试论国家豁免原则及其发展趋势》，载《外交评论(外交学院学报)》1986 年第 1 期，第 85 页。

[②] 何志鹏：《对国家豁免的规范审视与理论反思》，载《法学家》2005 年第 2 期，第 114~115 页。

[③] 美国的交易案、英国的菲律宾海军上校号案和尼日利亚中央银行案均是该方面的典型案例。具体内容详见下文的介绍和分析。

法院地国的领土主权，真正地实现了主权平等和利益协调，使领土管辖权和国家豁免权处在一种动态平衡的状态。

再次，限制豁免理论也妥善处理了主权国家与私人之间的关系。如前所述，随着社会经济活动的进一步发展，国家的职能越来越丰富，已经不限于传统的管理职能和主权权力的运用，更多地进入了私法关系的领域。"尽管国家参与民商事活动时仍旧是主权者，但一旦他直接参与，就意味着他同时具有了国际民商事法律关系的当事者的身份，也就是说，它是以主权者和民商事关系当事人的双重身份出现的，在民商事活动中，国家首先是作为平等主体的参与人，然后才是主权者，这就要求国家必须限制其主权者的地位。"[1]这就是说，当国家从事商业行为时，应当认为国家与对方当事人具有平等的法律地位。限制豁免理论很好地处理了国家这种多重身份所附带的问题。当国家从事主权行为时，国家作为主权者享有不受另一主权者管辖的权力，当国家从事非主权行为时，国家作为当事双方的平等主体接受主权者的管辖。并且由于国家固有的主权者身份和非经常的平等主体的身份，限制豁免理论将豁免作为一般原则而将不得援引豁免作为例外。由此，国家和私人的利益均得到了公平的保障。

最后，对人权保护的逐步增强要求私人当事方具有质疑相对方的能力。随着世界经济的快速发展，国际人权事业也取得了长足的发展。私人的权利受到了越来越多的重视和保护。在权力和权利的体系中，私主体（自然人和法人）的利益与自由是最为核心的考量和基础，从这个意义上讲，任何超越可以实际感触和考量的利益原则与规范都是虚假的。唯有现实保证人的利益的制度才是规范构建的现实基础。[2] 从这种角度出发，绝对豁免理论这种完全屏蔽私人当事人质疑的做法与日益高涨的人权保护要求无疑是不相称的。限制豁免理论在保证国家主权平等的基础上给予私人主体在某种情况下对国家提出质疑的权力，在某种程度上实现了权力和权利体系的和谐发展，具有很大的进步意义。

另外，从公平性的角度出发，限制豁免理论是适当的。由于在国家产生初期，国家行为和财产与私人行为和财产之间并没有太多交集。国家也不会或者很少参与到私人活动的领域。在这种情况下赋予国家不受法院管辖的特权并无不妥。但在现今社会，国家已经越来越多地参与私人活动的领域。如果对国家的所有行为都赋予豁免显然对私人主体来说是不公平的。如果国家的行为和财产的豁免是绝对的，那么国家就会成为已参加任何比赛却可以无视任何规则的"运动员"，这对于私人当事人来说显然是不公平的。而限制豁免理论解决了这一问题，赋予了私人当事人追究国家责任的权力和途径，最大限度地保证了公平性的要求。

总而言之，限制豁免理论被越来越多的国家所接受并不是某些发达国家可以推动的结果，而是目前国际经济发展阶段的现实需要。我国也有很多学者认为限制豁免理论将成为今后的发展趋势。[3] 目前，除了亚非拉美等地区的一些发展中国家外，其他大多数国家无

---

[1] 参见黄进主编：《国际私法》，法律出版社1999年版，第195页。

[2] 何志鹏：《对国家豁免的规范审视与理论反思》，载《法学家》2005年第2期，第115页。

[3] 参见刘想树：《国际私法基本问题研究》，法律出版社2001年版，第211页；龚刃韧：《国家豁免问题的比较研究——当代国际公法、国际私法和国际经济法的一个共同课题》，北京大学出版社1994年版，第447页；董立坤《国际私法论》，法律出版社2000年版，第91页；王铁崖主编：《国际法》，法律出版社1995年版，第132页；韩健：《现代国际商事仲裁法的理论和实践》，法律出版社2000年版，第498页；黄进等：《国际及其财产豁免的几个悬而未决的问题》，载《中国法学》2011年第4期，第150页。

论是原创还是效仿都采取了限制豁免的立场。① 与此同时，也有相当数量的具有重大国际影响的学术见解均以限制豁免理论为基础。② 相当数量的国际条约也采用了限制豁免理论。③ 需要特别指出的是，我国在很长的一个时间段内坚持绝对豁免立场并不代表相对豁免理论本身没有错误和失当之处。从发展的角度讲，限制豁免理论更符合国际社会的发展趋势。我国以前之所以采取绝对豁免的立场也是出于对自身当时发展阶段的考虑。因为当时采用绝对豁免的立场在现阶段能更好地维护我国的相关利益；而且，我国当时的绝对豁免立场也有很多的例外存在。这意味着我国目前采取绝对豁免的立场并不取决于绝对豁免理论本身的正确、适当与否，而是取决于我国自身的发展阶段和实际需要。笔者坚持认为，相对豁免理论本身更符合现今国际社会发展的需要，也更符合现代社会对主权平等理论的认知。单纯就理论本身来讲，限制豁免理论相较于绝对豁免理论更能体现国家主权理论和国家豁免制度的内在属性。我国《外国国家豁免法》也已经采取了限制豁免的立场。

这里需要重点说明的是，在我国《外国国家豁免法》出台之前，有很多学者认为绝对豁免更能够保护我国相关主体的合法权益。其实这种理解是有很大的局限性的。首先，我国采取何种立场，与我国在国外涉诉的结果和待遇并没有直接关联。我国在国外涉及诉讼的处理结果，由该国关于国家豁免的立场决定。哪怕我国采取绝对豁免的立场，也仍旧可能遭受别国的司法管辖。其次，我国目前获得理想结果的涉诉案件，还基本都是在采取相对豁免立场的国家进行的。由此可见，相对豁免的立场并不会导致我国在相关案件中获得负面的结果。

(二) 主要国家对国家豁免问题的立场转变

上述内容对限制豁免理论的适当性从理论的角度进行了分析和阐释。本部分将从国际社会的实践对限制豁免理论的适当性进行佐证。国家豁免作为国际法中的重要问题经历了长时间的历史发展进程。在这一漫长的历史进程中，以 19 世纪为分水岭，国家豁免制度有了截然不同的发展。19 世纪之前，几乎所有的国家都坚持绝对豁免理论，认为所有的国家行为和财产都应当受到国家豁免制度的保护。19 世纪之后，逐渐有国

---

① 其中，亚洲国家有中国、泰国、印度尼西亚、老挝、叙利亚、科威特，拉美国家有巴西、委内瑞拉、智利、哥伦比亚、厄瓜多尔、特立尼达和多巴哥，另外还有少数非洲国家如苏丹。以及个别西欧国家如葡萄牙。参见龚刃韧：《国家豁免问题的比较研究——当代国际公法、国际私法和国际经济法的一个共同课题》，北京大学出版社 1994 年版，第 141～142 页；转引自郭玉军、徐锦堂：《论国家豁免的相对性》，载《武大国际法评论》2003 年第 1 期，第 96 页。

② 这些学术见解包括 1981 年的《汉堡决议》（《关于外国国家及其元首的法院管辖权问题的决议》）、1991 年经过修正的《关于国家豁免的决议草案》、国际法协会 1926 年《国际法上关于豁免的条约草案》及 1982 年经过修正的《关于国家豁免公约的条款草案》及哈佛法学院主持拟定的以杰赛普为报告人的《哈佛研究草案》（《关于法院对外国国家管辖权限的条约草案》），参见郭玉军、徐锦堂：《论国家豁免的相对性》，载《武大国际法评论》2003 年第 1 期，第 96 页。

③ 1926 年的《布鲁塞尔公约》（《关于统一国有船舶豁免若干规则的条约》）、1969 年《国际油污损害民事责任公约》、1972 年《欧洲国家豁免公约》、1983 年美洲法律委员会起草的《美洲国家豁免公约草案》以及 2004 年《联合国国家豁免公约》均以限制豁免理论为基调。参见郭玉军、徐锦堂：《论国家豁免的相对性》，载《武大国际法评论》2003 年第 1 期，第 96 页。

家从绝对豁免理论向限制豁免理论转变。到第二次世界大战之后，许多发达国家均采取了限制豁免的立场。本部分主要对美国、英国、德国、日本等有关国家豁免基本立场的历史演进进行阐述和分析。

1. 国家豁免在美国的历史进程

国家豁免在美国的发展经历了由绝对豁免理论向相对豁免理论逐步发展的过程。这个过程可以分为三个阶段。第一阶段从国家豁免制度的产生到 1952 年泰特公函（Tate Letter）的出现①，这一阶段最重要的事件是 1812 年的交易号案（The Schooner Exchange v. Mcfaddon）和 1926 年的皮萨罗号案（Berizzi Brothers Co. v. S. S. Pesaro）。② 前者正式确立了外国及其财产在美国享有管辖豁免。后者则明确宣告美国采取绝对豁免的立场。第二阶段是从 1952 年泰特信函（Tate Letter）的出现到 1976 年《美国外国主权豁免法》（*The Foreign Sovereign Immunities Act of* 1976，以下简称 FSIA）的产生。美国在该阶段宣告放弃绝对豁免理论转而支持限制豁免理论。该阶段外国是否享有豁免权的决定权在美国的国务院手中。第三阶段是从美国 FSIA 的出台到现在，其中美国以限制豁免理论为指导，建立了一整套国家豁免的法律框架，并将外国国家是否具有豁免的决定权从国务院的手中转移到法院。其间，美国于 1988 年和 1997 年对该法进行了修订。美国律师协会（ABA）于 2002 年在《哥伦比亚跨国法杂志》上专门发表了关于 FSIA 的修改报告。③

（1）绝对豁免时期（1812—1952）。美国自 1812 年交易号案（The Schooner Exchange v. Mcfaddon）到 1952 年的泰特公函（Tate Letter）是美国国家豁免制度发展的第一个阶段。在这个阶段，美国坚持了绝对豁免理论。美国之所以在这个阶段坚持绝对豁免理论主要是受到了当时客观环境的影响。一方面是当时各国均坚持绝对豁免理论，另一方面则是在 19 世纪时国家的经济活动尚未得到充分发展，国家职能尚且较为单一，国家直接介入贸易的情况非常罕见。这两方面综合起来使美国在这一阶段采取了绝对豁免的立场。除了外部的影响之外，美国各州和联邦的关系也是促使美国采取绝对豁免理论的重要因素。④ 在这一时期，具有里程碑意义的是三个重要案例，正是这三个案例引领了美国国家豁免在这一阶段的发展导向。下面将分别对这三个案例进行详尽的介绍和分析。

---

① Letter from Jack B. Tate, Acting Legal Adcisor of the Department of State, to Philip B. Perlman, Acting Attorney General (May 19, 1952), Deparment Sate Bulletin, Vol. 26, 1952, p. 984.

② The Schooner Exchange v. McFaddon, 11US(7 Cranch) 116 (1812), and Berizzi Brothers CO. v. S. S. Pesaro, 271 US562 (1926).

③ Working Group of the American Bar Association, *Reforming the Foreign Sovereign Immunity Act*, Columbia Journal of Transnational Law, Vol. 40, 2002.

④ 美国宪法第 3 条第 1 款规定，联邦司法权及于"州与他州公民之间的诉讼案件"，而在宪法送交各州批准时，许多州反对该条款，因为它们担心各州因此在联邦法院遭到诉讼，造成庞大的财政负担。但宪法拥护者强调这种情况不会出现，因为各州具有独立主权，所以未经其同意，诉讼不能成立。但在 Chrisholm v. Georgia 一案中，两名卡罗纳州公民起诉佐治亚州，而最高法院认为宪法赋予其对该案的管辖权。各州对该案的结果大为不满，宪法第十一条修正案因而迅速被批准通过。该条规定，美国的联邦司法权不得及于他州公民或者外国公民或者居民依照普通法和衡平法控诉美国任何一州。参见陈纯一：《国家豁免问题之研究——兼论美国的立场与实践》，台湾三民书局1997 年版，第 119 页。

第一个案例是 1812 年的交易号案。① 本案的主要争议点在于法国的公有船舶在美国港口停泊时能否因为私人的诉讼而被扣押。该案原告认为任何主权者所从事的具有主权特征的行为都不应该通过司法途径解决。而本案中的船舶不是作为贸易目的所使用，法国方面也没有明示放弃豁免。所以美国法院对该案没有管辖权。起草最高法院意见的马歇尔大法官认为国家在其领域内具有完全的管辖权，但本着主权平等的原则，自我限制而不对另一个主权者实施管辖。他在意见中表述：一国在其领域内的管辖权必须是排他的和绝对的，但他能够对自我加以限定。一个主权者在任何地方都不从属于另一个主权者，他有最高的义务不把自身置于另一主权者的管辖，而导致国家尊严的损害。他只有在明示的特许或者相信被给予独立主权豁免的同时才能进入另一国的领土。②

该案除了确立了美国的国家豁免制度外还需要指出的是，在该案中已经可以看到限制豁免理论的萌芽，原告强调该船舶之所以享有豁免是因为任何主权者所从事的主权特征的行为都不应当通过司法途径解决。从这样的表述中我们已经可以看到当时已经有人意识到唯有"主权行为"才能享有豁免。这也为将来限制豁免理论的出现埋下了火种。

第二个重要的案例是 1926 年的皮萨罗号案。③ 本案和交易号案最大的不同就在于本案所涉及的船舶是意大利政府所有的从事商业行为的商船而非军舰。在初审法院审理该案时，法官 Julian Mack 认为所涉及的行为在性质上属于私法行为，而且根据意大利的法律该船舶在意大利也不能享受豁免，所以按照限制豁免理论该船舶不应该享有豁免。但最高法院的看法则与之不同，认为交易号案所确立的原则适用于所有政府为了公共目的而使用和拥有的船舶。并且为了促进该国国民的贸易和提高财政收入，一国政府在执行贸易时所获得、安排和控制的船只和军舰一样都属于公务船。没有一个国际习惯法规定，在和平时期，促进和维持人民的经济权益会比维持及训练一支海军更欠缺公共目的。有学者指出，最高法院在该案中开始放弃自行决定是否给予某国以豁免权，转而依赖行政部门是否豁免的意见，并倾向于如果行政部门持否定意见则拒绝给予豁免。④

从表面上看，本案进一步明确了美国坚持绝对豁免的立场。但从具体文字的表述中仍旧可以看到限制豁免理论的萌芽，只不过该案中对于主权行为认知的标准较交易号案更加明确。从本案最高法院的意见中可以发现，最高法院之所以倾向于同意该意大利商船援引国家豁免的原因并不是商船属于意大利这一单一要素。更多的考虑则是根据其目的，用于促进和维持人民经济权益的船舶同样属于国家的主权行为或主权行为控制下的财产。美国最高法院在本案中的判断标准仍旧是国家行为或其财产的"主权"属性。可以说，在该案中，法院所关注的重点已经不是该船舶是否为国家所有，而是该船舶的使用是否具有公共

---

① The Schooner Exchange v. McFaddon, 11US(7 Cranch) 116 (1812).

② The Schooner Exchange v. McFaddon, 11US(7 Cranch) 116 (1812).

③ Berizzi Brothers CO. v. S. S. Pesaro, 271 US562 (1926).

④ Gordon, Michael Wallace, *Foreign State Immunity in Commercial Transactions*, New Hampshire：Butterworth Legal Publishers, 1991, pp.3-5；转引自陈纯一：《国家豁免问题之研究——兼论美国的立场与实践》，台湾三民书局 1997 年版，第 123 页。

目的。实质上这已经具有限制豁免的意味。

第三个重要的案例是霍夫曼案。[①] 在该案中，一艘登记为墨西哥政府所有的商船在美国被提起诉讼。该船舶虽然登记为墨西哥政府所有，但究竟实际上是否为墨西哥政府服务则尚存疑问。但法院表示是否给予豁免，并不是以船舶是否受属于或者是否为政府服务作为判断的标准。政策考量依旧是指导的最高标准。[②] 司法部门必须要尊重行政部门的意见。外国政府的尊严不论其行为是否具有主权性质都要受到保护。

需要特别指出的是，唯有霍夫曼案的判决清楚地表明了美国在国家豁免问题上所坚持的绝对豁免立场而不会品读出任何限制豁免的味道。本案中最高法院的考量要素不再是行为或其财产的"主权"属性，而是行为或财产能否归属于国家，这才是绝对豁免理论的内在要求。另外，从该案开始，政府行政部门的意见对法院决定是否给予豁免权具有至关重要的作用。

虽然这一时期美国法院的判例均坚持绝对豁免的立场(完全或不完全)，但美国学术界已经提出了限制豁免理论的呼声。1932 年由美国哈佛大学法学院倡导和组织的、以杰赛普为主报告人并有许多美国国际法学者参加起草的"关于法院对外国国家管辖权限的条款草案"发表了。草案共有六部分 28 条，其中第三部分"国家在他国法院作为被告"(第 7 条至第 13 条)是整个草案的核心内容。在审判管辖方面，该草案采取的是限制豁免的立场，这一点在其第 11 条体现得最为明显，它规定："当一个国家在另一个国家领域内从事私人也可以进行的工业、商业、金融以及其他经营活动，或在那里为某种与此等企业经营有关的行为，可以使该国成为他国法院诉讼程序中的被告，只要诉讼是基于此等企业的经营或此类行为的。"在强制执行方面，草案也存在着明显的限制豁免的倾向。其中第 23 条规定："国家可以允许对外国国家非用于外交或者领事目的的财产强制执行本国法院的命令或判决，只要：(a)该财产是不动产时；或(b)该财产被用于和第 11 条所述经营活动相关时。"该草案中所提出的"私人也可以进行的工业、商业、金融以及其他经营活动，或在那里为某种与此等企业经营有关的行为"的判断标准被后来的 FSIA 所继承，成为判断某国家行为及财产属性的根本标准。[③]

(2)泰特公函(Tate Letter)时期(1952—1976)。从 1952 年泰特公函的出现到 1976 年 FSIA 的制定，这一时期可以成为美国国家豁免历史上的第二个阶段。在该阶段，泰特公函成为美国有关国家豁免的政策依据。[④]

---

①　Republic of Mexico v. Hoffman, 324 US30 (1945).

②　这种政策考量的标准来自 1943 年发生的秘鲁案。在该案中，最高法院认为，该案通过外交途径比法庭诉讼更符合美国的国家利益；而且主张，不能因为法院没收和扣押一个友好主权者的财产而造成政府部门在执行外交政策方面的尴尬。Ex parte Republic of Peru, 318 US 578 (1943).

③　参见郭玉军、徐锦堂、王菁、张飞凤：《美国国家豁免法的历史演进及其发展新动向》，载《国际法与比较法论丛》(第 12 辑)，中国检察出版社 2005 年版，第 436~438 页。

④　此时美国国务院的意见对于法院审理国家豁免案件具有决定的作用，所以该代表美国国务院意见的公函就成为当时美国有关国家豁免问题的政策依据。

　　泰特公函是 1952 年美国国务院代理法律顾问泰特向美国司法部所发出的公函，在该函件中表明了国务院将依据限制豁免理论的立场作为对法院提供有关国家豁免建议的依据，并希望能够因此减少国务院所面临的外交压力。该函件指出，促使美国国务院改变政策的原因主要有三点：首先是通过对当时世界各国的实践进行分析，发现除了实行国营贸易的国家坚持绝对豁免理论外，已经有相当数量的国家转而支持限制豁免理论①；其次是美国政府接受本国法院管辖，并放弃美国商船在外国法院被诉时的豁免；最后是外国政府大量地从事商业活动，应当保护同外国政府进行交易的个人利益。该公函仅仅是美国国务院的政策，而不是一项立法，不过由于之前霍夫曼案（Republic of Mexico v. Hoffman）所确定的法院在涉及国家豁免问题时尊重国务院建议的原则，该公函在有关国家豁免的司法实践中具有决定性的意义。事实上，该时期的最重要特征就是行政机关在法院决定是否给予国家豁免的过程中起决定性的作用。这一点在当时独树一帜，一般而言世界上其他国家对于该问题都是由法院进行决断。② 泰特公函公布后，美国国务院内部还产生了一套准司法程序来决定其是否向法院建议给予某国豁免，并对不同的情况采取了不同的处理方式。③

　　1974 年的 Spacil v. Crowe 案是当时的典型案例。④ 1973 年智利发生政变，当时代表智

①　在当时各国的实践中，美国、英国、捷克、波兰的法院应当支持绝对豁免理论；巴西、中国、智利、匈牙利、日本、卢森堡、挪威和葡萄牙倾向于支持绝对豁免理论；荷兰、瑞典、阿根廷的做法并不清晰，但有支持限制豁免理论的倾向。信函特别强调德国从 1921 年到 1952 年对限制豁免理论的逐步采纳时美国国务院相信德国的立场很可能改变。同时该公函指出，比利时、意大利、埃及、瑞士、法国、奥地利、希腊、罗马尼亚、秘鲁和丹麦应该是支持限制豁免理论。信函强调美国行政部门改变政策的原因首先是非市场经济国家绝对地坚持绝对豁免理论，最后则是要保护同国家进行商业交易的私人当事人的利益。并且美国自愿接受本国法院的管辖，美国的商船在外国涉诉时，美国主动放弃管辖豁免。Henkin, Louis, Richard C. Paugh, Oscar Schachter and Hans Smit, *International Law, Case and Materials* (3rd ed.), West Publishing Co., 1993, pp. 1137-1139.

②　参见陈纯一：《国家豁免问题之研究——兼论美国的立场与实践》，台湾三民书局 1997 年版，第 125 页。

③　这套程序通常包括答辩双方必须提出书面说明，并且出席听证会，该听证会并不是非常正式，国务院也没有权力要求出席人宣誓作证，但由于国务院对法院的决定有着至关重要的作用。因此，经过这套准司法程序所达成的决定较之以往所作出的建议更具有说服力和拘束力。通常美国国务院面对国家豁免的案件主要有两种情况：第一种是由外国大使馆提出请求，希望国务院建议法院给予豁免；第二种是法院审理案件时请求国务院出具相关意见。面对第一种情况，该外国往往要求国务院基于外交政策而非行为的性质进行考量从而决定是否给予豁免。一般而言，美国和请求国的外交关系会最终影响国务院所作出的建议。而第二种情况则是法院觉得有必要遵从国务院的立场，也可能出于礼貌的考虑，让国务院有发表意见的机会。总之，国家豁免是一个很敏感的领域，国务院和法院都非常小心，尽量不涉足对方的领域。另外，如果外国请求美国国务院建议法院给予豁免，理论上国务院应当将其是否支持豁免的决定均通知法院，但实际上国务院仅将其支持豁免的决定通知法院。至于国务院觉得不应当给予豁免时，国务院仅通知提出请求的外国大使馆而不通知法院。参见 Gordon, Michael Wallace, *Foreign State Immunity in Commercial Transactions*, Butterworth Legal Publishers, 1991, pp. 2-7; 转引自陈纯一：《国家豁免问题之研究——兼论美国的立场与实践》，台湾三民书局 1997 年版，第 126 页。

④　Spacil v. Crowe, 489 F. 2d 614, 5th Cir 1974.

利的阿兰德政府被皮诺切特所推翻。由于皮诺切特政府对古巴并不友好，古巴国营的两艘船舶在政变发生之际均没有履行契约。智利原告对该公司提起诉讼扣押了该公司所有的另一艘船舶。捷克政府代表古巴向美国国务院提出了豁免要求，国务院出于对外交政策的执行和国际关系的考虑同意给予古巴国营公司以豁免，地方法院接受了国务院的请求并驳回此案。在上诉中，第五巡回法院进一步表示，出于宪法中三权分立观念的考虑，法院必须遵循国务院对国家豁免问题的意见，只有在行政部门没有相关意见时，法院才可以审查有关国家豁免问题，从而避免干涉国务院在外交事务中的角色。该案之后，对国务院以外交政策作为是否给予某国豁免依据的不满之声更加增多，甚至国务院内部也有许多人持反对意见。这种情形最终导致了 FSIA 的出台。[①]

（3）FSIA 时期（1976 年至今）。美国 FSIA 的出台绝非偶然，有着特殊的历史背景。[②]从 1970 年开始就有几个关于国家豁免的立法草案相继提出。1973 年的草案经过再次修改后，于 1975 年 12 月再次提出，该草案于 1976 年通过并于 1977 年 1 月 19 日生效（即在世界上产生巨大影响的 FSIA）。该法律在当时几乎获得美国律师界、政府部门和学术界的全面支持，唯一反对的意见也只是质疑将国家豁免的决定权从美国国务院手中转移到法院是否合适，对法律的内容则基本没有争议。[③]

FSIA 能够顺利制定，最重要的助力是来自国务院本身的支持，没有国务院的大力支持，国会可能不会同意将判断是否给予一国豁免的权力转移到法院手中，美国国务院之所以如此的原因在于美国国务院认为当时国务院对国家豁免案件的运作有两项重要缺陷：第一，国务院往往会在强大的外交政治压力下请求法院给予某国以豁免，有时这样的做法会明显违背泰特公函中所体现的支持限制豁免的精神并危害到私人当事人的相关权利；第二，国务院在判断有关国家豁免的案件时，虽然有着一套准司法程序。但由于国务院并不是司法机关，所以不能要求证人宣誓提供证词，或者强迫证人作证，也不能要求双方提供全部的文件和证据。虽然案件在法院审理的过程中法院会全面地审查相关的证据，但由于法院往往不会挑战国务院作出的建议，这样的建议形成过程往往会造成程序的不公正。FSIA 的出现极大地避免了上述两项缺陷。首先，FSIA 中并没有规定将外交事务作为是否

---

① Michael H. Cardozo, *A Note on Sovereign Immunity*, *Virginia Journal of International Law*, Vol. 17, 1997, pp. 491-493.

② 第二次世界大战以后，美国在马歇尔计划下大举投入欧洲重建工作，许多工程的建设和商务契约的签订与美国政府有关，由此也产生了大量的诉讼。一方面，当美国政府或其代理机构在外国被诉时，由于限制豁免理论在欧洲已经被广为接受，美国的豁免请求往往会遭到拒绝。另一方面，美国的原告在美国国内控告外国政府时却常常会面临国家豁免问题，即使是纯粹的商业案件，法院由于必须遵循国务院的意见也无法作出确定的判决。美国的实务界和学术界对于这种现象普遍不满，认为这种情况对美国的原告很不公平。参见陈纯一：《国家豁免问题之研究——兼论美国的立场与实践》，台湾三民书局1997 年版，第 132 页。

③ Jurisdiction of USCourts in Suits Against Foreign States, Hearings on H. R. 11315 Before the Subcomm, on Administrative Law and Governmental Relations of the House Comm, on the Judiciary, 94th Cong., 2nd Sers, 1976, p. 61；转引自陈纯一：《国家豁免问题之研究——兼论美国的立场与实践》，台湾三民书局 1997 年版，第 132 页。

给予豁免的判断标准，所以外国国家试图以外交关系作为理由获得豁免的可能性微乎其微。这就使得国家豁免案件的实际判断标准能够符合泰特公函。其次，将决定某一主体在具体案件中能否援引国家豁免的决定权交给法院能够最大限度地实现程序公正。但必须指出的是，虽然在 FSIA 制定后国务院的角色有了重大改变，在判断是否给予豁免问题上不再扮演决定性的角色。但由于宪法赋予了美国国务院处理外交事务的权力，美国国务院仍可将外国要求豁免的请求传达给法院，并可以就外交关系提出自己的意见。尽管这些意见对于法院来说并不起决定性的作用，但由于国务院对国家豁免的判断有着丰富的经验，所以其意见仍旧具有很高的参考价值。①

因此，虽然 FSIA 业已出台，但美国国务院在判断是否应当给予豁免的过程中仍旧扮演着有分量的角色。有时国务院仅仅告知法院其基于外交关系考量的意见，有时国务院则非常主动地说服法院给予被告国家豁免的权力。湖广铁路债券案（Jackson v. People's Republic of China）就是这方面的典型案例。② 这是美国 FSIA 生效以来，国务院第一次向法院提出是否应当给予豁免的意见。③ 经过两国政府官员的几次会谈，美国国务院决定干涉此案。美国国务卿乔治·普·舒尔茨和国务院法律顾问戴维斯·鲁宾逊分别于 1983 年 8 月 11 日和 12 日发表了声明。国务院不断地提供文件和说明，指出早前法院的缺席判决缺乏对美国外交政策的考量，国务卿乔治·普·舒尔茨的证词更强调法院作出的缺席判决伤害了美国的外交利益。美国司法部也向阿拉巴马州地方法院提出了"美国利益声明书"，

---

① 参见陈纯一：《国家豁免问题之研究——兼论美国的立场与实践》，台湾三民书局 1997 年版，第 136~137 页。

② 中国清末预备修建的湖广铁路是指"湖北、湖南两省境内的粤汉铁路"和"湖北省境内的川汉铁路"。因这两线铁路都在湖广总督的辖区范围内，故称"湖广铁路"。为加快铁路的修建，当时的湖广总督张之洞受命督办后，便向国际上筹措借贷。1909 年 3 月 7 日，中德草签了借贷合同，决定向德国的德华银行借款。英、法两国得知此事后也认为有利可图，故通过抗议、照会对清政府施加压力，强迫清政府接受它们的借款。这使清政府只好搁置中德的借贷合同，另于 1909 年 6 月 6 日与英、法、德三国草签了借款合同。之后，美国又以"机会均等"挤进了该借贷合同。所以湖广铁路的借贷合同最后是以清政府邮传大臣（盛宣怀）为一方，以德国的德华、英国的汇丰、法国的东方汇理等银行和"美国资本家"（以下称银行）为另一在北京签订。合同签订后，德、英、法、美上述银行于 1911 年以清政府的名义发行"湖广铁路五厘利息递还金镑借款债券"（以下简称湖广铁路债券）600 万金英镑。该债券利息从 1938 年起停付，本金 1951 年到期末付。美国公民杰克逊等 9 人持有湖广铁路的上述债券。1979 年 11 月，他们在美国阿拉巴马州北区地方法院东部分庭对中华人民共和国提起诉讼。要求偿还他们所持有的湖广铁路债券本金 1 亿美元外加利息和诉讼费。法庭受理了他们的诉讼，并于 11 月 3 日向中华人民共和国发出传票，指名由中华人民共和国外交部长黄华签收。要求被告中华人民共和国于收到传票后的 20 天内提出答辩，否则作缺席判决。中国外交部拒绝接受传票，将其退回。美国阿拉巴马州北区地方法院东部分庭关于湖广铁路债券案的审理遭到中华人民共和国的拒绝后，法庭于 1982 年 9 月 1 日对本案作出了缺席裁判。判决中华人民共和国赔偿原告 41313038 美元，另加利息和诉讼费。中国政府与美国国务院进行了交涉，最终中国政府聘请了律师出庭，提出中国在此问题上享有豁免权，法院最终支持了中国政府的请求，认为在该案中中国政府可以援引 FSIA 中有关国家豁免的规定。驳回了原告的诉讼。参见 Jackson v. People's Republic of China，794 F. 2d 1490（11th Cir. 1986）。

③ Pamela S. Malkin, *Foreign Sovereign Immunity Act-Jurisdiction-Reintroduction of Executive Branch in Immunity Area*, *Jackson v. People's Republic of China*, Suffolk Transnational Law Journal, Vol. 11, 1987, p. 261.

要求法院考虑舒尔茨和鲁宾逊的声明，考虑美国利益从而支持中国的申辩。最终，这些证词和意见都得到了美国法院的采纳。

根据众议院的报告，该法的立法背景主要有四点：第一，需要将国际法中关于国家豁免的限制豁免理论以法典的形式确定下来；第二，该法典通过法律的形式进一步明确美国在处理相关案件时会遵循限制豁免理论；第三，该法将对外国司法文书的送达程序和如何获得属人管辖权的方式成文化；第四，该法限制了执行豁免被滥用的情况，让获得胜诉的原告有机会在美国求偿。①

所以说，FSIA 的出台代表着美国的国家豁免制度进入了一个新的时期。自此，美国有关国家豁免的制度有了专门的法典进行规范。虽然美国的行政部门仍旧能够对国家豁免案件施加影响，但是否给予某国以豁免的决定权终于归属法院。FSIA 也开启了国家豁免发展历史上的成文化、法典化时代。

2. 国家豁免在英国的历史进程

国家豁免制度在英国的发展历程与美国类似，同样经历了由绝对豁免理论向相对豁免理论的转变过程。英国国家豁免制度的发展以 1978 年的《英国国家豁免法》为界限分为两个阶段。在 1978 年《英国国家豁免法》出台之前，英国的司法实践大多坚持绝对豁免的立场，该法出台后则明确规定英国采用限制豁免的立场。

(1)绝对豁免时期。英国在历史上是一个长期坚持绝对豁免理论的国家。国家豁免制度在英国最早出现可以追溯到 19 世纪初期。第一个主要的国家豁免案例是 1820 年的弗莱德王子号案(The Prins Frederik)。在该案中法官明确表示对外国军舰的管辖涉及国际法的层面，因而建议案件双方当事人通过仲裁的方式进行解决。② 这一时期的著名案例还有查尔克号案(The Charkieh)和比利时国会号案(The Parliament)。③

20 世纪早期的重要案例有 1920 年的亚历山大港号案(The Porto Alexandre)和 1938 年的克里斯蒂娜号案(The Christina)。在亚历山大港号案中，原告基于海事救助费用向葡萄牙提出诉讼，葡萄牙以该船舶和所载货物均为葡萄牙政府所有请求法院取消诉讼。一审法院同意了葡萄牙方面的请求。原告提出上诉，认为从事普通商业运输的外国政府船舶不应享有管辖豁免。英国上诉法院认为不能够因为财产或者物品被用于商业目的就取消国家所

---

① Legislative History of Foreign Sovereign Immunities Act of 1976, House Report No. 94-1478, UN State Immunity Materials, p. 99.

② 该案的案情为，弗莱德王子号是荷兰国王所拥有的战舰，该战舰运送珍贵物品到荷兰，在运输过程中该战舰受到损害而向英国船舶请求救助，英国船舶将该战舰拖至英国港口。英国船长和海员以请求海难救助费用为由进行起诉。参见陈纯一：《国家豁免问题之研究——兼论美国的立场与实践》，台湾三民书局 1997 年版，第 53 页。

③ 在查尔克号案(The Charkieh)中，埃及海军所拥有的查尔克号军舰在泰晤士河航行时与荷兰汽船公司的船只相撞，荷兰公司要求损害赔偿。法官认为当时的埃及还不是一个独立的主权国家，所以英国法院对该案享有管辖权；在比利时国会号案(The Parlement)中，比利时政府拥有的运送邮件的船只比利时国会号在英国港口和私人船只相撞。英国上诉法院认为该船的主要目的是运送邮件，商业运输只是附属工作，所以应当享有豁免权。参见陈纯一：《国家豁免问题之研究——兼论美国的立场与实践》，台湾三民书局 1997 年版，第 53 页。

有财产的豁免权，所以认为赋予葡萄牙以豁免权的决定是适当的。① 在克里斯蒂娜号案中，法院在判决书中写道："一国法院不得对外国主权者进行诉讼，即无论该诉讼是针对外国主权者本身提起的，还是为请求偿还其特定财产或损失赔偿而提起的，法院都不得违反外国主权者的意志而使其成为诉讼程序的当事人。""……法院不得通过令状没收、扣押外国主权者的财产……这一原则能否扩展到仅用于商业目的的外国主权者的财产或其私人的财产，在各国实践中还存在着争论。在我国已充分确定该原则适用于两者。"②

从第二次世界大战到 1970 年前，英国法院依旧坚持绝对豁免的立场。其中和我国有关的著名案例为两航公司案和永灏油轮公司案。虽然我国在这两个案件中均告败诉，但英国法院及枢密院仍旧坚持了绝对豁免的立场。在两航公司案中，1949 年中华民国政府将一批停留在香港的飞机卖给陈纳德，陈纳德又将该飞机转卖给其控股的民运航空运输公司。1950 年该公司在香港提起诉讼。香港初审法院和上诉法院都认为应当依据国家豁免的原则拒绝行使管辖权。英国枢密院于 1950 年 5 月 10 日表示，该案件所涉及的财产仍旧应当由法院判断其归属，因为英国政府于 1950 年 1 月 6 日方才承认中华人民共和国政府，而该交易行为发生在 1949 年。所以交易行为发生时英国政府尚未承认中华人民共和国政府的合法地位，故而中华人民共和国政府不应享有豁免。③ 在永灏油轮案中，香港特区政府则按照紧急条例以公共利益为目的征用该船并将其交给英国海军。④ 除此之外，虽然英国法官丹宁（Lrod Denning）在 Radhimtoola v. Nizam of Hyderabad 案和 Thai-Europe Tapioca Serv. v. Government of Pakistan 案中表示过支持限制豁免的立场，但丹宁法官的意见并未

---

① 在该案中，亚历山大号为葡萄牙政府所有的船舶，在由里斯本向利物浦运送货物期间向英国船舶提出海难救助。后来双方对救助费用发生争议。英国原告遂对亚历山大号船舶和船上所载货物向英国法院提起了对物诉讼。参见 Annual Digest of International Law Cases，Vol. 1（1919-1922），p. 146。

② 在该案中，1937 年 6 月，西班牙共和国政府为平息叛乱，发布法令征用了毕尔巴鄂港登记的所有西班牙私人船舶。本案所涉及的"克里斯蒂娜号"是在毕尔巴鄂港登记的商船。当该船到达英国的加的夫港时，西班牙领事根据其政府的命令接管了这条船。为此，该船原船主在英国法院提起了对物诉讼。第一审和第二审法院都根据西班牙政府的要求撤销了对物诉讼。最后，本案又被上诉到英国上议院。上议院判决维持下级法院的判决。参见 Annual Digest and Reports of International Law Cases，Vol. 9（1938-1940），pp. 250-263。

③ 该案的具体案情为，1949 年后，原中华民国政府交通部所属中国航空公司和中央航空公司的飞机为避免为中华人民共和国所控制而飞抵香港。考虑到当时的政治形势，蒋介石政府将这批飞机卖给了美国的陈纳德等人，陈纳德将其卖给了自己的控股公司——美国民用航空运输公司。当中华人民共和国政府要求香港特区政府归还这批飞机时，香港特区政府依据一项新通过的法令接管了该批飞机。1950年，美国民用航空公司在香港法院提起诉讼要求交付该飞机和相关资产。该案最终诉至英国枢密院。参见黄进：《国家及其财产豁免问题研究》，中国政法大学出版社 1987 年版，第 258~260 页。当枢密院下达判决后，我国政府也发表相关声明：对于我国两航空公司留港的资产，英国政府绝对没有任何权利行使其管辖权，也绝对没有任何权力加以侵犯、损害和转移。英国政府应该立即停止其侵犯中华人民共和国主权的行为。参见《中华人民共和国对外关系文件集》（第二集），世界知识出版社 1958 年版，第 86 页。

④ 该案案情为，1950 年 3 月 18 日，我国政府发出通告，宣称在世界各国港口停留的中国船舶都属于中华人民共和国政府所有，受中华人民共和国交通部管辖。永灏油轮原属国民政府中国邮轮公司所拥有，当时停泊在香港。蒋介石政府因此在香港提出诉讼，要求确认对该船的所有权。参见《中华人民共和国对外关系文件集》（第二集），世界知识出版社 1958 年版，第 13~17 页。

改变英国法院的立场。①

从上述案例可以看出：首先，英国法院在实践中明确表示了绝对豁免的立场。这一点与美国相比更为明确。前述美国绝对豁免时期的案例虽然最终给予豁免，但其言语表述中已经出现了限制豁免的萌芽。其次，英国法院在处理国家豁免的案件时，特别关注了被告的主权地位和英国对其政府的承认与否，并将英国对某国的承认和行为的时间点作为判断是否给予豁免的重要标准。

（2）相对豁免时期。虽然英国通过1978年的《国家豁免法》以立法的形式明确了限制豁免的立场，但早在1976年英国法院就通过菲律宾海军上校号案（The Philippine Admiral）表明了限制豁免的立场。该案也是英国国家豁免发展历史上的重要转折。英国法院在该案中认为菲律宾政府所有的用于商业目的的船舶在其所涉及的对物诉讼中无权援引豁免。②英国法院通过1977年的尼日利亚中央银行案（Trendtex Trading Corp. v. Central band of Nigeria）确定了在对人诉讼中同样采取限制豁免的立场。在该案中，尼日利亚政府通过中央银行开立信用证用于支付购买水泥的费用。该水泥被用于修建军营，但后来新政府宣布停止支付相关信用证。原告在英国提起诉讼。英国法院认为，尽管尼日利亚政府购买水泥的目的是修建军营，但其性质是商业行为，而且法院认为尼日利亚中央银行是独立法人。故而尼日利亚政府无权援用国家豁免。③

英国制定《国家豁免法》的主要原因有两点：第一，在1978年《英国国家豁免法》出台前，国家豁免问题一向由法院进行决定，但从20世纪70年代以来，英国法院中关于国家豁免的实践中同时出现了支持绝对豁免和相对豁免的判例。针对这一现象，需要通过成文法进一步明确英国在国家豁免问题上所采取的基本立场。第二，英国同时参加了1972年的《欧洲国家豁免公约》（Europen Convention on State Immunity）和1926年的《关于统一国有船舶国家豁免相关规则的布鲁塞尔公约》（Convention for the Unification of Certain Rules Concerning the Immunity of State owned Ships）。两个公约的规定也不尽相同。为了使两个公约在英国生效并且使其中有关国家豁免的规定具有更为广泛的适用性，英国遂制定了1978年《国家豁免法》。④

---

①　参见陈纯一：《国家豁免问题之研究——兼论美国的立场与实践》，台湾三民书局1997年版，第62页。

②　法官在判决中对亚历山大港号案（The Porto Alexandre）提出了批评并指出了英国法院处理有关国家豁免的对物诉讼时所要考虑的四点因素。第一，比利时国会号案所确立的原则仍旧有效；第二，在克里斯蒂娜号案中，有三位法官已经对外国政府从事商业活动的船舶是否给予豁免产生疑问；第三，在"二战"后，英联邦以外的国家大多对国家的普通贸易活动不给予豁免；第四，大多数的西方国家政府允许国家在其本国法院内因为商业契约而被诉。参见 E. Lauterpacht, C. J. Greenwood, ed., *International Law Reports*, Vol. 64, 1983, pp. 92-110.

③　E. Lauterpacht, C. J. Greenwood, ed., *International Law Reports*, Vol. 64, 1983, p. 111.

④　国际条约在国内发生效力的方式有两种：转化和并入。所谓转化即需要内国通过与国际条约内容基本一致的国内立法，内国的法院执行的是本国的立法而非国际条约。并入即在法律中作出笼统的规定，规定国际条约的适用也属于本国法的一部分，从而能够在本国的法院中得以适用。英国是典型的采取转化方式的国家。所以必须通过1978年的《国家豁免法》才能够使1972年的《欧洲国家豁免公约》和1926年《关于统一国有船舶豁免若干规则的布鲁塞尔公约》在英国正式发生效力。

要正确理解英国 1978 年《国家豁免法》的内容，必须首先了解与该法有关的 5 个基本问题。① 第一，1978 年《英国国家豁免法》与普通法的关系。尽管 1978 年《英国国家豁免法》明确规定了其适用范围并且进一步明确其优先于普通法适用，但是普通法在某些情况下仍旧具有适用的空间。首先，如果某项案件的具体情境并不在《英国国家豁免法》所规定的情形之中，则普通法的规定仍有适用的余地；其次，在特定情况下普通法有助于确定《英国国家豁免法》中所规定的概念和语义。虽然《英国国家豁免法》对该法涉及的相关概念进行了界定，但这些概念界定并不能涵盖国家豁免法的全部内容，有相当数量的概念并没有通过该法进行明确。对这些概念的理解就必须借助于普通法的规定，如主权行为和私人行为的判定等问题。最后，《英国国家豁免法》中的规定是强制适用的，当事人双方不能通过契约排斥该法的适用而产生适用普通法的效果。第二，1978 年《英国国家豁免法》与《欧洲国家豁免公约》的关系。如前所述，制定《英国国家豁免法》的目的之一就是使 1972 年的《欧洲国家豁免公约》和 1926 年的《关于统一国有船舶国家豁免相关规则的布鲁塞尔公约》在英国生效。在设计《英国国家豁免法》的过程中，英国的立法机构必须参考相关的国际条约和起草条约的准备工作中所涉及的术语、背景。尽管在立法时有充分的考虑，但《英国国家豁免法》中仍有一些方面与公约的规定不一致，这一点在规范商业例外上的条文中表现得尤为明显。作为英国处理国家豁免问题的基本规则，《英国国家豁免法》在处理公约成员国和非公约成员国时采取了近似的态度。在某些情况下，公约成员国享有一些优惠的待遇。诸如在执行豁免、判决的承认和安全成本等方面。第三，1978 年《英国国家豁免法》与国际习惯法的关系。国际习惯法与《英国国家豁免法》的制定同样有着密切的关系。在解释英国国家豁免法的历史背景、条文设计的理论前提和相关术语的解释方面国际习惯法起着至关重要的作用。法官在处理一些案件时也会考虑到国际习惯法的影响。诸如在判定某行为是否为商业行为时，世界主要国家的做法无疑对英国产生了巨大的影响。与此同时，《英国国家豁免法》对国际习惯法的发展也起到了重要的作用。《英国国家豁免法》在推动《欧洲国家豁免公约》的同时还具有更加广泛的影响。世界上制定国家豁免专门立法的国家有很多参考了英国国家豁免法的具体内容。② 从法典被借鉴的程度来说，《英国国家豁免法》的影响比美国 FSIA 的影响更大。正是《英国国家豁免法》被广泛借鉴的事实和英国法院的实践使得更多的国家在处理相关问题时或多或少地考虑到英国的立场。可以说，并不是《英国国家豁免法》自身单独推动了国际习惯法的发展，而是以《英国国家豁免法》为代表的一系列立法对和国家豁免问题有关的国际习惯法起到了巨大的推动作用。第四，1978 年《英国国家豁免法》和人权问题。我们可以从这样几个角度理解这个问题。首先，从政策的角度来说，《英国国家豁免法》将一些类型的案件排除在国家豁免的范围之外，诸如商业行为和侵权行为不得援引豁免。这就使得私人主体有机会获得法院的公平审判从而有了实现公平的机会。这本身就是对个人权利的保证。而且由于《英国国

---

① Aadrew Dickinson, *Rae Lindsay and James Loonam*, *State Immunity Selected Materials and Commentary*, Oxford University Press, 2005, pp. 330-331.

② 南非、巴基斯坦、加拿大、新加坡、澳大利亚和以色列的国家豁免法在很大程度上受到了英国国家豁免法的影响。具体内容后文论述。

家豁免法》在制定的过程中考虑到了 1972 年的《欧洲国家豁免公约》和 1926 年《关于统一国有船舶国家豁免相关规则的布鲁塞尔公约》的规定，这就保证了英国在这一政策问题上的考虑和国际相关问题的一致性。其次，《英国国家豁免法》对人权问题的考虑也受到了英国国际义务的影响。之前说过，无论是《欧洲国家豁免公约》还是国际习惯法都对《英国国家豁免法》的制定产生了重要的影响。该法中具体条文的设计也同样参考了国际习惯法的立场和相关条约中的具体规定。有关人权问题的条款也同样如此。最后也是最为直接的方面。《英国国家豁免法》在具体适用中直接受到了 1998 年《英国人权法案》(*Human Right Act*) 和《欧洲人权公约》(*European Convention on Human Rights*, ECHR) 的影响。第五，1978 年《英国国家豁免法》的独特结构。在美国的立法和其他国家的立法中，主体问题和相关术语的解释问题均规定在法典的前部，而英国则在法典较为靠后的部分对该问题进行了规定，并且将传统立法中的总则部分也规定在了法典靠后的条文中。在了解和学习英国国家豁免立法的时候一定要注意这一特点，必须进行全面的考察。

　　总而言之，从 1978 年《英国国家豁免法》出台后，英国就进入了相对豁免时期。《英国国家豁免法》中有关商业例外的规定也成为该法中非常重要的部分。对《英国国家豁免法》中商业例外的深入理解对加深了解其他国家关于此问题的规定具有重要的铺垫作用。

　　3. 国家豁免在德国的历史进程

　　在第二次世界大战之前，德国法院对国家豁免的立场是坚持绝对豁免理论。[①] "二战"后至今德国则以限制豁免理论作为国家豁免制度的理论基础。[②] 从国际条约来看，统一前的德意志联邦共和国曾经于 1954 年和 1958 年分别与美国和苏联签订了有关通商航海问题的双边条约。在和美国签订的《友好、通商和航海条约中》规定了缔约国的国营企业如果从事商业活动不得享有管辖和执行豁免；而在和苏联签订的《贸易和航海条约》中则规定如果苏联的商务代表在德意志联邦共和国境内担保商业契约而涉及诉讼时不得享有豁免。同时，德国参加了 1926 年的《布鲁塞尔公约》及其议定书、1969 年的《国际油污染损害民事责任公约》和 1972 年的《欧洲国家豁免公约》。上述公约均持限制豁免的立场。

　　除德国司法部门外，德国的政府机构同样坚持限制豁免的立场。德国外交部 1973 年向各国使领馆发出的外交照会中指出：按照目前的国际法规则，外国国家并不能够完全豁免于国家的管辖。必须按照行为的性质确定外国国家是否享有豁免。如外国国家的行为为主权行为则享有豁免。至于外交部在国家豁免案件中的功能则仅仅是代替法院送达相关司法文书，并不会对相关案件提出建议或表明立场。外国一旦被诉，只有通过诉讼途径寻求救济。[③]

　　在司法实践方面，联邦德国法院于 1963 年对向伊朗王国索赔案的判决标志其限制豁免立场的确立。该案原告是一家私人公司，曾为伊朗驻德大使馆修理取暖设备，后来就修

①　Joseph M. Sweeney, *The International Law of Sovereign Immunity*, Washington D. C. Department of State, 1963, p. 36.

②　Hartmut Hillgenberg, *State Immunity and Diplomatic and Consular Immunity in German Practice*, Documentation for the Use of the Members of the Committee on State Immunity of the International Law Association, 1994, p. 132.

③　Circular Note Transmitted by the Government of the Federal Republic of Germany to Foreign Embassies in Bonn on 20 December, UN State Immunity Materials, 1973, p. 87.

理费问题在英国对伊朗提起诉讼。在一审中，伊朗申请援引国家豁免并得到了法院的支持。在上诉中，上诉法院则将私人能否在国内法院对外国国家提起诉讼的问题提交到联邦宪法法院。宪法法院指出："绝对豁免主义已不再是国际法规则，因而也不构成联邦德国法的部分……由此可见，外国国家的非主权行为并不能豁免于所在国法院的司法管辖。从法律社会学的观点，它归因于经济领域中的国家活动不断增加，尤其是近几十年来，国家商务范围更加扩大，鉴于这一发展，可以看到私人企业不仅要同本国国家打交道，并且在更广泛的范围里还要同外国国家打交道，因此需要对他们提供法律保护。但是，根据一般国际法，外国国家的主权行为依然受到豁免保护。"宪法法院最后确认德国法院对该案有管辖权。①

总而言之，德国对国家豁免问题目前采取了限制豁免的立场。司法实践的重点在于主权行为和非主权行为的划分。有意思的是，德国作为典型的大陆法系国家却并没有专门的国家豁免法。在国家豁免领域，德国的司法实践有着更多判例法的痕迹。

4. 国家豁免在法国的历史进程

法国在 19 世纪和 20 世纪初期的司法实践遵循绝对豁免理论。② 1894 年的西班牙政府诉卡索案中（Le Gouvernment Espagnol v. Cassaux），法国政府第一次明确表示，一国政府所从事的活动不应当受到另一国法院的管辖。从 1920 年开始，法国的司法实践开始转向限制豁免的立场，但各个法院具体判断主权行为和非主权行为的标准并不统一。③ 第二次世界大战以后，法国法院的实践表明在绝大多数情况下法国坚持限制豁免理论。但直到1969 年以前，法院出于不同的考虑而有不同判决的情况依然存在。这和法国的大陆法系传统有非常重要的关系，由于不存在"遵循先例"的原则，法国法院有关国家豁免案件的判决对之后法院审理类似案件并没有强制约束力，这就造成了各国法院实践不一的情况。④

法国法院在司法实践中采取限制豁免立场的典型案例是 1969 年的伊朗铁道管理局诉东方快速运输公司案（Administration des Chemins de fer fu Gouvernement Iranien v. Societe Levant Express Transport）。在该案中，原告是一家法国公司，因其运往伊朗的货物受损，对伊朗铁道部提起诉讼。在上诉审中，法国最高法院指出，外国国家只有在进行主权行为时才享有豁免。本案涉及的铁路运输行为依照伊朗国内法不是行使主权行为，属于商业行为，因此不享有管辖豁免。⑤ 法国上诉法院 1993 年审理的爱沙尼亚共和国案也是有关限制豁免立场的比较有影响的案例。爱沙尼亚于 1990 年 3 月宣布脱离苏联而独立，1991 年在法国法院起诉要求获得苏联在法国的一处房产的所有权，该房产曾用作使馆用房。在一

---

① E. Lauterpacht, C. J. Greenwood, ed., *International Law Reports*, Vol. 45, 1971, p. 57.

② 参见黄进:《国家及其财产豁免问题研究》，中国政法大学出版社 1987 年版，第 144 页。

③ 在 1929 年苏联诉法国出口公司案（USS. R. v. Association France-Export）中，法国最高法院认为苏联商务代表处的商业行为不应享有主权豁免。而在夏利皮诉苏联案（Chaliapine v. USS. R.）中，法国最高法院又认为苏联商务代表处雇佣苏联员工的行为是一种主权行为，苏联和波兰等国的国有化行为也被认为是主权行为，而苏联违反著作权法的行为则被认为是非主权行为。参见陈纯一:《国家豁免问题之研究——兼论美国的立场与实践》，台湾三民书局 1997 年版，第 71 页。

④ 参见黄进:《国家及其财产豁免问题研究》，中国政法大学出版社 1987 年版，第 144 页。

⑤ E. Lauterpacht, C. J. Greenwood, ed., *International Law Reports*, Vol. 45, 1971, p. 236.

审中，法院认为，使馆的房产享有豁免权，因此法国法院无管辖权。爱沙尼亚于是上诉至巴黎上诉法院。上诉法院认为，外国国家的管辖豁免并不是绝对的，使领馆的房产虽然不可侵犯，但两个国家因位于法国境内的不动产归属而发生纠纷，根据现有国家豁免规则，法国法院应该对案件有管辖权。①

总而言之，法国目前已经明确采取了限制豁免理论。商业例外也成为法国法院在审理相关案件时所需要考虑的重要问题。

5. 国家豁免在日本的历史进程

日本作为亚洲乃至世界范围内的经济强国，其有关国家豁免中商业例外的观点同样对我国进行相关方面的立法工作有非常重要的影响。与上述几个国家不同的是，日本国内的司法实践、日本参加的国际条约和学界所表现出的有关国家豁免的基本立场并不相同。到目前为止，日本关于国家豁免的最重要的司法判例是 1928 年的松山诉中华民国案（Matsuyama and Sano v. The Republic of China）。在该案中，法院认为一个国家不应接受另一个国家的管辖，除非它自愿放弃豁免。法院发布送达和传票的行为是法院行使其职权，但该行为不应对一个不接受日本法院管辖的国家产生任何效力。② 该案是日本法院第一次面对国家豁免问题作出的司法判例，日本法院在该案中采取了绝对豁免的立场。依据日本学者的研究，日本最高法院的简介显然是受到了当时英国法院和学者的影响。日本第二次世界大战后的判决大多遵循松山案的意见。如 1997 年 3 月东京地方法院就依据松山案确立的原则决定美国政府免受日本法院的管辖。在该案中，东京西部一个航空基地附近的居民要求美国军方赔偿因为飞机起降产生噪声所造成的损失，并且禁止美军飞机在夜间起降。由于 1996 年日本最高法院曾要求各地方法院在审理外国政府作为被告的案件时，必须经由最高法院请求日本外务省询问该国是否愿意出庭参加聆讯。日本东京地方法院经由外务省确定美国政府拒绝出庭后，依据松山案的意见驳回了该案的起诉。③ 需要指出的是，松山案在一个很长的历史时期内，主导了日本关于国家豁免的主要立场，也是日本坚持绝对豁免理论的一个最重要的司法判例。

但自 21 世纪起，日本在国家豁免问题上的态度就有了很大的转变。2002 年日本最高法院通过"横田基地案"的判决开始由绝对豁免主义转向限制豁免主义，在本案中，日本最高法院没有坚持其绝对豁免主义的立场，而是对国家行为进行了区分，强调美国享有豁免的原因是由于该行为是主权行为。其最终通过 2006 年的巴基斯坦贷款案确立了其限制豁免主义的立场。在本案中，日本法院将巴基斯坦政府购买电脑的行为认定为私行为，认为其对于此种行为享有管辖权，巴基斯坦政府不能够享有豁免。④ 就这样，日本率先通过司法实践，实现了由绝对豁免向相对豁免的转变。

① E. Lauterpacht, C. J. Greenwood, ed., *International Law Reports*, Vol. 113, 1999, pp. 477-480.

② Matsuyama and Sano v. The Republic of China, UN State Immunity Materials, pp. 338-339.

③ Yuji Iwasawa, *Japan's Interactions with International Law：Western or Nonwestern Approaches? The Case of State Immunity*, Japan and International Law：Past, Present and Future, International Symposium in Commemoration of the Centennial of the Japanese Association of International Law 1997, p. 117.

④ 参见何志鹏、都青：《法治中国视野下的国家豁免问题——从日本、韩国比较法角度的研究》，《甘肃政法学院学报》2017 年第 2 期，第 37 页。

同时，日本政府参加的条约和相关实践则呈现出不同的历史发展路径。1960 年亚非法律咨询协商委员会曾提出一份报告，建议国家的商业行为不应当享有豁免。日本政府对该提议表示了支持。日本参加的《联合国海洋法公约》和《领海及毗连区公约》都认为国有船舶在从事商业活动时享有同私人船舶同样的待遇。① 1953 年的《日美友好通商条约》则规定，缔约双方的企业，无论为国有或者为国家所控制，如果在对方境内从事商业、工业、运输或者其他业务，则不得为其自身或者财产请求享有纳税、审判或者执行判决的豁免。② 所以说，从上述条约的内容来看，日本同样坚持限制豁免的主张。

第二次世界大战后，日本学界几乎一致认为应当采取限制豁免的立场。曾任联合国国际法委员会起草有关《联合国国家豁免公约》第二任报告员的小木曾本雄（Motoo Ogiso）也采取了相同的立场。③

这些日本在国际条约中的相关实践以及日本学界的立场最终引导了日本在立法上逐步向限制豁免的立场转变。日本在加入《联合国国家豁免公约》后于 2009 年通过《日本对外国国家民事管辖法》接受了限制豁免原则。④

除了上述国家之外，还有相当数量的国家在立法和实践中明确表示以限制豁免理论作为其国家豁免制度的指导思想。总的来说，20 世纪 70 年代以来，世界绝大多数国家通过立法、司法判例等方式实施限制豁免。⑤其中，美国、英国、加拿大、澳大利亚、新加坡、南非等普通法系国家早已通过单行的国家豁免立法实施限制豁免原则，意大利、德国、法国、瑞典等欧洲国家通过国内法院判例或加入 1972 年《国家豁免欧洲公约》及其附加议定书等方式实施限制豁免原则，巴西等拉美国家以及韩国等亚洲国家通过司法实践确立了限制豁免原则，俄罗斯也已于 2015 年通过《俄罗斯关于外国国家和财产在俄罗斯联邦的管辖豁免法》实施限制豁免原则。

国家豁免制度从诞生之初到现在经历了漫长的发展历程。在这一漫长的历史时期中产生了两种影响深远的理论——绝对豁免理论和限制豁免理论。在国家豁免制度诞生之初，各国均坚持绝对豁免的立场，认为从主权平等理论出发，一国的行为和财产绝对不受他国法院的管辖，唯一的例外只能是该国自身的放弃。之所以产生这样的理念是因为在当时国家的行为较为单一，绝大多数的国家行为体现为纵向的管理行为，国家也很少介入或者根

---

① Yuji Iwasawa, *Japan's Interactions with International Law：Western or Nonwestern Approaches? The Case of State Immunity*, *Japan and International Law：Past，Present and Future*, International Symposium in Commemoration of the Centennial of the Japanese Association of International Law 1997, pp. 121-122.

② 参见陈纯一：《国家豁免问题之研究——兼论美国的立场与实践》，台湾三民书局 1997 年版，第 79 页。

③ Yuji Iwasawa, *Japan's Interactions with International Law：Western or Nonwestern Approaches? The Case of State Immunity*, *Japan and International Law：Past，Present and Future*, International Symposium in Commemoration of the Centennial of the Japanese Association of International Law 1997, pp. 123-124.

④ 参见李庆明：《论中国〈外国国家豁免法〉的限制豁免制度》，载《国际法研究》2023 年第 5 期，第 30 页。

⑤ 参见李庆明：《论中国〈外国国家豁免法〉的限制豁免制度》，载《国际法研究》2023 年第 5 期，第 30~31 页。

本不介入私人从事的经济活动领域。此时的国家行为和财产绝大多数体现了国家的主权权力，不受他国法院的管辖也是题中之义。今天再来审视绝对豁免的理由，应当认为并不是行为和财产的国家属性决定了行为和财产能够享受豁免，真正决定行为和财产能够享受豁免的根源在于行为的主权属性。当那个时期的国家行为和财产基本上体现了国家的主权权力时，绝对豁免的理念也就应运而生了。在此基础上产生的绝对豁免理论符合了当时的实践需要，也同样符合国家主权理论的内在要求。在当时的特殊时代背景下是最为适当的国家豁免理论。

随着历史的不断发展，从 19 世纪开始，国际社会发生了很大变化。国家之间的交往日益频繁，国家行为的种类也日益丰富。国家越来越多地进入过去只能由私人主体进行经济活动的领域，国家开始从事私人经济体从事的行为。当实践中发生这种变化时，国家的行为和财产已经不再必然地体现国家的主权权力。这种事实的变化必然在理论发展上有所反映。由此，限制豁免理论应运而生。该理论认为只有体现国家主权权力的行为和财产才能够豁免于外国法院的管辖，国家的非主权权力行为和财产应当接受外国法院的管辖。唯有如此才是主权平等理论的真正恰当的体现。根据自身发展水平的不同，世界主要发达国家先后从绝对豁免的立场向限制豁免立场转变。美国和英国作为当时世界上最发达的国家率先完成了这一转变，通过立法的形式明确了限制豁免的立场。其他国家也紧随其后，德国、法国和一些其他国家也相继出现了限制豁免的司法实践。可以说，从"二战"之后，主要发达国家已经逐步进入限制豁免的时代。必须指出，这种变化并不是由于限制豁免理论本身比绝对豁免理论本身更好，而是由于限制豁免理论同当时的社会发展阶段更为契合。当然，在关注相似的发展趋势过程中也必须认识到个体的差异。由于各国发展水平的不同，并不是所有的国家都具备了限制豁免理论生存和发展的土壤。限制豁免理论主要在发达国家扎根也很好地佐证了这一观点。根据发展水平的不同，采取不同理论的做法也是适当和合理的。各国对于国家豁免问题的不同立场正是上述主张的反映。各国的司法实践也反映了这一特点：在美国已经进入限制豁免的同时，德国和法国却更多地坚持绝对豁免的判决；在英国和日本已经制定以限制豁免为指导的立法的同时，仍旧有相当数量的国家坚持绝对豁免的立场。① 这些都说明国家豁免理论和制度因时而异、因国而异。

就目前的发展阶段来说，从理论研究和司法实践两个方面出发，限制豁免理论已经成为目前国际社会中主要国家采取的立场，根据限制豁免理论，国家的行为和财产不受他国法院的管辖是国家豁免制度的一般原则。国家的行为和财产在特殊情形下不得援引国家豁免是国家豁免制度的例外情形。在国家豁免制度的众多例外情形之中最重要和常见的就是商业例外。商业例外不仅构成了管辖豁免中最重要的独立条款，而且在其他管辖豁免例外中也体现了商业因素。执行豁免中的核心问题仍旧是商业例外。作为从限制豁免理论中引申出的例外条款，其正当性的法理依据无疑在于作为其基础的限制豁免理论的适当性。可以说，虽然限制豁免理论对于国家豁免中商业例外的制度设计并没有决定性的帮助和影响。但其为国家豁免中的商业例外制度存在的合理性和合法性提供了最

---

① 参见李庆明：《论中国〈外国国家豁免法〉的限制豁免制度》，载《国际法研究》2023 年第 5 期，第 31 页。

坚实的保障。了解国家豁免制度的发展历程、相关理论尤其是限制豁免理论的适当性无疑是了解国家豁免中商业例外的前提和起点，而且限制豁免理论在某种程度上对国家豁免中商业例外问题的条款设计也有深远的影响。总之，从现实的情况来看，限制豁免理论符合历史发展阶段的需要，被越来越多的国家采纳；从发展的角度看，随着本国经济的进一步发展，仍旧采取绝对豁免理论的部分发展中国家也将逐步接受限制豁免理论。无论现在或不远的将来，由限制豁免理论引申出来的国家豁免中的商业例外制度都具有符合实践要求的、适当的、坚实的理论基础。在限制豁免理论的指引下，国家豁免中的商业例外制度也将逐步完善。

值得强调的是，应当辩证看待目前一些发展中国家仍旧遵循绝对豁免理论的情况。一方面，这种情况不能说明这些国家采取了错误的理论和主张。各国的发展情况有所不同，如前所述，限制豁免理论是在国际经济日益发展、国家职能日益丰富的背景下发展起来的。部分发展中国家由于经济发展的落后，并没有像诸多发达国家一样具有丰富的国家职能，国家作为主权者也很少参与到民商事行为中，所以目前部分发展中国家采取绝对豁免理论也是符合其国情的。另一方面，这种情况也不能阻挡限制豁免理论成为当今乃至以后的发展趋势。目前多数国家的经济发展水平已经使得国家越来越多地参与民商事行为，这种背景决定了限制豁免理论已然成为现今国际社会的主流。社会总是向前发展的，即使现在由于经济发展水平滞后而采取绝对豁免理论的国家也处在不断发展中，终有一日会满足采纳限制豁免理论的现实需要。要将国家豁免理论的发展看成是一个动态的不断发展的过程，没有哪一个理论处于绝对正确的地位，不同的时代，不同国家的实践情况决定了不同的理论。通俗地说就是没有最好，只有最合适。结合我国的情况，从发展的眼光来看，限制豁免理论作为国家豁免制度的指引是合适的。目前我国的《外国国家豁免法》也体现了这一观点。

第二节　国家豁免中商业例外的措辞、定义和范围

本章第一节主要论述了国家豁免中商业例外制度的理论基础，从本节开始将会重点论述国家豁免中商业例外制度的具体问题，诸如措辞、定义、条文设计等。其他著作和文章中对国家豁免商业例外制度的研究主要集中于管辖豁免中的专门商业例外条款。笔者认为国家豁免中的商业例外问题所包含的内容应当更为宽泛，除了管辖豁免领域中独立的商业例外条款外，在部分其他管辖豁免例外中，商业因素也是不可或缺的重要内容。这些含有商业因素的例外条款应当作为广泛意义上的国家豁免商业例外制度的研究对象。与此同时，商业例外也是执行豁免中的核心问题之一。所以笔者认为应当从更为广泛的角度对国家豁免中的商业例外问题进行综合、全面的考察。在下文中，本书将从商业行为的措辞、定义和范围，商业行为的判断标准和立法中的商业例外条款三个大方面进行考察，并对国家豁免法中的商业例外条款的三个方面，即管辖豁免中专门的商业例外条款、其他管辖豁免例外中含有商业因素的条款和执行豁免中的商业例外条款进行全面、细致的分析。

本节主要对国家豁免中商业例外的措辞、定义和范围进行阐述和分析，试图通过对各

国国内立法和主要国际条约中关于该问题的规定总结出恰当和合适的商业例外的定义和措辞，并且在明确定义的基础上进一步确定国家豁免法中商业例外的范围，为我国的相关立法提供借鉴。

一、商业例外的措辞

商业例外可以理解为基于商业行为而产生的不得援引国家豁免制度的例外情形。商业例外的措辞也集中于对"商业行为"的具体语词运用。综合比较各国立法和国际条约中关于商业行为的表述和措辞，商业行为的表述呈现出多样化的特点，主要表现为商业行为（commercial activity or action）、商业交易（commercial transaction）和商业合同（commercial contract）三种措辞。在各国的国家豁免法中多使用了商业行为的表述。如 1978 年《英国国家豁免法》第 3 条第 3 款、1979 年《新加坡国家豁免法》第 5 条第 3 款、1981 年《巴基斯坦国家豁免法令》第 5 条第 3 款、1981 年《南非外国国家豁免法》第 4 条第 3 款和 1985 年《澳大利亚外国豁免法》第 11 条第 3 款等。[1] 联合国在 1986 年提交国际法委员会的一读草案中使用了"商业合同"的表述。但是国际法委员会一些成员和第六委员会一些代表团表示使用"商业交易"一词更合适，因为"交易"一词的意义比"合同"一词更为广泛，前者还包括商业谈判等非订立合同的活动。因此，国际法委员会在 1991 年二读通过条款草案时将原来的"商业合同"改成了"商业交易"。[2] 公约正式文本和二读草案的用词没有任何变化。

或许有人会认为立法中关键的内容在于商业行为的具体内容，至于具体的表述方式只是次要的环节，各国的不同文化和语言习惯决定了各国会采用不同的措辞。但笔者认为这一问题并非如此简单，这三种措辞从语义的角度理解已然具有本质的区别。行为的含义最为广泛，根据《布莱克法律词典》，行为包含三方面内容。第一层内容为做某件事情或者行为的过程，第二层内容为做的事情，第三层含义还可以作为专利进行解释。[3] 立法中的行为显然兼具前两层含义。行为这种措辞具有最广阔的外延，任何活动都可以被纳入行为的范畴。体现在商业行为的措辞也具有同样的特点，任何与商业有关的行为和活动都可以归入商业行为的范畴之中。在《布莱克法律词典》中，"交易"的含义与行为不同，该词语更强调具有交换意味和内容的行为或者活动。[4] 从外延上来说，该词语相较于行为略为狭窄。一些没有交换内容但同样是为商业服务的活动严格说来无法成为交易所涵盖的部分。"合同"在《布莱克法律词典》中的含义较为多样，主要集中于双方或者多方能够产生相关义务的协议，作为协议效力证明的书面证据，一种协议的具体表达方式或者在民法上表示与侵权相对应的一种责任形式。[5] 不论何种含义，合同中的这一措辞都含有双方或者多方

---

[1]　在这些国家的立法中商业行为的表述也不尽相同，有的用 commercial activity，有的用 commercial action。但笔者认为这两种表述在含义上并没有本质的区别，故统一代之以商业行为的称谓。

[2]　Hazel Fox, *The Law of State Immunity*(2nd ed.), Oxford University Press, 2008, p. 539.

[3]　Bryan A. Garner Chief, *Black's Law Dictionary*(8th ed.), West Group, p. 31.

[4]　Bryan A. Garner Chief edit, *Black's Law Dictionary*(8th ed.), West Group, p. 1535.

[5]　Bryan A. Garner Chief edit, *Black's Law Dictionary*(8th ed.), West Group, p. 341.

意思表示一致的内容在内。该措辞的范围更为狭窄，诸如市场调查等单方行为无法被纳入其中。

综合比较三种措辞，笔者认为商业行为的表述最为适当，这种措辞具有最为宽泛的外延，可以将和商业有关的一切活动均纳入商业行为的范畴。随着整个国际社会经济水平的进一步发展，很有可能会出现新的与商业有关的行为方式，只有使用商业行为的表述才会使国家豁免法在出现新型的商业活动时不至于出现解释方面的问题。所以说，无论从外延形式的广泛性还是从发展的角度，抑或是从法律解释的角度，"商业行为"都是最适当的表述方式。

二、商业行为的定义

综合分析关于国家豁免中商业行为定义的相关规定。笔者认为目前的国际国内立法中对于该问题的规定主要体现为三种模式或者说三种定义方法，分别为直接定义法、间接列举法和混合方法。下文将主要分析和评价这三种方法的优劣并总结出最合适的商业行为定义方式，以期为我国的相关立法提供借鉴和参考。

(一)直接定义法

该种定义方法以美国、加拿大和《美洲国家管辖豁免公约草案》为代表。此种方法直接规定商业行为的内涵，通过以"商业行为是什么"的文字表述方式作出了对商业行为的定义。

美国有关国家及其财产豁免的专门立法——1976年《外国主权豁免法》(以下简称FSIA)无疑对国家及其财产豁免问题的研究具有重要意义。美国在这部法律中明确规定对国家及其财产豁免采用限制豁免立场，国家的商业行为不得豁免于美国法院的管辖。① FSIA 在第 1603 条第 4 款中对商业行为进行了界定。即 FSIA 中的商业行为是某种经常性的或特殊的商业活动或交易，判断该行为是否为商业行为的标准是行为的性质而非其目的。② 该法将对商业行为的定义和"商业"属性的判断标准合并在同一个条款进行了规定。就商业行为的定义来说，该法的规定并不算突出，甚至可以说比较糟糕。虽然试图解释商业行为的内涵但并没有实现，有用概念解释概念的嫌疑。

《加拿大国家豁免法》在第 2 条中规定了商业行为的定义。依据该条规定，商业行为是指具有商业性质的任何特别交易、活动或者行为，或者任何经常的商业活动过程。③ 该法中的规定具有同美国立法类似的特点，都将对商业行为的定义和商业行为的判断标准合并在同一个条款中进行了规定，但同样没有明晰商业行为的内涵。

---

① 28 USC. The Foreign Sovereign Immunity Act. Art. 1602 (1976).

② "A 'commercial activity' means either a regular course of commercial conduct or a particular commercial transaction or act. The commercial character of an activity shall be determined by reference to the nature of the course of conduct or particular transaction or act, rather than by reference to its purpose." 28 USC. The Foreign Sovereign Immunity Act. Art. 1603(d) (1976).

③ "Commercial activity means any particular transaction, act or conduct or any regular course of conduct that by reason of its nature is of a commercial character." Canada State Immunity Act 1982, Art. 2.

《美洲国家管辖豁免公约草案》是美洲国家组织泛美法律委员会于 1983 年提出的。美洲国家组织是由美国和拉丁美洲国家组成的区域性国际组织，其前身是美洲共和国国际联盟，成立于 1890 年 4 月 14 日，1948 年在波哥大举行的第 9 次泛美大会上改称现名；目前有 30 个成员国，并先后有 16 个欧美及亚非的国家或地区在该组织派有常驻观察员。其中的成员国主要是拉丁美洲国家。虽然该公约草案迄今为止尚未生效，但由于其在一定程度上代表了很多拉美国家关于国家豁免问题的立场，笔者仍旧将其中关于商业例外的规定进行分析以供我国在制定相关立法时予以参考。该公约在第 5 条规定了国家豁免的商业例外。该条规定，国家在涉及法院地国境内发生的交易或商业行为时不得援引国家豁免。条款中国家的交易或者商业行为指根据日常的商业运营能够被认定具有商业属性的特殊交易、商业或者交易行为。① 该条款同时规定了商业行为的定义、判断标准。该规定的特点与美国以及加拿大的立法极其类似。与之前美国和加拿大立法中关于商业行为定义不同的是，《美洲国家管辖豁免公约草案》除了规定了商业行为的定义外，还对其判断标准进行了进一步的明确规定。这种明确规定不是美国和加拿大立法中那种模糊性的定义，而是给出了较为明确的判断标准，即根据日常的商业活动能够被认定为具有商业属性的行为。这种定义方式仍旧属于直接定义的范畴，但相较美国和加拿大的立法更为准确、对司法实践也具有更强的指导意义。

综合分析上述立法中关于商业行为的定义方式和内容。笔者认为直接定义方法具有如下特点：第一，此种定义方法在条文设计方面的具体文字表述为"商业行为是什么"，试图通过阐释商业行为的内涵对商业行为进行界定。但遗憾的是上述三种立法均没有能够很好地解释这一问题。只有《美洲国家管辖豁免公约草案》进行了尝试。第二，此种定义模式往往将商业行为的定义和商业行为的判断标准合并在同一个条款中进行规定。也可以理解为立法者意图表现的商业行为的内涵就是同款后续条文中规定的行为商业属性的判断标准。第三，此种立法模式从逻辑上来说较为周延。通过从解释商业行为的内涵出发进而对商业行为的判断标准进行规定，最终完成整个商业例外条款的设计。但此种模式最大的弊端在于容易陷入用概念解释概念的死循环，对于司法实践缺乏现实的指导意义。法官无法仅仅通过条文对商业行为的定义来对现实案件中行为的属性加以判断。

(二) 间接列举法

该种定义方法以英国、澳大利亚、巴基斯坦、新加坡、南非和《联合国国家豁免公约》为代表。其中澳大利亚、巴基斯坦、新加坡和南非大多参考了英国法中关于商业行为的定义，并且与英国法中关于商业行为的定义几乎没有区别。《联合国国家豁免公约》虽然也采取了英国法中的定义模式，但相较英国法中的规定更为进步。笔者将以英国和《联合国国家豁免公约》为例对这种定义模式进行分析。

---

① "States shall not invoke immunity against claims relative to trade or commercial activities undertaken in the State of the forum. Trade or commercial activities of a State are construed to mean the performance of a particular transaction or commercial or trading act pursuant to its ordinary trade operations." Inter-American Draft Convention on Jurisdiction Immunity of States，Art 5.

《英国国家豁免法》第 3 条第(3)款对商业行为的定义进行了阐释。该款分 3 项对商业行为的内涵进行了阐述。① 第 1 项的规定为：任何提供货物或者服务的合同。该条款规定的合同范围是非常广泛的，包括货物和服务的买卖、交换、租赁以及储存等方面。国家在其中可能表现为货物和服务的提供者、接受者或者其他类型的参与者。其中对于货物的认知是正确理解该条款内容的关键，必须注意几种特殊类型的物品。首先是无形财产②的问题。1978 年《英国国家豁免法》并没有给出货物的定义。该术语的定义是由 1979 年《货物买卖法》规定的。该法规定货物应当理解为除了无形财产和金钱外的任何个人的有形财产。③ 但也有案例明确表示无形财产的买卖应当被视为货物的买卖。所以，目前并没有关于货物定义的权威解释。股票、债券的买卖能否被视为货物的买卖仍旧要看法官的自由裁量。对计算机软件的认定也没有清晰的结论。④ 其次是自然资源的认定。根据该条款的目的，石油、水、天然气等自然资源理所当然地被认定为属于货物的范围。唯一需要指出的是，这里被认定为货物的自然资源必须是已经被开采出的。已经被探明尚未被开采出来的自然资源不属于货物的范畴。⑤

该款第 2 项规定：任何贷款或其他提供资金和保证的行为，或有关此等行为的补偿，或其他金融债务都被认定为商业行为。这里的国家既可作为贷款和资金的提供者，也可以作为接受者。这类的行为应当具有广泛的含义，信用证、交易凭证、汇票、银行对账单等均应被理解为属于豁免法规定的金融义务。

该款第 3 项规定：国家除行使主权外所参加或从事的任何其他行为或活动不论是否为商业的、工业的、金融的、职业性的或其他类似性质的行为或活动。对该条款的理解必须注意三个问题。首先，这里的行为或者活动的含义是非常广泛的，不仅包括契约还包括诸如单方行为等具有法律意义的行为。其次，虽然文中列举的商业、工业等领域可以被认为是范围广泛，但同样也可以被认为排除了明显具有不同性质的领域，如文化领域和家庭领域。最后，该条款运用了国际法中关于限制豁免的理论，即对国家的行为进行分类，只有

---

① (3) In this section "commercial transaction" means— (a) any contract for the supply of goods or services; (b) any loan or other transaction for the provision of finance and any guarantee or indemnity in respect of any such transaction or of any other financial obligation; and (c) any other transaction or activity (whether of a commercial, industrial, financial, professional or other similar character) into which a State enters or in which it engages otherwise than in the exercise of sovereign authority; but neither paragraph of subsection (1) above applies to a contract of employment between a State and an individual." 参见 U. K. State Immunity Act 1978, Art. 3。

② 又被称为据法权产，与有形财产相对，该短语还能够被理解为诉讼财产，但根据参考文献上下文的解释。这样的理解是较为合适的。

③ Guset, *Benjamin's Sale of Goods*(6th ed.), 2002, paras. 1-078.

④ Aadrew Dickinson, *Rae Lindsay and James Loonam*, *State Immunity Selected Materials and Commentary*, Oxford University Press, 2005, p. 358.

⑤ Guset, *Benjamin's Sale of Goods*(6th ed.), 2002, paras 1-087. 从该问题来看，《英国国家豁免法》的规定明显比《美国外国主权豁免法》中商业行为的认定更为广泛。如前所述，在美国的司法实践中，有关自然资源的行为一般都被认定为属于一国的主权行为。

国家的主权行为才能够享有豁免。①

英国法中对于商业行为的定义具有两个最显著的特点。第一，从逻辑上讲，英国法中关于商业行为的定义并不完备。该法并没有阐释或者试图阐释商业行为的内涵，而是直接对商业行为的外延以不完全列举的方式进行了规定。第二，英国法中关于商业行为的规定在某种程度上突破了商业属性的要求，实际上扩大了商业行为的范围，将不能纳入其他例外的国家非主权行为视为商业行为进行处理。

《澳大利亚国家豁免法》在第 11 条综合规定了商业行为的定义和管辖豁免中适用商业例外的具体情形。该法第 11 条第 3 款规定了商业行为的定义：外国国家已经进入或从事的商业、贸易、交易、职业、工业或类似交易，但不以上述内容为限，还包括提供货物或服务的合同，贷款或其他提供资金交易的协议和为金融债务提供的担保或保证。但雇佣合同和期票（bill of exchange）被明确排除在外。② 该法的规定与英国类似，其中的区别主要有两点：一是没有进行主权行为和非主权行为的划分，而是明确将某种行为排除在商业行为之外。

《南非外国国家豁免法》第 4 条规定了商业行为的定义和管辖豁免中商业例外适用的具体情形。该法第 4 条第（3）款规定，商业行为是指：（a）任何提供货物或服务的契约；（b）任何贷款或其他提供资金和保证的行为，或有关此等行为的补偿，或其他金融债务以及；（c）国家除行使主权权力外所参加或从事的任何其他行为或活动不论是否为商业的、工业的、金融的、职业性的或其他类似性质的行为或活动，但不包括国家和私人之间订立的雇佣合同。③ 南非的立法完全借鉴了英国立法的内容，如果仔细观察二者在语词的运用方面都具有惊人的一致。

《巴基斯坦国家豁免法令》第 5 条规定了商业行为的定义和管辖豁免中适用商业例外的情形。该法第 5 条第（3）款规定巴基斯坦国家豁免法中的商业行为是指：（a）任何提供货物或服务的契约；（b）任何贷款或其他提供资金和保证的行为，或有关此等行为的补偿，或其他金融债务以及；（c）国家除行使主权权力外所参加或从事的任何其他行为或活

---

① 需要注意的是，虽然该项提到了主权行为和非主权行为的划分。但由于该项只是商业例外规定中的一个小项。在判断某一行为是否为商业行为时不能直接套用主权行为和非主权行为分类的方法。必须严格按照第 3 款的规定，只有当某一行为无法归入第 3 款第 1、2 项的范畴，而又是非主权行为时，才能够利用第 3 项的规定认定为商业行为。

② "Commercial transaction means a commercial, trading, business, professional or industrial or like transaction into which the foreign state has entered or a like activity in which the state has engaged and without limiting the generality or the foregoing, includes-（a）a contract for the supply of goods or services；（b）an agreement for a loan or some other transaction for or in respect of the provision of finance；and（c）a guarantee or indemnity in transpect of a financial obligation, but does include a contract of employ or a bill of exchange." Australia Foreign State Immunity Act 1985, Art. 11.

③ （3）In section（1）"commercial transaction" means—（a）any contract for the supply of services or goods；（b）any loan or other transaction for the provision of finance and any guarantee or indemnity in respect of any such transaction or of any other financial obligation；and（c）any other transaction or activity or a commercial, industrial, financial, professional or other similar character into which a State enters or in which it engages otherwise than in the exercise of sovereign authority；But does not include a contract of employment between a foreign state and an individual. South Africa Foreign State Immunity Act 1985, Art. 4（3）.

动不论是否为商业的、工业的、金融的、职业性的或其他类似性质的行为或活动。①

《新加坡国家豁免法》第 5 条第 3 款规定了商业行为的定义。新加坡国家豁免法中商业行为指：（a）任何提供货物或服务的契约；（b）任何贷款或其他提供资金和保证的行为，或有关此等行为的补偿，或其他金融债务以及；（c）国家除行使主权权力外所参加或从事的任何其他行为或活动不论是否为商业的、工业的、金融的、职业性的或其他类似性质的行为或活动。②

上述国家关于商业行为的定义与英国法中的规定如出一撤。笔者不再进行深入分析。下面将重点分析 2004 年《联合国国家豁免公约》中关于商业行为的定义。

早在 1948 年，联合国国际法委员会就选择了国家及其财产的管辖豁免作为其未来编纂工作的重点。③ 但有关该问题的国际法编纂工作直到 1977 年年底才真正开始。鉴于各有关国家豁免的立法、实践和学者意见纷繁复杂而且主要的资料多来自西方发达国家。为了消除分歧，实现统一并希望能够充分反映广大发展中国家的意见。联合国大会于 1977 年 12 月 19 日作出决议要求联合国国际法委员会开始进行有关《国家及其财产的管辖豁免公约》的编纂工作。根据联合国大会的决议，国际法委员会正式将《国家及其财产的管辖豁免公约》的编纂工作列入议程并任命泰国籍外交官 Sompong Sucharitkul 为特别报告员。

草案的一读工作于 1986 年完成，当时的草案共有 28 个条文。联合国秘书长将草案转交给会员国并希望各会员国提出意见，共有 28 个会员国就该草案提出了他们的看法。④ 1987 年日本籍的 Motoo Ogiso 先生接替 Sompong Sucharitkul 先生担任二读工作的特别报告员，虽然其试图大幅改动一读所通过的条文，但由于联合国国际法委员会内各国的立场并不一致，所以在 1991 年联合国国际法委员会第 43 次会议通过并送交联合国大会的二读文本在内容和文字上与一读文本相差不大。⑤ 联合国大会于 1991 年邀请各国就国际法委员会提出的二读文本提出意见，总共有 22 个国家对该文本发表了看法。国际法委员会第六

---

① (3) In this section "commercial transaction" means— (a) any contract for the supply of goods or services; (b) any loan or other transaction for the provision of finance and any guarantee or indemnity in respect of any such transaction or of any other financial obligation; and (c) any other transaction or activity (whether of a commercial, industrial, financial, professional or other similar character) into which a State enters or in which it engages otherwise than in the exercise of sovereign authority. Pakistan State Immunity Ordinance 1981, Art. 5 (3).

② (3) In this section "commercial transaction" means— (a) any contract for the supply of goods or services; (b) any loan or other transaction for the provision of finance and any guarantee or indemnity in respect of any such transaction or of any other financial obligation; and (c) any other transaction or activity (whether of a commercial, industrial, financial, professional or other similar character) into which a State enters or in which it engages otherwise than in the exercise of sovereign authority. Singapore State Immunity Act 1985, Art. 5(3).

③ 参见龚刃韧：《国家豁免问题的比较研究——当代国际公法、国际私法和国际经济法的一个共同课题》(第二版)，北京大学出版社 2005 年版，第 137~138 页。

④ Comments and Observation from Governments, YBILC, Vol. 2 UN Doc. A/CN4./SER. A/1988, p. 45.

⑤ Report of the Commission to the General Assembly on the Work of Its Forty-third Session, YBILC, Vol. 2 A/CN4./SER.A/1991/Add.1, pp. 14-20.

委员会成立了一个工作小组专门对各国的意见进行梳理。经梳理后，委员会认为各国在某些条款上存在很大争议，需要通过进一步的工作方能解决。争议的核心在于商业交易的定义和判断商业交易的标准。对于该问题主要有两种观点，一种是纯粹以行为的性质作为商业行为的判断标准，另一种是除了行为的性质之外还要考虑到行为的目的。国际法委员会的草案采取了后一种观点，西方发达国家多对此表示了不满，希望能够完全以行为的性质作为判断的标准。① 虽然该条约于 2004 年 12 月 16 日经第 59 届联大通过。但其签字、批准和生效恐怕都要花费一个相当长的时间。无论如何，该公约体现了世界各国在联合国的引领下在国家豁免问题上制定统一的国际立法的努力，该公约虽然尚未生效，但仍旧是该领域中最重要的国际文件。

《联合国国家豁免公约》第 2 条第(1)款(c)项规定了商业行为的定义。该条规定，商业交易指：(1)为销售货物或为提供服务而订立的任何商业合同或交易；(2)任何贷款或其他金融性质之交易的合同，包括涉及任何此类贷款或交易的任何担保义务或补偿义务；(3)商业、工业、贸易或专业性质的任何其他合同或交易，但不包括雇佣人员的合同。② 虽然该公约也参考了英国的定义模式，但二者具有根本的差异。这种差异主要体现在三个方面。第一，行为的商业属性。英国法中并没有将行为的商业属性贯穿于整个商业行为的定义。其定义中的第一个部分是提供货物或者服务的合同。该部分并没有说明该合同的行为属性。这本身就扩大了商业行为的范畴，很有可能将涉及货物或者服务的非商业属性的合同也纳入英国国家豁免法中的商业行为。而该公约的做法则避免了这种现象的出现。其商业行为定义的第一部分在规定销售货物或者提供服务之外还特别规定了行为的商业属性。虽然只是在措辞中加上了"商业"二字，但造成的结果却是深远的。第二，金融性质的交易。英国法中列举了很多与金融有关的交易方式，条约中则简化为贷款和其他金融性质的交易。笔者认为条约中的措辞更加简练，并且同样涵盖了需要阐释的内容。在一读的

---

① 德国指出："在判断某项交易是商业交易还是非商业交易方面应采取哪项标准的问题，德国仍然认为决定国家是否享有豁免的判断标准只应当是涉及外国的交易的客观性质，而非其主观目的。如果国家行为的目的成为标准，那么，同外国的法律上的交易就具有无法计算的危险。"参见 UN Doc. A/53/274/Add. 1，p. 2。比利时在提交的建议书中也认为，在确定交易的商业性质时，应只考虑交易的法律性质而不必依据交易的目的。他们认为："如果采取目的标准，对私人会产生一个极不确定的因素，因为他事先无法知道交易是否附有管辖豁免。在这方面，人们有理由发表以下意见：'人们可以认为一国的任何活动——即使明显属于私法性质——均是以国家福利为目的的统治权行为。'目的标准似乎难以有效实施。"参见 UN Doc. A/48/313，p. 3。澳大利亚、美国、英国、意大利等也认为，目的依据在确定商业交易的性质当中，可能会引进一些主观的因素，从而以无法预见的方式扩大了主权的范围。参见 UN Doc. A/C. 6/47/L. 10，A/C. 6/47/L. 4。除了上述西方发达国家外，保加利亚也主张一个交易的商业特性应主要由其性质决定，交易的特性应该决定其目的。他们认为，如果使用目的的依据，未来可能由于不同的结果而产生许多纠纷。参见 UN Doc. A/C. 6/48/3，p. 3。

② "Commercial transaction" means：(i) any commercial contract or transaction for the sale of goods or supply of services；(ii) any contract for a loan or other transaction of a financial nature, including any obligation of guarantee or of indemnity in respect of any such loan or transaction；(iii) any other contract or transaction of a commercial, industrial, trading or professional nature, but not including a contract of employment of persons. United Nations Convention on Jurisdictional Immunities of States and Their Property 2004, Art. 2(1)(c).

草案中并没有"其他金融性质的交易",国际法委员会考虑到担保的义务不仅存在于贷款,也存在于具有金融性质的其他协议中。同样的情况也适用于保赔的义务。因此,委员会将担保义务与赔偿义务结合起来,使其同时适用于贷款合同和其他具有金融性质的协议。在1991 年的二读草案中采用了贷款和其他性质的金融交易的措辞。第三,行为的主权属性。《英国国家豁免法》在商业行为定义的第三个部分提到了行为的主权属性,规定其他工业等非主权行为也可以被认定为商业行为。该公约则去掉了主权属性的内容。仅仅规定商业、工业、贸易或专业性质的任何其他合同或交易。比较二者的内容,显然公约的做法更为可取。按照英国法中的规定,行为的主权属性只是在前两项规定不能够适用时才发生作用。也就是说,行为的非主权属性在英国法中只是判断商业行为的一个靠后的条件。这显然违背了限制豁免理论的初衷。该公约中第三部分在将其他商业合同纳入商业交易的同时没有提及行为的主权属性。这样做虽然没有起到像英国法中的规定那样明确提出行为主权性与非主权性在商业行为定义中的作用。但公约通过将商业性贯穿于整个定义实现了上述作用。相较于英国法中的规定来说,该公约的做法更加严谨、灵活。

综合对比以上国际、国内立法中关于商业行为定义的间接列举方式。我们发现该种定义方式的目的在于明确"商业行为有什么"。相较于直接定义法中试图阐释商业行为内涵的做法,间接列举法显然更注重于商业行为的外延。笔者认为这种定义方法较直接定义法更为灵活,对司法实践的现实指导意义明显更为突出,但从逻辑上来说同样并不完备。

(三)混合方法

该种定义方法综合了上述两种定义模式的优点。既规定了商业行为是什么,也规定了商业行为有什么。《以色列国家豁免法》中关于商业行为的定义采用了这种方式。该法在第1条中规定了商业行为的定义:该法中的商业行为是指具有商业性质的任何私法领域内的交易或行为,包括出售货物和服务的协议、有关金融、担保和赔偿的贷款和交易以及任何依据其性质未被包含在主权权利中的行为。① 该法中关于商业例外的定义综合了直接定义法和间接列举法的特点。从逻辑上讲,该定义方法同时考虑到了商业行为的内涵和外延,在说明了"商业行为是什么"之后进一步明确了"商业行为有什么",而且进一步明确了商业属性的判断标准。做到了逻辑上的完备。从内容上讲,该法将行为的主权属性和非主权属性作为定义商业行为的指导思想贯穿于整个商业行为的定义。另需指出的是,以色列法律在列举中使用了出售(sale)而非提供(supply),显然,从语义角度出发,《以色列国家豁免法》中的商业行为定义更为狭窄。

总之,《以色列国家豁免法》在商业行为的定义方面糅合了美国立法和实践、英国立法和《联合国国家豁免公约》中关于商业行为定义内容的特点,并在三者的基础上进行了升华。以色列立法中商业行为的定义既规定了判断商业行为的标准又规定了实践中商业行

---

① "Commercial transaction" means any transaction or activity within the sphere of private law which is of a commercial nature, including an agreement for the sale of goods or services, a loan or other transaction for finance, guarantee or indemnity, and which by its nature does not involve the exercise of government power. Israel Foreign States Immunity Law 2008, Art. 1.

为的主要构成要素，同时还以不完全列举的方式列举了商业行为可能的外在表现形式。更通过对主权行为和非主权行为的划分将上述三者形成了一个统一的有机整体，很好地体现了对已有立法成果的继承和发展。这对我国进行相关立法活动具有很大的借鉴意义。

当然也有立法没有规定商业行为的定义。如《阿根廷国家豁免法》和《欧洲国家豁免公约》等。但这种不加以规定的立法方式毕竟是少数。另外，除了上述三种定义模式外还需要注意的问题就是具体的条款安排。目前的国际国内立法中主要有两种方式，一种是在总则的定义部分规定商业行为的含义；另一种是在管辖豁免的商业例外中规定商业行为的定义。笔者认为将商业行为的定义放在总则中加以规定从结构上讲更为合理。

三、商业行为的范围

在解决了商业行为的措辞和定义之后另一个需要解决的问题是商业行为的范围。从现有的国际国内立法来看，商业行为的范围多是与商业行为的定义和措辞在同一个条款中进行规定。综合国际国内立法中关于商业行为范围的规定，商业行为的范围呈现出以下特点：

第一，商业行为的定义方法与商业行为的范围直接相关。首先，采取直接定义法的相关立法中对商业行为范围的规定是最简单的，同时也最宽泛的。以美国、加拿大和《美洲国家豁免公约草案》为例，这三部立法中根本没有对商业行为的范围进行明确的规定，只是简单规定凡是具有商业性质的行为都应当属于商业行为的范畴。立法中的简化规定反映在司法实践中恰恰会导致商业行为范围判定的泛化。也就是说凡是具有商业性质的行为都属于商业行为的范围。这样的规定明显过于宽泛，有使商业行为范围无限扩大的嫌疑。其中《阿根廷国家豁免法》中的规定较为特色，该法中将商业行为和工业行为并列进行规定但没有规定商业行为和工业行为的具体范围。由于该法中加入了工业行为的内容，致使商业行为的范围进一步加大。[1] 其次，采取间接列举定义方式的相关立法对商业行为的范围进行了详细的规定。以《英国国家豁免法》《澳大利亚国家豁免法》中的规定最为典型。[2] 英国法中规定商业行为包括：任何提供货物或者服务的合同；任何贷款或其他提供资金和保证的行为，或有关此等行为的补偿，或其他金融债务以及国家除行使主权外所参加或从事的任何其他行为或活动不论是否为商业的、工业的、金融的、职业性的或其他类似性质的行为或活动。《澳大利亚国家豁免法》规定的商业行为包括：外国国家已经进入或从事的商业、贸易、交易、职业、工业或类似交易，但不以上述内容为限，还包括提供货物或服务的合同、贷款或其他提供资金交易的协议和为金融债务提供的担保或保证。此种立法模式将商业行为的范围混合在商业行为定义的条款中。虽然从表面上看上述立法中对商业行为的范围进行了宽泛和细致的规定，但这种方法却较之于之前仅仅以行为的性质决定范

---

[1]　"Where the claim affects a commercial or industrial activity carried out by the foreign State and the jurisdiction of Argentinean Courts is applicable under the corresponding contract or under international law" Immunity of Foreign State from the Jurisdiction of Argentinean Courts 1995, Art. 2(c).

[2]　鉴于南非、巴基斯坦、新加坡和《联合国国家及其财产管辖豁免公约》中的规定和英国的规定类似，这里仅仅以《英国国家豁免法》中关于商业行为的范围进行分析和评价。

围则更为确定和狭窄。最后是混合定义法下商业行为范围的规定。《以色列国家豁免法》中规定的商业行为包括出售货物和服务的协议、有关金融、担保和赔偿的贷款和交易以及任何依据其性质未被包含在主权权利中的行为。《以色列国家豁免法》中有关商业行为范围的规定实际上和间接列举法下关于商业行为范围的定义相类似。总体而言，从规定方式上看商业行为范围的规定方式可以总结为两种：简而宽、繁而确。

第二，商业行为的排除。商业行为的排除从本质上讲是从反向的角度对商业行为的范围进一步予以明确。如果说各国关于商业行为范围的规定差异较大，关于商业行为排除的规定则大同小异。各国在国家豁免法中均规定商业行为不包括国家和私人之间的雇佣合同。澳大利亚法中还明确强调商业行为不包括期票。《联合国国家豁免公约》中虽然没有明确表示将知识产权和工业产权排除在商业行为的范围之外，但从其专门设立的知识产权和工业产权条款可以看出这种倾向。

笔者认为这三类被排除在商业行为之外的行为或者交易分别是出于不同的考虑。雇佣合同主要是出于政策定向的考虑被排除在普通的商业行为之外。在雇佣合同中被雇佣者多处于弱势地位，出于对弱者权益的保护和人权的考虑，相当数量的国家制定了单独的劳动法或者劳动合同法以及与之相类似的法规，赋予雇佣合同不同其他合同的法律地位。笔者认为正是这种弱者权益保护和人权保护的政策导向使各国在国家豁免法中将雇佣合同排除在商业行为的范畴之外。知识产权或工业产权则有所不同，笔者认为其区别于普通商业行为的特点决定了各国在立法中将其设置单独的条款进行规定。知识产权或工业产权与传统商业行为最大的不同在于其交易对象的无体性和权利保护的时间性和地域性。从这种特性出发将知识产权或工业产权排除在商业行为的范围之外是合适的。至于期票，笔者认为应该是出于本国特殊国情的考虑。从行为本身的特点和政策导向来说，期票并不具备区别于传统商业行为的特点，没有必要被排除在商业行为的范围之外。如期票在某国有特殊的法律地位或价值则不在此例。

总结各国法中关于商业行为范围规定的特点。笔者认为我国法中也应当对商业行为的范围进行明确的规定。具体内容应当包括三个方面，一是列举出可能的商业行为的具体形式，二是规定某些行为虽不在列举的范围内，但如具有商业性质仍旧属于商业行为的范围，三是根据国情的具体需要将某些行为明确地排除在商业行为的范围之外。综合这三方面的内容，我国可以将商业行为的范围规定为：商业行为包括提供货物和服务的行为、具有金融性质的交易和债务，以及其他具有商业性质的行为。国家和私人之间的雇佣合同和知识产权交易不属于本法中商业行为的范围。

我国最新的《外国国家豁免法》基本采用了上述混合模式，在规定商业行为内涵的基础上列举了部分外延。具体内容将在第五节进行论述评析。

本节对商业行为的定义、措辞和范围进行了深入细致的分析和阐释。在相关立法中，这三个问题往往合并在同一个条款中进行规定。

在商业行为的措辞问题上，有关的国际国内立法主要有商业行为（commercial activity or action）、商业交易（commercial transaction）和商业合同（commercial contract）三种表述。在这三种措辞中，商业行为具有最宽泛的外延，最能够适应国际经济快速发展的社会现实情况。应当在立法中以商业行为（commercial activity or action）作为合适的表述。

在商业行为的定义方面，各国立法中有直接定义法、间接列举法和混合方法三种定义模式。直接定义法以"商业行为是什么"的文字表述方式完成了对商业行为的定义。该种定义方法以美国、加拿大的立法和《美洲国家豁免公约草案》为代表。此种方法直接规定商业行为的内涵。此种定义方法的优点在于能够使人们了解商业行为的本质属性和基本特点。间接列举法以英国、澳大利亚、巴基斯坦、新加坡、南非的立法和《联合国国家豁免公约》为代表。该种定义方式的目的在于明确规定"商业行为有什么"。相较于直接定义法中试图阐释商业行为内涵的做法。间接列举法显然更注重于商业行为的外延。笔者认为这种定义方法较直接定义法更为灵活。通过这种定义方法，人们能够很快明确立法中的商业行为究竟包括哪些内容，对司法实践的现实指导意义明显更为突出。但这种完全回避商业行为内涵的定义方式从逻辑上讲不够完备。混合方法综合了上述两种定义模式的优点，既规定了商业行为是什么，也规定了商业行为有什么。《以色列国家豁免法》中关于商业行为的定义采用了这种方式。从逻辑上讲，直接定义法更强调商业行为的内涵，间接列举法更突出商业行为的外延，而混合方法则是对二者的综合。从定义的科学性考虑，一个完整的定义显然既要照顾到商业行为的内涵也要考虑到商业行为的外延。混合方法较前两种方法更有优势。从对司法实践的指导性上讲，直接定义法几乎无法适用于具体的司法实践，必须结合商业行为的判断标准才能具体适用于相关的案件。间接定义法对于司法实践具有更好的指导意义，仅根据定义中的内容就可以对具体案件中的行为属性进行判断。混合方法则很好地兼顾了直接定义法和间接列举法中的优势，可以为我国进行相关立法所借鉴。

在解决了商业行为的措辞和定义的基础上，需要进一步明确的便是商业行为的范围。商业行为的范围与商业行为的定义方式直接相关。一般来说采用直接定义法的国家并没有对商业行为的范围进行规定；采用间接列举法的国家对商业行为进行了非常详尽的规定，但这种规定又显得过于冗长；采取混合定义法的国家对商业行为范围的规定则恰到好处，即明确规定了商业行为的范围又较为简洁、精练。综合分析各国立法和国际条约中关于商业行为范围的规定，笔者认为对于商业行为范围的规定应当包括三个方面的内容：具体形式的列举、其他具有商业性质的行为和商业行为的排除。在这三个方面中，行为的商业属性应当作为贯穿始终的因素进行规定。具体形式可以将一国经济社会中常见的商业行为形式进行列举；商业行为的排除可以结合一国的政策导向、某类行为的特点和一国历史发展中具有特殊地位的交易形式进行规定；其他具有商业性质行为的目的在于将立法中没有列举但具有商业属性的行为纳入立法调控的范畴。

第三节　商业行为的判断标准

商业行为的判断标准一直是各国国家豁免法以及国际立法中最为核心的问题。它直接关系到司法实践中具体行为权力属性的判断。如果说商业行为的定义解决的问题是人们对商业行为的理解，那么商业行为的判断标准则解决究竟何种行为能够被判断为国家豁免中的商业行为。综合分析相关的国际国内立法，商业行为的判断标准也可以分为四种模式：性质标准、混合标准、交易习惯标准、无标准。其中最主要的是性质标准和混合标准。本节将重点分析和研究性质标准和混合标准，交易习惯标准和无标准仅仅在结论部分进行综合比较时进行简单介绍。

一、性质标准

(一) 立法中的"性质标准"

该种标准以美国、加拿大和以色列为代表。其中美国的规定最为明确，在规定了商业行为的定义后以专门条文特别说明判断商业行为的标准应是行为的性质而非行为的目的。FSIA 中明确规定：商业行为是某种经常性的或特殊的商业活动或交易，判断该行为是否为商业行为的标准是行为的性质而非其目的。① 虽然该规定非常明确，但仅仅就该规定本身而言仍旧无法直接适用于司法实践，留给人们的问题是行为的性质应如何加以判断。加拿大并没有通过条文中具体的文字表达(如"商业行为的判断标准是……"等类似的文字)表示出商业行为的判断标准。但通过其商业行为的定义我们可以发现加拿大也是以行为的性质作为判断的标准。《加拿大国家豁免法》中的商业行为是指具有商业性质的任何特别交易、活动或者行为，或者任何经常的商业活动过程。② 以色列的立法同加拿大的情况相类似。其立法中关于商业行为的判断标准同样隐含在商业行为的定义中。与加拿大和美国的立法不同，以色列的立法中明确提到了任何私法性质的行为都可以被理解为商业行为。这从根本上扩大了商业行为的判断标准，私法的范畴显然是大于商业这一范畴的。③ 另外值得一提的是《关于统一国有船舶国家豁免相关规则的布鲁塞尔公约》中的规定。该公约虽然没有规定商业行为的判断标准，但在条文中数次提到"和私人相同的方式"。④ 该规定与以色列立法中的做法不谋而合。可以说，私人能否从事相同或类似的行为成为性质标准的重要内容。这也与司法实践中对商业行为的判断标准的进一步一致。

(二) 司法实践中的"性质标准"

在采用性质标准的国家中，美国通过大量的司法实践对性质标准进行了充分的说明和补充。除此之外，没有进行国家豁免立法的部分国家也有部分判例表明该国对采用性质标准的倾向。笔者将以美国的相关实践为主线，结合各国的相关司法实践对"性质标准"进

---

① "A 'commercial activity' means either a regular course of commercial conduct or a particular commercial transaction or act. The commercial character of an activity shall be determined by reference to the nature of the course of conduct or particular transaction or act, rather than by reference to its purpose." 28 USC. The Foreign Sovereign Immunity Act. Art. 1976. 1603(d).

② "Commercial activity means any particular transaction, act or conduct or any regular course of conduct that by reason of its nature is of a commercial character." Canada State Immunity Act 1982, Art. 2.

③ "Commercial transaction" means any transaction or activity within the sphere of private law which is of a commercial nature, including an agreement for the sale of goods or services, a loan or other transaction for finance, guarantee or indemnity, and which by its nature does not involve the exercise of government power. 参见 Israel Foreign States Immunity Law 2008, Art. 1。

④ "As regards such liabilities and obligations, the rules relating to the jurisdiction of the Courts, rights of actions and procedure shall be the same as for merchant ships belonging to private owners and for private cargoes and their owners." Convention for the Unification of Certain Rules Concerning the Immunity of State owned Ships, Art. 2.

行深入剖析。

1. 美国的相关实践

为了解决立法中性质标准带来的实践困惑。美国法院通过一系列判例对商业行为的判断标准进行了补充和进一步明确。① 其中具有里程碑意义并被诸多法院和学者普遍认可的是 Weltover 案（Republic of Argentina and Banco Central De La Republic Argentina, Petitioners v. Weltover, Inc.）。在该案中，Weltover 公司购买了阿根廷中央银行发行的债券，并约定在美国纽约用美元或者其他类似美元的货币进行交付。阿根廷中央银行基于稳定货币政策的考虑，违反合同的规定单方面延长了该债券的支付期间。Weltover 公司就延长支付期间这一违反合同的行为对阿根廷及其中央银行提起了相关诉讼。位于纽约的南部地区法院认为法院对该案件具有管辖的基础并驳回了阿根廷及其中央银行关于法院缺乏管辖基础的抗辩。作为上诉法院的美国第二巡回法院支持了初审法院的观点，认为阿根廷及其中央银行这一发生在美国之外的违反合同的行为构成 FSIA 中的商业行为，并且该行为对美国有直接的影响，故美国法院基于 FSIA 中的商业例外享有对该案的管辖权。阿根廷及其中央银行遂诉至美国最高法院。②

美国最高法院认为本案的关键有二，一是阿根廷中央银行发行债券并单方面决定延长支付期间的行为是否构成商业行为；二是如果该行为是商业行为，是否对美国产生了直接影响。（在这里仅仅介绍联邦最高法院关于商业行为表述）美国联邦最高法院认为，FSIA 的基础在于 1952 年被美国所接受的限制豁免理论，所以判断行为的商业属性必须从限制豁免理论出发。限制豁免理论将国家行为分为主权行为和非主权行为，认为仅有国家的主权行为才能享受另一国的管辖豁免，非主权行为则不能享有管辖豁免。故当某一国家行为背后并没有体现主权权力，而仅仅体现了私人主体也能够行使的权利时，该行为就应当被认定为商业行为。也就是说当国家以同私人主体类似的方式参与市场活动的时候，国家所为的行为就构成 FSIA 中商业行为。加之 FSIA 中明确规定商业行为的判断标准在于行为的性质而非目的，所以在认定某行为是否为 FSIA 中的商业行为是不应考虑该行为所体现的动机。本案中，阿根廷中央银行发行债券并单方面决定延期支付的行为是一个普通的私人主体同样能够进行的行为，且阿根廷中央银行在本案中是作为市场的参与者而非管理者，所以本案中阿根廷中央银行的行为构成 FSIA 中的商业行为。

另一个体现上述判断要素的重要案例是德国贸易公司诉尼日利亚联邦共和国案（Texas Trading & Miling Corp. v. Federal Republic of Nigeria）。该案法官认为，根据众议院在立法时的工作报告，认定商业行为的标准应当是该行为与私人可从事的行为具有相同的特征。

---

① 虽然《美国对外关系法重述（第三次）》和美国众议院司法委员会都对商业行为进行了列举，但真正完成对商业行为释义任务的仍旧是美国的判例。《美国对外关系法重述（第三次）》对"商业活动"进行了列举，包括"有关物品的生产、销售或购买、财产的租借、金钱的借贷、服务的履行或因履行服务为目的之合同的缔结，以及由自然人或法人从事同种类的活动"。美国众议院司法委员会也解释说，商业活动包括从事商业企业、采矿公司、航空公司以及国家贸易公司等活动。参见 American Law Institute, *Restatement of the Law: the Foreign Relations of the United States* (3rd ed.), Vol. 2, 1987, p. 402; *Materials of International Law*, Washington, D. C., Vol. 15, 1976, p. 1406。

② Republic of Argentina and Banco Central De La Republic Argentina, Petitioners v. Weltover, INC., et al. 112 S. Ct. 2160 (1992).

因此，要决定国家所从事行为的性质，首先要找出案件中的相关行为或活动。然后法院再判定该行为和活动是否为私人也能从事来确定该行为是否为商业行为。本案中尼日利亚联邦共和国政府无论是购买水泥、签订契约或者是开立信用证的行为均是私人也能够从事的行为，且行为使美国公司遭受了财务上的损失，符合适用 FSIA 中商业例外的第三种情形，即在美国之外发生的商业行为对美国造成了直接影响。所以尼日利亚联邦共和国的行为属于 FSIA 中的商业例外，不得援引豁免。①

需要指出的是，有时候美国法院在判断某项行为是否为商业行为时，仍旧会考虑行为的目的。在 1985 年的尼加拉瓜中央银行案（De Sanchez v. Banco Central de Nicaragua）中，原告是尼加拉瓜公民，他购买了尼加拉瓜共和国境内的一家民营银行的 15 万美元定期存款单。1979 年原告要求赎回时，由于当时政局不稳，该民营银行将此事转交给尼加拉瓜共和国中央银行处理。中央银行则签发了一张支票，委托美国的另一家银行代为支付。但在原告兑现该支票前，尼加拉瓜共和国发生政变，新政权出于保存国家外汇的目的停止支付了所有支票。如单纯从行为的性质分析，按照之前案例中所确定的方法。尼加拉瓜共和国中央银行支付支票的行为是其他私人银行也能够从事的，应该构成商业行为。但该案的法官认为此种支付行为是出于主权目的的考虑，从而给予了尼加拉瓜共和国以豁免。②

从上述判例中可以看出，虽然有法院在判断某行为是否为商业行为时也考虑了行为的目的。但最高法院的意见和更多的判例则明确表示，美国判断某一行为是否构成 FSIA 中的商业行为的标准在于该行为是否体现了国家的主权权力。外在的表征在于该行为是否为某一私人主体（在没有国家授权的情况下）也能够从事。把握住这两点，是正确认识美国 FSIA 中商业例外的关键和前提。另外需要注意的是，最高法院的意见中表述的是"国家以同私人主体类似的方式参与市场活动的时候，国家所为的行为就构成 FSIA 中商业行为"，其中参与市场活动要素在具体司法实践中也是关键问题之一。

需要特别强调的是，判断某一行为是否能为私人所从事不能仅仅依据行为的方式，更重要的是依据行为的内容甚至是依据行为的主要内容进行判断。③ 玻利维亚共和国案④（Practical Concepts Inc. v. Republic of Bolivia）就是其中的代表。

除了法院通过判例对性质标准进一步明晰外，美国的律师界也对该问题表达了自己

---

① 该案的案情为，尼日利亚联邦共和国政府于 1975 年向多个国家的公司发出信用证，用于支付尼日利亚政府购买水泥的价款，购买该水泥的目的在于修建军营。后来尼日利亚联邦共和国政府发生军事政变，新政府以港口堵塞为由通告停止输入水泥。尼日利亚联邦共和国中央银行则在新政府的指示下拒绝兑付已经开立的信用证。参与其中的德国贸易公司遂将尼日利亚联邦共和国诉至美国法院。参见 Texas Trading & Miling Corp. v. Federal Republic of Nigeria, 647 F. 2d 300 (2nd Cir. 1981)。

② De Sanchez v. Banco Central de Nicaragua, 770 F. 2d 1385 (5th Cir. 1985).

③ 某些行为从方式上讲就可以归属为主权行为，如逮捕、羁押、罚款等；但某些行为单纯从方式上则无从考察其属性，诸如合同。后者所代表的行为需要从行为的内容进行更深入的判断。

④ 该案中美国的实践概念公司与玻利维亚签订了有关提供咨询服务的协议，美国法院认为协议中包含许多与典型的商业合同性质不一样的内容，如免税、优先移民以及外交豁免等，因此，这一协议不应该被认定为商业交易。参见夏林华：《不得援引国家豁免的诉讼若干问题研究——以 2004 年〈联合国国家及其财产管辖豁免公约〉为视角》，武汉大学 2007 年博士学位论文。

的看法。FSIA 是世界上第一个把国家及其财产豁免规则法典化的系统成文法。在生效后的 20 多年间美国产生了为数众多的国家及其财产豁免的案件。通过对相关案件的审理,FSIA 中越来越多的问题暴露在人们面前,如外国国家的范围、管辖例外和送达等。尽管美国法院在审判实践中解决了一些问题,诸如前述商业行为的定义以及"基于"(based on)的问题,该法在解释和适用方面仍旧存在其他问题。考虑到 FSIA 司法解释的不协调以及该法的复杂晦涩,同时鉴于美国律师协会(ABA)和 FSIA 长期的历史关系,美国律师协会于 1998 年成立了专门的工作组以考察 FSIA 的运行和适用,并提出完善该法的建议。① 美国律师协会(ABA)于 2002 年在《哥伦比亚跨国法杂志》上专门发表了关于 FSIA 的修改报告,这里将主要介绍该报告中关于商业行为判断标准的部分。②

工作组报告认为,尽管 FSIA 第 1603 条第 4 款中对商业行为的定义不够明确,该规定仍应当予以保留并不作修改。报告指出,之所以不对该定义进行修改是因为美国联邦法院已经通过判例对商业行为的定义进行了很好的阐释,并且这种阐释与 FSIA 的立法背景和历史是相吻合的。总体而言,报告认为应当遵循美国联邦最高法院在 Weltover 案和 Nelson 案中确立的商业行为定义,并在具体行为的认定中符合 FSIA 的立法背景和历史。③

工作组报告中也再次强调 FSIA 中包括"范围广泛的行为","通常为利润而为的行为"以及诸如服务或产品销售、财产租赁、金钱借贷劳动雇佣等行为。通过合同购买的商品或服务将用于何种目的是无关紧要的,外国政府为军队购买装备或建设政府建筑构成商业行为。④

与此同时,工作组报告也指出,在遇到某些特殊情况时,法院不应该机械地适用 Weltover 案和 Nelson 案中创设的标准。法院应当对所有的涉案因素进行综合的考虑,不应当过分偏重某一因素或忽视某些要素。比如,涉及合同或者利润的行为通常被判定为商业行为,但这并不是绝对的。又如涉及自然资源的问题,一些法院已经在判例中表明自然资源的管理是一项主权者的职能,但这种结论同样必须结合相关国家的制度和具体法律规定才能得出。如果某一外国的法律规定土地的私人所有者有权将土地中蕴含的财产权进行转让,则国家对类似权力的让渡就是商业性的。⑤

① Working Group of the American Bar Association, *Reforming the Foreign Sovereign Immunity Act*, Columbia Journal of Transnational Law, 2002, Vol. 40, p. 494.

② 在决定是否提出建议时,该工作组坚持了如下几个原则。一是使建议符合宪法和国际法的规定。二是使建议符合美国国家的一般目的、政策和现行立法以及立法报告中的价值取向,也就是说,工作组是在既有的法律框架内工作。它们希望这些改变能为律师和法官们较容易地理解和适用,并尽量减少对法律条文修改的数量而不是对需要修改的每一处都作出改正。三是尽可能避免对美国的内外政策有任何新的重大暗示,避免对政治敏感问题或对政治决断或价值选择问题作出建议。

③ Working Group of the American Bar Association, *Reforming the Foreign Sovereign Immunity Act*, Columbia Journal of Transnational Law, 2002, Vol. 40, p. 552.

④ Working Group of the American Bar Association, *Reforming the Foreign Sovereign Immunity Act*, Columbia Journal of Transnational Law, 2002, Vol. 40, p. 552.

⑤ Working Group of the American Bar Association, *Reforming the Foreign Sovereign Immunity Act*, Columbia Journal of Transnational Law, 2002, Vol. 40, p. 553.

从工作组的报告中我们可以看出，联邦最高法院通过 Weltover 案和 Nelson 案所创设的商业行为的判断标准得到了广泛的认可。存在的问题是如何具体、灵活地适用这些标准。工作组的报告已然指出了商业行为定义在其后的发展趋势，即在把握大原则的基础上进行个案的分析。

2. 其他国家的相关实践

加拿大有关该问题的司法实践主要有两个。第一个是 Carrato v. USA. 案件。在该案中，一位美国法院所指派的收税员被指控非法侵入原告的住宅，并占有原告位于加拿大安大略省的财产。安大略省高等法院认为，即使该名税收员的行为可能是违法的。但是一个具有公共性质的行为依旧享有绝对的豁免特权。① 尽管该案件发生在《加拿大国家豁免法》出台之前，但仍旧反映了加拿大法院在此问题上的立场。另一个是 Jaffe v. Miller and Others 案。在该案中被告是美国佛罗里达州官员，原告向被告提起损害赔偿之诉。法院认为被告的身份是国家公务人员且被告的行为无论是否合法，都应当被认定为主权行为从而无法剥夺被告依据国家豁免法所应当享有的豁免权。② 从这两个案例中可以看出，当时加拿大对于商业行为的判断更多地关注了行为主体的身份。如果行为主体具有公务身份，则其行为很有可能被加拿大法院判定为非商业行为。

法国关于商业行为判断标准的案例主要是 1973 年乔治五世饭店诉西班牙案（Hotel George V v. Spanish State），法国最高法院在该案中进一步明确了商业行为划分的依据。在该案中，西班牙领事代表该国观光局向乔治五世饭店要求租赁房屋，契约的形式和内容与一般的商业契约并无不同。在诉讼中，西班牙主张国家豁免。巴黎上诉法院认为虽然契约的形式是商业性的，但其是为了公共利益，所以应当享有豁免。但法国最高法院却持相反的意见，认为外国政府从事私人也可以从事的商业行为是不能够享有豁免的。西班牙政府在该案中的行为不应当被认为是一种主权行为，所以不应当享有豁免，即使该行为是为了公共利益所从事。也就是说法国法院虽然承认该行为的目的具有公共属性，但仍旧认为该行为是一种商业行为。③ 后来发生的喀麦隆开发银行案也表明了相同的观点。在该案中，喀麦隆开发银行为该国公立医院筹措资金进行担保并开立了汇票。喀麦隆开发银行认为其担保行为代表国家，具有公共目的，所以应当享有豁免。但法院认为该银行所为的行为是正常从事的商业行为，与行使公权力无关，所以该银行不得享有豁免。④ 但值得注意的是，法国并未完全放弃目的标准。在法国最高法院审理的 Enterprise Perignon 诉美国案，法院认为使馆财产的租赁是为了官方的目的，因此不属于商业行为。⑤ 巴黎法院在欧洲装备公司诉科特迪瓦农产品稳定和支助储蓄银行欧洲中心案的判决书中指出：虽然首先应当

---

① E. Lauterpacht, C. J. Greenwood, ed., *International Law Reports*, Vol. 90, 1992, p. 229.

② E. Lauterpacht, C. J. Greenwood, ed., *International Law Reports*, Vol. 95, 1994, p. 446.

③ Gamal M. Badr, State Immunity: *An Analytical and Prognostic View*, The Hague Marinus Nijhoff Publishers, 1984, p. 60.

④ Cameroons Development Bank v. Societe des Establissements Robber, *International Law Report*, Vol. 77, 1988, p. 532.

⑤ *International Law Report*, Vol. 129, 2005, p. 82.

考虑有关行动的性质，但是有时候也可以考虑有关行动的目的。① 总而言之，法国在判断行为的商业属性方面有两方面衡量标准：行为的私人可为性和行为的目的。在上述两方面因素中，法国法院更倾向于从行为是否能为私人主体所为这一标准进行判断。行为的目的虽并没有被法国法院抛弃，但更多的是作为一种从属的地位进行参考。由于法国是大陆法系国家，因此法院的判例并没有强制约束力。所以说，在缺乏明确的立法背景下，究竟法国采取何种标准判断行为的商业属性仍处于一种不确定状态。

由于语言的限制，笔者并没有找到德国立法中对商业行为判断标准的典型案例，但通过德国对联合国 2004 年《联合国国家豁免公约》的态度可以判断出德国同样坚持以行为的性质作为商业行为的判断标准。德国指出："在判断某项交易是商业交易还是非商业交易方面应采取哪项标准的问题，德国仍然认为决定国家是否享有豁免的判断标准只应当是涉及外国的交易的客观性质，而非其主观目的。如果国家行为的目的成为标准，那么，同外国的法律上的交易就具有无法计算的危险。"②但与此同时，德国也有案例表明在判断行为的商业属性时，行为的性质同样应该予以考虑。在 1977 年的菲律宾共和国案中，案件的原告曾将其房地产租给被告用作菲律宾使馆办公室，后来使馆搬走，原告向法院提出要求菲律宾共和国偿付拖欠的房租和修缮费用。法院认为，本案"不能以行为的性质作为判断的依据"，使馆租赁房屋和维修设施最终是为主权目的服务的，因此不属于商业行为。法院同时指出，不属于主权事项之内的外国国家财产是能够被执行的。该案的财产之所以没有被执行并不是仅仅因为该财产属于国家所有，更为重要的是该国家所有的财产并没有被用于商业目的。③ 该案件的重要性有两个方面，一是该案件表明德国有案例在判断行为的商业属性时采用了行为的目的作为判断的标准；二是德国法院认为在执行豁免环节商业例外同样是一个重要的问题。但与法国的情况相同，德国法院的判例同样不具有法律上的约束力，所以尽管德国认为以行为的性质判断行为的商业属性，但具体的标准仍旧不得而知。

(三) 性质标准的新发展——具体领域中的判断

之前在阐述美国 ABA 报告中对商业行为的判断标准时曾经说到，之后对性质标准的发展应当是不拘泥于条框性的规定而是结合具体的实践对相关领域内商业行为的性质加以判断。该观点虽然由美国所提出，但在一定程度上也代表了相当数量国家的共识。本部分将重点阐述几个具体领域中商业行为的判断标准。

首先是服务领域。在有关服务领域的案例中，非典型的商业合同可能会被认定为非商业性协议从而享受豁免。例如在实践概念公司诉玻利维亚共和国案中，美国的实践概念公司与玻利维亚签订了有关提供咨询服务的协议，美国法院认为协议中包含许多与典型的商业合同性质不一样的内容，如免税、优先移民以及外交豁免等，因此，这一协议不应该被认定为商业交易。④ 与此同时，合同的标的物有时候对判断合同的商业性也会起到决定性的作用。例如弗雷达尔诉以色列政府案，涉及以色列国家军队在招募新兵时，以色列政府

---

① *International Law Report*，Vol. 113，1999，p. 446.

② UN Doc. A/48/313，p. 3.

③ *International Law Report*，Vol. 102，1996，p. 129.

④ Practical Concepts Inc. v. Republic of Bolivia，*International Law Report*，Vol. 86，1991，pp. 326-348.

同每位新兵签订了一份协议，许诺将来为新兵支付医疗费用。审理该案的法院认为，合同标的物涉及政府公共权力，因此不属于商业性合同。①

服务领域中的另一个问题是与慈善机构相关的行为属性的判定。该问题主要可以分为三种类型。慈善机构购买物资的行为、向慈善机构捐助的行为和慈善机构进行的登记考核行为。在 Commercial in Hiliaturas Miel, S. L. v. Republic of Iraq 案中，法院认为，虽然伊拉克政府通过慈善机构进行购买药品的合同属于联合国石油换食品计划的一部分，但伊拉克政府并没有行使主权权力，其行为同样属于私人主体在市场上也能够进行的行为，所以应当被认定为商业行为。而政府向慈善机构捐款的行为应当被认定为非商业行为。法院在其意见中表示：虽然私人也能够进行捐助行为但捐助行为没有市场属性，所以应当被认定为非商业行为。② 另外在 Dabiri v. Federation of States Medical Boards of the United Stattes Inc. 案中，Dabiri 医生起诉医疗委员会（General Medical Council）认为委员会的错误登记行为损害了他的权利。该委员会是英国议会设立的以慈善机构的名义注册的公共慈善机构。法院认为，英国政府通过该机构进行的行为是公共慈善行为。判断该行为是否为商业行为应当依据 Weltover 案和 Nelson 案确立的标准考量行为背后所体现的权力，登记医生执业情况是专属于国家的权力，所以该行为应当被认定为非商业行为。③

国家经营的服务领域，如交通运输、通信、文化、教育、旅游、医疗等，往往也是判断商业行为的难点领域。政府经营这些服务项目，虽然也收取费用，但政府一般要给予补贴，这与那些以营利为目的的纯粹商业交易还是有差别的。如果诉讼完全是因官方管理方面的过错引起的，这种情形下拒绝给予被告豁免权是很难令人信服的。还有一种观点，即不要把这种类型的国家活动仅仅看成无效的商业交易，而要看成为了普通公共利益的服务行为。这一观点显然有利于将这种行为认定为非商业性行为。各国法院在这些领域的审判实践也很不一致。例如瑞士和荷兰的法院在一些案例中曾认为国家经营铁路属于履行公共职能④；而法国法院却认为经营铁路是一种商业活动，它不会有任何公共权力的成分⑤。美国法院曾将国家经营航空运输的行为认定为典型的商业活动⑥；而加拿大法院却主张不应当将政府经营航空公司认定为商业行为⑦，但是，高速公路主管局维修路面的行为在加拿大法院的判决中却被认为是商业活动而非主权行为。⑧ 对于外国旅游主管部门在本国开展的

---

① Friedar v. Government of Israel, *International Law Report*, Vol. 99 (1994), pp. 187-209.

② Aryeh S. Portnoy, Katherine J. Nesbitt, Laurel Pyke Malson, Birgit Kurtz, Joshua L. Dermott, Bteh Goldman and Marguerite Walter: *The Foreign Sovereign Immunities Act*: 2008 *Year in Review*, Law & Business Review of the Americas, Spring 2010, p. 189.

③ Laurel Pyke Malson, Katherine Nesbitt, Aryeh Portnoy, Birgit Kurtz, John Murino, Joshua Dermott, Beth Goldman, Marguerite Walter and Howard Yuan: *The Foreign Sovereign Immunities Act*: 2009 *Year in Review*, Law & Business Review of the Americas, Winter 2011, p. 51.

④ *International Law Report*, Vol. 103, 1996, pp. 354-394.

⑤ *International Law Report*, Vol. 91, 1993, pp. 217-225.

⑥ *International Law Report*, Vol. 87, 1992, pp. 446-449.

⑦ *International Law Report*, Vol. 115, 1999, pp. 211-232.

⑧ *International Law Report*, Vol. 116, 2000, pp. 63-78.

旅游宣传促销活动，是属于商业行为还是属于履行公共职能，各国的定性也不一样。瑞士联邦法庭在审理埃及诉国际影视案中，认为国家旅游局的促销活动属于行使公共权力范畴①，德国最高法院在审理西班牙国家旅游局案时却得出了相反的结论。② 与外国政府健康计划有关的行为也是问题集中的领域。该类行为主要涉及两方面问题。一是为外国政府健康计划服务的合同，在 Lasheen v. Loomis Co. 案中，法院认为，外国政府为其健康计划寻求服务的提供者并没有体现出外国政府的主权权力，与私人雇佣没有本质的区别，所以应当认定为商业行为。二是与外国政府健康计划有关的政府雇员服务。在 Anglo-Iberia Underwriting Mgmt. Co. v. Loderhose 案中，法院认为虽然外国政府有雇佣行为，但是雇佣行为本身并不能体现商业属性。在本案中，虽然政府雇员为外国政府提供服务，但他提供的服务与之前案例中的服务不同，是私人无权进行的行为，所以应当被认定为非商业行为。③

从上述服务领域的商业行为判定的具体标准来看，商业行为的具体判断标准越来越重视行为所体现的内在权力属性而非简单的外在表现。美国法院早期通过案例确定的标准是私人在市场上能否从事相关行为。这个标准相对来说比较简单，更多地涉及行为的外在表现而非内在权力属性。在上面的几个案例中，法院判断某项行为是否属于商业行为时更多地考虑了行为是否体现了国家的主权权力或公共权力。笔者认为这种发展对于商业行为的具体认定来说并没有矛盾的地方，是一种进步的表现。在行为较为简单的情况下，仅通过行为的外在表现就能够判断行为的性质。而当行为逐渐呈现出复杂化的特点，仅仅单一的外在表现已经不足以判断行为的性质了。这个时候就应该更多地关注行为的内在权力属性。当然了，笔者认为最理想的应是实现两个方面的平衡，在综合考虑行为外在表现和内在权力属性的基础上判断某种行为是否属于商业行为。

其次是与军事相关的合同。美国对该问题的处理经历了两个阶段。第一阶段较为简单，将军事合同分为两个大类(同私人公司缔结的军事合同和在政府项目下的军事合同)加以判定。在 UNC Lear Services, Inc. v. Kingdom of Saudi Arabia 案中，沙特政府和私人公司签订了提供军事物资的合同。法院认为，无论该批军事物资被用于何种目的，沙特政府所为的行为是私人主体在市场上也能够从事的行为，所以应当认定为商业行为。在 Heroth v. Kingdom of Saudi Arabia 案中，沙特政府通过与美国政府对外军事物资销售计划(Foreign Military Sale Program) 向 Heroth 购买军事物资，在第一阶段的审理中法院认为，尽管 Heroth 是私人公司，但该项交易处于美国政府的计划框架下，沙特政府所为的行为是私人主体所不能够从事的，所以该行为应当被认定为商业行为。④ 第二阶段审理中，美国法院

---

① Egypt v. Cine-television International, *International Law Report*, Vol. 118, 2001, p. 425.

② Spanish State Tourist Office, Oberlandesgericht Frankfurt, *International Law Report*, Vol. 115, 1999, p. 140.

③ Aryeh S. Portnoy, Katherine J. Nesbitt, Laurel Pyke Malson, Birgit Kurtz, Joshua L. Dermott, Bteh Goldman and Marguerite Walter: *The Foreign Sovereign Immunities Act*: 2008 *Year in Review*, Law & Business Review of the Americas, Spring 2010, p. 190.

④ Aryeh S. Portnoy, Katherine J. Nesbitt, Laurel Pyke Malson, Birgit Kurtz, Joshua L. Dermott, Bteh Goldman and Marguerite Walter: *The Foreign Sovereign Immunities Act*: 2008 *Year in Review*, Law & Business Review of the Americas, Spring 2010, p. 189.

的分析更为深刻，法院认为即使在美国政府对外军事物资销售计划外的合同也要通过具体情况认定其是否构成商业行为。在前述 UNC Lear Services, Inc. v. Kingdom of Saudi Arabia 案的上诉审理中，第五巡回法院认为该公司与沙特政府的合同实际上应当被分成两个部分，一个部分是检查和维护沙特皇家空军飞机的合同，另一个部分是为沙特皇家空军培养飞行员的合同。法院在审理时发现，沙特皇家空军在公共市场上购买了用于维护飞机的物资，法院认为，沙特政府从事的行为显然是私人主体也能够从事的。所以，飞机的维护应当被认定为商业行为。而为皇家空军培养飞行员的合同则不然，战斗机飞行员的培养是私人主体无法通过市场进行的，所以该合同应当被认定为非商业行为。[1] 总体而言，美国法院在认定某一军事合同是否属于商业行为时应分两步进行。第一步是看涉案的军事合同是否属于美国政府对外军事物资销售计划，如果属于该计划，则被认定为非商业行为。第二步是看在具体案件中某国政府所为的行为是否是私人主体通过市场也能进行的，如果是就认定为商业行为，反之则认定为非商业行为。综合看来，这是在 Weltover 案和 Nelson 案所确立的标准基础上加入了政府计划的因素。

再次是自然资源的开发利用领域。依照国际法，一国开发和利用本国的自然资源属于行使主权权力的行为。例如，联合国大会于 1962 年通过的《关于自然资源永久主权的决议》〔第 1803(Ⅻ) 号〕宣布："确保国家对本国自然财富和自然资源的主权不受损害。"1992 年通过的《联合国里约环境与发展宣言》明确规定："各国拥有按照其本国的环境与发展政策开发本国的自然资源的主权权力。"[2]但是，在有关涉及国家自然资源的国家豁免案例中，各国法院对国家开发自然资源的活动性质认定不一，有的认为是商业行为，有的认为是行使主权权力的行为。

美国法院坚定地认为自然资源的开发和利用应当是非商业行为。因为私人根本不具有从事该行为的权力。美国法院通过一系列的案件表明了上述态度。在国际机械与航空工人协会诉欧佩克案中，法院引用了联合国一系列有关自然资源主权的决议，特别是 1962 年联大通过的《关于自然资源永久主权的决议》。法院在判决中指出："一个主权国家对其自然资源拥有唯一主权，这是联合国反复重申的一项国际法原则。美国遵循这一原则……被告控制其国内石油资源是在行使主权职能，因为石油是这些国家最主要的财政收入来源，关系到国计民生和国民福祉。"[3]另一个案件则涉及墨西哥对因油井事故造成损害所采取的补救行动，法院认为，为开采石油而打油井不是商业行为，而是主权行为，因为它涉及国家对其矿藏资源所拥有的最高权力。[4] 在 RSM Product Corp. v. Fridman 案中，法院认为，格林纳达违反合同拒绝给予原告原油和天然气开采权力的行为是非商业行为。尽管双方订立了合同并在合同中采用了很多商业用语，但授予某个主体开采原油和天然气是专属于国

---

① Laurel Pyke Malson, Katherine Nesbitt, Aryeh Portnoy, Birgit Kurtz, John Murino, Joshua Dermott, Beth Goldman, Marguerite Walter and Howard Yuan: *The Foreign Sovereign Immunities Act*: 2009 *Year in Review*, Law & Business Review of the Americas, Winter 2011, p. 50.

② *The Rio Declaration on Environment and Development*, 1992, Principle 2.

③ International Association of Machinists and Aerospace Workers v. OPEC, *International Law Report*, Vol. 96, 1994, p. 284.

④ Matter of Sedco, *International Law Report*, Vol. 101, 1995, p. 529.

家的主权权力。所以，该行为并不具备商业属性。①

　　与美国的实践不同，德国、荷兰和南非则有不同的做法。德国宪法法院在审理伊朗国家石油公司案时，认为伊朗勘探和开采其本国国内的石油和天然气属于一种商业行为。② 荷兰海牙上诉法院审理的另一宗涉及伊朗国家石油公司的案件中，法院也得出同样的结论：伊朗石油开发合同是非主权行为。③ 南非最高法院认为有关农业和水利方面的测量与规划合同属于普通的商业交易。④ 在上述三个案件中，法院的理由是这些行为私人主体在市场上也能够从事，所以应当被认定为商业行为，至于自然资源这一特殊因素则并未被法院加以特殊关注。

　　最后是外交人员的行为。最新的代表性案件是 Swarna v. Al-Awadi 案和 Sabblithi v. Al Saleh 案。这两个案子比较类似，第一被告都是科威特驻美国的外交人员，第二被告都是科威特王国。在这两个案件中，原告是受雇于科威特的外交人员，并在雇佣期间受到了权利侵犯。两个案件的审理法院都认为，虽然科威特外交人员的雇佣行为明显是商业行为，但雇主作为科威特外交人员的身份并不足以认定科威特王国本身也从事了商业行为。法院最终受理了原告对雇主的起诉并驳回了对科威特王国的诉讼。⑤ 这两个案件涉及国家行为和外交人员行为的关系问题。虽然国家及其财产豁免和外交特权及豁免是两个不同的问题，但某种情况下二者还是会有一些联系。我们既不能混淆二者的区别，也不能完全割裂二者的关系。

　　总而言之，就各个具体领域而言。虽然以行为的性质作为商业行为的判断标准仍旧得到了许多国家的认同，但在具体应用上已经不再拘泥于私人是否可以从事，而将注意力放在了各个领域内各种交易本身所具有的特殊因素。性质不变，决定性质的标准与时俱进。

二、混合标准

　　究竟以行为的性质还是行为的目的作为判断行为商业属性的标准是联合国国际法委员会在起草《联合国国家豁免公约》时的核心的问题之一。该公约以限制豁免理论为指导，而限制豁免理论中最核心的内容就是商业例外。虽然该公约在整合各国国内立法的基础上对商业交易进行了定义，但是仅有定义并不能解决司法实践中所面对的复杂情况，还需要该公约对行为属性的判断标准进一步明晰。只有将商业交易的定义和商业行为的判断标准结合起来才能使公约的规定真正地运用于司法实践，甚至判断标准的重要性更甚于商业行

　　① Laurel Pyke Malson, Katherine Nesbitt, Aryeh Portnoy, Birgit Kurtz, John Murino, Joshua Dermott, Beth Goldman, Marguerite Walter and Howard Yuan: *The Foreign Sovereign Immunities Act*: 2009 *Year in Review*, Law & Business Review of the Americas, Winter 2011, p. 52.

　　② National Iranian Oil Co. Legal Status, *International Law Report*, Vol. 94, 1994, p. 199.

　　③ N. V. Cabolent v. National Iranian Oil Company, Court of Appeal at the Hague, *International Law Report*, Vol. 91, 1993, p. 138.

　　④ Inter-Science v. Mozambique, Supreme Court, *International Law Report*, Vol. 99, 1994, p. 689.

　　⑤ Laurel Pyke Malson, Katherine Nesbitt, Aryeh Portnoy, Birgit Kurtz, John Murino, Joshua Dermott, Beth Goldman, Marguerite Walter and Howard Yuan: *The Foreign Sovereign Immunities Act*: 2009 *Year in Review*, Law & Business Review of the Americas, Winter 2011, p. 51.

为的定义。在综合考虑了各国的立场后，该公约最终采用了混合标准。

(一)《联合国国家豁免公约》出台前的主要立法和实践

通过前文对各国国家豁免法的介绍我们发现，现有专门国家豁免立法的国家在有关商业行为判断标准的问题上大体可以分为两种类型。一种是以美国为代表的做法，在立法中明确表示以行为的性质作为判断行为商业属性的标准。如美国 FSIA 中第 1603 条第 4 款和《加拿大国家豁免法》第 2 条以及《以色列国家豁免法》第 1 条都规定以行为的性质作为商业行为的判断标准。另一种以英国的做法为代表，即不在立法中明确规定商业行为的判断标准，而将这一问题留给法官进行判断，如巴基斯坦，新加坡，南非，澳大利亚等国都采取了相同的做法。

除却美国等明确规定以性质作为判断商业行为的标准以外，其他国家有关该问题的司法实践也更多地表现出以行为的性质作为商业行为判断标准的倾向。在涉及以公共利益为目的的货物买卖、资金融通和交通运输等相似类型交易的案件中。尽管有明确的公共目的，上述行为均被认定为属于商业行为。[①] 其中最著名和影响最广的案件是在 20 世纪 70 年代发生的尼日利亚中央银行系列案件。尼日利亚政府于 1975 年向许多国家的公司发出信用证，该信用证用于支付尼日利亚政府购买水泥的款项。该批水泥的目的在于修建军营。后来尼日利亚发生政变，新政府以港口拥堵为理由停止了水泥的输入。尼日利亚中央银行则根据当时尼日利亚政府的指令拒绝兑现其之前发出的信用证。收到信用证的公司在英国、德国和美国等一系列国家均针对尼日利亚中央政府提起了相关诉讼，要求尼日利亚偿付该信用证代表的款项。英国、德国和美国的法院都认定尼日利亚的行为属于商业交易。尽管在案件事实的认定中英国和德国法院更倾向于将银行的相关措施认定为"签发信用证"而非"买卖合同"，但这并不影响对该行为商业属性的认定。[②] 与该案件类似，在最近的司法实践中，有关修建铁路、铺设油气管道等类似协议都让被认定为属于商业行为。[③]

另一类常见的有关国家豁免的案件是使领馆的维修、租赁和买卖有关的案件。虽然从行为的目的上分析，上述行为均具有公共目的，不应当被列入商业行为的范畴。但英国、

[①]　E. g., Penthouse Studios Inc. v. Venezuela, Canada, Quebec Court of Appeal, 1969, *International Law Report*, Vol. 64, 1983, p. 20; Carried Lumber Co. v. USA, Philippines, Court of Appeals, 1974, *International Law Report*, Vol. 64, 1983, p. 661.

[②]　Trendtex Trading Corp. v. Central Bank of Nigeria, England, Court of Appeal, 1977, *International Law Report*, Vol. 64, 1983, p. 111; Central Bank of Nigeria, Germany, Oberlandesgericht Frankfurt, 1975, International Law Report, Vol. 65, 1984, p. 131; National American Corp. v. Federal Republic of Nigeria and The Central Bank of Nigeria, 1978, *International Law Report*, Vol. 63, 1982, p. 137.

[③]　E. g., Societe Enterprises v. Yugoslavia, Netherlands, Supreme Court, 1988, *International Law Report*, Vol. 94, 1994, p. 356; National Iranian Oil Company Pipeline Contracts, F. R. Germany, Oberlandesgericht Frankfurt, 1998, *International Law Report*, Vol. 121, 2002, p. 212; Inter-Science v. Mozambique, South Africa, Supreme Court, 2002, *International Law Report*, Vol. 128, 2005, p. 262.

德国、希腊、意大利、丹麦和瑞士等国在司法实践中均将上述行为认定为商业行为。① 在德国法院审理的暖气公司诉伊朗案件中，伊朗使馆拖欠了暖气公司维修使馆暖气设备的维修费用。法院认为："不能按照国家活动的目的加以区分，也不能按照这些行为同外国主权任务的明显联系作为区分的标准。国家的活动归根结底，即使并非全部也有绝大部分的活动服务于国家的主权目的和任务，而且总能够和国家的主权任务发生明显的联系。同样，也不能够按照国家本身是否从事工商业行为来划分，有决定意义的是按照行为的性质或者行为所产生的法律关系的性质进行划分，而不考虑国家行为的动机或者目的。"因此伊朗使馆的行为属于商业行为的范畴，不得享有国家豁免。② 法国最高法院在西班牙旅游局案件的判决中也表示了相同的立场，认为西班牙旅游局租赁房屋的行为虽然是为了公共目的，但是该目的并不影响法院根据行为的性质认定该行为属于商业行为。③

除却上述案例之外，也有部分案例将目的作为判断商业行为的标准。如法国最高法院在 Enterprise Perignon 诉美国一案中认为，使馆财产的租赁是为了官方的目的，所以该行为不属于商业行为。④ 前述中巴黎中级法庭在欧洲装备公司诉科特迪瓦农产品稳定和支助储蓄银行欧洲中心案的判决书中指出：虽然首先应当考虑有关行动的性质，但是有时候也可以考虑有关行动的目的。⑤ 在 2001 年的教廷诉星光销售企业公司案中，菲律宾最高法院从购买土地的目的出发否定了行为的商业性质。⑥

虽然有部分国家也存在以目的作为商业行为判断标准的案例，但以行为的性质作为商业行为的判断标准无论在立法中还是在司法实践中均占有更为主要的地位。这种态度对《联合国国家豁免公约》的制定产生了深远的影响，尽管该公约最终采取了折中的做法，但性质仍旧是判断商业行为的主要标准。

(二)《联合国国家豁免公约》的立场

1. 各国的立场

在联合国国际法委员会起草《联合国国家豁免公约》的整个工作进程中，各国关于商业行为的判断标准问题有着非常激烈的争论。发达国家主张将行为的性质作为判断商业行为的唯一标准。德国在向联合国提交的草案意见中就指出，如果国家行为的目的成为标准，则同外国的交易就会具有无法预计的危险。⑦ 比利时在提交的意见中也认为，确定行为商业属性的标准应当是行为的性质而非行为的目的。比利时认为，如果以目的作为判断商业行为的标准，则会给私人当事人带来无法预计的后果。私人当事人会无法预见某项行

---

① 参见夏林华：《不得援引国家豁免的诉讼若干问题研究——以 2004 年联合国〈国家及其财产管辖豁免公约〉为视角》，武汉大学 2007 年博士学位论文。

② ［德］赫尔姆特·斯泰恩贝格：《联邦宪法法院对外国豁免权问题的判决》，载《当代联邦德国国际法律论文集》，北京航空航天大学出版社 1992 年版，第 474~475 页。

③ Spanish v. L' Hotel, Court of Cassation, 1998, *International Law Report*, Vol. 116, 2000, p. 61.

④ *International Law Report*, Vol. 129, 2005, p. 82.

⑤ *International Law Report*, Vol. 113, 1999, p. 446.

⑥ *International Law Report*, Vol. 124, 2003, p. 163.

⑦ UN Doc. A/48/313, p. 3.

为是否存在国家豁免的因素。如果以行为的目的作为判断的标准，则可以认为一国的任何活动均是以国际利益为目的的统治权行为，国家豁免例外就没有了存在的必要。① 澳大利亚、英国、美国和意大利等国也认为如果以目的作为商业行为的判断标准可能会引进一些主观的因素，从而以无法预见的方式扩大国家主权的范围。② 除了上述发达国家之外，保加利亚也主张应当以行为性质作为商业行为的判断标准，认为如果以行为目的作为商业行为的判断标准在未来的司法实践中可能会由于不同的结果而产生很多纠纷。③

虽然没有哪个国家主张将行为目的作为确定商业行为的唯一判断标准，但仍有一些国家认为单独依靠行为的性质，并不能确保法院就某项行为是否具有商业属性作出恰当结论，因此主张有时候也应当考察国家所采取的行动究竟是为了商业目的还是公共目的。例如奥地利认为应当同时考虑行为的性质和目的，这样"既具灵活性，又特别为私人提供了较高程度的法律上的明确性"。④ 法国也主张应当考虑通过行为的目的来确定某项行为是否具有商业属性。⑤ 大多数发展中国家主张在判断行为是否具有商业属性时应当考虑行为的目的。发展中国家由于其经济发展的落后，出于发展国民经济、灾害的预防和救助等考虑。往往通过政府亲自参与相关的交易或者签订合同。如果仅仅以行为的性质作为商业行为的判断标准，发展中国家的很多行为都不能享受国家豁免。

由于各国之间在该问题上存在较大分歧，联合国国际法委员会试图调和各国的矛盾并在各国的意见中找寻一种折中的方案。负责该公约起草的第二任特别报告员小木曾本雄在报告中表述了自己的意见，认为："关于第 2 款，由于许多国家赞成以性质作为确定一项合同是否属于商业合同的准则，并对目的作出批评，它们认为这个准则较不客观而且又是片面的，因此特别报告员也不反对将目的这一准则删除。同时，应当指出的是，若干国家政府在第六委员会上提出的书面评论和口头意见都赞成将目的这一准则包括在内。"⑥国际法委员会在非正式磋商时曾提出折中方案的基础，强调在以行为的性质作为判断行为商业属性标准的同时，也不应该忽略行为的目的："如果国家可以利用发表关于公约的总声明，或以任何方式就某一合同或交易或两者向另一方发出明确通知而表示根据本国法律和惯例可能涉及目的依据，便可大为提高确定性。这不仅使私营企业在同国家签订合同或进行交易时能够对相关行为有明确的预期，也使法院在接到要求援引公约规定时有明确的依据。"⑦

2.《联合国国家豁免公约》的规定

鉴于上述情况，该公约最终采取了折中方案。《联合国国家豁免公约》第 2 条第 2 款对商业行为的判断标准进行了规定。在确定一项合同或交易是否属于第 1 款(c)项所述的"商业交易"时，应主要参考该合同或交易的性质，但如果合同或交易各方已达成协议或

---

① UN Doc. A/48/313, p. 3.

② UN Doc. A/C. 6/47/L. 10, A/C. 6/47/L. 4.

③ UN Doc. A/C. 6/48/3, p. 3.

④ UN Doc. A/53/274, p. 2.

⑤ UN Doc. A/53/274, p. 4.

⑥ *Yearbook of International Law Commission*, 1988, Vol. 2, p. 102.

⑦ UNDoc. A/C. 6/49/L. 2, p. 3.

者如果在法院地国的实践中，该目的与确定合同或交易的非商业性质有关，则也应考虑其目的。① 该条款规定了以行为的性质作为商业行为的主要判断标准，同时也规定了两种判断行为商业属性的情况。第一种情况是交易的双方达成一致。就目前的条文来说，该公约的规定在实践中的应用至少还存在一个重大遗漏，那就是该公约没有规定该协议的具体形式。该协议的形式可能会在具体的司法实践中产生决定性的影响。如果某国法院对该公约的解释认为此种协议可以包含默示的形式，则该项内容的应用范围无疑会被扩展到一个相当广泛的程度。而且这种协议仍旧具有非常大的主观性。在国家作为一方当事人的交易中，一般情况下国家都可能凭借其远超私人当事人的实力在交易中处于优势地位，如果国家将此种协议作为达成交易的必备条款，则私人当事人的利益实际上会陷入无法保障的境地。这对于私人当事方利益的保护显然是不利的。第二种情况是根据法院地国的实践，该目的与确定合同或交易的非商业性质有关，则其目的也应予以考虑。该种情况中需要注意的是考虑交易目的的前提是法院地国的实践而非被告国的实践。鉴于前述大多数发达国家的实践均不考虑行为目的的情况，再结合目前国家豁免案件多发生于发达国家的情况。笔者认为该条的规定实际上并没有为行为目的这一因素留有太大的空间。毕竟现有专门国家豁免立法的国家大多倾向于不考虑行为的目的。虽然法国和德国有采用行为的目的作为商业行为判断标准的司法实践，但这也不能证明两国持有这样的立场。另外，公约中的实践一词并没有明确的范围，究竟仅包括法院地国的司法实践还是既包括司法实践又包括政府部门的相关实践仍旧值得商榷。如果做扩大的解释，该条款的规定仍旧具有很大的不确定性，并没有真正实现特别报告员小木曾本雄在报告中所说的那样在一定程度上增加目的标准的确定性。

　　该规定的另一个缺陷在于即使出现考虑行为目的作为商业行为判断标准的情况，行为的性质和目的仍旧是一种并列的情况，该公约并没有给出在这种情况下的优先标准或者是最终决定标准。如果在相关的司法实践中法院认为虽然交易的目的可以作为考虑的因素，但综合比较交易的性质和目的，交易的性质具有更为重要的意义而仍旧将具有公共目的的行为判定为商业行为的话，该公约的规定就无法实现其既定的理念。笔者认为，最好能够规定在考虑目的作为商业行为判断标准的情况下赋予目的以优先性或者决定的作用。唯有如此，才能真正在司法实践中使行为目的在判断行为商业属性时发挥应有的作用。

　　总而言之，该规定无论在价值取向还是在具体的条文设计中都体现出了折中的特点。从价值取向来说，一方面考虑到发达国家的一贯做法，将性质作为商业行为判断的主要标准；另一方面也考虑到发展中国家的要求，为行为目的作为考量行为商业属性的标准留下了一定的空间。从具体的条文设计上来看，考虑行为目的作为判断行为商业属性标准的这

---

①　"In determining whether a contract or transaction is a 'commercial transaction' under paragraph 1 (c), reference should be made primarily to the nature of the contract or transaction, but its purpose should also be taken into account if the parties to the contract or transaction have so agreed, or if, in the practice of the State of the forum, that purpose is relevant to determining the non-commercial character of the contract or transaction." 参见 United Nations Convention on Jurisdictional Immunities of States and Their Property 2004, Art. 2(2)。

一规定的内容本身也体现了很大的折中性。一方面规定可以通过协议的形式明确将目的作为判断商业行为的标准，在很大程度上给予了广大发展中国家以广泛的空间；另一方面又通过法院地实践这一规定很好地保证了现有发达国家的司法实践不会受到公约规定的挑战，可以说用心良苦。我们从中也可以看出该公约的起草者意图使公约最大限度地反映大多数国家意见的努力。

3. 可能的实践困境

如前所述，该公约条款的一大漏洞就在于性质和目的均能够作为行为商业属性的判断因素时究竟以何者为优先或者决定的因素，这在实践中主要集中反映在政府干预商业交易的案件中。即一个行为从性质上来说属于商业行为，但由于政府的干预又使该行为具有了公共的目的时如何判断行为的属性，从而决定是否能够援引国家豁免。各国在实践中对该问题的处理方法并不相同。第一个案例是美国法院审理的 De Sanchez 诉尼加拉瓜中央银行案。在该案中尼加拉瓜中央银行曾经开出支票，但是在支票兑付之前，为了保护国家外汇储备，尼加拉瓜总统签发了停止兑付的命令。法院认为，可以将开出支票看成是简单的商业交易，从而根据"一次为商则永远为商"（Once a Trader—Always a Trader）[1]的理论，将尼加拉瓜中央银行的行为认定为商业性行为。但法院最终并没有采取上述做法，而是认定尼加拉瓜应当享有豁免。法院认为，这并非出于因政府下令停止付款而构成的所谓"后发介入的豁免"，而是考虑到中央银行最初签发支票的行为本身就属于主权行为。法院强烈地意识到这样一个事实，即中央银行开出支票的目的在于维持稳定的汇率。从某种意义上说，法院这一判决与美国 FSIA 关于"性质依据"的规定（第 1603 条第 4 款）是背道而驰的。法院解释说，FSIA 第 1603 条第 4 款并没有完全禁止考虑行为目的，"如果不考虑行为的目的，就无法确定行为的性质。实际上商业行为本身很大程度上是根据其目的来定性的……行为之所以成为商业行为，是因为其营利的目的"。因而法院得出结论：本案中尼加拉瓜中央银行是为了履行政府职能，并非从事商业交易。[2] 法院处理这个案件的巧妙之处在于并没有从语义上明确说明美国法院在判断行为的商业属性上从性质标准转向目的标准，而是将目的作为判断性质的一个要素。这样一来，在法官的巧妙安排下，行为的性质和目的在这个案件中实现了一定程度的和谐共存。

另一个与上述案件非常相似的是瑞士联邦法院审理的土耳其中央银行诉 Weston 金融投资公司案。该案与上述在美国发生的案件非常类似，都涉及"性质与目的"和"后发介入"问题。两个案例都是因为货币调控政策的原因，外国银行必须通过各自的中央银行支付资金，而中央银行拒绝支付，从而构成违约。该案件的判决结果与上述案件正好相反。案件审理过程中起决定性作用的是前期商业关系的法律性质。瑞士法院认为，土耳其央行卷入案件这一事实并没有改变这种商业关系。法院因此拒绝了土耳其援引豁免的请求，并发出命令对土耳其央行采取强制措施。[3]

---

[1]　J. R. Crawford, *International Law and Foreign Sovereigns: Distinguishing Immune Transactions*, The British Yearbook of International Law, Vol. 54, 1983, p. 98.

[2]　De Sanchez v. Banco Central de Nicaragua, *International Law Report*, Vol. 92, 1993, p. 262.

[3]　*International Law Report*, Vol. 102, 1996, p. 417.

比较以上两个案例，美国法院的判决结果可能更令人信服。在判断行为的商业属性时，美国法官并不是教条式地搬用"性质与目的"规则。瑞士法院严格地坚持"一次为商则永远为商"的原则，这也许忽视了这样一个事实：中央银行在后一阶段是以官方的身份进入这场交易的，而前期的商业交易行为已经由另外不同的主体实行完毕。从以上案例分析可知，当政府干预国有企业所从事的商业交易，使得涉案的行为既包含可能带有商业性质的行为，又包含可能带有公共目的的行为，则对整个涉案行为的商业性要综合行为的性质和目的进行判断，既要考虑行为的性质，也要考虑行为的目的，对于这类案件来说，政府的干预行为往往是出于公共目的，是履行公共职能；而国有企业的商业交易行为不能因为政府行为的介入而改变其行为的性质。实际上这两个案件在方法论上都存在相似的地方，即同时考虑行为的性质和行为的目的，但是由于侧重的不同却得出了相反的结果。（这种情况的出现并没有违反公约的相关规定）如果要是该公约真正被大多数国家接受并发挥作用，该问题的解决则刻不容缓。

除却上述两种主要的判断标准之外。各国的立法还为我们提供了另外两种参考模式。也就是之前在本节开始所提到的无标准和日常习惯标准。所谓的无标准模式以英国、阿根廷、巴基斯坦、新加坡、南非和《欧洲国家豁免公约》以及《关于统一国有船舶国家豁免相关规则的布鲁塞尔公约》为代表。上述立法中并没有规定判断商业行为的标准。结合上一节对商业行为的定义，笔者认为以英国为代表的模式和以美国为代表的模式在逻辑思维上就存在明显的区别。美国的立法模式更偏重于大陆法系，从商业行为的定义出发，揭示商业行为的内涵，再到提出商业行为的判断标准。而英国则与之不同。英国模式中立法者关心的并不是何种行为应当被判定或者应当怎样被判定为商业行为。而是在何种情况下应当适用商业例外的规定，或者在何种情况下法院应当对某些案件行使管辖权。虽然这种标准在逻辑上并不周延，但其务实、灵活的做法同样可取。

另一种模式是《美洲国家豁免公约草案》中采用的模式，该公约规定国家的交易或者商业行为指根据日常的商业运营能够被认定为特殊的交易、商业或者交易行为。[①] 公约中的规定是目前国际、国内立法中关于商业行为判断标准规定中最独特的。其考察行为商业属性的标准既不是行为的性质也不是行为的目的，而是日常的交易运营情况，或者说公约中规定的标准是日常的经营习惯。基于该公约草案的规定，了解缔约国在日常经营中的相关习惯和对行为的司法判定就成为司法实践中最重要的问题。虽然该公约草案的规定在明确性上距离性质标准和混合标准有一定的差距，但它至少为我们提供了一种新的关于商业行为判断标准的立法模式。

性质标准采用以美国、加拿大和以色列为代表。其中美国的规定最为明确，在规定了商业行为的定义后以专门条文特别说明判断商业行为的标准应是行为的性质而非行为的目的。这种判断标准的优点在于直接、明确。以唯一的因素作为行为商业属性的判断标准从

---

① "States shall not invoke immunity against claims relative to trade or commercial activities undertaken in the State of the forum. Trade or commercial activities of a State are construed to mean the performance of a particular transaction or commercial or trading act pursuant to its ordinary trade operations." Inter-American Draft Convention on Jurisdiction Immunity of States，Art. 5.

立法条文设计的角度来说具有使条文内容更明确的优点。其缺点在于在实践中必须通过案例或者其他手段对行为性质进行明确，即究竟何种特征才能够在性质上认定为具有商业属性。美国采纳的观点是凡是私人在公共市场上也能够从事的行为就应当被认定为属于商业行为，该种观点也得到了其他国家的赞同。

《联合国国家豁免公约》采用了混合标准，在第 2 条第 2 款对商业行为的判断标准进行了规定。在确定一项合同或交易是否为第 1 款(c)项所述的"商业交易"时，应主要参考该合同或交易的性质，但如果合同或交易的当事方已达成协议，或者根据法院地国的实践，该目的与确定合同或交易的非商业性质有关，则其目的也应予以考虑。从价值取向来说，这一方面考虑到发达国家的一贯做法，将行为性质作为商业行为判断的主要标准，另一方面也考虑到发展中国家的要求，为行为的目的作为考量行为商业属性的标准留下了一定的空间。从具体的条文设计来看，公约的规定并不理想。公约仅仅规定在某些情况下应当考虑行为的目的，但没有强调在此种情况下目的和性质究竟以何者作为决定因素。在实践中可能导致虽然立法中采用了混合标准，但实践中却仍然以性质作为唯一考量标准的现象，另外性质标准的实践困境在混合标准中同样存在。

综合比较上述四种关于商业行为判断标准的立法模式，笔者认为第二种综合模式更为可取。其原因并不在于混合标准在立法技术上较性质标准更为先进和科学，而在于混合标准更符合我国的具体国情，更能保护我国的合法权益。刚果金案件中的假设就是最好的佐证。[①] 但我国在制定相关立法时不能完全照搬《联合国国家豁免公约》的规定，而应该根据我国的具体需要进行相应的修改。我国立法可以不规定行为目的标准的限定条件或者规定在满足限定条件的情况下行为的目的有决定性的作用。另外需要注意的是该条款的条文安排，有两种模式可供选择，第一种是将判断标准和商业行为的定义一起规定在释义部分，第二种是将判断标准规定在管辖豁免中的商业例外条款部分。笔者认为比较合理的安排是将商业行为的判断标准和定义一并规定在释义部分。

第四节　国家豁免立法中的商业例外条款

在解决了商业行为的定义和商业行为的判断标准两个前置问题之后，国家豁免中商业例外的制度设计中最核心的问题就是国家豁免法中的商业例外条款。[②] 国家豁免法中的商业例外条款具体应当包括三个方面的内容：管辖豁免中的商业例外条款、其他管辖豁免例外中的商业因素、执行豁免中的商业例外条款。本节将从这三个方面对国家豁免法中的商业例外条款进行深入的分析和论述。

一、管辖豁免中的商业例外条款

综合分析国际国内立法管辖豁免中的商业例外条款，该条款主要包括四个方面的内

---

① 具体内容请见本章第五节的论述。

② 笔者认为理想中的国家豁免法立法设计应当把商业行为的定义和判断标准通过专门的定义条款进行规定并适用于整个立法。在之后的管辖豁免、执行豁免条款中不再重复规定商业行为的定义和判断标准，所以本节讨论的是在已有商业行为定义的基础上如何具体设计立法中的商业例外条款。

容，即商业行为和诉讼之间的关系、法院对该商业行为一般管辖权的确定、合同义务条款和商业例外条款的排除。

(一)商业行为和诉讼之间的关系

各国立法和国际条约中并没有对该问题设置专门的条款进行规定。各国只是规定国家在涉及(relating to)商业行为的诉讼，或者诉讼基于(based on)商业行为提起时不享有国家豁免。在各国立法和实践中，美国对该问题倾注了特别的关注并有相当数量的案件讨论对该问题进行了阐述。英国也就该问题提出了自己的看法。

美国 FSIA 规定，当案件是基于商业行为提起的，则国家在相关诉讼中不得援引国家豁免。美国立法中并没有规定当诉讼和商业行为之间具有何种程度的联系才能视为案件基于商业行为发生。美国的司法实践通过判例对该问题进行了阐释和说明。完成这一历史任务的判例是 Saudi Arabia v. Nelson 案。① 在 Saudi Arabia v. Nelson 案中，沙特阿拉伯费萨尔国王医院通过美国医院社团(Hospital Corporation of American，以下简称 HCA，为独立法人)招聘一名从事仪器设备监管的工作人员。Nelson 在美国看到了 HCA 的广告并与其接洽，在通过了费萨尔国王医院的面试后，Nelson 和费萨尔国王医院在美国签订了雇佣合同并参加了 HCA 提供的新人培训。Nelson 在沙特阿拉伯开始了他的职业生涯，他的工作是监控医院的仪器、设备和生命维持系统以确保医院工作人员和病人的安全。在工作期间，Nelson 发现了医院的输氧管线等仪器存在安全隐患并向医院的管理人员进行了汇报，医院的管理人员指示他忽略这些安全隐患。一段时间后，Nelson 被带往医院的安全中心，沙特阿拉伯政府宣布对他进行逮捕。在逮捕期间，Nelson 受到了各种非人道的待遇并造成了人身伤害。回到美国后，Nelson 夫妇以人身伤害为由向美国法院提起了诉讼。美国南方地区法院认为根据 FSIA 的规定法院对本案没有管辖权，上诉法院也支持了初审法院的决定。双方遂诉至美国最高法院。

美国最高法院认为该案的关键在于判断 Nelson 的诉求是否"基于商业行为"提起。首先要解决的是"基于"的含义。FSIA 中并没有关于"基于"的定义。结合 FSIA 中的文字表述，美国最高法院认为"基于"的含义不应当被理解为仅具有有限的联系。在查阅了《布莱克法律词典》等字典类工具书后，联邦最高法院认为"基于"的最基本的含义应当理解为，如果某项请求是"基于"某种因素提起的，则一旦该因素被证实，请求人就应当实现其请求中所要求的救济。也就是说，如果某项诉讼是基于某种行为产生的，则该行为必须构成该项诉讼的基础，该行为一旦被证实，原告的诉求就应当得到支持。就本案的实际情况而言，与 Nelson 的诉求有关联的有两个行为：医院的雇佣行为和沙特阿拉伯政府的非法监禁行为。根据 Republic of Argentina v. Weltover 案中所确立的商业行为的阐释，医院的雇

---

① Saudi Arabia, King Faisal Specialist Hospital and Royspec, Petitioners v. Scott Nelson et ux. 113 S. Ct 1471 (1993); Hazel Fox Cmg Qc, *The Law of State Immunity* (2nd ed.), Oxford University Press, 2008, pp. 342-345; Aadrew Dickinson, Rae Lindsay and James Loonam, *State Immunity Selected Materials and Commentary*, Oxford University Press, 2005, pp. 254-257; Working Group of the American Bar Association, *Reforming the Foreign Sovereign Immunity Act*, Columbia Journal of Transnational Law, 2002, Vol. 40, pp. 551-553.

佣行为构成商业行为，而沙特阿拉伯政府的非法监禁行为则是一种国家主权权力的体现，是一种主权行为。根据对"基于"（based on）的理解，如果医院的雇佣行为构成本案的基础，则 Nelson 所要求的人身损害赔偿将无法实现，因为医院的雇佣行为与人身损害赔偿之间并没有直接的联系。如果沙特阿拉伯政府的非法监禁行为构成本案的基础，则该非法监禁行为一经证实，在不考虑管辖权的情况下，Nelson 的诉求就可以实现。所以，在本案中，Nelson 的诉讼并不是基于商业行为提起的，故美国法院对该案件不享有管辖权。①

上述美国最高法院的意见表明，美国法院在判断究竟何种情况才符合 FSIA 中的"基于"（based on）商业行为提起诉讼时持较为谨慎的态度。某个诉讼可能与多个行为有关联，仅有有限的关联并不能认定为诉讼是"基于"该行为提起，只有某项行为足以构成相关诉讼的基础时，才能认定相关诉讼是"基于"该项行为提起。虽然这仅仅是 FSIA 中的一个微小的细节，但这个问题对于商业例外的适用无疑具有至关重要的作用，是我们理解 FSIA 中商业例外条款适用不可或缺的要素。

美国律师协会的工作组报告完全认可美国联邦最高法院在 Nelson 案中对"基于"（based on）所作的解释。即如某项请求是"基于"某种因素提起的，则一旦该因素被证实，请求人就应当实现其请求中所要求的救济。也就是说，如果某项诉讼是基于某种行为产生的，则该行为必须构成该项诉讼的基础，该行为一旦被证实，原告的诉求就应当得到支持。②

英国法中规定当诉讼"涉及"（relating to）商业行为时，国家不得援引豁免。这其中就包含对涉及的理解。一般认为"涉及"要求《英国国家豁免法》中规定的商业行为应当与诉讼之间有实质的联系。更明确的观点是所提起的诉讼必须与商业行为相关或者相关诉讼就是根据商业行为提起。③ 在较为复杂的案件中，法院一般分为三个步骤处理这一问题。第一步是明确区分针对国家提起诉讼的各种诉讼。第二步是进一步确定每一个诉求所依据的行为。在这一过程中，某一行为应当构成提出某项诉求的基础，而不是仅仅作为提出该项诉讼请求的事实背景。第三步是具体评价每一诉求所依据的行为的性质。

《以色列国家豁免法》第 3 条规定了管辖豁免中商业例外适用的具体情形。该条规定国家在以商业行为诉因诉讼中不得援引豁免。④ 该条款的规定有如下特点：第一，该条款没有规定商业行为和以色列的联系。也就是说无论商业行为和以色列之间有没有联系，只要是该商业行为引起的诉讼，国家就不得援引豁免。第二，如何理解诉因（cause of action）。即商业行为和诉讼之间有何种联系才能被认为商业行为构成该诉讼的诉因。该问题类似美国法中的基于（based on），《以色列国家豁免法》并没有对该问题作出解释，同美国一样，只有通过判例对其进行进一步明确。

总体来说，虽然各国对此问题的态度有所差异。美国花费了相当的精力研究此问题，

---

① Saudi Arabia, King Faisal Specialist Hospital and Royspec, Petitioners v. Scott Nelson et ux. 113 S. Ct 1471 (1993).

② Working Group of the American Bar Association, *Reforming the Foreign Sovereign Immunity Act*, Columbia Journal of Transnational Law, Vol. 40, 2002, p. 551.

③ Aadrew Dickinson, Rae Lindsay and James Loonam, *State Immunity Selected Materials and Commentary*, Oxford University Press, 2005, p. 357.

④ A foreign state shall not have immunity from jurisdiction where the cause of action is a commercial transaction. 参见 Israel Foreign States Immunity Law 2008, Art. 3。

英国对此问题也予以了关注。以色列在前者的立法和实践的基础上直接规定应当以商业行为作为诉因。其他国家则没有查找到相关资料。但即使从一般诉讼法中的要求出发，也应当认为诉讼和商业行为之间具有紧密的联系，仅仅具有一般或者最广泛程度上的联系不构成法律规定中的基于（based on）或涉及（relation to）。至少当商业行为仅仅构成相关诉讼的事实背景时，管辖豁免中的商业例外条款是不能适用的。

（二）一般管辖权的确定

涉及商业例外的国家豁免案件管辖权的判断可以分为两个阶段。首先，是一般管辖权的确定，也就是假设案件不涉及国家作为一方当事人时对案件管辖权的判断。其次，在一般管辖权成立的情况下再考虑国家作为一方当事人的特殊处理。如果国家的行为属于法律规定中不得援引国家豁免的例外情形，则法院对该案件享有管辖权，反之则国家的行为或财产豁免于法院的管辖。本节的内容实际上解决的就是一般管辖权的问题。关于这一问题，相关的国际国内立法中主要有四种模式，第一种模式是在立法中明确规定商业行为和法院地领土之间的关系，即从一般管辖权的地域联系出发对该问题进行规定。第二种模式是从国际私法规则出发规定一般管辖权的确定。第三种模式是借助相关的其他立法和国际协议确定一般管辖权的标准，第四种立法模式是对该问题不加规定，留待一国的诉讼法和相关立法解决。

1. 根据地域联系确定一般管辖权

该种模式以美国 FSIA、《欧洲国家豁免公约》和《美洲国家豁免公约草案》为代表。欧洲公约和美洲公约草案中要求商业行为必须发生在法院地国境内。① 美国 FSIA 的规定最为详细，规定了商业行为和美国的三种联系。《美国外国主权豁免法》规定：如某项诉讼是基于在美国发生的商业行为提出的，或者基于在美国进行并与在美国以外发生的商业行为有关的行为提出的，或者基于在美国以外发生的但对美国产生实质影响的商业行为提出的诉讼，则不能在美国法院享有管辖豁免。并且该法进一步明确规定，在美国进行的商业行为应当被理解为在美国境内进行且对美国产生了实质联系的行为。②

---

① "A Contracting State cannot claim immunity form the jurisdiction of a court of another Contracting State if it has on the territory of the forum an office, agency or other establishment trough which it engages, in the same manner as a private person, in an industrial, commercial or financial activity, and the proceedings relate to that activity of the office, agency or establishment." 参见 European Convention on State Immunity, Art 7(1)。"States shall not invoke immunity against claims relative to trade or commercial activities undertaken in the State of the forum. Trade or commercial activities of a State are construed to mean the performance of a particular transaction or commercial or trading act pursuant to its ordinary trade operations." 参见 Inter-American Draft Convention on Jurisdiction Immunity of States, Art. 5。

② "A 'commercial activity carried on in the United States by a foreign state' means commercial activity carried on by such state and having substantial contact with the United States." " General exceptions to the jurisdictional immunity of a foreign state, in which the action is based upon a commercial activity carried on in the United States by the foreign state; or upon an act performed in the United States in connection with a commercial activity of the foreign state elsewhere; or upon an act outside the territory of the United States in connection with a commercial activity of the foreign state elsewhere and that act causes a direct effect in the United States." 参见 28 USC. The Foreign Sovereign Immunity Act 1976. Art. 1603(e) and 1605(a)(2)。

　　FSIA 规定商业行为必须与美国领土有联系基于两个理由。第一个理由是确保依美国法律和国际法对于一个特定的案件适用美国 FSIA 存在恰当的根据。美国必须有一个合理的根据并有合理的利益来适用其法律，并允许诉讼程序在其法院进行，确立与美国有联系的立法要求保证了这个根据。第二个理由在于确保与法律的另一部分即第 1330 条第 1 款的协调。该部分允许当豁免例外存在时法院能对被告主张对人管辖权。通过要求被告与美国有一定的联系来满足商业活动例外，美国国会规定了美国法院对被告行使对人管辖权的一个基础。

　　正确理解商业行为和美国联系的第一个重要方面是对于"实质联系"的理解。"实质联系"这一问题解决了发生在美国的商业行为与美国之间的联系。按照《美国外国主权豁免法》第 1603 条第 5 款的规定，在美国发生的商业行为是指外国政府所为，与美国具有实质联系（substantial contact）的行为。对实质联系的认定就成为该条款适用的重点。虽然美国对这一问题也通过一系列的判例进行了诠释，但遗憾的是并没有总结出类似于前述商业行为标准及"基于"认定标准的统一方法和标准。到目前为止只是总结出了一些可以被认定为构成实质联系的情形：第一，在美国有办公室并设立永久代表；第二，在美国从事正常的航空营运；第三，在美国公开邀约投标；第四，在美国实质磋商契约的内容；第五，安排在美国购买的货物的运送；[1] 在美国出售货物和其他物品当然也被认为在美国从事商业行为。[2] 除此之外，在美国没有办公室、销售代表，也没有与美国的任何公司和个人签订契约的当事人，不能仅仅因为与一家美国公司之间具有电传联系就被认定为其行为与美国具有实质联系。[3] 被告和原告仅仅在美国进行业务会议也不能够认为与美国具有实质联系。[4] 除了相关案例的阐释外，美国众议院司法委员会的立法报告也对这个问题进行了解释。该司法委员会认为下列活动都可以被认为是在美国从事的商业活动：全部或者一部分在美国履行的商业交易；与美国企业之间进行的进出口货物买卖交易；在美国产生的商务侵权行为；经由在美国谈判或者订立贷款协议而产生的债务；或者接受一个私人或者公立贷款机构的金融援助。并且一个商业活动是全部还是部分在美国履行由美国法院进行判断。该实质联系要求的目的是反映一定程度的联系，而不是仅仅因为原告是美国公民或者居民就认定外国在美国进行商业交易。[5]

　　理解商业行为和美国联系的第二个重要方面是对 FSIA 中"基于在美国进行并与在美国以外发生的商业行为有关的行为提出的诉讼"这一内容的理解。美国司法领域对该问题的意见主要体现在美国律师协会对国家豁免法提出的改革报告中。该报告中重点提到了根据地域原则所确定的一般关系权问题。该报告指出：FSIA 中第 1605 条第 1 款第 2 项将不得援引国家豁免的商业例外情形规定为：如某项诉讼是基于在美国发生的商业行为提出

　　① Schreuer, Christoph, *State Immunity: Some Recent Developments*, Grotius, 1988, p. 38.

　　② Shapiro v. Republic of Bolivia, 930 F. 2d 1013 (2nd Cir. 1991).

　　③ East Europe DISC v. Terra, F. Supp. 383 (S. D. N. Y. 1979).

　　④ Maritime International Nominees Establishment v. Republic of Guinea, 693F. 2d 1094 (D. C. Cir. 1982).

　　⑤ House Report No. 94-1487, UN State Immunity Materials, p. 108.

的，或者基于在美国进行并与在美国以外发生的商业行为有关的行为提出的、或者基于在美国以外发生的但对美国产生实质影响的商业行为提出的诉讼，则不能在美国法院享有管辖豁免。① 工作组报告中的修改主要针对该条款规定中的第二种情形，即基于在美国进行的与美国之外发生的商业行为有关的行为所提起的诉讼不得援引国家豁免。

　　商业活动例外三个条款的描述与美国地域联系的重要性是趋弱的。当诉讼基于美国的商业活动或与美国有实质性联系的商业活动时，适用第一条款。虽然没有太多的案例争论第二个条款，但2/5的巡回法院意见中表明，一般认为美国法律"适用于在美国发生的与外国国家在别处的商业活动有关的非商业活动"②，工作组认为这种解释是不正确的。法律、立法报告或评论所依据的最高法院的决定都丝毫没有将第1605条(a)款(2)项中指的"在美国进行并与在美国以外发生的商业行为有关的行为"限于非商业活动。无论何时只要某一行为发生于美国并与在国外的商业活动有联系则第二个条款的要求得以满足。而且，当在美国的行为本身具有足够的重要性，它将被认定为是在美国的商业活动并满足第一条款的要求。③

　　理解美国FSIA中关于商业行为和美国联系的第三个重要方面是对"直接影响"的认定。FSIA规定如果诉讼基于在美国以外发生的商业行为，且该行为对美国造成了直接影响(direct effect)，则当事国不得援引国家豁免。由于该规定的不确定性，在实际运用中可能会导致美国管辖权的大幅扩展。

　　当引起诉讼的行为和商业活动皆发生于美国领域外，但对美国产生"直接影响"时，第三条款得以适用。立法报告这样叙述第三条款："第三种情形……将包括在美国领域内有直接影响的国外商业活动，依1965年《美国对外关系法重述(第二次)》第18节所确立的原则，这种影响使该行为服从美国的管辖权。"《美国对外关系法重述(第二次)》(*Restatement (Second) of Foreign Relations Law of the United States*)第18条规定：在美国领土之外发生的，且在美国领土内产生影响的行为。如果具有以下两种情形，则该国可以就该行为的法律效果制定相关法令进行规范：(1)国际社会中法律体系合理健全国家的法律均认为某行为及其结果构成犯罪或侵权行为；(2)①某种行为或者结果构成国内法律规定行为的构成要素；②该行为对美国领土造成了实质、重大的影响；③该行为对美国领土内造成的结果是直接和可预见的；④所制定的法律符合法律发达国家所一般承认的正义原则。④ 从上述立法表述中可以发现，能够为FSIA中借鉴的内容只有"实质""重大""直接"

---

① General exceptions to the jurisdictional immunity of a foreign state, in which the action is based upon a commercial activity carried on in the United States by the foreign state; or upon an act performed in the United States in connection with a commercial activity of the foreign state elsewhere; or upon an act outside the territory of the United States in connection with a commercial activity of the foreign state elsewhere and that act causes a direct effect in the United States." 参见 28 USC. The Foreign Sovereign Immunity Act 1976. Art. 1605(a)(2)(1)。

② Voest-Apine Trading USA Corp. v. Bank of China, 142F. 3d887, 892 (5th Cir. 1998); Byrd v. Corporation Forestal y Industrial de Olancho S. A., 182F. 3d380, 390(5th Cir. 1999).

③ Working Group of the American Bar Association, *Reforming the Foreign Sovereign Immunities Act*, Columbia Journal of Transnational Law, Vol. 40, 2002, p. 553.

④ Restatement (Second) of Foreign Relations Law of the United States, 1965, Art 18.

"可预见"四个要素。

自从 FSIA 制定以来，美国实务界对于如何界定直接影响（direct effect）产生了两种不同的观点。① 第一种观点以财务损失为标准，即如果美国公司在和外国当事人进行的商业交易中受到损害，就可以认定为该行为对美国产生了直接影响。② 前文中的尼日利亚案（Texas Trading & Miling Corp. v. Federal Republic of Nigeria）就采取了这种观点。③ 第二种观点认为既然国会的意见是参考《美国对外关系法重述（第二次）》第 18 条的规定。那么判断的标准就应该按照该法的规定为"实质、重大且可预见"。也就是说 FSIA 中的直接影响不但必须在美国造成了实质且可预见的效果，而且必须是一个法律上的重大事件。该见解获得了大多数美国巡回法院的支持。④

美国最高法院于 1992 年通过 Weltover 案（Republic of Argentina and Banco Central De La Republic Argentina，Petitioners v. Weltover，Inc.）对 FSIA 中直接影响（direct effect）的含义发表了明确的看法。⑤ 最高法院在该案中拒绝了《美国对外关系法重述（第二次）》第 18 条中规定的"实质、重大且可预见"的做法，认为约定美国的某个地点作为合同的履行地就构成对美国的直接影响。这一观点得到了其他判例的支持。法院强调某一行为对美国产生直接影响不需要发生实质上的后果。只要某一行为能够对美国产生立即的影响，则可以判定该行为对美国具有直接影响，具体的影响程度由法院判断，⑥ 不需要证明该行为的结果是可预见和实质的。尽管在该案中法院同时指出仅有微小的联系时不应判定某种行为会对美国产生直接影响，但无疑最高法院的意见在一定程度上扩大了美国的司法管辖权。⑦ 可以说，到此为止，美国法院通过司法实践完成了对国会"直接影响"意见的修正。在最高法院的意见中，直接联系这一要素在某种意义上彻底成为法院的后花园。

虽然美国最高法院已经就直接影响（direct effect）这一问题表达了较为宽松的态度，但仍旧有法院对此持谨慎的态度。在 Virtual Countries Inc. v. Republic of South Africa 案中，法院

---

① Nicolas J. Evanoff, *Direct Effect Jurisdiction under the Foreign Sovereign Immunities Act of* 1976：*Ednding the Chaos in the Circuit Courts*, Houston Law Review, Vol. 28, 1991, pp. 639-646.

② 参见陈纯一：《国家豁免问题之研究——兼论美国的立场与实践》，台湾三民书局 1997 年版，第 212 页。

③ Texas Trading & Miling Corp. v. Federal Republic of Nigeria, 647 F. 2d 300（2nd Cir. 1981）.

④ Nicolas J. Evanoff, *Direct Effect Jurisdiction under the Foreign Sovereign Immunities Act of* 1976：*Ednding the Chaos in the Circuit Courts*, Houston Law Review, Vol. 28, 1991, p. 632.

⑤ Republic of Argentina and Banco Central De La Republic Argentina, Petitioners v. Welsoverr, Inc., et al. 112 S. Ct. 2160（1992）. 该案的具体案情见前文正文中关于判例对商业行为定义的论述。

⑥ Aadrew Dickinson, Rae Lindsay and James Loonam, *State Immunity Selected Materials and Commentary*, Oxford University Press, 2005, pp. 256-257.

⑦ Siderman de Blake v. Republic of Argentina, 985 F. 2d 699, 710-911（9th Cir. 1992），在该案中，法院认为被告没有按照契约在美国进行工作即对美国造成了直接影响（direct effect）；Vemenlen v. Renault，USA，985 F. 2d 1534, 1545（11th Cir. 1993）. 在该案中，法院认为只要是在美国发生的车祸当然对美国造成了直接影响（direct effect），而无论汽车在何处制造，死者家属在何地。Voest-Alpine Trading USA Corp. v. Band of China, 142 F. 3d 887, 888（5th Cir. 1998）. 在该案中，法院认为无论何种原因，只要中国银行未将款项汇入美国一方的账户，就构成对美国的直接影响（direct effect）。

认为直接影响条款的适用前提必须是发生在美国之外的商业行为在美国导致了具有重大法律意义的事件发生。仅仅对美国人产生了经济上的损害不能被认为对美国产生直接影响。①

除此之外，美国律师协会对国家豁免法提出的改革报告也对国家豁免法中规定的直接影响条款提出了自己的看法。如前文所述，美国法院在最高法院的影响下通过众多判例对直接影响进行了阐释。美国法院认为如果被告的行为会立即产生相应的结果，则可以认定该行为对美国具有直接的影响，不需要产生实质的和可预见的后果。报告认为在判断某一行为是否对美国产生直接影响时拒绝考虑实质联系是错误的。在判断某一行为是否对美国具有直接影响时更应强调实质联系的重要性。只有针对外国国家的诉讼与美国之间的联系足够紧密，才能赋予美国关于国家及其财产豁免例外得以适用的合法性，也唯有如此才能赋予美国法院相关判决的合法性并减少外国国家在美国诉讼中提出抗辩的可能性。基于美国法院正在把与美国仅有微小联系的案件纳入其司法范围的事实，工作组建议在第1605条第1款第2项中加入实质性的这一词语，使其适用于在美国领土外发生的与外国国家在别处的商业活动有关的并在美国产生直接和实质性影响的行为所产生的诉讼。②

在该条款中加入的"实质性"一词应当被理解为具有非同一般的重要意义。添加这一词语的目的在于提醒美国法院在没有明显、充分的基础时不应适用 FSIA 中有关商业例外的规定。在具体适用时，美国法院应当综合考虑某一案件所处的环境及该案与美国的所有联系。美国法院应当探寻该行为是否在美国境内产生了重要的影响。例如，即使没有特别约定合同的履行地，只要没有向美国提供相应的产品或服务就应当被认定为对美国产生了实质的影响。保留"直接"一词是因为工作组认同美国法院所阐释的发生在美国的后果应当是立刻的而非遥远和微弱的。③

引起争论的另一个观点是，外国国家在美国的商业活动是否可以使其服从这里的一般管辖。一般管辖是一个对人管辖的概念，它是指被告可于特定地点以任何请求被诉，不管该请求是否与该地点有联系。在 Nelson 一案中，Stevens 法官认为第1605条第1款第2项规定了一般管辖，但大多数法院仍坚持诉讼与美国之间的联系，④ 这些法院拘泥于法律的字面言辞，即在每个特定情形中的"行为"必须是"基于"与美国有联系的商业活动、行为

---

①　Aadrew Dickinson, Rae Lindsay and James Loonam, *State Immunity Selected Materials and Commentary*, Oxford University Press, 2005, p. 257.

②　Working Group of the American Bar Association, *Reforming the Foreign Sovereign Immunity Act*, Columbia Journal of Transnational Law, Vol. 40, 2002, p. 560.

③　Working Group of the American Bar Association, *Reforming the Foreign Sovereign Immunity Act*, Columbia Journal of Transnational Law, Vol. 40, 2002, pp. 561-562.

④　参见 Goodman Holdings v. Rafidain Bank, 26 F. 3d 1143, 1146(D. D. Cir1994), 根据第一条款提起的案件中，"商业行为"要求和"与美国的联系"要求相结合，以要求原告的诉讼至少有一个因素是基于宣称在美国发生的商业行为的；Santos v. Compagnie Nationale Air France, 934 F. 2d890(7th Cir. 1991)；Vencedora Oceanica Navigation v. Compagnie National Algerienne de Navigation, 730F. 2d195(5th Cir. 1984)；Nazarian v. Compagnie Nationale Air France, 989F. Supp. 504(S. D. N. Y. 1998), FSIA 规定的管辖权仅约束必须是与美国管辖权有关行为的诉讼，不能仅因为一个外国政府机构在美国从事商业而确立管辖权。

或影响，而且关键的立法报告也表明除了弃权条款，每个豁免权的适用都"要求诉讼与美国的某种联系"。工作组认同这一点，否定了外国国家可以受美国法院一般管辖的说法。

总而言之，根据《美国外国主权豁免法》《欧洲国家豁免公约》《美国国家豁免公约草案》的规定，外国国家在美国的相关诉讼必须满足国家豁免法或者公约中规定的地域性联系，唯有如此才能对相关案件行使一般管辖权。在具体案件的处理中最重要的就是如何确定案件与法院地的联系。

2. 根据国际私法规则确定的一般管辖权

除了在立法中规定以地域联系作为一般管辖权的确定因素之外，还出现了以国际私法规则作为一般管辖权确定的决定因素。这主要是 2004 年《联合国国家豁免公约》中的规定。

该公约第 10 条规定了管辖豁免中的商业例外条款。该条第 1 款规定了商业例外的适用情形。该条款规定：一国如与外国一自然人或法人进行一项商业交易，而根据国际私法规则，有关该商业交易的争议应由另一国法院管辖，则该国不得在该商业交易引起的诉讼中援引管辖豁免。①

公约特别提到了国际私法规则的作用。这在各国的国内立法中是绝无仅有的。笔者在之前的论述中曾经提到，一个国家豁免案件管辖权的确定实际上分为两个步骤，第一步是在不考虑当事人国家身份的前提下判断一国法院是否对该案件享有一般管辖权；第二步是在法院具有一般管辖权的基础上进一步分析案件中国家所为的行为或者国家的财产是否能够豁免于法院的一般管辖权。公约中有关国际私法规则的规定实际上就是确定法院一般管辖权的规则。按照国际法委员会的解释，"国际私法规则"是一个中性用语，选用这个用语是为了"按冲突法或国际私法规则来解决各种管辖上的问题，而不论是否能适用统一的管辖规则"。② 每一个国家在管辖问题上，都有完全的自主和决定权。该公约以笼统的"国际私法规则"作为决定法院是否有管辖权的基础，主要是为了协调各国的不同观点和规则。各国的立法和司法实践在确定法院管辖权方面的确存在很大的差异。有的国家是严格地要求以"领土联系"作为判断是否有管辖权的标准。美国和英国的国家豁免立法就明确规定了商业行为或者合同义务必须与法院地国有一定的联系才能够适用法院地国对于管辖豁免中商业例外的相关规定。澳大利亚和加拿大在其国家豁免法中则没有提及确定法院一般管辖权的标准，这并不意味着两国在相关诉讼中不考虑一般管辖权的问题，而是两国将这一问题交给其他的法律进行解决，这两个国家并不认为有关国家豁免的诉讼在一般管辖权问题上有区别于其他涉外案件的特殊因素。意大利法院和瑞士法院往往通过"领土联系"标准来确定法院的管辖权，③ 而荷兰、德国和法国等欧洲大陆法系国家的法院则认为

---

① "If a State engages in a commercial transaction with a foreign natural or juridical person and, by virtue of the applicable rules of private international law, differences relating to the commercial transaction fall within the jurisdiction of a court of another State, the State cannot invoke immunity from that jurisdiction in a proceeding arising out of that commercial transaction." 参见 United Nations Convention on Jurisdictional Immunities of States and Their Property 2004, Art. 10(1)。

② *Report of the Forty-Third Conference of International Law Commission*, 1991, p. 78.

③ Richard Gardiner, *UN Convention on State Immunity: Form and Function*, International and Comparative Law Quarterly, Vol. 55, 2006, pp. 407-410.

没有必要以领土联系作为确定法院对某项案件具有一般管辖权的要素。① 鉴于各国在立法和司法实践上意见不一致，2004 年《联合国国家豁免公约》笼统地以"国际私法规则"作为确定法院管辖权的基础，不失为一种妥协的安排，有利于被各国接受。但是，由于目前世界上尚不存在统一的国际私法规范，而国际私法是属于各国国内法的范畴，因此，如果依 2004 年《联合国国家豁免公约》第 10 条第 1 款的规定，很有可能会造成各国在一般管辖权问题上的冲突。

笔者认为，这种冲突至少在短时间内是不可避免的。撇开国家豁免问题不谈。国际私法领域多年来一直致力于判决的统一，在管辖权问题上的统一上也作出了大量的努力，但是到目前为止尚未取得明显的成果。在短时间内不可能统一各国管辖权规则的情况下，《联合国国家豁免公约》的规定更具灵活性。

3. 借助国际法或协议确定一般管辖权

除了上述两种主要的确定一般管辖权的立法规定之外。1995 年《阿根廷国家豁免法》(*Immunity of Foreign States from the Jurisdiction of Argentinean Courts*) 表现了另外一种模式。其第 2 条(c)项为有关国家豁免中商业例外的规定。该条规定：当诉讼请求涉及外国国家所为的商业行为或工业行为；且阿根廷法院根据相应的协议或国际法具有管辖权时，外国国家在该案中不得援引国家豁免。② 其中规定确定一般管辖权的因素为相关协议或者国际法，该规定在一定程度上体现出对意思自治原则的重视和对国家法的尊重。但相较于前两种确定一般关系权的因素，阿根廷立法中的规定并没有得到其他国家的认同。

4. 不对一般管辖权的确定标准进行规定

除此之外的第四种模式是对该问题不予规定。以色列、英国、澳大利亚、南非、巴基斯坦和新加坡的立法采用了这种方法。笔者认为国家豁免法中关于一般管辖权确定标准的规定实际上解决的是商业行为的一般管辖权问题。如果不考虑当事方的国家身份，该商业行为的一般管辖权问题和普通的民商事案件的一般管辖权问题并没有实质的区别。该问题完全可以交由一国的民事诉讼法加以解决。除非法院地国在此问题上有特别的需要和考虑，在国家豁免法中可以不规定此类内容，仅简单规定国家在涉及商业行为的诉讼中不得援引国家豁免即可。

(三)"合同义务条款"的特殊规定

一般认为合同作为一种交易形式不应当被赋予特殊的地位。但是在《欧洲国家豁免公约》及英国、巴基斯坦、南非、新加坡等国的国家豁免法中却赋予了"合同产生的义务"以

---

① 参见龚刃韧：《国家豁免问题的比较研究——当代国际公法、国际私法和国际经济法的一个共同课题》(第二版)，北京大学出版社 2005 年版，第 316 页。

② "Foreign States may not invoke jurisdictional immunity in the following cases：(3) where the claim affects a commercial or industrial activity carried out by the foreign State and the jurisdiction of Argentinean Courts is applicable under the corresponding contract or under international law." 参见 Aadrew Dickinson，Rae Lindsay and James Loonam，State Immunity Selected Materials and Commentary，Oxford University Press (2005)，p. 465。

特殊的法律地位。

《英国国家豁免法》第 3 条对管辖豁免中的商业例外问题进行了专门和详细的规定。该条规定如下：(1)国家在涉及下列情事的诉讼中，不得享有豁免：(a)国家参加的商业行为，或(b)国家根据契约所承担的义务不管是否为商业行为，其全部或部分应在联合王国境内履行的。① 这里的(b)项所规定的内容就是关于合同义务条款的相关规定。其中特别强调了义务的产生方式而非义务的实质内容。似乎在英国，由合同这种形式所产生的义务有着特殊的地位。以至于在其国家豁免法中这种由合同所产生的义务需要被特殊对待从而成为不得援引国家豁免的商业例外中的一种特殊情形。

对于该问题的理解主要体现在一例涉及国际锡委员会(International Tin Council)的案件中。该案对由"合同产生的义务"的理解主要集中在以下三个方面。首先，该义务只要由合同产生即可，在性质上不需限于合同义务，有合同产生的侵权和其他类型的义务同样适用于该条的规定。其次，该义务的履行地点应当由其准据法确定，通过准据法确定的履行地点必须在英国领土范围内。最后，产生上述义务的合同不需要为商业合同，国家也不一定要作为该合同的当事人。②

巴基斯坦、新加坡和南非参考了英国的做法，其立法中关于该问题的规定甚至与英国法中的规定没有任何差异。③

《欧洲国家豁免公约》中也有类似的规定。公约第 4 条对由合同产生的义务进行了专门规定。该条第 1 款规定，缔约国在涉及由合同产生的义务的诉讼中不得援引国家豁免，

---

① (1) A State is not immune as respects proceedings relating to—

(a) a commercial transaction entered into by the State; or

(b) an obligation of the State which by virtue of a contract (whether a commercial transaction or not) falls to be performed wholly or partly in the United Kingdom. 参见 U. K. State Immunity Act 1978, Art. 3。

② J. H. Rayner Ltd. v. Department of Trade and Industry, Ch72 CA 1989.

③ "(1) A State is not immune as respects proceedings relating to—

(a) a commercial transaction entered into by the State; or

(b) an obligation of the State which by virtue of a contract, which may or may not be a commercial transaction, falls to be performed wholly or partly in Pakistan.

Pakistan The State Immunity Ordinance, Art. 5 (1).

(1) A State is not immune as respects proceedings relating to—

(a) a commercial transaction entered into by the State; or

(b) an obligation of the State which by virtue of a contract (whether a commercial transaction or not) falls to be performed wholly or partly in Singapore.

But this subsection does not apply to a contract of employment between a state and an individual.

Singapore State Immunity Act 1985, Art. 5(1).

(1) A State is not immune as respects proceedings relating to—

(a) a commercial transaction entered into by the State; or

(b) an obligation of the State which by virtue of a contract (whether a commercial transaction or not) falls to be performed wholly or partly in the Republic. 同样参见 South Africa Foreign State Immunity Act 1985, Art. 4 (1)。

该合同应当在法院地国境内履行。① 该条第 2 款同时规定了本条款不予适用的情形：如果合同的双方均为国家或合同的双方有其他的书面协议或者合同在合同当事国境内缔结且合同的义务由该国的行政法确定。②

如前所述，《欧洲国家豁免公约》规定了很多不得援引国家豁免的例外情形。但其他例外均是针对相应的法律关系，如商业行为、知识产权和损害赔偿等，唯独第 4 条特别针对合同这种具体的交易形式。根据该公约的解释性报告中的说明，公约之所以对合同这种交易形式有特别的规定是为了与部分国家的国内立法相协调。欧洲有相当数量的国家在其国内立法中均将合同义务作为法院管辖的绝对领域，在该领域中除非有特殊情况，国家不得豁免于法院地国的管辖。该报告并没有说明欧洲国家之所以进行相关规定的原因。笔者认为这样的规定更多的是出于对历史传统的考虑，并没有更多的现实意义。我国在制定相应立法的过程中也不应当参考公约的做法，而应当以法律关系为对象制定并列的管辖豁免例外条款。英国法中对于合同义务的相关规定就来源于公约的相关规定。这种规定的另一个明显缺陷在于其会在某种程度上扩大国家豁免例外的范围。合同作为一种交易形式的解释无疑是宽泛的，在很多情况下，国家的主权行为也有可能通过合同的方式进行。如果严格按照公约的规定，即使国家的行为被判定具有主权属性，该行为在某些情况下同样会受到法院的管辖。这无疑会使国家豁免制度中的例外因素陷于无法预见的境地。

值得注意的是《英国国家豁免法》中的规定虽然与《欧洲国家豁免公约》比较类似，但二者在立法体例和法条的具体安排上则有着原则性的区别。《欧洲国家豁免公约》是将合同义务例外和商业例外分别用不同的条款加以规定，而英国和部分英联邦国家的国家豁免法则是将合同义务例外和商业例外共同规定在商业例外条款中。相较于英国和部分英联邦国家立法中的规定，尽管《欧洲国家豁免公约》的规定同样具有很多问题，但至少在条文安排上更为科学。

《欧洲国家豁免公约》和英国等国家的立法中特别强调了由合同产生的义务的特殊性。虽然《欧洲国家豁免公约》的产生早于英国立法中的规定，但就整体立法的科学性和逻辑性来说显然产生在后的英国立法并没有在该问题上有所突破，反而给人们带来了更大的困惑。笔者认为这一问题的产生更多的是受法律传统的影响。一方面，我国在立法中可以不予考虑合同产生义务的相关问题，另一方面则可以参考这种立法考量因素将我国立法传统中有特殊需要的制度在国家豁免法中进行专门的规定。

---

① "A Contracting State cannot claim immunity from the jurisdiction of the courts of another Contracting State if the proceedings relate to an obligation of the State, which, by virtue of a contract, falls to be discharged in the territory of the State of the forum." 参见 European Convention on State Immunity, Art. 4(1)。

② "Paragraph 1 shall not apply: (a) in the case of a contract concluded between States; (b) if the parties to the contract have otherwise agreed in writing; (c) if the State is party to a contract concluded on its territory and the obligation of the State is governed by its administrative law." 参见 European Convention on State Immunity, Art. 4(2)。

(四) 商业例外条款的排除

一些国家在商业例外条款中除了规定商业例外条款的适用条件外，还在该条款中规定了不得适用商业例外条款的情形，即商业例外条款的排除。部分公约中也有类似的规定。具体而言，英国、澳大利亚、南非、新加坡、巴基斯坦、《联合国国家豁免公约》以及《欧洲国家豁免公约》均规定了商业例外条款的排除问题。由于各国的立法和公约中的规定大多以英国的立法作为蓝本，笔者将以英国法中的规定为线索对该问题展开论述。

《英国国家豁免法》第 3 条对管辖豁免中的商业例外问题进行了专门和详细的规定。该条规定如下：(1)国家在涉及下列情事的诉讼中，不得享有豁免：(a)国家参加的商业行为；或(b)国家根据契约所承担的义务不管是否为商业行为，其全部或部分应在联合王国境内履行的。(2)如争议双方均为国家，或另有书面协议，本条即不得适用。如非商业行为的契约是在有关国家境内缔结，其发生争议的义务又受该国行政法支配时，上述第 1 条第 2 项不得适用。①

其中第 2 款规定了三种商业例外条款不予适用的情形。第一种情形是当争端的当事方均为国家时，该条的规定不予适用。第二种情形是在当事人双方有排除商业例外的书面协议的情况下，该条的规定不予适用。这一规定可以说是英国法尊重当事人意思自治的体现。需要注意的是，在之前介绍 1978 年《英国国家豁免法》时，曾经提到《英国国家豁免法》具有强制适用的效力，当事人的约定不能排除该法的强制适用。但本条的规定不在此例。本条中当事人通过书面协议排除商业例外适用的权利正是国家豁免法本身赋予的，可以说，如果当事人通过本条的规定排除了商业例外的适用正是一种对国家豁免法本身的适用而非排除。第三种情况是第 1 款第 2 项中的由合同产生的义务在当事国领域内发生并属于该国的行政法调整时，国家豁免法中商业例外规定的第 1 款第 2 项不予适用。对此种情况的理解必须注意两个方面，首先是基于何种法律判断该义务在当事国领域内发生。由于本条中的其他情形都由行为或义务的准据法为依据进行判断。这里也应当理解为基于该项义务的准据法判断该义务的发生地是否位于当事国境内。其次是如何判断支配该义务的法律为行政法。这个问题在适用时并不会对英国法院产生困扰。根据当事国的法律规定，进行判断是通常的做法。新加坡的立法和英国基本相同。②

---

① "(1) A State is not immune as respects proceedings relating to—

(a) a commercial transaction entered into by the State; or

(b) an obligation of the State which by virtue of a contract (whether a commercial transaction or not) falls to be performed wholly or partly in the United Kingdom.

(2) This section does not apply if the parties to the dispute are States or have otherwise agreed in writing; and subsection (1)(b) above does not apply if the contract (not being a commercial transaction) was made in the territory of the State concerned and the obligation in question is governed by its administrative law." 参见 U. K. State Immunity Act 1978, Art. 3。

② "(2) This section does not apply if the parties to the dispute are States or have otherwise agreed in writing; and subsection (1)(b) above does not apply if the contract (not being a commercial transaction) was made in the territory of the State concerned and the obligation in question is governed by its administrative law." 参见 Singapore State Immunity Act 1985, Art. 5(2)。

　　《澳大利亚国家豁免法》第 11 条第 2 款规定了商业例外不予适用的情形。该条规定，如果诉讼双方是国家或者是联邦与一个或多个外国国家；或者诉讼双方有明确的书面协议；或者行为涉及赠与、奖学金、养老金以及类似情况的支付的司法程序。① 该条的规定看上去与英国的规定较为类似，但其中的区别很明显。英国法中规定，如果合同的双方（parties to the contract）均为国家或者另有书面协议则有关商业例外的规定不予适用。澳大利亚法中除了重复英国立法中的上述内容外还规定了某些具体行为作为商业例外适用的排除条件。

　　《巴基斯坦国家豁免法》第 5 条第(2)款规定了商业例外适用的排除。该款规定：本法中有关商业例外的规定不适用于私人和国家之间订立的雇佣合同，当争议的双方为国家或者争议双方另行订立书面协议时本条关于商业行为的规定同样不予适用。如非商业行为的契约是在有关国家境内缔结，其发生争议的义务又受该国行政法支配时，上述第(1)款(b)项不得适用。② 该条第 2 款的规定和《英国国家豁免法》中的规定相比有一点不同，即在立法安排上不适用于个人和国家之间雇佣条款规定的条文位次安排。英国法中，在有关商业例外条款的最后单独规定了本法的规定不适用于个人和国家之间缔结的雇佣合同。而巴基斯坦的立法则将该规定放在不得适用商业例外的情形中。从立法结构的合理性来看，巴基斯坦的立法无疑更为可取。

　　《南非国家豁免法》第 4 条第(2)款规定了商业例外适用的排除情形。即如果争议的双方均为国家或者争议的双方通过书面形式约定该争议由外国法院进行管辖，则上述第 1 款的规定不予适用。③ 该款的规定有两点特色：第一个特色是除规定争议双方可以通过协议方式排除商业例外条款的适用外还规定了协议的具体内容，即双方约定该争议由外国法院进行管辖。这种规定是《南非国家豁免法》所独有的。对该规定适用的结果则有不同的可能。第一种可能性就是法院不能适用本条第(1)款的规定以商业例外为由剥夺国家当事人所享有的豁免权，南非法院承认对该案件没有管辖权。第二种可能是南非法院以双方当事人有明确的管辖法院约定为由，认为南非法院本身就不是具有适当管辖权的法院从而终止对本案的管辖。虽然这两种结果都是南非法院对相关争议没有管辖权，但法理上的意义却大不相同。在第一种情况中，如果排除当事人的国家身份，

---

　　① "(2) Sub section (1) does not apply——(a) if all the parties to the proceeding are foreign state or are the Commonwealth and one or more foreign State; or have otherwise agreed in writing; or in so far as the proceeding concerns a payment in respect of a grant, a scholarship, a pension or a like kind." 参见 Australia Foreign State Immunity Act 1985, Art. 11。

　　② Section(1) does not apply to a contract of employment between a State and an individual or if the parties to the dispute are States or have otherwise agreed in writing; and clause(b) of that section does not apply if the contract not being a commercial transaction was made in the territory of the State concerned and the obligation in question is governed by its administrative law.

　　③ "(2) Subsection (1) shall not apply if the parties of dispute are states or have agreed in writing that the dispute shall be justiciable by the court of a foreign state." 参见 South Africa Foreign State Immunity Act 1985, Art. 4(2)。

南非的法院是有适当的管辖权的，之所以不对该案件行使管辖权正是因为考虑到了国家豁免问题的存在。而在第二种情况中，法院在一开始就否定了自身的管辖权，虽然同样没有对该案件行使管辖权，但根本就没有考虑到国家豁免的问题。这里考虑的问题是法院是否具有适当的一般管辖权。由于目前没有找到相关的案例以佐证南非法院对相关案例的态度。所以笔者无法确定南非法院在该问题上的立场。但笔者更倾向于在审判思维上采取第一种态度，即考虑到国家豁免的因素而放弃对该案件的管辖权。第二个特色是南非并没有对非商业行为契约产生的义务进行特殊的规定。笔者认为相较于南非的规定，英国、新加坡和巴基斯坦的立法更为可取。南非和这几个国家的立法都对由合同产生的义务有特殊的规定，但英国等国显然更多地考虑到了该义务的复杂性和多样性并且针对其中更具有主权因素的情形规定了商业例外的排除。而南非则没有类似的规定。两者相较，南非的规定略显粗犷。

《联合国国家豁免公约》第 10 条第 2 款规定了商业例外适用的排除情况。即本条中的国家豁免商业例外规定不适用于国家之间进行的商业交易或者商业交易双方另有明确协议的情形。① 该条款的规定和英国法中的规定十分类似。其中的区别有二，第一个不同是英国法中规定争议的双方为国家时不得适用商业例外条款，而《联合国国家豁免公约》中则规定商业交易的双方为国家时不得适用商业例外条款。虽然在某些情况下二者存在重合的现象，但在某些具体诉讼中二者还是存在区别。毕竟"争议双方"的范畴要远远大于"商业交易双方"。第二个不同是英国法中要求双方必须达成书面协议。而《联合国国家豁免公约》中则是要求双方达成明确的协议即可。如果从语义的角度进行分析，显然《联合国国家豁免公约》对协议形式的要求更低。究竟何种协议可以被认为是"明确的"这一问题只有留给法官进行自由裁量了。与之前对英国、巴基斯坦等国国家豁免法中对商业例外排除情形的规定进行的分析一样，笔者始终认为规定商业例外的排除情形是正确的，但将双方通过相关协议可以排除商业例外适用作为商业例外的排除情形并不十分合适。这样的规定对私人当事人来说十分不利。

《欧洲国家豁免公约》中分别规定了合同义务条款的排除和商业例外的排除。该公约第 4 条第 2 款规定了"合同产生的义务"条款不予适用的情形：如果合同的双方均为国家；合同的双方有其他的书面协议或者合同在合同当事国境内缔结且合同的义务由该国的行政法确定。② 该公约的这一规定可以说是英国等国家立法中有关"合同产生的义务"这一例外排除的雏形。公约第 7 条第 2 款规定了商业例外条款不予适用的情形：如果争议的双方

---

① "Paragraph 1 does not apply: (a) in the case of a commercial transaction between States; or(b) if the parties to the commercial transaction have expressly agreed otherwise." 参见 United Nations Convention on Jurisdictional Immunities of States and Their Property 2004, Art. 10(2)。

② "Paragraph 1 shall not apply: (a) in the case of a contract concluded between States; (b) if the parties to the contract have otherwise agreed in writing; (c) if the State is party to a contract concluded on its territory and the obligation of the State is governed by its administrative law." 参见 European Convention on State Immunity, Art. 4(2)。

均为国家或者双方有明确的书面协议，则本条中有关商业例外的条款不予适用。① 需要特别指出的是，对于合同义务例外的排除，该公约的规定是"合同"的双方均为国家或者双方另有书面协议。而对于商业例外的排除则规定"争议"的双方均为国家。虽然说这仅仅是非常细微的差别，但在司法实践中还是会产生非常重要的影响。

综合比较各国立法和国际公约中的规定，商业例外条款的排除规定主要有以下几方面问题。第一，国家之间的协议不适用商业例外条款的规定。这在有关该问题的国际国内立法中都得到了认可。第二，双方可以通过协议排除商业例外条款的适用。存在的争议在于协议的主体和协议的形式。相较于《联合国国家豁免公约》中规定的明确性要求，笔者认为英国等国立法中规定的"书面要求"更为妥当。至于协议的主体则有争议双方和合同双方两种表述。第三，特殊政策导向的考虑。澳大利亚在立法中专门规定在某些类型的交易中不得适用国家豁免中的商业例外条款。笔者始终认为对于该问题应当辩证地看待。一方面应当考虑在国家豁免法中规定商业例外条款的排除，甚至可以在规定中加入某些特殊政策的考虑；但另一方面不应当规定双方可以通过协议对商业例外条款进行排除。国家在和私人当事人的交易中绝大多数情况都占据了无法比拟的优势地位，国家很有可能利用立法中的这一规定强迫私人当事人签订排除商业例外条款适用的条款。如果国家频繁利用立法中的这一规定，国家豁免法中的商业例外条款就会丧失其实际意义。

二、其他管辖豁免例外中的商业因素

鉴于商业行为的广泛性，仅仅通过管辖豁免中的商业例外条款并不能实现对所有商业行为进行规范。与此同时，某些特殊商业行为在其领域中已然形成了对其适用的相对完善的国家豁免例外制度。立法者在对这些领域的问题进行规定时往往设立专门的管辖豁免例外条款而非通过商业例外条款进行规定。笔者认为要实现对商业行为的深入研究就不能忽视上述专门管辖例外条款中的商业因素。出于上述考虑，笔者对其他管辖豁免例外中的商业例外因素也进行了深入的剖析。除《阿根廷国家豁免法》《美洲国家豁免公约草案》外，制定国家豁免法的国家立法中均出现了含有商业因素的专门国家豁免例外条款。② 这些条款主要集中在两个领域，一个是雇佣合同领域，另一个是船舶和船货领域。

(一)用于商业目的的船舶和船货

1. 问题的起源

国有船舶豁免是国家及其财产管辖豁免的一项重要内容。早在 18 世纪，国有船舶的司法管辖问题就引起了诸多国家的广泛关注。19 世纪，在各国的审判实践中，特别是英

---

① "Paragraph 1 shall not apply if all the parties to the dispute are States, or if the parties have otherwise agreed in writing." 参见 European Convention on State Immunity, Art. 7(2)。

② 《关于统一国有船舶国家豁免若干规则的公约》虽然也没有规定该问题，但该公约本身就是关于船舶和船货国家豁免问题的专门性公约，除船舶和船货外的其他管辖豁免例外本不是其题中之义。

美法系国家的审判中，海事诉讼占有十分突出的地位，产生了大量有关国有船舶管辖方面的国内法院判例。通过这判例，逐渐形成了国有船舶管辖豁免的规则。从 19 世纪到 20 世纪初，国有船舶豁免规则经历了由绝对豁免理论到限制豁免理论的演进历程。可以说，在某种程度上国有船舶的司法豁免问题是国家豁免制度的起源之一。

为了统一各国审理涉及国有船舶诉讼案件的管辖规则，一些海洋国家于 1926 年在布鲁塞尔缔结了一项公约，即《关于统一国有船舶国家豁免相关规则的布鲁塞尔公约》。该公约对国有船舶豁免的某些规则进行了编纂，坚持了国有船舶限制豁免主义。该公约的核心在于按经营性质或用途重新划分海运船舶，从而在豁免方面把国家拥有或经营的船舶与私人拥有或经营的船舶视为同等地位。该公约也成为各国立法中相关规定的渊源。

该公约的前三条构成了代表公约核心内容的总体框架。该公约第 1 条规定国家所拥有或者经营的船舶；国家所有的货物或者政府所有的船舶所运载的货物或旅客，以及经营船舶或者拥有货物的国家在面临针对船舶或者货物的损害赔偿诉讼时拥有与私人船舶拥有者或运营者相同的义务。① 该条的意义在于明确在涉及船舶和货物的损害赔偿诉讼中，国家所有和运营的船舶和私人所有的船舶承担相同的义务。需要指出的是，虽然该条款的规定只是从实体的角度规定了国有船舶承担责任和义务的程度，并没有对管辖权问题进行规定。但其规定仍旧构成管辖权问题的基础，承担责任是提起诉讼的前提和可能。而且该条款对政府运营的非用于商业目的的商船和政府所有的船舶给予了相同的对待。

该公约第 2 条规定了相关的管辖权规则：为了实现第 1 条中规定的责任和义务，国有船舶的拥有者和运营者，以及相关货物的所有者适用同私人船舶的所有者或者运营者以及货物的私人所有人相同的法院管辖权、法律诉讼和程序方面规则。② 该条规定的特点在于将不得享有豁免作为一般原则加以规定，这一内容也奠定了该公约对豁免问题的基调：以不得享有豁免为一般原则，以豁免为例外。这与各国和国际立法中对国家豁免问题的立场正好相反。

公约第 3 条规定了国家可以援引豁免的情形和例外。该条规定，第 2 款中不得援引豁免的规定不适用于军舰、政府快艇、巡逻船舶、医疗船舶、辅助船舶和供应船舶以及在诉

---

① "Sea-going ships owned or operated by States, cargoes owned by them, and cargoes and passengers carried on State-owned ships, as well as the States which own or operate such ships and own such cargoes shall be subject, as regards claims in respect of the operation of such ships or in respect of the carriage of such cargoes, to the same rules of liability and the same obligations as those applicable in the case of privately-owned ships, cargoes and equipment." 参见 Convention for the Unification of Certain Rules Concerning the Immunity of State owned Ships, Art. 1。

② "As regards such liabilities and obligations, the rules relating to the jurisdiction of the Courts, rights of actions and procedure shall be the same as for merchant ships belonging to private owners and for private cargoes and their owners." 参见 Convention for the Unification of Certain Rules Concerning the Immunity of State owned Ships, Art. 2。

讼发生时完全用于政府非商业目的的船舶。对上述船舶不得依照法律程序进行捉拿、扣押或者扣留，也不得对其提起对物诉讼；但涉及碰撞、救助、打捞和共用同海损以及修理、供应和其他涉及船舶的契约的诉讼则不在此列。上述船舶所运输的国家所有的货物和用于政府非商业目的的商船所运输的国家所有的货物也有相同的规定。① 该条款的规定具有两方面的特点。第一，该条款同时规定了国家可以享有豁免的情形和例外情况。即特殊种类的船舶和政府非用于商业目的的船舶仅仅在对物诉讼中享有豁免。在涉及海难救助、共同海损等诉讼中仍旧不得享有豁免。货物的规定与此类似。第二，该公约同时规定了管辖豁免和执行豁免中的程序豁免，但没有对判决的执行问题进行规定。

通过综合分析上述三个条款的内容我们可以发现，该公约中将不得享有豁免视为一般原则，而将可以享有豁免作为例外的情形进行处理。这种规定与限制豁免理论本身并不一致。根据限制豁免理论，虽然国家豁免并不是绝对存在，但国家能够享有豁免应当作为一般原则，而国家不得援引豁免的情形应当作为例外情况存在。该公约的规定同限制豁免理论的要求正好相反。之后有关国家的国家豁免法中有关国有船舶豁免的规定显然注意到了这一点。英国、新加坡、南非等国家的立法均依照限制豁免理论的要求，将国家享有豁免作为一般原则，而将用于商业目的的船舶作为不得援引豁免的例外情形。虽然这两种立法设计在司法实践中可能不会产生明显的差异，但从立法的科学性和严谨性来说，英国等国家的立法模式显然更为可取。综合比较《关于统一国有船舶国家豁免相关规则的布鲁塞尔公约》《欧洲国家豁免公约》可以发现早期的国家豁免问题的公约中有关商业例外的规定为后来的国家立法和国际立法在内容上提供了框架和指引，但在立法的结构设计等方面则存在较为严重的缺陷。

---

① "1. The provisions of the two preceding Articles shall not apply to ships of war, State owned yachts, patrol vessels, hospital ships, fleet auxiliaries, supply ships and other vessels owned or operated by a State and employed exclusively at the time when the cause of action arises on Government and non-commercial service, and such ships shall not be subject to seizure, arrest or detention by any legal process, nor to any proceedings in rem.

Nevertheless, claimants shall have the right to proceed before the appropriate Courts of the State which owns or operates the ship in the following cases:

(1) Claims in respect of collision or other accidents of navigation;

(2) Claims in respect of salvage or in the nature of salvage and in respect of general average;

(3) Claims in respect of repairs, supplies or other contracts relating to the ship; and the State shall not be entitled to rely upon any immunity as a defence.

2. The same rules shall apply to State-owned cargoes carried on board any of the abovementioned ships.

3. State-owned cargoes carried on board merchant ships for Government and non-commercial purposes shall not be subject to seizure, arrest or detention by any legal process nor any proceedings in rem.

Nevertheless, claims in respect of collisions and nautical accidents, claims in respect of salvage or in the nature of salvage and in respect of general average, as well as claims in respect of contracts relating to such cargoes, may be brought before the Court which has jurisdiction in virtue of Article 2." 参见 Convention for the Unification of Certain Rules Concerning the Immunity of State owned Ships, Art. 3。

2. 相关立法中的条文设计

《英国国家豁免法》第 10 条规定了用于商业目的的船舶不得享有豁免的情形。该条的第 3 款和第 4 款集中规定了船舶或者船货的商业目的。① 第 3 款认为当两艘船舶均用于或者拟用于商业目的时，对国家的某一船舶提起对物之诉，是为了执行对该国家另一船舶对人之诉的请求时该国家不得享有豁免。第 4 款认为在对船货提起的对物之诉或者为执行对船货而对人提起的对人之诉时，只要该船货拟用于或正用于商业目的则国家均不得享有豁免。该条规定有三方面特点：第一，以专门的条款规定了用于商业目的的船舶的国家豁免问题。该条的规定主要是为了使英国加入 1926 年的《关于统一国有船舶国家豁免相关规则的布鲁塞尔公约》并在英国发生效力；第二，商业目的不仅适用于船舶在某些情况下还适用于船货；第三，英国国家豁免法对姐妹船的问题进行了规定。某

---

① （1）本条适用于：（a）海事诉讼；以及（b）其权利主张构成海事诉讼标的的诉讼。（2）在下列诉讼中，国家无豁免权：（a）对属于该国家所有的船舶提起的对物之诉；或（b）为执行与船舶有关的请求而提起的对人之诉。且当引起诉讼的行为发生时该船舶正用于或者拟用于商业目的；（3）如对国家的某一船舶提起对物之诉，是为了执行对该国家另一船舶对人之诉的请求时，上述第（2）款第（a）项的规定不适用于首先提到的那一船舶，但如对上述另一船舶提起诉讼时，该两船舶均用于或拟用于商业目的，不在此限。（4）在下列诉讼中，国家无豁免权：（a）对属于该国家的船货提起的对物之诉，只要该船货及载运该货物的船舶于诉因发生时，均用于或拟用于商业目的者；或（b）为执行对该船货的请求而提起的对人之诉，只要运载该船货的船舶如前所述，当时是用于或拟用于商业目的者。

Ships used for commercial purposes.

— (1) This section applies to—

(a) Admiralty proceedings; and

(b) proceedings on any claim which could be made the subject of Admiralty proceedings.

(2) A State is not immune as respects—

(a) an action in rem against a ship belonging to that State; or

(b) an action in personam for enforcing a claim in connection with such a ship, if, at the time when the cause of action arose, the ship was in use or intended for use for commercial purposes.

(3) Where an action in rem is brought against a ship belonging to a State for enforcing a claim in connection with another ship belonging to that State, subsection (2)(a) above does not apply as respects the first-mentioned ship unless, at the time when the cause of action relating to the other ship arose, both ships were in use or intended for use for commercial purposes.

(4) A State is not immune as respects—

(a) an action in rem against a cargo belonging to that State if both the cargo and the ship carrying it were, at the time when the cause of action arose, in use or intended for use for commercial purposes; or

(b) an action in personam for enforcing a claim in connection with such a cargo if the ship carrying it was then in use or intended for use as aforesaid.

中文部分参见余先予、冯之栋、王中一译，李双元校：《英国 1978 年国家豁免法》，载《法学评论》1982 年第 5 期。English part see U. K. State Immunity Act 1978, Art. 10.

一艘船舶的商业属性会对另一艘船舶涉及的诉讼产生影响。巴基斯坦和新加坡对该问题的规定与英国基本一致。①

① Ships used for commercial purposes.

— (1) The succeeding provisions of this section apply to—

(a) Admiralty proceedings; and

(b) proceedings on any claim which could be made the subject of Admiralty proceedings.

(2) A State is not immune as respects:

(a) an action in rem against a ship belonging to it; or

(b) an action in personam for enforcing a claim in connection with such a ship, if, at the time when the cause of action arose, the ship was in use or intended for use for commercial purposes.

(3) Where an action in rem is brought against a ship belonging to a State for enforcing a claim in connection with another ship belonging to that State, clause (a) of subsection (2) does not apply as respects the first-mentioned ship unless, at the time when the cause of action relating to the other ship arose, both ships were in use or intended for use for commercial purposes.

(4) A State is not immune as respects—

(a) an action in rem against a cargo belonging to that State if both the cargo and the ship carrying it were, at the time when the cause of action arose, in use or intended for use for commercial purposes; or

(b) an action in personam for enforcing a claim in connection with such a cargo if the ship carrying it was then in use or intended for use as aforesaid.

Pakistan The State Immunity Ordinance 1981, Art. 11.

Ships used for commercial purposes.

— (1) This section applies to—

(a) Admiralty proceedings; and

(b) proceedings on any claim which could be made the subject of Admiralty proceedings.

(2) A State is not immune as respects—

(a) an action in rem against a ship belonging to that State; or

(b) an action in personam for enforcing a claim in connection with such a ship, if, at the time when the cause of action arose, the ship was in use or intended for use for commercial purposes.

(3) Where an action in rem is brought against a ship belonging to a State for enforcing a claim in connection with another ship belonging to that State, subsection (2)(a) above does not apply as respects the first-mentioned ship unless, at the time when the cause of action relating to the other ship arose, both ships were in use or intended for use for commercial purposes.

(4) A State is not immune as respects—

(a) an action in rem against a cargo belonging to that State if both the cargo and the ship carrying it were, at the time when the cause of action arose, in use or intended for use for commercial purposes; or

(b) an action in personam for enforcing a claim in connection with such a cargo if the ship carrying it was then in use or intended for use as aforesaid. 参见 Singapore State Immunity Act 1985, Art. 12。

　　《加拿大国家豁免法》在第7条中规定了对船舶或者船货提起诉讼的国家豁免规则。①该条规定：在与船舶有关的要求强制执行某种支付的对人之诉中，只要此种权利主张发生或诉讼开始之时，有关船舶正用于或拟用于商业活动，则该国不得享有豁免；对属于国家所有的船货提起的对物诉讼，只要此种权利主张发生之时或诉讼开始之时，该船货或载运该船货的船舶，正用于或拟用于商业活动；或对此种船货要求强制执行某种支付的对人诉讼，只要此种支付请求发生时或诉讼开始时，载运此种船货的船舶正用于或拟用于商业活动，则该国不得享有豁免。该条的规定有如下特点。第一，该条将对船舶或者货物的诉讼明确分为对人诉讼和对物诉讼并分别规定了不同的规则。这一特点无疑受到了英国法的影响。第二，对于船舶的规定和船货的规定并不相同，在涉及船货的诉讼中，无论对人还是对物均要求运载货物的船舶涉及商业活动；而涉及船舶的诉讼中，只有对人诉讼要求船舶涉及商业活动。第三，在商业活动的规定中用了"正用于或拟用于"的措辞进行时间上的限制，如何判断拟用于就成为司法实践中必须解决的问题。

　　《澳大利亚国家豁免法》第18条规定了在涉及船舶和货物的对物诉讼中不得享有豁免。在该条的规定中，商业属性同样成为贯穿始终的重要元素。该条规定：在以船舶为诉讼请求的对物诉讼中，如果在诉讼事由发生时，该船舶正为商业目的而使用，外国国家不能享有豁免权；外国国家在针对某一船舶的以另一船舶为诉讼请求的对物诉讼中，如果当提起诉讼时，对物诉讼针对的船舶正为商业目的而使用并且当诉讼事由发生时，另一船舶正为商业目的而使用，外国国家不得享有豁免；在针对货物的对物诉讼中，如果在诉讼事由发生时该货物是商业货物，外国国家不享有豁免。②该条没有

---

① "7. (1) A foreign state is not immune from the jurisdiction of a court in any proceedings that relate to

(a) an action in rem against a ship owned or operated buy the state, or (b) an action in personam for edfording a claim in connection with a ship owned or operated by the state, if at the time the claim arose or the proceedings were commenced, the ship was being used or was intended for use in a commercial activity.

(2) A foreign state is not immune from the jurisdiction of a court in any proceedings that relate to

(a) an action in rem against any cargo owned by the state if, at the time the claim arose or the proceedings were commenced, the cargo and the ship carrying the cargo were being used or was intended for use in a commercial activity, or (b) an action in personam for enforcing a claim in connection with any cargo owned by the state if, at the time the claim arose or the proceedings were commenced, the ship carrying the cargo was being used or was intended for use in a commercial activity." 参见 Canada State Immunity Act 1982, Art. 7。

② "(1) A foreign State is not immune in a proceeding commenced as an action in rem against a ship concerning a claim in connection with the ship if, at the time when the cause of action arose, the ship was in use for commercial purposes. (2) A foreign State is not immune in a proceeding commenced as an action in rem against a ship concerning a claim against another ship if: (a) at the time when the proceeding was instituted, the ship that is the subject of the action in rem was in use for commercial purposes; and (b) at the time when the cause of action arose, the other ship was in use for commercial purposes. (3) A foreign State is not immune in a proceeding commenced as an action in rem against cargo that was, at the time when the cause of action arose, a commercial cargo." 参见 Australia Foreign State Immunity Act 1985, Art. 18。

规定对人诉讼的情况。要注意与加拿大立法进行区分。并且当外国国家在针对某一船舶的以另一船舶为诉讼请求的对物诉讼中，要求两艘船舶都是正在为商业目的而使用。

《以色列国家豁免法》第 8 条规定了涉及船舶和船货的国家豁免问题。该条规定当司法程序涉及诉讼开始时仍旧为国家所掌控，且被用于商业目的的船舶、船货时，国家不得享有豁免。① 该条的特点之一在于没有对对人诉讼和对物诉讼分别进行规定，而是代之以统一的规定。这显然在考虑到以色列的具体国情的基础上对英国法中的相关内容进行了修改。另一个显著特点是特别规定在诉讼开始时该船舶必须为国家所掌控。这种时间上的要求更有利于具体案件中对相关问题的确定。

《联合国国家豁免公约》第 16 条规定了国家拥有和经营的船舶的国家豁免例外问题。其中商业因素构成了该条款的核心内容。该条规定在涉及国家拥有和经营的船舶的诉讼中，除非国家间另有协议，如果诉讼事由产生时该船舶适用于商业目的，则船舶在涉及的诉讼中不得享有管辖豁免。如果上述船舶所运输的货物涉及相关诉讼，且该船舶在诉讼时有发生时用于商业目的，则该船舶同样不能享受管辖豁免。这一规定不适用于军舰和辅助艇舰以及政府专门用于非商业目的的船舶及其所运载的货物。一国的外交代表或者主管当局送交的证明可以作为该船舶或者货物性质的证明。② 该条款的规定有两方面内容需要

---

① "A foreign state shall not have immunity from jurisdiction in an action against a ship which at the commencement of the proceeding was owned or operated by that foreign state, or in an action against a cargo of a ship, which cargo was owned by that foreign state at the commencement of the proceeding, provided that at the time the cause of action arose, the ship or the cargo, whichever is applicable, was being used for a commercial purpose." 参见 Israel Foreign States Immunity Law 2008, Art. 8。

② "1. Unless otherwise agreed between the States concerned, a State which owns or operates a ship cannot invoke immunity from jurisdiction before a court of another State which is otherwise competent in a proceeding which relates to the operation of that ship if, at the time the cause of action arose, the ship was used for other than government non-commercial purposes.

2. Paragraph 1 does not apply to warships, or naval auxiliaries, nor does it apply to other vessel sowned or operated by a State and used, for the time being, only on government non-commercial service.

3. Unless otherwise agreed between the States concerned, a State cannot invoke immunity from jurisdiction before a court of another State which is otherwise competent in a proceeding which relates to the carriage of cargo on board a ship owned or operated by that State if, at the time the cause of action arose, the ship was used for other than government non-commercial purposes.

4. Paragraph 3 does not apply to any cargo carried on board the ships referred to in paragraph 2, nor does it apply to any cargo owned by a State and used or intended for use exclusively for government non-commercial purposes.

5. States may plead all measures of defence, prescription and limitation of liability which are available to private ships and cargoes and their owners.

6. If in a proceeding there arises a question relating to the government and non-commercial character of a ship owned or operated by a State or cargo owned by a State, a certificate signed by a diplomatic representative or other competent authority of that State and communicated to the court shall serve as evidence of the character of that ship or cargo." 参见 United Nations Convention on Jurisdictional Immunities of States and Their Property 2004, Art. 16。

特别关注，第一个需要关注的是该条规定适用的例外情形。虽然本条款规定了有关船舶和船货的管辖豁免商业例外问题。但同时也规定了本条款内容不予适用的具体情形。即国家之间可以通过相关协议排除本条规定的适用。这一规定与之前专门的商业例外条款中的商业例外规定的排除条款有所不同。这里的协议是国家之间的一种协议，而在商业例外条款中的协议则是国家和私人当事人之间的协议。另外，本条没有规定该协议的任何形式方面的要求，商业例外条款中则要求协议必须是明确的。第二个需要关注的内容是时间要求。本条规定船舶或者货物的商业目的只有在诉讼事由产生时仍旧具有才会对国家豁免问题产生影响。这一规定与部分国家国内法的规定相比更为严谨。例如《英国国家豁免法》规定，在相关诉讼中，只要该船舶正用于或者拟用于商业目的，相关船舶就不能享有豁免。这显然会增加案件的不确定性。笔者认为比较这两种规定，《联合国国家豁免公约》的规定更为可取。

(二)雇佣合同例外中的商业因素

考虑到雇佣合同的特殊性，各国立法中均认为商业例外条款的规定不适用于私人和国家之间的雇佣合同，而是单独规定了雇佣合同例外条款。但在雇佣合同例外的具体内容中也有商业因素的存在。并且商业因素对雇佣合同管辖权的确定起到了相当重要的作用。

《英国国家豁免法》第4条规定了雇佣例外的情形。其中第1款规定了适用雇佣例外的情形，第2款规定了雇佣例外条款的排除，第3款则规定了私人主体受雇于一国设立或经营的从事商业目的的相关机构的国家豁免例外情形。该条规定：(1)如果国家和私人之间的雇佣合同是在英国境内签订或全部或部分的雇佣工作是在英国境内完成，则该国不得享有豁免；(2)如果被雇佣者在雇佣时就是雇佣国的国民或被雇佣者在雇佣合同成立时不是英国的公民且在英国没有经常居所或双方形成书面协议，则前款的规定的例外情形不予适用；(3)如果私人主体在一国从事商业目的的机构从事相关工作，除非雇佣合同签订时该私人主体为该国家的常住居民，否则该国不得援引国家豁免。① 巴基斯坦、新加坡的立

---

① Contracts of employment.

"— (1) A State is not immune as respects proceedings relating to a contract of employment between the State and an individual where the contract was made in the United Kingdom or the work is to be wholly or partly performed there.

(2) Subject to subsections (3) and (4) below, this section does not apply if—

(a) at the time when the proceedings are brought the individual is a national of the State concerned; or

(b) at the time when the contract was made the individual was neither a national of the United Kingdom nor habitually resident there; or

(c) the parties to the contract have otherwise agreed in writing.

(3) Where the work is for an office, agency or establishment maintained by the State in the United Kingdom for commercial purposes, subsection (2)(a) and (b) above do not exclude the application of this section unless the individual was, at the time when the contract was made, habitually resident in that State." 参见 U. K. State Immunity Act 1978, Art. 4。

法规定与英国立法规定相同。① 英国立法的上述规定实际上是从两个方面出发对雇佣合同例外进行了规定。一方面是根据雇佣合同这一民事法律行为的签订地和履行地等外在属性规定了相关的国家豁免例外及其排除规则；另一方面是根据雇佣者的商业目的设计了相关的国家豁免例外及其排除规则。

《以色列国家豁免法》第4条规定了雇佣合同中的商业因素。该条分为三个款项。第一款规定雇佣合同例外的适用必须同时满足三个条件。第一，根据任何条款，地区劳动法庭对该案件享有排他的管辖权；第二，案件的主要事实涉及劳动关系，且该劳动关系全部或部分在以色列履行或将要在以色列履行；第三，当案件事实发生时，被雇佣者或求职者必须是以色列的公民或在以色列有经常居所或在以色列管理的区域内有经常居所。当上述三个条件同时满足时，国家不得在涉及雇佣合同的诉讼中援引豁免。该条第3款规定，如果某一由劳动者或求职者所提起的诉讼无法同时满足上述三个条件，但国家的雇佣行为符

---

① Contracts of employment.

"— (1) A State is not immune as respects proceedings relating to a contract of employment between the State and an individual where the contract was made in Pakistan or the work is to be wholly or partly performed in Pakistan.

(2) Subject to subsections (3) and (4) below, subsection(1) does not apply if:

(a) at the time when the proceedings are brought the individual is a national of the State concerned; or

(b) at the time when the contract was made the individual was neither a citizen of Pakistan nor habitually resident in Pakistan; or

(c) the parties to the contract have otherwise agreed in writing.

(3) Where the work is for an office, agency or establishment maintained by the State in the Pakistan for commercial purposes, clause (a) and (b) of section (2) does not exclude the application of this section unless the individual was, at the time when the contract was made, habitually resident in that State.

Pakistan The State Immunity Ordinance 1981, Art. 6.

Contracts of employment.

— (1) A State is not immune as respects proceedings relating to a contract of employment between the State and an individual where the contract was made in Singapore or the work is to be wholly or partly performed in Singapore.

(2) Subject to subsections (3) and (4) below, this section does not apply if—

(a) at the time when the proceedings are brought the individual is a national of the State concerned; or

(b) at the time when the contract was made the individual was neither a citizen of Singapore nor habitually resident in Singapore; or

(c) the parties to the contract have otherwise agreed in writing.

(3) Where the work is for an office, agency or establishment maintained by the State inSingapore for commercial purposes, subsection (2)(a) and (b) above do not exclude the application of this section unless the individual was, at the time when the contract was made, habitually resident in that State." 参见 Singapore State Immunity Act 1985, Art. 6。

合之前商业例外条款的规定，涉案国家仍旧不得援引豁免。① 该条款的规定很有特色，英国等国家的国家豁免法都规定商业例外的内容不得适用于雇佣合同。可以说，在条文的设计上商业例外和雇佣合同例外在某种程度上呈现出一种平行甚至排斥的状态。而以色列的立法则与众不同，商业例外和雇佣合同例外呈现出了一种交织、互补的状态。这种新的立法模式值得我们注意。

除了上述两个重要领域之外，在涉及某些特殊财产和关税领域也有商业因素的存在。美国 FSIA 第 1605 条中规定了这样的情形：违反国际法取得的财产，其财产权利尚有争议并且该项财产或者用该项财产换得的任何财产位于美国境内且与该外国在美国进行的商业活动有关的；或者该项财产或者用该项财产换得的任何财产是属于该外国在美国从事商业活动的某一机构所有或者属于该机构的经营者所有的财产，不得在诉讼中援引国家豁免。《英国国家豁免法》第 11 条规定了在涉及增值税和关税等税收中不得享有豁免的情形。其中第 11 条第 2 款规定涉及为商业目的而占有房屋的房地产税而产生的诉讼中不得援引豁免。②

总而言之，除却专门的管辖豁免商业例外条款。深入其他管辖豁免例外条款中的商业因素也是正确、全面认识国家制度中商业例外问题不可或缺的方面。虽然上述例外有着其独特的适用规定，但是其中行为或财产商业属性的认定标准等要素与商业例外不可分割，是沟通商业例外条款和上述独立的豁免例外条款的桥梁。设计国家豁免法的具体条文时应特别关注此类条款，尽量使其中的商业属性判定标准和商业行为定义及商业例外条款中的判定标准部分协调一致。

三、执行豁免中的商业例外

人们对商业例外的一般印象多停留在管辖豁免领域。其实作为国家豁免制度中的核心问题之一，商业例外在执行豁免中也起到了非常重要的作用。除阿根廷的立法和《欧洲国家豁免公约》《关于统一国有船舶国家豁免相关规则的布鲁塞尔公约》外，其他有关国家豁免问题的主要国际国内立法均对执行豁免中的商业例外条款进行了规定。

---

① "4. (a) A foreign state shall not have immunity from jurisdiction in an action by an employee or by an applicant for employment, where all the following conditions are fulfilled: (1) the cause of action is within the exclusive jurisdiction of a Regional labor Court, under any provision; (2) the subject matter of the action is labour, all or a part of which has been performed, or is to be performed, in Israel; (3) when the cause of action arose, the employee or applicant for employment was an Israel citizen or was habitually resident in Israel or in a region; in this context the term "region" shall be as defined in the Emergency Regulations law……

(c) In an action by an employee or applicant for employment where the conditions specified in this section are not fulfilled, the foreign state shall not have immunity from jurisdiction, even where the cause of action is a commercial transaction provided in section 3. 参见 Israel Foreign States Immunity Law 2008, Art. 4。

② Value added tax, customs duties etc.

A State is not immune as respects proceedings relating to its liability for—

(a) value added tax, any duty of customs or excise or any agricultural levy; or

(b) rates in respect of premises occupied by it for commercial purposes." 参见 U. K. State Immunity Act 1978, Art. 11。

美国 FSIA 中第 1610 条主要规定执行豁免中的商业例外问题。该条对财产性质和用途的规定采取了双重符合的标准：一方面要求外国国家位于美国的财产必须具有第 1603 条第 1 款所规定的商业用途，另一方面规定该财产必须用于、正用于或曾用于相关诉讼所依据的事实。只有上述两方面要求同时满足，国家才不得豁免于相关判决的执行。① 该条款的规定略显简单，对中央银行等特殊主体的财产也没有进行必要的区分，需要通过司法实践对其中的某些问题进行进一步明确。

《英国国家豁免法》第 13 条规定了执行豁免中与商业因素有关的问题。第 13 条规定国家的财产不得作为法院判决或仲裁裁决强制执行的标的，或在对物之诉中，不得作为扣押、留置或拍卖的标的。但如果国家财产正用于或拟用于商业目的，则不影响对该财产采取任何程序。外国驻英国的外交使团团长或临时执行其职务的人有权对该财产是否属于该国作出书面意见，如果没有相反的证据，该意见应当被认为是充分的证明。② 该项规定的特点在于不仅正用于商业目的的财产不得豁免与执行，准备用于商业目的的财产也不得豁免与执行。如何界定"拟用于"，在司法实践中究竟如何进行举证责任的分担就成为必须解决的问题。除了设置专门的执行豁免中的商业例外条款之外，《英国国家豁免法》还对执行豁免中商业例外条款中的规定进行了解释。第 14 条规定，国家中央银行或者类似金融机构的财产不得被认为属于本法规定的用于商业目的的财产。③ 这就明确地把中央银行的财产与一般国家财产进行了区分。在英国执行豁免制度中，央行的财产有着特殊的地位。第 17 条属于解释性的规定。即" 商业目的"是指上述第 3 条第(3)款所指行为或活动

---

① "The property in the United States of a foreign state, as defined in section 1603(a) of this chapter, used for a commercial activity in the United States, shall not be immune from attachment in aid of execution, or from execution, upon a Judgment entered by a court of the United States or of a State after the effective date of this Act, if, the property is or was used for the commercial activity upon which the claim is based". 参见 28 USC. The Foreign Sovereign Immunity Act. Art. 1610(a)(2)(1976)。

② Other procedural privileges.

"(2) Subject to subsections (3) and (4) below—

(a) relief shall not be given against a State by way of injunction or order for specific performance or for the recovery of land or other property; and

(b) the property of a State shall not be subject to any process for the enforcement of a judgment or arbitration award or, in an action in rem, for its arrest, detention or sale.

(4) Subsection (2)(b) above does not prevent the issue of any process in respect of property which is for the time being in use or intended for use for commercial purposes

(5) The head of a State's diplomatic mission in the United Kingdom, or the person for the time being performing his functions, shall be deemed to have authority to give on behalf of the State any such consent as is mentioned in subsection (3) above and, for the purposes of subsection (4) above, his certificate to the effect that any property is not in use or intended for use by or on behalf of the State for commercial purposes shall be accepted as sufficient evidence of that fact unless the contrary is proved." 参见 U. K. State Immunity Act 1978, Art. 13。

③ Property of a State's central bank or other monetary authority shall not be regarded for the purposes of subsection (4) of section 13 above as in use or intended for use for commercial purposes. 参见 U. K. S tate Immunity Act 1978, Art. 14。

的目的。① 巴基斯坦、新加坡和南非的规定与英国类似。②

　　对比英国和美国有关该问题的立法，可以说二者各有可取之处。英国立法明确规定了相关财产属于国家的证明方式和证据要求并明确地将中央银行的财产排除在用于商业目的的财产之外，对司法实践有很强的指导意义。美中不足的是英国立法中有扩大商业财产范围的倾向，这集中体现为对"拟用于"的规定。这一规定是相关财产的属性处于一种不确定的状态。在司法实践中也很难进行举证证明。美国立法中的优劣之处和英国立法正好相反。美国立法中规定的财产范围相较于英国来说非常明确并易于证明。"曾用于"的规定显然比英国法中"拟用于"的规定更为客观。但遗憾的是，美国立法并没有规定相关财产国家属性的证明主体和方式，也没有考虑到特殊财产的处理。笔者认为，我国立法中可以分别借鉴上述两国立法中的优点，实现更为理想的立法效果。

　　《加拿大国家豁免法》在第 12 条中规定了执行豁免中的商业例外问题。③ 该条规定：外国国家位于加拿大的财产，应豁免于扣押与执行，在对物之诉中应豁免于扣留、留置、

---

① "commercial purposes" means purposes of such transactions or activities as are mentioned in section 3 (3) above. 参见 U. K. State Immunity Act 1978，Art 17。

② "(b) the property of a State, not being property which is for the time being in use or intended for use for commercial purposes, shall not be subject to any process for the enforcement of a judgment or arbitration award or, in an action in rem, for its arrest, detention or sale." 参见 Pakistan The State Immunity Ordinance 1981, Art 14"(2)(b)。

Other procedural privileges.

"(2) Subject to subsections (3) and (4) below—

(a) relief shall not be given against a State by way of injunction or order for specific performance or for the recovery of land or other property; and

(b) the property of a State shall not be subject to any process for the enforcement of a judgment or arbitration award or, in an action in rem, for its arrest, detention or sale.

(4) Subsection (2)(b) above does not prevent the issue of any process in respect of property which is for the time being in use or intended for use for commercial purposes

(5) The head of a State's diplomatic mission in Singapore, or the person for the time being performing his functions, shall be deemed to have authority to give on behalf of the State any such consent as is mentioned in subsection (3) above and, for the purposes of subsection (4) above, his certificate to the effect that any property is not in use or intended for use by or on behalf of the State for commercial purposes shall be accepted as sufficient evidence of that fact unless the contrary is proved." 参见 Singapore State Immunity Act 1985, Art 15。

Section(1)(b), the property of a foreign state shall not be subject to any process—

"(i) for its attachment in order to found jurisdiction;

(ii) for the enforcement of a judgment or an arbitration award; or

(iii) in an action in rem, for its attachment or sale.

(3) subsection(1)(b) shall not prevent the issue of any process in respect of property which is for the time being in use or intended for use for commercial purposes." 参见 South Africa Foreign State Immunity Act 1985, Art. 14。

③ "property of a foreign state that is located in Canada is immune from attachment and execution and, in the case of an action in rem, from arrest, detention, seizure and forfeiture except the propertu is used or is intended for a commercial activity." 参见 Canada State Immunity Act 1982, Art. 12。

查封或没收，但正用于或拟用于商业活动的财产例外。该条特别规定了位于加拿大的外国财产在涉及对物之诉时豁免的相关程序，但对人诉讼时则未具体提及，并且在措辞上仍旧使用了"正用于"或"拟用于"的规定。其中关于财产属地性的要求与美国立法中的规定类似。该规定在很大程度上能够避免国家的财产在世界各地均面临执行的危险，对私人当事人来说也可以增加案件的确定性。

《澳大利亚国家豁免法》第32条规定了对商业财产的执行。该条规定：本法中执行豁免的规定不适用于商业财产；如果船舶或货物属于商业财产，并且在货物没有被属于同一国家或其他国家的船舶运走时，外国国家在涉及船舶或货物的诉讼中不享有豁免。该条款还进一步规定了商业财产的范围：商业财产是指，除外交财产或军事财产以外，外国国家主要为商业目的而使用的财产。在表面上是无人占有的或表面上不使用的财产，应被视为用于商业目的，除非，法院认为该财产并非用于商业目的。① 该条的规定中较有特色的是商业财产的定义。在内容上，除了明显具有商业目的的财产之外，表面上无人占有的或者不适用的财产也被认为属于商业财产。这在其他国家的立法中是绝无仅有的。另外就是从立法的技术上说，美国、英国、加拿大的立法中也有执行豁免中的商业例外条款，但都是将商业例外作为执行豁免的一个判定要素和其他因素结合在一起共同决定某类财产不得享有执行豁免或者商业例外仅仅是执行豁免条款中的一款或者一项。而澳大利亚则将对商业财产的执行专门用一整条进行规定。这也是澳大利亚国家豁免法中的特别之处。

《以色列国家豁免法》第16条规定了执行豁免中的商业例外。该条规定外国的商业财产不得受益于本法15条中规定的执行豁免。② 以色列有关执行豁免中商业例外条款的设计并没有特殊之处，其中值得一提的是以色列将对商业财产的定义放在第1条释义部分进行规定。这在各国立法中是独树一帜的。该法规定商业财产指外国国家所有的在以色列境内的除外交和领事财产、军事财产和中央银行的财产之外的用于商业目的的财产。如无相

---

① "Execution against commercial property (1) Subject to the operation of any submission that is effective by reason of section 10, section 30 does not apply in relation to commercial property. (2) where a foreign State is not immune in a proceeding against or in connection with a ship or cargo, section 30 does not prevent the arrest, detertion or sale of the ship or cargo if, at the time of the arrest or detention-(a) the ship or cargo was commercial property; and in the case of cargo that was then being carried by a ship belonging to the same or to some other foreign state-the ship was commercial property. (3) For the purpose of this section-(a) commercial property is property, other than diplomatic property or military property; that is in use by the foreign state concerned substantially for commercial purposes; and (b) property that is apparently vacant or apparently not in use shall be taken to be being used for commercial purposes unless the court is satisfied that it has been set aside otherwise than for commercial purposes." 参见 Australia Foreign State Immunity Act 1985, Art. 32。

② "Notwithstanding the provisions of section 15(a), the assets of a foreign state detailed below shall not benefit form immunity under that section: (1) commercial assets; (2) assets situated in Israel to which the foreign state is entitled by way of succession, gift or as bona vacantia; (3) immovables situated in Israel." 参见 Israel Foreign States Immunity Law 2008, Art. 16。

反证明，外国国家在以色列境内的非用于特殊目的的财产应当被认定为具有商业目的。① 该条的规定有如下特点，第一，明确将外交和领事财产、军事财产和中央银行的财产排除在商业财产的范围之外，相较于其他国家的立法更为明确和具体。② 第二，对除上述特殊领域的外国国家在以色列境内的财产，以色列的立法采取了推定的方式。即如果该财产没有特殊的目的并且没有相反的证明则推定该财产为商业财产。这在司法实践中的主要问题为举证责任的分配。如将提出相反证据的责任加诸国家，则对私人当事人是非常有利的；反之则对其相当不利。

虽然联合国 2004 年公约的名称为《联合国国家豁免公约》(*United Nations Convention on Jurisdictional Immunities of States and Their Property*)，但该公约实际上对执行豁免的相关问题也进行了规定。其中第 19 条第(c)款和第 21 条规定了执行豁免中的商业例外问题。

该公约第 19 条第(c)款规定：位于法院地国境内，正用于或者意图用于商业目的，且与被诉实体有联系的财产不得享受执行豁免。③ 该条款的规定可以说是对各国执行豁免规定的中和。对可被执行的用于商业目的的财产规定了若干限制性的条件。第一个限制性的条件是要求相关财产必须位于法院地国境内。这显然对相关判决在他国的执行关闭了大门。这充分说明，根据 2004 年该公约的规定至少在商业财产方面不存在国际私法中的判决的承认与执行问题。对相关商业财产的执行只能在法院地国境内进行。进一步说，如果原告想要执行被告国位于法院地国境外的财产，唯一的办法就是在财产所在国另行提起诉讼并获得胜诉判决。对于私人当事人来说，选择诉讼法院的关键或者决定因素就是相关商业财产的所在地。第二个限制是相关财产必须与被诉实体相关。这一限制并没有值得深入阐述的内容。与被诉实体相关联的要求也是合理的，可能的困惑在于联系的程度。

该公约第 21 条规定了不应被视为具有商业目的的财产范围。该条将一国外交代表机构、领事机构、特别使团、驻国际组织代表团、派往国际组织的机关或国际会议的代表团履行公务所用或意图所用的财产，包括任何银行账户款项；属于军事性质，或用于或意图

---

① "commercial asset"means any asset, excluding a diplomatic or consular asset, a military asset or an asset of a central bank which is held in Israel by a foreign state for a commercial purpose, in this matter, an asset held in Israel by a foreign state and not intended for a particular purpose shall be regarded as being held by that state for a commercial purpose, unless it is proved otherwise. 参见 Israel Foreign States Immunity Law 2008, Art. 1。

② 其他国家的立法虽然也有将中央银行等特殊部门的财产排除在具有商业目的的财产之外的立法规定。但这些规定都是在执行部分或者补充条款中的某个款项。像以色列立法中这样在第一条的释义部分开宗明义进行规定的尚属首次。

③ "No post-judgment measures of constraint, such as attachment, arrest or execution, against property of a State may be taken in connection with a proceeding before a court of another State unless and except to the extent that: (c) it has been established that the property is specifically in use or intended for use by the State further than government non-commercial purposes and is in the territory of the State of the forum, provided that post-judgment measures of constraint may only be taken against property that has a connection with the entity against which the proceeding was directed." 参见 United Nations Convention on Jurisdictional Immunities of States and Their Property 2004, Art. 19(c)。

用于军事目的的财产；一国中央银行或其他货币当局的财产；构成该国文化遗产的一部分或该国档案的一部分，且非供出售或意图出售的财产；构成具有科学、文化或历史价值的物品展览的一部分，且非供出售或意图出售的财产排除在第 19 条中规定的用于商业目的的财产之外。① 部分国家的国内立法中也有类似的内容，与那些国内立法相比，该公约的主要特点在于将科学和文化财产也有条件地排除在商业财产的范畴之外。这种规定体现了对文化和科学财产的特殊关注。在《联合国国家豁免公约》之前排除在商业财产范围之外的财产主要集中于军事财产、中央银行财产的带有主权属性和行政属性的财产。该公约将非用于出售的文化和科学财产纳入非商业财产范畴的做法对该问题提出了新的思考，即在商业性质和主权性质之间是否还存在其他属性，这些其他属性的财产是否应该明确被排除在商业财产之外。笔者认为《联合国国家豁免公约》充分考虑到这一类财产的特殊地位和对国家乃至人类的重要价值。《联合国国家豁免公约》的规定值得我们借鉴和学习。在我国目前提倡文化大繁荣、大发展的现实背景下，在国家豁免问题上对文化和科学财产给予特殊的考虑是符合我国目前的主流价值导向和现实需要的。

本节从三个方面对国家豁免法中的商业例外条款进行了深入的分析，除了浓墨重彩地描述各国和国际立法中对管辖豁免中商业例外条款的规定外，其他管辖豁免例外中的商业因素和执行豁免中的商业例外问题也是正确理解国家豁免中商业例外条款的重点。各国在其他管辖豁免例外中的商业因素和执行豁免中的商业例外问题上并没有太大的分歧，但有关的国际国内立法在这两个问题上仍旧各具特色。

其他管辖豁免中的商业例外因素主要集中于船舶、船货问题和雇佣合同领域。《关于统一国有船舶国家豁免相关规则的布鲁塞尔公约》为各国关于船舶和船货问题的立法提供了模板。在雇佣合同领域中商业因素主要显现在特殊机构的雇佣或者雇佣例外的适用范围方面。笔者认为我国在制定相关立法时也可以考虑对上述两个方面加以规定，而且在涉及船舶和船货问题的条文设计上可以参考布鲁塞尔公约的规定。实现和世界其他国家的对接。

各国在执行豁免问题上基本采取了相同的态度。唯一需要注意的问题是商业财产的范

---

① "The following categories, in particular, of property of a State shall not be considered as property specifically in use or intended for use by the State for other than government non-commercial purposes under article 19, subparagraph (c):

(a) property, including any bank account, which is used or intended for use in the performance of the functions of the diplomatic mission of the State or its consular posts, special missions, missions to international organizations or delegations to organs of international organizations or to international conferences;

(b) property of a military character or used or intended for use in the performance of military functions;

(c) property of the central bank or other monetary authority of the State;

(d) property forming part of the cultural heritage of the State or part of its archives and not placed or intended to be placed on sale;

(e) property forming part of an exhibition of objects of scientific, cultural or historical interest and

not placed or intended to be placed on sale." 参见 United Nations Convention on Jurisdictional Immunities of States and Their Property 2004，Art. 21。

围。我国在制定该条款时可以充分考虑我国的具体国情，参考《联合国国家豁免公约》的规定，对文化财产和类似性质的财产加以特别规定。

相较于其他管辖豁免例外中的商业因素和执行豁免中的商业例外条款。管辖豁免中的商业例外条款则较为复杂，该条款作为国家豁免法中商业例外条款的核心内容具有四个方面的内容：

第一，商业行为和法院地国之间的关系。该问题解决的是一般管辖权的问题。关于这一问题，相关的国际国内立法中主要有四种模式，第一种模式是在立法中明确规定商业行为和法院地领土之间的关系，即从一般管辖权的地域联系出发对该问题进行规定。该种模式以美国立法、《欧洲国家豁免公约》和《美国国家豁免公约草案》为代表，后两者要求商业行为必须发生在法院地国境内。美国的规定最为详细，规定了商业行为与美国的三种联系：发生在美国的商业行为、美国之外发生的与美国境内的行为有关的商业行为、美国境外发生的对美国产生了直接影响的商业行为。第二种模式是从国际私法规则出发规定一般管辖权的确定。这种模式以阿根廷立法和《联合国国家豁免公约》中的规定为典型。如《联合国国家豁免公约》规定国家豁免中商业例外条款适用的前提是根据国际私法规则相关法院对商业行为具有管辖权。第三种模式是依据相关协议或国际法规则确定一般管辖权，这种模式以《阿根廷国家豁免法》为代表。该法规定：当诉讼请求涉及外国国家所为的商业行为或工业行为，且阿根廷法院根据相应的协议或国际法具有管辖权时，外国国家在该案中不得援引国家豁免。第四种模式是对该问题不予规定。以色列、英国、澳大利亚、南非、巴基斯坦和新加坡的立法采用了这种方法。笔者认为该部分内容实际上解决的是商业行为的一般管辖权问题。如果不考虑当事方的国家身份，该商业行为的一般管辖权问题和普通的民商事案件的一般管辖权问题并没有实质的区别。该问题完全可以交由一国的民事诉讼法加以解决。除非法院地国在此问题上有特别的需要和考虑，在国家豁免法中可以不规定此类内容，仅简单规定国家在涉及商业行为的诉讼中不得援引国家豁免即可。

第二，商业例外条款的排除。英国、澳大利亚、南非、新加坡、巴基斯坦、《联合国国家豁免公约》、《欧洲国家豁免公约》均规定了商业例外条款的排除问题。排除的理由主要有二：一是争端的双方均为国家，二是双方另有协议。主要的区别在于协议的形式。《联合国国家豁免公约》规定双方应当有明确的协议，而英国等国家的立法中则要求双方应当有书面的协议。笔者认为直接规定协议应当具有书面形式。其他国家对此问题并没有进行规定，也就是说在其他国家的司法实践中，商业例外条款的适用是绝对的。笔者认为对于该问题的规定应当主要考虑各国的实际情况，如果说某国确实在某些问题上不宜适用商业例外条款，则不妨在商业例外条款中对该条款的排除问题一并加以规定。如果某国不存在上述考虑，则无须对该问题进行规定。考虑到我国的具体国情，笔者建议在立法上还是留有余地。

第三，合同义务的规定。在以英国为代表的一些国家的立法中还出现了另一种问题：即对因合同产生的义务有特别的规定，并且将这些规定合并规定在商业例外条款中。笔者认为这种做法并不科学，一方面对合同义务的特别规定在一定程度上会突破限制豁免理论的根本要求，另一方面将该规定与商业例外问题规定在同一条款中也并不适当。如果根据一国的司法实践，对因合同产生的义务确实有必要进行专门规定，可以参照《欧洲国家豁免公约》的做法，将合同义务和商业例外用两个不同的条款分别规定。结合我国的具体国情，笔者认为没有必要对该问题进行专门规定。

第四，商业行为和诉讼之间的联系。虽然各国立法对此问题的态度不尽相同，给予的关注也有很大差异。但笔者认为不需要对该问题设立专门的条款进行说明，只需要参考以色列立法中的做法，规定商业行为作为相关诉讼的诉因即可。

总而言之，全面认识国家豁免法中的商业例外条款必须从三个方面入手，即管辖豁免中的商业例外条款、其他管辖豁免例外中的商业因素和管辖豁免中的商业条款。这三个方面虽以管辖豁免中的商业例外条款为核心，但其余的两个问题也不应有所偏废，唯有如此，才能最大限度地获得对该问题的正确认识，并对我国的相关立法有所裨益。

第五节 我国相关立法评析

他山之石，可以攻玉。本书最终的目的还是希望通过对相关国际国内立法中有关国家豁免商业例外制度的研究促进我国国家豁免法的发展。如果说之前的研究限于"知彼"的层次，那么本节的研究则回归"知己"的阶段。笔者将在本节中对我国国家豁免立场和相关案例进行分析，以揭示我国国家豁免立场的历史沿革。最终以《中华人民共和国外国国家豁免法》为蓝本①，对我国这一国家豁免领域的最新立法成果进行评析。

一、我国对国家豁免问题的立场沿革

国家豁免作为国际法中的重要领域具有广泛的应用空间，我国在制定《外国国家豁免法》之前，已经在司法实践和外交实践中多次面对国家豁免问题并运用国家豁免制度保护我国的相关合法权益。一些学者认为，我国在 20 世纪 80 年代以前一直坚持"绝对豁免"立场②，其实这种观点是不全面的。我国的司法实践和外交实践呈现的态度不尽相同。

从审判实践出发，我国确实一贯坚持绝对豁免的立场。自中华人民共和国成立以来，中国曾被动地在其他一些国家或地区被诉，例如"1949 年两航公司案"、1957 年"贝克曼诉中华人民共和国案"、1979 年"杰克烟火案"和"湖广铁路债券案"，以及 2005 年"善后大借款案"等。在这些案件和相关国际会议中，中国政府就国家豁免问题都表达了接近"绝对豁免主义"的政策主张，具体有如下几点：

（1）任何一个主权国家可以基于自己的政治基础、经济状况以及历史文化背景，有权自由决定采取绝对豁免原则或者限制豁免原则。

（2）国家本身或者说以国家名义从事的一切活动享有豁免，除非国家自愿放弃豁免。

（3）在对外贸易及司法实践中，把国家本身的活动和国有公司或企业的活动区别开来，国有公司或企业是具有独立法律人格的经济实体，不应享受豁免。因而，中国坚持的

---

① 《中华人民共和国外国国家豁免法》于 2023 年 9 月 1 日第十四届全国人民代表大会常务委员会第五次会议通过，自 2024 年 1 月 1 日起施行。

② 郭延曦：《中国关于主权豁免问题的对策》，载《法学》1995 年第 3 期，第 38 页；曾涛：《中国在国家及其财产豁免问题上的实践及立场》，载《社会科学》2005 年第 5 期，第 55 页。

绝对豁免说与原来意义上的绝对豁免说不同。

（4）在坚持国家主权原则的前提下，有关国家之间通过条约、协议来消除各国在国家豁免问题上的分歧。

（5）如果外国国家无视中国主权，对中国或中国财产强行行使司法管辖权，中国保留对该国进行报复的权利。

（6）中国在外国法院出庭主张豁免权抗辩不得视为接受外国法院管辖。

以上是我国关于国家豁免制度的基本立场。从上述立场可以看出，我国在《外国国家豁免法》出台之前，对待国家豁免问题基本坚持绝对豁免的立场，但又与传统的绝对豁免立场有所不同。特别是将国有企业或公司这一主体的活动从国家活动中剥离的做法更凸显了与传统理论的差距。传统的绝对豁免理论仅仅从行为的国家属性进行判断，凡是被认为可以归属于国家的行为和财产均能够享有豁免。判断的标准是该行为是否体现了国家权力而非相关的行为主体。国有企业和公司虽然是独立主体，但是其行为在某种情况下还是有可能被认定为属于国家行为从而享有豁免的。美国 FSIA 中甚至明确将国有企业和公司作为可能代表国家的主体之一。我国立场中单纯依据国有公司和企业的主体资格划分国家行为属性的做法其实已经与纯粹的绝对豁免理论拉开了差距。

但与此同时，我国的外交实践显示，20 世纪 90 年代以前，我国在国家豁免问题上的立场可以概括为倾向于绝对豁免立场，但却又允许一定"例外原则"的存在。这可以从我国参加国际法委员会起草《联合国国家及其财产管辖豁免公约条款草案》时所展现的立场以及我国早期参与签署的多边、双边条约得到证实。①

1991 年在第 46 届联大会议上，中国政府代表就国际法委员会二读通过的《关于国家及其财产管辖豁免公约条款草案》进一步表明了立场。中国代表团始终认为"国家豁免是基于国家主权和国家主权平等的一项国际法基本原则"，"国家财产的执行豁免……是一项久已确立和公认的原则"。同时，中国代表还再次重申："为了维护和促进国家间正常的往来和经贸关系，可以就国家管辖豁免制定一些例外的规定。然而，考虑到国家豁免原则的性质和内涵。这些例外必须限于确有实际需要的某些情况而保持在最低限度上。不然，整个条款草案就会出现在原则上肯定、而具体上否定国家豁免原则，这是与制定该专

---

①　在双边条约方面，1958 年我国与苏联缔结了通商航海条约，在附件第 4 条中规定：商务代表处就对外贸易享有主权国家有权享有的一切豁免权，但下列事项构成此一原则的例外：（1）关于商务代表处在接受国缔结或担保的对外商业合同的争议，在缺乏有关仲裁或任何其他管辖权的选择的情况下，应受接受国法院的管辖，但接受国法院不得作出提供担保的临时命令；（2）就上述争议对商务代表处作出的最后判决可以强制执行，但这种强制执行仅能对商务代表处的货物和债权实施。我国加入一些多边公约，也包含有关于国家及其财产豁免的条款，这些规定在我国具有法律效力。例如，我国于 1975 年加入的《维也纳外交关系公约》第 22 条和 1979 年的《维也纳领事关系公约》第 31 条规定使领馆及其财产享有豁免权，这里所指的财产当然属于国家财产；我国于 1980 年加入的《国际油污损害民事责任公约》第 11 条第 1 款规定，缔约国将就油污损害赔偿案件放弃损害所在地缔约国法院的管辖豁免权；1996 年开始对我国生效的《联合国海洋法公约》第 32 条、第 95 条、第 236 条规定，军舰、海军辅助船、为国家所拥有或经营并用于政府非商业性目的的船舶或飞机都享有主权豁免。上述公约的这些规定，无疑是我国处理有关国家及其财产豁免案件的重要法律依据，也体现了我国在这一问题上的立场。

题法律制度的目的背道而驰的。"①从这一立场中我们可以发现，我国有关国家豁免的立场已经从纯粹的绝对豁免变成了绝对豁免加有限例外的模式。只不过这些例外在绝对豁免的体系下究竟如何展现尚未明确。

总的来说，在 2011 年审结的刚果金案件之前，我国在国外被诉时均声称我国坚持绝对豁免的立场，认为凡是能够归属于国家的行为和财产均不受外国法院的管辖，并且对国家的行为和国有企业等类似主体的行为进行了区分。在外交实践中我国的态度则不十分明确，在有关的多边条约和双边条约中虽未明确表示采取限制豁免的观点，但已然涉及国家豁免例外问题的考虑和个别领域内的管辖豁免例外。这说明虽然我国仍旧坚持绝对豁免的理论，但绝对的意味较之以往已经略有松动。对某些特殊领域和某些特殊问题的国家豁免例外问题已经不再持绝对的排斥态度。这种细微的变化虽然并不表明整体态度的转变，但也可以从一个侧面说明我国开始对限制豁免理论及其相关问题进行更为深入的思考。

(一) 我国最新的司法实践

目前我国关于国家豁免问题的最新司法实践就是香港的刚果金案。我国政府通过该案再一次重申和明确了关于国家豁免问题的立场。

1980 年和 1986 年，蒙博托总统时期的扎伊尔共和国及其国家电力公司向南斯拉夫能源投资公司两次分别借款 1518 万美元和 2252 多万美元建设水力发电和高压输电线路工程，承建商也为南斯拉夫能源投资公司(以下简称南斯拉夫公司)。两份贷款协议都订有仲裁条款，分别为根据巴黎国际商会仲裁规则在巴黎仲裁，及适用瑞士法律在苏黎世仲裁。

20 世纪 90 年代蒙博托政府被推翻，扎伊尔共和国改为刚果民主共和国(以下简称刚果·金)，首都位于金沙萨，是联合国公布的最不发达国家之一。尽管经过修订和重新安排还款计划，刚果·金政府及国家电力公司仍然未完全履行还款义务。2001 年 3 月南斯拉夫公司向国际商会仲裁院提出索债请求，刚果·金政府未出庭聆讯，但刚果·金国家电力公司参加了仲裁程序。国际商会仲裁院于 2003 年 4 月裁决刚果·金政府及国家电力公司共须赔偿南斯拉夫公司 3425 万美元的本息，刚果·金政府及其国家电力公司对裁决结果并无异议，但均没有按照仲裁裁决自愿还款。

2004 年 11 月，美国一家以低价收购不良资产为业的基金 FG 公司向南斯拉夫公司购买了仲裁裁决项下包括本金和利息在内的全部债权，随后在比利时、百慕大和南非进行强制执行程序共追讨了 300 多万美元的债权。在香港法院起诉时，刚果·金政府及其国有公司共欠 FG 公司 1 亿多美元。

同时，刚果·金与中华人民共和国政府于 2001 年签署了以基建换矿产的合作框架协议。2007 年 9 月刚果·金政府与中国的国有企业财团订立协议备忘录，借此设定合资公司的框架以处理资助该发展计划的第一批融资。2008 年 4 月、6 月两国国有企业先后达成具体的合作合资协议及其补充协议。协议约定刚果·金国家矿业公司和刚果不动产公司(在补充协议中取代一位自然人的地位)与中铁股份的子公司(即本案中的第二至第四被

---

① 《中国代表孙林关于国际法委员会报告中"国家及其财产的管辖豁免"议题的发言》，1991 年，第 4~6 页。

告，皆为在香港登记注册的公司，以下简称中铁诸公司）和中国水电建设集团子公司、中国中冶集团公司（该公司在补充协议中加入）等成立合资公司，中方股东共占股68%，对合资公司债务负全责。协议明确合资公司的目的是发展刚果·金的基础公共设施，包括铁路、公路、城市广电网络、机场、医院、发电站、住宅、健康中心和大学等，其对价是从刚果·金国家矿业公司那里获得1000多万吨铜钴资源的开采权，但中方股东须为此支付3.5亿美元的入门费（Entry Fees）给刚果·金国家矿业公司和刚果·金不动产公司（该公司在补充协议中取代刚果政府享有受领权），其中中铁股份子公司须支付2.21亿美元。协议的生效条件须经中国国家发展和改革委员会、商务部和外汇管理局的批准。到2008年12月底，支付入门费的条件已经达到。

2008年4月22日，在香港上市的中国中铁股份有限公司向香港交易所披露了中铁诸公司将向刚果·金方面支付采矿工程"入门费"事宜。2008年5月，FG公司获悉此事后随即向香港特区高等法院作出单方面申请，要求截留中铁诸公司应向刚果·金政府及其国家矿业公司支付的入门费1.75亿美元用作抵债，以执行两项国际商事仲裁裁决。5月15日，香港高等法院邵德炜法官按照联合国1958年《纽约公约》和香港《仲裁条例》发出单方面临时禁制令（ex parte order），该禁制令禁止中国的被告公司向刚果·金政府及其矿业公司支付入门费1.04亿美元，亦禁止刚果·金政府向中铁诸公司收取该笔款项，并且赋予仲裁裁决与香港法院判决相同的执行力，同时许可FG公司向被诉各方送达起诉传票和禁制令，并要求各方参加在高等法院的诉讼程序。5月16日，FG公司将起诉传票和单方面禁制令寄送到刚果·金首都金沙萨司法部及刚果驻北京大使馆，同时也向第二至第四被告寄送传票和禁制令。6月，代表刚果·金利益的律师承认收到传票。

2008年5月15日，原讼法庭邵德炜法官作出单方面命令，准许强制执行针对刚果·金的两份裁决。刚果·金在收到传票后，要求法院修改相关命令。后经原讼法庭芮安牟法官审理认为，与本案有关的交易不是商业性质的交易，同时刚果·金对本案中的2份仲裁裁决享有执行豁免且其并未放弃此种豁免。因此，其判决原讼法庭对刚果·金无司法管辖权。①

2011年6月8日，香港终审法院以3:2多数作出临时判决：香港特区不能采取与中央政府不一致的国家豁免原则，目前适用于香港特区的国家豁免原则是绝对豁免。刚果·金享有国家豁免，且毫无法律依据认定其已于香港特区法院席前放弃豁免。香港法院对刚果·金无司法管辖权。香港终审法院还认为在作出终局判决前有必要按照《香港特别行政区基本法》第158条第3款的规定，就《香港特别行政区基本法》第13条第1款和第19条第3款涉及的与"外交事务"有关的4个问题提请全国人大常委会作出解释。②

2011年9月8日，香港终审法院作出终局判决。在终局判决中，多数法官认为，根据全国人大常委会的解释，之前作出的临时判决具有终局的效力；少数法官认为，香港法院适用绝对豁免还是相对豁免是一个普通法上的问题，且无须向全国人大常委会寻求解

---

① FG Hemisphere Associates LLC v. Democratic Republic of the Congo and Others, HCMP 928/2008.

② Democratic Republic of the Congo and Others v. FG Hemisphere Associates LLC, FACV 5, 6 & 7/2010.

释。而且，少数法官认为，在案件当前情况下，即使香港法院适用绝对豁免，刚果·金也已放弃此种豁免。但鉴于全国人大常委会已经作出解释，少数法官承认法院应当按照全国人大常委会的解释和多数法官的意见进行判决。因此，香港终审法院最终判决香港法院对刚果·金无司法管辖权。①

本案的关键问题在于中央政府对国家豁免问题的态度。鉴于案件涉及国家主权和中央政府的外交权力，此案在香港高等法院原讼法庭、上诉法庭和终审法院的审理过程中，外交部驻香港特派员公署经授权分别向香港特区政府政制及内地事务局发出三封函件以呈递法庭，分别就中央的国家豁免政策、中国签署《联合国国家豁免公约》的法律效果，以及香港特区实行与中央立场不一致的国家豁免原则的不良后果作出说明。

2008 年 11 月 20 日发出的第一份函件声明：中国的一贯原则立场是，一个国家及其财产在外国法院享有绝对豁免，包括绝对的管辖豁免和执行豁免，从未适用所谓的"限制豁免"原则或理论。中国法院不能管辖、在实践中也从未受理过以外国国家及政府为被告、或针对外国国家及政府财产的案件，不论该外国国家及政府的相关行为的性质和目的如何，也不论该外国国家及政府的相关财产的性质、目的和用途如何。同时，我国也不接受外国法院对以我国国家及政府为被告、或针对我国国家及政府财产的案件享有管辖权。我国政府的这一原则立场是明确和一贯的。

由于第一份信函中并未提及 2004 年《联合国国家豁免公约》以及中国签署该公约的法律意义，而《联合国国家豁免公约》是承认限制性豁免原则的，所以原讼法庭芮安牟法官并不信服特派员公署的第一封函件是代表中央政府所一贯采取的立场。

原讼法庭芮安牟法官认为，在 1997 年 7 月 1 日之前，香港特区法院采取限制豁免论。在 1997 年 7 月 1 日之后，《英国国家豁免法》在香港失去法律效力，而在全国并无统一制定法可以适用的情况下，香港普通法应恢复其效力，即适用限制豁免理论。鉴于外交部驻港公署在致函中已表明中国的绝对豁免立场，律政司认为，香港是中国的一部分，如香港的立场和中国不同，若采用有限制豁免论，这是反常的。芮安牟法官认为，中国虽有此声明，但鉴于中国目前已签署《联合国国家豁免公约》，这表明中国有可能改变其国家豁免立场，至少其是接受公约条文所包含的理念的。因此，芮安牟法官对中国是否仍坚持绝对豁免立场并不确定。②

于是在上诉法庭的时候，特派员公署于 2009 年 5 月 21 日发出第二封信函以解释中国签署《联合国国家豁免公约》的政治背景与法律意义，函件称中国虽然签署了《联合国国家豁免公约》，但是中国迄今尚未批准该公约，而且公约本身也仍未生效。因此，《联合国国家豁免公约》对中国不具有约束力，更不能作为中国在相关问题上原则立场的依据。中国坚持绝对豁免的立场并没有发生变化，也从未适用或认可所谓的"限制豁免"。特派员公署还随函附送我国处理美国纽约南区联邦地区法院 2005 年受理的莫里斯诉中华人民共和国等偿还 1913 年北洋政府"善后大借款"本息近 900 亿美元案的相关材料。

---

① Democratic Republic of the Congo and Others v. FG Hemisphere Associates LLC，［2011］HKEC 1213.

② FG Hemisphere Associates LLC v. Democratic Republic of the Congo and Others，HCMP 928/2008，para. 55.

由于上诉法庭认为外交部第二封信函未表示存在任何国家豁免方面的全国性法律，更遑论适用于香港特区。该信函也只是重申中央政府奉行"绝对豁免"政策，也没有提出香港特区必须一同遵守之意，而且特区适用与中央政府立场不一致的国家豁免制度不会损害国家主权。于是在香港终审法院时，特派员公署于 2010 年 8 月 25 日发出了第三封信函。信函重申中央政府的国家豁免立场，明确国家豁免制度是国家外交事务的重要组成部分，阐明国家绝对豁免的政策立场统一适用于香港特区。信函中又提到回归后香港特区的外交事务须交由中央政府决定，故《英国国家豁免法》也未如其他原适用于香港的大多数英国法律一样在香港本地化，该法所反映的"限制豁免"原则自中国对香港恢复行使主权时起不再在香港特区实行。且中央政府早在中英联合声明联络小组内明确表示过，回归后香港特区会适用中国统一的豁免制度。信函特别强调香港特区如果适用与国家立场不一致的国家豁免制度，将毫无疑问对国家主权和整体利益造成深远影响和严重损害，包括实质干扰中央政府统一管理外交事务的权力和能力、将导致国家的一贯外交立场受到质疑、影响国家向中央交涉损害国家之间的友好关系、中国在海外的利益和财产安全受到威胁、干扰对贫穷国家发展经济和改善民生的援助计划等。

香港特区政府律政司司长于 2008 年 11 月 12 日依法以介入人身份参与诉讼。律政司司长在诉讼中也明确提出，限制豁免自 1997 年 7 月 1 日中国恢复行使主权后即不适用，而且也未形成习惯国际法规则，因此也不可能恰当地被接受为香港普通法的一部分。确定适用何种国家豁免制度，属于应由中央政府负责管理的外交事务，不属特区自治范围，特区在此问题上适用的法律必须与中央政府立场相符合。

该案作为我国有关国家豁免问题的司法实践具有非常重要的意义，并在多个问题上产生了重要的影响。[①] 此处仅仅对其中曾经出现的涉及国家豁免中商业例外问题的部分进行评述。

该案涉及的商业例外问题主要集中于商业行为的判断标准。原讼法庭芮安牟法官认为，与本案有关的交易不构成商业性交易。原因在于：其一，中国中铁等是国有企业，中国选择其国有企业来落实其与刚果·金的协议，体现的是两个主权国家之间的合作经营；其二，双方之间不同于传统的商业交易，刚果·金给予中国国企关税、签证的特殊优惠是政府在行使其国家主权，而中方支付的采矿入门费也是只有一国或政府才能收取的费用；其三，中国中铁等在刚果·金如修建铁路、公路、医院、电力系统、大学等基建项目，是为了整个国家的国民利益和幸福。需要指出的是，虽然芮安牟法官认为该行为不是商业性交易，但其标准与我国政府的一贯立场并不相同。我国明确表示，国有企业和公司的行为不属于国家行为的范畴，而芮安牟法官显然认为国有公司或企业的行为在一定情况下也可

---

① 有学者认为本案最为重要的意义在于确定了香港在国家豁免问题上应当采取的态度，即国家豁免问题属于"一国"的范围，中央政府有权决定一国的国家豁免规则或政策，而香港特别行政区及其法院应当与中央政府的做法保持一致。本次释法在"一国两制"制度下如何适用国家豁免规则提供了解决路径，实质上解决了"一个宪法"或《香港特别行政区基本法》上的问题。因而，本案归根结底是一个如何理解、运用和发展"一国两制"的问题。参见秦前红、黄明涛：《对香港终审法院就刚果·金案提请人大释法的看法》，载《法学》2011 年第 8 期，第 64 页。

能被认定为国家行为。另外，虽然芮安牟法官的结论对我国有利，但其出发点是限制豁免理论，结果的有利并不能改变立场的分歧。

而上诉法庭大多数法官认为，无论国家进行商业交易的动机或目的是什么，有关联的考虑因素是交易的性质。刚果·金与Energoinvest间交易的性质属于商业上的融资安排，所以刚果·金的行为应当被认定为商业行为。上述两种主张实际上代表了本书之前提到的关于商业行为判断标准的两种主要观点。以上述法庭多数法官为代表的意见体现了判断某项行为商业属性的性质标准，即单纯以行为的性质作为商业属性的判断标准。该案中刚果·金政府的行为与私人从事的行为从性质上讲没有本质的区别，从性质标准出发应当认定为商业行为。芮安牟法官的观点则是混合标准的具体体现，认为对某项行为属性的判断应该综合考虑行为的性质、目的、动机等多种因素而不单单拘泥于行为的性质。从混合标准出发，刚果·金政府的行为应当被认定为主权行为。虽然该案最终认定香港特区应当遵循中央政府关于国家豁免的立场从而采取绝对豁免的理论。但如果我国关于国家豁免的立场发生转变，则在限制豁免理论的指导下，显然采取混合标准更符合我国的国情，能够更好地保护我国的相关权益。这一点在我国目前的《外国国家豁免法》中也得到了体现和印证。

总之，虽然在该案中我国没有改变绝对豁免的立场，但该案中的争论和思辨同样为国家豁免中商业例外问题的研究提供了参考。

(二)《外国国家豁免法》出台前的相关立法

在《外国国家豁免法》出台之前，我国有部分立法中对部分领域的国家豁免问题作出了相关规定。2005年10月25日第十届全国人民代表大会常务委员会第18次会议通过的《中华人民共和国外国中央银行财产司法强制措施豁免法》（以下简称《外国央行豁免法》）对中央银行财产的国家豁免问题进行了规定。

《外国央行豁免法》主要有三个条款。第1条规定中华人民共和国对外国中央银行财产给予财产保全和执行的司法强制措施的豁免；但是，外国中央银行或者其所属国政府书面放弃豁免的或者指定用于财产保全和执行的财产除外。第2条规定本法所称外国中央银行，是指外国的和区域经济一体化组织的中央银行或者履行中央银行职能的金融管理机构。本法所称外国中央银行财产，是指外国中央银行的现金、票据、银行存款、有价证券、外汇储备、黄金储备以及该银行的不动产和其他财产。第3条规定外国不给予中华人民共和国中央银行或者中华人民共和国特别行政区金融管理机构的财产以豁免，或者所给予的豁免低于本法的规定的，中华人民共和国根据对等原则办理。

该法通过三个条款体现了四方面内容。首先是在执行豁免中，我国在部分领域给予外国中央银行的财产以豁免权。此种豁免仅仅限于财产的保全和执行而不包括管辖豁免的内容。其次，本法对外国中央银行及其财产进行了界定。将区域经济一体化组织的中央银行和类似中央银行的金融管理机构纳入外国中央银行的范畴并详细地列举了其财产范围。这种规定对我国相关司法实践有很好的指导意义。再次，该法规定了豁免的例外情形，即外国中央银行和所属政府书面放弃或者指定用于执行的财产不得享有国家豁免。最后，该法规定在外国中央银行执行豁免问题上的对等原则。

就该法体现的内容来说具有两方面的特点。第一，该法规定的内容较为单一，不能够对我国所面对的国家豁免问题进行全面的指引。本书之前的论述表明一个完整的国家豁免法仅在商业例外条款的设计中就必须考虑五个方面的内容，该法的内容仅仅是执行豁免中商业例外的一个方面。第二，该法在内容上有两点值得我国在制定专门的国家豁免法时学习。其一是采用列举的方法明确规定了外国中央银行财产的范围，有助于法官在相关案件中进行明确的判断；其二是对国家豁免问题规定了对等原则，该规定也已经为我国的《外国国家豁免法》所继承。

除了《外国央行豁免法》和《对外关系法》外，我国1992年《领海与毗连区法》以及1999年通过的《中华人民共和国海事诉讼特别程序法》也有条款涉及国家豁免问题。《领海与毗连区法》第8条规定，外国船舶违反中国法律、法规的，由我国的有关机关依法处理。第10条规定，中国主管当局对于外国军用船舶和外国政府的非商业船舶不实行管辖。这两条规定表明我国在制定《领海与毗连区法》的时候就已经考虑到船舶的国家豁免问题，综合这两条的内容，我们可以认为外国的军用船舶和外国政府的非商业船舶享有国家豁免，而外国政府的商业船舶则不由免于我国有关机关的管辖。另外，1999年通过的《中华人民共和国海事诉讼特别程序法》第23条也只规定从事军事、政府公务的船舶不得被扣押，而没有提及商船。

这两部立法中的内容说明，我国在船舶领域的立法规定实际上已经受到了限制豁免理论的影响。这两部立法中的部分内容也可以被将来的国家豁免法所吸收、借鉴，成为其他管辖豁免例外中的商业因素部分所规定的内容。

除上述立法之外，我国在《对外关系法》第36条中，对国家豁免的原则性问题作出了规定，也在一定程度上为《外国国家豁免法》的出台奠定了基础。[①]《对外关系法》第36条规定："中华人民共和国依据有关法律和缔结或者参加的条约和协定，给予外国外交机构、外国国家官员、国际组织及其官员相应的特权与豁免。中华人民共和国依据有关法律和缔结或者参加的条约和协定，给予外国国家及其财产豁免。"从文本来看，《对外关系法》只是规定了原则，确定了法律依据，而未直接规定特权与豁免的内容。《关于〈中华人民共和国对外关系法（草案）〉的说明》指出，制定《对外关系法》"重在明确我国对外工作具有指导意义、普遍意义的思想、方针、原则，为其他涉外法律提供授权和指引，做好配套衔接，留足接口"。有鉴于此，《对外关系法》对豁免问题的规定旨在提供授权和指引，并与国家豁免法等其他豁免立法做好制度衔接。[②]

总体而言，在《外国国家豁免法》出台前，我国有关国家豁免的立法并不能解决我国所面对的国家豁免问题，制定专门、全面的国家豁免立法仍旧是解决我国所面对的国家豁免问题的最好方法。上述立法的部分内容可以为我国《外国国家豁免法》提供一些思路，并且有些内容已经得到采用。

---

① 参见黄进：《论〈对外关系法〉在中国涉外法治体系中的地位》，载《国际法研究》2023年第4期，第10~12页。
② 参见王佳：《对外关系法中的国家豁免问题研究》，载《武大国际法评论》2023第4期，第50页。

（三）转变的基础——我国采取限制豁免理论的理由

虽然我国通过前述香港特区的司法实践再一次表明了绝对豁免理论的立场，但这并不代表绝对豁免理论本身的科学性和正确性，只能说从我国当时的国情和需要出发，绝对豁免理论更能保护我国相关主体的合法权益。笔者认为从我国的实践和发展的角度出发，限制豁免理论更能够实现国家利益最大化的要求，对我国的发展更加有利。

首先，限制豁免理论是最符合主权平等原则的国家豁免理论。既然国家豁免的根据在于主权，那么我们可以顺理成章地得出符合逻辑的结论：唯有国家从事主权行为时，才能享有豁免权；当国家从事非主权行为时，就不享有豁免权。既然国家豁免的理由在于"平等者之间无管辖权"，所以我们也可以顺理成章地得出符合逻辑的结论：当国家从事主权行为时，与它平等的是其他主权者，此时主权者之间互无管辖权；当国家从事非主权行为时，与它平等的是私方当事人，此时国家与私方当事人之间互无管辖权，但其他主权者对该非主权行为可以依法行使管辖权。另外，从对个人和国家关系的妥善处理和公平性的要求出发，限制豁免理论更符合目前国际经济政治发展的现实需要。既然国家要参与到私人才能从事的竞争行为中，那就应当制定国家也必须服从的规则。

其次，从实践需要出发，限制豁免理论更符合我国现下的具体国情。笔者曾多次强调，采用某一种理论的决定因素并不是理论本身的好与坏，而在于某种理论与国家具体国情之间的契合程度。就我国目前的发展状况来看，我国在整个世界经济发展中扮演着重要角色，国家越来越多地介入经济活动中，越来越多地与私人经济体发生关系，越来越多地面对其他国家和私人经济体在我国发生的相关纠纷。这些事实都决定了限制豁免理论对我国的适当性。从长远来看，只有限制豁免理论才最能维护我国的相关权益。事实上，中国从来没有从绝对豁免主义那里得到什么利益。例如中国在美国的历次被诉中都主张绝对豁免，但这一理由从未被美国法院接受过。在影响重大的 1979 年"湖广铁路债券案"以及 2005 年"善后大借款案"中，中国主要是因为"法不溯及既往""超过诉讼时效""不符合豁免例外的条件""存在《中美资产协议》""送达程序存在问题"等原因而胜诉，并非因为中国坚持绝对豁免立场。再进一步说，哪怕中国坚持绝对豁免的立场，这一立场也无法影响美国关于国家豁免问题的态度。

由于中国并未与其他国家签订双边条约明确规定中国在外国法院享有绝对豁免，现在也无法主张绝对豁免构成习惯国际法规则，毕竟越来越多的国家实施限制豁免原则。中国在外国法院被诉时，即使坚持绝对豁免，外国法院也不一定会以存在国际条约义务或习惯国际法义务而支持中国的绝对豁免主张。中国在外国法院诉讼时固然可以援引国家豁免的习惯国际法，并坚持绝对豁免原则，外国法院裁判案件时却可以完全不用理会中国的立场，而是在考虑习惯国际法时，适用法院地的限制豁免原则。① 因此，无论中国是坚持绝对豁免原则还是改采限制豁免原则，并不影响中国在外国法院诉讼的地位和抗辩，坚持绝

---

① 参见孙昂：《国家豁免案件的法律适用问题研究——在司法与外交复合语境中的探讨》，载《国际法研究》2021 年第 2 期，第 15~20 页。

对豁免并未能保护中国利益，改采限制豁免也并未进一步损害中国利益。①

再次，限制豁免理论符合国际民商事新秩序的发展要求。国家一方面作为民商事主体参与涉外民商事活动，另一方面如果一旦违约或者侵权，却又拒绝服从管辖，就会使另一方当事人的合法利益得不到有效保护。在主要经济贸易伙伴已经采取限制豁免的现实背景下，中国一厢情愿地坚持绝对豁免并不符合自身的利益。例如，我国在欧洲、美国、东南亚、西亚、非洲都有非常广泛的经济贸易往来，而这些国家多数采取限制豁免立场，如果中国对它们实行绝对豁免，将处于非常被动的境地。当中国作为债权国出现时，如果这些国家拒不履行债务，中国私方当事人向中国法院起诉维权时，只要该外国主张绝对豁免，哪怕该国本身采取限制豁免主义，例如上述的刚果·金案就是如此，中国法院便不能行使司法管辖权，更不能对在中国境内的外国财产采取强制措施。采取外交途径解决债务问题，不仅旷日持久，增加外交部门的负担，而且也不符合现代国际社会的发展趋势。相反，当中国作为债务国出现时，如果中国拒绝履行债务，外国私方当事人在外国法院起诉中国，即使中国主张绝对豁免，但这些国家只会依照其本国的法律来判断中国是否具有豁免权，它们可以援引本国的豁免法来对我国的非主权行为进行管辖，甚至对我国的非公用财产进行扣押、执行等。

最后，从发展的角度出发，我国应当采取限制豁免的立场。虽然我国长期坚持绝对豁免理论，但这只能说我国那个时期的发展水平并不适应限制豁免理论。这种不适应不会是一成不变的，会随着我国经济的发展而发生变化。我国目前仍旧是发展中国家，并且处于社会主义建设的初级阶段。就目前的情况来说，我国的行为多是国家主权权力的体现。但不可忽视的是，我国目前正处于高速发展阶段，国家行为和财产正日益丰富多样。当今世界由于生产力和科技革命的迅速发展，使经济全球一体化成为一股不可阻挡的潮流。各国经济的相互依赖日益加深，而我国社会经济生活也在过去的近三十年中，发生了历史性的变革：初步实现了从乡村型农业社会向城市型的工业社会转型，从指令性计划经济向市场经济转型。这两种转型的相互作用和相互配合，激发了中国经济的快速增长。在进出口贸易快速增长的同时，外资流入也大幅度增加。在1979年以前，我国几乎没有外国直接投资。而2004年实际利用外资额达到606亿美元。世界银行的一份指数表明，自20世纪80年代中期以来，流入我国的外国直接投资占目前发展中国家总额的40%，我国是除美国之外最大的外国直接投资接受国。因此我国的经济必须在世界市场上，通过与他国经济互相依存、平等竞争来获得发展。在这种大背景下用立法的形式采纳限制豁免理论将有助于我国与不同社会经济基础和法律制度国家之间的正常交往和国际合作，有利于我国的改革开放政策和吸引外资。同时随着我国经济实力的进一步增强，资本与技术输出将成为必然。采纳限制豁免主义会更有利于保护我国当事人的合法权益。这也是我国能够接受联合国国际法委员会建议的《联合国国家及其财产的管辖豁免条款草案》的主要原因。诚然，到目前为止，绝大部分外国国家直接或间接被诉的案件都发生在西方工业化国家的法院，这是因为西方国家经济发达，多为资本输出或技术输出国。但是，随着发展中国家经济水

---

① 参见李庆明：《中国在美国法院的主权豁免诉讼述评》，载《国际法研究》2022年第5期，第20~21页、第26页。

平的增长，这些国家的企业(无论国有还是私营)走出国门，参与国际竞争的机会将越来越多。它们的企业在对外贸易活动中将与外国国家发生纠纷，涉及外国国家及其财产的豁免问题也不可避免。这种现实的需要必将催生我国国家豁免立法的发展和限制豁免理论在我国的采用。

总而言之，我国关于国家豁免的立场是建立在目前我国经济发展水平这一客观基础之上。随着经济发展水平的进一步提高，我国有关国家豁免问题的立场也应当随之发生变化。限制豁免理论必将对中国产生巨大的影响。

二、我国《外国国家豁免法》商业例外条款评析

我国的《外国国家豁免法》立法进程和文本是国际法学研究者和外交、司法、立法等实践部门积极、良性、持续、有效互动的见证和成果。我国在该领域的理论与实践立法体现了中国学术研究和涉外事务对于豁免问题的深刻思考，以及对此领域国际社会优秀成果的借鉴。这一立法既具有司法层面的功能，更具有话语表达方面的功能。从司法功能上看，这一立法确立了我国对于外国国家行为进行管辖和评价的基本立场，使得我国司法机关有机会对外国国家及相关行为进行定性和评判，在具体案件中有机会维护我国公民法人和非法人团体的诉权。从话语表达功能上看，这一立法代表了我国积极推进涉外法治的信心和决心，意味着我国在涉外法治领域丰富和完善了法律工具，能更加充分和有效地认可和保护人权，为世界各国司法权力的均衡使用，提供了规范基础。①

笔者将以上述我国最新立法为蓝本，结合前述的一些理论问题对我国《外国国家豁免法》中的商业例外条款进行评析。

总体逻辑是，要想对国家豁免中商业例外问题有清晰的认识就必须跳出单一的管辖豁免中的商业例外条款，对国家豁免制度中可能涉及商业因素的条款进行综合性的考察。虽然某些条款出于各种各样的原因并没有冠以商业例外的条目，但商业因素仍旧是上述条款的核心内容。笔者认为这些条款也应当被列入广义的商业例外制度中进行考察。出于此种考虑，笔者认为完整的国家豁免商业例外问题在制度设计上应当从商业行为的定义、商业行为的判断标准、管辖豁免中的商业例外条款、其他管辖豁免例外中的商业因素和执行豁免中的商业例外这五个方面进行考察，从而构建出完整、适当的国家豁免法中的商业例外制度。下面从五个方面对我国《外国国家豁免法》中的内容进行评析。

(一) 商业行为的定义

我国《外国国家豁免法》第 7 条第 2 款规定了商业行为的定义："本法所称商业活动是指非行使主权权力的关于货物或者服务的交易、投资、借贷以及其他商业性质的行为。"

我国立法中关于商业行为的定义有以下几个特点：

第一，没有采用"商业行为"这一名词，而代之以"商业活动"。单纯从语词学的角度来看，"活动"比"行为"具有更广泛的外延和指代性。但我国立法中是否有这一层意思，

---

① 何志鹏：《外国国际豁免法的司法功能与话语权功能》，载《当代法学》2023 年第 6 期，第 26 页。

还有待于立法机关的进一步明确和司法实践的解答。也有可能此处的"活动"仅仅是为了从用词上与该定义最后的"行为"一词进行区分。

第二，我国采用了前述第三种模式，即综合定义法对商业行为的含义进行界定。一方面，我国明确说明了商业行为"是什么"，即非行使主权权力的具有商业性质的行为；另一方面，我国也举例说明了商业行为"有什么"，即"关于货物或者服务的交易、投资、借贷以及其他"。这种模式也是笔者最为推崇的模式，既能够从原理上揭示商业行为的属性，也能够从应用上初步列明商业行为的范畴。

总体而言，我国《外国国家豁免法》中关于商业行为的定义汲取了各国立法中的先进模式，同时在语言运用上也有自身的特点。

(二) 商业行为的判断标准

我国《外国国家豁免法》第7条第2款规定了商业行为的判断标准，即"中华人民共和国的法院在认定一项行为是否属于商业活动时，应当综合考虑该行为的性质和目的"。

我国立法中关于商业行为判断标准的规定具有以下特点：

第一，采用综合模式，同时考虑商业行为的性质和目的。单纯考虑商业行为的性质或者目的，都不能完全反映商业行为的特点，也不能很好地在相关案件中保护我国的合法权益。我国立法中综合考虑行为目的和宗旨的做法更有利于保护我国的相关利益，也为法官的裁判留出了空间。

第二，没有对具体标准进行规定。我国立法中只是笼统地规定了应当综合考虑性质和宗旨，但是对于判断的具体标准则没有进一步明确。当然，这个问题在其他国家的立法中，也有很多并不是通过立法手段进行规定，而是通过司法判例进行明确。期待我国在后续的司法解释中对这个问题进行进一步的规定。

第三，没有对性质和目的的优先性问题进行规定。在行为的性质和目的不发生冲突的前提下，可以很容易地得出结论。但如果对行为的性质和目的出现了不同的考量，则有必要讨论何者优先的问题，否则容易造成司法实践的混乱。当然，就目前的情况看，这个问题也只有留待司法解释进行细化了。

(三) 管辖豁免中的商业行为例外条款

我国《外国国家豁免法》第7条第1款规定了商业行为例外条款，即"商业活动，在中华人民共和国领域内发生，或者虽然发生在中华人民共和国领域外但在中华人民共和国领域内产生直接影响的，对于该商业活动引起的诉讼，该外国国家在中华人民共和国的法院不享有管辖豁免"。

我国立法中关于商业例外条款的规定有以下特点：

第一，明确从地理联系的角度进行规定。我国立法明确了商业行为不享有国家豁免的两个条件。这两个条件分别从地理和联系的角度进行规定，即要么该商业行为在我国发生，要么该商业行为对我国领域内产生了直接影响。

第二，明确商业行为不得援引国家豁免制度仅限于"诉讼"领域。

第三，对"直接影响"这一条件缺乏明确的规定。直接影响的判定标准会对司法实践产生决定性的影响。这也属于有必要通过司法解释进一步明确的问题。需要特别指出的是，这一标准的判定很容易导致管辖权扩大的情形，在具体规定的时候需要格外谨慎。

（四）其他管辖豁免例外中的商业因素

我国《外国国家豁免法》第 8 条规定了劳动和劳务合同的豁免情形及其适用例外：

"外国国家为获得个人提供的劳动或者劳务而签订的合同全部或者部分在中华人民共和国领域内履行的，对于因该合同引起的诉讼，该外国国家在中华人民共和国的法院不享有管辖豁免，但有下列情形之一的除外：（一）获得个人提供的劳动或者劳务是为了履行该外国国家行使主权权力的特定职能；（二）提供劳动或者劳务的个人是外交代表、领事官员、享有豁免的国际组织驻华代表机构工作人员或者其他享有相关豁免的人员；（三）提供劳动或者劳务的个人在提起诉讼时具有该外国国家的国籍，并且在中华人民共和国领域内没有经常居所；（四）该外国国家与中华人民共和国另有协议。"

我国关于上述问题的规定有以下特点：

第一，我国规定的是劳务或劳动合同。根据之前的分析，其他国家多运用"雇佣"合同这一表述。我国立法中显然做了扩大的处理，将劳动合同也包括在内。

第二，适用的主体是个人。这里会产生一个问题，如果是个人以外的其他商业主体提供的劳务或者劳动，能否援引国家豁免？也就是对"个人"的解释问题。如果严格解释，那就只适用于自然人；如果扩大解释，则可包含法人等商主体。

第三，明确规定了地域限制。也就是这些合同必须全部或者部分在我国履行。这比起前述商业行为的限制更加严格。在商业行为中，即使商业行为发生在我国领域外，只要对我国领域产生了直接影响就符合条件。但劳动和劳务则必须是全部或部分在我国境内履行，取消了"境外发生、境内直接影响"的规定。

第四，明确规定了适用例外。也就是即使满足条件，但只有存在条文中规定的例外情形，仍旧可以援用豁免。

总体来说，我国关于这一问题的规定是比较细致的，除了"个人"这一规定有待细化和商榷之外，其余较前述商业行为的规定更为清晰。对船舶问题则未在此次立法中规定。

（五）执行豁免中的商业行为

我国《外国国家豁免法》第 14 条第 3 款和第 15 条分别规定了执行豁免中的商业行为及其判定。其中，第 14 条规定，为执行中华人民共和国的法院的生效判决、裁定，可对外国国家位于中华人民共和国领域内、用于商业活动且与诉讼有联系的财产采取司法强制措施。第 15 条则规定了商业行为相关财产的例外情形，具体包括外交领事机构财产、军事性质财产、国家文化遗产、央行财产等。

我国上述规定具有以下特点：

第一，明确规定了执行豁免中商业行为的适用范围和地域范围。可能被采取强制措施的财产必须是位于我国境内且与商业行为相关联。而且只有执行我国生效判决和裁定时，才可以对上述商业活动所涉财产采取强制措施。

第二，明确规定了商业活动相关财产的除外情形。我国立法中明确规定将可能涉及主权权力的财产排除在商业活动相关财产范围之外。这一规定为司法实践打下了坚实基础。同时特别对国家文化遗产进行了规定，突出了立法的人文属性。

国家豁免作为国际法中的重要问题是任何一个国家都无法回避的。我国作为世界上影响力日趋增强的大国在中华人民共和国成立之初就遇到了这一问题。出于对自身实力的认识和对自身合法权益的保护，在很长一段历史时期内，我国选择了绝对豁免理论作为我国国家豁免制度的理论基础。这样的选择在当时乃至很长的一段时间内都是基于国情的正确选择。但随着我国经济实力的逐步发展和国际经济一体化程度的不断提高。我国正越来越多地介入私人才能从事的领域，也越来越多地与私人经济体发生各种关系。与此同时，实行改革开放政策的中国也势必在其领域内面对外国和私人经济体之间的冲突。采纳某一理论的理由并不仅仅在于该理论的学理正确，其中的关键在于某种理论与我国具体国情的契合程度。我国国情的改变势必造成国家豁免理论的变化。

虽然在刚果·金案中我国再一次重申了绝对豁免的立场，但这并不意味着我国在该案后仍要坚持这一立场。笔者认为该案的意义更多地在于明确香港特区对国家豁免的立场必须遵循中央政府对国家豁免的立场，如果将来中央政府对国家豁免的立场发生改变，香港作为特别行政区也必须遵循这一改变。除此之外，该案中关于商业行为判断标准的争论对本书具有更大的启示意义，它通过具体案例佐证了如果将来我国采取限制豁免的立场，在商业行为判断标准的问题上兼顾行为的性质和目的更符合我国的利益。

从历史的角度看，我国在《外国国家豁免法》出台之前，仅有一部关于国家豁免问题的专门立法。虽然该法在某些内容上对国家豁免问题有一定的指导意义，但该法过于狭窄的规范领域注定它无法解决我国所面对的纷繁复杂的国家豁免问题。除此之外，我国在船舶方面的立法已经受到了限制豁免理论的影响。转变虽未成型，但已悄然产生。制定专门的国家豁免法已经势在必行。

从发展的角度来说，也应当根据实践的改变对相关理论作出调整和改变。我国目前仍然是发展中国家，就之前的情况来说，我国的行为多是国家主权权力的体现，在此基础上坚持绝对豁免理论并没有错。但同时，我国目前正处于高速发展阶段，国家行为和财产正日益丰富多样。从这个角度来说，只有限制豁免理论才符合我国国情的需要，才能更好地保护我国的合法权益。

从限制豁免理论本身和我国的具体国情两方面出发，我国均应采取限制豁免理论作为国家豁免问题的指导理论，并在限制豁免理论的指导下制定我国的国家豁免法。根据限制豁免理论，国家豁免法中最为重要的内容就是国家豁免的例外问题，而商业例外问题又是国家豁免例外问题中的核心内容。笔者在综合考察了国家豁免专门国际国内立法的基础上对我国未来国家豁免法中的商业例外条款提出了具体的立法建议，认为在内容上我国未来的国家豁免法应当包含商业行为的定义、商业行为的判断标准、管辖豁免中的商业例外条款、其他具有商业因素的管辖豁免例外条款和执行豁免中的商业例外条款五方面内容。并以上述五个方面作为出发点对我国《外国国家豁免法》中的相关条款作出了评析。

我国《外国国家豁免法》中的商业例外条款，总体来说是较为先进的，很好地吸收了目前主要的国际国内立法中的先进成分，对商业例外问题作出了非常全面的规定。对理论探讨中所涉及的商业例外的五个基本问题都有反映和体现。虽然在诸如"商业性质""直接影响"等问题上没有规定具体的判断标准，可能会影响该条款在司法实践中的顺畅适用。但反过来说，这些问题本来也需要在司法实践中加以完善，以司法解释的方式进行细化。总而言之，我国《外国国家豁免法》是我国国家豁免制度发展中的里程碑式的成果，其中关于商业行为例外的规定更是具有持续研究的意义。

另外需要指出的是，国家豁免不仅仅是一个单纯的法律问题，也是一个非常重要的外交问题。外交机关的意见对于国家豁免案件的处理也有着非常重要的价值。[1] 我国《外国国家豁免法》在第 19 条中，对外交部的证明文件问题进行了明确的规定："中华人民共和国外交部就以下有关国家行为的事实问题出具的证明文件，中华人民共和国的法院应当采信：（一）案件中的相关国家是否构成本法第二条第一项中的外国主权国家；（二）本法第十七条规定的外交照会是否送达以及何时送达；（三）其他有关国家行为的事实问题。对于前款以外其他涉及外交事务等重大国家利益的问题，中华人民共和国外交部可以向中华人民共和国的法院出具意见。"

---

① 孙昂：《国家豁免案件的法律适用问题研究——在司法与外交复合语境中的探讨》，载《国际法研究》2021 年第 2 期，第 3~4 页。

第六章　国家豁免中的涉外国家侵权

国际法院对德国诉意大利一案作出的判决认为，即使德国在意大利境内对意大利公民造成人身伤害的国家行为违反国际法，也并不意味着德国豁免权的丧失，意大利法院对诉德国案件的受理以及意大利法院欲执行希腊法院作出的德国国家侵权判决的行为侵犯了德国依据国际法应享有的豁免权。① 尽管国际法院的判决表明一国并不能任意减损外国国家的管辖豁免权，但是并不能由此说明外国国家不需要对其侵权损害承担法律责任。事实上，国际社会已有相当数量的国际性和国内性法律文件都涉及对外国国家侵权案件的司法管辖问题，实践中也产生了许多相关案例。随着国际交往的纵深发展，涉外国家侵权案件可能会越来越多，如何确定对涉外国家侵权案件的诉讼管辖权，如何进行法律适用以及如何承认与执行相关判决等问题应当被更加关注。

自联合国成立以来，尽管国际人权法得到迅猛发展，但人权实施状况并不十分理想，尤其是对国家侵权者的惩处机制还不完善。国家行为可能会给一般民事主体造成人身伤害和财产损失，若该侵权赔偿关系的要素具有跨国因素时，则构成国际私法上的国家侵权。涉外国家侵权相对一般侵权更为特殊，从关系的主体上看，因侵权者具有主权者身份可能会基于"平等者之间无管辖权"的国际法原则，侵权行为国以外的国家行使司法管辖的合法性会受到质疑；从引起该关系行为的性质上看，因存在主权行为和非主权行为的差异，可能部分行为引发的侵权不具有可诉性；从结果上看，若对纠纷处理不当，甚至可能会引发国家间争端。实践中，为数众多的可归于国家的涉外侵权并没有诉诸司法，即使该纠纷被相关国内法院受理，受害者大多也没有获得相应补偿，涉外国家侵权赔偿理应作为一特殊法律问题受到国际社会重视。

历史上，涉外国家侵权赔偿并不被认为是一个法律问题，无论是对本国国家还是对外国国家提起的涉外侵权之诉，通常都会被法院以种种理由拒绝受理。以外国国家侵权为例，20 世纪 70 年代以前，个人受到外国国家的作为或不作为引起的人身伤害或财产损失，一般是通过外交途径加以解决的。在这种外交途径解决国家侵权纠纷的方式中，作为重要主体的受害人基本不可能参与纠纷解决，其权益保护完全被动地交由其国籍国行使，

---

① 在意大利受理的诉德国案中，1998 年意大利人 Ferrini 在法院起诉德国政府要求赔偿其因战争被运送至德国某工厂强制劳动的损失。一审法院和上诉法院均以德国作为主权国家享有"管辖豁免权"为由，驳回诉讼。而最高法院在审理中认为，意大利法院对该案拥有管辖权，因为在被诉行为构成国际犯罪的情形下，德国不享有豁免权。在意大利执行希腊对德国国家判决案中，2007 年 6 月，希腊的请求人依据 2006 年佛罗伦萨上诉法院的判例要求执行德国在科莫湖附近的 Villa Vigoni。参见 Germany v. Italy：Greece Intervening，ICJ，2012. 2. 3，General List No. 143。

受害人的权益很可能会因母国怠于或不当行使而无法得到充分保护。伴随国际社会对人权问题的重视，赋予受侵害个人对侵权国家的诉权逐渐从一个理论性问题转化为部分国家的立法和司法实践。当前，多数国家的国家赔偿法都肯定了外国人享有对本国国家致损行为的起诉权。此外，一部分国家如美国、英国、澳大利亚、加拿大、阿根廷、南非等国还在其国家豁免立法中肯定对外国国家侵权案件的司法管辖。不仅如此，部分国际条约如1972 年《欧洲国家豁免公约》①、2004 年《联合国国家豁免公约》②也都明确缔约国有权受理国家行为导致的人身伤害或财产损害的诉讼。

涉外国家侵权诉讼正被更多国家的立法和实践所肯定，但国际社会仍对国家管辖的标准、范围、国内管辖法院性质级别等问题的认识仍存在分歧。以对外国国家侵权的司法管辖为例，国际社会仍存在两种不同的理论即绝对豁免论和限制豁免论，前者基于国家主权平等原则认为国内法院无权受理以外国国家为被告的任何侵权案件，而后者则认为外国国家的管辖豁免应是有限制的，国内法院可以受理一定范围内的外国国家侵权案件。即使是都持限制豁免论立场的国家，在确定对外国国家侵权管辖的依据和范围上也有所不同，如部分国家仅管辖同本国存在领土联系的外国国家的非主权性行为侵权，而另外一些国家则在行使对外国国家侵权管辖时并不过多考虑外国国家行为的性质，也并不要求存在必然的领土联系。因此，必须在全面把握国家侵权管辖理论和国际社会具体实践的基础上去架构适当的涉外国家侵权管辖制度。

国内法院受理涉外国家侵权案件后面临的又一问题是法律适用。国际层面的国际人权法、国家责任制度对国家侵权损害范围的认定、国家归责等问题有所涉及。同时，涉外国家侵权赔偿也是各国国内法关注的一大问题，关于国家侵权赔偿责任的各国国内实体法差异较大，关于国家侵权归责原则、侵权的行为范围、侵权的损害范围、赔偿的形式以及赔偿标准等都不完全一致。必须从法律上明确涉外国家侵权的处理依据，受诉法院首先面临的是在国际法和国内法间进行选择，若确定应适用国内法时，则还将遇到适用何国法的问题。因此，国际法与国内法关系、公法域内效力、国家行为原则、实质程序问题、分割统一论等国际法和国际私法学说理论都对涉外国家侵权法律适用有着重大影响，实证地考察具体国家在涉外国家侵权法律适用问题上的具体做法可能对完善制度构建比较重要。

此外，作为涉外国家侵权诉讼归属的判决承认与执行问题也必须重视。对国内法院作出的外国国家侵权判决在域内承认与执行时会遇到外国国家财产执行豁免的问题，而若涉外国家侵权判决是由外国法院作出的，则承认与执行时可能还需要进行管辖权、法律适用、互惠、公共秩序保留等方面的审查。探讨涉外国家侵权判决承认与执行的相关理论，并实证考察主要国家关于执行主体、程序、条件、方式等问题的具体规定和做法，这是非常有必要的。

---

① 参见《欧洲国家豁免公约》第 11 条规定："缔约国不得主张免于另一缔约国法院的管辖，如果诉讼涉及因人身伤害或毁损有形财物而请求损害赔偿，而造成伤害或损毁的事实又发生于法庭地国的领域内，其伤害和损毁的肇事者在发生此项事实时，亦在该领域内。"

② 参见《联合国国家豁免公约》第 12 条规定："除有关国家间另有协议外，一国在对主张由可归因于该国的作为或不作为引起的死亡或人身伤害、或有形财产的损害或灭失要求金钱赔偿的诉讼中，如果该作为或不作为全部或部分发生在法院地国领土内，而且作为或不作为的行为人在作为或不作为发生时处于法院地国领土内，则不得向另一国原应管辖的法院援引管辖豁免。"

就中国来说，涉外国家侵权制度的建构可能更为迫切。以民间对日侵华战争索赔为例，基于历史、政治等多重原因，外交途径解决还难以获得大的进展，已有的民间对日索赔诉讼均在日本进行，而作为主要侵权行为地和原告住所地的中国法院从未受理过该类案件。不确立对外国国家侵犯本国公民权益案件的管辖权既不利于保护本国国民及其财产的合法权益，也不利于维护国家的主权和尊严。近年来，中国国民遭遇外国国家侵权有加剧的趋势，如 2010 年 9 月日本巡逻船非法撞击中国渔船并扣留中国渔民案、2012 年 8 月日本非法逮捕中国香港保钓人士案、2012 年 10 月韩国海警非法射杀中国渔民案等。面对国民频遭外国国家侵权，中国也频频被国外法院列为侵权被告，① 适时确立中国的涉外国家侵权司法管辖、法律适用和判决承认与执行等法律制度非常必要。2024 年 1 月 1 日开始实施的《中华人民共和国外国国家豁免法》第 9 条明确规定："对于外国国家在中华人民共和国领域内的相关行为造成人身伤害、死亡或者造成动产、不动产损失引起的赔偿诉讼，该外国国家在中华人民共和国的法院不享有管辖豁免。"至此，我国也从法律层面确立了对外国国家侵权管辖的相对豁免原则。

第一节　涉外国家侵权的基础性问题

研究涉外国家侵权无疑需要对管辖权、法律适用、判决承认与执行等核心问题展开讨论，但在此之前必须对涉外国家侵权的定义、特征、类别、性质等基础性问题加以阐述。同时，涉外国家侵权不同于国内和国际公法中的国家侵权，国家在该类侵权中的角色也相当特殊，准确把握国家在其中的地位能为研究的进一步深入奠定基础。

一、涉外国家侵权释义

19 世纪中叶以前，对于国家机关及其工作人员的侵权行为，没有国内立法要求由国家承担赔偿责任。随着民主政体的建立，"主权在民"理念逐步占据主导，政府和国家无责原则开始动摇。特别是进入 20 世纪后，国家职能由自由放任转变为积极干预管理，政府同公民、组织形成各种关系，由之而产生的因国家行为侵犯公民、组织合法权益的现象大增。"我们有必要随着时代发展而更新自己的观念，没有必要将主权国家和不犯错误的政府等概念永远地保留在我们的习惯中。"②国内法上通常将国家实施的导致个人死亡、人身伤害和财产损失的行为界定为侵权行为。③ "二战"以后，许多国家通过国内立法明确

① 以中国在美国被诉为例，自 1977 年至 2008 年，共有约 30 起诉中国国家案例，其中 1995 年海湾战争老兵诉中国北方工业公司案、2000 年劳教人员诉中国政府案、2006 年仰融诉辽宁省政府、2006 年杜马斯诉中国驻美大使馆签证处、2008 年天宇公司诉四川省政府与成都市青羊区政府案等可被认定为诉中国国家侵权案件。其他相关案例及其结果，参见张帆：《中国在美被诉主权豁免问题研究》，武汉大学 2008 年博士学位论文。

② 参见［法］莱昂·狄骥：《公法的变迁——法律与国家》，郑戈等译，辽海出版社、春风文艺出版社 1999 年版，第 259 页。

③ Jurgen Brohmer, *State Immunity and The Violation of Human Rights*, Kluwer Law International, 1997, p. 4.

国家应对其侵权行为造成的损害承担责任，1946 年《美国联邦侵权求偿法》、1947 年《英国王权诉讼法》等都肯定国家应对可归于国家的侵权承担相应赔偿责任。今天，国家与普通民事主体的交往正以前所未有速度发展着，全球化正使得越来越多的国家侵权具有涉外因素，这种日益频繁的涉外国家侵权不同于国内侵权，应当结合其特殊性加以规制。

(一) 涉外国家侵权的含义

1. 国家侵权的定义

国家侵权是指国家机关及其工作人员行使国家权力，履行国家职能过程中，违反法律规定义务侵犯相对方的"法益"，依法应当承担法律责任的行为。① 为保障公民、法人和其他组织的合法权利，促进国家机关依法行使职权，立法明确国家赔偿责任并赋予国家行为相对人一定的诉权非常必要，当前包括我国在内的许多国家都从法律层面肯定国家侵权受害人的赔偿请求权。②

国家侵权的认定与一般民事侵权认定有所不同，应从以下方面加以确定。首先，从侵权的产生来看，必须以国家机关及其工作人员行使法定职权行为为前提。国家机关及其工作人员的私人行为或非职权行为造成的侵权不可归责于国家，不属于国家侵权，这将产生普通民事侵权的法律责任。其次，从行为性质来看，只有当国家机关及其工作人员违反法律规定的义务、不承担法定职责，即国家行为具有违法性时才可能构成国家侵权，合法的职权行为即使造成相对方的损害，也不可称之为国家侵权。最后，从行为后果上来看，须有相对方的"法益"受到损害。理论上应对"法益"作广义理解，既指法律明确规定的公民享有的权利，同时还应包括法律没有明确规定但属于可保护的利益。仅当法律明确规定的"法益"受损时才会导致国家侵权责任的产生，而国家赔偿中的法益范围很有可能小于一般民事侵权法所保护的法益。

2. 涉外国家侵权的界定

国家侵权作为一种特殊的侵权关系，不仅在国内较为常见，在国际交往领域同样可能发生。那么，何为涉外国家侵权关系呢？法律关系属于社会关系范畴，表现为人与人之间的关系。③ 法律关系是由主体、客体和内容三要素组成，因此，涉外国家侵权就是指主体、客体和内容中至少有一个要素与国外有联系的国家侵权。在主体为涉外因素时，是指权利受损者和侵权国之间不具有属人上的联系，即受害主体不具有行为国国籍或是其住所、惯常居所、营业场所等不在该境内；在客体为涉外因素时，是指作为国家侵权关系的标的物位于国外；在内容为涉外因素时，则是指产生、变更、消灭国家侵权关系的法律事实发生在国外。例如，美国警察在美国境内执行职务过程中非法使用枪械致使中国公民身体伤残，该行为构成涉外国家侵权，对中国来说，有两个涉外因素即主体涉外和引起国家侵权关系的事实涉外；对于美国来说，则该国家侵权只有一个因素涉外，即主体涉外。

---

① 参见马怀德、张红：《论国家侵权精神损害赔偿》，载《天津行政学院学报》2005 年第 1 期，第 17~21 页。

② 参见《中华人民共和国国家赔偿法》第 2 条。

③ 参见张文显：《法理学》，高等教育出版社、北京大学出版社 2007 年版，第 159 页。

值得注意的是，涉外国家侵权是一个外延所指非常广泛的概念。除对普通民事主体外，一国还有可能对外国国家及其财产造成损害，如诽谤他国国际声誉、非法冻结扣押他国国家财产、非法侵占他国领土，即所谓国家间的侵权，该侵权同样也会形成权利救济，产生赔偿责任。鉴于国家间侵权多属于国际公法规制范畴，因此，本章所指涉外国家侵权若无特别说明，均是指国家对一般民事主体权利的侵犯，鉴于该涉外国家侵权将产生私法上的赔偿责任，故也称之为国际私法意义上的国家侵权。

(二) 涉外国家侵权的类型

涉外国家侵权是一个内涵和外延都十分丰富的概念，对其加以分类，是一个理论和实践上都非常重要的问题。

首先，依行为性质的不同，涉外国家侵权可分为国家统治权行为侵权和管理权行为侵权。国家不同性质的行为都可能引发侵权诉讼，首先，国家私法行为可能构成侵权，最常见非主权行为侵权表现为国有公共设施致人损害案件，如实践中多数国家法院都受理过政府或国有公务车辆肇事造成的人身和财产损害，典型案件有德国法院受理丹麦国家铁路公司致人损害索赔案①、意大利法院的希尼格里奥诉印尼使馆车辆致损案②、美国法院的尤彭佟诉伊朗使馆车辆致损案③等。国家侵权更多是由主权行为所引发，如美国法院的弗罗洛娃诉苏联案④即由苏联拒绝批准其丈夫移民美国的行政行为所引发，马丁诉南非共和国案的起因则是南非政府因对受害者救援的不及时。⑤

其次，以主权行为内容不同，可将国家主权行为侵权分为立法、执法、司法和军事等侵权。相对来说，国家的执法和司法行为侵权较为常见，但国家立法和军事行为同样可能构成侵权。立法行为侵权主要表现为法律的制定修改可能导致原权利人利益的丧失，进而引发对国家索赔诉讼，如加拿大天宇公司诉四川省政府案⑥，该案起因是该公司因中国国家广播电影电视总局《关于制止广播电视有线网络违规融资的紧急通知》等法律文件的出台而被迫解散。当前，部分国家法院也受理了因战争军事行为导致的人身财产损害案件，如日本法院受理过多起"二战"中受害中国公民对日索赔之诉，希腊法院的迪斯特摩诉德国案⑦和意大利法院的佛瑞恩诉联邦德国案⑧都是与"二战"中德国实施的违反国际法的军事行为有关。

---

① Case of Danish State Railways in Germany, 20 International Law Reports, 1953, p. 178.

② Ciniglio v. Indonesian Emabssy in Italy, 65 International Law Reports, 1984, p. 268.

③ Upton v. Empire of Iran, 459 F. Supp. 264 (D. D. C. 1978).

④ Frolova v. Union of Soviet Socialist Republics, 761 F. 2d 370 (7th cir. 1985).

⑤ Brodsky & Peter, Martin v. *Republic of South Africa*: *Alienating Injured Americans*, 21 Brooklyn Journal of International Law, 1989, p. 153.

⑥ 参见龚柏华、曹姝:《加拿大天宇网络公司就合资企业被迫解散在美国法院告四川省政府案评析》，载《国际商务研究》2009 年第 3 期，第 14~20 页。

⑦ Distomo v. Germany, 129 International Law Reports, 2005, p. 513.

⑧ Ferrini v. Federal Republic of Germany, Decision No. 5044/2004, 128 International Law Reports, 2005, p. 658.

再次，以行为是否发生在行为国领域内，可将涉外国家侵权分为行为国领域内和领域外的侵权。行为国域内涉外侵权的主要表现为行为国域内实施的行为客观上造成外国公民或公司的损失，如前述的加拿大天宇诉中国四川省政府案中，被诉的立法和执法行为都是中国在其领域内完成；在弗罗洛娃诉苏联案中，被诉的执法行为即拒绝给予签证也是苏联在领土范围内实施的国家行为。当然，行为国有可能在领土范围外对民事主体实施侵权行为，此时，不管受害人是否具有行为国国籍，均构成涉外国家侵权。行为国在域外对本国人侵权的典型案例为美国法院的拉特里尔诉智利共和国案①，该案因智利特工在美国对智利公民拉特利尔及其助手实施暗杀行为所引起；行为国在域外对外国人的侵权的也频频发生，如前述中国公民对日索赔案则是日本在中国领土上对中国公民实施了暴行。

最后，以行为人是否具有行为国国籍，可将涉外国家侵权分为对本国国民和外国国民实施的侵权。同样是涉外国家侵权，被侵权者是本国国民或外国国民将会产生不同效果。若被侵权者具有外国国籍，则外国国家有权以受害人母国身份行使外交保护权要求侵权国承担赔偿责任，还可能会以行使属人管辖权为由直接在其国内受理对外国国家的侵权诉讼，如1994年《美国反恐怖主义法》规定，外国国家实施、参与、资助的国际恐怖主义的美国受害人有权在美国境内对相关国家提起诉讼。② 行为国对本国国民的侵权同样可能构成涉外国家侵权，但若涉外国家侵权中受害人属于行为国国民，则他国介入该涉外国家侵权则只能寻求其他的法理依据，如拉特里尔诉智利共和国案中，美国法院受案的重要依据之一是智利共和国违反国际法，美国同时是行为地国。

此外，还可以根据诉因的不同对涉外国家侵权在类型上进行划分。诉因是指在民事诉讼中，原告据以提出诉讼的原因，诉因制度在明确法院审判对象的同时也告知被告行使防御的范围。民事主体对国家提起的侵权索赔之诉可能有多重理由，具体诉因需要从行为和结果两方面综合界定。从行为原因上看，主要是须有国家的作为或不作为；从结果原因来看，则主要是民事主体的具体财产和人身权受到损害。司法实践中，涉外国家侵权的诉因有多重具体表现，如国家对外国公民法人财产征收的不适当补偿会引发索赔，典型案例有意大利法院的利比亚诉海运公司案③、荷兰法院的范·哈斯诉印度尼西亚案④；民事主体可能以国家拒绝签证行为导致其精神权益受损为由起诉，典型案件有美国法院的弗罗洛娃诉苏联案；民事主体会就国家不积极救助行为引发损失扩大起诉，典型案件有美国法院的马丁诉南非共和国案；民事主体还会就国家不当立法导致其财产权丧失提起诉讼，典型案件有加拿大天宇公司诉四川省政府案；而国家非法执法、司法行为引发的人身权或财产权

---

① Letelier v. Republic of Chile, 488 F. Supp. 665 (D. D. C. 1980).

② 18 USC. §§1331-1338(2001).

③ 参见《国际法判例汇编》(第78卷)，第90页；转引自龚刃韧：《国家豁免问题的比较研究——当代国际公法、国际私法和国际经济法的一个共同课题》(第二版)，北京大学出版社2005年版，第229页。

④ 参见《国际法判例汇编》(第26卷)，第181页；转引自龚刃韧：《国家豁免问题的比较研究——当代国际公法、国际私法和国际经济法的一个共同课题》(第二版)，北京大学出版社2005年版，第229页。

损失索赔则是国家侵权最为常见的诉因，典型案件有英国法院的阿丹斯里诉科威特政府案①、美国法院的菲拉蒂诉加诉巴拉圭案②、加拿大法院的保茾瑞诉伊朗共和国案等。③

　　涉外国家侵权的类型直接影响案件能否解决、由谁解决及如何解决等关键性问题。将侵权行为界定为主权和非主权行为可能会产生不同后果，无论是国内法还是国际法上，主权行为都有可能被给予豁免，因此，涉外国家的主权行为侵权有可能不会被纳入司法规制中。即使肯定主权侵权行为国也应担责，但不同内容的主权行为侵权也可能有着不同的结果。当前部分国家对军事、外交、立法等行为引发的损害采取更为特殊的制度，若涉外主权侵权在内容上属于特殊类别，也将可能属于司法解决范围之外。同时，鉴于行为国行为地域以及受害人国籍的不同，在管辖权国家的确定以及法律适用等问题上，也应有不同的制度与之相适应。

二、涉外国家侵权的特殊性

　　涉外国家侵权是一种较为特殊的侵权，与国际民商事侵权、国内国家侵权以及国家间侵权等相比，在主体、行为、解决方式以及侵权责任的实现等方面都有着较大的不同。

(一)主体特殊

　　涉外国家侵权主体的特殊性首先体现在主体间的角色不会发生互换。不同于国际民商事侵权中的参加者为一般民事主体，也不同于国家间侵权关系中权利义务承受者必须是国家，涉外国家侵权关系中的主体分别为国家和一般民事主体。涉外国家侵权中的国家主体作为责任的最终承担者是涉外国家侵权之诉中的固定被告，而涉外国家侵权中的一般民事主体是可归于国家行为造成的损害的承受者，是诉讼中的当然原告。

　　涉外国家侵权主体特殊性还体现在侵权行为具体实施者并不是侵权关系的主体。国家行为通常是由国家机关及其工作人员完成的，而作为具体行为实施者的公务人员并不是涉外国家侵权的当事人。公务人员的公务行为造成的人身和财产损害应由国家承担侵权赔偿责任，而不是由公务人员或机关团体个人作为侵权赔偿之诉的被告。在对可归于国家行为提起的侵权之诉时，若被侵权人以具体行为实施者而不是以国家为被告提起诉讼，通常难以得到法院的支持。在美国联邦巡回法院 2004 年的赫雷罗村民诉德意志银行案④，该案中纳米比亚赫雷罗部落村民宣称，在 19 世纪末至 20 世纪初德国针对赫雷罗部落实施了包括强迫劳动、屠杀在内的国际罪行，因此，赫雷罗部落有权向参加这场罪行的德国国家银行提起侵权损害赔偿之诉。哥伦比亚地区巡回法院认为，德国银行的行为属于国家行为的范畴，该案应认定为是对德国国家的起诉，原告起诉主体不适当，巡回法院最终没有支持诉求。

　　涉外国家侵权主体的特殊还体现在主体间的身份不具有完全的平等性。理论和立法上若将国家完全视同一般民事主体对待显然是不适当的，国家地位优于一般民事主体是国家

---

① Al-Adsani v. the Government of Kuwait, 107 International Law reports, 1999, p. 536.

② Filartiga v. Pena-Irala, 577 F. Supp. 860 (E. D. N. Y. 1984).

③ Bouzari and others v. Islamic Republic of Iran, 124 International Law reports, 2003, pp. 427-250.

④ Herero People's Reparations Corp. v. Deutsche Bank, 370 F. 3d 1192 (D. C. Cir. 2004).

的职能、任务和性质使然。国家地位的优先性早已为国际和国内立法所肯定，如一般民事主体应当对其全部的侵权承担责任，而国家可能不需要对其部分行为造成的损害承担责任；一般民事主体对其侵权承担的或是补偿性或是惩罚性赔偿责任，而国家侵权承担的更多可能是限额性责任。主体间的不完全对等性很可能使得处于相对弱势地位的一方当事人受损，体现在涉外国家侵权领域就是作为民事主体的被侵权者的权益无法得到充分保障。

(二) 行为特殊

涉外国家侵权行为的性质具有一定的特殊性，从性质上看，属于侵权范畴的可归于国家的行为既有可能是国家主权行为也有可能是国家非主权行为。与普通民事主体的民事行为相比，无论是国家的主权行为还是非主权行为都更为特殊，区分国家行为的性质是处理国家侵权时的一个重要的前提性工作。在国家行为性质划分标准问题上，存在着应按行为本身还是行为目的对其进行分类的争议。奥地利最高法院受理的使馆邮车交通肇事案是关于国家行为性质分类的一个典型案例，在认定是否应给予被告豁免权问题上，尽管被诉国认为使馆邮车运送邮件的行为属于履行国家职能的范畴，但法院认为，判断国家行为的性质时应当主要由行为本身而不是其目的所决定，使馆邮车在公路行驶致损与主权行为本身无关，判断其行为性质时只需考虑驾驶本身而不需要考虑其是否携带外交邮件。[1]

涉外国家侵权中的主权行为侵权属于特殊性质侵权。国家主权行为一般是指只能由国家实施，而普通民事主体限于身份根本不可能完成的行为，如国家立法、行政、司法、军事等行为，主权行为侵权专属于国家，一般涉外民事侵权中不可能出现。一方面，国家主权行为侵权可能不会被赋予实体法上的责任，如当前许多国家并不承认国家应对立法行为、军事行为、外交行为的致损承担赔偿责任。另一方面，国家主权行为侵权在程序法可能属于司法管辖豁免的范畴。国家很有可能通过国内立法赋予国家主权行为在国内上的司法管辖豁免，而国家主权行为在外国法院也通常享有特殊地位，在对外国国家管辖问题上，无论是持限制豁免还是绝对豁免立场国家，一般都不主张对外国国家主权行为侵权行使司法管辖。

国家的非主权行为引起的侵权同样可能具有特殊地位。从对国家侵权行为追责的可能性上来说，对国家非主权行为侵权司法追究要远大于对主权行为的追责，但对一般民事主体侵权的追责仍很困难。从国际法层面看，仍有部分持绝对豁免立场国家，主张国家任何行为引发的"侵权"都不受外国法院管辖；在国内法层面上，对国家非主权行为造成的侵权可能需要按照不同民事侵权的特殊程序加以处理，如部分国家司法实践中，对非主权行为侵权也按照行政侵权参照国家赔偿法处理，在行政侵权赔偿和民事侵权赔偿两种不同的赔偿程序和赔偿标准下，受害人权利的实现可能及程度是有很大不同的。对于国有公产致人损害的问题，部分国家明确规定依据国家赔偿法来解决。如《日本国家赔偿法》第2条第1项规定，"因道路、河川或其他公共营造物之设置或管理存瑕疵，致使他人受损害时，国家或公共团体对此应负赔偿责任。"《韩国国家赔偿法》第5条规定："国家对道路、河川及其他公共营造物设置或管理瑕疵致害，承担无过失责任。"我国司法实践中，对国

---

[1] Collision with Foreign Government-Owned Motor Car, 40 International Law Reports, 1970, p. 73.

家非主权行为致损赔偿案件，在应适用程序和标准问题上也存有分歧。以"田宇诉五峰土家族自治县建设与环境保护局行政不作为案"为例，① 该案中，田某东酒店聚饮，行至街道不经意后退时从护栏缺口处跌入该县天池河死亡。死者的亲属查明天池河护栏属于国有公共设施，由县建设与环境保护局兴建，该护栏失修日久——该缺口处的缺损时间约有 7 个月。原告田宇(田某东亲属)因该公产致损行为请求法院按照民法有关规定，判令被告赔付丧葬费、死亡补偿费、被扶养人生活费。被告坚称此案应按我国《国家赔偿法》处理，一审法院认为"本案既可以提起行政赔偿诉讼，也可以提起民事赔偿诉讼，原告有权选择"。

(三)解决路径特殊

鉴于不同类型侵权之间，其责任本质是相同的，原则上一般侵权纠纷的通常解决方法如协商、调解、仲裁、诉讼等方式同样可以适用到涉外国家侵权中。但是，国家身份及行为的特殊可能使得适用于一般民事侵权的解决路径并不完全适合涉外性国家侵权纠纷的解决。

首先，协商方式适用于涉外性国家侵权纠纷并不现实。协商是指由争议双方当事人友好磋商自行解决他们之间的争议，没有第三者的介入。协商作为一般涉外侵权纠纷解决时的首选方式，它具有私密性，能够提高纠纷解决的效率，避免司法资源的浪费。涉外国家侵权本质上仍属于赔偿性的金钱责任，理论上协商解决完全可以适用，但法治社会中，国家任何行为都应当有法理依据，仅当法律明确赋予国家有权对侵权赔偿问题进行协商处理时，国家主体方可启动进入协商程序。显然，协商解决对国家主体并不合适，实践中，也少有立法规定国家可以对侵权构成与否问题有协商权，仅有少数国家规定对侵权具体赔偿标准问题相关机关有一定协商权。②

其次，调解方式适用于涉外国家侵权也较为困难。调解(mediation or conciliation)是指由与争议双方无利害关系的第三者参与争议解决的制度。调解解决纠纷中，通常应由争议双方当事人首先达成调解共识，并共同参与对调解员的选择。调解符合"自愿""平等""和平解决争议"等法律理念，有利于缓和当事双方的对立关系，调解正成为一般侵权纠纷的重要解决方式。但是，调解适用于涉外国家侵权纠纷也存在着法理障碍，接受调解属于国家公权的行使，国家能否选用调解也需要有该国相关法律的明确授权。司法实践中，选用调解解决涉外国家侵权纠纷案例也较为罕见，典型案例为弗莱泽海姆对意大利求偿案。③该案中，弗莱泽海姆于 1890 年生于德国，1939 年到美国申请加入美国国籍，1952 年美国司法部对其颁发了美国国籍证书。德国知悉其欲加入美籍后，于 1940 年 4 月 29 日剥夺了弗莱泽海姆的德国公民资格。1941 年 3 月 8 日，弗莱泽海姆在纽约将一家意大利公司的

① 参见何兵、袁永忠：《公产致害的赔偿责任》，载《人民法院报》2005 年 11 月 7 日，第 B04 版。

② 国家侵权赔偿的协商解决也为我国所肯定，我国最高人民法院发布的《关于人民法院赔偿委员会审理国家赔偿案件程序的规定》第 17 条规定："赔偿委员会审理赔偿案件，可组织赔偿义务机关与赔偿请求人就赔偿方式、赔偿项目和赔偿数额依照相关规定进行协商。"

③ 参见陈致中：《国际法案例》，法律出版社 1998 年，第 297~299 页。

股票以 220 多万美元的价格买给另一家意大利公司，而这笔股票其实际价值四五百万美元。"二战"结束后，根据《对意和约》第 78 条的规定，意大利有义务赔偿"联合国家国民"在战争期间的损失。弗莱泽海姆认为其低价出卖股票是因为害怕受到意大利反犹太立法的影响，是迫于无奈的，因此他以"联合国家国民"的身份向意大利求偿。但是意大利政府以弗莱泽海姆不是"联合国家国民"为由，拒绝了他的请求。后弗莱泽海姆通过美国，将争议提交给了"美-意调解委员会"，最终，调解委员会于 1958 年 9 月 20 日作出裁定，认定弗莱泽海姆没有美国国籍，驳回了他的求偿要求。

再次，仲裁适用涉外国家侵权也有所不便。仲裁是当事人根据他们之间订立的仲裁协议或条款，自愿将其争议提交由非官方身份的仲裁员或其组成的仲裁庭进行裁判，并受该裁判约束的一种争议解决制度。自愿性是涉外国家侵权纠纷难以选择仲裁的首要原因，如前已述，国家任何处分行为均须授权，在无法律允许国家可选用仲裁解决纠纷情况下，任何国家机关和公务人员私自达成仲裁协议显然是无效的。仲裁具有法律上的拘束力是国家不选择仲裁的又一原因，国家一旦选择仲裁方式有可能使自己陷入不利局面。相对于一般涉外侵权的广泛选用仲裁，早期涉外国家侵权选用仲裁的案例则是少之又少。早期仲裁解决涉外国家侵权的一个可能例子为 1910 年国际常设仲裁法院受理的秘鲁诉意大利案，尽管案件主体双方为国家，但案件事实是因国家对外国人权益的侵犯所引起。① 该案中，卡涅瓦罗持有秘鲁发行且未偿还的债券，秘鲁拒绝支付。卡涅瓦罗声称自己具有意大利国籍，就秘鲁侵犯自己合法财产权为由请求意大利给予其外交保护，秘鲁政府拒绝意大利求偿人的地位，1910 年 4 月，两国达成协议将该争议交付常设仲裁法院解决，最终仲裁院否定了卡涅瓦罗意大利公民身份，相应地，意大利无权要求秘鲁归还已侵占的卡涅瓦罗的财产。晚近以来，涉外国家侵权的仲裁解决在国际投资领域有所发展，根据《关于解决国家和他国国民之间的投资争端公约》第 25 条规定，国际投资争端解决中心可以管辖缔约国和另一缔约国国民之间直接因投资而产生的任何法律争端，当前中心已经受理过多起因东道国非法征收行为侵犯他国国民合法财产权益的案件，如列支敦士登的海上国际货运代理公司诉几内亚共和国案。②

最后，诉讼解决方式适用于涉外国家侵权也较适用于一般侵权更为困难。国家受理一般涉外侵权纠纷时不需要考虑主体身份以及主体行为性质等问题，而涉外国家侵权纠纷尤其是对外国国家侵权案件受理时，国际法上的国家管辖豁免原则成为实质性障碍。基于平等者间无管辖这一原则，涉外国家侵权纠纷有权受案的国家显然要少于一般涉外侵权纠纷中的管辖国。司法实践中，以外国国家具有主权者身份而被法院拒绝受理的涉外国家侵权案件时常发生。在雨果普林斯诉联邦德国案③中，美国联邦上诉法院就以德国国家享有豁免权为由对原告赔偿请求不予支持，该案中普林斯为居住在斯洛伐克的美国人，1941 年同其家人都被德国军队逮捕送往集中营在不人道条件下强迫劳动，其家人均在集中营死亡，1991 年普林斯在美国法院对德国提起侵权赔偿之诉，联邦上诉法院否定其诉求。德

---

①　参见陈致中：《国际法案例》，法律出版社 1998 年，第 286~288 页。

②　参见陈安：《国际投资争端案例精选》，复旦大学出版社 2001 年版，第 274~278 页。

③　Hugo Princz v. Federal Republic of Germany, 998 F. 2d 1, 2 (D. C. Cir. 1994).

国法院也曾有因外国国家身份而拒绝受理的司法案例，1975 年慕尼黑高等法院的一份判决认为，征收是国家主权行为不管其是否违背国际法，该外国国家均享有豁免权。[①]

(四) 责任特殊

涉外国家侵权中的国家赔偿责任不同于一般民事主体，其不同之处体现在国家承担侵权责任的条件、责任的形式、责任的标准等许多方面。

从承担责任的条件来说，涉外国家侵权中国家承担责任显然要难于一般涉外侵权。一方面，国家可能不对部分行为引发的损害承担责任，如多数国家立法否定军事行为、立法行为、外交行为导致损害的国家责任。相对来说，在一般涉外侵权中，主体行为的类别对责任形成不具有影响，立法确定侵权时也通常不会考虑民事主体行为的具体内容。另一方面国家可能对其行为引发部分损害不承担责任。民事主体的权利是一个内容丰富的概念，一般涉外民事侵权中，主体的合法权益受侵害时，另一方当事人均应承担相应的责任。在涉外国家侵权中，国家可能仅对一部分损害负责，如当前许多国内立法否定国家承担精神赔偿，但支持受害者在民事领域的精神权益。

从责任的具体形式来看，涉外国家侵权责任形式通常要少于其他种类侵权。侵权责任形式是指赔偿义务人依法应当对侵权损害承担的不利法律后果的形式和类别。为充分保障权利人，侵权责任的形式应当尽可能丰富。以中国为例，侵权责任法规定了八种责任，即返还财产、停止侵害、排除妨碍、消除危险、恢复原状、赔偿损失、赔礼道歉、恢复名誉。而上述部分类别显然并不适合作为国家侵权责任的形式，以赔礼道歉责任为例，其具有一定的道义责任色彩，很多国家并不认为国家应负该种责任。如在 2001 年美国军机非法进入中国领空撞毁中国飞机并造成中国飞行员遇难，该案发生后，美方仅同意向中国方面支付 3 万多美元相关费用，但迟迟不愿向中国方面作出正式道歉。国家侵权赔偿的责任形式可能需要更为简洁，立法上不少国家的赔偿法仅规定一种国家侵权责任即金钱性赔偿损失。

从责任的标准上看，涉外国家侵权责任赔偿标准通常要低于一般侵权责任。在涉外国家侵权赔偿标准问题上多数国家采取的是补偿性或抚慰性原则，权利受损者并不能从国家侵权中获得超过其损害价值之外的利益。而在一般涉外侵权赔偿中，国家采用的是补偿性或惩罚性责任，尤其是在惩罚性赔偿标准下，权利受损者除能获得与所造损失相等价值的赔付外，还能获得额外的补偿。

三、涉外国家侵权中国家的角色

国家是国际交往中的重要主体，国际社会既有制度大多是围绕国家构建并依靠国家实施的。理清国家在涉外国家侵权关系中担当的角色及其应有的法律地位，不仅有助于更好认清关系本身，同时也有利于顺利解决纠纷。

[①] Superior Provincial Court Munich, Decision of 12 August 1975, 65 International Law Reports, 1984, p. 127.

(一)侵权者角色

在国际交往日益扩大化的今天，任何国家都有可能成为涉外国家侵权关系中的侵权主体。尽管国家侵权行为主要是由国家机关及其工作人员实施，但从实体法角度，承担国家职能的具体行为者并不是最终权利义务的承担者，而国家才是国家侵权关系的真正主体，应当由国家而不是相关公务人员承担侵权赔偿责任。

国家作为涉外国家侵权关系责任主体原则上应与受害人具有平等地位。国家侵权如同一般民事侵权一样，均是对受害人合法权益的不法侵害。对受害人权利救济的基础是侵权者与受害者具有同等的法律地位，侵权者和受害者地位间的不对等将影响结果的公正性。国家侵权者与受害者地位的平等性应在实体法和程序法两大领域均加以体现。就实体法而言，调整平等者间关系的一般民事侵权制度中的侵权认定及排除、侵权赔偿范围、标准、时效等制度应同样适用于国家侵权，不能因国家主体身份特殊性而将其置于较优地位。就程序法来说，国家应当同普通民事侵权主体一样，接受国内法院的管辖，民事诉讼中的如财产保全、判决执行等制度也应不加例外地适用于国家侵权者身上。

赋予国家侵权者在实体法上的特殊法律地位是必要的。一方面，为便于国家履行相应职能，立法时应免于追究国家部分不当行为造成的损害赔偿责任。国家侵权不同于一般民事侵权，国家侵权总是与国家行使职能存在某种联系，尽管国家侵权属于国家不当或不法履行职能，但国家职能的行使一般是为公众利益服务，这不同于民事主体为私人利益而实施的侵权，国家行为的公益性决定国家某些行为不应承担过多责任。另一方面，国家主体身份的特殊性可能需要实施特殊的赔偿制度。国家承担侵权赔偿时的道义责任是以国家名义完成，而金钱责任则是以国家财产为基础。国家是特定人群的集合组织，动辄让国家承担道义责任可能会招致国民反感，同时不加限额地让国家承担金钱给付责任同样有损该国绝大多数人利益。国家在侵权实体法中地位的特殊性已经在许多国家的国家赔偿立法中有所体现，如侵权认定时排除立法和军事行为的可赔偿性，德国国家赔偿法就原则上排除国家立法损害的赔偿责任，[①] 美国联邦侵权赔偿法原则上排除军事行为损害的赔偿责任。[②]

国家侵权者在程序法上也应当具有一些特殊地位。在管辖上，对于一国法院来说，对国际民商事侵权关系的司法管辖一般不会引发他国异议，但对于管辖涉及外国国家侵权案件时很可能会遇到他国以"平等者之间无管辖权"为由的抗辩。就诉讼中财产保全和判决执行制度来说，若一国法院对本国领域内的相关外国财产实施保全和强制执行同样会遇到该外国国家以享有国家财产豁免权为由的反对。此外，国内法院向外国提出司法协助保全和执行外国国家的财产则几乎没有可能性。程序法上对涉外国家侵权进行规制时，只有在考虑到国家主体身份的特殊性上制定制度，才能最终顺利解决纠纷。

(二)受理者角色

第三人参与是最主要的纠纷解决方式，相对于一般主体的参与，由国家作为第三方参

---

① 参见《德国国家赔偿法》第 5 条。
② 参见《美国联邦侵权赔偿法》第 2680 条第 10 项。

与解决纠纷可能更为关键重要。涉外国家侵权纠纷也应当引入国家第三方参与解决，在国内性国家侵权解决中，能够参与的通常是行为国，这可谓是国家自行解决诉己的侵权纠纷，是一种非真正意义上的第三方参与解决，但借助于较为公正的法律制度，受案法院通常也将自己视同第三人，中立看待国家与其国民间的侵权争议，最终也能较好地解决该类国家侵权纠纷。涉外国家侵权纠纷的顺利解决同样离不开国家的参与，应当确立完善的国家参与制度，明确能够受理国家的范围及其应有的职权。

行为国作为涉外国家侵权纠纷受理者的地位应当得到国际社会肯定。首先，涉外国家侵权关系中的受害方民事主体的身份决定行为国能够管辖。行为国作为主权者可以管辖与己有关的一切人和事，即使相对人属于外国国民，也不具有超越行为国管辖的特权。其次，行为国作为涉外国家侵权纠纷的受理者并不违反"平等者之间无管辖权"的法律原则。行为国以外的任何国家对行为国案件的受理都将面临对另一平等主权者行使管辖的问题，这无疑会引起行为国的反感和不安。最后，行为国管辖并不一定必然会导致处理结果的不公正。如同国家作为国内性国家侵权纠纷的受理者一样，依靠完善的程序制度和适当监督机制，行为国是完全有可能公正解决本国为被告的涉外侵权纠纷的。

涉外国家侵权案件有一定联系的其他国家也应具有纠纷受理者地位。根据国家行使管辖依据不同，可将国家管辖权分为属人、属地、保护性和普遍性管辖四种，涉外国家侵权案件，一国同样可以基于上述几种理由行使管辖权。以美国的涉外国家侵权管辖现状为例，依据《美国外国主权豁免法》，美国对外国国家侵权管辖的一般原则是"领土联系"，即要求外国国家侵权损害发生在美国境内，[①] 但美国法院同样在以属人管辖权和保护性管辖为由受理外国国家侵权诉讼，如《美国反恐怖主义法》支持因外国国家实施的恐怖主义受害的美国人有权起诉，而不论该行为是否发生在美国境内。此外，根据《美国外国人侵权请求法》，美国联邦法院"对外国人仅基于所实施的违反万国法或者美国缔结的条约提起的任何侵权民事诉讼有权管辖"，最初该类诉讼中被告的身份都是外国政府及其官员。[②] 这类诉讼中，行为或损害发生地并不位于美国境内，原告也不具有美国国籍，也并没有直接侵害美国国家及其国民的直接利益，但美国法院仍主张管辖，可谓是普遍性管辖在涉外国家侵权领域的具体体现。

(三) 其他角色

国家除在涉外国家侵权诉讼中以被告和纠纷受理者两大角色出现外，还有可能以其他身份如涉外国家侵权受害人、代理人、参与人等多种身份出现。

第一，国家可能成为涉外国家侵权关系中的受害主体。尽管本章所指涉外国家侵权纠纷主要局限于可归于国家的行为对私法主体造成的损害赔偿问题，但国家同样有可能当以私主体身份出现时，其合法权利也仍有可能被外国国家不法行为所侵害。国家作为私法人格者已被广泛承认，普鲁士高等行政法院早在 1877 年作出的判决就认为："国家有两种人格，或者

---

① USC. § 1605(a)(5)(1976).

② 参见李庆明：《美国〈外国人侵权请求法〉研究》，武汉大学出版社 2010 年版，第 87~91 页。

说国家在公法关系和私法关系上各有一种人格。"①我国民法理论也认同国家同时具有公法人格和私法人格，国家两种人格理论在国家政策和立法中也有体现，通常表述为"国有资产所有者职能和社会经济管理职能的分离"②。国家也如同其他私法主体一样享有被法律认可的人身性和财产性权利，尤其是其财产性权利更容易受到外国国家非法行使统治权行为或管理权行为的侵害，此时，作为权利主体的国家则成为涉外国家侵权关系中的直接受害者。

第二，国家可能以涉外国家侵权关系中受害主体"代理人"的身份出现。20世纪70年代以前，个人受到因外国国家的作为或不作为而引起的人身伤害或财产损害，一般都是母国通过外交途径来解决的。在这种外交解决涉外国家侵权纠纷的模式中，国家通常是作为本国受害人的当然"代理人"直接参与争议解决的。国际法承认国家代理角色的合法性，并且国家参与解决无须征求受害人的授权同意。对本国公民在外国领域内的诉讼，国家代理人的角色已被国际公约所肯定，《维也纳领事关系公约》规定的领事职权中就有"派遣国的领事在其驻在国以代理人的身份保护本国公民或法人的合法权益"③。尽管国际法的发展已使得个人有权以自己名义起诉实施侵权的外国国家，但其本国基于属人性保护代表或帮助国民向相关外国寻求救济的权利并没有随之终止，并且国家因国民利益受损的介入正逐步被认为是国家对公民的保护义务。

第三，国家可能以涉外国家侵权纠纷协助解决者的身份出现。国家以纠纷协助解决者身份出现在涉外国家侵权解决中的案例也较为常见，如美国和伊朗在人质危机后，美国为帮助公民向伊朗索赔，在其要求下美伊共同组成了仲裁法庭处理相关案件，耶格对伊朗求偿案④就是在美国协助下解决。该案中，耶格为在伊朗工作的美国公民，伊斯兰革命政府掌权两天后，革命军士到他家要求其30分钟内撤离伊朗，耶格主张这种驱逐违反法律并对其权益造成侵害，随后向伊朗提起索赔。理论上来说，国家协助涉外国家侵权纠纷解决时可能以多种身份出现。首先，国家可能以调解者身份参与协助解决涉外国家侵权纠纷。国家通常作为国际争端的调解者，对于涉外国家侵权争议，国家参与调解也十分必要，同时因国家的特殊身份，其调解成功的可能性会大于其他的调解者。其次，国家可能是涉外国家侵权诉讼过程中的部分活动参与者。对于既定的国家侵权诉讼，行为国以外的相关国家可能需要在证据保全、财产保全等方面给予协助。最后，国家还可能是涉外国家侵权诉讼终结的协助者。涉外国家侵权判决承认与执行需要国家参与，对于确定的涉外国家侵权判决，可能需要相关国家表明态度并予以协助执行。

涉外国家侵权随着国际交往深入发展可能会逐渐增多。作为国家侵权的特殊表现形态，涉外国家侵权不同于国际民商事侵权、国内性国家侵权和国际公法中的国家侵权。因此，关于一般侵权的归责原则、赔偿范围、赔偿标准、司法救济等制度可能不便于适用于国家侵权案件。

---

① 参见［德］奥托·迈耶：《德国行政法》，刘飞译，商务印书馆2002年版，第54页。
② 参见张作华：《论我国国家法律人格的双重性——兼谈国家所有权实现的私法路径》，载《私法》第3辑第2卷，北京大学出版社2004年版，第132~138页。
③ 参见《维也纳领事关系公约》第5条第8款和第9款。
④ 参见梁淑英主编：《国际法教学案例》，中国政法大学出版社1997年版，第127页。

涉外国家侵权可能会因国家行为性质和种类的特殊而使得部分"国家侵权"免于承担责任，可能会因国家主体身份的特殊性而使得部分侵权具有管辖上的豁免权。但是，涉外国家侵权本质上仍是对个人合法权利的侵害，基于公平正义，国际社会应当构建适当制度实现国家权力和民事主体权利二者的平衡。

国家在涉外国家侵权中的角色较为复杂。首先，国家在涉外国家侵权中充当着侵权者的角色，国家侵权者比一般侵权者更为特殊，其有着不同于一般侵权者的法律地位。其次，国家还在涉外国家侵权中承担着纠纷受理者的角色。这一角色担当中，国家既有可能作为诉己纠纷的解决者，也有可能作为外国国家侵权案件的受诉主体。此外，国家在涉外国家侵权中还可能承担着诉讼代理人、纠纷解决协助者等多重角色。准确把握国家在涉外国家侵权中的角色，理清其所担当每一角色应具有的地位，是顺利解决涉外国家侵权纠纷的重要基础。

涉外国家侵权具有侵权的一般共性，法理上来说，侵权纠纷解决方式同样可以适用于涉外国家侵权纠纷解决。涉外国家侵权纠纷较一般涉外侵权更为特殊和复杂，实践中，协商、调解、仲裁等解决方式的适用较为困难，诉讼对涉外国家侵权纠纷的解决就显得更为重要。

第二节　涉外国家侵权的法律冲突问题

法律冲突是指两个或两个以上的不同法律同时调整一个相同社会关系而在这些法律之间产生矛盾的社会现象。[①] 对涉外国家侵权来说，两个或两个以上具有立法管辖权的国家均有相关法律作出规定时，很有可能出现相抵触的情况。国家侵权的赔偿责任早已为绝大多数国家的立法和司法实践所肯定，但关于国家侵权的归责原则、赔偿的行为范围、赔偿的损害范围、赔偿的标准和方式等问题，各国的法律仍有不同的理解和规定，国家侵权领域的法律冲突大量存在。

一、国家侵权归责原则的法律冲突

归责原则是侵权行为法中的核心概念，侵权法上的归责原则是法律责令当事人就自己的侵权行为或者应由自己负责的他人侵权行为、自己管理的物件或者应由自己负责的他人管理物件致人损害承担民事责任的核心依据。[②] 一般民事领域的侵权归责原则有过错原则和无过错原则两大类，作为特殊侵权的国家侵权应当有着自己的归责原则，国家如何确定侵权赔偿归责原则是由国家的政治司法体制所决定的。[③] 概括说来，国家侵权赔偿领域存在过错、违法、过错违法和危险责任等几种不同的过责原则。

(一)归责原则种类

1. 过错原则

传统意义上的过错是对行为人主观心理的考察，当损害发生后，行为人是否承担赔偿

---

①　参见韩德培主编：《国际私法》，高等教育出版社、北京大学出版社 2007 年版，第 83 页。
②　参见徐祖林：《侵权法归责原则的论争及其解析》，载《法律科学》2007 年第 6 期，第 84~95 页。
③　参见马怀德：《国家赔偿的理论与实务》，中国法制出版社 1994 年版，第 103 页。

责任要视其是否存在主观上的故意或过失来确定。过错原则要求行为人须尽到对他人的谨慎和注意，教育行为人在行为时努力避免损害的发生，过错原则较为充分地协调和平衡了"个人自由"和"社会安全"两种不同利益间的关系。由于主观心理状态的证明存在较大难度，大多数国家在国家侵权赔偿中对过错的判断设定了客观化标准。过错客观化是指以善良管理人社会生活上的注意义务作为过失判断的依据，① 即根据社会一般行为或者社会一般理性来确认公权力主体的"注意义务"，也就是说，以公务人员是否尽到合理注意义务为标准来判断过错的构成与否，并不关注其是否预见到损害后果的发生。

在公务过错标准下，一旦国家机关及其公务人员的公务活动欠缺正常标准，则过错即成立，国家侵权责任即可由此确立。法国就是典型的公务过错归责国家，法国行政法院往往根据公务难易程度、执行公务时间和地点、公务机关所具备的人力物力等情况来决定公务机关执行公务时是否达到中等水平。由此可以看出，过错客观化标准本身的确定仍是国内立法或国家法院根据具体情况主观上予以明确，因此，过错客观化模式下来界定过错与否可能并不绝对客观准确。

2. 违法原则

违法原则是指行为应否承担责任只须判断行为的违法性与否，无须考虑行为人有无过错。对于国家侵权赔偿来说，违法原则是指国家机关及其工作人员违法行使职权造成损害时国家应负赔偿责任。相对于过错原则来说，违法性原则是一种客观归责标准，即国家机关及其工作人员的违法是指行为本身违背法律的规定，包括行为没有法律依据、行为与法律规定相抵触、不履行法定职责等。在违法责任原则下，国家赔偿责任的要件是行为的违法性，只要行为不具有合法性，不管行为人主观上是否具有恶性和客观上是否造成较大社会危害性，侵权责任都应成立。

违法性原则为许多国家的国家赔偿立法所肯定。我国《国家赔偿法》第 2 条第 1 款规定："国家机关和国家机关工作人员行使职权，有本法规定的侵犯公民、法人和其他组织合法权益的情形，造成损害的，受害人有依照本法取得国家赔偿的权利。"由此可见，我国在国家赔偿问题上采取的就是违法责任原则，即以是否违反法律规定，作为是否承担责任的标准，只要是违反法律规定的，不管主观上有无过错，都要承担赔偿责任。② 奥地利和瑞士也采取这一原则，如 1959 年《瑞士联邦责任法》第 3 条规定："联邦对于公务员执行职务时，不法侵害他人权利者，不问该公务员有无过失，应负赔偿责任。"1948 年《奥地利国家赔偿法》第 1 条规定："公法上团体及社会保险机构于该官署之机关执行法令故意或过失违法侵害他人财产或人格权时，依民法之规定由官署负赔偿责任。"1989 年奥地利则取消"故意或过失"要求，修改为"在执行法律中因违法行为——不论过错在谁——所造成的财产或人身损害承担赔偿责任"。③

3. 过错违法原则

过错违法原则有两类不同的表现形态，一类可称为"或过错或违法"，即过错和违法

---

① 参见翁岳生：《行政法》，中国法制出版社 2002 年版，第 613 页。

② 参见顾昂然：《新中国的诉讼、仲裁和国家赔偿制度》，法律出版社 1996 年版，第 114 页。

③ 参见肖峋：《中华人民共和国国家赔偿法理论与实用指南》，中国民主法制出版社 1994 年版，第 106 页。

同时被予以肯定，无论主体存在过错还是行为本身违法均需要承担责任；另一类则是过错和违法同时作为承担责任的要件，二者缺一都不发生赔偿，即过错和违法须同时具备的双重标准。

美国就采用了"或过错或违法"标准，即不论基于过错还是违法，侵权行为造成的损害国家都要予以赔偿，《联邦侵权赔偿法》第1346条（b）款规定联邦应承担责任的情形为："……对由于任何政府职员执行职务或工作范围以内的过失或不法的行为（或不行为）而引起的财产损失或者丧失、或人身损伤或死亡的金钱赔偿……"由此可见，美国引发国家侵权赔偿行为有两种：过失的行为（或不行为）和不法的行为（或不行为）。与之相反的是，日本、韩国及我国台湾地区等国家和地区则采用过错和违法须同时具备的双重标准原则，如日本《国家赔偿法》第1条规定："行使国家或公共团体公权力的公务员，由于故意或过失，关于其职务的行使，违法给他人施加损害时，国家和公共团体对其损害承担赔偿责任。"[1]据此条款，仅公务人员职务行为过错和违法同时存在时，国家才对损害承担责任。

4. 危险责任原则

国家赔偿的危险责任产生的时代背景是19世纪下半叶，随着科技的迅猛发展和政府权力的不断扩张，公务活动造成的危险状态剧增。这种状态下，即使不存在行为人过错或侵权行为违法，也可能对公民和法人的合法权益造成损害，为弥补过错、违法责任原则之不足，危险责任原则便应运而生。危险责任原则具有与其他责任原则截然不同的特点，它不评判侵权行为引起的原因、性质和内容，也不问行为是否违法或行为人是否存有过错，而是从行为的结果着眼，从结果责任处罚实行归责。危险责任原则在部分国家的国家赔偿责任立法与实践中也得到确立，如尽管美国《联邦侵权赔偿法》并未规定联邦政府的危险责任，但许多州的侵权法却普遍加以规定，法国行政法院早在19世纪就通过判例确定将民法领域的危险责任概念适用于国家公共财产造成的危险，后来逐渐扩展到因公共职业、相邻关系、拒绝执行法院判决和立法等产生的危险责任中。[2]

危险责任的确立意味着国家对国家机关及其工作人员的危险公务活动对民事主体造成的特别损害承担赔偿责任，是一种更为公平的归责原则。国际社会已有较多的因国家危险行为造成损害的涉外国家赔偿司法案例，如1954年美国马绍尔群岛核试验损害赔偿案、1978年苏联核动力侦察卫星坠落加拿大北部后放射性物质扩散损害赔偿案、1986年后欧洲多国法院受理的切尔诺贝利核电站泄漏对苏联损害索赔案等。

（二）归责原则冲突的表现

国家侵权赔偿的归责原则多是围绕过错和违法等因素来确定国家应否承担侵权责任。过错原则下，确定侵权赔偿时必须考虑行为人的主观心理状态；违法原则下，则主要是考虑行为的性质是否违法；或过错或违法原则是对两种原则的吸收，更有利于被侵权者获得国家赔偿；过错和违法须同时具备双重标准下，则既需要考虑行为人主观心理，还需要考

---

① 参见杨建顺：《日本行政法通论》，中国法制出版社1998年版，第627页。

② 参见皮纯协、何寿生：《比较国家赔偿法》，中国法制出版社1998年版，第87页。

虑行为的性质，这一原则增大了获得国家侵权赔偿难度；而在危险责任中，既不需要考虑过错，也不需要考虑违法，需要考虑的只是受害方的合法权益是否受到损害。法理上，国家如何确立归责原则是主权范围内部事务，这使得国际社会关于国家侵权的归责原则无论是宏观层面还是具体层面都表现出了较大不同。

宏观层面来说，各国确立的国家侵权归责原则的种类不同。首先，一个国家可能在国内法上兼采两种以上归责原则，如行政赔偿和司法赔偿在许多国家就适用不同的归责原则，司法赔偿特别是冤狱赔偿，多数国家适用无过错原则；而行政赔偿则适用过错或违法原则。此外，不同国家可能就同一类侵权行为实行不同的归责原则。如前已述，针对行政赔偿，法国采取过错原则，中国则采取违法原则，而美国则是采取或违法或过错标准，日本是过错和违法双重标准制。

从具体层面来说，即使是针对同一种类国家侵权实施同一侵权归责原则的国家也可能在具体问题的规定上存有差异。以过错归责原则为例，在如何界定国家过错问题即过错认定的路径选择上不同国家间可能有所不同，而过错的不同界定方式则有可能会对同一行为带来相反性质的认定结果。如法国和美国采取过失客观化原则界定过错，即通过为公务行为设定标准，未达到标准即认定有过错，并不需要分析公务人员行为时的主观心态，而日本在界定过错时则并未采取客观化原则，而主要采取代位责任和一般注意原则，即以一般公务人员所客观期待的注意能力为标准，认定时需要对公务人员心理做评估。

二、国家侵权赔偿行为范围的冲突

国家侵权赔偿行为范围是指国家应对哪些行为承担赔偿责任，或者说国家侵权赔偿责任应当界定在哪些具体事项上。国家侵权赔偿的行为范围就是公民法人求偿的事由范围，对范围之外的国家行为造成的损害一般不属于法律保护范畴。国家侵权赔偿行为范围是国家侵权中的关键问题之一，它决定了国家承担侵权赔偿的责任限度，同时也体现了公民和法人合法权益受保护的程度。从各国国家赔偿立法实践看，大多数国家都规定了国家侵权赔偿的具体范围，但彼此间不论是在立法例还是在立法内容上都存在较大差异。

(一)立法例的冲突

既有国家赔偿法对国家侵权行为范围的规定主要有以下三种方式：概括式、列举式和折中式。尽管只是立法形式的不同，但不同立法方式有其自身特点，会对司法实践造成不同的影响和后果。

1. 概括式

概括式是指法律只规定一个抽象赔偿行为范围，只要符合标准，受损害的公民和法人就可以请求国家赔偿。对国家侵权行为范围采用概括式立法的有日本、韩国、俄罗斯和中国台湾等国家和地区，如日本《国家赔偿法》第 1 条第 1 项规定："行使国家或公共团体公权力的公务员，由于故意或过失，关于其职务的行使，违法给他人施加损害时，国家和公共团体对其损害承担赔偿责任。"第 2 条第 1 项规定："道路、河川或其他公共营造物之设置或管理有瑕疵，致使他人受损害时，国家或公共团体对此应负赔偿责任。"《俄罗斯联邦民法典》第 16、1069、1070 条对国家赔偿范围也做了概括性规定。国家赔偿行为范围概括式立法的优点是简单全面，不会发生遗漏，但有过于宽泛和不易掌握的缺点。①

2. 列举式

列举式包括肯定列举式和否定列举式，肯定列举式是对属于国家侵权赔偿的行为逐个加以列举，凡未列举事项都不在国家赔偿范围之内；否定列举也被称为排除式列举，即对不属于国家侵权赔偿范围的行为逐个加以列举，凡列举事项都不在国家赔偿范围内，而未作排除的事项都属于国家赔偿的事项。法国是典型的列举式国家，通过行政法院的判例逐步将国家侵权赔偿的行为事项进行明确。列举式的优点是具体、明确、容易掌握，但其缺点是过于烦琐且难以全面列举，可能挂一漏万。

3. 折中式

折中式即混合式，是将概括式和列举式结合使用的方式，即既概括指明国家侵权赔偿行为的一般符合标准，同时又在立法中列明应承担侵权赔偿的具体事项和(或)不应承担侵权赔偿的行为范围。美国、瑞士、英国、中国等国家采取这种方式，以中国为例，《国家赔偿法》第 2 条对国家赔偿的行为范围做了概括肯定性规定，第 3、4、17、18 条则又分别对行政侵权行为赔偿和刑事侵权行为赔偿做了肯定列举，而第 5、19 条则是对赔偿行为的否定列举，因此，我国属于概括式和列举式并用，而具体到列举方式上则又是兼采肯定和否定两种形式。

(二)赔偿行为范围的确定

国家侵权赔偿行为范围作为国家侵权赔偿法中的关键事项，尽管其确定仍是国家主权范围内部的事情，但实际过程中，国家在确定侵权行为范围时，并非是立法者主观的任意选择，通常要受到各种因素的制约。

首先，国家侵权赔偿行为范围的确定会受到主权观念的制约。在绝对主权时代，国家无须对个人承担任何赔偿责任，也就不存在所谓国家侵权行为范围概念。随着国家逐步放弃绝对主权观念，接受有限主权，国家侵权才被确立，国家侵权的行为范围问题才得以产生并逐渐凸显。

其次，国家侵权赔偿行为范围的确定还受到国家政治体制的影响。在实行权力分立制的国家，立法、行政、司法三种不同行为导致的损害可能会有不同的法律地位。一般来说，立法机关因其代表民意，故立法机关的行为通常不承担赔偿责任；司法对行政监督是必要的，因此，就行政机关造成的损害国家需要负赔偿责任；司法机关作为法律监督机关，应恪守法律，就其不当或违法司法行为所造成的损害，国家也需要承担责任。

最后，国家侵权赔偿行为范围可能还受到国家财力制约。国家承担侵权责任意味着国库支出，国家赔偿范围的大小同国家财政承受能力有直接关系。出于财政负担考虑，在财力难以足够支撑的国家，很有可能会适当缩小国家侵权赔偿的行为范围。至今财政问题仍或多或少影响国家承担赔偿责任，正如 H. Street 在分析美国建国初施行主权豁免的缘由时就认为"料想系新建国后财力不足所致"②。

---

① 参加刘静仑：《比较国家赔偿法》，群众出版社 2011 年版，第 149 页。
② 参见诚仲模：《行政法之基础理论》，台湾三民书局 1980 年版，第 562 页。

此外，公民权利意识的成熟程度及法律体系中是否还存在其他相关救济方式等都有可能对国家侵权赔偿行为范围的确定及大小产生影响。尽管国家在确定侵权行为范围时需考虑多种因素，但在已经确立国家侵权赔偿责任的国家，规定国家侵权赔偿行为范围时多是从两方面入手，一方面是直接规定国家侵权赔偿的肯定行为范围，另一方面则是明确规定国家侵权赔偿的否定行为范围。肯定范围是指国家应承担侵权赔偿责任的事项范围，也称积极范围；否定范围是指国家不承担侵权赔偿责任的事项范围，也称消极范围。

(三)具体事项的冲突

一般来说，国家行为依其性质或目的分为主权行为(亦称统治权行为、公法行为或非商业行为)和非主权行为(亦称管理权行为、私法行为或商业行为)，无论是主权行为还是非主权行为都有可能对公民和法人的合法权益造成损害，在如何规定国家赔偿具体应当承担责任的行为范围上，各国规定并不相同。鉴于国家主权行为按其职能可分为立法行为、司法行为、行政行为、其他主权行为和非主权行为，下面将对上述行为导致的损害国家应否担责的问题进行比较。

1. 立法行为侵权赔偿的冲突

一部分国家在其国家赔偿法以及其他相关法律中肯定了国家应对立法行为造成的损害承担赔偿责任，如法国、俄罗斯、美国等国。在俄罗斯，"由于国家权力机关或地方自治机关或这些机关公职人员的非法行为，其中包括颁布与法律或其他法律文件不一致的国家权力机关或地方自治机关文件而给公民或法人所造成的损失，应由俄罗斯联邦、有关的俄罗斯联邦主体或地方自治组织赔偿"[1]，此外，立法损害赔偿在《俄罗斯联邦民法典》第306条再次得到确认，"当俄罗斯联邦通过终止所有权人的法律时，由于通过该文件给所有人造成的损失，其中包括财产的价值，应由国家赔偿"。

与之相反的是，奥地利、瑞士、意大利等国的国家赔偿相关法律则基本上回避了对国家立法行为致人损害的赔偿问题，司法实践上也多将其视为国家侵权赔偿的否定范围。当然，即便是在肯定国家立法行为致损应承担赔偿责任的国家，关于对立法行为赔偿范围、缘由的规定也存在差异。如1981年《德国国家赔偿法》第5条规定："如果损害为立法者的违法行为所造成，只有在法律有规定并在规定的范围内发生赔偿责任。"法国最高行政法院在1938年La Feuretee案中就已正式确立国家对立法行为致损应负赔偿责任，在1944年Caucheteux et Desmont案中这一原则得以重申，[2] 但法国立法赔偿有诸多条件限制，如立法行为本身不是为重大利益制定、立法损害的程度相当严重、受害主体是特定人或少数人等。[3] 显然，与俄罗斯立法相比，尽管德国、法国也同样肯定国家的立法侵权赔偿，但并不十分有利于受害人。

2. 行政行为侵权赔偿的冲突

国家行政行为致人损害是最为常见的国家侵权，在既已确立国家侵权赔偿责任的国家

---

[1] 参见《俄罗斯联邦民法典》第16条和第1069条。

[2] 参见刘静仑：《比较国家赔偿法》，群众出版社2011年版，第23页。

[3] 参见刘静仑：《比较国家赔偿法》，群众出版社2011年版，第152页。

无不将国家行政行为纳入国家赔偿行为的肯定范围。尽管如此，关于国家行政行为侵权赔偿仍然存在一些冲突。

首先，国家自由裁量行政行为应否属于侵权行为事项各国态度不一。行政自由裁量行为是行政主体及其工作人员在法律法规范围幅度内，自由采取适当措施行使行政权力的行为。行政自由裁量行为通常不存在合法与非法之分，但存在合理与否的争论，因此，在实行违法性归责原则的国家，行政自由裁量行为造成的损害一般不产生国家侵权责任，而在施行过错归责原则的国家，可能会因为行政自由裁量主体未尽到适当注意义务即行为不合理则被认定侵权而需要承担国家赔偿责任。如《美国联邦侵权赔偿法》曾明确规定，政府和政府官员的自由裁量行为，不论其是否被滥用，都排除政府损害赔偿责任；而在德国，无论滥用自由裁量权还是违法行使自由裁量权，都使公共机构对个人造成的任何损害承担赔偿责任。[1] 在英国、澳大利亚、新西兰、加拿大等国，法院将自由裁量区分为决策自由裁量和执行自由裁量，分别根据不同标准来决定行政机关应否承担侵权责任，对于决策裁量，若行政机关实施该行为越权，且未尽到普通法的注意义务，则行政机关应负责任，而对执行裁量，行政机关只要违背了注意义务，就应负责任。[2]

其次，行政立法行为。赋予行政机关一定立法权是当前许多国家的做法，行政立法行为一般也被称为抽象行政行为，就该行政立法行为导致的侵权应否承担责任，国际社会做法也不一致。行政立法行为致损和立法机关立法行为致损本质上并无太大差异，如同对一般立法行为致损应否由国家承担赔偿责任国家间做法不尽一致一样，对于行政立法行为致损国际社会也存在两种不同立法主张。对行政立法所造成的伤害，多数施行立法损害不负赔偿的国家同样不予赔偿，而在承认立法赔偿的国家如法国、俄罗斯等国则明确承认行政立法致损的国家赔偿责任。

最后，内部行政行为。内部行政行为是指行政主体基于内部行政法律关系对其所属公职人员实施的强制命令行为，内部行政行为同样有可能违法并造成伤害，但内部行政行为致人损害是否应如同行政外部行为一样由国家承担赔偿责任，各国做法并不相同。如德国等部分国家的立法和司法主张对内部行政行为致损应主要予以行政救济，[3] 而另一些国家则主张适用于一般国家行政行为侵权赔偿程序和标准予以处理。

3. 司法行为侵权赔偿冲突

纳入国家司法侵权赔偿范围的行为应当是国家司法机关及其公务人员执行职务的行为，包括作为行为和不作为行为，但实践中，将哪些司法侵权行为纳入国家侵权赔偿范围，各国立法实践表现出较大差异。

冤狱是最典型的司法侵权，绝大多数国家都将其列为国家司法侵权赔偿行为事项，但仍有部分国家和地区并未予以明确，如美国佛罗里达州，该州某公民被控毒死 7 个孩子，被判刑；但 12 年后，法院发现部分证人作伪证，部分证据被隐匿，事实是保姆毒死孩子。据此，法院判决该公民无罪并予以释放，然而因该州没有对错误起诉可以求偿的规定，该

---

① 参见马怀德：《完善国家赔偿立法基本问题研究》，北京大学出版社 2008 年版，第 141 页。

② 参见皮纯协：《国家赔偿法释论》，中国法制出版社 1994 年版，第 138~139 页。

③ 参见曹竞辉：《国家赔偿法之理论与实务》，新文丰出版公司 1981 版，第 50 页。

公民不能请求赔偿。① 即使是承认并施行冤狱国家赔偿的不同国家，其具体规定也不尽相同，如法国立法中仅规定对无罪释放者给予国家赔偿，捷克不仅对于无罪判决者给予国家赔偿，而且对于再审轻判者也予以赔偿。②

此外，国家司法侵权损害赔偿在民事、行政审判中也有所体现。如法国规定民事审判中普通法院的法官严重过失和拒绝司法而造成的损害，国家应负赔偿责任，而其他国家和地区立法则仅采用违法原则来确定民事行政审判中的侵权赔偿。

4. 其他主权行为侵权赔偿冲突

立法、执法、司法是国家主权的几种主要权能；除此之外，国家还以主权者身份进行其他活动，同样可能造成损害，如外交活动、军事活动等。国家的外交、军事等行为与一般意义上的立法、执法、司法等活动有所不同，对于该类行为致损的赔偿，立法和实践中差异很大。以军事行为为例，多数国家立法及实务中对军事行为造成的损害原则上规定不予赔偿，如《美国联邦侵权赔偿法》第 2680 条第 10 项规定"对于任何战争期间，因海陆军及海岸警卫队的作战活动所产生的赔偿请求，国家不予赔偿"。《韩国国家赔偿法》第 2 条第 1 项规定："军人或军属于作战、训练或执行其他职务中，或于供国军使用之阵地、营舍、潜艇、船舶及其他运输机器内所致之战死、殉职或因公负伤，依法令已领取灾害补偿金或抚恤金，不得再依本法或民法之规定，请求损害之赔偿。"与之相反的是有些国家和地区的立法和实务中则有所例外，即肯定国家的军事侵权赔偿，如《英国王权诉讼法》第 10 条就有条件承认军事行为损害的国家赔偿责任，该条第 1 款规定："政府的武装部队成员在执行公务时的作为或不作为所造成的他人死亡或人身伤害，只要这种死亡或人身伤害的原因也不为当时作为政府武装部队的成员的他人所蒙受，那么该成员或政府都应对此承担侵权责任。"再如《瑞士联邦责任法》就规定，联邦对平时演习所造成的损害应负赔偿责任。③

5. 非主权行为侵权赔偿的冲突

国家非主权行为是指国家所实施的性质上来说其他非主权实体也能够完成的那些行为，即国家并不必须以主权者身份即能够实施的行为。国家非主权行为侵权的典型表现形式为国家公有公共设施管理不当与设施欠缺的致人损害，现以此为例来说明不同国家立法与实务上的冲突。国际社会关于公共设施管理不当与设施欠缺的致人损害赔偿的冲突首先表现在适用法律上的不同，一种做法是适用普通民事侵权赔偿法，如英国、美国等国家；另一种做法则是适用国家赔偿的相关规定，如日本、法国、德国等国。同时，关于公共设施管理不当与设施欠缺的致人损害承担侵权责任的主体上，国际社会也不尽相同，部分国家否定国家是侵权责任主体，认为赔偿责任应由管理公有设施的国有企业或事业单位以经营管理的国有财产为限负民事赔偿责任，而不是由国家作为责任方，如中国、俄罗斯等国；另一些国家如德国、法国等则认为应由国家承担侵权赔偿。

① 参见皮纯协、何寿生：《比较国家赔偿法》，中国法制出版社 1998 年版，第 106 页。
② 参见《捷克关于国家机关的决定或不当公务行为造成损害的责任的法律》第 6 条第 2 项。
③ 参见《瑞士联邦责任法》第 17 条。

三、国家侵权赔偿损害范围的冲突

国家侵权损害赔偿范围是指国家应对其行为造成的哪些损害后果承担赔偿责任，不同于国家侵权赔偿的行为范围，损害范围则可谓是结果意义上的赔偿范围。损害范围的大小直接影响当事人的实体权利，当事人只能就被法律认可的损害获得赔偿，损害范围之外的损害，即使导致该损害的行为属于国家赔偿行为的范围，也不会产生国家赔偿责任。一般来说，侵权损害赔偿范围同法律所保护的权利范围具有一致性，即凡遭受侵害的法律权利国家都应当予以赔偿。当前，国际社会多数国家的国家赔偿法大多明确规定国家承担责任是"致使他人人身或财产发生损害"，即人身、财产损害属于国家赔偿的损害范围。然而，各国立法和实践中承认保护的权利无论是在范围还是内容上都存在差异，一国所保护的损害很可能为另一国所否定，当国家作为侵权主体时，就哪些损害应负侵权赔偿责任较之一般民事侵权造成的损害赔偿更为特殊。

(一)人身损害的赔偿冲突

人身权是民事主体最为重要的权利之一，也最容易遭致侵害。人身权是指不具有直接财产内容，与主体人身不可分离的权利，可分为人格权和身份权两种。人格权是指主体基于其法律人格而享有的、以人格利益为客体、为维护其独立人格所必需的权利，而身份权是指公民或法人依一定行为或相互之间的关系所发生的一种民事权利。

首先，各国认定保护遭受国家侵害人身损害范围的依据不同。国家应就其行为导致的哪些人身损害负赔偿责任的问题，不同国家采取不同规制模式，一部分国家参照或直接根据民事领域人身损害范围确定国家赔偿范围，另一部分国家则是将国家侵权导致的人身损害范围单独予以规定。在人身损害国家赔偿不适用民法的国家则表现出国家侵权的人身损害范围与民事主体间人身损害赔偿范围不一致的情况。以中国为例，《国家赔偿法》规定的人身损害情形包括，限制人身自由、损害健康致病致残、致人死亡、损害名誉权和荣誉权等，[1] 而对国家违法行为造成的姓名权、肖像权、隐私权、身份权等人身权利的侵害未作明确赔偿规定。

同时，国际社会不同国家关于人身权损害保护的范围也不一致。以精神损害赔偿为例，国家是否承担此种责任以及在何种情形下承担该责任各国规定差别也很大。精神损害赔偿通过对受害人经济补偿，从而在一定程度上抚慰精神与心灵，减少受害人的痛苦。这就决定了精神损害只是一种手段，旨在通过经济上对受害人的补偿达到抚慰受害人的目的。[2] 法国是较早确立国家侵权精神损害赔偿的国家，法国最高行政法院1961年11月24日在 Letisserand 案中开国家侵权精神损害赔偿的先河，法院判决认为，即使没有实际上的物质损害，独生子的死亡给父亲造成的痛苦也可作为后者获取赔偿的理由，并且以"对

---

① 参见马怀德：《完善国家赔偿立法基本问题研究》，北京大学出版社2008年版，第311页。

② 参见郭洪波：《对精神损害赔偿法律制度的若干思考》，载《当代法学》2001年第2期，第78~94页。

生存条件造成紊乱"为由，判给死者的父亲高于应赔金额的补助金。[1] 当前，越来越多的国家确立了精神损害的赔偿制度，但彼此间对精神损害的认定、赔偿原由等方面还存在较大冲突。如《韩国国家赔偿法》第5条规定："对于生命或身体之被害人之直系尊亲属，直系卑亲属及配偶，以及因身体等受到伤害的其他被害者，应在总统令所定之标准内参照被害者之社会地位、过失程度、生计状况及其损害赔偿额等赔偿精神抚慰金。"我国《国家赔偿法》第35条规定："有本法第三条或者第十七条规定情形之一，致人精神损害的，应当在侵权行为影响的范围内，为受害人消除影响，恢复名誉，赔礼道歉；造成严重后果的，应当支付相应的精神损害抚慰金。"相较之下，在哪些权利遭受国家侵害时可以适用精神损害赔偿的问题上，韩国的规定更有利于受害人。

(二) 财产损害赔偿冲突

财产事关衣、食、住、行等基本的物质生活问题，赋予民事主体财产权意义重大。财产权是人身权的对称，是指以财产利益为内容的民事权利。没有财产权是不可想象的，不仅个人的生存无法保障，而且个人的自由也失去了物质基础，因此，保护合法私有财产不受侵犯是一项重要的法律制度。公民的财产权是一个范围非常广泛的概念，包括以所有权为主的物权、准物权、债权、知识产权等，个人财产性权利同样可能遭致国家侵权，各国国家赔偿制度无不将财产损害作为赔偿的重要对象。

关于对国家行为导致的哪些财产损害国家应负赔偿责任的问题，国际社会的立法与实践并不一致。第一，各国认定保护遭受国家侵害财产范围的依据不同。部分国家和地区确定国家行为导致的财产损害赔偿时直接依据民法规定，如日本[2]等；另外一些国家则依据国家赔偿法等特别法律确定国家行为导致的财产损害范围，如德国[3]、中国[4]等。第二，各国保护遭受国家侵害的财产范围的大小不同。一般说来，依据民法确定财产损害范围要较依据国家赔偿法可能更为宽泛，以中国为例，《国家赔偿法》确定的财产损害范围仅仅是侵占财产、损坏财产以及其他损害财产利益如吊销执照、责令停产停业等。第三，各国就财产损失的认定方式理念不同从而致使损失范围不同。财产损失的认定方式主要是指界定财产损失的程序、方法和手段，以不同理念和方法界定损失时会有不同结果，从而可能将本应属于的财产损失排除在赔偿范围之外。以非法冻结财产为例，部分国家可能以并没有对财产造成损毁，仅需解冻即可，并未对财产构成实质上损害；而另一些国家则认为非法冻结财产仍属于侵占，国家除应负解冻返还之责外，还需承担其他赔偿责任。

(三) 其他损害赔偿的冲突

人身和财产作为个人最为重要的两大利益，是最常见也是最容易遭受侵害的对象，除此之外，还有一些其他的可能并不直接表现为人身和财产的利益也会遭致国家侵权，国家

---

①　参见曲义铭：《谈国家赔偿法精神损害赔偿的加入》，载《商业研究》2003年第2期，第181页。

②　参见《日本国家赔偿法》第4条。

③　参见《德国国家赔偿法》第4条。

④　参见《中华人民共和国国家赔偿法》第16条。

是否应当对人身和财产之外的损害负赔偿责任也是一个至关重要问题。不仅个人的人身和财产利益应受保护，普通民事主体的政治权、经济权、文化权、环境权等同样重要，是否将其纳入国家赔偿损害范围中国际社会做法也不一致。

第一，公民政治性权利的损害赔偿问题。政治权利又称参政权或政治参加的权利，是人们参与政治活动的一切权利和自由的总称。1966 年联大通过的《公民权利和政治权利国际公约》明确赋予个人有宗教信仰、言论、和平集会、选举和被选举等政治性权利，公约目前已有 149 个缔约国，绝大多数国家的宪法和法律承认了公约规定的个人应当享有的这些政治性权利。实践中，在将个人遭到国家侵害的政治性权利纳入国家侵权赔偿范围的问题上，国际社会的立法实践并不一致，目前多数国家的国家赔偿法明确肯定的损害范围主要集中于人身和财产领域，并未考虑个人政治性利益损害，但仍有些国家的司法实践肯定政治性权利损害的国家责任。以日本为例，1974 年札幌地方裁判所判决国家应就废除残疾人在家投票权制度承担赔偿责任，判决认为该项国家立法行为侵犯了特定公民的选举权。①

第二，公民文化权损害赔偿问题。公民的文化权利包括享受文化成果、参与文化活动、开展文化创造以及对个人进行文化艺术创造所产生的精神上和物质上的利益享受保护的权利。② 公民文化权是一个内容非常广泛的概念，主要包括：参加文化生活；享受科学进步及其应用所产生的利益；对其本人的任何科学、文学或艺术作品所产生的精神上和物质上的利益享受被保护的权利。可以看出，文化权中有一些属于个人人身和财产等私法性质的权利，如对个人文化创造产生的精神和物质利益的被保护权；也有属于国家义务的保障实现的权利，如享受文化成果、开展文化创造等权利。国家对公民文化权的侵害更多地表现为不作为即对公民文化权实现的漠视，鉴于文化权自身特殊性以及国家对公民文化权侵犯的隐蔽性，绝大多数国家并未规定国家对一般民事主体文化利益侵害的赔偿责任。但司法实践上，公民以相关文化权利受侵害起诉国家的例子也并非罕见，在欧洲人权法院受理"劳特斯诉意大利"案，③ 原告声称被告在其子女上学的教室里摆放十字架(象征耶稣，对于意大利这一天主教国家具有特殊意义)的行为侵犯了其在一个宗教中立的环境里教育其子女的权利。欧洲人权法院最终支持了原告的理由，判决意大利在教室里摆放十字架的行为同时构成了对《欧洲人权公约第一议定书》第 2 条(关于教育权)和《欧洲人权公约》第 9 条(关于思想和宗教自由的权利)的侵犯。第三，环境利益侵权的赔偿问题。环境权是指主体基于环境资源所享有的权利，对个人和组织来说，就是享有在安全和舒适的环境中生存和发展的权利，包括环境资源利用权、环境状况知情权和环境侵害请求权；对国家来说，环境权则是指国家环境资源管理权。国家在行使自身环境管理权中同样可能构成对个人环境权的侵害，在是否应将其纳入国家赔偿的损害范围的问题上，各国法院目前的态度是普遍拒绝承认个人私权性的环境权。将公民环境利益损害纳入法制保护中是人权发展的需要，部分国家的宪法或环境基本法对公民享有环境权作出了抽象、原则的规定和政策宣

---

① 参见皮纯协、何寿生：《比较国家赔偿法》，中国法制出版社 1999 年版，第 116 页。
② 参见《经济、社会及文化权利国际公约》第 15 条第 1 项。
③ Lautsi v. Italy, Application No. 30814/06, ECHR, 2010.

告，很多环境保护先进国家以法律上的具体程序性规定维护公民的环境权益，如美国的"公民诉讼"制度、日本的公害纠纷行政处理制度和公害健康受害行政补偿制度等即其著例。[①]

此外，个人基于公民身份的平等权、国际人权公约明确肯定的参与社会生活权利、经济权利、获得社会保障权利等，都有可能遭到国家的侵害，国际社会在确定将哪些具体损害纳入国际侵权赔偿范围时也都存在一定差异。

四、国家侵权赔偿方式、标准和费用的冲突

国家侵权赔偿方式是指国家通过何种形式手段承担相应责任；赔偿标准是指根据损害程度确定赔偿的准则；赔偿费用则是向被侵权者支付的赔偿费用。在国家侵权赔偿责任实现过程中，赔偿的方式和标准问题直接影响受害人赔偿请求权的实现程度，同时，国家赔偿费用的设立和管理也事关受害人权益的实现。从国际社会立法实践上来看，无论是国家侵权赔偿的方式、赔偿的标准还是赔偿费用的问题，国际社会的规定并不一致。

(一) 赔偿方式的冲突

国家侵权赔偿方式的冲突首先体现在各国设置的赔偿方式的具体种类不同。综观国际社会关于国家侵权赔偿方式的相关规定有两种主要做法：一种是仅规定金钱赔偿一种形式，如《奥地利国家赔偿法》第 1 条规定："损害赔偿形式仅为金钱赔偿"；另一种则是如德国、中国等国家和地区在金钱赔偿外还规定恢复原状、赔礼道歉等其他责任形式，如德国有金钱赔偿和恢复原状等两种责任形式，[②] 而我国国家侵权责任形式则至少包括金钱赔偿、返还财产、恢复原状、消除影响、恢复名誉、赔礼道歉六种赔偿形式。[③]

国家侵权赔偿方式的冲突还体现在对同一损害不同国家可能规定有不同的赔偿方式。从人身损害赔偿方式来说，如在我国对限制人身自由，损害健康致病、致残、致死则适用金钱赔偿，对损害名誉、荣誉则适用消除影响、恢复名誉和赔礼道歉等方式；而在奥地利则不区分人身损害的差异化，只适用金钱赔偿一种责任形式。从财产损害赔偿方式上看，我国的财产赔偿方式包括金钱赔偿、返还财产、恢复原状，并且侵犯财产权时，上述三种方式是有可能合并适用的，而日本和奥地利则仅规定金钱赔偿，显得过于单一。

(二) 赔偿标准的冲突

国家侵权赔偿标准对受害人所能获得的国家赔偿数额有着直接影响，它直接决定着被害人权益实现的充分性，赔偿标准的确定需要在国家财政和受害人权利保护之间寻求平衡。国家在确定赔偿标准时通常需要考虑经济发展程度、人权发展状况、公民对国家立法的影响力等多种因素，如何确定赔偿标准是一个较为复杂的问题，世界各国很难形成统一

---

① 参见王明远：《论环境权诉讼——通过私人诉讼维护环境公益》，载《比较法研究》2008 年第 3 期，第 53~65 页。

② 参见《德国国家赔偿法》第 2 条和第 3 条。

③ 参见《中华人民共和国国家赔偿法》第 32、35、36 条。

的标准，一般各国都是根据本国的实际情况加以确定。

1. 国家侵权赔偿标准原则的冲突

总体来说，各国在国家侵权赔偿标准上大致奉行三种不同的原则，即惩罚性原则、补偿性原则、抚慰性原则。① 在国家侵权赔偿标准施行惩罚性原则的国家，赔偿额度标准对侵害方具有惩罚性，受害方除能获得蒙受损失的费用外，还能获得额外的费用，即惩罚性赔偿下赔偿额等于受害人的损失额加上国家的惩罚金，施行惩罚性原则标准为部分发达国家所采纳。国家侵权赔偿标准的补偿性原则是指赔偿额以能够弥补受害人所受的实际损失为限，支付赔偿费用达到受害人损失之前的状态即可，该原则下赔偿数额等于实际损失额，一般为发展中国家所采用。国家侵权赔偿标准的抚慰性原则认为，国家赔偿不可能对受害人实际损失做充分救济，国家机关性质身份决定赔偿只能是象征性的抚慰，赔偿额只能限制在实际受损额之内，施行这一原则的国家通常设置有国家赔偿的最高限额，对超过限额的实际损失国家不予赔偿。

2. 人身权损害赔偿标准的冲突

在对人身侵权的国家赔偿问题上，国家一般采用根据被侵犯人身权具体形态的差异而实行不同的赔偿标准，因此，人身权损害赔偿标准的冲突表现为对不同人身权的损害各国的赔偿标准不同。

第一，国家侵犯人身自由权的赔偿标准差异较大。以中国和日本相关规定为例，在日本，由于关押或拘禁而给予的补偿，应按照日数，一天1000日元以上7200日元以下的金额比例交付补偿金，由于执行惩役、监禁以及拘押而给予的补偿亦同。法院在决定补偿金额时须考虑关押种类、时间长短、本人财产上的损失利益、精神上的痛苦以及相关国家机关有无故意或其他情况；② 而在中国，侵犯公民人身自由的，每日赔偿金按照国家上年度职工日平均工资计算。③ 不难发现，日本对侵犯自由权的赔偿标准施行主客观相结合的标准，尽管这会使赔偿更为复杂，但可能会有更为公平的结果；而中国的赔偿标准则是相对静态的、固定的，确定赔偿额度相对简洁但可能会不合理。

第二，国家侵犯生命权的赔偿标准同样存在冲突。在所有国家侵权赔偿中，侵犯生命权即致人死亡无疑是最为严重的情形，各国对生命权侵犯赔偿的冲突体现在赔偿的范围、赔偿的限额等问题上。从赔偿范围来看，生命权赔偿一般包括赔偿金、丧葬费、受扶养人的生活费、抚慰金等，但部分国家并未将受害人亲属的抚慰金纳入，同时不同国家关于受扶养人的认定范围上也有差别；从赔偿限额看，尽管多数国家都有死亡赔偿最高限额的规定，但在具体确定方式上有所不同，如日本直接采用固定数额确定限额，在冤案造成非法剥夺他人生命时，日本法律规定在2000万日元以内以适当的数额交付补偿金；④ 在韩国，损害他人生命时，对被害人的继承人(遗属)则是依下列标准赔偿：(1)以生命被害时之月薪，或每月实收额，或平均工资等，乘以将来可能就业期间计算所得金额之遗嘱赔偿；

---

① 参见赵大龙：《我国国家赔偿的赔偿标准可行性分析》，载《唯实》2011年第7期，第69~73页。
② 参见《日本刑事补偿法》第4条。
③ 参见《中华人民共和国国家赔偿法》第33条。
④ 参见《日本刑事补偿法》第4条第3项。

（2）总统令所定之殡葬费。① 在中国，则不考虑被害人生前所得，直接按职工平均工资确定，即造成死亡的，应当支付死亡赔偿金、丧葬费，总额为国家上年度职工年平均工资的20倍。②

第三，对国家侵犯健康权的赔偿标准问题，各国规定也存在差异。首先是侵害健康权赔偿的范围不同，如韩国对侵犯健康权的赔偿内容包括医疗费、休业赔偿费、残疾赔偿金、间接损害、精神抚慰金等；而日本则只有医疗费、休业赔偿费、残疾赔偿金。同时，国家侵犯健康权的赔偿标准的冲突还体现在具体费用赔偿的额度上。以医疗期误工减少收入为例，日本按受侵害者月薪或月实收额或平均工资的50%给予休业赔偿，理论上无最高赔偿额度限制；而中国则对受害者医疗期减少的收入赔偿时不考虑受害者本人收入水平，而是按每日赔偿金按上年度职工平均工资计算，并且最高赔偿额为年平均工资5倍。

3. 财产权赔偿标准的冲突

在对财产损害赔偿标准的问题上，各国的冲突首先表现在对财产损害的认定范围上。部分国家主张国家赔偿只赔偿直接损失，不赔偿间接损失；因此，在这一部分国家，与民事侵权所贯彻的全面赔偿原则相比较，国家赔偿的范围就小于民事赔偿。以违法执行罚金或罚款的赔偿为例，《日本刑事补偿法》第4条规定："应在已经征收的罚金或罚款额上，按照从征收的次日起至决定补偿之日止的日期，加上年息5厘的数额交付补偿金。"同样违法罚没在中国，则根据《国家赔偿法》第36条第1项的规定："处罚款、罚金、追缴、没收财产或者违法征收、征用财产的，返还财产。"不难发现，较之日本的违法罚没赔偿，中国国家赔偿并非全面赔偿，仅赔偿直接损失，不考虑间接损害。

同时，各国关于在国家侵犯财产权赔偿标准具体设置上也有所不同。大多数国家根据财产权侵害形态的不同而设有不同的赔偿标准，即区分罚没、灭失、损毁、已拍卖、吊销资质等分别规定赔偿准则，如中国、日本、韩国等国家赔偿法就采用这一方法，但仍有部分国家未作具体区分，如德国的国家赔偿法对赔偿标准未作明确细化规定。此外，在是否对财产赔偿标准有最低限额问题上，各国做法也不一致。《德国刑事追诉措施赔偿法》第7条规定："对于赔偿标的物是财产损失的，只负责赔偿经证明损失数额超过50马克的。"③相较而言，其他国家赔偿法则未对赔偿下限有要求，即只要造成法定财产损害国家即应负赔偿责任。

（三）赔偿费用的冲突

金钱赔偿是国家赔偿的主要方式，在部分国家甚至是唯一方式，国家赔偿责任的实现最终或大多要依赖于国家的赔偿费用。因此，国家赔偿费用的设立、管理、支付等看似技术性的问题，实际上却是受害人顺利获得国家赔偿的重要保证。比较相关国家的国家赔偿费用制度，可以发现，在设立、管理和支出等问题上存在较大差异。

第一，国家赔偿费用的设立冲突。费用的设立制度是指国家赔偿费用主要由哪级国家

---

① 参见《韩国国家赔偿法》第3条第1项。

② 参见《中华人民共和国国家赔偿法》第34条第3项。

③ 参见皮纯协、何寿生：《比较国家赔偿法》，中国法制出版社1999年版，第181页。

机关分担以及如何分担的问题，应该说，分担费用主体和来源的不同对国家赔偿费用能否实现赔偿功能产生直接影响。当前，对费用设立主体各国有不同做法，部分国家规定由中央政府设立，如法国、德国、新加坡等国家；另有部分国家和地区规定由各级政府分别负担。关于费用的来源问题，也存在两种主要做法：一是直接将赔偿费用纳入国家财政预算，这种做法为多数国家施行，如中国、法国、德国等国；另一种做法则是保险模式，即相关政府机关向保险公司投保，当发生侵权时，由保险公司向受害人支付赔偿费用，如美国地方政府就广泛采用保险制度来规避风险和管理赔偿费用，州政府可设立专用的储备资金为自己投保，地方政府则通过独立的保险公司的网络保险设立赔偿费用。① 法国的一些地区和部门也采取这种方式，保险公司向受害人支付了赔偿后，可以向政府提出赔偿请求。②

第二，国家赔偿费用的管理冲突。归纳起来，存在如下三种不同的国家赔偿费用管理模式，即分级管理、统筹管理和保险模式。在分级管理模式下，各级政府分别编制国家赔偿费用预算，各级机关自行管理费用，哪一级机关造成的损害原则上由该机关负担。统筹管理模式则是由中央政府统一编制预算作为赔偿费用，地方不负担管理赔偿费用职责，如德国。国家赔偿费用由国家财政列支，司法部门或其他行政部门每年都有预算，由政府向议会提出，如果预算不足，还可以向议会提出请求给予追加以补偿不足的费用。③ 保险模式则是指赔偿费用由保险公司负责管理，国家将赔偿具体工作交由专业性较强的保险公司，既可减轻国家业务性负担，还能使赔偿工作更谨慎合理。

第三，国家赔偿费用的支付冲突。各国（地区）在国家赔偿费用支付制度的细节方面也存在很大差异，主要体现在支付主体和支付程序上。从支付主体制度上看，存在分别支付和统一支付两种主要做法，分别支付是指由赔偿义务机关各自负责本机关的国家侵权赔偿费用支付，如中国、韩国等。根据《韩国国家赔偿法细则》规定，审议会负责赔偿申请的审理，但是赔偿金的支付由有关的机关首长负责。④统一支付则是由赔偿义务机关之外的某个机关负责全部或特定领域的国家赔偿费用支付，如在奥地利，财政部门负责赔偿义务的确认和履行；⑤ 在美国，超过25000美元的赔偿由财政部判决基金付款，行政机关将当事人的收据和司法部部长的批准移送总审计署，由总审计署通知财政部从判决基金项目付款。⑥从支付审查程序制度上看，存在支付者有无审查权两种截然不同的做法。而我国《国家赔偿费用管理办法》规定，赔偿义务机关申请核拨国家赔偿费用需要提供相关文件，财政机关对赔偿义务机关的申请有审核权。

国家侵权损害赔偿已经成为各国立法所共同关注的问题。在立法模式上，或采取单行

① 参见张红：《中美国家赔偿法学术研讨会综述》，载《行政法学研究》2005年第4期，第124～128页。

② 参见马怀德：《国家赔偿法的理论与实务》，中国法制出版社1994年版，第264页。

③ 参见汤鸿沛、张玉娟：《德国、法国与中国国家赔偿制度比较》，载《人民司法》2005年第2期，第68～73页。

④ 参见高家伟：《国家赔偿法》，商务印书馆2004年版，第307页。

⑤ 参见《奥地利国家赔偿法细则》第2条。

⑥ 参见王名扬：《美国行政法》，中国法制出版社1995年版，第749页。

法形式即出台国家赔偿专门法律，或直接适用民法典相关规定。国家侵权的赔偿同一般民事侵权赔偿一样会遇到归责原则、赔偿的行为范围、赔偿的损害范围、赔偿的形式、赔偿的标准等问题，国家在立法时应对上述问题进行明确。

国家侵权赔偿法律冲突是当前客观存在的一种法律现象，体现在国家侵权赔偿制度的各个领域。首先，表现在归责原则的不同，存在着过错原则、违法原则、危险原则、过错违法原则等不同的立法主张和实践。其次，国家侵权赔偿的行为范围各国也规定不同，可归于国家的立法行为、执法行为、司法行为、军事外交行为、非主权的管理经营行为等都可能造成损害的发生，不同国家在将哪些行为列入本国国家赔偿行为范围时做法不一。最后国家侵权赔偿的损害范围也存在差异，人身、财产乃至于不直接表现为人身财产内容的政治权、文化权、环境权等都有可能遭致国家行为的侵害，但国家间在对哪些损害担责问题上做法不同。此外，国家侵权赔偿的形式和标准也不同，在形式上有些国家采取单一赔偿形式即金钱赔偿，另一些国家有相对合理多样的赔偿形式体系；标准上则多数国家或采取补偿性原则或采取抚慰性原则，而部分发达国家则采取惩罚性原则。当然，对国家侵权赔偿的规制是一个系统的工程，除上述冲突外，关于国家侵权赔偿的救济程序各国的规定也相差很大。

国家侵权的法律冲突会产生一些不利的后果。首先，可能会对部分国家造成较为不利影响和评价。侵权赔偿的制度差异直接影响被侵权人权利的实现，受害者基于甲国赔偿法能获得的赔偿权益很可能不为乙国法所肯定，这种结果的出现容易形成特定国家的国家赔偿制度不公平的负面印象，进而会构成国际社会对该国评价的降低。其次，国家侵权赔偿冲突可能会剥夺个人的可期待利益。受害者遭致国家行为侵权后，通常会依据本国民法或国家赔偿法对所遭损害进行预期，然而实践中法院可能适用的是另一国家的国家侵权赔偿制度从而使其无法获得其正常期待的"合法"利益。最后，国家侵权的法律冲突还容易引发如"挑选法院"等程序法上的问题。法院受理国家侵权案件后，或适用本国国家侵权制度或适用他国相关制度，在知晓该国法律适用制度以及相关国家侵权实体制度差异的情况下，受害人很有可能选择对自己最有利的法院去起诉。

国家侵权赔偿制度的冲突表明构建涉外国家侵权管辖权制度的重要性，基于国家法院一般都是直接适用本国国家侵权赔偿制度处理涉外国家侵权纠纷，涉外国家侵权管辖权的确定可能直接就意味着案件结果的确定。同时国家侵权赔偿制度的冲突也表明必须构建涉外国家侵权法律适用，在考虑对涉外国家侵权施行法律选择的国家，如何在差异巨大的各国国家赔偿法间作出抉择主要是由法律适用制度所决定的。

第三节　涉外国家侵权的管辖权问题

诉讼是涉外国家侵权纠纷的重要解决方式，管辖权的确定则是诉讼的基础和前提。在确立司法方式解决涉外国家侵权纠纷过程中，需要对可诉性、管辖权国以及具体国内管辖法院等问题进行明确。从可诉性上来说，涉外国家侵权因行为者身份和行为性质的特殊可能会使其不属于司法管辖的范畴；从具体管辖国家来说，基于管辖依据的多样化，国家可能采取不同的标准来确定本国的具体管辖事项，鉴于外国国家侵权是涉外国家侵权的特殊形态，能否对其行使管辖还需进一步论证；从具体受诉法院来说，管辖权国则可能需要考虑案件特殊性而将其交由特别法院审理。

一、涉外国家侵权的可诉性

在法治国家，法院应该尽可能对争议进行管辖，此所谓"司法最终解决原则"。司法最终解决是相对的，并非所有争议都应将其归入司法管辖范围，纠纷本身还应当具有可诉性。纠纷的可诉性对于法院来说非常重要，法院受理的前提就是该争议应属于司法管辖的事项即争议具有可诉性。涉外国家侵权属于国家侵权的具体表现形态，当然，国家侵权的可诉性并不必然意味着涉外国家侵权也具有可诉性，涉外国家侵权可诉性还受到特殊因素制约。

(一)可诉性及其认定

可诉性即纠纷的可司法性，是指纠纷发生后，纠纷主体可以将其诉诸司法的属性，或者说是纠纷可以被诉诸司法因而能够通过司法最终解决的属性。[1] 纠纷是否具有可诉性，既取决于纠纷本身，更是与国家立法不无关系。确定哪些纠纷具有可诉性，实质是国家将应有诉权转化为法定诉权的过程。

司法自身的属性决定了能够被纳入可诉性范围的纠纷须具备两个基本前提：一是必须是存在于法律主体之间的有关法律利益的具体争讼；二是必须是通过法律判断能够解决的争讼。[2] 司法只能解决一部分纠纷，非法律性质的政治、经济、社会的对立以及其性质上不适合法院判断的学术性、知识能力方面的、宗教上的教义对立等纠纷，由于其欠缺"法律判断能够解决"之要件，通常被排除在司法审查的领域之外，如马歇尔大法官在马伯里诉麦迪逊一案中指出："在性质上属于政治性质的问题……决不能由法院决定。"[3]

同时，纠纷可诉性还与国家所持的司法态度立场有关。在社会政治一元化结构和传统的国家，司法空间通常比较狭窄，即使某一纠纷本身具有可司法性，也会被国家排除在诉讼范围之外。实践中，司法权不仅会被立法权所减扣，还常受制于行政权等其他国家权力，甚至是法律明确规定可以受理的纠纷在特定情况下法院都会衡量各种因素后拒绝受理。基于司法受特定国家宪政结构的影响，国家立法将哪些纠纷纳入司法管辖范围，而将哪些纠纷留给社会自治，取决于国家干预社会生活的主观愿望和客观可能。因此，纠纷可诉性又表现为国别差异性，在司法至上的国家，可诉性纠纷的范围无疑更为广泛，而在法治文明程度欠发达国家，可诉性纠纷会明显偏少。

(二)国家侵权可诉性的形成和发展

1. 国家侵权可诉性的形成

首先，国家侵权纠纷属于可诉性纠纷要件中的法律主体间争议。国家侵权是属于法律主体间基于法律利益的冲突，这为其被纳入可诉性问题奠定了基础。如前已述，仅法律主

---

①　参见刘敏：《裁判请求权研究》，中国人民大学出版社 2005 年版，第 154 页。

②　参见杨建顺：《公共选择理论与司法权的界限》，载《法学论坛》2003 年第 3 期，第 11~17 页。

③　Marbury v. Madison, 5 US 137 (1803).

体间的法律争议方具有可诉性，国家侵权关系中无论是相关主体还是受到侵害的利益均具有法律性。从主体上看，国家具有国际法和国内法上的双重独立人格，可以而且应当对其自身的行为承担责任，而作为权利受侵害的个人和组织无论是根据国际人权法抑或各国国内法上的一般民事主体制度，他们的独立人格也被法律认可。从利益角度来看，国家行为的受害者通常是其人身权和财产权遭受损害，自然人的人身权和财产权也同样是被国际人权条约和国内相关法明文肯定和保护的重要对象。

其次，国家侵权还符合可诉性要件中的具有法律上可争讼性的要求。从可争讼性角度来说，国家侵权同一般民事侵权无根本区别，均有侵权之事实以及损害之结果，甚至可以直接适用一般民事侵权解决制度。实践中，国家侵权赔偿适用民事法律制度的例子并不少见，如《日本国家赔偿法》就规定，"除特别规定外，国家和团体的损害赔偿责任，依民法之规定"。① 韩国也有类似条款，肯定国家侵权赔偿参照民事侵权处理。② 部分国家相关立法直接将民法中侵权赔偿适用于国家侵权，是对国家侵权和一般侵权具有共性的肯定，同时表明，国家侵权赔偿争议本身是同民事侵权一样是属于可由法律决断的事项。

此外，国家侵权若被国家主观异化为非可诉性问题明显不妥。如前所述，即使纠纷本身具有可诉性，也仍有可能被国家排除在司法管辖之外，但是，国家侵权则不应当被立法异化为"非可诉性纠纷"。一方面，将国家侵权视为不可诉问题可能构成对人权侵犯。个人、组织在国家面前总是弱小无助的，若无完善的以国家强制力为后盾的司法保障制度给予国家侵权受害者必要救济，人权有可能成为空谈。另一方面，明确国家侵权的可诉性还是法治文明的需要。法治要求国家机关及其工作人员必须遵守宪法和法律，一切违反宪法和法律的行为必须予以追究，司法作为法治的重要手段，应当充分发挥其在依法治国中的重要作用，将国家侵权排除在司法管辖范围之外显然与法治理念不符。

2. 国家侵权可诉性的发展

国家侵权可诉性的确立同国家赔偿责任制度的建立基本上是同一过程，只有从立法上明确国家应当对其造成的损害承担相应的赔偿责任，方会考虑用司法介入的方式去追究责任。因此，没有国家赔偿责任制度，国家侵权就不会成为可诉性问题。国家赔偿责任的确立经历了完全无责期、相对有责期以及较全面责任期三个阶段，相应地，国家侵权也逐渐从一个不可诉问题最终演变为可诉性问题。

(1) 不可诉阶段。19世纪70年代以前，理论和立法都肯定国家无责，司法毫无追究国家责任的机会，这一时期国家无责、不可诉的局面主要是受到绝对国家主权论和国家无过失理论的影响。国家主权绝对论认为国家主权是至高无上不受限制的，人民对国家应当绝对服从，绝无国家因其违法侵权行为而赔偿人民所受损害的道理。绝对主权论强调国家和普通主体间的不对等性，强调国家的权威性和最高性，法院无须也无权对国家如何处分人民的行为进行裁判。不难发现，绝对主权论将国家置于法律约束之外，从根本上否定了

---

① 参见《日本国家赔偿法》第4条。
② 参见《韩国国家赔偿法》第8条。

国家被诉的可能性。同时，这一时期国家无责、不可诉的局面还与国家无过失理论的盛行有关。根据过失责任原则，没有过失就没有责任，国家是无生命体，国家活动都是通过机构官员进行的，国家是不可能有过失的，违法过失的是官员，造成损害应当由官员承担相应的侵权责任而不是国家。尽管19世纪以前国家无责不可诉理论占据统治地位，但相关理论一直以来也都饱受争议。针对盛行的国家无过失不担责论，美国行政法学家伯纳德·施瓦茨曾指出："侵权责任将为社会保险理论所替代，国家责任的基础将不是过失，而是补偿。"①此外，绝对主权论即国家基于主权者身份不需要对其造成的损害承担责任的观点也被人权学者批评，并被认为有违法治精神，如1873年法国法院在勃朗戈案中就曾指出："国家赔偿责任不是绝对的，其规则应根据公务需要和平衡国家权利与私人权利的必要性而变化。"②

（2）可诉阶段。19世纪70年代以后，对国家侵权的司法追究逐步被立法与实践所确立。早在1919年，就有国家的国内立法规定："官吏就其所受委任之职务行使公权力，而违反对第三人之职务上义务时，原则上由该官吏所属的国家或公共团体负其责任，上述损害，得以非常司法手续请求之。"③不难发现，该立法明确表明官员违法行为承担责任的主体是国家，并且赋予受损害者有权以特殊司法手段去请求救济，即法律明确规定了国家的侵权赔偿责任，并将其归为可诉问题，受损民众可通过特别司法手段实现权利救济。20世纪以来，尤其是"二战"以来，国家侵权的有责性与可诉性更是得到国际社会普遍承认，各国纷纷制定国家赔偿法以明确国家侵权责任及其实现的司法路径，如1946年《美国联邦侵权赔偿法》、1947年《英国王权诉讼法》、1947年《日本国家赔偿法》等，上述立法中或规定由普通法院或是确立专门法院审理国家侵权索赔案件。

（三）涉外国家侵权可诉性的影响因素

涉外国家侵权可诉性的一般影响因素是指影响所有类别国家侵权可诉性的那些共同的因素，如国家行为的性质、类别对国内性国家侵权的可诉性构成影响，这些影响对涉外国家侵权同样存在。除此之外，涉外国家侵权的可诉性可能还要受外国人地位以及外国国家身份等特殊问题的制约。

1. 一般影响因素

尽管国家侵权同一般民事主体侵权一样具有可诉性，但在具体表现上二者还存在较大差异，主要是可能存在着部分国家侵权行为不属于可诉性范畴。一般说来，国家行为的性质、种类是其可诉性的重要影响因素。

一方面，国家行为性质对其可诉性构成影响。从性质上来说，可将国家行为分为主权行为和非主权行为（也称管理权行为），前者是指以国家凭借主权者身份而其他主体无权进行的行为，如立法、司法、征收财产、军事行为等行为；后者是指国家和私人均可从事的行为，如国家购买粮食、采购办公用品等，尽管上述国家行为也是为了公共目的，但从

---

① 参见［美］伯纳德·施瓦茨：《行政法》，徐炳译，群众出版社1986年版，第530页。
② 参见王名扬：《法国行政法》，中国政法大学出版社2003年版，第690页。
③ 参见德国《魏玛宪法》第131条。

性质上说还是与立法、司法、军事等行为有区别的。将国家行为按性质区分为主权行为和管理权行为并设定不同管辖权制度是很多国家的常见做法。从 19 世纪 70 年代到"一战"前，国家施行统治权行为不承担损害赔偿责任，而国家及其经营企业不涉及国家统治权的运用，当国家非权力作用造成损害时，则国家应如同民事主体一样承担责任。① 从国家行为司法管辖早期制度来看，对于国家统治权行为通常不会被认为是可诉性问题，即司法不予介入；对于国家管理权行为造成损害，则立法上可能将允许法院其参照民事赔偿制度加以处理。法国法院最早介入国家行为的赔偿案就是基于非主权行为的赔偿，法国国营烟草公司工人开车作业时将勃朗戈的女儿撞伤，勃朗戈认为对于国营公司工人过失造成的损害国家应按民法有关规定赔偿，并向法院起诉，法院于 1873 年 2 月 8 日作出判决明确承认国家赔偿责任。时至今日，国家行为的性质仍是法院受案时考虑的重要因素，仍有部分国家否定主权行为的可诉性。

　　另一方面，国家行为类别对其可诉性构成影响。随着人权和法治发展，国家主权行为逐渐被要求应与非主权行为一样就其造成的损害承担赔偿责任，并应同样受到司法管辖，即国家主权行为应同样具有可诉性，然而相对于一般侵权赔偿，国家主权行为的侵权赔偿仍未实现"全面肯定"，部分国家立法中仍有不少条文明确将特定种类国家主权行为列为赔偿诉讼的禁区。如针对行政立法行为造成损害，当前多数国家否定该种责任，但部分国家司法实践中却有所改变，如法国行政法院早在 1936 年就开创了承认国家应对经济措施立法所致损害赔偿责任的先例，日本札幌地方裁判所小尊支部法庭也在 1974 年判决中认为，废除残疾人在家投票制度是违宪的，国家应当承担赔偿责任。② 此外，部分国家立法中还明确规定，对国防、外交、戒严等行为造成的损害，不负赔偿责任。国家应当承担责任，但不对其全部侵权行为承担赔偿责任已是多数国家的立法共识，涉外国家侵权中同样会遇到因部分种类国家行为的不可诉性从而使得受害人无法寻求司法救济的局面。

　　2. 特殊影响因素

　　一方面，外国人的法律地位对涉外国家侵权的可诉性会产生影响。本国国家实施的受害者为外国人的侵权是涉外国家侵权中的一个具体门类，但对行为国来说，该类侵权有可能因外国人地位问题规定使其不具有可诉性。国家承认公民对本国国家所致损害的求偿权，并不意味着外国人同样有权在该国法院可以就该国国家行为导致的损害提起诉讼。尽管国际社会普遍认同应给与外国人国民待遇，但这种待遇仍不是绝对的，在涉外国家侵权诉讼领域可能就是例外。若一国施行的是有限领域国民待遇并将本国国民获得国家赔偿权及求偿权并不赋予外国人，那么这将意味着在该国不可能发生外国受害者提起的涉外国家侵权之诉。此外，对那些承认外国人有权就其损害起诉的国家来说，给予外国人国民待遇时通常以互惠为条件，若相关外国国家并没有赋予自己国民相同待遇，则该外国国民同样无权提起对行为国的侵权之诉。

　　另一方面，外国国家身份对涉外国家侵权的可诉性也会构成影响。外国国家侵权是涉外国家侵权的重要类别，受理该类涉外国家侵权时，外国国家身份是必须考虑的因素。国

---

　　① 参见皮纯协、何寿生：《比较国家赔偿法》，中国法制出版社 1999 年版，第 26~27 页。

　　② 参见皮纯协、何寿生：《比较国家赔偿法》，中国法制出版社 1999 年版，第 116 页。

家管辖豁免是一项重要的国际法制度，根据该原则一个国家不可以受理另一个外国主权者为被告的案件。国家管辖豁免制度的存在对一个国家受理外国国家侵权造成法律障碍，即外国国家身份使得外国国家侵权行为成为不可诉问题。随着国际交往的发展，外国国家不应当依其身份的特殊性而当然享有管辖豁免正逐渐成为共识，已有不少国际条约和国内立法就外国国家管辖问题进行了明确规定，其中部分条款涉及对外国国家侵权损害的司法管辖问题。鉴于国家管辖豁免下外国国家侵权管辖较为复杂重要，下文予以探讨。

二、外国国家侵权的管辖豁免

对一国来说，可基于被诉主体的不同将涉外国家侵权分为本国国家和外国国家的侵权。外国国家侵权不同于本国国家行为引发的涉外侵权，对外国国家的司法管辖可能要受到国际法上国家管辖豁免原则的规制。实践中，法院受理外国国家侵权时通常会遇到外国国家以"平等者之间无管辖权"为由的抗辩。

(一)国家管辖豁免理论及影响

1. 国家管辖豁免的定义

国家管辖豁免也被称为国家及其财产的管辖豁免，是一项被普遍接受的国际习惯法原则，这一原则的含义是指一国本身及其财产依照国际法的规定在另一国法院享有管辖豁免。[1] 自1234年罗马教皇格列高里九世颁布"平等者之间无管辖权"的教谕以来，国家主权原则得到世界各国的普遍赞同。[2] 主权是指国家具有的独立自主处理自己对内对外事务的最高权力，依照国家主权平等原则，国内法院一般不得对外国国家行使司法管辖权，鉴于这种豁免主要是基于国家的法律人格，因此，也通常称之为属人理由的豁免。

国家豁免理论被公认为属于国际法上的一项正当的习惯国际法规则。[3] 对于国家豁免，存在着两种主要理论即绝对豁免论和限制豁免论，该两种理论分别在不同国家的立法和司法实践中得到支持。绝对豁免论是一种最古老的国家豁免理论，在19世纪得到了所有西方国家的支持。该理论认为，不论国家行为性质如何，在他国均享有绝对的豁免，除非该国放弃其豁免权。自20世纪特别是"二战"以来，国家从事商业活动较为普遍，在国家与外国自然人和法人的商业纠纷中，为使自然人和法人向法院申诉的权利得到保护，限制豁免理论逐渐被一些国家立法和司法实践所肯定。限制豁免论则主张把国家活动分为主权行为和非主权行为，主权行为享有豁免而非主权行为不享有豁免。限制豁免论正获得越来越多国家的认同，既有的国际法律文件如1972年的《欧洲国家豁免公约》、2004年《联合国国家豁免公约》也都持限制豁免立场，肯定了缔约国对外国国家部分行为的司法管辖权。

外国国家侵权管辖的另一种立场则是不区分侵权行为性质，即主张即使外国侵权行为

---

① 参见邵沙平：《国际法》，中国人民大学出版社2010年版，第145页。

② 参见韩德培主编：《国际私法》，高等教育出版社、北京大学出版社2007年版，第70页。

③ Lauterpacht, *The Problem of Jurisdictional Immunities of Foreign States*, 28 British Yearbook of International Law, 1951, pp. 220-226.

属于"统治权行为"或"非商业行为"，国内法院也可行使管辖权案。美国(1976)、英国(1978)、加拿大(1982)、澳大利亚(1985)等国的国家豁免立法在对外国国家侵权管辖时几乎都是淡化对行为性质的区分，《欧洲国家豁免公约》《联合国国家豁免公约》中关于侵权管辖条款也并未要求区分行为性质。不区分外国国家侵权行为性质也是有理论根据的，根据国际法，一国未经他国允许，在后者领土从事公法职能或"统治权行为"都是非法的。① 除非国家间合意，一国在他国领域内活动，应受当地法院管辖，是基于国际法的属地管辖原则。② 目前，许多学者主张，即在由于国家侵犯具有强行法性质的人权，特别是违反禁止酷刑的规定而造成人员伤亡的情况下，应当取消国家管辖豁免。③

2. 国家管辖豁免理论对外国国家侵权司法管辖的影响

首先，绝对豁免论否定了国内法院有权受理对外国国家提起的侵权诉讼。绝对豁免论主张，无论是国家的主权行为抑或非主权行为造成的损害，除非国家明确放弃，否则在他国完全不受管辖。具体到侵权领域，绝对豁免论要求对外国国家侵权行使司法管辖必须征得该外国国家的同意即外国自愿放弃豁免权，同意以被告身份出现在侵权诉讼中。然而，基于政治、经济等因素考量，国家通常不会同意他国法院对己进行司法管辖。在国家绝对豁免论占统治地位的19世纪，几乎没有出现过国内法院司法追究外国国家侵权的案例。

其次，限制豁免理论对外国国家侵权案件的管辖也造成一定程度影响。限制豁免论主张外国国家的非主权行为不享有豁免权，而一国法院不得对外国国家的主权行为行使管辖。如前已述，国家的主权行为和非主权行为都有可能构成侵权造成损害，限制豁免论主张不对外国国家主权行为导致侵权予以司法管辖，如若行为国自身也怠于管辖，那么将使得该部分涉外国家侵权无从得到司法救济的机会。社会生活中国家通常以主权者身份出现的，即绝大部分国家行为从性质可能被定性为主权行为，因此，尽管限制豁免论肯定了对外国国家侵权行为的司法管辖，但将外国国家主权行为排除在司法管辖范围之外而仅对其非主权行为的侵权予以管辖，其意义就比较有限。

最后，关于国家豁免的废除豁免论则便于国内法院对外国国家侵权案件行使司法管辖。废除豁免论产生于20世纪40年代末50年代初，英国国际法学家劳特派特是该理论创始人。该理论主张从根本上废除国家管辖豁免原则，并确认国家不享有豁免是一项原则，外国国家仅在少数情况下享有豁免。废除豁免论有别于绝对豁免论，也不同于限制豁免论。废除豁免论者认为，法院所在国的管辖权优于外国国家的豁免权，给予外国国家豁免权就会使外国国家凌驾于法院所在国法律之上，侵害法院所在国的主权、平等和独立。④ 具体到侵权领域，根据废除豁免论，一国对外国国家侵权行为行使管辖时既无须考虑外国国家的特殊身份，也不用区分外国国家行为的性质，当然地对外国国家侵权案件享

---

① Singher, *Abandoned Sovereignty Limit Exemption*：*Analysis on Legal Jurisdiction*, 26 Harvard Human Rights Journal, 1994, pp. 46-47.

② Crowford, *International Law and Foreign Sovereign*：*Transaction Immunity*, 54 England Yearbook of International Law, 1983, p. 111.

③ Lorna McGregor, *State Immunity and Jus Conges*, 55 International and Comparative Law Quarterly, 2006, p. 442.

④ 参见黄进：《论"废除豁免论"》，载《现代法学》1986年第1期，第62~63页。

有司法管辖。

(二) 外国国家侵权管辖的国内立法与实践

专门立法规制外国国家豁免是 20 世纪 70 年代以后出现的新现象。有趣的是，以成文法典为主要法律渊源的欧陆国家至今在国家豁免问题上仍没有专门法典；相反，那些判例法的英美法系国家却纷纷制定出关于外国国家豁免的专门立法。① 关于对外国国家侵权案件的国内管辖，在制定外国国家豁免立法的国家，除巴基斯坦以外都规定外国非商业侵权行为不享有管辖豁免。② 尽管如此，不同国家在对外国国家侵权行使司法管辖的具体细节性问题上还存有一定的分歧。

1. 大陆法系

1972 年的《欧洲国家豁免公约》在侵权领域已经摈弃了基于外国行为性质决定管辖权行使的做法，但条约并未在欧洲范围内普遍生效。③ 多数国家尚未制定外国国家豁免法，欧洲大陆法系部分国家仍然沿用基于行为性质的区分来决定对外国侵权行为的管辖，④ 但也仍存在一些外国主权行为侵权的司法案例。

以主权行为由拒绝对外国国家侵权案件行使管辖的司法案例在大陆法系很多国家法院有所体现。在丹麦铁路案⑤中，属于丹麦国家公共铁路公司的一辆巴士在德国发生交通事故，受害人在德国基尔地区法院提起诉讼，要求丹麦国家公共铁路公司赔偿损失。德国基尔法院认为，丹麦国有的铁路公司运营巴士的行为是一种私法行为，因此，被告不享有豁免权。在射击范围扩张案⑥中，德国公民认为，驻扎在德国的美军扩大军事射击范围，使其合法权益造成损害，请求德国法庭颁布禁令阻止美军对其军事射击范围进行扩张，德国最高行政法院认为，美国驻德军事基地作为美国政府机构，其扩张军事射击范围行为属于政府公共行为，虽然该行为给德国公民造成财产损害，但根据习惯法，德国法院对外国的政府行为无管辖权。在 1961 年奥地利法院的"霍鲁贝克诉美国案"⑦中，奥地利人就其汽车被美国大使馆邮件车撞坏向法院起诉要求损害赔偿时，奥地利最高法院就认为索赔请求不是针对邮件运送行为，而是针对私法性质的道路使用行为和汽车驾驶行为，因而本国法

---

① 参见龚刃韧：《国家豁免问题的比较研究——当代国际公法、国际私法和国际经济法的一个共同课题》(第二版)，北京大学出版社 2005 年版，第 99 页。

② 参见龚刃韧：《国家豁免问题的比较研究——当代国际公法、国际私法和国际经济法的一个共同课题》(第二版)，北京大学出版社 2005 年版，第 256 页。

③ 1972 年通过的《欧洲国家豁免公约》已于 1976 年 11 月开始生效，根据公约第 36 条第 3 项规定，成员国在其交存批准书或接受书之日后满 3 个月开始生效，欧洲各国是否适用公约取决于其是否批准接受。

④ 参见龚刃韧：《外国侵权行为与国内法院管辖权》，载《法学研究》1992 年第 5 期，第 65～71 页。

⑤ 参见夏林华：《不得援引国家豁免的诉讼》，暨南大学出版社 2011 年版，第 109 页。

⑥ Shooting Range Extension Case, *Federal Republic of Germany*, *Supreme Administrative Court*, 86 International Law Reports, 1991, pp. 532-536.

⑦ 参见《国际法判例汇编》(第 40 卷)，第 73 页；转引自龚刃韧：《国家豁免问题的比较研究——当代国际公法、国际私法和国际经济法的一个共同课题》(第二版)，北京大学出版社 2005 年版，第 260 页。

院有管辖权。在 1987 年荷兰诉联邦德国案①中，原告荷兰人为执行其与联邦德国刑事调查局的协议到德国交付麻醉品时被德国警察逮捕并被德国处以 9 年徒刑，原告在狱中请求荷兰法院对德国发出禁令要求德国送其回国并赔偿损失，荷兰地方法院以该案行为属于公法性，认定不应管辖。

大陆法系国家也出现过不少对外国国家主权致损行为的司法管辖案例。以征收或国有化为例，大多数国家法院承认征收或国有化是主权行为，在具体判例中，部分国家法院有所松动。以法国最高法院 1979 年的国家公路运输公司诉阿尔及利亚转口和租船公司等案为例，② 最高法院受理并认为没有给予适当补偿的外国国家征收财产的行为在法国没有法律效力。比利时那慕尔商事法院 1986 年在 ACSYNGO 诉圣·哥班公司案中，③ 也强调指出为满足国际公共秩序的要求，外国国有化既不应是掠夺性的也不应是有歧视性的。尽管上诉案例并非直接以外国国家为被告提起，但鉴于案件自身涉及对外国国家主权行为的评判，因此，也可视为对外国国家的管辖。

2. 英美法系

《美国外国主权豁免法》肯定了若某外国或者该外国任何官员或雇员在职务或雇佣范围内的行动中发生侵权行为或过失，从而在美国境内造成人身伤害、死亡或者财产损害或丧失，受害一方为此有权请求该外国追索损害赔偿金。④ 由此可以看出，美国法院在侵权领域，并不需要区分外国政府或官员所谓的行为是主权行为还是非主权行为。在对外国国家侵权行为管辖是否应区分其行为性质问题上，美国众议院司法委员会认为其《外国主权豁免法》中的侵权行为例外条款目的是"允许交通事故或其他非商业侵权行为的受害人在美国对外国维持诉讼"⑤。美国法院随后的司法实践也证明不在侵权领域对外国国家行为进行"统治权行为"和"管理权行为"的区分。在 1980 年的莱特利尔等诉智利案⑥中，原智利外长莱特利尔及其助手在华盛顿遭到智利国家特工暗杀，死者亲属在美国联邦地区法院以智利国家等为被告要求损害赔偿，法院作出了支持原告的缺席判决。在美国驻伊朗大使馆被扣押引发的麦基尔诉伊朗共和国案⑦和佩辛格诉伊朗案⑧中，美国法院在确定管辖权时也都没有考虑外国国家行为性质问题，只是以与美国不存在领土联系为

---

① H. Fox, *State Responsibility and Tort Proceedings Against a Foreign State in Municipal Court*, 20 Netherlands Yearbook of International Law, 1989, pp. 22-29.

② 参见《国际法判例汇编》(第 65 卷)，第 83 页；转引自龚刃韧：《国家豁免问题的比较研究——当代国际公法、国际私法和国际经济法的一个共同课题》(第二版)，北京大学出版社 2005 年版，第 230 页。

③ 参见《国际法判例汇编》(第 82 卷)，第 128 页；转引自龚刃韧：《国家豁免问题的比较研究——当代国际公法、国际私法和国际经济法的一个共同课题》(第二版)，北京大学出版社 2005 年版，第 230 页。

④ USC § 1605(a)(5).

⑤ Jorgen Brohomer, *State Immunity and the Violation of Human Rights*, Martinus Nijhoff Publishers, 1997, p. 58.

⑥ Letelier v. Republic of Chile, 488 F. Supp. 665 (D. D. C. 1980).

⑦ Mckeel v. Islamic Republic of Iran, 722 F. 2d 329 (9th Cir. 1983).

⑧ Persinger v. Islamic Republic of Iran, 729 F. 2d 835 (D. C. Cir. 1984).

由没有行使管辖。

1978 年《英国豁免法》第 5 条规定："国家在涉及下列情事的诉讼中，不得享有豁免：(a)死亡或人身伤害；或(b)有形财产的损害或灭失，只要此等情事是因在联合王国境内的作为或不作为引起的。"可以看出，英国在对外国国家的侵权行为管辖豁免权确定时也没有再进一步区分"统治权行为"和"管理权行为"。① 此外，在澳大利亚和加拿大等国家在涉及对外国国家致损行为管辖时，也均未区分行为性质。在澳大利亚，其国家豁免法第 13 条规定，外国国家在涉及下列内容的司法程序中不能享有司法豁免："(a)人员的死亡或人身伤害；或(b)有形财产的灭失或损失；且是由于发生在澳大利亚的作为或不作为而引起的。"1982 年《加拿大外国国家豁免法》第 6 条规定："在下列诉讼中，外国国家不得享有豁免：死亡与人身伤害，或发生于加拿大的财产损害与损失。"不难发现，澳大利亚和加拿大的豁免立法中也并未因外国国家侵权行为的主权性而当然地给予管辖豁免。此外，《新加坡国家豁免法》第 7 条和《南非外国主权豁免法》第 6 条也都规定相同内容，即不区分外国国家行为性质。

(三)外国国家侵权管辖的国际立法与实践

1. 《欧洲国家豁免公约》与外国国家侵权的国内管辖

1972 年《欧洲国家豁免公约》是较早规定国家在人身伤害和财产损害方面不得援引管辖豁免的国际条约，公约关于对外国国家侵权管辖的规定主要见于第 11、29、31 条，其中第 11 条是国家侵权可予管辖的一般范围和事项，第 29 条和第 31 条则是不能对外国国家侵权予以管辖的几种具体情形。② 《欧洲国家豁免公约》第 11 条规定："缔约国不得主张免于另一缔约国法院的管辖，如诉讼涉及因人身伤害或毁损有形财物而请求损害赔偿，而造成伤害或毁损的事实又发生于法庭地国的领域内，其伤害和毁损的肇事者在发生此项事实时，亦在该领域内。"可以看出，《欧洲国家豁免公约》并不认为外国国家行为的性质对其能否被他国管辖构成影响，但要求缔约国主张管辖权时则应有"领土"上的联系。《欧洲国家豁免公约》第 29 条、第 31 条则规定了缔约国不能行使管辖的事项，其第 29 条规定："本公约不适用于涉及下列事项的诉讼：……(二)原子事件造成的财产损失或人身伤害……"第 31 条规定："本公约任何条款均不得影响缔约国武装部队，在另一缔约国领土内时，其一切行为或不行为，或其他有关事项，享有的豁免权或特权。"尽管《欧洲国家豁免公约》部分条款否定了缔约国对外国国家特定侵权损害的司法管辖，但是其仍概括地赋予缔约国有权对包括主权侵权在内的一般的外国国家侵权予以管辖。

作为处理人权纠纷的地区性国际司法机构，欧洲人权法院受理过大量的缔约国公民起诉国家侵权的纠纷，该类纠纷绝大多数是由国家主权行为所引起。在桑德鲁诉罗马尼亚案中，③ 欧洲人权法院认为罗马尼亚政府应当对其政府军警镇压游行中枪击桑德鲁亲属事件

---

① H. Fox, *State Responsibility and Tort Proceedings Against a Foreign State in Municipal Court*, 20 Netherlands Yearbook of International Law, 1989, p. 22.

② 《欧洲国家豁免公约》于 1976 年在塞浦路斯交存批准书 3 个月开始正式生效，目前共有荷兰、瑞士、比利时、德国、奥地利、英国、塞浦路斯、卢森堡 8 个缔约方。

③ Sandru and Others v. Romania, Application No. 22465/03, ECHR, 2001.

负责。在考拉古鲁诉土耳其案中，① 欧洲人权法院认为土耳其政府在对考拉古鲁追究刑事责任过程中，没有给予对方指定辩护人且诉讼时间过长违背人权公约。在"安德路若维奇诉波兰案"中②，安德路若维奇于 1993 年被波兰指控犯有盗窃罪。整个刑事诉讼过程持续了14 年之久，直到 2007 年 5 月才停止。欧洲人权法院认为他所经历的刑事诉讼过长，不符合《欧洲人权公约》第 6 条规定的"合理期限"，并判决波兰政府赔偿 5000 欧元。

2.《联合国国家豁免公约》与外国国家侵权的国内管辖

2004 年第 59 届联大通过的《联合国国家豁免公约》专门对一国政府及其机构在另一国法院的地位问题进行规制。③ 该公约关于对外国国家造成人身和财产损害国内管辖问题的规定主要在第 12 条："除有关国家间另有协议外，一国在对主张由可归因于该国的作为或不作为引起的死亡或人身伤害、或有形财产的损害或灭失要求金钱赔偿的诉讼中，如果该作为或不作为全部或部分发生在法院地国领土内，而且作为或不作为的行为人在作为或不作为发生时处于法院地国领土内，则不得向另一国原应管辖的法院援引管辖豁免。"不难发现，该条承认侵权行为地国家法院有权受理可归因于外国国家的作为或不作为而使个人蒙受人身伤亡或财产损害或灭失的全部起诉，这显然有利于对外国的司法追责。此外，还值得注意的是，《联合国国家豁免公约》第 12 条本身所述的国家行为或不行为也没有进行"统治权行为"和"管理权行为"之分，对此，作为该公约草案重要参与者的国际法委员会在其评论中也指出，《联合国国家豁免公约》"不作此类区分"④，意即无论国家行为是否出于主权目的，都不得援引管辖豁免。

在论及公约适用的损害范围问题时，国际法委员会在起草该公约草案时认为，第12 条规定的损害范围应主要是"关于交通事故对个人造成的意外死亡或人身伤害或是对有形财产造成的损害，包括以铁路、公路、空中或水陆载人运货时所涉及的大部分事故"，以及包括"例如殴打、恶意损害财产、纵火或甚至杀人并包括政治谋杀在内的故意的有形损害"。⑤ 从公约条款及国际法委员会相关解释说明可以得知，该公约是支持缔约国受理外国国家侵权案件的，并且不承认外国国家以国家行为主权性为由援引豁免，并对损害范围作了有利于受害人的解释，这也使得缔约国受理外国国家侵权之诉机会得到增加。⑥

---

① Colakoglu v. Turkey, Application No. 29503/03, ECHR, 2009.

② Andrulewicz v. Poland, Application No. 40807/07, ECHR, 2009.

③ 目前，《联合国国家豁免公约》已有包括中国在内的 28 个国家签署，但仅有奥地利、法国、伊朗、日本、黎巴嫩、挪威、葡萄牙、哈萨克斯坦、罗马尼亚、沙特、西班牙、瑞典、瑞士 13 国已正式交存批准书。

④ Report of the Ad Hoc Committee on Jurisdictional Immunity of State and Their Property (2004). General Assembly Official Records of Forty-ninth Session, Supplement No. 22 (A/59/22), 45, Paras. 4-5; 转引自夏林华：《不得援引国家豁免的诉讼》，暨南大学出版社 2010 年版，第 89 页。

⑤ U. N. Doc. A/46/10, 116; 转引自夏林华：《不得援引国家豁免的诉讼》，暨南大学出版社 2010年版，第 89 页。

⑥ Christopher Keith Hall, *UN Convention on State Immunity: The Need for A Human Right Protocol*, 55 International and Comparative Law Quarterly, 2006, p. 419.

外国国家的主权者身份一直是影响管辖的重要因素，但在侵权领域这一状况已有很大改变，越来越多的国际和国内法律文件已经将国家侵权作为管辖豁免的例外来对待。同时，尽管限制豁免论仍有重大影响，但对外国国家统治权引发的侵权行使管辖正被越来越多的国家肯定。因此，不考虑涉外国家侵权案件中行为国的国家身份及其行为性质，统一确定涉外国家侵权管辖制度可能更为适当。

三、涉外国家侵权案件管辖权的确定

作为一个可诉性问题，必须对涉外国家侵权的管辖机构予以明确。在这个过程中，首先面临的问题是涉外国家侵权应由国际司法机构抑或国内法院受理，若可由国内法院管辖，则还需明确哪些国家可以行使司法管辖权。

(一)国际司法机构管辖

国际司法机构应当成为涉外国家侵权纠纷的具体受案机构。国际司法机构是独立于涉外国家侵权双方主体的第三方，由其受理更能保证案件处理结果的公正性。尽管国际司法机构介入涉外国家侵权可能会给相关当事主体尤其是国家带来"约束"和"不便"，但在国际司法机构管辖机制下，个人、团体及非政府组织的受害者能够与行为国处于平等的诉讼地位中，有利于充分保障被侵权者的合法权益，无疑是值得倡导的。

涉外国家侵权案件的国际司法机构管辖在欧洲发展得较好。在欧洲，普通民事主体若认为其权利受到《欧洲人权公约》缔约国侵害时，可向欧洲人权法院提起诉讼，法院有权去判定损害赔偿。[①] 欧洲人权法院有权受理欧洲委员会 47 个成员国居民的上诉，欧洲人权法院新闻发言人于 2013 年 1 月底透露："在去年未判决的案件中，针对乌克兰和罗马尼亚的分别为 8.4% 和 8.2%，乌克兰人和罗马尼亚人来告状，多数是由于本国政府侵犯人权以及要求返还前共产党政权没收的祖产。"[②]当前，欧洲人权法院受理的国家侵权案件大多属于国民诉其国籍国，但并不是说该法院仅能受理国民诉国家案件。在达奥迪诉法国案中，[③] 达奥迪原籍阿尔及利亚，5 岁时随父母来到法国，在法国上学并成为一名电脑工程师。2001 年自然获得法国国籍。2001 年 9 月达奥迪因为与基地组织有染被捕。2002 年 3 月他因为涉嫌参与准备自杀袭击和伪造文件被起诉并被剥夺了法国国籍。2005 年他被判处 6 年监禁并被永久驱出法国领土。2008 年 4 月 7 日达奥迪上诉要求废除对其永久驱除的判决，法国法院驳回了他的要求。随后，达奥迪向欧洲人权法院起诉，法院经过审理认为，法国政府的做法过于武断，尽管达奥迪曾经参与恐怖主义活动，但法国政府应该考虑对其人权情况的保护，法院最终判决法国政府违反了《欧洲人权公约》第 3 条(关于禁止非人道待遇)的规定。

---

① 根据《欧洲人权公约》第 34 条规定，欧洲人权法院"可受理因缔约国侵犯本公约及其议定书所载的权利因而受害的任何个人、非政府组织或个人团体提出的申诉，缔约国承诺以任何方式妨碍此项权利的有效行使"。

② 参见苏清：《俄罗斯人是欧洲人权法院起诉大户》，载《青年参考》2010 年 2 月 9 日，第 04 版。

③ Daoudi v. France，Application No. 19576/08，ECHR，2010.

必须认识到，涉外国家侵权完全交由国际司法机构管辖还不够现实。当前国际司法机构的数量还非常有限，能够直接受理涉外国家侵权纠纷的机构更是少之又少，即使是在可以直接受理个人诉国家侵权的欧洲人权法院，也并没有排除相关国内法院的司法管辖权，并且欧洲人权法院管辖并不是当然优先于国内法院的管辖，若国家侵权正通过国内渠道进行解决，则欧洲人权法院是不能介入的。① 值得注意的是，一般情况下，国家也不会放弃对与自己有关事项的司法管辖权，成立国际司法机构还需要达成更为广泛共识，因此，当前国际司法机构在涉外国家侵权的司法解决中发挥的作用还相对有限。

(二)行为国管辖

1. 行为国管辖相关理论

行为国对自己为被告的案件行使司法管辖可能与法律所要求的正义原则相违背。从程序正义角度来说，裁判中立是司法的底线，一般来说，最恰当的解决程序机制应是第三方解决，即利益冲突应由与该利益冲突无利害关系的第三方来裁断，涉外国家侵权中，行为国作为纠纷的直接参与人若同时又担当纠纷的裁决人，显然不符合程序正义的基本要求。从实体正义来说，诉讼的最终目的是结果的公平，使当事人的诉求得到最为合理公平的解决，当私人利益与本国国家利益产生冲突时，很难保证涉案国家能公平公正地对待他人利益。

行为国对涉外国家侵权案件行使管辖有着足够的理论依据。首先，行为国管辖符合国家管辖制度中的属人管辖原则。无论是国际法层面抑或国内法层面，国家都是独立法律人格者，国家人格独立性使得其可以如同一般主体一样接受其"国籍国"管辖。涉外国家侵权关系中国家作为行为主体，无论国家侵权行为发生于何地，该"国籍国"均有理由主张属人管辖权。其次，行为国管辖符合"平等者之间无管辖权"的国际法原则。如前所述，在"平等者之间无管辖权"原则下，国家不得受理以外国国家为被告的案件，因此，将涉外国家侵权交由行为国自己处理，无疑不会违反"平等者之间无管辖权"这一原则的内在要求。最后，行为国管辖符合便利司法原则。原告就被告是多数国家司法管辖权确立的一种重要原则，由被告所属国行使管辖权有利于司法过程中许多活动的开展。此外，从判决的执行来说，涉外国家侵权判决也适宜交由行为国管辖。对于国家侵权案件，作为被告的国家承担责任的可能性很大，若案件由其他国家而不是行为国管辖，则他国法院的判决可能难以得到行为国的承认和自愿执行，直接由行为国管辖无疑能有效避免判决的落空。

2. 行为国管辖的国内立法与实践

尽管涉外国家侵权行为国管辖在理论上遭到一定反对，但从立法和司法实践上看，针对外国人向本国提起的国家侵权赔偿之诉，无论是大陆法系国家还是英美法系国家，都肯定了本国法院具有当然的管辖权。

《奥地利国家赔偿法》肯定了互惠和相互保证前提下外国人有权向奥地利请求国家赔偿。② 就奥地利官署和机关执行法令造成外国人的人身伤害或财产损失，当外国人向奥地

---

① 《欧洲人权公约》第 35 条规定："根据公认的国际法规则，法院仅可以处理系在国内的救济方法系已援用无遗之日起的 6 个月内提交的。"

② 参见《奥地利国家赔偿法》第 7 条。

利寻求国家赔偿时，根据《奥地利公职责任法》第 9 条第 1 项"对被害人对权利人提出的赔偿之诉裁决，在第一审级有违法行为发生地辖区有权行使民事案件管辖权的州法院专属管辖"的规定可以看出，该法直接肯定奥地利国家相关法院有权受理外国人起诉奥地利国家侵权，奥地利并没有对本国国家行为引发的侵权案件而在管辖问题上进行"主动回避"。同样，瑞士国内法院也可以对外国人起诉瑞士联邦的案件管辖，"对于公务员在执行其公职的活动中对第三人因违法行为所造成的损害，不论该公务员是否有过错，均由联邦承担责任"。① 当外国人就其遭受瑞士联邦侵权起诉时，根据《关于联邦及其机构成员和公务员的责任的瑞士联邦法》第 10 条的规定"可以向联邦法院提出"。

在美国，《联邦侵权赔偿法》对以美国政府为被告的侵权案件管辖权同样作出了规定，《联邦侵权赔偿法》并未对外国人索赔另行加以规定，依法院解释，凡是在美国境内的外国人只要因为联邦政府人员执行职务引起的损害，外国人都可以依该法的规定请求赔偿，② 《联邦侵权赔偿法》将对美国联邦提起侵权赔偿之诉的初审权赋予联邦地区法院。③ 在英国，1947 年的《王权诉讼法》肯定了王权应为侵权行为上的责任主体，④ 并同样赋予个人在王权诉讼法实施后具有控诉王权之请求权，⑤ 在确定具体对控诉王权的管辖法院问题上，该法第 13 条和第 15 条分别规定高等法院和郡法院可基于事由的不同予以受理，英国王权诉讼法同样规定了外国人在国家侵权赔偿及诉讼方面的国民待遇，因此，当外国人起诉英国国家时，英国法院会对该起诉本国国家的涉外侵权纠纷予以管辖。

日本法院受理部分中国公民对日索赔之诉即是典型的行为国司法管辖案例。1995 年 6 月 28 日花岗案件为中国公民在日本提起的第一个民间索赔案例，截至 2012 年，据不完全统计，中国公民（居民）在日本共提起约 26 宗民间索赔诉讼案例。绝大多数案件最终以时效或以豁免权为由被驳回，尽管案件结果的合理性和合法性值得商榷，但日本法院的受理行为本身却并不非法。

（三）受害者母国管辖

若涉外国家侵权关系中的受害者具有行为国国籍，此时受害者国籍国同时作为行为国，根据行为国管辖理论，此时母国对该案当然具有管辖权。涉外国家侵权关系中的受害者通常情形下可能是不具有行为国国籍的外国人，对于发生在境内的本国国民遭外国国家侵权，此时受害者母国同时还是行为地国，基于属地原则母国也当然享有管辖权。除此之外，可能面临的另一种情形是，当本国国民在境外遭受外国国家侵权时，可否对此予以管辖。

---

① 参见《关于联邦及其机构成员和公务员的责任的瑞士联邦法》第 3 条第 1 项。

② 参见皮纯协、何寿生：《比较国家赔偿法》，中国法制出版社 1999 年版，第 219 页。

③ 《美国联邦侵权赔偿法》制定于 1946 年，1948 年被废除并修改为《联邦司法法》，其第 1346 条规定："凡联邦政府之任何人员于其职务范围内因过失、不法行为或不行为，致他人财产损失或人身上之伤害或死亡，于当时环境下，美国联邦政府如处于私人地位，依据行为或不行为发生之地法律对请求权人负赔偿责任时，联邦地区法院，对于因诉求金钱赔偿而提起的民事诉讼，有排他的管辖权。"

④ 参见《王权诉讼法》第 2 条。

⑤ 参见《王权诉讼法》第 1 条。

1. 受害者母国的保护职责

国家和公民之间也是互负义务的，一方面公民应履行对母国的义务，但同时母国也应当保护公民的相关权益。当位于国外的本国人在东道国的合法权益受到侵害时，母国有义务采取某些措施提供帮助。国际实践中，母国对海外公民最为常见的是外交保护，主要是由本国外交机关通过外交途径来加以落实。

受害者母国的外交保护正经历着由国家权利向国家职责的转变。传统国际法理论和实践认为，母国的外交保护是母国的权利，属于母国自由裁量决定的范围。首位对外交保护制度进行系统阐述的国际法学家波尔查德在论及这一问题时也强调，"国家并没有对其国民行使外交保护的义务，公民在国际法上也不具备相应的权利"。[1] 早期相关国际司法机构作出的判决也将母国外交保护视为母国的权利。国际常设国际法院 1924 年在马弗龙马提斯诉巴勒斯坦特许权案的判决中指出："事实上，一个国家支持某一国民，帮他诉诸外交行动或进行国际法律诉讼就是在维护国家本身的权利，是确保体现在其国民身上国际法的权利。"[2]国际法院 1970 年在巴塞罗那电车案中也进一步指出"只有国家可以决定是否提供保护，在何种程度上提供保护，以及何时停止提供保护"。[3] 如若将国家外交保护定性为受害者母国的一项权利即国家可自由选择的行为，显然不利于维护受害者的合法权益，国家外交保护应当被认为是国家必须履行的一种职能。国家外交保护权重新定性也得到相关国际组织的重视，国际法委员会起草的《外交保护条款草案》就认为母国负有一定的保护义务，其第 19 条规定："本条款草案有权行使外交保护的国家应：（a）充分考虑行使外交保护的可能性，特别是当发生了重大损害时；（b）对于诉诸外交保护和寻求赔偿之事，尽可能考虑受害人的意见；并且(c)把从责任国获得的任何损害赔偿在扣除合理费用之后转交受害人。"草案将传统国际法上国家行使外交保护时的绝对主导性变为职责性，并承认受害人的参与权和求偿权，是母国保护制度人本化的体现，无疑是更为合理的。

受害者母国的司法管辖应是母国外交保护职责在手段和形式上的进一步发展。外交保护是传统国际法上的一项重要制度，根据该理论，国际不法行为、当事人的持续国籍原则和东道国用尽当地救济原则是母国行使外交保护所必须具备的三个条件。[4] 尽管这一规定尤其是持续国籍和用尽当地救济原则对受害者母国行使保护职能作出重大限制，但母国的权利还是得到国际法的适度承认，鉴于母国的国内司法机关和外交机关同属于承担国家职能的机构，国内法院承担一定的本国国民侵权求偿案件属于国家对本国国民保护职责在国内不同部门间的任务分配，因此，也是适当的。

2. 受害者母国的属人管辖

属人管辖强调的是国籍联系，即国家有权对具有其本国国籍的人或物行使管辖。属人管辖是国际法上公认的国家行使管辖权的重要原则，它赋予了国家对涉及本国国民的行为

① Borchard, *The Diplomatic Protection of Citizens Abroad*, Banks Law Publishing Co., 1915, pp. 79-80.

② 参见陈致中：《国际法案例》，法律出版社 1998 年版，第 308 页。

③ 参见陈致中：《国际法案例》，法律出版社 1998 年版，第 408 页。

④ 关于三个要件的详细论述，参见梁淑英：《论外交保护的条件》，载《国际法律问题研究》，中国政法大学出版社 1999 年版，第 216~263 页。

事件，无论发生在何处均可予以管辖。从内容上看，作为以属人为依据的国家管辖同样应包括司法管辖职责，即有权受理本国相关主体的一切诉讼。涉外国家侵权关系中的受害者母国的属人管辖可能会与行为国管辖、行为地管辖产生冲突，但不能由此而否定其管辖的资格。同时，受害者母国的管辖还会面临外国国家管辖豁免的问题，但也并不能由此否定受害者母国基于国际法而享有的该项管辖权能。

受害者母国应尽可能确立属人管辖权以保护本国国民合法权益。基于司法法定理念，在没有立法确定属人性司法管辖权的国家，该国国民可能无法就其在国外遭遇的外国国家侵权向母国提起诉讼。尽管受害者母国消极行使属人司法管辖权并不违反国际法，但此举可能会因此而放弃了解决相关纠纷事务的机会，也不利于本国的国家利益和本国国民利益的维护。

3. 受害者母国管辖的国内立法与实践

尽管仅以国籍为由对发生在国外的外国国家侵权行为行使司法管辖还未能获得广泛共识，但部分国家的立法和实践对此已有松动。对于本国公民在境外遭受的外国国家侵权的司法管辖，部分国家的做法是先考虑是否符合本国的一般涉外侵权管辖标准，然后再依据国家管辖豁免相关规定以确定该外国国家是否应享有豁免权。

以法国为代表的包括意大利、荷兰、卢森堡和希腊等国家一般依据当事人的国籍来确定管辖权，而不管当事人在诉讼中是原告还是被告，也不管当事人住所在国内还是境外。①如《法国民法典》第14、15条规定，若诉讼当事人具有法国国籍，在享有管辖权方面：（a）不管被告是何国籍，他都可以在法国法院起诉；（b）不管具体情况如何，他都要在法国法院被诉。法国将当事人国籍作管辖主要依据的做法适用于契约债务、准契约债务、侵权行为之债以及有关权利能力和身份地位的案件之中。② 对于一般涉及法国国民的涉外侵权案件，法国法院通常会予以受理，但当法国国民起诉的侵权对象是外国国家时，法国法院受理后还会考虑国家管辖豁免相关规定。如1986年法国上诉法院审理的法国承建商诉喀麦隆政府和发展银行案"③中，喀麦隆发展银行为喀麦隆政府与法国承包商建设医院一事提供担保，最终喀方不适当支付法方款项，法国承建商以对方未能履行合同和财产性权利受到损害为由在法国法院起诉喀麦隆政府和银行，喀方主张国家豁免权，但法国法院认为喀方不符合管辖豁免例外之情形，受理该案并最终支持法国承建商的诉求。

德国确定对涉外侵权案件享有管辖权的主要依据是被告的住所地和财产所在地，但当事人的国籍也是重要的依据。④ 在射击范围扩张案中，在德国公民就美军扩大军事射击范围造成的损害请求德国法庭颁布禁令阻止美军射击范围的扩张，本案中被告为美国政府，德国法院受理依据之一即受害原告为德国人，德国最高行政法院最终认为，美国军事基地行为属于"主权行为"因而美国享有豁免权而拒绝管辖，但此纠纷的先立案再否定的过程也同时说明受害者母国的属人管辖与外国国家管辖豁免间并不存在冲突，属人管辖是行使

---

① 参见韩德培主编：《国际私法新论》，武汉大学出版社1997年版，第624页。

② 参见李双元、谢石松：《国际民事诉讼法概论》，武汉大学出版社2001年版，第206页。

③ 转引自夏林华：《不得援引国家管辖豁免的诉讼》，暨南大学出版社2010年版，第213页。

④ 参见赖紫宁：《国际民事诉讼管辖权的根据及其新发展》，载《中外法学》1999年第2期，第102-110页。

管辖依据而外国国家管辖豁免则是不予管辖的理由。

在美国，有多部法律涉及美国公民在境外遭受外国国家侵权的保护问题，如《酷刑受害人保护法》(Torture Victim Protection Act)①、《反恐怖主义法》(Anti-Terrorism Act)②、《劫机受害人保护法》(Trafficking Victim Protection Act)③等都为美国公民在美国国内寻求司法保护提供了法律依据。在司法实践上，美国法院受理了大量的美国公民以侵权为由起诉外国国家的诉讼，如在洛克比空难案中，美国遇难者家属向美国联邦地区法院提起诉讼，控告利比亚政府幕后支持该项恐怖活动，法院基于侵权行为不在美国境内而宣告其不具有管辖权，④但《反恐怖主义法》出台后原告重新起诉，法院认为："基于利比亚的行为造成了美国公民的伤亡，法院认为对本案有管辖权。"⑤在弗罗洛娃诉苏联案⑥中，弗罗洛娃夫人原是美国研究生，1981年在苏联从事研究期间与苏联人弗洛罗夫结婚，1981年6月弗罗洛娃签证到期回到美国，但丈夫出国签证遭到苏联阻拦。弗罗洛娃以苏联拒签给其精神和肉体造成痛苦为由在美国法院提起诉讼，并要求苏联赔偿损失。美国联邦地区法院受理此案，因涉及对苏联国家行为的评价问题，最后基于国家行为原则未支持原告诉求，但其受理行为仍表明美国允许国民起诉境外发生的外国国家侵权，只是因法律适用问题未能满足原告诉求。在尼尔森诉沙特阿拉伯案⑦中，美国公民就在沙特医院工作期间无故遭遇拷打，在美国起诉，联邦上诉第十一巡回法院认为，尽管侵权行为不在美国发生，但原告为美国公民且征聘发生在美国，因此与美国存在实质性联系，美国有管辖权。

(四)行为地国管辖

属地管辖权无疑是国际民商事案件诉讼管辖权确定问题上最为重要的原则。⑧ 具体到涉外侵权案件来说，行为地管辖是属地管辖原则的直接体现，同时，行为地还是收集证据、查明案情最为便利的地方，由其作为管辖国无疑是非常便捷的。如前已述，行为国、受害者母国对涉外国家侵权案件管辖既有法理依据，也已被立法和实践所肯定，因此，若无特别说明，以下所指行为地国与行为国和受害者母国不存在竞合，即主要探讨行为地国能否对外国国家在本国境内实施的对外国国民侵权的管辖问题。

1. 行为地国管辖理论依据

行为地国作为涉外国家侵权管辖权国根源于国家主权之属地最高权。对于本国实施的发生在本国境内的涉外国家侵权，行为地国同时又作为行为国当然享有管辖权；对于外国国家实施的发生在本国境内的侵权，行为地国同样可以属地最高权为由行使管辖权。国家

---

① 28 USC. §1350.

② 18 USC. §2333.

③ 18 USC. §1595.

④ Smith v. Socialist People's Libyan Arab, 113 International Law Reports, 1999, p.536.

⑤ 113 International law Reports, 1999, pp.541-542.

⑥ Frolova v. Union of Soviet Socialist Republics, 761 F.2d 370 (7th Cir. 1985).

⑦ Saudi Arabia v. Nelson, 507 US 349, 362-363 (1993).

⑧ 参见韩德培主编:《国际私法》,高等教育出版社、北京大学出版社2007年版,第470~471页。

基于属地原由行使管辖权得到国际社会公认，1949 年联合国大会通过的《国家权利和义务宣言草案》第 2 条就规定"各国对其领土以及境内的一切人与物，除国际法公认豁免者外，有行使管辖之权"。① 作为国家主权独立基础的属地管辖权是国家不可缺少的权利，已被国际社会公认为具有排他性，即国家在其领土内可以充分地和不受干涉地行使统治权，排除一切外来参与、竞争和干涉。

行为地国对相关案件的司法管辖还具有优先性。当其他国对同一关系基于其他法理依据也有权行使管辖职能，但如果其行使管辖与属地管辖国之间存在冲突，则该外国国家的管辖权就要受到属地管辖权的限制。正如国际常设法院在 1927 年荷花号案判决中指出："……不得以任何方式在另一个国家的领土上行使权力，管辖权不能由一个国家在它的领土外行使，除非依据来自国际习惯或一项公约的允许性规则。"②

行为地的认定是涉外国家侵权行为地国管辖制度的关键和基础。行为地是指构成侵权行为的法律事实所在地，侵权行为的构成通常会要求须有损害的发生即有侵权结果的出现，因此，侵权行为地包括侵权行为实施地和侵权结果发生地。对一般的侵权行为，其实施地和结果发生地具有同一性，但也仍然会出现行为实施地和侵权结果发生地不一致的现象，此时，如何界定侵权行为地将直接影响国家管辖权的行使。司法实践中，认定侵权行为地有三种不同做法即侵权行为实施地标准、侵权结果发生标准和二者兼采标准。③ 认定标准的多元化可能使得行为地国管辖复杂化，即会出现多国均主张自己为行为地国以寻求对特定涉外国家侵权案件行使管辖权。因此，国家若确立涉外国家侵权行为地管辖原则时必须明确本国采用哪种标准来认定行为地。

2. 行为地国管辖的相关立法与实践

在美国，涉外国家侵权的行为地管辖是一项重要制度。《美国国家豁免法》规定，法院可以受理如下侵权案件，若"某外国或者该外国任何官员或雇员在职务或雇佣范围内的行动中发生侵权行为或过失，从而在美国境内造成人身伤害、死亡或者财产损害或丧失"。④ 可以看出，领土联系是对外国国家侵权管辖的重要条件。美国 1976 年的拉特里尔诉智利共和国案⑤就属于行为地国管辖的最好例证。该案中，智利前外长拉特里尔及其助手在美国华盛顿被汽车炸弹杀害，美国政府调查后认定该暗杀是由智利特工受政府相关首脑指示所为。随后，受害者家属向美国法院起诉智利政府，美国对发生在本国境内的涉及外国国家的暗杀行为，认定智利不享有豁免，并随后判决被告赔偿原告 500 万美元。⑥

在加拿大，根据 1982 年《加拿大外国国家豁免法》规定，对于伤害或损害发生在加拿大境内的外国国家侵权案件具有管辖权，但如果侵权行为发生在加拿大境内，而伤害或损

---

① 参见王铁崖、田如萱：《国际法资料选编》，法律出版社 1982 年版，第 45 页。

② Barry E. Carter & Phillip R. Trimble, *International Law*, Little Brown Company, 1994, p. 737.

③ 兼采标准是指侵权行为实施地和结果发生地均作为侵权行为地。如我国《最高人民法院关于适用〈中华人民共和国民事诉讼法〉若干问题的意见》第 28 条规定，"侵权行为地包括侵权行为实施地和侵权结果发生地"。

④ 28 USC. § 1605(a)(7).

⑤ Letelier v. Republic of Chile, 488 F. Supp. 665 (D. D. C. 1980).

⑥ 63 International Law Reports, 1982, p. 278.

害发生在加拿大境外，则加拿大无管辖权。① 司法实践中，加拿大严格按照行为地原则处理外国国家侵权案件。在保乍瑞诉伊朗共和国案②中，受害人保乍瑞原为伊朗国民后移居加拿大，他向加拿大安大略省法院起诉伊朗，声称在伊朗期间受到伊朗非法拘禁、劫持和死亡威胁，法院最终认定对该案无管辖权，其理由为："国家豁免法第6条允许对外国国家侵权行为行使管辖权，但前提是该管辖必须是发生在加拿大，本案中原告的肉体伤害和心灵创伤都发生在伊朗。尽管保乍瑞移居加拿大后其伤害仍会持续，但这并不能改变伤害发生在伊朗的事实。"加拿大法院审理的沃克诉纽约银行案③是外国国家侵权案件行为地国管辖原则的又一例证。该案中美国海关官员假扮武器买家向加拿大人沃克购买一批军火，并要求沃克将武器运至美国境内某被法律禁止从事军火交易的目的地，纽约银行为这一交易提供真实性担保，沃克乘飞机到美国时，被指控违反美国有关规定而被逮捕，沃克作出重返美国接受审判承诺后被暂允回加拿大。沃克回国后在加拿大法院起诉美国政府、纽约银行及其雇员，要求被告对其遭受非法拘禁、诬告、欺诈承担责任。加拿大上诉法院首先肯定了纽约银行及其雇员属于美国的机构和代表，即该案管辖权问题应受国家豁免法的调整。随后，法院认为，根据《加拿大外国国家豁免法》规定，加拿大法院对美国这一侵权行为不具有管辖权，因为本案涉及的人身伤害并不发生在加拿大境内，沃克自愿从加拿大飞往美国，逮捕拘禁都发生在美国，其遭受损害也发生在美国，不符合第6条关于对外国国家侵权管辖上的领土的要求。

《英国国家豁免法》第5条规定："国家在涉及下列情事诉讼中，不得享有豁免：（a）死亡或人身伤害或(b)有形的财产损害灭失，只要此等情事是在英国境内的作为或不作为引起。"有关英国法院的外国国家侵权行为管辖领土要件的典型案例为阿里·阿丹斯里诉科威特政府案，④ 该案中，英国初审法院对原告起诉科威特国家的要求没有支持，其理由是科威特国家的行为并不是发生在英国境内，不符合《英国国家豁免法》规定管辖领土联系要件。随后，阿里·阿丹斯里就英国法院的拒绝管辖诉至欧洲人权法院，阿里·阿丹斯里声称，国际强行法上的禁止虐待要求超越了国家豁免规则，英国给予科威特管辖豁免违背其应承担的国际义务，欧洲人权法院认为尽管虐待构成对国际强行法的违反，但国家并不因此丧失管辖豁免权，不过，欧洲人权法院认为，英国对该案的不予管辖违反了《欧洲人权公约》第6条规定。⑤ 司法实践中，英国法院也并不是绝对依据侵权行为发生地标准决定对外国国家致损案件行使管辖的，如在洛克比空难引发的对利比亚案中，恐怖分子在飞机上放炸弹行为发生在英国领土外，而飞机爆炸的结果发生在英国苏格兰上空，这似乎不符合《英国国家豁免法》第5条关于管辖领土要件标准。英国法院认为，该案中还有一种过失行为发生在英国境内，即机组人员没有及时排除炸弹危险，或是没有尽到警示义

---

① 参见《加拿大外国国家豁免法》第6条。

② Bouzari and Others V. Islamic Republic of Iran，124 International Law Reports，2003，pp. 427-250.

③ Walker v. Banker of New York Bank Inc.，104 International Law Reports，1997，pp. 277-284.

④ Al-Adsani v. the Government of Kuwait，107 International Law Reports，1999，p. 536.

⑤ 《欧洲人权公约》第6条第1项规定："在决定某人的民事权利和义务或在确定对某人的任何刑事罪名时，任何人有权在合理的时间内受到依法设立的独立与公正之法庭的公平与公开的审讯。"

务，过失尽管不是造成空难的主要原因，但仍然构成英国法院管辖的基础。①

《澳大利亚国家豁免法》第 13 条也确立了对外国国家侵权的行为地国管辖原则，采用的确立标准与英国完全一致。但综析英、美、加、澳在外国国家侵权行为地管辖具体规定后，不难发现还是存有一定差异的，即加拿大和美国采取的是损害发生地原则，英国和澳大利亚的依据则主要是侵权行为发生在境内。相对来说，侵权行为地原则被更多国家采纳，除英国、澳大利亚外，新加坡、南非等国的豁免法也都明确规定了对外国国家侵权管辖的行为地原则。甚至是在大陆法系国家，也将侵权行为地作为对外国国家侵权管辖的一般条件，如法国 1968 年拒绝对卡瓦利夫人诉西班牙及其国营铁路部门案行使管辖的理由之一即卡瓦利夫人遭受损害是在西班牙旅行时而不是在法国发生；联邦德国 1987 年拒绝对涉及切尔诺贝利核电站引发诉苏联等果园污染案管辖，是考虑到行为发生地不在法院地国。②

(五) 其他有管辖权国家

除行为国、受害者母国和行为地国有权对涉外国家侵权案件行使管辖权外，其他国家如被告财产所在地国、诉讼标的物所在地国以及其他与案件有联系国家等也都有可能对涉外国家侵权主张司法管辖。

1. 被告财产所在地国家管辖

财产所在地国管辖权的正当性源于国家主权原则，是国家对其领域内特定物行使管辖的具体体现。侵权案件被告财产所在地国家管辖原则在很多国家的国内法上已有体现。最早确立被告财产所在地法院管辖原则的是《普鲁士民事诉讼法》。该法规定，普鲁士的臣民对在普鲁士有动产或不动产的外国人，可以在这些财产所在地法院提起为了用境内财产满足诉讼请求(诉讼目的)的诉讼，即使是对人的债权诉讼。在近代，至少有 14 个国家采用被告财产所在地管辖规则，其中还不包括那些先对被告财产实行扣押而后行使管辖权的国家。③《德国民事诉讼法》第 23 条就属于被告财产所在地管辖的典型规定："对在内国没有住所的人提起有关财产法上的请求权的诉讼，财产所在地法院有管辖权。"当然，立法和实践中，施行被告财产所在地国家管辖在部分国家可能会有特殊限制，如要求财产必须具有特殊形式、财产价值应与案件间等值等。④

对涉外国家侵权案件施行被告财产所在地国家管辖原则是必要的。一方面，在行为

---

① Hock, *The State Immunity Act 1978 and Its Interpretation by English Court*, 48 Austrian Journal of Public International Law, 1995, pp. 141-142.

② 参见龚刃韧：《国家豁免问题的比较研究——当代国际公法、国际私法和国际经济法的一个共同课题》(第二版)，北京大学出版社 2005 年版，第 260 页。

③ 参见徐崇利：《被告财产所在地涉外民事管辖适用问题探讨》，载《法律科学》2000 年第 4 期，第 67~74 页。

④ 对被告财产所在地管辖权除了从"财产"的形式上和价值上加以限制之外，日本学界还主张，此类管辖权的行使应以被告财产"持续"在法院地国域内为要件。关于涉外案件财产所在地管辖的更多问题，参见郭玉军：《财产所在地的国际裁判管辖权》，载黄进、刘卫翔编：《当代国际私法问题》，武汉大学出版社 1997 年版，第 112~125 页。

国、行为地国乃至于在受害者母国进行诉讼可能特别困难，甚至可能会出现无法得到公正合理解决的机会，因此增加管辖国家的范围显得特别关键。另一方面，基于财产属地性，被告财产所在地国家显然与该案主体存在某种基本联系，由其受理纠纷后一旦确定被诉国侵权成立，被告财产所在地国家则能够将境内被告相关财产用于清偿，能够避免出现判决不能执行的情况发生。司法实践中，同样有以财产所在地为由受理涉外国家侵权的案例，如英国法院审理的科威特航空公司诉伊拉克案就是较好的例证。① 1990 年，伊拉克入侵科威特期间扣押科威特航空公司的 12 架民航客机，并将它们划归伊拉克国有航空公司。这些飞机后来有 4 架在巴格达炸毁，2 架被伊拉克重新喷漆后成为伊拉克国内班机，另有 6 架流失到伊朗。由于伊拉克航空公司在英国有许多财产，于是科威特航空公司于 1993 年在英国起诉伊拉克政府及伊拉克航空公司要求赔偿损失，初审法院法官否定了伊拉克国家豁免的主张，受理此案并作出了缺席判决，英国与该案的主要联系就是被告的部分财产位于境内。②

2. 诉讼标的物所在地国家管辖

国际民事诉讼中物权争议一般由诉讼标的物所在地国家法院管辖已经为世界各国所普遍承认。对于涉外国家侵权中的财产性权益的侵犯，同样可由该诉讼争议财产所在地国家的法院行使管辖权。诉讼标的物是指当事人双方争议的，要求法院裁判的实体权利所涉及的物质实体。诉讼标的物所在地国家管辖权同样源于国家属地管辖原则，基于属地管辖原则，国家对其领域内的一切人、物和事件有行使管辖的权利，而诉讼标的物所在地国家管辖正是国家对其领域内特定物行使管辖的具体体现。

尽管诉讼标的物所在地国家和被告财产所在地国家行使管辖权的基础都源于国家属地管辖权，但二者之间存在较大差别，这主要源于诉讼标的物和被告财产两者本身的不同。首先，诉讼标的物与案件存在直接的关系，诉讼应当围绕该标的物直接进行，而被告财产与案件不存在直接性联系。其次，尽管诉讼标的物同被告财产一样具有财产性、物质性，但诉讼标的物从性质上来说可能属于原告财产。此外，对于特定诉讼，可能不存在诉讼标的物，但一般情况下，被告会有财产。因此，在某种程度上可以说，诉讼标的物所在地国家的管辖甚至比被告财产所在地国管辖更具正当性。

3. 普遍管辖权国的管辖

传统意义上的普遍管辖权主要是针对国际罪行，当前国际社会的普遍管辖权正从国际刑事领域向民事领域发展。普遍民事管辖则是指国家应当对严重国际罪行的受害者提供民事救济，普遍民事管辖理由同样源于行为本身的国际危害性。当国家实施诸如恐怖、大规模侵犯人权的行为构成国际法上罪行时，此时若仍授予国家管辖豁免权相当于是对国际不法行为的支持。③ 对涉外国家侵权案件来说，普遍管辖权国家是指即使一国并不存在属

---

① 276 Lloyd's List Law Reports 276，1994，p. 281；转引自夏林华：《不得援引国家豁免的诉讼》，暨南大学出版社 2010 年版，第 105 页。

② H. Fox, *States in the Market Place*，110 the Law Quarterly Review，1994，pp. 78-85.

③ J. A. Blair & K. E. M. Parker, *The Foreign Sovereign Immunities Act and International Human Rights Agreements：How They Co-exit*，17 University of San Francisco Law Review，1982，p. 71.

人、属地以及其他直接利益上的联系，但若侵犯了包括本国在内的国际社会整体利益时仍可行使管辖的那些国家。

一般认为，普遍民事管辖权肇始于美国法院对其 1789 年制定的《外国人侵权索赔法案》的运用。该法案规定："如果外国人遭受到的侵权系违反国际法或美国加入的条约，对于该外国人因此而在美国提起的民事侵权索赔诉讼，美国联邦地方法院有权管辖。"该法条为外国人遭受的国际性人权侵犯提供诉因，早期该类诉讼的常见被告为外国政府及其官员。尽管缺乏传统的管辖依据，美国法院仍据此受理大量相关案件。在菲拉蒂加诉巴拉圭案①中，一位叫菲拉蒂加的巴拉圭青年因遭受巴拉圭警长违法执法残害致死，后该警长以旅游名义逃到美国，菲拉蒂加的姐姐和父亲到美国知悉后遂以法案为依据提起侵权索赔诉讼。纽约东区地方法院认为，一国如何对待国民属于内政，美国法院无权干涉，所以法院没有管辖权并宣布撤销诉讼，判决作出后原告提起上诉，第二巡回法院认为，《外国人侵权索赔法案》授权联邦法院对包括酷刑在内的侵犯公认的国际法所规定的人权的诉讼进行管辖，不管原告或被告事实上是否与美国存在联系，该法仍然适用，接到发回重审判决后，纽约地方法院于 1984 年对该案作出判决，要求向原告支付共计 10385364 美元的赔偿金。

但总体来说，国际人权侵犯普遍管辖权的运用目前仍主要发生在美国。司法实践上，美国多数法院一直主张，当外国国家行为构成对一般国际法（或国际强行法）的违反时，此时不需要存在直接联系（如领土联系），美国法院当然享有管辖权。以违背国际强行法或对一切义务为由对外国国家侵权行使管辖典型案例为范·达德尔诉苏联案。② 该案中，范·达德尔的兄长沃伦伯格在"二战"中是在匈牙利首都布达佩斯工作的外交官，当 1945 年苏联占领匈牙利后，尽管沃伦伯格拥有外交官身份但仍被苏联逮捕，起初苏联一直拒绝承认对沃伦伯格的扣押，直到 1957 年苏联才承认沃伦伯格被苏联国家安全部官员不当扣押并宣称其已于 1947 年自然死亡。范·达德尔就此在美国法院提起诉讼，美国法院认为苏联行为构成对国际法的根本违反，并认为当违反的是具有国际强行法性质或对一切义务的国际法时，不需考虑任何因素法院应当行使管辖权，苏联违反外交特权豁免原则对沃伦伯格的扣押行为恰好属于这一范畴。

在国际层面，也有部分条约涉及国家侵权的普遍管辖问题。《禁止酷刑和其他残忍、不人道或有辱人格的待遇或处罚公约》第 14 条规定："（1）每一缔约国应在其法律制度内确保酷刑受害者得到补偿，并享有获得公平和充分赔偿的强制执行权利，其中包括尽量使其完全复原。如果受害者因受酷刑而死亡，受其抚养人应有获得赔偿的权利。（2）本条任何规定均不影响受害者或其他人根据国家法律可能获得赔偿的任何权利。"由此可见，缔约国有责任为酷刑受害者提供获得赔偿的救济途径，并不需要考虑酷刑的发生地、酷刑受害者或实施者的国籍等问题，这就为缔约国司法介入遭受外国国家酷刑受害者的救济提供了更为宽泛的国际法依据。

---

① Filartiga v. Pena-Irala, 577 F. Supp. 860 (E. D. N. Y. 1984).

② Von Dardel v. Union of Soviet Socialist Republics, 623 F. Supp. 246(D. D. C. 1985).

四、涉外国家侵权国家管辖权的行使

对原告来说，在明确涉外国家侵权案件有管辖权国家之后，随之而来的另一问题是向该有管辖权国家的哪个具体法院起诉。有管辖权国家如何确定具体承担管辖任务的国内法院是其主权范围内部事务，不同国家对涉外国家侵权案件的具体管辖法院可能有所不同。一般说来，在涉外国家侵权的具体国内管辖法院确定中会遇到以下问题：在施行级别管辖的国家，是否需要将其交由较高级别法院初审；在联邦制国家，应由联邦法院还是州法院行使管辖；在法院有业务分工国家，应由普通法院还是专门法院审理；在施行按区域设置法院的国家，应交由哪一特定区域法院受理。

（一）初审法院的级别

法院也有上下级之分，不同级别的法院承担着不同的审判职能和任务，一般来说，低级别法院主要承担着绝大多数案件的初审工作，而高级别的法院通常承担上诉和部分初审任务。级别管辖则是以法院间级别为基础而构建的初审权分配制度，级别管辖的目的是确定不同级别法院之间受理第一审案件的分工和权限。法院的级别和级别管辖是既有联系又有区别的两个问题，所有国家的法院都存在相应级别划分，但并非所有国家在案件受理上都实行级别管辖制度。

1. 施行级别管辖理由

在法院级别的设置问题上，多数学者主张，一般管辖权法院普遍应实行三级或四级结构下的职能分层，并呈金字塔形设计即越高层级法院数目越少。"设计的一般原理是，越靠近塔顶的法院在制定政策和服务于公共目的方面的功能越强，越靠近塔基的在直接解决纠纷和服务于私人目的方面的功能越强。"[1]

一般来说，设置级别管辖的国家，通常是将重要的案件划归较高级别的法院，把相对来说不重要的案件分配给低级别的法院管辖，因此，如何来区分案件的重要与否，也就是说用什么标准来分配案件，是所有设置级别管辖的国家所共同面临的问题。不区分案件的性质、种类，将所有案件的初审权均交由最低层级法院审理无疑是一种最为简洁的做法，这不仅会减少不同级别法院管辖权上的争议，而且也不会对当事人在选择法院起诉问题上造成过多困扰。但是，将全部案件的初审事务交由最低层级法院审理可能会使低层级法院超负荷，也可能会因为低层级法院专业水平不高而难以完全保证特定案件的审判质量等。

就涉外国家侵权案件来说，应考虑由较高级别法院予以初审。首先，涉外国家侵权案件的特殊性决定其应由较高级别法院初审。涉外国家侵权的特殊性主要表现为行为性质的特殊即侵权行为有可能是基于主权行为、主体的特殊即国家作为该类案件的当然被告、案情的特殊性即涉外，这些特殊之处决定较高级别机构受理可能更便于纠纷的解决。其次，涉外国家侵权案件的复杂性决定低层级法院审理可能较难掌控。涉外国家侵权尤其是外国国家侵权案件通常比绝大多数普通民商事纠纷更复杂，法院审理中会遇到外国国家管辖豁

---

[1]　参见傅郁林：《审级制度建构原理——从民事程序视角分析》，载《中国社会科学》2002 年第 4 期，第 75~82 页。

免、国际法和外国法的适用、外国国家财产执行等复杂的法律性问题，较低层级的法院通常很难正确把握。最后，涉外国家侵权案件的较大影响性也决定应由高级别法院管辖。从影响地域上看，涉外国家侵权案件的影响超出了一国的范围，具有国际影响力；从影响主体上看，国家是人的集合体，涉国家之诉中最终影响的是该国全体国民；从影响的后果看，涉外国家案件处理不当可能引发他国的报复，会对国家间正常关系的发展带来不利后果。

2. 管辖法院级别问题的立法和实践

美国联邦法院系统由联邦地区法院、联邦上诉法院和联邦最高法院构成，尽管美国法院本身存在级别问题，但美国并不是实行级别管辖的国家。以联邦系统法院为例，联邦地区法院受理联邦宪法和联邦法律所规定的全部初审案件，联邦上诉法院和联邦最高法院只受理上诉案件。就涉外国家侵权案件的受理法院来说，根据《美国联邦司法法》规定，美国联邦地区法院是美国涉外国家侵权的主要管辖法院，但是值得注意的是，美国联邦地区法院受理的涉外国家侵权纠纷尤其是外国国家侵权案件中的绝大多数被提起上诉，如前述的弗罗洛娃诉苏联案和尼尔森诉沙特阿拉伯案等。

加拿大不是一个施行级别管辖的国家，案件初审权也都是交由低层级法院受理。加拿大法院组织体系包括联邦法院和省法院两套系统，加拿大的法院不像其他国家那样分为审判法院和上诉法院，而是在同一法院内设有初审庭和上诉庭。[①] 从既有的案例可知，初审法庭审理的涉外国家侵权案件也大多有过在上诉庭乃至于最高法院审理的经历，如前述的沃克诉纽约银行案是由上诉法庭最后给出终结性意见，保乍瑞诉伊朗案则是由安大略省最高法院最终给出确定判决的。

德国是施行级别管辖的国家。国家侵犯公民合法权益案件则由行政法院审理，德国行政法院设联邦行政法院、州高等行政法院和地方行政法院(州初等行政法院)实行三审终审制。初级法院主要受理的是标的轻微的民事财产案件、婚姻家庭案件以及轻罪案件，州法院则受理标的较大及四年以上徒刑等案件。在既有的德国行政法院受理的涉外国家侵权案件中，也大多上诉到联邦最高行政法院，如前所述的射击范围扩张案，作出驳回德国公民对美国军事基地起诉判决的就是德国最高行政法院。

从上述国家的司法实践可以发现，无论是施行级别管辖或是不施行级别管辖的国家，涉外国家侵权案件通常都会经过多级法院的审理。低层级法院在审理涉外国家侵权中的作用并未能得到充分发挥，因此，直接将其交由较高等级法院受理可能更有利于避免司法资源浪费。

(二) 管辖法院的属性

法院属性主要是指法院的隶属关系及其性质，即某一法院是隶属于联邦系统法院还是州法院，性质上则是指属于普通法院还是专门法院。涉外国家侵权交由何种属性的法院受理是国家主权范围内事务，不同属性的法院受理对案件本身有一定影响。

---

① 　参见肖扬：《当代司法体制》，中国政法大学出版社 1998 年版，第 65 页。

1. 涉外国家侵权国内管辖法院的隶属性问题

国内法院的隶属是指某一具体法院是隶属于联邦系统法院还是州法院，单一制国家通常并无两套法院系统，其司法权是统一的。当前，国际社会共有 20 多个联邦制国家，其人口总数在 22 亿以上，占世界大约 1/2 的土地,① 因此，研究联邦制国家将涉外国家侵权交由联邦法院还是州法院审理具有现实意义。联邦制历史渊源可以追溯到古希腊的城邦同盟。根据联邦制原则，联邦政府与构成单位政府并不是简单上级与下级的关系，而是具有不同权力、职能范围的政府之间的关系，各构成单位与联邦在不同范围内分别行使包括司法权在内的统治权。

一般来说，联邦制国家大多有两套法院系统即联邦法院和州法院之分，分别行使法律授权内的具体审判事务。联邦制国家将涉外国家侵权交由联邦法院或是州法院审理属于国家对国内法院管辖权的再分配。联邦制国家在立法和实践上对此存在两种不同的做法：一是以美国为代表的由联邦法院审理涉外国家侵权；二是以加拿大为代表的交由州法院审理。

鉴于涉外国家侵权关系的特点，在联邦制国家由联邦法院审理涉外国家侵权可能更为适宜。一方面，涉外国家侵权国家性的特点而由联邦系统司法机构审理为宜。无论是本国还是外国作为被告的案件，都将涉及对国家行为的审查、对国家承担责任与否的认定，因此，由代表中央的联邦系统法院审查更为适当。即使侵权行为具体实施者可能是地方性政府，但在国际层面仍属于可归因于所属国家的行为，地方性法院对国家行为的审查并不适宜。另一方面，涉外国家侵权的国际性决定其应由联邦系统法院审理。涉外国家侵权尤其是外国国家侵权的审理可能直接影响到本国与相关外国国家间的关系。在联邦国家，组成单位通常没有"外交事务权"，由联邦系统法院审理涉外国家侵权则符合联邦处理涉外事务的联邦原则。

2. 涉外国家侵权国内管辖法院的专门性问题

设立一定数量和种类的专门法院是单一制和复合制国家的共同选择。专门法院是相对于普通法院来说的，与普通法院审理的一般民、刑事案件不同，专门法院通常审理较为特殊案件，如宪法事务、行政事务、军事、海事、劳工等纠纷。

对于国家侵权案件来说，国际社会对其有三种不同的做法：一是作为一般案件由普通法院受理；二是将其交归由专门法院审理；三是由普通法院和专门法院分别受理。普通法院审理以美、日等国为代表。在美国，除联邦普通法院外，美国还有宪法法院、破产法院、税务法院、国际贸易法院等，但美国并未就国家侵权问题设立专门法院，而是直接交由联邦普通地方法院予以处理。在日本也有知识产权法院、家事法院等专门法院，但对涉国家侵权诉讼也是由普通法院审理，如在日本提起的中国民间对日索赔案，大多由东京地方裁判所审理。由专门法院审理国家侵权赔偿案件的以法国为代表，在法国自 1873 年法国勃朗哥案件确立国家赔偿责任之后，国家侵权赔偿案件就由法国行政法院管辖，该案也被称为管辖权争议案。该案中，布朗戈的女儿被国营烟草公司雇佣的工人驾驶的翻斗车撞伤，他就此向法国的普通法院提起赔偿诉讼，要求国家承担赔偿责任。他的依据是《法国

---

① 　参见王丽萍：《当代国外联邦制研究概述》，载《政治学研究》1996 年第 4 期，第 47~54 页。

民法典》第 1382、1383、1384 条的有关规定，任何人对其有过错的行为负责，并对所造成的损害承担赔偿责任。在该案件中，法国的纪龙德省省长为被告。法国普通法院受理了这个案件后，纪龙德省省长提出管辖上的异议，认为不应当由普通法院管辖，而应当由行政法院管辖，为此产生了普通法院与行政法院管辖上的争议。最后，该案被提到权限争议法庭审理裁决，裁决结果是由行政法院审理。① 区分案件分别交由普通法院和专门法院审理的则以德国为代表，《德国国家赔偿法》第 18 条明确规定了在德国境内处理国家赔偿争议的法律途径："依据本法第 2 条、第 9 条以及第 14 条 3 款的金钱赔偿争议，由普通法院审理；依据第 3 条的消除后果争议，则由各专门法院审理，该专门法院应对国家责任赖以建立的公权力行为的合法性作出裁判。"如前述的射击范围扩张案，德国公民针对美军事基地扩张要求禁止一案，因涉及行为合法性而无直接赔偿要求就是由行政法院加以审理的。

涉外国家侵权案件交由专门法院审理从专业性角度来说可能较为适宜，但并不必要。从专业性上看，涉外国家侵权属于典型的、复杂疑难案件决定了一般法院难以胜任，因为该类案件在管辖权上可能涉及豁免问题，在法律适用上可能涉及外国公法以及国际条约的适用问题，在判决执行上同样可能涉及豁免问题，这些都对受案法院和主审法官的专业素质提出了更高要求。但从必要性上来说，涉外国家侵权案件相对来说，还属于偶发性案件，绝大多数情况下国家并不会对个人权益造成侵害，设立专门法院可能会造成司法资源的浪费；而且，设立专门法院还可能会带来诸如国内司法体制的不协调等问题。

(三) 管辖法院的区域

法院除有级别、属性的区分外，还存在区域性划分，即国家在不同区域会存在着同一级别和属性的不同法院。因此，明确了涉外国家侵权管辖法院的级别和类别后，还需要理清应由该国哪一区域的相关法院予以受理。如同确定涉外国家侵权管辖法院的级别和类别一样，确定哪一区域的相关法院予以管辖也是该国主权内部之事项。对涉外国家侵权管辖具体区域法院的确定，通常有两种方式，一是参照或是直接适用国际民商事侵权的区域管辖制度，二是针对涉外国家侵权确立特别区域管辖制度如集中管辖、上级法院直接指定管辖等。

1. 参照一般民事侵权区域管辖法院确定制度

国家在确定一般民事侵权具体管辖区域法院时，通常会要求相关区域法院与案件存在一定联系，其中主要是物理性联系，如住所地、居所地、行为地、财产或标的物所在地等，即与案件存在上述联系的相关区域法院直接代表国家对该涉外民事侵权案件行使管辖权。此外，主观性联系因素也可能成为具体区域法院行使管辖权的基础，如当事人协议选择某地法院管辖，则可能根据该国法律，该区域法院由此取得对该案的管辖权。

将一般涉外民事侵权国内区域管辖法院确定制度直接适用于涉外国家侵权上是可行的。从本质上说，国家侵权和民事主体侵权二者并无太大差异，均符合侵权一般特征，国家如同民事主体一样同样可以作为独立承担责任的主体，这为民事侵权管辖制度适用于国家侵权提供了基础。从司法便利上看，不为涉外国家侵权另行规定国内区域管辖法院确定制度本身就是司法的简洁化。作为一般涉外民事侵权的区域管辖法院通常与案件间存在客

---

① 参见皮纯协、何寿生：《比较国家赔偿法》，中国法制出版社 1999 年版，第 78 页。

观性场所联系，适用该一般性制度同样能取得将涉外国家侵权案件交给国内具体区域法院审理的效果，无疑能为司法任务的进行带来便利。

从立法和司法实践上看，多数国家在涉外国家侵权国家管辖具体区域法院的确定上采取了直接适用一般涉外侵权的国内地域管辖制度。以美国为例，侵权诉讼属于对人诉讼，相应地只有享有对人管辖权的区域法院可以受理，美国相关区域法院在对一般性涉外侵权诉讼确定管辖权时要遵循对人管辖权制度。美国法院对人管辖的根据一般包括出生、住所、居所、国籍、同意出庭、作为原告出庭、在州内从事商业活动、在州内完成的行为、于他州完成的行为在州内造成的影响等因素。① 在司法实践中，美国法院还生成长臂管辖权制度以更大范围地扩张管辖权，如在格雷斯诉麦克阿瑟一案中，阿肯色州法院以其执行官在飞机飞越其领空时向被告送达传票为由主张对被告有管辖权，法院以被告的"瞬间存在"为由主张的管辖权显然不合理。② 对于涉外国家侵权诉讼，美国法院同样将国内法上的对人管辖及"长臂管辖"制度加以运用，以空难家属诉中国民航总局伤害赔偿案为例，上诉法院认为受害人损失虽然发生在中国，但他们是在美国购买机票，因此与美国存有重要联系，上诉法院要求纽约东区联邦地区法院重审。东区联邦法院作为该案的具体受诉法院其原由就是根据美国国际民事诉讼地域管辖权上的一般原则。同样，日本也是依据国际民事诉讼地域管辖的一般原则确定具体受诉涉外国家侵权法院的，凡是对日本国提起的诉讼均由东京地方裁判所进行初审，其依据就是日本民事案件地域管辖的被告住所地原则。③

2. 设立专门的国内管辖区域法院确定制度

对特定案件施行特殊区域管辖法院制度也是有必要的，在这一过程中通常会考虑采取集中管辖、指定管辖等方式。集中管辖是由特定区域国内法院集中享有对该类案件的管辖权，其他区域同一性质和级别的法院无权管辖；指定管辖则是指上级法院指定特定区域法院对具体个案行使管辖权。特定案件由特殊区域法院管辖的做法也被国际社会所肯定，如《日本民事诉讼法》明确将专利侵权纠纷施行集中管辖，专利侵权初审案件集中于东京和大阪两地地方法院初审。

涉外国家侵权案件交由特殊区域法院管辖有一定必要性。特殊区域法院管辖制度的设置基础是案件的特殊性和司法工作的必要性，从特殊性上来说，涉外国家侵权较之于一般涉外侵权无论是性质、影响还是案件的复杂性都更为特殊；从司法必要性来说，施行特殊区域管辖如集中管辖制度，则有利于集中优质司法资源对案件进行处理，有助于提高案件的审判质量，同时也能够为其他不再审理此类案件的法院减轻负担，便于它们集中力量处理其管辖范围内的案件。

---

① 参见覃宇翔：《美国的属人管辖制度及其在互联网案件中的新发展》，载《网络法律评论》2004年第1期，第25～28页。

② 关于长臂管辖权的进一步探讨，参见郭玉军、甘勇：《美国法院的长臂管辖权》，载《比较法研究》2000年第3期，第267页。

③ 关于日本法院受理中国民间对日索赔诉讼如被告主体及范围、诉求、判决结果、受理法院等更多详细情况，参见张新军：《民间对日索赔诉讼上的变迁和中国政府回应》，载《清华法学》2007年第4期，第96～120页。

尽管涉外国家侵权已经走过"不可诉"的争论阶段，但当前热点还主要集中于涉外国家侵权"管辖范围"问题，很少论及如何确定具体国内管辖法院。鉴于涉外国家侵权的特殊性，将其交由特定级别、特殊性质、特别区域的国内法院管辖有可能更为适当。此外，在确定由哪一地区的法院行使具体管辖职权上，仍可施行不同于一般涉外侵权案件国内区域管辖法院确定的特殊制度。

国家侵权不应成为诉讼禁区，立法明确赋予国家侵权受害者的司法求偿权无疑是积极的。尽管司法介入国家侵权尚不够彻底，立法、外交、军事等行为导致的侵权还未被部分国家立法和司法实践所肯定，但因国家部分主权行为以及管理权行为导致的人身伤亡和财产损失的受害者可以向行为国提起损害赔偿之诉正逐渐为国际社会普遍接受。

对外国国家的司法管辖涉及"平等者之间无管辖权"这一国际法原则，国内法院在受理受害者因可归因于外国国家行为导致的侵权诉求时，一定程度上考虑外国国家主权者的身份是必要的。"绝对豁免论"正逐渐被"限制豁免论"取代，无论是从立法还是司法实践上都可以看出，外国国家侵权行为不再被认为当然属于管辖豁免范围的事项。相较于对外国国家提起的其他性质的诉求，国际社会对外国国家侵权行为的管辖表现得更为彻底，外国国家的主权者身份在侵权领域几乎被忽略，部分国家法院受理外国国家侵权之诉时不再考虑商业行为和主权行为、作为和不作为对管辖权行使的影响。

国内法院是涉外国家侵权的主要管辖机构，确定何国享有管辖权是涉外国家侵权司法管辖制度的关键。国际法公认的国家管辖权确立的一般依据仍应适用于涉外国家侵权案件管辖国别的界定上，因此，属地国、属人国和与之有利益联系的国家应是有权对涉外国家侵权案件行使管辖权的主要国家。行为国的司法管辖权应当予以尊重，其作为管辖权国不仅符合属人管辖的要求，同时也不违背"平等者之间无管辖权"原则，并可能有利于判决的顺利执行。尽管行为国以外其他国家如受害者母国、行为地国、诉讼标的物所在地国的管辖可能是属于对外国国家行使管辖，但仍必须承认这些国家根据相关国际法所取得的权利，并且这种管辖权的存在对涉外国家侵权纠纷的公正解决更为重要。

对涉外国家侵权纠纷具体国内管辖法院的确定同样重要。如何在庞杂的国内法院体系中确定最适合涉外国家侵权纠纷的受诉机构属于国内法上的问题。一些国家直接将一般涉外侵权管辖法院确定的级别管辖、地域管辖等制度适用于涉外国家侵权上，而另一些国家则认识到涉外国家侵权的差异性，另行加以规定，但总体来说，可能需要由高级别的专门性法院承担具体审判任务。

第四节　涉外国家侵权的法律适用问题

对于涉外国家侵权来说，有管辖权国家的法院受理后必然面临的是法律适用问题。管辖权与法律选择是两个既有联系又有区别的不同问题，在立法和实践上，多数国家也是分开处理的，法院地法并不当然就是纠纷应适用的准据法。涉外国家侵权作为特殊侵权，各国立法中也大多没有与之相适应的法律适用规则，具体司法实践中的法律适用也表现出较大差异。相对于一般涉外侵权，涉外国家侵权的法律适用可能更为复杂，需要适用的法包括国际法和国内法两大类别，运用中首先需要厘清两种法适用时的位阶关系。同时，鉴于国内法是涉外国家侵权的主要依据，适用不同国家的国家侵权赔偿制度可能会产生完全不同的结果，需要更加重视涉外国家侵权的国内法的选择问题。2024 年 1 月 1 日开始实施的《中华人民共和国外国国家豁免法》并未涉及法律适用问题。

一、涉外国家侵权中的法律适用理论

对于一般涉外民事侵权来说，国际社会多数国家的立法与实践都肯定外国民事侵权制度的域内适用，并主要形成了侵权行为地法、法院地法、最密切联系地法、当事人共同选择的法等几种确定准据法的模式。涉外国家侵权不同于一般涉外侵权的法律适用，部分国家存在专门的国家侵权赔偿法，法院地首先面临的是外国国家侵权赔偿法这一公法性质法律的域内效力问题。即使将外国的国家侵权赔偿相关法律定性为私法，法院地国也应该基于涉外国家侵权的特殊性而采用不同于一般涉外民事侵权的法律适用制度。总体来说，国家行为原则、公法适用范围理论、国际法效力理论以及国际私法上的实质与程序问题划分论、单一分割论、直接适用的法理论、公共秩序保留理论等都对涉外国家侵权的法律适用问题产生着重要影响。

(一)国家行为原则

1. 国家行为原则及其内容

国家行为原则(Act of State Doctrine)一般是指一国法院不能审查一个外国主权者在其自己的管辖范围内所作行为的合法性，即外国国家在其管辖范围内的行为一般应当被认为合法。[①] 一直以来，国家行为原则都为英美法系和大陆法系国家所肯定，在安德希尔诉赫南德斯案[②]中，首席大法官弗勒宣称："每一主权国家都应尊重其他主权国家的独立，而一国法院不会判断别国政府在其领域范围内的行为。"国家行为原则被予以遵守具有很强的政治和法律意义，正如在古巴国有银行诉萨巴迪诺案[③]中，美国最高法院指出，国际法没有强制也没有禁止适用国家行为原则，保持国家行为原则的完整适用，能够更好地维护国家利益，并达到建立国家间共同法律秩序的目标。

国家行为原则和国家管辖豁免是两个不同的理论。国家行为原则被认为属于限制司法审查权规则和法律选择规则范畴，是对法院能否裁判以及如何裁判问题进行明确，而国家豁免则是管辖权规范，是对能否对外国国家行使管辖权问题进行明确。当法院遇到外国主权国家行为引发的案件时，二者可能会发生交互，即果当事人是外国国家本身时，所涉及的问题首先是对外国国家的管辖权，应当适用的就是主权豁免原则，在确立了管辖权后，才可能考虑是否适用国家行为原则。

2. 国家行为原则对涉外国家侵权法律适用的影响

国家行为赋予了外国国家行为的当然免于审查性，即推定合法性。因此，在法律选择问题上，国家行为原则可谓是主张"国家行为适用行为国法"。国际实践中，国家行为行

---

① 参见司平平:《国家行为原则及其发展》，载《法学》1999 年第 1 期，第 20~28 页。
② Underhill v. Hernandez, 168 US250 (1897).
③ Banco National De Cuba v. Sabbatino, 376 US 398(1964).

使的地域范围呈扩大趋势，国家在其领域外活动也颇为常见，因此，这就产生了国家行为原则能否适用于行为国域外行为的问题。

国家行为原则的一般要求是行为国域内行为引发的争议适用行为国法。早在 1673 年的布莱兹案中，查斯勒公爵就认为，谈论英国法官是否有权决定丹麦国王在其自己的领土内授予其公民的专利许可是否合法的问题，是"荒谬的和不合理的"①。不难看出，即使是一国法院有权受理外国国家域内相关行为引发的诉讼，也不应当依据法院地法律对外国国家行为性质进行司法审查，而应直接承认该行为的合法有效。从法律适用的角度来说，国家行为原则要求对行为国领域内国家行为审查的依据应当是行为国法，对于行为国域内国家行为引发的涉外侵权纠纷而言，此时行为国和行为地国竞合，对该类侵权适用行为国法也符合侵权行为适用侵权行为地法的一般法律适用原则，也尊重维护了行为国的属地最高权。

行为国域内国家行为可能有时并不能适用国家行为原则，即行为国法（行为地法）不应绝对地作为行为国域内侵权的准据法。国家行为原则适用前提是国家行使的是其主权管辖范围内的事项，即只有国家行为没有超出国际法许可或公认的管辖范围，国家行为原则方能发生效果。实践中，主权并不是绝对的，即使发生于领土范围内的国家行为也仍可能构成对国际法的违法，在此情形下，仍然依据国家行为原则推定国家域内行为合法显然是不适当的，此时，应当适用国际法。行为国域内侵权不适用国家行为原则也被部分国家立法和实践肯定，以美国为例，《美国外国人侵权请求法》受理的案件有相当部分涉及的是外国国家或其公职人员在其国内对其本国人实施的侵权，而法院受案的理由是该侵权违背万国法或美国参加的条约。可以看出，该法并不当然认为外国国家领域内的行为理应适用国家行为原则，而是直接依据国际条约而非行为国法对相关侵权作出明确规定。

行为国域外行为侵权应否适用国家行为原则是一个有争议的问题。若此时肯定国家行为原则的适用，则意味着在法律选择上是行为国域外的侵权也应适用行为国法，这将与侵权案件适用行为地法的一般主张相冲突，并可能构成对行为地国属地管辖权的侵犯。行为国域外行为侵权能否适用国家行为原则的实质是国家行为原则适用范围的标准问题。关于国家行为原则适用的范围，有两种标准即管辖权标准和领域标准。前者认为，国家行为原则可及于国家有管辖权的一切行为，即使该国家行为发生于该国领域外；后者则认为国家无权对发生于其领域外的行为援引国家行为原则。在领域标准下，国家行为原则仅能针对国家领域内的行为；而在管辖标准下，国家行为原则可适用发生于域内和域外的一切国家管辖事项。因此，若主张国家行为原则适用管辖标准，则可能的法律适用结果为"行为国域外行为侵权仍适用行为国法，而不适用行为地国法"。国家行为原则适用范围的管辖权标准可能会剥夺对外国国家行为适度审查的机会，也会剥夺行为国以外其他国家法律适用的可能性。但是应该承认，鉴于一定条件下国家行为能够及于国家领域外的事项，一国要求他国对领域外的本国的部分国家行为不予评判可能是合理的。

---

① 参见任明艳：《美国国家行为原则评析》，载《法学》2006 年第 7 期，第 120~127 页。

(二) 公法适用理论

关于外国公法的适用存在两种不同的理论主张：第一种是主张公法仅具有域内效力，在法律适用上认为应限制外国公法的域内适用即所谓公法禁止原则；① 第二种主张是认为应突破公法禁止原则的禁锢，即并非所有的外国公法都不能适用，如果依冲突规范的指引须适用某一外国法时，这种外国法应包括所有依该外国法适用于该案件的法律规定，不得以该外国法律规定被认为具有公法性质而排除其适用。② 关于外国公法适用问题的上述两种不同主张对涉外国家侵权法律适用同样有着重要影响。

1. 公法禁止与涉外国家侵权的法律适用

在法律适用问题上，存在"公法禁止原则"。"公法禁止原则"，是指在国际性民商事争议解决中，如果争议所涉的外国法是公法性质的法律，例如刑法、税法、反垄断法或保险法等，法院将不会适用该法去裁决案件，也不会执行外国法院适用这些法律作出的判决。③ 明确提出"公法禁止原则"的美国学者 Andreas F. Lowenfeld 认为传统上"一国的法律被其他主权国家承认和适用存在着一些基本前提"，即这些法律是私法性质的，如果"这些法律是有关税法、贸易管制法或惩罚性赔偿的，情况就会大不一样了"。④

法律适用上的公法禁止原则与公共秩序原则、本国公法不可替代性原则等有着直接联系。根据公共秩序原则，国家间的利益、政策具有较大差异性，而一国的重大利益、基本政策、道德的基本观念等一般都规定在一国强制性法律即公法中，外国公法的适用很可能与法院地国相抵触，这时需要维护内国的公共秩序来排除外国法的适用。因此，当依法律选择规范指引适用外国法时若该外国法是公法性质的法律，内国有权依本国的公共秩序保留原则排除其适用。⑤ 本国公法不可替代性原则是指，在本国公法界限范围内的，就必须排除外国公法的适用，只适用本国公法。禁止取代法院地公法是一则根深蒂固的理念，如果法院地的强制性规则可以适用，那么将优先于当事人的选择和旨在代替法院地强制规则的外国法得到适用。⑥

公法禁止原则可能会排除外国国家侵权法律制度的域内适用。公法禁止原则的直接后果是外国公法不应当属于本国法院应援引的准据法的范围，因此，一旦国家侵权法律被法院地界定为公法范畴，那么，根据这一原则，法院根本不会考虑外国国家侵权赔偿相关制度的适用问题。如前所述，关于国家侵权赔偿主要存在两种不同的立法模式，一是直接适

---

① 参见许军珂：《论公私法的划分对冲突法的影响——外国公法作为准据法的可行性分析》，载《当代法学》2007 年第 3 期，第 32~38 页。

② 参见韩德培主编：《国际私法新论》，武汉大学出版社 2003 年版，第 159 页。

③ William S. Dodge, *Breaking the Public Law Taboo*, 40 Harvard International Law Journal, 2002, pp. 161-171.

④ Andreas F. Lowenfeld, *Public Law in International Area: Conflict Law, International Law, and Some Suggestion for Their Interaction*, 163 Recueil Des Curs, 1979, pp. 332-336.

⑤ 参见张庆麟：《析外汇管制域外效力》，载《中国国际私法与比较法年刊》，法律出版社 1998 年版，第 114 页。

⑥ 参见卜璐：《外国公法适用的理论变迁》，载《武大国际法评论》2008 年第 2 期，第 133 页。

用民法典中的侵权制度，另一种则是有专门的国家侵权赔偿制度。涉外国家侵权赔偿案件一旦受理后，对于法院地来说，一旦其认定国家侵权属于公法范畴的问题，其根本不会考虑冲突规范的导入问题，外国法没有发挥作用的机会。同样，在肯定涉外国家侵权属于私法问题的国家，若适用冲突规范得以援引的准据法为外国法，如若在被指引的外国国家中，国家侵权赔偿制度属于公法性法律，法院地也仍有可能会以公法禁止原则为由拒绝适用该外国法。

适用公法禁止原则的直接结果是涉外国家侵权案件适用法院地法。公法禁止原则的本质是国家主权至上在法律适用上的具体体现，正如沃尔夫指出，排除外国公法的适用完全是建立在另一基础之上，即建立在国际法的主权原则的基础上，建立在公法具有严格域内性的基础上。① 公法禁止原则的基础是公法仅具有域内效力，法院地国一旦界定国家侵权的公法属性，无论其他相关国家如何看待国家侵权制度的公私性质，法院地也都不会考虑任何外国的国家侵权赔偿制度。

2. 突破公法禁止原则与涉外国家侵权的法律适用

随着国际私法的发展，"突破公法禁止原则的禁锢"为越来越多的学者所呼吁。不仅学术理论界要求在一定条件下适用外国公法的呼声日益高涨，而且也相继出现了一些适用外国公法性质法律的立法和司法实践。以瑞士为例，其国际私法就规定，"本法对外国法的指定包括所有依该外国法适用于该案件的法律规定。不得仅以该外国法律规定被认为具有公法性质而排除其适用。"②

突破公法禁止原则首先源于公法和私法界限的弱化。对公私法的划分，最早可以溯源至罗马法时代，规定国家公务的为公法，规定个人利益的为私法。③ 战后随着福利国家的兴起，国家干预社会生活的领域和程度进一步增强，国家的立法调控进入群众生活的各个领域，公法和私法的界限越来越模糊。尽管相对于公法来说，私法与公共利益的关系相对松散，但立法者任何时候制定任何法律都不可能不考虑公共利益。"传统的私法制度，如合同自由和财产私有，不能说完全服务于私人目的，恰恰相反，它们是市场经济法律体系的基石，并且服务于这一经济秩序和公共目标。"④在这些情形下，公私法之间的划分已经很小了，甚至不复存在。在法律公私性质难以清晰界定的情况下，贸然以所指引的外国法律为公法而不予适用显然是不适当的。

突破公法禁止原则是法律适用领域的平等主义，该原则主张给予外国国家全部的法平等适用的机会。在公法禁止原则情形下，只有私法性质的法律才有被外国适用的机会，这使得在法律选择上，不同性质的法具有不同的地位，这显然不是一种平等的法律适用观。具体到涉外国家侵权法律适用领域来说，突破公法禁止原则增强了国家侵权赔偿法律制度

---

① 参见李双元：《国际私法（冲突法篇）》，武汉大学出版社 2001 年版，第 281 页。

② 参见《瑞士联邦国际私法》第 13 条。

③ 参见周枏：《罗马法原论》，商务印书馆 1994 年版，第 83 页。

④ 参见尤尔根·巴塞多：《论经济法上冲突规则》，刘东华译，载《外国法译评》1996 年第 3 期，第 24 页。

的域外适用机会。关于国家侵权赔偿的法律在不同国家具有不同性质划分，有些国家认为属于公法范畴将其归于宪法行政法部门并制定有专门法典，有些国家则认为属于私法范畴并直接根据民法规定等加以处理。在突破公法禁止原则的背景下，由于其主张外国法律的公私性质不对其能否被适用产生直接影响，即使外国国家侵权赔偿制度属于公法性质法律，也并不对其在域内的适用造成实质影响，法院将如同适用外国私法一样会将其作为本国法院审判国家侵权案件的直接依据。

(三)国际法性质及实施理论

国际法的性质主要是回答国际法是不是法的问题，对国际法性质的不同看法将直接影响国际法的适用，只有被认定为法律的国际法才有可能成为国内法院适用的依据。同时，即使国际法被认定为法律，关于其如何实施的争论也会影响到其适用，若认为国际法只能由国际社会集体保障实施，那么国内法院就不能单独援引执行国际法。国际社会已有大量与涉外国家侵权有关的国际条约和习惯存在，关于国际法性质和实施的理论争议将直接影响国内法院能否选择其作为涉外国家侵权的适用依据。

1. 国际法性质论与涉外国家侵权的法律适用

在国际法的性质问题上，部分学者否定国际法的拘束力，认为国际法缺乏国家暴力机器的保障，不是主权者的命令，只是作为外交政策的工具，是一种建立在国家自身利益基础上的特殊的政治，属于应该被遵守但并不具有强制执行力的规范范畴。更多学者则认为，国际法已经发展成为独立的一个法律部门，世界各国也都承认其拘束力，实践中国际法作为法律经常常被遵守，遭到重大破坏只是例外，实践中，国际法具有强制性，有着属于自己的但不同于国内法的特殊实施机制。①

国际法性质的争论直接影响着与涉外国家侵权有关的国际法规定能否作为国内法院解决具体案件时的适用依据。从司法的角度来说，法律是最重要的也是唯一的准绳，只有纳入法律范畴的规范才有可能被用来作为案件处理的依据。对于涉外国家侵权来说，即使存在有关人权条约能够界定国家侵权与否，存在国家责任公约能够判断是否可归责于国家，但如果法院地国家并不认为有关国际人权和国家责任问题的国际条约和国际习惯属于法律的范畴，那么该国法院就根本不可能在处理涉外国家侵权案件时将其作为处理依据。

2. 国际法实施论与涉外国家侵权的法律适用

国际法的强制实施主要表现为当某一主体违反国际法规定的义务时，由特定机构按照法定程序通过强制力保证国际法的实现。哪一主体对违反国际法上义务负有矫正权在理论尚存有争议，多数学者认为国际法的强制实施只能由国际社会共同体完成，国际法院、世界贸易组织、海洋法庭等国际社会成员共同成立的组织就属于维护国际法的机构，它们对相关纠纷的解决有权按照国际法规定作出有拘束力的判决；另有部分学者则在肯定国际社

---

① 关于国际法性质和效力的问题的更多论证探讨，参见陈义真：《国际法的性质及其效力依据之剖析》，载《湖南社会科学》2004 年第 6 期，第 176~178 页；邵津：《国际法》，高等教育出版社、北京大学出版社 2007 年版，第 67 页；杨泽伟：《国际法》，武汉大学出版社 2005 年版，第 48 页。

会共同体有强制实施权外，认为国家也负有保障国际法实施的权利和义务。①

国际法实施主体争论对涉外国家侵权的法律适用产生了直接影响。在否定国家实施主体身份的学者看来，国家没有对违反国际法义务的案件有依照国际法加以审判惩处的权力，只有国际社会共同体才有此资格，因此，国内法院受理涉外国家侵权案件时，无权依据国际法对案件作出判断。相反，在肯定国家负有保障国际法实施职能的学者看来，国内法院受理违反国际法的国家侵权案件时，适用国际法相关规定审理案件正是国家强制实施国际法职能的具体体现。在立法和司法实践中，有部分国家允许国内法院受理原告以违反国际人权法而对外国国家及其官员提起的侵权之诉。以美国为例，《美国法典》第 1350 条规定："对外国人仅基于所实施的违反万国法或者美国缔结的条约提起的任何侵权民事诉讼，联邦地方法院具有初始管辖权。"可以看出，该法肯定联邦地区法院负有矫正违反国际法事由的侵权行为，认为国家不能对构成违反国际法的侵权行为"拒绝司法"。允许外国人以国际条约相关权利受到侵害为由在国内法院提起诉讼，在美国比较常见，其他国家还几乎没有出现类似实践。② 应该来说，肯定国家负有保障国际法实施职能是必要的，但鉴于国际法效力相对性理论，若当被违反的国际法并不对行为国发生拘束力时，一国仍将对自己有效的国际法作为审判依据显然是不适当的。

（四）其他国际私法相关理论

法律适用是国际私法的核心问题，涉外国家侵权同一般涉外民商事侵权在某些方面具有共同之处，因此，国际私法上关于法律适用的相关理论如实质问题和程序问题的划分理论、分割统一论、直接适用的法理论、公共秩序保留理论等也都在一定程度上影响涉外国家侵权案件的法律适用。

1. 实质程序划分问题理论与涉外国家侵权法律适用

对于涉外民商事纠纷在考虑法律适用问题时，首先是将所涉问题分为实质问题和程序问题。如果一个问题被定性为程序问题，就适用法院地法；如果被识别为实质问题，则会考虑根据冲突规范去选择所适用的法律。法律适用上的实质问题和程序问题区分理论被绝大多数国家的立法和司法实践所肯定，该理论的关键是如何区分实质问题和程序问题。不同国家的学者对实质问题和程序问题的划分标准提出了不同看法。部分大陆学者提出，当事人之间的关系，特别是权利义务关系，属于实体法问题；而法院与当事人和第三人（证人等）的权利义务关系则是程序法的一部分。③ 美国学者库克则认为，实质问题和程序问题可以因不同的目的而进行不同的划分，只要不给法院造成不便，就不一定是为了法律适用的目的将这些规则识别为程序规则。④

---

① 关于国际法的实施主体和程序问题的更多探讨，参见江国青：《国际法实施机制与程序法律制度的发展》，载《法学研究》2004 年第 2 期，第 133~134 页；陈卫东：《从国际法角度谈 WTO 协定的实施》，载《法学评论》2011 年第 2 期，第 159~160 页；唐颖侠：《国际法与国内法的关系及国际条约在中国国内法中的适用》，载《社会科学战线》2003 年第 1 期，第 176~180 页。

② 参见李庆明：《美国〈外国人侵权请求法〉研究》，武汉大学出版社 2010 年版，第 251 页。

③ 参见[德]马丁·沃尔夫：《国际私法》，李浩培等译，法律出版社 1988 年版，第 338 页。

④ 参见韩德培主编：《国际私法》，高等教育出版社、北京大学出版社 2007 年版，第 116 页。

在国家侵权纠纷直接适用民法相关制度的国家，法院受理涉外国家侵权纠纷后可能也会依据涉外侵权的冲突规则去援引准据法，此时，若受诉法院将更多问题定性为程序性问题，则法院地以外其他国家的国家侵权赔偿规定很难有适用的机会。立法和实践上，关于不同国家对侵权具体问题在实质和程序问题的归属上是存有分歧的。以赔偿计算为例，英国和美国就采用不同做法，英国学者戚希尔认为赔偿的项目问题是实体问题，而计算问题则是程序问题，该区分为英国和加拿大法院所支持；而在美国，赔偿的计算问题则属于实质问题，美国《第二次冲突法重述》第 207 条则规定，对违约赔偿的计算由契约的准据法决定。① 因此，只有适当地将部分涉外国家侵权问题定性为实质问题，外国的国家侵权赔偿制度才有得以适用的机会。

2. 分割统一论与涉外国家侵权的法律适用

国际私法上的分割论是指将一个案件中的多个争讼问题分开，分别适用冲突规则援引的准据法；而统一论则是指将整个问题作为一个整体适用同一冲突规则所指向的实体法。对具体争议若在法律适用上采取分割方式则会产生如下两种结果：一是案件中的不同问题根据不同冲突规范最后均指向同一国家的实体法；二是案件最终根据相关冲突规范需援引多个不同国家的实体法。相对来说，鉴于案件中不同方面的问题适用的冲突规范本身的不同，最终不同冲突规范都指向同一国家实体法的机会相对较小，因此，法律适用上分割论的最后结果很可能使得若干国家的实体法得以同时作用于同一案件中。

统一论和分割论是法律适用上的两种对立方法，长期并存，孰优孰劣难以形成定论。统一论和分割论体现了两种不同的法律价值观，统一论能够满足确定性的要求，但僵化地追求法律适用一致性有时也会导致结果的不合理；而分割论可以满足个案中对正义的要求，即分割的灵活较统一制的僵硬更能获得法律适用的合理结果。② 分割方法体现了化整为零的区分原则，有利于对复杂国际民事案件的顺利解决。传统法律适用上的分割统一论主要适用于继承、合同等涉外纠纷的法律选择上，但近些年来，分割论被适用于越来越多的领域，如知识产权保护、跨境损害等。侵权领域分割论也同样存在，如部分国家的冲突法本身就限定了其范围，比如将侵权行为的构成与侵权行为的损害赔偿分开并分别规定不同的系属，这样的结果可能会造成关于侵权行为的认定适用甲国法，而赔偿标准、形式等问题则适用乙国法。对于涉外国家侵权来说，若在法律选择问题上采用分割论原则，则有可能适用的国家侵权制度来自多国，而其若采用统一制原则，则仅有一个国家的侵权制度能够作为准据法。

3. 直接适用的法理论与涉外国家侵权的法律适用

"直接适用的法"这一概念是希腊著名国际私法学者弗朗西斯卡基斯于 1958 年首先提出来的，他认为，为了使法律在国际经济和民商事交往中更好地维护国家利益和社会经济利益，国家制定了一系列具有强制力的法律规范用以调整某些特殊关系。这些强制力的法

---

① 参见韩德培主编：《国际私法》，高等教育出版社、北京大学出版社 2007 年版，第 118 页。

② 参见冯寿波：《评统一论与分割论间的关系》，载《湖南省政法管理干部学院学报》2002 年第 2 期，第 70~72 页。

律规范在调整涉外民事关系时，可以撇开传统冲突规范的援引而直接适用。① 根据直接适用的法理论，本来意欲适用于多边案件的内国强制规则，不管是否受到法院地国冲突规范的指引，都应直接予以适用，② 因此，可以说，"直接适用的法"是指为实现本国公共政策和社会利益而撇开冲突规范的援引而直接适用于涉外民商事关系的具有强制力的法律规范。③

直接适用的法理论是国际私法方法论上的变革，它引导国际社会应当对根本性问题进行直接立法规范。直接适用的外国法，大部分都或多或少具有公法的性质。④ 各国出于利益考虑，通常都会存在大量直接适用的法，对于法院地来说，存在着本国直接适用的法和外国直接适用的法两种情况。通常来说，若法院地存在"直接适用的法"时，则其不会再考虑任何外国法，但若自身对正在处理的问题不存在"直接适用的法"的情况下，则会面临着依据本国冲突规则援引准据法还是适用相关国家的"直接适用的法"的两种选择。对某一案件而言，若存在直接适用的外国法，法院不应当断然拒绝。

具体到涉外国家侵权案件来说，鉴于其直接涉及国家利益，多数国家都制定有专门强制性规定或单边性冲突规范来排除外国法的适用。如我国《国家赔偿法》第 40 条规定："外国人、外国企业和组织在中华人民共和国领域内要求中华人民共和国国家赔偿的，适用本法。"这一规定直接否定了在中国领域内要求中国国家给予侵权赔偿时适用外国法律的可能性，只能依据中国国家赔偿法进行认定。对外国人在美国领域内要求美国国家的侵权赔偿，美国同样有类似规定："凡是在美国境内的外国人，不论其是否有依条约、惯例或本国法律关于国家赔偿的规定，只要是因为联邦人员执行职务所引起的损害，外国人都可以依美国联邦侵权法的规定请求赔偿。"⑤可以看出，美国同样直接要求适用国内的国家赔偿法审理事关本国的涉外侵权，即使国际上有相关的规定，也并不考虑适用。

4. 公共秩序保留理论与涉外国家侵权的法律适用

国际私法上的公共秩序主要是指法院在依自己冲突规范本应适用外国法为准据法时，因其适用的结果与法院地国的重大利益、基本政策、法律基本道德或基本观念相抵触，而排除和拒绝适用该外国法的一种保留制度。⑥ 尽管各国对公共秩序的范围还存在一定的分歧，但是公共秩序保留作为一项制度却得到各国立法和实践的普遍肯定。公共秩序保留的直接后果就是本应援引的外国法不再得到适用，因此，公共秩序范围的认定标准会对外国法适用的机会产生重大影响。

在援引冲突规范寻求涉外国家侵权准据法的过程中，公共秩序保留理论适用的可能性会较之一般涉外侵权案件更大。如前已述，国际社会关于国家侵权赔偿的实体法制度存在

---

① 参见韩德培主编：《国际私法》，高等教育出版社、北京大学出版社 2007 年版，第 52 页。

② ［美］西蒙尼德斯：《20 世纪末的国际私法——进步还是退步？》，宋晓译、黄进校，载梁慧星主编：《民商法论丛》2002 年第 3 号（总第 24 卷），金桥文化出版（香港）有限公司 2002 年版，第 373 页。

③ 参见刘仁山、胡炜：《直接适用的法的若干问题》，载《当代法学》2002 年第 8 期，第 93~94 页。

④ 参见韩德培：《国际私法的晚近发展趋势》，载《中国国际法年刊》（1988 年），法律出版社 1989 年版，第 15 页。

⑤ 参见皮纯协、何寿生：《比较国家赔偿法》，中国法制出版社 1998 年版，第 220 页。

⑥ 参见李双元：《国际私法学》，北京大学出版社 2000 年版，第 226 页。

巨大差异，国家侵权纠纷的处理往往会牵涉国家重大利益、基本外交政策等属于公共秩序范畴的内容，这使得法院地很可能动辄以公共秩序保留为由排除外国相关法律的适用。

二、涉外国家侵权中国际法的适用

国家侵权赔偿是国家不法或不当行为带来的必然结果，作为国际法的最主要主体，国家行为无疑是国际法的重要调整对象。自 20 世纪下半叶以来，国际法已经逐渐发展成为一个体系庞大、结构严谨的重要部门法，其中也存在着若干与国家侵权直接相关的制度。国际法的发展为国内法院将其适用于涉外国家侵权案件提供可能，但即使存在相关国际法的情况下，国内法院审理涉外国家侵权案件时完全不予适用国际法的情形也是很有可能的。

(一) 国际法适用的条件

国际法作为约束国家行为的规则、原则和制度，其在国内的适用是一个比较复杂的问题，国际法对此并无明确、统一的规定。一般说来，国际法在国内直接适用时通常须具备一定的条件：从外部来说，相关国际法应当是客观存在且是生效的；从内部来说，国家本身承认国际法对其的拘束力，即国际法的适用是根据本国法律的一种必然选择或是自愿选择。国内法院在受理涉外国家侵权赔偿案件后，在决定应否适用相关国际法问题上，通常也会考虑是否满足以下两个条件。

1. 外部条件

国际法上的国家侵权法律制度的存在是其能够被国内法院援引的基础性条件。国家侵权赔偿首先被国内立法实践所肯定，随后才逐渐成为一个国际法上的问题。在主权绝对论观占据主流的 19 世纪及以前，国家不对可归因于自己的行为造成的民事主体的人身和财产损害负赔偿责任，各国国内法上也并没有确立国家赔偿的概念。这一时期，国际社会也没有就国家对个人损害负赔偿责任的问题达成共识，国际国内立法对"国家侵权"的忽视使得国家侵权并没有成为一个法律性问题，因此，也根本不会出现国内法院解决国家侵权赔偿需要援引国际法的问题。随着民主政体的建立，"主权在民"理念逐步占据主导，政府和国家无责原则开始动摇，特别是进入 20 世纪后，人权成为国际社会所共同关注的问题。不仅许多国家在国内法上明确了国家的侵权赔偿责任，国际社会也形成了一些相关规范，这为国内法院受理个人起诉国家侵权提供诉因，并且也使得个人可能要求法院应依据相关国际法规定来认定国家承担侵权责任。

国际法上的国家侵权法律制度的生效则是其能够被国内法院援引的前提性条件。法律的适用是以生效为前提的，通常只有有效的法律才有可能作为法院断案的依据。国际法的产生和生效是两个不同的问题，以国际法的主要渊源即国际条约为例，当前仍有一大批已制定的多边条约仍未达到生效要件而不可能作为审理案件的依据，如《联合国国家豁免公约》①和《国家对国际不法行为的责任条款草案》等国际性法律文件。作为尚未产生拘束力

---

① 根据《联合国国家豁免公约》第 30 条的规定，公约应在自第 30 个国家交存批准书后 30 天生效，截至目前，仅有 13 个国家批准条约。

的国际法律文件，无论是国际法院还是国内法院通常都不可能将其作为案件适用的直接依据。[1] 此外，即使对于已生效的部分国际条约来说，由于其效力的相对性，可能并不对某一特定国家有效，则也不可能成为国内法院审理涉及非缔约国案件的相关依据。

2. 内部条件

即使已生效的国际法也并不意味着其必然就能在国内法院得以适用，一般来说，国际法应当予以遵守，但国际社会成员在国内如何实施适用国际法的问题上也具有一定的自主性。通常情况下多数国家都在内部法律框架下适用了国际法，并主要表现为以下两种方式：一是直接并入，即直接通过宪法或其他法律肯定国际法的效力，直接将国际法视同为国内法的一部分加以适用；二是转化，即经过国内立法程序，将国际法的相关制度要求转为国内具体规定，进而使得国际法要求在国内得以落实。在直接并入模式下，国内法院将直接援引适用国际法；在转化纳入模式下，尽管法院是适用的国内法规定，但基于国内法与相关国际法的一致性，国际法也间接得以在国内适用。

国家的意愿对国际法在国内法院的直接适用起着决定性作用。一国不得援引其国内法规定为由而不履行条约，[2] 因此，在条约与国内法相冲突时候，作为法律适用机关的国内法院放弃国际条约适用国内法显然违背该国的国际义务，构成国际法上的不法行为，其应当承担相应的国际法上的责任。实践中，当国际法与国内法相冲突时，不同国家的做法有所不同，部分国家主张国际法优先；仍有部分国家拒绝适用国际法，如当条约与国内法相冲突时，英国、爱尔兰等国主张国内法优先。[3] 对于涉外国家侵权案件来说，即使存在有效国际法的情形下，尽管国内法院有适用国际法的义务，但并不意味着其必须以国际法为依据审理相关案件。

(二) 国际法可能适用的范围

涉外国家侵权适用的国际法范围是指哪些国际法规范有可能被国内法院援引用来作为审理的依据。国家侵权的司法解决是一个系统性问题，涉及管辖权确定、受侵害者权利的认定、侵权行为的构成、赔偿的标准形式、判决的承认与执行等许多问题，国际社会对这些问题都形成了一些共同的规范。因此，国内法院受理涉外国家侵权案件后，在程序和实体问题上都有可能遇到适用国际法的问题。

1. 国际法中程序性规范的适用

鉴于对程序问题和实质问题的划分国际社会仍未达成普遍共识，从传统国际私法研究视角，拟将管辖权、取证、文书送达、判决的承认与执行等列入程序问题范畴，法院地在处理涉外国家侵权过程中，可能会发现存在与上述问题相关的已生效国际法并需要援引的

---

[1]　未生效的国际条约在特定情况下若国家立法肯定，也有可能作为国内法院审理案件的依据，如我国《最高人民法院关于适用〈中华人民共和国涉外民事关系法律适用法〉若干问题的解释(一)》第9条规定："当事人在合同中援引尚未对中华人民共和国生效的国际条约的，人民法院可以根据该国际条约的内容确定当事人之间的权利义务，但违反中华人民共和国社会公共利益或中华人民共和国法律、行政法规强制性规定的除外。"

[2]　参见《维也纳条约法公约》第27条。

[3]　参见邵津：《国际法》，高等教育出版社、北京大学出版社 2000 年版，第 135 页。

情况。

首先，在国内法院能否受理涉外国家侵权案件的权限问题上存在一些国际法规范。国内法院对于域内发生的本国实施的涉外侵权行使司法管辖的主要国际法依据有《国家权利和义务宣言草案》，该文本第 2 条规定："各国对其领土以及境内一切人与物，除国际法公认豁免者外，有行使管辖权之权。"国际常设法院的判决也肯定了国家对域内事件享有管辖权，国际常设法院 1927 年荷花号案判决声称："一个国家不得以任何方式在另一个国家的领土上行使它的权利，管辖权不能由一个国家在它的领土外行使，除非依据来自国际习惯或一项公约的允许性规则。"①关于国内法院对外国国家实施的侵权行使司法管辖的问题也存在若干国际法依据，如《欧洲国家豁免公约》《联合国国家豁免公约》等国际条约均对一国对外国国家侵权行使司法管辖权的条件作出了明确规定。

其次，关于涉外国家侵权案件的取证、文书送达、保全等诉讼中的相关问题也有一些国际法规范。鉴于涉外国家侵权的民事赔偿性质，部分国家是按照普通涉外民事程序对待的，因此，国内法院在诉讼过程中可能会援引《关于从国外调取民事或商事证据的公约》进行域外取证，会援引《关于向国外送达民事或商事司法文书和司法外文书公约》实施域外送达。此外，《维也纳外交关系公约》《维也纳领事关系公约》也都有可能成为国内法院受理的国家侵权案件中域外取证和送达顺利完成的依据。② 对于受理国家侵权案件中可能会遇到的对外国国家财产的保全问题，《欧洲国家豁免公约》《联合国国家豁免公约》中的财产强制措施豁免及其例外规定则可能会被援引。

此外，关于涉外国家侵权判决的承认与执行等问题也存在相关国际法渊源。部分国家实践中将涉外国家侵权判决参照一般涉外民事侵权加以处理对待，因此，海牙国际私法会议通过《国际民商事案件中外国判决的承认与执行公约》以及欧共体国家在布鲁塞尔签订的《关于民商事裁判管辖权及判决执行的公约》等国际法律文件有可能被用来作为承认与执行外国法院的国家侵权判决依据。同时，鉴于国家主体的特殊性，国际社会还存在一些国家财产豁免的国际习惯和条约可能会对外国国家侵权判决的承认与执行造成影响，如《联合国国家豁免公约》《维也纳外交关系公约》等国际性法律文件中对外国国家财产豁免权的规定就是执行外国国家侵权判决时必须考虑的依据。

2. 国际法中实体性规范的适用

实体性问题主要是指同当事人权利义务有直接影响的那些关键性问题，如权利的认定、侵权的构成、赔偿的范围形式、赔偿的标准等问题。对于国家侵权案件来说，有关受侵害者的权利是否应予保护、行为是否可归于国家以及对受害者保护的程度等问题，早已成为国际法重点关注的内容。国内法院受理涉外国家侵权案件后，必然会遇到应否适用既有的相关国际法规范去处理上述实体性争议问题。

国际法中的人权法可能会成为判断受害者是否遭受损害的重要依据。随着国际人权的发展，权利早已不再是一个纯国内法上的问题，国际人权法的一个特点是直接规定个人的

---

① 参见曾文革、杨树明：《国际法》，中国政法大学出版社 2010 年版，第 43 页。

② 关于领事送达司法文书和司法外文书的职能，1963 年 4 月 24 日《维也纳领事关系公约》第 5 条第 10 款和 1961 年 4 月 18 日《维也纳外交关系公约》第 3 条第 2 项都有明文规定。

权利，即通过国际条约直接明确人权的范围、内容以及义务主体等许多关键性的问题。保护和尊重人权是每一个缔约国的国际义务，国家在国际人权法下的义务包括承认、尊重、保障和促进以及保护四个方面。① 实践中，国内法层面保护的人权与国际人权法的要求可能还并不完全一致，当个人的利益权利遭致国家行为损害时，国内法院在决定应否承认与保护时，可能会面临适用国际人权法抑或国内法的问题。处理个人诉国家侵权的问题上，经常会出现适用国际条约的例子。从地区层面，《欧洲人权公约》是欧洲人权法院和缔约国国内法院处理相关案件时重要的适用依据之一；从国际层面来说，国际社会已生效的《公民权利和政治权利国际公约》《经济、社会及文化权利国际公约》《世界人权宣言》等都是重要的国际人权文件。国际条约规定的基本人权受到国家侵害时，国内法院理应予以保护，如《公民权利和政治权利国际公约》中规定的免于酷刑、参与公共事务管理、和平集会等权利在实践中较容易遭致国家侵犯或限制，当民众以公约为由起诉国家时，缔约国法院不应当不理会公约。

国家侵权构成问题上也需要适用相关国际法规定。一方面，作为国家侵权构成的一个前提性条件即被诉行为应可归于国家，这一问题可能需要援引相关国际法。国际社会在行为是否可归于国家的问题上形成了基本共识，即制定了《国家对国际不法行为的责任（草案）》，该国际性法律文件对"行为可归于一国"的问题作出了详细列举，其明确指出，国家机关行为、行使政府权力要素的个人和相关实体行为、逾越权限和违背指示的行为等，此时，国家都需要作为责任主体。② 另一方面，国际法中的相关实体性规范还可能会成为判断国家权行为是否构成违法的重要依据。国家承担侵权责任的另一个要素是行为违法性，违法性判断的标准就是法律的确定性，只有违背法律规定的义务才构成违法。在民主法治社会中，国际法和国内法均对国家主体的行为有所要求，政府的行为也应当在法治框架下，不能逾越法律之上。因此，在存在国际法要求的情况下，国内法院有可能会依据相关国际法而不是国内法来评判国家行为是否合法适当。部分国家对此有明确要求，如在涉及个人诉外国国家非法占有财产争议诉讼中，《美国外国主权豁免法》第1605条就要求美国法院应以国际法判断外国国家取得财产的性质。③

（三）国际法适用的具体实践

如前已述，在法理上国际法是可以而且应该成为国内法院审理涉外国家侵权案件的法律依据。随着国际法的发展，国内法院也有了更多的机会和可能性依据国际法审理涉外国家侵权，下面以部分国家的司法实践为例加以说明。

在美国，作为国际人权诉讼最活跃的国家，美国法院出现大量的援引国际法的国家侵

---

① 参见孙世彦：《国际人权法下国家的义务》，载《法学评论》2001年第2期，第91~96页。

② 参见联合国国际法委员会第53届会议2001年11月通过《国家对国际不法行为的责任（草案）》第2章。

③ 《美国外国主权豁免法》第1605条规定："如有下列任何一项情况，外国不能免于联邦法院或各州法院的管辖：违反国际法取得的财产，其财产权利尚有争议并且该项财产或者用该项财产换得的任何财产现在美国境内且与该外国在美国进行的商业活动有关的；或者该项财产或者用该项财产换得的任何财产是属于该外国在美国从事商业活动的某一机构所有或者属于该机构的经营者所有的。"

权案例，其中有不少是针对外国国家主体的。如 1976 年美国哥伦比亚地区法院受理的拉特里尔诉智利共和国案①，美国法院就适用相关国际法来对外国国家行为性质进行界定，在认定智利暗杀行为的性质时，法庭指出，外国政府的暗杀行为是一种严重的犯罪行为，明显违背了国际法所承载的人道理念。美国法院受理的涉外国家侵权案件援引国际法的主要问题是外国国家及其元首是否享有豁免权。在泰奇昂纳诉穆加贝案②中，美国法院认为，津巴布韦总统穆加贝豁免权的有无应根据国际法相关规定而不是《美国酷刑受害人保护法》来判断。在拉夫坦特诉阿里斯帝德案③中，法院认为，海地流亡总统任期内非法杀害政治对手，不管被告行为是私人还是官方，均不应当适用美国国内法中的《外国主权豁免法》和《酷刑受害人保护法》而否定国家元首根据国际法可以享有的豁免权。此外，在判断外国国有化行为的合法性问题上，美国法院对国家征收外国国民财产的行为则常会根据"全部补偿理论"这一习惯国际法来界定，如 1980 年美国国际公司诉伊朗案，哥伦比亚联邦地区法院认为伊朗国有化行为没有给予"充分、及时、有效"补偿，因而违反了美国和伊朗之间的 1955 年条约和国际习惯法。④

在英国，英国法院审理涉外国家侵权相关案件时，国际法相关规定也是重要的考虑因素。在阿里·阿丹斯里诉科威特案⑤，上诉法院认为科威特政府工作人员实施的是酷刑，这是国际法所明令禁止的，其行为构成国家侵权。在利特瑞尔诉美国案⑥中，作为美国驻英国空军基地的军人的利特瑞尔在英国法院起诉美国政府，要求美国政府对因基地医院疏忽造成的人身伤害承担赔偿责任，法院原本应根据《关于北约军队地位的协定》审理此案，但英国未加入该国际条约，最后法院根据国际习惯法规定的原则否定了原告的诉求。在乌干达公司诉乌干达政府案⑦中，主审法官丹宁勋爵认为，国家征收国内外国居民的财产而不予补偿与国际法一般要求相违背，在此情形下，不应赋予外国国家豁免权。

在意大利，一个典型的外国国家侵权案件适用国际法的例子是佛瑞恩诉联邦德国案。⑧ 佛瑞恩在意大利法院起诉德国政府，要求赔偿其因战争被运送至德国某工厂强制劳动的损失。在德国国家豁免权问题上，意大利最高法院给出了意见，并在以下两方面问题援引了国际法：一是德国豁免权的有无问题，对此，意大利法院援引国际法上的国际罪行

---

①　Letelier v. Republic of Chile, 488 F. Supp. 665（D. D. C. 1980）.

②　Tachiona v. Mugabe, 169 F. Supp. 2d 259（S. D. N. Y. 2001）.

③　Lafontant v. Aristide, 844 F. Supp. 128（E. D. N. Y. 1994）.

④　参见《国际法判例汇编》（第 63 卷），第 453 页；转引自龚刃韧：《国家豁免问题的比较研究——当代国际公法、国际私法和国际经济法的一个共同课题》（第二版），北京大学出版社 2005 年版，第 234 页。

⑤　Al-Adsani v. Government of Kuwait, England, Court of Appeal, 101 International Law Reports, 1995, pp. 465-474.

⑥　Littrell v. *United States*, *England*, *Court of Appeal*, 115 International Law Reports, 1999, pp. 435-441.

⑦　Uganda Co. v. The Government of Uganda, High Court, Queen's Bench Division, 1978, 64 International Law Reports, 1983, p. 209.

⑧　Ferrini v. Federal Republic of Germany, Decision No. 5044/2004, 128 International Law Reports, 2005, p. 658.

普遍管辖权制度，并以此为由否定德国的豁免权；二是德国国家侵权的认定问题，意大利法院则援引国际人权法来认定德国国家行为侵犯民众源于国际人权法上的基本权利，德国应当履行其赔偿受害者的义务。此外，在诉讼时效最终认定上，意大利也曾援引国际法作为依据，同样是在该案中，尽管意大利一审法院依据意大利相关法律规定，认为佛瑞恩要求赔偿的诉求已过时效，但最终佛罗伦萨上诉法院作出判决支持了佛瑞恩诉求，认为在被诉国行为构成国际犯罪的情形下，鉴于国际条约对战争罪行的追究不受时效限制的规定，意大利对该案的受理并未超过时效。

希腊法院审理的玛格劳斯诉德国案是外国国家侵权适用国际法的又一案例。[①] 该案中，1995 年，原告希腊公民玛格劳斯就德国军队 1944 年在希腊里都瑞克村实施的暴行在希腊法院对德国国家提出索赔，法院认为根据《希腊宪法》第 100 条规定其享有管辖权，并就希腊管辖权和德国豁免权关系问题向希腊特别最高法院（Anotato Eidiko Dikastirio）确信，特别最高法院 2002 年 9 月 17 日作出判决认为，根据现有国际法的规定，德国国家享有豁免权，希腊法院无权对德国国家的侵权行为行使管辖。

国际法作为国际社会重要的规则，应当获得广泛认同并在实践中被遵守。国际法主要是针对国家行为的规范，国家侵权恰好是国际法规制的重要领域，因此，国内法院受理涉外国家侵权案件，考虑援引国际法作为依据无疑是合适的。

三、涉外国家侵权中国内法的适用

国内法院受理涉外国家侵权案件后，通常会考虑本国法律的适用，然而涉外国家侵权一概适用法院地法显然是不适当的。对法院地来说，应当从众多与该涉外国家侵权关系有立法管辖权国家中选择最为适当的国家的法予以适用。

（一）国内法适用的理由和事项

1. 国内法适用的理由

国内法适用与国内法院的管辖是两个不同方面的问题，是国家管辖原则在立法和司法两个不同领域的具体体现。法律本身能否适用某一具体问题，应当从法律的时间效力、空间效力和对象效力三个层次来论及。从时间来说，法律一般应当自公布之日后生效，但部分时候法律可能还会被赋予有溯及力，即法律可能适用到其公布前和公布后的具体关系。从对象来看，世界各国的法律实践中先后采用过四种对人效力原则，即属人主义原则、属地主义原则、保护主义原则和属人主义、保护主义相结合的原则，即法律通常只能适用到与自己存在一定联系的对象参与的关系中。从空间来看，一国法律适用于该国主权范围所及的全部领域，包括领土、领水及其底土和领空，以及作为领土延伸的本国驻外使馆、在外船舶及飞机。可以看出，尽管国内法律适用到某一问题上来是有条件的，但对于涉外问题，可能会有两个或两个以上的国家主张与之有立法联系。

涉外国家侵权赔偿的国内法院管辖获得国际社会较普遍承认，这同时也意味着该纠纷

---

　　① Margellos v. Federal Republic of Germany, Case No. 6/2002, Vol. 129, International Law Report, p. 525.

也属于国内法能够涉及和调整的问题。从立法和实践上来看，国内法已经成为涉外国家侵权应适用的法，如绝大多数国家的国家赔偿法中大多有诸如"本法对外国人在国内法院起诉的国家侵权问题同样予以适用"的规定①。尽管如此，国内法适用于涉外国家侵权中时，还要考虑国家侵权相关要素的特殊性问题。一般来说，国内法适用于一般涉外侵权时不会发生对象身份的平等性问题，但国内法能否适用于外国国家侵权中时，可能会遭致他国的反对，即一国不应过度扩张国内法的适用空间，国内法适用于外国国家及其元首时必须有足够依据。②此外，在一国法能否适用于该国在其领域外实施的侵权时，也可能因空间问题发生适用分歧即行为地法是否应优先得到适用，如在菲拉蒂加诉巴拉圭③案中，第二巡回法院认定巴拉圭警官在巴拉圭执行职务中实施的酷刑行为构成侵权，在遇到是否应承认原告有权获得惩罚性赔偿金时，法院认为应当考虑巴拉圭的利益，在美国公共秩序不相冲突相关领域适用巴拉圭的法律是适当的。

2. 国内法可能适用的事项

涉外国家侵权中国内法适用的事项是指国家侵权案件中哪些问题可以由国内法予以明确。尽管国际法中存在着关于国家侵权的权利范围、责任的归属、侵权的构成等制度，但仍有不少问题国际法并未涉及，如损害赔偿标准、时效等，相对于与国家侵权有关的国际法规则，国内法则显得更为系统和全面，尤其是在国家侵权责任制度比较成熟的国家，几乎国家侵权赔偿的所有问题都能够在国内法中找到依据。

涉外国家侵权损害赔偿的标准和数额是国内法的主要适用对象。尽管在赔偿数额的准据法确定问题上国际社会并未实现一致，但从实践中可以看出，行为地和法院地的国内相关赔偿规定得以适用机会更大。如菲拉蒂加诉巴拉圭案④中，法官认为巴拉圭警官执行职务的行为构成国际法中的侵权，对此，巴拉圭国家同样予以承认，但在赔偿数额上，地方法院认定巴拉圭法可以作为认定补偿性损害赔偿的准据法，因为巴拉圭作为侵权行为地具有最密切联系。在弗拉图洛娃诉伊朗案⑤中，地方法院法官则依据美国惩罚性赔偿规定和自由裁量权作出的裁决比原告的请求还多1亿美元，即适用法院地法律裁断赔偿标准数额问题。

涉外国家侵权的时效问题也是国内法的重要适用对象。时效问题在国际法中也有规

---

① 日本、德国、奥地利、韩国、中国等国家都明确国家赔偿法应适用于外国人在本国法院对诉本国国家的起诉。参见《日本国家赔偿法》第9条、《德国国家赔偿法》第35条、《奥地利国家赔偿法》第7条、《韩国国家赔偿法》第7条、中国《国家赔偿法》第40条。

② 国内法适用于外国国家元首遭致强力反对的一个典型案例为比利时的万国管辖法，1993年比利时颁布《关于打击严重践踏国际人权法行为的法律》（也称《万国管辖权法》），该法律规定凡涉及战争罪、反人类罪和种族大屠杀罪，不管案件的原告或被告是否涉及比利时人，不管事件发生在哪个国家，比利时法院都拥有管辖权并可以进行审理。依据《万国管辖权法》，布什、布莱尔等国家元首以及鲍威尔、拉姆斯菲尔德、弗兰克斯等美国军政要人都曾在比利时沦为被告，该法遭到美、英国等的强烈反对，最终比利时国会于2003年7月修改此法，放弃了对外国特定主体争议的管辖。

③ Filartiga v. Pena-Irala, 630 F. 2d 876 (2nd Cir. 1980).

④ Filartiga v. Pena-Irala, 577 F. Supp. 860 (E. D. N. Y. 1984).

⑤ Flatlow v. Iran, 999 F. Supp. 134 (D. D. C. 1998)

定，如 1968 年《战争罪及危害人类罪不适用法定时效公约》，但国际社会一般认为该公约不适用于国家侵权赔偿案件，基于其国家公职人员行为而对国家提起的侵权赔偿诉讼本质上属于民事纠纷，公约本身则是刑事案件罪责追究适用的时效制度。司法实践中，当国内法院遇到国家侵权行为的时效争议时，所能够参考的通常主要是国内法。如美国法院受理的泰勒奥仁诉利比亚案①，就是适用所在州的哥伦比亚特区的法律，认定该国家行为是故意侵权应适用 1 年诉讼时效规定，而非过失侵权的 3 年时效。在帕帕诉美国案中，② 地方法院采用加利福尼亚州的时效，而第九巡回法院则认为应采用《美国酷刑受害人保护法》中规定的 10 年时效，尽管两级法院基于对案情性质的不同看法在诉讼时效依据选择上有所差异，但都是从法院地国家法律中找寻依据。

此外，涉外国家侵权赔偿的诉因，权利保护的范围和手段等问题都有可能是国内法适用的具体对象。国内法本身是作为涉外国家侵权行为的主要适用依据，但若更多地是法院地一国的国内法适用，这显然是不妥当的，法院地应适当考虑其他国家国内法适用的可行性问题。

(二) 被援引的国内法的范围

被援引国内法的范围是指哪些国内法可能会成为处理涉外国家侵权案件最终适用的依据。被援引的国内法的范围应当从两个层面去把握，一是适用的国内法的空间范围即哪些国家的法可能适用于涉外国家侵权案件中，二是具体适用国内法的领域范围即被确定援引国家的哪些部门法可能会被适用于涉外国家侵权关系上。

法律能够适用于相关的社会关系的前提性条件是二者之间存在"法律上"的联系。从国际私法法律适用的相关理论中不难看出，最终被援引的准据法同所要调整的社会关系或是存在客观性联系或是存在主观性联系，而这种客观或主观联系因素正好是法律所认可的。一方面，对涉外国家侵权有立法管辖权国家的国内法最有可能得到适用。基于国家属人、属地、保护性管辖权原则，国家有权在立法时直接规定国内法可以适用于某些与自己存在相应联系的涉外关系中，因此，涉外国家侵权案件的相关当事人所属国、行为地国，有实质利益关系国家的法都属于处理涉外国家侵权案件应适用的国内法的范围，司法实践中，一国法院受理涉外国家侵权纠纷后也通常是从上述范围的国家法中找寻处理依据的。另一方面，对涉外国家侵权不具有直接立法权限的国家的法也有可能得到援引，部分国家在确定涉外国家侵权的司法管辖权后，可能会将涉外国家侵权视同一般涉外侵权，如果关于侵权法律适用上该国立法允许当事人意思自治，那么当双方当事人选择该涉外侵权关系立法权限以外国家的法律时，则该国家的法也应得以适用。

被确定援引国家的国内法中的许多部门法的相关规定可能作用于涉外国家侵权案件。首先，一国国内法中的国家赔偿法适用的机会最大。国家赔偿法是专门规定国家机关及其工作人员执行职务行为造成人身和财产损失赔偿的法律，属于侵权法中的特别侵权制度，当受诉法院确定援引国内法处理时，则无疑应首先考虑适用该国的国家赔偿法。其次，国

---

① Tel-Oren v. Libyan Arab Republic, 517 F. Supp. 542 (D. D. C. 1981).

② Papa v. United States, 281 F. 3d 1004, (9th Cir. 2002).

内法中的民法侵权赔偿制度也可能会得到适用。从立法内容上看，多数国家的国家赔偿法主要针对"公务行为"，而对"非公务行为"如国有设施致人损害并未纳入国家侵权赔偿法规定中，通常由国内民法加以调整，因此，对这种行为引发的涉外国家侵权则可能要适用民法。即使是"公务行为"的国家侵权，也有适用国内民法的机会，部分国家的国家赔偿法都肯定了国内民法的部分制度应适用于国家赔偿的相关事宜中。此外，如前文提及的国内法中的民事领域时效制度也是涉外国家侵权的重要适用制度。

(三)国内法援引的一般方法

法院受理涉外国家侵权诉讼不可避免地会遇到法律选择问题，国内法应当对此有具体规定，但既有立法对此问题大多采取回避态度。即使在涉外国家侵权诉讼最为常见的美国，联邦最高法院也没有提供指引，而各个巡回法院又没有统一的标准。[①] 正如第二巡回法院所承认，对于法律选择问题，各个巡回法院之间存在一定分歧。[②] 法院在确定应当行使管辖权后，如何进行法律选择就成为相当棘手的问题，对此，美国最高法院曾经指出，如果一部制定法被认为是具有管辖权性质的，那么为了让该法的目的尽可能实现，就应允许法院创设相应的实体联邦普通法。[③] 司法实践中，不同国家的法院乃至于同一国家的不同法院在受理涉外国家侵权案件后在法律选择上也差异较大，通常来说，法院地国家法、侵权行为地国家法、最密切联系地国家法等是最为常见的准据法，下面结合部分国家的司法实践对这几种国内法选择模式加以介绍。

1. 适用侵权行为地法

"场所支配行为"，因此，侵权行为之债依侵权行为地法早已成为各国涉外侵权纠纷法律选择的通例，一般认为，当侵权行为地法作为侵权行为准据法时，它主要适用于侵权行为的成立。侵权行为地法是否应同样适用到国家侵权这一问题的处理，则与法院地对涉外国家侵权赔偿的定性不无关系，在认定涉外国家侵权为民事侵权性质的国家，则会以相关侵权的国际私法规则决定准据法。即使在对国家侵权的民事赔偿性质尚无完全定论的国家，可能也会为找到案件解决的办法进而参照国际私法规则来处理相关涉外国家侵权法律选择问题。

侵权行为地法通常会被法院作为界定涉外国家侵权行为是否构成的准据法。在道尔诉萨拉威压案[④]中，美国法院指出，如果认为要考虑法律选择的因素以决定原告是否有权对涉嫌暗杀萨尔瓦多主教的萨尔瓦多及其前安全部门领导提起诉讼，法院需要援引暗杀地即萨尔瓦多的法律。在弗若洛娃诉苏联案[⑤]中，关于弗若洛娃以其苏联丈夫出国遭多次拒签造成其精神和肉体痛苦为由的诉求，纽约地区法院认为根据行为地法，以主权国家拒签并不构成违法为由驳回原告的诉讼请求，苏联拒绝给予弗若洛娃签证是合法的，弗若洛娃夫

---

① 美国并没有明确法条对外国国家侵权的法律适用问题作出规定，同时联邦法院也没有提供具体指引，各个巡回法院又没有统一的标准。对于法律选择问题，根据《裁判规则法》规定："除非《宪法》或者国际条约或者国会立法另有规定，则美国法院在民事诉讼中应适用各州的法律。"

② Wiwa v. Royal Duch Petroleum Co. , 226 F. 3d 88, (2nd Cir. 2000).

③ Textile Workers v. Lincoln Mills, 353 US 448 (1957).

④ Doe v. Rafael Saravia, 348 F. Supp. 2d 112 (E. D. Cal. 2004).

⑤ Frolova v. Union of Soviet Socialist Republics, 558 F. Supp. 358 (N. D. Ⅲ. 1983).

人的损害请求不予支持。在特拉加诺诉马科斯案①中，地方法院认为法院判断外国官员国内行为的合法及是否属于其权限内，不应根据国际法或是法院地法，而只能根据该行为地国的国内法来判断，地方法院根据传统的法律选择方法即适用侵权行为损害地法，也得到了第九巡回法院的支持。

侵权行为地法还会被法院用来作为确定国家侵权赔偿数额的准据法。在菲拉蒂加诉巴拉圭案中，法官认为，对于违反国际法的救济，首先要看巴拉圭法的规定，从而就大部分赔偿项目都适用了巴拉圭法。在美国的马科斯案中，法院地的程序规则适用于确认菲律宾的受害人、保存马科斯遗产的衡平救济以及遗留诉讼，而行为地国菲律宾的法律则被用来确定惩罚性赔偿。②

2. 适用法院地国家法

在国际私法中，法院地法是一种重要的系属公式，适用法院地法几乎是各国的一种固有倾向。法院地法的适用本身就具有合理之处，一国对具体案件司法管辖权上的联系和法律适用上的联系有时会出现重合，有权受理的法院地同案件本身通常存在重要的法律性联系，这种联系同时也可能恰好是该国法适用于该案件的重要因素。法院地法的适用不仅能够弥补侵权行为地法的机械和不足，也有利于简化司法程序。从既有立法可以发现，法院地法的适用几乎涵盖涉外民事法律的全部领域，如侵权、离婚、扶养、继承、海事等领域。在各国司法实践中，处理涉外国家侵权行为案件时适用法院地法的现象也颇为常见，并主要适用于诉讼时效、赔偿标准等问题。

法院地国家法是确定涉外国家侵权诉讼时效的重要依据。在美国，对于国际人权诉讼，联邦最高法院曾指出，除非有更密切的法律或者联邦利益所要求，不然联邦法院一般应适用所在州的诉讼时效规定。③ 在一些案件中，美国法院就是适用所在州的诉讼时效制度，如前所述的泰勒奥仁诉利比亚案和帕帕诉美国案中，前者的审理法院就是适用所在州的哥伦比亚特区的法律，认定涉诉行为为故意侵权，适用该州规定的 1 年诉讼时效；后者法院也认为某一问题在本国法律没有具体时效规定情形下，应从本国最相近立法中加以寻找以确定时效。在意大利的佛瑞恩诉联邦德国案④中，一审法院也曾依据意大利时效制度，认定德国国家实施的强迫劳动、非法监禁等人身侵权已超过诉讼时效而作出不予受理决定。

确定涉外国家侵权赔偿标准问题上法院地国家法也经常得以援引。前述菲拉蒂加诉巴拉圭案中，地方法院尽管认定侵权行为地巴拉圭法应作为认定补偿性损害赔偿的准据法，但在考虑惩罚性赔偿时，法院又故意忽视巴拉圭法，因为巴拉圭不允许惩罚性赔偿，法官认为授予惩罚性赔偿是合适的，并最终依据美国法律给予较高赔偿。在拉特利尔诉智利共和国案中，⑤ 美国法院也依据美国法作出了 500 万美元的惩罚性赔偿，当然该案中法院地

---

① Trajano v. Marcos 978 F. 2d 493, 503(9th Cir. 1992).

② 参见李庆明：《美国〈外国人侵权请求法〉研究》，武汉大学出版社 2010 年版，第 235 页。

③ North Star Steel Co. v. Thomas, 515 US 29, 35(1995).

④ Ferrini v. Federal Republic of Germany, Decision No.5044/2004, 128 International Law Reports, 2005, p. 658.

⑤ Letelier v. Republic of Chile, 488 F. Supp. 665 (D. D. C. 1980), 63 International Law Reports, 1982, p. 278.

国同时也是行为地国。

3. 适用最密切联系国家法或更有利于实现案件公正结果的国家法

除上述两种主要适用模式外，实践中，适用与该涉外国家侵权有最密切联系国家的法，以及最有利于取得公正结果的国家法也都是国内法院解决涉外国家侵权案件的处理方式。

最密切联系原则是指，与涉外民事关系有最密切联系国家的法作为案件的准据法。最密切联系地法已经成为美国处理一般涉外侵权案件的主要法律选择方式，① 对于外国国家及其官员提起的侵权诉讼，在法律选择问题上，菲拉蒂加诉巴拉圭案就体现了最密切联系原则，在损害赔偿上，部分法官认为巴拉圭无疑是最密切联系的法，当然要考虑巴拉圭的利益，对于违反国际法的救济首先要看巴拉圭法的规定，从而就大部分赔偿项目都适用了巴拉圭法。

此外，更有利于案件公正结果的国家法也往往在处理涉外国家侵权争议问题上能够得到适用。前述的美国菲拉蒂加诉巴拉圭案，若完全适用最密切联系地巴拉圭法决定赔偿问题，显然不利于实现禁止酷刑的国际目标，法院最后援引美国法支持原告获得惩罚性赔偿金。在希腊的迪斯特摩诉德国案②中，针对德国军队占领希腊时对希腊村民实施的屠杀暴行，尽管希腊作为行为地国和法院地国，但希腊法院则是依照德国国内法中的赔偿制度作出更有利于原告的判决，要求德国向原告支付 5500 万德国马克的赔偿。

法律适用是处理涉外国家侵权诉讼过程中必然面临的问题，对该类争讼中的具体问题在确定准据法时，必须要考虑到涉外国家侵权关系的复杂性和特殊性。国家公法主体身份和赔偿行为私法性质等特点决定了国际法和国际私法中的部分相关理论都有可能在国内法院如何对涉外国家侵权案件进行法律适用上产生影响。

国际公法相关理论如国家行为理论、国际法性质效力理论、公法禁止理论等对涉外国家侵权法律选择的影响不容忽视。国家行为理论要求一国不对外国国家行为进行司法审查，其实质是国家侵权适用行为国法；国际法的法律否定论则是对国际法成为涉外国家侵权关系准据法的直接否定；公法禁止理论则为国内法院拒绝适用外国国家侵权赔偿法律提供了理论支撑。国际私法学中如实质问题或程序问题论、统一分割论、公共秩序保留等法律选择的理论，对涉外国家侵权关系法律适用的影响则更为直接。基于程序问题适用法院地法的法律适用基本原则，法院地国很可能将更多的问题界定为程序问题从而排除外国法的适用。相对来说，涉外国家侵权关系法律适用中的引入分割方式则较之统一论能够增大外国法适用的机会，而公共秩序保留运用于涉外国家侵权关系法律适用中，则将可能进一步排除外国法的适用。

涉外国家侵权法律适用的一个突出问题是国际社会没有统一的法律选择规则，即使具

① 最密切联系原则是美国涉外侵权法律适用的重要原则，根据《美国第二次冲突法重述》第 145 条规定，与侵权行为的争议有关的当事人的权利和责任，由与该争议的产生和当事人有最重要联系的那个州的法来确定，在确定何为最密切联系法时必须考虑损害发生地法，导致损害发生的行为地法，双方当事人的住所、居所、国籍营业所在地法，双方当事人关系最集中的地方法等。

② Distomo v. Germany，129 International Law Reports，2005，p. 513.

体到国家层面，也同样缺乏关于法律适用的具体规定。立法的缺失使得涉外国家侵权法律适用的司法实践显得较为混乱，不同国家乃至同一国家不同的法院在准据法的确定上都不相同。从具体表现来看，当前已生效国际法的适用还主要取决于法院地国的意愿，国内法的适用则仍以法院地法为主，此外侵权行为地国家法、最密切联系地国家法以及最有利于取得公正结果的国家法也都有可能适用于具体涉外国家侵权争议中。

第五节　涉外国家侵权判决的承认与执行

涉外国家侵权判决的承认与执行是国家侵权诉讼的归宿。相对于国际民商事侵权判决，涉外国家侵权判决的承认与执行较为困难，尤其是外国法院作出的判决和债务人为外国国家的判决在承认与执行时更为复杂。构建适当的涉外国家侵权判决承认与执行制度非常必要，需要重点关注其中的程序、方式、条件等问题。

一、涉外国家侵权判决承认与执行概述

(一)承认与执行的定义

涉外国家侵权判决是指法院受理涉外国家侵权争议后，依法作出的认定国家侵权成立并应当承担相应赔偿责任的具有法律效力的文书。国家侵权判决并非国家侵权诉讼的必然结果，国家侵权诉讼的受案法院同样有可能作出国家侵权不予成立的决定，但国家侵权判决的作出则意味着对该侵权诉讼有了法律上的定论。就某一具体涉外国家侵权诉讼来说，法院作出的判决可能尚不是终局性的，鉴于判决能够获得承认与执行的前提条件是已生效，因此，若无特别说明此处及以下的国家侵权判决是指法院作出的依据法院地国家法律已生效的判决。

涉外国家侵权判决承认是指承认国对相关既定判决法律效力的肯定和认同，通常意味着承认国不会对此涉外国家侵权纠纷再次审理。一般说来，法院的判决是该国司法机关代表其主权国家针对特定法律争议作出的裁断，判决原则上只能在判决国境内生效，没有域外效力，因此，法院地国对涉外国家侵权判决的承认通常不会存在问题，能否得到法院地以外国家的承认是涉外国家侵权判决承认制度的核心。

涉外国家侵权判决执行是指执行国对国家侵权判决的内容依照一定的法律程序加以实现的行为。判决的执行是国家行使司法主权的重要形式，通常由有关国家的法院实施。根据主权原则，任何国家的机关和个人都无权在他国领域内强制执行其本国法院作出的任何判决，否则构成对他国国家主权的侵犯。国家没有承认外国法院判决的义务，是否承认以及在多大范围内承认，都由该国自主决定。① 对涉外国家侵权判决执行来说，法院地国无疑有执行的义务，但法院地国不仅无权在领域外执行本国法院作出的涉外国家侵权判决，即使对领域内的外国国家财产的执行也要受到国际法限制。

---

① 参见杜涛:《互惠原则与外国法院判决的承认与执行》，载《环球法律评论》2007 年第 1 期，第110~119 页。

涉外国家侵权判决承认与执行是既有区别又有联系的两个问题。从联系上来说，承认是执行的前提和基础，判决只有得到相关国家的认同肯定，方可能通过既定法律程序将其内容实现。当然，涉外国家侵权判决的承认与执行更是两个不同的独立行为，主要表现为，两种行为的内容完全不同，承认仅意味着认同而执行则意味着需要付诸更多的积极行为；同时，两种行为并非都是诉讼的必然结果，部分涉外国家侵权判决可能不具有执行的内容，这类判决仅需得到承认即可。

(二)承认与执行的意义

涉外国家侵权判决作为诉讼的结果不仅应当得到法院地国，也同时应当得到其他相关国家的承认与执行。涉外国家侵权判决的国际社会普遍承认与执行具有重要的法律意义，这不仅事关实质正义的正当要求，即当事人合法权益予以实现，也是程序正义的正当要求。一方面，承认与执行是实体正义的需要。"判决作出后若得不到承认或执行，就如同没有判决一样，当事人的权益不能获得保护，交易安全自然没有保障。"①国家侵权判决是对相关国家违法行为的否定，是对相关当事人合法权益的维护，甚至是对相关受害人及其家属的精神慰藉，从实体正当这个意义上来说，涉外国家侵权判决不仅应当得到法院地国的承认与执行，其他国家也应当对该判决予以认可并执行，只有获得更多国家的认同，相关受害人的权利才能得到切实保障。判决确定的权利义务得不到实现，再公正的判决书也只是一纸空文，无任何权威而言，法律的价值和其体现的公正就成为空话。另一方面，涉外国家侵权判决的承认与执行是法律程序正义的需要。程序正义是法律程序本身实现的价值目标，司法终结是程序正义的一个重要体现。对涉外国家侵权诉讼来说，将国家侵权判决文书内容加以实现才意味着案件的最终完结。

此外，涉外国家侵权判决的承认与执行还是一个重要的政治经济问题，事关国家政治形象并直接影响国家经济利益。对承认与执行国来说，不承认涉外国家侵权判决可能会背负不尊重人权的骂名，会在国际社会造成不负责任的国际形象，进而影响该国与其他国家及外国国民之间的正常交往。承认与执行涉外国家侵权判决影响国家经济利益主要表现在，若执行本国国家侵权判决则直接会对本国国家经济利益造成减损，而若执行外国国家侵权判决，则可能会招致外国国家报复；同时如若完全放弃对涉外国家侵权判决的承认与执行，则很有可能对本国国民有利的外国国家侵权判决也无法实现即造成受外国国家侵权的本国国民经济利益损失。

(三)承认与执行中的问题

对于既定判决，胜诉方总是试图执行判决，而败诉方则力图阻止，构建适当判决承认与执行制度就显得相当重要。涉外国家侵权判决的承认与执行过程中，不同的价值观、不同的法律文化，历史背景、不同的实体规则和程序规则都是引起判决难以获得承认与执行

---

① Celia Wasserstein Fassberg, *Rule and Reason in the Common Law of Foreign Judgments*, 12 Canada Journal Law&Jurist, 1999, p. 193.

的重要因素。理清诸如承认与执行的主体、承认与执行的对象、承认与执行的程序等基础性问题就显得相当关键。

首先，承认与执行的主体问题。判决的承认与执行是国家司法行为，因此，承认与执行的主体必然是国家及其相关职能机关。涉外国家侵权判决承认与执行的主体在确定过程中会遇到两个层面的问题。第一层面需要确定该承认与执行权应归属哪些具体国家行使；第二层面则是要明确应由享有承认与执行权限国家的哪一个具体职能部门行使。关于对涉外国家侵权判决享有承认与执行职责国家的确定问题，目前尚无统一的国际法层面的规定，但从法理上来说，与涉外国家侵权判决有关的国家如受诉法院国、行为国、财产所在地国等都具有承认与执行的理由和条件。对法院地来说，执行本国法院的判决是诉讼活动的必然延续；对行为国来说，作为国家侵权判决中的债务人应当履行相关判决确定的具体"债务"；对财产所在地国家而言，根据属地主权，其有权对境内物享有处分权，可以直接执行相关国家位于本国境的财产。对于有执行权限国家确定国内哪一具体职能机构负责承认与执行事宜则完全是该国主权范围内部事务，一旦该国确定，则国家侵权判决中的债权人申请承认与执行时只能向该国有权限的具体部门提出。

其次，承认与执行的对象问题。鉴于涉外国家侵权判决的主要责任形式是财产性赔偿，哪些财产属于可供执行范围的问题就是执行中必须明确的问题。在执行对象的问题上，承认与执行国同样至少需要明确两方面问题：一是国家财产的具体范围，二是国家财产中可供执行财产的范围。首先，用来作为涉外国家侵权判决执行对象的财产必须是国家财产，但在关于国家财产的认定标准问题上，不同国家的立法实践并不完全一致，部分国家主张国有企业的财产属于国家财产一部分，而另一些国家则主张将国家行为和国有企业行为、国家财产和国有企业财产分开加以处理。此外，国家财产范围中的部分财产可能基于特殊用途性质从而具有更为特殊地位，如使馆馆舍及设备，以及馆舍内其他财产与使馆交通工具免受搜查、征用、扣押或强制执行。①

最后，承认与执行的程序问题。承认与执行程序是指承认与执行主体将相关判决内容实现的具体方式步骤，判决的实现必须按法律规定的程序完成。对涉外国家侵权判决来说，承认与执行国按何种方式落实判决是该国自己的内部事务，在立法和实践上，同样表现为两种不同方式：一种是直接采取一般涉外侵权判决的承认与执行程序制度，将国家侵权赔偿判决视同一般民事侵权赔偿判决对待，民事判决执行程序同样可以适用到国家侵权判决中；另一种则是考虑到涉外国家侵权判决的特殊性，施行特殊的承认与执行程序制度。

此外，涉外国家侵权判决承认与执行的依据、条件等问题也应当关注。承认与执行依据直接关系到执行能否实现以及如何实现的问题，对承认与执行国来说，可供适用的依据或是国际法，或是国内法，若依据国内法是应依据本国法还是其他相关国家法，适用依据的不同其结果可能将差异很大。执行的条件问题同样关键，只有符合条件的判决才有可能获得承认与执行，如何适当规制承认与执行判决的条件也应当成为涉外国家侵权承认判决执行制度中的重要问题。

---

① 参见《维也纳外交关系公约》第22条。

二、涉外国家侵权判决承认与执行理论

国家侵权判决中国家的主要责任形式即赔偿，主要是物质性金钱赔偿。金钱责任是以国家财产为基础的，因此，关于国家财产地位、性质、范围等问题的相关理论如国家公产理论、公共秩序保留理论、国家财产豁免理论等都有可能会对涉外国家侵权判决的承认与执行造成较大影响。

(一)国家公产理论

国家公产和国家私产的划分，源远流长，早在罗马法时代就存在公用物和公有物的划分，① 国家公产早已不再是纯理论性问题，其理论也被立法所吸收肯定，并对国家财产相关处分行为的实施造成较大影响。

1. 国家公产理论的内容

国家公产理论认为，国家公产应具有不同于私人财产的法律地位，关于私人财产的相关制度如时效、征收、交易、抵押等制度不应适用到国家公产上，立法应当保护旨在为公共利益服务的国有财产的完整性。国家公产理论的实质是将国家财产置于更为特殊地位，而这种特殊地位主要是因主体身份和财产性质目的特殊。国家公产理论的适用基础前提是需要将国有公产定性理清，即到底哪些财产属于国有公产的范围。只有对国家在公私领域中的不同财产赋予不同地位，才能既保护为公共利益服务的国有财产的完整性，又不至于损害与国家正常交往的普通主体利益。当然，若过大定性国有公产范围，则与国家有利害关系的当事人的权益可能无法得到有效保障。

国有公产理论已得到国际社会广泛认同，多数国家都在国内立法中明确了本国的国家公产具有特殊地位。近现代意义上的国家公产和国家私产制度是从法国发展起来的，在公产制度最为完善的法国，是根据财产的作用来区分国家公产和私产，并通过判例确立了公产的特殊地位。② 国家公产的特殊地位在许多领域都有体现。首先，是融通性限制即不得私有化。其次，是强制执行之限制。国家债务人的公物，如果属于推行公务所必需或其移转违反公共利益者，债权人不得为强制执行。再次，是取得时效之限制。公物既为供公众利用，自不许他人因时效而取得。如1988年我国《最高人民法院关于贯彻执行民法通则若干问题的意见》第170条规定："未授权给公民、法人经营、管理的国家财产受到侵害的，不受诉讼时效期间的限制。"最后，是公用征收之限制，对于公用公物除先废止其公用外，不得进行征收。③

2. 国家公产理论对涉外国家侵权判决执行的影响

国家公产理论对涉外国家侵权判决执行的对象问题产生重要影响。国家公产主要包括为公众服务目的而由政府机构使用的国家财产，从形态上可分为货币资金形态的国家公产

---

① 参见［意］桑德罗·斯奇巴尼：《物与物权》，范怀俊译，中国政法大学出版社1999年版，第8页。

② 参见张建文：《社会转型与国有财产制度的变迁》，载《长白学刊》2005年第5期，第73~80页。

③ 参见翁岳生：《行政法》，中国法制出版社2002年版，第466页。

如国库款、军费、财政经费账户和非货币资金形态的国家公产如办公用房、车辆等。一般来说，国家公产以外的财产才是债权人权利实现的基础，立法通常是不允许将国家公产作为执行对象的。①若对国家公产认定标准过宽认定，则将使得更多的国家财产被界定为属于公产范畴，显然不利于相对人。为实现对相对人权益的保护，区分国家公产的类型和用途，适度使得部分国家公产具有可执行性是有必要的。

国家公产理论通常会被承认与执行国用来拒绝执行以本国国家为债务人的判决。对执行国来说，无论遇到的是外国法院或国内法院作出的本国国家为债务人的侵权判决，都有可能以国家公产理论为由而拒绝执行。国家公产的强制执行限制是国家公产理论的重要内容，国家立法通常是保护本国国家利益的，一般不会对如何强制执行本国国家财产问题加以规定。以国内法院作出的本国国家涉外侵权的判决执行为例，尽管国内诉讼法或国家赔偿法明确赋予法院有权受理以本国国家为被告的涉外侵权案件，法院也有可能依法作出国家侵权判决，但在国家公产理论下，关于国家财产强制执行程序、方式等制度通常并不存在，这使得国内法院没有依据去落实国家应承担的赔偿性责任。对外国法院作出的本国国家为债务人的侵权判决，承认与执行国同样会以本国公产不受损害为由拒绝执行。

综上所述，国家公产理论赋予国家公产不同于国家私产和个人财产的特殊地位，不对国家公产强制执行是国家公产理论的重要内容。国家侵权判决要求国家承担相应赔偿责任，而责任实现是以国家财产为基础的，国家公产理论直接排除国家公产用于实现国家侵权判决的可能，而立法上国家公产范围的扩大化趋势则进一步限制了可供执行国家侵权判决的国家财产范围。

(二) 公共秩序理论

1. 公共秩序理论及其内容

公共秩序理论也称公共秩序保留理论，是指当构成对某一国公共秩序的违反时，该国有权以此为由提出对抗。公共秩序理论肯定公共秩序所属国权益保护的优先性，尽管公共秩序实质在于维护国家的根本利益、国家法律和道德的基本原则以及国内社会的基本法律秩序等，但其本身是一个笼统和含糊的概念。一般说来，公共秩序保留原则主要运用于涉外纠纷解决中的法律适用和判决执行的问题上。从法律适用上来说，公共秩序理论要求法院在适用外国法时应当做到最终援引的法不会对本国公共利益构成损害；从判决执行来说，当承认与执行和法院地国法律的基本原则或者道德的基本观念、重大利益、基本政策相冲突时，法院地有权排除和拒绝。②

公共秩序作为一种确定优先保护某种利益的手段，是一种解决利益冲突的方法，本身也是作为判断某种利益优先得以实现的主要标准。一旦一种利益被纳入公共秩序的范畴，

---

① 如我国《最高人民法院关于不得对中国人民银行及其分支机构的办公楼、运钞车、营业场所等进行查封的通知》规定："对确应由中国人民银行及其分支机构承担民事责任的案件，人民法院不宜采取查封其办公楼、运钞车、营业场所的措施。"

② 参见屈凌：《试论公共秩序保留制度的发展趋势》，载《贵州社会科学》2011年第3期，第121~124页。

则其在法律上就获得了更为优越的地位。公共秩序具有概括的性质，是一个不断发展内容丰富的概念，有国内公共秩序与国际公共秩序之分。当某一国遇到不利于己的情形发生时，该国可能会以国内公共秩序或国际公共秩序损害为由提出抗辩。

2. 公共秩序理论对涉外国家侵权判决执行的影响

从理论上来说，公共秩序理论在涉外国家侵权判决执行领域适用是可行的，它既能保护相关国家及其民众的直接财产利益，也能维护相关国家的国际国内形象。一方面，国家侵权判决的执行直接损害相关国家的财产利益。国家财产不同于私人财产，国家财产的目的功能是为社会公共服务，直接执行国家财产则有可能对该国公众群体利益造成损害。另一方面，国家侵权判决的执行直接损害相关国家的国际形象。国家侵权判决本身就是对行为国国际国内形象的直接减损，对判决的执行无疑凸显了减损，不利于其未来的正常国际交往。

关于是否可以援引公共秩序以否定涉外国家侵权判决执行的问题，国际社会曾有过相关讨论。在联合国国际法委员会对《国家及其财产管辖豁免公约草案》第四部分"在法院诉讼中免于强制措施的国家豁免"的讨论过程中，公共秩序问题曾多次被提到。在1991年讨论二读草案时，首次有代表提出是否有必要在原则中引入"公共秩序"的表述，[1] 2000年工作组第三次会议对草案的讨论中曾将"公共秩序"明确列入了原则和备选案文中。在反对者认为在对国家财产执行强制措施时，允许被执行国以公共秩序来对抗，实质上给予了其拒绝执行最终裁决的自由裁量空间，而过大的自由裁量权可能成为滥用的根源，从而使得公约对执行豁免的限制措施成为一纸空文。支持者主张不在国际法层面上对执行豁免进行规制，考虑到公共政策，认为最好将执行判决的事务留交国家去做。[2] 尽管从条约最后文本可以看出，公约并未采用"公共秩序"，但在实践中仍有很多国家主张，鉴于国家财产的界定存有差异，也易引起国有财产在涉外诉讼中被强制执行，若增加公共秩序这个"安全阀"则有利于维护国家合法权益。

公共秩序理论引入涉外国家侵权判决执行中有可能使得国家侵权判决的实现更为困难。从执行国角度看，涉外国家侵权判决包括本国国家侵权判决和外国国家侵权判决两类。就执行本国国家侵权判决来说，执行国执行本国国家侵权判决不会产生国家豁免等法律上的争论，同时也最为方便，但也是最不可能实现的，该国通常会从本国公共利益优先保护的角度直接摒弃或搁置该类判决。就执行外国国家侵权判决来说，执行国尽管此时不会遇到国内公共秩序保护问题，但有可能招致对方国家以公共秩序为由的抗辩，即使在该外国国家未提出抗辩情形下，执行国可能还会考虑到国际公共秩序进而对判决予以搁置。因此，只有完全将公共秩序问题从涉外国家侵权判决执行领域分离出，才最有利于执行的顺利开展。

(三)国家财产豁免理论

1. 国家财产豁免理论及其内容

国家财产豁免也被称为国家财产的执行豁免，是指一国国家所有的财产免于在另一国

---

①　参见黄进等：《国家及其财产管辖豁免几个悬而未决的问题》，载《中国法学》2001年第4期，第140~151页。

②　参见联合国文件，A／C.6／54／L.12，1999年中译本，第5页。

法院的诉讼中被采取包括扣押、查封和执行等强制性措施。国家财产豁免与国家管辖豁免一样源于国家主权平等原则，基于"平等者之间无管辖权"原则，一国不应当对外国国家的财产行使司法权。国家财产豁免理论不同于国家公产理论，国家财产豁免是关于外国国家财产地位的理论，而国家公产理论则是要求对国家所有的财产实行特殊地位。国家财产豁免是国际法上的一项重要原则，直接涉及外国国家利益，同时也对国家相对人的权益实现有着重要影响。

国家财产豁免目前已经是一项获得普遍认同的国家交往原则，但关于国家财产豁免的内容，国际社会的立法和实践中还存在一定分歧。从国家财产豁免的立场上看，一部分国家持绝对豁免主张，即主张无论国家财产的性质、位置以及控制状态如何，都应无条件地享有执行豁免权；另一部分国家则主张限制豁免论，认为应区分国家财产性质，对于国家用于商业目的的财产不给予豁免。此外，即使是持限制豁免立场的国家，在外国国家财产豁免的诸多问题上的观点也并不一致，如外国国家管辖同意是否构成对其财产执行豁免的例外，① 外国国家用于私法领域的财产可否予以执行等问题上差别很大。

2. 国家财产豁免对涉外国家侵权判决执行的影响

鉴于国家财产豁免原则是针对外国国家财产的一项制度，该理论并不对执行本国法院以及外国法院作出的本国国家承担侵权责任的判决构成影响，因此，国家豁免原则理论主要与涉外国家侵权判决中的外国国家为债务人的侵权判决的执行相关。

国家财产豁免原则中的绝对豁免论将直接导致外国国家侵权判决的无法执行。绝对豁免论认为应给予外国国家财产概括的豁免权，即在任何时候任何情况下都不应对外国国家财产实行包括执行在内的强制措施。在主张绝对豁免论的国家，当遇到的涉外国家侵权判决需要执行外国的国家财产时，该执行国会以该被执行财产所属主体的国家身份而承认该被执行国豁免权进而主动放弃执行。此时，对于该涉外国家侵权判决来说，若债务国不主动执行，同时若相关财产所在地国家均持绝对豁免立场，则该判决几乎不可能得到执行。

国家财产豁免原则中的限制豁免论也同样可能对外国国家侵权判决的执行造成影响。持限制豁免立场的国家承认外国国家部分财产享有强制措施上的豁免权，当遇到需要执行外国国家财产时，仅当具备执行豁免的例外情形时方予执行。不难看出，"限制豁免论"仍主张将外国国家财产置于不同于一般民事主体财产的地位，其基本理念是外国国家财产通常仍属于执行豁免的范畴，可供执行是例外。如在比利时布鲁塞尔民事法院1951年对索科贝尔诉希腊案中，原告获得法院要求希腊赔偿700万美元的司法判决，比利时法院扣押的希腊国家财产恰好来自"马歇尔计划"的援助资金，美国要求不予执行该项目，最后，美国、比利时、希腊三国政府通过外交谈判才使纠纷得以解决。② 对于外国国家侵权判决

---

① 关于同意管辖是否构成执行例外，存在两种对立观点，即所谓"一体说"和"区分说"。一体说主张，若国家在一定条件下不享有管辖豁免，同样地，其财产也不应当享有豁免。区分说则认为，管辖豁免和执行豁免是性质、效果完全不同的两个领域，管辖例外不意味着执行例外。关于一体说和区分说的更多论述，参见龚刃韧：《国家豁免问题的比较研究——当代国际公法、国际私法和国际经济法的一个共同课题》（第二版），北京大学出版社2005年版，第268~269页。

② 参见《国际法判例汇编》（第18卷），第3页；转引自龚刃韧：《国家豁免问题的比较研究——当代国际公法、国际私法和国际经济法的一个共同课题》（第二版），北京大学出版社2005年版，第271页。

来说，限制豁免的国家尽管不会直接否定该判决的可执行性，但仍会谨慎审查是否存在豁免例外情形。

三、涉外国家侵权判决承认与执行的立法与实践

对承认与执行国来说，可能会遇到各种类型的涉外国家侵权判决，如本国法院作出的判决和外国法院作出的判决，本国国家的侵权判决和外国国家的侵权判决等。对承认与执行国来说，不同的判决具有不同特点，承认与执行时需要有所考虑。从既有国际社会相关立法和司法实践可以看出，涉外国家侵权判决的承认与执行国通常会基于法院地和债务国的不同，分别设置不同的承认与执行制度。

(一)国际性立法

对本国法院作出的本国国家为债务人的涉外侵权判决的执行通常属于国内管辖的具体事项，因此，涉外国家侵权判决承认与执行的相关国际立法主要集中在外国国家侵权判决和外国法院侵权判决的承认与执行上。

1. 关于外国国家侵权判决承认与执行的国际立法

对执行国来说，执行外国国家的侵权判决的最大法律障碍是国家豁免原则。国家财产执行豁免是传统国际法上的一项重要制度，国家财产的执行豁免将可能使执行外国国家侵权判决中的财产性责任难以实现。已有的国际立法在肯定国家财产豁免权的同时也规定了若干例外情形，这为缔约国执行外国国家侵权判决中的财产性责任提供了国际法律依据。

相关国际条约对外国国家侵权判决中金钱给付责任实现的条件进行了明确。关于国家财产豁免的相关国际立法明确规定在以下两种情况下可以对外国国家财产予以执行，即国家财产执行豁免的放弃和例外。财产执行豁免的放弃是指当作为被执行人的外国国家主动放弃豁免权时，其他国家享有执行该外国国家财产的权利。在国家财产执行豁免的放弃方式上，鉴于对国家财产执行直接影响国家利益，国际条约大多要求国家放弃执行豁免时需要明示，这种明示放弃一般是指通过条约、书面合同或当事国声明等方式明确表示。① 同时，条约还明确规定执行豁免的放弃还必须是独立的，即管辖豁免的放弃不得视为执行豁免的放弃，执行豁免放弃必须另行作出。国家财产执行豁免的例外则是即使该国并未明示放弃豁免权但若属于立法直接规定的可供执行的国家财产的范围和情形时，则对于属于例外范畴的外国国家财产，执行国可以直接依据条约予以执行，如《联合国国家及其财产管辖豁免公约》就规定了缔约国可以直接采取强制措施的外国国家财产及其范围。② 国家财产执行豁免放弃是一种经被执行国同意的财产执行，而国家财产执行豁免的例外则直接赋

---

① 如《联合国国家豁免公约》第19条第1项规定："不得在另一国法院的诉讼中针对一国财产采取判决后的强制措施，例如查封、扣押和执行措施，除非：该国以下列方式明示同意采取此类措施：（一）国际协定；（二）仲裁协议或书面合同；（三）在法院发表的声明或在当事方发生争端后提出的书面函件。"

② 如《联合国国家豁免公约》第19条第2、3项规定："不得在另一国法院的诉讼中针对一国财产采取判决后的强制措施，例如查封、扣押和执行措施，除非（b）该国已经拨出或专门指定该财产用于清偿该诉讼标的请求；（c）已经证明该财产被该国具体用于或意图用于政府非商业性用途以外的目的，并且处于法院地国领土内，但条件是只可对与被诉实体有联系的财产采取判决后强制措施。"

予执行国享有单方执行外国国家财产的权利，当执行国家侵权判决中外国国家的金钱性责任时，执行国只能在上述两种情形下对外国国家财产采取措施以实现判决。

相关国际条约对外国国家侵权判决中的财产责任强制执行的对象也进行了明确规定。外国国家侵权判决中的财产性责任需要以外国的国家财产来承担，如何确定可供执行的财产范围是外国国家侵权判决执行的关键。部分国际性文件也对此进行了明确，正如《联合国国家豁免公约》第 19 条第 3 项指出，法院地可以强制执行的外国国家财产应具有"已经证明该财产被该国具体用于或意图用于政府非商业性用途以外的目的，并且处于法院地国领土内"，该法同时还对不属于可供强制执行财产进行排除性列举，主要有："（a）该国外交代表机构、领事机构、特别使团、驻国际组织代表团、派往国际组织的机关或国际会议的代表团履行公务所用或意图所用的财产，包括任何银行账户款项；（b）属于军事性质，或用于或意图用于军事目的的财产；（c）该国中央银行或其他货币当局的财产；（d）构成该国文化遗产的一部分或该国档案的一部分，且非供出售或意图出售的财产；（e）构成具有科学、文化或历史价值的物品展览的一部分，且非供出售或意图出售的财产。"①

2. 关于外国法院侵权判决承认与执行的国际立法

对承认与执行国来说，外国法院作出的国家侵权判决中的债务人或是承认与执行国本身或是第三国。第三国作为债务人的外国法院侵权判决仍属于外国国家侵权判决类别，仍需考虑到外国国家侵权判决承认与执行相关制度。鉴于外国国家侵权判决承认与执行问题在前文已叙述，此处的外国法院侵权判决主要是指外国法院作出的承认与执行国为债务人的涉外国家侵权判决。目前，国际社会关于对外国法院作出的判决承认与执行立法主要是在国际民商事领域。鉴于国家侵权案件本质上同一般民事侵权相同，即都要求债务人承担一定的给付义务，况且，国家部分侵权行为可能是国家非主权行为的使然，因此，从这个意义上来说，外国法院作出的国家侵权判决的承认与执行援引相关一般民事领域的国际公约是有理论基础的。目前，1968 年欧共体国家在布鲁塞尔签订的《关于民商事裁判管辖权及判决执行的公约》，1971 年海牙国际私法会议的《民商事案件外国判决承认与执行公约》等都与外国法院判决的国内承认与执行有关，但实践中，很少有国家主张将上述公约适用到外国法院国家侵权判决的承认与执行上。

(二)国内立法与实践

在立法和司法实践中，各国关于涉外国家侵权判决承认与执行的形式和手段也有所不同。一般来说，承认与执行国同样会将涉外国家侵权判决分为本国法院作出的本国国家侵权判决、本国法院作出的外国国家侵权判决、外国法院作出的本国国家侵权判决、外国法院作出的外国国家侵权判决四种类型加以规定、实施。

1. 对本国法院作出的本国国家的涉外侵权判决的承认与执行

当国内法院受理以本国国家为被告的涉外侵权纠纷时，多数国家对此在程序乃至实体

---

① 根据《联合国国家及其财产管辖豁免公约》规定，尽管第 21 条第 1 款所列财产不属于缔约国可予直接执行的财产范畴，即享有执行豁免，但根据第 2 款规定，该类财产所有国仍可对这些财产放弃执行豁免。

问题上通常都将其作为国内性问题来处理，即将适用于国内的国家侵权赔偿法律制度同样适用于涉外国家侵权。具体到判决的执行来说，当国内法院作出本国国家的涉外侵权判决后，承认与执行并不是很困难的问题。外国人的实体权利和诉讼权利应当得到尊重是国际人权法的基本要求，这决定了即使外国人在行为国法院起诉该国，行为国同样有可能作出不利于本国的侵权判决。法院地国对本国司法机构作出的本国国家侵权判决的效力一般不会否定，并会完全按照国内法院判决承认与执行制度主动履行判决中确定的国家债务。

国内法院受理的本国国家涉外侵权案件最大的问题是管辖权和法律适用，而不是判决的执行问题。20 世纪中叶以来，国际社会的多数国家适当放弃国家的国内豁免权，允许个人在国内法院就国家的部分行为损害提起诉讼，以国家为被告的侵权赔偿之诉时有发生。当然相对来说，受理以本国国家为被告的涉外侵权之诉可能会受到一些限制，如包括中国在内的许多国家在民事诉讼和行政诉讼领域对外国人的诉权采取互惠原则，即一旦外国国家没有给予本国国民起诉对方国家的机会，则外国国民也不可能在本国法院享有起诉权。[1] 从法律适用来说，对于国内法院受理的以本国国家为被告的侵权案件，多数国家均主张适用本国的国家赔偿法或是国内民法，通常不会考虑其他国家法律，这有可能导致判决不公。

2. 对本国法院作出的外国国家侵权判决的承认与执行

一国法院对外国国家侵权同样可行使司法管辖权，国内法院作出的外国国家侵权判决，一般不存在不予承认的问题，但能否顺利执行外国国家侵权判决中的财产性责任可能存在问题。对同时作为受诉法院的执行国来说，仅当外国国家在本国领域存有财产时才有执行的机会，但此时又面临外国国家财产执行豁免的问题。如前述的比利时法院审理的索科贝尔诉希腊案，比利时法院欲执行美国援助的希腊国家财产，就遭到美国和希腊的强烈反对。

从立法上看，国内法中的外国国家豁免法相关规定会成为本国法院执行域内外国国家财产的重要法律依据。部分国家的外国主权豁免法对外国国家财产的执行豁免问题有所涉及，明确了外国国家财产豁免的例外等问题。从既有相关国家国内立法上看，一国可予执行的外国国家财产范围主要是商业目的财产和外国国家放弃执行豁免的其他财产，如《英国国家豁免法》认为可以"对正用于或拟用于商业目的财产采取任何程序"[2]，《加拿大外国国家豁免法》认为，加拿大可执行的外国国家财产包括"外国国家已明示或默示放弃扣押、执行、扣留、留置、查封或没收的豁免者；用于或拟用于商业活动的财产；执行判决所确认的权利涉及通过继承、赠与所取得的位于加拿大的财产，或位于加拿大的不动产"[3]，《澳大利亚外国国家豁免法》也特别指出，国家财产执行豁免不适用于商业财产。[4]

---

① 参见《中华人民共和国民事诉讼法》第 5 条和《中华人民共和国行政诉讼法》第 71 条。

② 参见《英国国家豁免法》第 13 条第 4 项。

③ 参见《加拿大外国国家豁免法》第 11 条第 1 项。

④ 根据《澳大利亚外国国家豁免法》第 32 条规定，其执行豁免例外上的商业财产主要包括两类："（a）商业财产是指，除外交财产或军事财产以外，外国国家主要为商业目的而使用的财产；（b）在表面上是无人占有的或表面上不使用的财产，应被视为用于商业目的，除非，法院认为该财产并非用于商业目的。"

从司法实践上看，尽管国家豁免法授权本国法院可对外国国家财产采取扣押、执行等强制措施，但在具体执行中仍然存在诸多困难。一方面，法院地国执行本国作出的外国国家侵权判决时，还有可能面对外国国家在境内无财产或无足够可予执行财产的问题。此时如何实现判决对法院地国也尤为关键，对此，惯常做法是法院地国及相关请求人或是要求外国国家债务人或是要求相关财产所在地国家承认与执行相关国家侵权判决。法院地国要求外国国家债务人承认与执行国家侵权判决的一个典型例子为拉特里尔诉智利共和国案，最后通过1990年美国和智利之间关于解决拉特里尔和莫菲特死亡赔偿争端的协定得到了解决。① 另一方面，即使在外国国家于本国境内存有相关财产的情况下，本国法院作出的外国国家侵权判决也可能因政治、法律等原因无法得到执行。典型案例如前述的希腊法院受理的迪斯特摩诉德国案，1997年希腊法院否定了德国豁免抗辩，判决德国向原告支付5500万德国马克的赔偿。但该案判决在希腊一直未能得到执行，主要原因是对外国国家判决的执行必须取得司法部部长的授权，而原告的请求迟迟未能获得希腊国内批准。②

3. 对外国法院作出的本国国家的涉外侵权判决的承认与执行

总体来说，一国法院作出的外国国家侵权判决能够为行为国承认与执行和法院地是否有管辖权存在很大关系。当一国法院受理以外国国家为被告的案件后，绝大多数情况下，都会招致被诉外国国家的管辖抗辩，由此得来的判决也通常很能获得该外国国家的承认与执行。即使外国国家放弃管辖豁免，也并不意味着同时放弃了执行豁免并将会承认与执行其他国家法院所作出的对本国国家侵权判决。承认与执行外国法院作出的本国国家侵权判决通常是有条件的，从国际私法的角度，外国法院的民商事判决承认与执行的条件一般包括：外国法院具有适当管辖权、承认与执行外国判决不违背公共秩序、判决是非欺诈取得的终局性的结果、法律选择标准恰当等。③ 当然概括地反对外国法院作出的不利于本国国家的侵权判决也是不适当的。如前述的拉特里尔诉智利案，智利坚决反对美国法院的判决，但最终通过两国协议，智利虽然仍不承认对此争端负有责任，但出于恩惠同意支付赔偿。

以外国法院不具有管辖权为由拒绝承认与执行不利于本国判决的情况较为常见。如前述的意大利法院审理的佛瑞恩诉德国案和希腊法院审理迪斯特摩案，最终判决都认为德国国家应当承担相应的侵权责任，但始终遭到德国提出的主权豁免抗辩，意大利和希腊法院的管辖权始终未能得到德国承认。针对迪斯特摩案的原告希望在德国实现希腊法院判决中的权益问题，2003年6月26日德国联邦最高法院认定，希腊法院的判决违背德国法律基本原则，并侵犯了德国根据国际法应有的豁免权，该类判决不可能得到德国国家的承认与执行。④

---

① 参见夏林华：《不得援引国家豁免的诉讼》，暨南大学出版社2011年版，第101页。

② 参见《希腊民事诉讼法》第923条。

③ 参见宣增益：《国家间判决承认与执行问题研究》，2004年中国政法大学博士学位论文，第16~39页。

④ Greek Citizens v. Federal Republic of Germany, Case No. III ZR 245/98, International Law Report, Vol. 129, p. 56.

以外国法院适用法律不当为由拒绝承认与执行不利于本国国家侵权判决的案例也时有发生。在前述的菲拉蒂加诉巴拉圭案中，纽约地方法院于 1984 年对该案作出判决，认定巴拉圭警官在巴拉圭执行职务中实施的酷刑行为构成侵权，并根据美国法承认原告有权获得惩罚性赔偿金，要求原告支付共计 10385364 美元的赔偿金，菲拉蒂加家族要求延长执行判决期限，且要求巴拉圭法院予以执行，① 但巴拉圭法院拒绝予以协助，主要是因为作为侵权行为地的巴拉圭国家的相关法律并未得到较好适用。

4. 对外国法院作出的外国国家侵权判决的承认与执行

外国法院作出的外国国家侵权判决中的被请求承认与执行国通常是财产所在地国，对该类承认与执行国来说，面对外国法院作出的外国国家侵权判决既需要考虑外国法院的因素，同时也必须重视债务人的外国国家身份。对承认与执行国来说，外国法院作出的外国国家侵权判决既不同于本国法院作出的外国国家侵权判决，也不同于外国法院作出的本国国家侵权判决。在具体承认与执行过程中，既需要依照外国法院判决承认与执行条件制度对其进行审核，还需要符合外国国家财产执行豁免的相关规定。

相对来说，尽管外国法院作出的外国国家侵权判决的承认与执行更为困难，但是对外国法院作出的外国国家侵权判决的承认与执行在实践中并不是完全不可能实现的。部分国家曾出现过对外国法院作出的外国国家侵权判决的承认与执行先例，最为著名的当属意大利法院承认与执行希腊法院作出的德国国家侵权判决。迪斯特摩诉德国案中的原告鉴于希腊对国内法院作出的外国国家侵权判决迟迟不予以执行，德国国家法院也否定了执行请求，因此，希腊请求人试图在意大利法院寻求执行希腊法院作出的德国国家侵权判决，意大利佛罗伦萨法院 2006 年 6 月 13 日作出裁定宣称将予以执行希腊利维迪亚初审法院 1997 年作出的德国国家侵权判决。②

涉外国家侵权判决的承认与执行是涉外国家侵权赔偿诉讼的归宿。相对于涉外民商事判决和国内性国家侵权判决，涉外国家侵权判决的承认与执行中遇到的问题更多也更为复杂和困难，但承认与执行涉外国家侵权判决不仅事关法律实质正义和程序正义，也同国家的政治和经济利益息息相关。

在国家侵权判决的承认与执行过程中很可能会遇到对国家财产的处分问题，与国家财产相关的国家公产理论、公共秩序保留理论、外国国家财产执行豁免理论等都对涉外国家侵权判决的承认与执行产生了重要影响。国家公产理论要求应赋予国家财产以特殊法律地位即国家公产不应当被任意减损，因此，对任何国家侵权判决中财产性内容的执行都可能与该理论相冲突。公共秩序保留理论赋予国家对损害本国公共利益的抗辩权，对承认与执行国来说，不仅自身可能会援引公共秩序否定不利于本国的侵权判决，而且在执行外国国家侵权判决时还很有可能遇到被执行国提出的公共秩序抗辩。国家财产执行豁免理论则是直接赋予外国国家财产有免于被采取强制措施的权利，该原则使得一国不便于去执行外国国家侵权判决。

---

① 参见李庆明：《美国〈外国人侵权请求法〉研究》，武汉大学出版社 2010 年版，第 220 页。

② 参见郭玉军、刘元元：《国际强行法与国家豁免权的冲突及其解决——以德国诉意大利案为视角》，载《河北法学》2013 年第 1 期，第 24~32 页。

尽管部分理论对涉外国家侵权判决的承认与执行产生了消极影响，但从立法和实践层面上看，涉外国家侵权判决的承认与执行还是得到了一定贯彻并仍处于较好发展态势中。从国际层面来看，《联合国国家豁免公约》明确了国家财产豁免的例外范围，这为缔约国法院执行外国国家侵权判决提供了国际法依据，并且该公约也并没有肯定缔约国有权以公共秩序为由抗辩执行本国的国家财产。从国内层面来看，各国也都有立法涉及涉外国家侵权判决的承认与执行并且已出现较多的司法案例。

一般来说，承认与执行国会基于债务国和法院地国的不同将需要承认与执行的涉外国家侵权判决分为本国法院作出的本国国家侵权判决、本国法院作出的外国国家侵权判决、外国法院作出的本国国家侵权判决和外国法院作出的外国法院侵权判决四大类。对本国法院作出的本国国家的涉外侵权判决的域内承认与执行不会面临更多障碍，通常会参照国内相关判决承认与执行制度完成。对本国法院作出的外国国家侵权判决的域内承认与执行则会遇到外国国家财产执行豁免问题。对外国法院作出的本国国家侵权判决的国内承认与执行，则会遇到对外国法院管辖权的有无以及法律适用恰当性等的审查问题。对外国法院作出的外国国家侵权判决，承认与执行国则可能既需要依据外国法院判决的承认与执行条件对其审查，同时还需注意外国国家财产执行豁免的问题。

第六节　中国涉外国家侵权法律制度的建构

中国正以更加开放的姿态参与国际交往。截至 2022 年年底，我国在海外的华人华侨数量已经达到了 6000 多万，分布在全球 200 多个国家和地区，数量稳居世界第一。联合国贸发会议（UNCTAD）《2022 年世界投资报告》显示，2021 年全球对外直接投资流量 1.7 万亿美元，年末存量 41.8 万亿美元。以此为基数计算，2021 年中国对外直接投资分别占全球当年流量、存量的 10.5% 和 6.7%，流量列全球国家（地区）排名的第二位，存量列第三位。伴随如此庞大频繁的人员和资金的跨国流动，与中国有关的涉外国家侵权的问题将会与日俱增，因此，构建适当的中国涉外国家侵权司法制度十分必要。

一、中国涉外国家侵权管辖制度的建构

司法实践中，中国法院可能会同时面临以中国国家或是外国国家为被告的涉外侵权案件。中国在确定涉外国家侵权管辖权制度时，应当考虑这两类不同被诉主体的差异，确定相应的管辖制度。

(一) 现状与问题

构建中国涉外国家侵权司法管辖制度首先需要理清中国法院现行能够管辖的涉外国家侵权案件的范围。同时，也很有必要了解中国对外国法院受理与中国有关的涉外国家侵权案件时所持的立场态度。

1. 中国法院对涉外国家侵权案件司法管辖概况

中国法院受理的涉外国家侵权案件可分为对中国国家侵权之诉和对外国国家提起侵权之诉，这两类不同诉讼在中国的立法和司法实践中差异较大。

（1）在中国法院对中国提起的涉外侵权之诉。我国民法和民事诉讼法分别肯定了非中国国籍民事主体的实体性权益受损时的求偿权。我国法律规定，国家机关或者国家机关工作人员在执行职务中，侵犯公民、法人的合法权益造成损失的，应当承担民事责任。《民事诉讼法》第 5 条规定：“外国人、无国籍人、外国企业在人民法院起诉、应诉，同中华人民共和国公民、法人和其他组织有同等的诉讼权利义务。”

我国的《国家赔偿法》和《行政诉讼法》同样有条文涉及非中国国籍民事主体起诉中国侵权问题。我国《国家赔偿法》第 14 条规定：“赔偿义务机关在规定期限内未作出是否赔偿的决定，赔偿请求人可以自期限届满之日起三个月内，向人民法院提起诉讼。”对于该项诉权，《国家赔偿法》同样授予了非中国国籍民事主体。① 此外，非中国国籍民事主体在中国法院起诉中国侵权还被《行政诉讼法》肯定，我国《行政诉讼法》第 98 条、第 99 条赋予外国人和无国籍人在国家侵权赔偿中享有对等国民待遇。②

不难发现，非中国国籍民事主体的合法权益受到中国法律的充分保护，即使遭致的是可归于中国的国家行为的侵害，在中国也仍享有起诉的权利。《民事诉讼法》《行政诉讼法》均赋予非中国国籍民事主体在诉讼中的国民待遇，这同时也使得该类主体在中国法院起诉中国国家时，可适用中国公民起诉国家侵权时的相关管辖权制度。

（2）在中国法院对外国提起涉外侵权之诉。在 2024 年 1 月 1 日实施的《中华人民共和国外国国家豁免法》实施以前，在外国国家管辖问题上，中国始终坚持国家管辖豁免这一公认的国际法原则，现有国内立法中并没有任何条款涉及对外国国家司法管辖的问题。1983 年中国外交部就“湖广铁路债券案”向美国国务院提出的备忘录表明了我国政府在外国国家管辖问题上的立场：“中国作为一个主权国家无可非议地享有司法豁免权。美国地方法院对一个主权国家作为被告的诉讼行使管辖权，作出缺席判决，甚至以强制执行相威胁，完全违反国家主权平等的国际法原则，违反《联合国宪章》。”③中国反对任何国家受理以中国国家为被告的案件，相应地，在 2024 年 1 月 1 日之前，对于在中国法院提起的以外国国家为被告的案件中国法院也不会受理。

国内民众对外国国家侵权损害起诉的努力从未中断。以民间对日索赔为例，日本侵华战争的中国受害者曾多次尝试在国内启动司法程序，2000 年 12 月魏香田等 14 名在日本侵华战争中被掳掠到日本强制劳动的中国劳工作为原告，委托律师，向河北省高级人民法院提交了状告日本熊谷组等五家企业损害赔偿的起诉状；④ 2003 年 5 月 20 日，日本细菌战丽水受害者作为原告向浙江省高级人民法院提交诉状，状告日本政府；2006 年 2 月，“二战”中的劳工张瑞和在北京与中国民间对日索赔联合会及律师刘安元签署授权书，委

---

① 参见《中华人民共和国国家赔偿法》第 40 条。

② 《中华人民共和国行政诉讼法》第 98 条规定：“外国人、无国籍人、外国组织在中华人民共和国进行行政诉讼，适用本法。法律另有规定的除外。”第 99 条规定：“外国人、无国籍人、外国组织在中华人民共和国进行行政诉讼，同中华人民共和国公民、组织有同等的诉讼权利和义务。外国法院对中华人民共和国公民、组织的行政诉讼权利加以限制的，人民法院对该国公民、组织的行政诉讼权利，实行对等原则。”

③ 参见汪瑄：《评所谓湖广铁路债券案》，载《中国政法大学学报》1984 年第 2 期，第 26～32 页。

④ 参见刘波等：《国内起诉：民间对日索赔的可行性》，载《中国律师》2002 年第 3 期，第 68 页。

托他们对日诉讼，该诉讼针对日本某大型企业；2010 年 9 月"二战"中国劳工首次集体在山东省高级人民法院对日本三菱企业提起民事诉讼；2012 年 9 月 10 日，重庆大轰炸受害者、幸存者在重庆市高级人民法院向日本政府提起索赔诉讼，要求日方就战争造成的损害进行道歉、赔偿。①

中国已缔结的相关国际条约中就含有对外国国家司法管辖的规定，并且在国内部分法域的司法实践也出现了对外国国家管辖的案例。我国参加的《国际油污损害民事责任公约》规定："缔约国就油污损害赔偿案件放弃对油污损害所在缔约国法院的管辖豁免。"②该法条意味着中国法院有权就作为缔约国的外国国家造成的发生在中国境内的油污损害行使司法管辖权。司法实践上，截至目前，中国法院受理的以外国国家为被告的典型案例即香港法院审理的美国 FGH 公司诉刚果金案。在该案中，美国基金公司于 2008 年 5 月向香港特区法院提起诉讼，申请截留中铁公司应向刚果（金）支付的矿权费 1.75 亿美元，以执行苏黎世和巴黎两个仲裁庭针对刚果（金）作出的仲裁裁决。案件审理过程中，外交部驻香港特区特派员公署三度致函特区政府，说明中国持绝对豁免立场，并指出，国家豁免问题是影响国家间关系的重要问题。香港特区高等法院上诉庭却在二审判决中认定，特区适用与中央政府立场不一致的国家豁免制度，不会损害国家主权，作出了有利原告的决定。③尽管该案最终结果再次表明我国对外国国家相关案件管辖上仍持绝对豁免主义立场，但香港特区高等法院上诉法庭却曾指出"特区适用与中央政府立场不一致的国家豁免制度，不会损害国家主权"，并认为特区法院有权审理涉及外国主权国家为被告的案件。④

经过长时间的努力，中国法院对外国国家侵权行为予以管辖在 2023 年正式确立，《中华人民共和国外国国家豁免法》第 9 条明确规定："对于外国国家在中华人民共和国领域内的相关行为造成人身伤害、死亡或者造成动产、不动产损失引起的赔偿诉讼，该外国国家在中华人民共和国的法院不享有管辖豁免。"该条也正式表明，在外国国家侵权管辖问题上，中国正式放弃绝对豁免立场。

2. 外国法院对与中国有关涉外国家侵权案件的司法管辖

以中国国家作为侵权案件被告的起诉在外国法院频频被予以受理。此外，外国法院还受理过大量与中国国民及其利益有关的涉外国家侵权案件。

（1）外国法院对以中国国家为被告的涉外侵权案件的管辖。实践中，国外法院受理的诉中国侵权的案例屡见不鲜，主要发生在美国和加拿大等西方发达国家。中国在美国第一次被诉的斯考特诉中华人民共和国等产品责任纠纷案⑤中，原告以中国外交部长为中华人民共和国代理人，以烟花进口商远东进口公司和烟花经销商为第二、第三被告，向美国得克萨斯州达拉斯地区地方法院提起诉讼，要求损害赔偿 600 万美元，其中 100 万美元为人

---

① 参见陈鹏：《重庆大轰炸惨案受害者首度本土起诉日本政府》，载《中国青年报》2012 年 9 月 11 日，第 3 版。

② 参见《国际油污损害民事责任公约》第 11 条。

③ 参见秦前红、黄明涛：《对香港终审法院就刚果·金案提请人大释法的看法》，载《法学》2011 年第 8 期，第 63~65 页。

④ 参见李华成：《中国国家豁免立法中的初审法院——由"中铁刚果（金）案"谈起》，载《太原理工大学学报（社会科学版）》2012 年第 3 期，第 1~5 页。

⑤ 参见杨贤坤主编：《中外国际私法案例评选》，中山大学出版社 1992 年版，第 61~65 页。

身损害赔偿，500 万美元为惩罚性损害赔偿。美国驻华使馆送来美国法院传票，传中国外交部长到庭应诉，被拒绝。美国法院声称，如中方不出庭应诉，美方可根据原告单方面请求，作出不利于被告的缺席判决，并随时对中国在美国财产予以扣押，该案在中国政府对原告补偿 95000 美元以后原告撤回了起诉。在天宇公司诉中国四川省政府与成都市青羊区政府案①中，该案涉及国有化行为致损索赔问题，2008 年 7 月 15 日，美国第十巡回上诉法院作出二审判决，维持了中国享有主权豁免的一审判决。莫里斯诉中华人民共和国案②并非严格意义的侵权案件，主要涉及国家恶债的偿还问题；2007 年 3 月 21 日，美国纽约南区联邦地方法院作出了判决，以国家豁免和已过诉讼时效为由撤销了案件。"仰融、仰融夫人及香港华博财务有限公司诉辽宁省政府非法侵占财产权"案③也涉及政府征收行为的损害赔偿问题，2003 年 8 月，美国哥伦比亚特区地区法院通过外交途径向中国辽宁省政府送达了传票，进行了审理并最终判决仰融方败诉。

综析上述案件，可以看出，面对以中国国家为被告的起诉，外国法院并不当然予以拒绝。尽管实践中，过去半个多世纪，中国以绝对豁免原则为由坚决予以反对，但仍有国外部分法院坚持行使司法管辖予以受理，并在部分案件中作出了不利于中国的判决。自 2024 年 1 月 1 日《中华人民共和国外国国家豁免法》生效后，当外国法院对相关主体诉中国国家侵权时，根据对等原则，中国不可能再以绝对豁免原则为由否定对方国家法院的管辖权。

（2）外国法院对与中国公民（利益）有关的涉外国家侵权案件的管辖。在遭遇外国国家侵权后，中国公民也曾寻求在国外法院起诉以实现对自己权益的救济。在国际经贸领域，中国公民和公司相关权益遭到外国国家侵权时，通过法律途径向外国国家索赔正越来越常见，如谢业深诉秘鲁政府案④，中国平安诉比利时政府案⑤，三一重工诉奥巴马案⑥等。但实践中，中国公民（或企业）在国外向外国国家索赔不容乐观。以在日本对日索赔诉讼为例，大量在日本侵华战争中受害的中国公民及其家属纷纷在日本法院对日本国或日本企业提起诉讼，要求日本就侵华战争中违反国际法行为造成的人身及财产损害进行赔偿道歉。中国公民针对日本政府的诉讼无一胜诉，如 1999 年东京地方法院审理的南京大屠杀

①　Big Sky Network Can Ltd. v. Sichuan Provincial Gov., 2008 US App. LEXIS 15003 (10th Cir., Jul 15, 2008). 关于该案的详细评述，参见肖永平、张帆：《从天宇公司案看美国法院关于"直接影响"的认定》，载《河南政法管理干部学院学报》2009 年第 2 期，第 143～146 页；也可参见李庆明：《加拿大一公司诉四川省政府案》，载《中国审判》2008 年第 1 期，第 85～87 页。

②　参见自黄进、李庆明：《2007 年莫里斯诉中华人民共和国案述评》，载《法学》2007 年第 9 期，第 60～68 页。

③　参见杨松：《从仰融案看跨国诉讼中的国家豁免问题》，载《政治与法律》2007 年第 1 期，第 45～50 页。

④　参见高成栋：《中外 BITS 对香港特区的适用及争议解决——以谢业深诉秘鲁政府案为例》，载《国际经济法学刊》2010 年第 1 期，第 61～73 页。

⑤　参见张颖：《中国平安状告比利时　就投资富通亏损提起国际仲裁》，载《国际金融报》2012 年 11 月 16 日，第 07 版。

⑥　参见江玮：《评估是否立案 三一诉奥巴马案首次听证》，载《21 世纪经济报道》2012 年 11 月 30 日，第 2 版。中国香港的投资者早有对外国国家索赔先例，最终获得赔偿约 80 万美元；在 SPP 诉埃及政府案，最终获得赔偿 2760 万美元。

及无差别空袭受害民众诉日本国案、2002 年东京地方法院的平顶山大屠杀幸存者诉日本索赔案、2004 年东京高院的中国慰安妇索赔案、2005 年东京高院的刘连仁诉日本国强迫劳动案等，日本法院均作出驳回诉讼的判决。①

不难发现，尽管中国公民(公司)在外国法院起诉外国国家在法理上是可行的，但实际上很难获得真正胜利。多数情形下，外国法院或是直接以国家豁免为由拒绝受理或是以原告主体不适当、已过诉讼时效等理由驳回中国当事人诉求。

3. 中国涉外国家侵权司法管辖中存在的问题

从中国对涉外国家侵权案件司法管辖的立法现状和具体实践中不难看出，现行管辖权制度存在着体系不健全、制度设计不精细、实际操作性不强等弊端。

第一，中国对涉外国家侵权案件的管辖权体系还未完全建立。涉外国家侵权是一个外延非常广泛的概念，对一国法院来说，既包括本国国家在本国领域内和领域外实施的国家侵权，也包括外国国家在其本国领域内和其领域外实施的国家侵权，立法应当对本国能否管辖上述全部类型的涉外国家侵权这一关键问题进行明确。当前，中国现有相关管辖立法仅涉及外国人、无国籍人在中国法院起诉中国国家侵权问题，也涉及中国法院能否审理外国国家侵权案件，但《中华人民共和国外国国家豁免法》第 9 条并没有将外国国家在中国领域外的侵权行为列入不予管辖范围，这使得中国法院在遇到中国公民对外国国家提起的不在中国领域内发生的侵权索赔时，无法找寻法律依据以决定是否受理。

第二，现有关于涉外国家侵权国内法院间管辖制度还存在冲突的问题。从实体责任上来看，国家行政机关或者行政机关工作人员在执行职务中对非中国国籍当事人合法权益造成损害时，我国《民法典》和《国家赔偿法》都肯定国家应当承担相应责任。相应地，在程序法中，《民事诉讼法》和《行政诉讼法》也都有条款规定受害主体享有在中国法院对中国国家的诉权。两类不同领域法律上的竞合，在管辖权上将会出现到底应由国内法院中何种性质的法庭对这类涉外国家侵权纠纷予以审理的问题，即应由国内法院中的行政法庭还是由民事法庭审判。

第三，中国现有的涉外国家侵权案件管辖制度的设计也过于简单不够精细。现有涉外国家侵权案件管辖规定主要集中于非中国国籍当事人在中国法院起诉中国国家这一个类别上，但即使在对这一具体门类的涉外国家侵权上，当前的管辖制度也仍显得粗糙笼统，并未就具体行使司法管辖的国内具体法院的级别、地域等问题进行明确。《中华人民共和国外国国家豁免法》第 9 条也只是规定了外国国家侵权在中国领域内不享有管辖权，但具体到中国哪一地域、哪一级别法院对该外国国家行使司法管辖权并没有明确。

(二) 可管辖案件的范围

涉外国家侵权的国家管辖范围实质上就是一国可以对哪些涉外国家侵权案件进行司法管辖的问题。国家管辖权的确立明确了国家的权限职责，这同时也意味着相关当事人有权以该管辖权制度为依据在国内法院起诉相关国家。考虑国际社会相关国家的立法和司法实践，结

---

① 参见张新军：《民间对日索赔诉讼上的变迁和中国政府的回应》，载《清华法学》2007 年第 4 期，第 96~120 页。

合我国国家利益和实际情况，我国应当确立对以下涉外国家侵权案件的司法管辖权。

1. 以中国国家为被告的涉外侵权案件

对于发生在中国领域内或领域外的中国国家侵权，我国立法都应该确立对其享有管辖权。中国受理一切以中国国家为被告的涉外侵权案件符合国际法上的属人管辖权原则，也不与国家管辖豁免的国际法原则相冲突。

中国立法应确立对领域内发生的中国国家涉外侵权的专属管辖。专属管辖指法律规定某些类型的案件只能由特定的法院管辖，其他法院无管辖权，当事人也不得以协议改变法律确定的管辖。① 专属管辖的一个重要效力即排除效力，对领域内发生的中国涉外侵权的专属管辖则意味着排除外国法院的司法介入。中国对领域内以中国国家为被告的涉外侵权案件施行专属管辖有着法理依据且是可行的。首先，中国法院对中国境内的事务具有优先管辖权，根据国家主权原则，国家对其领域内人、事、物享有优先管辖权，此谓属地最高权。在中国领域内发生可归于中国国家的行为无疑应当由中国来裁断，任何其他国家法院未经中国同意介入该类纠纷可能构成对中国国家主权的侵犯。其次，中国法院对中国国家侵权享有当然的管辖权。由外国法院管辖起诉中国国家的侵权，明显违背"平等者之间无管辖权"的国际法原则，中国当然有权管辖属于自己的事务。此外，中国法院也是最方便的管辖法院，中国领域内发生的侵权纠纷由中国法院管辖，从调查取证到判决执行都将能够最顺利地完成。

中国立法应尽力主张对领域外的中国国家侵权予以管辖。国内法院管辖领域外中国国家侵权符合国际法上的属人性管辖原则，同时与"平等者之间无管辖权"的国际法原则要求相一致。最重要的是，相对于由外国法院管辖，由国内法院管辖领域外的中国国家侵权纠纷能最大程度保证中国国家利益，维护中国国家形象。

2. 发生在中国领域内的外国国家侵权案件

作为《联合国国家豁免公约》的签署国，确立对外国国家侵权的司法管辖制度符合公约的基本要求，不仅是中国国家的一项重要权利，同时，也能最大限度地维护中国国家及其国民的利益。

在中国领域内发生的外国国家侵权应当成为中国法院行使管辖权的重要的对象，对此《中华人民共和国外国国家豁免法》第 9 条予以明确规定。相关国际公约和国际社会司法实践表明，外国国家管辖豁免并不应当是绝对的，国家管辖豁免例外更有利于国际社会发展也更符合公平正义原则要求。在确定对国家侵权行为的管辖权国家时，最有充足法理依据行使管辖权的无疑就是行为地国。根据国际法，在属地管辖权与属人性管辖和保护性管辖权相冲突时，属地管辖权优先，因此，作为行为地国的中国对发生在领域内的外国国家侵权行使管辖无疑是合适的。此外，国内法院对领域内的外国国家侵权予以管辖也符合"用尽当地救济原则"。② 诉讼是最重要的救济途径，当境内被侵权受害人寻求作为东道

---

① 参见李浩：《民事诉讼专属管辖制度研究》，载《法商研究》2009 年第 1 期，第 94~101 页。

② "用尽当地救济原则"是一项重要的国际习惯法原则，一般认为，东道国出现拒绝司法的情况或东道国的有权管辖机关作出最终决定又不存在任何上诉的机会时，当地救济视为已经用尽。参见余劲松：《国际投资法》，法律出版社 1994 年版，第 348~349 页。

国的中国救济时,基于"用尽"要求,中国也没有理由拒绝运用作为救济手段之一的司法救济。

国内法院对领域内发生的外国国家侵权行为行使管辖时,应尽可能淡化外国主权者的身份以及行为的性质等"传统"问题。从国际社会上的部分国家的立法和司法实践可以得知,即使是在肯定对领域内外国国家侵权享有管辖权的国家,也对本国法院受理的具体外国国家侵权行为的范围、条件等问题作出限制,但是,豁免领域内部分外国国家致人损害行为既不符合国际人权法的要求,行为地国也可能因"拒绝司法"会有损自身的国际形象。对我国来说,若在立法上明确否定对外国国家军事行为及其他主权行为的司法管辖,无疑将完全堵死国内战争受难者通过国内诉讼寻求赔偿的路径,也不利于对外国国家起到警示作用。

3. 对中国"有直接利益影响"的外国国家侵权案件

根据国际法上的保护性管辖原则,一国有权对与本国国家利益相关的事件行使管辖权,因此,对于即使在中国领域外发生的对中国有较大利益影响的行为事件,中国法院也可以行使司法管辖权。国际社会的立法实践中,利益影响原则是对外国国家行使管辖权的重要依据,如《美国外国主权豁免法》规定,外国国家在"或者基于与该外国在别处的商业活动有关,而且在美国领土以外进行但在美国引起直接影响的行为提出的"诉讼不享有管辖豁免。①

中国确立对本国有"有直接利益影响"的外国国家侵权案件的司法管辖十分必要。作为海外公民规模世界第一大国和对外投资增长速度最快的国家,中国的海外利益将占据越来越重要的地位,为切实保护海外利益免遭东道国以及其他外国国家的不法侵害,扩大中国国家的国际影响力,赋予国内法院一定条件下对领域外的外国国家侵害中国及其公民利益案件的司法管辖就显得十分重要。

(三)国内具体管辖法院的确定

在确立本国涉外国家侵权案件的受案范围后,紧接着面临的问题是由国内哪一具体法院完成对该类案件的审理。在对具体审理涉外国家侵权案件的国内法院进行明确的过程中,需要理清以下问题:受案法院的性质问题、受案法院的级别问题、受案法院的地域问题。

1. 涉外国家侵权案件中国内管辖法院的性质问题

司法是国家的重要职能,大多数国家有着庞大的法院体系,考虑到部分案件的专业性和特殊性,国家通常会在普通的"一揽子"法院之外再另行设立部分专门法院。专门法院是法院体系的重要组成部分,专门法院的设立通常依据必要性原则,即避免造成司法资源的浪费。我国除存在受理一般刑事、民事和行政案件的地方各级人民法院外,还有如军事法院、海事法院、铁路运输法院等一些专门法院,我国专门法院的设立为实现司法公正与提高司法效率作出了较大贡献。

我国适宜由普通法院而不是专门法院来受理涉外国家侵权案件。一方面,涉外国家侵

---

① USC. § 1605(a)(3).

权案件由专门法院审理在现阶段还不合适。从程序上看，设立专门法院较为烦琐。设立处理涉外国家侵权案件的专门法院意味着我国司法体系的重大变革，这将使得现行许多法律面临或修改或废止的局面，立法是一个程序复杂漫长的工作，这很有可能使得涉外国家侵权案件的受理在短时间内难以完成。从必要性上来说，由专门法院审理可能造成司法浪费。相对来说，涉外国家侵权案件的数量还不多，为规模十分有限的案件专门设立一类审理机构无疑同司法资源的充分利用原则相悖。另一方面，我国普通法院自身具备审理涉外国家侵权案件的客观能力。我国普通法院本身具有审理涉外侵权案件和国家赔偿案件的权限和经验，国家侵权赔偿案件一直以来也都是由普通法院审理完成的，并且部分法院已经积累了相关的司法审判经验。因此，由普通法院管辖涉外国际侵权案件是较为适当的，而且在实施上也是最方便的，只要通过出台司法解释对普通法院审理权限进行扩大性说明即可。

涉外国家侵权案件应确立由普通法院中的行政法庭和民事法庭分别审理。我国的普通法院行使着刑事、民事、行政三类主要案件的审判权，为此，法院内部也存在着相应的组织分工。涉外国家侵权赔偿案件应由普通法院内部哪一具体组织予以受理审判也是相当重要的问题。结合我国现行立法，《民事诉讼法》《行政诉讼法》均有对国家机关及其工作人员职务侵权行为赔偿诉讼的规定，因此，分别提起两类不同性质之诉在法理上是允许的。为提高司法效率，我国适宜确立基于涉外国家侵权行为性质的不同分别由行政法庭和民事法庭审判的制度。具体来说，对国家的非主权性行为引发的涉外侵权如国有公共设施致人损害等案件由普通法院的民事法庭审理；对国家违法或不当行使职能行为所造成的涉外侵权案件则由普通法院中的行政法庭予以审理。

2. 涉外国家侵权案件中国内初审法院的级别问题

法院通常是有级别划分的，级别管辖的实质是将法院职能分层，以达到一种最优的制度配置，它的意义在于能够整合现有的司法资源使上下级法院形成专业化的分工，有利于法官的职业化。① 级别管辖制度的确立对于司法资源合理配置、案件公正处理等都具有重要意义，德国、日本、匈牙利等国家都实行了级别管辖制度。

中国对涉外国家侵权案件施行级别管辖符合我国现行的立法精神。我国本身是施行级别管辖制度的国家，将涉外国家侵权案件纳入较高级别法院的初审范围并没有从根本上改变我国民事管辖的一般原则，只是从制度上进一步明确具体争议事项的受案主体。我国当前级别管辖制度是在四级法院之间分配初审案件，《民事诉讼法》将案件性质、简繁程度、影响范围、标的等作为划分级别管辖的依据，规定一般案件原则上由基层人民法院初审；中级人民法院管辖重大涉外案件，在本辖区有重大影响的案件和最高人民法院确定由中级人民法院管辖的案件；高级人民法院管辖在本辖区有重大影响的案件；最高人民法院管辖在全国有重大影响的案件和认为应当由本院审理的案件。② 如前已述，鉴于涉外国家侵权案件通常属于争议标的额大、性质特殊、案情复杂、影响巨大的案件，上述特征完全符合

---

① 参见肖建国：《民事诉讼级别管辖制度的重构》，载《法律适用》2007 年第 6 期，第 7~13 页。

② 参见李浩：《民事诉讼级别管辖存在的问题及其改进》，载《现代法学》1996 年第 4 期，第 48 页。

我国级别管辖的标准，我国毫无疑问应当将涉外国家侵权案件交由较高级别法院进行初审。

我国不应当确立由中级人民法院作为涉外国家侵权案件的初审法院。从数量上看，中级人民法院不适合作为初审法院。目前我国中级人民法院共有290个左右，赋予如此多法院对涉外国家侵权案件的初审权不利于最高司法机关的有效指导和监督。况且从现阶段看，我国法院受理涉外国家侵权机会较少，根本没有必要设置过多的初审法院，即使在涉外国家侵权诉讼较多的美国，作为初审受案主体的联邦地区法院也仅有94个。从审判知识和专业能力上看，我国目前绝大多数的中级人民法院不具备审理涉外国家侵权案件的客观能力。从审理涉外重大案件经验上看，中级法院也并不适合。随着2001年《最高人民法院关于涉外民商事诉讼管辖权若干问题的规定》的出台，我国大部分中级法院失去了对大多数涉外案件的初审权，以湖北为例，在14所中院中，目前仅武汉、襄樊、宜昌三所中院有权审理规定中的涉外争议。①

我国最高人民法院也不适宜作为涉外国家侵权案件的初审法院。一方面，最高人民法院现有规模决定不能再为其增加其他具体管辖事项。在美国，美国联邦最高法院2008和2009司法年度起诉到该院的案件分别为7738件和8159件；而在我国，2022年，最高人民法院受理案件则高达18547件。在此种情况下，再扩大最高人民法院的管辖事项无疑将使其长期处于超负荷运行中，必将影响相关案件的审判质量。另一方面，最高人民法院的工作职能和任务决定其不应当成为初审法院。最高人民法院作为国家最高审判机关，担负着监督全国各级地方法院和专门法院的审判工作职能，其主要职责不应当是对某些个案的审理，而是宏观指导和有效监督。此外，最高人民法院若作为涉外国家侵权之诉的初审法院有违"两审制"原则。若将外国国家之诉直接规定由最高人民法院进行初审，则该类案件将只能由最高人民法院这一级法院予以审理，这有悖两审终审制原则。

我国适宜由高级人民法院管辖涉外国家侵权案件。第一，高级人民法院的规模及其内部结构适合作为初审法院。我国内地现有31个高级人民法院，相对于美国来说，由高级人民法院作为受案主体在数量上固然略显不足，但考虑到相关诉讼在我国出现的数量不多，高级人民法院负责对此类案件的审判是可以胜任的。目前各高级人民法院都设有专门审理涉外纠纷的审判庭，将该类纠纷直接交由高级人民法院审理，也不会产生增加人员编制和改变法院内部结构等新问题。第二，高级人民法院具有审理涉外国家侵权之诉的客观能力。从法官知识储备来说，高级人民法院法官的法律和政策素养明显高于中级法院和基层法院，高级人民法院法官大多都经过长时间的法律技能培训，拥有较高学历并大多熟知国际法等相关知识。从高级人民法院法官涉外审判实践经验来看，我国高级人民法院一直以来都享有涉外案件的审判权，也积累了一定的涉外审判经验，如早在2000年12月27日，河北省高级人民法院就受理了魏香川等14位在日本侵华战争中被掳掠到日本强制劳动的我国劳工要求日本有关"国有"企业给予损害赔偿的起诉。②第三，高级人民法院初审

① 参见李华成：《论中国国家豁免立法中的初审法院——由"中铁刚果（金）案"谈起》，载《太原理工大学学报》2012年第3期，第1~5页。

② 参见刘波等：《国内起诉：民间对日索赔的可行性》，载《中国律师》2002年第3期，第68页。

涉外国家侵权案件还契合"两审制"原则。高级人民法院在法院体系中位于第二高层级，其业务活动要受最高人民法院的监督与指导。高级人民法院初审后，当事人不服判决仍可上诉至最高人民法院，此举既可以维护当事人的合法权利，也能使我国"两审终审制"这一司法原则在涉外国家侵权案件中得到贯彻。

3. 涉外国家侵权案件中国内初审法院的地域问题

在确定我国普通法院序列中的高级人民法院应是审理涉外国家侵权案件主审机构后，对于欲在我国提起诉讼的原告来说，还需要知道案件应由我国众多高级人民法院中哪一具体地域高级人民法院承办。鉴于我国高级人民法院的设置是基于行政区划，每一个高级人民法院原则上都有着相对确定的审判辖区，因此，还需要从制度上明确各地域的高级人民法院能够具体管辖的涉外国家侵权案件的范围。

第一，高级人民法院应当主要对本辖区内发生的涉外国家侵权案件进行初审。高级人民法院对辖区地域发生的涉外国家侵权予以管辖是适当的，主要基于以下两个方面考虑：一方面，高级人民法院对本辖区内发生的涉外国家侵权案件享有初审管辖权符合司法便捷原则。基于我国高级人民法院设置的实际情况，我国某一行政区域地理位置上最为捷径的高级人民法院通常就是辖该区的高级人民法院，因此，高级人民法院对辖区发生的相关涉外国家侵权案件予以管辖无疑是最为方便的。另一方面，高级人民法院对本辖区内发生的涉外国家侵权案件享有初审权也有着现实的法理依据。根据我国《民事诉讼法》第29条有关规定，侵权行为地法院是侵权案件的主要受案法院，作为设立于侵权行为地的高级人民法院甚至直接可以基于该条款进行立案，若再另行立法确立其他地域高院行使管辖，则与《民事诉讼法》这一立法精神相违背。

第二，高级人民法院对与本辖区当事人有关的涉外国家侵权案件具有初审权。一方面，对于以我国国家为被告的涉外侵权诉讼，具体行为机构所在地的高级人民法院应当具有初审权。根据我国《民事诉讼法》第28条规定，被告住所地法院对侵权案件具有管辖权，因此，对我国国家的起诉，理应在被诉主体主要办事机构所在地的高级人民法院予以进行。另一方面，高级人民法院对在本辖区有住所或经常居所的原告提起的涉外国家侵权诉讼也应予以初审。对原告来说，住所或居所辖区的法院是最为方便起诉的机构，原告在所属辖区的高级人民法院提起涉外国家侵权诉讼同样符合司法便利原则，不仅如此，原告辖区法院受理侵权案件在我国也有着现行的法律依据，尽管我国地域管辖的一般原则是原告就被告，但原告住所地或经常居住地的法院在某些情况下对部分案件也享有管辖权，[①]涉外国家侵权诉讼地域管辖同样可以采纳这一制度。

第三，高级人民法院还应对最高人民法院指定的涉外国家侵权案件具有初审权。如前所述，鉴于我国确立涉外国家侵权诉讼管辖的依据是多元的，除行为地和属人性依据外，还可行使保护管辖权，因此，对特定案件来说，我国可能不是行为地，当事人同我国也不

---

① 我国《民事诉讼法》第23条规定了以下几类案件应由原告住所地或经常居住地法院管辖：（1）对不在中华人民共和国领域内居住的人提起的有关身份关系的诉讼；（2）对下落不明或者宣告失踪的人提起的有关身份关系的诉讼；（3）对被采取强制性教育措施的人提起的诉讼；（4）对被监禁的人提起的诉讼。

存在住所或居所上的联系，但我国仍有管辖权，在考虑何地高级人民法院行使审判职能时，可由最高人民法院基于司法便利、司法公正等原则，指定方便当事人且业务水平较高、审判经验较丰富的高级人民法院加以审理。

二、中国涉外国家侵权法律适用制度的建构

我国法院依据相关管辖制度受理案件后，面临的问题就是如何适用法律。鉴于涉外国家侵权的特殊性，援引一般涉外侵权法律适用制度可能并不完全适合，构建适当的中国涉外国家侵权法律适用制度非常必要。

(一) 现状与问题

1. 中国涉外国家侵权法律适用的现状

《中华人民共和国外国国家豁免法》实施之前，在国家管辖问题上，中国仍持绝对豁免立场，故司法实践上对外国国家侵权之诉无权也未能行使管辖，相应地，也没有涉及外国国家侵权的法律适用问题。过去，中国法院遇到涉外国家侵权之诉时，其基本做法是，将国内相关实体法直接作为处理非中国国籍当事人诉中国国家侵权的法律依据。

外国人和无国籍人就中国国家行为造成的合法权益损害起诉的案件，中国法院受理后会直接适用《民法典》的相关规定来确定权益和责任。此外，《中华人民共和国国家赔偿法》也是法院受理外国人诉中国国家侵权纠纷时适用的依据，该法第 40 条规定："外国人、外国企业和组织在中华人民共和国领域内要求中华人民共和国国家赔偿的，适用本法。外国人、外国企业和组织的所属国对中华人民共和国公民、法人和其他组织要求该国国家赔偿的权利不予保护或者限制的，中华人民共和国与该外国人、外国企业和组织的所属国实行对等原则。"

2. 中国涉外国家侵权法律适用存在的问题

综析现行立法不难发现，现行法律适用制度中的首要问题是并未涉及外国国家侵权纠纷。如前已述，《民法典》和《国家赔偿法》仅能够适用到外国人和无国籍人对中华人民共和国的侵权赔偿之诉中，该两部法律并未对中国法院受理中国公民起诉外国国家或外国人起诉外国国家等其他类别的涉外国家侵权问题如何适用法律予以明确。

相对于国内关于一般涉外侵权法律适用制度来说，现行有关涉外国家侵权法律适用制度也显得过于简单。对于一般涉外侵权纠纷，我国《涉外民事关系法律适用法》第 44 条规定："侵权责任，适用侵权行为地法律，但当事人有共同经常居所地的，适用共同经常居所地法律。侵权行为发生后，当事人协议选择适用法律的，按照其协议。"不难发现，这是一个选择性的冲突规范，侵权行为地法、当事人共同经常居所地法、协议选择地法都有可能被援引作为准据法，该法条连结点较多，逻辑严密，也较集中反映了侵权领域法律适用的国际立法趋势。

尽管我国《涉外民事关系法律适用法》《国家赔偿法》也各自有条文涉及涉外国家侵权法律的适用，但该两部法律均明确要求适用中国法律规定，而在涉外国家侵权法律适用制度中只考虑适用中国法显然是不妥当的。

(二) 应确立的原则

法律原则是指在一定法律体系中作为法律规则的指导思想、基础或本源的综合的、稳定的法律原理和准则。① 法律原则对法的创制和实施具有重要的意义，从制定角度看，法律原则直接决定了法律制度的基本性质、内容和价值取向，是法律制度内部和谐统一的重要保障；就实施来说，法律原则指导着法律解释和法律推理，补充法律漏洞，强化法律的调控能力，是确定行使自由裁量权合理范围的依据。构建中国涉外国家侵权法律适用制度时首先需要考虑应确立哪些原则，一般说来，国家主权、遵守条约和惯例、平等和保护弱者等应成为涉外国家侵权法律适用中的基本原则。

1. 国家主权原则

主权是国家的本质属性，在国内是指最高权力，在国际上是指不依赖他国，不受其他国家的摆布。② 主权原则是调整国际关系的基本原则，鉴于涉外国家侵权关系涉及两个以上的不同国家，因此，主权原则也是涉外国家侵权司法解决制度的一项基本原则，在法律适用问题上，同样应当遵循国家主权原则。

国家主权原则首先肯定国家在涉外国家侵权法律适用问题上具有自主性。国家主权对外的独立性意味着，任何主权国家都有权通过国内立法制定自己的涉外国家侵权法律适用制度，即使这一制度与国际社会一般做法有所不同，但其在性质上仍是合法的。当然，国家主权这一原则并不是主张国家立法确定国家侵权法律适用问题时不考虑国际社会一般做法。此外，国家主权原则还肯定了国家在一定条件下享有排除外国法适用的权利。国家主权对内体现为最高权，这表明，即使主权国家在处理涉外国家侵权争议时，不考虑外国法的适用也是可行的。

我国在构建涉外国家侵权法律适用制度上应当确立国家主权为基本原则。一方面，应当参照国际社会的一般做法并结合我国处理涉外国家侵权的司法实践构建符合我国实际的涉外国家侵权法律适用制度。在这一过程中，要重视国际社会立法实践所起到的参考借鉴作用，而非完全照搬国际社会的立法，应将之融入我国实际，符合我国国家利益。另一方面，应充分发挥国家主权原则在外国法排除适用中的作用。国家主权原则赋予国家对内最高权，一旦根据既定的涉外国家侵权法律适用规则所援引的法不符合中国国家利益时，可考虑导入国家主权原则排除该规则的适用。

2. 遵守条约和惯例原则

条约是指"国际法主体之间缔结以国际法为准则，旨在为确立其相互权利和义务的国际书面协议"；③ 国际惯例则是指在国际实践中反复使用形成的，具有固定内容的，未经立法程序制定的，如为一国所承认或当事人采用，就对其具有约束力的一种习惯做法或常例。④ 国际条约和惯例是主要的国际法渊源也是重要的国际私法渊源，涉外国家侵权纠纷

---

① 参见张文显：《法理学》，高等教育出版社、北京大学出版社 2007 年版，第 121 页。
② 参见王铁崖：《国际法》，法律出版社 1995 年版，第 66 页。
③ 参见万鄂湘等：《国际条约法》，武汉大学出版社 1998 年版，第 3 页。
④ 参见杨泽伟：《国际法》，高等教育出版社 2007 年版，第 38 页。

法律适用中也存在相关的条约和惯例，明确条约和惯例的地位、效力是涉外国家侵权法律适用中的一个基础性问题。

我国构建涉外国家侵权法律适用时应确立条约优先的基本原则。一方面，确立条约优先原则符合国际法一般要求。条约必须信守是国际法的一项基本原则，《维也纳条约法公约》第26条规定："凡在有效期内的条约对各该当事国有拘束力，必须由其善意履行。"因此，当中国缔结或参加的有涉及涉外国家侵权的国际条约时，中国理应优先适用该条约。另一方面，条约优先原则作为中国涉外国家侵权法律适用的一项原则也符合中国现行国内法基本精神。

我国在构建涉外国家侵权法律适用时应确立尊重国际习惯和惯例的原则。习惯和惯例同样具有法律约束力，尊重国际习惯和惯例即遵守国际法。在构建涉外国家侵权法律适用时继续尊重相关国际惯例的地位和效力，既是中国践行国际义务的体现，也符合中国一贯的立场和立法精神。

3. 平等和保护弱者原则

法律选择上的平等原则源于国家主权平等，是指各国的法律处于平等的地位，在适用具体问题上具有同等的机会。平等原则否定法院地法的优先适用性，认为应将相关不同国家的法处于同一位阶中，依据相应的法律选择方法加以确定，在可以而且需要适用外国法时就予以适用。中国在涉外国家侵权法律适用制度构建中应将平等作为一项原则。一方面，法律选择上的平等原则体现更好的价值取向。若不将相关国家法同等对待，任意否定其他国家法的效力和适用机会，则容易招致他国报复而不利于国家间正常交往。另一方面，中国涉外民事关系法律适用法中的平等原则同样应当适用于涉外国家侵权的法律适用中。尽管我国涉外民事关系法律适用法并未直接指出平等原则，但从该法对绝大部分问题在法律适用上并未运用"法院地"这一连结点就可看出，外国法和中国法在我国的适用具有平等的机会。我国既有的关于涉外国家侵权法律适用制度也是平等地对待外国人和无国籍人在中国法院起诉中国国家，因此，没有理由不将平等原则继续作为涉外国家侵权法律适用的一项原则。

法律选择上的保护弱者原则一般是指适用最有利于弱者权益保护的法。保护弱者是实质正义和人文关怀的具体体现，也是平等原则的突破和延伸，当前，弱者保护已经成为法律选择中的一种重要原则被许多国家立法所明确。我国既有的法律选择规则中也体现出这一原则，如扶养适用"有利于保护被扶养人权益的法律"，监护适用"有利于保护被监护人权益的法律"。[1] 构建涉外国家侵权关系法律适用中，弱者无疑是受到国家侵害的普通民事主体，对此，应当作出如"涉外国家侵权适用……有利于被侵害人权益保护的法律"的类似规定。

(三) 应采用的方法

如前已述，涉外国家侵权纠纷完全适用法院地法显然不妥，应当考虑相关外国法的适用。对于立法者来说，在处理涉外国家侵权争议时，根据何种方法在相关国家法中作出选

---

[1]　参见我国《涉外民事关系法律适用法》第29条和第30条。

择是一个很有挑战的问题，应当在借鉴一般涉外侵权法律选择方法的基础上并考虑到涉外国家侵权的特殊性。概括而言，分割方法、主观选择法、客观选择法等应成为审理涉外国家侵权案件中法律适用选择时的重要方法。

1. 分割方法

早在 20 世纪 70 年代初，美国国际私法学家里斯就指出，分割现象已经成为冲突法中的一个普遍现象。早期法律适用上的分割方法主要运用于合同领域，即主张把合同诸因素加以分割，选择适用不同的法律。在法则区别说时代，巴托鲁斯就主张对合同的不同方面适用不同的法律，他认为对于合同的形式及合同的实质有效性，可适用缔结地法；对合同的效力如当事人一致同意在某地履行，应适用该履行地法；对当事人的能力，则主张适用当事人的住所地法。① 分割方法追求的是法律适用的灵活性和实体公正的价值，后来这一理论扩展到国际非合同法律关系如侵权、继承等领域中并在实践中得到应用。②

当前，分割方法正被越来越多的国家运用于侵权领域，涉外国家侵权也应当融入这一趋势。分割方法是一种化整为零的方法，对复杂案件的解决有着重要意义，以一个实体法解决案件所有争讼问题，非但不会使问题简单化，反而可能造成法律适用的不合理与不可能。涉外国家侵权案件属于复杂案件的范畴，适合分割方法的适用。从国际层面来看，如《欧盟非合同义务法律适用条例》第 2 章关于侵权或不法行为之债的法律适用规定就体现分割方法的适用，该条例采用基于侵权类型适用不同法律的做法，该章除有针对一般侵权的法律适用规则外，还将产品侵权、环境侵权、侵犯知识产权、劳工损害等视为特殊侵权而制定单独的法律适用规则；③ 从国内层面来看，我国在关于一般涉外侵权的法律适用问题上也采用分割的方法，《涉外民事关系法律适用法》第 45、46、47 条分别针对一般侵权、产品侵权和网络侵权作出不同的法律选择方式，其无疑是依照侵权行为表现形态的不同而分别适用不同法律。

中国涉外国家侵权法律选择采用分割方法时，宜根据侵权行为性质的不同适用不同的法律。如前已述，国家的主权行为和非主权行为都有可能导致侵权的发生。尽管在侵权领域，国际社会立法和司法实践的趋势是对国家侵权行为的管辖不再绝对受行为性质的影响，但在法院受案后适当考虑行为性质进而援引准据法还是有必要的。国家非主权行为的侵权通常是指一般民事主体也能够完成的侵权，对此类侵权本质上与一般涉外侵权并无根本不同，可直接依据一般涉外侵权法律适用规则援引准据法。相对来说，国家主权行为引发的侵权之诉，则更为特殊，应结合该行为的特殊性设立不同于一般涉外侵权的法律适用规则。

2. 主观选择法

法律适用中的主观选择法是指依据主观连结点来对涉外关系应当适用的准据法进行确定的方法。作为将法律关系同法律制度联系起来的纽带，连结点这种"媒介"可能是一些

---

① 参见李双元：《国际私法学》，北京大学出版社 2000 年版，第 327 页。
② 参见李双元：《国际私法学》，北京大学出版社 2000 年版，第 327 页。
③ 参见邵景春、朱丁普：《欧共体非合同义务法律适用条例评析》，载《河北法学》2009 年第 2 期，第 83~92 页。

含有空间场所意义的事实因素，也可能取决于当事人或法官的主观意思。当一国立法明确肯定主观意思能够决定法律选择时，此即所谓主观选择法。法律选择中的主观选择法或是依据当事人的合意决定或是依据法官的主观判断，由此形成了当事人合意和最密切联系两个主观连结点。

我国涉外国家侵权在法律选择上应当采纳当事人意思自治的主观选择法。侵权赔偿本质上是一种私关系，在调整私关系中，充分尊重当事人主观意愿是一项原则，允许当事人双方合意选择法律无疑更符合赔偿的私法性质。当前，当事人合意已然成为我国一般涉外侵权法律选择的一个重要方法，我国《涉外民事关系法律适用法》第 44 条关于侵权法律适用的规定更是将当事人协议选择的法确定为优先适用的法，① 鉴于此，在涉外国家侵权法律选择问题上确立当事人合意选择的效力也是妥当的。

我国涉外国家侵权在法律选择上可适当考虑引入最密切联系的主观选择法。依照最密切联系原则决定法律选择就是确定与该关系有最密切联系地方的法律作为准据法，在找寻过程中体现出了主观意思。最密切联系方法在法律选择上没有将问题绝对化和唯一化，是一种更灵活的法律选择方法，可能更为接近实体正义。当前最密切联系方法甚至已成为部分国家涉外民事关系法律选择的一项原则，② 涉外国家侵权法律适用中完全可以考虑引入最密切联系这一主观选择方法。

3. 客观选择法

法律适用中的客观选择法是指依据客观连结点来对涉外关系应当适用的准据法进行确定的方法。客观连结点作为一种客观实在的标志，具有已确定性的特点，能直接确定相关场所，一直是法律选择中的主要考量因素。国籍、行为地、住所、居所、法院地等均属于客观连结点范畴，③ 在立法和司法实践中，客观连结点所指向的法通常会被用来作为所涉关系应当适用的准据法。

客观选择法应当成为我国涉外国家侵权法律适用的主要方法。首先，从客观选择法自身的价值来看，客观选择法作为以一种客观标准来构建法律选择的规则体系，体现了法律冲突解决的形式正义，并有利于实现法律选择上的效率价值，我国涉外国家侵权法律选择上不应当放弃这种方法。其次，从国际社会相关国家立法和司法实践来看，我国也应当考虑将客观选择法纳入涉外国家侵权法律适用。客观选择法尤其是侵权行为地法通常用来作为确定相关涉外国家侵权的常见方法，如在道尔诉萨拉威亚案④中，美国法院认为在确定原告诉权问题上应考虑行为地国家即萨尔瓦多的法律；在菲拉蒂加诉巴拉圭案⑤中，法官

---

① 《中华人民共和国涉外民事关系法律适用法》第 44 条规定："侵权责任，适用侵权行为地法律，但当事人有共同经常居所地的，适用共同经常居所地法律。侵权行为发生后，当事人协议选择适用法律的，按照其协议。"

② 《奥地利国际私法》第 1 条和《瑞士国际私法》第 15 条体现的最密切联系已然成为法律选择的一种主要原则，我国《涉外民事关系法律适用法》第 2 条第 2 款则体现出最密切联系已经成为我国涉外关系法律适用上的兜底条款。

③ 参见张仲伯：《国际私法学》，中国政法大学出版社 2007 年版，第 104 页。

④ Doe v. Rafael Saravia, 348 F. Supp. 2d 112 (E. D. Cal. 2004).

⑤ Filartiga v. Pena-Irala, 577 F. Supp. 860 (E. D. N. Y. 1984).

认为，对于违反国际法的救济，首先要看行为地国家巴拉圭法的规定。最后，肯定涉外国家侵权法律适用中的客观选择法与我国其他相关法律存在一致性。我国涉外民事关系法律适用法关于一般涉外侵权法律选择上就采用了客观选择法，侵权行为地和当事人共同经常居所地是其中重要的连结点。在涉外国家侵权法律选择中引入侵权行为地等客观连结点将使其与一般涉外侵权法律适用在内在上更一致。

三、中国涉外国家侵权判决承认与执行制度的建构

对于我国来说，需要承认与执行的涉外国家侵权判决主要包括两大类别，即中国国家侵权判决和外国国家侵权判决。在中国涉外国家侵权判决承认与执行制度的建构过程中，既需要考察分析我国关于涉外国家侵权判决承认与执行制度的现状和问题基础，还应当参照国际社会既有立法与实践。

(一) 现状与问题

中国对部分涉外国家侵权存在管辖权和法律适用制度，相应地，也有国内立法相应部分涉及涉外国家侵权判决的承认与执行问题。

1. 中国涉外国家侵权判决承认与执行的现状

中国现行涉外国家侵权判决的承认与执行制度主要是针对中国法院作出的中国国家侵权判决。当外国人和无国籍人诉中华人民共和国侵权，中国法院依法作出中国国家侵权判决后，应当依照国内相关执行制度加以执行。当非中国籍主体据此在中国法院起诉中国，得到中国败诉应承担侵权赔偿的判决后，《行政诉讼法》首先规定行政机关有主动履行判决的义务，当行政机关拒绝履行法院的判决裁定时，人民法院可以采取包括直接划拨、罚款、向其上级反映以及对相关直接责任人追究刑事责任等方式强制执行判决。①

国内法中关于外国国家财产豁免的相关规定在中国法院遇到相关主体请求承认与执行外国国家侵权判决时会被援引，目前我国有多个法律条文涉及外国国家财产执行问题。《中华人民共和国外国国家豁免法》第14条明确了外国国家财产并不当然在我国享有司法强制措施豁免。2005年通过的《外国中央银行财产司法强制措施豁免法》规定，对外国中央银行财产给予财产保全和执行的司法强制措施的豁免，外国中央银行或者其所属国政府书面放弃豁免的或者指定用于财产保全和执行的财产除外。②

---

① 《行政诉讼法》第96条规定："行政机关拒绝履行判决、裁定、调解书的，第一审人民法院可以采取下列措施：(一)对应当归还的罚款或者应当给付的款额，通知银行从该行政机关的账户内划拨；(二)在规定期限内不履行的，从期满之日起，对该行政机关负责人按日处五十元至一百元的罚款；(三)将行政机关拒绝履行的情况予以公告；(四)向监察机关或者该行政机关的上一级行政机关提出司法建议。接受司法建议的机关，根据有关规定进行处理，并将处理情况告知人民法院；(五)拒不履行判决、裁定、调解书，社会影响恶劣的，可以对该行政机关直接负责的主管人员和其他直接责任人员予以拘留；情节严重，构成犯罪的，依法追究刑事责任。"

② 根据《外国中央银行财产司法强制措施豁免法》第2条第2款规定，享受强制措施豁免的外国中央银行财产包括"外国中央银行的现金、票据、银行存款、有价证券、外汇储备、黄金储备以及该银行的不动产和其他财产"。

2. 中国涉外国家侵权判决承认与执行存在的问题

中国涉外国家侵权判决承认与执行制度存在许多急需解决的问题，主要表现为两大方面，涉外国家侵权判决承认与执行对象体系尚未建立以及涉外国家侵权判决承认与执行具体制度机制并未形成。

涉外国家侵权判决承认与执行对象体系中尚有许多漏洞。如前已述，从承认与执行角度可将涉外国家侵权判决分为本国法院作出本国国家侵权判决，外国法院作出的本国国家侵权判决，本国法院作出的外国国家侵权判决以及外国法院作出的外国国家侵权判决，而我国现有的制度仅涉及我国法院作出的我国国家侵权判决，对于其他三类判决的承认与执行几乎没有任何条文涉及。① 要形成涉外国家侵权判决承认与执行的制度体系，应当对不同类型的涉外国家侵权判决都要涉及。在未来制度构建中，还需要对中国法院作出的外国国家侵权判决、外国法院作出的中国国家侵权判决和外国国家侵权判决的承认与执行问题在制度上予以明确。

中国涉外国家侵权判决承认与执行的若干具体机制也亟待搭建。承认与执行是一个系统性的工程，其涉及承认与执行的主体、程序、条件、方式等问题，现行立法对上述具体问题也大多未能规范。就主体来说，如应由哪一国家机构具体负责涉外国家侵权判决的承认与执行尚无立法明确；就程序来说，如承认与执行主体启动承认与执行程序是应申请抑或主动履行也没有规定；就执行条件来说，我国也没有明确具体的拒绝承认与执行外国法院判决的理由。对承认与执行中相关具体问题的立法空白直接导致涉外国家侵权判决在承认与执行上的无法可依，这使得涉外国家侵权判决在中国的承认与执行困难重重。

(二) 中国法院判决的承认与执行

中国法院作出的涉外国家侵权判决可分为中国国家侵权判决和外国国家侵权判决，这两类判决是有差异的，国内法上确立承认与执行制度时应有所考虑。

1. 中国国家涉外侵权判决的域内承认与执行

我国法院目前受理的涉外国家侵权纠纷主要是起诉中国国家的，根据《民事诉讼法》《行政诉讼法》相关规定，国内法院作出的中国国家侵权的涉外判决通常是作为国内一般判决加以承认与执行的。首先需要明确的是，国内法院作出的我国国家侵权判决在域内应当得到承认与执行。法院判决是国家行使司法权的直接体现，判决不被承认与执行不仅会造成司法资源的浪费，也将使得相关当事人的合法权益无法得到根本保障。对于一个国家来说，不承认与执行本国法院的判决，更是对本国司法权威的极大损害。我国应当对国内法院作出的中国国家的涉外侵权判决予以执行，即使该判决课以中国承担一定的赔偿责任。

国内部分承认与执行制度可继续适用于我国法院作出的中国国家侵权判决。与国内法院作出的中国国家为被执行主体的非涉外侵权判决相比，中国国家侵权的涉外判决的主要不同之处可能是请求执行人不具有中国国籍，若仅以当事人国籍身份的特殊而在执行问题

---

① 《外国中央银行财产司法强制措施豁免法》尽管与外国国家侵权判决的执行存在一定关系，但其本身并不是直接的外国国家判决承认与执行的专门立法。

上施以不同制度既不符合国民待遇的一般原则，也是对中国国家司法资源的浪费和国际形象的减损。国内法院在受理诉中国国家涉外侵权争议后在管辖、法律适用等问题上已经考虑到中国相关利益，作出的中国国家涉外侵权判决通常并不会根本损害中国国家的重要利益，因此，从法律上直接将国内法院作出的中国国家涉外侵权判决在承认与执行上予以国内化是可行的也是最简捷的。

考虑到涉外国家侵权判决的特殊性，对国内法院作出中国国家涉外侵权域内执行的主体、程序、方式等应与国内性国家侵权判决有所不同。具体来说，从执行的主体上看，基于本章主张由高级人民法院作为涉外国家侵权纠纷的初审法院，则高级人民法院应同样负责相关执行工作；在执行程序上，基于赔偿的私法性质，宜采取依申请人的申请为唯一的司法强制执行启动条件；在执行方式上，宜采取主动执行和强制执行相结合，并且为保证国家利益应适当延长国家主动履行侵权判决的期限。

2. 外国国家涉外侵权判决的域内承认与执行制度建构

尽管都是国内法院作出的，但外国国家侵权判决和中国国家侵权判决在执行问题上还是存在很大不同的。国内法院作出的外国国家侵权判决的执行比中国国家侵权判决复杂，这主要是源于国家财产执行豁免规则。如前已述，外国国家管辖和外国国家财产执行是两个不同的法律问题，中国法院受理外国国家为被告的侵权之诉，并作出外国国家承担赔偿责任的判决后，并不意味着就可以直接在域内将该判决加以实现。当然，国家财产执行豁免也并不意味着国内法院作出的外国国家侵权判决无法在域内得到实现。

应尽快构建外国国家财产执行豁免及例外制度，为外国国家侵权判决域内执行提供明确依据。外国国家财产执行及其豁免制度对可予执行外国国家财产的条件、可供执行的外国国家财产的范围等问题进行了明确，这为国内相关机构执行外国国家侵权判决中的财产性责任提供了法律依据。《中华人民共和国外国国家豁免法》相关条款和2005年通过的《外国中央银行财产司法强制措施豁免法》属于外国国家财产执行豁免及例外制度的范畴，但并不全面，我国应当参照已签署的《联合国国家豁免公约》以及其他国家立法经验，对于国内法院作出的外国国家涉外侵权的域内承认与执行的主体、程序、方式等问题进行细化规定。

（三）外国法院判决的承认与执行

根据国家主权原则，一国法院的判决原则上只在该国领域内发生效力。实践中，涉外判决的执行往往需要他国的协助，对此，一国通常需要确立外国法院判决承认与执行制度来规范对外国法院判决的域内承认与执行问题。外国法院作出的涉外国家侵权判决可能同样需要中国予以协助，对我国来说，外国法院作出的涉外国家侵权判决中的责任主体既有可能涉及中国也有可能涉及外国，为此，中国同样应当区分外国法院国家侵权判决主体身份进而分别构建相关承认与执行制度。

1. 中国国家侵权判决承认与执行制度的建构

《中华人民共和国外国国家豁免法》在2024年1月1日生效以前，作为持绝对豁免立场的中国对外国国家作出的以中国国家为被告的侵权判决坚决予以反对，如前述的斯考特诉中华人民共和国等产品责任案和湖广铁路债券案等。国家管辖限制豁免，尤其是侵权领域的废除豁免论证逐渐被国际社会所肯定，作为《联合国国家豁免公约》签署国的中国理应承认外国法院在一定条件下有权受理中国国家为被告的侵权案件，并应当从制度上对外国法院作出的不利于中国国家侵权判决的承认与否作出明确规定。

公共秩序保留应当成为我国关于外国法院作出的中国国家侵权判决承认与执行制度的重要内容。公共秩序保留一直是外国民商事判决承认与执行的重要制度，我国《民事诉讼法》也有类似规定。① 当我国在承认与执行外国法院作出的中国国家涉外侵权判决时，该项制度同样应当予以明确。相较中国法院，外国法院作出的让中国国家承担侵权责任的判决损害中国国家利益的可能性更大，确立公共秩序制度有利于维护中国的国家利益。当然，涉外国家侵权判决执行时的公共秩序，在确立范围时应有特殊考虑，即应当将国家根本的、重要的利益视为对外国法院作出中国国家侵权判决拒绝执行的理由，而公正合理判决中的金钱给付责任则不应当以公共利益受损为由拒绝承担。

除公共秩序外，外国法院管辖权的有无、法律适用正确与否、审判程序的正当性等也应当成为中国对外国法院作出的中国国家侵权判决承认与执行与否的理由。从管辖权上来说，我国应当以国际惯例和中国相关管辖权制度为依据审查外国法院是否对以中国国家为被告的侵权案件享有管辖权，尤其应当注意是否侵害了中国依据国际法所享有的管辖豁免权。从法律适用上来说，我国应当审查外国法院是否适用了正确的法律依据作为案件的处理结果，尤其需要关注应当适用的相关国际法和中国法是否在案件中得到体现。从审判程序上来说，主要是看外国法院是否给予中国国家合理的诉讼答辩机会。

对等互惠也应当成为我国对外国法院作出的中国国家侵权判决承认与执行与否的重要理由。在没有缔结或参加相关条约的情况下，国家无义务承认与执行外国法院的任何判决。在我国国内立法上，互惠原则一直是涉外民商事领域外国法院判决承认与执行的重要条件。② 因此，在外国法院作出的中国国家侵权判决承认与执行问题上，为确保本国法院的涉外国家侵权判决同样能够在外国得到承认与执行，中国同样应将对等互惠作为一项重要条件。

2. 外国国家侵权判决承认与执行制度建构

外国法院作出的外国国家侵权判决也有可能需要中国予以承认与执行，此问题既涉及对外国法院判决的审查问题，还涉及外国国家财产的豁免问题。

对外国法院作出的外国国家侵权判决的审查可以部分参照上述对外国法院作出的中国国家侵权判决的相关审查制度。在对外国法院作出的外国国家侵权判决承认与执行审查时，前述关于要求外国法院的管辖合法、法律适用正确、程序正当、对等互惠等条件可完全加以适用。然而，鉴于中国无法知晓被执行外国国家的公共利益及其范围，因此，公共

---

① 《民事诉讼法》第 299 条规定："人民法院对申请或者请求承认与执行的外国法院作出的发生法律效力的判决、裁定，依照中华人民共和国缔结或者参加的国际条约，或者按照互惠原则进行审查后，认为不违反中华人民共和国法律的基本原则或者国家主权、安全、社会公共利益的，裁定承认其效力；需要执行的，发出执行令，依照本法的有关规定执行。"

② 《民事诉讼法》第 298 条规定："外国法院作出的发生法律效力的判决、裁定，需要人民法院承认与执行的，可以由当事人直接向有管辖权的中级人民法院申请承认与执行，也可以由外国法院依照该国与中华人民共和国缔结或者参加的国际条约的规定，或者按照互惠原则，请求人民法院承认与执行。"

秩序保留则不适合直接成为中国拒绝承认与执行外国法院作出的外国国家侵权判决的理由。当然，若被执行国在执行过程中以公共秩序为由提出承认与执行抗辩，中国应当对此加以审查。中国对外国法院作出的外国国家侵权判决的域内承认与执行时，国家财产豁免问题也同样需要考虑，对此，则可依据前述国内法院作出的外国国家侵权判决承认与执行审查制度予以处理。

相对于本国法院受理的案件，在承认与执行时外国法院作出的涉外国家侵权判决的最大不同是审查制度，而关于承认与执行的主体、方式、程序等具体问题，则不需要区分作出的法院的国别。

涉外国家侵权的司法解决正被越来越多的国家肯定。中国国家和中国公民参与国际交往的深度和广度正以前所未有的速度发展，无论是为树立国家的国际形象还是维护国家及国民利益，中国都很有必要尽快构建涉外国家侵权司法解决制度。

就中国涉外国家侵权管辖权制度建构来说，主要应明确中国有权管辖的具体事项和具体承担审判职能的国内管辖法院两大问题。就受案范围而言，应将中国作为被告的侵权案件、在中国领域内发生的外国国家侵权案件以及其他与中国有重要利益联系的侵权案件纳入进来。在具体对涉外国家侵权案件国内管辖法院的确定问题上，我国没有必要另行单独构建专门法院，应由普通法院承担审判任务；应确立由行为地、有密切联系地的高级人民法院作为该类纠纷的初审法院，以便于更好更方便地加以解决。

就中国涉外国家侵权法律适用制度来说，主要应明确法律适用的原则和方法两大问题。在法律选择应遵循的原则问题上，应确立国家主权原则以维护本国法律适用的独立性和国家利益，应确立条约优先和尊重惯例原则以维护国际秩序和国家形象，应确立平等和保护弱者利益原则以实现法律应有的正义。在法律选择应确定的具体方法问题上，应明确分割方法的地位，如国家主权行为和非主权引发的侵权分别用不同冲突法援引实体法；应当确立主观选择法的优先地位，即一旦当事人合意选择某法，则其应当成为纠纷处理的依据；应当确定客观选择法的基础地位，即侵权行为地等客观连结点所指明的法应是涉外国家侵权纠纷的主要适用依据。

就中国涉外国家侵权判决承认与执行制度来说，要考虑到法院地和债务国这两大关键影响因素，应就中国法院和外国法院作出的本国和外国国家侵权判决的域内承认与执行的主体、程序、方式、条件等问题分别进行明确。就承认与执行主体来说，应确立由初审的高级人民法院或更便于执行的其他同级别法院承担具体执行职能；就承认与执行的程序来说，应确立以相关当事人申请为启动原由以充分尊重当事人诉权；就执行方式来说，应慎重实施强制执行方式，并设置较长自动履行期限以便相关义务国家履行职责；就承认与执行的条件来说，应特别注意外国法院判决和外国国家侵权判决，对于外国法院的侵权判决承认与执行应确立较严格的审查制度，对外国国家侵权判决承认与执行时还需考虑外国国家财产豁免问题。

国家对个人的侵权责任早已被许多国家法律所肯定，随着国际交往的发展，越来越多的国家对个人的侵权具有了跨国因素。基于人权、正义、平等等法律基本的原则和理念，应将涉外国家侵权同国内性国家侵权一样作为一个可诉性问题来对待。当前国际性司法机构统一受理涉外国家侵权纠纷还不太现实，国内法院作为国内性国家侵权纠纷的受诉机构，在构建有适当的司法解决制度的前提下，涉外国家侵权纠纷同样可以在国内法院得到顺利圆满解决。

解决涉外国家侵权纠纷中，首先需要构建适当的管辖权制度。受理以外国国家为被告的侵权之诉可能会与国际法上的国家管辖豁免原则的要求相违背，但任何一个原则理论都不是一成不变的，当前，国际国内立法和实践表明，外国国家主体身份以及国家行为本身的性质都不再成为管辖豁免的绝对理由。国家管辖豁免原则在侵权领域的淡化意味着，一国不仅有权管辖本国国家的涉外侵权案件，同时还有权管辖外国国家侵权案件。在具体明确国家对涉外国家侵权案件的受案范围上，国家仍会根据国际法公认的管辖依据加以主张，一般来说，一国通常会主张对本国领域内案件、本国国家有关案件、本国国民有关案件、与本国存有直接联系的有关案件享有管辖权。对我国来说，应当参照国际社会一般做法确定管辖范围，以明确对我国领域内的案件、我国国家为被告案件、与我国有直接关联的案件的司法管辖。

国家在明确本国能够受理的涉外国家侵权纠纷的范围后，随之面对的是国内具体审理机构如何确定的问题。纵观国际社会相关国家既有的立法与实践，存在着联邦法院还是州法院管辖、高级别法院还是低级别法院初审、普通法院还是专门法院审理的不同做法。尽管国内具体受诉法院的确定是一个国内法上的问题，但仍需考虑涉外国家侵权纠纷的特殊性并参照国际社会一般做法结合自身国家实际情况加以确定。就我国来说，应确定由高级人民法院享有对涉外国家侵权案件的初审权，且不需要为此另行立法确立一套专门的司法机构。

法律适用是司法解决涉外国家侵权纠纷中的重要问题。国际社会不同国家间国家侵权赔偿制度的差异是客观存在的，并且这种冲突体现在许多关键性问题上。国家侵权不仅是国内法关注的领域，同时也还有部分国际条约和国际习惯对此问题有所涉及，如国际人权法、国家管辖豁免公约、国家责任法等。受诉法院如何进行法律选择直接对案件的结果产生重要影响，法院可能首先会面临的是适用国际法抑或国内法的问题，若认为应适用国内法，还会面临应适用何国国内法的问题。尽管国际社会主要国家对涉外国家侵权的法律适用问题并无系统规定，但并非就是"直接适用法院地法"，既有案例可以发现，国际法、行为地国法、最密切联系地国法等都曾被援引为准据法。就我国来说，在确定涉外国家侵权问题准据法时，同样需要肯定相关国际法渊源的优先适用，同时可考虑基于具体国家行为性质的差异采用分别确定法律选择的模式，即非主权性行为引发的涉外国家侵权参照适用一般涉外侵权冲突法，对主权性行为相关侵权则另行确定法律选择模式。

判决的承认与执行是诉讼的归宿。涉外国家侵权判决同样应当获得国际社会的认同。国家公产理论要求国家财产应具有不同于私人财产的法律地位，因此，对国家判决执行时需要构建特别制度。域内承认与执行本国法院作出的本国国家侵权判决相对容易，但若该判决中的被执行人为外国国家时，国家财产执行豁免问题需要予以考虑。承认与执行外国法院作出的国家侵权判决首先需要进行管辖权、法律适用等方面的审查，若承认与执行国遇到的是自己作为债务人的外国法院判决，则可能还会以公共秩序为由拒绝执行；若该外国法院判决中外国国家为债务人，则同样要考虑外国国家财产执行豁免问题。对我国来说，构建涉外国家侵权判决的承认与执行制度时，同样需要区分判决类型分别规定承认与执行的条件审查制度，但关于承认与执行的主体、程序等问题可确立同一制度。

必须承认的是，国家对涉外国家侵权案件的管辖问题仍具有争议，主要体现在对外国国家侵权案件管辖权行使上。尽管包括《联合国国家豁免公约》《欧洲国家豁免公约》等国际性法律文件以及美国、英国、加拿大、澳大利亚等主要西方国家的国家豁免法等在内的国内性法律文件都没有明确采用欧洲大陆国家早期的"外国国家行为性质决定豁免与否"的做法，但在司法实践中，仍有相当多的国家拒绝对外国国家主权行为侵权案件行使管辖。国际社会对于外国国家管辖的范围和例外问题仍需进一步取得共识，可能当前一个更为现实的做法是，尽快使《联合国国家豁免公约》生效，并对其中的国家侵权行为管辖条款进行补充完善。

现有国家立法和司法实践的一个态势是行为国域内行为引发的涉外侵权案件应由行为国专属管辖并适用行为国法，应该说，这种做法符合属地管辖和属人管辖等国际法公认的多种管辖原则。但是，完全将行为国域内侵权视为是行为国的"自留地"，可能会损害受害者的利益以及正常的国际交往秩序，适度地考虑其他相关国家司法权介入及相关法律的援引可能更为公正公平。《美国外国人侵权保护法》就体现出扩大对国家侵权管辖范围的趋势，根据该法，美国联邦地区法院有权管辖外国国家域内发生的外国国民被侵权案件，只要这种侵权是违反一般国际法或美国缔结参加的条约。

国家行为很可能构成对国际强行法的违反，国家是否有权对外国国家违反国际强行法行为引发的侵权案件行使管辖也充满争议。部分学者主张，鉴于国际强行法在国际法中的重要地位和不可损抑性，任何国家都有遵守维护的义务，因此，有权对任何与国际强行法基本要求不相一致的外国国家行为行使管辖权。另一部分学者则认为，国家豁免权并不会成为国际强行法实施的限制，强行法关注的是实体性内容，而国家豁免是程序性问题。国际法院作出的德国诉意大利的国家管辖案判决也没有对此问题给出肯定性结论，可以预见，未来国内法院对违反国际强行法的外国国家行为行使管辖并依据国际法裁判的案例仍会出现，也仍会引起较广泛的争论。

尽管意识到涉外国家侵权的司法解决机制构建是一个十分重要的问题，但本章所做的工作仍是相当初步的。有很多问题，如对国际社会既有涉外国家侵权案例的系统整理，不同时期关于涉外国家侵权相关理论的汇总比较等，都没有做到足够的阐释。涉外国家侵权司法解决制度的建构是一个系统的复杂工程，涉及国际公法、国际私法、国家赔偿法等多个部门法学，因此，为更好地完成这个任务，可能需要更多的人加入对这个问题的研究。

第七章　国家豁免中的侵权行为例外

随着全球化浪潮日益高涨，国际交往更加频繁，国家因行使其主权职能而对外国公民造成人身损害或财产损失引发了人们对新生法律问题的思考。该国家的侵权损失应当如何赔偿，受侵害的外国公民应当如何寻求法律救济，一国法院对涉及其他主权国家的侵权损害赔偿之诉有无管辖权等，这些问题都有待探究与解答。2004 年 12 月，第五十九届联合国大会通过了《联合国国家豁免公约》。① 这标志着国际社会就国家主权豁免问题初步建立了统一规则，国家主权豁免原则立法化初步形成。2005 年 9 月 14 日，中国签署了该公约，2023 年 9 月 1 日，我国公布了《中华人民共和国外国国家豁免法》，并于 2024 年 1 月 1 日正式生效。本章试以现行的国际公约、外国国内立法、现存的已决判例为分析对象，专门分析非商业侵权行为在国家及其财产管辖豁免中的例外，旨在探讨侵权行为作为国家豁免例外的正当性和必要性，以及适用于国家豁免例外的侵权行为的性质、范围、条件和限制，并尝试对我国国家豁免立法中关于侵权问题最新规定的司法适用提出相应建议。

第一节　外国国家的侵权行为概念界定

侵权行为是债的一种发生原因，"债"则是民事法律关系所调整的对象，即侵权是民事主体之间的法律关系。② 一方面，侵权责任关系具有债权的共性，即特定主体之间产生的特定的权利义务关系；③ 另一方面，侵权行为责任在归责原则、构成要件、免责要件等方面也有其特殊性。④ 研究外国国家的侵权行为问题，应当从主体、客体、侵权形态等方面多重考虑。

一、国家侵权行为的基本理论问题

自 19 世纪以来，随着国家涉足商业活动的不断增多，国家卷入贸易纠纷、投资纠纷

---

① 联合国大会第五十九届会议第三十八次决议（General Assembly Resolution 59/38 of 2 December 2004），2004 年 12 月 2 日。

② 见王家福主编：《民法债权》，法律出版社 1991 年版，第 407~556 页；张俊浩主编：《民法学原理》，中国政法大学出版社 1991 年版，第 827 页。

③ 魏振瀛主编：《民法》，北京大学出版社、高等教育出版社 2007 年版，第 311 页。

④ 王利明、杨立新编著：《侵权行为法》，法律出版社 1996 年版，第 2 页。

也有所增加，绝对豁免主义逐渐向限制（相对）豁免主义发展。① 20世纪以后，一些国家②的法院在处理涉及外国国家的案件③时，将这些外国国家或其政府的行为按照"统治权行为"（jure imperii）和"管理权行为"（jure gestionis）进行划分，确立对后者的管辖权。对外国国家的管理权行为享有管辖权的依据，萨瑟（Szaszy）解释为"构成诉讼标的法律关系并不是外国的与内国法和内国秩序毫不相关的法律关系，因为有关的法律关系发生在内国法法律和秩序所支配的领域内，当事人也是以内国民事法律关系主体的身份出现的，因而该法律关系处于内国法律和内国秩序所调整的范围内"④。以限制豁免论为起点，各国国内立法与国际条约⑤中逐步衍生出对国家主权管辖豁免例外的规定，赋予内国法院对涉及外国国家行为以司法管辖权。

　　法院对某一案件确定管辖，是其落实审判权、启动诉讼程序的开始，也使当事人明确自己的诉讼权利。对于涉及外国国家的民事侵权案件，内国法院在确立管辖权时应当采取审慎的态度，依据严格的司法诉讼程序确定内国的审判权力。对于某一国家侵权案件的受理与确定管辖权的过程，比照国际民事诉讼的案件受理程序，应当分为以下几个步骤：

　　法院在收案后，应当根据本国的法律对争议案件进行是否受理的判断，若满足国内民事诉讼法上案件受理的条件，则应当受理。但在受理后，应当对法院是否具有管辖权进行查明，这一过程具体分为两种情况。第一种情况下，若法院地国颁布了国家豁免法案⑥，应当直接根据现存有效法律的规定对案件当事主体及起诉事由进行审查，属于国家豁免特权范畴的，应当尊重该外国国家主权，对案件不予管辖；属于管辖豁免的例外事由的，应根据法院地法（及法院地国签署生效的国际公约）行使管辖权，其中符合国家侵权行为的争议案件应当适用国家豁免立法中有关侵权行为例外的相关规定确定法院的管辖权；不属于国家豁免范畴的案件，比照普通的国际民事诉讼流程进行管辖权的确定与审理。第二种情况下，若法院地国没有现行有效的国家豁免立法，或不存在对本国有约束力的国际公约或多边条约，则应当考察：第一，是否存在已签订但并未生效的国际公约或条约。如有，则参考该协约中对于国家豁免问题的规定，但不遵守此类规定并不必然导致对国际义务的违反；如不存在前述的多边协约，也应当考虑本国对于习惯国际法（Customary International Law）的态度，考虑本国对限制豁免理论的态度，并据此作出对管辖权有无的认定。第二，

---

　　①　据统计，已经有至少25个国家采取限制豁免主义，另有11个国家在原则上支持限制豁免主义。一些国家的立法中反映了这种实践，如1985年《澳大利亚外国国家豁免法》、1982年《加拿大国家豁免法》、1981年《巴基斯坦国家豁免法令》、1979年《新加坡国家豁免法》和1981年《南非外国主权豁免法》。参见王铁崖主编：《国际法》，法律出版社1995年版，第95页。

　　②　1925年8月30日颁发的意大利第1263号政令，1926年7月18日颁布的瑞士法令（该法令撤销了1918年7月12日《关于禁止用"扣留"的方式扣押外国国家财产的紧急法令》），都试图证明不同国家已在反对豁免权的无限性。转引自李双元、谢石松：《国际民事诉讼法概论》，武汉大学出版社2001年版，第282页。

　　③　Alfred Dunhill of London Inc. v. Republic of Cuba, 425 USR. 682（1976）.

　　④　Istvan Szaszy, *International Civil Procedure*, *A Comparative Study*, A. W. Sijthoff Press, 1967, p.625.

　　⑤　以限制豁免理论为基础的国家豁免立法有：1976年《美国外国主权豁免法》、1978年《英国国家豁免法》、1972年《欧洲国家豁免公约》、1983年《美洲国家间豁免草案》、2004年《联合国国家及其财产管辖豁免公约》等。

　　⑥　这里所指的豁免立法，应当理解为法院地国本国的国内立法及其签署并生效的有关国际条约和公约。

在不存在国内立法，也不存在生效/未生效国际条约的情形下，确认本国持绝对豁免主义的立场，则对涉及国家作为当事一方的争议案件不具有管辖权。

二、有关例外条款立法例

在管辖豁免的立法方面，国际条约和以英、美两国为代表的有关国家国内立法对于国家侵权行为例外的规定存在一定的差异。① 例如，《美国外国主权豁免法》②规定，"外国国家不得免于美国法院的管辖，包括：发生在美国的，由于外国或外国的任一官员或雇员的故意或过失行为造成的，对这一外国国家的人身损害或死亡，或者财产损害而提起的金钱损害赔偿之诉"。《加拿大国家豁免法》③规定："一个国家不得免于法院的任一程序管辖，由于(一)任意的死亡或者个人或人身的损害，或；(二)任意的财产损害或灭失；发生于加拿大"。英联邦国家多与加拿大立法相似，都是参考、比照英国的立法模式与法律语言加以规定和限制④，但在英联邦国家具体立法中又存在一些差异，如澳大利亚将侵权形态明确为作为与不作为。⑤ 在《联合国国家豁免公约》⑥规定："除非当事国另有约定的除外，一个外国国家不得在另一国的法院前援引管辖权豁免，基于宣称归责于这一国

---

① 这些差异体现在条款所属法律篇章位置不同、使用的语言不同，亦即逻辑上的关系也不同。

② "(a) A foreign state shall not be immune from the jurisdiction of courts of the United States or of the States in any case— (5) not otherwise encompassed in paragraph (2) above, in which money damages are sought against a foreign state for personal injury or death, or damage to or loss of property, occurring in the United States and caused by the tortious act or omission of that foreign state or of any official or employee of that foreign state while acting within the scope of his office or employment; except this paragraph shall not apply to— (A) any claim based upon the exercise or performance or the failure to exercise or perform a discretionary function regardless of whether the discretion be abused, or (B) any claim arising out of malicious prosecution, abuse of process, libel, slander, misrepresentation, deceit, or interference with contract rights; or -" 参见 *Foreign Sovereign Immunity Act*, 28 USC. A. s1605 (5)。

③ "6. A foreign state is not immune from the jurisdiction of a court in any proceedings that relate to (a) any death or personal or bodily injury, or (b) any damage to or loss of property that occurs in Canada." 参见 *State Immunity Act*, R. S. C., 1985, S-18.

④ 对比英国与加拿大立法不难发现，其在编排体例与文字上多有类似。但英国更加明确了财产损害时特指有形财产的，并未将无形财产或精神损害作为国家豁免的例外。"Personal injuries and damage to property: a state is not immune as respects proceedings in respect of— (a) death or personal injury; or (b) damage to or loss of tangible property, caused by an act or omission in the United Kingdom." 参见 *State Immunity Act* (1978)。

⑤ "Personal injury and damage to property—caused by an act or omission done or omitted to be done in Australia." 参见 *Foreign States Immunities Act* (1985), Article 15.

⑥ "*Article 12 Personal injuries and damage to property*: Unless otherwise agreed between the States concerned, a State cannot invoke immunity from jurisdiction before a court of another State which is otherwise competent in a proceeding which relates to pecuniary compensation for death or injury to the person, or damage to or loss of tangible property, caused by an act or omission which is alleged to be attributable to the State, if the act or omission occurred in whole or in part in the territory of that other State and if the author of the act or omission was present in that territory at the time of the act or omission." 参见 *United Nations Convention on Jurisdictional Immunities of States and Their Property* (2004)。

家的故意或过失行为所引起的死亡或人身损害，或者有形财产损失所致的金钱赔偿，这一行为的全部或部分发生在另一国，或故意或过失行为的实施者在实施行为时在该国领土范围内。"《欧洲国家豁免公约》①规定："缔约国不得主张免于另一缔约国法院的管辖，如诉讼涉及因人身伤害或毁损有形财物而请求损害赔偿，而造成伤害或毁损的事实又发生于法院地国的领域内，其伤害和毁损的肇事者在发生此项事实时，亦在该领域内。"

通过比较不难发现，各国立法和国际条约中所规定的侵权行为，除美国等部分国家使用了"侵权的（tortious）"字眼外，大部分国家立法中的用语都是通过直接列明不得援引国家豁免的侵权行为对象的方式进行阐述，即"死亡或人身损害，或者财产损失"。笔者认为，一方面直接列明侵权所侵犯的客体权益的做法有其一定的优越性。在国际民事诉讼中，避免了法院在识别侵权法律关系时，由于潜在的识别冲突造成法院地法与涉案国法律的冲突，同时更加明确地将"死亡或人身损害"及"财产损失"的侵权行为结果作为事实问题予以裁判。另一方面，将侵权行为对象固定于人身损害与财产损失的范畴内，也存在一定的不确定性与局限性。首先，通过比较上述国家立法与国际条约不难看出，对于侵权行为所侵犯的对象是否包括人的精神损害问题，是否及于无形财产（intangible），是否包括商标权、专利权等知识产权②等问题，泛泛而言的"人身和财产损害"无法将侵犯对象释明，这就为法院地国的裁判以及受侵害人对判决结果的预期构成了不确定因素。并且，侵权形态包含多种类型，如前所述：知识产权侵害、环境污染侵害等晚近出现的特殊侵权类型是否能简单地一言以概之，也难以界定，使得保护受侵害人权利的条款留有一定的局限性——毕竟，国家承担国际责任（包括其对外国公民承担的民事责任）都应建立在违反国际条约与法院地法规定的前提之下，即国家的作为与不作为可归因于该国。因此，在国家豁免立法中，对侵权行为例外中侵权行为的用语应当作出以下三点考虑：第一，以列举的方式明确规定侵权行为客体，避免外国国家因识别冲突造成对法院的挑战；第二，应考虑立法中侵权行为形态，尤其是新出现且普遍存在的特殊侵权类型，避免立法遗漏；第三，在列举式立法的模式下，加设兜底条款，确保法律调整范围的周延与稳定性，避免过多的修法。

综合各个立法的表述，可以将管辖豁免例外中的国家侵权行为定义为外国国家或其官员或雇员，除行使自由裁量权之外，基于故意或过失在法院地国以作为或不作为方式造成的死亡或人身损害，或者全部或部分的财产损失；或者在实施前述作为或不作为时，行为人在法院地国，则该外国国家不得向法院地国援引管辖豁免特权。在这里

---

① "Article 11 A Contracting State cannot claim immunity from the jurisdiction of a court of another Contracting State in proceedings which relate to redress for injury to the person or damage to tangible property, if the facts which occasioned the injury or damage occurred in the territory of the State of the forum, and if the author of the injury or damage was present in that territory at the time when those facts occurred." 参见 *European Convention on State Immunity* (1972)。

② 在《欧洲国家豁免公约》中，设立了专门条款就知识产权的豁免例外加以规定，明确了对专利、工业设计、商标、服务标志或其他类似权利的法院地国保护。参见 *European Convention on State Immunity* (1972), Art. 8。

需要明确国家侵权行为的实施主体既包括国家，也包括隶属于国家的官员或受雇的雇员；还需要明确侵权行为可以是故意或者过失的，所发生的损害结果位于法院地国或实施侵权行为当事人在实施侵权行为时在法院地国。最终所侵犯的对象是他国公民或其他组织的人身或财产权利。

三、特定的侵权行为主体

在国家豁免理论范畴内，讨论侵权行为是否作为一种豁免情形，或者作为排除豁免适用的例外，其立论的前提是国家可以作为民事主体，具有完全民事行为能力，能够实施引起侵权法律关系的行为，并承担与之对应的权利义务。

从私法角度来谈，国家能否作为民事法律关系主体的争论由来已久，[①] 一部分学者及理论学说认为，国家是特殊的法律主体[②]，由于其主体权力与权利身份的特殊性，国家在民事法律关系中也居于特殊的地位。另有部分学者及学说认为，国家可以作为恰当的民事法律关系主体，它在某种条件下或某种范畴内是与自然人、法人平等的民事主体。后一种观点也在不断发展：对国家作为民事主体的理论变迁由法人拟制说[③]，如国库理论[④]等割裂国家人格的观点，逐步发展到合一辩证地看待国家作为民事法律关系主体的理论上[⑤]。由于民事法律关系所调整的对象是"平等主体之间"的权利义务关系，使得国家作为主权象征，难以与公民、法人及其他组织具有"平等"的法律地位。然而，从法律关系的本质出发，将民法确认调整的社会关系作为民事法律关系，则构成该民事法律关系的主体即为民事主体，因而国家在未依职权实施作为或不作为时，其身份可以被认定为民事主体。[⑥]"国家为了实现特定目的和功能而以民事主体的资格参与民事法律关系"[⑦]，应当认定为国家依据其所具有的不同功能，可以作为民事主体参与民事法律关系，实施民事行为，这些民事行为中当然包括侵权行为。

---

① 参见余能斌、马俊驹主编：《现代民法学》，武汉大学出版社1998年版，第172~179页。

② 苏联和东欧国家的民法典中多采此说。其理论依据是国家作为主权者和财产所有者其双重身份不可分离，即使在参与民事法律关系时，并不失去其特有的主权和特权，因此它的民事权利能力和行为能力是特殊的。参见刘勇、陈华：《试论国家作为民事主体》，载《华侨大学学报（哲社版）》1999年第1期，第30页。

③ 英国法学家凯尔逊认为：国家作为法人，是其社团的人格化，或者构成这个社团的法律秩序的人格化。参见张宏生主编：《西方法律思想史》，北京大学出版社1983年版，第437页。

④ 国库理论的产生，正是基于19世纪的法制不承认公民拥有任何法律救济途径去对抗国家公权力所造成的损害，为了通过司法救济向国家请求赔偿而创立的。国库理论将国家人格分立开来，一为主权者，一为拟制产生的独立于主权的私法人——国库，由国库代替国家负责损害赔偿。

⑤ 马俊驹、余延满：《民法原论》（上），法律出版社1998年版，第229页。

⑥ 马俊驹、宋刚：《民事主体功能论——兼论国家作为民事主体》，载《法学家》2003年第6期，第56页。

⑦ 马俊驹、宋刚：《民事主体功能论——兼论国家作为民事主体》，载《法学家》2003年第6期，第60页。

　　从国际角度来看，国家是确定的法律人格者，① 是国际法的主要主体。② 然而，一个主权国家能否成为其他国家的民事主体，回答应为肯定。外国国家能否成为民事主体是事实问题。③ 来源于社会关系的民事法律关系，需以民事主体的存在为前提④，否则国际社会中产生的近似于侵权法律关系的事实将不能被认定为侵权关系，而应归于国际罪行或国际不法行为。不论是绝对豁免论，还是相对豁免论，一个外国国家基于自己主权（或国民赋予其的职权）所实施的行为，都应归于国家行使公权力的范畴，也就属于国家豁免的范畴。⑤ 其所依据的理由人各有见，⑥ 但实现的结果却是同一的：对国家实施的主权行为认定为适用管辖豁免的事项。因而，在讨论国家侵权行为主体时，需要更多地考虑基于国际条约与国际法原则所认定的国家作为国际法主体所实施的主权行为的范畴与内容，将这一范畴内的国家行为排除于民事法律关系所调整的对象之外，则可勾勒出国家作为民事主体的外延，进而确定豁免例外的具体范畴。随着国家介入跨境民商事活动的不断增多，国家由于商事交往而卷入民事法律关系当中，或因人权、国有化、环境污染、恐怖主义等诸多因素涉入民事纠纷的事例时有发生。在这些事例中，首先确定国家作为民事主体的资格问题，将是确认民事法律关系、实现民事权利救济的基础。

　　综上，从私法与国际法两个角度分析之后不难得出，国家作为民事法律关系的主体是因其所实施的行为具备特定功能而定；国家的民事主体资格应根据它在相关民事关系中的身份进行判断。

四、国家侵权行为的性质

　　在外国能够作为民事法律关系的特殊主体参与民事诉讼，尤其是侵权之诉的情形下，应如何确定法院对外国国家行使审判管辖权。内国法院对外国国家的侵权行为行使管辖权的决定因素在于国家管辖豁免的范围。一般而言，如果一国公民受到因外国国家的作为或

---

　　① Reparation for Injuries Suffered in the Service of the United Nations, ICJ Reports, 1949, p. 179.

　　② ［英］伊恩·布朗利：《国际公法原理》，曾令良、余敏友等译，法律出版社 2007 年版，第 55 页。

　　③ 学者将国家是否作为民事主体的问题归属于事实问题，主要依据的理由是在国内法中没有对这一问题的明确规定，且在实践中已经按照事实问题处理。参见马俊驹、宋刚：《民事主体功能论》，载《法学家》2003 年第 6 期，第 56 页。

　　④ 江平认为，"民事法律关系是民事主体之间发生的，符合民法所要求的法权模式，具有明确民事权利义务内容的民事关系"。综鉴，将民事法律关系定义为民事主体之间发生的民事关系，其默认的逻辑前提即为民事主体的存在。参见江平主编：《民法学》，中国政法大学出版社 2000 年版，第 73 页。

　　⑤ 参见龚刃韧：《国家管辖豁免原则的历史起源》，载《中国法学》1991 年第 5 期，第 96 页。

　　⑥ 治外法权的观点认为，一国在他国的行为犹如在其本国领域内从事的行为这种法律拟制来说明国家及其财产享有豁免权的；国际礼让说则将国家豁免归因于各国在国际交往中遵守的礼貌和善意的规则；主权平等说则认为基于"平等者间无管辖"原则，认为主权国家之间不应行使管辖权。参见黄进：《国家及其财产豁免问题研究》，中国政法大学出版社 1987 年版，第 4 页；［英］詹宁斯、瓦茨修订：《奥本海国际法》（第一卷第一分册），王铁崖等译，中国大百科全书出版社 1995 年版，第 76 页；韩德培主编：《国际私法》，武汉大学出版社 1983 年版，第 338 页。

不作为而引起的人身伤害或者财产损害，应当通过本国政府的外交保护来寻求补偿。① 正因如此，基于外国国家侵权行为而作出司法管辖的判决直到 1956 年才出现。② 在奥地利最高法院有关赫鲁佰克案的判决中，法院对外国的侵权行为根据其性质的"非国家行为性"而行使了管辖权。该案中，原告被外国(美国)大使馆运送邮件的汽车撞伤，因而提起损害赔偿之诉。法院以索赔请求是针对汽车驾驶人的过失行为而非国家运送邮件的行为而确定自己拥有管辖权。这一案件不仅拉开了法院地国对外国侵权行为行使管辖权的序幕，同时也引起了对区分侵权行为性质必要性的探讨。

(一) 以行为性质划分的理论

在限制国家豁免理论中，区分外国国家行为的性质一直为欧洲法院所倡导。国内法院因为外国国家的"管理权行为(jure gestionis)"享有管辖权，但是对外国国家的"统治权行为(jure imperii)"仍依旧保持外国主权的豁免。③ 在外国国家侵权行为的管辖权问题上，也存在将侵权行为依据性质划分成上述两种行为的做法。这种理论通常为欧洲法院所采纳。

在内国法院行使管辖权的案例中，通常根据该外国国家行为存在私法性质或者以争议行为属于"管理权行为"为理由加以裁判。例如，埃及法院所审理的一起诉巴勒斯坦国家铁路索赔案中，④ 一名旅客在埃及的一个火车月台候车时因行李倒塌而受伤起诉索赔，该铁路由巴拉斯坦国有公司运营。法院以铁路运输行为不是国家主权行为为由，判定埃及法院具有管辖权。另外，前述的奥地利法院审理的交通事故损害赔偿案，也是将侵权行为作了"主权行为"和"非主权行为"的区分认定之后，才进行判决的。可见，依据行为性质确定是否对侵权行为行使管辖权，是对"国家行为理论(Act of State Doctrine)"⑤的尊重。

(二) 不区分行为性质的方法

区别于从国家主权角度出发的根据行为性质判断内国法院管辖权的做法，近年来越来越多的学者和内国立法实践倾向于依据当地法院的地域管辖对国家侵权行为行使管辖权，

① 参见[英]劳特派特修订：《奥本海国际法》第 8 版上卷(第 1 分册)，商务印书馆 1972 年版，第 251 页；转引自龚刃韧：《国家豁免问题的比较研究——当代国际公法、国际私法、国际经济法的一个共同课题》，北京大学出版社 1994 年版，第 251 页。

② Feldman Karpa v. United Mexican States, *International Law Reports* Vol. 40, Oxford University Press, 1970, p. 43.

③ 龚刃韧：《国家豁免问题的比较研究——当代国际公法、国际私法、国际经济法的一个共同课题》，北京大学出版社 1994 年版，第 206 页。

④ 参见《国际公法判例年度摘要》，第 11 卷(1919-1942)，第 146 页；转引自龚刃韧：《国家豁免问题的比较研究——当代国际公法、国际私法、国际经济法的一个共同课题》，北京大学出版社 1994 年版，第 70 页。

⑤ 美国联邦最高法院在 1897 年昂德希尔诉赫南得兹案中指出，每一主权国家都有义务尊重任何其他主权国家的独立，一个国家的法院不得对其他国家在其领域内的行为进行判断，即一国国内法院无权判断另一国家在其领域内采取的主权行为是否合法。

这是"场所支配行为"的又一体现。

在《美国外国主权豁免法》中，"由外国或者外国的任何官员或雇员在职务或雇佣范围内的行动中所引起的……的侵权行为"不得援引主权豁免。在这一表述中，该法案并未对国家或雇员的行为性质从"管理权"或"经营权"的角度划分，而是笼统地进行了规范。另外，在英国以及受它影响的加拿大、澳大利亚、新加坡等国的立法中均规定"不得享有豁免：（a）死亡……或（b）有形财产之损害……"只列明了侵权行为的侵害对象而未说明实施主体的范围或性质。而且，在《联合国国家豁免公约》中，用了与美国立法较为相似的语言，并未说明侵权行为的具体性质如何划分等。虽然《联合国国家豁免公约》中设定侵权行为例外条款的本意是将人身伤害和财产损害的适用范围缩小到仅包括通常寻求保险赔偿的交通事故方面，以便排除保险公司借国家豁免为掩护，逃避对受害者的赔偿责任的可能性①。但是，在最终的国际条约中，国际法委员会只是排除了"殴打、恶意损害财产、纵火或甚至杀人并包括政治谋杀在内的有意有形损害"，而并没有明确规定拒绝管辖"统治权行为"。

由此可见，在国家侵权管辖权的确定方式上，已经摒弃了绝对豁免主义，也不再拘泥于相对豁免理论下的行为性质划分模式，而是向更为宽泛的单独列举非例外事由的开放式立法模式演进。因此，在立法中明确规定以侵权行为性质作为确立管辖权的标准已无必要。

五、豁免例外的侵权形态②

按照侵权行为的责任形式来说，由某一国家实施的侵权行为应当属于特殊的侵权行为形态③。在国际法范畴内，"国际责任"一词的使用可以被看作是避免误导一般法律工作者而对"国际侵权（International Tort）"这一术语的规避。④ 如此，国家侵权可以被理解为违反特定义务（国内法义务）对他国（这里的他国应当作广义理解，即包含他国国家、法人与自然人的财产和人身）造成的人身、财产损失的行为。⑤ 如前文所述，虽然没有明确的国际条约规定，⑥ 但国家所实施的侵权行为与国家的国际不法行为存在显著不同。就国家侵权行为来说，侵权行为包括侵犯人身或财产权利的一切国家行为，意味着既包含国家违

---

① *International Liability for Injuries Consequences Arising Out of Acts Not Prohibited by International Law*, Year Book of International Law Commission, 1984, pp. 15-18.

② 笔者所指的侵权形态是侵权行为的不同表现形式。

③ 参见王利明、杨立新编著：《侵权行为法》，法律出版社1996年版，第234页。

④ 确切地说，"在国际关系中，某一法律主体的法律利益受到另一个法律人格者的侵犯，就产生特定法律制度确定的各种不同形式的责任"。如前所述，国家作为民事法律关系的法律人格者（legal person），与国际法项下的不法责任具有密切联系。参见［英］伊恩·布朗利：《国际公法原理》，曾令良、余敏友等译，法律出版社2007年版，第385页。

⑤ C. Wilfred Jenks, *The Prospects of International Adjudication*, Stevens & Sons Press, 1964.

⑥ 《联合国国家豁免公约》的条文没有明确划分国家不法行为责任与国家侵权行为责任的界限，因此也受到一些学者的诟病。参见曲波：《〈联合国国家及其财产管辖豁免公约〉评析》，载《行政与法》2006年第5卷，第109页。

背国际法原则或国际条约的国际不法行为，也包含与之竞合的国有化、侵犯人权、跨界污染①等侵犯私人人身、财产权利的侵权形态。通过比较现有的立法例，各国对可归因于侵权例外的行为形态有着明确的限定。具体来说，可以分为两种模式：①在侵权例外条款内，明确规定排除豁免权的侵权形态；②对特定的侵权形态，设定独立条款明确规定对其是否享有管辖权。

(一) 现行法定豁免例外的国家侵权行为

以《联合国国家豁免公约》对侵权行为豁免例外的规定为例，② 侵权行为特指对人身造成死亡或伤害、对有形财产造成损坏或灭失的作为或不作为。单纯从字面角度理解，该条款未对侵权行为实施主体的主观心态作出限定，未对侵权行为是否具有统治权或管理权的性质作出区分，也未对国家行为与损害后果之间的因果关系提出明确要求，还未对有形损害的具体概念作出界定。但根据国际法委员会的评论与各国在其立法中的分析可以得出如下观点：

1. 故意或过失均可管辖

从侵权行为豁免例外条款的立法历史来看，该条款是为了解决享有外交特权的国家公职人员在他国领土上的交通事故损害赔偿问题而设立。③ 仅就交通事故而言，侵权行为实施者在主观上应当是一种过失心态。而在国际法委员会对《联合国国家豁免公约》的评论中，侵权行为例外条款的范围及于"故意有形损害，如人身攻击、蓄意破坏财产、纵火、屠杀，乃至政治刺杀等"。④ 由此可见，侵权例外不仅包括过失造成的有形人身、财产损害责任，也调整国家主观故意实施的侵害。

2. 不区分国家行为的性质

在侵权例外条款中，没有区分国家行为的性质是国际不法行为，还是一国独立的主权行为，⑤ 也没有区分国家作出的侵权行为是管理权行为还是统治权行为⑥。美国的豁免法中虽未对侵权行为性质作管理权或统治权的区分，但对一国行使自由裁量权(discretionary function)行为作出了明确规定，即在自由裁量权范畴内所实施的行为，不论是否滥用裁量权，都不受管辖豁免例外的限制。作为豁免例外的情形还包括滥用恶意诉讼过程、诽谤、误导、欺骗或干扰合同权利而提出的索赔问题。⑦ 同样，代表国家实施军事活动的军人行

---

① 虽然跨界环境污染并未被《联合国国家豁免公约》明示为侵权的特殊事项，在法院审判先例中也多拒绝对环境污染问题的管辖，但在国际环境污染事件愈发增多的情态下，对其加以考量和调整是十分有必要的。参见阙占文：《跨界环境损害赔偿责任导论》，知识产权出版社 2010 年版，第 22 页。

② 参见上文"(一) 侵权行为例外的立法例"中的有关段落。参见 *United Nations Convention on Jurisdictional Immunities of States and Their Property*，2004，Art. 12。

③ *Hazel Fox*，*The Law of State Immunity*(2nd ed.)，Oxford University Press，p. 571.

④ *Yearbook of International Law Commission*，Vol. II，1991，p. 8.

⑤ David P. Stewart，*Current Development*：*the UN Conventions on Jurisdiction Immunities of States and Their Property*，99 Am. J. Int'l L. 194，2005，p. 201.

⑥ Supra note 103，p. 202.

⑦ Dellapenna，*Suing Foreign Governments and Their Corporations*(2nd ed.)，2002，p. 425.

为也不在豁免例外范畴内。① 传统意义上，将国家行为以商业目的的标准划分为公行为与私行为，这种分类的必要性值得进一步讨论。一方面，法院出于对国家统治权的尊重，拒绝对外国军人实施的侵犯人权案件实施管辖权;② 另一方面，享有外交特权的官员或雇员基于豁免特权而逍遥法外,③ 又是对内国司法公正与法律尊严的挑战。

剔除国家行为性质作为管辖权有无的判断标准，可以保障法院对个案审查与裁量的权力，避免僵化、笼统的管辖权认定方式。对此，应当予以肯定。

3. 有形损害的范畴应予明确

在排除豁免权的侵权行为中，侵权损害结果应当是有形的损害。有形损害应当从行为实施方式和损害结果两个方面进行认定。一方面，以书面形式造成的损害，应当保留豁免的权利;④ 另一方面，损害所造成的结果必须是有形的，即精神损害不能包括在内，诸如任意拒绝签证、拒绝办理许可证、实施经济制裁、诽谤、非法逮捕和拘留等国家行为⑤均不可作为豁免例外的事由。

由此看来，在确立对外国国家管辖权时，应当对由该行为引起的损害结果进行认定，对于没有造成实质伤害，或者造成实质伤害却无法直观、量化的行为应当保留其豁免权。只有在侵权行为切实造成人身死亡或伤害的事实，或造成有形财产的损失或消灭时，该行为才不能援引国家豁免特权。应予明确的是，有形财产的损害已经排除了知识产权权利的损害。⑥

4. 行为与结果的直接因果关系

在侵权行为豁免例外中，除去对于侵害结果的有形性有着严格规定外，该条款对于潜在的侵权行为与损害结果之间的因果关系也有着约束，如任何私人不得以国家的公开声明作为其主张经济损害的理由⑦。由于国家对宏观经济政策、贸易规则的修改或终止，而使其本国或其他国家的国民蒙受经济损失的事件时有发生。如果因此起诉国家而获支持，势必造成对外国国家主权及内政的干涉。因此，限制和明确国家行为与损害结果之间的因果关系，排除间接因果联系在豁免例外条款中的适用确有必要。

(二) 其他管辖豁免例外条款与侵权行为

在国家豁免立法中，通常列举的豁免例外条款还包括商业行为例外、国有化例外、恐怖主义活动的例外等。这些例外条款中存在与侵权行为例外竞合的可能。如在国有化过程中政府对外国公民的财产实施征收、恐怖主义活动大多造成人身死亡或伤害的结果等。再

---

① Moore v. United Kingdom, 384 F. 3d 1079 (9th Cir. 2004).

② McElhinney v. Ireland, App. No. 31253/96 (Eur. Ct. H. R. Nov. 21, 2001).

③ Supra note 103, p. 205.

④ Yessenin Volpin v. Novosti Press Agency, *Tass etc.*, 443 F Supp. 849 (SDNY 1978).

⑤ *Yearbook of International Law Commission*, Vol. II, 1991, p. 104.

⑥ 对于造成知识产权权益损害的行为，国家是否享有豁免权，请见下文论述。

⑦ *Foreign State Immunity*, Australian Law Reform Commission Report, No. 24, 1984.

如专利权、商标权等知识产权虽然属于无形财产，但其财产权利的减损也应得到保护。对此，国家是否享有豁免特权应当根据其他具体的、有关豁免例外的条款进行判断。由于侵权行为例外条款的立法初衷只是以弥补公民因外国官员的职务行为造成的损害为主要目的，而不是对侵犯人权、跨界污染、资助恐怖主义活动等国际不法行为进行责任认定，因而不应将侵权例外条款作为对上述情形确立管辖权的主要依据。

第二节　国家侵权行为管辖豁免的一般例外

随着国家豁免理论的发展，法院对外国国家侵权行为行使管辖权不再完全依赖于对一国国家行为性质的认定，① 但是侵权法律适用所基于的"场所支配行为"理论仍将适用。② 一国法院根据国际条约与其本国的国家豁免立法决定管辖某一外国侵权案件时，仍应考虑侵权行为与法院地国的联系——这种联系多来自侵权行为与该国的地域联系。由于各国国际私法的适用规则和对外国主权豁免例外的行使规则的理解与实践不同，使得外国国家在内国民事诉讼中的法律地位难以确定。以《联合国国家豁免公约》第 12 条为例，"非商业人身损害与财产损失之豁免例外"的出现，为人们主张对政府基于国家主权行使的行为承担国家责任开辟了道路。但如前文所述，这一条款设立之初的目的仅在于对外国官员在本国境内造成的交通侵权损害承担赔偿责任。③ 对于该条款所定义的引起人身伤害与财产损害的行为不应及于私人主张的其他间接原因(remoter causation)，例如由于国家的公开声明造成的经济损失或财产损害。④ 对于这些国家行为所享有的豁免与例外的界限，需要通过明确的管辖连结因素(jurisdictional connection)来加以判断。

首先，明确法院地国与外国侵权行为的内在联系是建立管辖权的基础，也是认定侵权事实的依据。其次，国家侵权赔偿责任属于国家责任的一部分，要根据承担国家责任的一般原则予以裁量，外国国家侵权也必须达到一定的后果。此外，一些国家的国内立法也对侵权行为的豁免例外在具体适用上提出了一些限制。通过归纳这些管辖权的成就条件和豁免例外的限制条件，可以将国家侵权行为豁免例外的适用条件分为积极条件与消极条件两个方面。当积极条件成就时，法院可以根据侵权行为例外的规定，确立对外国国家的司法管辖权。当消极条件出现时，外国国家仍应享有管辖豁免的特权，或者法院不得以侵权行为例外为理由⑤确立管辖权。

---

① 还出现了大量单独列举豁免或非豁免事项、同时列举豁免与非豁免事项的成文法，诸如：1891年，国际法学会通过的"关于对外国国家、外国君主或元首的法院管辖权的国际规则草案"；1932年，哈佛大学"关于国家主权管辖豁免的立法草案"。Joan P. Bullington, *Treatment of Private Property of Aliens on Land in Time of Peace*, The Meeting Record of American Society of International Law, Vol. 27, 1933, p. 103.

② Lauterpacht H., *Problem of Jurisdictional Immunities of Foreign States*, 28 B. I. L. Y. 220, 1951.

③ Motoo Ogiso, *Second Report on Jurisdictional Immunities of States and Their Property*, Year Book of International Law Commission, Vol. II, 1989, p. 59.

④ *Foreign State Immunity*, Australian Law Reform Commission Report No. 24, 1984, p. 15.

⑤ 虽然法院不得以侵权行为例外行使管辖权，但不排斥法院依据其他的管辖豁免例外条款行使管辖权。

一、普通侵权行为豁免例外的积极适用条件

在满足全部积极条件的情形下，法院可以依据管辖豁免例外中有关侵权行为的规定，确定其对涉及外国国家的诉讼享有管辖权；而作为当事方的国家则不得援引国家豁免特权。在分析哪些要求应作为积极条件时，应当从案件性质的特性以及损害结果的可追偿性两方面加以考虑。一方面，法院应当根据法院地法判定自身是否具备管辖权受理争议案件，而在作出实体认定时应适用侵权行为地法①。笔者认为，基于尊重国家主权原则和方便裁判的考虑，应当将侵权行为地作为确立管辖权和案件实体认定的共同连结因素，即法院应将其与侵权行为地的关系作为确定管辖权的适用条件之一。另一方面，对于涉及国家的侵权损害赔偿之诉，法院在确定受理时必须考虑是否有可接受的证据构成基本事实②。这种侵害事实应当是人们易于发现、易于识别的，现实并且有形的。

(一) 法院地国与侵权行为的最低联系

通过比较，可以发现现有的国际条约与代表性国家的立法中均规定了外国侵权行为必须与法院地国之间存在一定的领土联系，否则不得行使管辖权。但是，将领土联系作为对外国国家的某些行为行使管辖权的前提条件，还存在着不同的立场，即领土联系并非法院行使管辖的唯一必要条件。③ 但是对于外国国家的侵权行为例外问题，由于侵权管辖基础的属地原则，因而对其管辖均强调④领土的必要联系。领土联系的标准各国却并不完全相同：有采取侵权行为发生地说的，有采纳损害结果发生地说的，还有既包含行为实施地也包括行为结果地选择标准的立法。

1. 侵权行为发生地原则

在对《联合国国家豁免公约》的评述⑤中，对于侵权行为豁免例外的行使条件有两点与法院地和行为地的联系有关。其一，豁免例外要求引起死亡、伤害或财产损失的故意或过失(omission)行为必须全部或部分地发生在法院地国的领土之上，以便于明确侵权行为发生地位于法院地国之内。其二，名义上实施了引发伤害或损失的行为人应当在实施侵权

---

① 虽然侵权行为的法律适用是法院在对案件实体部分进行审理、认定环节的问题，但笔者认为在考虑侵权案件的管辖权问题时，应当对其可能的实体法适用问题作出预判，以便宜管辖为原则受理案件。目前，就侵权行为法律适用来说，我国就采取以侵权行为地法为系属。参见《中华人民共和国涉外民事关系法律适用法》第 44 条。

② 参见肖永平：《法理学视野下的冲突法》，高等教育出版社 2008 年版，第 92 页。

③ 龚刃韧：《国家豁免问题的比较研究——当代国际公法、国际私法和国际经济法的一个共同课题》(第二版)，北京大学出版社 2005 年版，第 238 页。

④ 在现存的有关国家的豁免立法中，侵权行为例外的管辖条件之一就是行为或其结果或行为实施人与法院地国领土的联系，参见本章第二部分。

⑤ *Draft Articles on Jurisdictional Immunities of States and their Property*, International Law Commission Commentary, 1991, p.45.

行为时位于法院地国的境内——以此排除那些对于出口爆炸物等跨境侵权行为①的管辖。上述两项条件并不罕见，在海牙 1971 年的《外国民事判决承认与执行公约》中也有类似规定②。

《英国国家豁免法》第 5 条与《联合国国家豁免公约》都进行了明确规定，即管辖权基于引起损失的行为发生于法院地领土之内，以此进一步确定领土联系是建立在侵权行为发生地之上，并通过本国判例进一步明确了这一标准。③ 当然，《英国国家豁免法》与《联合国国家豁免公约》也存在一定差异，该法并不要求侵权行为的实施者在侵权行为发生之时也在英国境内——这就为恐怖分子制造的航空器爆炸案保留了司法管辖权。④

《新加坡国家豁免法》第 7 条⑤、《澳大利亚外国国家豁免法》第 13 条等国内立法中均规定了只有侵权行为全部或部分发生在法院地国，该国才具有管辖权。由此，在 1988 年奥地利的判决中，还曾拒绝管辖了一宗"放射性污染（核污染）索赔案"。但由此又引发了新的问题，即在跨界伤害或跨界侵权的情况下，如何行使管辖权的问题。近年来，由于一国的河道化学污染、邻海核放射污染和原油泄漏污染给他国国民造成人身财产损害的事例比比皆是，如果单纯地以侵权行为地作为唯一的管辖权判断连结点，势必造成大量的国内案件因没有管辖权而无法被受理。对于诸如跨界环境损害一类的案件，其侵权行为的发生地与损害结果地并不相同。若将法院地国与侵权行为的最低联系条件设定得过高，会导致此类损害行为归责结果留存疑问。⑥ 因此，需要对涉及国家侵权行为案件的管辖权适用条件作放宽解释或扩大法院的管辖范围。

2. 损害结果发生地原则

除去依侵权行为发生地判断为标准确立管辖权，在以美国为代表的北美国家立法中，多将侵权结果地作为法院行使管辖权的依据。在《加拿大国家豁免法》第 6 条中，明确采纳了"损害结果发生地原则"作为管辖权的判断依据，即不论侵权行为的发生地或侵权行为实施主体的所在地在何处，只要损害结果在法院地国发生，该国即享有管辖权。这种行使管辖权的依据具有切实维护法院地国公民利益的好处，但同时外国国家主权的完整、独立也可能面临挑战。可以说，以侵权损害结果与法院地国的领土联系为标准确立管辖权，

---

① 这里的跨境侵权行为，笔者认为，应当特指侵权行为地与侵权结果地分属两个不同法域的侵权情形。

② "The court of the State of origin shall be considered to have jurisdiction for the purposes of this Convention— （4） in the case of injuries to the person or damage to tangible property, if the facts which occasioned the damage occurred in the territory of the State of origin, and if the author of the injury or damage was present in that territory at the time when those facts occurred." 参见 *the Hague Convention on Recognition and Enforcement of the Foreign Civil and Commercial Judgment*, 1971, Art. 10 （4）。

③ Al-Adsani v. Government of Kuwait and Others, 107 I. L. R. 536; Al-Adsani v. U. K., Judgment, 34 E. C. H. R. 273.

④ Hazel Fox, *The Law of State Immunity*（6th ed.）, Oxford University Press, 2008, p. 574.

⑤ Hazel Fox, *The Law of State Immunity*（6th ed.）, Oxford University Press, 2008, p. 574.

⑥ *The Impact of the Chernobyl Accident on the State's Perception of International Responsibility for Nuclear Damage*, International Liability of Environment Pollution, Graham & Trotman Press, 1991.

其难度大于依侵权行为实施地为标准来判断。但反言之，侵权损害结果发生于法院地国境内，并赋予法院地国因损害结果而行使管辖权的特权，也可能使得在法院进行审理之前就使法官对案件事实具有了主观性意识。但美国法学会在其《美国对外关系法重述（第三次）》中依旧表示了"无论引起损害的作为或不作为在何处发生，只要损害在美国发生，法院就对该外国国家的侵权索赔请求具有管辖权"的观点①。

3. 同时适用上述两原则

1972 年的《欧洲国家豁免公约》②和最新修订的《美国外国主权豁免法》中，均规定了同时适用上述两原则的做法。它既要求行为的损害结果发生在法院地国，同时也要求行为的实施者处于该国境内。这样双重的标准限制了法院行使管辖权，但却又能维护国内利益的保护。双重必要条件标准被视为法院地国行使管辖权的一个坚实基础。③ 但过分强调领土联系会使得部分案件难以管辖。最典型的例子是跨界环境污染问题，侵权行为的发生地多为外国，而损害结果则可能位于法院地国。将前述两原则同时适用则使得受侵害个人难以得到司法救济，不利于实现法律正义。

综上可见，在侵权行为国家豁免例外问题上，由于侵权行为与领土的联系必不可少，重要的领土关系是构成法院地国行使管辖权的理由根基，因而在具备领土联系的情况下，进一步运用国际私法原理寻找准据法才成为可能。也就是说，必要的领土联系是法院地获得管辖权的前提基础，更是外国侵权行为得以采取司法救济的第一步。

（二）侵权行为造成的有形损害或伤害

外国国家侵权行为的管辖权的另一适用条件便是现实的物质损害④，在《联合国国家豁免公约》中使用"有形（tangible）"一词。在国家承担责任的层面，一般的国内法中均排除精神损害赔偿或其他的无形损害赔偿。就这一问题上，各国立法和国际条约通常也规定赔偿范围是有形的财产损害或死亡、人身伤害，而没有精神赔偿。这主要出自于两点考虑：其一，国家责任的承担是国家对于公民个体最基本的底线救济，一般只适用于基于现实的损害，而对于精神损害难以计算其大小；其二，精神损害的认定标准不存在统一的标

---

① Andrew Dickinson, Rae Lindsay, James P. Loonam, *State Immunity Selected Materials and Commentary*, Oxford University Press, 2005, p. 266.

② 在《欧洲国家豁免公约》中，将侵权行为地与损害结果地同时适用的原则作为国家豁免例外的适用条件。"A Contracting State cannot claim immunity from the jurisdiction of a court of another Contracting State in proceedings which relate to redress for injury to the person or damage to tangible property, if the facts which occasioned the injury or damage occurred in the territory of the State of the forum, and if the author of the injury or damage was present in that territory at the time when those facts occurred." 参见 *European Convention on State Sovereign Immunity* 1972, Art. 15。

③ *Fifth Report on Jurisdictional Immunities of States and Their Property*, Year Book of International Law Commission, Vol. II, 1983, p. 31.

④ "Article 12 does not cover cases where there is no physical damage. Damage to reputation or defamation is not personal injury in the physical sense, nor is interference with contract rights or any rights, including economic or social rights, damage to tangible property." 参见 supra note 133, p. 45。

准或国际公认的尺度，不同国家由于历史文化风俗习惯的不同，对于精神损害的认定方式与赔偿金额计算都难以达成一致，因此应将损害限定于有形的损害或伤害。关于知识产权、电力等无体物的侵权责任承担问题，目前没有具体的国内立法或者国际条约明确规定国家责任问题，因此还有待进一步的研究确定。①

(三) 官员或雇员的职务行为造成损害

根据《美国外国主权豁免法》的规定，外国国家应对其官员或雇员在他们职务或雇佣范围内的行为②承担侵权损害赔偿责任；也就是说，法院仅只对外国官员或雇员作为侵权行为实施主体的侵权案件享有管辖权。同时，一国法院只能对前述侵权主体基于职务或雇佣而实施的行为对外国国家行使管辖权。与前文所述的两个积极适用条件不同，此款是对侵权行为主体的限制条件，并对侵权行为主体实施的侵权行为性质有着严格约束。据此，国家侵权行为的豁免例外是针对代表国家的特定侵权主体的司法管辖，而并非是对代表外国国家的组织、机构、团体的管辖。并且，若要对外国官员或雇员所实施的侵权行为行使管辖权，法院还应确认这些人员是在其履行该外国国家委托或授予的职务/雇佣行为时造成的侵害。否则，法院不具有对外国国家的管辖权。

在这一点上，立法规定与国内法上国家责任的承担形式相同，即均需确认是可以代表国家的主体所实施的国家行为。但由此可能造成被侵权人无法通过法律途径寻求救济。值得商榷的是，享有外交领事豁免权的外国官员在非公职期间实施的侵权行为的责任由谁承担、向谁救济的问题。对此，笔者认为，即便外国官员或雇员享有代表国家实施行为的权利，但若其在实施侵权行为时没有代表国家的意图，也未履行国家职责，那么这些外国官员或雇员应当被视为普通的公民，由其个人对自身侵权行为承担责任。因此，法院不应将这些私人行为归咎于外国国家，也就不能对这些国家行使管辖权。

二、普通侵权行为豁免例外的消极适用条件

除去上述侵权行为例外的积极适用条件之外，就侵权例外而言，还存在着一些限制性适用条件，即消极适用条件。当下列情形发生或出现时，法院不得依据侵权行为例外剥夺外国国家的司法豁免权。这与有关国家，尤其是以美国为代表的国内立法实践相一致。基于限制豁免理论，法院对国家侵权行为行使司法管辖权，但仍需在某些情形中尊重国家的豁免权——对部分涉及国家侵权的案件不予管辖或不援引侵权例外行使管辖权。有关豁免例外的限制性条件既可以看作基于国家行为理论③对国家主权行为的绝对豁免，同时也可看作对限制豁免主义的审慎适用。以《美国外国主权豁免法》为例，第 1605 条作出了以下限制条件④：

---

① 　在国家豁免立法起步较早和较为成熟的美国，至今在其立法与立法解释中，没有明确规定或提及有形损害的问题。参见龚刃韧：《国家豁免问题的比较研究——当代国际公法、国际私法、国际经济法的一个共同课题》，北京大学出版社 1994 年版，第 262 页。

② 　*Foreign Sovereign Immunity Act*, 28 USC. A § 1605.

③ 　国家行为理论是指一国国内法院无权判断另一国家在其领域内所采取的主权行为是否合法。

④ 　*Foreign Sovereign Immunity Act*, 28 USC. A s1605.

(一)根据自由裁量职能作出的行为

根据美国联邦最高法院 1953 年戴尔海特诉美国案判决中的解释,"自由裁量权职能(Discretionary Function)"是指"对政策判断和决定有余地的行为"①。将其规定为豁免例外的限制性条件,主要是出于美国作为外国国家侵权赔偿案件被告时可以据此援引管辖豁免而规避诉讼风险的考虑。对于这一问题的限定可能会引发暗杀行为是否属于自由处理行为的讨论。在莱特利尔诉智利共和国案②中,法院认为暗杀明显违反了国际法和国内法上均承认的人道主义规则,因而不属于"自由处理行为",法院对案件具有管辖权。然而,诸如地方政府对其辖区内的外方投资企业实施国有化征收,则有可能因其实施国有化是基于自身的自由裁量职能作出,而援引管辖豁免,不受其他国家法院的管辖。

从前文对侵权行为性质分类的讨论来看,国家基于自由裁量职能作出的行为可以依据其行为性质归属于国家统治权行为,因而不受其他国家法院的管辖。以此,将国家自由裁量职能的行为归属于司法管辖豁免的一部分,是在限制豁免理论下对国家主权独立的保障,应当予以肯定。

(二)基于诽谤、诬告等理由的诉请

对于由诬告、滥用程序、书面和口头诽谤、歪曲、欺诈、或者干涉合同权利而引起的任何权利请求,美国法院认为法院不应援引侵权行为例外而享有管辖权。这些不享有管辖豁免例外的情形与国家豁免立法中的规定相互呼应,即法院对外国国家行使管辖权应以有形损害为标准。"诬告、诽谤、歪曲、欺诈"这些行为并不能对受害者造成有形的——或物质财产、或人身生命的损害,因而法院不应行使管辖权。另外,以"滥用程序、干涉合同权利"作为起诉外国国家的理由,被害人也难以证明这些侵害行为不是基于国家的自由裁量权或国家统治权而实施,因此不对其行使管辖权也符合本节有关积极适用条件的论述。无论是出于维护国家主权尊严的考虑,还是节约国内司法资源的考虑,对于这些难以证明有幸损害的行为保留司法豁免权是明智与合理的。

综上可见,法院在受理案件、判断自身对某一涉及外国国家的案件是否有管辖权时,应当考虑这一案件的争议是否满足了全部积极适用条件,同时也未陷入任意一条消极适用条件中。只有如此,法院才可依据侵权行为的豁免例外为理由,对其他国家行使司法管辖权。

第三节　特殊国家侵权行为的管辖豁免例外

根据笔者对于国家侵权行为的定义③及其在管辖豁免例外中适用条件的分析,侵权例

---

① 参见龚刃韧:《国家豁免问题的比较研究——当代国际公法、国际私法、国际经济法的一个共同课题》,北京大学出版社 1994 年版,第 263 页。

② 参见《国际法判例汇编》(第 84 卷),第 87 页;转引自龚刃韧:《国家豁免问题的比较研究——当代国际公法、国际私法、国际经济法的一个共同课题》,北京大学出版社 1994 年版,第 122 页。

③ "外国国家或其官员或雇员,除行使自由裁量权之外,基于故意或过失在法院地国以作为或不作为方式造成的死亡或人身损害,或者全部或部分的财产损失",详见本章第二部分。

外条款并不排斥对于侵犯人权案件、恐怖主义袭击事件和跨界环境污染问题的司法管辖。然而，这三类问题虽一方面具有侵权的普遍特征，但另一方面也具有其各自的特殊性。对这些案件或问题不可单一、笼统地采纳司法管辖或主权豁免的主张。而应对具体问题的具体案情进行分析，根据国际社会的普遍司法实践对上述问题确定管辖或豁免。

一、涉及侵犯人权案件的豁免问题

随着"阿拉伯之春"运动的愈演愈烈，以及伊拉克、阿富汗、利比亚等国家的局部战争，一国政府侵犯外国公民或外国军队制造人权惨案的事例时有发生。受害者是否有权通过司法途径寻求救济的问题亟待解决。其实，诸如外国士兵屠杀平民的事件并不罕见，追溯历史便可发现有关"二战"期间侵犯人权的案例。通过对案件管辖权的确认和对侵权行为实施主体与侵权行为性质的认定，受案法院确立了对外国国家的管辖权，并对侵犯人权的国际不法行为作出了民事裁判。①

在希腊维奥蒂亚州诉德意志联邦共和国（Prefecture of Voiotia v. Federal Republic of Germany）一案②作为前述论断的判例之一，具有代表意义。1944 年 6 月 10 日，一队德国士兵占领了希腊的 Distomo 小村，并对占领区实施了报复行为。德国军人对无辜的平民进行了杀戮，还掠夺了他们的财产。1998 年，希腊区级法院受理了维奥蒂亚州代表受害平民对德国提起的诉讼，同时判决德国政府对第二次世界大战期间所实施的国际不法行为承担约为 3000 万美元的赔款。虽然德国政府不服此项判决，并以国家管辖豁免为由向上级法院提起了上诉。但是 2000 年，希腊上诉法院仍然以 5∶4 的多数表决维持了原审判决，认为侵犯人权的国家行为不属于管辖豁免的范畴。在本案中，希腊法院将确立管辖权的过程分为两步：第一步，通过援引国际习惯法为排除他国管辖豁免奠定了基础。根据《希腊宪法》第 28 条的规定，公认的国际法准则（generally accepted rules of International Law）属于希腊法律的主要渊源。《欧洲国家豁免公约》关于侵权行为例外的规定正是上述的国际法准则之一。因此，希腊法院有权对外国国家行使管辖权。第二步，依据国际公约对外国侵权行为性质作出了判断，以此规避了限制豁免理论中"统治权行为不受管辖"的原则。根据《海牙公约 IV》③，法院认定"占领军实施的，针对完全未参与的无辜平民的特定打击报复行动"④不属于管辖豁免所保护的国家统治权行为（jure imperii）。基于上述两步，法院确定了对外国的司法管辖权，但也引发了新的争议。

争议之一：在何种情形下，内国法院或其立法机关可以根据自己对国际法发展的预期

---

① Bernard H. Oxman, Maria Gavouneli, Ilias Banterkas, *Sovereign Immunity—Tort Exception—Jus Cogens Violations—World War II Reparations-International Humanitarian Law*, American Journal of International Law, 2011, p. 199.

② Prefecture of Voiotia v. Federal Republic of Germany, Case No. 137/1997.

③ Convention (IV) Respecting the Laws and Customs of War on Land and Its Annex：Regulations Concerning the Laws and Customs of War on Land, 1997.

④ "Reprisals against a specific and limited number of innocent and wholly uninvolved citizens for specific sabotage acts carried out by underground groups." Cited from Konstantinos D. Kerameus, Phaedon J. Kozyris, *Judicial Organization and Civil Procedure*, Introduction to Greek Law, 1993, p. 265.

而脱离既定的国际法准则？上述案件在审判时，《联合国国家豁免公约》仍处于拟制草案阶段，并未获得通过。同时，希腊也并非是《欧洲国家豁免公约》的缔约国。在国内没有关于国家管辖豁免立法的情形下，法院直接援引《欧洲国家豁免公约》和《联合国国家豁免公约》草案确立了本案之诉属于管辖豁免的例外——侵权行为。法院对于直接援引将要批准通过的《联合国国家豁免公约》草案持一种开放态度。而草案并不属于国际法渊源。争议之二：能否基于个人豁免在晚近发展中所受的限制增多，而波及国家豁免，使得国家豁免也在通常情形下受到侵权行为例外的限制？显然，随着《联合国国家豁免公约》的批准通过，上述观点的理论纷争也逐渐减弱。但本案对于限制豁免理论还是有着重要的推动意义：将限制豁免理论中对于国家统治权行为的绝对豁免推向相对豁免；将侵犯人权事件的民事法律救济合法化。① 由此可见，在侵犯人权案件的司法审判实践中，通过《联合国国家豁免公约》与内国立法确定管辖权，依据国际人权公约或与之有关的内国立法进行审判具备可行性。

　　然而，在外国军人实施侵犯人权的行为时，内国法院并不一定享有对此类案件的管辖权。2012 年 2 月 3 日，国际法院在对德国诉意大利违反国际法义务案的判决就是典型代表②。在该案中，德国以意大利允许公民在意大利法院起诉德国为理由，起诉意大利因此行为藐视了（failed to respect）德国基于国际法所享有的国家豁免权。在此之前，意大利法院受理了三类本国或他国公民在其境内起诉德国的案件。这三类案件包括：德国军队于"二战"期间在意境内实施大规模屠杀幸存者或受害者家属的损害赔偿之诉；普通市民作为被占领区人员被德国军队押送至德国境内进行强制劳动的赔偿之诉；战败国军人没有得到战犯待遇，被押送至德国境内进行强制劳动的赔偿之诉。同时，意大利法院还承认了前述希腊诉德国案件判决。国际法院最终以 12：3 和 14：1 的法官投票比例支持了德国的诉请，认定意大利因允许公民起诉德国以及承认希腊法院判决在其境内的执行力而违反了国际法上尊重国家豁免的义务，并要求意大利通过修正立法达到停止藐视国家豁免特权的目的。

　　国际法院针对意大利在本案中的抗辩给出了两点解释：第一，国际公约中的侵权行为例外条款不适用于本案。由于《联合国国家豁免公约》第 31 条规定了该公约的效力问题，因而《联合国国家豁免公约》第 11 条关于侵权行为例外条款不应适用于该公约缔结前的案件中。第二，不应因德国严重违反人权的行为而剥夺其豁免特权。经国际法院查明，习惯国际法并未因一国实施了严重违反人权的行为而剥夺其豁免特权；同样，在法院地法中并没有因违反强行法而剥夺外国国家豁免特权的规定；而且，用尽当地救济原则（习惯国际法原则之一）并不能作为违反国际法规则（剥夺外国国家豁免特权）的法律基础。由此，国际法院作出了有利于德国的裁判。

　　尽管如此，国际法院的裁判并未帮助遭受人权侵害的公民取得相应的救济，消极否定

---

① Nicolaos Georgilis, Eisigitiki Ekthessi, Final Report on the Exercise of Universal Jurisdiction in Respect of Gross Human Rights Offences, International Law Association, Committee on International Human Rights Law and Practice, No. 69 meeting, 2000.

② Jurisdictional Immunities of the State（Germany v. Italy：Greece intervening）Summary of the Judgment of 3 February 2012, International Court of Justice, Summary 2012/2.

了习惯国际法规则的法律地位，一概而论地否认了《联合国国家豁免公约》的溯及力。这些做法有待商榷。

二、涉及恐怖主义活动的管辖问题

随着美国"9·11"撞击事件、西班牙马德里"3·11"爆炸案、印度孟买恐怖袭击等事件不断爆发。恐怖主义的猖獗，也使得越来越多的恐怖袭击受害者需要得到救济。在以国家为幕后操纵者的恐怖袭击事件中，受害者或其家属的司法救济问题迫在眉睫。法院对资助恐怖主义活动的外国国家是否享有管辖权，成为新的法律问题。其中，以美国公民因资助、指使恐怖分子制造"洛克比"空难而起诉利比亚政府的案例[①]具有一定的代表性。

洛克比空难发生于 1988 年年底，经调查确认，该事件是一次由外国国家政府资助、策划、实施的针对美国公民的恐怖袭击事件。空难中共有 270 人死亡，其中 189 人为美国公民。此后在 1990 年至 1994 年，受害者家属在美提起了大量诉讼，[②] 但终因没有法律支持，而未能对利比亚政府行使民事管辖权。[③] 在认识到对外国管辖权的僵化处理可能导致不公正结果的情况下，美国国会于 1996 年通过了《反恐和有效死刑法案》(the Anti-Terrorism and Effective Death Penalty Act)，规定修改《美国外国主权豁免法》，对因资助恐怖主义活动而造成人身财产损害的特定国家享有管辖权。[④] 此后，对于列入"资助恐怖主义活动的国家"名单中的几个主权国家，因其所资助或支持的恐怖主义活动造成的侵权损害，符合《美国外国主权豁免法》例外事由规定的案件，均可以在美国法院得到听讯。[⑤]

由美国法院对待因洛克比空难事件而产生的侵权损害赔偿之诉的管辖权变化可以看出国家管辖豁免问题上立法的重要性。纵观《美国外国主权豁免法》起草、颁布、修订的历史过程，[⑥] 可以得出如下三个特点。第一，国家豁免问题在美国也经历了从绝对豁免主义

---

① 1988 年 12 月 31 日，美国泛美航空公司的一架波音 747 客机(Flight 103)在苏格兰小镇洛克比上空爆炸坠毁，造成机上 259 人和地面 11 人丧生，其中包括 189 名美国人。空难发生后，美英两国情报机构组成的调查组立即对空难展开调查，并最终于 1990 年秋天认定这次空难系利比亚航空公司驻马耳他办事处经理费希迈和利比亚特工阿卜杜勒·迈格拉希所为。参见《洛克比空难》，http://baike.baidu.com/view/1016790.htm。

② Smith v. Socialist People's Libyan Arab Jamahiriya, 886 USR. 306. 最高法院大法官认定受害人对利比亚提起的诉讼不属于《美国外国主权豁免法》中的例外情形，因而裁定法院对该案没有管辖权(需要注意的是，该案作出终局裁定时，"国家资助恐怖主义活动"尚未被纳入《美国外国主权豁免法》的例外条款中，笔者注)。

③ Leland R. Miller, *Personal Injuries and Global Remedies: International Terror Torts in United States' Courts*, at 5.

④ 参见修订后的《美国外国主权豁免法》第 1605 条第 1 款第 7 项。

⑤ Weinstein v. Islamic Republic of Iran 2002, WL 185507 D. D. C. 参见陈纯一：《国家豁免问题之研究——兼论美国的立场与实践》，台湾三民书局 1997 年版，第 24 页。

⑥ Leland R. Miller, *Personal Injuries and Global Remedies: International Terror Torts in United States' Courts*, at 6 to 7.

到相对豁免主义的沿革。① 第二，美国将《外国主权豁免法》作为确定外国国家管辖权唯一的排他的裁判标准，② 既尊重了外国主权，也保障了司法救济的公平。第三，美国有关国家管辖豁免立法的发展与其国家(包括公民)的根本利益密不可分，③ 国家豁免立法应以本国的现实利益为根本出发点。

综上，以《美国外国主权豁免法》及其修订为代表的国内法，不仅明确了侵权行为是国家管辖豁免例外的情形之一，而且排除了资助恐怖主义活动的国家行为。这一立法修订，不但能够在一定程度上为蒙受恐怖活动袭击的受害者开辟法律救济途径，更从根本上诠释了因事制宜的管辖豁免立法理念，为中国的管辖豁免立法开拓了新的思路。

三、国家跨界环境损害的民事管辖

随着西方工业革命后生产效率的迅速提高，人类对于自然生态环境的破坏日趋严重。大到温室气体过度排放导致的温室效应和大气层空洞，小至化学品泄漏污染水源引起的水俣病，这些无不与环境污染和自然资源的破坏有关。近年来，层出不穷的水资源污染、原油泄漏污染乃至核泄漏污染使得许多国家的公民遭受了严重损害。如作为《联合国海洋法公约》的缔约国，在福岛核事故发生 12 年后，日本政府宣布启动福岛核污水排海，2023年 8 月 22 日，日本政府宣布最早于 8 月 24 日启动福岛核污水排海，日本、韩国、菲律宾等各国民众均强烈反对谴责日本这一决定。这些损害不仅影响一国的生态环境，对与其毗邻的国家也造成了巨大的人身伤害和财产损害。④ 如一国因其行为(作为或不作为)在他国境内造成环境损害的，该国需要承担法律责任。这是国际法早已确立的规则。⑤ 对于跨界环境损害的责任，国家既要承担由于违反国际法规定的义务而产生的国家责任，也要担负由跨界环境损害所产生的法律后果——国际赔偿责任。就国家由跨界污染所应承担的民事赔偿责任来说，笔者认为，它属于国际赔偿责任在内国的一种体现形式。因为无论民事赔偿责任，还是国际赔偿责任，它们的构成要件都包含损害行为、损害结果以及损害行为与损害结果之间的因果关系。⑥ 然而有别于国际赔偿责任的承担过程，民事赔偿责任的承担是以内国法院的民事判决为依据。因此，确认对跨界环境损害的民事管辖权，是实现环境损害民事赔偿责任的基础。

对于国家是否对跨界环境损害的民事赔偿之诉享有豁免特权的争论，主要原因并不在

---

① The Schooner Exchange v. Mcfaddon, 11 USR. 116 (1812). 参见 Michael Reisman, Monica Hakimi, 2001 *Hugo Black Lecture*: *Illusion and Reality in the Compensation of Victims of International Terrorism*, Ala. L. Rev, 2001, pp. 561-563。

② Argentine Republic v. Amerada Hess Shipping Corp., 488 USR. 428 (1989).

③ Richard T. Micco, *Putting the Terrorist—Sponsoring State in the Dock*: *Recent Changes in the Foreign Sovereign Immunities Act and the Individual's Recourse Against Foreign Powers*, 14 C. I. C. L. J. 109.

④ 仅以"切尔诺贝利核泄漏"事件为例，遭受其污染的毗邻国家为此对其本国居民支付的赔偿费用总额就达 12 亿美元。参见付济熙编著：《核损害的民事责任与赔偿》，原子能出版社 2003 年版，第 111 页。

⑤ 阙占文：《跨界环境损害责任导论》，知识产权出版社 2010 年版，第 8 页。

⑥ 张新宝：《侵权责任法》，中国人民大学出版社 2006 年版，第 31~40 页。

于国家是否应对环境损害承担责任，而在于造成环境损害的作为或不作为行为能否与法院地国建立领土联系。诸如核损害、化学物品泄漏造成的污染，一般承认法院地国是侵权结果地，但侵权行为的发生地却并不在该国。对此，笔者认为，或者放宽豁免例外中领土联系的标准，或者将跨界损害结果归因于该外国作为或不作为的延续。

四、单边经济制裁的豁免问题

2021 年 6 月 10 日，我国颁布的《中华人民共和国反外国制裁法》第 12 条规定："任何组织和个人均不得执行或者协助执行外国国家对我国公民、组织采取的歧视性限制措施。组织和个人违反前款规定，侵害我国公民、组织合法权益的，我国公民、组织可以依法向人民法院提起诉讼，要求其停止侵害、赔偿损失。"此处的"诉讼"被明确为民事诉讼范围，但仍为未来刑事诉讼留有一定立法空间。

此外，该法第 15 条规定："对于外国国家、组织或者个人实施、协助、支持危害我国主权、安全、发展利益的行为，需要采取必要反制措施的，参照本法有关规定执行。"此处"需要采取必要反制措施"，包括主动启动反制措施的含义，同时不限制于采取司法途径，如民事侵权诉讼等方式，进行维权。

本书认为，在单边经济制裁造成损失情况下，对外国国家的起诉必须具有豁免例外作为支撑，因此应当将外国政府组成部门所实施的单边经济制裁措施纳入国家侵权行为豁免例外的适用范畴，即单边经济制裁可视同或比照特殊的国家侵权行为加以处理。

第四节　我国国家豁免立法中有关侵权问题的最新规定

综合前文的分析，国家豁免已经从习惯法原则发展为成文法规则。[1] 无论是基于国家主权独立原则，还是基于"平等者之间无管辖"原则，毋庸置疑的是其应在国内立法得到认可和确立。"为私方当事人提供公平合理的救济"，也为了维护国家主权，限制豁免主义"有其合理的内核"[2]。在我国国家豁免立法中设置豁免例外条款，不仅可以明确国家责任承担的界限，而且可以给予内国法院受理涉及外国国家的民事纠纷案件的管辖权依据。就侵权行为例外来说，我国公民在历史上与国际上均受到过不同国家不同程度的侵害。通过国内立法确定司法管辖权，对保护国民利益、追究外国的民事赔偿责任、维护国际形象有着重要的意义。

一、成熟的豁免立法中应考虑的四点问题

在国家及其财产管辖豁免问题上，我国的立法动因来自已经签署的《联合国国家豁免公约》。为了与已经签署的国际公约相协调，2023 年 9 月 1 日，我国公布《中华人民共和

---

① 梁淑英：《浅析国家豁免的几个问题》，载《政法论坛（中国政法大学学报）》2000 年第 2 期，第 115 页。

② 郭玉军、徐锦堂：《论国家豁免的相对性》，载《武大国际法评论》（第 1 卷），武汉大学出版社 2003 年版，第 111 页。

国外国国家豁免法》，并于 2024 年 1 月 1 日正式生效，这将有利于我国公民及司法机关在法律实践中切实履行该公约所确定的权利、义务。

本书认为，在成熟的豁免立法中应考虑：第一，肯定在国家管辖豁免问题上的立场——是绝对豁免主义，还是相对豁免主义；第二，在相对豁免主义的基调下，明确限制豁免到何种程度，将哪些事项排除在豁免特权之外；第三，针对豁免例外的列举式立法，肯定侵权行为例外，同时对侵权行为形态予以具体规定；第四，释明可以寻求司法救济的被侵犯对象。

(一) 采纳限制豁免主义

主权在国际社会中，既是权力的体现，更是身份的体现。① 进入资本主义经济时代以来，随着"国家"这一概念的逐步明确，人们在传统国际法概念中着重强调国家的权力属性，即对内的最高性与对外的独立性。然而，随着国际交往的日趋成熟与深化，国家更多的是作为一个特殊的身份主体参与着国际交往。作为一个特殊的主体"符号"，国家并不应当在国际民事活动中被赋予过多的特性。因此，笼统地一味强调国家主权的绝对豁免主义并不利于保护国家及其公民的权益。在国家豁免立法中，应当充分考虑限制豁免主义对本国法院管辖涉及外国国家的民事纠纷案件所作出的贡献，肯定限制豁免对于国家利益和公平正义的合理保护。短时期内，接受相对豁免主义理论，有可能造成我国国有企业乃至我国政府被置于诉讼中的处境。但从长计议，相对豁免主义无疑可以达到帮助内国法院扩大涉外司法管辖的作用，这有利于中国在未来的国际民商事交往中切实保护本国利益。

(二) 列举豁免例外情形

在有关国家管辖豁免的立法中，存在单独列举豁免事由、单独列举例外事由、同时列举豁免与例外事由的三种主流立法模式。② 不论采取双重列举还是单独列举的方式，采取列举豁免例外情形的立法条款仍占据了主流。在立法中对排除管辖豁免适用的具体情况予以释明，既可以方便当事人对争议纠纷的管辖权作出判断和预期，也可以明确赋予法院管辖权的具体事项，进而避免了对外国主权的自由裁量。这里所指的豁免例外情形并不局限于侵权行为例外，而是列举包括商业行为、非商业侵权、雇佣行为等事由在内的豁免例外规定。可以肯定，将管辖豁免例外事由一一明确，对于我国的立法实践来说，是十分必要的。除去具备尊重国家主权与明确司法管辖的好处外，列举式立法也是尊重我国现阶段司法审判实际情况，最大限度地方便法院审判的立法模式。对于管辖权的立法无疑将作为司法审判的重要程序规则，对法院确定是否受理争议案件作出指引。在我国四级两审制的司法体系中，由于地域的广袤与层级的差别，法官的审理水平在客观上也存在着一定差异。列举式立法指导审判实践活动正是统一法院审理标准的最好方式，应当在立法中得以确

---

① 车丕照：《身份与契约——全球化背景下对国家主权的观察》，载《法制与社会发展》2002 年第 5 期，第 55 页。

② 龚刃韧：《国家豁免问题的比较研究——当代国际公法、国际私法、国际经济法的一个共同课题》，北京大学出版社 1994 年版，第 178~181 页。

认。国家侵权行为作为豁免例外中的典型情形之一，应当通过列举式立法予以明确，肯定外国国家在侵权损害赔偿之诉中不享有司法豁免权。

(三)明确侵权行为形态

通过前文分析，有关国家豁免的各公约和国内立法中，侵权行为作为豁免例外之一均被立法实践所确认。[①] 但从主观方面是否将侵权行为划分为故意与过失，或从客观方面将国家侵权归为作为和不作为，豁免立法中并未予以明确。主观上，国家在实施某些特殊侵权时，必须具备一定的主观因素才能排除其管辖豁免特权，如资助恐怖主义活动的案件。然而，对于普通侵权来说，对于国家是否存在故意或过失的区分并无确实的必要。客观上，国家因其作为或不作为的行为造成的侵权损害而承担责任，其行为方式的区别不能改变损害结果的事实，因而行为方式只能对案件事实认定产生作用，而不会影响国家责任。立法中明确国家以作为或不作为方式实施的侵权行为不得援引管辖豁免可以作为一种保障性规定。

(四)规定侵犯客体范围

国家侵权案件应当排除管辖豁免的适用，作为例外情形应当受到法院的管辖，并且得到各国的认可与规定。但是对于法院所救济的侵犯对象，各国的立法并未明确。在国际立法实践中，法律用语并不统一，甚至在形式上一分为二：一种方式直接明确使用了"侵权"或"侵权行为例外"的字眼；另一种方式则使用了"人身死亡、损害或财产损失"。虽然对于其内涵的理解都是关于侵权行为的例外情形，但笔者认为两种用语方式实际对于国际私法规则的适用方式与顺序是有所不同的。在第一种方式中，立法并未规定如何认定"侵权"一词的概念与内涵，这就可能产生各国的识别冲突——因对侵权的理解与定义不同导致各国对于同一案件的性质认定不同；而在立法中的这种规定，显然暗含有依据法院地法对"侵权"概念作出解释的意思。在第二种方式中，立法语言描述的是一种法律事实，对于事实的认知并不需要依据任何法律条文进行裁断，因而这种方式更应得到肯定。在立法中，明确使用"人身死亡、损害或财产损失"更具有确定性。即便如此，对于人身损害的范围是否包括精神损害，财产损失是否包括无形财产，损害行为与结果之间是否一定具有因果关系、间接损失是否能够得到赔偿等问题，立法中均未直接给予解答。笔者认为，应当借鉴《欧洲国家豁免公约》的立法，首先确定对人身损害和有形财产损失的管辖。其次，对于知识产权和环境污染损害等可以量化的财产损失设立专款予以确定是否管辖/豁免，对于难以量化损失的精神损失应当不予豁免例外。最后，由于国家豁免是来源于国际习惯法的公认准则，应当对豁免例外情形从严把握，因而以间接因果联系导致损害或损失为理由的诉讼，应当不予管辖。

---

① US Foreign Sovereign Immunity Act (1976); U. K. State Immunity Act (1978); C. A. State Immunity Act (1985); A. U. Foreign States Immunities Act (1985); United Nations Convention on Jurisdictional Immunities of States and Their Property (2004) and European Convention on State Immunity (1972). 上述法典中有关侵权行为例外或"人身损害与财产损失"的例外。

二、我国最新立法规定及其在司法适用中的建议

《中华人民共和国外国国家豁免法》第 9 条规定："对于外国国家在中华人民共和国领域内的相关行为造成人身伤害、死亡或者造成动产、不动产损失引起的赔偿诉讼，该外国国家在中华人民共和国的法院不享有管辖豁免。"这表明我国在国家豁免立法中明确了对于侵权问题的相关规定。

在该条款的具体司法适用过程中，笔者认为《联合国国家豁免公约》中对于条约优先说应予肯定，因而应首先明确多边条约的优先效力，即前提是"除我国与其另有协议之外"；同时，国家侵权行为不考究行为实施者的主观心态，考虑到侵权行为的方式可以是作为与不作为的任意一种，因而应明确"由可归因于该国的作为或不作为"；就侵犯对象而言，应明确只能以人身伤害或死亡，或者对有形财产造成的损害和灭失而提起金钱赔偿之诉，而不包括其他国家责任承担方式；对于豁免例外的领土联系要件，笔者支持侵权行为发生地或侵权结果发生地之一位于法院地国即可行使管辖权；对于哪些法院对争议案件具体享有管辖权的问题，应当比照国际民事诉讼中对侵权损害赔偿享有管辖权的内国法院标准进行确认，具体的法院选择规则应当根据中国的涉外法律适用法进行确定。

《外国国家豁免法》的颁布是我国对于国家豁免问题态度转变的重大标志，此前涉及外国国家的案件，我国基本不予以审理，而更多是通过外交政策的途径加以解决。过去，出于领土管辖理念及维护国家主权角度，坚持绝对豁免原则，这在实质上放弃了我国对于其他国家及其财产的管辖权。在新的时代背景下，对于商业活动、民事案件等概念的界定也与以往不同，《外国国家豁免法》的适用范围包括雇佣合同、侵权损害、知识产权诉讼、仲裁等，这是我国在对外关系上的重大进步。

随着《联合国国家豁免公约》的公布与开始签署，国家及其财产的管辖豁免在各有关国家都逐步通过国际公约与国内立法得以确认。与此同时，限制豁免主义也通过《联合国国家豁免公约》的例外条款予以肯定。国家侵权行为与国际不法行为、国际不当行为的特殊关系，使得公民在对由此蒙受的侵权损害寻求救济变得复杂与困难。因此，通过法律条例明确一国法院对他国侵犯公民人身、财产的案件行使管辖权，确有必要。

综上所述，在中国国家豁免立法与司法适用中，应当顺应国际民商事交往的发展潮流，尊重和考虑中国在现当代国际社会中政治经济实力的迅猛增长，保障与平衡中国经济转型期结束后的国家利益与公民权益。秉承一种开阔的心态，逐步放宽本国法院的司法管辖权，审时度势地扩大法院对外国国家侵权行为的调整范围，增强司法救济在多种跨境权利保护中的地位与作用。

第八章　国家豁免中的知识产权例外

第一节　知识产权诉讼中国家豁免例外问题的产生

知识产权在当今的新型国际竞争环境下，扮演着越来越重要的角色。对知识产权保护的完善和强化有利于为各国提供公平交易的法律环境，从而进一步促进全球贸易的发展。与此同时，国家及国有企业也越来越多地成为知识产权的所有者，针对国家及国有企业提起的知识产权诉讼大量产生，产生了对调整这一领域纠纷规则的客观要求。

我国已有国有企业在国外因侵犯知识产权被诉且外国法庭认定我国国有企业不享有国家豁免权的案例。2000 年，英国 BP 公司在美国联邦地区法院密苏里州东部分院起诉江苏索普集团，指控江苏索普公司在国家重点项目"921 项目"中不当使用专利技术生产醋酸，侵犯了 BP 公司的商业秘密，申请巨额赔偿。"921 项目"系为打破西方国家战略物资的垄断，由我国历经几十年自主研发的首条先进工艺生产线，关系到维护中国企业自主知识产权乃至国家安全的问题。① 索普公司是国有企业，涉及国家主权豁免问题，而法庭以《美国外国主权豁免法》中的相关规定为依据排除了索普的国家豁免权。

近年来，某些国家对我国企业频频实施"长臂管辖"，我国亟待通过完善国内立法、适度扩张司法管辖权等方式予以反制。国家豁免问题日益受到社会关注，国家豁免中的知识产权问题则是其中不可或缺的内容。本章通过采取规范分析法、比较研究法和案例分析法，考察现有相关国家的立法规定和在知识产权国家豁免问题上的司法实践，探讨各国确立的标准，权衡利弊，以期对我国的相关立法和司法实践提供借鉴。

一、知识产权豁免例外的理论背景

1958 年《领海及毗连区公约》和《日内瓦公海公约》规定沿海国可以对私人船舶和用作商务的外国政府船舶进行刑事和民事管辖。1969 年，《国际油污损害民事责任公约》规定国有船舶应放弃一切以主权国家的地位为根据的抗辩接受有关国家的管辖。1972 年《欧洲国家豁免公约》在"管辖豁免的例外"中列举了 9 项例外事项，确认了限制豁免理论。由于它是第一个关于国家豁免的多边条约，所以具有重大意义。1982 年的《联合国海洋法公

---

① 后该案的代理律师在我国发起了平行诉讼，历经 8 年时间，BP 公司主动与索普集团和解，并撤销了美国诉讼。参见王磊磊：《车捷：涉外诉讼显真功》，载《法人》2011 年第 11 期，第 56 页。

约》在海洋法领域也全面而彻底地采取了限制豁免理论。①

"限制豁免论"的基本精神是当前"国家豁免"发展的主要趋势，而 2004 年通过的《联合国国家豁免公约》遵循了这一原则。公约的第二部分，先于第 5 条强调"一国本身及其财产遵照本公约的规定在另一国法院享有管辖豁免"，借此表明依本公约国家主张享有国家豁免是一项重要原则，然后公约在第三部分详列出国家在八种情形下不得援引管辖豁免：(1)国家与外国自然人或法人从事商业交易；(2)有关雇佣契约的诉讼；(3)涉及人身伤害和财产损害的诉讼；(4)争议涉及国家财产的所有权、占有和使用；(5)与智慧财产权和工业产权有关的争端；(6)与国家参加公司或其他类似组织有关的争端。此外公约第二部分第 7~9 条还说明了国家明示同意管辖，参加诉讼和反诉的情形，而在这些争议中，商业交易、侵权行为、国家同意接受管辖、仲裁协定是传统上受关注较多的四个议题。

依据联合国"国际法委员会"的意见，"雇佣契约"条款之所以会成为"国家豁免"的例外，主要是基于保护法院所在地国劳工的合法工作权益。外国国家对于在发源地国境内动产或不动产利益的诉讼不得主张豁免也是早已被公认的原则。除了商业契约外，在法院所属的当地国确定其领土内有关专利、工业设计、商业名称或企业名称、商标、著作权或其他形式的知识产权或工业产权的诉讼中，外国也不得援引管辖豁免。如果该外国在当地国侵犯了受到保护的第三者的知识产权等权利时，也不得援引管辖豁免。最后，依《联合国国家豁免公约》第 16 条第 1 款，国家拥有或经营从事商业交易的传播，因用于非商业性用途以外之目的而涉及的诉讼中也不得援引管辖豁免。②

(一) 与知识产权国际管辖权的关系

外国国家主权豁免是关于内国法庭管辖权的规则并不直接解决跨境知识产权侵权诉讼的国际管辖权问题。这一问题一般在世界知识产权组织和海牙国际私法会议进行讨论。

国家豁免的问题是在一个国家对于外国国家的管辖权同时符合法院地法和国际法的基础上产生的，这要求行使该立法管辖权的该国与案件存在实质联系。③ 根据国际法委员会的特别报告，对有关专利、商标、版权的案件行使管辖权可以有以下的正当化理由：法院地国对该无形财产提供法律保护；无形财产权的物之所在地的存在；由在该国对该财产权利的登记或在该国境内提出的侵权指控产生的与该领土的显著联系；外国对在另一国家的管辖领域中申请对无形财产的保护或参与非主权、商业或者贸易行为暗示的同意，而侵犯

---

① 赵建文：《联合国海洋法公约与有限豁免原则》，载《政治与法律》1996 年第 2 期，第 88 页。

② 陈纯一：《联合国"国家及其财产管辖豁免公约"之研究》，载《政大法学评论》2009 年 6 月，第 65 页。

③ As Higgins points out, "Competence is the sine qua non of immunity. If there is no jurisdiction, then there is no need to establish immunity". Higgins, *Certain Unresolved Aspects of the Law of State Immunity*, 29 NILR 265, 272(1982). The Revised Restatement on the Foreign Relations Law of the United States provides for a number of jurisdictional bases. For a comprehensive discussion of jurisdiction, 参见 Mann, *The Doctrine of Jurisdictionin International Law*, 111 RECUEIL DES COURS 9-162 (1964)。

了被该领域国家的法律保护的财产权利。①

如果侵犯知识产权的行为不是发生在法院地国境内，则法院地国不能行使管辖。国家豁免是内国法院不行使其固有的管辖的理由。从逻辑上讲，法院地国是否实际享有管辖权是一个需要在考虑国家豁免问题之前考虑的问题。然而，在实际的国家实践中，法院地国是否享有管辖权是在决定管辖豁免这一阶段考虑的问题。尽管法院地国是否享有管辖权在逻辑上应先于决定管辖豁免的问题，该问题却被视为侵犯知识产权诉讼中决定管辖豁免的标准。然而，对在哪些案件中侵犯知识产权的行为可以被视为发生在法院地国境内这一问题并未达成共识。② 所以，考虑在私主体之间侵犯知识产权的诉讼的管辖权的问题是有必要的。③

(二) 与不方便法院原则的关系

国家豁免与不方便法院原则、平行诉讼原则都可以起到限制国际民事管辖权行使的作用。外国国家主权豁免阻止内国法庭行使其专属管辖权，在这个意义上，与不方便法院原则是类似的。但不方便法院原则是在英美法系的判例基础上建立起来的法学理论，而外国国家主权豁免是被国际法所承认的规则。④ 在 BP 化学有限责任公司诉江苏索普公司一案中，江苏索普公司不仅在诉讼中提出了国家豁免，还以美国法院遵循"不方便法院原则"以及美国法院缺乏对其的属人管辖权为由要求排除美国法院的管辖权。⑤

(三) 与国家行为理论的关系

国家行为理论(act of state doctrine)是指对一国制定的法令或在其领土内实施的官方行为，其他国家的法院不得就其有效性进行审判。根据国际法，各个国家在其领土内排他性地独立地行使其管辖权。一国制定的国内法令或在本国领土内实施的官方行为，只要不明显地违反国际法，别国法院就不能对其有效与否加以裁判。

国家行为理论与国家主权豁免原则之间，既有联系也有区别。二者的联系在于，它们都产生于国际法上的主权平等观念，都寻求减少由于对外国政府的活动进行司法审查而导致的国际紧张关系。二者的区别在于，国家主权豁免是一种对管辖权的抗辩，只能由外国国家提出此类抗辩，而国家行为理论则是一国法院对他国国家行为的合法性进行审判提出的抗辩，既可以由外国国家提出，也可由私方当事人提出。⑥ 根据国家行为理论，对于处

---

① Documents of the 36th Session.

② 例如下文，BP 化学有限责任公司诉江苏索普一案中，《美国外国主权豁免法》中的"依据"与"相关"要件。

③ MATSUI A., *Intellectual Property Litigation and Foreign Sovereign Immunity：International Law Limit to the Jurisdiction over the Infringement of Intellectual Property*, IIP Bulletin, 2003, p.165.

④ Hazel Fox, The Law of State Immunity, 2002, p.1.

⑤ Sopo argues the district court lacks personal jurisdiction over it; Sopo also argues the doctrine of forum non conveniens precludes BP's suit in federal court when the essential controversy arose in China, 285F. 3d 677, 682. 本案案情详见下文。

⑥ 李双元：《国际私法(第二版)》，北京大学出版社 2007 年版，第 437~439 页。

于外国政府权力之下而实施该外国政府政策的私人性质的行为，也应该被看作外国政府的行为不得进行审查。①

有学者认为，外国国家主权豁免在内国法庭处理涉及外国国家的诉讼时产生，在这个意义上，与"国家行为理论"类似。然而，国家行为理论关注的是国家行为的性质，这是诉讼标的产生原因；国家豁免更加关注诉讼主体的性质。②

(四) 与州豁免的关系

在美国，外国国家豁免法是与其州的豁免权问题紧密联系在一起的。美国宪法第 3 条第 1 款规定，合众国司法权及于"一州和他州人之间的诉讼"，该款规定并没有明确联邦司法权的行使是否需要州的同意。1793 年，美国最高法院审理了齐泽姆诉佐治亚州案(Chisholm v. Georgia)，多数法官认为联邦法院按宪法第 3 条对一州和他州公民之间的争议行使管辖权并不需要该州的同意。不过，由于当时州权至上的呼声很高，所以以国会提出了《宪法第十一条修正案》："在普通法或衡平法上，他州人或外国人控诉合众国任何一州的案件，不得由合众国法院受理"，该修正案于 1798 年 1 月 8 日颁布。这一规定成为美国各州享有联邦司法管辖豁免权的基础，也成为美国早期赋予外国国家绝对豁免的国内法根源。③

具体到知识产权诉讼中的州豁免问题，笔者查阅的资料显示，在美国，有许多针对州提出的侵犯知识产权的诉讼。其中的 Florida Prepaid Postsecondary Educ. Expense Board v. College Savings Bank④ 一案颇具影响力。大学储蓄银行拥有一项理财产品的专利，为投资者提供大学学费基金。佛罗里达州采用了这一理财方法，并向居民签发了以"佛罗里达高等教育学费预付款董事会"为名的出资证明。大学储蓄银行向该董事会提起了两项诉讼。包括一项专利侵权之诉和虚假广告的诉讼。联邦巡回法院认为，《宪法第十一条修正案》不能阻止针对州政府提出的专利、版权诉讼，并且认为"专利是根据正当程序条款应当受到保护的财产权利"，法院强调议会认为其有权利根据《宪法第十四条修正案》(正当程序条款)在联邦法院废除州的专利侵权豁免权。当然，在许多案件中，法院仍然在针对州侵犯知识产权的诉讼中授予了州的豁免权。但美国学界大多支持限制对州侵犯知识产权的豁免权。⑤

二、限制知识产权诉讼中国家豁免的依据

国家豁免原则是一国在承认主权尊严、独立、平等和本着友好国际关系的情况下排除

---

① 何力：《国际经济法论》，上海人民出版社 2002 年版，第 78 页。

② Matsui Yoshiro, *The Act of State Doctrine under International Law*, Nagoya University, Vol. 44, 1968, p. 39.

③ 参见黄进：《国家及其财产豁免问题研究》，中国政法大学出版社 1987 年版，第 137 页。

④ Generally Coll. Sav. Bank v. Fla. Prepaid Postsecondary Educ. Bd., 948 F. Supp. 400 (D. N. J. 1996)，aff'd, 148 F. 3d 1343 (Fed. Cir. 1998), rev'd, 527 US 627 (1999).

⑤ As Michael Landau points out, "Let us be hopeful that the lower courts will recognize the current pattern of uncompensated infringement, and send another case to the Supreme Court to end the immunity of states for infringement of intellectual property." *State Sovereign Immunity and Intellectual Property Revisited* Michael Landau, Fordham Intell. Prop. Media & Ent. L. J. [Vol. 22：513 2012].

本国法院对外国为主权或政府行为的管辖。早期各国普遍认为只要是国家的行为和财产，不论其性质如何，在外国享有绝对的管辖豁免权。由于当前国家功能已扩展到不包含行使主权和政府主要功能的行为（如商业行为、侵权行为等），许多国家开始转变立场，采取限制豁免主义，将国家行为分为主权行为和非主权行为，认为国家只有在行使主权行为时才享有豁免，从事商业交易等非主权行为时不享有豁免。① 我国于2005年9月签署了《联合国国家豁免公约》，该公约采取了限制豁免主义，规定了国家豁免的例外事项。② 具体而言，在知识产权诉讼中限制国家豁免的依据如下：

（一）基于与商业豁免例外的关系

国家豁免的知识产权和工业产权例外与广泛接受的商业合同与商业行为例外是密切相关的。③ 获得有关专利、商标或版权的人开发该无形财产是以获得收益或商业利益为目的的。④ 每一个有关商业合同和知识产权利国家豁免例外的财产权利都是基于国家行为的非主权性质，这些行为一般属于商业范畴。但是，具有商业因素并非是在知识产权和工业产权诉讼中援引国家豁免的必要条件。⑤ 排除知识产权诉讼中的国家豁免"并不总是出于商业与经济利益的动机"，在条约中加入一项专门条款是必要的。⑥ 规定知识或工业产权的法律的目的是保护知识产权并推动公平竞争。⑦ 在ILC的讨论中，解决知识产权纠纷最好的法院（方便法院）是在登记和保护知识产权的机制被承认且正在运行的地区的法院。为了"保护与无形财产有关的权利和鼓励公平交易"，在侵犯知识产权的诉讼中

---

① 乔雄兵、郎雪：《我国国家豁免立法现状及展望》，载《长江论坛》2021年第5期，第76页。

② 《联合国国家豁免公约》在第三部分详细列出国家在八种情形下不得援引管辖豁免：（1）国家与外国自然人或法人从事商业交易；（2）有关雇佣契约的诉讼；（3）涉及人身伤害和财产损害的诉讼；（4）争议涉及国家财产的所有权、占有和使用；（5）与智慧财产权和工业产权有关的争端；（6）与国家参加公司或其他类似组织有关的争端。此外公约第二部分第7~9条还说明了国家明示同意管辖，参加诉讼和反诉的情形。

③ US Foreign Sovereign Immunities Act of 1976, 28 USC. § 1605(a)(2)(1982).

④ 知识产权人包括：专利所有者或取得垄断生产该新产品的被许可人；商标所有者或取得超越其他品牌的销售竞争优势的被许可人；和接受对播放、复制或对受保护的创新作品的演绎的补偿的著作权所有者等。

⑤ The infringement under this article does not necessarily have to result from commercial activities conducted by a State as stipulated under article 12 of the present draft articles; it could also take the form of activities for non-commercial purposes. Report of the International Law Commission to the General Assembly, 39 U.N.GAOR Supp. (No. 10) at 162, U.N. Doc. A/39/10 (1984) [hereinafter cited as ILCReport].

⑥ ILC Report, at 162: The infringement under this article does not necessarily have to resultfrom commercial activities conducted by a State as stipulated under article12 of the present draft articles; it could also take the form of activitiesfor non-commercial purposes.

⑦ In rejecting the applicability of state immunity in cases involving intangible property rights, the Special Rapporteur notes that such activity is "notonly commercial and non-governmental, but also involves unfair competitionand trade practices." Documents of the 36th Session, p. 58.

应该否决豁免。①

因此，有必要在商业豁免例外之外规定知识产权豁免例外。正如该公约指出的那样，在一些案件中这些有商业价值的权利有可能被非商业性的行为所侵害：对发明专利或工业设计或文学艺术作品的版权的侵权不一定是由商业或经济利益所驱动的，但对生产者或制造者的商业利益总是造成了削弱或使之承担不利影响，而生产者或制造者对相关货物的生产和销售是受到保护的。

比如，A 国在 B 国的一个文化交流节目中表演了关于自己国家的歌曲，该歌曲是由第三方创作的，且该著作权在 B 国受到保护。② 文化交流表演并非出于商业目的，但会对第该曲目的版权所有者带来不利影响。

（二）基于与不动产豁免例外的关系

国家豁免的知识产权和工业产权例外同样与广泛承认的有关不动产权利的豁免例外是紧密联系的。③ 一国有权决定位于其境内的不动产的权利与义务。如允许一项国家豁免的请求，导致暂停对某一不动产权利的确定，由此带来的权利的不确定状态就会影响财产的享有和使用、对有关该财产的商品和服务的交易和对内国法的执行。

一国在解决知识产权的争议中有类似的重要利益。由专利、商标或版权代表的物权利益仅存在于内国法效力下，对知识产权的保护需要依靠根据内国法进行的详尽的登记体系。遵从该登记程序就是对这些利益进行法律保护的前提要求。允许他国影响在一国领域内受保护的专利、商标或著作权利益的活动并在有关这些利益的争议中提出豁免请求，会破坏为保护知识产权和工业产权而设计的系统。对知识产权的创设和保护都是依赖一个运行有效的登记系统以获得法律保护的，以定纷止争，鼓励对该体系的遵守，终止对权利的侵犯。为专利、商标和知识产权提供有效的保护是符合每个国家的利益的，这样会回报个人的努力，并刺激、鼓励创新和改革，并促进公平竞争和交易行为。④

（三）基于与侵权豁免例外的关系

国家豁免的知识产权和工业产权诉讼与国家侵权诉讼的关系也是规定知识产权豁免例外的原因之一。⑤ 针对国家提起的知识产权诉讼并不仅仅针对国家侵犯知识产权的诉讼，

---

① In the discussion at the ILC, it was considered that the best forum for settling a dispute over an intellectual property right (forum convenience) was "a forum where a system for registering and protecting intellectual property rights is applied and rules for protecting intellectual property rights are recognized." Sucharitkul, Yearbook of International Law Commission, 1984-I, at 113, para. 14; 1984-II, Part 2, at 68.

② X v. Spanish Government Tourist Bureau, Judgment of June 30, 1977, Oberlandesgericht, Frankfurt, W. Ger., Recht der Internationalen Wirtschaft 720 (1977), 65 I. L. R. 140, reprinted in United Nations, Materials on Jurisdictional Immunities of States and Their Property, U.N. Doe. ST/LEG/SER. B/20 at 294 (1982).

③ Draft Art. 3(2), Documents of the 36th Session, at 56-57.

④ ILC Report, at 159-160.

⑤ ILC Report, 1984-II, Part 2, at 68; 1988-II, Part 2, at 102, para. 517; Commentary to Article 14, 1991-II, Part 2, at 47.

而且包括各种类型的有关知识产权的诉讼，如针对外国国家对知识产权的授权、确权行为提起的诉讼。然而，"侵权"造成的财产损害的豁免例外只限于对有形财产的损害。否决国家侵权豁免的主要目的是保证交通事故中的受害者不被剥夺起诉的权利。这样，侵犯知识产权的行为一般不被视为管辖豁免例外的侵权行为。①

针对国家提起的知识产权诉讼与针对国家为商业行为引起的诉讼同样具有商业性质，与针对国家提起的关于不动产权利的诉讼同样关系到一国境内财产权利的确定，与针对国家提起的侵权之诉同样关系到被侵权人的权利。然而，商业豁免例外、不动产豁免例外和侵权豁免例外均不能完整、有效地针对国家提起的知识产权之诉进行调整，故针对知识产权之诉的特殊性限制对国家豁免问题进行限制就显得十分必要。

三、在知识产权诉讼中限制国家豁免的方式

由于知识产权所有者所为的相关行为与商业行为的内在联系，通过判断相关行为是否属于商业行为来决定知识产权诉讼中的国家豁免是一个可行的途径。决定哪些行为被视为商业行为有三种标准，分别是"行为本质说""行为目的说""混合标准说"。② 如，在某一案件中，A 国所有的公司制造并销售了一种对于 A 公民的生活必需品，该产品的专利权属于 B 国的公民 X。A 国与 X 缔结了合同并且同意付款给 X。但 A 国并未付款，后来，这些产品从 A 国进口到 B 国。在该案中，如果 X 在 B 国法院提起诉讼，起诉 A 国和 A 国所有的公司。A 国所有的公司是否可以主张豁免？根据"行为性质说"，该公司制造、销售、出口这些产品的行为相当于私主体的行为，这样，该公司的行为就属于商业活动。但根据"行为目的说"，该公司就有可能主张豁免。比如，A 国可能提出 A 国所有的公司制造 A 国公民的生活必需品，从而为其生存环境提供保障是履行 A 国主权职能的行为。A 国所有的公司把产品出口到 B 国，A 国可能辩称其经济状况显著恶化，因而该行为是为其获得外汇而维持其存在所必需的。当一个国家因为侵犯第三方所有的知识产权被起诉时，即使将该行为被界定为商业行为，由于各国对"商业行为"的认定标准不一，仍然存在授予管辖豁免的可能性。

侵犯知识产权的诉讼可以被视为由国家所为的商业行为。然而，考虑到在关于雇佣合同诉讼中的管辖豁免请求可能会被否决，知识产权侵权诉讼也可能被包括在"不得援引国

---

① MATSUI A., *Intellectual Property Litigation and Foreign Sovereign Immunity*：*International Law Limit to the Jurisdiction over the Infringement of Intellectual Property*，IIP Bulletin，2003，p. 161.

② 在实践中，由于针对衡量决定一项交易是商业或非商业的公平有效的标准的问题，商业合同例外被极大复杂化。客观的标准是强调交易的性质，主观标准关注该项交易的目的。国际法委员会采纳了一个折衷的标准，即首先考虑交易的性质，接着在有必要的情况下，也可以考虑其公共目的。Draft Art. 3(2)，Documents of the 36th Session，para. 6，n. 10：In determining whether a contract for the sale or purchase of goods or the supply of services is commercial，reference should be made primarily to the nature of the contract，but the purpose of the contract should also be taken into account if in the practice of that State that purpose is relevant in determining the non-commercial character of the contract.

家豁免"的特殊诉讼类型中。①

(一)国际公约及内国立法相关规定概述

《欧洲国家豁免公约》②《联合国国家豁免公约》③均对知识产权的豁免例外进行了专门的规定。以下内国立法与以上公约采取了类似的立法例,具体包括:英国 1978 年立法第 7 条,新加坡 1979 年立法第 9 条,巴基斯坦 1981 年立法第 8 章,南非 1981 年立法第 8 章,澳大利亚 1985 年立法第 15 章。④

1976 年《美国外国主权豁免法》未对知识产权的豁免例外进行专门规定,却提供了一个宽泛的有关商业行为的国家豁免例外。可以将 FSIA 中的商业豁免例外条款中的"商业行为"解释为包括他国在美国进行的影响专利、商标或版权利益的活动。美国法院必须根据商业活动例外考虑该知识产权诉讼中的国家豁免问题。⑤

---

①　MATSUI A., *Intellectual Property Litigation and Foreign Sovereign Immunity: International Law Limit to the Jurisdiction over the Infringement of Intellectual Property*, IIP Bulletin, 2003, pp.161-162.

②　1972 年的《欧洲国家豁免公约》第 8 条规定:"缔约国不得主张免于另一缔约国法院的管辖,如诉讼涉及:(一)专利、工业设计、商标、服务标志或其他类似权利,此项权利在法院地国已申请、登记或注册或得到其他保护,而该国即是此项权利的申请者或所有者;(二)被指控在法院地国领土内,侵害属于第三者的并受法院地国保护的此项权利;(三)被指控在法院地国领土内,侵害属于第三者的并受法院地国保护的著作权;(四)在法院地国使用商号的权利。《欧洲国家豁免公约》是于 1972 年在欧洲委员会的主导下完成的,于 1976 年在奥地利、比利时和塞浦路斯生效。英国和葡萄牙批准了该公约。公约第 8 条明确禁止国家在关于知识产权和工业产权的诉讼中提起豁免。

③　2004 年《联合国国家豁免公约》第 14 条规定:"除有关国家间另有协议外,一国在有关下列事项的诉讼中不得向另一国原应管辖的法院援引管辖豁免:(a)确定该国对在法院地国享受某种程度、即使是暂时的法律保护的专利、工业设计、商业名称或企业名称、商标、版权或任何其他形式的知识产权或工业产权的任何权利;或(b)据称该国在法院地国领土内侵犯在法院地国受到保护的、属于第三者的(a)项所述性质的权利。1994 年国际法协会"国家豁免公约草案"在 III 条 E 款也有以上的类似规定。

④　《欧洲国家豁免公约》《联合国国家豁免公约》中对知识产权诉讼豁免例外进行了专门规定。在《美国外国国家主权豁免法》中没有该规定,加拿大立法也无类似规定,但在英国、新加坡、巴基斯坦、南非、澳大利亚的法律中有规定。这些内国立法与《欧洲国家豁免公约》的内容相似。但在该专门条款适用范围中包括的知识产权种类不同,特别是对植物育种者权是否包括在该范围内存在争议。参见 Benedetta UBERTAZZI, *Intellectual Property and State Immunity from Jurisdiction in the New York Convention of 2004*, Yearbook of Private International Law, Vol. 11, 2009, p. 618. 1978 年《英国国家豁免法》第 7 条规定:国家在涉及下列情事的诉讼中,不得享有豁免:a. 在联合王国登记或受保护的属于该国家的,或该国家已向联合王国提出申请的专利、商标、设计或植物育种者的权利;b. 指控该国家在联合王国侵犯专利、商标设计、植物品种培育者权利或著作权的;或 c. 在联合王国使用某一商号或店名的权利。参见 1978 年《英国国家豁免法》,余先予、冯之栋、王中一译,李双元校,载《法学研究资料》1982 年 10 月,第 18 页。

⑤　1984 年,美国律师协会(ABA)通过了一项对 FSIA 特定条款的修改建议。美国参议院接受了针对该立法的几项提议,这些提议很大程度上受到了 ABA 的建议的影响。不幸的是,这几项提议不包括关于无形财产的特殊条款。Resolution by House of Delegates, Aug. 8, 1984, reprinted in 1984 Summary of Action Taken By ABA House of Delegates 1, pp. 23-24.

(二)《联合国国家豁免公约》条款述评

1. 立法目的

《联合国国家豁免公约》第14条是关于国家豁免例外的一个越来越重要的领域——知识产权和工业产权。这一条款包括在法院地国受到保护的知识产权和工业产权。在工业产权和知识产权这一特殊领域，根据法院地国的内国法的保护措施以国家缔结国际公约的形式进一步深化和加强。

《联合国国家豁免公约》第14条提出的豁免例外介于第10条提出的"商业交易"例外和第13条的"财产的所有权、占有和使用"之间。对知识产权和工业产权的保护是由许多国家内国的登记制度所提供的，以促进发明和创造，同时规制和保障国际贸易中的公平竞争。对专利发明、工业设计或文学和艺术作品的版权的侵权并非总是受商业或经济利益所驱动的，但一定会使制造者或者提供者的商业利益蒙受损失，他们的生产和销售行为是受到保护的。"知识产权和工业产权"是一项特殊的财产权利，该权利是无形的，但根据多数法律体系是可以被所有、占有和使用的。

2. 调整对象

在该公约第14条中使用了含义比较宽泛的术语以涵盖现有的和未来的知识产权和工业产权的形式、类型和分类。最重要的是，该条款中最主要的三种类型的财产包括：专利和工业设计，这是属于工业产权的；商标和商号，则与商业界或者国际贸易和限制性贸易及不正当商业竞争的联系更加紧密；著作权或其他形式的知识产权。在该条款中使用的术语是为了将所有可能包括在知识产权和工业产权之内的所有权利，比如，包括植物育种者权和计算机软件著作等的权利。一些权利仍然在形成的过程中，比如在计算机科学领域或现代电子技术中的受法律保护的权利。

这些权利也即将被认定为知识产权和工业产权。比如计算机系统的硬件是工业产权，而软件则是知识产权，而韧件则介于二者之间。文学和烹饪艺术，都是以版权的名义受保护的，它们也可能形成独立的一类。关于音乐和表演艺术的版权，以及其他的娱乐形式的艺术作品，也同样可以在这一标题下受到保护。

3. 适用条件

在该草案项下的知识产权或工业产权是被国家保护的，不论在国家层面还是国际层面。由国家在其领域内提供的保护根据知识产权和工业产权类型和对这些由内国法提供保护的权利的申请、登记或使用的体制的不同而不同。一国进入法院地国的法律体系，比如通过提交一项登记申请，或登记一项著作权，或者由法院地国提供的保护，为管辖的行使提供了法律基础。

此外，根据该公约第14条提出的诉讼并不限于针对国家或与国家所有的有关权利提起的诉讼，而是也有可能是关于第三人的，并且只有在存在这一联系时，国家的类似的工业产权和知识产权才能产生。这一对属于国家知识产权的授权、确权对第三人权利的确认是必要的，或者是附带于对第三人的权利的确认。对第三人权利的确立是这一诉讼的主要目的。①

4. 地域限制

国际法委员会关于知识产权的条款规定了一项地域限制。地域限制提出该项诉讼必须与他国权利的确定有关，该国请求保护的权利必须是受到法院地法保护的权利，或者是一项在该国领域内针对他国提出的对受内国法保护的权利的侵权指控。如果一国根据本地法提出要求保护知识产权利，该国就是对内国法院管辖明确表示了同意。至于对他国提出的侵权指控，该公约对提出的国家豁免例外进行了两个具体的地域限制。第一，这项侵权指控必须发生在法院地国领域内；第二，受到侵犯的权利应该是受到法院地保护的权利。因此，根据公约规定，内国法院对之前发生在法院地国领域外的侵权行为没有管辖权。

5. 管辖权

外国国家的一项主张可能与第三方根据其他国家的法律创设并根据国际条约义务受到法院地国保护的知识产权相冲突。即使在这类涉及根据国际条约的效力对外国财产权利的扩张保护的案件中，侵权行为也必须发生在法院地领域内才能满足该国行使管辖权的条件。

国家豁免只有在对某案件的管辖权不存在争议时才构成一个问题。作为国际协议的参加方，没有权利扩张任一国的管辖权来包含非协议参加国的境内的活动。这样，这些国家不享有对在本国领域内侵权的国家的管辖权。

6. 商业因素

商业因素没有出现在公约的关于工业权或知识产权的国家豁免的财产豁免例外中。② 他国影响在法院地国受保护的专利、商标或版权的行为在许多案件中被归入商业活动的领域。然而，保护知识产权的法律是为了保护创新、改革和公平贸易行为的。即使不考虑该他国行为的性质和目的是否为商业性质，这些政策目的也足以成为将知识产权诉讼规定为财产豁免例外的正当化理由。③

---

① 从广义上讲，知识产权授权行为既包括知识产权行政主管机关授予或核准权利的行为，也包括知识产权权利人许可他人实施权利的授权行为，本章只探讨知识产权行政主管机关具体行政行为意义上的知识产权授权行为，即知识产权行政授权行为。而从广义上说，知识产权确权行为除包括知识产权行政主管机关对权利的有效性作出判断的行为外，还包括法院等有关机关对于著作权、商业秘密等权利归属作出认定的行为，本章的研究仅限于知识产权行政主管机关对于知识产权权利有效性作出判断的行为，在我国司法解释中将此类行为称为知识产权授权确权行为。参见杜颖、王国立：《知识产权行政授权及确权行为的性质解析》，载《法学》2011 年第 8 期，第 92 页。

② 与公约不同，澳大利亚的这一关于知识产权的条款形成了地域限制的同时，还要求对进口到澳大利亚的财产或在澳大利亚使用的财产处于商业交易过程中，或以商业交易为目的。参见 Morris V., *Sovereign Immunity: the Exception for Intellectual Property*, Vanderbilt J. Trans. L. 1986, p.98.

③ Morris V., *Sovereign Immunity: the Exception for Intellectual Property*, Vanderbilt J. Trans. L. 1986, p.97.

第二节　对国际社会的相关利益分析

国家豁免法的编撰和发展进步要求充分考虑法律原则和已存在的国家实践，也要考虑国际社会的利益。特别报告员起草了关于国家豁免的公约以获得大多数国家的支持，这样就能在国际法的这一领域促进确定性和一致性。特别报告员认识到了从一个国际化的角度达到这一目标的必要性，还要考虑由不同经济、政治结构、发展程度带来的不同利益。①

一、对发展中国家内国政策的影响

国际法委员会的一些成员国认为，知识产权诉讼豁免例外的采纳会扩大南北经济发展的悬殊，会阻止发展中国家使用发达国家的技术，最终知识产权就会沦为维护在科技领域大大领先于发展中国家的发达国家的利益的工具。发展中国家对关于知识产权在国家豁免中的特殊条款提出了两个主要的反对意见。首先是认为知识产权国家豁免例外可能影响一国追求有关工业和经济发展的内国政策。② 比如，一国可能认为不进行对保护工业与知识产权的相关立法是符合国家利益的，这样相关的货物与服务或新的技术发展，则有可能在该国免费再生产，从而可以使整个社会受益。除此之外，一国的发展目标和经济政策可能要求对包括知识产权与工业产权在内的特定商业或工业进行征用。在发展中国家，政府在国民经济中发挥着十分重要的作用。

有学者认为，知识产权国家豁免例外条款并不会影响一国在其境内选择和实现其内国政策的能力。每个国家都可以在其境内追求其选择的任何经济政策。一国可以自主地判断内国立法或参与有关工业产权或知识产权的国际条约是否可以增进其内国利益。知识产权国家豁免例外仅仅影响一国在他国申请对知识产权和工业产权的保护或由于在他国境内侵犯了第三方受法院地国保护的权利时产生的责任。③ 而一国不能期望在他国境内追求其内国经济政策或者实行侵犯知识产权的行为而免于承担责任。侵犯法院地国主权而不承担责任的行为有违国家平等，而国家的平等正是国家豁免的实质。

国家豁免例外并不会导致对管辖权的授予或改变支配一项争议的实体法。知识产权诉讼的国家豁免例外不会影响规定国有化措施合法性的国际法已有规则，也不会扩张某一法

---

① Documents of the 35th Session, U.N. Doc. A/CN. 4/363 at para. 24, reprinted in [1983] 2 Y. B. Int'l L. Comm'n (Part 1). The author's discussion of the interests of the international community which will influence the acceptance of draft article 16 is primarily based on her observation of the 36th Session of the International Law Commission held in Geneva in 1984. A summary record of the Commission's proceedings Will be published in Y. B. Int'l Law Comm'n (1984).

② ILC Report, p. 162: The view was expressed that this exception as formulated in subparagraph(b) might operate to hinder the economic and industrial development of developing countries in regard to their competence to expropriate or to take measures of compulsory acquisition or nationalization of the rights mentioned in this article.

③ Report of the International Law Commission to the General Assembly, 39 U.N. GAOR Supp. (No. 10)p. 159, U.N. Doc. A/39/10 (1984).

庭决定这项争议的管辖权。①

二、对发展中国家发展进程的影响

对该条款的反对还在于认为知识产权和工业产权国家豁免例外会对已有的技术提供全方位的保护，从而影响其他国家的发展。国家在发展进程中对受他国知识产权或工业产权保护的技术进行未经授权的使用是不可避免的。并且，发达国家也并不乐于将工业秘密无偿转让给发展中国家，以为发展中国家提供帮助。在无法获取现存技术的情况下，发展中国家很有可能被迫继续作为原材料提供者和进口工业产品消费者。国际法委员会的一些成员国认为制定知识产权和工业产权例外条款不可能同时满足发展中国家和发达国家的利益。②

有学者认为，对该条款提出的第二个反对的前提——知识产权和工业产权对于工业和经济发展十分必要，并不能说明对于知识产权和工业产权国家豁免例外不符合发展中国家的利益。如果一个发展中国家选择通过立法来保护知识产权和工业产权，就意味着该国在保护这些权利以防止第三方的侵权方面有重要的利益，这也包括外国的侵权。同样地，法律对知识产权和工业产权进行保护的效果，尤其是登记体制的效果是由法院地国所决定的，当存在针对专利、商标或版权的有冲突的请求时，法院地国享有对相互冲突的请求的优先次序的决定权。当原告正好是外国国家或国有企业时也是一样的。不论是在发达国家还是发展中国家，知识产权在经济运行中的重要性会促进对知识产权国家豁免例外的采纳。如果一国没有选择一项立法或参与到相应的国际条约中，其内国政策也不会被其他国家包含该项豁免例外规则的法律所影响。③

在一些发展中国家对知识产权和工业产权的保护力度相对较弱的情况下，不会因为采纳该项国家豁免例外妨碍发展中国家的发展进程。一国可以自由地修正其内国立法以加强对知识产权和工业产权的保护，或者加大对侵犯该权利的处罚力度。在国际层面，发展中国家有可能在对侵犯知识产权的行为规定了更严厉处罚的国家遭受实质性的处罚。然而，由于一国可以自由选择其有关知识产权或工业产权的内国政策，其可对这些权利提供有效的保护，包括对侵权行为的实质性处罚。另外，知识产权国家豁免例外只适用于在法院地国境内进行的行为。外国国家不能期待在他国境内追求本国的经济政策而违反法院地国的法律和政策，包括对工业产权和知识产权的保护。

知识产权的国家豁免例外本身并不会产生对现存技术形成全方位的国际保护的效果。

①　State immunity provides an immunity from the exercise of jurisdiction, but not from the substantive rules of the forum state which will apply if, forexample, the foreign state consents to jurisdiction or waives its immunity. Sucharitkul, Immunities of Foreign States before National Authorities, 149Recueil Des Cours 87, 96 (1976). Documents of the 31st Session, reprintedin [1979] 2 Y. B. Int'l L. Comm'n, para. 53, U.N. Doc. A/CN. 4/ SER. A/1979/Add. 1 (Part 1).

②　Summary Records of the 36th Session of the International Law Commission, to be published in [1984] Y. B. Int'l L. Comm'n.

③　Morris V., Sovereign Immunity: the Exception for Intellectual Property, Vanderbilt J. Trans. L. 1986, pp. 108-116.

知识产权和工业产权国家豁免的例外仅仅产生移除管辖豁免的盾牌而要求国家与私人主体一方在外国法庭解决争议的效果。该项国家豁免例外不会选择或扩展由条约或公约创设的关于知识产权或工业产权的国际保护。此外，每一国都有选择其是否加入一个对专利、商标或知识产权提供保护的国际安排中的自由。

知识产权诉讼的国家豁免例外对于通过对受他国保护的知识产权和工业产权未经授权的使用的方式将技术向发展中国家转让行为的影响是由制造该产品的发展中国家的法律和生产该产品的目的来决定的。如一国未通过内国立法和签订国际公约的方式对知识产权和工业产权进行保护，则可以自主进行或许可对在他国受保护的技术在该国领域内未经授权的使用。比如，在没有国际条约对法院地国创设义务的情况下，一个外国专利所有者不能在该法院地国禁止对专利产品未授权的使用或索赔，或在法院地国提起诉讼。

同样地，一国可以将产品出口到一个对保护某一产品的知识产权的国家不负条约义务的国家而免受处罚。任何国家都可以自主决定是否追求该政策，但一国不能将该产品销售至一个根据内国法或由国际条约义务保护这一受侵犯的知识产权、且该权利根据内国法已经登记且受保护的国家。在这种情形下，关于专利、商标或版权的国家豁免例外会在针对该国的诉讼中产生排除豁免的效果。即使是发展中国家的重要目标也不能使在他国境内影响他国经济政策和对知识产权的保护的行为正当化。

国际法委员会注意到，在知识的迅速转移的当代，许多发展中国家面临了巨大挑战，尤其对有关科学、技术和教学资料的获取。发展中国家对于在国外出版、翻译、重印资料的获取渠道十分有限，由于受外国版权的保护，复制带来的昂贵费用使这一工作更加复杂。获得这些可以较低价格在内国生产的资料需要支付给外国知识产权人的高昂费用和并且不发达的本地印刷工业也使这一工作更加艰巨。内国法对内国作者和出版者激励的缺乏也使知识的迅速转移受到阻碍。所有这些因素都造成了在发展中国家以可以接受的价格获取出版物的困难。

关于文学作品和技术向发展中国家的转移有两个重点。第一，对知识产权的使用必须由根据一国的经济目标和政策制定的内国法来规制。① 为了鼓励外国投资和对技术的进口，国家可能需要通过立法保护知识产权。第二，为将出版物和技术转移给发展中国家提供优惠条件(on preferential terms) 是双边和多边协商的一个主题。提供对知识产权跨国保护的国际公约代表了同时满足发展中国家和发达国家需要的重要框架。比如，《世界版权公约》在 1971 年进行修改以包括对在发展中国家翻译和复制的强制许可，这是许多发展中国家对此表示关切的结果。这是国际社会共同解决知识产权保护的最具建设性的途径。工

---

① 委员会成员 Mr. Motoo Ogiso 的评论尤其相关：日本有两种与发展中国家合作的方式，并且持帮助它们未来经济发展的观点。经济扶助要么是通过政府组织，要么通过鼓励日本私有工业的私人投资与发展中国家的工业进行合作。除非接受投资的发展中国家对投资方国家的资金和技术提供适当的保护，这些鼓励措施才能成功。在私人层面的经济合作已经在许多发展中国家获得了成功。一部保护知识产权和工业产权的法律会促进经济发展而非为其设置障碍。联合国体系内的有些机构，比如世界知识产权组织与联合国贸易和发展会议，这些组织会给关于工业和知识产权的立法和国际协议提供指导和专业技术。参见 Morris V., *Sovereign Immunity: the Exception for Intellectual Property*, Vanderbilt J. Trans. L. 1986, p. 113.

业和经济发展的实体争议已经超出了国家豁免法的范围。

三、对国际社会的普遍影响

国际社会关于知识产权例外的利益必须从法院地的角度来审视，这同时包括发展中国家和发达国家。每一个国家都有对于进口至其境内的产品的普遍利益，包括有些进口的产品可能会侵犯该国的专利、商标或知识产权。一国对规制根据内国法所为行为有着重要利益，包括知识产权。另外，每个国家都有保护根据内国法授予的权利的利益，包括知识产权和维持一国司法体系的公正，国家豁免排除了私主体一方针对外国国家提出的有效力的诉求。在侵犯知识产权的案件中，外国国家一方未补偿发明者、创造者而对知识产权进行利用，也构成了不当得利。

另外，阻止不正当贸易活动关系到每个国家的切身利益。对知识产权未授权的利用，比如对商标未授权的使用，构成了一项不当的商业活动。对知识产权未经授权加以利用的人试图获取一项商业利益而不给予权利人以补偿。另外，这种行为可能使消费者对该产品的质量或制造商产生混淆。

最后，这些案件只能在选择通过立法保护知识或工业产权的国家产生。专利、商标和版权法是复杂性较高的一个法律分支。知识产权只有根据内国法的效力才存在。一国有必要保持严格的登记体系并且在发生争议时解决所有权、优先权、侵权等问题。允许一国在他国境内参与影响在当地受到保护的知识产权的行为并主张豁免会严重损害法院地国对该权利的有效保护。

对于国家豁免原则，每个国家都会有相互冲突的利益，因为该原则最终面临着是由外国主张豁免还是由法院地国寻求管辖权的问题。但所有国家都对采纳知识产权豁免例外有着普遍的利益。该例外通过提供对相互冲突的主张或关于涉及外国的知识产权侵权情形的解决方案，会促进在国际贸易中的确定性，也会促进对外国在法院地侵犯在当地受到保护的财产权利可追责性。该例外也可以促进在一国在外国境内的非主权行为规则的一致性。

该例外的采纳会增强国际贸易的确定性和公平性，会保护知识产权人利益不受到外国主权国家的影响。该例外允许每个国家继续寻求在其领域内的工业和经济增长的内国政策，并要求其在外国国家领域内参与相关活动时对外国国家政策保持尊重。

四、对国有化效力的影响

一个外国主权国家有可能通过征收和国有化获得知识产权和工业产权。在实践中，一国有可能通过国有化或其他方式继承私有企业的权利和义务，并且对被其国有化的公司侵犯知识产权的行为负责。在一些特定情形下，国有化对工业、企业或自然资源的生产和管理是有利的，比如对石油、天然气、电力、水源和其他能源的国有化。

在上文所述的德拉公司诉捷克斯洛伐克政府一案中，奥地利法庭认为捷克斯洛伐克对德拉公司的国有化行为是战时的措施，并且没有域外效力。即使该行为是与国际法相一致的，一个非交战国不会承认这一行为。由于法庭不承认这一国有化行为的效力，该捷克斯洛伐克企业不能成功地请求商标权和对德拉公司这一分支机构的优先权。奥地利的这一判决明确表明了只有当国有化的行为与国际法相一致的情况下，一国在对企业进行国有化获得的权利时才被其他国家承认。

国家豁免法调整内国法庭决定起诉外国国家的案件的权力。国家豁免规则及其例外没有改变有关征收的国际法原则。也就是说，国家豁免原则决定了内国法院是否可以对一个起诉外国关于国有化措施的案件行使管辖权，决定该行为效力的国际法的实体规则仍然是一样的。

在取得财产是以公共利益为目的并且该国提供了及时、充分、有效的补偿的情况下，国际法的传统规则承认一国对其领域内的财产征收的效力。美国最高院在 Banco de National de Cuba v. Sabbatino① 一案(该案关于古巴对一个制糖公司的征用)中写道："如果征收并非为了公共利益，是歧视性的，或者是没有充分、及时、有效补偿，那么国际司法裁判或仲裁裁决就认为该征收行为根据国际法是不正当的。然而，一般而言，发展中国家会对国有化提供一定程度的补偿，但一般不承认国际法上的义务。新兴独立国家和发展中国家的特定代表质疑了对外国的国家责任规则会约束不同意该规则的国家并且传统明确(articulated)的支配财产征用的标准反映了'至高无上的'利益，对在紧急环境下的国家是恰当的。"

联合国大会中不同的解决方案代表了这些分歧的观点，包括：1962 年针对自然资源的永久主权决议，要求根据国际法以公共利益为目的并进行合理赔偿；1974 年经济权利与国家责任宪章中未涉及公共利益目的或关于征用的国际法；1974 年建立国际经济新秩序宣言，允许征用国决定赔偿的数量和形式。在征用法律方面提出的改变已经获得了来自国际社会广泛和持续的支持，这对于取代已经存在的国际习惯法来说是非常必要的。

对相关美国立法的考量对于对知识产权产生影响的国有化措施的国家豁免问题的探讨是很有必要的。第一，FSIA 包括针对违反国际法获取财产行为明示的国家豁免例外。这样，任何不符合以公共利益为目的和及时、充分、有效赔偿的征收措施根据国家豁免原则不得在美国获得管辖豁免。该法同样提供了针对在这些案件中的外国财产的商业财产的执行方案。第二，国家行为理论并不能作为一国针对他国在其本国领域不符合国际法的行为正当化的理由。因此，不符合国际法的国有化措施不能通过国家豁免原理或国家行为理论正当化。

司法机构对于包含国际法的问题有特殊的责任。鲍威尔大法官在 First National City Bank v. Banco Nacional de Cuba② 一案中发表了他的同样的意见：我不同意以平衡司法机构和行政机构的功能的理由强迫司法机构在关于根据国际习惯法对征用有效性作出评判的案件中不作为。这会导致司法机构对通过司法程序解决问题的人的责任的放弃。直到国际仲裁庭得到广泛的支持，许多国家的法庭才开始为有关方面国际法的发展提供最好的方案。如果关于国家行为的争议解决被纳入行政方式而非通过司法程序，这一长期受到忽视的领域难以有所进展。国家豁免立法应该对司法的责任进行充分的考量。

---

① Banco Nacional de Cuba v. Sabbatino, 376 US 398 (1964).

② First Nat'l City Bank v. Banco Nacional de Cuba, 406 US 759 (1972).

第三节　知识产权诉讼中不得援引国家豁免的标准

一、国家豁免知识产权例外的司法实践

(一)专利诉讼中的豁免例外

1. 英特尔公司和戴尔股份有限公司诉澳大利亚联邦科学与工业研究组织案

英特尔公司和戴尔股份有限公司起诉澳大利亚联邦科学与工业研究组织的诉讼是与微软公司、惠普公司和美国网件公司诉澳大利亚国家科学与技术研究组织案合并审理的。两个案件都是于 2006 年 7 月 14 日,在美国联邦巡回法院上诉法庭审理的。英特尔、戴尔、微软和美国网件公司都是美国的公司。CSIRO 是澳大利亚国家科研机构,是美国无线局域网专利的所有者。据 CSIRO 所说,这项专利包括一般被称为 Wi-Fi 的技术,应用于笔记本电脑和其他设备与因特网的无线连接,通过互联网语音传输协议传输声音,用家庭无线网络连接娱乐设备以实现数字媒体的即时分享。这几家公司均使用了 Wi-Fi,因而与 CSIRO 产生了联系,该机构要求如果不与 CISRO 签订专利许可合同,就起诉这几家公司。这几家公司不仅未签订该合同反而起诉 CSIRO,主张确认其未侵权并确认 CSIRO 的专利的无效。CSIRO 提起管辖豁免,被美国联邦巡回上诉法院否决。①

2. A 公司诉 B 银行案

上诉人 A 公司,是一项证券纸发明的英国专利的注册所有人,这种证券纸是用于制造纸币的。X 银行,是一家外国的中央银行,该银行使用在意大利制造的这种证券纸。X 国的流通货币正是用这种证券纸印刷的。B 银行为支配和处分这些纸币在英国境内保管这些纸币。A 公司认为 B 银行的行为侵犯了其专利权。郡专利法院的判决认为法庭没有管辖权,理由是英国法庭不能干涉国家特有的发行纸币的权力,否则会违反国际礼让原则。专利所有人进行了上诉。终审法院则认为,上诉人的主张并不妨碍主权国家的货币流通,对上诉人主张的裁决不构成对外国国家事务的裁决,也不构成对外国国家在其主权领域内的主权行为的质疑,不支持本案的管辖豁免。②

3. 英国 BP 石油公司诉中国江苏索普公司案

BP 化学有限公司责任公司诉江苏索普公司一案,由美国第八上诉巡回法院于 2005 年 8 月 25 日审理。③ 原告 BP 化学有限责任公司是一项关于"用于制造乙酸,一种用于制造油墨、塑料、树脂和纤维的化学成分,被称为非光气法(酯交换法、甲醇氧化羰基化法)"

---

① Patent licensing negotiations engaged in by Australia's national science agency in United States qualified as "commercial activity" within meaning of exception to immunty under the Foreign Sovereign Immunities Act (FSIA), although the negotiations did not result in a fully-executed, binding contract. 28 USC. A. § 1605(a)(2).

② David Richard, *Can a Foreign Bank Use the Doctrine of Sovereign Immunity to Avoid Patent Protection by Circulating Bank Notes in a Foreign Jurisdiction Which Infringe a Patent?*, P. W. 1996(87), pp. 12-14.

③ 285F. 3d 677, 682. 参见 USDist., LEXIS, 11320(2001)。

的专利的所有人。被告索普是一家根据中国法设立的化学公司，由中国政府完全所有，被视为外国国家。1992 年索普委任了一家名为 SPECO 的中国公司在镇江市设计建设一家制造乙酸的工厂，索普是终端使用者和所有者，SPECO 委任了多家美国公司制造通过甲醇氧化羰基化法生产乙酸的专门设备，以期对本土技术的效用最大化，即由中国化学研究机构开发的低压甲醇氧化羰基化法技术。与代表索普公司的 SPECO 公司的采购方以及与索普直接接触的公司就是为 BP 化学公司及其获许可者提供服务的几家美国公司。1995 年，BP 发现一些专业供应商收到了 BP 在以前的特许项目中使用的设计包和技术规范，一些项目书中甚至复制了上述文件中的打印错误。英国 BP 石油公司经过调查认为 SPECO 通过在美国获取复杂的工程产品和设备用于给索普公司建设"921 厂"，认为 SPECO 向美国供应商公开了 BP 公司的商业秘密，以供这些供应商评估制造这些元件的成本和可行性。BP 化学公司以侵犯产业秘密起诉索普公司。索普公司提起管辖豁免，被美国第八巡回上诉法院否决。

4. 达信贝尔直升机公司诉伊朗伊斯兰共和国案

原告贝尔直升机公司，根据《美国联邦商标法》起诉被告伊朗伊斯兰共和国侵犯了原告特有的直升机产品外观设计。被告被指控制造了与原告生产的直升机外观上大体相似的直升机。被告未出庭，在根据《美国外国主权豁免法》相关条款进行听证后，法庭对伊朗公司进行了缺席判决，判决伊朗公司承担 2200 万美元的赔偿。法庭认定被告已经根据《美国外国主权豁免法》放弃了国家豁免，因为其"在美国境外的商业行为"在"美国境内产生了直接影响"。伊朗提出了撤销该缺席判决的动议，主张法庭缺乏对物诉讼管辖权。法庭以伊朗的行为并未对美国产生"直接影响"为由，认定伊朗的行为不符合商业行为豁免例外的要求，承认了伊朗的管辖豁免权。

(二) 商标诉讼中的豁免例外

1. 德拉公司诉捷克斯洛伐克政府案

在 Dralle v. Government of Czechoslovakia 一案中，一家在德国汉堡、奥地利维也纳的拥有登记商标的德国公司，控告一个被捷克斯洛伐克国有化的企业在奥地利销售、分配被这些商标所保护的货物的行为。法庭认为国家豁免原则不能阻止针对商标争议的管辖权的行使，因为捷克斯洛伐克政府的这一行为是非主权性的，而且是商业性质的，并且国家是与其他交易者有竞争关系的。

2. 加拿大快乐庄园葡萄酒有限公司诉法国政府案

在 Chateau-Gai Wines Ltd. v. Le Government de la Republique Francaice 一案中，关于一项针对有关商标争议的国家豁免请求。加拿大财税(Exchequer Court of Canada)法庭尽管根据绝对豁免理论在未经外国国家的同意时排除对外国国家的管辖权，但通过一项法律拟制(legal fiction)来避免授予外国国家管辖豁免对内国商标登记体制可能造成的干扰 Chateau-Gai Wines 起初提起了针对法国政府的诉讼，反对法国政府以其名义进行的一项商标登记。法庭认为如果该酒厂修改这项控告，不针对法国政府，而是以这项登记没有明确表示或定义可能成为商标所有者的权利为由，而提出撤销商标登记的请求，该控告才在审判权限内。随后，Chateau-Gai Wines 提交了经修改的诉状，法庭提议法国政府应当通过适当的外交渠道收到通知，使法国政府有机会决定是否对该案采取相关措施。虽然加拿大法庭不承认商标案件中的国家豁免例外，该裁决的实际作用是一样的。这决定表明了准确的商标登记对一国的实际利益的影响，而准确的商标登记则要求国家具备对商标登记体系中产生的争议进行裁决的能力。①

(三) 版权诉讼中的豁免例外

1. X 诉西班牙政府旅游部门案

法兰克福高等的法院判决的 X v. Spanish Government Tourist Bureau 一案中，西班牙政府在西德的一个旅游办事处对受版权保护的电影进行了未经授权的播放。针对是否具有管辖权的问题，法庭认为外国国家根据私法在西德境内进行的商业行为应当接受本地法院的管辖，排除了西班牙政府的管辖豁免。

2. IDS 诉澳大利亚国立大学案

IDS 是一个由来自全世界著名大学的语言学家组成的民间的非法人团体。该团体出版了《洲际词典系列(第一卷)：南美印第安语系》并准备但尚未出版《洲际词典系列(第二卷)：南岛语系》，并获得对后者的版权登记证书。澳大利亚国立大学是根据 1946 年《澳大利亚大学法案》建立的，作为以"鼓励并为研究人员对各个领域和对澳大利亚国家具有重大意义的课题的科研、学习提供设施"为目的的公立大学。澳大利亚国立大学已经提供但尚未出版一部南岛语系的语言词典：《比较南岛语词典》，该成果是由澳大利亚政府以 80 万澳元资助完成的。然而，这两部词典都是关于"太平洋以及太平洋岛屿区域的语系"，包括由 270 万人说的 1200 种语言。IDS 诉澳大利亚国立大学侵犯其版权，并主张其拥有"比较南岛语研究、相关电子数据库、南岛语词汇表"的版权。其理由是，第一，已申请对洲际词典系列早期手稿的登记；第二，其开发了包括世界多个地区的语言词典系列的概念；第三，其聘请了泰伦博士作为词典系列的编辑，将南岛语手稿进一步编撰为《洲际语言词典系列》中的一卷。IDS 认为，澳大利亚国立大学将南岛语的相关资料写进《比较南岛语词典》，与德国的出版商签订协议，并将《比较南岛语词典》作为澳大利亚国立大学的财产，并拒绝将《比较南岛语词典》移交给 IDS 的行为，侵犯了其权利。简单地说，IDS 认为澳大利亚国立大学，特别是泰伦博士剽窃了《洲际词典系列》的南岛语卷。澳大利亚国立大学援引了国家豁免，加利福尼亚中部地区地方法院裁定反对有效，认为本案可以援引国家豁免。②

3. 洛杉矶通讯社诉加拿大广播公司案

洛杉矶通讯社是一个公认的收集和播报新闻的组织，制作记录具有新闻价值的事件视频和音频资料并通过许可他人使用营利。加拿大广播公司是一家加拿大电视台，由加拿大国会根据"加拿大 1936 年广播法案"设立的法人团体，是一家国有企业。该公司向美国部分地区和加拿大全境制作和传播新闻、娱乐节目、评论节目。洛杉矶通讯社在"1992 年洛

---

① Chateau-Gai Wines Ltd. v. Le Gouvernement de la R6publique FranCaise, Judgment of Apr. 11, 1967, Exchequer Court, Can., 61 2d D. L. R. 709, 53I. L. R. 284, reprinted in United Nations, Materials on Jurisdictional Immunitiesof States and Their Property, U.N. Doc. ST/LEG/SER. B/20, at 245 (1982).

② 822 F. Supp. 622, 672.

杉矶暴动"时在洛杉矶城市上空进行航拍，制作了若干录像带。① 这些录像带获得了录音录像制作者权，并且许可若干电视台有偿使用，但未授权加拿大广播公司。而加拿大广播公司在其新闻广播节目中，播放了由洛杉矶通讯社录制的这些视频资料，因为这些视频可以在美国境内接收，从而导致了对洛杉矶通讯社版权的侵犯。被告援引国家豁免，而加州中部地区法庭裁定反对无效，即认为本案不得援引国家豁免。②

4. 亨利·路特威勒诉约旦王后拉尼亚·阿卜杜拉办公室案

该案是由纽约南部地区法院地区法庭于 2001 年 8 月 7 日裁决的。原告是居住在纽约的一名著名瑞士摄影师。被告是约旦王后拉尼亚·阿卜杜拉办公室。原告拍摄了约 2500 张拉尼亚王后和其他约旦王室成员的照片，并宣称"他会保留照片的版权和使用权，但有一个例外，即对拉尼亚王后为公共关系和出版用途的有限许可"。当摄影师返回纽约后冲洗了照片，并附加了"版权由 Henry-Leutwyler 所有，纽约 1999"和"打印的照片只用于审查"的签字，并将它们送到约旦王后拉尼亚·阿卜杜拉办公室，并附带了一封他允许"皇室家族私人使用以及所有中东的报刊新闻界的出版权"的有限许可。拉尼亚王后及其办公室没有回复这封信。然而，约旦王后办公室在"2000 年约旦日记"一书中插入了两张原告的照片而没有征得他的同意，并将该书在包括美国的许多国家出版销售，在美国是以37.5 元每本的价格销售的，原告认为此举侵犯了其版权。因此，原告以侵犯版权为由起诉了拉尼亚王后、拉尼亚王后办公室及其几名工作人员。被告援引管辖豁免，纽约南区地方裁定反对有效，即支持了本案的管辖豁免。③

二、决定豁免的主观标准

(一)从事非主权行为的国家参与诉讼

定义国家豁免例外的主观标准，不同国家有不同的做法。一种采取"结构主义"，即不论行为、争议的性质如何，一律承认国家及其代表机构的豁免。但目前大多数国家采取了"功能主义"，即只有在国家从事非主权行为时，才承认该国的豁免权。"功能主义"与限制豁免原则一致。限制豁免原则将国家的行为分为统治行为(acta jure imperii)和管理行为(acta jure gestionis)，国家的管理行为和用于该行为的财产不享有豁免权，而国家从事主权行为则享有豁免。从主观方面来看，只有当国家侵犯知识产权的行为属于非主权行为时，才符合不得援引豁免的主观标准。

(二)"揭开公司面纱"原则的适用

目前，许多国家都认可了只有当一国从事主权行为时，才能授予其国家豁免。但有时

---

① 1991 年 3 月 3 日，非裔美国人罗德尼·金(Rodney Glen King)因超速被洛杉矶警方追逐，被截停后拒捕袭警，遭到警方用警棍暴力制服。1992 年，法院判决逮捕罗德尼·金的四名白人警察(斯特西·孔恩、劳伦斯·鲍威尔、希欧多尔·布里森诺、蒂莫西·温迪)无罪，从而引发了 1992 年洛杉矶暴动。

② 969 F. Supp. 2d 277, 280.

③ F. Supp. 2d 277, 280.

国家并不通过公共实体(包括国家、州、县、市区公共机构及公法人等)参与商业行为，而是通过形式上独立而实质上受到国家有效的控制和指导的实体参与商业行为。西方国家大多数认为，在这种情况下应当"揭开"形式上独立而实质上为公共性质的实体的面纱，将私实体的活动归因于事实上控制、指导该实体的国家，在这种情况下有可能授予这些公司管辖豁免。① 根据《联合国国家豁免公约》附件中的'理解公约的特定条款'，"当一个国家实体故意歪曲其经济地位或在今后减少资本以避免满足索赔请求或其他相关的事项"时，公约的第 10 条第 3 款②并不预判"揭开公司面纱的问题"。因此，普遍认为该公约并不意味着必须排除形式上独立而实质上受国家控制的私人主体的豁免，反而规定当一国法庭对以上的实体以及控制它们的国家同时享有管辖权时，该实体及国家都不享有豁免。

事实上，上文提到的附件明确地在商业交易领域规定了对形式上独立而实质上受国家控制的实体在特定条件下不享有豁免的规定，在知识产权领域却没有明确规定这一做法。有学者认为，附件对"揭开公司面纱"的规定仅限于商业交易的领域。但有学者认为，基于以下的理由，知识产权领域也有必要适用"揭开公司面纱"的条款：首先，由于该附件明示地适用于商业交易领域，即公约第 10 条所规定的事项，然而，第 10 条被置于公约的第三部分。公约的第三部分也包括公约的第 14 条，该条规定了知识产权领域的国家豁免。公约的第三部分规定了一系列豁免例外的事项，这些事项均代表了国家为经济性质的私法行为从而不应授予豁免的情形。这样，"揭开公司面纱"的规定应无例外地适用于公约的第 10~17 条。其次，《联合国国家豁免公约》的目的是保障在法庭获得正义的基本人权。当今，知识产权显然被包含在基本人权的范围之内。最后，国际法研究所 1991 年决议(1991 Resolution of the Institut de droit International)明确地指出了关于"揭开公司面纱"的问题。该决议的第 3 条第 2 款规定："外国国家的代理机构或分支机构拥有独立的法人人格的事实并不能单独作为排除豁免的理由。"在上文中已经提到，该决议同时明确地规定了知识产权领域的国家豁免例外。该条款并未规定适用的特定范围，而是可以适用于任何关于国家为私法行为的争议，故当然可以适用于知识产权领域的争议。

三、决定豁免的客观标准

目前大多数国家，认为国家豁免只适用于国家行使主权行为的情形，而不适用于国家为私法行为的情形。有的国家将私法行为以列举的方式加以具体化，即进行详尽的列举；而有些国家则让法院在个案中定义不适用于国家豁免的私法行为。

(一)是否属于"商业行为"的标准

1. 商事活动的界定

在 1976 年《美国外国主权豁免法》中就采用了列举的方式，被合并到《美国法典》第 28

---

① Benedetta UBERTAZZI: *Intellectual Property and State Immunity from Jurisdiction in the New York Convention of* 2004, Yearbook of Private International Law, 2009, Vol. 11, pp. 599-625.

② 《联合国国家豁免公约》第 10 条第 3 款规定："当国家企业或国家所设其他实体具有独立的法人资格，并有能力：(a)起诉或被诉；和(b)获得、拥有或占有和处置财产，包括国家授权其经营或管理的财产，其卷入与其从事的商业交易有关的诉讼时，该国享有的管辖豁免不应受影响。"

章中，据此，除了在该章的第 1605～1607 条中的规定外，外国国家应在美国法院获得豁免。该章第 1605～1607 条的规定，排除了许多活动的豁免，包括那些"以商业行为为基础"的行为；然而，它并没有明确包括有关知识产权的行为。在美国，当知识产权诉讼中的相关行为被认定为商业性质时法院就会排除对案件的管辖豁免。但个案是否符合"商业行为"的标准却失之明确。① 对知识产权领域的国家豁免在下文与知识产权有关的案件中，美国法院均根据相关行为是否属于商业行为的标准判断案件主体是否享有国家豁免，对专利、商标案件的商业性质基本无异议，然而，对版权案件的商业性质的认定是极具争议的。

在有关国家豁免的司法实践中，大多数国家以行为性质作为判断商业行为的依据。《联合国国家豁免公约》结合发展中国家的意见采取了一种折中的方案，即首先强调性质检验，并以目的检验为补充。② FSIA 在第 1603 条中将商业行为定义为：某种经常性的或特殊的商业活动或交易，判断该行为的标准是行为的性质而非其目的。

（1）在 Los Angeles News Service（LANS）v. Canadian Broadcasting Corporation（CBC）（US）一案中，CBC 在其新广播节目中，播放了由 LANS 录制的一段发生在洛杉矶的民间骚乱的录音，且该广播可以在美国境内接收，这就导致了对 LANS 版权的侵犯。加拿大广播公司"总是接受普通的商业广告"，该公司具有了从事商业活动的资格。CBC 提出，该新闻节目并不接受广告。然而，广告的缺乏"并不是决定性的因素"，因为"虽然以营利为目的的活动是当然的商业活动，但商业活动不一定要以营利为动机"。从这一点上看，法院总结道："导致原告诉讼的行为——广播该电视新闻节目的行为——构成了商业行为。"

（2）在 Henry Leutwyle v. Office of Her Majesty Queen Rania Al Abdullah 一案中，约旦拉尼亚王后办公室的某雇员向"2000 年约旦日记"的出版商提供了以摄影为蓝本的约旦王后肖像画的行为，超过了拍摄该照片的美国摄影师允许的使用条件，该"日记"被销往包括美国在内的许多国家，从而侵犯了摄影者的版权。

该案的法官认为，如果皇室家族的代表安排路特威特拍摄这些照片、冲洗，并且将这些照片的权利转让给它们，该行为与全世界任何普通家庭或商业机构与摄影师合作以获得家族或商品展示的影像没有什么不同。此外，即使路特威特放弃了其惯常的摄影费用，他显然获得了其服务的对价，包括报销各项费用，比如差旅费、胶片的费用、冲洗的费用、美容和化妆师。这样，他在事实上获得了其对皇室家族的对价。即使出版日记的目的有可能是政治性的(宣传有关约旦的信息并鼓励旅游)，但其性质明显是商业性的。因此纽约南区地方法庭排除了本案的管辖豁免。

（3）在 BP 化学有限责任公司诉江苏索普公司一案的判决中，美国第八巡回上诉法院认定，索普"直接参与供货商的会议，在会议上讨论、检查、测试了使用从 BP 公司获取的商业秘密制造的设备"的行为具有商业性质，最终排除了本案的管辖豁免。

---

① VOLOKH E. E., *Sovereign Immunity and Intellectual Property*, Southern California L. Rev. 2000, p. 1161.

② 夏林华：《论国家及其财产豁免中商业交易的判断依据》，载《云南大学学报法学版》2007 年第 6 期，第 141 页。

(4)在 International Dictionary Series v. The Australia National University(US)①一案中，澳大利亚国立大学由于汇编语言词典侵犯版权而被诉，该大学提出的豁免以汇编词典是学术行为为理由得到了允许。美国法院确认澳大利亚国立大学的行为是学术性的而非商业性的。法院认为大规模的创作、学术性的主题一般不由商业贸易市场上的私人主体进行，并且被告澳大利亚国立大学的行为是合著、学术性、非营利性的。根据美国相关法律规定，由大学进行的以科研为目的的活动或由非营利机构在知识产权领域进行的活动不具有商业性质，法院支持了澳大利亚国立大学的豁免请求。

2. "依据"要件

FSIA 在第 1605 条中规定了国家及其财产管辖豁免的商业例外：如果某项诉讼是依据在美国发生的商业行为而提出；或依据在美国进行的、与在美国以外发生的商业行为有关的行为而提出；或依据在美国以外发生的、但对美国产生直接影响的商业行为而提出，则涉诉国家不能在美国法院中享有管辖豁免。

以英国 BP 公司诉江苏索普公司一案为例，该案的争议焦点是索普的行为是否"依据"在美国境内进行的商业行为。② 如果发生在美国境内的事件构成了诉因中一个法律要件，就可以认定诉因是"依据"在美国境内发生的事件。③ 诉讼是严格地根据能够证明诉因的要件提起的。如果其中一个要件由在美国境内的商业行为或其他特别规定的行为构成，该国享有管辖权。只需要原告诉因中的一个要件与在美国境内进行的商业行为有关，而并不要求整个案件依据被告的商业活动。④

---

① MATSUI A., *Intellectual Property Litigation and Foreign Sovereign Immunity*: *International Law Limit to the Jurisdiction over the Infringement of Intellectual Property*, *IIP Bulletin* 2003, at⟨http://www.iip.or.jp/e/summary/pdf/detail2002/e14_20.pdf⟩.

② Under Foreign Sovereign Immunities Act (FSIA), a foreign sovereign is presumptively immune from suit in federal court, but presumption erodes when the suit concerns the sovereign's commercial activities and transactions. 28 USC. A. § § 1602, 1604, 1605(a)(2). To rebut a foreign sovereign's presumption of immunity under Foreign Sovereign Immunities Act (FSIA), a plaintiff's action must be (1) based upon (2) a commercial activity carried on in the United States. 28 USC. A. § 1605(a)(2).

③ Only one element of a plaintiff's claim against a foreign sovereign must concern commercial activity carried on in the United States for claim to be based upon commercial activity carried on in the United States, and thus come within commercial activity exception to general grant of sovereign immunity under Foreign Sovereign Immunities Act (FSIA), and the entire case need not be based on the commercial activity of the defendant. 28 USC. A. § 1605(a)(2).

④ FSIA 中的"依据"与"相关"要件：《美国外国主权豁免法》第 1605 条第 1 款第 2 项规定，只有在以商事活动为依据或以与商事活动有关的行为为依据的诉讼中，法院才能拒绝给予外国国家豁免。这一规定初看毫无问题，但是，美国下级法院在具体适用时的做法却不尽相同，因为它们无法就"依据"一词的精确定义达成一致；一些法院认为，在适用"依据"要件时，应当将作为诉讼根据的特定行为离析出来，而不是从总体上参照包括单个交易在内的计划或政策，另外一些法院则反对从狭义上解释"依据"要件，而是采取较为广泛的观点。在 1993 年沙特阿拉伯诉尼尔森(Saudi Arabia v. Nelson)一案中，美国联邦最高法院解决了下级法院在此问题上的争论。它认为，"依据"要件所要求的是确定诉讼请求的某些因素，此类因素一经证实，原告就可根据其案件的理由而获得救济。参见张茂：《美国国际民事诉讼法》，中国政法大学出版社 1999 年版，第 150 页。

BP 提出根据"密苏里州统一商业秘密法"，索普未经 BP 的明确或默示同意，不当地将商业秘密向多家美国供应商泄露。根据该法，以下三种形式均可以构成商业秘密的侵犯，包括不当的获取、泄露或使用商业秘密。BP 公司选择以索普非法将 BP 公司的商业秘密向美国工程公司泄露为由提起侵权之诉。① 我们认为 BP 公司选择以"泄露"商业秘密为由的侵权之诉是"依据"索普在美国境内进行的商业活动。BP 证明了索普在采购建造921 厂所需设备时在美国境内将 BP 的商业秘密泄露给美国供货商。BP 公司的诉因满足了与美国的地域联系，因为该诉因是与索普公司在美国的采购行为密切相关的。我们可以得出 BP 提出的诉因中的一个法律要件是依据发生在美国的事件——即索普泄露了美国供货商的商业秘密。

索普认为 BP 公司提出的"对美国供应商泄露商业秘密"的根据对侵犯 BP 的商业秘密不是决定性的，对侵犯其商业秘密起决定性作用的行为是索普对 BP 商业秘密的"获取"行为。然而，索普的"获取"行为发生在美国境外，如果以此为由提起诉讼，BP 的诉讼就与发生在美国境内的商业行为无关了。然而，法庭认为，原告有权自主选择诉因。根据原告提出的以索普"泄露"商业秘密的诉因提出的诉讼，确实是"依据"发生在美国的商业交易行为。

3. "关联"要件

商业豁免例外的第二个要素是"在美国境内进行的商业活动"。FSIA 将其定义为由外国国家进行的与美国发生实质性联系的商业行为。即该行为是商业行为，并且与美国有"实质性联系"。②

在 BP 公司诉江苏索普案中，BP 公司提起的诉讼满足了商业豁免例外的"依据"要素。索普公司对自身行为构成"商业行为"不持异议。"实质联系"的要求比足以满足建立属人管辖权的"最低限度的联系"高。通过外国国家代表对美国的 1~2 次访问并不构成与美国的"实质联系"。但在本案中，索普在美国境内进行的招标业务构成的联系足以满足"实质

---

① The Missouri Uniform Trade Secrets Act(MUTSA) generally follows the Uniform Act by acknowledging these alternative forms of misappropriation, though the MUTSA lumps improper disclosure and use into a single category. Thus, the MUTSA defines misappropriation to take two forms: (a) Acquisition of a trade secret of a person by another person who knows or has reason to know that the trade secret was acquired by improper means; or(b) Disclosure or use of a trade secret of a person without express or implied consent by another person who: a. Used improper means to acquire knowledge of the trade secret; orb. Before a material change of position, knew or had reason to know that it was a trade secret and that knowledge of it had been acquired by accident or mistake; orc. At the time of disclosure or use, knew or had reason to know that knowledge of the trade secret was: i. Derived from or through a person who had utilized improper means to acquire it; ii. Acquired under circumstances giving rise to a duty to maintain its secrecy or limit its use; oriii. Derived from or through a person who owed a duty to the person seeking relief to maintain its secrecy or limit its use.

② 至于何为"外国国家在美国进行的商事活动"，《美国外国主权豁免法》第 1603 条第 5 款所给的定义为"由外国国家进行而与美国有着实际联系的商事活动"。美国国会的立法报告对此加以补充："这种定义涵盖了全部或部分在美国履行的商事交易、涉及购买或销售美国财物的进出口交易，在美国发生的商事侵权……以及由于外国国家在美国谈判或履行贷款协议，或接受位于美国境内的私人或官方借贷机构的融资而造成的亏欠。"参见张茂：《美国国际民事诉讼法》，中国政法大学出版社 1999 年版，第 151 页。

联系"的标准。① 综上，BP 公司提起的诉讼满足了商业豁免例外的要求，索普公司不得享有国家豁免。②

4. "直接影响"要件

如果诉讼是基于在美国以外发生的商业行为，还需要求该行为对美国产生直接影响，才能排除该国在美国法院享有的管辖豁免。达信贝尔直升机公司诉伊朗伊斯兰共和国案的争议焦点就是对"直接影响"的认定。

法院认为，认定被告根据《美国外国主权豁免法》商业例外条款放弃了国家豁免，需要证明其在美国境内产生的影响必须是"直接"的。原告以下理由主张被告在美国境内产生了"直接影响"：(1)对美国的知识产权侵权产生的直接影响；(2)"基本的经济逻辑"支持这一结论；(3)造成了明显的经济损失；(4)伪造行为在美国导致了消费者的混淆。

法院驳回了以上四个理由。知识产权侵权不在美国产生影响，因为直升机不符合严格的认证要求，未在美国上市交易并且不能被销售到美国。所谓的"经济逻辑"只会导致一个结果，即经济损失，法庭已经注意到单独以此为认定"直接影响"的标准是不充分的。同样的，只有"经济损失"的理由也不能导致"直接影响"的认定，即使造成了重大损失，"直接影响"必须包括除经济损失之外的其他影响。原告并没有对在美国的消费者导致的混淆进行充分的论证，这一结论居然建立在"侵犯了知识产权的直升机甚至不能在该国进行销售"的基础上。

法院同样试图在缺席判决的听证记录中寻找产生"直接影响"的证据，但并未发现。没有任何行为的证据，"更不必说法律上显著的行为"发生在美国。法院进一步发现，原告所主张的"直接影响"是以第三方以及一系列其他事件的介入为基础的。比如，原告主张消费者可能将被告的零配件和原告高品质的零配件混淆，导致安全问题和消费者的负面评价。

法院注意到美国的这些影响是基于他方的参与行为——有专业人士购买并交换使用这些零部件，并查询销售者以及无法继续使用直升机的消费者。法院认为"独立行为人的出现""强调了这些影响是间接的而非直接的"。据此，法院允许被告以法院缺乏对物诉讼管辖权为由撤销缺席判决的动议，承认了伊朗共和国的管辖豁免权。③

(二)知识产权诉讼豁免的专门条款

1. 立法目的

在以上案件中，法庭是根据知识产权领域案件中的行为是否属于商业行为这一国家豁免的例外来决定其是否应当享有豁免的。然而，一些国际公约和内国立法并未采取以上方法，而是明示规定只要满足特定条件，无论该案件中的行为是否具有商业性质，都应当适用国家豁免的例外。在美国参议院提出的"知识产权保护法案(the Intellectual Property

---

① Contacts much more significant than isolated visits satisfy requirement under Foreign Sovereign Immunities Act (FSIA) that a foreign sovereign must have substantial contact with the United States to come within commercial activity exception to FSIA's general grant of sovereign immunity. 28 USC. A. § 1605(a)(2).

② 另外，索普公司还以不方便法院原则为由主张美国法院对本案不享有管辖权。

③ Bell Helicopter Textron, Inc. v. Islamic Republic of Iran., No. 06-1694, 2012 US Dist. LEXIS 136559 (D. D. C. Sept. 25, 2012).

Protection Restoration Act)"①就是以终止国家及其机构不公平的贸易优势为目的的。提出该法案的参议院认为，由于国家及其机构受到美国专利法、著作权法、商标法的保护，而在侵犯其他主体权利时却仍然可以得到豁免。这样，根据这个草案，国家豁免不能扩展到关于知识产权的活动，不论该活动是否商业活动。

以下国家通过对于知识产权诉讼中明示的排除外国豁免的做法（不论是否有商业性质的特征）进一步采用了列举式立法，对该问题以专门条款进行规定：如英国 1978 年立法第 7 条、新加坡 1979 年立法第 9 条、巴基斯坦 1981 年立法第 8 章、南非 1981 年立法第 8 章、澳大利亚 1985 年立法第 15 章。②

2. 适用范围

有许多国家通过了包括针对专利、商标、版权专门条款的国家豁免立法。英国的立法是其中的典型代表。③

1978 年《英国国家豁免法》第 7 条有关版权案件的国家豁免例外仅针对外国国家侵犯知识产权的行为，而不包括对外国国家知识产权的授权确权。许多国家效仿了英国的这一做法。应当指出，对版权的保护，从单纯地针对文学艺术创作的保护发展到包含许多新型的作品，比如计算机程序。④ 版权保护对新型知识产权的适用显著增加了版权包含的经济利益并增加了针对版权提起诉讼的可能性。将涉及对版权的授权确权和外国国家的侵权的案件同时包含在对版权的国家豁免例外范围内是有意义的。

与英国的做法不同，澳大利亚的立法将针对版权的授权、确权之诉与侵权之诉同时包含在对版权的国家豁免例外范围内。澳大利亚法律改革委员会观察到，因为一项侵权之诉有可能导致涉及外国国家的所有权争议，在例外中包括对版权的确认之诉是合理的。

澳大利亚法律改革委员会提出的国家豁免的立法中也包括针对专利、商标和版权案件的专门条款。针对产生于之前的某项在另一国境内进行的交易的争议，该交易是有关某项以非商业目的出口至澳大利亚或在澳大利亚使用的知识产权，对该争议的解决方法是十分有趣的。法律改革委员会决定知识产权国家豁免例外不适用于以非商业目的出口到澳大利

---

① Bill Text108th Congress（2003-2004）H. R. 2344. IH, at〈http://thomas. loc. gov/cgi-bin/query/z? c108:H.R.2344:〉.

② 《欧洲国家豁免公约》中对知识产权诉讼豁免例外进行了专门规定。在《美国外国主权豁免法》中没有该规定，加拿大也无类似规定，但在英国、新加坡、巴基斯坦、南非、澳大利亚的法律中有类似规定。这些内国立法与《欧洲国家豁免公约》的内容相似。但在该专门条款适用范围中包括的知识产权种类不同，特别是对植物育种者权是否包括在该范围内存在争议。Benedetta UBERTAZZI, *Intellectual Property and State Immunity from Jurisdiction in the New York Convention of* 2004, Yearbook of Private International Law, 2009, Vol. 11, p. 618.

③ 1978 年《英国国家豁免法》包括针对知识产权国家豁免例外的专门条款：一国在以下诉讼中不能被豁免：任何有关属于该国的专利、商标、设计或植物育种者权，且在英国登记、受英国法保护，或由该国在英国申请；一项由该国在英国实施的侵犯专利、商标、设计、植物育种者权或版权的指控；在英国使用商标或商号的权利。

④ 17 USC. §§ 101, 102, 117（1982）. Apple Computer, Inc. v. Franklin Computer Corp., 714 F. 2d 1240（3rd Cir. 1983）, cert. dismissed, 464US 1033（1984）.

亚或在澳大利亚使用的财产。①

另外，澳大利亚的这一关于知识产权的条款在形成了地域限制的同时，还要求对进口到澳大利亚的财产或在澳大利亚使用的财产处于商业交易过程中，或以商业交易为目的。

3. A 公司诉 B 银行案

在英国的"A 公司诉 B 银行案"中，法院认为，将在本国以商业为目的的对外国纸币的保管和处理行为视为主权行为是违背一般原则的。② 如果 X 银行保管一些由侵犯专利权的纸张印刷的纸币，该银行应当承担相应的不利商业后果。对纸币的制造是典型的商业行为，与为士兵购买靴子的行为一样，是私法上的行为而非主权行为。该纸币是否流通货币在本案中并不重要，真正与本案相关的行为是为支配和处分这些纸币而对这些纸币进行保管的行为。该行为并非主权行为的原因如下：相关行为是商业性质的银行交易，缺乏政治上的目的；它并不是英国的流通货币问题，而是关于在英国对纸币进行保管和处理的问题；该纸币在英国并非法定货币，而是商品。该行为涉及对包含特定安全特征的纸币的处理，当 X 银行因侵犯专利权被起诉时，不能主张对纸张的制造行为构成国家行为。

由于该行为并非发生在该外国国家的主权领域内，而发生在英国法院的管辖领域内，根据 1978 年《英国国家豁免法》第 7 款第 2 项不享有豁免。③

法官在对此案的判决理由中对"对纸币的保管行为"的非主权性质进行了分析，同时援引了英国立法中对知识产权诉讼中的国家豁免例外的专门条款排除了被告的主权豁免。

(三) 两种标准的不同适用结果

总之，在规定了知识产权豁免例外专门条款的情况下，案件的结果将不同于以该行为是否属于商业行为为豁免标准的案件。以医药专利的案例为例。一个药物制造商 X 在发达国家 A 拥有一项制造某药物所必需的专利。虽然 X 许可发展中国家 B 所有的 Y 公司使用该专利，用其在 B 国领域内制造并销售该药物。在 B 国制造的药物被进口到另一个发展中国家 C，X 公司也出口该药物到 C 国。当 X 公司在 C 国法院提起针对 B 国和 Y 公司的诉讼时，如果 C 国也有类似英国关于否认国家侵犯知识产权案件中国家豁免的专门条款或先例，B 国和 Y 公司的豁免则不能被允许。

然而，如果 C 国决定以该行为是否属于商业行为作为衡量是否允许豁免的标准，就有可能得出不同的结论。

制造和出口药物的行为同样可以由私人主体进行，所以该行为有可能被视为商业行为从而否决豁免。但是，如果考虑到在缺乏这一药物的情况下，B 国境内的人们将面临死亡

---

① Australian Law Reform Comm'n, Foreign State Immunity, Rep. No. 24, at 24 n. 64, 1984.

② David Rickard, *Can a Foreign Bank Use the Doctrine of Sovereign Immunity to Avoid Patent Protection by Circulating Bank Notes in a Foreign Jurisdiction Which Infringe a Patent?*, P. W. 1996, 87, pp. 12-14.

③ 7. Patents, trademarks etc. A State is not immune as respects proceedings relating to—(a) any patent, trade-mark, design or plant breeders' rights belonging to the State and registered or protected in the United Kingdom or for which the State has applied in the United Kingdom; (b) an alleged infringement by the State in the United Kingdom of any patent, trade-mark, design, plant breeders' rights or copyright; or(c) the right to use a trade or business name in the United Kingdom.

的威胁，从而危及 B 国的存续；且 B 国提出制造药物的行为是一项主权行为，考虑到该行为的目的，豁免有可能被允许。针对 B 国将该药物出口到 C 国的行为提出的豁免可能被允许，因为没有该药物 B 国境内的人们将面临死亡威胁，B 国可以提出这项紧急救援行为是外交所必需的。可以看出，衡量豁免标准的不确定会带来许多问题。由于根据不同的标准，内国法院会就是否允许豁免这一问题作出不同的决定，这样就会不可避免地导致挑选法院的情形发生。①

(四) 委托法院在个案中进行裁判

然而其他一些国家的实践倾向于委托法院定义某问题是否包括在豁免范围内，也包括知识产权的问题。在 Dralle v. Government of Czechoslovakia② 一案中，一个在德国汉堡、奥地利维也纳拥有登记商标的德国公司，控告一个被捷克斯洛伐克国有化的企业在奥地利销售、分配被这些商标所保护的货物的行为，该捷克斯洛伐克的国有企业提出了国家豁免的请求。奥地利最高法院认为：关于对国家的商业行为的管辖的问题是以国家在商业活动中的发展为基础的。传统的豁免理论是国家在他国的商业活动都是与其政治活动相关的，无论是为其国外的外交代表机构购买商品的活动还是为战争目的购买武器的活动，所以没有区分私法性质的交易行为和主权行为的理由。今天情况就完全不同了，国家参与商业活动，并且就像这个案件显示的一样，参与了与其国民和外国人的竞争之中。这样，传统的国家豁免理论就失去了它的意义，不能被视为国际法规则。同时，奥地利最高法院认为，捷克斯洛伐克通过对其公司的运营，已经参与了与其公民和外国人在商业交易方面的竞争，并且在奥地利这些活动是不能享受豁免的。

法兰克福高等法院判决的 X v. Spanish Government Tourist Bureau③ 一案中，西班牙政府在西德的一个旅游办事处对受版权保护的电影进行了未经授权的播放。

关于管辖问题的第一个争议，法院认为在根据西德的私法进行商业行为的其他国家应由本地管辖，法院首先指出该豁免仅适用于主权行为，这应该根据法律关系或行为的性质来决定属于公法还是私法领域。在拒绝该国家豁免请求的问题上，该法院指出了重要的几点。第一，政府旅游办事处的行为是属于私法性质的，即使该办事处是一个官方代理机构。第二，版权和其他有关的使用权是私法上交易行为的主题，这并不属于国家主权的范围。第三，适用受版权保护的资料的权利一般是根据归属于私法的合同行为获得的。另外，由于使用权的私法性质，使用未经授权的受版权保护的资料的目的是一个次要的问题。接着，法院发现使用电影胶片背后的动机或目的是增加旅游业的收入，这是商业行为性质而非主权行为性质。最后法院得出国家豁免不扩展到这项对受版权保护的电影胶片未

---

① MATSUI A., *Intellectual Property Litigation and Foreign Sovereign Immunity*: *International Law Limit to the Jurisdiction over the Infringement of Intellectual Property*, *IIP Bulletin* 2003, at⟨http://www.iip.or.jp/e/summary/pdf/detail2002/e14_20.pdf⟩, at 164.

② Dralle v. Republic of Czechoslovakia ILR(1950), 156Case No. 41; UN Legal Materials 183, 10 May 1950, Austrian Supreme Court.

③ Morris V., *Sovereign Immunity*: *the Exception for Intellectual Property*, Vanderbilt J. Trans. L. 1986, p. 115.

经授权的播放的结论，因为该国通过该旅游办事处主要追求的是商业利益，该机构与其他私人旅游机构从事类似的活动。虽然损害赔偿的请求已过诉讼时效，该法院承认了针对不当得利的请求，因为旅游办事处已经使用了受版权保护的资料而未支付费用。法院支持了有关著作权的诉讼不能适用豁免。

外国国家只有在为主权性质（iure imperii）的活动时才有资格享有豁免，这些活动与其他非主权性的活动是根据国内法判断的。决定性的因素是行为的性质而非行为的目的或其引起的法律关系。受著作权保护的资料的使用一般以私法上的合同行为为基础，且外国国家的行为在这方面与私主体是一样的。对该案材料的无权使用对该行为性质的基本分类没有任何影响。

四、《联合国国家豁免公约》的规定

《联合国国家豁免公约》采纳了列举的方法，在第 5 条阐明了国家豁免的普遍原则后，在第 10~17 条列举了"不能援引国家豁免的诉讼"（见公约第三部分），列明了从国家豁免中排除的内容，其中包括知识产权。对知识产权诉讼中的国家豁免例外是由第 10 条和第 14 条规定的。因此，仔细考察第 14 条是很有必要的。

《联合国国家豁免公约》第 5 条介绍了管辖豁免的标准，而第 10~17 条则提供了豁免的排除标准，并且由以下要件补充：（i）被告是国家；（ii）争议是有关特定的事项的。除此之外，第 14 条还规定当满足以下三个条件时排除豁免。

（一）必须是关于知识产权的争议

《联合国国家豁免公约》第 14 条规定："除有关国家间另有协议外，一国在有关下列事项的诉讼中不得向另一国原应管辖的法院援引管辖豁免：（a）确定该国对在法院地国享受某种程度、即使是暂时的法律保护的专利、工业设计、商业名称或企业名称、商标、版权或任何其他形式的知识产权或工业产权的任何权利；或（b）据称该国在法院地国领土内侵犯在法院地国受到保护的、属于第三者的（a）项所述性质的权利。"在这一点上，应该定义第 14 条中知识产权的概念。这一规则包括一系列有关知识产权的规定，而且进一步提供了一个关于其他形式的普遍条款。不论这一系列的规则还是该普遍条款都不应根据法院地法来理解，而应以基于对条约的理解的普遍标准来解释。根据广义的系统解释，普遍条款至少应包括与《建立世界知识产权组织公约》（WIPO）第 2 条第 7 款知识产权的同等概念。①

由于 WIPO 条约提供了对知识产权最广义的定义，这一点与《联合国国家豁免公约》第 14 条的普遍条款是一致的，这样规定的目的在于提供对知识产权概念尽可能宽泛的解释。在这一点上，应该注意 WIPO 对知识产权的定义和《联合国国家豁免公约》对知识产

---

① 《建立世界知识产权组织公约》第 2 条第 7 款规定："知识产权"包括有关下列项目的权利：文学艺术和科学作品；表演艺术家、录音和广播的演出，在人类一切活动领域内的发明，科学发现，外形设计，商标服务标记、商号名称和牌号，制止不正当竞争，以及在工业、科学、文学或艺术领域内其他一切来自知识活动的权利。

权的定义，都包含在《保护知识产权巴黎公约》《保护文学与艺术作品伯尔尼公约》《保护表演者、音像制品制作者和广播组织罗马公约》《与贸易有关的知识产权公约》中的规定。

(二)知识产权领域特定类型的行为

第一个类型是由《联合国国家豁免公约》第 14 条建立的，排除关于"对国家权利的确定"的争议。为了达到这个目的，根据该公约的附件关于'理解有关该公约的特定条款'，由第 14 条规定的"确定"不仅指"承认对受保护的权利的存在"，既包括对该权利的评估，又包括这些权利的内容、范围、程度。这样，以上提到的规则就包含任何关于知识产权的有效的争议，不论该评估是肯定的还是否定的，也不论是由正式还是临时的决定所宣布的。

第二个类型是由《联合国国家豁免公约》第 14 条提出的，排除了有关"针对国家的在法院地国领域内侵犯属于第三人的并在法院地国受保护的上述性质的权利的指控"的争议的管辖豁免。这一条款当然包括对侵权的肯定和否定的评价，不论它们是通过正式还是临时的判决进行的。然而，同样的条款也产生了一个特定的问题，即关于属地原则，可以通过以下几个例子来说明该原则：某英国公司 A，是某流行歌曲在许多国家版权的所有者，尤其是在英国和中国。一个中国国有企业 B，在中国生产并销售了许多 CD，并将它们出口到位于英国自主经营的 C 公司，并将这些 CD 在英国境内销售，这样就侵犯了 A 在英国和中国的权利。A 在英国对 B 和 C 提起了诉讼，要求法庭评估 C 对 A 在英国的知识产权的侵犯，和 B 对 A 在英国和在中国的侵权；C 对该法院的管辖权没有异议，而 B 对该管辖权有异议。对这一案件有两种可能的解释。

第一，当对其知识产权的侵犯是在法院地国境内发生的时候，则不能排除英国对 C 的管辖权，但当对知识产权的侵犯是发生在另一国时，则英国法院对中国公司在中国境内进行的行为没有管辖权。

第二，根据第 14 条，当一项知识产权不仅受法院地国保护，而且受他国保护，根据法院地国的内国法承认这项与外国法保护的知识产权相类似的知识产权时，不排除对 C 的管辖权。也就是说，由于对 CD 的版权不但在英国，而且在中国都受到保护，并且两国对 CD 的知识产权是相似的，那么就不应当排除英国法院对中国 B 公司的管辖权。

有学者认为后一种解释是更加合理的。首先，根据第 14 条的文意，这样的解释是没有问题的。其次，根据第 14 条的目的解释，即是为了允许对基本人权在司法救济的最大化的保护和对管辖权的肯定标准时承认有管辖权的适当法院的国家对知识产权的保护。再次，通过对第 14 条的目的解释可以得出，第 14 条欲排除第 5 条的管辖权的否定标准的适用，但并不规定法院管辖权的范围。最后，由于这里的解释最大化了在法院上的权利维护，遵循了诉讼经济原则。

然而，笔者认为，前一种解释更加能够被发展中国家所接受。

(三)知识产权享受法院地国法律的保护

关于适用公约第 14 条的第三个条件是，针对以国家为被告的关于知识产权的诉讼，应享有在法院地国的法律保护措施，即使是临时性的也不例外。这一规定提出了属地原则的问题，该问题在上文中刚刚提到，此处不再赘述。

有学者认为，第 14 条并不调整关于在知识产权领域产生的合同争议。首先，基于对第 14 条的文意理解，由于该公约的第 1 条第 2 款和第 10 条是适用于合同的，而公约第 14 条没有以任何形式提到合同。

基于对公约第 14 条的狭义的系统解释，事实上，公约包括三个不同的处理知识产权问题的合同领域条款。首先，第 2 条第 1 款(c)项，根据"商业交易"的含义：(i)任何货物的买卖或提供服务的商业合同或交易；(ii)任何贷款合同或其他有金融性质的交易；(iii)任何商业、公约、贸易或专业性的合同，但不包括雇佣合同。

《联合国国家豁免公约》第 2 条第 2 款规定，在决定一合同或交易是否第 2 条第 1 款(c)项部分的"商业交易"，应该首先考虑合同或交易的性质，如果合同或交易的双方同意，也应该将其合同或交易的目的考虑在内；或者在法院地国的实践中，该目的是与决定该合同或交易的非商业性特征有关的。

总之，《联合国国家豁免公约》第 2 条第 1 款(c)项明确地指向"商业交易"范畴，即所有具有商业性质的合同和所有关于利益和财产权利的协议；这些合同可以合理地包括关于知识产权的合同。

第 1 条(c)项只从"商业交易"中明确排除了"雇佣合同"，而未排除关于知识产权的合同。这样，关于在知识产权领域的合同的管辖豁免是由第 10 条而非第 14 条规定的。

第四节　对我国立法的启示

一、承认知识产权诉讼中的国家豁免例外

2014 年，墨西哥通信和交通部宣布中国铁建与中国南车组成的联合体以 270 亿元人民币的报价中标，然而，墨西哥政府随即宣布取消该项目中标结果并决定重启招标程序。中国企业在墨西哥高铁项目的招标过程中付出了大量人力、物力、财力，墨西哥的单方决定给中国企业造成了严重损失。[①] 笔者认为，国家豁免的知识产权例外条款不会影响既有的关于国际知识产权保护的公约规定和内国的知识产权保护政策，仅仅产生使一国接受另一国法院审理相关知识产权案件的结果。这一条款的适用有利于国家对其境内知识产权的保护，有利于国际贸易的公平竞争。

二、知识产权豁免例外的立法模式

我国对知识产权豁免例外问题可以借鉴的模式有以下三种：

模式一：美国式。美国 FSIA 中，对知识产权诉讼国家豁免例外没有进行明确的规定，在具体案例中以相关行为是否属于"商业行为"的标准作为是否授予国家豁免的标准。

模式二：英国式。在《英国国家豁免法》中，对知识产权诉讼的豁免例外进行了专门的规定。在条文中未明确是否要求相关行为具有"商业性质"。

模式三：澳大利亚式。在《澳大利亚国家豁免法》中，对知识产权的豁免例外进行了

---

① 纪林繁：《不得援引国家豁免的商业交易诉讼研究》，法律出版社 2016 年版，第六章第四节。

专门规定；并且规定对进口到澳大利亚的财产或在澳大利亚使用的财产处于商业交易过程中，或以商业交易为目的。

我国在对这一问题进行立法时，应当充分考虑到当今知识产权领域的发展，考虑到新型的知识产权以及正在形成的知识产权。并且应当将有关知识产权的几种诉讼类型均纳入立法条文，不仅要包括对知识产权侵权案件的豁免例外，还应包括对知识产权的授权、确权诉讼的豁免例外。因为提起知识产权侵权诉讼时，不可避免地会涉及查明或核实受内国法保护的这项知识产权是否存在，评估此该项知识产权的内容、范围和程度等。但要求对属于国家知识产权的授权、确权的诉讼对第三人权利的确认是必要的，或者附带于对第三人的权利的确认，对第三人权利的确认是这一诉讼的主要目的。

笔者认为，由于以"商业行为"标准作为是否授予知识产权诉讼中国家豁免的标准需要较大的自由裁量权的使用空间，考虑到我国的法律传统，不宜借鉴美国模式。在我国立法时，应当更多借鉴《联合国国家豁免公约》和英国、澳大利亚等采取专门条款对知识产权的保护类型、知识产权诉讼类型进行详尽列举，可以根据不同的行为类型，结合实践中的需要，对"商业性质"的要求作出规定。

三、对我国知识产权豁免例外的条文建议

综合上文的分析，笔者针对我国《外国国家豁免法》现有的规定，建议作出如下修改：

"第 X 条　知识产权

外国国家在涉及下列事项的诉讼中不得援引豁免：

一、对该国在中华人民共和国境内登记或受保护的专利、实用新型、外观设计、商号或企业名称、商标权、著作权或任何其他形式的知识产权的确权，并且该确权行为应当以确定第三人的权利为目的；

二、该国被指控在中华人民共和国境内侵犯属于第三人的受中华人民共和国保护的前款列举的知识产权。"

知识产权在当今的新型国际竞争环境下，扮演着越来越重要的角色。全球贸易进一步的发展将主要依赖于对知识产权保护措施的完善和强化从而为各国提供一个公正交易的法律环境。与此同时，国家及国有企业也越来越多地成为知识产权的所有者，针对国家及国有企业提起的知识产权诉讼大量产生，产生了对调整这一领域纠纷规则的客观要求。

许多发展中国家担心国家豁免的知识产权例外规则的确立会影响一国内国政策的实施和一国的发展进程。然而，从理论上看，这一规则不会改变有关知识产权的任何内国立法和国际公约，只会使发展中国家面临发达国家法院的管辖。在实践中，已经有他国企业以我国国有企业侵犯知识产权为由在美国提起诉讼。国家豁免知识产权例外条款已经被国际公约和一些内国立法所采纳，我国《外国国家豁免法》第 11 条也规定了国家豁免知识产权例外条款。

根据目前的国际公约、内国立法和司法实践，不同国家主要采取了以"商业行为"为标准和在立法中专门对知识产权诉讼中的国家豁免问题进行专门规定、对主客观标准进行详尽列举两种方法。前者的做法以美国为代表，从笔者整理出的案例可以看出，美国法庭对"商业行为"的认定标准比较复杂，容易带来适用结果的不确定性。笔者认为，我国立

法对国家豁免的知识产权豁免例外应当更多地借鉴《联合国国家豁免公约》的做法，并从我国知识产权保护的利益出发，对知识产权保护范围、诉讼类型、"商业行为"标准进行详尽列举，以更好地履行知识产权的国际保护义务，并促进对我国知识产权人利益的全面保护。

第九章 国家豁免中的恐怖主义例外

第一节 恐怖主义的定义和特征

追溯人类历史，恐怖主义其实早已有之，中国古代的荆轲刺秦王，公元前44年古罗马统治者朱利乌斯·恺撒的被刺，都算得上是人类记载的最古老的恐怖活动。[①] 即使其历史已非常悠久，但到目前为止，恐怖主义的产生有着复杂的历史背景、政治动因和思想渊源，各国往往从本国的国家利益、民族感情和宗教认同出发来确定恐怖主义的定义。目前国际社会对恐怖主义的定义尚未达成一致，劳特利奇出版社出版的《恐怖主义研究手册》中对恐怖主义的定义就有260种。[②] 因此，国际社会对于"恐怖主义"的概念尚未达成共识，对于"恐怖活动"这一定义也未能达成共识，这对国际反恐工作的有效开展和各国反恐合作的加强产生了不利影响。如在某些情况下，明明发生的暴力事件就是恐怖活动，但因为各国没有统一的认识，分歧不断，进而导致国际合作无法开展起来。

一、恐怖主义的定义

从目前国际社会的做法来看，定义恐怖主义大致有三种方式：第一种是高度概括其本质性特点，第二种是概括列举公认的、具有恐怖性质的主要犯罪表现形式，第三种则是试图将前两种结合起来。总的来说，这三种方式各有优劣之处，第一种是不一定能够涵盖恐怖主义的全部本质性特征，且因为其高度抽象性而在适用上有一定难度；第二种是过于具体化，本身即不符合定义的要求，况且也不能尽其可能穷尽所有表现方式；最后一种虽然具有前两种的优点，也可能体现出前两种自身所带有的不足。[③] 目前，虽然国际社会没有关于"恐怖主义"的统一定义，但就现有惩治恐怖主义的国际条约进行分析，国际社会主要对以下五类恐怖主义犯罪行为进行了立法规定[④]。

(一) 有关民用航空器的恐怖主义

源于国际社会对航空运输安全的高度关注，在国际民用航空组织主持下，分别制定了针对民用航空器的恐怖行为的四项文件，其中1963年《关于在航空器内的犯罪和其他某些

---

① 参见郑远民、黄小喜、唐锷主编：《国际反恐怖法》，法律出版社2005年版，前言。

② Alex P. Schmid, *The Routledge Handbook of Terrorism Research*, New York, Routledge, 2011, p. 39.

③ 杨晖：《反恐新论》，世界知识出版社2005年版，第6~7页。

④ 参见刘仁山、尹生、简基松、邓烈主编：《国际恐怖主义法律问题研究》，中国法制出版社2011年版，第82~83页。

行为的公约》和 1970 年《关于制止非法劫持航空器的公约》是为了针对试图控制飞行中的航空器的劫机企图制定的公约，它们都规定犯罪行为必须发生在航空器上；1971 年《关于制止危害民用航空安全的非法行为的公约》旨在解决摧毁航空器的恐怖主义行动，它适用对使用中的航空器进行攻击的犯罪行为，因而不仅仅是在飞行中的航空器；而 1988 年《制止在用于国际民用航空的机场发生的非法暴力行为以补充 1971 年 9 月 23 日订于蒙特利尔的制止危害民用航空安全的非法行为的公约的议定书》则进一步扩大航空安全的范围，将它们适用于任何人在任何装置、物质或武器上所进行的犯罪活动。

(二) 基于受害者身份的恐怖主义

目前基于受害者身份的犯罪行为而需要给予特定人员以保护的国际立法主要有两个公约：一个是 1973 年《关于防止和惩处侵害应受国际保护人员包括外交代表的罪行的公约》，该公约要求缔约方对针对国家元首和外交部长及其在外国的家属以及针对有权受到国际法特别保护的外交代表的暴力攻击行为进行刑事定罪；另一个就是《反对劫持人质国际公约》，其要求对任何扣押或拘留并威胁杀死、伤害或者继续扣押人质从而迫使任何国家、国际组织或者个人做或不做任何行为的行为进行处罚，并对共犯一起进行处罚。

(三) 有关危险材料的恐怖主义

有关危险材料的恐怖主义的国际公约有三项，但 1979 年《核材料实物保护公约》和 1991 年《国际民用航空组织关于注塑性炸药以便探测的公约》几乎没有对犯罪行为加以界定，但 1998 年《制止恐怖主义爆炸事件的国际公约》第 2 条第 1 款专门界定了此类恐怖主义犯罪行为："……犯罪，是指任何人非法和故意在公用场所、国家或政府设施、公共交通系统或基础设施，或是向或针对公用场所、国家或政府设施、公共交通系统或基础设施投掷、放置、发射或引爆爆炸性或其他致死装置：(a) 故意致人死亡或重伤；或 (b) 故意对这类场所、设施或系统造成巨大毁损，从而带来或可能带来重大经济损失。"

(四) 有关船舶和固定平台的恐怖主义

在国际海事组织的主持下，1988 年《制止危及海上航行安全非法行为公约》和同时通过的《制止危及大陆架固定平台安全非法行为议定书》出台，前者对"扣押船舶、损坏船舶或其货物，从而可能危及船舶的航行安全；携带可能危及船舶安全的装置或物资；通过严重损坏航行设施或通过传送虚假情报危及航行安全；以及在实施前述犯罪的同时伤害或杀死任何人"的行为进行处罚；而后者只是将处罚的范围扩大到对位于大陆架的固定平台设施进行攻击的行为。

(五) 有关资助恐怖主义的恐怖主义

1999 年《制止向恐怖主义提供资助的国际公约》第 2 条第 1 款规定："本公约所称的犯罪，是指任何人以任何手段，直接或间接地非法和故意地提供或募集资金，其意图是将全部或部分资金用于，或者明知全部或部分资金将用于实施：(a) 属附件所列条约之一的范围并将其定义为犯罪的一项行为；或 (b) 意图致使平民或在武装冲突情势中未积极参与敌对行动的任何其他人死亡或重伤的任何其他行为，如这些行为因其性质或相关情况旨在恐吓人心，或迫使一国政府或一个国际组织采取或不采取任何行动。"于是，对资助恐怖主义这一犯罪行为进行惩罚，也有了国家条约的支持。

我国到目前为止，虽然将恐怖主义犯罪、资助恐怖主义行为规定在刑法条文中，但对于其定义却没有明确的界定。受国外学者及立法规定的影响，我国关于恐怖主义的界定主要有以下几种观点：其一认为，恐怖主义犯罪是指直接反对一个国家而其目的和性质是在个别人士、个人团体或公众中制造恐怖的犯罪行为；其二认为，恐怖活动是指对特定目标的不确定公众及财物使用爆炸、杀人或者其他危险行为，或威胁使用上述手段制造社会恐怖气氛，以实现政治、宗教或者其他社会目的的行为，但个人实施的恐怖活动不是恐怖主义犯罪；其三认为，恐怖活动是指组织、策划、领导、资助、实施以对人身和财产造成重大损害或制造社会恐惧气氛的暴力、威胁或者危险方法，危害公共安全，等等。[1] 由此可以看出，我国学者界定这一词语，采用了上述国际社会的三种方法。

2011 年 10 月 29 日，第十一届全国人大常委会第二十三次会议通过的《关于加强反恐怖工作有关问题的决定》对恐怖活动、恐怖活动组织和人员作出了界定。其第 2 条规定："恐怖活动是指以制造社会恐慌、危害公共安全或者胁迫国家机关、国际组织为目的，采取暴力、破坏、恐吓等手段，造成或者意图造成人员伤亡、重大财产损失、公共设施损坏、社会秩序混乱等严重社会危害的行为，以及煽动、资助或者以其他方式协助实施上述活动的行为。恐怖活动组织是指为实施恐怖活动而组成的犯罪集团。恐怖活动人员是指组织、策划、实施恐怖活动的人和恐怖活动组织的成员。"从上述内容可以看出，我国采用第三种方式来界定恐怖活动的含义，并将国际条约制裁的五种恐怖主义行为都涵盖其中。先不论该定义的科学性如何，有关恐怖活动的定义若是能够得到确定，将对我国反恐斗争的开展具有重大的指导意义。

二、恐怖主义的特征

相对于恐怖主义定义确定之复杂性，恐怖主义特征的认定就显得容易多了。因为国际社会虽然对恐怖主义的定义存在分歧，但一致同意恐怖活动是一种犯罪行为，故从犯罪的四要素角度来分析，其应具备以下四个显著特征：

(一) 客观特征——社会恐怖性

恐怖主义的客观特征之一就是其社会恐怖性，即通过使用暴力或暴力威胁或其他破坏性活动制造社会恐怖气氛，对广大社会大众造成巨大的心理压力，使其产生恐惧、害怕和担忧的心理，进而产生不安全感。[2] 恐怖主义犯罪的终极目标往往是不特定的实际打击对象，而正是通过对这些不特定对象造成心理恐慌，才可能动摇他们影响社会或者国家政策的初衷。而其另一个客观特征是其暴力性或破坏性。在 20 世纪 80 年代以前，人们就认为

---

① 阮传胜：《恐怖主义犯罪研究》，北京大学出版社 2007 年版，第 45~46 页。

② 阮传胜：《恐怖主义犯罪研究》，北京大学出版社 2007 年版，第 47 页。

恐怖主义是由暴力手段实现的。① 而在各国际公约的规定中，我们也可以看出，暴力、破坏性行为是恐怖主义犯罪最重要的表现形式，如1998年联合国《制止恐怖主义爆炸事件的国际公约》第2条第1款的规定。

(二) 主观特征——特定性

恐怖主义共同的主观特征在于恐怖主义分子不是为了个人的目的，而是为了特定的政治目的、社会目的或者宗教目的，虽然实现政治目的占有很大比重，但其也只是恐怖主义的主观要件的一个组成部分，而不是全部。② 恐怖主义分子通过恫吓敌人、争取对话、使敌人撤退等方法，制造恐怖，从而实现其政治、宗教或者其他社会目的。

(三) 主体特征——组织性

组织性体现在两个方面：一是主体的组织性。有时恐怖活动的直接实施者可能只是一个或者几个人，但是，他们绝不是孤立的，他们的行为是其所属组织的行为，在他们的背后体现的是一个有着相当经济与军事实力的利益集团；二是行动的组织性。恐怖活动是专门从事恐怖主义活动的组织发起和策划的，经过严密的部署和详尽的分工有序地实施具体的犯罪。因此，有学者曾评价说："这类活动一般都是有备而发，即事先经过精心策划和严密准备……而在实施中也往往有遥控指挥或某种其他人密切配合，实施后也有专人负责逃跑藏匿的安置工作。"③

(四) 客体特征——对象的无辜性

沃尔特·拉奎尔认为："恐怖主义犯罪是指为了达到政治目的对无辜对象的人们非法使用暴力。"恐怖主义侵害的对象是广泛的社会大众，而这些被侵害对象的共同特征就是无辜性。无论恐怖活动分子出于何种动机，他们侵害的对象都是那些无辜的受害者。

以上就是对恐怖主义的定义和特征的分析，由此可以得出两个结论：第一，恐怖主义给世界各国都造成了不同程度的损害，是世界和平与安全的重大隐患，因此，为了维护本国利益和世界和平，各国都不同程度地加入了反恐行列，加强交流与合作，积极推进反恐进程；第二，鉴于恐怖主义未有统一定义所造成的不利后果，国际社会应尽快达成共识，以解决此问题，这对促进国际反恐工作的有效合作有着重要意义。

从国际立法来看，联合国和国家组织制定的关于反恐的国家条约相继出台，如1963年《关于在航空器内的犯罪和其他某些行为的公约》、1970年《关于制止非法劫持航空器的公约》和1998年《制止恐怖主义爆炸事件的国际公约》等。从国内立法来分析，美国、英国和俄罗斯等国都对反恐斗争进行了立法，而美国的反恐立法一直处于领先地位。但由于

---

① 参见阮传胜：《恐怖主义犯罪研究》，北京大学出版社2007年版，第48页。

② 阮传胜：《恐怖主义犯罪研究》，北京大学出版社2007年版。作者在第49页写道："笔者认为，是否具有政治目的只是恐怖主义犯罪的主观要件中的一个组成部分。"

③ 阮传胜：《恐怖主义犯罪研究》，北京大学出版社2007年版，第50页。

本章主要立足于美国恐怖活动这一例外，因此，既不会对其他国家的反恐立法逐一进行分析，也不会对美国的每一项反恐立法进行讨论，下面仅针对美国的恐怖活动详细进行论述。

第二节　美国的恐怖主义例外

一、背景回顾

上述提到，美国是恐怖袭击的首选对象。据资料统计，1968—2003 年，全球共发生反美恐怖袭击活动 6447 起，平均每年 179 起，这与全球恐怖袭击事件的总量相比，美国当之无愧是恐怖主义最主要的打击对象。[①] 而 2001 年发生的"9·11"事件更是震惊了世界，成为到目前为止造成人员伤亡和财产损失最严重的一次恐怖袭击。它不仅直接导致了 3447 人的死亡和世贸中心大楼的被毁，还使美国资本市场遭受 1000 多亿美元的损失，甚至有人揣测之后美国爆发的经济危机都可能与之有关。自此美国宣布进入了恐怖袭击的"高危期"，并将反恐作为国家安全战略的第一要务。2011 年 2 月 9 日，在"9·11"事件爆发近十年的时候，美国国土安全部长珍妮特·纳波利塔诺在华盛顿警告说，美国正面临"9·11"恐怖袭击事件以来最严峻的安全形势，除了基地组织和塔利班以外，美国还面临来自其他恐怖组织的威胁，有些恐怖组织甚至已经渗透到美国国内，其中不乏有美国公民，而这个变化给识别和防范恐怖分子带来了更大的困难。[②]

恐怖主义在本质上是一个社会问题，恐怖主义的形成也有着深刻的社会原因。正如美国学者哈克所说："恐怖主义不是从真空中产生的，它是一种对社会现实的激进反应，恐怖主义的泛滥正是基于对社会不公正的强烈反感和不满。"[③] 撇开经济差异以及民族矛盾、宗教矛盾等诱因不谈，恐怖主义泛滥的一个最重要的原因即是霸权主义和强权政治，而这又恰恰解释了为什么美国成为恐怖组织的头号袭击对象。因为冷战结束后，美国成为世界上唯一超级大国，其他国家的综合国力都无法与之相抗衡，这种"一超多强"的国际局势也大大刺激了美国称霸世界的野心，于是一种取代欧洲列强传统霸权主义的新霸权主义诞生了。冷战后其最突出的表现就是美国在国际事务上竭力推行新干涉主义与单边主义，鼓吹应由美国主导国际秩序，并运用外交谈判、经济制裁、军事干预等多种手段，借以打击那些违反美国制定的国际规则的力量，进而按美国的价值观建立所谓的世界新秩序，最大限度地满足美国的国家利益。[④]

---

① 参见胡联合：《全球反恐论 恐怖主义何以发生与应对》，中国大百科全书出版社 2011 年版，第 156 页。

② 《美国称正面临 9·11 以来最严峻安全形势》，载中国日报网，http://www.chinadaily.com.cn/hqgj/2011-02/10/content_11974431.htm? navigation＝1，2012 年 3 月 38 日访问。

③ 孙宝财、吴志飞：《谈恐怖主义的形成发展及反恐对策》，载《武警学院学报》2009 年第 5 期，第 90 页。

④ 参见李悦勤：《试论国际恐怖主义蔓延的原因》，载《武警学院学报》2004 年第 3 期，第 80 页。

这具体表现在以下四个方面：第一，干涉行为。冷战结束后，美国以世界主宰者自居，任意干涉别国内政、践踏别国主权之行为频繁发生，甚至在某种程度上美国政府还实施了恐怖行为。如美国曾针对其政敌国家进行了包括爆炸、暗杀、绑架、投毒等广泛的恐怖活动。① 这些干涉行为自然引起了受害国家的不满与反抗，为了维护自己的生存权利和国家（民族）利益，他们纷纷加入了反美斗争行列。但苦于无论是从政治、经济还是军事科技方面都处于劣势地位，他们只能采取极端的形式——加入恐怖组织来进行反美斗争。② 第二，支持行为。当今国际社会充满着矛盾冲突，国家之间、民族之间、宗教之间本来就存在着激烈的矛盾斗争，而美国为了维护自己的利益，往往会在冲突双方中根据自己的利益需要选择支持一方，压制另一方。③ 最典型的例子就是美国与以色列的关系。以色列政府长期奉行具有民族主义、犹太复国主义色彩的地区霸权主义政策，是中东地区长期流血冲突的根本原因。但对于这样的一个国家，美国历届政府都是采取支持、偏袒的态度，大大刺激了这一地区的众多穆斯林分子，他们将美国视为大敌并通过恐怖活动予以惩罚。曾有一份阿拉伯文报纸赫然刊出如下内容：杀死美国人和他们的盟友，不论是军队还是平民，是每个穆斯林的任务，我们在真主的帮助下号召每个穆斯林都来杀死美国人。④ 反美情绪，可见一斑。第三，双重标准。在对待恐怖主义问题上美国一向实施双重标准，其实质是典型的实用主义。⑤ 在科索沃危机中，美国为控制巴尔干这一敏感地区，极力扶植南斯拉夫境内的民族分裂主义组织——科索沃解放军。在此之前，该组织曾被美国认定为恐怖主义组织。正是在美国的纵容支持下，该组织在南斯拉夫的恐怖主义行动不断升级。尔后，以美国为首的北约对南联盟的狂轰滥炸造成了严重的人道主义灾难。⑥ 美国的霸权主义国际政策，使这一地区人员对其产生了仇视情绪，直至酿成了震惊世界的"9·11"惨剧。第四，反恐行为。源于不断遭受的恐怖袭击，使得美国很早就建立了反恐组织机构和运行机制。但是"9·11"事件才使得美国政府将恐怖主义视为最重要、最现实、最紧迫的威胁，并发动了对阿富汗塔利班政权和"基地"组织的大规模军事打击。2003年3月，美国又绕开联合国悍然对伊拉克实施军事打击。而伊拉克战争后，美国又相继对叙利亚和伊朗实施打击措施，这更引起了中东人民的反感。这种以暴制暴的做法无疑会导致恐怖活动的继续增加。美国在全球范围内推行霸权主义和强权政治，使美国成为世界矛盾的中心，反美恐怖组织不断涌现，反美恐怖袭击亦愈演愈烈。

---

① 参见王存刚：《霸权主义是恐怖主义的重要诱因——关于恐怖主义产生根源的一种解析》，载《社会主义研究》2006年第4期，第103页。

② 参见刘仁山、尹生、简基松、邓烈主编：《国际恐怖主义法律问题研究》，中国法制出版社2011年版，第46页。

③ 孙宝财、吴志飞：《谈恐怖主义的形成发展及反恐对策》，载《武警学院学报》2009年第5期，第91页。

④ 刘仁山、尹生、简基松、邓烈主编：《国际恐怖主义法律问题研究》，中国法制出版社2011年版，第46页。

⑤ 李悦勤：《试论国际恐怖主义蔓延的原因》，载《武警学院学报》2004年第3期，第80页。

⑥ 孙宝财、吴志飞：《谈恐怖主义的形成发展及反恐对策》，载《武警学院学报》2009年第5期，第91页。

作为全球最主要的进攻目标，美国深受恐怖主义之害。然而，频繁地遭受攻击也在客观上促使美国的反恐斗争走在世界各国的前列。除了积极调整战略部署，将反恐斗争作为国防的重点，对恐怖组织进行军事打击外，美国的恐怖立法更是得到了不断完善。一方面，美国积极参加一系列反恐的国际条约，加强反恐的国际合作，促进了世界反恐斗争的发展；另一方面，美国每年也花费大量反恐资金，完善国内立法，以更有效地打击恐怖势力。

二、恐怖主义例外的立法演变

在 1989 年阿根廷共和国诉阿梅拉达·赫斯案（Argentine Republic v. Amerada Hess）和 1993 年沙特阿拉伯诉纳尔逊案（Saudi Arabia v. Nelson）中，美国最高法院认为《外国主权豁免法》是在美国法院起诉外国国家的唯一法律依据，该法并没有剥夺所谓严重侵犯人权的国家的豁免权，进而没有支持原告的请求。① 因此 1993 年一些国会议员提出修订《外国主权豁免法》，增加外国国家对美国公民实施酷刑或法外处决的豁免例外。但由于美国国务院的反对，该法案最终没有通过。②

1996 年，在俄克拉何马城爆炸事件发生后，国会迅速通过了《反恐怖主义和有效死刑法》，将先前在国家主权豁免例外中加入恐怖主义例外的提议整合到国家主权豁免法体系中。具体规定为：因酷刑、法外处决、破坏航空器、劫持人质造成的人身伤亡而向外国国家寻求金钱损害赔偿的前提是，该国官员、雇员或职员在工作范围内向实施上述行为者提供了支持。但是在行为发生时，该国不是国务院根据《出口管理法》或《对外援助法》确定的恐怖主义资助国的，法院不予受理，除非此类行为结果发生后该国被国务院追加为恐怖主义资助国。此外，即使一国在国务院指定的恐怖主义资助国名单内，③ 但涉案行为发生在该国境内且原告没有根据公认的国际仲裁规则向其提供进行仲裁合理机会的或原告不是《移民与国籍法》中规定的美国公民的，法院不得受理。④

此后国会多次修正这一例外以方便当事人判决的产生与后续执行，甚至为了使某一当事人受益就修正该例外，导致其适用呈现出越发宽松的趋势。

（一）萌发：被告和请求权范围的扩大

恐怖主义例外使得大量案件涌入美国联邦法院和各州法院。其中，留学以色列的美国人弗拉陶在一次由伊朗资助的自杀式恐怖主义爆炸中身亡。其家属针对伊朗的起诉遇到了被告不适格以及无法寻求惩罚性赔偿的障碍。⑤ 在此例外仅生效实施 5 个月后，美国国会受弗拉陶亲属及律师游说的影响，颁布了《恐怖主义资助国的民事责任法》，又称为"弗拉

---

① Argentine Republic v. Amerada Hess, 488 US 428 (1989); Saudi Arabia v. Nelson, 507 US 349 (1993).

② Allan Gerson and Jerry Adler, *The Price of Terror*, New York, Harper, 2001, pp. 213-214.

③ 截至 2021 年清单包括伊朗、朝鲜、苏丹和叙利亚。

④ Pub. L. No. 104-132, 110 Stat. 1214, sec 221.

⑤ Flatow v. Islamic Republic of Iran, 999 F. Supp. 1 (D. D. C. 1999).

陶修正案"。该修正案被整合到 FSIA 的注释部分中：恐怖主义资助国名单中国家的官员、雇员或代理人在其职责范围内实施资助恐怖主义行为造成美国国民伤亡的，不享有豁免权。原告寻求的损害赔偿包括经济损失、抚慰金、精神损害赔偿以及惩罚性赔偿。① 简言之，弗拉陶修正案除了加入惩罚性赔偿外，还进一步扩大了恐怖主义例外的被告范围，涵盖到为国家行事的个人。

(二)扩张：适格原告与执行范围的扩大

美国公民史密斯的非美国籍妻子在洛克比空难中死亡，当时法律规定只有遇难者为美国公民，其家属才可通过恐怖主义例外主张赔偿。因此，法院驳回了其诉讼请求。② 为此，国会于 1997 年通过了《美国法典第 28 卷关于对恐怖主义国家提起诉讼的管辖权技术性修正》，将恐怖主义例外的适格原告的表述为：原告或受害者为美国公民。③ 即只要受害人或其亲属之一为美国公民便可起诉恐怖主义支持国，不再要求受害者为美国公民。这为史密斯的诉讼扫清了障碍，其最终获得了有利判决。④

1997 年修正案还在第 1605 条增加了两项内容。第 1 项规定：术语"酷刑"和"法外处决"采 1991 年《酷刑受害者保护法》第 3 条规定的定义；术语"劫持人质"采用《反对劫持人质国际公约》第 1 条的定义；术语"破坏航空器"采用《关于制止危害民用航空器安全的非法行为的公约》第 1 条的定义。⑤ 此外，修正案还增加规定了"发现程序的限制"的内容：在如果不是"恐怖主义例外"外国国家就能够得到豁免的案件中，法院根据司法部部长的请求，应该暂停司法部部长确信任何将对刑事调查或起诉、或将对国家安全造成严重干扰的关于发现程序的请求、要求或命令，直到司法部部长告知法院此类请求、要求或命令不再构成妨碍时为止。发现程序暂停令自发布之日起 12 个月内有效。如果调查仍对刑事调查或起诉，或对国家安全造成严重干扰，法院应该根据司法部的提议再发布一个有效期为 12 个月的暂停发现程序的命令。但是行为发生 10 年后将不允许发布暂停令，只有当法院认为发现程序对人的生命或人身安全存在严重威胁或存在影响美国国际合作能力等情况的实质可能性时才可以暂停。

在执行方面，修正案还增加第 1610 条第 1 款第 7 项和第 1610 条第 5 款规定，只要外国国家不能依据 1605 条第 1 款第 7 项得到豁免，则无论其财产现在或过去是否与诉讼请求所基于的恐怖活动有关，而且外国通过美国法律(如《禁止与敌贸易法》)所禁止或管制的交易所取得的财产都可以得到执行。财政部长和国务卿应采取一切手段充分、及时和有效地协助执行此类判决。⑥

---

① Omnibus Consolidated Appropriations Act, Pub. L. No. 104-208, § 589, 110 Stat. 3009, 3172.

② Smith v. Socialist People's Libyan Arab Jamahiriya, 101 F. 3d 239 (2nd Cir. 1996).

③ P. L. 105-11; H. Rept. 105-48 (April 10, 1997).

④ Rein v. Socialist People's Libyan Arab Jamahiriya, 568 F. 3d 345 US App (2nd Cir. 2009).

⑤ 28 USC. A. § 1605(e).

⑥ 郭玉军、徐锦堂、王菁、张飞凤：《美国国家豁免法的历史演进及其发展新动向》，载《国际法与比较法论丛》第 12 辑，中国方正出版社 2002 年版，第 448 页。

（三）波动：限制个人诉权后的反弹

恐怖主义例外的适用也曾短暂地被限缩过。在 2004 年西奇皮奥·普埃洛诉伊朗案（Cicippio-Puelo v. Islamic Republic of Iran）中，第七巡回法院便对此进行了限缩性解释。法院认为 FSIA 只是列举了四项恐怖主义行为资助国不享有豁免的情况，但并未赋予个人相应的诉权。以恐怖主义例外为由起诉外国国家需要在其他实体法上找到对应的依据。① 但随后国会在 2008 年通过的《国防授权法》中明确规定：个人可以直接依据 FSIA 起诉资助恐怖主义的国家，以获得民事赔偿。② 在其后的莱布维奇诉伊朗案（Leibovitch v. Islamic Republic of Iran）中，第七巡回法院便放弃了西奇皮奥案中确立的原则，直接将恐怖主义例外视为原告的请求权基础。③

（四）再扩张：传统路径外的全新路径

在"9·11"事件受害者家属针对沙特阿拉伯的诉讼中，法院因沙特阿拉伯不在美国国务院制定的恐怖主义资助国名单中而驳回了原告的起诉。④ 2016 年国会否决了奥巴马总统的否决，通过了《针对恐怖主义资助国的正义法》，使得有关沙特的诉讼被重新提起。⑤该法对恐怖主义例外进行了进一步扩张：只要外国在美国实施了国际恐怖主义恶行；该国或其政府官员、雇员或代理人不论在何地实施的侵权行为或国家行为造成了美国境内的伤亡，便不再享有豁免权。⑥ 其不再要求相关国家在国务院制定的恐怖主义资助国名单内。这就意味着在美国境内的任何人，只要因他国实施的恐怖主义行为遭受了损失便可向美国法院提起诉讼，而不论该国是否为美国官方认定的恐怖主义资助国。

该法将恐怖主义定义为："违反美国或任何州刑法的暴力行为或危及人身安全的行为，或在美国或任何州的管辖范围内故意实施的通过恐吓或胁迫平民人口，以恐吓或胁迫的方式影响政府的政策或通过大规模毁灭、暗杀或绑架来影响政府行为的构成犯罪的行为，且此行为或完成这些行为的手段主要发生在美国领土管辖范围之外。有意恐吓或胁迫的人或犯罪者活动或寻求庇护的地点跨越国界。恐怖主义行为不包括战争行为。"⑦

可见，恐怖主义例外在发展的过程中呈现出逐步扩张的趋势并发展出向外国国家提起民事诉讼的两条路径。其一是传统路径，即原告因被告资助的组织实施的酷刑、法外杀人、飞机破坏、劫持人质四种行为遭受人身或财产损失而提起诉讼，且该国在国务院制定的恐怖主义资助国名单内。其并不要求恐怖主义行为或结果发生在美国境内。此类民事诉

---

① Cicippio-Puelo v. Islamic Republic of Iran, 353 F. 3d 1024, 1028（D. C. Cir. 2004）.

② National Defense Authorization Act for Fiscal Year 2008, Pub. L. 110-181, section 1083（c）, 122 Stat. 3.

③ Leibovitch v. Islamic Republic of Iran, 697 F. 3d 561, 562（7th Cir. 2012）.

④ Burnett v. Al Baraka Inv. & Dev. Corp., 349 F Supp 2d 765, 793-794（SDNY 2005）.

⑤ Theodore Hammers, *The Foreign Sovereign Immunities Act*：*Effects on the Victims and Families of 9/11*, Willamette Journal of International Law and Dispute Resolution 25, 2018, pp. 101-120.

⑥ Pub. L. No. 114-222, 130 Stat. 852.

⑦ 18 USC. § 2331 & 28 USC. § 1605B.

讼既可以在联邦法院进行也可在各州法院进行。其二是 2016 年新增的路径，若被告在美国实施的国际恐怖主义恶行和不论其在何地实施的恐怖主义行为(不限于传统的四种情形)在美国境内造成了人身伤亡或财产损失，则不论该国是否在名单上均不享有豁免。如果被诉行为发生在被告国境内，原告必须向被告提供申请国家仲裁的机会后才可向美国法院起诉。

恐怖主义例外是非商业侵权例外的扩大和发展，它突破了传统非商业侵权的领土要求，并不要求恐怖活动发生在美国境内。当然它也存在一定的限制条件且与政治联系密切，例如，若司法部部长能证明原告审查证据的请求可能会干扰刑事调查或控诉或妨碍国家安全，则被授权可以暂缓该请求，并且暂缓期限可以长达 10 年，如果 10 年后，司法部部长觉得仍旧需要暂缓审视证据的请求，则可以请求法院批准，而法院可自由决定是否需要延长期限的长度。

三、恐怖主义例外的适用条件

第 1605 条第 1 款第 7 项是作为美国 1996 年《反恐怖主义和有效死刑法》(*The Antiterrorism and Effective Death Penalty Act*，以下简称 AEDPA)一部分规定在 FSIA 中，AEDPA 的目的是对外国政府或者其代理人实施的针对美国的恐怖行为进行审判，从而为美国的受害者讨回公道。恐怖主义例外诞生后，大量案件涌入法院。虽然美国国会和行政当局不希望法院干涉其处理外交事务的权力，但 FSIA 的确将法院置于反恐的激烈战斗中。根据 2008 年新修订的 FSIA 第 1605 条第 1 款的规定，[①] 并结合哥伦比亚法院的司法判例，可以总结恐怖主义例外适用必须满足以下几项要求：

(一)总括要求

美国 FSIA 和 Flatow[②] 修正案规定，原告要针对外国国家提起一项有效的诉讼，就必须对下列七个基本要求进行举证：(1)该人身伤害或者死亡是由于酷刑、法外处决、破坏航空器和劫持人质的行为所致；(2)该外国政府或者其代理人实施该犯罪行为受到该本国的物资支持；(3)该物资支持得到外国国家的授权；(4)该外国国家已被列为恐怖活动支持者的名单；(5)原告给予该外国国家进行仲裁申辩的合理机会；(6)受害者或者原告在事故发生时为美国公民；(7)美国政府的代理人、官员和雇员实施类似行为在美国也是可被诉的。[③]

而哥伦比亚特区法院规定原告提供的证据必须满足法院的如下要求：(1) 该人身伤害或者死亡是由酷刑、法外处决、破坏航空器或者劫持人质的行为造成；(2)该行为是由被告外国国家直接实施或者是由其提供物资支持或资源的非政府武装实施的；(3) 该行为或

---

①　Crowell & Moring LLP, *The Foreign Sovereign Immunities Act*: 2010 *Year In Review*, Law & Business Review of the American, 2011, p. 637.

②　Flatow v. Islamic Republic of Iran, 305 F. 3d 1249(2002).

③　Andrew Dickinson, Rae Lindsay and James P. Loonam, *State Immunity*: *Selected Materials and Commentary*, Oxford University Press, 2004, p. 271.

者该物资支持或资源是由外国国家的官员、职员或者代理人在其职权、雇佣或者代理权限范围内实施的；（4）该外国国家在行为发生时或者后来因为上述该行为被认定为支持恐怖活动的国家；（5）如果上述该事件发生在被告国家领土内，那么原告就必须已经提供被告国家合理机会对该争议进行仲裁；（6）该原告或者受害者在事件发生时是美国国民；（7）该类似行为如果是由美国政府的官员、职员或者代理人在美国领域内实施的，也是可诉的。①

在具体案件如 Nikbin v. Islamic Republic of Iran② 一案中，贝茨法官就针对伊朗的酷刑提起的索赔请求是否符合法定要求作出以下分析：（1）伊朗已经被列为是资助恐怖活动的国家之一；（2）这项认定在被争诉行为发生时（或者由于该行为被认定）是有效的；（3）根据被送达给被告的文件，原告提供了伊朗以仲裁的合理机会；（4）在被宣称行为发生时原告是美国国民；（5）该行为属于法条认定的四种行为或者为此类行为提供物资支持或资源的一种；（6）判断该类行为是否构成《酷刑受害者保护法》所定义的酷刑行为。

（二）对酷刑等恐怖行为的认定

根据 FSIA 第 1605 条，外国国家对其官员、雇员或代理人，在其职权、雇佣或代理权限范围内实施的酷刑、法外处决、破坏航空器、劫持人质的行为负责；并且这些行为的定义都是与国际条约中的相关规定一致。但也有人认为 FSIA 不应仅包含"酷刑、法外处决、破坏航空器和劫持人质"这四种犯罪行为，希望国会能够扩大恐怖行为的范围。且这些术语也有被狭义解释的嫌疑，如 AEDPA 定义的酷刑行为是"极其严重的、足够残忍……千夫所指的犯罪行为"，并且实施这些犯罪行为必须带有目的性，否则这些国家就不会被剥夺豁免权，"除非他们被控诉给予了实际折磨，且不是仅仅的警察暴力"。③ 同样地，劫持人质行为也被狭隘地定义为：这样的拘留是带有让第三方违背其意愿而做其不愿意做的事情的目的（大致是政治性的），否则仅仅违背受害者意愿的禁闭甚至不当拘留，都不能满足 FSIA 例外情形中劫持人质的要求。上述 Nikbin v. Islamic Republic of Iran 一案的贝茨法官对此解释说，用电缆持续地电击脚底是酷刑；一直被倒挂着是酷刑；鞭笞也有可能是酷刑，但不是每一个针对因犯适用的暴力都是酷刑。特别是各种形式的拘留并不一定都被认定为是酷刑。

2016 年美国国会通过的《针对恐怖主义资助国的正义法》将恐怖主义定义为："违反美国或任何州刑法的暴力行为或危及人身安全的行为，或在美国或任何州的管辖范围内故意实施的通过恐吓或胁迫平民人口，以恐吓或胁迫的方式影响政府的政策或通过大规模毁灭、暗杀或绑架来影响政府行为的构成犯罪的行为，且此行为或完成这些行为的手段主要发生在美国领土管辖范围之外。有意恐吓或胁迫的人或犯罪者活动或寻求庇护的地点跨越国界。恐怖主义行为不包括战争行为。"④可见，美国笼统地将本国刑法规定的暴力行为以

---

① Cicippio-Puleo v. Islamic Republic of Iran, 353 F. 3d 1024 (D. C. Cir. 2004).

② Nikbin v. Islamic Republic of Iran, 471 F. Supp. 2d 53, 60-61 (D. D. C. 2007).

③ Price v. Socialist People's Libyan Arab Jamahiriya, 294 F 3d 82, 93 (D. C. Cir. 2002).

④ 18 USC. § 2331 & 28 USC. § 1605B.

及危害人身安全类犯罪定性为恐怖主义行为，大大扩张了恐怖主义例外的适用范围。

（三）对物资支持或者资源的认定

因为涉诉恐怖活动常常是由代理人实施的，因此物资支持或者资源这项内容是很多恐怖主义索赔请求案件中的关键因素。先前 FSIA 第 1605 条第 1 款第 7 项是根据其刑法典第 2339 条第 1 款第 2 项①对此下了定义。它规定："（1）'物资支持或资源'是指任何有形或无形的财产或者服务，包括货币或者货币工具或者金融有价证券、住宿、训练场地、专家指导或者帮助、避难所、伪造的文件或者证件、通信设备、设施、武器、致命物质、爆炸物品、成员，以及运输装备，但药品和宗教物品除外。"总体上，新第 1605 条第 1 款也是参考刑法典第 2339 条第 1 款来确定"物资支持或者资源"的。由于判例法中对"避难所"这一词语解释得相对欠缺，有观点主张将避难所限定为分散的建筑物或构筑物，邓肯法官在 Rux v. Republic of Sudan 一案中对此表示反对，并认为应该对这一词作扩大理解到"包括利用一国国内领土作为恐怖分子的作战基底"。② 邓肯法官暗示说立法历史表明了一个目的，那就是应该将这些词语放在试图遏制暗地支持恐怖活动代理人这一大背景下进行理解。邓肯法官还说，原告必须提供事实以足够"在国家对恐怖组织提供物资支持和由此恐怖袭击造成的损失之间建立合理的联系"，广泛的支持组织的恐怖主义活动作为一个整体来看可能就足够了。

Rux v. Republic of Sudan 一案的上诉法院肯定初审法院支持原告诉请的立场，同意初审法院对苏丹政府资助行为的认定，苏丹政府允许恐怖行为实施者进入其境内，并与之经营投资，减除对方税收义务和责任，让其开展恐怖活动训练营活动，这些符合了"物资支持或者资源"中的金融服务、避难所等要求。根据 AEDPA 形成的判例法，一般只要求物资支持或资助必须发挥了作用。至于提供物资支持或者资源是否必须与案件中争议的恐怖行为有直接联系，要求并不十分明确。在 Flatow 案中，法院认为原告并不需要确定外国国家对恐怖分子所提供的物资支持或者资源与该案的原因行为有直接的联系，外国国家对造成人身伤害或者死亡的恐怖组织的赞助就足以构成对其行使管辖权。也就是说，根据雇主负责原则，如果一个国家的代理人、官员或者雇员向恐怖组织提供物资支持，则该支持的规定就被认为是在其代理、职务或者雇佣权限范围内。最近法院的一些判决也认定物资支持或资源并不要求提供给恐怖组织的资金直接被追溯到涉案恐怖行为。因为毕竟资金是可互换的，且我们也不能指望恐怖组织在记账簿上认真记下每一笔资助。③

但根据 2008 年新修订的 FSIA 第 1605 条第 1 款第 7 项，原告必须对资助行为和被告国家知道且想要促进该犯罪行为之间存在直接关系进行举证，证明该外国国家对恐怖集团提供了物资支持，且该资助行为是原告造成伤害的直接原因。光凭宣称一外国国家对恐怖组织提供了资金是不足以让其对一系列犯罪行为承担责任的，原告还必须因为该犯罪行为遭受痛苦，且被告国家的物资支持构成近因。对于这一近因原则，美国国内也有不同的声

---

① 18 USC. A. § 2339A(b)(1).

② Rux v. Republic of Sudan, 461 F. 3d 461, 470(2006).

③ Kilburn v. Socialist People's Libyan Arab Jamahiriya, 376 F. 3d 1123, 1130 (D. C. Cir. 2004).

音，他们举例说，是不是一国带着期望恐怖集团劫持人质的目的而向其提供物资支持或资源，恐怖集团却为了不相干的目的花费了这笔资助(例如，建了一家自助餐厅)，然后原告就可以起诉该国，因为该伤害直接由这笔资助造成(譬如，在这家自助餐厅滑倒)？①

除此之外，美国国会对此类诉讼也设置了一个重要的限制，即"不能仅依据 AEDPA 针对美国官员、职员或者代理人对在其职权、雇佣或者代理权限内在美国实施此类行为进行诉讼，即他们不会在此法案下承担责任"。

(四) 对支持恐怖活动国家名单的确定

并不是所有国家都可以被诉，相反，只有被告国家已经被美国国务院列入"支持恐怖活动国家"的名单，才会丧失豁免权，才会依据 AEDPA 和 FSIA 被起诉。② 当然国务院支持恐怖活动国家的黑名单会不断发生变化，如美国 2003 年就将伊拉克从黑名单删除，而曾经在黑名单上的朝鲜 2010 年也没有再出现在黑名单上。美国国务院 2010 年 8 月 5 日发布的 2009 年度全球恐怖主义形势报告，和 2008 年一样，继续将伊朗、苏丹、古巴和叙利亚四国列入所谓"支持恐怖主义国家"的黑名单。③ 一旦国家被列入名单，就意味着要承担着潜在的责任。即使之后外国国家被移出名单，它也必须为它在名单时所发生的相关恐怖活动负责。在 Murphy v. Islamic Republic of Iran④ 一案中，贝鲁特轰炸事件中的幸存者美国海军军人和遇难者的亲属们向法院提起了针对伊朗及其安全部实施的不法杀戮、袭击、虐待、精神折磨等犯罪行为的各种赔偿诉讼。法院在确定可以行使管辖权后，就首先指出伊朗曾是美国国会所列的"支持恐怖活动的国家"之一，且在贝鲁特轰炸事件发生时仍是该名单上的国家，即使之后在黑名单上被删除。

其实，对于授权国务院界定一个国家的"资助恐怖活动国家"身份是否合适也引起了是否违宪问题的讨论。第二巡回法院举出了两个国务院决定可以影响司法权的情形：关于一个岛屿是否属于美国领土的决定，和声称的外国政府是否某一外国国家的代表的决定。这两个情形都涉及对争议实体主权身份的评估。但有关恐怖主义例外的案件并不存在对主权国家行为的评估，因为它们的主权身份毫无疑问。但法院又认为，国会制定支持恐怖主义国家名单这一行为本身并不构成违宪问题，真正涉及违宪问题是在于如何决定哪些外国国家可能被添加到资助恐怖活动国家名单，而哪些国家可能被移除出这个名单。因为在这一过程中，三权分立这一原则荡然无存。⑤

同时，第 1605 条第 1 款还涉及对主权国家的歧视问题。通常来说，如果资助恐怖活

---

① Wyatt v. Syrian Arab Republic, 362 F. Supp. 2d 103, 111 (D. D. C. 2005).

② Michael A. Rosenhouse, J. D., *State-Sponsored Terrorism Exception to Immunity of Foreign States and their Property Under Foreign Sovereign Immunities Act of* 1976, 28 *USC. A.* § 1605(*a*)(7), American Law Reports ALR Federal, 2002, p.176.

③ 《美国再将伊朗等四国列入支持恐怖主义黑名单》，载中国日报网，http://www.chinadaily.com.cn/hqgj/2010-08/06/content_11107759.htm? navigation=1，2012 年 4 月 17 日访问。

④ Murphy v. Islamic Republic of Iran, 740 F. Supp. 2d 51(2010).

⑤ Lewis S. Yelin, *Head of State Imuunity as Sole Executive Lawmaking*, Vanderbilt Journal of Transnational Law, 2011, p.911.

动国家不享有豁免权，那么所有国家在相同情况下都不该享有豁免权，包括美国自身，尽管每一个案件中的不法行为都是有所区别的。因此，在2016年的恐怖主义新路径中，国务院的恐怖主义黑名单便不再发挥作用，任何一个国家都有可能在美国面临恐怖主义例外诉讼。

（五）提供合理的仲裁机会

如果外国国家在支持恐怖活动名单上，除非它在国内被提供了就该诉求进行仲裁的合理机会，否则它仍享有豁免权。该仲裁要求因此延伸出两个问题：及时与合理，即给予怎样的时间才是及时的，以及什么情况下才算合理的。在法院看来，仲裁要求并不是根据恐怖主义例外进行申诉的前置条件，它只是为了给该外国国家充分的时间进行考虑和应诉，而且外国国家也可以放弃这个机会。在 Murphy v. Islamic Republic of Iran[1] 一案中，法官就推定，因为伊朗政府放弃了进行仲裁申诉的机会，因而法院可以在其他条件满足的情况下，行使管辖权。当然，仲裁要求作为法院具备管辖权的重要内容，必然导致法院会很敏感地将这一标准应用于实际审判中。

（六）其他问题

1. 管辖权

这里主要有属地管辖权和属人管辖权两个问题。哥伦比亚特区法院在审理被告是某一外国国家的案件时，如果有一项国家豁免例外情形可以适用，那联邦特区法院就可以行使属地管辖权；但如果一项诉求不能归于任何一项例外情形，那么联邦法院就缺乏管辖权，在这样的案件中，外国国家也可以豁免于州法院的管辖权。而对于属人管辖权，法院在审理恐怖活动案件时认为如果国家豁免例外的标准被满足，并且依据 FSIA 送达也是有效的，[2] 那么就其自身而言就足以符合属人管辖权，如在 Mary v. Syrian Arab Republic[3] 一案中，上诉法院针对叙利亚提出初审法院缺乏属人管辖权质疑时回答说，按照相关法律规定，在该案中很明显存在符合要求的属人管辖权。因为送达程序符合 FSIA 第1608条规定的送达程序，并且法院对这项诉求也有属地管辖权。

2. 起诉资格

能够就恐怖活动遭受的损失提起民事赔偿之诉的，有受害者及其直系亲属，直系亲属包括配偶、子女、父母、兄弟姐妹。亲属并不能够代表受害者提起诉讼，但是可以基于他们自己的损害请求赔偿。另外已经应受害者要求进行赔付的实体，可以承继受害者的权利，法院批准该第三方的索赔请求。如当第三方保险人对受害人进行了理赔后，也可以作为适格原告对被告提起赔偿之诉。另外，军人作为非战斗人员执行维和任务并且行为符合和平时期交战规则，就可以依据 AEDPA 获得权利救济。当然毫无疑问，原告或者受害者

---

[1] Murphy v. Islamic Republic of Iran，740 F. Supp. 2d 51（2010）.

[2] George L. Blum，J. D，*Sufficiency of Service of Process Under Foreign Sovereign Immunities Act*（*FSIA*），28 *USC. A. §* 1608，American Law Reports ALR Federal 2d，2012，p.155.

[3] Mary v. Syrian Arab Republic，266 Fed. Appx. 1，2008 WL 441828（C. A. D. C.）.

首先必须是美国国民。

3. 诉讼时效

第 1605 条第 6 款规定了诉讼时效，即除了特别时期的合理中断，恐怖活动的诉讼时效通常情况是 10 年，超过此期限，国家又恢复了其豁免权。在 Vine v. Republic of Iraq① 一案中肯尼迪法官就认为此法条中的"别样的豁免""中断"不应该优先于 AEDPA 有关中断时效条款的适用。同时肯尼迪法官提示说："重要的是，华盛顿巡回法院一直认为合理的中断并不使诉讼时效根据中断期间的长度自动地延长。"之后，华盛顿法院想要解释这矛盾的权利，认为华盛顿法院并不需要解决关于合理中断规则的问题，因为从字面上理解，在诉讼时效被中断的期间，该条款赋予了被告国家以豁免权。因此，原告显然应该谨慎对待这一问题。

4. 惩罚性赔偿

新第 1605 条第 1 款又规定了惩罚性赔偿的索赔，而这可能会导致很多相关案件会利用这一条款。曾经，有悖于适用于国家主权（区别于代理机构和媒介）的正常规则，惩罚性赔偿也被适用于恐怖行为索赔中。随后国会废止了默许惩罚性赔偿适用于主权国家的规定，但惩罚性赔偿还适用于针对国家代理机构和媒介的索赔中。因为国家的政治分机构区别于国家代理机构和媒介，因此惩罚性赔偿也不能适用于针对它们的索赔请求。这种禁止将惩罚性赔偿适用于外国国家在 FSIA 中被重申，其中第 1606 条就规定了外国国家对惩罚性损害赔偿不负责任，但国家代理机构或者媒介除外。② 但新第 1605 条第 1 款想要恢复对现有案件中或者曾经被起诉的国家本身恢复适用惩罚性赔偿，于是惩罚性赔偿问题已经陷入巨大的混乱，使得原告必须对执行部门和国会的动态予以高度关注。事实上，在第 1605 条第 1 款新规定的惩罚性损害赔偿诞生不久，兰伯思法官就表示，增加的惩罚性赔偿判决，使国家因为同一不法行为受到多重惩罚，以至于失去了任何威慑作用，不过，这大概就是惩罚性赔偿的目的吧！③

5. 精神损害索赔

对于赔偿范围，根据第 1605 条第 1 款第 7 项进行起诉，受害人或者受害人的财产能够获得赔偿，但是对于精神损害抚慰金，虽然在特定情况下被否定，受害者的配偶或者兄弟姐妹还是可以获得的。但现实做法还很混乱，如哥伦比亚特区法院就曾依据 AEDPA 判定侄女外甥们不能因故意精神损害要求赔偿，④ 然而一位母亲却被允许针对古巴要求精神损害赔偿。⑤

四、美国恐怖主义例外的司法实践

面对恐怖主义受害者的起诉，美国法院在审理案件过程中不但没有对逐步扩张的相关

---

① Vine v. Republic of Iraq, 459 F. Supp. 2d 10, 22 (D. D. C. 2006).

② 28 USC. A. § 1606.

③ Murphy v. Islamic Republic of Iran, 740 F. Supp. 2d 51, 81 (D. D. C. 2010).

④ Bettis v. Islamic Republic of Iran, 315 F. 3d 325 (D. C. Cir. 2003).

⑤ Saludes v. Republic of Cuba, 577 F. Supp. 2d 1243 (S. D. Fla. 2008).

立法进行限缩，反而盲目支持原告的索赔，导致了其判决在事实认定与自由裁量权等方面的问题。

（一）证据不足导致的事实认定偏差

美国法院在恐怖主义例外案件中的事实认定十分牵强。在 2003 年史密斯诉阿富汗案（Smith v. Islamic Emirate of Afghanistan）中联邦地区法院仅凭两名专家证人的推测就判定伊拉克对袭击中遇难家属赔偿 6700 多万美元。[1] 而四个月后布什总统承认"9·11"事件中没有任何证据证明与伊拉克有关。[2] 2012 年联邦第二巡回法院主要基于伊朗允许劫持者在伊朗境内通过的事实，便判定伊朗对"9·11"事件负有责任。[3] 然而，早在判决前一年，由政府组织的审查袭击事件的"9·11"委员会已经得出结论称没有证据表明伊朗知道相关计划。[4] 2006 年欧文斯起诉苏丹的依据是 20 世纪 90 年代初本拉登在苏丹有基地且彼时的政府曾提供帮助。事实上迫于美国政府的压力，苏丹在爆炸事件发生前两年便已经将本拉登和其支持者驱逐出境。在该案中美国法院在注意到苏丹支持基地组织的证据不充分且因果关系不明确的情况下，仍基于恐怖主义例外对苏丹行使了管辖权并对其作出了不利判决。[5] 2018 年缅因州法院仅凭借原告所提供的新闻报道便判定古巴承担 2100 万美元的赔偿。[6]

（二）对法律规定的"扩大解释"

除了事实认定问题，法院还曲解并扩张恐怖主义例外的适用。在马丁内斯诉古巴案（Martinez v. Republic of Cuba）中，原告称其在得知其丈夫为古巴间谍时遭受了酷刑——巨大的精神痛苦与折磨而要求损害赔偿，佛罗里达州法院竟支持了她的诉求。[7] 显然该案原告是在传统路径下主张的权利，但不论是美国缔结的《禁止酷刑和其他残忍、不人道或有辱人格的待遇或处罚公约》，还是 FSIA 对酷刑的定义均为"在押期间经受的不合法的身体或精神上的痛苦或是因遭到死亡威胁或因身体巨大的疼痛而引发的精神痛苦"。[8] 该案中原告并未被羁押且未遭受到任何刑讯逼供，其主张无请求权基础。但法院却将原告所谓的精神痛苦认定为酷刑，支持了其诉讼请求，是对该例外的过度扩大解释，也违反了国际法。

（三）自由裁量下的惩罚性赔偿

虽然受害者往往经受了巨大损失与痛苦，但是支持其对外国数百万甚至上亿美元的惩

---

[1] Smith v. Islamic Emirate of Afghanistan, 262 F. Supp. 2d 217, 228-32, 240-41 (S. D. N. Y. 2003).

[2] White House Press Release on Remarks by President After Meeting with Members of the Congressional Conference Committee on Energy Legislation (Sept. 17, 2003).

[3] Havlish v. Bin Laden, 30-MDL-1570 (S. D. N. Y. 2012).

[4] Nat'l Comm'n on Terrorist Attacks Upon the US, The 9/11 Commission Report 241 (2011).

[5] Owens v. Republic of Sudan, 412 F. Supp. 2d 99 (D. D. C. 2006).

[6] Sullivan v. Republic of Cuba, 289 F. Supp. 3d 231 (D. Me. 2017).

[7] Martinez v. Republic of Cuba, No. 99-18208 (Fla. 11th Cir. Ct. 2001).

[8] 28 USC. 1350 note.

罚性赔偿诉求的合理性有待考证。美国最高法院大法官索特认为，行为人应该能够预见惩罚性赔偿制裁的严厉性，对此需要设置严格的联邦量刑指南来确定惩罚性赔偿的裁量基准，以限制法官的自由裁量权。①

然而，在恐怖主义例外的相关判决中并未显示出对法官自由裁量权的限制，且未形成统一适用的标准，几乎所有的金额都是法官个人结合原告诉求按照其自身标准评判的。阿莱扬德雷诉古巴案(Alejandre v. Republic of Cuba)中，联邦地区法院通过与案件无关的102架米格战斗机总价值的1%计算出被告应向原告支付1.377亿美元的惩罚性赔偿。② 佛罗里达法院因两兄弟称其父亲1959年在古巴遭受折磨与酷刑而自杀，在证据不足的情况下就判决古巴承担400万美元的惩罚性赔偿。③ 在瓦姆比尔诉朝鲜案(Warmbier v. Democratic People's Republic of Korea)中法院直接援引怀特诉叙利亚案(Wyatt v. Syrian Arab Republic)中1.5亿美元/人的惩罚性赔偿标准，判给三位原告共4.5亿美元。④ 截至2019年，针对恐怖主义资助国名单上国家的判决赔偿金额约有900亿美元。⑤

这些判决产生的原因部分在于其他国家往往不承认美国的管辖权并且拒绝到庭主张豁免，部分在于法院同国会一样热衷于展示其打击恐怖主义的强硬态度与对本国人民的保护。虽然恐怖主义例外案件当事人涉及外国国家，但不管是国会还是法院都没有采取与案件重要程度相匹配的审慎态度与措施。恰恰相反，他们甚至不惜违反国际法而支持其国民对他国的诉讼。不同于FSIA的其他例外，美国联邦法院和各州法院均对恐怖主义例外的相关案件有管辖权。这虽有利于原告挑选法院，却难以保证判决的一致性。

五、美国恐怖主义例外的合宪性分析

根据美国国内法，任何一项立法都必须遵守宪法。恐怖主义例外的产生在其国内也饱受争议，克林顿政府、布什政府均曾公开表达对该例外的担忧，⑥ 奥巴马政府甚至为此行使了总统否决权。⑦

---

① 转引自刘志阳：《惩罚性赔偿适用中的实体正义与程序正义》，载《法制与社会发展》2022年第1期，第25页。

② Alejandre v. Republic of Cuba, 996 F. Supp. 1239 (S. D. Fla. 1997).

③ Andrew Lyubarsky, "Clearing the Road to Havana: Settling Legally Questionable Terrorism Judgments to Ensure Normalization of Relations Between the United States and Cuba", *New York University Law Review* 91, 2016, pp. 458, 468.

④ Warmbier v. Democratic People's Republic of Korea, 356 F. Supp. 3d 30 (D. D. C. 2018).

⑤ Jennifer K. Elsea, "Justice for United States Victims of State Sponsored Terrorism Act: Eligibility and Funding", Congressional Research Service, December 19, 2019, Accessed November 12, 2022. https://crsreports.congress.gov/product/pdf/IF/IF10341.

⑥ George Bush, "Memorandum of disapproval", Accessed November 12, 2022. https://georgewhitehouse.archives.gov/ news/releases/2007/12/20071228-5.

⑦ The White House, "Veto Message from the President", Accessed November 12, 2022. https://obamawhitehouse.archives.gov/the-press-office/2016/09/23/veto-message-president-s2040.

（一）违反三权分立原则

正如孟德斯鸠所言："如果司法权不与立法权和行政权分立那么则没有自由可言。"①三权分立是美国运作的基石，恐怖主义例外中国会、法院与政府之间各自权限的划分是否合宪、合理有待探究。

单纯从美国宪法文本出发很难解释国会或法院超越了其各自的权限，因为宪法将处理对外事务的权力赋予了国会和政府但并未对此进行详尽列举。美国联邦宪法第 1 条赋予了国会立法权。② 第 2 条赋予了总统任命并接收大使以及订立条约的权力，其中包含着与他国建立外交关系的权力。③ 第 3 条赋予了法院审理一州或其公民与外国政府的诉讼的权力。④ 在恐怖主义例外中，国会有权通过立法创设国家主权豁免例外；法院也有权审理公民以此为由起诉外国国家的案件；这一例外也没有剥夺政府的外事权力。因此，对于恐怖主义例外是否违反了三权分立的原则从形式主义视角来看是不可行的，但是从功能主义的视角却可以看出在现行规则下法院并不适合审理此类案件。鲍威尔大法官阐释了功能主义视角下违反三权分立原则的两种方式：一分支不可容忍地干扰另一个分支履行其宪法赋予的职能，另一个分支承担了其他分支更适合履行的职能。⑤

允许法院根据恐怖主义例外在个案中决定一国是否享有主权豁免，实则是将对外政策的制定权交给了律师们。他们不断通过获取对己方有利证据来说服法院作出有利判决，因此可能出现不同法院对同一国家豁免得出不同结论的情况。如此一来，美国对外政策的版图不再是由政府谋篇布局而是由一个个法院判决拼凑而成。⑥ 此外，法院人员的构成为通识性的法律专业人士而非研究国际关系、恐怖主义或国家安全的专家，出于恐怖主义行为的极端恶劣性质，法官往往会带着对受害者的同情审理案件，认为越高的惩罚性赔偿越有利于打击恐怖主义，进而作出政策性禁令般的判决。⑦ 这就使得法院承担了其无法胜任的职能且在很大程度上干扰、限制了政府的对外职能。

冻结涉案国家的资产是美国总统重要的经济制裁手段，要求总统为协助执行相关判决而大规模扣押冻结财产，可能剥夺政府对外谈判的筹码，进而制约美国的对外政策。⑧ 例

---

① Montesquieu, *The Spirit of the Laws*, edited by Anne M. Cohler, Basia Carolyn Miller and Harold Samuel Stone, Cambridge University Press, 1989, p. 157.

② US CONST. art. I, § 8.

③ US CONST. art. II, § 2.

④ US CONST. art. III, § 2.

⑤ Immigration and Naturalization Service v. Chadha, 462 US 963 (1983).

⑥ Rachael E. Hancock, "Mob-Legislating: JASTA's Addition to the Terrorism Exception to Foreign Sovereign Immunity", *Cornell Law Review* 103, 2018, p. 1317.

⑦ Ronald J. Bettauer, *Claims of Victims of Terrorism Against Foreign States in US Courts*, American Society of International Law 102, 2008, pp. 101-106.

⑧ Barack Obama, *Veto Message from the President—S.* 2040, *National Archives and Records Administration*, Accessed November 12, 2022, https://obamawhitehouse.archives.gov/thepress-office/2016/09/23/veto-message-president-s2040.

如，美国联邦最高法院 2020 年判决苏丹因其前政府 1998 年协助基地组织轰炸美国驻肯尼亚和坦桑尼亚大使馆承担数百万美元的惩罚性赔偿。① 这一判决直接导致两国政府关于将苏丹从恐怖主义资助国名单移除的谈判被延长数月，甚至影响了苏丹的民主过渡。最终该谈判以苏丹向美国支付 33.5 亿美元换得除名且不必再承担相关判决中的赔偿而告终。②

恐怖主义例外的立法过程尤其是 2016 年的修订展现了国会的短视。在大选年形势不明朗的情况下，其运作形式决定了哪些提案能够通过并最终成为法律。国会议员担忧在大选前被选民认为是不支持"9·11"事件受害者权利的，便匆忙以高票通过了《针对恐怖主义资助国的正义法》，议员们并没有充分意识到该法对美国对外关系的负面影响。③ 国会对自身能力与专业的不自信也体现在其允许总统对案件进行干预的规定中，即总统可以在诉讼过程中要求法院中止诉讼并发表意见。这属于允许政府干预司法，违反了司法独立的宪政原则。国会受受害者们的游说，为了使他们赢得案件而通过立法对未决诉讼进行干预，赋予新法对旧案的溯及力来复活那些被法院驳回起诉的已决案件，同样违反了司法独立原则。目前，国会也已经认识到了立法中的问题，也曾提议对此进行修改，但对具体内容尚未达成一致。④

法院政治敏感性的缺乏以及国会的短视使得恐怖主义例外不但难以实现其立法目的，而且制约了美国政府的对外政策，陷入了大量案件涌入法院、国会不断修改立法、二者共同阻碍政府对外政策目标实现的恶性循环，使得立法、司法与行政三个部门承担了其并不能胜任的角色，阻碍其各自功能的充分发挥，甚至影响整个国家机器的运转。

(二) 违反正当程序原则

正当程序权利是美国宪法规定的不可剥夺的权利。在恐怖主义例外案件中，外国国家极少到庭参与诉讼，绝大多数缺席判决，因此其中的正当程序问题值得考察。美国宪法第五修正案规定个人的生命、自由和财产未经正当程序不得被剥夺。正当程序是指根据保护和执行私人权利的既定规则和原则进行的法律程序，包括通知以及在有权裁决案件的法庭进行公平听证的权利。⑤ 杰克逊大法官指出正当程序是一种程序性事项，其基本要求是：任何被赋予终局性的程序都应当是经过合理推理的。在任何情况下，当事人都应被合理地通知、传达所需信息。通知的目的是使利害关系方知晓悬而未决的诉讼的存在，为其提供

---

① Opati v. Republic of Sudan, 140 S. Ct. 1601 (2020).

② CarrieLyn D. Guymon, *Digest of United States Practice in International Law* 2020, p. 342, Accessed November 12, 2022, https://www.state.gov/digest-of-united-states-practice-in-international-law-2020/.

③ Mohammed Cherkaoui, *The US JASTA: An Asset or a Liability for America Abroad?*, AL JAZEERA (Dec. 28, 2016), Accessed November 12, 2022, http://studies.aljazeera.net/en/reports/2016/12/jasta-asset-liability-america-161228101858709.html [http://perma.cc/SX65-R3J9].

④ Perot Bissell V., Joseph R. Schottenfeld, *Exceptional Judgments: Revising the Terrorism Exception to the Foreign Sovereign Immunities Act*, The Yale Law Journal 127, 2018, p. 1322.

⑤ *Black's Law Dictionary* (8th ed.), 2004, p. 1521.

异议的机会。①

恐怖主义例外允许法院在原告通过令法院满意的证据建立其诉讼请求时，对外国国家作出缺席判决并判令其承担巨额惩罚性赔偿。"令法院满意的证据"这一标准的主观性再加上被告国家的缺席使得很多原告轻而易举地满足了相关证明标准。这就剥夺了被告进行交叉询问、指出原告对法律或事实的曲解并为自己辩护的权利。而原告提供的证明被告支持特定组织以及该组织实施了涉案行为的证据极有可能在质证环节被推翻，但是被告的缺席使得原告基于报纸报道等传闻证据的诉求能够获得法院支持。这显然侵犯了被告国家的正当程序权利。

美国联邦最高法院在北美宝马股份有限公司诉戈尔案（BMW of North America, Inc. v. Gore）中发展出了惩罚性赔偿裁决的正当程序考察规则。法院认为有三条准则来确定惩罚性赔偿裁决是否违反宪法正当程序：（1）被处罚行为的应受谴责性；（2）损害与赔偿关系的合理性；（3）裁决与类似案件的民事处罚之间的差异。② 在恐怖主义例外的惩罚性赔偿判决中，尽管恐怖主义活动与资助恐怖主义活动的行为应受国际社会普遍谴责，但是法院的相关判决却难以满足上述后两项标准。缺席审判与低证明标准可能使得事实上未资助的国家受到重罚。被告不出庭可能是认为自身与恐怖主义活动毫无关联。这就削弱了损害与赔偿之间的合理性，被告承担相应民事责任最起码的标准应该是其主观上存在故意或过失且能够对涉案恐怖主义行为施加影响。此外，从前文的法院司法实践中也可看出惩罚性赔偿在各州之间适用标准不一，这也难以满足第三条准则。

六、美国恐怖主义例外的国际法分析

国内法的域外效力在国际法上的正当性分析相当复杂，须在宏观视野下结合具体语境进行分析。在判断一国国内某项具有域外效力的规定是否符合国际法时适用的原则是：除非能够证明其违反了特定的国际法原则，否则应推定该条款是合法的。③

（一）恐怖主义例外的国际法基础

恐怖主义例外作为国家主权豁免例外之一，研究其国际法基础可先从国家主权豁免入手。有学者主张国家主权豁免的根据在于从国家主权平等原则衍生出来的平等者之间无管辖权，因此一国在他国法院享有管辖权的豁免，④ 然而这并不能充分解释国家豁免理论。事实上，国家主权豁免根源于国家主权平等和绝对属地管辖的冲突。⑤ 根据国家主权平等

---

① Mullane v. Central Hanover Bank & Trust Co., 339 US 306, 70 S. Ct. 652 (1950).

② BMW of North America, Inc. v. Gore, 517 US 559 (1996).

③ 参见霍政欣：《国内法的域外效力：美国机制、学理解构与中国路径》，载《政法论坛》2020年第2期。

④ 参见黄惠康：《平等者之间无管辖权——诬告滥诉难以逾越的法律程序屏障》，载《光明日报》2020年5月28日，第14版。

⑤ Lee M. Caplan, *State Immunity, Human Rights, and Jus Cogens: A Critique of the Normative Hierarchy Theory*, The American Journal of International Law 97, 2003, p. 744.

原则并不能推导出国家主权豁免是一国的固有权利，因为国家主权平等是指各国在国际社会的法律秩序中是平等的，国家有独立自主地处理其内外事务的权力。当其突破自己的领域范围进入他国领域时，甚至构成对他国的侵犯时，仍主张不受他国管辖便显得不甚合理。所以与其说国家主权豁免是主权国家的固有权利，不如说是他国出于礼让原则以及为了维护国际社会的共同利益而对自身属地管辖权的限制。关于国家豁免，目前只有国家主动放弃豁免、外交豁免以及国家元首和军舰的豁免已经通过国家间的一致实践与国家同意成为习惯国际法。

因此，在管辖豁免问题未经广泛的国际协定加以确定前，应当认为各个案件是受有关国家的国内法支配的。① 在没有明确国际法渊源的情况下，美国单边地创设恐怖主义例外无可厚非。② 例如，美国 2016 年增加的"在美国实施恐怖主义恶行"和"在美国境内造成了人身伤亡或财产损失"就涉及其自身的属地管辖权。可以认为，在上述条件下美国对发生在其领土内的恐怖主义行为的资助国不予豁免不违反国际法。

(二) 恐怖主义例外对国际法的违反

总体而言，国家主权豁免恐怖主义例外处于国际法规制的真空地带，但是该例外的具体规定仍存在违反国际法的可能。

1. 违反国家主权平等原则

恐怖主义例外违反国际法最突出的地方在于美国国务院制定的恐怖主义资助国黑名单。通过给某些国家贴上恐怖主义资助国的标签，剥夺其主权豁免权。而如果名单以外的国家实施了与名单上的国家相同的行为后未被追加到名单上则仍享有主权豁免。这便构成了一套双重标准，对不同国家的相同行为区别对待，是对相关国家人格的不尊重，③ 构成了对名单上国家的歧视，违反了平等原则。允许政府决定名单上国家的增减，甚至存在使恐怖主义例外沦为行政部门打击对美国不友好国家的政治工具的风险。

2. 违反习惯国际法

通过恐怖主义例外的相关规定可以看出，该规则实质上是美国法律域外适用的条款，即美国对于发生在其领土之外的事项享有管辖权。在不存在国际法调整的领域，通过单边措施制定合理适度的法律域外适用条款是不违反国际法的，反而还能为各国提供借鉴从而推动国际法的发展。但是如果国家的单边域外适用措施违反国际法或对此不加限制都会冲击现有的国际秩序。④ 恐怖主义例外最初的适用比较严格，包括仅美国受害者能够起诉，恐怖主义行为发生在境外的当事人需要先向被告国家提供根据国际规则进行仲裁的机会，且只有在列明的四种情形下才能起诉等条件。⑤ 但是随着这一例外的发展，这些条件逐渐

---

① 参见［德］拉萨·奥本海：《奥本海国际法》，王铁崖等译，商务印书馆 1989 年版，第 208 页。

② William S. Dodge, *Does JASTA Violate International Law?*, Just Security (Sept. 30, 2016), Accessed November 12, 2022, https://www.justsecurity.org/33325/jasta-violate-international-law-2/.

③ 参见梁西主编：《国际法》(第三版)，武汉大学出版社 2011 年版，第 57 页。

④ 参见廖诗评：《中国法域外适用法律体系：现状、问题与完善》，载《中国法学》2019 年第 6 期。

⑤ Ruthanne M. Deutsch, *Suing State-Sponsors of Terrorism Under the Foreign Sovereign Immunities Act: Giving Life to the Jurisdictional Grant After Cicippio-Puleo*, The International Lawyer 38, 2004, p. 899.

放宽甚至被废除，突破了域外适用条款的必要限度。

法律域外效力的基础是国际法中的管辖权规则。从恐怖主义例外的规定及实践来看，其域外管辖权是基于属人原则的，也就是说其目的是保护境外的美国人。但该规定却突破了属人原则，因为只要原告或受害者为美国公民，便可以据此向外国国家进行民事索赔。这就意味着如果美国公民的非美籍亲属在美国境外的恐怖主义活动中罹难，其也可以在美国法院起诉。根据上述条件试举一例，假设一叙利亚公民在当地一场恐怖主义活动中遇难，其在美国四十年未曾联系的美籍兄弟便可以根据恐怖主义例外在美国法院起诉叙利亚政府，因为叙利亚政府容许了恐怖主义分子在其国内活动且其在美国政府的黑名单上。这显然超出了保护本国国民人身财产安全的必要限度。

不同于国家主权豁免的其他例外，恐怖主义例外是唯一需要通过域外管辖来实现其效力的。而不违反国际法的域外适用条款中应规定真实有效的联系，这也是对其适用范围的限制。真实联系主要表现为国家与被规制对象之间的具体联系，如该行为发生于一国领土之上，或由其国民实施或针对其国民实施。在存在真实有效联系的情况下，习惯国际法允许一国行使立法管辖权。① 美国国内有学者早已认识到不受限制的域外适用条款带来的负面影响，而主张通过效果原则对此加以限制，即要求原告证明被告支持的恐怖主义行为针对的对象是美国或美国平民的人身或财产。对于在境外非针对美国的恐怖主义活动中遭受伤亡的美国公民没有必要通过剥夺他国主权豁免权的方式进行救济。

真实有效的联系不仅体现在美国与其国民之间，还体现在恐怖主义资助国与恐怖主义行为之间。联合国国际法院在尼加拉瓜诉美国案（Nicar. v. US）以及波斯尼亚和黑塞哥维那诉黑山和塞尔维亚案（Bosn. & Herz. v. Serb. & Montenegro）中确立了国家只有在对非本国的行动者实施了有效控制时才能被主张责任的原则。② 而美国的法律只要求外国国家为恐怖主义行动提供了物质或资源，并不论该国客观上是否能控制该行动，主观上是否知道或是放任恐怖主义行为。美国也有学者认为恐怖主义例外作为美国的单边政策直接剥夺其他国家的主权豁免是违反国际法的。其将导致美国违反保护和尊重他国外交和领事财产豁免的国际条约义务，并将美国在世界各地的外交和领事财产置于类似的扣押的风险中，进而影响国际关系。③

3. 民事惩罚性赔偿违反国际法律规则

美国官方认为恐怖主义例外违反国际法的声音首次出现在布什总统对《国防授权法案》的反对备忘录中，他说道："惩罚性赔偿违反了国际法律规则，也是美国历史上首次要求外国国家承担惩罚性赔偿责任。"④惩罚性赔偿在国际上往往被认为是一种用于刑事制

① 参见郭玉军、王岩：《美国域外管辖权限制因素研究——以第三和第四版〈美国对外关系法重述〉为中心》，载《国际法研究》2021 年第 6 期。

② Military and Paramilitary Activities in and Against Nicaragua（Nicar. v. US），Merits，1986 I. C. J. Rep. 14（June 27）& Bosn. & Herz. v. Serb. & Montenegro，Judgment，2007 I. C. J. Rep. 43（Feb. 26）.

③ Kristina Daugirdas，*The Restatements and the Rule of Law*，Paul B. Stephan and Sarah H. Cleveland，*The Restatement and Beyond*，Oxford University Press，2020，p. 544.

④ George Bush，Memorandum of disapproval，Accessed November 12，2022，https://georgewbush-whitehouse.archives.gov/ news/releases/2007/12/20071228-5.html.

裁的措施，因此在针对国家的民事诉讼中不宜适用。① 可以说，它是与一般国际实践不一致的美国例外观的体现。这就使得美国的做法很难发展成为一项国际实践，甚至会引起他国的报复性立法，引发相互滥诉，冲击现有国际政治秩序。即使在美国国内，惩罚性赔偿的标准是由各州决定的，这也就导致了美国国内惩罚性赔偿方面的严重区际法律冲突。②而各州法院恰恰有权审理恐怖主义例外的相关案件，这也就意味着不同州的原告在各自住所地法院因同一事件起诉同一国家可能会产生不同的结果。由此作出的判决在国内的承认与执行都将举步维艰，更不论其在外国的承认与执行。

七、对美国恐怖主义例外的评价

以补偿恐怖主义受害者为出发点，恐怖主义例外是人道的，但却也是大胆的。它在一定程度上挑战了传统国际法上国家主权豁免规则，超限度地支持恐怖主义受害者不仅无法达到其设立的目的，还引起了国际社会的反对。

(一)恐怖主义例外目的难以实现

美国国会立法说明文件中称恐怖主义例外的立法目的是打击恐怖主义活动，为受害者及其家属提供赔偿并使恐怖主义资助国承担责任。③ 但其不断修正的立法以及司法实践中的窘境反映出其目的难以实现。

1. 恐怖主义活动的打击难

设立恐怖主义例外的初衷是通过剥夺外国国家的豁免权，支持受害者巨额索赔来增加相应国家支持恐怖主义活动的成本，从而阻止其资助行为，进而间接打击恐怖主义活动。然而，在该国无法控制恐怖组织的活动或不能对其产生直接影响时往往难以有效打击恐怖主义。美国为了打击那些支持恐怖主义活动的国家已经采取了经济制裁、军事行动和外交孤立等措施。如果这些战略都无法阻止相关国家支持恐怖主义，那么追究相应国家的民事责任更显得单薄无力。④ 退一步讲，即使所谓恐怖主义资助国能够控制恐怖组织的活动或对其施加重大影响，此规则打击恐怖主义的目的也难以实现。因为相关国家在美国可被执行的财产有限，通过恐怖主义例外直接判决其承担巨额赔偿一方面可能使该外国放弃有限的在美资产而更加明目张胆地资助恐怖主义活动，另一方面切断恐怖组织的财路也可能引发其更激烈的报复。

2. 恐怖主义受害者有利判决的执行难

为恐怖主义受害者及其家属提供寻求金钱损害赔偿的途径是美国恐怖主义例外创设的最主要目的。⑤但受害者即使获得了有利判决，在实践中也面临着执行难的问题，这一制度

---

① Ruthanne M. Deutsch, *Suing State-Sponsors of Terrorism Under the Foreign Sovereign Immunities Act: Giving Life to the Jurisdictional Grant After Cicippio-Puleo*, The International Lawyer 38, 2004, p. 899.

② 参见许凯：《惩罚性赔偿的国际私法问题研究》，法律出版社 2018 年版，第 69 页。

③ 144 Cong. Rec. 95 H5710, H5712 (July 16, 1998).

④ US Dep't of State, Patterns of Global Terrorism 1989 iii (1990).

⑤ *Seventh Circuit Holds that FSIA Does Not Provide Freestanding Basis to Satisfy Judgment Against State Sponsors of Terrorism*, Harvard Law Review 130, 2016, pp. 761-768.

因此饱受恐怖主义受害者诟病。此类判决往往是由各州法院作出，联邦地区法院执行。如前所述，因为各州间关于事实证据、惩罚性赔偿等的认定标准不一，不同州的法院可能对同一事件的不同受害者作出不同的判决，这就导致许多判决无法在联邦层面得以承认与执行。许多受害者经过前期不断努力得到的有利判决还可能因可执行的外国资产有限成为一纸空文。

针对判决无法执行的情况，国会还采取了相应的立法措施来推动相关判决的执行。最初外国可被执行的财产仅为外国在美国与案件相关的商业资产或依美国法律被冻结的相关资产。2002 年国会创设了由被冻结的外国资产支撑的基金来执行相关判决。[1] 2008 年在联邦政府反对的情况下，又将属于外国国家代理人以及机构被冻结的资金囊括进来。[2] 2012 年国会通过《减少伊朗威胁和叙利亚人权法》，允许 1983 年在黎巴嫩海军自杀式炸弹袭击中遇难者家属执行属于伊朗中央银行的特定账号。[3] 2015 年国会通过《扎德罗伽法》建立了赔偿基金，其资金来自对违反各种制裁者的罚款，以赔偿由恐怖主义例外胜诉的原告和伊朗人质。[4] 2019 年时任总统特朗普签署了国会高票通过的《永不忘记英雄们：詹姆斯·扎德罗伽、雷·菲佛和路易斯·阿尔瓦雷斯 9·11 受害者赔偿基金永久授权法》，为受害者赔偿基金提供逾百亿美元资金。[5]

不断修正立法扩大可执行资产的范围逆向证明了相关判决的执行难。外国资产不足以覆盖恐怖主义受害者的索赔金额，只能通过立法不断扩张可执行资产的范围，甚至以美国自身的资产设立相关基金弥补受害者。上述各类赔偿基金只允许有利判决持有者执行一般性赔偿而不允许执行惩罚性赔偿。其理赔遵循的原则是先到先得，而不是公平地将有限的资金按比例支付给受害者，[6] 这就更加大了受害者取得赔偿的难度。

3. 恐怖主义资助国责任的追究难

这一立法目的凸显了美国恐怖主义例外这一单边措施越界的问题，其意图使相关国家意识到资助恐怖主义需要付出相应的代价。但是美国作为一个主权国家与世界上任何其他国家一样都是平等主体，其没有通过惩罚性赔偿来使恐怖主义资助国付出相应代价的权力。忽视政府间谈判的作用而直接以法院判决的方式要求外国国家承担责任，不仅会影响国内政府与法院关系的平衡，还会影响对外关系。退一步讲，惩罚的前提是有错。美国将资助恐怖主义活动视为外国的违法行为争议不大，但是若不对资助恐怖主义活动的行为进行界定或限制，如未对恐怖组织的界定、资助行为的范围，资助与恐怖主义活动之间是否存在实质上的联系，是否存在主观过错等作出规定，便有可能对外国国家造成错误打击。仅"9·11"事件，美国受害者及其家属就纷纷起诉了伊朗、沙特阿拉伯、苏丹和阿富汗等国，在没有充分证据的情况下对上述国家作出不利

---

[1]　28 USC. § 1610 note.

[2]　Allison Taylor, *Another Front in the War on Terrorism? Problems with Recent Changes to the Foreign Sovereign Immunities Act*, Arizona Law Review 45, 2003, p. 141.

[3]　22 USC. § 8772.

[4]　34 USC. § 20144.

[5]　July 29, 2019, P. L. 116-34, 133 Stat. 1040, 49 USCS § 40101 nt.

[6]　White House Press Release on Remarks by President After Meeting with Members of the Congressional Conference Committee on Energy Legislation (Sept. 17, 2003).

判决，很难真正实现使恐怖主义资助国承担责任的目的。

(二)国际社会的反对

目前国际社会对恐怖主义的定义尚未达成一致，劳特利奇出版社出版的《恐怖主义研究手册》中对恐怖主义的定义就有 260 种。① 虽然国际法上已经形成了较为完备的反恐条约体系，但却没有定义恐怖主义，只是通过列举的方式对劫持人质、劫持航空器等行为作出了"或起诉或引渡"的规定。② 在这种情况下，美国超出国际共识直接将违反美国联邦或各州刑法的危及人身安全的暴力犯罪定义为恐怖主义行为，并允许其国民起诉资助相关行为的国家，引起了他国的不满。

在美国 1996 年创设恐怖主义例外后，2004 年联合国大会通过的《联合国国家豁免公约》中并没有类似条款，这表明国际社会并未就此达成共识。目前除了美国，仅《加拿大国家豁免法》中有与美国传统路径类似的规定。③ 英国及欧盟在司法实践中也未曾支持相关诉求。④ 欧盟称恐怖主义例外与国际法的基本原则，尤其是与国家主权豁免原则相冲突。⑤ 海湾合作委员会、摩洛哥、俄罗斯、法国、荷兰和英国等国也纷纷表达了不满。⑥ 沙特阿拉伯外交部长阿德尔·朱拜尔称美国国会所做的一切是在无视国家豁免的原则，并要将国际法的世界变成丛林世界。⑦ 与美国签订了判决承认与执行双边协议的卢森堡和意大利等国也均因美国法院判决中对该例外的适用而拒绝承认并执行其相关判决。⑧ 可见，美国此例外在管辖豁免与执行豁免层面均遭到了国际社会的反对。

在恐怖主义活动向全球蔓延，国际反恐合作急需加强的大背景下，美国通过单边主义的方式创设恐怖主义例外，赋予其域外效力未违反国际法；国会通过立法创设这一例外，允许法院受理相关以国家为被告的案件在其国内法层面也无可厚非。然而，恐怖主义例外的具体内容以及法院的适用等方面均存在对国际法与国内法不同程度的违反，缺乏正当性。这也就导致美国公民只要针对所谓恐怖主义资助国提起了诉讼便是开始了长期的赔偿

---

① Alex P. Schmid, *The Routledge Handbook of Terrorism Research*, London、New York, Routledge, 2011, p. 39.

② 参见王蕾凡，《美国国家豁免法中"恐怖主义例外"的立法及司法实践评析》，载《环球法律评论》2017 年第 1 期。

③ Gissou Nia, *Canadian Civil Authorities: Closing the Accountability Gap on Human Rights Violators in the Islamic Republic of Iran through Global Civil Litigation Strategies*, Atlantic Council (2020).

④ Al-Adsani v. Kuwait, 107 ILR 536 (C. A. 1996), Al-Adsani v. United Kingdom [GC], No. 35763/97, ECHR 2001.

⑤ European Union Delegation to the United States of America (Sept. 19, 2016).

⑥ Carmen-Cristina Cîrlig & Patryk Pawlak, European Parliamentary Research Service, Justice against sponsors of terrorism: JASTA and its international impact 8-9 (Oct. 2016).

⑦ "*Geneva-Saudi Minister Confirms Warning On Proposed US Law On 9/11*", May 2, 2016, Accessed November 12, 2022, https:// www. vosizneias. com/237570/2016/05/02/geneva-saudi-minister-confirms-warning-on-proposed-u-s-law-on-911/.

⑧ In re Republic of Iran, Judgement civil 2019TALCH01/00116, No. 177266 (2019); Thomas Weatherall, *Flatow v. Iran*, American Journal of International Law 110, 2016, p. 540.

拉锯战，胜诉判决甚至可能无法执行。问题的根源不在于创设此例外本身，而在于其规定并不合理。在国内层面未充分考虑三权的定位，限制了各机构功能的发挥；在国际层面，其规定过于宽泛且缺乏必要限制，未能谨慎对待相关诉讼，忽视了外交保护的作用，从而给国际关系与秩序造成了负面影响。

研究完美国的恐怖主义例外之后，下面就立足于中国，分析中国关于恐怖主义的背景状况，探讨中国的恐怖主义例外。

第三节　恐怖主义例外的中国因应

一、背景回顾

20 世纪 80 年代中期以前，我国很少有恐怖主义活动的发生，但随着全球恐怖主义活动的日益泛滥，特别是民族分裂型恐怖主义和宗教狂热型恐怖主义的日益泛滥，曾经很少遭受恐怖主义袭击的我国，自 80 年代中期以后，也不时地有恐怖主义活动的发生，特别是自 80 年代末 90 年代初以来，在西方国际敌对势力"西化""分化"战略的支持或怂恿下，受世界民族分裂主义浪潮和"泛伊斯兰主义""泛突厥主义"等极端思潮及民族分离(裂)主义恐怖主义活动泛滥的影响，国内外民族分裂主义势力、宗教狂热分子以及敌对势力内外加紧勾结，在我新疆、西藏等边境民族地区实施了一系列民族分裂、政治渗透的宣传以及恐怖主义活动。① 尽管针对我国的恐怖袭击并不像世界上有些国家那样频繁发生，但后果还是极为严重的，它们不仅给我国人民的生命财产造成严重损失，而且严重影响了该地区的民族关系，破坏了社会的团结稳定，对国家安全造成了重大威胁。②

具体分析，针对我国的恐怖主义袭击大体可分为两种类型：一种是国内恐怖主义，主要有民族分裂型恐怖主义、宗教极端型恐怖主义和邪教型恐怖主义；另一种是国际恐怖主义，即国际恐怖势力对我国的袭击。③

1. 民族分裂型恐怖主义

民族分裂型恐怖主义是指以极端民族分裂主义为支撑的恐怖主义。由于各民族间存在社会地域、政治权利及风俗习惯等差异，不可避免地会产生民族矛盾。恐怖分子便利用这一民族矛盾，为实现其政治、经济目的，进行民族分裂活动，不顾一切地要求民族自决、独立，顽固地追求民族自权决直至民族分离权，从而形成极端民族分裂主义。④

---

① 参见胡联合：《全球反恐论 恐怖主义何以发生与应对》，中国大百科全书出版社 2011 年版，第 373 页。

② 参见郑远民、黄小喜、唐锷主编：《国际反恐怖法》，法律出版社 2005 年版，第 295 页。

③ 胡联合：《全球反恐论 恐怖主义何以发生与应对》，中国大百科全书出版社 2011 年版。该书第三章——当代恐怖主义的基本类型，分析了六种基本类型的恐怖主义，即民族主义型恐怖主义、宗教极端型恐怖主义、极右型恐怖主义、极左型恐怖主义、毒品及黑社会型恐怖主义和国际间谍型恐怖主义。

④ 陆晓燕：《恐怖主义在我国发展的现状、趋势及反恐对策》，上海大学 2006 年硕士学位论文，第 11 页。

在我国，民族极端型恐怖主义势力主要有两股：一股以东突为代表的"疆独"势力；另一股为流亡印度的"藏独"势力。他们在境外民族分裂主义运动的示范作用下，以遭受"侵略""宗教迫害"和实现"民族自决"为由，试图借助美国等西方政治势力的国际干预来实现自己的目标，使其独立建国的政治诉求国际化。他们一方面通过流亡境外的民族分裂势力制造舆论，以获取某些国际势力的支持；另一方面，在国家内部制造骚乱、恐怖事件以引起社会动荡。这不仅可以扩大其自身的影响，取得与政府谈判的资格，同时还可能会引起政府更加严厉的镇压和打击，从而引起国际社会特别是美国等西方国家的人权干涉行动。例如，"东突"在国际恐怖势力的怂恿与支持下，在我国西北地区，特别是新疆策划实施了一系列的恐怖活动。1990—2001 年"东突"共制造了 200 多起恐怖主义暴力事件，导致 162 人死亡，440 人受伤。2009 年新疆乌鲁木齐的"7·5"事件，更是导致 197 人死亡、1700 多人受伤；① 而藏独分子也"不甘示弱"，2008 年 3 月 14 日，他们在西藏拉萨策动的"3·14"打砸抢事件，是企图破坏和阻止北京奥运会成功举办的典型恐怖主义事件。而在奥运会期间，恐怖组织也不时地制造社会动乱，如 2008 年 8 月 4 日新疆喀什发生的袭警事件，就造成了 16 人死亡，16 人受伤。②

更严重的是，种种迹象表明，国内民族分裂势力正与国际恐怖主义势力勾结，朝着国际恐怖主义"大一统"的方向发展，恐怖活动也开始由单一的暗杀、爆炸活动升级为组织规模更大、拥有技术和后勤运输支援的集团活动。因此，反恐斗争将变得更加复杂和艰难。

2. 宗教极端型恐怖主义

这种恐怖主义以某种宗教中的"神"为最高指示，由于信徒受到集体无意识的影响，加之某些别有用心的人的煽动，信徒的宗教狂热被点燃，他们根本无视任何法律规范和伦理道德，头脑里有的只是被曲解了的教义，企图用神圣的宗教来证明暴力恐怖主义的正义性。③ 极端分子以宗教的虔诚和狂热为支撑，以自杀式爆炸这种方式殉教，认为这样可以通向美丽的天堂与真主同在的光辉道路。④

中国周边国家中伊斯兰国家众多，巴基斯坦、乌兹别克斯坦、塔吉克斯坦等国的宗教激进主义势力活动十分猖獗，而阿富汗则更是国际伊斯兰极端恐怖主义组织的大本营。由于我国新疆与阿富汗等国毗连，具有与国际恐怖主义联系的便利条件。⑤ 我国的"东突"势力与国际恐怖主义势力尤其是"基地"组织联系紧密，甚至不少"东突"恐怖分子在阿富汗接受过训练，这就造成"东突"宗教极端势力成为我国宗教极端型恐怖主义最典型的代

① 胡联合：《全球反恐论 恐怖主义何以发生与应对》，中国大百科全书出版社 2011 年版，第 376 页。

② 参见刘仁山、尹生、简基松、邓烈主编：《国际恐怖主义法律问题研究》，中国法制出版社 2011 年版，前言。

③ 刘帅：《浅谈我国恐怖主义犯罪的主要类型及防范策略》，载《才智》2011 年第 9 期，第 14 页。

④ 参见陆晓燕：《恐怖主义在我国发展的现状、趋势及反恐对策》，上海大学 2006 年硕士学位论文，第 15 页。

⑤ 刘仁山、尹生、简基松、邓烈主编：《国际恐怖主义法律问题研究》，中国法制出版社 2011 年版，第 236 页。

表。他们受到"圣战"思想的熏陶，以宗教激进主义为其政治主张，发展恐怖组织，如"东突伊斯兰运动"就是其中较为活跃的集团，它们严重威胁到我国的国家安全、社会稳定和人民群众的生命财产安全。

3. 邪教型恐怖主义

随着改革进入攻坚阶段，社会关系日趋复杂，有些人陷入思想混乱，便被各式各样的迷信邪教组织所利用，参与到恐怖活动中。2002年6月23号，"法轮功"邪教组织采用攻击"鑫诺"卫星等方式对抗中国政府的取缔和打击，造成我国部分地区电视信号被覆盖，开创了信息恐怖主义的先例。在被我国政府依法打击予以取缔后，"法轮功"邪教组织将总部迁移美国，并在多数国家设立了分支，意图与我国政府长期对抗。

4. 国际恐怖主义

国际恐怖主义对我国的打击可分为两种：一种是国际恐怖势力对我国境内的袭击。改革开放后，随着世界经济一体化的深入发展，西方国家在我国的投资、利益和人员日益增多，国际恐怖组织在我国境内实施针对美国及其盟国的利益与人员的恐怖活动的可能性随之上升。基地组织等国际恐怖组织早就叫嚣要攻击美国及其盟国在全球范围任何地方的利益，如果这种打击在中国境内实施，中国的利益和公民的人身财产安全不可能不受到威胁和损害。另一种是恐怖主义对我国海外利益和人员的威胁。那些对我国社会主义制度与政权存在敌视的国际恐怖分子，经常将我国海外人员与设施作为袭击目标，进行恐怖活动，不仅我国外交人员和使领馆遭受多次袭击，援外人员也曾多次在巴基斯坦、阿尔及利亚和菲律宾等国被恐怖分子杀害，甚至还有将我国留学人员作为打击对象的排外事件发生。

二、我国恐怖主义产生的原因

越来越多针对中国的恐怖袭击发生后，使我们意识到我国正面临着前所未有的国际国内的安全威胁。而恐怖主义是当代世界上国家、民族、阶级、宗教之间各种尖锐矛盾的综合反映，是国际斗争的一种特殊形式。因此，分析中国为什么越来越多地成为恐怖主义的打击对象，就必须从政治、经济、文化、历史、地域等多角度分析。

1. 霸权主义和反华势力的长期存在

正如前文所述，美国在全球范围内推行霸权主义，而恐怖主义也常常被霸权主义推行者使用或者支持。而以美国为代表主张霸权主义的国家在反恐问题上更是大搞双重标准，完全按照美国及其盟友的利益来判定恐怖主义，凡是损害美国及其盟国利益的恐怖势力，都被美国认定为恐怖主义组织，受到美国不遗余力的反对和打击；凡是在美国力图"西化""分化""弱化"的国家中从事分裂、颠覆活动的恐怖主义组织，美国不仅不把它们称为恐怖组织加以谴责和反对，反而将其称为"自由斗士"大加赞颂，甚至还为恐怖分子提供经费、庇护、技术指导、训练营地、武器装备以及所谓的人道主义舆论支持，以不断发展、壮大其实力。众所周知，我国的"疆独"和"藏独"势力都因扮演着牵制中国政府的角色而受到这些大国不同程度的支持和纵容。新疆"东突"恐怖分子更是西方国际敌对势力妄图将新疆从中国分裂出去的政治阴谋与需要的产物。而达赖政府也一直在国外反华势力的大力支持下，建立了实施暴力活动的武装力量，从事分裂中国的政治宣传活动，还不时派遣分裂分子入藏进行政治蛊惑性宣传和宗教渗透活动，实施恐怖暴力破坏活动。①

2. 改革阵痛和东西差异的无法避免

经济处在转型期的我国，由于无可避免的改革阵痛，出现了失业率的上升和贫富差距的扩大等负面现象。贫富差距加剧后，不同阶层间分配收入差距过大，造成巨大的社会分层。当贫困人群意识到贫困并且将贫困归结于社会时，就可能将不满情绪指向政府和社会，对政府和社会抱有憎恨和极强的绝望情绪，为了引起社会重视或发泄怨恨，他们更倾向于采取激烈手段表现自己，有些人就会加入恐怖组织的行列。

东西部经济发展的不平衡和边远地区少数民族群众生活的贫困、落后和封闭淡化了不同民族之间的认同感、亲和感和对国家政权的归属感，导致了民族分裂主义及其恐怖主义的滋长和蔓延。"东突"恐怖分子就利用边远地区少数民族生活环境较为封闭、经济较为贫困、缺乏民族沟通等条件，进行民族分裂和民族仇恨宣传，煽动维族群众对政府和汉族群众的不满和仇恨，从而导致暴力事件的不断发生。②

3. 主流文化与亚文化的客观冲突

政治的走向会对文化的发展产生了很深的影响，在一个多民族的大一统国家，就会发生文化融合的现象，但融合并不意味着不存在冲突与对立。因此，文化对一个多民族国家来说，既可以是凝聚因素，也可以是分裂因素，处理不好，就容易滋生恐怖主义。多民族国家的文化不可能是绝对一元的，必然存在不同种类的亚文化。而亚文化可能不甘心自己居于从属地位，企图从现有主流文化中分裂出去，成为新的主流文化。此时，诉诸各种恐怖手段就可能成为一种维护本群体亚文化的应有之义，甚至往往被赋予一种"神圣""正义"的道德色彩。而被主流文化视为不道德、不正当的恐怖活动，在恐怖组织的亚文化中则往往被视为道德的、正当的，在很多情况下恐怖分子诉诸恐怖活动可能并不是某种外在冲动驱使的结果，而更可能是恐怖分子为达到某种政治或社会目的而心甘情愿地采取这种行动。在我国，汉族文化为主流文化，少数民族的文化自然就成了亚文化。因此一些少数民族为谋求本民族文化的主导地位，坚持民族分裂主义，企图从主权国家中分裂出来，建立独立的以本民族亚文化为主流文化的单一民族国家，就会进行暴力的恐怖活动。

4. 殖民主义残留的印记

"西班牙的战船""英国的大炮""日本的战旗"记载着殖民侵略的贪婪和残暴，统治过程中的政治压迫、资源掠夺与殖民教化在许多国家留下了宗教冲突、民族矛盾的恶果，为恐怖主义犯罪埋下祸根。我国新疆、西藏、内蒙古、台湾地区，在清朝政府时期曾被外国殖民势力统治过，殖民势力散布了大量的民族分裂恐怖主义思想，导致这种恐怖主义犯罪遗毒至今，产生了深刻的影响。③ 而分析中国国内的恐怖主义，发现它们几乎都带有一定的历史原因。譬如，从历史根源来看，"东突"分裂主义是 19 世纪末 20 世纪初由英、俄

---

① 参见胡联合：《全球反恐论 恐怖主义何以发生与应对》，中国大百科全书出版社 2011 年版，第376 页。

② 陆晓燕：《恐怖主义在我国发展的现状、趋势及反恐对策》，上海大学 2006 年硕士学位论文，第 23 页。

③ 参见李承东：《我国恐怖主义犯罪对策研究》，中山大学 2008 年硕士学位论文，第 20 页。

等帝国主义一手造成的。所谓"东突厥斯坦"并不是一个单纯的地理名词，而是 19 世纪帝国主义列强在推行殖民主义政策和"泛突厥主义"过程中出笼的，体现了帝国主义和其他反动势力将根本不属于"突厥斯坦"的新疆从中华民族中分裂出去的侵略意图，带有明显肢解我国领土的意思。中华人民共和国成立后，国内外的民族分裂主义势力一直都没有停止过分裂祖国、破坏团结的阴谋活动，多次制造了叛乱和暴力恐怖事件。①

5. 地理关系促进了恐怖势力之间的联系

如前所述，中国西北边陲与中亚的"地缘关系"为新疆"东突"恐怖势力与境外恐怖势力的勾结、中亚三股势力向我国的渗透和影响提供了便利条件，这也是"东突"恐怖势力主要在新疆地区而不是在其他地区泛滥的主要原因。由于新疆地处亚欧大陆的核心地带，自古以来都是我国通往中亚、西亚和南亚的重要通道，是联系我国与中亚、西亚和南亚各国的天然纽带，具有重要的战略地位，因而成为各种政治势力争夺的战略重点之一。最重要的是，新疆与中亚、西亚和南亚在民族、宗教方面有着广泛而密切的联系。其一，各民族跨境而居。维吾尔族、哈萨克族、塔吉克族、乌孜别克族、蒙古族、俄罗斯族等民族与境外同一民族同祖同源，语言相通。这些民族既热爱自己的祖国，又与境外同一民族有较深厚的民族感情；其二，宗教信仰相同。中亚、西亚和南亚等周边和邻近的许多国家都是伊斯兰国家，而我国新疆的维吾尔族、哈萨克族、柯尔克孜族、乌孜别克族、塔塔尔族等民族也信仰伊斯兰教。虽然不同地区和国家的伊斯兰文化各具特点，但是同一宗教的信徒之间的宗教感情是客观存在的。于是，境外的宗教极端势力和民族分裂组织，频繁向新疆境内渗透，为境内民族分离势力提供资金和武器弹药，培训武装恐怖分子，大力支持境内的恐怖势力。

通过对中国恐怖主义的类型和恐怖主义产生的原因进行分析，我们可以看出，中国的反恐斗争是必要且紧迫的，但是也必须看到，消除恐怖主义、建立和谐家园也绝不是朝夕之事，必须经过相当长的一段时间才能实现，因为它的成功需要很多成熟的条件，如综合国力的提高、国家经济的发展和民族交流的加强。而在一切打击恐怖主义的手段中，运用法律措施，将反恐纳入法治之中，能够有助于实现消灭恐怖主义、还世界一份安宁的美好愿景。

回顾我国的反恐立法已取得了很多进展，如在国际条约方面，现有的 13 项国际反恐怖主义条约，我国已加入其中的 10 项，签署了 2 项，② 并且，为了加强反恐斗争的区域合作，我国于 2001 年 6 月签署了上海合作组织制定的《打击恐怖主义、分裂主义和极端主义的上海公约》；在国内立法方面，《刑法》对国际公认的恐怖行为进行认定，并规定具体刑罚措施，如在《刑法修正案(三)》中增加了资助恐怖活动罪名，在《刑法修正案(八)》中加重对恐怖活动犯罪的刑罚力度。等等。但是，在肯定进步的同时，我们也应注意到，与世界上其他国家反恐立法比较，我国的立法还相对比较落后。比如，与美国相比，我国至今还没有一个统一的恐怖主义定义，也没有能够将所有类别的恐怖主义行为加以犯罪化；

---

①　参见胡联合：《全球反恐论 恐怖主义何以发生与应对》，中国大百科全书出版社 2011 年版，第 375 页。

②　杨晖：《反恐新论》，世界知识出版社 2005 年版，第 238 页。

而且也缺乏一个综合性的全面协调反恐行动的立法。这些导致了我国反恐机制效率的下降。

习近平总书记在党的二十大报告中指出：要健全反制裁、反干涉、反"长臂管辖"机制……加强海外安全保障能力建设，维护我国公民、法人在海外合法权益，维护海洋权益，坚定捍卫国家主权、安全、发展利益。① 自创设以来，恐怖主义例外的发展总体上呈现出范围愈发扩大，适用愈发宽松的趋势。随着中美博弈进入世纪性阶段，为维护我国主权与安全有必要思考对美国恐怖主义例外的应对之策。

三、充分认识中美国家豁免制度背后的差异

(一)法律制度的差异

法律是统治阶级意志的象征。虽然中美两国均以否定列举的形式通过立法确定了外国国家在本国享有的豁免权，但是两国国情的差异造成了制度运作的不同。

美国是联邦制国家，实行三权分立的政治体制，立法、行政和司法各司其职、相互制衡。而中国则是单一制国家，中央领导地方，立法、行政和司法各部门分工合作，负责不同职能的同时又可相互配合。美国在其《外国主权豁免法》中宣称其目标是将主权豁免的决定权完全交给法院，实现对外国的诉讼非政治化。三权间的相互制衡削弱了彼此间的配合，允许法院受理恐怖主义例外相关案件后，政府很难控制案件的影响与进展，对外政策的制定权也被让渡一部分到法院手中。② 这就使得政府与法院间对同一国家产生不同的态度，彼此间相互制衡，影响美国对外关系的推进。而中国的《外国国家豁免法》则认为国家豁免问题具有法律与政治的双重属性，③ 因而需要政府部门与法院间的配合。法院在审理国家豁免的过程中，可以充分征求外交部的意见，以确保中国对外政策的一致性与连贯性。

此外，美国联邦制下联邦法院与各州法院均有权审理恐怖主义例外的相关案件，而在其普通法传统下各州间的判例法对彼此没有约束力，这就使得联邦法院与州法院，州法院之间的判决不具有连贯性。而在中国建立起人民法院受理涉及特权与豁免案件的报告制度。凡是涉及以外国国家为被告或第三人的民事案件，法院决定受理之前须报请辖区内高级人民法院审查；高级人民法院同意受理的，应当将其审查意见报送最高人民法院；在最高人民法院答复前，一律暂不受理。④ 这体现出中国对涉及国家豁免案件的审慎处理态度与对外国国家主权的尊重，并且能够有效防范本国公民针对外国国家

---

① 习近平：《高举中国特色社会主义伟大旗帜　为全面建设社会主义现代化国家而团结奋斗——在中国共产党第二十次全国代表大会上的报告(2022年10月16日)》，人民出版社2022年版，第53页。

② Bridget A. Fahey, *Standing in the Way: The Court's Escalating Interference in Federal Policymaking*, 136 Harvard Law Review, 2023, p.1239.

③ 参见马新民：《我国出台外国国家豁免法——涉外法治建设的里程碑》，载《人民日报》2023年9月4日，第15版。

④ 参见中华人民共和国最高人民法院：《关于人民法院受理涉及特权与豁免的民事案件有关问题的通知》(法〔2007〕69号)。

的滥诉。

(二)社会法律文化的差异

中美两国在各自历史发展进程中形成了迥异的社会法律文化。具体而言，美国社会强调个人主义，普通民众十分依赖诉讼来维护个人权利，而且法律从业者的比例很大，律师为逐利鼓动民众提起诉讼的现象也十分普遍。美国法律界"追逐救护车"(chase the ambulance)的现象便是对这一文化的典型诠释。其指的是在发生事故后，律师们追着救护车争夺案源的现象。律师们希望代理受害者起诉肇事者以从中获取利益。在受害人缺乏经济实力而无意起诉时，律师为鼓动其提起诉讼便会与其约定由律所事务所先行垫付所有相关诉讼费用，在获得胜诉判决与赔偿后，受害者再支付给律师相应的费用。可想而知，恐怖主义受害者也是这些律师甚至某些政客追逐的对象。因被告国在审判中的缺席，法官对原告的偏向，获得胜诉判决并非难事，其谋求经济利益或政治利益的目的也很容易达成。而在中国，传统上民众有着厌诉的传统，更倾向于通过调解、协商或其他非正式途径来解决争议，万不得已不愿将纠纷诉至法院，尤其是在相对方是外国国家的情况下。这就意味着在中国针对外国国家提出滥诉的可能性较小，个人对国家对外政策的影响也完全是在国家掌控范围内的。

(三)反恐政策与实践的差异

中美两国在反恐斗争中最大的差异表现为中国的团结合作与美国的单打独斗。"对所有资助恐怖主义的国家进行施压"是美国反恐四大原则之一，[①] 这往往成为美国借反恐之名干涉别国主权、打击异己的借口。在反恐实践中，美国习惯于避开联合国等国际组织，直接对所谓恐怖主义进行打击，呈现出单边主义的倾向。而中国则主张反恐行动应遵循《联合国宪章》的宗旨和原则，尊重当事国主权、独立和领土完整，反对单边主义，主张加强反恐的国际与区域合作。[②]

美国在允许受害者通过恐怖主义例外起诉他国之外，还多次使用单边主义的军事措施打击他国。1986年美国轰炸了被其认为是世界恐怖活动罪魁祸首的利比亚。1998年又因其驻肯尼亚和坦桑尼亚大使馆遭受的恐怖分子炸弹袭击，而用"战斧"巡航导弹袭击了阿富汗和苏丹。中国则反对美国实施的上述行为，主张打击恐怖主义行为时尊重他国主权，主张在联合国框架下打击国际恐怖主义。因而，中国法院不会受理个人针对他国主权行为提起的诉讼，也不会通过单边行为以暴制暴，将对恐怖主义的打击扩张至对他国主权的侵犯。

四、明确中国对恐怖主义例外的立场

在2016年美国对恐怖主义例外进行修订后，中国已经表明了反对立场，反对美国将

---

① 　A National Security Strategy for a New Century, https://nssarchive.us/wp-content/uploads/2020/04/1997.pdf, visited on 15 February 2024.

② 　参见《中国反恐斗争有效遏制恐怖活动多发频发势头》, https://www.gov.cn/xinwen/2019-07/10/content_5407906.htm, 2024 年 2 月 23 日访问。

其国内法凌驾于国际法之上。从国家主权豁免的整个发展历程来看，它是随着国家实践与法律确信的变化在不断演进的。从习惯国际法的视角来看，在管辖豁免问题未经广泛的国家实践与法律确信或国际协定加以确定前，应当认为各个案件是受有关国家的国内法支配的。① 在没有明确国际法渊源的情况下，美国单边创设恐怖主义例外的行为无可厚非。② 虽然国际法不禁止新例外的产生，但新的例外不可违反国际法。美国国家主权豁免的恐怖主义例外无疑是超前的，而且其具体规定与实施存在着对国际法的违反。

如前文所述，目前国际社会对美国恐怖主义例外主要持反对态度。虽然国际法院对伊朗诉美国案作出了裁决，但是其只是依据美伊双方签署生效的双边协议认定美国以恐怖主义例外针对伊朗国家及其财产的一系列措施违反了双边协议中规定的义务，因而需要承担赔偿责任；但是并未涉及对美国创设恐怖主义例外本身的合法性分析。为此，伊朗又于2023 年 6 月 27 日在国际法院起诉了加拿大，因为加拿大也制定了国家豁免的恐怖主义例外，允许其公民起诉伊朗政府，而且加拿大法院还承认并执行了美国法院以此例外针对其作出的判决。③ 伊朗认为这侵犯了其作为主权国家应享有的管辖与执行豁免权。因两国通过均通过《国际法院规约》中规定的任择条款接受了国际法院的强制管辖权，法院决定受理该案。④ 目前案件正在审理中，国际法院有望通过该案对于国家主权豁免恐怖主义例外的合法性给出定论。

中国应当反对的是美国制定并实施的恐怖主义例外，但可以对一般意义上的恐怖主义例外，即具体规定不违反国际法的恐怖主义例外持保留态度。虽然国家主权豁免的恐怖主义例外规则尚未以习惯国际法的形式具体化，且美国的规定存在着对国际法的违反，但是这并不意味着该例外将来不会成为国际惯例，因为这一切都取决于国家实践及其法律确信对国际公法发展的推动。⑤

就目前国际法的发展阶段而言，可以允许恐怖主义例外的存在，但不是美国所制定的这种恐怖主义例外。一个不违反国际法的恐怖主义例外应满足以下特点：第一，应当根据国际社会对恐怖主义达成的共识，在国内法上定义恐怖主义，打击公认的恐怖主义行为而不应将一般暴力性犯罪归类为恐怖主义。第二，出于对他国主权的尊重，应当根据行为的性质来区分国家实施或资助的恐怖主义行为是否为主权行为，对他国的主权行为予以豁免。第三，应当建立起法院地国与恐怖主义行为的真实有效且合理联系，⑥ 如侵权行为地或损害结果发生地在法院地国。第四，针对外国国家的民事索赔不宜规定惩罚性赔偿以避

---

① 参见［德］拉萨·奥本海：《奥本海国际法》，王铁崖等译，商务印书馆 1989 年版，第 208 页。

② William S. Dodge, *Does JASTA Violate International Law?*, https://www.justsecurity.org/33325/jasta-violate-international-law-2/, visited on 15 February 2024.

③ Valentin von Stosch & Felix Herbert, *Jurisdictional Immunities All Over Again?*, https://www.ejiltalk.org/jurisdictional-immunities-all-over-again/, visited on 15 February 2024.

④ 参见《伊朗向国际法院提出针对加拿大诉讼》，https://www.ungeneva.org/zh/news-media/news/2023/06/82480/yilangxiangguojifayuantichuzhenduijianadasusong，2024 年 2 月 23 日访问。

⑤ Grosz v. France App No 14717/06, 16 June 2009.

⑥ Hazel Fox & Philippa Webb, *The Law of State Immunity* (3rd ed.), Oxford University Press, 2013, pp. 471-474.

免恶化双边关系。第五，对诉讼文书的送达应首先通过双方共同缔结的条约规定的途径进行，不存在此类条约的应通过外交途径送达，个人单方的邮寄送达应认定为无效。第六，经有效送达后，外国国家仍未到庭的，法院应当主动审查该国是否享有豁免权。第七，在缺席审理中应当以事实为依据严格适用相关法律规定。最后，依据恐怖主义例外剥夺他国管辖豁免并不影响其依法享有的执行豁免权。

五、坚持符合国际法的正当路径

(一) 充分发挥外交途径的作用

国家主权豁免现在已被越来越多地赋予了法律属性，但不可忽略的是其涉及法院地国与相对国的政治外交关系。针对他国的恐怖主义行为更是会严重影响两国关系。因而，面对他国实施或资助针对本国的恐怖主义活动时，比起国内法院的诉讼，发挥外交途径的作用或在联合国寻求支持更为有效。因为受害者个人相比于强大的外国国家机器显得过于弱小，且很难引起国际舆论的关注。而若是国家以其自身的名义向他国提起外交交涉或采取相关行动则更能引起相对国的重视且更能向其施加舆论压力。国家对于此类事件的介入也有充分的国际法基础。因为他国在本国领土上实施或资助实施的恐怖主义活动本就是对本国主权的严重侵犯。面对本国国民遭遇到外国国家实施的恐怖主义而无法寻求有效救济的情况，国家有义务采取适当措施来保障本国公民的基本人权，如进行外交抗议与外交谈判等。

彩虹勇士号事件就是新西兰对法国在其领土上实施的恐怖主义活动通过外交行动有效应对的典型案例。1985 年 7 月 10 日，法国外国情报局的特工策划和执行了在新西兰奥克兰港的一起爆炸案，导致绿色和平组织的船只"彩虹勇士号"(Rainbow Warrior)受损沉没，在事件中有一名摄影师丧生。这起事件是为了阻止彩虹勇士号前往法属波利尼西亚抗议法国在那里进行的核试验。事件发生后，新西兰政府对法国提出了强烈的外交抗议，并要求法国政府对此事件负责。法国最初否认与事件有关，但随着调查的深入，法国政府最终承认了其情报机构的参与。随后，法新双方展开了一系列的外交谈判，但并未能就赔偿金额以及两位特工的处理达成一致。随后，两国将其分歧提交联合国秘书长进行有约束力的裁决。1986 年 7 月 6 日，联合国秘书长作出裁决，要求法国道歉并赔偿 700 万美元。① 随后法国和新西兰通过交换一系列被称为《1986 年协定》的信件，正式接受了秘书长的裁决。根据协议内容，法国政府承认了其特工在新西兰境内进行了非法行动，并对此向新西兰与受害者及其家属表示正式道歉。法国同意支付超 1300 万新西兰元的赔偿金，其中包括对彩虹勇士号的损害、对受害者家属的赔偿以及对新西兰政府的补偿。通过外交途径，该事件得到了较为合法合理的解决。

可见，国家间的外交谈判与交涉的效率远远高于私人针对外国国家的诉讼。彩虹勇士案中受害者通过国家出面仅用了 1 年多便获得了相应的赔偿，而私人诉讼途径耗费的时间

---

① Case concerning the differences between New Zealand and France arising from the Rainbow Warrior affair, https://legal.un.org/riaa/cases/vol_XIX/199-221.pdf, visited on 15 February 2024.

与精力则数倍于此，且未必能获得实际赔偿。此外，国家通过立法制定国家豁免的恐怖主义例外较之于传统的外交途径还缺乏充分的国际法依据。我国也一贯认为，国家之间无论有何种纠纷或问题，均应当以国际法准则和《联合国宪章》为依据进行协商解决。

(二) 善用《外国国家豁免法》维护自身权益

2023 年 9 月 1 日，中华人民共和国十四届全国人大常委会第五次会议表决通过了《中华人民共和国外国国家豁免法》，该法目前已经生效施行。这是中国首次通过法律明确了限制豁免的立场，宣告了对绝对豁免的放弃，确立了中国法院对涉及外国国家及其财产案件的民事管辖权。[①] 这充实了我国涉外法治斗争的工具箱，为我国在面对他国被诉，而运用外交途径无法有效得以解决时，提供了法律解决的新途径。

面对他国针对我国实施或资助的恐怖主义行为，虽然我国《外国国家豁免法》中并未规定恐怖主义例外，但是其行为本质上是针对受害者的侵权行为。我国《外国国家豁免法》第 9 条规定了国家豁免的侵权例外，即外国国家因其在我国领域内的相关行为造成人身伤亡或者财产损失引起的赔偿诉讼，在我国法院不享有管辖豁免。因此，我国相关受害者可以依据侵权例外向他国提起诉讼，寻求损害赔偿。

面对他国公民在他国以恐怖主义为由对我国提起诉讼的情况，虽然我国《外国国家豁免法》中并未规定恐怖主义例外，但是其第 21 条规定了对等原则。当外国给予我国国家与财产的豁免待遇低于《外国国家豁免法》规定时，我国实行对等原则。一旦我国在美国或加拿大以恐怖主义例外被诉，根据对等原则，美加两国在我国也不享有此类管辖豁免，针对其财产所享有的执行豁免待遇也会因对等原则而降低。同时我国还应在充分了解外国恐怖主义例外的基础上积极应诉，利用对我方有利的规则，如利用将在州法院对我方提起的诉讼移送至对应的联邦法院的法定权利寻求在联邦法院解决争议，[②] 以获得案件更为规范的审理。广泛收集证据自证清白，避免法院轻易采信原告的证据。同时辅之以必要的外交交涉与施加，避免不利判决的出现。

(三) 加强国际合作打击恐怖主义

恐怖主义对全球和平、安全与稳定构成了严重威胁，是国际社会共同面临的重大挑战之一。国际上对恐怖主义行为是国际法规定的严重罪行已逐渐达成共识，这体现于自 20 世纪 60 年代以来，在联合国主持下国际社会陆续制定的 13 项全球性反恐怖主义公约中。这些文件表明了全球对打击恐怖主义的基本立场和态度。"9·11"事件后，联合国安理会更是一致通过了第 1373 号决议，明确禁止支持恐怖主义。该决议将向恐怖组织提供任何形式的援助定为刑事犯罪，并要求各国不得向这些组织提供任何形式的支持。[③]

我国一贯反对一切形式的恐怖主义，坚定支持依法严厉打击恐怖犯罪活动，坚定支持

---

① China Adopts Foreign State Immunity Law, http://english.scio.gov.cn/m/chinavoices/2023-09/02/content_111200459.htm, visited on 15 February 2024.

② 28 USC. § 1441(d) (2010).

③ S/RES/1373 (2001).

国际社会消除恐怖主义的努力。自20世纪70年代末开始，为加强国际合作，有效防范和惩治恐怖活动，中国相继加入或批准了包括《关于在航空器内的犯罪和其他某些行为的公约》《制止向恐怖主义提供资助的国际公约》等在内的一系列国际反恐公约，并支持制定《关于国际恐怖主义的全面公约》，进一步完善反恐国际法律框架。[①]

在现行国家豁免制度下，国家对其主权行为享有豁免权。因此，对于国家恐怖主义行为，难以通过剥夺其管辖豁免允许本国公民起诉外国国家寻求损害赔偿的方式追究其责任。就目前而言，最奏效的方式还是通过国际反恐合作，通过国家间的协商与谈判解决外国国家不法行为造成的损害赔偿问题。在国际集体和平与安全机制体系内，特别是在联合国安理会框架内寻求政治支持。以符合国际法的方式友好和平地解决国家间的争端，切实履行对本国公民的保护义务，追究恐怖主义实施或资助国的国家责任。针对恐怖主义实施国的国际制裁肯定比国内法院个人的民事索赔与惩罚性赔偿更为有力。为此，中国作为一个负责任的大国，可以积极推动《关于国际恐怖主义的全面公约》的制定，为争议解决相关条款提供完善建议，如设立国际特设法庭以专门受理由国家恐怖主义行为引起的争端，为受害国与受害者伸张正义，维护国际社会的和谐稳定。

美国通过单边立法创设了国家主权豁免的恐怖主义例外，允许国内法院受理个人针对国家的诉讼。虽然国际法并不禁止新例外的产生，但是美国恐怖主义例外的具体规定却在不同程度上违反了国际法及其本国宪法。美国不断通过立法来放宽恐怖主义例外的适用范围，世界各国都成为其潜在的打击目标。

在国际法层面，美国通过国务院制定的恐怖主义资助国名单，允许恐怖主义受害者针对名单上的国家提起诉讼，而名单外国家实施同样行为却可享有管辖权；允许国内法院针对外国国家作出缺席判决判令其承担巨额惩罚性赔偿，借此来惩罚打压其他国家；允许本国国民的人权凌驾于他国主权至上；允许法院对他国主权行为行使管辖权。法院在审理案件过程中无视美国缔结的多边和双边条约，曲解条约原文，违反条约义务扣押他国财产。这些行为违反了国际法中的主权平等原则，违反了美国自身的条约义务，违反了习惯国际法。

在国内法层面，恐怖主义例外违反了美国宪法。它的实施未充分考虑三权的定位，限制了各机构功能的发挥。国会通过立法干预法院正在审理的案件，法院通过一边倒甚至是无条件倾向原告的缺席判决来决定本应由政府处理的美国对外政策，政府通过总统令冻结他国本应享有豁免的资产。三权间彼此制衡缺乏必要合作，影响美国对外政策的统一制定。无视外国国家本应享有的正当程序权利，在外国国家缺席的情况下，通过缺乏证明力的所谓证据对外国国家作出巨额惩罚性赔偿。

恐怖主义受害者固然值得同情，他们为其所遭受的伤害与损失寻求正义的行为也理应得到支持。但是，法律纠纷应以事实为准绳，以法律为基础来解决，特别是国际法律争端应参照包括习惯法在内的国际法来解决，而不应以同情、愤怒等情感为基础。在判断外国国家是否享有豁免权与判定赔偿金额为恐怖主义受害者提供救济时，法院不能仅仅将其结论建立在对受害者的同情上，还有很多其他更重要的事项，如国家外交政策、条约法律的

---

① 参见王江：《完善反恐法律制度体系符合国际原则理念》，载《人民日报》2024年1月29日，第10版。

实际规则、程序正义等。法院应保持应有的理性与克制，避免给国际关系与秩序造成负面影响。

　　鉴于我国同样面临着严峻的反恐挑战，而且还可能面临他国以恐怖主义例外提起的滥诉。为了维护我国国家声誉，保障我国主权、安全与发展的利益，我国有必要继续向国际社会表达自身坚定的反恐立场与对美国缺乏坚实国际法基础的恐怖主义例外的反对。面对国家恐怖主义时，首选代表本国受害者通过外交途径与相对国进行交涉与谈判，通过符合国际法的途径来妥善解决问题。我国新出台的《外国国家豁免法》也为有效应对他国侵权行为或他国滥诉提供了有力工具。打击国际恐怖主义离不开国际合作，我国应继续努力为恐怖主义的全球治理贡献中国力量，在国际舆论环境中争取主动权。

教育部人文社会科学重点研究基地重大项目

"中国国家豁免立法问题研究"（项目编号：10JJD820004）的研究成果

国家豁免法

THE LAW OF STATE IMMUNITY

（下）

郭玉军　蔡斯芊　主编

武汉大学出版社

目　　录

Table of Contents

第十章　国家管辖豁免的强行法例外

第一节　国家管辖豁免强行法例外的起源

国家豁免，又称主权豁免①，或司法管辖豁免②，是国际法领域中的重要原则之一。它首先是一个古老的话题，具有悠久的历史渊源，但同时也可称为新颖的问题，随着时代变迁而不断出现新的理论热点。国家豁免理论自产生时起，其适用范围就饱受争议，在实践中不断经历着争议、共识与发展的循环演进过程，迄今仍处于不断变化与发展中。近年来，由于国家职能日益拓展，国际交往更加频繁，有关国家豁免的立法实践和司法案例日渐增多，推动了国家豁免例外问题的研究和发展。尽管饱受争议，但国家豁免例外业已成为理论界亟待深入研究和实践中亟待解决的重要问题之一。其中，国家管辖豁免的强行法例外是近年来出现的一个既新且热的问题。强行法例外问题有其自身的产生和发展过程，不可能凭空产生，国家豁免和强行法理论的发展和演变，对强行法例外问题会产生重要的影响。了解国家豁免及其例外问题的发展历程，是研究国家管辖豁免强行法例外问题的前提。本节意在对国家豁免和国际强行法相关理论进行阐述，以探讨国家管辖豁免强行法例外的起源及发展。

一、国际强行法基础理论

国际强行法是国际法领域中一个备受关注却又极富争议的话题。在国际交往日渐频繁的当代，随着国际社会共同利益的产生和人权理论的兴起，国际法领域出现了许多以维护国际社会核心利益为宗旨的国际法惯例和法律规范。这些国际法规范是国际社会正常运转的前提和基础，由于其对国际社会极具重要性而获得了国际强行法的地位。③

(一)国际强行法的概念

现代国际法中的"国际强行法"概念的历史并不悠久，其首次出现是在 1969 年《维也

---

① 王立君：《国家及其财产管辖豁免规则的新发展——兼论我国的立法和实践》，载《法商研究》2007 年第 3 期，第 100 页。
② 张乃根：《国家及其财产管辖豁免对我国经贸活动的影响》，载《法学家》2005 年第 6 期，第 28 页。
③ 陈海明：《国际法宪政问题研究》，载《太平洋学报》2011 年第 1 期，第 29 页。

纳条约法公约》中。① 事实上，早在 20 世纪 40 年代中期，国际社会就已经有了关于国际强行法的相关实践。在第二次世界大战结束后，战胜国组建了纽伦堡国际军事法庭和远东国际军事法庭对战犯进行审判。因为缺乏相关的国际条约和习惯国际法，法官们不得不依据"社会良知""国际社会公共秩序"等价值理念作出判决。② 通过这两个国际法庭的审判，国际强行法理念得到长足发展，逐步得到国际社会的认可和接受，其成文化的要求也被提上日程，后于 1969 年被适时引入联合国国际法委员会起草的条约法公约草案中。国际强行法先有司法实践，而后才成文化。

根据《维也纳条约法公约》第 53 条和第 64 条的规定，所谓国际强行法，是指国际法中一系列具有法律拘束力的特殊原则和规则的总称，由国际社会成员作为整体通过条约或习惯，以明示或默示的方式接受并承认为具有绝对强制性，且非同等强行性质之国际法规则不得予以更改，任何条约或行为如与之相抵触，归于无效。③

维勒利认为，"因为强行法规则对整个国际社会有特殊的重要性——强行法规则是为整个国际社会的一般利益服务的，是体现整个国际社会的伦理价值观念的，也是为了保证对各个国家的保护的，所以必须是普遍性的，任何国家不得主张不受强行法规则的拘束"④。国际强行法规则的特性使其在等级上高于其他普通规则，成为国际法的"上位法"。任何与国际强行法相抵触的国际法条约乃至国内立法都会归于无效。虽然国际强行法理论的合理性和正当性仍会受到质疑和抨击，⑤ 但它在国际法律秩序中的至上性已经得到了国际社会的广泛认可。

(二) 识别强行法的标准

在国家豁免的讨论中，强行法的识别标准主要涉及国际法中不能被国家协议或行为所推翻的基本原则。这些原则被认为是国际社会普遍接受的、不可动摇的法律规范。识别强行法的标准通常包括以下五点，分别是普遍接受性、不可让渡性、上位性、不可废止性与强制执行性。

第一个标准是普遍接受性。普遍接受性指的是强行法规范必须被国际社会广泛接受和承认。这意味着世界上大多数国家应承认该法律规范的强制性，并接受其不可变性。典型的强行法例子包括禁止种族灭绝、奴隶制、酷刑以及对基本人权的侵犯等。

第二个标准是不可让渡性。这些法律规范不能通过国家之间的协议、条约或其他形式的法律安排进行规避或取消。即使两个国家之间达成协议，涉及的行为如果违反了强行法，也会被视为无效。例如，国家不能通过协议来合法化种族灭绝行为。

---

① 李浩：《国际法上的"强行法"规则初探》，载《现代法学》2009 年第 1 期，第 113 页。
② 邱冬梅：《论国际强行法的演进》，载《厦门大学法律评论》第 8 辑，第 129 页。
③ 张潇剑：《国际强行法论》，北京大学出版社 1995 年版，第 51 页。
④ 《法国国际法年押》，1966 年，第 14 页；转引自杨泽伟：《主权论——国际法上的主权问题及其发展趋势研究》，北京大学出版社 2006 年版，第 43 页。
⑤ Meron, *On a Hierarchy of International Human Rights*, American Journal International Law, 1986, No. 80, p. 1；转引自杨巍：《国际人权法与国际强行规则》，湘潭大学 2007 年硕士学位论文，第 7 页。

第三个标准是上位性。强行法应具有执行上的上位效力性。① 强行法优先于其他国际法规范，无论是条约法还是习惯国际法。当强行法与其他法律规范发生冲突时，强行法拥有最高的法律效力。任何与强行法相悖的条约都会被视为无效。

第四个标准是不可废止性。这些法律不能被国家单方面废止或修改。其地位必须始终保持，不会因为国家的意志或政策改变而改变。这确保了强行法的稳定性和长期性。

第五个标准为强制执行性。强行法要求国际社会对违反这些规范的行为进行惩罚或纠正，即使这种行为发生在主权国家的管辖范围内。例如，种族灭绝或酷刑的责任者，即使在自己国家内实施这些行为，也可能被国际法院或其他国家的法院起诉，因为强行法具有全球适用性。

(三) 国际强行法的内容

虽然《维也纳条约法公约》对国际强行法的概念予以规定，促进了强行法理念的成文化进程，但这种规则本身的内容并不明确。《维也纳条约法公约》对于国际强行法定义的阐述存在明显的局限性，它采用"概括式"方法对强行法概念进行界定，只指出其效力和特点，未能够明确其内涵。这种"特征概括式"的概念，导致数十年来人们对国际强行法的具体内容争论不休。在国际法的有关争论中，尽管《维也纳条约法公约》中关于国际强行法的规定经常被引用论证，但国际实践中却几乎没有出现过条约或其他国际协定因违背强行法而被确认无效或终止实施的案例。②

目前，得到国际社会公认的国际强行法规范大多是直接或者间接与国际人权法或者国际人道主义法有关的。③ 迄今为止，在国际法委员会提供的法律注释中，已得到国际社会明确接受和广泛承认的强行法规则包括禁止侵略、种族灭绝、奴隶制度、种族歧视、反人类罪、实施酷刑和维护民族自决权。④《维也纳条约法公约》并未能够对国际强行法规则予以精确定义，而期望国家实践和国际判例充实强行法规则的内容，但这难以实现。⑤ 至今，人们对于强行法的内容、界定标准、执行机构等问题仍然众说纷纭，这也在很大程度上制约了强行法理论的实践效用的发挥。

二、国家管辖豁免强行法例外问题的产生

国家管辖豁免强行法例外问题的产生是现代国际法中一个复杂而具有争议性的问题。国家管辖豁免是一项国际法原则，通常认为一个主权国家不能被另一国家的法院管辖。然而，当涉及强行法规范时，这一豁免性原则在涉及严重侵犯人权或违反国际基本法律规范

---

① 郭玉军、刘元元：《国际强行法与国家豁免权的冲突及其解决——以德国诉意大利案为视角》，载《河北法学》2013 年第 1 期，第 31 页。

② Emmanuel Voyiakis, Access to Court v. State Immunity, I. C. L. Q., Vol. 52, No. 2, 2003, p. 318.

③ 陈海明：《国际法宪政问题研究》，载《太平洋学报》2011 年第 1 期，第 30 页。

④ 邱冬梅：《论国际强行法的演进》，载《厦门大学法律评论》第 8 辑，厦门大学出版社 2004 年版，第 134 页。

⑤ 参见李浩培：《强行法与国际法》，载《中国国际法年刊》，中国对外翻译出版公司 1982 年版，第 50 页。

的行为时将面临严峻挑战。

（一）国家豁免权与国家违反强行法的冲突

承上可知，国际强行法涉及国际社会的核心价值，对全体国际社会成员都具有普遍约束力，堪称国际法中的"最高规范"，国家主权权力的行使亦应受到国际强行法的制约。[1]国际强行法一旦形成，其效力就不受国家的干预，其废止也不依赖于国家意志，具有对世性的特征。[2]而国家豁免原则是基于国际法中的主权平等原则而产生并得到国际社会广泛承认的一项习惯国际法。在具体案件中是否给予他国以豁免权，一般由内国法院依据其本国法律、政策或其他规范加以决定。单纯从法律位阶来看，作为习惯国际法的国家豁免原则应当服从国际强行法的约束，二者并无也不可能存在冲突，但在当前的国际司法实践中，却并非如此。

在现阶段的国际法体系中，国际强行法的内容大多是与人权密切相关。人权思想发端于欧洲启蒙运动时期，[3]起初是完全国内法上的管辖事项，[4]第二次世界大战中存在的种种暴行使得人权问题一时成为国际社会普遍关注的焦点，战后纽伦堡审判和东京审判在国际法上开创了追究个人国际刑事责任的先例，[5]此外，包括联合国在内的多个国际组织还主持、制定、通过了大量事关人权保护的宣言和公约，[6]人权问题开始国际化进程并全面进入国际法的范围。国际人权法的发展使个人在国际法上的地位得到极大提高，包括禁止酷刑、种族灭绝等内容在内的人权保护规则已成为国际社会公认的强行法，对侵犯人权的追诉趋于国际化。英国上议院曾裁定前智利国家元首皮诺切特在关于酷刑的指控上不享有豁免权；[7]在国际层面，除却欧洲军事法庭和远东军事法庭的早期实践外，联合国先后设立前南斯拉夫国际刑事法庭和卢旺达国际刑事法庭，对两国境内发生的严重违背强行法的国际罪行进行审判并追究领导人的刑事责任；一些严重侵犯人权的国际罪行已被列入普遍司法管辖的范围，在国际刑事诉讼中，豁免权的适用范围受到限制，这对传统国际法上的国家主权也形成一定冲击和制约。[8]

然而，尽管国际人权法的迅速发展，已经使基本人权得到国际强行法的保障，但在民事诉讼中，仍存在许多基本人权遭受严重侵害而当事人无法维权的情形。其中，最突出的就是国家违背国际强行法严重侵犯人权、当事人起诉求偿无门的问题。近年来，欧美许多

---

[1]　杨泽伟：《主权论——国际法上的主权问题及其发展趋势研究》，北京大学出版社 2006 年版，第 43 页。

[2]　Adeline Chong, Transnational Publicy in Civil and Commercial Matters, L. Q. R., Vol. 128, 2012, p. 107.

[3]　王运祥、刘杰：《联合国与人权保障国际化》，中山大学出版社 2002 年版，第 8 页。

[4]　白桂梅、龚刃韧、李鸣等编著：《国际法上的人权》，北京大学出版社 1996 年版，第 2 页。

[5]　王秀梅：《国家对国际社会整体的义务》，法律出版社 2009 年版，第 50 页。

[6]　参见白桂梅、龚刃韧、李鸣等编著：《国际法上的人权》，北京大学出版社 1996 年版，第 48 页。

[7]　黄俊平：《普遍管辖原则研究》，中国人民公安大学出版社 2007 年版，第 192 页。

[8]　参见杨泽伟：《主权论——国际法上的主权问题及其发展趋势研究》，北京大学出版社 2006 年版，第 148~152 页。

国家的法院中不断出现当事人以遭受酷刑或其他类严重侵权为由起诉外国国家或其他享有国家豁免的主体的诉讼。在此类案件中，当事人起诉外国政府或领导人，希望法院能对其违反国际强行法的行为行使管辖。这些诉讼大体可分为两类：第一类是涉及战争赔偿的诉讼，许多"二战"的受害者起诉侵略国要求其就战争期间的严重侵权行为进行赔偿，例如维奥蒂亚县诉联邦德国案以及费里尼诉联邦德国案等；还有一类是当事人以被告国对其实施酷刑或其他违背国际强行法的严重侵权人权行为为由提起民事诉讼，例如阿尔-阿德萨尼诉科威特政府案、鲍扎瑞诉伊朗案等。在这些案件中，因涉及国家，被告国无一例外都以国家豁免为由予以抗辩，而原告则以被告国违背国际强行法为由要求对被告国不予豁免。国际强行法与国家豁免原则何者优先使用，国家豁免中是否存在强行法例外，成为国际法中又一理论研究热点。

(二) 国际社会对于强行法例外的态度

事实上，早在1993年，国际法委员会所设立的国家及其财产的管辖豁免问题工作组在探讨"不予豁免"的情形时，曾在建议中提及国家管辖豁免与强行法的冲突，可惜的是当时工作组认为规定此项例外的时机并不成熟。后来，在起草公约草案时，该问题又被提出，但工作组对有限的案例和相关学术论文进行查阅后，得出结论，在绝大多数案件中，国家豁免都得到了支持。① 因此，公约草案并未将此项例外纳入其中。此外，国际法协会工作组也于1999年在其报告中提到，不应忽视"因一国违反国际强行法性质的人权规则导致的死亡或人身伤害"的情形，但却没修正对国际法协会草案的建议；同时，大会第六委员会亦因"对该问题作出明文规定的时机不够成熟"而决定不涉及该问题。② 在有关国家豁免的国际条约中，并不存在强行法例外的规定。除了国际条约，各国国家豁免立法也没有关于强行法例外的规定。

但在司法实践中，对于涉及国家豁免与强行法关系的诉讼，各国法院判决并不一致：希腊通过维奥蒂亚县诉联邦德国案、意大利通过费里尼诉联邦德国案以及其后一系列案件的审理表达了支持国家管辖豁免强行法例外的态度，认为在涉及违背国际强行法行为的诉讼中，国家不得援引豁免。③ 但更多的国家在类似诉讼中，则采取了支持国家豁免的态度，认为国家行为是否违背国际强行法并不影响其所享有的国家豁免权。④ 后来，此类诉讼先后被上诉至欧洲人权法院和国际法院。欧洲人权法院在多起案件中表达了支持国家豁免、否认强行法例外的观点；国际法院于2012年2月3日就德国诉意大利一案作出判决，亦支持德国的国家豁免主张。国际法院判决对强行法与国家豁免的关系问题进行了专门阐

---

① Lorna McGregor, State Immunity and Jus Cogens, I. C. L. Q., Vol. 55, No. 2, 2006, pp. 437-438.

② 郭玉军、刘元元：《国际强行法与国家豁免权的冲突及其解决——以德国诉意大利案为视角》，载《河北法学》2013年第1期，第29页。

③ 关于这两起案件的详情，参见本章第二节。

④ 包括法国、德国、比利时、波兰、斯洛维尼亚、巴西、美国、加拿大等国实践都认为，国家豁免的享有不受违法性的严重程度的影响。参见郭玉军、刘元元：《国际强行法与国家豁免权的冲突及其解决——以德国诉意大利案为视角》，载《河北法学》2013年第1期，第29~30页。

述，为一直饱受争议的国家豁免是否存在强行法例外这一问题暂时画上了休止符。但同时，国际判决也在国际法学界引起了广泛争议，国际社会对于国家管辖豁免强行法例外这一问题尚存在较大分歧。国家豁免与强行法是何种关系，国家豁免领域是否存在强行法例外，仍值得进一步研究和探讨。

综上所述，在目前国际社会的国家豁免立法和实践中，否定国家豁免存在强行法例外的占绝大多数，赞同国家管辖豁免强行法例外的观点尚缺乏支持。

第二节　国家管辖豁免强行法例外的司法实践

为严重国际犯罪受害者提供司法救济，包括一国在本国境内为他国的受害者提供司法救济，已经成为部分国家的新实践。① 国家管辖豁免强行法例外问题最早产生于欧美国家的司法实践，包括美国、英国、意大利、希腊等国的法院都曾审理过涉及该问题的案件，后来包括欧洲人权法院以及国际法院在内的国际司法机构也受理了此类案件。在处理国际强行法与国家豁免原则的关系问题时，各个司法机构不但观点认识不一致，陈述的理由也相差甚远。因此，研究国家管辖豁免强行法例外问题，首先必须要了解相关案件详情及法院判决意见。

一、各国国内法院的司法实践

国家是国际社会的主体，国内法院判例对国际法的发展会起到极为重要的影响。国内法院在审理案件时，会立足本国视角进行利益取舍；对于判决后果，不必像国际法院那样，担心可能牵动的国际影响和招致的广泛责难。② 因此，对于国家豁免例外问题，国内法院最有可能突破现有国际法秩序，推动新的发展。在近年来出现的案件中，以希腊、意大利法院的实践最为突出，包括维奥蒂亚县诉联邦德国案、费里尼诉联邦德国案等在内的多案件均经历过多次审理，后又上诉至国际司法机构，审判历程长，观点交锋激烈。

(一) 支持国家管辖豁免强行法例外的案例

1. 维奥蒂亚县诉联邦德国案(Prefecture of Voiotia v. Federal Republic of Germany)③

"二战"期间，德国党卫军曾在其占领希腊南部的维奥蒂亚地区(Voiotia)的小镇迪斯特摩(Distomo)实施屠杀。1995 年，维奥蒂亚地方官员与屠杀幸存者的亲属向希腊瓦迪亚(Leivadia)一审法院提起诉讼，要求联邦德国对其在"二战"期间谋杀和破坏财产的行为承

---

① 宋杰：《战争受害者"求告无门"》，载侨报网，http://review.uschinapress.com/2012-02/13/content_1265693.htm，2012 年 12 月 3 日访问。

② 邱红梅：《论国际强行法的演进》，载《厦门大学法律评论》(第 8 辑)，厦门大学出版社 2004 年版，第 142 页。

③ Prefecture of Voiotia v. Federal Republic of Germany. Case No. 137/1997. Court of First Instance of Leivadia, Greece, October 30, 1997. Cited from Ilias Banterka, *State Responsibility in Private Civil Action-Sovereign immunity-Immunity for Jus Cogens Violations-Belligerent Occupation-Peace Treaties*, American Journal of International Law, at 756 (Oct. 1998).

担责任，并对其进行物质和精神损害赔偿。① 法院受理了此案，并向德国外交部发出了诉状，德国外交部以有损国家主权为由拒绝到庭。② 法院主张，依据国际法，只有主权行为才能享有豁免权，并且主权行为和非主权行为的区分应当由受诉法院进行；参考纽伦堡国际军事法庭判决意见，对于违背强行法的行为，在法院地国的诉讼中国家不能援引国家豁免。根据相关战争法条约和军事作战规则，保护被占领地的财产安全和人身安全是国际法上的国际强行法义务。③ 为了加强论证，法院还从四个方面列举了如下理由：第一，一国违反国际强行法的行为可以视为是对豁免权的积极放弃。第二，一国违反国际强行法的行为不应视为行使主权的表现，其行为因违反强行法而无效，导致其不能够享有国家特有的豁免特权。第三，国家领土主权原则高于国家豁免原则，因此任何违反前一原则的行为都不得以后一原则为由逃脱责任。第四，国家对其违反国际强行法行为的主张豁免是对权力的滥用。④ 综合上述理由，法院裁决，德国对涉及其"二战"期间战争犯罪的诉讼不能援引国家豁免，法院行使管辖权的权利是正当和有效的。据此，法院作出缺席判决，要求德国对原告予以数额约合 2800 万欧元的民事赔偿。⑤

对于初审判决结果，德国不服并上诉至希腊最高法院，要求其撤销该判决。但是，希腊最高法院同样否认了德国的国家豁免抗辩。它主张，违背强行法的国家侵权行为已不能被称作主权行为；而德国违背强行法的行为，可以视为其已默示放弃其豁免。尽管希腊最高法院法官亦有观点冲突，少数法官认为并不存在此类限制国家豁免的习惯法，但是多数意见支持希腊法院具有管辖权，并再次判决德国应依照一审判决中的数额进行赔偿。

尽管原告得到胜诉判决，但是德国拒绝赔偿。原告先后在希腊、法国申请执行该判决，都以失败而告终。历经多个诉讼程序仍难以得到赔偿的希腊受害者又在欧洲人权法院起诉希腊和德国，但是该法院以国家豁免原则为由拒不受理此案。⑥ 之后他们又在意大利寻求执行希腊国内法院的判决，意大利法院支持了他们的请求，并针对德国在意大利的资产采取了执行措施：对德意文化交流中心 Villa Vigoni 实施的"司法抵押"(judicial mortgage)已记入土地登记册。⑦ 意大利的执行措施招致德国的反对，成为德国向国际法院起诉意大

---

① Kerstin Bartsch, Björn Elberling, Jus Cogens vs. State Immunity, Round Two: The Decision of the European Count of Human Rights in the Kalogeropoulou et al. v. Greece and Germany Decision, Germany Law Journal, Vol. 4, No. 5, 2003, pp. 478-479.

② 参见高建军：《国家豁免：理论争议与国际法实践——兼论对日民间求偿的国内诉讼问题》，载《南京政治学院学报》2006 年第 4 期，第 65 页。

③ 参见廖诗评：《条约冲突基础问题研究》，法律出版社 2008 年版，第 283 页。

④ Ilias Bantekas, International Decisions: Prefecture of Voiotia v. Federal Republic of Germany. Case No. 137/1997. Court of First Instance of Leivadia, Greece, October 30, American Journal International Law, 1997, p. 765；转引自邱红梅：《论国际强行法的演进》，载《厦门大学法律评论》(第 8 辑)，厦门大学出版社 2004 年版，第 143 页。

⑤ Kerstin Bartsch, Björn Elberling, Jus Cogens vs. State Immunity, Round Two: The Decision of the European Count of Human Rights in the Kalogeropoulou et al. v. Greece and Germany Decision, Germany Law Journal, Vol. 4, No. 5, 2003, p. 479.

⑥ 参见沈娟主编：《国际私法学的新发展》，中国社会科学出版社 2011 年版，第 302 页。

⑦ 参见《联合国大会第六十五届会议国际法院的报告》(中文版)，第 192 段，http://www.un.org/zh/ga/65/docs/4/5_12.html，2012 年 11 月 30 日访问。

利的诉由之一。

2. 费里尼诉联邦德国案(Ferrini v. Federal Republic of Germany)①

1943 年，原轴心国之一意大利向同盟国投降并转而向德国宣战，德国占领了意大利大部分领土，并在占领地内对当地居民实施包括屠杀和强迫劳役等在内的多项暴行；战争结束后，德国采取立法、设立基金会等多种措施对"二战"受害者进行赔偿，但此类措施对于赔偿对象仍有限制，导致许多受害者因不符合赔偿的标准而难以得到赔偿。1998 年，一位曾在战争期间受到德国军队监禁和强制劳役的意大利公民路易费里尼(Liugi Ferrini)在意大利的阿雷佐(Arezzo)裁判庭向德国提起民事赔偿诉讼，要求赔偿其在战争期间被运送至德国某工厂强制劳动的损失。初审法院支持了德国依据习惯国际法提出的国家豁免抗辩，以缺乏管辖权为由撤销了案件。后来原告上诉至佛罗伦萨(Florence)上诉法院，但上诉法院于 2001 年亦以同样的原因驳回了原告的诉讼请求，维持一审判决。原告不服，遂上诉到意大利最高法院。

意大利最高法院认为，在涉及国家行为严重侵犯人权而违背国际强行法的民事诉讼中，国家豁免原则并不适用。首先，国际法中各种法律规范具有相应的规范等级，它们在适用时相互影响，不能孤立地看待。其中，国际强行法涉及国际社会核心和基础价值，具有等级上的至上性和效力上的优先性。其次，人权已成为国际法中的核心价值之一，人权保护规范属于国际强行法的范畴，其效力优先于包括国家豁免原则在内的其他所有习惯国际法，在外国国家实施了严重侵犯人权的行为并违背国际强行法的情形下，就不能允许其以国家豁免为由提起抗辩。因此，当国家行为构成国际罪行时国内法院不应给予其国家豁免。本案所涉及的监禁和强迫劳役是国际罪行，意大利最高法院主张，普遍民事管辖权是存在的，本案中意大利法院具有管辖权，因此它否定了德国的国家豁免抗辩，并将案件发回到初审法院重审。②

2011 年 2 月，一审法院在重新审理时主张，虽然对该案的管辖权尚有待确定，但是要求赔偿的诉求已过时效。然而佛罗伦萨上诉法院撤销了一审判决，其作出的判决意见认为，管辖豁免并不是绝对的，德国军队的行为已构成国际法上的犯罪，因此其不能就其再援引国家豁免权，德国应该对原告进行损害赔偿，并承担与本案有关的诉讼费用。在该判决的影响下，之后在意大利与本案类似的起诉德国的案件层出不穷。本案也是导致德国向国际法院起诉意大利的重要原因。

(二)反对国家豁免强行法例外的案例

1. 阿尔-阿德萨尼诉科威特政府案(Al-Adsani v. Government of Kuwait)③

1996 年，拥有英国和科威特双重国籍的阿尔-阿德萨尼(Al-Adsani)在英国法院提起民事诉讼，称其于 1991 年在科威特被一名科威特王子绑架并非法拘禁，其间遭受殴打

---

① Ferrini v. Federal Republic of Germany, Decision No. 5044/2004 (Rivista di Diritto Internazionale, Vol. 87, 2004, p. 539；International Law Reports (ILR), Vol. 128, p. 658).

② 参见沈娟：《国际私法学的新发展》，中国社会科学出版社 2011 年版，第 299～300 页。

③ Al-Adsani v. Government of Kuwait, 107 I. L. R. 536, 538-539(Eng. C. A. 1996).

等酷刑，① 致使他不得不回到英国接受治疗。该王子是科威特埃米尔的亲戚，曾经与其他人一起使用科威特政府的汽车、房屋和工作人员实施侵权行为。原告获得了针对该王子的缺席判决。初审法院认为，被告的行为违背了国际人权法规范，其行为不能享有豁免，并作出缺席判决。但与此同时，法院应科威特政府的申请，撤销了针对科威特政府的诉讼。

在上诉程序中，英国上诉法院以科威特作为主权国家享有民事赔偿豁免为由拒绝了阿德萨尼的主张。上诉法院认为，第一，原告并没有证明科威特政府在英国实施了侵权行为，根据1978年《美国国家豁免法》，并不存在原告所主张的豁免例外。第二，根据当前国际法，不能肯定禁止酷刑的国际法规范的效力高于国家豁免原则的效力。基于上述理由，上诉法院推翻了初审法院的缺席判决。此后，原告阿尔-阿德萨尼上诉至英国上议院，但仍被其以相同理由予以驳回。② 上议院多数意见认为，在刑事诉讼中国际强行法优先于国家豁免原则，但民事诉讼中则不然。但上议院少数意见并不赞同此种划分方法。此外，上议院还考虑到，如果在涉及酷刑的民事诉讼中以不允许国家援引国家豁免为抗辩理由，可能会出现滥诉的情况，许多寻求庇护和政治避难的人会宣称他们在被迫逃离的国家遭受了酷刑，并对其提起诉讼。这不但会对法院地国造成巨大负担，而且在外国国家并不服从管辖的情况下，国内法院亦不便处理这些诉讼。③ 后来，原告上诉至欧洲人权法院，但其诉讼主张仍被驳回。

2. 琼斯诉沙特阿拉伯案（Jones v. Saudi Arabia）④

2001年3月，英国公民琼斯（Jones）在沙特首都利雅得大街游玩时在一起爆炸事件中受伤，他勉强走到医院接受治疗。当晚沙特警察突然将其带走关至监狱，在监狱里琼斯受到"不公正、不人道"的对待。被关押两个多月后，琼斯被释放。然而，对于为何对他采取强制措施，沙特警方却没有给琼斯任何解释。回国后，琼斯向英国地区法院起诉，起诉沙特国王及其工作人员对其实施酷刑并造成了伤害。⑤

在上诉程序中，被告提出国家豁免抗辩，原告诉则称禁止酷刑是一项国际强行法规则，等级优于国家豁免原则。对于被告的国家豁免的抗辩意见，法院在判决意见中将其分为国家的豁免问题和国家官员的豁免问题两个部分。法院支持沙特国家的豁免请求，不支持官员个人的豁免主张。对于前者，法院认为，依据当前国际法的一般原则，即使国家违反了禁止酷刑的国际强行法，仍享有豁免权，因此撤销了对沙特阿拉伯的诉讼；对于后者，法院参考《联合国禁止酷刑公约》以及美国相关判例所确立的原则，主张国家官员以及其他行使官方管理的人如果实施酷刑，就不能享有豁免权。

后来，该案被上诉至英国上议院。上议院首先确认禁止酷刑的强行法特性。但它主

---

① Lee M. Caplan, *State Immunity, Human Rights, and Jus Cogens: A Critique of the Normative Hierarchy Theory*, American Journal of International Law, Vol. 97, 2003, p. 741.

② 参见沈娟：《国际私法学的新发展》，中国社会科学出版社2011年版，第290~291页。

③ Adeline Chong, *Transnational Public Policy in Civil and Commercial Matters*, Law Quarterly Review, Vol. 128, 2012, p. 110.

④ Jones v. Ministry of the Interior of the Kingdom of Saudi Arabia. Case No. [2006]UKHL 26.

⑤ 参见吴贞辉：《反思酷刑的民事管辖权》，载《法制与社会》2011年第28期，第124页。

张，一方面，国家豁免是关于法庭管辖权的程序性规定，而强行法是实体法的一部分，在有关国家豁免的程序答辩中并未有实体法内容，因此强行法无法适用;① 另一方面，本案所涉酷刑是国家行为，就民事请求而言，属物理由的豁免附属于国家，不能通过对行使国家权力的人提起诉讼来规避，官员行使国家权力的职权就是国家行为，国家有权为其代理人主张豁免。② 因此，上议院认定，依据 1987 年《英国国家豁免法》，沙特阿拉伯享有豁免权，并且这种豁免还延伸适用于行使国家权力的国家官员。

3. 其他相关案例

此外，包括美国、加拿大也有涉及类似的司法实践。例如，美国的赛德曼诉阿根廷案（Siderman de Blake v. Republic of Argentina）③和桑普森诉德国案（Sampson v. Federal Republic of Germany）④，这两起案件都涉及国家豁免与强行法的关系问题，两案中的被告都以国家豁免为由提请抗辩，而原告则分别主张，被告的行为已经违背国际强行法，而国际强行法优于作为国际法原则的国家豁免原则；被告行为违反了强行法，可视为其已默示放弃豁免权。但是，美国法院认为，违反国际强行法并不归属于《美国外国主权豁免法》所规定的豁免例外情形，⑤ 而且该法中默示放弃豁免的方式并不包括"违反国际强行法"，因此判决支持两被告的国家豁免。又如加拿大的鲍扎瑞诉伊朗案（Bouzari v. Iran）⑥，原告鲍扎瑞曾在伊朗遭到拘禁和酷刑，移民加拿大后在法院以伊朗政府官员实施酷刑为由对伊朗提起诉讼，初审被驳回后遂上诉至加拿大安大略省高级法院。上诉法院虽然承认国际法规范存在不同等级，其中强行法规范是更高等级的规范，优于与其相抵触的国家豁免这样的习惯法。但是，它又主张，根据目前各国相关司法实践，对酷刑行为进行豁免仍然是国际习惯法。此外，上诉法院区分了刑事诉讼和民事诉讼中的豁免，认为虽然英国在皮诺切特案中不予支持皮诺切特的国家豁免主张，但是该案不予豁免是针对刑事诉讼，而在民事诉讼中是否予以豁免还是要依据各国的实践以及本国的国内法。《加拿大国家豁免法》中不存在原告诉称的国家管辖豁免的强行法例外，所以阿根廷应享有豁免权。⑦

总体而言，在国家实践层面，笔者所查询到的支持国家豁免存在强行法例外的迄今仅有上述两起案例。目前大多数国家实践都认为，即使其行为违背强行法，国家依然享有豁免。

---

① Adeline Chong, *Transnational Public Policy in Civil and Commercial Matters*, Law Quarterly Review, Vol. 128, 2012, p. 109.

② 参见沈娟:《国际私法学的新发展》，中国社会科学出版社 2011 年版，第 294 页。

③ Siderman de Blake v. Republic of Argentina, 965 F. 2d 699 (9th Cir. 1992).

④ Sampson v. Federal Republic of Germany 250 F. 3d 1145.

⑤ Michele Potestà, *State Immunity and Jus Cogens Violations*: *The Alien Tort Statute against the Backdrop of the Latest Developments in the "Law of Nations"*, Berkeley J. Int'l L., Vol. 28, 2010, p. 577.

⑥ Bouzari v. Iran (Islamic Republic), 2002 CarswellOnt 1469, [2002] O. J. No. 1624, [2002] O. T. C. 297 (Ont. S. C. J. May 01, 2002).

⑦ 李庆明:《国家豁免与诉诸法院之权利——以欧洲人权法院的实践为中心》，载《环球法律评论》2012 年第 6 期，第 156 页。

二、国际司法机构的司法实践

(一)欧洲人权法院的实践

欧盟拥有目前世界上最前沿的人权理论和最先进的人权立法。作为首个区域性国际人权司法机构,欧洲人权法院一直受到国内外学界的关注。欧洲人权法院的实践对于国际法,尤其是国际人权法的发展有着深刻影响。欧洲人权法院受理的阿尔-阿德萨尼诉联合王国案以及卡罗盖洛波乌罗斯诉希腊和德国案,都涉及国家豁免与强行法的冲突问题。

1. 阿尔-阿德萨尼诉联合王国案(Al-Adsani v. United Kingdom)①

本案源起于上文所述的阿尔-阿德萨尼诉科威特政府案,在欧洲人权法院所受理的案件中是第一起涉及国家可否为其违背强行法行为援引国家豁免这一问题的案件。② 原告阿尔-阿德萨尼在英国法院起诉科威特要求被告国就其酷刑行为对其进行民事赔偿的请求被驳回后,遂向欧洲人权法院申诉。

欧洲人权法院受理后,认为该案的焦点问题在于,当国家违反了国际强行法时,在民事赔偿诉讼中是否可以享有国家豁免权。对于这一问题,法院首先承认,禁止酷刑原则是国际强行法规则的一部分,其已经取得了国际强行法地位。与此同时,当前并没有明确的国际条约对此问题作出规定,而且在各国以及国际组织的立法和实践中,基本上不存在因为一国违反强行法而否定其在民事诉讼中国家豁免权的情况。"尽管禁止酷刑在国际法中具有特殊性,但法院却无法在手头上的国际文书、司法权威典籍或其他材料中找到任何可靠的根据断定,作为一个国际法问题,在酷刑行为指控地国法院的民事诉讼中,另一国不再享有诉讼。"③欧洲人权法院在判决中一方面承认禁止酷刑已经具有国际强行法的地位,但另一方面,又认为英国适用 1978 年《国家豁免法》支持科威特国家豁免的判决并没有违反《欧洲人权公约》的相关规定。欧洲人权法院大法庭以 9∶8 的微弱优势通过判决,尽管国际法有禁止酷刑的规定,但是法院不能基于国际文件、司法判决、其他材料得出国家在从事酷刑行为所引起的诉讼中不再享有豁免权这一结论。④

这表明,欧洲人权法院在国家豁免与强行法的关系问题上,采取了否认国家豁免中存在强行法例外的态度,并未突破现有的国际法体系和实践的一般做法。

---

① Al-Adsani v United Kingdom,App no 35763/97,Judgment[GC],21 November 2001.

② Kerstin Bartsch and Björn Elberling,*Jus Cogens vs. State Immunity*,*Round Two*:*The Decision of the European Court of Human Rights in the Kalogeropoulou et al. v. Greece and Germany Decision*,German Law Journal,Vol. 4,No. 5,2003,p. 477.

③ Al-Adsani v. the United Kingdom,Judgment of 21 November 2001,ECHR 2001—Ⅺ,para. 61;转引自廖诗评:《条约冲突基础问题研究》,法律出版社 2008 年版,第 278 页。

④ Al-Adsani v. United Kingdom(GC),Application No. 35763/97,Judgment of 21 November 2001,ECHR Reports 2001 Ⅺ,p. 101,para. 61;ILR,Vol. 123,p. 24;转引自郭玉军、刘元元:《国际强行法与国家豁免权的冲突及其解决——以德国诉意大利案为视角》,载《河北法学》2013 年第 1 期,第 29~30页。

2. 卡罗盖洛波乌罗斯诉希腊和德国案(Kalogeopoulou et al v. Greece and Germany)①

该案源起于上文所介绍的维奥蒂亚县诉联邦德国案,是继阿尔-阿德萨尼诉联合王国案后,欧洲人权法院受理的第二起涉及国家豁免与国际强行法冲突问题的案件。②

承前文可知,在维奥蒂亚县诉联邦德国案中,原告取得胜诉判决后,希腊最高法院拒绝执行法院判决,原告几经周折却难以执行胜诉判决。因此,原告申诉到欧洲人权法院,以其依据《欧洲人权公约》第6条享有的诉诸法院的权利受到侵害为由对希腊和德国提起诉讼。经审查,欧洲人权法院认为原告的主张并无合理确切的依据。首先,尽管希腊对原告胜诉判决不予强制执行在一定程度上限制了其诉诸法院的权利,但这是尊重德国国家豁免权的表现,目的是履行其国际义务以维持国家间的良好关系;其次,国家在涉及违背强行法的案件中不得援引豁免的说法,在目前的国际法中尚无任何依据,这一点欧洲人权法院已经在阿尔-阿德萨尼诉联合王国案中予以确认。③ 综上,欧洲人权法院认为原告的诉求无正当法律依据,予以驳回。

(二)国际法院的实践

虽然强行法在国际法体系中占据重要地位,但是在国际法院的审判实践中,国际强行法并不是一个经常被提及的问题,恰恰相反,法院在相当长的时间内似乎都对强行法不闻不问,在审判中极力避免探讨该问题。④ 实践的缺失,一方面影响了国际强行法理论的发展使其饱受争议,另一方面导致国际法院在面对国家豁免与强行法冲突的问题时无法可依且无先例可循。2008—2012年德国诉意大利案(Germany v. Italy)⑤,其本身即涉及民事管辖方面的国家豁免问题,特别是在针对德国在"二战"期间因违反国际人道法而提起的民事诉讼中国家是否应当享有豁免的问题。⑥ 希腊和意大利法院在自身司法实践中已经否决了德国的豁免主张,但其他各国的实践则采取了相反的立场,一时间国家豁免强行法例外成为国际法上争论不休的问题,由于《联合国国家豁免公约》本身对此规定持回避态度,国际法院对于意大利实践的态度,无疑将会对国家豁免规则的走向与发展产生深远影响。

在德国诉意大利一案的审理过程中,国际法院在考察各国对于国家豁免的态度、各国立

---

① Kalogeropoulou v. Greece and Germany (App . No. 5902 1/ 00), Admissibility Decision of December 12, 2002.

② Kerstin Bartsch and Björn Elberling, *Jus Cogens vs. State Immunity*, *Round Two*: *The Decision of the European Court of Human Rights in the Kalogeropoulou et al. v. Greece and Germany Decision*, German Law Journal, Vol. 4, No. 5, 2003, p. 477.

③ Kerstin Bartsch and Björn Elberling, *Jus Cogens vs. State Immunity*, *Round Two*: *The Decision of the European Court of Human Rights in the Kalogeropoulou et al. v. Greece and Germany Decision*, German Law Journal, Vol. 4, No. 5, 2003, p. 483.

④ Dinah Shelton, *Normative Hierarchy in International Law*, American Journal of International Law, Vol. 100, 2006, p. 306.

⑤ Jurisdictional Immunities of the State (Germany v. Italy: Greece Intervening), ICJ, 2012. 2. 3, General List No. 143. Available at http://www.icj-cij.org/docket/files/143/14923.pdf.

⑥ 浙江工商大学国际法研究所:《希腊请求以非当事国身份参加德国诉意大利"国家管辖豁免案"并获得国际法院同意》,http://www.gjfyjs.com/Articleshow.asp? bookid=173, 2012年12月3日访问。

法司法概况以及相关国际习惯法的基础上，对该案所涉及的国家豁免领域内多个问题都表述了自己的观点。其中，对于国家豁免与国际强行法的关系，国际法院也首次明确态度并进行了论证。现就该案概况以及国际法院对于国家管辖豁免强行法例外问题的态度加以阐述。

承前所述，维奥蒂亚县诉联邦德国案中胜诉的原告历经多个诉讼程序仍难以得到赔偿，在欧洲人权法院起诉又被驳回。之后他们又在意大利寻求执行希腊国内法院的判决，意大利法院支持了他们的请求，并针对德国在意大利的资产采取了执行措施：对德意文化交流中心 Villa Vigoni 实施的"司法抵押"（judicial mortgage）已记入土地登记册。① 与此同时，意大利法院亦在费里尼诉联邦德国一案中否定了德国的国家豁免抗辩。受这两起案件的影响，意大利境内出现了大量起诉德国的案例，这些案件都与费里尼案相似。② 意大利法院所受理的本国或他国公民在其境内起诉德国的案件，主要包括三类：其一，德国军队与"二战"期间在其境内实施大规模屠杀幸存者或受害者家属的损害赔偿之诉；其二，普通市民作为被占领区人员被德国军队押送至德国境内进行强制劳动的赔偿之诉；其三，战犯国军人没有得到战犯待遇，被押送至德国境内进行强制劳动的赔偿之诉。③ 在这些案件中，意大利法院也屡屡否定德国的国家豁免主张。

2008 年 11 月 23 日，德国向海牙国际法院起诉意大利，称意大利司法机关所作出的一系列涉及"二战"受害者的司法判决侵犯了德国作为主权者依据国际法所享有的国家豁免权，违背其按照国际法对德国所应承担的责任。德国请求国际法院认定意大利国内法院作出的要求德国对在"二战"中遭到德意志帝国侵害的受害者进行赔偿的判决违反了国家管辖豁免原则，同时，意大利对在意大利领土内的德国国家财产进行的强制措施也同样违反德国的豁免权。同时，德国在起诉书中希望国际法院作出裁决，要求意大利履行国际责任，采取措施确保其法庭或其他司法机构侵犯德国权利的判决不可执行，并确保其法庭在未来不对德国采取此类法律行动。针对德国的诉讼主张，意大利亦提出三点抗辩理由予以反驳，其中之一就是：德国的行为违背国际强行法因而不应当享有豁免。意大利认为，享有豁免的主权行为不应当包括在法院地国实施的，并导致死亡、人身伤害、财产损害等严重后果的侵权或其他不法行为；即使不考虑行为实施地，德国也不应享有豁免，因为其行为是对国际法基本原则和国际强行法规则的最严重违反，构成战争罪和反人类罪，并且其所造成的损害缺乏有效补救的办法。而德国则主张国家豁免原则应毫无例外地适用于一切主权行为。

国际法院首先确认了在占领国禁止屠杀平民、禁止强迫劳役等战争法规则的强行法性质，承认德国军队的行为违背了相关国际强行法，这一事实亦得到了诉讼双方当事人的认可。对于双方存在分歧的国家豁免适用范围问题，法院认为一国军事力量的行为能否享有管辖权，应当依照习惯国际法。法院充分考察当前的国际条约、各国有关国家豁免的立法及司法实践，在此基础上得出结论，依据当前的习惯国际法，一国在军事战争中因军队或

---

① 参见《联合国大会第六十五届会议国际法院的报告》（中文版），第 192 段，http://www.un.org/zh/ga/65/docs/4/5_12.html，2012 年 12 月 4 日访问。

② 辛润：《国家管辖豁免与强行法的关系初探——从德国诉意大利案分析》，载《法制与社会》2012年第 10 期，第 11 页。

③ 侯鹏：《国家侵权行为的管辖豁免例外》，武汉大学 2012 年硕士学位论文，第 29 页。

其他部门在另一国领域内的侵权行为，即使违背了国际强行法，仍享有豁免权。习惯国际法还未发展到因一国行为严重违反了国际人权法或军事法时就不享有豁免权的程度。国家享有的豁免权并不因行为的严重性或者行为所违反的规则的强制性质而改变。① 国家能否在外国的诉讼中援引豁免，应考察其行为的性质。主权与非主权行为的划分并不涉及对行为合法性的判断，其区分标准是看其适用何种法律，是规制主权行为的法律还是规制非主权行为(私法和商业行为)的法律。这一划分，在国家就其行为在外国法院是否享有豁免这一问题上显得非常重要。本案所涉及的德国军队的行为，虽然被公认为非法，但这一事实并不能改变其主权行为的性质，因此在意大利境内的诉讼中可以援引国家豁免抗辩并且应当享有豁免权。

然后，国际法院在判决中表述，国际强行法与国家豁免原则并不存在冲突。因为这两种规范具有不同的调整对象：国家豁免规则是程序法，它决定一国法院是否可以对外国行使管辖权，并不涉及判断其行为合法与否的实质问题；而强行法则解决行为合法性问题。前者解决法院是否具有管辖权的程序问题，后者则判断国家行为是否合法这一实体问题，二者并不冲突。在当前的案件中，德国所为的谋杀、驱逐出境、强迫劳役等违法行为发生在 1943—1945 年，其行为的违法性已经得到公认。适用国家豁免原则给予其国家豁免权是解决意大利法院是否具有管辖权的问题，这与判断其行为合法与否的强行法规则并不冲突。事实上，在涉及外国国家的案件中，一国法院在审理案件实质问题之前，必须首先决定外国是否享有国家豁免权。因此法院认为意大利的强行法抗辩并不足以支撑其主张。

2012 年 2 月 3 日，国际法院就德国诉意大利一案作出判决，国际法院法官最终以 12∶3 的投票认定意大利违反其尊重德国管辖豁免权的国际义务；以 14∶1 的投票分别认定意大利违反了德国的执行豁免权；意大利承认其执行希腊法院的判决违反了尊重德国豁免权的国际义务；意大利必须采取措施确保类似诉讼不发生法律效力。而德国的其他诉讼均被驳回。② 由此可以看出，国际法院并未超出现有的习惯国际法框架，它依然认为意大利法院对德国进行管辖并对其财产采取强制措施的行为侵犯了德国依据国际法所享有的国家豁免，仍然维护了国际法赋予德国的国家豁免权。

国际法院的判决对于国际法的发展有着巨大的影响作用。国际法院虽然没有造法职能，但它的裁判活动及其判决，对国际法规范的认证、确定和解释起着重要的作用；对国际习惯法的形成和发展，会产生显著影响。可以预见，国际法院对于德国诉意大利案的判决，必将对国家管辖豁免强行法例外问题的解决方式和相关国际法的发展产生重要作用。

三、从案例看强行法例外的司法现状

综上所述，在当前国际组织以及各国的有关国家豁免的实践中，涉及国家豁免与强行法关系的案件已经比较多，在实践中不同观点相互交锋，争议激烈。

① 参见郭玉军、刘元元：《国际强行法与国家豁免权的冲突及其解决——以德国诉意大利案为视角》，载《河北法学》2013 年第 1 期，第 28~29 页。

② 郭玉军、刘元元：《国际强行法与国家豁免权的冲突及其解决——以德国诉意大利案为视角》，载《河北法学》2013 年第 1 期，第 27 页。

在内容上，此类案件主要涉及战争赔偿和禁止酷刑等人权法领域的国家违法行为，这显示出国家管辖豁免强行法例外问题与人权的密切关联；在国家行为的性质上，不仅涉及国家的主权行为，也涉及国家之外的其他国家豁免主体的非主权行为，[①] 也体现了该问题的复杂性；在地域分布上，主要集中在人权立法相对较为完善的欧美地区，包括我国在内的亚非广大地区则鲜闻类似的案例；在法院审级上，各国的实践一般都经历了各审级法院的多次审理，并最终会上诉至该国最高法院。除了各国国内法院外，包括欧洲人权法院和国际法院在内的区域司法机构及国际司法机构都曾面对过此类诉讼，这说明该问题依旧饱受争议。

通过考察各国以及国际组织有关该问题的司法实践，可以发现，在国家层面上，除了希腊和意大利外，包括英国、美国、加拿大等在内的其他国家都不支持国家豁免中存在强行法例外；在国际层面上，包括欧洲人权法院和国际法院在内的区域及国际司法机构在目前对于国家豁免的强行法例外问题上都比较谨慎，在审判中都没有突破现有国际法的范围，对强行法例外持否定态度。这一方面因为国内法院在审理时一般会优先考虑本国利益，在适用法律时具有一定的自主性，例如作为国家管辖豁免强行法例外理论依据的所谓的规范等级理论以及默示放弃理论，都是最先由国内法院予以认定和探讨的，与此同时，国内法院也不必担心判决结果可能牵动的国际影响和招致的广泛责难，[②] 因此在审判时较有可能突破现有国际法规则的束缚，推动国际法的进一步发展。然而，国际司法机构在审判时则要考虑到其判决的国际影响，考量当前国际法的内容及各国的相关实践，难以轻易突破现有的关于国家豁免的习惯国际法。

虽然，目前关于国家豁免权与国际强行法的关系的争论一直都没有停止，对于强行法规范是否高于国家豁免原则以及国家管辖豁免中是否存在强行法例外等问题，国际司法机构、各国法院之间尚存在巨大的分歧。但是，对于跨国民事诉讼中的国家豁免问题，各国法院在司法实践中的立场基本一致，绝大多数都倾向于支持国家豁免，并不认为违反国际强行法就可以剥夺国家的豁免权，更没有因此而取得普遍民事管辖权。[③] 总体而言，在当前的国际法实践中，否定国家豁免强行法例外的观点占据支配性地位。

第三节　国家管辖豁免强行法例外的理论分歧

本章第二节介绍了国际司法机构及各国法院所审理的有关国家管辖豁免强行法例外问题的实践案例。国际法学者们关于国家管辖豁免中是否存在强行法例外的问题的争论一直未休止。在实践中，除希腊及意大利两国外，其他国家及国际组织都对此持否定态度。在人权保护日益受到重视的背景下，国家对于其违反国际强行法并严重侵犯人权的国际罪行，毫无疑问应该承担责任。但是诉讼中国家豁免原则的存在对于当事人救济构成一定阻碍，因此缩小外国国家享有的管辖豁免的范围，为违反人权的侵权而遭受损害的本国国民

---

①　例如前述阿尔-阿德萨尼诉科威特政府一案，主要涉及科威特王子实施的酷刑行为。

②　邱红梅：《论国际强行法的演进》，载《厦门大学法律评论》（第 8 辑），厦门大学出版社 2004 年版，第 142 页。

③　沈娟：《国际私法学的新发展》，中国社会科学出版社 2011 年版，第 303 页。

提供一种更为有效的救济方式。① 对于国家管辖豁免中是否存在强行法例外，支持者和反对者都曾竭力从国际法角度予以证明，并出现了规范等级理论、默示放弃理论、国家豁免与强行法是互不冲突的程序法与实体法等新的观点。这些观点，不论其是否得到法院支持，对于国家管辖豁免强行法例外问题的探讨和解决都具有积极的意义。

一、国家豁免强行法例外的理论依据

当前，支持国家管辖豁免强行法例外的理论主要有规范等级理论以及默示放弃理论，但二者在实践中产生，尚未形成规范的、系统的理论体系。

(一) 规范等级理论

与国内法相比，国际法规范其实并不具有明显的效力等级。国际法随着国际交往的发展而产生，缺乏权威的立法机关和执法机关；规范形式多样，其法律渊源包括国际条约、习惯国际法、一般法律原则，等等，国际法整体呈现出"不成体系"的状态。② 国际法律体系中的规范等级问题是一个非常复杂的问题。国际法中并没有就国际法规则效力的优先性形成一套系统且具有可操作性的规则。因此，国际法规范的效力等级并不是非常明确，仅仅存在于有限的条约规定、司法实践以及理论学说之中。③

国际强行法规则的产生和发展，给现有的国际法体系带来了很大的冲击和影响，这首先反映在国际法规范的效力等级上。强行法的出现，使得原先处于效力并不明朗的国际法规范之间形成了一定的效力等级，具有强行法性质的国际法规范在效力上不仅高于其他的一般国际法规范，也高于习惯国际法规则。

由于国际强行法维护的是国际社会的核心利益和价值，因此其在法律效力上高于一般的国际法规范。对于国际强行法，主权国家不得以未经其同意为由而拒绝遵守。从性质上看，国际强行法是国际社会认可的不得贬损的规则。作为"软法"的国际法，其效力来源于国际社会的认可和接受，国际强行法之所以优于一般国际法规则，就在于国际社会普遍认可和尊重其强行法的效力。从修改情况上看，只有随后产生的新的国际强行法才能修改现行的国际强行法规则；与其他国际法规则相比，国际强行法具有更高层次的效力，其修改更为严格，有且仅有同等性质的新的强行法规则才能更改。从违背后果上看，任何与国际强行法相悖的条约都将归于无效。任何国际法主体都不得以条约或其他形式的协定来排除强行法的适用。④ 国际强行法在国际法规范中具有效力上的优先性和绝对性，其最本质特征是：对全体国际社会成员具有普遍约束力，对任何其他法律规范都有绝对效力，与之相抵触者无效。⑤

---

① 参见袁元、杨莎：《对〈联合国国家及其财产管辖豁免公约〉侵权例外条款的分析》，载《法制与社会》2006 年第 21 期，第 94 页。

② 参见廖诗评：《条约冲突基础问题研究》，法律出版社 2008 年版，第 242 页。

③ 廖诗评：《条约冲突基础问题研究》，法律出版社 2008 年版，第 248 页。

④ 参见廖诗评：《条约冲突基础问题研究》，法律出版社 2008 年版，第 255~256 页。

⑤ 杨泽伟：《主权论——国际法上的主权问题及其发展趋势研究》，北京大学出版社 2006 年版，第 43 页。

在涉及国家豁免与国际强行法关系的诉讼中，当事人及法院都曾引用等级规范理论对抗被告国的国家豁免抗辩。等级规范理论的依据即为，国际强行法在效力上具有至上性和绝对性，任何违背强行法规则的国际条约和习惯国际法将会归于无效。在诉讼中，这种观点主张，国家豁免原则并非强行法，在国际法体系中处于较低的等级，因此国际强行法效力优于国家豁免。① 而且，国际强行法本身包含了程序性强行规则以确保其执行。② 强行法不但优于实体法，也优于可能阻碍其实施的程序法规则。③ 所以，当一国行为违反强行法规范时，即被视为不受保护的国家行为，此种行为由于践踏了国际社会的意愿而丧失了合法性，④ 因此不得再享有豁免权。既然国际强行法在效力和等级上具有至上性和最高性，这就意味着一国如果有所违反，就不能援引等级低的法律规则（例如国家豁免）来逃避其违法行为的法律后果。举例为证，在实践中，意大利最高法院在审理费里尼诉联邦德国一案时就依据等级规范理论否认了联邦德国的国家豁免权。⑤ 该法院的中心论点就是，包括人权、规范在内的国际强行法立于国际法律体系的最顶端，其效力优于其他国际条约以及习惯国际规则，作为习惯国际法的国家豁免原则其效力低于具有国际强行法地位的人权保护规范，因此国家不能就其违反强行法的行为援引豁免权。在此类情形下如果赋予国家以豁免权，则意味法院对于国际社会基本价值的保护是阻碍，而不是推进。⑥ 权衡之下，意大利最高法院认为，人权保护规范具有强行法性质，德国"二战"期间的行为违背更高等级的国际强行法，在这样的情形下如果支持德国的国家豁免主张，就会侵害到作为国际法基础并需要特别保护的核心价值，因此德国在此诉讼中不得援引豁免。

（二）默示放弃理论

国家豁免的放弃，是指某一国家对其特定行为不援引管辖豁免，并表示愿意服从另一国法院的管辖。换句话说，放弃是指某一外国国家对国内法院行使管辖权所表示的一种"同意"。⑦ 放弃豁免权意味着外国国家移除了豁免阻碍，将其自身置身于他国的司法管辖范围当中。⑧

---

① Sévrine Knuchel, *State Immunity and the Promise of Jus Cogens*, Northwestern University Journal of International Human Rights, Vol. 9, 2011, p. 27.

② Kerstin Bartsch, Björn Elberling, *Jus Cogens vs. State Immunity*, *Round Two：The Decision of the European Court of Human Rights in the Kalogeropoulou et al. v. Greece and Germany Decision*, Germany Law Journal, Vol. 4, No. 5, 2003, p. 487.

③ Adeline Chong, *Transnational Public Policy in Civil and Commercial Matters*, L. Q. R., Vol. 128, 2012, pp. 109-110.

④ 参见高建军：《国家豁免：理论争议与国际法实践——兼论对日民间求偿的国内诉讼问题》，载《南京政治学院学报》2006 年第 4 期，第 65 页。

⑤ 详见本章第二节对于该案的介绍。

⑥ Michele Potestà, *State Immunity and Jus Cogens Violations：The Alien Tort Statute Against the Backdrop of the Latest Developments in the "Law of Nations"*, Berkeley J. Int'l L., Vol. 28, p. 581.

⑦ 龚刃韧：《国家豁免问题的比较研究——当代国际公法、国际私法和国际经济法的一个共同课题》（第二版），北京大学出版社 2005 年版，第 166 页。

⑧ 周园：《国家豁免放弃的法律问题研究》，武汉大学 2012 年硕士学位论文，第 4 页。

默示放弃作为放弃豁免的一种方式，是指通过某一国家在另一国法院中与特定诉讼直接有关的积极行为来判断该外国同意接受法院的管辖。① 默示放弃的形式一般包括外国国家直接提起诉讼、出庭应诉、介入诉讼和反诉。② 在当前各国的国家豁免立法中，只有美国立法明文规定了外国国家可以默示放弃豁免；在国际法层面，《欧洲国家豁免公约》③以及《联合国国家豁免公约》④亦有关于默示放弃豁免的条款。

在涉及国家违背国际强行法的诉讼中，法院曾用默示豁免理论对被告国的国家豁免抗辩予以反驳，其核心观点为，国际强行法在国际法中具有绝对效力，国家不得违背，这就意味着当某一国家行为违反国际强行法规范时，它就不能再被看作主权行为了；一旦行为失去主权属性，国家便不得援引国家豁免作为抗辩理由：这就视为是国家默示放弃了豁免。⑤ 例如在前文所述的维奥蒂亚县诉联邦德国案中，希腊最高法院曾借用默示放弃理论进而否认德国的国家豁免抗辩。该法院主张，违背强行法的国家侵权行为已不能被称作主权行为，一国的行为违背国际强行法，便可以视为其已默示放弃其豁免。⑥ 德国军队在"二战"期间的暴行严重侵犯了基本人权，违背了人权保护领域的强行法规范，视为其已经默示放弃了管辖豁免。

二、否认国家管辖豁免强行法例外的观点

当前，国家管辖豁免强行法例外的反对者主要通过反驳等级规范理论和默示放弃理论予以否定。下文就各法院判决意见及学者观点加以归纳。

(一)否定等级规范理论的观点

这种观点认为，国家豁免是程序法规则，解决的是一国内国法院对某一涉及外国国家的诉讼是否具有管辖权的问题；而国际强行法是实体法规则，用以判断国家行为是否具有合法性。国家豁免原则适用于管辖权确立阶段，而国际强行法规则则在实体审理阶段才可能得以适用。一般来说，一国法院在审理案件实质问题之前，必须首先解决管辖权问题，这就需要事先决定外国是否享有国家豁免权。国家豁免与国际强行法这两种规范，在性质、调整对象、适用阶段都有所不同，因此不会产生冲突。二者是程序法与实体法的关

① 龚刃韧：《国家豁免问题的比较研究——当代国际公法、国际私法和国际经济法的一个共同课题》(第二版)，北京大学出版社 2005 年版，第 178 页。

② 参见周园：《国家豁免放弃的法律问题研究》，武汉大学 2012 年硕士学位论文，第 23~27 页。

③ 参见龚刃韧：《国家豁免问题的比较研究——当代国际公法、国际私法和国际经济法的一个共同课题》(第二版)，北京大学出版社 2005 年版，第 179 页。

④ United Nations Convention on Jurisdictional Immunities of States and Their Property, at http://untreaty.un.org/English/Notpubl/English_3_I3.Pdf, Dee. 2, 2004.

⑤ Sévrine Knuchel, *State Immunity and the Promise of Jus Cogens*, Northwestern University Journal of International Human Rights, Vol. 9, 2011, p. 41.

⑥ Kerstin Bartsch, Björn Elberling, *Jus Cogens vs. State Immunity, Round Two: The Decision of the European Court of Human Rights in the Kalogeropoulou et al. v. Greece and Germany Decision*, Germany Law Journal, Vol. 4, No. 5, 2003, p. 480.

系，并不存在效力等级。"不能因为实体规则的重要而忽视程序性规则，甚至漠视程序性规则。"①实体规则的强行法并不能产生程序上的效果，那种认为违背了国际强行法就可以自动产生程序法效果(例如否认国家豁免)的观点，并不正确，起码在这一点上缺乏国家实践。②

这种观点曾先后出现在阿尔-阿德萨尼诉科威特政府案、鲍扎瑞诉伊朗案以及德国诉意大利案等案件的判决当中，③ 受理法院尽管承认案件中所涉及的国家行为已经违背国际强行法，但依然认为，国家是否应享有豁免是程序问题，国家行为合法与否是实体问题，二者所处的阶段不同；法院不能因其实体违法就否认其程序上的权利，并不能以为其行为违背了强行法就推定其具有否定管辖豁免的程序性后果，因此，这些案件中被告的国家豁免抗辩都得到了支持。

除此之外，有学者尽管承认强行法效力在国际法体系中的至上性，但认为，禁止酷刑等规范旨在宣布酷刑行为违法，但并不具有保障其实施的相应规则；欲否定国家的豁免权，必须先证明存在另一种规定国家需对受害者进行民事救济的国际强行法规范。但在当前的国际法和国际条约中并不存在此类规范的存在。④ 还有学者认为，等级规范理论过于简单和绝对。事实上，违背强行法的后果是很复杂的。在某些情形下，对于基本人权受到侵害的受害者而言，允许民事诉讼救济是必不可少的措施，但同样的措施在涉及战争中大量侵犯人权的情形下就可能难以起到功效。违背国际强行法会给当事国带来不利后果，但这并不意味着该国将因此而自动被剥夺豁免权。在当今，国际上没有任何支持这种理论的国际法以及国际实践。在涉及国家豁免与强行法关系的诉讼中，支持国家豁免并不等同于宽恕违背强行法的行为，仅仅表明法院在管辖上的不适格。⑤ 考察当前的国际法，绝对的等级规范体系并不存在。

(二) 否定默示放弃理论的观点

默认放弃是国家豁免理论中既存的一种制度。目前，国家立法及国际条约已经规定了国家豁免的默示放弃；大多数国际法学者对默示放弃豁免亦持支持态度，但主张默示放弃必须有外国国家显示其放弃的意图，在判断是否有默示放弃的存在时要十分地严格谨慎，狭义理解，沉默或不应诉并不代表其已经默示放弃豁免权，必须有直接和明确的证据予以证明。⑥ 除了必须具备明确性外，国家豁免的放弃还要具有自愿性。放弃豁免是国家行使

---

① 《德国诉意大利"国家豁免案"》，载浙江工商大学国际法研究所网站，http://www.gjfyjs.com/Articleshow.asp? bookid=609，2013 年 3 月 5 日访问。

② Michele Potestà, *State Immunity and Jus Cogens Violations: The Alien Tort Statute against the Backdrop of the Latest Developments in the "Law of Nations"*, Berkeley J. Int'l L., Vol. 28, 2010, p. 583.

③ 详见本章第二节对于案件的分析。

④ Sévrine Knuchel, *State Immunity and the Promise of Jus Cogens*, Northwestern University Journal of International Human Rights, Vol. 9, 2011, p. 28.

⑤ Andrea Gattini, *War Crimes and State Immunity in the Ferrini Decision*, J. I. C. J., Vol. 3, No. 1, 2005, pp. 235-236.

⑥ 参见周园：《国家豁免放弃的法律问题研究》，武汉大学 2012 年硕士学位论文，第 22 页。

主权的一种方式，因此，这种放弃必须由有关国家自身意志来决定。是否放弃豁免，或者在何时、何地以及何种范围内放弃豁免，完全是有关国家自行裁量和决定的事情。[1]

而当事人用以支持国家管辖豁免强行法例外的默示放弃理论，将国家行为违背强行法视为默示放弃豁免的做法，首先，并不符合当前的各国国内及国际实践，没有任何法律依据。其次，放弃要具有明确性，国家豁免的默示放弃必须被具体地加以证实，而不能由法院进行抽象推理。即使是在已有"默示放弃"立法的美国，法院在判例中也一致认定默示放弃豁免条款应该作狭义解释，在考虑外国国家是否默示放弃豁免时，亦不会超出美国国会所列举的三种情形。[2]

因此，国家实施违背国际强行法的行为不代表该国具有服从他国法院管辖的意愿，[3]也并不代表其已经放弃了管辖豁免。法院应当根据外国国家自身明确的意思表示和行为来判断它是否放弃豁免。一个国家法院不能仅仅通过逻辑推理强迫另一个国家放弃豁免，否则不仅会造成政治上的阻碍，也是对主权原则的侵犯。而且，法院通过放弃豁免获得针对外国国家的管辖权存在的正当性依据就是得到了外国国家的同意。[4]

（三）判断标准区分理论

这种观点主张，判断国家在某一诉讼中是否享有管辖豁免首先应考察其行为的性质是公法行为还是私法行为。当前限制豁免主义已经得到大多数国家和国际组织的认可，根据限制豁免主义理论，国家可以就其"主权行为"享有豁免，对于"非主权行为"则不能享有豁免。换言之，国家行为的性质才是决定国家是否可以援引管辖豁免的判断标准。而国家行为是否违背国际强行法，则关系到行为的合法性问题。主权与非主权行为的划分并不涉及对行为合法性的判断。二者划分标准不同。国家是否享有豁免权，应根据其行为的性质或目的决定，而不是看其涉入何种类型的诉讼。[5] 因此，并不能因为国家行为违背强行法就否认其主权行为的性质。

这一点在国际法院的判决中得以体现。对于德国诉意大利案，法院认为该案所涉及德国军队在"二战"期间实施的屠杀、强迫劳役等暴行，虽然被公认为非法，但这一事实并不能改变其主权行为的性质，因此判决德国在意大利境内的诉讼中可以援引国家豁免抗辩，并且应当享有豁免权。

（四）其他理论依据

除了对上述两种理论的反驳和否定，还有学者从后果角度论述国家豁免强行法例外的

---

[1]　龚刃韧：《国家豁免问题的比较研究——当代国际公法、国际私法和国际经济法的一个共同课题》（第二版），北京大学出版社 2005 年版，第 168 页。

[2]　美国国会曾列举了三个默示放弃的例子，分别是外国国家同意在另一国进行仲裁、外国国家同意合同由一个特定国家的法律支配、外国国家在案件中进行了答辩并且提出主权豁免抗辩。参见张帆：《中国在美被诉的主权豁免问题研究》，武汉大学 2008 年博士学位论文，第 63~64 页。

[3]　Sévrine Knuchel, *State Immunity and the Promise of Jus Cogens*, Northwestern University Journal of International Human Rights, Vol. 9, 2011, p. 42.

[4]　周园：《国家豁免放弃的法律问题研究》，武汉大学 2012 年硕士学位论文，第 10 页。

[5]　Lorna McGregor, *State Immunity and Jus Cogens*, I. C. L. Q., Vol. 55, No. 2, 2006, p. 444.

弊端。这种观点认为，如果在涉及酷刑的案件中不允许国家豁免抗辩，会导致诉讼的泛滥，就相当于打开了一个防洪闸。"许多人都会蜂拥而至以寻求庇护和政治避难，他们当中的许多人就会宣称他们在被迫逃离的国家遭受了酷刑。"①这无疑将会给法院带来巨大的诉讼压力。在外国国家并不服从管辖的情况下，国内法院不便处理这些诉讼。此外，对于被诉国家的影响也应得到考虑。如果一国陷于大量人权诉讼，例如因战争导致的严重侵权，对每一位提起诉讼的受害者都进行赔偿将会耗尽国家资源，进而危及国家的生存。②

此外，在诉讼中法院常以"缺乏法律依据"为由否认原告提起的强行法例外的主张。例如前述案件中的美国赛德曼诉阿根廷和桑普森诉德国案、英国阿尔-阿德萨尼诉科威特政府案，等等，法院判决的理由之一即为，依据法院地国的国内法，当事人的主张并没有法律依据；而在欧洲人权法院以及国际法院的判决意见中，否定国家管辖豁免强行法例外的一项重要理由，亦为，考察当前的国际法及各国立法和实践，并无支持此项例外存在的法律依据。

三、国际强行法和国家豁免的关系

综上所述，关于国家管辖豁免强行法例外问题的理论争议，究其实质，就是国际强行法与国家豁免原则谁优先适用的问题。关于这两者的关系，目前有两种观点。第一种观点是，国际强行法与国家豁免是上位法与下位法的关系，二者之间存在一定的效力等级，强行法高于国家豁免原则这一习惯国际法。另一种观点认为，二者是实体法与程序法的关系，适用的阶段不同，在适用和效力上并不交叉，彼此毫无关联，国际强行法并不能影响国家豁免原则的效力。

事实上，国际强行法与国家豁免之间的关系非常复杂。在刑事诉讼中，国际上已经出现了基于国际强行法而剥夺豁免权的案例。例如英国国内法院审理的"皮诺切特案"，就涉及国家豁免主体在刑事诉讼能否对违反强行法的行为主张豁免的问题。审理该案的英国上议院在判决中阐述，国际酷刑罪行是违反强行法的行为，这使各国有正当理由对其采取普遍管辖。如果允许以国家行为为由在此类案件中主张豁免，那么对侵犯人权的国家行为负责的个人将不会受到任何制裁，有关的国际人权法和国际刑法规则将会毫无意义。因此，在侵犯人权案件中，个人不能以国家行为主张管辖豁免。对于国际刑事案件的被告而言，要想通过主张豁免权来逃避违反国际强行法规则的责任，似乎是不太现实的。"二战"后两次国际审判，联合国两个特设国际刑事法院的审判都证实了这一点。然而，在民事诉讼中，各国法院以及国际司法机构的相关实践则倾向于支持主张豁免权。③ 总体而言，各国似乎更倾向于通过案件性质来决定被告是否享有豁免，在民事诉讼中，国家管辖豁免强行法例外尚未得到普遍支持。在当前的国际法中，国家的一切主权行为都享有管辖

---

① Al-Adsani v. Kuwait，（2002）34 E. H. R. R. 273，at 279-280.

② Adeline Chong, *Transnational Public Policy in Civil and Commercial Matters*，L. Q. R.，Vol. 128，2012，p. 111.

③ 廖诗评：《条约冲突基础问题研究》，法律出版社 2008 年版，第 283 页。

豁免，即使其行为违背具有强行法性质的国际法规范。①

笔者认为，在当前国际法中，国际强行法效力的最高性虽然得到国际条约和各国广泛认可，但在国际实践中却几乎没有出现过条约或其他国际协定因违背强行法而被确认无效或终止实施的案例，在司法实践中也很少得以运用。② 事实上，由于《维也纳条约法公约》对于国际强行法规定上的不明确，国际强行法在实践中缺乏法律执行力和约束力。而国家豁免中的默示放弃虽然已有国内法和国际条约加以规定，但并不包含违背国际强行法这一情形，并且，在美国多个法院已有判例③否定了将国家行为违背国际强行法的行为视为其默示放弃豁免的观点。因此，所谓等级规范理论和默示放弃理论，更多代表学术观点，而非实践态度，在国际法和国际实践中并无相关依据，尚不足以成为支持国家管辖豁免强行法例外的依据。

第四节　对国家管辖豁免强行法问题的建议

一国立法采用何种理论、规定何种制度并不取决于理论及制度本身的好坏，而是取决于某种理论和制度与国家现实需要之间的契合。④ 因此，关于我国立法是否应当规定国家管辖豁免强行法例外的问题，亦应当首先考察其是否符合我国的现实需要。

一、承认国家管辖豁免强行法例外对我国的利与弊

通过对国家豁免理论的发展路径的考察，可以看出，国家在国家豁免这一问题上的立场从不是一成不变的，持何种立场除了要参考国际惯例及外国一般做法，最重要的是符合自身利益。因此，是否承认国家管辖豁免存在强行法例外，应当首先考察其对于我国可能产生的有利影响和不利后果。

(一) 有利影响

第一，有利于保护我国境内的"二战"受害者的利益。与希腊和意大利相似，我国同属"二战"被侵略国，日本军队亦曾在我国境内对民众实施屠杀、酷刑、驱逐出境、强制劳役等各种暴行。然而，战后几十年来，日本对于"二战"受害者一直未履行赔偿义务。中国受害者不得不拿起法律武器，在日本法院起诉加害企业和日本政府，对日索赔。但在对日索赔案中，日本以"国家间的条约已经放弃民间战争受害者个人对日赔偿要求""个人不得援用国际条约对加害国提出损害赔偿的要求""国家无答责""超过诉讼时效"等理由，

---

① Sévrine Knuchel, *State Immunity and the Promise of Jus Cogens*, Northwestern University Journal of International Human Rights, Vol. 9, 2011, p. 15.

② Dinah Shelton, *Normative Hierarchy in International Law*, American Journal of International Law, Vol. 100, 2006, p. 306.

③ Michele Potestà, *State Immunity and Jus Cogens Violations: The Alien Tort Statute Against the Backdrop of the Latest Developments in the "Law of Nations"*, Berkeley J. Int'l L., Vol. 28, 2010, p. 578.

④ 陆寰：《国家豁免中的商业例外问题研究》，武汉大学 2008 年博士学位论文，第 132 页。

拒绝中方当事人合理的诉讼请求。① 在此背景下，"中国民间通过向日本法院起诉索赔的道路已经走到了尽头"②。与此同时，我国境内还有大量受害者因为费用问题无力赴日提起索赔诉讼。③ 因此有学者建议，中国有必要学习意大利法院的"勇气和胆识"，应敢于尝试在本国为战争受害者提供司法救济。④ 因为我国持绝对豁免争议立场，多年来，尽管中国受害者曾多次尝试在本国法院起诉日本，但都以中国法院拒绝立案而告终。如果我国承认国家豁免中存在强行法例外，则中国法院作为侵权行为地、损害发生地、受害者国籍国法院对此类诉讼拥有完全的管辖权，⑤ 也可以适用我国法律对日本违背强行法的行为进行审理和判决，有利于保护我国境内"二战"受害者的利益。

第二，有利于保护境外公民的利益。随着我国对外开放日益深入，我国对外贸易及投资日渐增多，中国公民出境旅游、工作或定居外国的现象已较为普遍。然而近年来，随着"阿拉伯之春"运动的愈演愈烈，以及伊拉克、阿富汗等国家的局部战争，一国政府侵犯外国公民或外国军队制造人权惨案的事例时有发生；⑥ 而且，与我国关系最为密切的非洲是政局较为动荡、人权保护相对薄弱的地区，这很难保证中国公民的人权在外国能够得到完全保障。事实上，境外的中国公民人权被侵犯的状况并不鲜见，⑦ 但是在这种情形下，受害者一般都难以在当地得到有效救济。如果我国承认国家管辖豁免中存在强行法例外，由中国法院作为审理法院对外国违背强行法侵犯人权的行为进行审判，这样会为我国公民提供一条救济途径，可以更好地保护境外的中国公民的利益。

(二)不利后果

与此同时，我们也要承认国家管辖豁免强行法例外也会产生一些弊端。

第一，对我国法律体系的影响。在国家豁免问题上，虽然我国承认"为了维护和促进国家间正常的往来和经贸关系，可以就国家关系豁免制定一些例外的规定"⑧，但在实践中我国一直以来都支持绝对豁免主义，主张国家的一切行为都应享有豁免权，国家行为无统治权行为和商业行为之分。⑨ 即使是国际公认的国家豁免中的商业例外，在我国立法和

---

① 刘正：《论日本拒绝中国民间索赔的国家责任》，载《南京经济学院学报》2002年第5期，第52~53页。

② 辛崇阳：《中国民间对日索赔权法律分析》(下)，载《法制日报》2007年7月1日，第4版。

③ 参见高建军：《国家豁免：理论争议与国际法实践——兼论对日民间求偿的国内诉讼问题》，载《南京政治学院学报》2006年第4期，第62页。

④ 宋杰：《战争受害者"求告无门"》，载侨报网，http://review.uschinapress.com/2012-02/13/content_1265693.htm，2012年12月3日访问。

⑤ 高建军：《国家豁免：理论争议与国际法实践——兼论对日民间求偿的国内诉讼问题》，载《南京政治学院学报》2006年第4期，第66页。

⑥ 侯鹏：《国家侵权行为的管辖豁免例外》，武汉大学2012年硕士学位论文，第28页。

⑦ 举例为证，2012年10月，1名中国少年在加纳军警清查采金活动中遭枪击身亡，另有上百名中国人被拘捕，参见http://world.huanqiu.com/depth_report/2012-12/3385106.html，2012年12月3日访问。

⑧ 转引自龚刃韧：《国家豁免问题的比较研究——当代国际公法、国际私法和国际经济法的一个共同课题》(第二版)，北京大学出版社2005年版，第123页。

⑨ 浦智华：《国家主权有限豁免问题研究》，华东政法大学2009年硕士学位论文，第32页。

实践中亦未得到确认。承认国家管辖豁免中存在强行法例外，堪称是对我国现有的国家豁免制度的颠覆，势必会对我国国家豁免法律制度、人权法、诉讼法以及其他相关法律制度带来巨大冲击。

第二，对我国外交政策的影响。不干涉内政，是一项重要的国际法原则，同时也是我国对外交往的重要原则之一，一国要求不得干预别国的主权和内政。人权一向被认为是主权范畴内的事务，基于主权的独立性和平等性，一国的人权事务外国不得干涉。① 而国家管辖豁免强行法例外恰恰涉及外国的主权行为违背国际强行法的情形，并且绝大多数涉及严重侵犯人权的情形，在这种情况下，如果我国法院进行管辖，势必会与不干涉内政原则相冲突，对我国的外交关系产生不利影响。

第三，可能引发的其他不利影响。除却上述两因素，我国如果承认并规定国家管辖豁免强行法例外，可能会导致其他不利后果。其一，国内法院对外国主权行为合法与否及应否赔偿的诉讼进行审判，势必会招致外国的反对，即使判决也难以得到有效执行。其二，此类案件涉及外国的主权行为，对外国的主权行为进行干涉可能会招致外国的责难及报复。其三，我国的人权问题一直饱受西方国家的攻击，② 假设我国法院对外国涉嫌违背国际强行法严重侵犯人权的诉讼进行审理，可能会引起外国对于我国人权状况及人权判断双重标准的攻击。

二、对我国的建议

国家豁免涉及外国国家和其他享有豁免权的主体。因此，立法是否应规定国家管辖豁免的强行法例外，应立足我国的实际，符合我国的利益，同时也要考量立法的可行性和可操作性等立法技术问题。

在国内层面上，承认国家管辖豁免存在强行法例外，可谓是彻底否定了我国既往的绝对豁免主义立场，这对于我国现有的人权立法和现行的诉讼制度也将形成巨大的挑战；同时，认可这种例外虽然可以为我国的"二战"受害者以及境外公民提供一条维权的司法途径，有利于保护他们的利益，但也将会对外交政策和外交关系产生负面影响，甚至会招致外国的反对乃至报复。

在国际层面上，一国国内的司法机关对涉及外国主权行为的民事诉讼进行审理，与国际法中的不干涉内政原则亦会产生冲突；国际强行法可否由一国的国内法院认定和实施，国际法中也并无相关规定；国际强行法是否优于国家豁免原则，国家违背国际强行法是否应当被剥夺豁免权，仍处于争论当中，尚无定论。当前包括国际法院、欧洲人权法院在内的国际司法机构以及大多数国家的实践对此持否定态度。在民事诉讼中，国际强行法和国家豁免的冲突还需要在国际层面上予以解决，而不是通过国内法院。③ 国家管辖豁免强行

---

① 参见白桂梅、龚刃韧、李鸣等：《国际法上的人权》，北京大学出版社 1996 年版，第 263~266 页。

② 参见王运祥、刘杰：《联合国与人权保障国际化》，中山大学出版社 2002 年版，第 238~241 页。

③ Adeline Chong, *Transnational Public Policy in Civil and Commercial Matters*, L. Q. R., Vol. 128, 2012, p. 109.

法例外仅仅得到少数国家的实践支持，尚停留在学说阶段，并未形成一项公认有效的习惯国际法。

从可行性和可操作性层面分析，假若我国立法欲规定这项豁免例外，则首先应当修改程序法，解决此类案件的审级、受理法院等诉讼程序问题；其次，还应完善相关的实体规范，以免判决无法可依，同时还涉及国际强行法的确认、主权行为与非主权行为的区分、国际法在国内的适用等目前尚存理论争议的问题。我国目前的立法和司法现状尚不足以解决上述问题，法律的修改和完善绝非一朝一夕之功，实难一蹴而就，因此笔者认为，就目前而言，我国立法规定国家管辖豁免强行法例外不具有可行性和可操作性。

综上所述，本书认为，我国《外国国家豁免法》中未规定有国家管辖豁免强行法例外是符合当前我国国情与国际法发展情况的。

国家管辖豁免中的强行法例外问题，是国际法理论中的一个新问题，也是近年来实践中法院迫切需要解决的问题之一。在当前实践中，此类案件一般源起于国家严重侵犯人权的行为，其行为因违背人权保护的相关国际强行法规范而被诉。从实践可以归纳出，国家管辖豁免的强行法例外问题，是指当国家的行为违背了国际强行法而在另一国法院被诉时，是否可以国家豁免为由主张豁免的问题。其实质就是当国际强行法和国家豁免原则发生冲突时，何者优先适用的问题。

在人权保护日益受到重视的背景下，国家主权权力的行使亦应当遵守有关人权的国际强行法规范，国家对于其违反国际强行法并严重侵犯人权的国际罪行，毫无疑问应该承担责任。在刑事诉讼中，国家及代表国家行为的国家元首或其他政府官员不得在涉及其违法强行法的案件中援引豁免权，这一观点在国际法实践中已有先例，并得到国际条约的确认，但在民事诉讼中，各国法院一般都倾向于承认国家豁免。与刑事诉讼主要由国际司法机构审理不同，目前国际上并没有具有普遍管辖权的法院可以对当事人的民事赔偿请求提供司法救济。因此国内法院诉讼中的国家豁免原则直接对当事人申请救济构成一定阻碍，封闭了其诉讼维权的渠道。

在实践中，当事人开始引用国际强行法来对抗国家豁免原则，并得到某些国内法院的赞同。但是，国内法院否定国家豁免抗辩并审理涉及外国主权行为的做法亦引起强烈反对。国家管辖豁免是否存在强行法例外，这一问题引起广泛争议。国际强行法的认定和效力、国际法规范是否存在效力等级、一国法院可否因外国行为违法而加以审理等问题，已经超出了国内法院判决的范畴，必须在国际层面上加以解决。

第十一章　国家豁免诉讼若干程序问题

第一节　国家豁免诉讼的特殊性

一、国家豁免诉讼的特征

如前所述，国家豁免诉讼是指以外国国家为被告、涉及国家豁免问题的诉讼。由于此种诉讼涉及敏感的国家主权问题和国家豁免问题，因此无论在事实认定、法律适用问题上，还是在司法程序上，国家豁免诉讼都有诸多不同于其他诉讼之处。也正是基于此，无论现有国家豁免规范，抑或国家豁免诉讼实践，对某些程序问题均采取了不同于其他诉讼的规定或处理，这就形成了国家豁免诉讼所特有的一些程序规则和实践。国家豁免权的主权特性和国家豁免问题的外交关涉，是国家豁免的最基本的特征，也决定了国家豁免诉讼不同于其他诉讼的特殊性。通过研究和分析现有国家豁免案件的判决过程，可以发现，国家豁免诉讼具有如下两个方面的特征：

(一) 被告可能是国家豁免主体

在对有关国家豁免问题的案件进行审理的初始阶段，令法院头痛的首要任务就是对可能是国家豁免主体的被告人的身份进行仔细审查。如前所述，国家豁免的主体的范围在各国间尚未取得完全一致，通常主要包括国家及其政府的各种机关、国家机构、部门和其他实体。现有国家豁免条约和国内立法对国家豁免主体的类型以列举加定性的方式呈现，给司法实践中的认定留下了较多的自由裁量权的空间。[1] 从《联合国国家豁免公约》的一读、二读的修改过程来看，[2] 实际上，2004 年形成的最后的约文中，对为豁免目的的"国家"的界定体现出倾向于广义解释和扩张性解释。虽然《联合国国家豁免公约》第 2 条第 1 款对"国家"作出了解释，但该公约尚未生效，而且其解释本身仍显抽象和晦涩。诸此种种，加剧了国家豁免诉讼的复杂性。

从现有国家豁免立法和条约的相关规定来看，即使被告未答辩、未出庭或未提出国家

---

[1] 如《美国外国主权豁免法》第 1603 条将"外国"区分为"外国及其政治区分单位"和"外国机构或部门"，并对后者进行了专门解释。《英国国家豁免法》第 14 条将"国家"解释为包括国家君主或其他元首、该国政府、该国政府各部门、代理国家的独立实体、国家中央银行或其他金融机构的财产等。

[2] 详见联合国文件《国家及其财产的管辖豁免工作组报告》，UN Documents：A/CN. 4/L. 576，6 July 1999。

豁免之抗议，法官亦应谨慎核实被告到底是否属于国家豁免主体。当然，被告最好主动提出国家豁免抗辩，这样可以引起法官的注意，最大限度地争取胜诉的可能。例如国有企业的豁免问题，虽然《联合国国家豁免公约》第 10 条第 3 款以及有些国家(包括中国)否认国有企业享有豁免权，但是，"作为遵循'职能主义'最彻底的国家，美国国家豁免法关于豁免主体的规定非常宽泛，外国国有企业也可以被赋予国家豁免主体地位"①。因为《美国外国主权豁免法》第 1603 条第 2 款规定"大多数股份或其他所有权属于外国或其政治区分单位的"也是国家豁免主体。在美国国家豁免审判实践中，几乎都将国有企业被诉的案件作为国家豁免案件来处理，在司法过程中会讨论国家豁免问题，尽管很多案件因为商业行为性质最后判定被告没有豁免权。② 2008 年美国纽约南部地区法院审理的"中国租船有限公司被诉"一案，法院之所以判定中国租船有限公司没有豁免权，不是因为否定国有企业可以作为国家豁免主体的资格，而是因为被告的所有权和管理权并非直接掌握在中国国家或政府手中，并不是所谓的"国有"企业。③

综上，被告的国家豁免主体身份的认定，构成了国家豁免诉讼开始阶段的关键性问题，也决定了后续程序的进行和法律的适用。为了妥善处理这一问题，有些国家的国家豁免法规定外交部或其负责人可以对被告是否为国家豁免主体提供证明。④ 因为被告可能的国家豁免主体身份，现有国家豁免立法在管辖权的分配、送达等程序问题上也设置了特殊的规则。此种当事人身份的确认的重要性和复杂性，是其他民事诉讼所不能比及的。

(二) 审判和执行的政治风险大

如前所述，国家豁免问题兼具法律问题和外交问题的双重属性，因此，与国家豁免问题有关的案件在管辖、送达、缺席判决、执行等环节上均可能触及法院地国与外国之间的关系。特别是对外国国家财产的任何执行措施，都必然会直接触及该国的重要利益，因而很有可能会对法院地国和有关外国之间的外交关系带来严重的影响。若法院对被告国家的声明和抗议未予理睬，强制执行判决，就很有可能引起对方国家的对等措施。所以，法官在审理和判决国家豁免案件时，一般会考虑其意见对政府的外交政策和外交事务的影响。可见，国家豁免诉讼的政治风险远远高于其他诉讼。为了降低此种风险，现有的国家豁免立法均设置特殊的制度、规范，体现在管辖、送达、诉讼程序豁免、缺席判决等方

---

① 肖永平、张帆：《美国国家豁免法的新发展及其对中国的影响》，载《武汉大学学报(社会科学版)》2007 年第 6 期，第 808 页。

② 事实上，我国在美被诉的国有企业中有一半以上最后都获得了管辖豁免。参见肖永平、张帆：《美国国家豁免法的新发展及其对中国的影响》，载《武汉大学学报(社会科学版)》2007 年第 6 期，第 808 页。

③ Ocean Line Holdings Ltd. v. China Nat'l Chartering Corp. 578 F. Supp. 2d 621 (2008).

④ 如《英国国家豁免法》第 21 条就赋予国务大臣有权对被告是否为"国家"出具证明书，而且该证明书具有不容置辩的效力。《新加坡国家豁免法》第 18 条、《巴基斯坦国家豁免法令》第 18 条、《南非外国国家豁免法》第 17 条、《加拿大国家豁免法》第 14 条、《澳大利亚外国国家豁免法》第 40 条，也有类似的规定。

面。例如，《美国外国主权豁免法》规定国家豁免案件由联邦法院专属管辖，以防止州法院对政府的外交政策的考虑不周；《英国国家豁免法》强调通过外交途径向外国国家送达，以确保外国国家确实知悉被诉的事实；现有国家豁免法基本上都给予外国国家比普通被告更长的答辩期限，以尽量避免其遭遇缺席判决，等等。①

总之，国家豁免诉讼的政治风险决定了诸多特殊程序的产生和存在。通过这些特殊程序，客观上为外国之国家豁免权提供了程序上的保障，对避免和减轻政治风险起到了非常大的作用。

二、国家豁免诉讼中的特殊程序

国家豁免诉讼的主权关涉和政治风险决定了诉讼程序的设计和运行的特殊性。在国家豁免诉讼中，存在着一些特别的程序制度、规定和做法。现有国家豁免法或条约中几乎都规定了一些程序性条款，这些规定就构成了国内民事诉讼法的特别法。依据解决特别法与普通法冲突的法则，特别法中有规定的，在审理国家豁免案件时应当优先适用；特别法中未作明文规定的，则适用普通法中的规定。当然，除此之外，国际法学说和国家的判例实践也发展了一些特殊的程序。本节仅从宏观的视角简要梳理现有规范层面和司法实践层面的与国家豁免诉讼有关的主要特殊程序，详细的论证将在后面的章节中呈现。

(一) 规范层面的特殊程序

现有的国家豁免立法或条约中，基本上都有一些程序方面的规定。为了清晰地展现和比较，笔者以表格归纳总结如下(见表11-1)：

表 11-1

比较内容 法律名称	一般管辖规则	送达	缺席判决	诉讼程序豁免	其他程序问题
1.《联合国国家豁免公约》(2004年)	第10条第1款"根据国际私法适用的规则"	第22条	第23条	第24条有关"罚金"或诉讼费用担保等问题	—
2.《欧洲国家豁免公约》(1972年)	—	第16条	第16条	第17条"诉讼费用担保"；第18条"拒绝提供证据免于处罚"；第19条中止诉讼程序	—

---

① 本章第二、三、五、六节对这些问题进行了详细论证。

比较内容　　法律名称	一般管辖规则	送达	缺席判决	诉讼程序豁免	其他程序问题
3.《美国外国主权豁免法》(1976年)	第1330条第1款、第1391条第6款、第1441条第4款	第1608条第1~4款	第1608条第5款	—	—
4.《英国国家豁免法》(1978年)	—	第12条第1、6、7款	第12条第2~5款	第13条"其他程序特权"	第21条"证明书的证据效力"
5.《新加坡国家豁免法》(1979年)	—	第14条第1、6、7款	第14条第2~5款	第15条"其他程序特权"	第18条"证明书的证据效力"
6.《巴基斯坦国家豁免法令》(1981年)	—	第13条第1、6、7款	第13条第2~5款	第14条"其他程序特权"	第18条"某些事项的证明"
7.《南非外国国家豁免法》(1981年)及其1985年、1988年修正案		第13条第1、6、7款	第13条第2~5款	第14条"其他程序特权"	第17条"证明书的证据效力"
8.《加拿大国家豁免法》(1985年)	—	第10条	第10条第6款	第11条"不得适用禁令、特定行为等"；第13条"对外国家违反程序免除罚金"	第14条"外交部长出具的证明书的效力"；第15条"总督命令限制豁免"
9.《澳大利亚外国国家豁免法》(1985年)	第42条	第23~26条	第27~28条	第29条"救济措施的适用"；第34条"对某些措施的限制"	第39条"证据开示"；第40条"关于外国国家的证明"；第41条"证明书的使用"
10.《阿根廷外国国家管理豁免法》(1995年)	—	—	—	—	第5条"延长期间"；第7条"法庭之友"的介入

续表

比较内容 法律名称	一般管辖规则	送达	缺席判决	诉讼程序豁免	其他程序问题
11.《以色列外国国家豁免法》（2008 年）	—	第 13 条	第 14 条	—	第 19 条"提请司法部部长的注意"
12.《中华人民共和国外国国家豁免法》（2023 年）	—	第 17 条	第 18 条	—	第 19 条"外交部出具的证明文件的效力"

注：①第一栏中的"一般管辖规则"指的是管辖豁免之外的其他管辖因素，如不同地区、不同级别的法院以及联邦和州法院之间的分工等。

②"—"表示"未规定"。

从表 11-1 所统计的 12 个国家豁免立法文件的规定来看，对有关程序方面的内容可以总结如下：

第一，在国家豁免之外的一般管辖规则方面，除美国、澳大利亚之外，其他国家并未在国家豁免法中以专门条款规定，《联合国国家豁免公约》甚至明确把该问题排除在公约体制之外，而是交由缔约国依其本国国际私法来决定。在美国，国家豁免案件的地区管辖和初审管辖必须依据《外国主权豁免法》第 1330 条和第 1441 条的规定，而不是依据《联邦民事诉讼法》。《澳大利亚外国国家豁免法》第 42 条规定了联邦法院为主要管辖法院的问题。而在其他国家，由于国家豁免法并未明确规定一般管辖规则，因此还需援引其本国民事诉讼法之相关规定，以决定某一特定法院对某一特定国家豁免案件是否有管辖权。

第二，在送达、缺席判决等程序性问题上，绝大多数立法都作了规定。这些规定构成民事诉讼法的特别法，在涉及国家豁免的诉讼中需优先适用。从具体内容上看，目前的国家豁免国内立法在这些问题的规定上基本呈现三种模式：美国模式、英国模式和其他模式。新加坡、巴基斯坦和南非几乎完全移植英国的规定；澳大利亚豁免法虽然在法条的形式上比较独特，但具体内容上与英国的规定比较接近；以色列豁免法在这些程序问题上的规定总体上可归入英国模式。加拿大豁免法的规定与美国的规定比较接近，与美国一样，在送达规则的设置上将对外国国家本身的送达与对外国国家机构或部门的送达区别开来。阿根廷豁免法的规定突破了英、美模式，对送达、缺席判决等问题未作规定。《联合国国家豁免公约》的规定则是将英国模式和美国模式进行整合，并作出一些修改，如将外国国家的答辩期间延长为"至少四个月"。我国《外国国家豁免法》则规定：外国国家对中华人民共和国的法院缺席判决提起上诉的期限为六个月，从判决书送达之日起计算。该规定赋予被告更长的答辩准备时间。

第三，针对外国国家在诉讼期间的程序豁免问题，英国模式下的几个国家的国家豁免法专设"诉讼程序上的其他特权",如对国家不得科以罚金、发出禁令等,但在具体内容上还是稍稍有一些差异的。① 加拿大、澳大利亚的国家豁免法也有类似的规定。《联合国国家豁免公约》和《欧洲国家豁免公约》还增加了外国国家享有诉讼费用担保的豁免之规定。美国、阿根廷、以色列的国家豁免法对外国国家在诉讼期间的程序豁免问题并未作出明确规定。尽管在管辖豁免问题上主要体现了限制豁免原则,但被诉的外国国家仍然享有诸多程序上的特权和豁免,并且此种程序豁免具有绝对性。无论是针对外国国家的程序性制裁,抑或对代表外国国家的代理人的人身性的强制羁押或为某种特定行为,都被绝对禁止。这些程序性特权和豁免是专属于国家自身的,体现了对外国国家主权的尊重。

第四,在其他程序问题的设置上,有些国家的国家豁免法规定了外交机关的证明书的效力问题,如《美国外国主权豁免法》第 1608 条第 1 款第 4 项规定"迅速寄交在华盛顿哥伦比亚特区的国务卿,促请专门的领事部主任注意。而国务卿应当通过外交途径将上述文件的副本一份转送给该外国,并且应当寄给法院书记员一份业经认证的外交照会副本,指明各该文件已于何时发出",赋予了国务卿证明送达的权力;在英国,根据《国家豁免法》第 21 条之规定,在不确定是否应该受理或对外国实体的身份存有疑虑时,就依赖英国国务大臣颁发的行政证书(executive certificate)来作决定,这种行政证书具有决定性,不容置疑;《澳大利亚外国国家豁免法》第 40 条专门规定了外交部部长证明书的效力。除上述之外,阿根廷则是唯一明确授权外交部或其他部门有权以"法庭之友"身份介入国家豁免诉讼的国家。此外,《阿根廷外国国家管辖豁免法》第 5 条还明确赋予法官可以根据外国国家的请求审慎地延长其答辩期限的权利。《以色列外国国家豁免法》不同于其他国家豁免法的重要一点在于,其在第 19 条设置了一个特别程序,即当事人或者法官必须将被诉的外国国家的豁免请求提请司法部部长注意。

综上,不难发现,鉴于国家豁免诉讼本身的特殊性,在一般管辖、送达规则、外交介入、诉讼期间的程序豁免、缺席判决等程序问题上,现有国家豁免立法对其作出了某些特殊规定。当然,一个国家豁免案件的完整解决需要整套的诉讼程序,对法院来讲,国家豁免法和司法实践中未明确列出或特殊处理的程序问题,应当依据普通民事诉讼程序规则来解决。另外,我们需要历史地、辩证地评价这些被特殊处理的程序,确定其是否具有正当性。

(二) 实践层面的特殊程序

至于对法律规范的静态研究,永远无法发现法律的真相。只有着眼于国家豁免诉讼的动态过程,研究正当程序在事实与规范的理性对接中的重要作用,方能发掘出程序问题的意义。除了有关国家豁免法和条约中的特殊程序之外,在一些国家的司法实践中也形成和发展了某些特殊的程序。这些程序绝大多数是基于国家豁免问题的考虑而对本国普通程序规则进行特别处理的结果,且具有比较明显的地域性。

---

① 本章第五节对此问题有详细阐述。

第一，外交介入问题①。由于国家豁免诉讼特殊的政治风险，法院地国外交部门有时会介入与国家豁免有关的审判过程中。在美国，国务院（即美国的外交部）的"豁免建议"曾经多次得到法院的考虑或采纳。从已有的案例来看，往往是被诉的外国国家提出外交抗议或者声明，国务院基于外交和政治压力才介入的。在不同时期不同立法背景下，外交介入的方式也不同，一般采取逐案分析方法。我国外交部在香港法院受理的"美国 FG 公司诉刚果（金）案"中发出三封信函，并由其下属机关——香港特区政府政制与内地事务局——提供给法院，以说明中央政府和内地在处理国家豁免问题上的一直以来的立场和一贯做法。如此种种，均与国家豁免诉讼中的外交介入问题有关。其中，外交介入的原因、时机和方式等关键问题都需要认真地研究，以防构成妨碍司法独立之嫌。②

第二，外国国家的出庭方式问题。被诉的外国国家的出庭既与缺席判决有关，又涉及管辖豁免的放弃的认定。从现有的国家豁免法和条约来看，只是规定外国国家出庭并不构成豁免权的放弃，对其出庭方式、出庭的认定并没有明确。曾有人指出，在美国，此种规范的缺失导致外国国家在明显具有豁免权的情况下面临"无意义的请求（frivolous claims）"，③ 造成原告对外国国家的滋扰。对抽象的"国家"的亲自到庭的认定是一个棘手的问题，因为只有构成亲自出庭才能将国家豁免权的风险降到最低，而对谁能代表国家的问题则有不同认识。因此，外国国家如何寻求适当的诉讼代理人向法院提出豁免请求，在实践中是非常关键的问题。④

第三，举证责任问题。无论是国内豁免立法抑或国际公约，都没有明确规定举证责任问题。但是，美国和加拿大的法官们早已对国家豁免诉讼中的举证责任产生特别的敏感，举证责任的最低标准已经被接受了。⑤ 原告起诉时的举证责任较普通案件更加严格，其须提供充分的、令法官信服的证据证明被告不享有国家豁免。此外，在证据种类的问题上，驻外使馆的证词或证明书在国家豁免权的证明方面具有非常重要的意义。⑥

通过前述的梳理，我们不难发现，无论在国家豁免法中，还是在国家豁免诉讼实践当中，在一些程序问题上的确存在着一些特殊内容。这些特殊的程序问题贯穿于案件受理和审理过程之中，共同作用于程序保障作用的实现。

---

① 涉及国家豁免问题的案件，由于可能影响国家之间的友好关系，法院地国的首脑、外交部门或其他部门有时会以一定的方式介入案件审判过程。如《加拿大国家豁免法》第 15 条规定："总督根据外交部部长的建议，在他认为依本法向有关外国提供的豁免与特权超过了该外国法律所提供的豁免与特权，可以命令减缩依本法所应提供的豁免与特权。"然而，在国家豁免诉讼实践中，外交部门介入案件审判过程最常见，也最为重要，因此笔者只着重研究外交介入问题，详细内容可见本章第四节。

② 本章第四节对此问题有详细阐述。

③ Joseph W. Dellapenna, *Suing Foreign Governments and Their Corporations* (2nd ed.), Transnational Publishers, Inc., 2003, p. 640.

④ 由于本章以后各节的安排是以程序问题为线索，于是笔者将出庭方式问题放在了第六节"对外国国家的缺席判决"中进行详细阐述。

⑤ Pierre F. Walter, Esq., *Sovereign Immunity Litigation in the United States and Canada*, Sirius-C Media Galaxy LLC., 2010, p. 15.

⑥ 为了便于研究和分析，笔者将举证责任问题放在了本章第三节"对外国国家的送达"和第六节"对外国国家的缺席判决"的相应部分进行阐述。

第二节　国家豁免诉讼的国内管辖

在国家豁免诉讼中，管辖权的确定是非常复杂的过程，其中包括两个方面的考量：一是被告的管辖豁免问题，即审查被告是否为国家豁免主体以及其行为是否构成非主权行为，若答案是否定的，则此类案件就不属于法院的主管范围；其二是管辖豁免之外的其他管辖因素，如不同地区、不同级别的法院或联邦和州法院之间的分工等。在国家豁免诉讼中，必须细致地区分这两种不同意义上的管辖权，否则，当事人和其他人极易对法院出于何种原因驳回原告起诉产生疑惑。在管辖豁免问题发生之前，首先必须确定，法院在它关于管辖权的实质规则上（豁免问题除外）及在它关于发出传票的程序规则上对被告是有管辖权的。这些规则在各国之间也不相同，因此在不同国家可以有不同的结果。① 由于本章的研究重点是从国家豁免诉讼的特殊性视角探寻此类诉讼不同于其他民事诉讼的特殊程序问题，对国家管辖豁免本身的复杂内容——如限制豁免原则的具体内容、不享有管辖豁免的"例外情形"等问题——只是简单提及，并不会详细地研究和论证。因此，此处的管辖权的确定，笔者关注的主要是第二个方面的意义，即是否存在特殊的一般国内管辖规则以及这些规则是否正当。

一、国家豁免诉讼的国内管辖的实践

虽然法院地国的管辖权是国际民商事诉讼中的基本问题，不独对国家及其财产管辖豁免有着重要的意义，② 但美国为了国家豁免案件的管辖权的确定之目的，专门在《美国法典》中增加了一些涉及国家豁免诉讼的国内管辖的条文——第 1330 条、第 1391 条第 6 款、第 1441 条第 4 款，这些条款中的规则专门适用于国家豁免诉讼。其他国家的国家豁免法并没有像美国那样详细而全面地规定国内管辖分工问题，有的仅规定了某一方面，如《澳大利亚国家豁免法》仅针对某些具体行为作出了规定，要求其须与澳大利亚有实际联系才能管辖；有的仅在某些条款中暗含了一些管辖权确定的依据。《联合国国家豁免公约》对管辖豁免以外的一般管辖问题则是采取了回避的态度，该条约第 10 条第 1 款明确规定法院根据本国的国际私法规则来判断其是否有管辖权。这就表明，该公约对国家豁免之外的法院地国的审判管辖权的分工并未干涉，因为此问题本质上属于各国对本国司法管辖权的内部分配，应该由各国自己决定。③

(一)地域联系

在国家豁免诉讼实践中，法院在考察对某一案件是否有管辖权时，除了管辖豁免因素

---

① ［英］詹宁斯、瓦茨修订：《奥本海国际法》（第一卷第一分册），王铁崖等译，中国大百科全书出版社 1995 年版，第 348 页。

② 黄进等：《国家及其财产管辖豁免的几个悬而未决的问题》，载《中国法学》2001 年第 4 期，第 143 页。

③ 由于《美国外国主权豁免法》有专门的条款详细而全面地规定了国内管辖问题，因此，接下来的研究以《美国外国主权豁免法》的规定以及美国国家豁免诉讼实践为主。

之外，还要考虑案件是否与本国是否存在地域上的联系。具体的联系因素一般包括：行为地、涉诉财产所在地、被告的营业地、法律事实发生地等。此外，美国还采用了比较独特的"直接影响"标准，即只要被告在美国境外实施的行为在美国产生直接影响，美国法院即可因此获得管辖权。

《澳大利亚外国国家豁免法》第12~15条的规定表明，在断定被诉的外国国家不享有管辖豁免之后，法院要求还要确定被诉的外国国家的行为或者案件的法律事实须发生在澳大利亚，方能确立其管辖权。例如，第12条所规定的雇佣合同的豁免例外，就要求雇佣合同须在澳大利亚签署的、全部或部分在澳大利亚履行；第13条所规定的侵权责任的豁免例外，要求被诉的外国国家的导致人员伤亡或财产损失的侵权行为必须发生在澳大利亚；第14条所规定的涉及某些国家财产的豁免例外，则要求不动产在澳大利亚或该项财产是因发生在澳大利亚的赠与或继承而获得；第15条所规定的知识产权的豁免例外，则要求外国国家的行为对澳大利亚的知识产权产生侵害。此外，在《加拿大国家豁免法》中，第6条第2款的规定实际上要求因外国国家的行为而导致的财产损失须发生在加拿大境内，加拿大的法院方对此种侵权行为有管辖权。[①] 可见，上述各规定均是以实质的地域联系为依据来确定管辖的。

在《美国外国主权豁免法》中，第1605条第1款第2项的规定表明了地域联系要求，该条规定："该诉讼是基于该外国在美国进行的商业活动而提出的；或者基于在美国实施的某行为提出的，而该行为与该外国在其他国家从事的商业活动有关；或者基于在美国领土外实施的行为提出的，而该行为与该外国在其他国家从事的商业活动有关且在美国引起直接影响。"从本条款的前两句来看，其以"行为地"为依据来确定与美国是否有联系，实则也是体现了实质的地域联系标准。但本条文的最后一句表明，即使引起诉讼的行为发生在美国领土之外，而被诉的外国国家的行为也发生在美国境外，如若对美国产生一定影响，美国法院可因此获得管辖权。这就是所谓的依据"直接影响"来确定管辖的规定。从上下文来看，"直接影响"乃是在法院确定被告行为属于商业活动之后，进一步审查该行为及其后果与美国的联系，以确定法院是否应该管辖的问题。[②]

在过程论上，限制豁免原则、商业活动的界定等核心问题的确立，是考虑"直接影响"的前提和基础。一旦进入"直接影响"考量程序，法院考察的重点则是被告的行为对美国的影响。因此，"直接影响"问题本身并不是国家豁免的实体问题，其关涉的是被告的行为与美国的联系。从第1605条第1款第2项最后一句的规定来看，只有当被告的商业活动发生在美国领土外时，"直接影响"才会被考虑。有人认为，美国法院以所谓"直接影响"来确立其对案件的事物管辖权，乃是长臂管辖的一种体现。[③] 然而，《外国主权豁免

---

① 原文为："第六条 在下列诉讼中，外国国家不得享有豁免：1. 死亡与人身伤害，2. 发生于加拿大的财产损害与损失。"

② 实质地域联系的确定相对比较容易，主要涉及的是客观事实的调查，但"直接影响"的确定则相对烦琐和灵活，更加依赖法官的自由裁量。因此，本部分接下来着重对"直接影响"进行探讨。

③ ［英］詹宁斯、瓦茨修订：《奥本海国际法》（第一卷第一分册），王铁崖等译，中国大百科全书出版社1995年版，第348页。

法》并没有对"直接影响"的标准予以明确，在确定外国被诉的案件的管辖权时，美国联邦法院的法官们经常被"直接影响"问题所困扰。对此，在美国国家豁免司法实践当中，通过一系列的判决，逐渐形成了一些确定"直接影响"的方法。其中，影响比较深远的是美国联邦最高法院 1992 年在"阿根廷诉威尔特欧尔公司"①一案中所做的有关"直接影响"的推理。在该案中，联邦最高法院对众议院报告中的建议适用《美国对外关系法重述（第二次）》第 18 条的原则来认定"直接影响"的司法正当性提出了质疑。《美国对外关系法重述（第二次）》第 18 条指出："美国的法律没有域外适用效力，除非在美国产生直接的、可预见的和实质性的效果。"联邦最高法院认为，很显然，此条款涉及的是立法管辖权问题，而不是司法管辖权问题，并且其是一种缺乏前提的推理。因此，众议院将"直接的、可预见的和实质性的"的标准挪用到国家豁免诉讼实践中并用以解释"直接影响"的做法并不合适。于是，联邦最高法院支持了上诉法院对"直接影响"的判定标准——直接影响就是指被告之商业活动的直接后果。② 这句对"直接影响"界定的判词至今仍然被很多法院所引用，其已成为分析"直接影响"是否构成的最主要的标准。③

从一系列有关判决来看，有学者总结认为，"直接影响"条款的适用条件有两个：一是影响必须是"直接的"；二是影响必须发生"在美国"，二者缺一不可。所谓"直接的"影响，指的是此种影响必须与被告的行为之间"没有任何介入因素，沿着一条没有任何偏离或中断的直线发生"。而要确定影响"在美国"，有两个因素非常重要：一是原告的国籍；二是合同中确定的合同履行地。④ 具体说来，首先，如果后果只是间接造成的，即使是"实质性"的影响，仍不能判定其构成"直接影响"。⑤ 其次，如果原告是外国自然人或公司，保护本国公民权益的必要性的缺失，使得法院更倾向于认定"在美国"没有影响。在"加拿大天宇网络公司诉中国四川省政府和成都市青羊区政府案（以下简称'天宇案'）"⑥中，原告系美国内华达州的一家母公司的全资子公司，在英属维京群岛注册，总部设于加拿大阿尔伯特省的卡尔加利市。尽管其实际的投资者是美国公民，但无论是原告自己还是法院，都将原告视为"外国公司"。法官就是考虑到原告是外国人而不是美国人，从而判定被告的行为在美国没有造成直接影响。最后，如果合同履行地在国外，被告的违约行为

---

① Republic of Arg. v. Weltover, Inc., 504 US 607(1992).

② 原文为"An effect is 'direct' if it follows 'as an immediate consequence of the defendant's…activity'", Republic of Arg. v. Weltover, Inc., 504 US 607 (1992), p.618。

③ 在 2011 年 11 月 28 日纽约南部地区法院判决的 Fir Tree Capital Opportunity Master Fund, LP v. Anglo Irish Bank Corporation Limited. (US Dist. LEXIS 136018)一案中，就被告的商业活动的"直接影响"的判断，法院仍然采纳了"阿根廷诉威尔特欧尔公司"案中的标准。

④ 参见肖永平、张帆：《从天宇公司案看美国法院关于"直接影响"的认定》，载《河南省政法管理干部学院学报》2009 年第 2 期，第 146 页。

⑤ 在"加拿大天宇网络公司诉中国四川省政府和成都市青羊区政府案"中，法院如是主张。Big Sky Network Can., LTD. v. Sichuan Provincial Gov't, D. Utah, Dec. 11 (2006), affirmed, 533 F. 3d 1183 (2008).

⑥ Big Sky Network Can., Ltd. v. Sichuan Provincial Gov't, D. Utah, Aug. 9, 2006, affirmed, 533 F. 3d 1183 (2008).

对美国的影响相对较小，"直接影响"的认定是比较困难的。在"阿根廷诉威尔特欧尔公司"案中，联邦最高法院认为，纽约是阿根廷债券的最终合同履行地，因此认为"在美国"产生了影响。但在"天宇案"中，天宇公司得到支付的履行地在中国而不是在美国，天宇公司蒙受的损失也没有发生在美国，因此直接影响并没有发生在美国。

总之，"直接影响"问题在美国国家豁免诉讼实践中起着非常重要的作用。对于被诉的外国国家来说，即使其行为被识别为商业活动，也并不一定遭受败诉的结果，可以充分主张其行为在美国没有造成"直接影响"，以最大限度地争取案件被驳回。

（二）联邦法院专属管辖

由于国家豁免案件较其他案件更加复杂、社会影响更大，因此，一些国家的立法和司法实践将此类案件的国内管辖交由特定法院专属管辖。如根据《澳大利亚外国国家豁免法》第 42 条第 7 款之规定，国家豁免案件主要由澳大利亚联邦法院管辖；只有在宪法允许的范围内，特区法院和州法院才有管辖权。[①] 另外，虽然法国尚未制定国家豁免法，但在法国国内法上，公民可以针对国家的"私法行为"在国内普通法院起诉；而对于国家的"公法行为"，公民可以在最高行政法院（Conseil d'Etat）起诉。[②]

为了国家豁免问题专门增加的《美国法典》第 1330 条（已成为《美国外国主权豁免法》的条文之一）规定，美国联邦地区法院对外国国家被诉的案件享有初审管辖权，从而排除了美国各州法院对国家豁免案件的管辖权。

第 1330 条第 1 款规定，对本法典第 1603 条第 1 款中所指的以外国为被告的非经陪审团审判的民事诉讼，不论争议的标的额的大小，只要按照本法典第 1605～1607 条或者任何可以适用的国际协定的规定，该外国在对人求偿问题上不能享受豁免的，联邦地区法院对其即具有初审管辖权。

在美国法院体系与管辖权分配中，联邦法院对某些类型的案件享有专属管辖权，国家豁免案件是其中之一。根据《美国法典》第 1332 条的规定，联邦地区法院有权管辖争议标的在 75000 美元以上的异籍案件（diversity cases）。[③] 这里的异籍案件是指民事诉讼双方当事人的住所地在不同的州或一方是外国人的案件。国家豁免案件是涉及外国国家被诉的案件，应属于特殊的异籍案件。与其他普通异籍案件所不同的是，第 1330 条第 1 款中特别强调"不论争议的标的额的大小"，意在排除州法院对任何（即使案件争议标的额少于

---

①　该条英文原文为"Jurisdiction is conferred on the Federal Court of Australia and, tothe extent that the Constitution permits, on the courts of theTerritories, and the courts of the States are invested with federal jurisdiction, in respect of matters arising under the regulations buta court of a Territory shall not exercise any jurisdiction soconferred in respect of property that is not within that Territory or aTerritory in which the court may exercise jurisdiction and a court of a State shall not exercise any jurisdiction so invested in respect of property that is not within that State"。

②　Joseph W. Dellapenna, *Foreign State Immunity in Europe*, New York International Review, Vol. 5, 1992, p. 56；转引自杨玲：《欧洲的国家豁免立法与实践——兼及对中国相关立场与实践的反思》，载《欧洲研究》2011 年第 5 期，第 138 页。

③　28 USC. §1332.

75000美元)涉及国家豁免问题的案件的管辖权。

在美国司法实践中,曾出现过外国人诉外国国家或其机构、部门、国有企业的案件,联邦法院对此类案件是否有管辖权呢?长期以来,美国司法实践对于"异籍案件管辖权"的解释通常是限制性的,其中的"异籍"专指的是诉讼当事人双方的住所地在不同州或一方是外国人,而且此类管辖权不适用于两个外国人之间的诉讼。① 若将第1330条第1款置于"异籍案件管辖权"之范畴中,则美国联邦地区法院是不能受理一外国人诉外国国家或其机构、部门、国有企业的案件的。反之,若将第1330条第1款的立法原意解释为主要是出于国家豁免问题的考虑,鉴于国家豁免诉讼对美国全境而非某个特定州的对外关系的影响极大,故而联邦法院对此类案件也应有专属管辖权。针对第1330条第1款的这两种不同的理解和解释,直接决定着外国人诉外国国家或其机构、部门、国有企业的案件的管辖权的确定。在1980年的"韦尔兰当诉尼日利亚中央银行"②一案的审理过程中,由于原告是荷兰的一家公司,属于外国人,与美国的关联只是因为相关银行位于纽约,双方律师和法官们围绕着联邦法院是否有管辖权展开了论辩。纽约南部地区法院认为被告及其行为并未在"豁免之例外情形"之列,根据第1330条第1款,该法院判定其对本案无管辖权,从而驳回了原告的起诉;该法院并未因双方当事人均是外国人(国家)才判定对该案无管辖权的。联邦第二巡回法院在上诉审中也驳回了韦尔兰当的诉讼请求,虽然裁判结果相同,但其裁判理由与纽约南部地区法院的裁判理由完全不同。第二巡回法院认为,国会没有权力赋予联邦法院对外国人起诉外国国家的案件行使管辖权,并根据此理由,判定联邦法院对此类案件无管辖权。接着,韦尔兰当又向联邦最高法院提起诉讼。联邦最高法院最终推翻了第二巡回法院的判决。联邦法院认为,如果符合《美国外国主权豁免法》的实质性标准,则不管原告是何国公民,联邦法院都有管辖权,因为,《美国宪法》第3条第2款③为联邦法院对外国人提起的国家豁免案件也有事物管辖权提供了合理基础。④

"韦尔兰当诉尼日利亚中央银行"案的终审判决对其后的案件产生了重要影响。尽管联邦最高法院并没有详细解释第1330条第1款,但从其判决结果上,我们至少可以得出如下结论:第1330条第1款制定的真正目的是出于对国家豁免问题的关切,而非其他;只要符合《外国主权豁免法》的实质性条件,原则上联邦法院对任何人提起的国家豁免案件都有专属管辖权。自20世纪80年代末,联邦最高法院逐渐确立了《美国外国主权豁免法》是起诉外国国家及其机构或部门的唯一法律依据,即使原告是外国人。在"天宇案"

①　详见齐树洁:《美国民事司法制度》,厦门大学出版社2011年版,第48~49页。

②　Verlinden BV v. Central Bank of Nigeria, 488 F. Supp. 1284(S. D. N. Y. 1980), 647. F. 2d. 320 (2nd Cir. 1981), 461 US480(1983).

③　该条内容为"司法权适用的范围,应包括在本宪法、合众国法律、和合众国已订的及将订的条约之下发生的一切涉及普通法及衡平法的案件;一切有关大使、公使及领事的案件;一切有关海上裁判权及海事裁判权的案件;合众国为当事一方的诉讼;州与州之间的诉讼,州与另一州的公民之间的诉讼,一州公民与另一州公民之间的诉讼,同州公民之间为不同之州所让与之土地而争执的诉讼,以及一州或其公民与外国政府、公民或其国民之间的诉讼。(此段选自1795年通过的第十一宪法修正案)"。

④　461 US 480 (1983), p.492.

中，虽然法院认定原告是一家"外国公司"，但从该案的判决结果来看，法院并非仅仅因为原告是一家外国公司而直接驳回原告起诉，而是将原告是外国公司作为衡量"直接影响"的一个重要标准，进而判定被告的行为没有在美国造成直接影响。此外，在侵权领域，《外国人侵权请求法》也为外国人在美国起诉外国国家及其政府、官员提供了法律依据，联邦法院不应仅仅因为双方是外国人而不予管辖。[①]

(三) 移送管辖

如前所述，美国国会在制定《外国主权豁免法》时，特别增加了第1330条，赋予联邦法院对外国国家被诉的案件享有专属管辖权。如此一来，若原告向州法院起诉某外国国家或其机构、部门、国有企业，根据《美国法典》第1441条第4款之规定，被告可以获得将案件从州法院移送联邦地区法院的选择权。第1441条第4款是美国国会为了国家豁免案件的妥善处理而专门增加的，内容如下：

"在州法院提起的任何以本法典第1603条第1款中所指的外国为被告的民事诉讼案件，可以由该外国提请移转至此案所在的地区和分区所属的美国地区法院审理。案件转移后，该诉讼应当由该法院审理，并且不需要陪审员参加。在根据本款之规定移转案件时，本法第1446条第2款所规定的期限可因由随时延长。"

根据此款的规定，涉及国家豁免的案件可能会发生从州法院向联邦地区法院移送管辖的问题，但必须由被告提出请求来启动，而且需遵守一定条件和程序。

1. 被告在合理期限内提出请求

《美国法典》第1446条第2款详细规定了移送管辖请求需要遵守的期限，即在被告接受送达之日起30天内。然而，该条款中的30天的期限是不能适用于国家豁免案件的。因为，第1441条第4款对国家被诉的案件的移送管辖作了特殊规定，即"本法第1446条第2款所规定的期限可因由随时延长"。从文义解释的视角来看，其中至少包含如下两层含义：一是表明国家豁免案件的移送管辖请求期限不受30天的限制，可以在此基础上延长；二是期限的延长并非毫无条件和任意为之，必须有理由(cause shown)证明被告在30天内确实无法提出移送管辖的请求。可见，在国家豁免诉讼中，此种移送管辖的请求期限并无一个明确的上限，这就给法官们留下了很大的自由裁量的空间。通常，法官们只要根据案件事实作出是否存在一定理由的判断，进而判定被告提出移送管辖的期限是否合理。涉及移送管辖期限的案件很多，但在理由的确认、合理期限的判断等问题上，各法院并未获得一致意见。从第1441条第4款的立法意图上看，对这种涉及国家豁免问题的移送管辖条

---

① 《外国人侵权请求法》根源于1789年《司法法》第9条，经过几次修订后，目前体现在《美国法典》第1350条，规定："对外国人仅基于所实施的违反万国法或者美国缔结的条约提起的任何侵权民事诉讼，联邦地方法院具有初始管辖权。"该条款制定出来后基本上处于沉寂状态，直到1980年。美国第二巡回上诉法院在Filartiga v. Pena-Irala案中的判决让《外国人侵权请求法》走上了复兴之路。《外国人侵权请求法》对原告作了限制，必须是外国人，但是对于被告的资格却没有任何限制。关于《外国人侵权请求法》的介绍和研究，可参见李庆明：《美国〈外国人侵权请求法〉研究》，武汉大学出版社2010年版，第49页。

款，以及延长请求期限的理由问题，应当本着有利于实现移送的目的，来作宽泛的解释。① 而且，该条使用的是"理由（cause）"一词，并未采用"正当理由（good cause）"的措辞，更加说明立法者意在降低移送管辖的期限限制，尽量由联邦地区法院获得对国家豁免案件的管辖权。但在国家豁免司法实践中，法院并没有对此采取宽泛的解释，而是要求这些所谓的"理由"必须得到充分的证明，且这种证明必须以各种相关的事实作为考量的基础。② 从有关法院的判决中，我们大致可以总结出判断期限是否允许延长的五个参考标准：（1）法律的目的；（2）州法院前期司法活动的程度；（3）对各方当事人可能造成的损害；（4）对双方当事人实体权利的影响；（5）介入的权益（intervening equities）。③ 尽管如此，在具体案件中，若被告未在 30 天内及时提出移送管辖的请求，是否给予延长期限，很大程度上仍然依赖法官个人的自由裁量。这就需要被告及其律师必须在请求书中作出详细的说明，以说服法官其延长理由的正当性。

在"天宇案"④中，请求移送管辖的期限问题是当事人双方争议的焦点问题之一。原告加拿大天宇网络公司（以下简称"天宇公司"）于 2005 年在美国犹他州法院对中国四川省政府及成都市青羊区政府提起民事诉讼。被告在 2006 年 2 月 6 日接收到传票和起诉状。被告在 2006 年 3 月 30 日向犹他联邦地区法院提交一项请求（motion），请求延长移送管辖期限，并请求将案件移送至联邦地区法院审理。原告天宇公司则认为，该请求已经超过了 30 日的期限，所以本案不应当移送至联邦地区法院审理。如前所述，对于普通案件，移送管辖的请求应当在《美国法典》第 1446 条第 2 款所规定的 30 天内提出。但在外国国家或其政府、机构、部门被诉的案件中，应当适用第 1441 条第 4 款的规定，即 30 天的请求期限可因由随时延长。因此，控辩双方就期限问题的争论，实际上就集中在——被告迟延三周后方提出移送管辖的请求，是否有（正当）理由。如前所述，尽管第 1441 条第 4 款的条文所使用的措辞并未表明被告的理由一定要"正当"，但从举证责任和说服法官的角度来看，被告必须充分说明其缘何迟延的理由，否则，其移送管辖的请求很难得到法院的支持。联邦地区法院查明，被告请求延长三周移送管辖期限的理由很合理，因为：（1）被告确实是"中国西南部的一个偏远地区的政府，从未有过在美国法院进行诉讼的经验"；（2）延长的期限仅为三周；（3）被告出于善意；（4）被告在第一时间提出了移送管辖的请求，而且，犹他州法院和原告并没有因此种迟延而受到任何实质性的损害。⑤ 联邦地区法院进一步查明，由于被告确实是首次在美国法院应诉，没有任何经验，而且，天宇公司也不能证明，被告聘请的律师曾被其他中国政治机构雇用过。联邦地区法院遂根据第 1441 条第 4 款之规定，同意了被告延长移送管辖期限并移案至联邦地区法院的请求，并对案件

---

① Joseph W. Dellapenna, *Suing Foreign Governments and Their Corporations*（2nd ed.）, Transnational Publishers, Inc., 2003, p. 153.

② Ponce v. Alitalia Linee Airee, 840 F. Supp. 550（N. D. Ill. 1993）, p. 551.

③ Joseph W. Dellapenna, *Suing Foreign Governments and Their Corporations*（2nd ed.）, Transnational Publishers, Inc., 2003, p. 153.

④ Big Sky Network Can., LTD. v. Sichuan Provincial Gov't, D. Utah, Dec. 11 （2006）, affirmed, 533 F. 3d 1183（2008）.

⑤ Big Sky Network Can., LTD. v. Sichuan Provincial Gov't, 533 F. 3d 1183（2008）, pp. 1187-1188.

作出判决，以管辖豁免为由裁决驳回原告之诉请。天宇公司对该判决不服，向美国第十巡回上诉法院提出上诉，其指出：犹他州的联邦地区法院滥用自由裁量权，请求上诉法院推翻一审判决。上诉法院认为，根据第 1441 条第 4 款的规定，延长移送管辖的请求期限，只能因一定理由的存在；对被告所主张的理由是否成立，联邦地区法院有自由裁量权；并认定，犹他联邦地区法院的一审判决并没有滥用自由裁量权，因此维持原判。

综上所述，不难发现，在美国司法实践当中，给予被诉的外国国家较为充分的时间和机会，实现其将案件从州法院移送至联邦地区法院的愿望，从而使案件在联邦法院体系内进行审理和判决。毕竟，联邦法院对他国主权和豁免权的尊重，以及对裁判结果对美国对外关系的影响的考虑，要远远胜过州法院。因此，在某种程度上，对国家豁免案件提供的延长移送管辖请求期限的规定，为外国的国家豁免权的维护提供了正当程序的保障。

2. 被告是《美国外国主权豁免法》中的豁免主体

移送管辖最基本的一个要求是，联邦法院必须对案件享有初审管辖权。如前所述，第 1330 条赋予联邦法院对以外国为被告的民事案件享有专属管辖权。而且，从第 1441 条第 4 款的条文来看，其采用的是"主体"标准，即在移送管辖的问题上，暂不去理会是否涉及国家行为，以及行为的性质和目的为何；只要是以外国为被告，该外国原则上就可以提请移送管辖。因此，确定被告是否属于《美国外国主权豁免法》中的"外国"，对移送管辖的开展显得尤为重要。

根据《美国外国主权豁免法》第 1603 条的规定，可以作为豁免主体的"外国"的范围很广，包括国家本身、国家政治区分单位、国家机构或部门等。其中，前两者在实践中比较容易认定，而对"国家机构或部门"在具体个案中的解释和认定，却充满分歧和争议。尽管第 1603 条对"国家机构或部门"进行了解释——"(1) 独立的社团法人或非社团法人。(2) 外国机关或该机关的政治区分机构，或其大多数股份或其他所有权利益归属于外国或其政治区分单位。(3) 既非本编第 1332 条第 3 款和第 4 款所规定的美国某州公民，亦非依照任何第三国法律设立的实体"，但是实践中确定起来并不是那么容易。特别是，当被告为一家与外国政府有关联的商业公司时，经常遇到所谓"国有企业"的判定问题。因为，在界定国有企业时，需要满足"大多数股份或其他所有权利益归属于外国或其政治区分单位"的条件。换句话说，唯有被告的大多数股份或其他所有权利益归属于外国或其政治区分单位时，被告的移送管辖的请求才可能获得支持。例如，被告是某一公司，但其 50%以上的股份直接控制在外国政府手中，则美国法院就会将该公司视为"外国"范畴，赋予其国家豁免主体资格，其可以依法提出移送管辖的请求。让法官们备感疑惑的是，当被告是国有企业的子公司时，是否也应将其判断为国家豁免主体？法官如果运用一种严格的文本解释方法，则可能认定，国有制母公司控制下的子公司无权移交案件……"其他的所有者权益"在这里不包括具有子公司之母公司的股份所有权。① 如果采取更为具有目的导向的解释方法，法官很可能会得出相反的结论。在"Dole 食品公司案"中，审理该案的联邦最高法院的大法官们大多数倾向采取文本解释的方法，即，只有被告的大多数股份或其他

---

① ［美］斯蒂芬·布雷耶：《积极自由》，田雷译，中国政法大学出版社 2011 年版，第 74~75 页。

所有权利益直接(direct)控制在外国政府手中，方属于第 1603 条第 2 款中的"国家机构或部门"。① 因此，国有企业的子公司不属于国家豁免主体，不能将案件从州法院移送到联邦法院。持反对意见的布雷耶(Breyer)大法官认为：《美国外国主权豁免法》的管辖权条款的目的就在于由联邦法院审理那些商业被告为外国政府所有的案件……僵化的文本解释将毫无必要地使得公司结构的事务复杂化，因为，按照文本解释的方法，法院必须确定商业公司之间到底是一阶、两阶还是多阶的结构。② 布雷耶大法官担心，"Dole 食品公司案"的多数意见采取的文本解释方法，可能导致"多阶公司所有制的外国政府会发现联邦法院的大门已经关闭，此举破坏了该制定法在管辖权上的基本目标……因此增加了对外关系的摩擦，而这正是国会制定该立法(《外国主权豁免法》)时所意图避免的"。③

尽管存在一些反对意见，但"Dole 食品公司案"的判决已经逐渐得到了大多数法院的接受。笔者认为，或许布雷耶大法官的忧虑是多余的，因为，包括中国在内的很多国家主张国有企业并不是国家豁免主体，更不用说国有企业的子公司了。因此，所谓的"增加了对外关系的摩擦"的后果，应该不会出现。退一步讲，若按照布雷耶大法官的主张来推理，只要被告的大多数股份或其他所有权利益归属于外国政府，不管这种归属或控制是直接还是间接，该被告都应被界定为"国家机构或部门"，可以成为国家豁免主体。这样一来，就会导致如下结果：国有企业的子公司、该子公司的子公司、后者的子公司等都会成为国家豁免主体，以至于可能所有与政府有关联的商业公司都可能获得管辖豁免。很显然，这种结果与国家豁免权的主权本质背道而驰。

3. 其他形式要件

根据《美国法典》第 1446 条第 1 款的规定，④ 被告提出移送管辖的申请至少需要满足以下形式要求：须提交移送管辖请求之根据的简短陈述和被告所接收到的所有诉讼文件的复印件。在外国被诉的案件中，被告提出移送管辖的请求也应遵守此条款的要求。在对移送管辖的请求的审查问题上，国家豁免案件与其他案件相比，有一定的特殊性。在普通案件中，法院对当事人之移送管辖请求的审查是非常严格的，因为这涉及州的独立性保障问题。然而，在外国国家被诉的案件中，对美国与该外国间的外交关系的特别关照的程度，要远远超过对州之独立性的维护程度。⑤ 尽管如此，在请求移送管辖时，作为被告的外国

---

①　Dole Food Co. v. Patrickson, 538 US 468 (2003), p.474. 原文为，"We hold that only direct ownership of a majority of shares by the foreign state satisfies the statutory requirement"。

②　参见[美]斯蒂芬·布雷耶：《积极自由》，田雷译，中国政法大学出版社 2011 年版，第 75 页。

③　参见[美]斯蒂芬·布雷耶：《积极自由》，田雷译，中国政法大学出版社 2011 年版，第 84、105 页。

④　28 USC. 1446(a)：A defendant or defendants desiring to remove any civil action or criminal prosecution from a state court shall file in the district court of the United States for the district and division within which such action is pending a notice of removal signed pursuant to Rule 11 of the Federal Rules of Civil Procedure and containing a short and plain statement of the grounds for removal, together with a copy of all process, pleadings, and orders served upon such defendant or defendants in such action.

⑤　Joseph W. Dellapenna, *Suing Foreign Governments and Their Corporations* (2nd ed.), Transnational Publishers, Inc., 2003, p.150.

国家或政府应当做好充分准备，在请求书中将理由阐述清楚，以说服法官，增加成功移送的概率。

(四) 审判地的确定

在美国司法制度中，还存在另一个与管辖有关的问题，即"审判地"的确定。审判地是指具有独立司法管辖权的地方，在此，特定诉讼可以被提起。① 在美国民事诉讼制度中，"管辖(competence)"规则解决的是不同法院在审理案件上的权限和分工，而"审判地(venue)"规则旨在从地域意义上对法院之间受理案件的权限进行分工。只有在对人管辖权确定之后才会考虑审判地的问题。《美国法典》第28编第1391条规定了有关联邦法院受理案件的一般审判地规则，其主要确立了依据被告居所所在地、法律事实或行为发生地和涉讼财产所在地等连接因素来确定适当的司法管辖区的方法。为妥善处理国家豁免案件，《美国外国主权豁免法》专门对联邦法院的一般审判地规则进行了修正，在第1391条末尾增设一款，即第6款，如下：

按照本法典第1603条第1款的规定，对外国提起的民事诉讼可以在下列司法管辖区被提起：

(1)引起诉讼请求的事件或不作为的主要部分或涉讼财产的主要部分所在地的司法管辖区；

(2)如根据本法典第1605条第2款之规定提起诉讼，该外国的船只或货物所在地的司法管辖区；

(3)如根据本法典第1603条第2款之规定对某外国国家机构或部门提起诉讼时，该外国国家机构或部门被获准在该地区从事营业活动或正在该地区从事营业活动的司法管辖区；

(4)对外国国家或其政治区分单位提起诉讼的，应在哥伦比亚特区地区法院提起。

长期以来，在确立对外国国家被诉的案件的管辖权(jurisdiction)问题上，美国法院一直坚持"与美国本土(the whole United States)的关联"标准。② 至于跟哪个州、哪个地区有实际关联，并不是对人管辖权确定阶段所考虑的问题。事实上，审判地的确定乃是一个非宪法上的司法实务问题，主要关系到原告的起诉在特定法院能否被受理。

单从条文的内容来看，第(1)项的内容与第1391条其他款项中的表述基本没有区别。在国家豁免案件中，确定事件或不作为或涉诉财产的主要部分所在地的规则或原则，与其他案件并无二致。尽管没有专门指明，但第1391条第6款第2项被认为专门适用于海事海商案件，即，外国国家或其机构或部门被诉的海事海商案件需在船只或货物所在地的联邦地区法院提起。该条文的立法意图主要是出于证据搜集的方便，而不是为了确立管辖权

---

① 参见 Steven L. Emanuel, *Civil Procedure*，中信出版社2003年英文影印版，第86~92页；转引自齐树洁主编：《美国民事司法制度》，厦门大学出版社2011年版，第209页。

② Joseph W. Dellapenna, *Suing Foreign Governments and Their Corporations* (2nd ed.), Transnational Publishers, Inc., 2003, p. 296.

而授权或鼓励对外国国家或其机构或部门的船只或货物进行扣押。① 至于第 1391 条第 6 款第 3 项之中的"营业地"标准，并不具有太大的特殊性，因为法官完全可以参照其他普通案件中的做法，根据案件具体法律事实，来确定营业地具体所在的州。总之，第 1391 条第 6 款的前三项的规定仍然是以一般的物之所在地或行为发生地为连接因素来确定司法管辖区的。而且，从上下文的内容和排列看，所涉管辖法院并没有先后、优次顺序之区分。因此，这就给原告起诉外国提供了选择法院的机会。

在第 1391 条第 6 款之中，比较特殊的是第 4 项，该项是专门为起诉外国国家或其政治区分单位而设置的司法管辖区，即由哥伦比亚特区地区法院专属管辖。从上下文来看，这里的"外国国家"应当作狭义解释，即专指外国国家本身(foreign state proper)，在外国国家或其政治区分单位被诉时，由于此类案件中被告的住所地事实上不可能位于美国本土，因此，一般审判地规则中的"被告住所地"不可能作为管辖的依据。众所周知，与美国保持交往的外国国家，通常把其驻美国的外交部门设在首都华盛顿，而华盛顿属于哥伦比亚特区法院之地区范围。之所以将此类案件的审判地强制性地设在哥伦比亚特区地区法院，主要是出于保障作为被告的外国国家及其政治区分单位出庭方便的目的。②

比如，著名的"仰融诉辽宁省政府"③一案的被告系中国辽宁省政府，应属于"外国国家政治区分单位"，故而，在审判地的确定问题上适用第 1391 条第 6 款第 4 项，哥伦比亚特区联邦地区法院有权受理此案。值得注意的是，在"天宇案"中，被告是中国四川省政府和成都市青羊区政府，亦属"外国国家政治区分单位"之列，若按照第 4 项之规定，此案的审判地也应该归属于哥伦比亚特区联邦地区法院。但是，缘何最后的实际审判地却设在了犹他州的联邦地区法院呢？事实上，其中的根本原因在于，在案件审理过程中，被告曾向法院提出可供法院选择的两种请求：第一，驳回案件，因为，依据《外国主权豁免法》，美国法院对该案没有管辖权；第二，作为替代选择，如果法院不驳回案件，则应将本案移送至美国哥伦比亚特区联邦地区法院审理。审理此案的犹他州联邦地区法院和联邦第十巡回上诉法院均支持了被告的第一种请求，因而就将审判地的移转问题回避了，判决中并没有就作为"替代选择"的审判地的移转问题进行讨论和答复。实际上，本案中引起诉讼请求的事件或不作为、涉讼财产等均不在美国境内，与美国的联系仅仅因为原告的母公司是犹他州法人。单就审判地来看，犹他州联邦地区法院也没有适当的管辖权。如此看来，在审判地问题的实际处理上，被告的动议或请求有时起着决定性作用。

另外，在国家豁免诉讼中，有的法院也会以"不方便法院"为由驳回原告起诉。但这仍旧属于法院的自由裁量之范围，各地法院的做法也是五花八门。通常情况下，大多数法院不会以"不方便法院"为由驳回美国私人诉外国国家的诉讼，以保护美国人的权益。而

---

① Joseph W. Dellapenna, *Suing Foreign Governments and Their Corporations* (2nd ed.), Transnational Publishers, Inc., 2003, p. 298.

② Joseph W. Dellapenna, *Suing Foreign Governments and Their Corporations* (2nd ed.), Transnational Publishers, Inc., 2003, p. 300.

③ Yang Rong v. Liaoning Provincial Gov't, 362 F. Supp. 2d 83(2005), affirmed, 371 US App. D. C. 507(2006).

在外国私人起诉外国国家的案件中，法院以"不方便法院"为由驳回案件的可能性相对较大。至于具体适用"不方便法院"原则的问题，与其他普通案件相比，并无明显的特殊性，故而不再赘述。

二、国内管辖制度的正当性分析

涉及外国国家被诉的案件是一类特殊的涉外民商事案件，其与敏感的国家豁免问题相关，受理、审理和执行此类案件的政治风险较大。这也决定了法院对此类案件的审理裁判的权力或权限上的分工，可能与其他普通涉外民商事案件有所区别，这一点在上一节的内容中已有体现。从美国、澳大利亚等国的国家豁免立法中的国内管辖规则和司法实践来看，既有对外国国家的国家豁免权的特殊关切，又有对一般管辖规则的延续和贯彻，为外国国家提供了一定的正当程序的保障。

从美国和澳大利亚等国的国家豁免法的规定来看，其对国家豁免案件设置了专属管辖，联邦法院对此类案件具有初审管辖权。除非被告同意，州法院一般不能对外国国家被诉的案件行使管辖，被告也可以提起移送管辖的动议，将案件移送给联邦法院来审理。诸此种种，乃是出于对联邦问题和国家对外关系的慎重，给予案件所涉的国家豁免问题的特别关切。其中的主要原因是，联邦法院比州法院更加注重案件对整个国家的外交关系的影响。众所周知，在联邦制国家，联邦法院和州法院有明确分工，通常，涉及联邦事务的、外国国家的、多元州籍的案件由联邦法院管辖。联邦法院的法官们需要充分考虑案件对整个国家的影响，而不是局限于对某个州的利益得失的考量。国家豁免诉讼大多与外交事务相关或对外交事务产生一定影响，是事关整个国家全局利益的问题，联邦法院更能够对外国国家的国家豁免给予特别关切，并充分考虑判决结果对本国外交关系的影响，进而谨慎行使自由裁量权。

除上述之外，在确定国家豁免案件的管辖权时，亦应和其他涉外民商事案件一样，需要满足相应管辖根据的要求。管辖根据指的是涉外民商事案件法律关系的主体，或法律关系的客体，或者法律关系的事实同法院地国家存在某种联系，由于这些联系的存在，使得这个国家的法院对这些案件享有管辖权，亦即管辖根据是一个国家的法院有权审理具有涉外因素的民商事案件的理由。[①] 一些国家的国家豁免法要求案件的某些事实必须与本国有实际的地域联系，而有些国家的国家豁免法则对此问题未另行特殊规定。总体来看，现有国家豁免诉讼实践大多要求法律事实或法律关系客体与本国有一定的实际联系，而不是仅仅因为原告是本国人就贸然管辖。此种做法既符合管辖的正当性和合理性的要求，也可以在一定程度上避免外国国家频繁遭受滥诉，进而可以减少因此可能带来的国家间外交关系的摩擦。

值得特别关注的是《美国外国主权豁免法》中的以"直接影响"来确立管辖权的规定和实践。根据《外国主权豁免法》第 1605 条第 1 款第 2 项之规定，美国法院可以仅以"直接"在美国产生"影响"为由，而对发生在美国境外、与美国并无实际物理联系的商业活动进行管辖。这是一种典型的根据美国法中所谓的最低联系原则而形成的长臂管辖，其不管行

---

① 徐卉：《涉外民商事诉讼管辖权冲突研究》，中国政法大学出版社 2001 年版，第 57 页。

为人的行为是否符合行为地法，也不管被告是否在美国实际"存在"，只要对美国产生影响或某种不利的效果，美国法院就有管辖权。宪法的正当程序条款所保障的个人自由利益作为一个追求的目标，使长臂管辖权具备了极大灵活性，加大了法官的自由裁量权。①《外国主权豁免法》采纳长臂管辖，乃是出于对处于弱势的原告的权益的维护。然而，由于《美国外国主权豁免法》第1605条第1款第2项关于"直接影响"的规定过于模糊，从而赋予法官非常大的自由裁量权，美国法院在处理相关案件时也常常面临裁量是否形成"直接影响"的困扰。或许是为了防止这种长臂管辖在司法中被随意滥用，以免外国国家在美国遭受滥诉，美国法院对"直接影响"的认定采取一种非常严格的解释标准，不会动辄就以产生"直接影响"为由而行使管辖权。

总体来看，现有国家豁免诉讼的国内管辖规则和实践体现了法院地国在两个相互矛盾的目标之间的权衡和考量，即一方面要给予个人寻求司法救济的机会和制度保障，不至于使国家豁免法仅仅成为限制豁免立场的一种宣示；另一方面又要尽量给予外国国家之豁免权以特别关切，不至于因为国家豁免问题影响到司法过程的顺利进行和国家对外政策的实施。二者之间的合理平衡，是审视管辖规则和制度是否满足正当性的标准和尺度。

三、中国应对被诉的策略

近二十年来，中国各级政府或国有企业在境外被诉的案件急剧增多，主要集中在美国。自2000年以来，美国法院受理并判决的涉及中国国家豁免权的案件约有20余起。如何应对此类诉讼，已经成为我国各级政府、国有企业迫切需要解决的问题。据笔者的观察，我国对绝对豁免的反复强调和坚持，在外国法院所起到的作用并不是非常理想。此种情形之下，我国各级政府和国有企业应当灵活掌握诉讼技巧，积极利用法院地国的规则，以争取胜诉的机会。其中，美国、澳大利亚、加拿大等国的国家豁免法中的有关国家豁免的管辖规则和程序，实则为被诉的外国国家提供了诸多程序上的保障，我国各级政府和国有企业在被诉时可以就管辖问题提出异议。以在美国应诉为例，可从如下几个方面展开：

第一，我国的国有企业应积极提出国家豁免主张，并向法院请求将案件移送至联邦法院管辖。国有企业是否国家豁免主体？中国官方的主张与《美国外国主权豁免法》的规定是不同的。中国一贯的立场上是，国有企业是具有独立法律人格的经济实体，不应享受豁免。② 而《美国外国主权豁免法》第1603条的规定导致国有企业在美国法院也会被认定为国家豁免主体。我国的国有企业不应囿于中国的官方立场，在应对被诉时，应积极主张、说明自己是国有企业。具体而言，充分举出各种证据来证明自己的大部分股份或其他所有

---

① 郭玉军、甘勇：《美国法院的"长臂管辖"——兼论确立国际民事案件管辖权的合理性原则》，载《比较法研究》2000年第3期，第269页。作者在该文中指出："尽管长臂管辖权中还存在着诸如'过境管辖权'等极少数在许多情况下构成'过分管辖权'的管辖规则……我们常常称为'过分管辖权'的那一类'长臂管辖权'其实只是真正的'长臂管辖权'中的很少的一部分，长臂管辖权的大部分内容与大多数国家所主张的国际民事管辖权并无很大差异……"

② 中国政府之所以提出如此立场，实际上是为了保护国家财产免受扣押和执行。如果为了个案而支持某个"公司"作为中国政府的一部分而主张豁免，可能会导致今后在主权豁免败诉或缺席判决案件中，政府受牵连，替公司承担法律责任，进而中国政府财产可能被扣押甚至执行。

权益直接控制在中国政府手中。若原告选择在州法院起诉，那么，我国的国有企业应当继续提出移转管辖的请求，争取使案件移转至联邦地区法院来审理。事实上，"在一些案子中，美国法院肯定了中国政府背景企业的主权豁免……在2000年的判决中承认上海外贸公司的主权豁免地位；在2001年判决中承认了中国有色金属公司为主权的一个机构；在2003年判决中承认了中国远洋石油公司的主权豁免的主张；在2002年判决中承认中国国家石油公司下属企业享有主权豁免；"……在2010年的判决中认为中国钢铁公司、中国五矿公司享有主权豁免"①。虽然自"Dole食品公司案"以后，国有企业的子公司或所有权并未直接掌控在政府手中的企业很难获得管辖豁免，但是通过利用美国烦琐的诉讼程序，至少可以为自己赢得更多的时间来准备应诉。

第二，把握移送管辖请求的最佳时机，掌握移送管辖的技巧。美国联邦法院对外国被诉的案件享有专属管辖权，如果原告选择了在州法院起诉中国政府或国有企业，那么后者就可以利用《美国法典》第1441条第4款的程序规则，提出请求将案件移送管辖。但是，如第一节所述，法院会对被告的请求进行审查，并规定了移送管辖请求的期限限制。因此，中国政府或国有企业一定要尽量在30天内提出移送管辖的请求。尽管第1441条第4款规定30天的期限也可以因一定理由随时延长，但是，被告必须详细说明可以说服法官延长期限的理由。如此一来，不但会加重被告的诉累，而且更重要的是增加诉讼风险，有可能导致请求不被法院所支持，无法实现移送管辖的目的。一旦移送管辖的请求被驳回，就意味着案件将继续在州法院审理，而州法院对案件可能引起的美国外交关系的摩擦的考虑远远不如联邦法院，这样中国政府或国有企业败诉的可能性将会大大增加。"天宇案"中的被告四川省政府和成都市青羊区政府，为了说服法官将移送管辖期限延长三周，可谓费尽脑汁，与原告展开了攻守交错的较量。虽然最后获得了法院的支持，但个中艰难可想而知。

第三，充分利用"直接影响"抗辩法院的管辖。正如前节所述，即使被告的行为被法院判定属于商业活动，法院也不一定会获得管辖权。因为，根据《美国外国主权豁免法》，法院需要进一步查明被告的行为与美国是否存在一定联系。特别是，当被告的行为发生在美国境外时，只有在美国产生"直接影响"，法院才能受理。因"直接影响"产生的管辖权具有长臂管辖之嫌，可能造成美国与外国间的外交关系的恶化，也会间接影响到美国企业的正常外贸业务，所以，美国法院通常严格而谨慎地考量"直接影响"的存在与否。据统计，1978年至2009年年初，中国政府或企业在美国法院被诉的案件中，法院以被告行为在美国未产生"直接影响"为由，判定《美国外国主权豁免法》中的"商业活动例外"不予适用，从而赋予被告主权豁免的案件共有7件；而认定被告行为在美国产生了"直接影响"的案件只有2件。② 因此，我国各级政府和国有企业应当充分重视利用"直接影响"作为抗辩法院管辖权的根据，可在以下两个方面努力说服法官：其一，指明原告不是美国人，或

---

① 龚柏华：《中国政府及国有企业在美国法院面临的主权豁免问题分析》，载《国际商务研究》2010年第4期，第25页。

② 参见肖永平、张帆：《从天宇公司案看美国法院关于"直接影响"的认定》，载《河南省政法管理干部学院学报》2009年第2期，第144页。

证明侵权行为地或合同履行地不在美国境内；其二，若在美国的确产生影响，那么就要论证中间介入了与被告无关的其他因素。

四、我国《外国国家豁免法》管辖规则补充或解释问题

我国《外国国家豁免法》对管辖问题没有规定。该法生效后，涉及外国国家豁免问题的案件的管辖权则根据现行《民事诉讼法》及相关司法解释来确定。笔者认为，最高人民法院仍需要考虑专门针对此类特殊案件制定特殊的管辖规则的司法解释。需要注意的是，我国在司法体制上与美国存在着本质的区别，这决定了具体规则的设计一定要立足我国实际，更重要的是要与我国现行民事诉讼法相衔接，在设计有关管辖规则时需充分考虑审判质量。

我国民事诉讼法及其相关司法解释对人民法院管辖各类案件（包括涉外民商事案件）的权限和分工作出了较为明确的规定。私人诉外国国家的民事案件的案情相对复杂，外交影响更大。因此，在此类案件的管辖问题（尤其是级别管辖）上，需要特殊对待和特殊规定。

1. 级别管辖

现行《民事诉讼法》主要根据案件的性质、简繁程度、影响大小，来划分涉外民商事案件的级别管辖的。具体可分为如下几个层次：第一，非重大的第一审涉外民商事案件，由基层人民法院管辖；第二，重大或在本辖区有重大影响的第一审涉外民商事案件，由中级人民法院管辖；第三，在本辖区有重大影响的第一审涉外民商事案件，由高级人民法院管辖；第四，在全国有重大影响的或最高人民法院认为应当由本院审理的第一审涉外民商事案件，由最高人民法院管辖。对于在本辖区有重大影响的案件，通常认为一般是指在政治上或经济上有重大影响的案件。在政治上有重大影响的案件，主要是指诉讼当事人或诉讼标的及标的物涉及的人或事在政治上有重大影响，如当事人是党、政、军界要员或人大代表等。在经济上有重大影响的案件，主要是指诉讼标的金额较大、争议的法律关系涉及国家经济政策的贯彻等类案件。

首先，以外国国家为被告的案件，由于涉及敏感的国家豁免问题，因此此类案件首先属于一种特殊的涉外民商事案件。其次，此类案件的被告是外国国家，根据我国民事诉讼法以及最高人民法院的司法解释，当属在政治上"有重大影响的案件"。再次，涉及国家豁免的涉外民商事案件大多标的额巨大，而且经常会涉及国家经济政策，属于在经济上有重大影响的案件。最后，私人诉外国国家的案件的一个必要前置程序是对被告的国家豁免主体身份、被告行为的性质和目的进行谨慎的审查和决断，而这个程序是其他类型的诉讼所没有的，需要法官具备相当高的专业水平。但同时，第一审的法院级别又不宜过高，否则会增加高级人民法院的审案负担，减弱其主要的监督、指导职能。① 从目前来看，中级

---

① 有人认为，"绝大多数中级人民法院不具备审理涉外国国家案件的客观能力"，"中级人民法院不宜作为外国国家之诉的初审法院"。详见李华成：《论中国国家豁免立法中的初审法院——由"中铁刚果（金）案"谈起》，载《太原理工大学学报（社会科学版）》2012年第3期，第1~5页。笔者并不赞同此观点。

人民法院的法官们已经积累了丰富的经验。另外，2007 年的《最高人民法院关于人民法院受理涉及特权与豁免的民事案件有关问题的通知》（法〔2007〕69 号）的条文内容也反映出由中级人民法院管辖第一审涉及特权与豁免的民事案件的意图。① 为了谨慎起见，未来立法时可延续该司法解释中的向上级报请制度，即中级人民法院在受理国家豁免案件之前，向本辖区的高级人民法院报请审查，再由高级人民法院向最高人民法院报请审查。当然，若案件特别重大、影响范围广，高级人民法院或最高人民法院可以作为一审法院。

综合上述分析，笔者认为，在我国，以外国为被告的案件的第一审应主要由中级人民法院管辖，具体可设计如下：

以外国为被告的第一审涉外民商事案件由下列人民法院管辖：（1）省会、自治区首府、直辖市所在地的中级人民法院；（2）经济特区、计划单列市中级人民法院；（3）最高人民法院指定的其他中级人民法院；（4）在本辖区有重大影响的，由高级人民法院管辖；（5）在全国有重大影响的或最高人民法院认为应当由本院审理的，由最高人民法院管辖。

凡以在中国享有特权与豁免的主体为被告、第三人向中级人民法院起诉的民事案件，中级人民法院应在决定受理之前，报请本辖区高级人民法院审查；高级人民法院同意受理的，应当将其审查意见报最高人民法院。在最高人民法院答复前，一律暂不受理。

2. 地区管辖

以外国国家为被告的案件，因被告乃是外国国家，由被告住所地法院管辖的一般管辖原则肯定无法适用。因此，国家豁免案件的地域管辖只能依据特殊管辖原则来确定。目前，在普通涉外民商事案件的地域管辖方面，我国民事诉讼法及相关司法解释早已确立了诸如财产所在地、行为地、营业地等管辖根据。笔者认为，作为一种特殊的涉外民商事案件，以外国为被告的案件的地区管辖的确定，亦应当区分案件的法律关系的性质，由合同签订地、合同履行地、诉讼标的物所在地、可供扣押财产所在地、侵权行为地或者代表机构住所地人民法院管辖。在这一点上，国家豁免诉讼与普通涉外民商事诉讼其实并无太大区别。

有必要说明的是，我国法院管辖以外国为被告的案件，仍然需要坚持实际地域联系原则。也就是说，案件必须和我国某地区有一定的联系，比如，合同签订地、合同履行地、诉讼标的物所在地、可供扣押财产所在地、侵权行为地或者代表机构住所地等位于我国某地区。需要特别指出的是，"原告住所地"不能作为国家豁免案件的管辖根据，原因有二：其一，"原告住所地"管辖会导致原告滥用起诉权、被告利益受损，只是在特定案件（多是

---

① 该《通知》的主要条文内容是："凡以下列在中国享有特权与豁免的主体为被告、第三人向人民法院起诉的民事案件，人民法院应在决定受理之前，报请本辖区高级人民法院审查；高级人民法院同意受理的，应当将其审查意见报最高人民法院。在最高人民法院答复前，一律暂不受理。一、外国国家；二、外国驻中国使馆和使馆人员；三、外国驻中国领馆和领馆成员；四、途经中国的外国驻第三国的外交代表和与其共同生活的配偶及未成年子女；五、途经中国的外国驻第三国的领事官员和与其共同生活的配偶及未成年子女；六、持有中国外交签证或者持有外交护照(仅限互免签证的国家)来中国的外国官员；七、持有中国外交签证或者持有与中国互免签证国家外交护照的领事官员；八、来中国访问的外国国家元首、政府首脑、外交部长及其他具有同等身份的官员；九、来中国参加联合国及其专门机构召开的国际会议的外国代表；十、临时来中国的联合国及其专门机构的官员和专家；十一、联合国系统组织驻中国的代表机构和人员；十二、其他在中国享有特权与豁免的主体。"

身份关系的诉讼)中才会考虑"被告就原告"管辖;① 其二,若允许"原告住所地"管辖,我国国民或企业在人民法院起诉外国国家变得非常容易,势必引起国际社会的反对和谴责。此外,《美国外国主权豁免法》中仅以"直接影响"确立管辖权的规则并不适合中国,尽管其可能对中国海外投资者保护更为有利,但却与中国在涉外民商事管辖方面的传统观念和现行规定不相符。更何况,对中国来说,以外国国家为被告的案件是一种特殊的新型案件,在管辖问题上应更为谨慎和严格,而不是盲目扩张管辖权。② 否则,如此宽松的管辖根据将会引起外国国家被诉案件在中国法院激增,对国家豁免诉讼业务尚不熟练的法官将会面临沉重的审案任务和压力,一旦处理不好,可能会对我国对外贸易投资和外交政策产生不利影响。

第三节 对外国国家的送达

众所周知,作为民事诉讼中一项基础性诉讼制度,送达不仅事关当事人的知情权、参与权等诉讼权利的实现,以维护自身的实体利益,而且直接制约、影响着民事裁判的质量和效率,以及推动着诉讼进程的发展。与程序的结果有利害关系或者可能因该结果而蒙受不利影响的人,都有权参加该程序并得到提出有利于自己的主张和证据以及反驳对方提出之主张和证据的机会,这就是民事诉讼正当程序原则最基本的内容和要求,也是满足程序正义的最重要条件。③ 在此意义上,完善的送达制度和合法的实施送达是正当程序保障的必不可少的重要内容。除了程序层面上的意义之外,送达还关系着当事人实体争议的公正解决。经过合法且合理的送达之后,当事人需对其不积极行使其诉权的后果自担责任,比如可能招致针对其不利的缺席判决等;反之,未经合法的有效的送达,当事人因此受到的任何损失都可以向法院提出异议,可能会引起判决被撤销或难以执行等。④ 在英美法系国家,送达还有另一个重要功能,即其是法院对某案件主张管辖权的必要条件。《美国联邦

---

① 根据我国《民事诉讼法》及其司法解释的相关规定,由原告住所地(经常居住地)法院管辖的案件有以下几类:(1)对不在中华人民共和国领域内居住的人提起的有关身份关系的诉讼。(2)对下落不明或者宣告失踪的人提起的有关身份关系的诉讼。(3)对被劳动教养的人提起的诉讼。(4)对被监禁的人提起的诉讼,非军人对军人提出的离婚诉讼,如果军人一方为非文职军人,由原告住所地人民法院管辖。(5)夫妻一方离开住所地超过一年,另一方起诉离婚的案件,由原告住所地人民法院管辖。(6)夫妻双方离开住所地超过一年,一方起诉离婚的案件,由被告经常居住地人民法院管辖;没有经常居住地的,由原告起诉时居住地的人民法院管辖。(7)追索赡养费案件的几个被告住所地不在同一辖区的,也可以由原告住所地人民法院管辖。

② 我国《民事诉讼法》所采用的"可供扣押财产所在地、侵权行为地"等联系因素在一定情况下可能也会形成长臂管辖,如为了管辖而扣押与案件标的不相关的财产、以间接的损害结果发生地作为侵权行为地等。在未来的国家豁免诉讼中,法院应当合理解释这些规则,既要能够保护我国国民和企业,同时又不违反程序正当性。参见郭玉军、甘勇:《美国法院的"长臂管辖"——兼论确立国际民事案件管辖权的合理性原则》,载《比较法研究》2000年第3期,第274~275页。

③ [日]谷口安平:《程序的正义与诉讼》,王亚新、刘荣军译,中国政法大学出版社2002年版,第11页。

④ 详见何其生:《域外送达制度研究》,北京大学出版社2006年版,第22~29页。

民事诉讼规则》第 4 条第 11 款规定，只有向被告送达传唤状或者提交放弃送达请求书，才能确立受诉法院的一般管辖权。同时，只有在法定期间内将传唤状和起诉状副本送达被告，诉讼程序才能推进。英国、法国也将传票的有效送达作为法院受理案件的必要条件，诉讼才能启动。①

然而，在涉及国家豁免的诉讼中，被告的特殊的国家豁免主体身份以及案件的审判和执行的政治风险，决定了送达程序在此类诉讼中的重要性和独特性。现有国家豁免国内立法和国际条约几乎都规定了专门的送达程序规范，形成了普通民事送达规则的特别法。除此之外，英美等国家的相关送达实践也形成了特别的做法。

一、国家豁免法中的送达规则

对作为被告的外国国家依法实施送达，既是法院确立管辖权的必要条件，也是该外国国家进行管辖豁免抗辩的程序保障。在国家豁免立法出台之前，各国并无明确的专门针对外国国家的送达规则。即便当时的确存在为数不多的涉及外国国家的案件，也是适用一般的送达规则。由于缺少对外国国家的对人诉讼方面的送达程序规定，迫使私人当事人一方常以扣押外国国家财产作为对外国起诉的手段，这就引起了不少外交上的麻烦。② 因此，专门规制对外国国家的送达程序，也就成为各国国家豁免单独立法的重要目的之一。自 20 世纪 70 年代以来，对国家豁免问题进行单独立法的国家，大多在法律文本中将对外国国家的送达规则明确规定。这些规则主要强调通过外交途径送达的方式、注重外国国家接受送达的态度等。在这些国家，不论原告的诉因为何，也不管法院对外国国家是否享有豁免权的初步判断如何，只要案件涉及外国主权豁免问题，国家豁免立法中的送达规则就必须强制性地适用。各国在对外国国家的送达方式的选择、送达顺序的设置和有效送达的确定上，既有共性又有不少差别，大致形成了英国模式和美国模式。

(一)国家豁免法中的送达规则概况

在现有的国家豁免国内立法和国际条约中，除《阿根廷外国国家管辖豁免法》之外，均无一例外地专设"送达规则"条款。通过仔细梳理和比较，不难发现，这些送达规则中的送达途径、方式和要求存在着或多或少的差异，详见表 11-2。

表 11-2

比较内容 法律文本名称	区别送达对象	遵循先后次序	送达方式
1.《联合国国家豁免公约》(2004 年)	否	是	①依国际公约，或，原告与被告之间的特殊安排→②采取外交途径，或，外国接受且法院地国不禁止的方式

---

① 详见何其生：《域外送达制度研究》，北京大学出版社 2006 年版，第 26 页。

② 参见龚刃韧：《国家豁免问题的比较研究——当代国际公法、国际私法和国际经济法的一个共同课题》(第二版)，北京大学出版社 2005 年版，第 100 页。

续表

比较内容 法律文本名称	区别送达对象	遵循先后次序	送达方式
2.《欧洲国家豁免公约》(1972 年)	否	否	外交途径
3.《美国外国主权豁免法》(1976 年)	是	是	对外国国家的送达: ①原告与被告间的特别安排→②国际公约→③附回执的信件邮寄送达给该外国外交部→④外交途径 对外国国家机构和部门的送达: ①特殊安排→②向境内代理人当面送达, 或, 依国际条约送达→③被告指定方式, 或, 附回执的邮寄送达, 或, 依送达地国法
4. 英国、新加坡、巴基斯坦、南非的《国家豁免法》	否	否	外交途径, 或, 外国同意的送达方式
5.《加拿大国家豁免法》(1985 年)	是	否	对外国国家的送达: 该外国国家同意的方式, 或国际条约, 或外交途径 对外国机构的送达: 该外国机构同意的方式, 或国际条约, 或①依法院地规则→②法院指明的方式
6.《澳大利亚外国国家豁免法》(1985 年)	是	否	对外国国家的送达: 依条约, 或外交途径 对外国独立实体的送达: 依条约 (明确其他送达方式一概无效)
7.《以色列外国国家豁免法》(2008 年)	是	是	对外国国家的送达: 诉状和缺席判决书的送达: 外交途径 其他法律文件的送达: ①通过被告的律师送达被告→②外交途径 对外国独立实体的送达: 明确不适用外交途径(其他未规定)
8.《中华人民共和国外国国家豁免法》(2023 年)	否	是	①依国际条约规定的方式/该外国国家接受且中国法律不禁止的其他方式→②通过前款方式无法完成送达的, 可以通过外交照会方式送交该外国国家外交部

注: ① 新加坡、巴基斯坦和南非的国家豁免立法在送达程序上的规定几乎照搬英国的《国家豁免法》, 所以可归入一类, 无须单列。

② 在送达方式或途径上须按先后次序的, 笔者以序号①②③④排列之。没有先后次序的, 则以"或"字分隔, 以示任意选择。

从以上对国家豁免立法文件中的送达规则进行分析和比较的表格来看，有的国家将送达对象进行区别，以适用不同的送达方式；有的国家则对所有国家豁免主体适用同一的送达方式；有的国家还设置了严格的送达方式的选择顺序；在具体的送达方式上，表中各国的规定也有很多不同。而体现各国协调意志的《联合国国家豁免公约》则是兼采两种模式，也为其他国家未来的国家豁免立法提供了参考。

(二) 区别送达对象

表 11-2 显示，在对外国国家的送达规则的设置上，美国、加拿大、澳大利亚和以色列的国家豁免立法均将外国国家本身及其政治区分单位与外国国家机构或其他实体区分开来，规定不同的送达方式。这种通过区别送达对象以规定不同的送达方式的立法模式，实则是为了送达目的，而对属于"外国国家"的诸实体以主权因素的大小进行分类。现有国家豁免法律文件中对"外国国家"的界定是非常宽泛的，尽管措辞和具体解释略有不同，但基本都包括主权国家本身、国家之政治区分单位、国家机构或部门和其他实体。若非要对这些实体以主权因素的大小来分类的话，主权国家本身及其政治区分单位的主权特征最为明显，其作为国家豁免主体基本无须附加任何条件；国家机构或部门和其他实体的主权因素相对小些，其作为国家豁免的主体，一般都需要附加一定的限制条件，例如"须它们有权行使并且实际在行使国家的主权权利"①。因此，以主权国家本身及其政治区分单位作为被告的诉讼，其政治影响和风险更大，需要选择最充分和有效保障程序公正的送达方式和程序；对国家机构或部门和其他实体提起的诉讼，政治影响和风险则相对小。正是基于此种考虑，美、加、澳和以色列四国的国家豁免立法对这两种不同的送达对象设置了不同的送达方式。例如，其均将外交途径送达排除在对外国国家机构、部门或其他单独实体的送达方式之外，以色列豁免法更是明确肯定地指明对外国独立实体的送达，不适用外交途径，但同时也规定，在向主权国家本身及其政治区分单位实施送达时，送达人可以通过外交途径进行。

除上述四国之外，其他国家的国家豁免立法，以及《欧洲国家豁免公约》和《联合国国家豁免公约》，均未采取通过区别送达对象来规定不同送达方式的模式，而是将所有属于"外国国家"的各类实体，一律适用同一套送达规则。与之相比，美国、加拿大等国家的区别送达对象的模式，无论在规则的设置上，还是在规则的具体适用上，都显得复杂而烦琐。在美国，就有不少人批评《外国主权豁免法》通过区别送达对象来设置不同送达规则的做法，太过复杂，给当事人、律师和法官带来了诸多的困惑和麻烦。因为，在送达之前，原告和法官必须首先确定受送达人的身份。尽管《外国主权豁免法》第 1603 条对"外国国家的机构或部门"进行了界定，但要确定被告到底是属于外国国家本身，还是外国国家机构或部门，这一过程并不像法条解释得那么容易，尤其是当送达对象是多个受送达人的情况时。② 笔者认为，无论是国家本身、政治区分单位，抑或国家部门或机构，一旦具

---

① 参见《联合国国家豁免公约》第 2 条第 1 款第 2 项第 3 小项。

② Joseph W. Dellapenna, *Suing Foreign Governments and Their Corporations* (2nd ed.) , Transnational Publishers, Inc., 2003, pp. 269-271.

备国家豁免主体身份，即承载了国家主权的因素，在送达时没有必要再对这些主体进行区别对待。

（三）遵循送达次序

英国模式和美国模式最典型的区别在于送达方式的选择是否依循先后次序。《美国外国主权豁免法》采取了非常独特而严格的依循先后次序选择送达方式的立法模式，送达人在向受送达人实施送达行为时，必须遵循《外国主权豁免法》（第1608条）所规定的先后次序排列的送达方式，既不能颠倒顺序，也不能同时采取两种或两种以上方式送达。① 这样就意味着，在送达时，只有在前一顺序的送达方式无法实现有效送达时，方可采用其后的方式，适用起来非常复杂。② 在美国的司法实践中，送达人经常试图不遵循豁免法中的送达方式的顺序和详细的送达程序，这往往就容易导致无法送达或者无效送达，从而造成诉讼成本的浪费。有人认为，第1608条的立法意图，在于保障私人原告有充足的途径起诉外国国家以使其权益在法院得到救济。③ 然而，实践中的运行情况却差强人意。尽管第1608条的确为送达人提供了比其他国家更多的送达方式供其选择，但是由于规定了如此严格的依次序选择，这实际上就减损了其当初预计的效果，而且原告、律师和法官深受这种复杂规定的困扰，一个接一个的送达方式的选择，必然导致送达的成本不断地攀升。

相比而言，英国模式下的无先后顺序的送达规则，可以在一定程度上避免给送达人带来麻烦，从而被后来的诸多国家豁免立法所采用。在这种模式下，多种送达方式之间并无优先顺序，送达人可以任意选择其中一种或多种送达方式。例如，英国、新加坡、巴基斯坦、南非的国家豁免法就规定，送达人可以选择通过外交途径或外国国家同意的送达方式（但对外国国家作出的缺席判决书的送达除外，只能采取外交途径送达）；《澳大利亚外国国家豁免法》规定，可以依据条约或外交途径实施送达；《加拿大国家豁免法》规定，可以选择该外国国家同意的方式，或依据国际条约，或原告亲自或挂号信邮寄交给外交部副部长或其指定的代理人的方式来实施送达。需要指出的是，英国模式的无先后顺序的送达方式固然方便了送达人，但是其对于没有经验的送达人而言，此种任意选择的送达方式，无异于将其置于"摸着石头过河"的境地。因为，他们并不熟悉到底哪种方式才是最容易成功的。另外，英国、新加坡、巴基斯坦、南非等国的国家豁免法，由于缺失对相关送达的国际条约或者特殊安排的强调，从而导致其对外国国家的送达实践不可避免地面临着诸多困难和麻烦。

---

① 笔者对《外国主权豁免法》第1608条第1、2款的送达次序归纳如下：对外国国家的送达：①原告与被告间的特别安排→②国际公约→③附回执的信件邮寄送达给该外国外交部→④外交途径。对外国国家机构和部门的送达：①特殊安排→②向境内代理人当面送达，或，依国际条约送达→③被告指定方式，或，附回执的邮寄送达，或，依送达地国法。

② Joseph W. Dellapenna, *Suing Foreign Governments and Their Corporations* (2nd ed.), Transnational Publishers, Inc., 2003, p. 269.

③ HR Rep 94-1487 Jurisdiction of United States Courts in Suits Against Foreign States, 94th Cong. (9 September 1976) at 23 (reprinted in 1976 USCCAN 6604, 6622); Andrew Dickinson, Rae Lindsay, James P. Loonam, *State Immunity: Selected Material and Commentary*, Oxford University Press, 2005, p. 297.

尽管美国模式和英国模式下的送达规则相差甚远，但笔者认为，二者主观上追求的效果是相同的，即尽量实现送达的有效性，为外国国家的主权豁免权提供的正当程序保障。《联合国国家豁免公约》兼采了美国模式和英国模式下的送达规则，取二者之长，弃其之短，形成了更为完善的送达规则：

第22条规定："一、送达传票或对一国提起诉讼的其他文书应按以下方式进行：（一）按照对法院地国和有关国家有约束力的任何可适用的国际公约；或（二）如果法院地国法律未作禁止，则按照求偿方和有关国家关于送达诉讼文书的特殊安排；或（三）如无此公约或特殊安排，则：1. 通过外交渠道送交有关国家的外交部；或 2. 采取有关国家接受的不受法院地国法律禁止的任何其他方式。"[1]

从该条内容来看，公约并未采用美国的区别送达对象的送达模式，而是与英国模式一样，不管送达对象具体为何，都适用统一的送达规则和送达方式。但在具体送达方式的选择上，公约则对美国的遵循次序模式稍作修正并予以借鉴，规定了两个层次的送达方式，第一个层次是优先适用送达公约或者特殊安排所规定的送达方式，第二个层次是在无送达公约或特殊安排的基础上，采取外交途径或外国接受且法院地国不禁止的方式。在国际法委员会的注评当中，对该条的解释是，此种规定既考虑到要避免缔约国修改其国内程序法规则，又要避免过于宽泛和多元的送达规则导致主权国家被缺席判决的增多。[2] 可见，至少在规则设计上，公约的规定试图既要防止美国模式的复杂和烦琐，又要避免英国模式的过于笼统和茫然，而且还顾及了公约与其他送达方面的公约的关联适用问题。

（四）送达方式

对外国国家的送达，一般需要将传票、诉状和其他法律文件送给法院地国领域外的受送达人，因此实质上属于域外送达。如前所述，这种专门针对外国国家的域外送达，由于送达对象的特殊的国家豁免主体身份，而与其他域外送达有诸多不同。从现有国家豁免法和条约中的送达规则来看，与其他送达相比，对外国国家的送达方式更加有限，也更加严格。

在域外送达领域，目前已经形成了以《海牙送达公约》为核心的域外送达制度。《海牙送达公约》中对域外送达提供了多种送达途径或方式，主要有中央机关送达、领事或外交途径送达、邮寄送达、主管人员送达和按照文书接收国国内法规定的方式进行送达等。实践中，各国在《海牙送达公约》的基础上，不断发展一些新型的域外送达方式，比如英、美、欧盟等国家逐渐允许域外电子送达方式。[3] 在这些多元的域外送达方式中，争议较大的当属邮寄送达。虽然邮寄送达在各国国内的送达制度中发挥着重要作用，但在域外送达领域，却常常遭到来自受送达人所在国家的以"主权"为理由的反对和抗议。《海牙送达公约》中的邮寄送达，也被一些缔约国提出保留而排除。当然，也有一些国家并不反对其

---

[1]　此中文翻译来自联合国网站收录的《联合国国家豁免公约》的中文版本：A/59/508（General10 November 2004 Chinese）。

[2]　Hazel Fox Qc，*The Law of State Immunity*，Oxford University Press，2008，p. 657.

[3]　参见何其生：《我国域外送达机制的困境与选择》，载《法学研究》2005年第2期，第133页。

他缔约国通过邮寄途径向其境内送达司法文书，而且不需要互惠，例如美国、英国、澳大利亚、印度、荷兰、泰国、缅甸、智利、多哥、扎伊尔和葡萄牙等。①

作为一种特殊的域外送达，对外国国家的送达被现有国家豁免立法明确予以规定，从而形成了《海牙送达公约》和民事诉讼法中域外送达规则的特别规范。并且，从这些国家的司法实践来看，几乎都将国家豁免法中的送达规则视为强制性和排他性的。这些特别送达规则的送达方式有如下几个特点：

1. 送达方式有限

首先，从前面的表格来看，现有的国家豁免法和条约，均没有规定公告送达的方式。这就意味着，在对外国国家实施送达时，除非受送达的外国国家接受，否则就不能采取公告送达的方式。其实，即使在国内送达制度中，公告送达的作用也在呈现不断降低的发展趋势。尽管有些国家规定，公告送达是法定的送达方式之一，但是，它们都通过采用严格其适用条件的方式，来限制其适用的范围。② 如上所述，送达程序最基本的目的，就在于通知受送达人参与诉讼，而公告送达却并不一定能实现该目的。因此，各国仅仅是将公告送达视为一种替补送达方式，即只有当其他送达方式均无法实现有效送达时，才可以适用公告送达。在对外国国家实施送达时，各国之所以排除适用公告送达的方式，乃是出于对外国国家的主权和豁免权的谨慎对待，并为外国国家参与诉讼进行答辩提供充分的正当程序保障。

其次，除美国和加拿大两国之外，其他国家的国家豁免立法，以及《欧洲国家豁免公约》和《联合国国家豁免公约》，都没有采用邮寄送达的方式。在域外送达领域，邮寄送达被很多国家视为一种有损其司法主权的送达方式。在对外国国家实施送达时，主权的敏感度更为强烈，邮寄送达很难被受送达国所接受。尽管《美国外国主权豁免法》将邮寄送达作为一种非常重要的送达方式，但其也意味着，对外国国家可以不经由外交的途径就可以直接传唤，这就引发了许多国家的反对。更为重要的是，因为这种送达方式是以假设或推定被送达人能够接收送达文书为根据的，至于其是否实际收到，则不予以考虑。因此，这就容易导致被告因实际未接收到传票而延误了应诉和答辩，进而导致法官作出对其不利的缺席判决。即使《美国外国主权豁免法》（第 1608 条第 1 款第 3 项）规定了可以由法院书记员以附回执的信件邮寄送达给该外国外交部的送达方式，但在美国国家豁免诉讼实践中，此种邮寄送达常常被外国国家拒收，使得法院不得不另行通过外交途径实施送达。在《欧洲国家豁免公约》和以色列《外国国家豁免法》中，对外国国家的送达方式极为单一，仅仅允许通过外交途径送达，更凸显了对外国国家送达的特殊性。

2. 注重外交途径送达

传统的外交途径是最正式、最复杂、最耗时间的递送方式……《海牙送达公约》仅在例外的环境下方才接受。③ 然而，在对外国国家实施送达时，外交途径却是很多国家所普

---

① 参见何其生：《域外送达制度研究》，北京大学出版社 2006 年版，第 205 页。

② 参见谭秋桂：《德、日、法、美四国民事诉讼送达制度的比较分析》，载《比较法研究》2011 年第 4 期，第 98 页。

③ 参见何其生：《域外送达制度研究》，北京大学出版社 2006 年版，第 153 页。

遍采用的送达方式。当然，对外交途径送达在整个送达方式体系中的地位的认识，美国模式与英国模式却有很大的区别。在《美国外国主权豁免法》独特的送达顺序当中，依据外交途径的送达乃是最后一种可供选择的送达方式，即在其他所有送达方式均无法实现有效送达时，才可采用外交途径来实施送达，而且仅仅适用于对外国国家及其政治区分单位的送达。① 此种对外交途径送达的极力限制，是与美国长期以来将送达视为当事人应当承担的责任这一观念有关。尽管考虑到对外国国家的送达的特殊性，有必要以公权介入的途径来辅助实施送达，但也仅是将其置于一种辅助的地位。美国的这种忽视外交途径的送达规则，也招致了不少的批评。因为，对外国国家的送达与对私人的送达相比，在外交关系上更为敏感，外交机关一直坚持根据国际法原则并遵循国家间的标准来谨慎行事，所以更为适当的方式，则应该是通过外交机关来实施送达。② 除美国之外的其他国家的国家豁免立法，均将外交途径视为对外国国家送达的重要方式之一。特别是《欧洲国家豁免公约》中规定，通过外交途径送达为唯一送达方式。《联合国国家豁免公约》第 22 条也将外交途径的送达视为一种非常重要的送达方式。

事实上，国家豁免问题的法律问题和外交事务的双重属性，决定了通过外交途径的送达可能更容易被外国国家所接受。尽管一些国家豁免立法中也规定了其他可供同时选择的送达方式，但为了实现有效送达的目的，送达人一般会首选通过外交途径来送达。当然，在规定了需依循先后次序送达的美国，是不允许送达人首先选择外交途径的，必须待排序在前的所有送达方式均用尽之后，方能选择位于最后的外交途径。

3. 重视受送达国家同意的方式

如前所述，对外国国家的送达所体现的更为敏感的主权关涉，常常使得送达被拒收，或者，即使法院依据本国法中送达的规定而不去理会受送达的国家的拒收，强行作出对该国不利的缺席判决，但是此种缺席判决的执行难度巨大，往往给原告和法院带来了更实质性的麻烦，甚至还可能对两国之间的外交关系造成不良影响。出于这些后果的考虑，在送达方式的规定和选择上，法院地国更加注意受送达国家的接受态度和实践。从各国家豁免立法和条约来看，这种思想体现得非常明显。首先，有不少豁免立法都规定了"在法院地国未禁止的前提下，按照原告与该外国国家间的有关特殊安排"，或"按照任何可适用的国际条约"来实施送达。《美国外国主权豁免法》和《联合国国家豁免公约》更是把这种依照特殊安排或国际条约的送达置于送达方式次序的首位，甚至不要求法院地国和被告国家都是条约的缔约国，只要被告国家是缔约国即可。无论是依据特殊安排抑或遵守国际条约的送达，都以该外国国家必须是缔约方或缔约国为前提条件。换句话说，这些特殊安排或国际条约体现了该外国国家的主权意志，是其事先同意的一种国际协议。依据这些被外国国

---

① 《美国外国主权豁免法》第 1608 条第 1 款第 4 项是外交途径送达的规定，原文翻译为："如果按照第(3)项规定无法在三十天之内送达，则应将传票和原告起诉书的副本各两份以及诉讼通知书一份，连同各个文件的该外国官方文字的译本，由法院书记员通过附回执的邮件的方式，迅速寄交给在华盛顿哥伦比亚特区的国务卿，促请专门的领事部主任注意。而国务卿应当通过外交途径将上述文件的副本转送给该外国，并且应当寄给法院书记员一份业经认证的外交照会副本，注明各文书的转送日期。"

② Miguel Angel Gonzalez Felix, *The Foreign Sovereign Immunities Act*: *Fair Play for Foreign States and the Need for Some Procedural Improvements*, Hous. J. Int'l L., Vol. 8, 1985-1986, p. 25.

家已经同意的协议实施送达，基本上是不会被拒收的，除非该外国国家在批准条约时提出保留或者依据条约的某些例外条款。① 其次，即使没有可适用的特殊安排或国际条约，美国、英国、新加坡、巴基斯坦、南非和加拿大等国的国家豁免立法，还允许送达人以该外国国家的同意或不禁止的方式来实施送达。这种对外国国家的接受态度的关照，充分体现出立法者谨慎对待此种送达的意图，也体现了对外国国家之主权和豁免权施以正当程序保障的努力。这种做法也得到大多数国家的赞同，并被《联合国国家豁免公约》第 22 条第 1款第 3 项第 2 小项吸纳其中。

然而，在具体的实践当中，这种依据国际条约送达的规范，并没有说明到底如何送达，从而具有高度的概括性和相对的限定性，同时也具有非常强的包容性和开放性。此种送达的启动和实施，往往需要以相关可适用的国际条约的存在为前提，同时还要注意这些国际条约的内容和缔约国的变更，以及相关国际条约之间的关系等问题。这些条约既有多边性的，也有数目众多的双边条约；既有全球性的，也有区域性的。② 而这些送达方面的条约是否可以适用于对外国国家的送达，则是一个关键性的前提问题。因为，如果某条约仅仅将适用范围限定于对私人之个人或法人，或者明确地将对外国国家或其机构、部门的送达排除在外，那么，该条约就不应当被归入国家豁免法的送达方式当中。然而，现有的送达条约大多并未作如此的规定，于是，很多国家将对外国国家的送达，也列入这些送达条约的适用范围当中。例如，《海牙送达公约》中对人的范围中，包括公法意义上的人，同样可以适用于对国家的送达，但会受到第 13 条"主权和安全"所引出的国家豁免问题的制约。③ 因此，从国际关系的视角来看，这种依据条约送达的实施，往往因国而异、因时而变，明确性还远远不够；而从国内的视角来看，依据条约所实施的送达，实则概括地拓展了送达方式的范围。而具体到某一特定的国家，原告的律师和法官往往需要了解本国与被告之外国国家之间，是否存在着与送达方面相关的国际条约，以及批准条约时的具体保留情况，否则就可能导致送达被拒收，从而浪费送达的司法成本。例如，在"仰融诉辽宁省政府案"④的送达程序当中，依据《美国外国主权豁免法》所规定的送达方式之次序，送达人应该首先依据中国和美国均是缔约国的《海牙送达公约》，来对被告实施送达。然而，由于中国在批准《海牙送达公约》时，对邮寄送达提出了保留，而美国送达人直接将法院

---

① 比如，《海牙送达公约》第 13 条第 1 款规定："如果送达请求书符合本公约的规定，则文书发往国只在其认为执行请求将损害其主权或安全时，才可拒绝执行。"

② 全球性的送达公约有《海牙送达公约》(1965 年)，区域性的送达公约主要有《欧盟送达公约》与欧盟理事会第 1348 号规则(1997 年)、《美洲国家间关于嘱托书的公约》及其议定书(1975 年)等，有关送达方面的双边条约数量很多。参见何其生：《域外送达制度研究》，北京大学出版社 2006 年版，第 48~56 页。

③ 《海牙送达公约》第 13 条原文："按照本公约规定送达或通知请求，只有在被请求国认为此项请求的执行将侵犯其主权或影响其安全时，才得被拒绝同意。被请求国不得仅以根据其国内法对诉讼案件有专属管辖权，或者以其国内法不承认该请求所依据的诉讼方法为理由拒绝送达或通知。在拒绝时，中央机关应立即通知请求人并说明其理由。"参见杜新丽：《国际私法实务中的法律问题》，中信出版社 2005 年版，第 186 页。

④ Yang Rong v. Liaoning Provincial Gov't, 362 F. Supp. 2d 83 (2005).

传票邮寄给中国司法部的做法，明显违反了中国的此项保留条款，从而构成了无效送达。

二、对外国国家送达的实施

国家豁免诉讼实践中所遇到的问题不能仅仅通过概念和规范的表象而得以避免。更何况，送达问题本身就是极具实践性的程序问题，因此，停留在规范层面的研究往往不足以揭示其司法的实践价值。由于各国家豁免立法中的或简单或复杂、或同或异的送达规则，以及在送达观念和送达传统上所存在着的巨大差异，导致了在对外国国家实施送达的司法实践中，往往面临着颇多难题。由于美国和英国的立法分别代表了两种不同的送达模式，且大多数涉及国家豁免的案件主要集中在这两个国家，因此，本部分集中对美国和英国的国家豁免诉讼实践当中涉及送达的重要案例进行解读和分析，以期对相关送达规则的实际运行情况形成更加深入的认识，并为我国应对被诉提供相关的司法程序上的引导。

(一) 美国的实践

在美国外国主权豁免法生效之前，并不存在对外国国家的特殊的送达规则，迫使私人当事人一方常以扣押外国国家财产以使美国法院获得对该外国国家的事物管辖权。[1] 此种做法，导致了美国与外国国家之间的外交关系趋于紧张。再者，在《外国主权豁免法》出台之前，在当时的美国联邦民事诉讼法以及各州的民事诉讼法中的送达规则当中，对受送达人的界定并没有将外国国家、部门、机构等国家豁免主体列入其中，这就使得法院在判定对国家豁免主体的送达问题上，往往不知所措，只能牵强附会。[2] 因此，对外国国家的送达程序进行专门的规制，也就成为《外国主权豁免法》立法的重要目的之一。《外国主权豁免法》对外国国家的送达问题进行了单列，并形成《美国法典》第 1608 条。如前所述，第 1608 条采取的是区分送达对象和遵循送达次序的模式，加起来总共有 10 余种不同的送达方式，而且还有一些法院所额外认可的其他方式。[3] 这种送达规则的复杂，使得其在司法实践中的具体适用也颇为烦琐。

1. "严格遵守"抑或"基本遵守"？

对于第 1608 条中的送达方式和送达顺序的规定，法院是否必须遵守还是可以另行选择其他送达方式？无论是《外国主权豁免法》的立法历史和其中所蕴含的特殊政策，抑或第 1608 条第 1 款和第 2 款的第一句所用"shall be made"的措辞，都表明该送达规则应该是一种排他性的(exclusive)适用。[4] 然而，美国司法实践中的情况却并非如此。从时间维度上来考察，在豁免法生效的初期，绝大多数法院都坚持"严格遵守"(strict compliance)的

---

① Arthur L. George, *A Practical and Theoretical Analysis of Service of Process under the Foreign Sovereign Immunities Act*, Int'l L., Vol. 19, 1985, p. 49.

② Petrol Shipping Corp. v. Kingdom of Greece, 360 F. 2d 103, 1966 US App. LEXIS 6406.

③ 在 New England Merchants National Bank v. Iran Power Generation & TransmissionCo., 495 F. Supp. 73 (S. D. N. Y. 1980) 一案中，法院指定采取电报方式送达传票、诉讼通知书和起诉书给被告，而此种方式并不在第 1608 条所规定的送达方式之列。

④ Dellapenna, Joseph W., *Suing Foreign Governments and Their Corporations* (2nd ed.), Transnational Publishers, Inc., 2003, p. 268.

原则，但从 20 世纪 80 年代开始，则出现了一种"基本遵守"（substantial compliance）的做法，即法院在判定原告的送达方式是否符合第 1608 条的规定时，不再要求必须严格遵守，而是允许出现一些技术性的缺陷，只要被告收到实际的通知即可。

最早开创性地采用"基本遵守"的做法，是在 20 世纪 70 年代末 80 年代初的一系列以伊朗或伊朗国有企业为被告的案件当中。因为，当时的美国与伊朗之间既无送达条约，也无外交关系，在没有特别安排的情况下，第 1608 条的诸多送达方式实际上都是不能适用的。此时，法官和原告又该如何处理相关的送达事宜呢？ 美国纽约南部地区法院在 1980 年对"新英格兰国家招商银行诉伊朗发电及输变电有限公司"①一案，作出了判决。在该判决当中，凯文·达菲（Kevin Duffy）法官断定，国会并没有意图将《外国主权豁免法》中的送达规则适用于未与美国建立外交关系的国家，该法的条文和立法历史都没有禁止法院在所有送达方式都无法适用的前提下，来认可其他的送达方式。所以，在这种情况下，法院可以根据《联邦民事诉讼法》之规定来实施送达。另外，在第十一巡回法院于 1982 年对"伊朗国家广播电视公司被诉"②一案所作出的判决当中，针对送达问题，法院认为，原告虽然未按照《外国主权豁免法》中的第 1608 条第 2 款所要求的送达顺序依次选择合适的送达方式，但已经达到了实际通知的效果，因此其送达是有效的。在判决书中，法院主张："未严格依循旨在保障实际通知的第 1608 条的送达顺序，并不能掩盖和遮蔽已经实际接收到通知的事实。"③而在判决书的末尾，法官仍然谨慎地强调法院不应该偏离第 1608 条的送达规则太远，劝诫原告应当尽量依据该送达规则中的送达顺序和方式，来实施送达。而在该案判决之后的十几年时间里，在对外国国家的送达问题上，各法院的做法则非常混乱。例如，有的法院继续坚持"严格遵守"的原则，有的法院则转向"基本遵守"的做法，④ 而有的法院甚至走得更远，直接将"基本遵守"这一原则作了非常宽泛的解释，甚至偏离了"基本"二字的限制。例如，第 1608 条明确要求，送达必须附上以该外国官方文字翻译的每个文件的译本，但有些法院认为，即使原告在实施送达时未附带此种译本，也应被认定为是有效送达。⑤ 甚至出现过此种案例，送达人并没有将传票和起诉书送达给被告，而是将其错误地送达给了其他人，但因被告确实知悉了被诉的事实，法院就此判定送达已经有效完成。⑥

这种混乱的局面给美国国家豁免诉讼带来了不少麻烦，直到 1994 年的"Transaero v.

---

① New England Merchants National Bank v. Iran Power Generation & TransmissionCo.，495 F. Supp. 73（S. D. N. Y. 1980）.

② Harris Corp. v. National Iranian Radio and Television，691 F. 2d 1344（11th Cir. 1982）.

③ Harris Corp. v. National Iranian Radio and Television，691 F. 2d 1344（11th Cir. 1982），p. 1352.

④ Magness v. Russia，54 F. Supp. 2d 700（1999）; Doty v. Magnum Research，994 F. Supp. 894（N. D. Ohio 1997）; etc.

⑤ Sherer v. Construcciones Aeronauticus，SA，987 F. 2d 1246（6th Cir. 1993）. 该判决被美国联邦最高法院推翻了。在译本的问题上，一些法官认为：无论是严格遵守还是基本遵守，没有译文都是实质性的缺陷。Stranb v. AP Green Inc. 38 F. 3d 448（9th Cir. 1994）.

⑥ LeDonne v. Gulf Air，700 F. Supp. 1400，（E. D. Va. 1988）.

Bolivia"一案判决的作出。① 审理该案的哥伦比亚巡回法院在判决书中的推理过程基本得到了联邦最高法院的肯定。② 该判决以详细而缜密的推理，论证了"严格遵守"第 1608 条第 1 款和"基本遵守"第 1608 条第 2 款的合理性。审理该案的法官主要从以下三个层面来展开论证：第一，送达程序最基本的意义在于通知受送达人参与诉讼。因此，送达活动的实际通知效果才是最根本和最重要的。至于送达的方式和形式是可以变通的，或者允许其存在一些技术性的缺陷。这种观点为"基本遵守"提供了最有力的理论依据。第二，第 1608 条第 1 款和第 2 款所使用术语的细微差异，也给送达人在向外国机构或部门实施送达时采取"基本遵守"做法提供了某种暗示或者自由裁量的空间。仔细比较第 1608 条第 1 款和第 2 款，我们不难发现，在第 2 款第 3 项中所使用的是"实际通知"（actual notice）一词，而在第 1 款中却没有使用该措辞。这一术语，就直接体现出国会的立法意图乃在于强调实际通知的效果。所以在对外国机构或部门实施送达时，"基本遵守"第 2 款的送达规定，并不违背这种立法的意图；而在对外国国家本身实施送达时，则必须坚持"严格遵守"第 1 款的送达规定。③ 第三，外国国家机构或部门因其经常参与国际商事活动，从而比外国政府更加熟悉美国的法律制度。因此，在对外国国家本身的送达的方式和顺序上，需要作"严格遵守"第 1 款之规定，以便让被告享有充分的机会得到实际的通知；而在对外国机构或部门的送达的方式和顺序上，则可以较为宽松些，只要做到"基本遵守"第 2 款的规定即可。

可以看出，联邦法院对《外国主权豁免法》中第 1608 条第 1 款的"对外国国家本身或其政治区分单位的送达规则"和第 2 款的"对外国国家机构或部门的送达规则"的解释迥异。现在，大多数法院主张，在对外国国家或其政治区分单位送达时，必须"严格遵守"豁免法的第 1608 条第 1 款的送达规则，而在对外国国家机构或部门的送达时，只需要"基本遵守"豁免法的第 1608 条第 2 款即可。④ 例如，第九巡回法院在"Stranb v. AP Green Inc."一案当中，就适用了"基本遵守"的做法。⑤ 法庭认定，即使未按照第 1608 条第 2 款所规定的方式来实施发送，该送达仍然是合法的。审理此案的法官杰罗姆·法里斯（Jerome Farris）在判决书中写道："关键因素是被告是否接收到了实际的通知，而不是对未遵守《外国主权豁免法》中的送达规则的做法存有偏见。"⑥再如，在 2010 年佛罗里达南部地区法院审理的"加蓬政府被诉案"⑦当中，法院仍然引用 1994 年的"Transaero v. Bolivia"中的结论，认为对第 1608 条第 1 款需要严格遵守，而对第 2 款只需基本遵守即

① Transaero, Inc. v. La Fuerza Aerea Boliviana, 30 F. 3d 148 (D. C. Cir. 1994).

② 尽管美国联邦最高法院推翻了哥伦比亚巡回法院对 Transaero 案的判决，但是由于原审法院将被告的身份识别错误，在对哥伦比亚巡回法院的"严格遵守"第 1608 条第 1 款和"基本遵守"第 1608 条第 2 款的推理过程，联邦最高法院实际上是持肯定态度的。513 US 1150(1995)。

③ Transaero, Inc. v. La Fuerza Aerea Boliviana, 30 F. 3d 148(D. C. Cir. 1994), p. 154.

④ Andrew Dickinson, Rae Lindsay, James P. Loonam, *State Immunity: Selected Material and Commentary*, Oxford University Press, 2005, p. 298.

⑤ Stranb v. AP Green Inc., 38 F. 3d 448 (9th Cir. 1994).

⑥ Stranb v. AP Green Inc., 38 F. 3d 448 (9th Cir. 1994), p. 453.

⑦ Fly Braz. Group, Inc. v. Gov't of Gabon, 709 F. Supp. 2d 1274.

可；并以此为根据认定，原告对加蓬政府的送达，因为没有翻译全部法律文本、未通过法院书记员邮寄给加蓬外交部部长等原因，从而违反了第 1608 条第 1 款，判决要求原告在60 天内对加蓬政府依法实施送达。

尽管如此，对第 1608 条第 2 款的"基本遵守"，在适用的一致性方面仍然滋生出了很多严重的问题。法官们经常面临对某一特定送达活动是否满足"基本"符合的判断而困惑，因为目前尚未有统一的相关标准或原则。而更为严重的后果则是，如果偏离规则太远，可能还会严重影响美国法院判决的域外执行，甚至损害美国与外国国家之间的外交关系。因此，即使一些美国的律师，也反对强调"基本遵守"《外国主权豁免法》中的送达规则的做法，而主张应该"严格遵守"。① 美国国务院官方的意见也是如此，当原告依据第 1608 条第 1 款第 4 项向国务院请求采取外交途径来实施送达时，其必须说明已经用尽了前面的诸多送达途径，而且已经收到了外国国家拒收送达的正式的证明文件，否则国务院不会受理此种请求。

笔者认为，在美国对外国送达实践中所存在的这种"严格遵守"和"基本遵守"的分歧和博弈，实际上是美国法律文化中的实用主义和司法能动主义双重作用的结果。实用主义在这里体现为对"实际通知"结果的关注，而不拘泥于送达上的顺序和形式。司法能动主义在这里体现为，法官需结合法律的、社会的各种因素，对《外国主权豁免法》中的送达规则能动地进行诠释。另外，这种情形的形成还与美国允许原告实施送达的制度有关。通常，原告对《外国主权豁免法》背后的特殊政策并不了解，也不重视，对送达规则的特殊要求不熟悉，尤其常常忽略对文本翻译的要求。于是，实践中衍生出诸多法律外的送达，也给法院基于实用主义和能动主义而"牵强"认定此种"不合法"送达为有效提供了现实可能性。诸此种种，也从侧面反映了《美国外国主权豁免法》中的区分送达对象且严格依循次序送达的规则在实际适用时的确存在诸多问题。

2. 对"可适用的与司法文书送达有关的国际条约"的解释

《美国外国主权豁免法》第 1608 条第 1 款第 2 项和第 2 款第 2 项均规定，法院应该依据可适用的与司法文书送达有关的国际条约来实施送达。但是，这里的"可适用的与司法文书送达有关的国际条约"又该如何界定呢？其是指专门的送达公约，还是所有条约中的送达条款呢？如前所述，由于这种与送达条约的衔接具有非常强的包容性和开放性，实际上将对外国国家的送达方式在范围上概括性地扩大了。所以，关于《外国主权豁免法》中的送达条约的解释，是一个十分关键的实践问题，直接关系到送达的有效与否，以及作为被告的外国国家的抗辩成功与否。

美国法院是通过"Richmark Corp. v. Timber Falling Consultants, Inc."②一案的判决来对此问题进行详细解释和论证的。在该案的初审阶段，作为本诉被告的"Timber Falling Consultants 公司"提起反诉，并追加了作为第三人的北京光大实业公司（Beijing Ever Bright（BEB））为被告。北京光大实业公司是中国光大控股有限公司（香港公司）的一个子公司，

---

① Dellapenna, Joseph W., *Suing Foreign Governments and Their Corporations* (2nd ed.), Transnational Publishers, Inc., 2003, p.276.

② Richmark Corp. v. Timber Falling Consultants, Inc., 937 F. 2d 1444 (9th Cir. 1991).

经法院审查认定，其属于《外国主权豁免法》中的外国国家机构或部门的范畴。北京光大实业公司针对美国俄勒冈州地区法院对其所作出的缺席判决，向美国第九巡回法院提起上诉，请求撤销地区法院对其所作的缺席判决。其中，北京光大实业公司提出一个涉及送达的理由，即反诉的原告对其的送达违反了第 1608 条第 2 款的送达顺序和要求。北京光大实业公司认为，1982 年的《中美领事条约》就属于第 1608 条第 2 款中的"可适用的与司法文书送达有关的国际条约"，因为该条约第 29 条是有关送达的条款，其内容是："领事官员有权根据发送国和请求国之间已生效的国际条约，或者在无此种条约的情况下，在接受国法律允许的范围内，送达司法或者其他法律文件。"若依据此条，原告应该依据中国法来实施送达活动。根据当时的中国法律，美国大使馆应将传票和起诉书递交给中国外交部的领事司，然后由其转发给某人民法院，再由该法院送达给北京光大实业公司。在北京光大实业公司看来，原告并未遵照此种送达的方式来对其实施送达，因而违反了第 1608 条第 2 款的规定。然而，法院明确地否定了北京光大公司所持的观点，认定《中美领事条约》并不属于《外国主权豁免法》第 1608 条第 2 款中的"可以适用的与司法文书送达有关的条约"的范畴，因为该条约主要涉及领事官员的特权和豁免，而在该条约共 42 条的约文当中，涉及送达内容的只有 1 条，因此并不是专门的送达条约。而且，从第 1608 条的立法历史来看，国会特别强调了《海牙送达公约》，却只字未提当时已经生效的《维也纳领事关系条约》（美国在 1969 年批准）。这足以推测国会的真正意图，也是将第 1608 条中的"可以适用的与司法文书送达有关的条约"作了限制性的解释。[1]

虽然经过了三十多年的实践，现在被确定为属于第 1608 条中的"可以适用的与司法文书送达有关的条约"的多边条约却只有两个，即《海牙送达公约》和《美洲国家间关于嘱托书的公约》（简称《美洲公约》及其议定书，美国在 1986 年批准）。[2] 如前所述，原告和法院依据这些条约来实施送达时，需要特别注意相关外国国家是否批准了条约、是否对某些送达方式提出了保留，否则就很容易导致送达的失败。为了方便原告和法官们了解这些公约的有关信息以及成员国所提出的保留等相关情况，美国国务院海外公民服务处已经设有专门的网站或者自动传真的服务，来供送达人查询。[3]

在美国的司法实践当中，这种对"可以适用的与司法文书送达有关的条约"的限制性解释，在送达方式的选择上，实际上有效地防止了过度开放性和不确定性情况的出现，这也正好迎合了国会将对外国国家的送达实现统一化和特殊化的立法意图，从而保障了第 1608 条中的其他送达方式的实际适用的价值。

（二）英国的实践

与美国的做法相比，无论是规范层面的送达规则，抑或在国家豁免诉讼实践当中送达的具体实施，英国的做法远远保守得多。英国在 1978 年颁布了《国家豁免法》，其立法的最初目的乃是批准 1972 年的《欧洲国家豁免公约》和 1926 年的《关于统一国有船舶豁免若

---

① Richmark Corp. v. Timber Falling Consultants, Inc., 937 F. 2d 1444 (9th Cir. 1991), p. 1448.

② 该公约是调整美国和美洲国家之间域外送达的主要法律依据。

③ 参见 http://travel.state.gov/law/judicial/judicial_693.html，2011 年 2 月 19 日访问。

干规则的公约》(简称《布鲁塞尔公约》),这就决定了《英国国家豁免法》的条文与这些条约——尤其是《欧洲国家豁免公约》——的条文有很多相似之处。① 另外,在该法颁布之前的几年中,英国已经出现了一些以限制豁免原则判案的先例,但各法院的做法并不一致,而且在先前判例的拘束力问题上,各法院之间并没有达成统一意见。② 因此,为了统一各法院在此领域内的司法审判活动,更为重要的是将限制豁免原则正式纳入英国立法,《国家豁免法》应运而生。《英国国家豁免法》的影响很大,被新加坡、巴基斯坦和南非等国几乎全盘照搬。

与美国一样,《英国国家豁免法》也专门规定了对外国国家的送达规则(第 12 条第 1、6、7 款)。英国模式下的送达规则比美国模式简单得多,既没有区分送达的对象,也没有设置送达方式的次序,只是允许以外交途径或以外国国家同意的其他送达方式来实施送达。因此,英国在对外国国家送达方面的司法实践当中,所暴露出来的问题也比美国少得多。

《英国国家豁免法》第 12 条第 1 款明确强调了通过外交途径送达——"对国家提起诉讼所要求送达的诉讼文书或其他文件,应由外交与联邦事务部送交该国外交部,一经该国外交部收受,即视为有效送达"。从该条中看出,在通过外交途径向外国国家实施送达时,主管机关是英国的外交与联邦事务部(即英国外交部),由其将诉讼文书送交给被诉的外国国家的外交部。只有当诉讼文书被实际送至该国外交部并经其接收后,送达方可有效。将此条款与其后的第 6 款③结合来看,不难发现,除非被诉的外国国家同意采用其他替代方式,否则这种依外交途径送达的方式必须得到适用。尽管第 12 条的条文既简单又明确,但在英国法院的国家豁免诉讼实践中,仍然在该条文的解释和适用方面产生了诸多问题。

1. 严格的文义解释

如前所述,根据第 12 条第 1 款规定,在对外国国家送达诉讼文书或其他文件时,英国外交部应将相关文书递交给被诉的外国国家的外交部。但是,在实践当中,往往会遇到两国之间无外交关系或者外交关系中断的特殊情况。在此情况之下,英国的这种相对单一的送达方式就显得力不从心。例如,某些案件的原告曾经采取过变通的做法,通过外国国家驻英国的大使馆或者领事馆,将相关文书转交给其外交部。然而,上述做法均被法院以未符合《国家豁免法》第 12 条第 1 款为由而否定。④

在 1991 年 1 月 11 日所提起的"科威特航空公司诉伊拉克航空公司和其他"一案⑤中,

---

① Andrew Dickinson, Rae Lindsay, James P. Loonam, *State Immunity: Selected Material and Commentary*, Oxford University Press, 2005, p. 329.

② 参见龚刃韧:《国家豁免问题的比较研究——当代国际公法、国际私法和国际经济法的一个共同课题》(第二版),北京大学出版社 2005 年版,第 84~87 页。

③ 第 12 条第 6 款规定如下:"上述(1)款的规定,无碍于使用该国同意的诉讼文书或其文件的任何送达方式,并凡依此等方式已有效送达者,上述(2)、(4)款的规定即不得适用。"

④ 参见 Malcolm N. Shaw, *International Law*(5th ed.),北京大学出版社影印版 2005 年版,第 666 页。

⑤ Kuwait Airways Corporation v. Iraqi Airways Company and Another, The FT 17 July 1992, (Transcript).

当时正值 1991 年的海湾战争，由于英国在 1991 年 1 月 12 日就关闭了驻巴格达的英国大使馆，这就导致英国外交部无法与伊拉克外交部取得联系。为了本案的送达事宜，英国外交部在 1 月 14 日写信给伊拉克驻伦敦的大使馆，信中写道："由于英国政府目前没有驻伊拉克的代表，如果文件可以转发给巴格达的伊拉克外交部，我们将不胜感激。"自 1 月 17 日以来，伦敦和巴格达之间已经很难取得联系了。但是，驻伦敦的伊拉克大使馆的外交官，仍然将上述文书传真给了伊拉克驻伊朗的大使馆，再由其转发给了伊拉克外交部。然而，他并没有收到任何回复。随后，伊拉克在 2 月 6 日与英国断绝了外交关系。对于此种通过大使馆来实施送达的做法，是否符合《英国国家豁免法》以及是否有效的问题，原告则主张，其对驻伦敦的伊拉克大使的送达是为了实现给伊拉克政府实施送达的效果；更为重要的是，《英国国家豁免法》虽然要求向外交部来实施送达，但是在那种特殊情形下，英国外交部选择向伊拉克驻伊朗大使馆送达再由其转交给伊拉克外交部的方式，可以被视为符合国家豁免法。但是，审理该案的王座庭法官埃文斯（Evans）却认为：对《国家豁免法》第 12 条第 1 款中的送达要求的解释，法院应该坚持文义解释，而不应该采取扩张或者限制解释。送达应经由外交部来实施，并且在该国外交部已经收到送达文书之时才能生效；而将外国外交机关等同于派遣国外交部的这一做法，则毫无道理，我们应该在外国的外交部与驻英国的大使馆之间做一种严格的区分。① 在上议院对该案的上诉审判决当中，埃文斯法官的上述意见得到了上议院法官的充分肯定。②

对此，英国著名的研究国家豁免问题的福克斯（Fox）教授就曾指出："非常明显，英国国家豁免法第 12 条第 1 款表明，对本条的适用须以域外送达为前提。在英国的外国国家的外交机构，不得被视为以实施送达为目的的一种法律存在。送达乃是一种主权行为，向外交馆舍的送达违反了《维也纳外交关系公约》第 22 条之规定。"③另外，布朗利教授也指出："该法（指的是英国 1987 年《外交与领事馆舍法》——笔者注）第 22 条规定，传票即使通过邮寄方式亦不得送达使馆馆舍之内，而只能通过当地外交部来办理。"④直至现在，英国司法实践对第 12 条第 1 款的送达规则，一直坚持严格的文义解释，而不允许在第 12 条第 1 款和第 6 款之外采取其他的变通性送达方法。而且，第 12 条第 5 款的规定——"对国家作出的缺席判决，其副本应由外交与联邦事务部送交该国外交部"——实际上就要求对外国国家所作的缺席判决书，必须采用第 1 款中的外交途径来实施送达，而第 6 款的替代性送达方式在此是不能被适用的。可见，《英国国家豁免法》中的送达规则具有非常明显的强制适用性。与美国的"基本遵守"的做法相比，这一做法则形成了鲜明的对比，也正是两国不同的法律传统和法律文化在国家豁免诉讼当中的具体反映，当然也更加凸显了英国司法制度上的保守性传统。

---

① Kuwait Airways Corporation v. Iraqi Airways Company and Another, The FT 17 July 1992,（Transcript）.

② KuwaitAirways Corp v Iraqi Airways Co and others，［1995］3 All ER 694.

③ Hazel Fox Qc, *The Law of State Immunity*, Oxford University Press, 2008, p. 311.

④ ［英］伊恩·布朗利：《国际公法原理》，曾令良、余敏友等译，法律出版社 2003 年版，第 387 页。

2. 替代性送达方式

值得注意的是,《英国国家豁免法》对《欧洲国家豁免公约》中的送达规则,做了一个重要的修改,即在外交途径的送达之外,还增加其他的送达方式,这就是《英国国家豁免法》第 12 条第 6 款:"上述第 1 款的规定,无碍于使用该国同意的任何方式送达有关诉讼文书或其他文件……"虽然只是寥寥数字,却意义重大。该条款是一个开放式或者兜底性的条款,被概括地称为"替代性送达方式"。英国威尔伯福斯(Wilberforce)勋爵就曾经自豪地评价了英国对《欧洲国家豁免公约》的这一种修改:"毫无疑问,这种替代性送达方式乃是国家豁免领域的工作者和律师等所希望的。事实上,他们就可以采用他们自己的方式来实施送达,从而避免去适用那些复杂的规则,除非送达不能被接受。"① 然而,事实远未如想象的那么美好。因为此种替代性方式的启动,往往需要原告向对方提出请求,但在实践当中,很多国家却经常不愿意去接受这种请求。② 另外,这里的"无碍于使用该国同意的诉讼文书或其文件的任何送达方式"的解释标准,也并不清晰。经验不足的原告、律师或法官,往往不了解到底哪种送达方式可能是被告之外国国家所同意的。特别是当被告是一个较为陌生的国家时,相关的立法和实践也很难找到。这就决定了对送达方式的选择,其实是非常困难的。在某种程度上,这种笼统的替代性送达方式,无异于将送达人置于"摸着石头过河"的莫测之境地。对此,有人指出,不应仅仅局限于有关送达的成文的协议或条约,送达的具体实践同样重要。③ 由此,对"同意"一词的判断标准,就显得十分宽泛。具体而言,第一,如果英国和该外国国家均同属送达条约的缔约国,则可以适用该条约的规定,而提出保留的送达方式除外;第二,在个案当中,若被告之外国国家同意接受某种送达方式,也是符合该法所规定的。第三,对于外国国家单方面向外所作出的有关其接受某种送达方式的公告,是否可以被视为符合第 12 条第 6 款中的"同意"的问题,英国司法实践还尚未形成一致做法。例如,在"法国-突尼斯银行被诉案"中,初审法官认为,外国国家的单方面声明或者公告已经构成了第 12 条第 6 款中的"同意"。但是,在上诉审中,此一观点并未被理会。④

3. 与其他程序规则的结合

仔细阅读《英国国家豁免法》第 12 条的送达规则,不难发现,其中并无有关诉讼文书和其他法律文书的译文的要求和规定。这是不是意味着在对外国国家实施送达时,送达人无须交付以该外国国家官方文字翻译的送达文书的译本呢?当然不是。法院在适用《英国国家豁免法》第 12 条第 1 款时,必须与英国 1998 年《民事诉讼规则》第 6 章更为详细的程序性规则结合起来。请求人应当向英国皇家法院的中央办公厅(Central Office)提交如下材料:①由外交与联邦事务部安排送达的请求书;②起诉书的副本;③依法需要的译本。只

---

① Hansard, HL (5th series), Vol. 389, cols. 1519-1520 (16 March 1978);转引自 Andrew Dickinson, Rae Lindsay, James P. Loonam, *State Immunity: Selected Material and Commentary*, Oxford University Press, 2005, p. 384。

② Andrew Dickinson, Rae Lindsay, James P. Loonam, *State Immunity: Selected Material and Commentary*, Oxford University Press, 2005, p. 386.

③ Hazel Fox Qc, *The Law of State Immunity*, Oxford University Press, 2008, p. 311.

④ ABCI v Banque Franco-Tunisienne and Others, [2003] EWCA Civ 205.

有这样，高级大法官（Senior Master）才会将这些文件转交给外交和联邦事务部请求其送达。①

可见，英国的此种立法模式言简意赅，对于在民事诉讼法中已有规定的内容，则不再在《国家豁免法》中另行规定。但笔者认为，这样做固然可以避免重复立法或法律文本间的重叠现象，但是，疏于对一些重要条件的强调，容易导致经验不足的送达人因不熟悉规则及规则之间的关系而走弯路。

综上所述，对《英国国家豁免法》第 12 条所规定的送达方式，需要严格遵守，否则，就容易导致对外国国家草率地作出缺席判决，② 从而引起外国国家的抗议甚至是与英国外交关系的恶化。对外国国家而言，了解和熟悉这些送达规则是十分重要的。因为，一旦发现原告的送达不符合《国家豁免法》的情况，就能以此为理由来阻止法院对其作出缺席的判决，从而可以更好地争取国家豁免的抗辩机会。

三、对外国国家的送达制度的正当性分析

送达最基本的功能就在于通知受送达人，使其知悉和了解与其有关的诉讼活动，以便及时依法行使其所享有的诉讼权利。特别是在诉讼开始的阶段，向被告送达传票、起诉状副本、应诉通知书等法律文书，直接影响到被告能否及时提出管辖异议、应诉或对案件实体争议进行辩论。通过上述对国家豁免立法及司法实践的研究，我们不难发现，各国对外国国家的送达规则和做法，乃蕴含了正当程序的精神和价值。正当程序能够在一定程度上为外国国家的豁免权提供必要的程序保障，增强法院审理过程和判决的可接受性，从而减少受理和审理国家豁免案件的政治风险。

（一）对程序公正的强调

正当程序的具体价值形态有很多，集中体现为程序中立、程序理性、程序公正、程序效率、平等参与、程序人道等。在送达的问题上，正当程序的价值主要体现在通过合理送达来实现当事人的平等参与，以实现公正，同时兼顾程序推进和效率原则等。而在送达的制度及其实施等问题上，则是围绕着公正和效率这两个基本价值而展开的。送达程序的公正首先应当是送达程序规范的公正，送达程序规范是否公正的标准，在于是否推动了实体目标和实质正义的实现。送达程序的公正，其第二个层面应当是送达程序的运作是否公正，是否依法给予了当事人以充分的参与诉讼的机会、保障其听讯权和辩论权的行使。送达程序的效率是指送达过程中的成本与收益之间的比值，作为价值评判的效率则要求收益高于成本，而在送达的问题上，集中体现为在切实保障受送达人有充分的机会参与诉讼过程的前提下，如何努力将送达所耗费的人力、物力、财力和时间等司法资源降到最低。可见，送达程序的效率价值是以公正价值为前提的，因为，如果舍去了公正而盲目地去追求效率，就可能无法保障受送达人的听讯权、辩论权等参与诉讼过程的权利的实现，从而导

---

① Andrew Dickinson, Rae Lindsay, James P. Loonam, *State Immunity*: *Selected Material and Commentary*, Oxford University Press, 2005, p. 386.

② 参见《英国国家豁免法》第 12 条第 4 款。

致不公正或错误的判决。由此导致当事人不愿服判息诉，继而提起上诉或拒不执行，这一因法官的错误裁判而产生的费用，也是一种特殊的送达成本的浪费，即波斯纳所说的"错误耗费"或德沃金所称的"道德耗费"。① 送达程序的公正与效率之间的博弈，在不同的国家和不同时期的不同类型案件当中，也会有不同的结果。在一定时期，若某个国家在某类诉讼中的送达人员充足、经验丰富、送达方式多元，则对送达效率的要求就可能要高于公正。反之，亦然。近年来，"迟到的正义非正义"的观念开始深入人心，人们对程序效率的高度关注和热切追求，已经成为各国所共同存在着的现象。然而，在国家豁免诉讼的送达程序问题上，无论是现有国家豁免立法和条约，抑或国家豁免诉讼实践，所反映出的现象似乎与前述之现象正好相反，对程序公正的注重和强调，要远远高于对程序效率的要求。

通过前面的观察和分析，无论是对通过外交途径和经外国国家同意的送达方式的强调，抑或对送达规则及其解释的严格，其目的均在于保障外国国家实际接收和接受送达，进而争取该外国国家实际参与诉讼，避免遭遇到缺席判决，以防止未来判决书的难以执行，或者说，给了被诉的外国国家以更谨慎而充足的程序参与机会的保障。

在针对外国国家的民事诉讼当中，其中所蕴含的逻辑应当是：在被告之外国国家尚未答辩或提出异议之前，法官仅仅偏听原告的一面之词而作出自己的判断——例如预测被告的行为属于豁免例外或者被告放弃豁免等；如果不给予被告以充分的听讯、辩论、举证等机会，很容易导致法官"偏听则暗"，进而作出错误的判决，这就容易导致外国国家本应享有的主权豁免权受到侵犯。如果外国国家不出庭，法院则可能对其作出缺席判决，而如果强制执行了该判决，就往往会造成法院地国和该外国国家之间的外交关系趋于敏感甚至是恶化。按照这个逻辑，我们就不难理解，为何在现有的国家豁免的国内立法和国际条约当中，几乎都包括了清晰而明确的专门针对国家的相关送达规则。具体而言，通过严格的送达程序和送达方式，在程序上对外国国家的主权豁免权设置充分的正当程序保障制度，以避免侵犯外国国家的主权豁免权，从而将因此种司法活动可能带来的政治影响和司法风险降至最低。或者说，公正而有效的送达，已经成为法院管辖国家豁免案件的一个障碍，即使外国国家的行为属于"豁免例外情形"或者明确放弃管辖豁免，缺失公正而有效的送达程序，法院也不能获得对该案的管辖权。例如，在美国国家豁免的诉讼实践当中，早已形成了一条类似于公式的结论："事物管辖权+送达程序＝对人管辖。"②因此，送达对于国家豁免诉讼的意义，应当更重在程序公正的价值，这一取向已经充分地体现在国家豁免的相关立法和司法实践中了。

(二)对判决可接受性的关切

司法裁判的可接受性是就法院作出的裁判能否被特定裁判受众接受而言的，如果某判决能够被特定的判决受众所接受，那么该判决对判决的受众而言，就具备了可接受性。影

---

① 参见陈瑞华：《程序正义论纲》，载《诉讼法论丛》1998 年第 1 期，第 39~40 页。

② "subject matter jurisdiction plus service of process equals personal jurisdiction"，Texas Trading & Milling Corp. v. Federal Republic of Nigeria，647 F. 2d 300(2nd Cir. 1981)，p. 308.

响判决可接受性的因素很多，例如，法律是否良法、程序是否公正，以及判决文书的说理是否充分等。从审判活动的纵向角度来看，判决的可接受性往往体现为：管辖的可接受性、审判程序的可接受性、审判结果的可接受性等。作为司法程序重要内容之一的送达程序，送达规范是否完善、实施送达的活动是否合法合理等，直接制约着当事人的诉讼权利的行使，进而影响到其对判决结果的接受态度。毕竟，当事人无论是在心理上还是在实际行动上，都不太可能去接受一个他们认为程序不公正的判决。

如前所述，送达最基本的功能在于通知受送达人。一旦法院确定已经将上述法律文书有效送达给被告，被告若未在法定的期限内出庭应诉，则可能招致对其不利的缺席判决。因此，送达问题又常常与缺席判决联系在一起。尽管缺席判决被认为是在给予被告充分的主张或辩论机会而其却置之不理后所作出的判决，是双方权利平等保护原则和诉讼效率原则平衡的结果，但此类判决毕竟是在一方当事人不到庭不答辩的情况下作出的，相比对席判决而言，事实真伪的查明难度更大，极容易出现误判的可能性。即使判决本身没什么瑕疵，但未出庭的一方当事人会怀疑判决的公正性，不愿自觉执行判决，使得判决被接受的可能性大大降低。因此，在诉讼法理论和司法审判实践中，缺席判决是法官万不得已而为之的一种结案方式。

在国家豁免诉讼当中，针对外国国家的审判，在被接受的可能性上要比其他案件小得多。究其原因就在于，此类案件所涉及的乃是外国国家的主权豁免问题。即使限制豁免的原则已经成为了一种不可逆转的趋势，但是没有哪个国家会从根本上来否定国家豁免权的存在。当前的通行做法，仍然是以国家行为享有豁免为原则，以不享有豁免为例外。或者说，国家行为在他国的法院首先应该被推定为享有豁免。从严格意义而言，在当今既无普遍国际公约又无国际习惯法的约束的形势下，接受和执行由另一外国国家所作出的针对自己的司法审判，并不是国家的国际法上的义务。由此一来，对外国国家所进行的审判和所作出的判决，其可接受性的问题，已经成为了考量法院地国家的司法权威和司法效率的一个重要指标。最坏的结果则是，非但判决无法执行，反而可能导致国家之间的外交关系的恶化。为了避免如此的恶果，各国在国家豁免诉讼当中，均特别注重被诉的外国国家的答辩意见和证据资料，而在送达程序的规则和实施等方面，也会尽量给予外国国家以充分的机会来参加诉讼，从而为其提供正当的和有效的程序保障。当送达的正当程序性保障功能充分而又完备时，即使外国国家未出庭，法院所作出的对其不利的缺席判决，至少不会因程序正当性的缺失而遭到外国国家的指责和质疑。这也是为何现有国家豁免法都将对国家的送达规则专门单列出来的原因。一言以蔽之，对国家豁免立法当中的送达规则以及送达实践的严格要求，乃出于对判决可接受性的一种高度关切。

在送达方面，无论是美国模式中的严格的送达顺序，还是英国模式下对外交途径送达的强调，无一不流露出这些国家在对待国家豁免问题上的谨慎和敏感。在对外国国家的具体送达方式的设置上，对外交途径的广为采用、邮寄送达的限制、公告送达的排除和对被告同意的送达方式的尊重等，无一不体现了对送达的实际通知效果的一种充分关注。尽管不同国家的法律文化和司法传统存在着或者保守或者开放的差异，但在对外国国家实施送达时，大多坚持了严格的法条主义和文义解释。诸此种种，均凸显了对国家豁免权的正当程序保障的一种努力。这些送达规则和司法实践，对经常在国外法院被诉的中国各级政府、国有企业来说，均有着非常重要的实践价值。而研究和分析这些规则和实践，并熟练掌握其诉讼技巧，利用法院地国现有的程序规则，同样可以达到驳回起诉、维护国家尊严和利益的相关实体性目的。

近年来，我国应对被诉的经验越来越丰富，外交部也多次强调被诉的各级政府、国有企业应该积极应诉。然而，就笔者的考察而言，在应诉中我国仍然很少利用法院地国的相关程序规则，或者尚缺乏可熟练运用程序规则的相关经验和技术。由此，笔者认为，以送达为例，我们至少需要重视以下几个问题：

第一，熟练掌握法院地国的国家豁免法中的送达规则，特别是其中的有关送达方式的规定。如上所述，美英等国的国家豁免法中都设置了非常严格的送达方式，并且采取了较为严格的文义解释。因此，对于不符合其规定的送达，我们可以直接以不符合其本国法律规定为由而提出拒绝。具体而言，在应对美国法院的诉讼时，一定要以其严格的送达次序为主要盾牌，如果送达不符合《外国主权豁免法》的送达次序，我们可以就送达程序提出异议。而在应对英国、新加坡、巴基斯坦、加拿大等国的诉讼时，我们要充分地把握好"外国国家同意的任何方式"中的"同意"的标准，对其作严格解释。对于何为"同意"的方式，在这些国家的实践当中，对其的判断还是相对比较严格的。我们可以充分地利用这一点，例如，可在其实施送达时明确表示反对或拒绝。而对于外交途径，则应强调必须是从"外交部对外交部"的送达，而非经中间人的转递。

第二，要特别注意提出送达异议的时机和方式。根据有关国家豁免法的相关规定，[①]已出庭的国家不得在诉讼中对送达程序未遵守有关规定而表示反对。如果直接向受案法院提出此种异议，就会被法院视为构成"出庭"，一旦被告出庭，就丧失了基于对原告的送达行为违反送达规则而表达异议的权利。[②]《联合国国家豁免公约》在第 22 条第 4 款也有类似的规定："任何国家在对其提起的诉讼中就实质问题出庭，其后即不得声称诉讼文书的送达不符合第一款和第三款的规定。"因此，比较安全的做法是，被告的法律顾问向原告的法律顾问表明对其送达行为的意见，并请其将此一问题向法院转达，以促使法院谨慎考虑对外国国家的缺席判决。[③] 或者，应当在其送达时表示拒绝并及时提出送达异议，而不能待出庭时才提出。

第三，充分结合《海牙送达公约》中我国所承认和提出保留的送达方式。尽管涉及对国家的送达是一种比较特殊的送达，但就目前的国家豁免诉讼实践来看，大多数的国家还是将《海牙送达公约》适用于对外国国家的送达。在加入该公约时，我国对邮寄送达作出了保留。因此，外国法院在对我国实施邮寄送达时，我们就可以有充分的根据来提出拒绝。

---

① 如《英国国家豁免法》第 12 条第 3 款、《新加坡国家豁免法》第 14 条第 3 款、《巴基斯坦国家豁免法令》第 13 条第 3 款、《南非国家豁免法》第 13 条第 3 款等。

② Andrew Dickinson, Rae Lindsay, James P. Loonam, *State Immunity：Selected Material and Commentary*, Oxford University Press, 2005, p. 389.

③ Andrew Dickinson, Rae Lindsay, James P. Loonam, *State Immunity：Selected Material and Commentary*, Oxford University Press, 2005, p. 389.

四、我国《外国国家豁免法》中的送达规则评述

对外国国家的送达程序关涉管辖权是否有效确立，缺席判决的效力，判决的承认与执行，进而对实体权利产生重要的实质性影响。国家豁免立法中的送达规则填补了我国的立法空白，回应理论和现实需求，将对外国国家的诉讼程序纳入法治化轨道。①

《外国国家豁免法》第 17 条规定了以外国国家为送达对象的送达规则。第 17 条规定：中华人民共和国的法院向外国国家送达传票或者其他诉讼文书，应当按照下列方式进行：（1）该外国国家与中华人民共和国缔结或者共同参加的国际条约规定的方式；（2）该外国国家接受且中华人民共和国法律不禁止的其他方式。通过前款方式无法完成送达的，可以通过外交照会方式送交该外国国家外交部门，外交照会发出之日视为完成送达。

按照本条第 1 款、第 2 款规定的方式进行送达的诉讼文书，应当依照该外国国家与中华人民共和国缔结或者共同参加的国际条约的规定附上有关语言的译本，没有相关国际条约的，附上该外国国家官方语言的译本。

向外国国家送达起诉状副本时，应当一并通知该外国国家在收到起诉状副本后三个月内提出答辩状。

外国国家在对其提起的诉讼中就实体问题答辩后，不得再就诉讼文书的送达方式提出异议。

上述送达规则的规定体现了尊重主权平等，善意履行公约义务和尊重他国法律制度的立法精神，符合公约和国际趋势。送达方式的规定中侧重保护外国国家主权，同时兼顾送达效率和送达程序的可操作性，力求在受送达国和法院地之间找到关于送达规则的最大公约数。

我国《外国国家豁免法》中对以外国国家为送达对象的送达程序进行专门性规定，符合公约和国际趋势。由于送达主体为外国国家这一特殊受送达对象，有关国家豁免公约和各国立法中均对送达规则进行专门性规定，对送达方式、受送达主体、送达效力均作出有别于一般域外送达的特殊安排。②

我国《外国国家豁免法》第 16 条规定了公约送达、外国国家接受且我国法律不禁止的方式和外交送达三种方式。上述三种方式为国家豁免相关公约和立法中较为常见的三种送达方式，体现了善意履行条约义务的原则以及对主权平等的尊重以及自我谦抑的立法精神。

---

① 《全国人大代表建议制定国家豁免法》，载《北京商报》2020 年 5 月 28 日。

② 如 2004 年《联合国国家豁免公约》（*United Nations Convention on Jurisdictional Immunities of States and Their Property*）第 22 条，1972 年《欧洲国家豁免公约》（*European Convention on State Immunity*）第 16 条，1976 年《美国外国国家豁免法》第 1608 节，1978 年《英国国家豁免法》（*State Immunity Act 1978*）第 12 条，1985 年《加拿大外国国家豁免法》（*Canadian State Immunity Act 1985*）第 9 条，1981 年《巴基斯坦国家豁免法令》（*Pakistan State Immunity Ordinance 1981*）第 13 条，1979 年《新加坡国家豁免法》（*State Immunity Act 1979*）第 12 条，1985 年《澳大利亚外国国家豁免法》（*Foreign States Immunities Act 1985*）第 24~26 条等。

(一)公约送达

我国《外国国家豁免法》第 16 条规定的三种送达方式，第 1 款为"该外国国家与中华人民共和国缔结或者共同参加的国际条约规定的方式"，也即公约送达途径。该途径体现了善意履行公约义务的立法价值取向。

对外国国家送达涉及法院地法和受送达国法的法律冲突与调和，公约在一定程度上调和送达规则上的法律冲突，起到凝聚共识的作用。两大法系关于程序的价值与功能上存在较大观念差异和制度分歧。大陆法系奉行职权主义，送达程序一般被视为"公权力"行为，上升至国家主权行为高度，送达主体一般是法院或专司送达的官员，当事人作为私主体不能完成送达。因此，大陆法系国家一般都反对外国法院对其本国国民进行直接送达。英美法系国家奉行当事人主义的，认为当事人在诉讼中起着主导作用，送达一般由当事人或律师执行。如在美国送达程序通常通过私人送达公司或者原告律师完成，而且可以依据双方当事人协议的方式进行诉讼文书的送达，送达方式规定较为宽松，只要证明通知当事人的知悉即可。

国际公约对调和法律冲突起到重要的作用，我国缔结的相关公约主要有《联合国国家豁免公约》和《关于向国外送达民事或商事司法文书和司法外文书公约》(以下简称《海牙送达公约》)。《海牙送达公约》适用于民商事案件的域外送达，其适用范围包括对国家的送达。[1] 该公约的适用解释中明确该公约可能被适用于国家豁免案件中对外国国家的送达。[2] 在实践中缔约国在对外国国家送达时援引该条约，比如荷兰最高法院曾裁定该公约适用于对外国国家送达，[3] 该公约也被美国官方确定为国家豁免诉讼中可适用的公约之一，[4] 司法实践中也依据该公约和《美国外国国家豁免法》对外国国家实施送达。[5] 值得注意的是，《海牙送达公约》第 13 条规定基于主权或安全可拒绝执行送达请求。[6]《海牙送达公约 2006 年版实用手册》对第 13 条第 1 款的文义解释既包括被诉主体为主权国家或代表机构享有国家主权豁免，也包括国家可以以主权和安全受侵害为由，拒绝履行外国法院对本国私人被诉主体的送达。第 13 条第 2 款则对一国何时能以第 13 条拒绝送达作出管辖

---

① 参见何其生：《域外送达制度研究》，北京大学出版社 2006 年版，第 118~119 页。

② Hague Conference - Permanent Bureau, *Practical Handbook on the Operation of the Hague Service Convention*, Wilson & Lafleur Ltee, 2006, pp. 61-62.

③ HR 3 Oktober 1997, Delsman, NJ 1998, 887.

④ 目前美国国内法院可以适用的与送达相关的多边条约只有两个：《海牙送达公约》与《美洲国家间关于嘱托书的公约》，参见"Foreign Sovereign Immunities Act"，US Department of Travel State Website, https://travel.state.gov/content/travel/en/legal/travel-legal-considerations/internl-judicial-asst/Service-of-Process/Foreign-Sovereign-Immunities-Act.html, last visited on March 22, 2022。

⑤ Ohntrup v. Kurumu, 1992, US Dist. LEXIS 217 (E. D. Pa. 1992); Doe I v. State of Israel, 400 F. Supp. 2d 86 (D. D. C. 2005); Keenan v. Holy, 21 F. Supp. 3d 825 (D. Minn. 2021).

⑥ 《海牙送达公约》第 13 条规定：①如果送达请求书符合本公约的规定，则文书发往国只在其认为执行请求将损害其主权或安全时才可拒绝执行。②一国不得仅根据下列理由拒绝执行，即：依其国内法，该国主张对该项诉讼标的的专属管辖权，或其国内法不允许进行该项申请所依据的诉讼。③在拒绝执行的情况下，中央机关应迅速通知申请者，并说明拒绝理由。

权上的严格限制。① 该条通常作为缔约国在国家豁免诉讼中拒绝送达的依据。尽管英美两国都采取限制豁免理论，但英国曾援引该条拒绝美国的送达。② 中国也基于第 13 条拒绝为仰融案③的律师执行送达请求。

(二) 外国国家接受且我国法律不禁止的方式

我国《外国国家豁免法》第 16 条第 2 款规定了"该外国国家接受且中华人民共和国法律不禁止的其他方式"，体现对外国国家主权的尊重和自我谦抑的立法精神。《联合国国家豁免公约》第 22 条第 1 款④除规定公约途径、特殊安排外，还将外交途径和"有关国家接受的不受法院地国法律禁止的任何其他方式"作为补充。上述规定旨在调和法院地国和受送达国的法律冲突，寻求二者的最大共识，兼顾法院地国和受送达国的法律。其他国家豁免立法中以自我谦抑的规范立场体现对受送达国家法律制度的尊重。如英国、新加坡、巴基斯坦、加拿大、南非等国的国家豁免立法中均以"外国国家同意的方式"作为公约送达、外交送达的并列途径或补充途径。⑤

邮寄送达是两大法系相异的诉讼理念中最大的规则分歧。送达性质和模式下的规则分歧。⑥《海牙送达公约》的缔约国中将送达视为当事人行为的国家一般允许其他国家对其境内当事人采取直接邮寄送达方式，而且不以互惠为基础。而将送达视为司法职权行为的国家均反对外国在其境内进行邮寄送达，将其视为侵犯该国司法主权的行为。实践中，上升至外交照会层次的争议主要针对美国的域外直接送达，⑦ 德国、法国、瑞士等国家均认为美国未经许可在其领域内的送达行为侵犯国家主权。⑧ 针对争议最大的邮寄送达方式，

---

① Hague Conference - Permanent Bureau, *Practical Handbook on the Operation of the Hague Service Convention*, Wilson & Lafleur Ltee, 2006, pp. 130-134, para. 174-181.

② Buri v. U. K. & the British Admirality, No. 79-3199 (E. D. Pa. Nov. 5, 1980).

③ Yang Rong v. Liaoning Province Government, 452 F. 3d 883 (D. C. Cir. 2006).

④ 2004 年《联合国国家豁免公约》第 22 条第 1 款："送达传票或对一国提起诉讼的其他文书应按以下方式进行：(a)按照对法院地国和有关国家有约束力的任何可适用的国际公约；或(b)如果法院地国法律未作禁止，则按照求偿方和有关国家关于送达诉讼文书的特殊安排；或(c)如无此公约或特殊安排，则：(一)通过外交渠道送交有关国家的外交部；(二)采取有关国家接受的不受法院地国法律禁止的任何其他方式。"

⑤ 参见 1978 年《英国国家豁免法》第 12 条、1985 年《加拿大外国国家豁免法》第 9 条、1981 年《巴基斯坦国家豁免法令》第 13 条、1979 年《新加坡国家豁免法》第 12 条、1981 年《南非外国国家豁免法》第 13 条。

⑥ 在《海牙送达公约》的 79 个缔约国家和地区中，包括美国、加拿大、英国、法国、意大利等 40 个缔约成员接受第 10 条 a 款的邮寄送达方式。包括中国、日本、韩国、印度、德国、瑞士、巴西在内的 35 个缔约国对该条款提出保留。另外澳大利亚、越南、拉脱维亚、斯洛文尼亚 4 国对该条款附条件接受，仅支持以挂号信为载体的邮寄送达方式。The Hague Convention: Table reflecting the applicability of Articles 8(2), 10(a)(b) and (c), 15(2) and 16(3), https://www.hcch.net/en/instruments/conventions/publications1/? dtid=2 & cid=17,last visited on March 22,2022.

⑦ 参见何其生：《域外送达制度研究》，北京大学出版社 2006 年版，第 41~43 页。

⑧ Gary B. Born, *International Civil Litigation in the United States*, WoltersKluwer, 2011, p. 681.

该公约的适用解释在一定程度上起到凝聚共识的作用。《海牙送达公约2006年版实用手册》①对域外邮寄送达的有效性作出解释：（1）符合法院所在国关于邮寄送达及其方式的法律及相关规定；②（2）该送达方式不被被送达国反对；（3）拒绝邮寄送达是否符合对等原则。③ 可见，对于邮寄送达方式不仅应符合法院地国，也应符合受送达国的接受程度，对此方式提出保留的缔约国不应作为邮寄送达对象。而对等原则也对相关国家的域外送达方式提出要求。为回应其他国家对邮寄送达方式的反对，美国于1980年向美国法院行政办公室发布的对外国进行送达的备忘录中，就该问题作出回应。备忘录中要求法院不应对反对邮寄送达方式的国家被告送达传票和起诉状，应采用请求书方式。④ 美国也在官方信息中确认不可向《海牙送达公约》缔约国中对邮寄送达作出保留的国家进行邮寄送达。⑤美国近期的司法实践也与该立场相符。⑥ 我国在执行该规定时应注意各国制度差异以及条约保留事项。

（三）外交途径

我国《外国国家豁免法》第16条第3款规定了"通过前款方式无法完成送达的，可以通过外交照会方式送交该外国国家外交部门，外交照会发出之日视为完成送达"。外交途径作为最后保留送达途径保证文书的有效送达。域外送达规则往往是公正与效率的平衡，但在国家豁免有关公约和国家立法中均对程序公正倾斜保护，以示对主权国家的尊重，避免引发外交冲突。在送达规则上体现为重视外交途径，将其作为重要或唯一途径。

由于外交途径送达成本较高，作为前款方式无法完成送达的最终送达途径是对尊重主权和送达效率的价值平衡。《美国外国主权豁免法》在首次提交国会审议时，将外交途径作为与其他途径并行的送达方式，但该途径因太过复杂、成本较高而未被采纳。⑦ 最终，

---

① Hague Conference - Permanent Bureau, *Practical Handbook on the Operation of the Hague Service Convention*, Wilson & Lafleur Ltee, 2006, pp. 142-148, para. 201-212.

② 例如荷兰对邮寄送达要求，回执邮件必须直接送达被送达人地址。实践中荷兰高等法院曾认定由于在法国的被告没能收到检方送达的回执邮件，不构成有效送达。参见 HR 31 May 1996, NJ 1997, p. 29。

③ 德国法院将本国保留《海牙送达公约》第10条解读为须满足双边对等原则，规定德国法院不能通过邮寄方式向域外主体发送送达。参见 OLG Düsseldorf, 3rd Zivilsenat, 8 February 1999, ZfIR 1999, pp. 324-326。

④ Memorandum of the Administrative Office of the United States Court Clerk re Service of Process in Foreign Countries (6 November 1980).

⑤ "Foreign Sovereign Immunities Act", US Department of Travel State Website, https://travel.state.gov/content/travel/en/legal/travel-legal-considerations/internl-judicial-asst/Service-of-Process/Foreign-Sovereign-Immunities-Act.html, last visited on March 22, 2022.

⑥ Tidewater Investment SRL v. Bolivarian Republic of Venezuela, No. 17-1457 (TJK) (D. D. C. December 17, 2018).

⑦ Diego C. Asencio, Robert W. Dry, *An Assessment of the Service Provisions of the Foreign Sovereign Immunities Act* 1976, Journal of Legislation, Vol. 8, No. 2, 1981, p. 232.

外交途径被作为对外国国家送达的最后途径。①

我国规定的外交途径明确了具体的送达方式与受送达国家机关,即"通过外交照会方式送交该外国国家外交部门",提升了外交途径送达的可操作性。司法实践中,一味追求实用主义的送达效果往往引发争议,导致送达无效。在"海伦娜航运有限公司诉摩尔"案中,美国法院认为,既然国务院已经通知法院对突尼斯驻美大使的送达将会损害美国对外关系,妨碍外交行政职能的行使,在此情况下的送达是不合适的。因为对外国国家元首进行送达而造成的对外国主权的侵犯,会对美国外交关系造成不良影响,并且可能招致反报,不利于美国外交政策的推行。② 在"哈里森诉苏丹案"中,也因法院向苏丹驻美国大使馆送达而导致送达无效。③

1. 送达方式顺位问题

按照是否规定强制性送达方式优先层级划分,可进行如下归类。《联合国国家豁免公约》《美国外国主权豁免法》《以色列外国国家豁免法》和《日本主权豁免法》均对送达方式按照共识程度和送达便利性作出层级要求,送达方式必须按照优先层级依次实施送达,不可违反送达次序,否则将被视为无效送达。而英国、新加坡、南非、巴基斯坦、加拿大、澳大利亚等国均未对送达次序作出规定,④ 为原告提供更为开放的选择空间。优先层级的划分标准显示立法者的立法价值和司法政策,如《联合国国家豁免公约》规定的送达优先层级第一顺位为依照国际公约或原告与被告的特殊安排,第二顺位为外交途径和受送达国接受的法院地国不禁止的任何方式。⑤ 上述规定体现了尊重共识和调和冲突的价值目标。

我国对外国国家送达规则中采取以公约送达和外国国家接受且我国法律不禁止的方式作为第一顺位送达方式,采取外交途径为第二顺位送达方式。采取优先层级的立法模式有利于为我国法院和当事人提供更明确和具有可预见性、可操作性的送达规则。优先层级的安排体现现有公约和各国立法实践的共识,尊重制度差异。第一个优先层级是争议发生前涉诉各方的共识,更为公正也易于认定。其中公约送达方式体现法院地和受送达国在公约中的共识。采取外国国家接受且我国法律不禁止的方式,充分考虑到制度差异和受送达国的意愿,平衡主权平等与送达效率。外交途径送达成本高昂但是目前各国普遍采取和接受的送达方式,作为最终送达方式保证送达效率。

2. 送达效力

有效送达是管辖权确立的依据,也是缺席判决的必要前提,对后续程序的走向和程序性抗辩起到至关重要的作用。对外国国家送达的有效性不仅涉及对上述送达方式的合法性审查,还涉及对送达生效时间认定、送达文件完整性、提供译本的必要性等形式要件的审查。

首先,合法性审查。我国采取开放式顺位送达的送达方式,我国法院在适用上述规则

---

① 28 U. S. C. § 1608 (a).

② Hellenic Lines, Ltd. v. Moore, 345 F. 2d 978, (D. C. Cir. 1965), pp. 980-981.

③ *Harrison v. Republic of Sudan*, 587 US _ (2019).

④ Andrew Dickinson, Rea Lindsay and James P. Loonam, *State Immunity: Selected Materials and Commentary*, Oxfoxd University Press, 2005, pp. 469-523.

⑤ 参见 2004 年《联合国国家豁免公约》第 22 条第 1 款。

判断送达效力时应注意下列事项：第一，送达方式是否符合关于送达方式顺位的规定，未经公约送达和外国国家接受且我国法律不禁止的方式送达，不可径直以外交途径送达。第二，在以公约方式送达时应注意考察公约是否生效以及外国国家加入公约时的保留事项。第三，在以外国国家接受且我国法律不禁止的方式送达时，应充分考察受送达国和我国的送达制度差异，结合对等原则予以送达。

其次，有效送达的起算点。有效送达的起算点是答辩期间和可进行缺席判决的起算点，对后续司法程序的合法性判断至关重要。在有效送达的证明上，一般以外交部收到送达文书的时间节点作为有效送达的起算点。如《联合国国家豁免公约》《欧洲国家豁免公约》及《英国国家豁免法》均以外交部收到文书时算作完成送达。但在实践中，究竟以送达环节中的何种行为和以何种官方文件上所注明时间点为起算点，有赖于便于认定的明确规定。《美国外国国家豁免法》第1608节第3款中规定送达时间从经过认证的外交照会副本注明或邮件回执等证明文件上注明的收到日期起算。

我国在有效送达的时间节点上仅规定了外交途径送达的时间节点，即"外交照会发出之日视为完成送达"，而未规定公约送达和以外国国家接受且我国法律不禁止的方式送达中有效送达的时间节点，容易导致司法实践中的认定分歧。应以司法解释的方式明确以送达回执邮件上注明的送达日期起算。

最后，文书的完整性。送达有效性认定中包括被送达文书的完整性。① 对送达文书的法律规定有概括式和明确列举式两种。前者如英国、新加坡对送达文书的规定仅规定传票或其他文书，加拿大规定为起诉文书，南非仅笼统规定"相关文件"。美国和澳大利亚立法中对送达文书进行明确列举。美国规定的文书包括传票、起诉状副本、诉讼通知及前述文件翻译件。澳大利亚规定送达文书应包括传票、申请、原告或申请者的法定声明、对非英语为官方语言的国家还应送达译本和翻译者证明书、翻译资格。送达文书的完整性将直接影响送达的有效性，司法实践中有因送达文书不完整被认定无效送达的案例。② 我国采取概括式规定送达文书包括"传票或者其他诉讼文书"，从立法文本看还包括起诉状副本、答辩通知和文书译本。为提升送达程序的规范性和可操作性，应在司法解释中明确送达的文书范围。

语言翻译也是影响送达有效性的要件，我国上述规定也对语言翻译问题作出明确规定以保障诉权，体现程序正义。法院对法律文书的翻译确保外国当事人能以自己所熟知的语言知悉文书中所传达的诉讼事项，是便于当事人能更好地行使诉讼权利，履行诉讼义务，避免由语言的差异引起的理解歧义，也关涉到当事人的实体权利。在1979年的湖广铁路证券案中，法院撤销原缺席判决的原因之一正是未将传票译成适当的汉语。③ 在对国家送达的国际条约和法律中，大部分要求提供必要的译本。比如《联合国国家豁免公约》和《欧

---

① 龚柏华、丁伯韬：《中国政府在美国被诉引用主权豁免抗辩的法律探析》，载《上海政法学院学报（法治论丛）》2020年第6期，第1~18页。

② 40 D 6262 Realty Corp. v. United Arab Emirates，447 F. Supp. 710（N. D. Cal. 1978）.

③ Jackson v. People's Republic of China，596 F. Supp. 386（N. D. Ala. 1984）；Jackson v. People's Republic of China，794 F. 2d 1490（11th Cir. 1986）.

洲国家豁免公约》均有此要求，前者将适当翻译视为构成送达的有效要件。而《美国外国国家豁免法》中第 1608 条第 1 款第 3 项中要求在送达文书中附"该外国官方文字的译文"，1985 年《澳大利亚外国国家豁免法》对语言翻译则作出强制性规定。

综上，我国《外国国家豁免法》在立法理念上，体现了我国一贯尊重主权平等的国际法立场及现有法律制度中的诉讼理念，充分考虑相关公约和受送达国对送达方式的接受程度，制定体现善意履行条约义务，尊重制度差异，力求达到程序正义和送达效率的平衡。采取最能体现国家间共识的公约送达和外国国家接受且我国法律不禁止的方式作为优先顺位送达方式，采取外交途径作为最后送达途径保证有效送达。

在相关司法解释中应对送达有效性认定中明确规定送达生效时间以期在司法实践中易于适用，统一操作，避免分歧。我国宜以官方文件上注明的时间或邮件回执或外交照会副本注明的发出日期等作为送达证件上注明的收到日期起算。对送达文件的规定应以开放式列举明确必须送达的文书，规定送达文件包括传票、起诉状副本、诉讼通知及前述文件的译本以及翻译人员资格证明文件等诉讼文书。

第四节　外交介入问题

涉及国家豁免问题的案件，由于可能影响国家之间的友好关系，很多国家的外交部门有时会以一定的方式介入案件审判过程。但在是否介入的考量、介入方式的选择上，又是极为谨慎的，以防止构成非法介入而妨碍司法独立和司法公正。

一、外交介入的方式

从各国的国家豁免立法和司法实践来看，外交部门在诉讼过程中发挥着重要的作用，甚至影响到案件的最终裁判结果。在诉讼的不同阶段，外交介入的方式和作用也有所不同。

(一)转递诉讼文书

如第三节所述，通过外交途径向外国国家实施送达是非常重要的送达方式之一。从各国送达实践来看，绝大多数国家是将诉讼文书由本国外交部递送给被诉的外国家的外交部。① 例如，根据《美国外国主权豁免法》第 1608 条第 1 款第 4 项之规定，在前三项所规定的送达方式均无法送达时，"由法院书记员通过签收邮件的方式，迅速寄交在华盛顿哥伦比亚特区的国务卿，促请专门的领事部主任注意；而国务卿应当通过外交途径将上述文件的副本一份转送给该外国，并且应当寄给法院书记员一份业经认证的外交照会副本，指明该文件已于何时发出"。我国虽然没有国家豁免法，但在其他涉外民事诉讼中采取外交

---

① 《美国外国主权豁免法》第 1608 条第 1 款第 4 项、《英国国家豁免法》第 12 条第 1 款、《新加坡国家豁免法》第 14 条第 1 款、《巴基斯坦国家豁免法令》第 13 条第 1 款、《南非外国国家豁免法》第 13 条第 1 款、《加拿大国家豁免法》第 9 条、《澳大利亚外国国家豁免法》第 24 条等，都规定了外交部门可以转递诉讼文书。

途径向域外送达时，要求需在法律文书经过高级人民法院审查后，再交由外交部领事司负责转递。① 通过外交部转递诉讼文书，不仅能够最大限度地保障诉讼文书的送达效果，而且还能够引起外国国家的充分注意，以便及时提出国家豁免之抗辩。

(二) 出具证明书

从现有国家豁免规范和实践来看，在国家豁免诉讼的证据收集方面，外交部门也起着非常重要的作用。在英国、新加坡、南非、巴基斯坦、加拿大和澳大利亚等国的国家豁免法中，均规定外交部门或外交部部长对有关事实有权出具证明书，并且该证明书具有决定性且不容置疑。② 由于在对实体争议审理之前法院必须首先查明被告是否属于国家豁免主体，才能确定该案是否为国家豁免案件，因此查明被告的身份显得尤为重要。然而，被告是否属于国家豁免法中的"国家"的确定问题，往往会涉及国际法上的承认制度、国际组织制度等，与国家的外交政策和立场密切相关，而法官对此并不是非常了解，因此就需要外交部门提供确切的证明。例如，在英国国家豁免诉讼实践中，法官在不确定是否应该受理案件或对外国实体的身份存有疑虑时，就依赖英国政府颁发的行政证书(executive certificate)来作决定。③ 此外，如前所述，如果由外交部门转递诉讼文书，那么其应当将有关送达情况予以证明，以便法院确定是否已经送达及送达的具体时间。对法院来讲，外交部门提供的送达证明书具有确定的法律效力。

我国《外国国家豁免法》第 19 条明确规定了法院对外交部出具的有关国家行为的事实问题的证明文件应当予以采信，包括：案件中的相关国家是否构成本法第 2 条第 1 项中的

---

① 1986 年由最高人民法院、外交部和司法部联合下发的《关于我国法院和外国法院通过外交途径相互委托送达法律文书若干问题的通知》中第 4 条规定："我国法院通过外交途径向国外当事人送达法律文书，应按下列程序和要求办理：1、要求送达的法律文书须经省、自治区、直辖市高级人民法院审查，由外交部领事司负责转递。2、须准确注明受送达人姓名、性别、年龄、国籍及其在国外的详细外文地址，并将该案的基本情况函告外交部领事司，以便转递。3、须附有送达委托书。如对方法院名称不明，可委托当事人所在地区主管法院。委托书和所送法律文书还须附有该国文字或该国同意使用的第三国文字译本。如该国对委托书及法律文书有公证、认证等特殊要求，将由外交部领事司逐案通知。"第 6 条规定："我国法院和外国法院通过外交途径相互委托送达法律文书的收费，一般按对等原则办理。外国法院支付我国法院代为送达法律文书的费用，由外交部领事司转交有关高级人民法院；我国法院支付外国法院代为送达法律文书的费用，由有关高级人民法院交外交部领事司转递。但应委托一方要求用特殊方式送达法律文书所引起的费用，由委托一方负担。"

② 《英国国家豁免法》第 21 条规定："国务大臣，或代表国务大臣出具的证书，对下列任何问题，都是不容置辩的确定证明：(a)某一国家是否为本法第一部分所指的国家，某一领土是否为本法第一部分所指联邦国家的组成领土，或一个人或一些人是否为本法第一部分所指的国家元首或政府首脑；(b)某一国家是否为本法第一部分所指的《布鲁塞尔公约》的成员国；(c)某一国家是否《欧洲国家豁免公约》的成员国，以及是否已依该公约第 24 条作过宣告；或有关领土是否作为公约一个成员国的联合王国或其他国家所代表的领土；(d)文书是否已依上述第 12 条(1)款或(5)款的方式送达或收受，以及何时送达或收受。"《新加坡国家豁免法》第 18 条、《巴基斯坦国家豁免法令》第 18 条、《南非外国国家豁免法》第 17 条、《加拿大国家豁免法》第 14 条、《澳大利亚外国国家豁免法》第 40 条也有类似的规定。

③ 参见 Malcolm N. Shaw, *International Law*(5th ed.)，北京大学出版社 2005 年版，第 627 页。

外国主权国家；本法第 17 条规定的外交照会是否送达以及何时送达；其他有关国家行为的事实问题。由此可见，外交部对上述事实问题的证明文件，法院应当采信。这实际上是外交部门向法院提供的一种程序性协助，是推进程序、查清事实、正确适用法律所必需的，也是谨慎处理中国与其他国家对外关系的必然要求。

(三) 提出建议

在早期的国家豁免司法实践中，一些国家的外交部曾对国家豁免案件施以决定性或命令性干预。如德国 1819 年的"福特诉拿骚政府案"最终因德国普鲁士外交部拒绝法院扣押命令请求而在德国确立了国家豁免原则。① 在 1950 年的中国留港民航飞机案中，英国枢密院就指示香港法院：即使该案的被告为主权国家，法院也有权受理。②随着 20 世纪 70 年代开始的国家豁免立法和司法实践的日渐增多和成熟，外交部门的介入主要表现为非指令性的建议。比较典型的是阿根廷，其将外交部门介入诉讼、提出建议的权利规定在了《外国国家管辖豁免法》中(第 7 条)——"在外国国家被诉的案件中，外交部、国际商务和文化部可以以'法庭之友'的身份介入法庭审判，就任何事实或法律问题提出意见"。在国家豁免案件最多的美国，国务院有时会介入国家豁免诉讼过程，主要采取以"法庭之友"的身份，向法庭提出"利益声明"，就是否给予被告以豁免提出"建议"。审理"不明遇难船只案"③的克拉克(Clarke)法官曾经指出，美国政府若要介入，合适的方式应是通过"建议"或"法庭之友(amicus curiae)"的方式。④ 国务卿或者国务院的其他代理人通过向审理案件的法院直接表明其对某案中涉及外国豁免权问题的"建议"，以提醒(而不是命令)法官注意谨慎考虑被告国家的豁免权问题。此外，若某一国家豁免案件是新型案件，并且缺少明确立法或先例时，外交部门的介入也容易出现。

我国《外国国家豁免法》第 19 条第 2 款规定：对于前款以外其他涉及外交事务等重大国家利益的问题，中华人民共和国外交部可以向中华人民共和国的法院出具意见。根据宪法对国家机构的职能设置，外交部介入涉及国家和政府的重大涉外法律案件是其重要职能和工作内容之一。结合第 19 条两款内容来看，外交部对"重大国家利益的问题"所出具的"意见"，也只是意见而已，只是供法院参考。

由于前两种介入方式实则是某种程序上的服务行为，并不会对外国国家的主权豁免产生实质性的影响，因此其适当性和正当性并不存在什么争议。而第三种介入方式则有所不同，其可能会直接或间接影响到法院对外国国家的主权豁免的判断，甚至引起有碍司法独立之质疑。因此，实践中对外交介入的正当性的探讨主要集中在外交部提出建议是否适当。故而，后文的研究也是主要围绕外交部门就实体问题进行介入而展开的。⑤

---

① 参见龚刃韧：《国家豁免问题的比较研究——当代国际公法、国际私法和国际经济法的一个共同课题》(第二版)，北京大学出版社 2005 年版，第 16 页。

② 周鲠生：《国际法》，商务印书馆 1981 年版，第 231 页。

③ Hunt, Inc. v. Unidentified, Shipwrecked Vessel or Vessels, 22 F. Supp. 2d 521 (1998), p. 524.

④ Hunt, Inc. v. Unidentified, Shipwrecked Vessel or Vessels, 22 F. Supp. 2d 521 (1998), p. 524.

⑤ 除非特别指明，后文所探讨的"外交介入"仅指外交部门就实体问题进行介入的方式。

二、外交介入的原因

由于"国家主权至高"仍是当今国际法最重要、最基础的原则和制度根源，而国家豁免权又是国家主权的重要内容之一，因此也就具有了主权敏感性，处理不好可能会对国家的外交政策、对外关系、国家利益产生重要影响。受理、审判、执行以外国为被告的案件或判决，会面临巨大的政治风险。很多国家将国家豁免问题视为与政治或者公共政策密切相关的问题。因此，国家豁免问题不单纯是法律问题，更是外交事务。特别是一些重要的影响比较大的政治性案件，法官对国家的具体对外政策并不洞悉，也非其专职，在考虑和衡量具体案件中的非规范性因素时，难免对外交政策的影响的考虑和预测有所疏漏，偏离外交政策的目标。因此，法院仅仅依据审判技术和经验作出的判决，可能招致被告国家的报复性措施或者其他合作或协调失败的后果。为了避免遭受被告国家的报复性措施，降低国家豁免案件的政治风险，由外交部门在受理、审理或执行等不同阶段，以不同方式介入国家豁免审判过程，已经体现在有关国家豁免司法实践中。外交机关通过向法院作利益声明或与被告国家进行外交交涉，使法院审理案件更加谨慎和小心，将国家豁免诉讼的政治风险降到最低。

从根本上，外交机关介入国家豁免案件是对介入成本和收益进行理性衡量的结果。按照经济学的理论，收益大于成本的预期是人们行为的基本出发点，因而是人类社会的首要理性原则。在国家豁免案件的外交介入问题上，收益和成本的考量应是全局的、长远的。具体而言，外交介入的成本主要体现为：本国私人利益保护的不利、妨碍司法的风险、对以后相似案件的先例效应等；外交介入的收益则体现为：对外政策的实现，对被告及其他国家的报复性措施的避免，国家间政治、经济等领域的友好交往的维护等。由于国家豁免案件突出的政治性，与其他普通涉外案件相比，审判的法律效果和社会效果更易扩散。当预测和考量之后判断收益大于成本时，外交介入司法也是以合理成本解决纠纷的一个不错的方案。其实，涉及公共利益的领域，公权适当介入司法过程已成为促进社会、经济发展所必需之举措。

外交介入国家豁免诉讼，是把双刃剑，在降低政治风险的同时，也常常面临妨碍司法、影响司法独立的质疑。其实，司法独立从来都不是绝对地排斥合法的介入。司法独立的程序上的意旨是在司法程序中保障法官司法权以维护程序正当性和结果正确性，不允许任何机构或个人非法介入司法。所谓非法介入司法，主要是指"局外人"未经法律授权和正当程序进入司法程序充任法官或充当实际上的法官……在实践中，这方面问题突出表现在国家行政权力的拥有者未经法律授权和正当程序闯入司法程序。① 因此，可以推论，经法律授权和正当程序下的介入与司法独立并不相悖。而且，司法权属于政治权力范畴，司法独立无法完全独立于政治而存在……这表明司法独立从来不是绝对的独立，也不可能绝对独立，世界上没有超脱于经济社会发展和政治文化环境的司法独立，司法独立总是特定时代、特定国家的存在。② 涉及国家豁免的案件，往往对两国之间的政治关系和外交关系产生重要影响，纯司法化是不太可能的。即使在司法独立和法官独立最为典型的美国，直

---

① 参见龙宗智、李常青：《论司法独立与司法受制》，载《法学》1998 年第 2 期，第 34 页。

② 参见魏春明、王春梅：《论司法独立的相对性》，载《求实》2011 年第 7 期，第 80~81 页。

至目前，国务院的豁免建议仍有非常大的作用。可见，在涉及国家豁免问题的案件的受理、审理和执行的过程中，外交介入时有发生是有一定的合理性的。

三、外交介入的正当性分析

外交介入司法过程的负面作用也是不容忽视的，如果介入不当，会使法官感受到巨大的压力，并在客观上迫使他们作出一些于法不符甚至于情不合的判断，干扰或者妨碍司法公正。从法治理念和司法公正的本质意义上，外交介入并非司法活动的常态。不同国家，不同历史时期，不同的法律文化，决定了国家豁免案件中是否需要外交介入、外交介入的方式和程度。我们可以从美国国务院对诸多国家豁免案件的介入来展开对适当性的分析，并对我国外交部在 FG 公司诉刚果(金)案审理过程中的介入正当性问题进行评析。

(一)美国国务院的"豁免建议"之考察

美国是世界上最早转向限制豁免的国家之一，其也是目前世界上受理和审理以外国国家为被告的案件最多的国家。在美国的国家豁免司法实践中，美国国务院(即美国的外交部)的"豁免建议"曾经多次得到法院的考虑或采纳。考察美国国务院以"法庭之友"介入国家豁免案件历史和方式，能够拓展我们的研究视野。

1. 1976 年《外国主权豁免法》颁布之前

在 1952 年美国国务院《泰特公函》发布之前，决定主权豁免问题的初步责任主要落在国务院的执行行动中。法院只需继续遵循国务院的"国家豁免建议"即可。① 1952 年的《泰特公函》公开宣布不再赞同给外国政府对其商务交易行为豁免，这也是美国从绝对豁免转向限制豁免的重要标志性文件。然而，《泰特公函》中的国家豁免政策的变化对最高法院对国家豁免的分析方法的影响很小，反而将豁免决定问题置入混乱状态，因为外国国家经常对国务院施加外交压力，而且政治考虑有时使国务院在外国国家不享有豁免的案件中建议法院给予其豁免。国务院未理会外国国家的外交抗议时，"该外国国家是否享有豁免权的决定权就落在法院身上，法院通常会参考国务院以前的意见……这样，国家豁免的确定分流成了两支，受多种因素的影响，有时也包括外交的考虑。毫不奇怪，标准既不明确，也不统一适用"②。之所以出现这样的情形，一方面是因为《泰特公函》未能赋予法院决定豁免事宜的权力，过去作为决定外国主权豁免事务机构的国务院，还会继续向法院提出豁免建议；更糟糕的是，那些抛弃绝对豁免的外国国家开始向国务院施加外交压力，以促使其向法院提出有利于自身的建议。这样给国务院介入和干涉司法审判留下了机会，可能会将管辖豁免赋予本不享有豁免的外国国家。另一方面，在外国国家未向国务院提出豁免请求时，《泰特公函》未为法院提供任何明确标准来决定豁免事宜；相反，法院只能依循国务院以前的决定，而那些先前的决定与限制豁免相冲突。③ 由此可见，《泰特公函》的后

---

①　Republic of Aus. v. Altmann, 541 US 677 (2004), p. 690.

②　Republic of Aus. v. Altmann, 541 US 677 (2004), pp. 690-691.

③　Mark J. Chorazak, *Clarity and Confusion: Did Republic of Austria v. Altmann Revive State Department Suggestions of Foreign Sovereign Immunity?* Duke L. J., Vol. 55, 2005, pp. 373-378.

遗症使得美国国家豁免司法实践实际上呈现双轨制，但仍以国务院的决定为主。例如在1964 年的"胜利运输公司案"上诉审中，① 美国联邦第二巡回法院引用了《泰特公函》，经讨论认为，在涉及主权豁免的案件中，法院有遵循美国国务卿之建议的义务。总之，美国国务院出于外交上的考虑，根据对外政策的需要，建议法院给予被告国家豁免，在 1976 年以前非常常见，有时甚至不惜违背《泰特公函》中的限制豁免政策。② 笔者认为，1952 年到 1976 年间虽然属于国务院与法院共同决定豁免的双轨制时期，但美国国务院的"建议"对法院处理国家豁免案件实则具有决定性意义，国务院和法院不得不面临"逐案的外交压力（case-by-case diplomatic pressures）"。③

2. 1976 年《外国主权豁免法》颁布之后

为了结束双轨制不统一的混乱局面，将外国主权豁免的决定权移交给司法部门，1976 年美国国会专门制定了《外国主权豁免法》。国会打算通过专门立法将豁免的决定非政治化，排除外交部门的干预，并使相关判决更加统一和具有可预见性。然而，这部立法模糊晦涩，尽管政策目的很明确，但却缺乏对特定情况的应对性措施；执行性条文尤其模糊，法官只好寻找创造性的办法以解决有关主权的尴尬问题。④ 此外，对 1976 年以前发生的行为，到底该如何决定豁免事宜？是适用《外国主权豁免法》的规定，抑或依循 1976 年以前的逐案听从国务院之建议的做法？这就涉及《外国主权豁免法》有无溯及力的问题。处理这些问题，不同的法院有不同的做法，非常混乱。⑤ 这也给美国国务院留下介入司法的机会。

在"湖广铁路债券案"中，美国国务院认为法院行使管辖权可能会对美国的外交政策、对外关系、国家利益产生影响，于是以"法庭之友"的身份干预法院审判，最终要求法院撤销了案件。在"纳粹劫掠艺术品案"中，联邦最高法院认为，如果美国国务院选择以利益声明的方式表达对法院对特定外国行为行使管辖权的意见，那么该意见可能会作为行政部门的特定外交政策问题而得到法院的尊重。⑥ 有人对此质疑，并指出最高法院此种暗示请求国务院给予建议的做法又会导致一些问题，比如：这种外交介入是否违背分权原则？是否背离《外国主权豁免法》排除政治考虑的立法初衷？⑦ 其实，《外国主权豁免法》之后，美国国务院对国家豁免诉讼的介入从来都没有绝迹，只是比以前相对少一些。导致此种情形的主要原因有两个，一方面是《外国主权豁免法》条文的固有缺陷，如前所述；另一方

---

①　Victory Transport Inc. v. Comisaril General de Abastecimientos Y Transports, 336 F. 2d 354(1964).

②　参见黄进：《国家及其财产豁免问题研究》，中国政法大学出版社 1987 年版，第 139~140 页。

③　Mark J. Chorazak, *Clarity and Confusion*：*Did Republic of Austria v. Altmann Revive State Department Suggestions of Foreign Sovereign Immunity*? Duke L. J., Vol. 55, 2005, pp. 377-379.

④　Stena Rederi AB v. Comision de Contratos Del Comite Ejecutivo General, 923 F. 2d 380(5th Cir. 1991), p. 385.

⑤　Mark J. Chorazak, *Clarity and Confusion*：*Did Republic of Austria v. Altmann Revive State Department Suggestions of Foreign Sovereign Immunity*? Duke L. J., Vol. 55, 2005, p. 382.

⑥　Republic of Aus. v. Altmann, 541 US 677 (2004), p. 679.

⑦　Mark J. Chorazak, *Clarity and Confusion*：*Did Republic of Austria v. Altmann Revive State Department Suggestions of Foreign Sovereign Immunity*? Duke L. J., Vol. 55, 2005, p. 384.

面，也是最根本的原因，乃是国家豁免的法律和外交事务的双重属性。

值得注意的是，尽管美国法院已经同意国务院可以将被告国家的外交抗辩转达给法院，或者提醒法院有关豁免权的建议，但《外国主权豁免法》并未规定国务院有此权力。对外国国家来说，可以寻求美国国务院介入司法，但其能否为其豁免权进行辩驳，并无任何把握；而且国务院的意见对法院来说并无法律拘束力，其作为"法庭之友"的意见仅供参考。① 如在"莫里斯诉中国旧债券案"中，我国试图依循"湖广铁路债券案"的经验，寻求美国国务院介入诉讼，并作出对中国有利的利益声明，但美国国务院的态度较为消极，不愿出具利益声明。

从以上梳理来看，在美国长期的国家豁免实践中，从来不乏国务院的外交介入。在不同时期不同背景下，介入的方式也不同，一般采取逐案分析方法。进一步仔细分析，不难发现，美国国务院的豁免建议的启动多是首先由外国国家提出外交抗议或者声明，国务院迫于外交和政治压力才进行的，很少有主动介入的情况。虽然美国立法、行政和司法机构都竭力促成国家豁免问题的纯司法化，但是在具体个案中，法院判决还是会在相当大程度上受到政府立场的影响。②

（二）"FG 公司诉刚果（金）案"中的外交部致函之评析

2011 年 6 月 8 日，香港特区终审法院就美国对冲基金 FG Hemisphere Associates LLC（以下简称 FG 公司）诉刚果（金）案提请全国人大常委会释法。③ 2011 年 8 月 26 日全国人大常委会审议并通过了《关于〈中华人民共和国香港特别行政区基本法〉第十三条第一款和第十九条的解释（草案）》的议案。至此，沸沸扬扬的美国 FG 公司诉刚果（金）案终于有了定论。此案既涉及香港自治权范围问题，又涉及国际法上的国家豁免问题。在此案审理过程中，我国外交部曾三次致信阐明中国处理国家豁免问题上的立场。有人质疑外交部多次致函香港法院是否影响案件的审判。外交部则回应说："在案件审理过程中，外交部曾三次致函香港特区政府政制与内地事务局，旨在说明中央政府关于国家豁免等重大外交事项的政策和立场。上述函件由特区政府律政司提供给特区法院，供法院考虑。这是司法实践中的正常做法。"④

1. FG 公司诉刚果（金）案梗概

刚果（金）早前因在 ICC 仲裁败诉而须支付给美国 FG 公司 1.04 亿美元（约 8.1 亿港

---

① Joseph W. Dellapenna, *Suing Foreign Governments and Their Corporations* (2nd ed.), Transnational Publishers, Inc., 2003, p. 642.

② 肖永平、张帆：《美国国家豁免法的新发展及其对中国的影响》，载《武汉大学学报（哲学社会科学版）》2007 年第 6 期，第 808 页。

③ "FG Hemisphere Associates LLC 诉刚果民主共和国及其他人"（香港高院杂项案件 2008 年 928 号、高院民事上诉案件 2008 年 373 号和民事上诉案件 2009 年 43 号、终院民事上诉案 2010 年第 5、2010 年第 6 及 7 号）。

④ 《外交部发言人洪磊 2011 年 6 月 9 日主持例行记者会上的发言》，载中国网官网，http://www. china.com.cn/international/txt/2011-06/09/content_22749043.htm，2011 年 8 月 11 日访问。

元）。FG 公司发现中国国有企业中铁集团在刚果（金）有大型投资项目，遂于 2008 年在香港高院原讼庭起诉刚果（金）及中铁集团相关公司，请求法院执行 ICC 的仲裁裁决，将中铁集团（香港）支付刚果（金）政府的开采矿产的许可费用来抵债，并禁止中铁集团（香港）直接对刚果（金）进行缴付。

2008 年 12 月，原审法官芮安牟（Reyes）认为，中国中铁集团在刚果（金）的发展项目是国家之间的合作，中铁诸公司等在刚果的庞大项目促进其经济发展和人民福祉，具主权属性，不具商业性质，香港法院没有司法管辖权，判刚果（金）胜诉，撤销 2008 年 5 月 16 日对刚果（金）的禁令，撤销对原仲裁裁决的执行令。原告不服原审法官的判决，向香港上诉法院提起上诉。2010 年 2 月 10 日，香港上诉法院作出判决：香港沿用普通法的限制性外交豁免权法则，批准 FG 公司申请，禁止中国中铁缴付采矿费予刚果（金）。被告不服，遂上诉于香港终审法院。2011 年 6 月 8 日，香港终审法院 5 位法官以 3：2 的多数，决定寻求全国人大常委会就香港基本法第 13 条与第 19 条的内容进行释法，待人大常委会进行释法后，案件才再排期作最终判决。2011 年 8 月 26 日人大常委会对《香港特别行政区基本法》第 13 条第 1 款和第 19 条作出解释，国家豁免规则或政策属于外交事务，中央人民政府有权决定国家豁免规则或政策，香港特别行政区无权自行处理，并再次表明了奉行绝对豁免原则的立场。

该案是香港回归祖国后的第一起涉及国家豁免的案件，除了法律问题外，本案在政治上、外交上和国际投资上也将影响深远。如果处理不当将波及"一国两制"的实施，将影响中国与发展中国家的关系。在本案审理过程中，外交部驻香港特派员公署经授权三次致函香港特区政府政制与内地事务局，反复重申中央政府关于国家豁免等重大外交事项的政策和立场，并就中国签署《联合国国家豁免公约》的法律效果，以及香港实行与中央立场不一致的国家豁免原则的不良后果等进行了声明。

外交部的三封信函的主要内容是：我国的一贯原则立场是，一个国家及其财产在外国法院享有绝对豁免，包括绝对的管辖豁免和执行豁免，从未适用所谓的"限制豁免"原则或理论。中国境内法庭对任何以外国国家或政府为被告的案件以及任何涉及外国国家或政府财产的索偿没有司法管辖权，实际也从未受理。我国于 2005 年 9 月 14 日签署了《联合国国家豁免公约》，以表明我国对国际社会上述协调努力的支持，但我国迄今尚未批准该公约，该公约本身也未生效，因此对我国不具有约束力，更不能作为判断我国在相关问题上的原则立场的依据，我国坚持绝对豁免的立场并没有发生变化，也从未适用或认可所谓的"限制豁免"原则或理论。

从香港法院的判决书中，我们可以看到，对于外交部的三次致函中的绝对豁免原则的申明，审理该案的某些法官并未认可，并认为外交部信函也只是重申内地法院奉行"绝对豁免权"，没有提出香港法院要一同遵守之意，并主张"公正的司法制度应作出独立裁决"。此问题实际上乃是涉及国家豁免案件中的外交介入问题。由于国家豁免案件本身与国家间政治和外交关系密切相关，在国家豁免实践中，外交介入案件受理、审理和执行过程并不少见。

2. 外交部致函的正当性评析

笔者认为，我国外交部通过致函介入本案是正当的。原因有以下三个方面：

　　首先，在 FG 公司诉刚果(金)案中，外交介入具有一定的必要性。本案是香港回归祖国之后香港法院受理的第一起涉及外国国家为被告的案件，也是中国境内受理的首例有关国家豁免这一重要而敏感问题的案件，既关涉我国对外事务和对外政策的贯彻和实施，更是维护国家尊严的重要内容。该案之所以一波三折，根本原因在于对"一国两制"具体内容的理解和适用出现分歧，尤其是对"国家豁免"问题到底是否属于香港"自治权"的范围抑或属于非自治权范围的"外交事务"理解不同，而《香港特别行政区基本法》就此问题并未明确。在既无明确立法又无先例的情况下，而本案中涉及的国家豁免问题既是法律问题，更是中国的宪政问题，基于国家利益的全局考虑，外交部致函香港特区政府政制与内地事务局，实为必要之做法。正如香港终审法院判决中强调指出：按普通法，国家豁免原则是由主权国决定，完全没有余地让一个缺乏主权性的区或市，去采用与国家不同的原则，法院必须与处理外交事务的行政机关"口径一致"。① 即使按照"成本-收益"的经济学分析方法，外交部的做法保障了我国与中小国家的友好交往和绝对豁免一贯立场。外交部审时度势地发出声明，以代表中国政府表明在国家豁免问题上的立场，并无不妥。

　　其次，外交部介入 FG 公司诉刚果(金)案满足法律授权和正当程序要求。第一，我国法律赋予外交部有外交介入的职能。外交部的职能之一即是："负责办理国家对外缔结双边、多边条约事务，负责国际司法合作有关事项，负责或参与处理涉及国家和政府的重大涉外法律案件，协助审核涉外法律法规草案，组织协调有关我国履行国际公约、协定工作。"②由此可见，外交部介入涉及国家和政府的重大涉外法律案件是外交部的一项重要职能和工作。本案中外交部驻港特派员公署就国家豁免问题所发的信函，并未超出外交部的职能范围。第二，本案中外交介入的程序具有正当性。根据《香港特别行政区基本法》第 19 条第 3 款的规定，如果案件中所涉事务为国防、外交等国家行为，则中央人民政府有权出具"证明书"进行认定和解释，再由香港行政长官根据该证明书作出"证明文件"，此"证明文件"对法院有约束力。此条款，意在指明香港特别行政区法院在对"国家行为"之判断上须与中央人民政府的决定一致，以保障"一国两制"之"一国"的本质。在本案审理过程中，外交部代表中央人民政府，按照《香港特别行政区基本法》第 19 条第 3 款的规定，出具阐述"国家行为"的"证明书"，即前述的三封信函，向其下属机关——香港特区政府政制与内地事务局——发出。香港律政司考虑到此案提出了中央政府的国家豁免政策对香港地区是否适用这一重要问题，于是律政司司长决定以公共利益为由，介入诉讼程序，将上述信函提供给特区法院，供法院考虑。从该介入过程来看，外交部的做法是符合《香港特别行政区基本法》第 19 条第 3 款之规定的，在程序上是合法的。

　　最后，本案中外交部的介入方式也很合理。从外交部发出的三封信函内容来看，只是就国家豁免问题表明中央政府的立场；其信函中并未出现命令或指令性内容，只是说明中央政府和内地在处理国家豁免问题上的一直以来的立场和以往做法，其中并未提及本案。

----

　　①　"FG Hemisphere Associates LLC 诉刚果民主共和国及其他人"，香港终院民事上诉案 2010 年第 5、2010 年第 6 及 7 号。

　　②　参见外交部官网，http://www.fmprc.gov.cn/chn/pds/wjb/zyzz/，2011 年 10 月 12 日访问。

从香港终审法院的判决来看，其并没有依循外交部的信函径直按照绝对豁免原则定案，而是根据宪法原则进行另外一个程序，即寻求全国人大常委会就香港基本法第 13 条与第 19 条的内容进行释法，待人大常委会进行释法后，案件才再排期作最终判决，也从侧面反映了外交部信函并非命令性地干预香港司法，更未妨碍司法独立。

第五节　外国国家的诉讼程序豁免

当某国主动向其他国家的法院起诉，或自愿在其他国家的法院就实体问题应诉，就意味着该国放弃了司法管辖豁免。在此种情况下，法院是否可以对该国及其财产采取诉讼程序上的强制措施？关于此问题，目前各国的意见还是比较一致的，即"未经一国明确同意，不得强迫其出庭作证或提供证据，不得对该外国的国家财产采取诉讼保全等诉讼程序上的强制措施"[①]。对此，国际法上称之为主权国家的诉讼程序豁免。我国《外国国家豁免法》对此问题没有作专门规定，但根据该法第 16 条[②]，本法没有规定的，适用中华人民共和国的民事诉讼法律以及其他相关法律的规定。此种豁免与管辖豁免不同，其对抗的是法院在诉讼过程中对外国国家所采取的程序性强制措施，而后者对抗的是法院对案件的管辖权。此种豁免与强制执行豁免也不相同，后者对抗的是法院对外国国家的财产所采取的查封、扣押或执行等强制措施。从根本上来讲，主权国家的诉讼程序豁免乃是国家主权和豁免权的延伸。出于对外国国家主权的尊重，现有国家豁免法和条约大多规定了外国国家的诉讼程序豁免问题。

一、外国国家的诉讼程序豁免的规范表现

在现有的国家豁免法和条约中，管辖豁免问题是最为主要的内容，而与外国国家的诉讼程序豁免有关的规则并不多，甚至有些国家对此问题根本未予规定。表 11-3 可以清晰地展现与外国国家的诉讼程序豁免有关的规则。

表 11-3

1.《联合国国家豁免公约》(2004 年)	第 24 条　法院诉讼期间的特权和豁免： 1. 如一国未能或拒绝遵守另一国法院为一项诉讼的目的所下达的关于要求它实行或不实行一项特定行为，或提供任何文件，或透露任何其他资料的命令，则这种行为除了对该案的实质可能产生的后果外，不应产生任何其他后果。特别是，不应因此对该国处以任何罚款或罚金 2. 一国对它在另一国法院作为被告方的任何诉讼，均无须出具无论何种名称的担保、保证书或保证金保证支付司法费用或开支

[①]　章尚锦、徐青森：《国际私法》(第三版)，中国人民大学出版社 2007 年版，第 394~395 页。

[②]　我国《外国国家豁免法》第 16 条：对于外国国家及其财产民事案件的审判和执行程序，本法没有规定的，适用中华人民共和国的民事诉讼法律以及其他相关法律的规定。

续表

2.《欧洲国家豁免公约》(1972 年)	第 17 条　若法院地国对其国民或在其国内有住所或居所之人并不要求为缴纳裁判费用或开支提供担保，则缔约国亦无须提供无论何种名称的担保、保证书或保证金保证支付司法费用和开支。缔约国如在另一缔约国法院为原告时，应支付可能应由其负担的一切裁判费用和开支 第 18 条　缔约国在另一缔约国法院的诉讼中为当事人时，不得由于其未能提供或拒绝提供任何文件或其他证据而对之采用任何强制措施或加以处罚。但法院得根据其未能提供或拒绝提供作出适当的任何结论
3.《美国外国主权豁免法》(1976 年)	未规定
4.《英国国家豁免法》(1978 年)	第 13 条"诉讼程序上的其他特权"： (1) 在以国家为当事人的诉讼中，不得因国家或其代理人未能或拒绝披露或提供任何文件或资料，而科以监禁或罚金 (2) 除下列第(3)(4)款的情形外—— (a) 对国家不得以发布禁令或为特定履行或返还土地或其他财产的命令作为救济措施 …… (3) 上述第(2)款的规定，不妨碍经有关国家的书面同意而采取任何救济措施，或开始任何程序；此种书面同意(可包含于事先的协议中)可表明它只用于有限的范围或普遍适用；但仅表示接受法院管辖的条款，不得认为合于本款所指的同意
5.《新加坡国家豁免法》(1979 年)	第 15 条"其他程序特权"： (1) 在以国家为当事人的诉讼中，不得因国家或其代理人未能或拒绝披露或提供任何文件或资料，而科以监禁或罚金 (2) 除下列第(3)(4)款的情形外—— (a) 对国家不得以发布禁令或为特定履行或返还土地或其他财产的命令作为救济措施 …… (3) 上述第(2)款的规定，不妨碍经有关国家的书面同意而采取任何救济措施，或开始任何程序；此种书面同意(可包含于事先的协议中)可表明它只用于有限的范围或普遍适用；但仅表示接受法院管辖的条款，不得认为合于本款所指的同意
6.《巴基斯坦国家豁免法令》(1981 年)	第 14 条"其他程序特权"： (1) 在以国家为当事人的诉讼中，不得因国家或其代理人未能或拒绝披露或提供任何文件或资料，而科以监禁或罚金 (2) 除下列第(3)(4)款的情形外—— (a) 对国家不得以发布禁令或为特定履行或返还土地或其他财产的命令作为救济措施 …… (3) 上述第(2)款的规定，不妨碍经有关国家的书面同意而采取任何救济措施，或开始任何程序；此种书面同意(可包含于事先的协议中)可表明它只用于有限的范围或普遍适用；但仅表示接受法院管辖的条款，不得认为合于本款所指的同意

续表

7.《南非外国国家豁免法》(1981 年)及其 1985 年、1988 年修正案	第 14 条"诉讼程序上的其他特权"： (1)除下列第(2)(3)款之外—— (a)对国家不得以发布禁令或为特定履行或返还任何动产或不动产的命令作为救济措施 …… (2)上述第(1)款的规定，不妨碍经有关国家的书面同意而采取任何救济措施，或开始任何程序；此种书面同意(可包含于事先的协议中)可表明它只用于有限的范围或普遍适用；但仅表示接受法院管辖的条款，不得认为合于本款所指的同意
8.《加拿大国家豁免法》(1985 年)	第 11 条：(1)除本条第 3 款规定者外，不得对外国国家采取禁止其为某种行为，或要求其为特种行为，或者要求其返还土地或其他财产的救济措施，除非该外国国家书面同意采取；而在同意采取此种救济措施时，其救助亦不得大于该国家同意的范围 (2)外国国家自愿接受法院的管辖，不得认为构成第 1 款所指的同意 (3)本条不适用于外国机构 第 12 条：(1)不能因外国国家在诉讼进行中未提供或拒绝提供有关文件与资料而科以罚金 (2)第 1 款的规定不适用于外国机构
9.《澳大利亚外国国家豁免法》(1985 年)	第 29 条　"给予救济的权力"： 除本条第 2 款外，法院可以对外国国家作出任何命令(包括临时的和最终的救济)，只要不与本法所规定的豁免相抵触，即为合法 法院不能发布命令使外国国家雇佣某人或恢复雇佣某人 第 34 条　"对某些措施的限制"：法院不得因外国国家或其代理人未能执行法院的命令而科以罚金或羁押
10.《阿根廷外国国家管辖豁免法》(1995 年)	未规定
11.《以色列外国国家豁免法》(2008 年)	未规定

　　从表11-3来看，外国国家所享有的诉讼程序豁免具有绝对性，除非该外国国家自愿放弃。无论是针对外国国家的罚金或罚款，抑或对代表外国国家的代理人所采取的人身性强制羁押或为某种特定行为，都被绝对地禁止。需要注意的是，在涉及国家豁免的案件中，外国国家所享有的诉讼程序豁免并非包罗所有的程序活动。实际上，现有规范将外国国家的诉讼程序豁免主要限定在三个方面，即程序性制裁的豁免、某些强制性救济措施的豁免和司法费用担保的豁免。

（一）诉讼程序豁免的范围

1. 程序性制裁的豁免

程序性制裁的豁免主要是指在外国国家拒绝履行法院的命令——如要求其提供或透露资料、实行或不实行某一特定行为等——时免受罚款或罚金等的制裁。各国对妨碍民事诉讼的行为都规定了相应的制裁措施，比如在英美法中的审前证据开示阶段，对不遵守开示要求或命令的人，法院可以采取相应的制裁措施；如法院下达强制证据开示命令，当事人拒绝开示则可能面临非常严厉的制裁后果，主要有：证据失权、认定有关事实成立、简易判决和处以罚金或拘留。① 在以外国国家为被告的诉讼中，一国出于对国家安全或遵守国内法的考虑，有时会拒绝向外国法院透露有关信息，这种拒绝行为因其特殊的目的而不应受到法院的制裁。② 现有国家豁免法中对程序性制裁豁免的规定意味着，即使法院下达强制命令，外国国家若拒绝履行命令，坚持拒绝提供、透露文件资料，其仍然能够免受各种形式的制裁。

当然，对外国国家来说，程序性制裁的豁免并不意味着其一定会胜诉。相反，外国国家拒绝提供或透露有关文件资料，虽然可以豁免法院对其进行的制裁，但其也有可能因此而使有关事实无法确认从而遭受败诉的结果。这也即是《联合国国家豁免公约》第 24 条第 1 款中的"对该案的实质可能产生的后果"以及《欧洲国家豁免公约》第 18 条中的"但法院得根据其未能提供或拒绝提供作出适当的任何结论"等语句背后的深意。或者说，这些诉讼程序豁免的规定并不意味着限制法院采取合适方式管理审判的能力。③ 国际法委员会的评注也表露了此种思想，其同时也指出，公约第 24 条第 1 款中的"不应产生任何其他后果"的措辞，使得法院可以不要求外国国家提供证据或文件而适用其本国的相关法律作出裁判。④

2. 强制性命令的豁免

英国模式下的各国家豁免法几乎规定了对外国国家不得以发布禁令或为特定履行或返还土地或其他财产的命令作为救济措施。与上述强制性制裁的豁免不同，此种强制性命令的豁免本质上是禁止法院在诉讼期限对外国国家下达强制性的命令；而前者并未禁止法院下达强制性命令，其只是强调对外国国家不履行法院命令的行为不能给予任何制裁。这些针对国家的强制性的程序性命令被视为违反了国际法中的国家主权，常会引起两国间友好关系的破裂。⑤ 这些强制性命令的豁免通常的效果是阻止法院在判决前或判决后对外国国家的财产采取查封、扣押等强制措施。对于此问题，《澳大利亚外国国家豁免法》的规定比较独特，该法第 29 条第 1 款规定："除本条第 2 款外，法院可以对外国国家作出任何命

---

① 详见张卫平主编：《外国民事证据制度研究》，清华大学出版社 2003 年版，第 186 页。

② Yearbook of the International Law Commission, 1991, Vol. II(Part two), p. 61.

③ David P. Stewart, *Current Development*: *The UN Convention on Jurisdictional Immunities of States and Their Property*, A. J. I. L., Vol. 99, 2005, p. 209.

④ Yearbook of the International Law Commission, 1991, Vol. II(Part two), p. 62.

⑤ Andrew Dickinson, Rae Lindsay, James P. Loonam, *State Immunity*: *Selected Materials and Commentary*, Oxford, University Press, 2005, p. 392.

令(包括临时的和最终的救济)，只要不与本法所规定的豁免相抵触，即为合法。"将该条与以下条文结合起来分析，实际上赋予法院在本法不禁止的情况下对外国国家施加各种命令的权力。① 笔者认为，澳大利亚的此种规定未充分顾及外国国家的主权和尊严，不可避免会增加审判的政治风险。不允许法院向外国国家发布禁令或其他强制其实行或不实行某种行为的命令，虽然在理论上关切到了外国国家的尊严和特权，但在司法过程论上可能不利于司法活动的进行。特别是，当外国国家有可能愿意为特定国履行或返还财产时，法院发布命令可以得到很好的执行。或许正是基于这个原因，《联合国国家豁免公约》第 24 条并未像英国豁免法那样另外规定强制性命令的豁免，而是允许法院向外国国家发布实行或不实行某特定行为的命令，只是当外国国家不遵守法院的命令时，其仍然可享受强制性制裁的豁免。

3. 司法费用担保的豁免

关于司法费用担保的问题，目前各国的做法存在一些差异。现有国家豁免国内立法中并未对外国国家的司法费用担保的问题作任何规定，仅是《欧洲国家豁免公约》和《联合国国家豁免公约》中作出了规定。前者强调，"缔约国如在另一缔约国法院为原告时，应支付可能应由其负担的一切裁判费用和开支"。后者明确，"一国对它在另一国法院作为被告方的任何诉讼，均无须出具无论何种名称的担保、保证书或保证金保证支付司法费用或开支"。两种规定模式，有一个共同意思，即：当外国国家作为被告时，其享有司法费用担保的豁免；当其作为原告时，不享有司法费用担保的豁免。这里值得注意的是，《联合国国家豁免公约》1991 年的二读和 2004 年的最终约文在此问题上有很大区别。公约二读中第 22 条第 2 款中最后一句的"which it is a party before a court"的措辞被 2004 年最终约文改为"which it is a respondent party before a court"，虽然只是增加了一个词——respondent (被告)，但其意相去甚远。公约二读中的文义解释应为：无论某国在另一国法院作为原告还是被告，其都享有司法费用担保的豁免；而 2004 年的最终约文仅规定当某国在另一国法院作为被告方时才享有司法费用担保的豁免。此种修改的效果是，在赋予被诉的外国国家司法费用担保豁免的同时，也强调了当其作为原告时，既不享有管辖豁免也不享有诉讼程序豁免。在这一点上，《欧洲国家豁免公约》(1972 年)的规定也有同样的效果。

(二)诉讼程序豁免的例外

当外国国家作为被告时，其所享有的诉讼程序豁免是绝对的，只有在外国国家明示同意的情况下才会被排除。对英国、新加坡、巴基斯坦、南非、加拿大等国的豁免法中的相关规定进行考察，我们不难发现，此种构成诉讼程序豁免的放弃的"同意"需要满足严格的条件：第一，必须由该外国以书面形式明确表明同意接受某种程序性命令；第二，必须明确其所同意的程序性命令的具体种类和范围，仅同意法院的管辖的声明并不能视为同时放弃了诉讼程序豁免。从实践视角来分析，尽管这种明示同意放弃诉讼程序豁免的情况并不多，但有时外国国家为了顺利实现交易目的或考虑到对案件实体结果的影响，会选择在

---

① 福克斯(Fox)教授也注意到《澳大利亚外国国家豁免法》中的这一独特规定。参见 Hazel Fox Qc, *The Law of State Immunity*，Oxford University Press，2008，p. 658。

事先的合同或协议中明确声明放弃诉讼程序豁免。或许因为国家放弃诉讼程序豁免的情形在实际中鲜有发生,《联合国国家豁免公约》第 24 条并未规定国家同意或放弃诉讼程序豁免的问题。

二、外国国家的诉讼程序豁免的正当性分析

在诉讼过程中,法官对整个程序的进行拥有管理权和控制权。在当事人未能遵守诉讼规则时,法院可以采取诸如训诫、发布命令等方式要求其按照法律规定参与诉讼活动。例如,在英美法系国家的证据制度中,若根据法律的规定当事人负有强制性证据披露的义务,法院可以向其发布提供或披露资料的命令,如果当事人无充分理由拒绝遵守此项命令,则可能会招致程序性制裁,如罚金、监禁等。法院在诉讼期间对当事人发布命令和对拒绝遵守命令的当事人进行相应的制裁,乃是为了实现查清事实、正确判案的目的。然而,在大陆法系国家,并不存在类似命令强制开示证据的制度,一般通过诚信原则来约束当事人交换证据,因此也就没有像英美国家那样因拒绝遵守提供和披露资料的命令而承受程序性制裁的规定和制度。

在国家豁免诉讼中,主权国家(即被告)作为一种特殊的具有法律人格的法律主体,其主权特质和属性使得法院对其"照顾有加"。长期以来,主权国家的诉讼程序豁免与管辖豁免是分离的。尽管外国国家有时会选择放弃管辖豁免,但在诉讼程序和强制执行上仍然坚持豁免,或者强调其放弃管辖豁免的行为并不代表同时放弃了诉讼程序豁免和强制执行豁免。即使被诉的外国国家不提出诉讼程序豁免的主张,法院也应当主动做到自我克制,即不对外国国家采取诉讼程序上的强制措施。这一点,也可以从表 11-1 的内容中得到证实。外国国家享有诉讼程序豁免权,主要是出于维护国家尊严的需要,是主权平等原则的具体体现。对法院地国来说,给予外国国家以诉讼程序的豁免,一般不会对案件实体结果以及原告的权益产生实质性影响,而且还能够在一定程度上避免或减少外国国家的外交抗议,进而保障诉讼程序的顺利进行。

如果站在外国国家的立场上来探寻仍然坚持诉讼程序豁免的缘由,就会发现,法院地国的诸如罚金、罚款、禁令等程序性制裁措施或命令要比单纯的管辖更严厉、更敏感,严重影响被诉的外国国家在国际社会上的声誉。相应地,如强行对外国国家科以罚金或罚款或禁令,如同对外国国家施加行政性或人身性的强制措施,必然会严重地触及该外国国家的尊严和利益,从而对两国的外交关系产生不良影响。此外,即使在普通案件中,各国通常规定由(外国人或在法院地国没有住所的)原告提供司法费用的担保,而被告一般是无须提供司法费用担保的,因为司法费用担保设立的目的是"保护被攻击的人,而不是进行攻击的人"。① 依此推理,当外国国家作为被告时,其也不应当承担司法费用担保义务。因

---

① 其中的原因是:如果此类原告没有足够的经济能力,即使法庭推翻原告的诉讼请求而判定被告胜诉,最终被告也无法成功追讨他所蒙受的诉讼初期的诉讼费损失。一般情况下,如果被告只是单纯地针对原告的诉讼请求提出抗辩,则被告不需要提供诉讼费担保金。参见郑远民等:《国际私法——国际民事诉讼法与国际商事仲裁法》,中信出版社 2002 年版,第 54 页。

此，作为被告的外国国家享有司法费用担保的豁免已是情理之中的结果。无论在国家豁免意义上，抑或在诉讼法基本理论上，外国国家享有司法费用担保的豁免均符合程序正当性要求。

上述研究为我国应对境外被诉提供了诸多启示。首先，在意识层面，我国各级政府或国有企业应当充分认识到诉讼程序豁免的重要意义，其不仅关涉我国的主权和尊严，还会影响到我国在国外的财产安全，一定要积极主张诉讼程序豁免，反对法院实施各种程序性制裁或发布程序性命令。其次，当我国各级政府或国有企业在国外法院遭遇被诉时，即使选择放弃管辖豁免或者管辖豁免抗辩未获得法院支持，也要积极在诉讼期间主张诉讼程序豁免权。即使在那些未明确规定诉讼程序豁免的国家应诉，若该国法院强行对我国作出程序性制裁或施加强制性命令，我们也应当据理力争，以维护我国的主权和尊严。因为，与管辖豁免不同，在外国国家的诉讼程序豁免问题上，目前的国际习惯法是积极地肯定国家享有诉讼程序豁免权，而不是限制豁免。最后，在与外国民商事主体进行交易时，除非对方提出强烈的要求，我国各级政府或国有企业不要选择同意放弃诉讼程序豁免；即使对方提出此方面的要求，我们也要谨慎权衡利弊之后再作决定，不可大意。

第六节 对外国国家的缺席判决

限制豁免原则与绝对豁免原则之间的对峙，衍生出一种现象：转向限制豁免原则的国家，不再一味地拒绝受理和审理以外国国家为被告的案件；而继续坚持绝对豁免原则的国家，在外国法院受理以本国为被告的案件时，因担心接受传票、进行答辩或出庭构成应诉管辖，经常对外国法院的传唤不予理睬，使得法院的司法过程陷入僵局。此时，法院面临一个选择：能否像普通民事诉讼一样，对不出庭的外国国家进行缺席审判？如果可以的话，那么在缺席判决适用的程序条件和救济程序的设计上，是否需要特殊处理？实际上，现有国家豁免立法和条约绝大多数对缺席判决问题作了专门规定，而且，在国家豁免诉讼实践中也不乏缺席判决的实例。这些法律规范和司法实践，为我们实证地研究上述问题提供了可靠性的资料。

一、对外国国家适用缺席判决的学理分析

(一)缺席判决的含义

在我国，民事诉讼中的缺席判决是相对于对席判决而言的，它是指开庭审理案件时，人民法院在一方当事人无故拒不到庭或者未经法庭许可中途退庭的情况下，依法审理后所作出的判决。此种意义上的缺席判决体现的是对席判决主义，即使一方当事人不出庭或出庭后未经许可中途退庭，庭审程序仍会继续在单方的辩论下进行，法院并不会因其缺席而直接作出对缺席一方当事人不利的判决。也就是说，即使一方当事人在答辩期内不提出异议也不应诉，法院仍然要开庭审理，在事实调查清楚(主要对原告提供的证据材料进行审查)的基础上，对缺席一方当事人作出缺席判决。此种缺席判决并不一定对缺席一方不利，因为法院仍然要对案件基本事实进行全面、细致的审理，仍要注重实体判决结果对当事人权利义务分配的公正性。因此，我国语境中的缺席判决实际上是在庭审之后才作出

的。大多数的大陆法系国家对缺席判决的理解与中国相似。

在英美国家，缺席判决的英文表达是"default judgment"。然而，"default judgment"有两种含义，只是由于中文翻译的原因，导致我们很多时候将其笼统解释为中国语境意义上的"缺席判决"，造成了对英美诉讼制度的片面理解。如英国《民事诉讼规则》对缺席判决界定如下："default judgment"means judgment without trial where a defendant-（a）has failed to file an acknowledgmentof service；or（b）has failed to file a defense。"翻译成中文即是："缺席判决，指被告符合如下情形时，法院未经开庭审理迳行作出的判决——（a）未提出送达认收书的；或者（b）未提出答辩的。"我们应当注意的是，这里采用的是"trial"的术语，而trial是开庭审理，即我们常说的英美法系国家的"大审"。① 可见，英国的缺席判决无须开庭审理即可作出。《美国联邦民事诉讼规则》第55条第1款对缺席的认定标准是"When a party against whom a judgment for affirmative relief is sought has failed to plead or otherwise defend，and that failure is shown by affidavit or otherwise，the clerk must enter the party's default。"，可翻译为"当有确切的证据证明被告未能答辩或者辩护，法院书记员必须对其进行缺席登记"。在此基础上，接下来的第2款对缺席判决作了详细的规定，要求原告需提出申请，然后法官以"听审（hearing）"而非"开庭审理（trial）"的方式进行审理，进而作出缺席判决。因此，英美法律中的缺席判决最普遍的含义是，未经开庭审理，法院根据当事人不应诉或不遵守法院命令等原因所作出的败诉判决。② 此种意义上的缺席判决又被翻译为"不应诉判决"。在这种制度之下，如果被告无正当理由而在规定的答辩期限内未就传票或起诉状进行答复，则被告就会被法院认定为构成"缺席"，此时原告对被告提出的诉讼指控将被视为是真实的。因此，"不应诉判决"在性质上属于一种程序性的制裁措施，法院并不对案件进行审理。这种制度被我国学者称为"答辩失权"，③ 其目的在于确保双方地位的平等，保护原告的知悉权。此外，由于不积极答辩会面临对其不利的不应诉判决，从而可以鼓励和督促被告积极应诉或提出答辩。因此，这种审前的缺席判决制度，至少在英美等国的二元诉讼程序结构中运行良好。

比较两种不同制度，不难发现，大陆法系的开庭审理后的缺席判决制度，注重的是案件的实体结果；而英美法系的审前程序中的缺席判决制度，注重的则是对缺席当事人不尊重司法程序的惩罚和制裁。

现有国家豁免立法文件中大多规定了缺席判决（default judgment）条款。若要正确理解这些缺席判决条款，我们必须将其放置于各国具体的诉讼制度和程序构造中，而不能笼统地以某种单一的价值或方法去解释所有国家的规范。除此之外，在对外国国家作出缺席判决的具体条件上，各国家豁免法和条约中的规定与普通民事诉讼法中的规定之间存在诸多

---

① 参见刘秀明：《对两大法系"缺席判决主义"本质之思考》，载《现代法学》2010年第5期，第154页。

② 参见汤雄建：《美国民事司法制度与民事诉讼程序》，中国法制出版社2001年版，第461页。

③ 参见王亚新：《我国民事诉讼不宜引进"答辩失权"！》，载《人民法院报》2005年4月6日，第B1版；傅郁林：《答辩失权的基础性问题》，载《人民法院报》2005年4月13日，第B1版；汤维建：《答辩失权是大势所趋》，载《人民法院报》2005年4月20日，第B1版；王亚新：《再谈"答辩失权"与"不应诉判决"》，载《人民法院报》2005年5月11日，第B1版。

不同。对此问题，将在后面第二节中详细介绍。

(二) 对外国国家作出缺席判决的风险

对外国国家作出缺席判决会面临双重风险。第一种风险是源自被告之特殊身份(国家豁免主体)的政治风险，第二种风险是源自程序意义上的判决难以执行的风险。①

1. 政治风险

国家豁免权是关涉一国主权的重要内容，若处理不当，可能会对国家的对外关系和国家利益产生重要影响。尽管限制豁免论正在以强劲的势头扩大其"领地"，但仍无权威机构或法律文件认定其已成为习惯国际法。除了仍有一些国家继续坚持绝对豁免论外，即使那些将限制豁免原则立法或践行于司法审判实践中的国家，其对待外国国家的豁免权问题仍是小心翼翼，不敢轻易"越雷池一步"。在审判过程中，法院需要特别注重被告国家的答辩意见和证据资料，在存有疑虑时，甚至可能还会征求外交部门的意见，方可排除国家豁免因素继续审理。在国家未出庭时，事实真相更加难以查清，若轻易作出缺席判决，更易引起被告国家的抗议和报复，增加两国外交关系恶化的风险。另外，坚持绝对豁免原则的国家一般特别看重被诉对其国家名誉和尊严的不利影响，不管缺席判决在实体上是否正确，这些国家都会极力反对甚至提出外交抗议，更不会主动配合执行。因此，对外国国家作出缺席判决首先会面临巨大的政治风险。特别是当缺席判决作出之后，如果进入对国家财产的执行程序，"对外国国家财产的任何执行措施都必然会直接触及该国家的重要利益，因而也会对有关法院地国和有关外国之间的外交关系带来严重的后果"②。若法院地国对被告国家的声明和意见未予理睬，强制执行缺席判决，就很有可能引起对方国家的对等措施。

2. 难以执行的风险

在诉讼法理论和司法审判实践中，缺席判决是法官万不得已而为之的一种结案方式。缺席判决是在给予被告充分的主张或辩论机会而其却置之不理后所作出的判决，是对双方权利平等保护原则和诉讼效率原则进行平衡的结果。然而，从追求事实真相的角度来看，毋庸置疑，一方当事人不应诉、不答辩，难以查明事实真伪，易导致法官作出错误的判决。虽然对缺席判决的撤销制度可以事后弥补审判的错误，但烦琐的撤销判决程序和救济程序，往往给当事人造成沉重诉累，也有损司法的权威。以外国国家为被告的案件事实通常比较复杂，行为的目的和性质比较难以确定，在被告未出庭和未答辩的情形下，更加剧了事实认定的难度，若轻易作出缺席判决，极容易出现误判的可能。此时，外国国家可能会充分利用法院地的撤销程序和其他救济措施，或者干脆提出执行豁免的抗辩。我们知道，对国家财产的执行豁免与管辖豁免不同，大多数国家仍然坚持绝对执行豁免。可见，

---

① 参见郭玉军、王卿：《对国家作出缺席判决的风险及其预防措施》，载《学习与实践》2011年第9期，第66~67页。

② 劳特派特：《外国国家的管辖豁免问题》，载《英国国际法年刊》1951年第28卷，第243页；转引自龚刃韧：《国家豁免问题的比较研究——当代国际公法、国际私法和国际经济法的一个共同课题》(第二版)，北京大学出版社2005年版，第271页。

对外国国家作出的缺席判决，后续的执行难度巨大。

以上两种风险叠加，使得各国实践对国家豁免案件均慎用缺席判决。如《美国外国主权豁免法》第 1608 第 5 款规定："不能未经对案件的审理就对外国国家做判决；但作为滥用证据开示的惩罚，可以对其作出缺席判决。"从立法意图上看，该条文乃是鼓励外国国家积极应诉，以保障案件中所蕴含的重大公共政策得到全面而仔细地考察。法院在行使自由裁量权时应当全面考虑各种因素，如文化的多元化、政府和政治的实践等。① 除了在国家豁免法中明确此类缺席判决的适用条件之外，各国司法实践中还强调法官要主动审查国家豁免问题，原告的证据需具有说服力等，以此来保障对外国国家作出缺席判决的程序正当性，进而实现原告和被告国家之间的利益平衡，高效公正地定纷止争。

二、对外国国家作出缺席判决的程序条件

如前所述，在国家豁免诉讼实践中，外国国家经常对法院的传票不理不睬，对原告的起诉状也不进行答辩或提出异议。针对这一情况，现有国家豁免法和条约大多明确规定可以对外国国家作出缺席判决，但需要遵守严格的条件和要求。其中，在程序方面，需要满足送达有效、答辩期限已过、缺席事实的存在、管辖豁免的排除等诸多条件。这些程序条件的具体内容与普通民事诉讼法的规定并不相同，从而形成了专门适用于外国国家的特殊的程序性规定。这些特殊程序规则对预防或减少缺席判决的政治风险和难以执行的风险起到重要作用。

(一) 有效送达

众所周知，正当的缺席判决的一个必要前提是，对缺席一方当事人已经实施了有效送达。有效送达的目的在于给予受送达人充分的参加诉讼机会的保障，其最终的效果在于实现程序过程本身的公正性、合理性，从而使缺席判决获得正当性。因此，未经有效送达即作出对缺席一方当事人不利的缺席判决，因程序存在严重瑕疵而导致该缺席判决属于无效的判决。在国家豁免诉讼中，对外国国家适用缺席判决时，有效送达作为正当程序保障的意义更为凸显，对缺席判决的可接受性的影响更大。

在第三节中，笔者已对国家豁免诉讼中的送达方式问题进行了详细的研究。如前所述，在对外国国家实施送达时，在送达方式的选择上，需要严格遵守国家豁免法的规定。这种对送达方式严格要求的做法，实际上是为了最大限度地实现有效送达的目的。在对外国国家适用缺席判决时，法院需要首先确定送达的实施行为是不是合法。除此之外，法院还必须查明是否实际通知到了受送达人。这种对送达结果的关注即是强调有效送达的效果。在这里，有效送达的确定需要回答以下两个问题：第一，送达的实施是否符合国家豁免法所规定的送达方式和送达次序？第二，是否"已经"实际送达？鉴于前文已经对第一个问题进行了微观而细致的研究，以下部分仅仅探讨和研究第二个问题。

---

① Andrew Dickinson, Rae Lindsay, James P. Loonam, *State Immunity: Selected Material and Commentary*, Oxford University Press, 2005, p. 302.

1. 已经送达的确定

已经送达的确定非常重要，其直接关系到缺席判决是否正当。同时，确定已经送达的日期是计算答辩期限的起算点，若被诉的外国国家未在法定的答辩期限内提出答辩意见，则可能面临缺席判决的结果。对已经送达的确定问题，现有的国家豁免法中大多明确规定，具体见表 11-4。

表 11-4

法律文本名称	已经送达的确定
1.《联合国国家豁免公约》(2004 年)	第 22 条第 2 款：以第 1 款第 3、9 项所指的方式送达诉讼文书时（即外交途径——笔者注），外交部收到该项文书即视为该项文书已送达 第 22 条第 4 款：任何国家在对其提起的诉讼中就实质问题出庭，其后即不得声称诉讼文书的送达不符合第 1 款和第 3 款的规定
2.《欧洲国家豁免公约》(1972 年)	第 16 条第 3 款：在该外交部收到时，第 2 款所述的文件应认为已完成送达 第 16 条第 6 款：缔约国到庭应诉应视为已放弃对送达方法的异议
3.《美国外国主权豁免法》(1976 年)	第 1608 条第 3 款：在下列情况下即认为文件已经送达： (1) 按第 1 款条 4 项规定送达的，送达时间是经过认证的外交照会副本注明的发出日期 (2) 按本条其他条款规定送达的，送达时间是证明文件、邮件回执或其他送达方式时的证明文件上所载明的接收日期
4. 英国、新加坡、南非、巴基斯坦的《国家豁免法》	第 12 条第 1 款：送达一经外国外交部接收，即视为有效送达
5.《加拿大国家豁免法》(1985 年)	第 10 条第 5 款：在按照第 2 款规定的方式送达起诉文书时，文书的送达日，应认为是副外交部部长或其依第 2 款指定的某人向有关法院证明该文件副本已转交给该外国国家之日
6.《澳大利亚外国国家豁免法》(1985 年)	第 24 条第 3、4 款：(3) 若传票和文件被送达到在外国国家内的外国国家的相应的部门或机关，送达自交付时生效。(4) 若传票和文件被送达到代表外国国家并拥有职权的其他人，送达自交付时生效 第 26 条：当外国国家没有拒绝启动传票的送达，并出庭参与司法程序，则本法关于该送达的规定应被遵守
7.《中华人民共和国外国国家豁免法》(2023 年)	第 17 条：中华人民共和国的法院向外国国家送达传票或者其他诉讼文书，应当按照下列方式进行： (一) 该外国国家与中华人民共和国缔结或者共同参加的国际条约规定的方式 (二) 该外国国家接受且中华人民共和国法律不禁止的其他方式 通过前款方式无法完成送达的，可以通过外交照会方式送交该外国国家外交部门，外交照会发出之日视为完成送达

从表 11-4 可以看出，已经送达的确定多以诉讼文书的实际交付或收到为准。然而，

这种交付或收到不能仅仅依赖外国国家的反馈信息，还必须有书面的证明。这一点，美国和加拿大的《国家豁免法》规定得比较详细，指明"送达时间是经过认证的外交照会副本注明的发出日期"或者其他证明文件、邮件回执等书面文件上所标明的接收日期。英国、新加坡、南非、巴基斯坦的《国家豁免法》尽管没有直接规定已经送达日期的确定，但却在后面的条文中规定本国外交部最高长官出具的证书可以证明已经送达的时间。① 例如，在英国的司法实践中，外交和联邦事务部的礼宾司特别注意送达的日期记录，而不是仅仅依赖从外国国家那里获得的接收信息。②

此外，外国国家参与法院的司法程序的行为，在很多国家的立法或实践中被认定为是对已经有效送达的默认。对外国国家来说，参与司法程序有两种情形：第一种是为了就实体争议提出主张而出庭；第二种是单纯为了提出对送达或管辖权的异议而参与程序甚至出庭。第一种情形被视为外国国家默认了送达的有效性，自然不无道理，但第二种情形若也被认定为默认送达有效，实则剥夺了被告在程序方面上的听讯权，显失正当性。或许正是出于这一考虑，《联合国国家豁免公约》在这个问题上的规定十分谨慎，在第22条第4款中明确规定："任何国家在对其提起的诉讼中就实质问题（着重号为笔者所加）出庭，其后即不得声称诉讼文书的送达不符合第1款和第3款的规定。"如此规定，仅将默认有效送达的出庭限定在第一种情形之下。

2. 送达被拒收的处理

在送达方式的设置上，现有国家豁免法大多比较重视外国国家所同意的方式（如，依该外国国家参加的相关条约或特定安排，或特别同意，或外交途径等）。如果按照外国国家所同意的方式并依法实施送达，外国国家仍然拒绝接收，法院该如何确定有效送达问题？会不会仅仅因为外国的拒绝而断定送达未完成？特别是在英国模式下的国家，由于主要以外交途径送达，如果被送达国家的外交部拒绝接受送达，可能会使司法过程陷入僵局。为了处理这一问题，英国的做法是，即使外国国家将合法送达的文书退回，外交部和联邦事务部仍然可以强行地证明文件已经送达。不过，通过外交途径退回送达的文书往往可以提醒法院履行其主动审查国家豁免问题的义务。③

在南非，现行国家豁免法和司法实践中也采取了与英国类似的做法。南非在1988年修改《外国国家豁免法》时，将旧法送达条款中的"received"一词全部替换成了"deliverd"或"served"。比如将"送达的文书已被外国外交部接收（received）"改为"送达的文书已经递送（deliverd）至该外国国家外交部"。缘何南非立法机关专门作出此种修改？我们知道，"received"一词有接收、接受之意，在此处，似有将外国国家的接受态度和意见考虑在内

---

① 《英国国家豁免法》第21条："国务大臣，或代表国务大臣出具的证书，对下列任何问题，都是不容置辩的确定的证明：……（d）文书是否已依上述第12条（1）或（5）的方式送达或收受，以及何时送达或收受。"《新加坡国家豁免法》第18条、《南非外国国家豁免法》第17条、《巴基斯坦国家豁免法》第18条均有类似的规定。

② Andrew Dickinson, Rae Lindsay, James P. Loonam, *State Immunity：Selected Material and Commentary*, Oxford University Press, 2005, p. 385.

③ Andrew Dickinson, Rae Lindsay, James P. Loonam, *State Immunity：Selected Material and Commentary*, Oxford University Press, 2005, pp. 385-386.

的意思。如果南非法官或外交部部长不顾某外国国家对送达的拒绝而强行认定为已经送达，那么"received"一词的模糊就会给该外国国家留下诸多争辩的托词，以抗议对其进行的送达活动或者缺席判决。如此一来，就给外国国家故意拖诉提供了机会和理由。而"deliverd"或"served"更注重文书被发送或者送达的客观行为，不用再去考虑被送达人主观上的接受态度。这样，在已经送达的确定上，只需注意递送或者送达的行为及其日期记录，而无须理会被告对送达的意见。

在澳大利亚，《外国国家豁免法》(1985 年)第 24 条通过外交途径送达的条文中，也特别采用"deliverd"以示文书被送达或者发出，而未像当时其他国家那样采用"received"一词。而且，该法第 24 条第 6 款还规定："根据本条，如果送达确实完成，那么依照本条的送达应被视为在境外和外国国家有效。"该条的规定意味着只要送达符合本法并实际完成，就可以确定为对被诉的外国国家构成有效送达，而不管被送达的外国国家是否同意。

可见，至少在上述国家，对已经送达的确认更加注重已经送达的客观结果，而不问受送达的外国国家是否接受。但前提是，送达行为必须符合国家豁免法的规定。无论如何，在已经有成文的国家豁免法的国家，对外国国家的送达必须以国家豁免法中的送达规则为准。福克斯(Fox)教授就曾指出，除非当事人另有协议，《英国国家豁免法》第 12 条中的有关送达的程序性规定是强制性和排他性的(mandatory and exclusive)。①

(二) 答辩期限届满

缺席判决的根本原因在于被告未在答辩期限内就原告的起诉提出答辩意见。答辩期限乃是一种程序性时效，是诉讼效率的保障，也是作出缺席判决的一个重要考虑因素。现有国家豁免法和条约一般都规定了外国国家的答辩期限，但在具体确定方法上存在一些差异。《欧洲国家豁免公约》(1972 年)第 16 条第 4 款之规定表明，答辩期限自外国外交部接收到送达文书之日起两个月后开始起算；第 5 款之规定表明，如外国国家到庭应诉的期限系由法院指定时，则法院应给予该国不少于两个月的期限，自该国外交部收到起诉文件或判决书副本之日后起算。与此相似，英国、新加坡、巴基斯坦、南非和澳大利亚的《国家豁免法》均规定：答辩期限自外国国家的外交部接收到送达文书之日起两个月后开始起算。② 很简单，上述各规定意味着，在有效送达之后的两个月后，答辩期限才开始起算。但答辩期限到底是多少日，这些国家的国家豁免法中并没有另行明确规定。因此，可以推定，在这些国家，外国国家的答辩期限应当是"两个月+普通答辩期限"。换言之，仍然需要援引民事诉讼法中对不在本国境内的被告设置的答辩期限，然后在此基础上再加上两个月的特殊延长期限(extension)，才是外国国家的答辩期限。③ 同时，民事诉讼法中的有关

---

① Hazel Fox Qc, *The Law of State Immunity*, Oxford University Press, 2008, p. 302.

② 《英国国家豁免法》第 12 条第 2 款英文原文为："Any time for entering an appearance (whether prescribed by rules of court or otherwise) shall begin to run two months after the date on which the writ or document is received as aforesaid." 其他国家的规定与此类似，均采用"begin to run two months after..."的模式。

③ 参见 Hazel Fox Qc, *The Law of State Immunity*, Oxford University Press, 2008, p. 302。

答辩期限可以延长的规定，同样可以适用于国家豁免诉讼。如此一来，在这些国家，外国国家的答辩期限实际上是非常弹性的。

　　其他国家的规定与上述各国的规定有所不同。如，《加拿大国家豁免法》第 10 条第 1 款规定："在有效送达之日之后至少 60 天内，不允许进一步开展以为判决为目的的相关程序。"加拿大的此款规定也很弹性，"至少"一词实则赋予法官在个案中对外国国家的答辩期限进行合理延长的自由裁量权。然而，《美国外国主权豁免法》中涉及答辩期限的规定就比较强硬，第 1608 条第 4 款规定："在联邦法院或者州法院起诉外国及其政治区分单位或者外国的机构或部门的任何诉讼中，应当在按照本条规定送达文件后 60 天内（within sixty days），对原告起诉书作出答辩或者其他表示答复的抗辩。"单从该条文及其所用术语来看，我们是无法判断出法官是否有权对这 60 天的答辩期限作出延展的。不过，只要我们结合美国联邦民事诉讼法的相关内容，就会找到相关答案。《美国联邦民事诉讼规则》第 12 条第 1 款第 1 项规定："除美国制定法规定不同的期间外，被告应当在下列期间内送达答辩状：（A）从接到传唤状和起诉状之日起 20 日内……"这一期限在经有关当事人协商或在向法院申请后得以延长，但延长的时间则由法院根据情况确定。[①]《美国联邦民事诉讼规则》中的有关延长答辩期限的规则应该同样适用于国家豁免诉讼。因为《外国主权豁免法》是《美国联邦民事诉讼规则》的特别法，特别法中没有特别规定的内容，则仍需适用普通法的相关规定。再者，《外国主权豁免法》中所体现出的鼓励和争取外国国家出庭应诉以避免对其适用缺席判决的立法意图和强烈的公共政策，也使得美国法院慎重对待外国国家的延长答辩期限的申请。涉及此问题的一个比较典型的案子是"多米尼加国家航空公司被诉案"，[②] 该案是一起合同纠纷，被告是多米尼加共和国国家航空公司（国有公司）。由于当时的多米尼加共和国政治不稳，导致被告答辩和应诉颇为困难，于是被告提出延长答辩期限的请求，本案的初审法院（佛罗里达南部地区法院）支持了被告的第一次延长答辩期限的申请，但对被告以尚未指定公司的法定代理人为由所提出的第二次延长答辩期限的请求，法院则未予支持，进而判定其构成缺席的事实，并对其作出了缺席判决。因此，尽管《外国主权豁免法》将外国国家的答辩期限限制在 60 天内，但由于《美国联邦民事诉讼规则》中的关于延长答辩期限的规定同样适用于国家豁免案件，因此只要被诉的外国国家及时提出正当的理由请求延长答辩期限，很可能会得到法院的支持，这样一来，外国国家就可以获得更长的准备答辩和应诉的时间。

　　《阿根廷外国国家管辖豁免法》并未像上述国家那样明确外国国家的答辩期限，但却在第 4 条专列延长答辩期限的规则，"根据外国国家的请求，法官可以审慎地延长被告答辩和抗辩的期限"。《以色列外国国家豁免法》第 13 条规定："被诉的外国国家应当在其受到送达之日起 60 天内作出答辩，但法院可以将此期限延长。"具体如何延长，该法第 14 条采用了"适当时间（good time）"之措辞，表明法院可根据个案情况行使适当的自由裁量权。可见，阿根廷和以色列的规定模式增加了司法过程中的法官能动性，法官可以根据个案中

---

　　① 吴晓燕：《论民事诉讼中的被告答辩制度》，中国政法大学 2011 年硕士学位论文，第 11 页。

　　② Compania Interamericana Export-Import, S. A. v. Compania Dominicana De Aviacion, 88 F. 3d 948; 1996 US App. LEXIS 18141.

的具体情况判断是否超过了合理的答辩期限。

笔者发现，在外国国家的答辩期限的问题上，上述立法尽管存在或多或少的差异，但却有一个共同点，即答辩期限实际上都是可以延长的灵活性的期限。这种规定模式，使外国国家获得更长的准备应诉的时间，在一定程度上保障了外国国家的豁免权免受不正当侵犯，减少对外交关系的不良影响。尽管或许会增加法官考量各种因素的烦琐程度，但与国家豁免问题及其政治影响相比，这种后果显得无足轻重。不过，对外国国家来说，在向法院提出延长答辩期限时，一定要注意结合法院地国家的民事诉讼法关于答辩期限及其延长的规定，不能仅局限于国家豁免法的规定。

此外，根据《联合国国家豁免公约》第 23 条第 1 款第 2 项之规定，若法院已经查明，"从按照第 22 条第 1 款和第 2 款送达传票或其他起诉文书之日算起，或视为已送达之日算起至少已经四个月"，才有可能对被诉的外国国家作缺席判决。该条之规定虽然并未指明外国国家必须答辩的最低期限，但从其措辞中可以看出，实则为外国国家进行答辩设定了"至少四个月"的较为充裕的时间。与现有国家豁免国内立法相比，该公约采取的是一种比较谨慎的规定方式。"至少"一词，为缔约国设立了一个强制性的最短答辩期限；换言之，缔约国在制定或修改其国家豁免法时，给予外国国家的答辩期限不能少于四个月。这种规定模式与上述各国内法的规定模式有所不同，给予外国国家的答辩期限更长，而且其所具有的强制性使这种比较长的答辩期限更加明确。如此规定，可以保障外国国家有更为充足的应诉和答辩的准备时间，对国家豁免权的维护起到了重要的作用。同时，这一规定也反映了限制豁免原则与绝对豁免原则之间的妥协，可以争取更多的国家——特别是仍然坚持绝对豁免原则的国家——成为该公约的缔约国。可以推断，一旦公约未来在已有国家豁免法的国家生效，这些国家豁免法中的有关答辩期限的规定在缔约国间将不再适用。

我国《外国国家豁免法》第 18 条规定人民法院可以在诉讼文书送达之日的六个月以后对"外国国家在中华人民共和国的法院不享有管辖豁免的案件"作缺席判决。笔者认为，该法将"答辩期限"设置为六个月，既与现有条约和其他国家立法不同，也并无国内法之依据，立法目的并不清晰，而且给予外国国家如此长时间的答辩期限，略显过度谦抑，大国司法之自信未得到充分彰显。

综上所述，我们可以得出如下结论：第一，外国国家的答辩期限不同于普通答辩期限，后者要比前者更长；第二，民事诉讼法中的关于延长答辩期限的规定同样可以适用于外国国家的答辩期限，但是，外国国家必须及时地提出延长答辩期限的申请，否则将会丧失有关请求权；第三，在答辩期限上的国内立法、国际条约和司法实践，都体现出对外国国家适用缺席判决的谨慎，凸显了对国家豁免权的正当程序保障。

(三) 管辖豁免的排除

在国家豁免视野下，对外国国家的缺席判决的适用有一个特殊而必要的前提，即在特定案件中被诉的外国国家及其行为不享有管辖豁免权。在整个诉讼过程中，此种管辖豁免是一种特殊的程序问题，也是法院对实体争议进行审理和判决所需解决的先决问题。因此，管辖豁免的排除是对外国国家适用缺席判决的一个重要的程序条件。至于其他管辖因素(如级别管辖、地域管辖或其他)，因并不涉及国家豁免问题，故而在此不作深入探讨。

作为对抗法院管辖的理由之一，管辖豁免问题可因以下两种方式被提出来：第一种方式是，被告(外国国家)以管辖豁免为由向法院提出管辖权异议；第二种方式是，法院主动启动有关被告之管辖豁免的审查程序。第二种方式下所形成的司法过程是国家豁免诉讼所特有的，是出于对国家豁免问题的特别关切而专门设置的。限于研究主题和篇幅，本章只详细介绍和研究管辖豁免提出中的程序问题，而对管辖豁免问题中的实体内容不再进行讨论。

1. 外国国家提出管辖豁免之请求

外国国家在接收到送达之后，可向法院提出以管辖豁免为根据的管辖异议。可是，应由谁代表国家向法院表达此种管辖异议呢？现有国家豁免法或条约对此问题并未予以明确。笔者集中对美国联邦法院的相关实践进行了详细的考察和分析，发现美国法院特别注重被告代理人的适当性问题，主要涉及以下三个问题：

第一，是否必须聘请美国律师作为诉讼代理人？对此问题，我们可从一些案件中找到答案。在 1977 年的 Aquino Robles v. Mexicana de Aviacion① 一案中，原告起诉墨西哥政府，并诉称，墨西哥政府存在涉嫌非法监禁的行为。此种行为显然是政府行为，而不具有商业性质。虽然，根据《美国外国主权豁免法》法院对本案没有事务管辖权，但是墨西哥仍然需要将此事实提请法院注意。在本案中期阶段，墨西哥就因聘请美国律师而花费了约 10000 美元的费用。墨西哥政府发现，即使法院对本案明显缺少事务管辖权，自己仍然面临着花费高额律师费或遭受缺席判决的两难选择。最后，墨西哥聘请了一名在外交部工作的墨西哥律师，由其向法院提出撤销案件的特别动议，这一动议得到了法院的支持。

自该案之后，墨西哥在类似的案件中几乎都不再聘请美国律师，而是由本国律师或外交部部长亲自向法院提出管辖豁免的动议。此种提出管辖豁免的方式得到了美国法院的认可。此外，很多法院的审判实践也表明，可以直接由国内首脑或外交部部长或由驻美国的大使代表本国亲自出庭(pro se appearance)②。但仍有法院谨慎地指出，外国国家是否可以亲自出庭是法院自由决定的事项，并非外国国家的权利。③ 因此，在美国国家豁免诉讼中，被诉的外国国家并无必须聘请美国律师的义务。不过，虽然这样可以节省不少律师费，但是其负面效果也是非常明显的。首先，毕竟美国律师最了解最熟悉美国的法律规定和司法制度，而外国国家(特别是那些在司法制度方面与美国存在较大的差异的国家)的律师或外交部部长或大使等在这方面的经验明显不如前者。其次，采取此种方式进行国家豁免之抗辩，外国国家需要特别小心和谨慎，因为一旦疏忽，比如就案件实体问题进行答辩或举证，则会被法院认定为同意放弃管辖豁免，从而构成对法院管辖权的默认。因此，对外国国家来说，要想最大程度上保证管辖豁免抗辩的成功，花费高额的律师费用是值得

---

① Susan E. Craig, *The Right of Foreign Soverigns to ContestFederal Court Jurisdiction Pro Se*, Fordham International Law Journal, Vol. 11, 1987, pp. 554-555.

② 亲自出庭(pro se appearance)，在美国诉讼中指不聘请律师，自己出庭辩护。*Black's Law Dictionary* (5th ed.), 1979, p. 1099.

③ Joseph W. Dellapenna, *Suing Foreign Governments and Their Corporations* (2nd ed.), Transnational Publishers, Inc., 2003, p. 643.

的。例如，在湖广铁路债券案中，我国起初仅提出外交抗议，却招致美国法院对我国作出缺席判决；在撤销缺席判决的申请中，我国聘请了一位美国律师，其充分利用了美国的特别出庭制度，并请国务院以法庭之友身份向法院申明中国的国家豁免之抗辩。最后的结果证明，聘请美国律师对维护我国的主权豁免权起到了至关重要的作用。

第二，外国国家可否依赖美国国务院的外交介入？很多外国国家选择请求美国国务院向法院代为转达管辖豁免的抗辩。然而，《美国外国主权豁免法》并未赋予国务院介入司法的权力，因此国务院作为"法庭之友"的豁免建议对法院来说并没有拘束力，尽管法院往往会高度重视此种建议并谨慎审查案件中的国家豁免问题。对外国国家来说，美国国务院能否出庭介入，并无任何保证。通常，在外国国家的管辖豁免特别明显的情况下，美国国务院才可能会考虑出庭介入。① 即便美国国务院出庭向法院转达被告的国家豁免抗辩，因美国国务院并非被告的代理人，法院并不认为被告提出了正式的管辖异议的动议。在"Sea Hunt, Inc. v. Unidentified Shipwrecked Vessel"②一案中，美国政府出庭将西班牙的管辖豁免之抗辩向法院转达。审理此案的克拉克（Clarke）法官查明，西班牙政府并未授权美国政府作为其代理人代表其出庭，并认为美国国务院或其他政府机构的意见顶多是一种"法庭之友（amicus curiae）"或"正式建议（formal suggestion）"；该法官还认为外国国家可以委托律师或大使或领事作亲自出庭。

可见，如果被诉的外国国家完全依赖国务院的外交介入，而不主动向法院提出管辖豁免之抗辩，就可能面临败诉的危险。因此，国务院的外交介入仅仅是一种辅助手段。

第三，共同被告之间可否就相互代理提出管辖豁免的抗辩？在一些涉及国家豁免问题的案件中，被告可能有多个主体。例如，既有外国政府，也有国家机构或国有企业等。在这种情况下，外国政府有时会将管辖豁免的抗辩交由其他共同被告代为转达给法院。此种代理是否有效？从一些已决判决来看，共同被告之间不能相互代理提出管辖豁免之抗辩。③ 在"福建马尾造船厂被诉案"④中，初审法院（路易斯安那东部地区法院）支持了原告的动议，对被告作出了缺席判决。之后，福建马尾船舶公司和福建省船舶工业集团向初审法院提起撤销缺席判决的动议。在对撤销缺席判决的动议的查明过程中，福建两船舶公司声称其同时代表另一被告——中国政府——向法院提出管辖豁免的抗辩。但审理此案的法官（Lance M. Africk）认为，福建两船舶公司不具备作为中国政府的代理人以提出管辖豁免的诉讼资格。

---

① Joseph W. Dellapenna, *Suing Foreign Governments and Their Corporations* (2nd ed.), Transnational Publishers, Inc., 2003, p.642.

② Hunt, Inc. v. Unidentified Shipwrecked Vessel, 22 F. Supp. 2d 521 (E. D. Va. 1998).

③ Republic of Philippines v. Marcos, 806 F. 2d 344, 360 (2nd Cir. 1986); Didi v. Destra Shipping Co., Ltd., 1993 US Dist. LEXIS 8662, 1993 WL 232075, p. 2 (E. D. La. Jun. 17, 1993).

④ First Inv. Corp. v. Fujian Mawei Shipbuilding, Ltd., E. D. La., Aug. 7, 2010 (2010 US Dist. LEXIS 91055), Motion granted by First Inv. Corp. v. Fujian Mawei Shipbuilding, Ltd., E. D. La., June 27, 2011 (2011 US Dist. LEXIS 68648). 在该案中，原告向法院申请执行一项仲裁裁决，法院对被告福建马尾造船厂和中国作出缺席判决。但该缺席判决后来又被撤销了，原因是法院对仲裁裁决本身的有效性存有质疑。

2. 法院主动审查管辖豁免问题

当被诉的外国国家对法院的传唤置之不理，且未提出管辖豁免之抗辩时，法院能否偏听原告的一面之词，不考虑被告的国家豁免问题，而径直判决被告败诉呢？这个问题关系到国家豁免的实行方式（modalities for giving effect to state immunity）。笔者通过研究发现，无论是在规范层面还是在司法实践层面，即使被告未出庭，法院也负有主动审查国家管辖豁免问题的义务。换言之，法院首先应当推定被告在案件中享有管辖豁免，而不是相反；只有经过详细的证据调查、法律推理之后，法院才能否定被告的管辖豁免。

（1）法院审查管辖豁免问题的义务。《联合国国家豁免公约》第6条的标题即为"实行国家豁免的方式"，该条第1款规定："一国应避免在其法院对另一国提起的诉讼行使管辖，以实行第5条所规定的国家豁免；并应为此保证其法院主动地确定该另一国根据第5条享有的豁免得到尊重。"根据此条，即使被诉的外国国家不提出管辖豁免之抗辩，法院亦应主动对管辖豁免问题予以考虑和调查，而不能简单地仅凭原告一方的诉求而判决原告胜诉。此外，该公约第23条第1款的规定也体现了相同的意思。第23条第1款规定："不得对一国作出缺席判决，除非法院已查明：（a）……（b）……（c）本公约不禁止法院行使管辖权。"该条款第3项强调法院谨慎审查管辖豁免问题。对此，国际法委员会的评论认为：此句意在进一步指出，法院应自行或主动启动审查管辖豁免事宜，以确定被诉的外国国家不享有管辖豁免，此条与本公约第6条相呼应，是实现第6条之目的的重要保障。[1]

一些国家的国内立法和实践也体现出法院负有主动审查管辖豁免问题的义务，如《英国国家豁免法》第1条第2款规定："对在诉讼中未出庭的国家，法院亦应实施本条所赋予的豁免"；《加拿大国家豁免法》第3条第第2款也有类似的表述。我国《外国国家豁免法》第18条也明确规定："经送达完成，外国国家未在中华人民共和国的法院指定期限内出庭的，法院应当主动查明该外国国家是否享有管辖豁免。"《美国外国主权豁免法》第1608条第5款规定："联邦法院或者州法院不得对外国及其政治区分单位或者外国的机构或部门做缺席判决，除非原告能够提出令法院信服的证据（evidence satisfactory to the court）使其要求或权利得到确认。"这一规定意味着，即使被告未应诉或答辩，法官也应主动审查被告的管辖豁免问题，且对原告的举证标准提出了更高的要求。在前面已经提到的"福建马尾造船厂被诉案"中，尽管法院认定福建马尾造船厂并无作为中国政府的代理人的资格，但法官仍然强调：根据《外国主权豁免法》，法院应当主动审查管辖豁免问题。[2]在荷兰，新近的一个判决也体现了法院应当主动启动对管辖豁免问题的审查程序。该判决是针对20多年前的一个涉及智利被诉的案件所作出的。在1984年，荷兰鹿特丹地区法院在智利未出庭的情况下，不但继续审理，而且判决原告胜诉，对智利的管辖豁免问题未予考虑；20多年后，上诉法院推翻了鹿特丹地区法院的判决，指出，即使在智利未出庭的

---

① Andrew Dickinson, Rae Lindsay, James P. Loonam, *State Immunity: Selected Materials and Commentary*, Oxford University Press, 2005, p. 152.

② First Inv. Corp. v. Fujian Mawei Shipbuilding, Ltd., E. D. La., June 27, 2011（2011 US Dist. LEXIS 68648）.

情况下，原审法院不考虑其管辖豁免问题的做法是错误的。①

（2）原告提供充分的证据。尽管被诉的外国国家未提出管辖豁免之抗辩，但法院负有主动审查管辖豁免问题的义务，原告仍需对外国国家及其行为不享有管辖豁免进行举证并说服法官。这一点已经体现在一些国家的立法和实践中，例如：《澳大利亚外国国家豁免法》第 27 条第 2 款规定："法院确定(satisfied)，该外国国家在本案中不享有豁免权"；《以色列外国国家豁免法》第 14 条也有类似规定："若被诉的外国国家未在适当时间内作出答辩，则法院只有在确信(convinced)该外国国家根据本法确实不享有管辖豁免的条件下才可以对其作出缺席判决。"而法院对相关事实的确定或确信，就只能依赖原告所提供的证据和理由了。

如上所述，《美国外国主权豁免法》第 1608 条第 5 款的规定也要求原告需提出令法院信服的证据，法院才能确认其要求或权利。此条款其实是与《美国联邦民事诉讼规则》第 55 条第 4 款一脉相承的。② 此款是专门规制对美国国家(政府)作出缺席判决的规则，其强调"除非在原告向法院提供了令法院信服的证据(evidence that satisfies the court)证实其诉讼请求或救济权利的情况下，否则对美国国家、公务员或者其他机关不得作出缺席判决"。由于在第 55 条的其他条款中未出现"令法院信服的证据"之措辞，因此适当的理解应该是，如此规定乃是特意加重原告在起诉美国国家时的举证责任。亦即，普通的缺席判决只是要求原告说明其起诉合法而真实，并不需要原告承担充分的举证证明义务。因此，结合起来观察，对美国国家或对外国国家适用缺席判决时，无论是《外国主权豁免法》第 1608 条第 5 款，还是《美国联邦民事诉讼规则》第 55 条第 4 款，原告都必须说服法官被告在本案中不享有管辖豁免。③ 在国家豁免诉讼中，原告需对被告国家的特定行为是否属于《外国主权豁免法》中的管辖豁免例外情形之列(第 1605~1607 条)进行充分的证明。即使被告国家未能在法院出庭或者答辩，法院也不能简单地否定其管辖豁免，而应当指示当事人进一步举证。④ 这也正是被告国家虽未出庭但原告的起诉仍被驳回的主要原因。在涉及国家豁免的案件中，通过对无充分理由的请求的驳回，可以防止法院对外国国家作出不当的缺席判决，从而避免可能带来的风险。

美国哥伦比亚特区地区法院于 2000 年对"伊朗被诉案"⑤作出的判决意见就强调了原

---

① Thomas Henquet, *International Organisations in the Netherlands：Imminuty from the Jurisdiction of the Dutch Courts*，NILR，2010，p. 296，n. 113.

② 《美国联邦民事诉讼规则》第 55 条是专门的有关缺席判决的规定，共有四款，第 1 款是"缺席的事实认定"，第 2 款是"缺席判决的作出"，第 3 款是"缺席判决的撤销"，第 4 款是"对美国国家的缺席判决"。其中，第 4 款的原文翻译为："除非在原告向法院提供了令法院信服的证据证实其诉讼请求或救济权利的情况下，否则对美国国家、公务员或者其他机关不得作出缺席判决。"

③ Dr. Pierre F. Walter，Esq.，*Sovereign Immunity Litigation in the United States and Canada*，Sirius-C Media Galaxy LLC. 2010，pp. 80-81. 因 2009 年《美国联邦民事诉讼规则》第 55 条已被修改，笔者采用了最新的立法规定，而未参照该书中所引规范。

④ Dr. Pierre F. Walter，Esq.，*Sovereign Immunity Litigation in the United States and Canada*，Sirius-C Media Galaxy LLC. 2010，p. 80，334.

⑤ Leonard I. Eisenfeld v. Iran，172 F. Supp. 2d 1.

告提供充分证据的责任。在该案审理期间，伊朗始终未就法院的诉讼采取任何答辩和其他应诉措施，于是法院依据《外国主权豁免法》第 1608 条第 5 款和《美国联邦民事诉讼法》第 55 条第 1 款对伊朗作了未应诉记录。尽管被告伊朗政府存在故意缺席的嫌疑，但法院不得不在对伊朗作出缺席判决之前仍然做进一步的调查。因为《美国外国主权豁免法》要求原告必须提出令法院信服的证据使其要求或权利得到确认，才能对外国国家作出缺席判决。① 另外，美国著名的"莱特利尔诉智利案"②的审理和执行的复杂过程，反映了原告寻求对外国国家进行缺席判决难上加难。历经 27 个月之后，法院才对智利作出缺席判决；又历经 32 个月原告才在另一地区法院获得对智利国家航空公司执行的判决。然而，16 个月后，执行判决又被航空公司上诉而推翻了。自始至终，除了两张抗议照会和随附的法律备忘录之外，智利政府并未参与任何司法程序。③ 可见，在美国司法实践中，原告要想获得对外国国家的缺席判决，必须承担非常沉重的举证责任。德拉潘那（Dellapenna）教授曾对美国 2003 年以前的有关司法实践做过统计，在已经公布（至 2002 年）的涉及外国国家未应诉的约 40 起案件中，只有 10 起支持了原告的请求而对被告作出了缺席判决。④

三、对外国国家的缺席判决的送达和撤销

(一)缺席判决的送达

法院对外国国家作出缺席判决之后，必须将缺席判决的副本有效送达之后才能使判决生效。这一问题本身属于法律文书域外送达的一种情形，但出于对国家豁免问题的谨慎，一些国家将对此种文书的送达做特殊处理。如英国、新加坡和巴基斯坦的《国家豁免法》均明确要求，法院应将缺席判决副本通过外交部送达给被告的外交部，其他送达方式均不能适用。⑤ 而且，从上下文来看，这一规定不能被减损或者违背。这也就意味着，在这些国家，对外国国家送达缺席判决书时，不能依据有关送达条约或协议中的送达方式，只能采取外交途径。再如，《加拿大外国国家豁免法》第 10 条规定，对外国国家代理机构的缺席判决的送达采取法院指定的方式；对其他类型被告的送达适用外交途径，即由加拿大外交部副部长转交给被告。可见，加拿大也是将缺席判决书的送达与其他文书的送达区分规定，设置了不同的送达方式和送达途径。这种将缺席判决的送达与起诉状及其他诉讼文书的送达区分开来的做法，乃是出于保障外国国家及其政府实际知

---

① Leonard I. Eisenfeld v. Iran, 172 F. Supp. 2d 1. p. 1.

② Letelier v. Republic of Chile, 488 F. Supp. 665.

③ Joseph W. Dellapenna, *Suing Foreign Governments and Their Corporations*(2nd ed.), Transnational Publishers, Inc., 2003, p. 730.

④ Joseph W. Dellapenna, *Suing Foreign Governments and Their Corporations*(2nd ed.), Transnational Publishers, Inc., 2003. p. 729.

⑤ 详见《英国国家豁免法》第 12 条第 5 款、《新加坡国家豁免法》第 14 条第 5 款、《巴基斯坦国家豁免法令》第 13 条第 5 款。

悉此种缺席判决的考虑,[1] 使其有充足的时间准备相关救济措施。这种规定模式,也体现了对外国国家适用缺席判决的谨慎态度和为其提供正当程序保障的努力。

《美国外国主权豁免法》在这一问题上的规定与上述国家不同。《外国主权豁免法》第1608条第5款为:"联邦法院或者州法院不得对外国及其政治区分单位,或者外国的机构或者部门作缺席判决,除非原告能够提出令法院满意的证据使其要求或权利得到确认。任何此种缺席判决的副本应当通过本条中的送达规则送达给外国国家或其政治区分单位。"[2] 需要特别注意的是该条款中的第二句,其是有关缺席判决的送达规则。从文义解释的视角,不难发现,与英、新加坡等国不同,《外国主权豁免法》并未将缺席判决的送达与其他诉讼文书的送达区分开来,而是适用统一的送达规则。《联合国国家豁免公约》第23条第2款也规定:"对一国作出缺席判决,应通过第22条第1款所指的一种方式并按该款规定将判决书的副本送交该有关国家……"虽然此条的目的在于保障缺席判决书副本按照上条中的送达方式和程序送达给外国国家,[3] 但其并没有将缺席判决的送达方式进行特殊化规定。然而,有一个细节需要注意,该条并没有笼统指明缺席判决的送达完全依据第22条第1款中的送达规则,而是规定可以按照其中的一种送达方式即可(through one of the means specified in paragraph 1 of article 20)。笔者认为,此规定暗含的意思是,缺席判决的送达无须遵守第22条第1款中的送达次序。[4] 该公约之所以如此规定,或许是出于更有利于缺席判决的有效送达的目的,以彰显公约所应有的增强缔约国间的司法协作和提高司法效率的作用。

(二) 缺席判决的撤销

如前所述,缺席判决的政治风险主要源于执行该判决会触及被告国家的根本利益。设置缺席判决的撤销制度,阻却对被告国家不利的缺席判决的执行,也成为消解政治风险的另一重要方法。

英国、新加坡、巴基斯坦、南非、澳大利亚、加拿大的《国家豁免法》中,均在"缺席判决"条目下专门设立了缺席判决的撤销问题。但在撤销缺席判决的申请期限上的规定则有不同。英国、新加坡、巴基斯坦、南非四国的《国家豁免法》均规定:撤销缺席判决的申请期限自被告的外交部收到缺席判决书副本之后的两个月后开始起算。也就是说,在被

---

[1]　Crescent Oil and Shipping Services Ltd. v. Importang UEE and others, [1997] 3 All ER 428, [1998] 1 WLR 919.

[2]　第1608条第5款的英文原文为:"No judgment by default shall be entered by a court of the United States or of a State against a foreign state, a political subdivision thereof, or an agency or instrumentality of a foreign state, unless the claimant establishes his claim or right to relief by evidence satisfactory to the court. A copy of any such default judgment shall be sent to the foreign state or political subdivision in the manner described for service in this section."

[3]　Andrew Dickinson, Rae Lindsay, James P. Loonam, *State Immunity: Selected Material and Commentary*, Oxford University Press, 2005, p. 153.

[4]　依据此条,送达次序为:第一次序是依照公约或特殊安排送达;第二次序是通过外交途径或两国都接受的方式送达。

告的外交部收到缺席判决书副本之后的两个月后，诉讼法上所规定的撤销缺席判决的期限才开始起算。《加拿大外国国家豁免法》规定，外国国家需在其外交部收到缺席判决副本之日起的 60 天内提出撤销判决的申请。澳大利亚的豁免法则给予外国国家不少于 2 个月的撤销期限。《联合国国家豁免公约》第 23 条第 3 款规定："申请撤销一项缺席判决的时限不应少于四个月，时限应从有关国家收到判决书副本或视为有关国家收到判决书副本之日算起。"可见，上述立法文件或条约中对缺席判决的撤销期限的规定，均与其中的答辩期限基本相同，而且均将此种缺席判决的撤销期限予以特殊规定，应当得到优先适用。

除撤销期限外，现有国家豁免法和公约并未在其他有关缺席判决的撤销制度上设置特殊程序，因此一般适用民事诉讼法中的普通撤销程序。世界各国对缺席判决的撤销程序主要有两种类型，一种是异议程序，一种是上诉程序。异议程序是指，缺席的一方当事人若对缺席判决不服，可在一定期间内向原审法院提出撤销缺席判决的申请，从而使原判决失去效力，诉讼恢复到缺席前状态。异议救济成功与否，关键在于缺席当事人是否能够说服法官认可其未出庭的理由是正当的。这种异议程序给缺席的外国国家拖延诉讼提供了可乘之机，从而给对方当事人权利的救济造成了显而易见的障碍。因此，美国、德国等国家要求提出异议方为到庭一方提供担保。上诉程序则是指缺席的当事人通过向上一级法院提起上诉，申请撤销原审法院的缺席判决或者对其改判。以德国和日本为代表的一些国家，在当事人一方缺席时，仍然坚持由原告一方进行辩论，在此基础上以经过辩论的事实和证据作出缺席判决。此种模式下，缺席判决实则与对席判决无异，因此采用与对席判决相同的救济方式——通过上诉程序——来救济。①我国《外国国家豁免法》依循中国诉讼法制度，采取的是上诉程序，根据该法第 18 条，外国国家对中华人民共和国法院作出的缺席判决可以提起上诉，但限定上诉期限为 6 个月，从判决书送达之日起计算。

四、对外国国家的缺席判决制度的正当性

正当程序最根本的意义在于：若裁判的程序本身是公平的，那么即使当事人得到了不利的结果，也会因为其已经充分行使了听讯权而对这项结果给予肯定的评价。"听讯权是正当程序的所有保障中最根本性的保障……实际上，它是一条凝结着人类智慧的最古老格言，正如阿里斯托芬在 24 个世纪前指出，在'双方当事人的主张被听取之前不得作出判决'。"②这种听讯权是指利害关系人有权和有机会参与审判程序、让法官充分听取或有机会听取其主张。然而，由于民事诉讼中的当事人对自己的诉讼权利具有处分权，再加上实践中可能会存在一些阻碍当事人到庭的因素，所以经常会出现一方不到庭的现象。在这种情况下，法官该如何处理？若将听讯权机械地理解为必须直接实际参加诉讼，在原告或被告一方不出庭或不提出其主张的情况下，审判程序就不能成立，更不能作出判决。但是，如此做法必会导致司法活动定纷止争的根本目的无法实现。其实，在实践当中，利害关系人的参与审判程序的形态和程度并不相同，大体分为三类：直接参加、参加机会的保障和

---

① 参见陈桂明、李仕春：《缺席审判制度研究》，载《中国法学》1998 年第 4 期，第 99~107 页。

② ［意］莫诺·卡佩莱蒂：《比较法视野中的司法程序》，徐昕、王奕译，清华大学出版社 2005 年版，第 415~416 页。

间接参加。这里的参加机会的保障是指即使当事者实际上没有参加诉讼，但只要被给予了参加的机会即视为达到了参加目的的情况。① 可见，只要给予了当事者充分的参加诉讼、听取和被听取的机会，就不违背正当程序。最典型的参加机会的保障体现在缺席判决制度当中。正如谷口安平教授所指："缺席判决就是一种没有听取被告的主张或辩论就作出不利于其决定的制度，但是在给被告送达了诉状，保障了他有进行防御的机会这一前提下，缺席判决也获得了正当性。"② 不难看出，尽管在实体结果上可能有对缺席一方当事人不利之倾向，但在程序意义上，缺席判决制度是对原、被告双方之程序利益兼顾考虑的结果。可见，缺席判决制度的意义在于构建一种正当程序，无论对原告还是被告。同时，相对于对席判决，缺席判决因缺乏实际的双方辩论过程而使事实真相的查明和缺席当事人的程序利益的维护变得十分重要。因此，各国对缺席判决的作出设置了非常严格的程序条件，一般包括有效送达的满足、法定期限内未到庭或未应诉的确定等。当然，法院管辖权的确定也是一个必要的程序条件。

如前所述，对外国国家适用缺席判决将会面临双重风险。如何预防这种风险呢？在转向限制豁免原则的国家，尤其是制定了专门的国家豁免立法的国家，这一问题变得既实际又关键。无论从法理上还是立法和司法实践方面，我们不难发现，预防和降低此种风险最主要和最实际的办法是构建特殊的正当程序。而普通的缺席判决的程序条件是不足以预防对外国国家作出缺席判决的双重风险的。因此，现有国家豁免法或条约中几乎对缺席判决问题作了专门而特殊的规定，并且设置了比一般缺席判决更加严苛的程序条件，如更为严苛的送达方式、管辖豁免的谨慎排除、更加宽裕的答辩期限和申请撤销期限等，以保障外国国家拥有更多获得听讯和救济的机会。

在对外国国家作出缺席判决的条件上，比较特殊的一个问题是法官对外国的管辖豁免事宜的主动审查，而普通的民事诉讼通常并不如此依赖法官的主动。之所以让法官承担这种义务，仍然是出于对国家豁免权的正当程序的考虑。传统上，民事法官的角色主要由民事诉讼的个人主义特征和私人内容决定，法官的任务是恢复受害当事人被对方所侵犯的权益。在此意义上，一项司法判决的效果通常仅仅限于双方当事人。然而，在国家豁免诉讼中，其独特的国家豁免关涉以及因此可能产生的外交影响，使得此类民事诉讼超越了"私人化"的特征。换言之，国家豁免诉讼关涉国家的全局利益和公共利益。因此，国家豁免诉讼中的法官有责任确保在整个诉讼程序中皆保持其为国家之外交利益的胜任的捍卫者的角色。维护这种利益以及当事人的程序利益，正是法官的职能。诸此种种，目的都是通过正当程序的满足来保障缺席判决的合理性和可接受性，尽量避免和降低对国家外交关系造成的不利影响。

在较早的"湖广铁路债券案"中，我国尚无应诉经验，对美国法院的受理和审理未予理睬而遭受缺席判决。最终我国外交部与美国国务院进行了多次外交交涉，才使得缺席判

---

① 详见［日］谷口安平：《程序的正义与诉讼》，王亚新、刘荣军译，中国政法大学出版社 2002 年版，第 14~15 页。

② ［日］谷口安平：《程序的正义与诉讼》，王亚新、刘荣军译，中国政法大学出版社 2002 年版，第 15 页。

决被撤销，但期间过程异常艰难。我国在以后的国际实践中吸取了"湖广铁路债券案"的教训，从"莫里斯诉中华人民共和国"一案①的诉讼过程来看，在 2007 年 3 月 21 日作出判决前，原告和被告双方数次提交材料进行公诉抗辩。② 由于这次我国积极答辩和应诉，法院判定我国的管辖豁免抗辩成立，避免了重蹈"湖广铁路债券案"遭受缺席判决的覆辙。因此，无论是我国各级政府，抑或其他可能被法院赋予管辖豁免的任何实体，在外国法院被诉时，应尽快提出应对之策，积极答辩和应诉。因此，查明和正确理解法院地国有关出庭或应诉的法律规定和实践是十分必要的，而且不能仅仅局限于国家豁免法，对相关民事诉讼程序规范和实践都要进行考察。

尽管法院负有义务主动启动管辖豁免之审查程序，但其主要依据原告所提供的证据材料进行事实判断，不可避免会形成片面认识。因此，当我国遭遇被滥诉时，妥当的方式是主动向法院主张享有管辖豁免并及时提出管辖异议。但在提出异议的具体方式和做法上需要特别谨慎，一定要申明专为管辖豁免之目的而应诉，而且不要对实体权利义务争议进行举证或答辩，否则，可能会被法院认定为默示接受了法院的管辖。诸多经验和教训证明，比较可取的办法是聘请美国专业律师，由其作为我国的诉讼代理人，利用其对美国法律和司法制度的熟悉和丰富的业务经验，可以大大增加胜诉的概率。此外，若遭受缺席判决，我国可积极利用法院地法中有关撤销缺席判决的规则和制度，采取提出异议或上诉的方式，主张法院作出缺席判决是不正当的，这样可以在一定程度上防止案件进入执行程序。

正如有人指出的那样，国家豁免问题属于国际法与国内程序法交叉领域内的课题。③ 同时，国家豁免问题既是法律问题，又是重要的外交事务。诸此种种，决定了涉及国家豁免问题的案件必然与其他案件有诸多不同之处。在某些程序问题上，国家豁免立法以及国家豁免诉讼实践对其进行了特殊规定和处理。这些特殊的程序规则和司法实践，为国家豁免诉讼的顺利开展提供了正当程序的保障。正当程序保障对国家豁免诉讼的进行有着重要的意义，其价值体现在多个方面。

作为一条重要的法治原则与宪法原则，在不同的国家和不同的语境当中，正当程序的价值形态和社会功能存在着某些差异。本章所探讨的"正当程序"，乃是放置于国家豁免诉讼的场域当中，所指的乃是诉讼程序当中的正当程序，即在诉讼过程当中，诉讼参与人所采取的过程、方式、步骤和时限等是否满足于正当性的要求。其核心内容是，通过一环扣一环的诉讼程序行为的开展和完成，来保障实体法所设定的既有目标最终能够得到实现。④ 由于当今世界各国的诉讼结构存在着诸多的差异，例如，英美等国在审前程序和开庭审理的程序上所存在着的二阶性，以及因此而产生的特殊诉讼程序和相关制度，与其他国家的诉讼结构相比，存在着太多的区别；再加上传统的当事人对抗主

---

① 478 F. Supp. 2d 561.

② 参见黄进、李庆明：《2007 年莫里斯诉中华人民共和国案述评》，载《法学》2007 年第 9 期，第 62 页。

③ Burkhard Hef, *The International Law Commission's Draft Convention on the Jurisdictional Immunities of States and Their Property*, Eur. J. Int'l L., Vol. 4, 1993, p. 271.

④ 杨开湘：《论诉讼的程序偏差——基于诉讼程序运行的初步考察》，载《华东政法学院学报》2001 年第 3 期。

义与法官职权主义的诉讼模式，使得我们很难对所谓的"正当程序"制定一个在全世界范围内可以普遍通用的具体标准。尽管如此，"正当程序"或"程序保障"的观念却普及法治文明的各国，其价值具有共同性，即程序正义和效率。①

程序性的正当程序，绝不仅仅是对技术上的一丝不苟的要求，它还肩负合理分配实体权益的任务。在国家豁免诉讼中，一些国家专门设置特殊的程序规则，实则是为了减少外国国家对程序的质疑，从而为审判和判决提供正当性的理由。如此一来，法院若基于"豁免例外"对外国国家的商业行为行使了管辖权，至少在程序上具备了正当性，同时当事人间的权益冲突也得到了适当的解决。

在国家豁免诉讼的实体问题上，原告的私权与被告的主权和豁免权之间的冲突和博弈很难克服。这就需要通过正当程序来排除各种偏见、质疑和不必要的社会影响。"我们应当承认人们对法律实体内容的理性难以达成共识，但我们可以确信法律程序上的理性完全可以实现。"②正是正当程序的有效运用，才使得国家豁免诉讼在理性的指导下进行，裁判结果才有可能被外国国家所接受，也因此具有了可预测性。当然，正当程序在给予外国国家充分的表达机会和选择机会的同时，也使其责任范围更加明确。换句话说，一旦外国国家参与了正当的程序，那么，除非程序的开展明显不公正，否则其很难抗拒此种程序所带来的后果。③ 借助正当程序保障制度，国家豁免诉讼中的复杂而多元的价值之间的张力可以被有效地缓解。

审判程序必须公正，是司法公正的要旨。正当程序保障的命题包括两个层面：第一，程序制度和规则本身的尽量正当化；第二，程序制度和规则运行的过程、方式和方法确实能够实现结果的正当性。谷口安平教授曾指出，正当程序保障的重要作用包含着相互联系的两个方面：第一个方面是使由于程序进行蒙受了不利结果的当事者不得不接受该结果……这种效果并不是来自判决内容的"正确"或"没有错误"等实体性的理由，而是从程序过程本身的公正性、合理性产生出来的；第二个方面则是对社会整体产生的正当化效果……如果法院在制度性的正当程序方面得到了公众的信赖，自己的决定也就获得了极大的权威。④

正当程序保障本身具有中立性。在国家豁免领域，尽管考虑到被告的特殊身份而设置了专门针对外国国家的特殊程序，但这些程序规则并未逾越程序理性的界限。因此，国家豁免诉讼中的正当程序保障的意义是多元的。

第一，正当程序为外国的国家豁免权免受恣意地侵犯提供了保障。如引言中所述，所谓国家豁免权的危机实际上产生于司法审判的动态过程中。实体问题上的分歧和争论现今仍然无法调和，我们应该重视在程序问题上探究如何防止国家豁免权被肆意地侵犯。法律

---

① ［日］谷口安平：《程序的正义与诉讼》，王亚新、刘荣军译，中国政法大学出版社 2002 年版，第 108～126 页。

② 谢兴权：《通向正义之路》，中国政法大学出版社 2000 年版，第 267 页。

③ 参见谢兴权：《通向正义之路》，中国政法大学出版社 2000 年版，第 268～270 页。

④ ［日］谷口安平：《程序的正义与诉讼》，王亚新、刘荣军译，中国政法大学出版社 2002 年版，第 10～11 页。

领域中，程序和实体相互独立，但又表现为工具和目的的关系，即预设实体法的某种价值和目标，程序制度的运行乃是保障这些价值和目标的实现。① 一般规范命题（实体法条文）在每一个具体案件里表现为什么样的内容、怎样表现，在相当大的程度上依存于程序与程序法的样式。② 国家豁免权的正当程序保障，其实就是通过正当程序保护被诉的外国国家应享有的豁免权免受侵犯。前述各章节详细研究和分析了现有国家豁免法中的程序规则和相关司法实践，不难发现，这些程序规则和实践乃是专为国家豁免目的而设置的。例如，美国将外国被诉的案件的管辖权交由联邦法院专属管辖，并提供了更长的期限供被告提请移送管辖，实际上为外国的国家豁免权提供了联邦体制保障，大大降低了该外国败诉的风险。此外，对外国国家的送达程序更为特殊，不仅限制邮寄送达、公告送达、向诉讼代理人送达等送达方式的适用，而且特别推崇通过外交途径送达的方式，更加强调送达的形式和公正性，在最大程度上保障被诉的外国国家享有充分的参与诉讼的机会。再比如，在对外国国家适用缺席判决时，需要遵守更为严格的条件，即使被告未出庭，法院仍有义务主动启动有关国家豁免查明程序，而外国国家的答辩期限也比其他被告的答辩期限更长，以保证其有充分的时间来准备应诉。这种在缺席判决程序问题上的特别规定，体现了法院需谨慎对待外国国家的主权和豁免权的要求，为外国国家的豁免权提供了正当程序的保障。除上述之外，被诉的外国国家在诉讼过程中享有诸多程序上的特权和豁免权，如免受罚金或罚款等强制性措施的制裁，更不能对国家财产采取诉讼中的财产保全措施，而这些本身就是国家豁免的一部分。这些程序规范对外国的国家豁免之抗辩成功起着非常重要的作用。

第二，正当程序能够最大可能地保障原告诉求的实现。正当程序，更一般而言是保护涉及此类诉讼的所有人都能获得公正审判权。如前所述，国家豁免法和司法实践中专为外国国家设置的特殊程序并未逾越程序理性，换言之，这些特殊程序并未造成原告之程序权利和实体权利的减损。首先，程序是否正当，总是与所讨论的具体问题相关联的。原告必须承认诉外国国家的案件的特殊性，更需要正视可能遭受的诉讼风险，理性看待有关程序规则和制度的目的，而不能以普通涉外民事案件的标准来衡量此类诉讼的程序的正当性。国家豁免诉讼的政治影响和风险，使得与此有关的司法活动具有更广的社会意义。此时，仅仅个人主义的程序保障的陈旧方案必须让位于国家整体利益的考虑。在此基础上，为国家豁免之目的和考虑而设置的特殊程序，其正当性就不会再招致私人主体的质疑。其次，无论如何，与过去相比，允许私人原告诉外国国家，极大地满足了私人主体请求司法保护的愿望。更何况，国家豁免法中的那些特殊性程序规则并非一味地、"不正当"地偏向外国国家，其同时兼顾到了原告的利益。比如，被告的移送管辖的请求必须遵守适当期限，不能无故恶意拖延；外国国家在接收到送达以后未在法定期限内出庭，同样可能会遭受缺席判决，在一定程度上保障了原告免受外国国家恶意拖诉的影响。最后，这些特殊程序固然给予被告以充分的程序保障，但其最根本的目的乃是为法院受理和判决案件的合理性奠

---

① 参见肖永平：《法理学视野下的冲突法》，高等教育出版社 2008 年版，第 21 页。

② 王亚新：《民事诉讼中的依法审判原则与程序保障》，载［日］谷口安平：《程序的正义与诉讼》，王亚新、刘荣军译，中国政法大学出版社 2002 年版，代译序第 2~3 页。

定程序基础,以避免或减少来自外国国家的外交抗议,至少在程序上为判决的执行提供一定保障。所谓的政治影响、国家尊严等因素,根本不是原告考虑和关心的范围,而只有判决被执行,原告的实体权利才会实现。

第三,国家豁免诉讼中的正当程序保障还具有重要的社会意义。法律程序——无论是正当的还是不正当的——最直接的社会目的都在于建立和维护一定的社会秩序,这也是法律程序的基础价值。① 维护什么样的秩序,决定了符合这种目的的法律程序的正当性。换言之,当现有法律程序不再满足维护特定秩序的需要的时候,此种法律程序就缺失了正当性。这是一个价值评价问题,而不是事实判断问题。早在各国制定国家豁免法之初,立法者就陷入多重价值考量的冲突之中。毕竟,无论在立法和司法上,还是在外交领域中,从绝对豁免转向限制豁免都是一场革命性的转变。对此种转变可能产生的社会影响必须做到准确评估,只有这样,才能确定何种立法技术、立法宗旨和立法内容是适当的。立法者们很清楚,转向限制豁免的直接后果是,外国国家不再绝对地拥有"国家豁免"这一"挡箭牌",私人主体获得了控诉外国国家的间接司法权。对私人主体来讲,这是一种全新的授权,彰显了私权保护的重大胜利。然而,对外国国家来说,这是一种国家尊严和国家豁免权的"失去",更是一种对传统国家主权概念的公然挑衅。为了合理地平衡其间的"得"与"失","安抚"外国国家的情绪,减少此种立法和司法活动的政治风险,立法者们仍然将限制豁免作为例外,并严格限定"商业活动例外情形"。不仅如此,立法者还专门制定了只适用于外国国家的特殊程序,以保障外国国家获得更为充分的听讯权。总之,这些特殊程序的设置,乃是为了实现以下社会后果:通过给予外国国家充分的参与诉讼的机会,以避免和减少国家豁免诉讼可能造成的外交关系的摩擦,增强司法审判活动和判决的被接受和执行的可能性;相应地,也就间接保护了私人民商事主体的寻求司法保护的权利,在一定程度上消除了其对求诉无门的后顾之忧,极大地增强了其同外国国家进行商业交易的积极性。如此一来,在相关国际商事领域就形成了良好的社会秩序。

如前所述,现有国家豁免立法和条约对某些程序问题作了特殊规定。这些特殊的程序规则专门适用于外国国家被诉的案件中,乃是出于国家豁免问题的考虑,对被诉的外国国家形成了一定的程序保障。因此,当我国各级政府或国有企业在外国被诉时,一定要充分注意并利用这些程序规则和实践,以最大限度地保障我国的国家豁免权和国家尊严。当然,既有的程序规范并非均满足正当性的要求。特别是在英美等判例法国家,司法能动性的强调使得规则的解释捉摸不定。我国各级政府和国有企业在应诉时,要做到全盘考虑,挖掘对己有利的一切可能适用的规则和解释,抓住"正当程序"这一武器,争取诉求获得法院的支持,维护国家的尊严和财产权。值得注意的是,在法院地的国家豁免法在某些程序上并无特殊规定时,我国各级政府或国有企业也可以援引该国的普通民事诉讼规则。

---

① 徐亚文:《程序正义论》,山东大学出版社 2004 年版,第 168 页。

第十二章　国家财产执行豁免的放弃和例外

第一节　执行豁免的放弃

"放弃"(waiver)，是指某一国家对特定的行为不援引豁免，并表示服从另一国法院判决的行为。放弃是国家行使主权的一种方式，是国家对于国家豁免权利的舍弃，是一国对另一国家法院管辖和执行的同意。早期，在绝对豁免理论占主导的时代，唯一能够对国家进行管辖和对国家财产进行执行的方式之一是国家的"同意"(consent)，即国家主动地放弃。国家豁免权的放弃是法院地国法院受理案件和执行判决最为便利的途径。一旦国家放弃豁免权，则法院无须再纠缠于绝对豁免理论和限制豁免理论，可径直对外国国家进行管辖或执行外国国家财产。随着限制豁免理论的兴盛，其关注的重心转向国家行为的性质，即主权行为与非主权行为的区分，此时，国家从事非主权行为也可成为国家管辖和执行的理由。但是豁免的放弃并不会因此而变得没有意义。相反，即使是从限制豁免主义立场出发，国家豁免的放弃也是非常重要的。首先，在"主权行为"方面，外国国家放弃豁免也是国内法院行使管辖权的唯一基础，也是能够取得合法判决并予以执行的前提之一。其次，除管辖权外，在送达程序以及执行程序上，放弃豁免仍然是法院行使管辖权的必不可少的前提。最后，在有争议或难以适用限制豁免主义标准的某些边缘领域或灰色地带，放弃豁免仍然是一种解决难题的重要手段。① 放弃豁免的意义体现在"有效性"和"实用性"。② 当然，国家豁免中的放弃主要包括对管辖豁免权的放弃和执行豁免权的放弃。执行豁免的放弃必须是单独有效地作出的，管辖豁免的放弃并不会构成对执行豁免的放弃。

一、放弃的主体

早期对于绝对豁免的坚持，确定被告是否为享有豁免权的主体是最基本的前提问题。国家豁免的主体区分变得十分重要，即何种主体可以享有豁免，何种主体在外国法院不能接受管辖和对其财产进行执行，何种主体为主权国家。然而，随着国家豁免由绝对豁免主义转向限制豁免主义，国家主体的区分逐渐弱化。因为按照限制豁免理论国家只有从事主

---

① Leo J. Bouchez, *The Nature and Scope of State Immunity from Jurisdiction and Execution*, in *Netherlands Yearbook of International Law*, Sijthoff & Noordhoff, 1980, p. 11.

② 龚刃韧:《国家豁免问题的比较研究——当代国际公法、国际私法和国际经济法的一个共同课题》(第二版)，北京大学出版社2005年版，第167页。

权行为才能享有豁免权，否则一律不得获得豁免，其他主体参照主权国家进行判断。这使得对于国家豁免的主体法律地位的区分转向了具体行为性质的区分，乃成为当今一些国家国内法上的一种趋势。① 然而，在放弃问题上，只有享有执行豁免权的主体才有可能放弃该豁免权。毫无疑问主权国家是放弃的主体，但是"外国国家"所包含的范围在各国立法中却有所不同，其首要的差别就在于对待国家机构、部门或其他实体的态度。

(一)国家机构、部门或其他实体

近年来，国家豁免问题上出现了国家机构或部门(agencies or instrumentalities)②的概念，与之类似的概念还有"独立实体"(separate entities)以及"国家实体"(state entities)。目前立法主要存在两种不同的判断标准。

一种是以英国为代表的"结构主义"，主要指从国家机构或部门在国内法上的地位来考察，以国家机构或部门和独立实体是否具有法律人格、持有财产的能力、诉讼能力以及政府的控制程度等为主要的判定根据，结构主义的主要表现是严格区分国家机构或部门与国家本身的关系，原则上不承认具有独立法人资格的外国代表机构或独立实体享有豁免权。结构主义立法上表现为"外国国家"不包括国家机构或部门，这类实体的行为一般不能享有国家豁免，但是这些实体在行使主权权力时的行为为例外。1978年《英国国家豁免法》没有使用"机构或部门"，而是在该法第14条款中使用了"独立实体"这一概念，即"区别于国家的政府行政机构并能在法院起诉和被诉的任何实体"。该条规定独立实体并不能享有立法规定的豁免权，除非独立实体在行使主权权利且同等条件下国家也享有豁免权时才能享有豁免权。除国家中央银行或货币当局外的其他独立实体自愿接受管辖并行使主权权利时，才能适用执行豁免的有关规定。可见，独立实体在英国一般是不享有执行豁免权的，只有在行使国家主权时才有可能享有执行豁免权。1972年《欧洲国家豁免公约》规定"缔约国"不包括缔约国能起诉和被诉的法律实体(legal entity)，即使该实体被委以公共功能。该实体，除非行使主权权利，否则可以在缔约国如私人一般被起诉。③

另一种是以美国、加拿大为代表的"职能主义"，即无论国家实体的国内法地位如何，主要根据行为的性质来决定是否能享有国家豁免，职能主义将外国机构或部门与外国国家同等对待。④ 职能主义对国家豁免主体的考察通过对其行为性质的分析来进行，因而采用这种做法的立法往往明确规定"外国国家"包括"外国的机构或部门"。《美国外国主权豁免法》首先使用了"机构或部门"这一用语，并将其包含在"国家"的范畴内。第1603条第2款明确界定为"独立法人，该实体为外国国家或政治区分单位的组成部分或其主要由国家或政治区分单位控股、所有，且既非本编第1332条第3款和第4款所规定的美国某州公

① 龚刃韧：《国家豁免问题的比较研究——当代国际公法、国际私法和国际经济法的一个共同课题》(第二版)，北京大学出版社2005年版，第146页。

② 有学者将其译为"国家代理机构或媒介"。本书将二者等同，均是指agencies or instrumentalities。

③ European Convention on State Immunity 1972, Art. 27.

④ 龚刃韧：《国家豁免问题的比较研究——当代国际公法、国际私法和国际经济法的一个共同课题》(第二版)，北京大学出版社2005年版，第147页。

民，亦非任何依照第三国法律设立的实体"。① 依照美国众议院司法委员会的解释，上述条款规定的"独立法人"包括"公司、社团、基金会或任何其他根据所成立的外国国家法律可以以自己名义起诉或被诉、订立合同或持有财产的实体"。②《加拿大国家豁免法》第2条规定外国国家包括"外国国家的机构"，外国国家机构是指属于国家的组成部分（organ），但独立于国家的法律实体。③ 澳大利亚国家豁免法规定独立实体是非澳大利亚的公民或非依澳大利亚法律成立的公司，是国家的机构或部门且并非其政府的部门或组成部分，并将独立实体排除出"国家"的范围。但又在第22条规定除个别条款除外，本法适用于外国国家的有关规定同样适用于独立实体，这说明澳大利亚还是倾向于职能主义的立场。同时，澳大利亚国家豁免法将中央银行或货币当局等独立实体与国家本身的地位等同，国家享有的权利该主体同样享有。中央银行和货币当局不属于独立实体，而是与国家等同地位的特殊主体。这与英国将中央银行包含在独立实体内，但与独立实体享有的权利作区分的态度不同。

实质上，结构主义实际上是一种主体标准，职能主义则是一种行为标准。但是，不论是结构主义还是职能主义都不能完全解决国家豁免的主体认定问题，在实践中，两者的区别也并不很明显。从某种意义上来说，这两种立场的区别对于采用限制豁免论的国家来说并不那么重要。因为根据限制豁免主义理论，即使国家或政府机关本身也只有在行使主权权力时才能援引国家豁免，在从事"非主权行为"时则不再享有这种权利。《联合国国家豁免公约》则采取了折中的方式，公约第2条规定外国国家包括"国家机构、部门（agencies or instrumentalities of the state）或其他实体（other entities）"，但这些部门只有在有权行使并实际行使国家的主权权力时才属于"国家"的范围，享有国家享有的豁免权，包括执行豁免权。但在独立的国家代表机构或其他实体不行使主权权利时，则不得与国家同等享有执行豁免权。④

将国家机构或部门与国家本身进行区分，有助于厘清对执行豁免权放弃的主体，在职能主义的国家，国家机构或部门是可以享有豁免权的，因此，其放弃豁免对执行也至关重要。如在 Walker 夫妇案中，⑤ 上诉人主张中国工商银行缺乏主张中国享有执行豁免权的权利，法院则解释说法律规定的"位于美国的外国国家的财产享有执行豁免"，执行豁免存在于财产之中，因而，第三人或者法院认为适格的主体均有权提起执行豁免。法院认定中国的代理机构即中国工商银行并未放弃第1610条第2款规定的执行豁免。但在采取结构主义的国家，国家机构或部门在不行使主权权利时，无权享有执行豁免，则无论其放弃与否，其与私人处于同等的诉讼地位，其财产不得免于执行。在行使主权权利时，与国

---

① 28 USC. § 1603(b).

② 转引自龚刃韧：《国家豁免问题的比较研究——当代国际公法、国际私法和国际经济法的一个共同课题》（第二版），北京大学出版社2005年版，第147页。

③ Canada State Immunity Act 1985，Art. 2. 但该法第12条第2款规定外国国家机构的财产在依法不享有管辖豁免的情形下并不享有执行豁免。

④ United Nations Convention on Jurisdictional Immunities of States and Their Property 2004，Art. 2.

⑤ Walters v. Industrial and Commercial Bank of China, Ltd., 2011 WL 2643697 (2nd Cir. March 29, 2011).

家一样享有执行豁免权，此时，则需要其采取适当的方式对豁免权进行放弃，否则法院地国法院不得执行其财产。① 当然国家实体的放弃仅及于其自身，不影响外国国家本身的豁免权。在 Glencore 一案②中，法院认为依据纽约公约执行裁决的效力仅及于订立仲裁协议的国家实体，不构成对国家本身豁免权的放弃。原告负举证责任证明该实体与主权国家之间的联系，否则国家仍应享有豁免权。

(二) 放弃的授权问题

除国家外享有执行豁免权的主体如何进行有效的放弃也是值得关注的问题。依据国内法没有授权的放弃，即使是明确表达放弃意图和进行交叉询问等程序中都不构成有效的放弃。③

1. 授权对象

原则上，有效的放弃必须是由有权放弃的主体作出，除国家自身放弃外，代表国家进行放弃或同意的主体必须经由国家授权。依法院地法规定的程序，被授权的主体可以是政府元首、外交使节、有缔约权的国家机构、有能力代表国家的主体，或者签订约束国家合同的主体，甚至在某些情形下私人主体作为国家授权的代表可以放弃豁免。美国在 Maritime 一案中，法院明确表明个人可以成为放弃的主体。地区法院认为"国会意在更多地限制公司和个人在援引豁免上的权利，但不限制其代表政府放弃豁免的权利"④。

具体而言，如果被告是外国国家或中央政府，有理由认为该国家驻法院地国使馆的馆长具有代表该国家或政府放弃管辖豁免的资格。但也有国家立法认为只要具有签订合同权限的国家代理人，对产生于该合同的争讼也应具有放弃豁免的权限。《欧洲国家豁免公约》评论(Commentary)中提到"任何有权代表国家签订书面合同的主体均认为在因该合同引起的争端中有权代表国家提交法院管辖"。《英国国家豁免法》第 2 条第 7 款更为明确，规定一国的元首在英国的使团(mission)或者行使该权利的个人被认为有权代表国家提交诉讼有关的任何程序。有权代表国家订立合同的主体则有权在因该合同发生争端时代表国家提交管辖。因而，受雇于大使馆的起草合同的律师⑤以及使团的医疗官⑥都不是这里认为的可以代表国家放弃的有权主体。

在执行豁免问题上，《英国国家豁免法》第 13 条第 5 款规定外国驻英国的外交使团团

---

① 当然，此时如果法院地国另有规定执行豁免例外情形下，也是可以执行该主体的财产的，主要依据各国内立法的不同有所不同。特此说明。

② Glencore Denrees Paris v. Depaterment of National Store Branch (Vietnam)，2000 WL 913843 (SDNY 2000)．

③ Mark Browning，*Who Can Waive State Immunity*，15-JAN Am. Bankr. Inst. J. 10，1997，p. 27.

④ Maritime Ventures Int'l Inc. v. Caribbean Trading & Fidelity Ltd，689 F. Supp. 1340，1345 (S. D. N. Y. 1988).

⑤ Abmed v. Government of Saudi Arabia [1996] ICR 25；[1996] 2 ALL ER 248；[1996] 104 ILR 629.

⑥ Arab Republic of Egypt v. Gamal Eldin and Another，[1996] 2 ALL ER 237.

长或有权行使其职权的人员，应认为有权代表该国家表达"同意"即放弃。《澳大利亚国家豁免法》第 31 条第 5 款明确规定了可以行使放弃权利的主体，除了有权代表外国国家或外国国家的独立法人放弃第 30 条的豁免权的人员外，还包括当时在澳大利亚外交使团中履行团长一职的人员。《以色列国家豁免法》第 17 条第 5 款也同样规定了放弃执行豁免必须由外交使团的团长或有权行使该职能的人员经过国家授权才能作出，该规定并不妨碍国家授权其他人行使放弃权。在瑞典铁路案①中，法院不允许铁路公司代表主张豁免，而需要由瑞典外交部门提供证明。法院认为虽然在早期的案件中对提出豁免权的方式没有明确的要求，但本案中瑞典并非案件当事人，也没有出庭主张豁免权，而只是通过一个表面私人公司要求豁免，仅仅通过铁路公司的律师主张豁免并不是合适的方式。如果对主权国家提出诉讼，则易于观察到被告，则可由被告律师提出豁免而不需要外交或行政部门的意见。如果被告不十分易于分辨，则法院允许外交代表直接作出意见主张豁免，但是外交代表应该出庭主张。另外，最常用的途径则是通过外交途径向美国国务卿主张豁免权，由美国行政部门向法院提出建议。因为即使是具有军官头衔的船长或者外国的领事代表也不能完全代表外国国家提出豁免权。② 可见，只有合适的授权代表，包括领事和外交代表，才能在法院直接主张豁免权。

2. 授权的准据法

由何种法律来决定放弃主体的适格性，在实践中并不明确。《英国国家豁免法》第 2 条第 7 款和《澳大利亚国家豁免法》第 10 条第 11 款均采法院地法。1969 年《维也纳公约》第 7 条第 2 款第 1 项和《国家单方面声明承担国际义务能力指南》(*Guiding Principles Applicable to Unilateral Declarations of States Capable of Creating Legal Obligation*, ILC, 2004)第 4 条也尽量明确了该问题。《联合国国家豁免公约》与英国国家豁免法不同，并没有规定代表国家放弃的主体必须由国家授权。《联合国国家豁免公约》将该问题认定为法律选择问题交由法院地国的法律解决。正如 Dellapenna 在解释美国国会在制定主权豁免法时为什么遗漏了谁有权决定同意的问题上所说，③ 授权问题可以由代表行为地国的法律决定，可以由放弃发生地国的法律决定，可以由法院地法决定或者由其他国家的法律决定，尤其是美国联邦制导致的决定有权放弃的代表的准据法有所冲突的情况下。英国法院在 Donegal 一案④中，由于法国财政部部长的放弃依据国家的宪法没有获得有效的授权，因为必须经过总检察长(Attorney-General)的批准，为此，法院同时使用了外国国家的法律即赞比亚法和英法以决定该问题。显而易见，法院地法并不能提供理想的解决途径，因为这忽视了外国国家自身的组织机构的结构。为了避免这种弊端，必须要考虑实际主体与表

① Kunglig Jarnvagsstyrelsen v. Dexter and Carpenter, 300 Fed. 891(1922).

② W. W. B., *International Law: State Immunity: Waiver: Execution*, Michigan Law Review, Vol. 29, No. 7, 1931, pp. 897-898.

③ Joseph W. Dellapenna, *Suing Foreign Governments and Their Corporations*, Transnational Publishers, 2003, p. 440.

④ Donegal International Ltd. v. Zambia and Another, [2007] EWHC 197 (Comm.).

面主体的不同。如果该主体是实际主体，则外国法可以作为准据法，相反，如果放弃是由表面主体作出，则可由最密切联系地的法律，即法院地法来决定。①

二、放弃的形式

(一) 明示放弃

目前各国立法均承认明示放弃这种方式，加拿大立法规定了国家明示放弃或默示放弃,②《美国外国主权豁免法》规定外国国家和国家代理机构可明示或默示放弃执行豁免,③ 而《以色列国家豁免法》规定国家必须明示放弃豁免权,④ 澳大利亚规定了国家可以在任何时间通过协议放弃执行豁免,⑤《英国国家豁免法》⑥和 1972 年《欧洲国家豁免公约》⑦都认可了明示(书面)放弃的形式,《联合国国家豁免公约》也规定了"明示同意"可以放弃豁免。⑧

除此之外，对于特定种类的财产，一方面，明示放弃是不及于特定种类的财产。目前，澳大利亚立法最为严格，因为除非协议明确指定该财产作为放弃适用的财产，否则放弃是不适用于外交财产或军事财产的。⑨ 以色列立法也规定放弃不及于军事财产。⑩ 可见，对国家的生存和发展具有重大作用的财产，哪怕是执行豁免的明示放弃都是不可以的。另一方面，明示放弃的唯一可行的方式。以色列立法规定对中央银行财产和外交财产的放弃必须是明示的。⑪ 加拿大立法明确规定对中央银行或货币当局的执行豁免的放弃必须是明示的。⑫ 美国主权豁免法针对判决前的扣押豁免的放弃严格要求只能采取明示的方式,⑬ 且对中央银行和货币当局财产的执行必须是国家明示放弃。⑭ 这也从侧面反映了执行豁免着重于对财产种类的研究和区分。

1. 明示放弃的基本要件

首先，由于放弃是一种行使主权的方式，因而，放弃必须基于国家的自身意志。内国

---

① Joseph W. Dellapenna, *Suing Foreign Governments and Their Corporations*, Transnational Publishers, 2003, p. 443.

② Canada State Immunity Law 1985, Art. 12(1) (a).

③ 28 USC. § 1610(a) (1), (b) (1), (d) (1).

④ Israel Foreign States Immunity Law 5769-2008, Art. 17.

⑤ Australia Foreign States Immunities Act 1985, Art. 31(1) (4).

⑥ United Kingdom State Immunity Act 1978, Art. 13 (3).

⑦ European Convention on State Immunity 1972, Art. 23.

⑧ United Nations Convention on Jurisdictional Immunities of States and Their Property 2004, Art. 18(a), 19(a).

⑨ Australia Foreign States Immunities Act 1985, Art. 31(1) (4).

⑩ Israel Foreign States Immunity Law 5769-2008, Art. 17.

⑪ Israel Foreign States Immunity Law 5769-2008, Art. 17.

⑫ Canada State Immunity Law 1985, Art. 12(5).

⑬ 28 USC. § 1610(a) (1), (b) (1), (d) (1).

⑭ 28 USC. § 1611(b) (1).

法院只能根据外国国家的意志和有关表述来断定其是否放弃了豁免。一个国家不得强迫另一个国家放弃其豁免权。当然对于放弃执行豁免的形式、时间和范围均由国家立法自行规定。

其次，明示的放弃要求国家的意图必须是明确的、无误的（clear，complete，unambiguous and unmistakable）。① 放弃可以有不同的表现形式，但是无论哪种形式都应该表示出有关国家放弃豁免的明确意思。"放弃的形式可以明示或默示，但必须明确。"②在管辖豁免中，不能任意地将外国国家的某些行为视为放弃，如加入多边公约、拒绝出庭或者指定争端解决方式和准据法等，在执行豁免中亦是如此，法院不可以国家的行为臆断外国国家的放弃意图。

最后，明示的放弃一般都会具体明确地指明放弃所及的范围和针对的事项。事实上，除了通过条约形式的放弃外，国家和投资者之间签订的贷款协议往往会包含着执行判决和仲裁裁决时对强制措施豁免的放弃，③ 而国家放弃通常都是针对某一特定的法律关系、特定的行为和针对特定的措施或财产而作出的。因此，国家的一种放弃不等于对其他法律关系和行为都放弃。当然，对于一国概括地进行的放弃，法院一般都会分析其具体所涵盖的范围。在 Libra Bank 一案④中，被告在给利比亚银行的通知之中不可撤销地和无条件地放弃了所有法律程序（legal procedure）的豁免权利，包括判决和执行，但被告认为该放弃并不及于判决前的扣押，因为该种执行措施并未被明确写入通知。第二巡回上诉法院推翻了地区法院的判决，认为第 1610 条第 4 款第 1 项并未要求明确使用"判决前扣押"这一词作为条件，且"判决前扣押"是法律程序的一种形式，列举并不意在详尽所有，被告肯定意图在所有法律程序中限制自身的豁免权。放弃只要是明确的和不模糊的即为"明示"。在 Sperry 案⑤中，法院没有适用主权豁免法的规定，认为仲裁条款就可以当作"判决前的扣押"，法官认为即使是适用第 1610 条第 4 款第 1 项的规定，他仍会判决当事人之间的合同包含的放弃条款是"明示的"。在 S & S Machinery 一案⑥中，第二巡回上诉法院要决定 1975 年美国和罗马尼亚签订的贸易协议（*The Agreement on Trade Relations Between the United States and Romania*，1975）的条款是否被认定为对判决前扣押的明示放弃。其中的商业便利条款（Business Facilitation Clause）规定："缔约双方国家的公民、公司和经济组织依据双方的法律应享有在法院或行政机关作为原告、被告或其他的权利。除双方另有约定外，他们不应在另一方国家领土内因商业或金融交易享有诉讼豁免或执行豁免或其他豁免的权利。"法院将"判决前的扣押"归类到"其他权利"之中，并在美国与伊朗签订的友好条约（*The Friendship Treaty Between the United States and Iran of August 8*，1955）中找到了类似的"其他

---

① Andrew Dickinson，Rae Lindsay and James P. Lonnam，*State Immunity*，*Selected Materials and Commentary*，Oxford University Press，2004，p. 247.

② 龚刃韧：《国家豁免问题的比较研究——当代国际公法、国际私法和国际经济法的一个共同课题》（第二版），北京大学出版社 2005 年版，第 168 页。

③ Council of Europe，Explanatory Report to Article 23 of the European Convention on State Immunity（1972），para. 94.

④ Libra Bank v. Banco Nacional de Costa Rica，676 F. 2d 47（2nd Cir. 1982），21 ILM 618（1982）.

⑤ Sperry International Trade v. Government of Israel，532 F. Supp. 901（S. D. N. Y. 1982），21 ILM 1073（1982），conf'd，21 ILM 1066（1982）.

⑥ S & S Machinery v. Masin Export Import，706 F. 2d 411（2nd Cir. 1983）.

权利"的条款，虽然该条款被判例法认定为并不包含判决前的扣押。① 在肯尼亚诉 BV 公司一案②中，肯尼亚与被告公司签订了关于军事通信系统建设的合同，但肯尼亚未能履行其合同义务。在合同中，肯尼亚统一作出概括(general waiver of execution immunity)③的放弃执行豁免，即针对所有财产，可以推定放弃的结果是没有财产是免于扣押和(或)执行的。

另外，对于特定种类的财产，如使馆的银行账户是否需要单独作出，实践中法院的做法并不一致。一些法院要求对银行账户的放弃必须是明确指定的，如法国法院在 NOGA 一案中，④ 巴黎上诉法院认为在合同中简单的笼统放弃，没有指定对象的放弃，"借款人在合同中放弃执行仲裁裁决中的所有豁免权利"不构成借款人放弃的明确意图。在 NML and Argentina 案中，法国最高法院要求对执行豁免的放弃必须是"特定的和明确的"。"依据习惯国际法，为了国家代表职能的履行和主权性质，外国国家的外交使团执行豁免的放弃必须是通过明示和特定的方式表明。这种放弃是适用于外交或使馆的银行账户……如果没有特定和明确的放弃，阿根廷与债权人之间的放弃是不能适用的。"⑤而布鲁塞尔上诉法院则主张笼统的放弃包含了对银行账户的放弃，在 NML Capital 案中，与法国最高法院的原被告一样，但法院认为维也纳公约或者其他公约或国际惯例并没有要求对外交机构银行账户的"特定放弃"，一个明确的执行豁免的放弃是足够的，并不要求这个放弃明确提到银行账户，这种放弃并不区分其中的财产，因为这包含了对国家所有财产的放弃。⑥

2. 明示放弃的具体方式

从各国的立法来看，对明示放弃方式的要求有所不同。一种是必须以书面形式进行放弃，如澳大利亚立法规定国家可以在任何时间通过协议放弃执行豁免。⑦ 英国国家豁免法

---

①　当时在 Behering I 案中，法院明确否认了这种解释。Behring International Inc. v. Imperia Iranian Air Force, 475 F. Supp. 383, 392-393(D. N. J. 1979).

②　Republic of Kenya v. Nedermar Technology BV Ltd., District Court of The Hague, 2006, LJN No. AY6030, NJF (2006) No. 527, NIPR(2006) No. 316.

③　合同条款规定："(…) and the Employer(Kenya)hereby irrevocably waives any right of immunity which it or any of its property has or may acquire in respect of its obligations hereunder and irrevocably waives any immunity from jurisdiction, suit, judgment, set-off, execution, attachment or other legal process(including without limitation, relief by way of injunction and specific performance) to which it or any of its property may otherwise be entitled in any suit or proceeding arising out of or relating to the contract(…)."

④　Russian Federation v. Noga Import/Export Company, France, Court of Appeal of Paris (First Chamber), 127 ILR 160.

⑤　NML and Argentina, Cass. fr., Arrét No. 867(09-72.057), 28September2011. See Cedric Ryngaert, *Embassy Bank Account and State Immunity from Execution*: *Doing Justice to the Financial Interests of Creditors*, Leiden Journal of International Law, Vol. 26, No. 1, 2013, p. 85.

⑥　NML Capital Ltd. v. Republic of Argentina, Brussels Court of Appeals, RG No. 2009/AR/3338, 21 June 2011, at 10-11.

⑦　Australia Foreign States Immunities Act 1985, Art. 31(1) (4).

规定，国家须明确以书面形式同意（written consent）或规定在事先协议①中的其他同等的方式（any such consent which may be contained in aprior agreement）进行执行豁免的放弃。② 1972 年《欧洲国家豁免公约》也规定必须明确以书面形式同意（expressly consented thereto in writing）放弃执行豁免③；另一种则只要是明确的、明示的，无论是书面，还是口头的放弃都是被法院认可的放弃。如《以色列国家豁免法》规定国家通过书面形式或者口头或书面形式向法院表明放弃的意图。《联合国国家豁免公约》要求"明示同意"，并列举了明示的形式，如国际协定、仲裁协议或书面合同、在法院发表的声明或在当事方发生争端后提出的书面函件。④ 综合上述立法，明示放弃具体方式包括以下三种：

（1）国际协定。国际协定主要包括双边条约和多边条约。国家间为了促进双边经济贸易的发展，通常会在双边条约中约定放弃某些国家机构的某类行为的豁免权。如 1955 年《美国和伊朗友好、经济关系及领事权利条约》第 11 条第 4 款规定："缔约任何一方的公有或公营企业，包括公司、公社以及政府机构与由政府支配的机关在内，如在缔约另一方领土内从事商业、工业、航运或其他业务活动，均不得为其本身或为其财产，要求或享有在该领土内豁免征税、诉讼、判决的执行、或其他私有和私营的企业应负担的责任。"当时对于其中放弃条款的解释，美国法院的判例中有所争议。一些美国法院严格按字面意义给予狭义解释，认为该放弃条款只适用于企业，而不适用于伊朗国家本身。⑤ 但是另一些美国法院则作广义解释，认为这一放弃条款不仅适用于企业，也同样适用于伊朗国家本身。⑥ 当然，作广义解释有着特定的历史背景，即美国驻德黑兰大使馆人质危机之后，因而难免有较强的情绪因素。⑦ 美国法学会也认为上述条约规定只适用于外国公共企业，不适用于国家本身。⑧ 多边条约主要包括 1926 年《布鲁塞尔条约》和 1972 年的《欧洲国家豁免公约》，但其主要约定的放弃集中在管辖豁免，目前各国在执行豁免方面还没有订立有

---

① 英国 SIA 生效前，普通法要求放弃豁免的同意必须由通过"提交"（submission）的方式，而"提交"必须是明示的且当着法院的面（in the face of the court）。因此，它必须是法院被要求行使豁免权时才能提交，之前的时间并不允许。在 Duff 一案中，吉兰丹政府同意仲裁并选择英国法院的管辖。原告请求执行仲裁裁决，吉兰丹政府主张豁免。上议院认为执行财产的法院管辖必须是明确的且当面的。提交仲裁不构成对当面提交，这种严格的提交一直得到遵守。参见 Kahan v. Pakistan Federation，［1951］2 KB 1003；Baccus SRL v. Servicio Nacional del Trigo，［1957］1 QB 438。

② United Kingdom State Immunity Act 1978, Art. 13 (3).

③ European Convention on State Immunity 1972, Art. 23.

④ United Nations Convention on Jurisdictional Immunities of States and Their Property 2004, Art. 18(a), 19(a).

⑤ Jafari v. Islamic Republic of Iran, 539 F. Supp. 209 (D. C. Ill., 1982).

⑥ Behring International Inc. v. Imperia Iranian Air Force, 475 F. Supp. 383, 392-393(D. N. J. 1979). Irving Trust Co. v. Government of Iran and Bank Omran, 79 Civ. 6369 (CES) 1980.

⑦ 龚刃韧：《国家豁免问题的比较研究——当代国际公法、国际私法和国际经济法的一个共同课题》（第二版），北京大学出版社 2005 年版，第 172 页。

⑧ American Law Institute, *Restatement of Foreign Relations Law of the United States* (3rd ed). Vol. 2. 1987, p. 417.

关放弃的多边条约。

（2）书面合同。外国国家与私人或法人在交易过程中签订的书面合同也是放弃的一种普遍和常见的方式。当时，对于合同是否有放弃豁免的效力历来有争议。否认合同规定具有放弃豁免效力的国家主要有英国法院及一些普通法国家，这些国家法院认为必须是国家之间的协定才能放弃豁免权，合同并不具有放弃豁免权的效力。而欧洲大陆法系国家历来承认合同放弃豁免的效力，如法国、荷兰、丹麦等国。美国联邦第二巡回上诉法院在1982 年 Libra Bank 一案中，根据原告和被告之间的贷款协议以及期票中的有关条款，断定哥斯达黎加国家银行已经放弃了包括执行扣押的豁免。[1]

目前大多数国家接受承认合同放弃条款效力的立场，这比较切合实际。这一立场也为联合国豁免公约所认可。通过合同规定放弃国家豁免具有具体、灵活以及明确的特点，所以在当今各国豁免立场仍有较大分歧，且在《联合国国家豁免公约》尚未生效的前提下，合同放弃仍是一种比较重要的明示放弃的方式。[2]

（3）口头声明。明示放弃并不等于是书面方式，书面方式只是明示放弃的一种，国家明示放弃的形式多种多样，除上述的国际协定、书面合同以外，还可以"口头声明"的方式表现出来。前两种是书面的形式，后者为非书面形式。从目前国内立法和国际立法来看，最为严格的要求即是国家必须采取"书面形式"进行放弃，包括《澳大利亚国家豁免法》《英国国家豁免法》和 1972 年《欧洲国家豁免公约》。以书面形式存在的放弃协议在举证和查明上更易于确定，而非书面方式主要是在法庭上的放弃声明，当然这种放弃一般都会被法庭记录在案，作为重要的证据，在庭审中与书面方式有着同样的效果。《联合国国家豁免公约》就明确认可"在法院发表的声明"。因此，书面方式与非书面方式无论形式如何，只要国家放弃的意图是明确的即可。

（二）默示放弃

除明示放弃外，目前《美国外国主权豁免法》、《加拿大国家豁免法》和《ILA 草案公约》中规定了国家可以默示放弃豁免权。《美国外国主权豁免法》规定国家可以明示或默示放弃执行豁免权，除明示放弃外，国会报告认为第 1610 条第 1 款第 1 项的规定显示外国国家可以通过一些行为来放弃执行豁免权，如通过国际条约、合同、官方声明或者其他外国国家在诉讼中从事的导致判决或执行的行为。[3] 依据众议院司法委员会的立法报告解释，关于执行豁免的放弃与第 1605 条第 1 款第 1 项所规范管辖豁免的放弃适用相同的原则。因此，在放弃的形式方面，主权豁免法一般不区分执行豁免和管辖豁免。[4] 在管辖豁

---

[1]　Libra Bank v. Banco Nacional de Costa Rica, 676 F. 2d 47(2nd Cir. 1982), 21 ILM 618 (1982).

[2]　龚刃韧：《国家豁免问题的比较研究——当代国际公法、国际私法和国际经济法的一个共同课题》(第二版)，北京大学出版社 2005 年版，第 176 页。

[3]　H. R. Rep. No. 94-1487(1976), p. 28.

[4]　龚刃韧：《国家豁免问题的比较研究——当代国际公法、国际私法和国际经济法的一个共同课题》(第二版)，北京大学出版社 2005 年版，第 276 页。

免中，默示放弃的方式多种多样，包括国家主动参与诉讼或者提起反诉、出庭进行实质性答辩等，这些方式能在多大程度上影响到执行豁免是以下讨论的重点。

1. 主动参与诉讼或反诉

在管辖豁免中，如果国家首先提起诉讼、介入诉讼或者采取诉讼行为，则在针对该标的的有关反诉中也不能主张豁免，而是视为自愿接受管辖。但在执行豁免上，国家主动提起诉讼或参与诉讼或反诉并不能构成对执行豁免的放弃。① 《美国第二次冲突法重述》第70条第3款规定除非国家明确表示，否则通过诉讼或反诉的放弃不构成对执行豁免的放弃。

奥地利法院在1863年关于租船合同争端的"A诉土耳其政府"案②中，由于土耳其政府作为原告就该案提起了诉讼，并被运输船长提起了反诉，法院认定其不享有管辖豁免权，但是对外国财产判决的执行却没有得到允许。在瑞典铁路案③中，瑞典铁路公司与Dexter公司签订煤炭买卖合同，瑞典铁路公司因合同纠纷在美国地区法院提起诉讼，而Dexter公司提出反诉。最后瑞典铁路公司败诉，Dexter公司要求执行判决。瑞典铁路公司主张其并非一个私人公司，而是瑞典政府的组成部分，要求享有豁免权。虽然本案中瑞典铁路公司主动提出诉讼，不享有管辖豁免，但是在执行豁免上并未被法院认定为默示放弃，法院最后基于瑞典外交部的申请撤销执行和扣押其财产，禁止执行瑞典的财产。德国法院审理的Hellfeld一案中，允许由俄罗斯政府提起的诉讼导致的反诉进行管辖作出判决，但是对国家财产的执行却被法院拒绝。④

反诉作为默示放弃管辖豁免的一种，即国家通过参与诉讼的方式自愿接受法院的管辖，但是对于判决后的执行问题，国家并没有因为主动参与诉讼而放弃执行豁免，执行豁免的放弃需要单独地作出。即使是国家主动参与了诉讼并被对方提起反诉，法院地国的实

---

①　在2022年英格兰和威尔士高等法院 General Dynamics United Kingdom Ltd. v. State of Libya，［2022］EWHC 501（Comm）中，通用动力公司与利比亚国家签订了合同，并约定ICC仲裁。在仲裁过程中，利比亚提出了反请求。后仲裁庭作出了不利于利比亚的裁决。通用动力公司在英国法院申请执行该裁决，并获得了法官 Teare J 作出的免除送达的命令。利比亚提出撤销 Teare J 命令的理由之一在于"通用动力未能告知法院利比亚在国家豁免法下的管辖豁免权和执行豁免权"。法院认为，通用动力公司寻求的命令是根据《英国仲裁法》第101条提起的，并且该命令涉及免除送达。对于免除送达，该命令已经被最高法院推翻。对于仲裁法第101条下的命令，相关的豁免涉及的是利比亚的管辖豁免，而非国家豁免法第13条下的执行豁免。而利比亚根据《主权豁免法》第9条并不具有管辖豁免。利比亚参加了仲裁程序并提出反请求，其并未表明即使存在仲裁协议，其也将就仲裁裁决的承认主张主权豁免。在包括本案在内的通常情况下，根据仲裁法第101条就仲裁裁决申请法院命令的申请人并不需要提出《国家豁免法》第13条下的执行豁免问题。涉及执行的豁免问题将在下一阶段才出现，不需要在承认仲裁裁决的阶段对其进行考虑。这意味着利比亚依旧可以在执行阶段申请豁免权。

②　A v. die turkische Regierung（1863）. 参见 Eleanor Wyllys Allen，*The Position of Foreign States Before National Courts*，*Chiefly in Continental Europe*，The Macmillan company，1933，pp. 267-268。

③　Kunglig Jarnvagsstyrelsen v. Dexter and Carpenter，300 Fed. 891（1922）.

④　Hellfeld（Von）v. Russian Government，Reported in 5 Am. J. Int. L. 490.

践也表明执行豁免并不会因此而受到影响，这也证明了执行豁免相较管辖豁免更为谨慎。这导致国家主动参与诉讼败诉时私人主体仍然得不到赔偿，虽然在诉权的保障上双方处于平等的地位，但在最终利益的实现上却处于十分不对等的地位。国家主动参与诉讼表明国家对诉讼的后果有一定的预期，败诉后理应履行判决规定的义务和责任。

2. 被告国家缺席

毫无疑问，被告国家拒不出庭存在着很大的风险。① 在管辖豁免中，法院往往是根据法院地国的诉讼程序法的规定来判断是否能够作出缺席判决，但实践中被告国家拒不出庭不构成对豁免权的放弃，该豁免权利还是存在的。而在执行程序中，被告国家如果不出席主张执行豁免权，也并不能说明被告国家放弃了该豁免权，被告国家缺席不会构成对执行豁免权的一种默示放弃。即使是国家不出庭主张豁免权，（美国）法院还是可以主动提出国家具有豁免权。

在 Walter 夫妇案②中，第二巡回上诉法院认为中国缺席审判不构成对执行豁免权的放弃。放弃作为一种国际性的权利，必须由国家作出确定性的行为才能断定，缺席审判并不足以构成第 1610 条第 1 款第 1 项所要求的放弃豁免。立法的意图显示要狭义地解释默示放弃。③ 原告混淆了管辖豁免与执行豁免的放弃，因为二者的标准是不一样的。另外，在Walker 案④中，原告主张只有刚果才能提出执行豁免的请求，这就涉及在被告缺席的情况下，法院是否可以依据主权豁免法主动提出国家享有豁免权（suasponte）。上诉法院认为第1610 条第 1 项或第 2 项均没有规定国家必须出庭主张豁免。在 2010 年的 Peterson 一案⑤中，第九巡回法庭也得出了和 Walker 案中一样的结论。Rubin 案⑥亦是如此，虽然本案中地区法院一开始认为执行豁免权是一种有力的抗辩，被告必须出庭，并对其在美国的财产进行了开示，但第七巡回法庭推翻了地区法院的判决，认为该判决是"严重瑕疵的"，与主权豁免法的文本、结构和历史严重不符，并认为自动引用执行豁免与 Peterson 案和 Walker 案相符。

3. 仲裁协议

仲裁与诉讼本是两种不同的争议解决方法。国家管辖豁免的基础在于"平等者之间无管辖权"，当国家行使主权时，法院不能进行管辖。然而，仲裁庭与法院不同，它并不会行使主权权利。法官 Dunedin 认为"仲裁者并非法院，因而国家出庭进行仲裁并不会使其受到法院的管辖"。⑦ 仲裁庭管辖权来源于双方的仲裁协议而非成文法规条款。在

---

① 关于对国家作出缺席判决的具体风险分析及预防措施，请参见郭玉军、王卿：《对国家作出缺席判决的风险及其预防措施——以现有国家豁免立法和司法实践为中心》，载《学习与实践》2011 年第 9 期，第 66~72 页。

② Walters v. Industrial and Commercial Bank of China, Ltd., 2011 WL 2643697 (2nd Cir. 2011).

③ Smith v. Socialist People's Libyan Arab Jamahiriya, 101 F. 3d 239, 243 (2nd Cir. 1996), stating, "'[T]he implied waiver provision of Section 1605(a)(1) must be construed narrowly."

④ Walker International Holdings Ltd. v. The Republicof Congo, 395 F. 3d 229 (5th Cir. 2004).

⑤ Peterson v. Islamic Republic of Iran, 627 F. 3d 1117 (9th Cir. 2010).

⑥ Rubin v. The Islamic Republic of Iran, 637 F. 3d 783, 800-01 (7th Cir. 2011).

⑦ Duff Development Co, Ltd. v. Kelantan Government and another, [1924] All ER Rep 1, also reported [1924] AC 797; 93 LJ Ch 343; 131 LT 676; 40 TLR 566; 68 Sol Jo 559.

SolelBoneh 一案①中，独任仲裁员认为"作为仲裁员，其权力来源于协议，而非任何政府部门，我的行为不会像法官或者其他权力代表一样，并不履行瑞士(仲裁地)交付的责任。瑞士法院或其他机构不会影响到我的行为，也不会指导我进行判案"。因而，仲裁中丧失了国家豁免的根据即行使主权权力这一因素。另外，仲裁机构和仲裁员不会过多地考虑法院应考虑的外国主权国家和法院地国之间的外交关系，更为中立。仲裁中的(执行)豁免为仲裁裁决的执行问题设置了法律障碍，使得通过仲裁获得的利益化为泡影。② 目前，许多国家的理论和实践都倾向于承认国家同意仲裁构成了对管辖豁免的默示放弃。国际公约③、国内立法④、国内法院的实践⑤都赞成作为仲裁协议一方当事人的国家不能为了阻挠仲裁协议目的的实现而主张其豁免。⑥

　　一般而言，外国国家同意仲裁构成了对管辖豁免的放弃，也可能构成对执行豁免的放弃，这取决于法院地法的具体规定。⑦ 一方面，有人认为国家签订仲裁协议所默示放弃豁免，该豁免的放弃不仅包括仲裁管辖豁免的放弃，还包括执行仲裁裁决和为执行仲裁裁决所采取的查封、扣押等保全措施的豁免的放弃。⑧ 商事仲裁领域一方声称放弃管辖豁免但却不放弃执行豁免是不符合逻辑的。如果一个国家选择以仲裁方式解决争端，它一定会被认为是同意承受因此而产生的一切后果，包括履行对其自身不利的仲裁裁决。一旦作为争端一方的国家不自动履行仲裁裁决时，则应与争端另一方的外国私人投资者一样，其财产是能予以充分执行的。⑨ 依据支持仲裁原则(pro-arbitration bias)，外国国家应该能够预见

---

① Solel Boneh Int'l Ltd. (Israel) and Water Resources Development Int'l (Israel) v. The Republic of Uganda and National Housing and Construction Corp. of Uganda, ICC Award No. 2321 (4 July 1974), 1976.

② Mees Brenninkmeijer and Fabien Gélinas, *Execution Immunities and the Effect of the Arbitration Agreement*, Journal of International Arbitration, Vol. 37, No. 5, 2020, p. 549.

③ United Nations Convention on Jurisdictional Immunities of States and Their Property 2004, Art 17; ILC Draft Article on Jurisdictional Immunity of States and Their Property 1991, Art 17. European Convention on State Immunity 1972, Art. 12(1). 在 ILC 的特别报告中也得到了支持，"一旦国家通过书面形式将争议提交仲裁，则其放弃其在仲裁整个过程中的管辖豁免"。参见 Sixth Report on Jurisdictional Immunities of States and Their Property A/CN 4/376 (1984) Ybk ILC Vol. II, pp. 57-58。

④ United Kingdom State Immunity Act 1978, Art. 9(1); 28 USC. § 1605(a) (1); Australian Foreign State Immunity Act 1985, Art. 17(1).

⑤ 如 1996 年法国卢昂上诉法院在 Société Bec Frères 案中认为突尼斯政府同意临时仲裁，接受了国际商事一般规则的适用，从而放弃了其管辖和执行豁免。参见 Société Bec Frères v Office des Céréales de Tunisie, Cour d'Appel, Rouen, 20 June 1996 [1997] *Revue de l'arbitrage* 263, 113 ILR 485; 转引自 August Reinisch, *European Court Practice Concerning State Immunity from Enforcement Measures*, The European Journal of International Law, Vol. 17, No. 4, 803-836, 2006, p. 820。

⑥ George Delaume, *State Contracts and Transnational Arbitration*, American Journal of International Law, Vol. 75, No. 4, 1981, p. 786; Dhisadee Chamlongrasdr, *Foreign State Immunity and Arbitration*, Cameron May Ltd., 2007, p. 88.

⑦ Dhisadee Chamlongrasdr, *Foreign State Immunity and Arbitration*, Cameron May Ltd., 2007, p. 79.

⑧ 参见韩健：《现代国际商事仲裁法的理论与实践》，法律出版社 2000 年版，第 504~505 页。

⑨ 张潇剑：《ICSID 仲裁裁决的承认与执行》，载《西北大学学报(哲学社会科学版)》2010 年第 4 期，第 146 页。

该裁决可能有利于私方当事人，在法院地对其启动执行程序。因而，国家应认为放弃了豁免。既然一国同意接受以仲裁解决争端，那么该国就被视为同意承受仲裁产生的一切后果，包括认可对其不利的仲裁裁决，这也是"约定必须遵守"（pactasuntservanda）原则在仲裁领域的体现。当国家以私主体身份从事商事行为时，执行针对其商业性财产所作出的某项仲裁裁决便是逻辑发展的一个必然结果。① 一些国家的立法，如美国主权豁免法将提交仲裁的默示放弃扩张到执行裁决的相关程序。澳大利亚国家豁免法也认为国家作为仲裁协议一方不得豁免于裁决的承认与执行。②《英国国家豁免法》第9条则规定一国同意仲裁则不得在英国法院主张管辖豁免，基于历史的延续性和广义的解释，可以延伸至仲裁裁决的执行程序。③ 但管辖豁免与执行豁免是不同的两个阶段，因而上述说法还有待商榷。国家仅仅指定仲裁规则并未明确的意图表达，不能推定放弃了执行豁免。《联合国国家豁免公约》的严格语义和《欧洲国家豁免公约》都表示仲裁条款不构成对执行豁免的放弃，还需要其他明确的表示同意采取执行措施的意图表达。

另一方面，国家同意仲裁是否构成对执行豁免的默示放弃，国际社会的做法不一，各国均根据本国国家豁免法的有关规定进行判断，这种积极冲突容易导致当事人挑选法院和判决结果的不一致性。④ 在荷兰、美国、法国和瑞典的法院认为提交仲裁的默示放弃扩展至后续裁决的承认与执行。⑤ 不仅各国立场不同，就是同一国家的法院也可能作出不一致的判决。在 Eurodif 案⑥中，巴黎上诉法院认为仲裁程序采用的 ICC（International Chamber of Commerce）规则中的第24条"构成一种自愿服从判决和承认其强制力的保证，并不构成对执行豁免的任何暗示"。不过这种限制性解释的传统做法即国家签订仲裁协议一般不构成对执行豁免的放弃遭到了有些学者的批评，因为按此种标准，则除了明文的和字面上的明示放弃以外，再也没有其他的放弃执行豁免的方式了。⑦ 但在 Creighton 一案中，法国法院在解释 ICC 仲裁规则时表现了明显的扩大化解释，最高法院改变了其立场，并认为"提交仲裁并同意适用 ICC 第24条则构成了执行豁免权的放弃"。⑧ Creighton 是一家营业所在美国田纳西州的公司，1982年它和卡塔尔城市事务和农业部签订了在卡塔尔的多哈建设医院的合同。合同中规定所有争议将"最终根据 ICC 的仲裁调解规则解决"。后来发

---

① 张潇剑：《ICSID 仲裁裁决的承认与执行》，载《西北大学学报（哲学社会科学版）》2010 年第 4 期，第 147～148 页。

② Australian Foreign State Immunity Act 1985, Art. 17(2)（b）.

③ K. I. Vibhute, *Waiver of State Immunity by an Agreement to Arbitrate and International Commercial Arbitration*, J. B. L., Vol. 6, 1998, pp. 560-561.

④ 杨玲：《论国际商事仲裁裁决执行中的国家豁免》，载《当代法学》2012 年第 5 期，第 143 页。

⑤ George R. Delaume, *Foreign Sovereign Immunity*: *Impact on Arbitration*, 38 Arb. Jr. 34（1983）.

⑥ République Ialamique d'Iran et Consorts v. Sociétés Eurodif et Sofidif, Cour d'Appel Paris, 21 Apr. 1982, 65 ILR 93, 97.

⑦ A. Remiro Brotons, *La Reconnaissance et l'Execution des Sentences Arbitrales Etrangeres*, Recueil des Cours, Tome. 184, 1984（I）, p. 257；转引自郭玉军、肖芳：《国际商事仲裁中的国家豁免问题》，载《珞珈法学论坛》（第 3 卷），武汉大学出版社 2003 年版，第 165 页。

⑧ Creighton Ltd. v. Minister of Finance of Qatar and Others, France, Court of Cassation, 6 July 2000, 127 ILR 154.

生争议，Creighton 公司提起仲裁并获得有利裁决，并在法国法院请求执行卡塔尔的财产。巴黎大审法院和巴黎上诉法院都认为在本案中，Creighton 公司没有提供证明卡塔尔已经放弃执行豁免的证据，同意仲裁并不足以证明该项放弃。另外，上诉法院认为 Creighton 公司没有提供足够的证据证明被扣押的财产被卡塔尔用于与医院有关的商业活动。Creighton 公司向法国最高法院提起上诉。2000 年 7 月 6 日，最高法院推翻了上诉法院的判决，认为通过签订 ICC 仲裁协议，卡塔尔默示放弃了其执行豁免。最高法院的决定是根据支配仲裁的 1988 年 ICC 仲裁规则第 24 条①第 2 款同意将争议提交 ICC 进行仲裁，则双方当事人可以被认为同意不延迟地执行最后裁决，且放弃寻求任何形式上诉的权利。② 依据 ICC 提交的仲裁协议构成了对执行豁免的自动放弃（automatic waiver）。法国最高法院认为，和主权国家签订合同的对方当事人若要确定该主权国家不寻求仲裁裁决执行的豁免，应满足如下条件：准备在法国根据 ICC 规则或类似规则进行仲裁；该主权国家在法国拥有财产。该判决确认一个原则，即仅仅订立仲裁协议并不构成对执行豁免的自动放弃，但若是依据 ICC 规则订立的仲裁协议则构成放弃。因为，依据最高法院的解释，ICC 规则本身构成了对执行豁免的放弃。本案的后果在于与国家有关的仲裁裁决一旦涉及 ICC 规则或者其他类似的条款，如伦敦国际仲裁院（LCIA）仲裁规则的第 26 条第 9 款、③ 联合国国际贸易法委员会（UNCITRAL）仲裁规则第 32 条第 2 款规定，④ 外国国家在法国的执行豁免权则难以实现。该决定和美国立法和美国法院解释的立场相同。⑤ 1988 年美国国会通过对《联邦仲裁法》和主权豁免法的修正案明确规定，不得基于国家行为说拒绝执行就确认仲裁裁决作出的判决，也即不得基于国家行为说拒绝执行仲裁裁决。而欧洲代表国家法国似乎也在向美国成文法所体现的立场靠拢，一个外国主权国家，签订仲裁条款要求进行在本国法院管辖范围内的仲裁或主动参加仲裁，则可以认为该国在本国法院放弃了对该仲裁裁决的执行豁免。⑥ 1980 年瑞

---

① "(1) The arbitral award shall be final. (2) By submitting the dispute to arbitration by the International Chamber of Commerce, the parties shall be deemed to have undertaken to carry out the resulting award without delay and to have waived their right to any form of appeal insofar as such waiver can validly be made".

② 该条后被 1998 年规则的第 28 条第 6 款取代，但内容一致。"Every award shall be binding on the parties. By submitting the dispute to arbitration under these Rules, the parties undertake to carry out any Award without delay and shall be deemed to have waived their right to any form of recourse insofar as such a waiver can validly be made."

③ "All awards shall be final and binding on the parties. By agreeing to arbitration under these Rules, the parties undertake to carry out any award immediately and without any delay (subject only to Article 27) [correction of awards and additional awards]; and the parties also waive irrevocably their right to any form of appeal, review or recourse to any state court or other judicial authority, insofar as such waiver may be validly made."

④ "The award shall be made in writing and shall be final and binding on the parties. The parties undertake to carry out the award without delay."

⑤ Nancy B. Turk, *French and US Courts Define Limits of Sovereign Immunity in Execution and Enforcement of Arbitral Awards*, Arbitration International, Vol. 17, No. 3, 2001, p. 327.

⑥ Nancy B. Turk, *French and US Courts Define Limits of Sovereign Immunity in Execution and Enforcement of Arbitral Awards*, Arbitration International, Vol. 17, No. 3, 2001, p. 341.

典上诉法院在 Libyan 案中也认为利比亚接受仲裁条款的行为表明其放弃了豁免权，提交仲裁构成了对豁免的默示放弃。①

关于仲裁裁决的承认与执行上，有学者认为，承认与执行裁决是不同的概念。前者是仲裁约束力的应有之意，其目的是执行，因此不应受到主权的影响。② 如海牙上诉法院认为管辖豁免与执行豁免密切联系，实践倾向于"当一国通过仲裁放弃豁免时，放弃的范围应扩及确认或承认裁决的程序中"③，这一说理得到了最高法院的支持。在 1970 年 S. E. E. E. 一案④中，原告在瑞士获得有利的仲裁裁决，并在法国取得了执行令（ordonnance d'exequatur），扣押了捷克斯洛伐克在世界银行的财产。捷克提出抗辩认为法院无视其执行豁免权。但法院不予支持，并指出"同意仲裁就意味着捷国放弃了关于仲裁员和裁决的管辖豁免和为了保证裁决有效的执行令之类的程序权利。管辖豁免的放弃不等于执行豁免的放弃，但是执行令并不是执行行为，只是启动执行的措施，它并不会影响到结果的执行豁免权"。在执行仲裁裁决时，执行令或类似程序被认为是仲裁程序的一部分，而非执行程序。在 Benvenuti et Bonfant 一案⑤中，巴黎上诉法院认为授予执行令的命令不构成执行措施，而仅仅是执行前的初步措施。因而，执行豁免问题只会在寻求实际执行的阶段才会出现，而执行的许可（leave for enforcement）作为法院行使管辖权的一部分不应享有豁免。巴黎上诉法院也在 Euaodif 一案中支持这一观点。⑥ 在 Sedelmayer 案⑦中，1989 年原告在俄罗斯圣彼得堡投资设立了公司，后来其所有财产被俄罗斯一项总统令收归国有。原告根据德国—俄罗斯双边投资保护协定在瑞士斯德哥尔摩商会仲裁院提起仲裁，最后取得胜诉裁决。俄罗斯政府拒绝履行裁决，于是原告在德国法院申请承认与执行。柏林高级法院（Kammergericht）驳回了俄罗斯政府的抗辩，裁决该裁决根据《纽约公约》是可执行的裁决。德国没有国家豁免的成文法，有关规则主要在德国宪法法院的有关判例之中，德国法院区分了仲裁裁决的承认与执行阶段，认定一个主权国家同意仲裁意味着放弃了仲裁管辖豁免以及在裁决的承认阶段的豁免，但是该豁免的放弃并不及于对有关财产的执行阶段，除非该财产是商业财产或该国明示放弃豁免。最后原告仅在法兰克福和科隆两地的法院获得了胜诉，并在法兰克福针对俄罗斯的商业账户和在科隆的房屋进行了扣押和拍卖，最终获得了赔偿。虽然俄

---

① Libyan American Oil Co. v. Socialist People's Repulbic of Libya, Svea Court of Appeal（18 June 1980），62 ILR 224.

② George R. Delaume, *Transnational Contracts*：*Applicable Law and Statement of Disputes*, Oceana Publications Inc., 1975, p. 395.

③ NV Cabolent v. NIOC, The Hague Court of Appeal（28 Novermber 1968），47 ILR 138. 参见 GeorgeR. Delaume, *Sovereign Immunity and Transnational Arbitration*, J Int'l Arb, Vol. 3, 1987, p. 33。

④ S. E. E. E. v. Républicue Socialiste fédérale de Yougoslavie, 98 F. D. I 131（1971）. TGI Paris, ref., July 8, 1970.

⑤ Benvenuti et Bonfant v. Government of the People's Republic of Congo, Decision of 26 June 1981, 65 ILR 88.

⑥ République Ialamique d'Iran et Consorts v. Sociétés Eurodif et Sofidif, Cour d'Appel Paris, 21 Apr. 1982, 65 ILR 93, 97.

⑦ Franz Sedelmayer v. The Russian Federation（UNCITRAL），2 Stockholm International Arbitration Review（2005），p. 38, pp. 56-57.

罗斯政府在科隆提出了国家豁免的抗辩，但法院认为前苏维埃贸易代表团的财产不应享有执行豁免，因为其是用于商业目的，而非国家主权目的。① 可见，实践中有些国家法院会将仲裁裁决的承认与执行严格区分开来，让法院地国对裁决进行承认并不难，但对其执行则非常困难，除非申请人能证明该财产是商业性质的财产或者被申请人（国家）明示放弃了执行豁免。而在坚持"绝对豁免理论"国家的法院，国家的明示放弃是唯一可能获得执行的理由。

另外，针对解决投资争端国际中心（International Centre for Settlement of Investment Disputes，ISCID）仲裁裁决的执行问题时，法院也会区分承认与执行两种不同的程序，《解决国家与他国国民间投资争议的公约》（简称《华盛顿公约》）第 54 条第 1 款得到了很好的遵守。在 Senegal 案中，法国初审法院同意承认一项针对塞内加尔共和国的 ISCID 裁决，但上诉法院撤销了该裁判，认为针对某项具体财产执行该裁决会违反关于国家豁免的"国际公共秩序"，最后法国最高法院又撤销了上诉法院的裁决，并认为《华盛顿公约》第 53 条、第 54 条的规定排除了《法国民事诉讼法典》中有关国际仲裁的制度包括公共秩序保留制度的适用。同时，对仲裁裁决的承认与执行进行了区分，认为法院承认一项裁决并对其发布"执行令"并不构成"执行措施"，而只有在执行程序中才会出现国家的执行豁免问题。② 在 Liberian 案中美国法院也对 ICSID 裁决的承认与执行进行了区分。③ 法院承认了一项针对利比里亚政府的裁决，但在针对某些财产的强制执行问题上，以外交和主权豁免的理由予以拒绝，因利比里亚大使馆和中央银行运作的账户属于国家豁免保护的范围，"主权豁免仍是一般原则而非例外……并且因为法院在处理影响外国政府事务的领域时务必小心谨慎"。在 Egypt 一案中，美国纽约南区法院根据《纽约民事诉讼法规》第 54 条关于外国判决承认与执行的规定，承认并赋予了有关 ICSID 仲裁裁决以执行力，之后发布了执行令，但对其财产的执行并未获得有关资料。④ 但对于财产的执行来说，依据《华盛顿公约》第 55 条的规定，法院地国内法的规定尤其是国家豁免的规定将得到适用。如在 AIG 一案中，英国法院认为根据《华盛顿公约》第 55 条，在裁决的执行问题上英国国家豁免法得到适用，申请人针对哈萨克斯坦国家银行位于伦敦的有关财产的强制执行请求被拒绝。⑤ 基于公

---

① Andrea K. Bjorklund, *State Immunity and the Enforcement of Investor-State Arbitral Awards*, in *International Investment Law for 21st Century*：*Essays in Honor of Christoph Schreuer*, Oxford University Press, 2009，pp. 314-316.

② SocitOuest Africaine des Btons Industriels（SOABI）v. Senegal，Case No. ARB/ 82/ 1，Award, February 25，1988，6 ICSID Rev. -FILJ 125（1991），2 ICSID Rep. 114（1994）. See 2 ICSID Report 337；117 Journal du Droit International 141；6 ICSID Rev. -FILJ 598（1991）；2 ICSID Report 341；118 Journal du Droit International 1005.

③ Liberian Eastern Timber Co.（LETCO）v. Republic of Liberia，Case No. ARB/ 83/ 2，Award，Marc h 31，1986，2 ICSID Report346. See 2 ICSID Rev. FILJ 187（1987）；2 ICSID Report 384（1994）；2 ICSID Report 385，2 ICSID Rev. -FILJ 188；2 ICSID Report 391，3 ICSID Rev. -FILJ 161.

④ Waguih Elie George Siag and Clorinda Vecchi v. The Arab Republic of Egypt，ICSID Case No. ARB/ 05/ 15，Award，1 June，2009.

⑤ AIG Capital Partners Inc. and Another v. Republic of Kazakhstan，［2005］EWHC Comm. 2239, October 20，2005.

约的规定，就意味着一项 ICSID 仲裁裁决的命运，即其最终能否获得强制执行，取决于不同缔约国的不同国内法的规定，从而导致当事人"挑选法院"。理论上，外国私人投资者寻求适用"限制豁免理论"将成为其挑选法院以执行 ICSID 裁决的"唯一选择"。① 当然，在绝大多数 ICSID 仲裁案件中的败诉国，都主动履行了裁决规定的支付义务。② 其原因可能是出于对其国际声誉的维护，以及慑于世界银行的压力。因为世界银行在决定发放有关贷款时可能会考虑有关国家是否 ICSID 仲裁当事方及其是否背负有关 ICSID 裁决债务。③

仲裁这一争议解决途径的目的是通过给私人投资提供保护以促进国际经济交往和资金的活跃。双方当事人将争议提交仲裁解决而非法院的目的在于，私主体为了避免外国国家主张豁免。如果国际社会需要鼓励经济交往，则不能鼓励国家豁免在国际商事仲裁中的作用。④ "主张豁免带来的风险和其带给地区法院判案的阻碍是人们寻求仲裁解决争议的原因。当法院无法在豁免问题上达成一致意见时，双方同意仲裁代表着一种妥协。"⑤因此，如果国家主张豁免被法院认可，这使得私方主体的争议解决机制变得毫无价值，因为他们的地位有待国家的恣意裁量。⑥ 为避免仲裁协议带给执行豁免的不稳定性，外国私人投资者在与国家签订合作协议时，需要明确双方的责任，避免模棱两可的用语。⑦ 投资者可以要求国家放弃对财产的执行豁免，或者在投资者本国与东道国签订的投资协议中纳入一条放弃条款。当然，这一方法的可行性有待考量双方之间的需求与实力。毫无疑问，在谈判签订投资协议时，要求纳入放弃豁免条款是十分困难的，会招致大多数国家的强烈反对。如今除了金融领域外，国际投资的其他方面规定有关国家放弃豁免条款的协议并不多见。⑧ 但如果当事人未能明确具体内容，则采取 ICC 仲裁规则或者类似的仲裁规则时，可能在有些国家如法国会得到执行。至于仲裁协议与执行豁免的默示放弃之间的关系如何在实践中很大程度上依靠于法官的自由裁量。管辖豁免与执行豁免在仲裁协议关系方面并非采取一样的标准，国际社会在执行豁免问题与仲裁协议关系上采取更为谨慎的态度，国家提交仲裁不会必然被认定为执行豁免的默示放弃。

---

① Vincent O. Orlu Nmehielle, *Enforcement Arbitration Awards Under the International Convention for the Settlement of Investment Disputes (ICSID Convention)*, Annual Survey of Int'l & Comp. L., Vol. 7, 2001, p. 47.

② 肖芳：《国际投资仲裁裁决在中国的承认与执行》，载《法学家》2011 年第 6 期，第 98 页。

③ World Bank, Operational Policies and Bank Practices, Sec. 7. 40.

④ Alexis Blane, *Sovereign Immunity as a Bar to the Execution of International Arbitral Awards*, N. Y. U. J. Int'l L. & Pol., Vol. 41, 2009, p. 505.

⑤ Hazel Fox, *The Law of State Immunity*, Oxford University Press, 2008, p. 324.

⑥ JG Wetter, *Pleas of Sovereign Immunity and Act of Sovereignty Before International Arbitration Tribunals*, JInt'lArb, Vol. 12, No. 1, 1985, p. 15.

⑦ Michael Feit, *Responsibility of the State Under International Law for the Breach of Contract Committed by a State-Owned Entity*, Berkeley J. Int'l L., Vol. 28, 2010, p. 177.

⑧ Georges R. Delaume, *Economic Development and Sovereign Immunity*, The American Journal of International Law, Vol. 79, No. 2, 1985, p. 344.

三、放弃的撤回和时间点

(一) 放弃的撤回

放弃的撤回主要涉及的是一旦国家放弃了豁免是否还能重新要求豁免的问题。这一问题存在于管辖豁免和执行豁免之中。在管辖豁免中，这一问题主要出现在有关合同放弃条款效果的诉讼案件中。一些国家的法院曾根据不同的理由允许已放弃豁免的外国国家重新要求管辖豁免权。① 英国判例法传统上由于要求外国国家必须在法庭上明确放弃豁免才有效，因此对已经通过合同放弃豁免的外国国家仍然允许其要求管辖豁免。② 日本法院由于战前不承认外国国家与私人合同中放弃条款的法律效力，因而也准予在合同中放弃豁免的外国国家享有管辖豁免。③ 因此，不适当的放弃方式可能导致放弃的无效，虽与放弃的撤回不同，但与放弃撤回的效果却相同，即可以重新要求豁免权。

对于执行豁免放弃的撤回问题，很多国家立法明确规定通常情形下不得撤回。《加拿大国家豁免法》第12条第1款规定国家通过明示或默示放弃执行豁免后，除非外国国家通过允许撤回的条款撤回，否则不得享有执行豁免。《澳大利亚国家豁免法》第31条第3款规定，外国国家在任何时间可以通过协议放弃财产豁免权，但是除非根据协议的条款放弃可以撤回，否则一律不得撤回。《美国外国主权豁免法》第1610条第1款明文规定不允许外国国家撤回放弃，除非按照放弃的条款规定可以撤回的。这与1605条规定的管辖中的放弃撤回是一样的，国会解释道"如果外国国家同意在一个合同中放弃主权豁免，事后这种放弃只有和该合同中放弃的表示相一致的方式才能撤回"④。国际立法上，《欧洲国家豁免公约》和《联合国国家豁免公约》对执行豁免的放弃的撤回问题并未作出规定。但联合国国际法委员会也曾表示过这样的见解，"一旦外国国家明示或基于行为默示地给予同意，在此后的任何阶段都不能撤回"⑤。在 Yendall 一案中，法庭也认为一国一旦放弃则不能撤回，且这种放弃能扩张到程序中的修订的新诉求。⑥ 与此不同的是，美国并不会将放弃扩张到诉讼中的新诉求，在一个诉求中放弃不代表在另一个中不会提出豁免请求。在 Fogarty 一案中，美国对错误解雇放弃了豁免权，但在之后的歧视的诉求中仍然主张了豁免权。⑦

可见，在国际立法和实践上虽然对撤回并没有统一的国际法规则，但一般不允许国家

---

① 龚刃韧：《国家豁免问题的比较研究——当代国际公法、国际私法和国际经济法的一个共同课题》(第二版)，北京大学出版社2005年版，第182页。

② Kahan v. Pakistan Federation，[1951] 2 KB 1003.

③ 转引自龚刃韧：《国家豁免问题的比较研究——当代国际公法、国际私法和国际经济法的一个共同课题》(第二版)，北京大学出版社2005年版，第182页。

④ H. R. Rep. No. 94-1487(1976)，p. 13.

⑤ UN Doc. A/38/10.

⑥ Yendall v. Commonwealth of Australia，Employment Appeals Tribunal，11 October 1984，107 ILR 590.

⑦ Fogarty v. USA，340 US 8 (1950).

撤回已经放弃的豁免。根据"约定必须遵守"和"诚实信用"原则，一旦国家通过适当的方式作出了有效的放弃，通常就不应再请求撤回放弃。否则，不利于双方当事人尤其是债权人权利的实现，也会妨碍国家与外国私人之间各种交往活动的展开。

(二) 放弃的时间点

国家豁免权是国家享有的国际法权利，国家是否进行放弃由其自主决定。不过放弃是否需要在适当的时间内放弃，尤其是国家在长时间既不主张豁免权也不表明放弃时则有所争议。美国的实践一贯坚持必须在适当的时间主张执行豁免，否则容易被认为是默示放弃了豁免。早期美国法院在 Taylor 案中表明，外交代表出庭但是一直未主张管辖豁免权，构成了对豁免的放弃，因为"国家通过其行为抛弃了豁免权"，如果再主张则已经太迟了。① 但在 Bolivia 案中，被告国家的外交代表出庭，并在之后提交了实质性的证据允许进行诉讼，且其在近一年内并未主张豁免权，但法院并不认为该豁免权被放弃了。② 在 1963 年 Harris 一案中，佛罗里达地区上诉法院判决认为古巴在法院将属于其国家所有的货物通过拍卖执行后再向法院提交执行豁免的主张已经为时晚矣。③ 在 Cuba 一案中，美国第四上诉法院认为古巴已经默示放弃其执行豁免，因为其在船舶被扣押之日没有表明态度。法院认为"外国国家允许在放弃管辖豁免之后保留主张执行豁免的权利，在其没有明确主张时，不可从表面予以判断。但是，当扣押船舶开始时，反对法院扣押船舶的主张时合适的，没有这种反对，或者保留反对的权利更多地被认为是默示放弃了豁免权"④。

对执行豁免而言，一旦扣押或执行开始，被告国家应主张其豁免权，即使是法院并未裁定，对于案件放任不理直到执行的最终阶段才主张执行豁免是十分不利的，容易被法院地国认定为已经放弃豁免权。

放弃作为能够执行国家财产的一种争议较少的方式，既解决了绝对豁免和限制豁免理论之争，也简便了实际案件中的操作，如对外交代表机构银行账户的放弃可以解决区分用于商业目的和非用于商业目的的难题。但是，无论是在主体上、形式上还是效果上，执行豁免的放弃必须是适格的放弃主体在国家授权的情形下，以适当的放弃方式作出了有效的放弃。

放弃形式包括明示放弃和默示放弃。一方面，明示放弃主要可以国际条约、合同或其他形式进行，当然明示并不必然要求是书面的，也可以是当事国在法院的口头声明。对于默示放弃，是比较有争议和较难判定的问题。由于其判断标准比较模糊，在实践中操作起来有诸多不稳定性，因此规定这种放弃方式的国家较少且标准不一。由于违反国家意志对其采取的任何强制性措施都会对国家间关系带来严重后果，因此，执行豁免的放弃应该比管辖豁免的放弃更加明确。从这个意义上说，明示放弃的形式最符合执行豁免的本质要求。⑤ 目

---

① Taylor v. Best, 14 C. B. 487 (1854).

② In re Republic of BoliviaExploration Syndicate, Ltd., [1914] 1 Ch. 139.

③ United States v. Harris and Company Advertising, Inc., 149 So. 2d 384 (Fla. 1963).

④ Flota Maritiam Browning de Cuba v. M. V. Cuidad de la Habana, 335 F. 2d 619(1964).

⑤ 龚刃韧:《国家豁免问题的比较研究——当代国际公法、国际私法和国际经济法的一个共同课题》(第二版)，北京大学出版社 2005 年版，第 277 页。

前而言，主权国家主动参与诉讼或者反诉以及缺席判决对主权国家的执行豁免权不会造成任何影响，也不会被法院地国认定为默示放弃的一种表现，但是对于提交仲裁这一方式，却有诸多不同的做法。在管辖豁免中提交仲裁无疑构成了一种默示放弃，而对执行豁免的影响，却有待估量，提交仲裁并不必然构成对执行豁免的默示放弃。主权国家在实践中应考虑到有些国家如法国的实践，避免被认定为默示放弃。不过归根结底，私人寻求仲裁这一与诉讼不同的解决途径的目的在于希望主权国家诚实守信，一旦将争议提交给仲裁这种非司法解决的途径，就应该履行其义务，包括仲裁程序和仲裁裁决的执行。放弃一旦作出，一般情况下不得撤回，而对于放弃的时间点，需要享有豁免权的主权国家把握好，避免因为放弃时间过晚导致财产的执行。

另一方面，对不同的种类财产的放弃，所要求的方式是不同的，尤其是在特定种类财产的执行豁免放弃问题上，法院在解释放弃时往往会将其限定在一定的范围之内，避免导致豁免权与外交豁免的冲突。由于执行豁免的放弃是执行豁免原则的例外，因而，放弃条款必须是严格规定的。在管辖豁免中在一国法院的明示放弃不等于在另一国放弃了豁免，该规则同样应该适用于执行豁免。国家放弃的意图如有可能在合同中明确表明是最为保险的，当纠纷发生时，法院不需要再去查明国家的意图，双方当事人也可以提高其可预见性和确定性。然而，一旦双方对放弃的意图和范围发生争议时，只能依靠法院通过条款的文字去判定放弃意图是否存在、范围和明示情况。放弃是可以稍作推测，但放弃条款应该是以严格的、狭义的方式结合合同整体进行解读。① 无论是明示放弃还是默示放弃，必须能够体现国家放弃意志的自愿性。

第二节　执行豁免的例外

一般而言，各国立法和国际立法对管辖豁免多采取限制豁免的立场，而执行豁免方面却更多地采取绝对豁免的立场，② 从已有的国家豁免立法来看，国家享有执行豁免权仍是一般原则，但其中多包含一定情形的例外，如商业财产、违反国际法所得的财产、指定的财产，等等。此类型的财产，即使在国家没有放弃的情形下，仍不得享有执行豁免权。

一、商业财产

（一）商业财产的判断标准

国家财产大体上可以划分为两类，一类是用于主权或公共目的的财产，另一类是用于商

---

① Dhisadee Chamlongrasdr, *Foreign State Immunity and Arbitration*, Cameron May Ltd., 2007, p. 196.

② August Reinisch, *European Court Practice Concerning State Immunity from Enforcement Measures*, The European Journal of International Law, Vol. 17, No. 4, 2006, p. 807. 有些国家仍然在执行豁免上采取绝对豁免的立场，如俄罗斯 2003 年修订的民事程序法典（Russian Civil Procedure Code）第 401 条规定："对位于俄罗斯境内的外国国家财产的扣押或对财产采取的其他强制措施，或者依据法院判决对财产采取的扣押等措施只有在外国国家同意的情况才能采取。"

业用途的财产。从执行豁免的发展趋势来看，为了平衡私人与国家之间的利益，限制豁免主义要求对前一类财产除明示放弃外享有执行豁免，而后一类财产则可以采取执行措施。但对于如何区分商业财产和非商业财产，执行豁免中则存在着不同于管辖豁免的标准。

在管辖豁免领域，商业行为依据性质标准还是目的标准进行判断引起了发展中国家与发达国家的争议。① 大多数发展中国家支持将目的标准纳入判断标准，阿根廷代表在联大第六委员会工作组会议的发言中指出，"委员会最大的贡献就是在一个单一的条款中协调了两种根本不同的观点"②。也有国家认为"当我们在阐述当前发达国家的惯常做法时，我们绝不能忽视大多数发展中国家的实践，它们的经济和法理学都处在与发达国家不同的发展阶段。大多数发展中国家采取目的标准来衡量国家所从事的交易。那种国际上只有一种标准占主导地位的说法是缺少法律证明的。既然我们再起草一项为所有国家都能接受的法律问题，两种国家实践都应当平等地予以考虑并写入草案。"③但是，发达国家则是强烈主张删除"目的标准"。④ 德国认为，其一直主张并将继续主张，起决定作用的标准只能是交易的性质。依据目前的条款，由法院地国的法院去决定非商业性质的目的是否可以援引豁免。不稳定因素仍然存在，法院在决定商业活动的目的时，最终还是要依赖提出豁免要求的国家所提供的情况。英国则表示，"委员会采取的双重标准并不能令人满意"。美国则认为目的标准有自相矛盾之嫌，因为如果一国不履行其根据合同购买物品和取得服务的义务，该标准将剥夺私人起诉该国得到的法律救济的能力。同时，当事人在与某一国家订立合同时，在不了解对方主张"性质标准"还是"目的标准"，导致当事人对后果预期的不明确性。也有国家担心目的标准会带来法律的不确定性，导致限制豁免理论名存实亡，最终不可避免地走向绝对豁免。发展中国家坚持目的标准的原因在于发展中国家目前处于经济发展的前期，多由国家参与商业活动。发达国家拒绝目的标准的原因是担心发展中国家以目的作为盾牌，获得超出应有范围的豁免权。有学者对发展中国家坚持目的标准提出了异议，"对于性质标准的接受，可以加速发展中国家经济的转型，促进与世界各国的经济交往，因为在当今世界上，任何国家从事国际经贸活动都不可能不遵守国际商业行为的准则和管理，否则会失去很多国际竞争的机会，坚持目的标准是否有利于发展中国家长远的经济利益，还有待进一步研究"⑤。不过，在管辖豁免领域，即使是采取性质标准的国家，在具体案件中或多或少还是会考虑到财产的使用目的。⑥ 因而，联合国公约自起草草

①　关于管辖豁免领域商业行为的判断标准的具体论述，参见陆寰：《国家豁免中的商业例外问题研究》，武汉大学 2012 年博士学位论文。英美国家的商业行为标准可见：Hazel Fox, *A Commercial Transaction Under the State Immunity Act* 1978, ICLQ1994, No. 43, Vol. 1, 1994, pp. 193-202；Steven H. Thomas, *Two Faces of the Trader：Guidelines for Distinguishing Between Governmental and Commercial Acts Under the Foreign Sovereign Immunities Act of 1976*, Tex. Int'l L. J., Vol. 28, 1998, p. 465。

②　UN Doc. A/46/10.

③　UN Doc. A/46/10.

④　UN Doc. A/47/326/add. 1.

⑤　杨力军：《关于国家及其财产管辖豁免的几个问题》，载《外国法译评》1995 年第 2 期，第 85 页。

⑥　Frédéric Bachand, *Overcoming Immunity-Based Objections to the Recognition and Enforcement in Canada of Investor-State Awards*, J. Int'l Arb., Vol. 20, 2009, pp. 65-67.

案开始，便将性质标准和目的标准考虑进来，并进行了折中和妥协，最终将性质标准作为主要标准，目的标准作为辅助标准。有学者认为联合国公约的混合标准丧失了一个绝佳的统一和协调各国立法和实践的机会，这导致实践中更为混乱。① 但这是作为国际公约为了协调各方利益所作的努力和让步，揉合标准难以避免。

执行豁免领域商业财产的判断标准，目前主要有两种立法模式，一种是明确规定该财产是"用于商业目的"的财产，如以色列、澳大利亚、英国立法以及联合国公约；一种是不予明确规定，在实践中参照管辖豁免中对商业行为的界定和标准，如加拿大和美国。

1. 目的标准

立法上，《以色列外国国家豁免法》第1条界定了商业财产（commercial asset），是指除外交或领事财产、军事财产和中央银行的财产以外的，外国国家在以色列持有的用于商业目的（commercial purpose）的财产。外国国家非用于特定目的的财产会被推定为商业财产，除非该国能提供证据。以色列立法明确区分商业财产和商业行为②，并在第15条规定商业财产不享有执行豁免。以色列在管辖豁免中采取性质标准，而在执行豁免中采取目的标准。《英国国家豁免法》规定了管辖豁免中商业行为采取性质标准，并以私人主体是否也可以从事该行为为判断标准。但在执行豁免中规定了商业目的（commercial purpose）的财产不享有豁免权。③《澳大利亚外国国家豁免法》第32条规定商业财产不得享有执行豁免，并将商业财产进行界定，是指除外交财产或军事财产以外的，外国国家实质用于商业目的的财产，且财产明显是未被使用的或未被使用的财产推定视为用于商业目的，除非法院认为该财产并非用于商业目的。依据联合国豁免公约的规定，对于"用于或意图用于政府非商业性用途以外的目的……"的财产，不得享有判决后的执行豁免。④

实践中，著名的菲律宾大使馆银行账户案中，德国宪法法院认为"国际法的一般原则规定法院地国对位于法院地国的用于非主权行为的财产有管辖权不能作为执行不经外国国家同意用于主权目的财产的理由"⑤。这一观点确认了用于主权行为的财产和非用于主权目的的财产的差别，反映了大多数欧洲国家的法院实践。⑥ 荷兰法院认为"作为一项国际法原则用于公共服务的财产免于在他国的执行措施"⑦。比利时法院也确认了这一主张，⑧ 意

---

① Andrea K. Bjorklund, *Sovereign Immunity as a Barrier to the Enforcement of Investor-State Arbitration Awards: The Re-Politicization of International Investment Disputes*, Am. Rev. Int'l Arb., Vol. 21, 2010, p. 227.

② 《以色列国家豁免法》中规定的商业行为（commercial activity）是指司法范围内的属于商业性质的任何交易或行为，包括买卖商品或服务的合同，商业借贷或资金交易，担保或保证，以及其性质是非行使政府权力的行为。

③ United Kingdom State Immunity Act 1978, Art. 13(4).

④ United Nations Convention on Jurisdictional Immunities of States and Their Property 2004, Art. 19(c).

⑤ Philippine Embassay Bank Account Case, Bundesver Fassungs Gericht, 13 Dec. 1977, 46 BVerfG 342; 65 ILR 146, 147.

⑥ August Reinisch, *European Court Practice Concerning State Immunity from Enforcement Measures*, The European Journal of International Law, Vol. 17, No. 4, 803-836, 2006, p. 808.

⑦ Cabolent v. NIOC, The Hague Court of Appeal, 28 Nov. 1968, 1 NYIL (1970) 225; 47 ILR 138, 148.

⑧ Leica AG v. Central Bank of Irau et Etat Irakien, Cour d'Appel, Brussels, 15 Feb. 2000(2001) JT6.

大利宪法法院也认为为了拒绝执行豁免，被请求执行的财产应该是不完成用于公共目的的财产。① 即便是一向对拒绝执行豁免十分自由的瑞士法院也考虑到了财产用于实现主权目的。

2. 性质标准

美国和加拿大立法中并未明确界定不享有执行豁免的商业财产。依据《美国外国主权豁免法》的规定，对于位于美国与诉讼有关的用于商业行为的财产不享有扣押和执行豁免。② 如此一来，法院在执行阶段不可避免的问题是判断哪些财产是用于商业活动。《美国外国主权豁免法》第 1603 条规定了"商业活动(commercial activity)是指某种正常做法的商业行为，或是指某种特殊的商业交易或行动。是否是商业性的活动，应当根据行为的性质或特殊的交易和行动的性质决定，而不是根据其目的"。美国最高法院认为行为的性质，即以该行为是否可以由私人从事作为判断的标准。③ 因为依据行为的目的，导致主权国家的所有行为均可以被认定为主权行为，这实质上使限制豁免又回到了绝对豁免的道路上。在管辖豁免的例外中，美国法律规定以性质标准而非目的标准作为判断商业行为和主权行为的标准。此时，在决定哪些财产可以被强制执行时，由于立法并未明确采取"目的标准"，也未解释如何区分"商业活动"与"非商业活动"，所以应该推定适用本法第 1603 条的相关规定。事实上该界定是十分不确定的，究竟某行为具备何种因素是商业行为是不明确的。④ 但是由于第 1611 条以目的为标准，指定一定种类的财产不能被执行，所以法院在面对执行问题时，如欲以性质作为判断的方法，所受到的限制要大于在管辖豁免的领域。⑤《加拿大国家豁免法》第 12 条第 2 款规定"用于或拟用于商业活动的财产"不得享有执行豁免，而对于商业活动，第 2 条将其界定为"系指任何特定的交易、活动或行为，或根据其性质，应认为具有商业特性的任何经常的活动过程"。而针对管辖豁免的例外之一商业行为中，第 5 条规定"在涉及外国国家商业活动的诉讼中，该国家不得享有豁免"。可见，该国立法并没有区分管辖豁免中的商业行为与执行豁免中的商业行为，而是在立法初始便规定了一个统一的定义，同等适用于管辖豁免和执行豁免。在科威特航空公司案⑥

① Condor and Filvem v. Ministry of Justice, Case No. 329, 15 July 1992; 101 ILR 394, 402.

② 28 USC. § 1610(a)(2).《美国外国主权豁免法》第 1610 条规定美国的执行只针对"在美国用于商业交易的财产"，即使是国家放弃豁免的情况下也是如此，可以说美国是彻底的限制豁免主义。参见 Joseph W. Dellapenna, *Foreign State Immunity in Europe*, N. Y. Int'l L. Rev., Vol. 5, 1992, p. 61。

③ Saudi Arabia v. Nelson, 507 US 349 (1993).

④ 陆寰:《美国国家豁免法管辖豁免中的商业例外及其新发展》，载《学习与实践》2011 年第 9 期，第 73 页。

⑤ Joseph W. Dellapenna, *Suing Foreign Governments and Their Corporations*, The Bureau of National Affairs, Inc., 1988, p. 121.

⑥ Kuwait Airways Corp. v. Iraq, 2010 SCC 40, [2010] 2 S. C. R. 571. 本案是判决的承认与执行问题，但首先涉及的是加拿大对英国法院管辖权的审查，即依据《加拿大国家豁免法》判断被告国家是否同样不得享有管辖豁免权，依此判断英国法院是否管辖适当。虽然英国法院已经作出判决，但是该判决在加拿大法院并非具有既判力(res judicata)，应该依据加拿大法来决定，否则英国法和英国法院便可划定魁北克法院的管辖权问题。当然，法院应该自律，考虑是执行申请，因此不应审查判决的实质内容。因此，不应审查英国法院的事实认定，而只是在加拿大的法律框架之内考虑国家豁免及其例外问题。

中，加拿大法官 La Forest 认为应该在整体上考虑，而非仅仅依靠性质，还需要考虑其目的。目的标准不应作为主导性标准，但是完全不考虑行为的目的则使得大量政府行为"商业化"。最初伊拉克授权伊拉克航空公司进行征收的行为是主权行为，然而其后续的扣留和使用飞行器的行为则是商业行为。因而，伊拉克不能享有豁免权。因此，在执行豁免中，还是依据性质标准来判断是否属于"商业行为"。

2023 年我国《外国国家豁免法》在这一问题上，采取了"用于商业活动"①这一说法，并在该法中保持了与管辖豁免一致的界定，即以性质标准为主兼顾目的标准。②

(二)特定的联系要求

各国立法和实践对于是否要求被申请执行的财产与法院地国的领土有关或与诉讼有关存在争议，且不同的联系要求在特定的情形下会导致不同的结果。

1. 领土关联性

《美国外国主权豁免法》要求财产必须是"位于美国"的在美国用于商业行为的财产，③不过对于第 1610 条第 1 款规定的商业行为和该财产之间的领土关联性应达到何种程度有不同看法。一种是认为这种财产一定要都是在美国领土内被用于商业活动。④ 另一种认为是财产虽未在美国领土内被使用，但只要有证据显示为外国国家在美国所拥有，而且符合有关强制执行措施的有关规定，则应当都符合该条的规定。然而，美国国会并未就此提出明确的见解。⑤《美国对外关系法重述(第三次)》是支持前者的观点，要求对国家财产的扣押和执行必须是与商业行为有关，而对外国国家机构或部门的财产的执行则不需要这种联系。因为只要是依据第 1605 条第 1 款第 2 项、第 3 项、第 5 项或者 1605 条第 2 款外国国家机构或部门不享有豁免，则可以执行其财产，并不要求财产是用于或过去用于诉讼基于的商业行为。因而，对国家机构及部门的财产的执行比对国家财产的执行要容易得多。⑥ 对于商业性地使用该财产的事实是否一定要在美国发生，有人认为由于第 1610 条第 1 款使用"用于(used for)"一词，因而采肯定见解。有人认为，具有商业性质的财产不限于在美国被使用，只要执行时在美国境内即可，对法律采取广义解释。

---

① 我国《外国国家豁免法》第 14 条规定："有下列情形之一的，外国国家的财产在中华人民共和国的法院不享有司法强制措施豁免：……(三)为执行中华人民共和国的法院的生效判决、裁定，对外国国家位于中华人民共和国领域内、用于商业活动且与诉讼有联系的财产采取司法强制措施。"

② 我国《外国国家豁免法》第 7 条规定："本法所称商业活动是指非行使主权权力的关于货物或者服务的交易、投资、借贷以及其他商业性质的行为。中华人民共和国的法院在认定一项行为是否属于商业活动时，应当综合考虑该行为的性质和目的。"

③ Rubin v. Islamic Republic of Iran, 830 F. 3d 470, 475(7th Cir. 2016), aff'd, 138 S. Ct. 816(2018); 转引自李庆明：《美国的外国主权豁免理论与实践研究》，人民日报出版社 2022 年版，第 281 页。

④ R. Von Mehren, *The Sovereign Immunities Act of* 1976, Columbia Journal of Transnational Law, Vol. 17，1978，p. 62.

⑤ H. R. Rep. No. 94-1487 (1976).

⑥ Paul L. Lee, *Central Banks and Sovereign Immunity*, Colum. J. Transnat'l L., Vol. 41, 2002-2003, p. 346.

　　瑞士国家豁免判例发展中贯穿的特征之一是作为诉讼基础的外国国家的行为必须和瑞士有领土关系。瑞士虽然不区分管辖豁免和执行豁免，但是其要求的领土联系往往比要求财产仅仅位于瑞士更为严格，争议的主体与瑞士有着联系在早期的瑞士判决中也有所体现。在 1918 年 Dreygus① 一案中，瑞士联邦法院允许对奥地利存于瑞士的银行账户进行扣押，因为奥地利发行债券的行为构成了商业行为，但联邦法院最终却驳回诉讼，原因仅仅是因为与瑞士缺乏足够的领土关联性。1956 年瑞士联邦法院在 Greece 一案中便表示"为了确认外国国家作为一方的法律关系与瑞士存在联系，该法律关系必须源于瑞士或者在瑞士履行，债权人至少应该采取一定的步骤使得瑞士成为履行地"②。这一观点也在"二战"后的一些案例中得到了确认，在 1960 年 Mrs. X 一案中，原告是居住在苏黎世的女士，并成功获得了对外国财产的扣押，由于争议双方选择了瑞士法作为准据法，并规定款项付到瑞士银行账户之中，因而审理法院认为这存在着足够的联系。③ 瑞士联邦法院 1978 年一案④中也表明法院对与瑞士领土有联系的外国政府及其机构的私法性质的行为有管辖权，且外国国家非用于主权目的的财产也不得免于执行扣押措施。然而，在与瑞士领土无关系时，即使外国国家行为是私法行为，或者仲裁地在瑞士，瑞士法院也拒绝管辖。在 Libyan 一案⑤中，为了满足对利比亚的诉讼，美国石油公司扣押了利比亚存于瑞士银行的财产。利比亚主张豁免，瑞士联邦最高法院撤销扣押命令，原因是因为现有的争议与瑞士缺少足够的法律连接(legal link，Binnenbeziehung)，仅仅因为仲裁地在日内瓦是不够的。可见，上述的案例中瑞士法院如此开放的方式存在着一定的限制，即扣押和执行措施可能会影响到用于主权目的的财产。对此，联邦最高法院表明将执行豁免作为管辖豁免的应有之义是限制在非用于公共目的的财产范围内。⑥ 由此可见，看似十分特别的瑞士法院的做法实际上与一般的趋势是一致的，即用于主权目的的财产免于强制执行。⑦

　　《联合国国家豁免公约》规定将"处于法院地国领土内"的财产作为商业财产例外的条件之一。中国最新立法采用了与《联合国国家豁免公约》一致的态度，要求该商业财产是位于中国境内作为外国国家不享有司法强制豁免权例外的要件之一。以色列立法对商业财产定义时也规定了"外国国家在以色列持有的"，必须是与以色列有着一定的领土关联性。

---

① K. K. Oesterreichisches Finanzministerium v. Dreyfus，Tribunal Fédéral Suisse，13 Mar. 1918，ATF 44149，5 Ann. Dig. (1929-1930) 122.

② Kingdom of Greece v. Julius Bar & Co.，18 ILR 195(1956)，198.

③ United Arab Republic v. Mrs. X，Swiss Federal Tribunal (1960)，65 ILR384，392.

④ Banque Centrale de la Republique de Turquie v. Weston Compagnie de Finance et d'Investissement SA and Another，Tribunal Fédéral Suisse，15 Nov. 1978，ATF 104 Ia 367，65 ILR 417.

⑤ Libyan American Oil Co. v. Socialist People's Repulbic of Libya，Svea Court of Appeal (18 June 1980)，62 ILR 224.

⑥ République Arabe d'Egypte v. Cinetel，Tribunal Fédéral Suisse，20 July 1979，65 ILR 425，430. 该案中联邦最高法院认为存在一个例外即除非执行的财产是用于主权行为的履行(unless the measures of execution concerns assets allocated for the performance of acts of sovereignty)。

⑦ Leo J. Bouchez，*The Nature and Scope of State Immunity from Jurisdiction and Execution*，in *Netherlands Yearbook of International Law*，Sijthoff & Noordhoff，1980，p. 25.

2. 诉讼联系性

除领土联系性外，有些立法要求商业财产必须与诉讼有一定的关联性。诉讼关联性表现在两个方面，一方面是财产必须是与诉讼有关，另一方面是财产必须与被告实体有联系。

美国主权豁免法规定申请被执行的财产是用于与诉讼请求相关的商业行为，要求财产与诉求之间存在联系。在 Letelier 一案①中，由于智利在美国从事暗杀行为并利用该航线的飞机运输和投递暗杀者，为了执行对智利的损害赔偿的判决，原告要求扣押国家航线的财产，法院认定其中一辆飞机不构成法律要求的"在美国"用于商业行为，不符合联系要求。由于该案原告未能获得补偿的权利，美国立法试图取消这种"联系要求"②，并得到了美国律师协会的支持，却遭到了美国行政机构的反对。③ 这导致在证明商业行为上当事人负有双倍的举证责任，尤其是在证明诉讼关联性上十分困难。④ 在 Brewers 案中，法院发现被执行的财产与 Brewers 在伊拉克提起的诉求完全无关，因而不适用商业行为的例外。⑤ 在 Eurodif 案⑥和 Sonatrach 案⑦中最高法院都支持"被扣押的国家财产与诉求之间的特定联系"并将其扩大到判决前的扣押。然而，在近期的巴黎上诉法院的 Creighton 一案中，法国法院似乎抛弃了这种连接要求。⑧ 同样，ILA 草案公约也要求"基于诉讼用于或曾被用于商业行为的财产"才能被执行，⑨《欧洲国家豁免公约》在第 26 条也要求只有与商业或工业行为有关的财产才能允许执行。

诉讼关联性的另一表现在于要求财产与被告国家实体有特定的联系。ILC 草案中也规定了这种模式，要求财产与诉讼有关或者与诉讼针对的代理机构有关。⑩ 当然这种联系要求受到非常多的批评，即使在该草案公布之前 ILC 内部对这个规定均存在争议。而新的联合国公约则修正了该规定，仅仅要求"与被诉实体有联系"。⑪《联合国国家豁免公约》在附件中指出，要求财产与被诉实体有联系的范围是广泛的，不仅仅局限在所有权或者占有。⑫

---

① Letelier v. Republic of Chile，748F. 2d790(1984)。

② S. 1071, 99th Cong., 1st Sess. (1985)；H. R. 1071, 99th Cong., 1st Sess. (1985)。

③ Joan E. Donoghue, *The Public Face of Private International Law*：*Prospects for a Convention on Foreign State Immunity*, Law & Contemp. Probs., Vol. 57, 1994, p. 313.

④ Joseph W. Dellapenna, *Refining the Foreign Sovereign Immunities Act*, Willamette J. Int'l L. & Disp. Resol., Vol. 9, 2001, p. 149.

⑤ Brewer v. Socialist People's Republic of Iraq, 890 F. 2d 97 (8th Cir. 1989). 参见 Thomas S. Blackburn, *Attachment and Execution Disallowed Pursuant to Intangible Claims*, *Brewer v. Socialist People's Republic of Iraq*, Suffolk Transnat'l L. J., Vol. 14, 1991, p. 711。

⑥ Islamic Republic of Iran v. Société Eurodif and Others, France, Court of Cassation, First Civil Chamber, 14 March 1984, 77 ILR 513.

⑦ Société Sonatrach v. Migeon, Cour de cassation(1st Civil Chamber), 1 Oct. 1985, 77 ILR 525.

⑧ Creighton Ltd v. Minister of Finance of Qatar and Others, Cour d'Appel, Paris, [1998] Revue de l'Arbitrage 417, 527.

⑨ Art. VIII A 2 ILA Draft Convention.

⑩ Art. 18(1) (c) ILA Draft Convention.

⑪ United Nations Convention on Jurisdictional Immunities of States and Their Property 2004, Art. 19(c).

⑫ Annex, United Nations Convention on Jurisdictional Immunities of States and Their Property, 2 December 2004, Annexe, UN-Doc. A/RES/59/38.

同时，对"实体"即"国家"进行了界定，实质上是缩小了可被执行的财产的范围。但是有的国家立法却采取了最为开放的方式，即不要求财产与诉讼或领土有任何联系。① 这就大大放宽了法院对外国国家财产采取执行措施问题上的限制。英国国家豁免法仅要求被执行的财产是"在诉讼开始时用于或意图用于商业目的"②，而不需要其他任何特定的联系。欧洲各国的实践则在联系要求上并不一致。很多判决与这些要求远不相符。意大利宪法法院当时形容"被执行的财产与引起诉讼的商业交易之间存在特定联系的要求是更严厉的限制，一般是不被承认的，尤其在西欧包括英国是被反对的"③。事实上很多欧洲国内法院在审理有关案件时不会考虑连接因素，而往往只考虑财产的目的。④

我国《外国国家豁免法》采取了"与诉讼有联系的财产"这一说法，并未明确其中要求的诉讼关联性抑或主体关联性，在未来有着较大的适用空间，即只要与诉讼有联系即可。

《联合国国家豁免公约》第 19 条第 3 款规定被执行的财产必须与诉讼标的或被诉机构有所联系，主张诉讼案件和法院地国之间存在实质性的联系是为了防止外国私人对一主权国家滥用诉权。⑤ 这种要求在很大程度上保证了国家财产免受滥用司法程度的强制执行，避免外国法院为了取得管辖权偿付某一判决的目的而对有关国家的财产任意进行执行。

当然，这也会导致原告的诉求难以满足，原告需要跨过立法设置的多种障碍才有可能执行国家的财产，而这种障碍往往是难以跨越的。因此，立法往往创造的是"无法得到赔偿的权利"。如在 Walter 夫妇案中，法院认为《美国外国主权豁免法》第 1610 条第 1 款第 2 项要求的是财产用于或过去用于与诉求相关的商业行为。这种解释使得原告不得扣押主权国家部分参与侵权的商业行为但在美国与商业行为无关的财产。法院意识到该解释创造了无法获得赔偿的权利。美国国会在制定主权豁免法时，考虑到其制定时执行外国的财产仍是一个有争议的问题，⑥ 有理由相信国会也意识到了创造了一个无法获得赔偿的权利。最终，执行外国国家的财产依然取决于外国国家的自愿和识别特定财产为"在美国"（in the US）的困难程度。⑦ 这就使得在主权豁免法下执行外国财产变为一种无力的权力。债权人往往误以为外国国家财产是可以被执行的，但由于主权豁免法的制定考虑到对美国的经济和外交的影响，因而，债权人不过是幻觉。⑧

---

① United Kingdom State Immunity Act 1978, Art. 13 (4) ;, Australia Foreign States Immunities Act 1985, Art. 31; Canada State Immunity Act 1982, Art. 12(1) (b); Pakistan State Immunity Ordinance 1981, Art. 14(2) (b); Singapore State Immunity Act 1985, Art. 15(4); South Africa Foreign States Immunities Act 1981, Art. 14(3).

② United Kingdom StateImmunity Act, 1978, Art. 13(4).

③ Condor and Filvem v. Ministry of Justice, Case No. 329, 15 July 1992; 101 ILR 394, 402.

④ August Reinisch, *European Court Practice Concerning State Immunity from Enforcement Measures*, The European Journal of International Law, Vol. 17, No. 4, 2006, p. 823.

⑤ 黄进等：《国家及其财产管辖豁免的几个悬而未决的问题》，载《中国法学》2001 年第 4 期，第 143 页。

⑥ H. R. Rep. No. 94-1487 (1976), p. 27.

⑦ Tyler B. Robinson & Erin Bradrick, *Judgment Enforcement in the United States Against Sovereign States*: *Some Interesting Procedural Questions*, DISP. RESOL. INT'L, Vol. 4, 2010, p. 158.

⑧ J. F. Hulston, *Chinese Assaults Rifles*, *Giant Pandas*, *and Perpetual Litigation*: The "*Rights Without Remedies*" *Dead-End of the FSIA*, Mo. L. Rev., Vol. 77, 2012, p. 541.

(三)时间阶段

各国立法对于商业财产用途(use for)的时间点问题存在不同的规定。美国主权豁免法与其他国家立法不同，要求外国在美国的财产是"现在"或"过去"(in use or used)被用于商业活动且构成诉讼案件的权利主张才可被执行。[①] 依据美国法的规定，如欲被执行的财产正好是用于"诉讼所基于的商业行为"，那么，虽然在执行时该财产已不被用于商业活动，依旧可被执行。国会报告中指出为了逃避法院的执行而从与诉求有关的商业行为中转移出去的财产也被包含在内。[②] 可见，《美国外国主权豁免法》有关商业财产的规范是一个精心的设计，主要目的是，一方面提供在美国的债权人多一种救济方法，另一方面却希望吸引外国人来美国投资，因此要求被执行的财产和商业活动要有联系，以避免外国国家所有在美国的商业财产都成了执行标的。

而《英国国家豁免法》规定了财产是"正用于或拟用于"(is used to or is intended to be used for)，[③]《加拿大国家豁免法》对时间阶段的要求是"用于或拟用于"。[④]《联合国国家豁免公约》也规定了同样的时间点，即"用于或拟用于"。[⑤] ILC 指出如果要求"过去"会影响国家处分其财产的自由。[⑥] 在 1960 年 Mrs. X 一案中，瑞士联邦法院驳回了国家财产因用于支付购买武器而免于执行的请求，认为该特定目的在扣押之时已经不存在了，不构成对瑞士法院执行权的妨碍。[⑦] 可见瑞士法院并不考虑财产的"过去"的使用目的，而是考虑其现在是用于何种目的。澳大利亚规定的是"现在(in use)实质上用于商业目的的财产"。不考虑过去和将来的使用目的，更着重在商业目的的实质性上。[⑧] 以色列立法直接规定了商业财产不享有豁免，不规定其"用于"的时间段是现在、过去或将来。

虽然对财产的使用时间点有不同的规定，但至少对现在用于商业目的立法是持一致的意见。至于"过去用于"这个时间点，毕竟过去用于商业行为的财产用来清偿正在进行中的诉讼请求是十分不合理的，这种溯及力是不必要的。但"将来用于"则需要双方当事人的证据证明。在执行领域内则视财产的目的而定，在考察目的时，又必须重视其未来的使用，这与管辖豁免领域考察过去的活动不同。

总之，在管辖豁免领域，主要是根据国家从事行为的性质即主权行为和非主权行为来决定和区分是否授予管辖豁免权，而在执行豁免领域主要是根据财产的使用目的来决定是否可以采取执行措施。[⑨] 管辖豁免关注的是行为的性质，而执行豁免关注的是财产的类

---

① USC. §1610(a)(2).

② H. R. Rep. No. 94-1487(1976)，p. 23.

③ United Kingdom State Immunity Act 1978，Art. 13(4).

④ Canada State Immunity Law 1985，Art. 12(b).

⑤ United Nations Convention on Jurisdictional Immunities of States and Their Property 2004，Art. 19(c).

⑥ ILC Draft Articles on Jurisdictional Immunities of States and Their Property，2(2) YBILC 58(1991)，UN-Doc. A/46/10.

⑦ United Arab Republic v. Mrs. X，Swiss Federal Tribunal(1960)，65 ILR385.

⑧ Australia Foreign States Immunities Act 1985，Art. 32(3)(a).

⑨ August Reinisch，*European Court Practice Concerning State Immunity from Enforcement Measures*，The European Journal of International Law，Vol. 17，No. 4，2006，p. 807.

型。无论是在商业财产中更多地采取目的标准，还是财产与领土或诉讼的特定联系在一定程度上可以有效地限制对外国国家财产的执行，对财产时间点上的要求也可以起到一定的限制范围的作用。可见，与管辖豁免相比，执行豁免的例外情形更具有"绝对豁免性"。

二、其他情形

除了商业财产作为执行豁免的例外得到大多数国内立法和国际公约的支持外，各国内立法还规定了多种不同类型的例外情形，包括与确立通过继承和赠与获得的财产的判决有关的执行①、确立位于法院地国的不动产②、违反国际法所得的财产、包含契约义务和由此而生的收益的财产③、从事恐怖行为或资助恐怖活动④等。以下主要以德国诉意大利案讨论违反国际法所得的财产以及联合国公约规定的指定财产。

(一)指定财产

《联合国国家豁免公约》将"该国已经拨出或专门指定该财产用于清偿该诉讼标的的请求"作为不享有执行豁免的例外之一。⑤ 国家指定财产作为清偿义务的标的不得享有执行豁免权，这在国际私法协会的解决办法(IDI Resolution)中也有明确规定。⑥ 我国《外国国家豁免法》亦吸收了《联合国国家豁免公约》的内容，若外国国家已经拨出或者专门指定财产用于司法强制措施执行，则该外国国家在中国法院不享受司法强制执行豁免权。

2001 年法国上诉法院在判决中表示，一国指定或保留用于满足争议诉讼的财产可以

---

①　目前立法中规定了该种情形的国家有以色列、美国、澳大利亚和加拿大。《以色列国家豁免法》规定位于以色列的外国国家通过继承、赠与或作为善意第三人获得的财产不得享有执行豁免。《澳大利亚国家豁免法》第 33 条第 1 款第 2 项规定通过继承和赠与获得的财产不享有执行豁免。《加拿大国家豁免法》第 12 条第 1 款第 3 项规定因继承和赠与获得的财产和位于加拿大的不动产不享有执行豁免。《美国外国主权豁免法》规定确认通过继承或赠与获得的财产权时，国家不得享有豁免。唯一不同的地方在于，美国要求的前提条件是该财产是"用于商业行为(commercial activity)的财产"。本书认为基于对执行豁免的谨慎态度，对通过继承和赠与获得的财产一律不享有豁免是不合理的，相对以色列、澳大利亚和加拿大的立法而言，美国立法相对更为合理，即是用于商业行为的财产且通过继承或赠与获得才不能享有执行豁免。

②　《以色列国家豁免法》第 16 条第 3 款规定位于以色列的不动产不得享有执行豁免。《美国外国主权豁免法》规定与位于美国的不动产财产权的确认有关的执行不享有豁免。《澳大利亚国家豁免法》第 33 条和《加拿大国家豁免法》第 12 条第 1 款第 3 项规定了不动产不属于执行豁免的范围内。当然，此处的不动产不包括使领馆的房产。

③　28 USC. § 1610(a)(5).

④　《加拿大国家豁免法》对恐怖活动界定为"位于国家恐怖名单之中的国家在 1985 年以后从事刑法典第 83.01(1)条规定的行为或不作为"，第 12 条第 1 款第 2 项规定"位于恐怖名单的外国国家用于或意图用于资助恐怖活动或从事恐怖行为的财产，不享有执行豁免"。

⑤　United Nations Convention on Jurisdictional Immunities of States and Their Property 2004, Art. 18(b), 19(b).

⑥　Resolution of l'Institut de Droit International on Contemporary Problems Concerning the Immunity of States in Relation to Questions of Jurisdiction and Enforcement, Basel Session 1991, 64 Annuaire de l'Institue de Droit. International (1992 II) 389.

被扣押，而非外国国家位于法院地国或者意图用于商业目的的所有财产，但不需要外国国家在诉讼开始时就将这些财产指定给特定实体。① 该判决是基于上诉法院在 Eurodif 案的判决，即当被扣押的财产根据外国国家的意愿由国家本身或者它设立的实体基于该目的用于一个纯商业性的操作时，执行豁免可以在例外案件中被推翻。② 指定的财产不得享有执行豁免也得到了英国上议院的支持。在 Alcom 一案中使馆账户被认为是用于主权目的，因而免于执行措施。但是上议院认为即使是使馆账户，如果它被外国国家指定仅仅作为商业交易，将不得免于执行措施。③ 相反地，在南非法院的一个案例中，军队的雇佣者要求扣押专门支付 Congolese 军队雇佣者的账户，但法院认为这些资金是指定用于公共目的，不得被扣押。④

国际法委员会认为规定这一内容主要是为了防止其他的或不受保护的债权人阻挠国家实现清偿具体诉讼要求或偿付某一被承认的债务的意图。⑤ 当国家将财产指定用于清偿债务时，意味着国家对债务有一定的预见性，并对该财产清偿的后果有合理预期，因此，这类财产可以看作国家对其义务的主动承担，一般不享有豁免权。

(二)违反国际法所获得的财产

1. 案情简介及判决

国际法院 2012 年审判的德国诉意大利案件引起了公众对国家豁免的广泛关注。"二战"结束后盟军与意大利签订了和平条约，规定了有关的战争法律和经济后果。但意大利国民无法在德国和欧洲人权法院通过诉讼获得赔偿，⑥ 只得求助于本国法院。1998 年意大利国民 Luigi Ferrini 在本国法院起诉德国政府，要求赔偿其因战争被运送至德国进行强制劳动的损失。⑦ 一审法院和上诉法院均以德国作为主权国家享有"管辖豁免权"为由，

---

① Creighton Ltd v. Minister of Finance of Qatar and Others, Cour d'Appel, Paris, [1998] Revue de l' arbitrage 417, 527.

② République Ialamique d'Iran et Consorts v. Sociétés Eurodif et Sofidif, Cour d'appel Paris, 21 Apr. 1982, 65 ILR 93, 97.

③ Alcom Ltd. v. Republic of Colombia [1984] 2 All ER 6, 74 ILR 170, 187(HL).

④ Parkin v. Government of the Republique Démocratique du Congo and Another, South Africa, Supreme Court (Witwatersrand Local Divison), 28 October 1970, 64 ILR 668, 671.

⑤ UN Doc. A/46/10.

⑥ 1953 年德国遭迫害的受害者赔偿的联邦法的目的在于赔偿几类被纳粹迫害的受害者。很多意大利人依据该法起诉但并未成功，或因为原告不被认定为该法所定义的受害人，或因为他们依该法在德国没有住所或永久居所。该法在 1965 年进行了修正，包含因其国籍或组织不在德国的人，但是要求该类人在 1953 年 10 月 1 日具有难民地位。所以，即使该法进行了修正，很多意大利原告仍因其难民地位的缺失，不能获得赔偿。德国法院一般会驳回由外国人提起的有关赔偿诉讼。1961 年德国和意大利签订了协议。1963 年生效的第一个协议是"关于相关特定财产和经济、财务问题的安排"，依该安排，德国赔偿意大利未获得赔偿的经济损失。而依据德国 2000 年的联邦法，战争囚犯在德国被排除在赔偿范围之外。因而，很多意大利国民，如被界定为战争囚犯，便无法获得赔偿。在 2004 年，欧洲人权法院也以不符合"属物原则"(subject matter)为由，判定驳回相应的诉讼。

⑦ Ferrini v. Federal Republic of Germany, Decision No. 5044/2004 (Rivista di Diritto Internazionale, Vol. 87, 2004, p. 539; 128 ILR 658.

驳回诉讼。最高法院在审理中却认为意大利法院对该案拥有管辖权，因为在被诉行为构成国际犯罪的情形下，德国不应该享有豁免权。佛罗伦萨上诉法院最终作出判决要求德国赔偿 Ferrini 的损失，理由是作为主权国家的德国，当其国家的行为构成国际法上的犯罪时不能援引豁免权，管辖豁免并不是绝对的。随后 2004 年 4 月 12 个原告在都灵(Turin)法院起诉德国，同时，Liberato Maietta 在意大利(Sciacca)法院起诉德国，在诉讼中德国要求意大利法院申明缺乏管辖权，意大利法院均予以拒绝。2007 年 6 月，希腊的请求人依据 2006 年佛罗伦萨上诉法院的判例要求执行德国在科摩湖附近的房产，虽然该诉求被中止，有待国际法院判决之后再决定，但该扣押并未取消。针对意大利法院的扣押行为，德国认为意大利的扣押行为不符合国际法的规定，国际法不仅赋予主权国家管辖豁免权，而且赋予其享有执行豁免的权利，意大利的行为违反了其国际义务。

2008 年 11 月 23 日，德国在国际法院(ICJ)提出启动程序的请求，起诉意大利违反了国际法规定的义务，意大利的司法实践未能尊重德国依国际法享有的管辖豁免。国际法院法官以 12∶3 的投票认定意大利违反其尊重德国管辖豁免权的国际义务；以 14∶1 的投票分别认定意大利违反了德国的执行豁免权；意大利承认与执行希腊法院的判决违反了尊重德国豁免权的国际义务；意大利必须采取措施确保类似诉讼不发生法律效力，德国的其他诉讼均被驳回。[1]

2. 国家豁免权与国际强行法的关系

国际法院认为即使德国的行为根据《国际军事法庭宪章》第 6 条第 2 款的规定已经构成对国际法的违反(战争罪)，但是国家能否享有豁免权首先是个程序性问题，是否享有管辖豁免是诉讼开始的第一步，只有在确定一国法院拥有管辖权之后，才能判断导致诉讼的该行为是否严重违反国际法等问题。如果在管辖权未定时，就以该行为的严重违法性来剥夺享有的豁免权，难免失之偏颇。同时习惯国际法还未发展到违反国际法的行为不享有国家豁免权的程度，国家享有的豁免权并不因行为的严重性或者行为所违反的规则的强制性质而改变。

归根结底，案件最终的冲突在于国家豁免权与国际强行法之间的关系。国际强行法是国际法的最高位阶的准则，是不容更改和毁损的。而国家豁免是两个国际法原则——国家主权平等与司法管辖权冲突的调和物。仅从国际法的位阶上看，国际强行法和国家豁免似乎是不可能出现冲突的，国家豁免权不可能成为施行国际强行法规则的限制。国家豁免规则显然不会影响到国际强行法的运作。有学者主张，二者并不存在冲突，由于国际社会没有统一的立法机构和执行机构，因而必须要明确区分实体规则和为确保该实体规则执行的规则。如果强行法禁止某种行为，这些规则并不会妨碍国家主张豁免权，因为国家豁免关注的不是强行法的实质内容(即实体规则)，而是规则的执行问题。[2] 本案中，国际法院

---

[1] Jurisdictional Immunities of the State (Germany v. Italy: Greece intervening), ICJ, 2012. 2. 3, General List No. 143. Available at http://www.icj-cij.org/docket/files/143/16883.pdf, 2013 年 4 月 10 日访问。

[2] Andreas Zimmermann, *Sovereign Immunity and Violations of International Jus cogens-Some Critical Remarks*, 16 MICH. JIL 433, 438 (1995), pp.437-438. 在 Jone v. Ministry of Interior Al-Mamlaka Al-Arabyia AS Saudiya(the Kingdom of Saudi Arabia)([2006] UKHL 16)一案中，法院也以该理由排除了 Jus Cogens 对国家豁免权的干预。

也认为，强行法与国家豁免权并不会产生冲突，二者是不同的法律问题。国家豁免性质上是程序性的，确定的是一国法院能否对另一国家行使管辖权。它并不依赖于被起诉的行为是违法或非法。同理，依据习惯国际法承认外国国家的豁免权不代表承认违反国际强行法行为的合法性，因而不会违反国际法协会第 41 条对国家责任的规定。国家享有豁免权不会与国家履行侵权损害赔偿责任相冲突。① 另一种主张二者不相冲突的理由更多的在于政治考虑而非法律考虑，即如果国家不能享有豁免权将潜在地威胁到司法秩序，国家将会因为百年之前的行为被诉，② 最终导致整个人类历史在国内法院被改写。但是，从国际和国内的实践和立法中不难发现，国际强行法规则往往让步于国家豁免权。很多国家的国家豁免法给予被告国家超过习惯国际法所要求的保护，即使国家豁免的范围难以确定，但是习惯国际法并没有强制要求对违反人权的国家行为给予豁免。③

实际上，1999 年国际法协会的工作组在报告附件中提到了"因一国违反国际强行法性质的人权规则导致的死亡或人身伤害"并表示该情况不应被忽视，不过该工作组没有建议修正国际法协会的草案。大会第六委员会组成的工作组考虑到该问题，最终决定不涉及这一问题，因为"工作组对该问题作出明文规定的时机不够成熟"，应由第六委员会来决定是否受理类似诉讼。④ 在之后的辩论过程中，没有国家建议将"强行法"限制作为豁免的例外。国家豁免和国际强行法之间的关系反映了国际法领域的不稳定性。有学者甚至认为《联合国国家豁免公约》没有明确将强行法规则排除出公约的范围可能会带来国际法发展的退步。⑤ 关于国际法强行法的效力取代了国家豁免权这一说法也被英国法院⑥、加拿大法院⑦、波兰法院⑧、新西兰法院⑨、希腊法院⑩以及欧洲人权法院⑪所否认。虽然依据

---

① 国际法院这一程序和实体的区分受到了很多批评，主要是因为这一区分导致了违反人权的结果发生。参见 Stefan Talmon, *Jus Cogens after Germany v. Italy: Substantive and Procedural Rules Distinguished*, Leiden Journal of International Law, Vol. 25, No. 4, 2012, p. 979。

② Kerstin Bartsch and Björn Elberling, *Jus Cogens v. State Immunity, Round Two: The Decision of the European Court of Human Rights in the Kalogero-poulou et al. v. Greece and Germany Decision*, German Law Journal, Vol. 4, No. 5, 2003, p. 485.

③ Lee M. Caplan, *State Immunity, Human Rights and Jus Cogens*, Am. J. Int'L., Vol. 97, 2003, pp. 780-781.

④ UN Doc. A/C. 6/54/L. 12, p. 7, para. 47.

⑤ Lorna McGregor, *State Immunity and Jus Cogens*, International & Comparative Law Quarterly, Vol. 55, Issue 2, 2006, p. 445; Christopher Keith Hall, *UN Convention on State Immunity: The Need for a Human Rights Protocol*, International & Comparative Law Quarterly, Vol. 55, No. 2, 2006, p. 425.

⑥ Jones v. Saudi Arabia, House of Lords, [2007] 1 AC 270; 129 ILR629.

⑦ Bouzari v. Islamic Republic of Iran, Court of Appeal of Ontario, DLR, 4th Series, Vol. 243, p. 406; 128 ILR 586.

⑧ Natoniewski, *Supreme Court*, Polish Yearbook of International Law, Vol. XXX, 2010, p. 299.

⑨ Fang v. Jiang, High Court, [2007] NZAR p420; 141 ILR 702.

⑩ Margellos, Special Supreme Court, 129 ILR 525.

⑪ Al-Adsani v. United Kingdom, [GC], Application No. 35763/97, Judgment of 21 November 2001, ECHR Reports 2001-XI, p. 101, para. 61; 123 ILR 24. Kalogeropoulou and Others v. Greece and Germany, Application No. 59021/00, Decision of 12 December 2002, ECHR Reports 2002-X, p. 417; 129 ILR 537.

上述国际立法、国内立法以及实践无法撼动国家豁免在遭遇国际强行法时的坚挺地位，但是，《美国外国主权豁免法》的尝试却是一个不小的鼓舞。1996年修订的《美国外国主权豁免法》第1605条规定，被美国认定为恐怖主义资助者的国家因特定行为如酷刑、屠杀等将不能享有豁免权。可惜的是，由于该法没有明确"违反国际强行法"的例外规则，对于在严重违反人权的案例中如欲否决国家豁免权，将会遭遇重大阻碍。过去《美国外国主权豁免法》虽然做过包含"人权例外"的努力，但是没有任何成果。① 没有国会同意对主权豁免法的修正，国家违反国际强行法的行为将继续躲避于国家豁免权庇护之下。②

为协调二者之间的关系，有学者主张将违反国际强行法的行为纳入"默示放弃"中，即一旦主权国家从事的行为即使是非商业行为，但如果是严重违反国际强行法的行为，则视为国家默示放弃了国家豁免权。③ 但也有学者反驳，认为如果无法确定对违反国际强行法的行为是否享有豁免权，此时并不能判定国家的默示意图。④ 有学者主张将限制豁免权作为一种"报复"手段（reprisal），⑤ 或者将"征收"国家豁免的权利交由法院地进行判断，一旦被诉国家严重违反国际强行法，则审理法院有权"征收"豁免权。⑥ 无论如何，国际社会在平衡国家利益与私人利益的过程中也是不断发展的，国家应该为自己所做的行为承担法律上的责任，国家主权行为享有国际法规定的豁免权这一原则是不会改变的，但是在某些例外情形下，国家则不能再躲避于豁免权的盾牌之下，而需要与私人主体一样，接受法院的审理，确保双方均能接近司法正义（access to justice）。⑦ 随着国际法的不断发展，国家豁免权也不断受到挑战，由最初的主权国家享有绝对豁免逐步向有例外的限制豁免理论发展。这种例外由最初的"商业交易"发展到越来越多的例外，如雇佣合同、人身伤害和财产损害，等等。因此，法律或政治理由不能成为允许国家利用豁免权来阻止违反国际

---

① Mathias Reimann, *A Human Rights Exception to Sovereign Immunity*: *Some Thoughts on Princz v. Federal Republic of Germany*, Mich. J. Int'lL., Vol. 16, 1995, p. 405.

② Michele Potestà, *State Immunity and Jus Cogens Violations*: *The Alien Tort Statute Against the Backdrop of the Latest Developments in the* "*Law of Nations*", Berkeley J. Int'lL., Vol. 28, 2010, p. 586.

③ Adam C. Belsky, Mark Merva and Naomo Roht-Arriaza, *Comment*, *Implied Waiver Under the FSIA*: *A Proposed Exception to Immunity for Violations of Peremptory Norms of International Law*, Cal. L. Rev., Vol. 77, 1989, p. 366

④ Jürgen Bröhmer, *State Immunity and the Violation of Human Rights*, Martinus Nijhoff Publisher, 1997, p. 191.

⑤ Christoph Schreuer, *Comments on the Preliminary Report on Developments in State Immunity by Prof. Ress*, Leiden J. of Int. L., Vol. 4, 1991, pp. 229-231.

⑥ Kokott, *Mißbrauch und Verwirkung von Souveränitätsrechten bei Gravierenden Völkerrechtsverstößen*, in: Beyerlin et al. (ed.): *Recht Zwischen Umbruch und Bewahrung*, *Festschrift fur Rudolf Bernhardt*, 1995, S. 135 at 149. 参见 Jürgen Bröhmer, *State Immunity and the Violation of Human Rights*, Martinus Nijhoff Publisher, 1997, p. 194。

⑦ Hazel Fox, *Access to Justice and State Immunity*, L. Q. R. 2001, 117(JAN), 10-14, 2001, p. 13-14.

强行法规则诉讼的借口。① 对于国家豁免的纵容只能确保酷刑者免于法律制裁，而这是现代国际法律体系所不能容忍的，且对日后国际法的执行和国家豁免法的发展弊大于利。② 国家豁免的例外不是一成不变的，将国家所为的违反国际强行法的行为亦可作为豁免的一种例外。③

具体到执行豁免权上，本案中由于意大利法院不是在案件审理过程中扣押德意文化交流中心的房产，而是对于希腊法院的有效判决的承认与执行问题。意大利承认与执行希腊法院的判决的行为，主要在于意大利法院需要审查承认与执行该判决是否会影响到被执行人的管辖豁免权。另外，根据《联合国国家豁免公约》第 19 条的规定，该房产不是用于商业目的，而是为了便利意德两国的文化交流与合作。因而，国际法院认为意大利扣押该房产的行为违反了其尊重德国豁免权的国际义务。由于意大利法院的行为仅仅是临时性扣押，因而待国际法院判决一出，即可解除扣押该非用于商业目的的房产。但如果德国并未将该案提交国际法院进行审理，当事人在意大利法院寻求承认与执行希腊法院判决时，意大利法院的态度会是如何？一般而言，法院在承认与执行外国法院的判决时，会依照本国法律的规定审查外国法院是否有合理的管辖权。依据上述意大利法院的实践，意大利法院则会认定德国因其行为违反国际法而不享有豁免权，则希腊法院毫无疑问享有合理的管辖权，假设本案进入执行程序，意大利法院是否会尊重德国的执行豁免权，这就将问题延伸到了国际强行法与执行豁免的关系上。从上述学者们的争论中可以看到，争论点集中在管辖豁免与国际强行法的关系上，几乎没有单独提及执行豁免与国际强行法的关系。综观各国立法，只有《美国外国主权豁免法》第 1610 条第 1 款第 3 项的规定，违反国际法所得的财产不得享有执行豁免。④ 不过该法规定的条件较为严格，第 1610 条规定了一个前提条件，即该财产是在美国进行商业活动的财产，且违反国际强行法的行为导致国家财产被执行的前提条件是该财产必须是违反国际强行法取得的，违反国际强行法的行为与财产之间有着直接的因果关系，否则该财产不能被执行，即使该国被诉的行为是违反国际强行法的。因此，将违反国际强行法所得的财产作为执行豁免的例外也是有着严格的限制。

总之，关于国家豁免权与国际强行法的关系的争论一直都没有停止过。有学者认为本案存在的错误导致该案的判例法效力是否会得到其他国家的遵守有所疑问，⑤ 这也凸显了国家豁免与国际强行法关系的复杂性。但是，违反国际强行法规则的行为严重威胁到了国

---

① Tams, *Schwierigkeiten mit dem Ius Cogens*, Archiv des Völkerrechts, Vol. 40, 2002, p. 331. See Kerstin Bartsch and Björn Elberling, *Jus Cogens v. State Immunity*, *Round Two: The Decision of the European Court of Human Rights in the Kalogero-poulou et al. v. Greece and Germany Decision*, German Law Journal, Vol. 4, No. 5, 2003, pp. 490-491.

② Alexander Orakhelashvili, *State Immunity and Hierarchy of Norms: Why the House of Lords Got it Wrong*, Eur. J. Int'l L., Vol. 18, 2007, p. 970.

③ 郭玉军、刘元元：《国际强行法与国家豁免权的冲突及其解决——以德国诉意大利案为视角》，载《河北法学》2013 年第 1 期，第 31 页。

④ 28 USC. § 1610.

⑤ Alexander Orakhelashvili, *Jurisdictional Immunity of the State*, Am. J. Int'l L., Vol. 106, 2012, p. 616.

际社会秩序的稳定，进而会危及各主权国家自身的利益。因而，主权国家放弃部分自己的豁免权以换取国际秩序的稳定和国际利益是可行的也是必要的。由于违反国际强行法的行为导致豁免权的丧失也不会从根本上否认国家豁免权的存在，国家之间主权平等仍然是国际法和国家豁免的理论根基，一国在另一国家享有豁免权仍然是一项基本原则。当然，在目前现有的判例和国内外立法中无法找到直接的规定，因而当要求赔偿的个人无法得到满足时，将有待于国家之间的友好合作以解决国家豁免权所排除的赔偿问题。

执行豁免的例外情形是除了外国国家放弃外能执行外国国家财产的有利条件，从目前立法来看，商业财产是例外中的唯一较为一致的做法。当然，对商业财产的界定包括判断标准、是否需要特定的执行要求以及时间阶段都十分重要。在判断标准上，主要国家的立法采取了与管辖豁免中的性质标准不同的目的标准。各国对特定联系的要求包括财产与领土之间的联系以及财产与诉讼请求之间的联系有不同的规定。时间阶段上，财产"现在用于商业目的"毫无疑问是各国立法一致的做法，但是对于"过去用于"和"将来用于"有着不同的要求，显然采取"将来用于"更为明确和合理。从上述对商业财产的不同要求可以看出，无论是目的标准、特定的执行要求以及对时间阶段的要求，都显示了执行豁免较管辖豁免更为谨慎的态度，对于执行豁免而言，尤其是采取限制豁免理论的国家立法而言，商业财产甚至是唯一的例外情形，是唯一可以平衡国家和私人之间诉讼利益的手段。但考虑到执行主权国家财产所带来的后果，立法上还是非常小心地压缩了可供执行的商业财产的构成条件，使得执行外国主权国家的商业财产有一定的限制。这对于判决和仲裁裁决的债权人而言都是非常大的挑战。①

至于立法中的其他情形，包括指定财产和违反国际法所得的财产，是并未取得一致意见的例外情形。国家指定某一财产用于清偿诉讼标的的请求可以看作国家主动履行其义务并有合理预见性的行为。而违反国际法所获得的财产涉及国际强行法与国家豁免权的关系问题，二者逻辑上在法律位阶上不应存在冲突，德国诉意大利案需要国际法院正视这一问题，虽然最终国际强行法让步于国家豁免权，但是违反强行法的行为是可以考虑作为管辖豁免的例外情形，违反强行法所得的财产是否可以作为执行豁免的例外情形则需谨慎处之。

---

① Molly Steele, Michael Heinlen, *Challenges to Enforcing Arbitral Awards Against Foreign States in the Unites States*, Int'l Law., Vol. 42, 2008, pp. 111-112.

第十三章 国家财产执行豁免特定财产问题

第一节 国家财产执行豁免的理论主张

国家财产执行豁免作为国家豁免的重要组成部分，也表现出了由过去绝对豁免主义向限制主义转变的趋势。国家财产的执行豁免是指一国财产免于在另一国法院诉讼中所采取的包括扣押、查封、扣留和执行等强制措施。国内法院对外国财产的强制措施可以具体分为三种情形：第一种是在法院审理之前为确立管辖权而进行的查封或扣押外国财产的临时性措施，即财产保全；第二种是在审理过程中为确保履行预期的判决而采取的查封或扣押等中间性措施；第三种是在法院判决后为执行判决而采取的包括扣押、没收等各种措施。①

在这里必须将管辖豁免与执行豁免进行比较，在任何国家的法院，管辖程序与执行程序都存在基本的差别。管辖程序是法院通过确定诉讼当事人双方的权利和义务的过程。换言之，管辖程序是指法院通过确定依据原告请求所主张的权利关系是否存在而在观念上作成解决争端基准的程序。与此相对，执行程序是指在经过管辖程序之后债务者不履行其义务的情形下，在事实上作成使债权者的索赔请求获得满足状态的程序。因此，执行程序可以说是作为管辖程序结果——判决的执行和实施过程。在国家豁免问题上，管辖豁免的对象主要是指外国国家的有关行为，而执行豁免的对象只限于外国国家的财产。正是由于管辖豁免与执行豁免有这样的联系，因此，对管辖豁免与执行豁免关系问题，各国存在着不同的见解。而"一体说"和"区分说"是两个最具有代表性的立场。②

一、"一体说"

按照"一体说"，如果国家在一定情形下不享有管辖豁免，同样，其财产也不应享有执行豁免。作为"一体说"的理由，就是不允许执行将对私人当事人带来的不公正或不平等的结果。③ 奥地利学者施勒尔指，如果允许私人当事人起诉外国国家，然后又通过执行豁免不让其享受胜诉的成果，这就有可能把原告置于双重受挫的境地，因为一方面不能执

---

① 联合国文件，A/CN. 4/388，1985 年英文版，第 20~21 页。
② 龚刃韧：《国际豁免问题的比较研究——当代国际公法、国际私法和国际经济法的一个共同课题》（第二版），北京大学出版社 2005 年版，第 268 页。
③ 克劳福德（J. Crawford）：《判决的执行和外国主权豁免》，载《美国国际法学报》（第 75 卷），1981 年，第 854 页。

行判决，另一方面又要付出昂贵的诉讼费。因此，执行豁免成了与外国国家从事交易的私人的一个附加风险要素。

在各国司法实践中，瑞士联邦法院一贯坚持原则上"一体说"，即不区分管辖豁免和执行豁免的立场。其中，在1956年"希腊王国诉朱利叶斯·巴尔公司案"①中，瑞士联邦法院指出，只要承认外国在瑞士法院可以成为确定其权利和义务的诉讼当事人，那么也必须承认外国在瑞士应服从执行判决的强制措施，否则"判决将缺乏其最本质的属性"。在1960年"阿拉伯联合国诉×夫人案"②中，瑞士联邦法院又指出如果法院有管辖权，就自动地具有采取执行措施的权限。此外，在战后联邦德国的"尼日利亚中央银行案"③，比利时的"索科贝尔诉希腊案"④等国家的某些判例中，也表现出"一体化"的倾向。"一体化"重视法院对案件管辖和执行的一致性，即如果法院有权对该案件进行管辖，即推定对该案件的执行程序也有掌控权，保证司法程序的完整性和逻辑性，保持法院地位的独立，不受外来因素的干扰和牵制，对维护一国司法主权的完整有重要作用，当然，对国家财产的执行牵涉切身利益，不可避免地会遭到被执行国的不满和反对，所以，在司法实践中，经常会被执行国以涉及国家利益为由而主张豁免，法院在这时也会基于各方面因素的考虑而不得不放弃或终止执行程序，实际上无法实现司法强制力的实际效果，因而"一体说"在具体的司法实践中会遇到很大的阻力和限制，而需要有新的理念指导具体的司法实践活动，"区分说"的出现就在这样的背景下应运而生的。

二、"区分说"

按照"区分说"的观点，管辖豁免和执行豁免在理论和实践等许多方面分属不同的领域，应该区别对待，因为前者关心的对象是国家的行为，而后者的重点则是外国国家的财产。同时在诉讼法上，管辖程序和执行程序是两个不同的阶段，前者是确定双方当事人的权利义务过程，而执行程序则是在管辖程序后，实质满足债权人权利的一种方式。所以一个国家在另一国法院不享有管辖豁免权，也并不意味着法院当然可以依据判决对其强制执行，除非该国明示或是默示放弃了执行豁免。⑤

国际实践大多支持区分管辖豁免和执行豁免的做法，联合国国际法委员会的《国家及其财产的管辖豁免条款草案》认为"关于强制措施必须另行表示同意"，除非有下列三种情况，否则"不得在另一国法院的诉讼中针对一国财产的强制措施"，这三种情况是：

（1）该国以下列方式明示同意就该有关财产采取此类措施：

（a）国际协定；

（b）仲裁协定或书面合同；或

---

① Kingdom of Greece v. Julius Bar and Co., Swiss Federal Tribunal, 6 June 1956; ATF 82(1956)75; 23ILR 195.

② United Arab Republic v. Mrs. X, Swiss Federal Tribunal, 10 February 1960; 65 ILR 384.

③ Non-Resident Petitioner v. Central Bank of Nigeria (1977) UN Legal Materials 290, at 292.

④ Socobelge v. The Hellenic State, Tribunal Civil de Bruxelles(1951); 15ILR 3.

⑤ Oppenheim's International Law, pp. 350-351.

（c）在法院发表的声明或在当事方发生争端后提出的书面函件。

（2）该国已经发出或专门指定该财产用于清偿该诉讼标的的要求；或

（3）该财产在法院地国领土上，并且被该国具体用于或意图用于政府非商业性用途以外的目的，而且与诉讼标的的要求有关，或者与被诉的机构或部门有关。

《欧洲国家豁免公约》第23条、《美国外国主权豁免法》第1609~1611条、《英国国家豁免法》第3条第2项第2款都有相关的规定，说明执行的豁免不同于国家的管辖豁免。虽然这对原告似乎不公平，因为既然准许原告对外国提出诉讼，但又由于被告国主张执行豁免而使原告无法享受胜诉的成果，结果是耗费原告的时间和金钱。不过另一方面，强制执行被告国家的财产会严重侵害国家的功能和利益。到目前为止，"区分说"得到了大多数国家实践的支持和国际法学者的赞成，但在各国实践中，对"区分说"在适用程度上还存在着差异，具体表现为"完全区分说""部分区分说"等不同观点。

（一）"完全区分说"

"完全区分说"常常表现在对国家的管辖豁免和执行豁免采取截然相反的立场。比利时法院虽然从19世纪就已采取限制豁免主义立场，但直到20世纪50年代以前仍坚持执行豁免的绝对主义立场。此外，法国法院虽然从第二次世界大战前就有限制外国商业活动管辖豁免的倾向，但在20世纪80年代中期以前也一直采取"完全区分说"的立场。此外，美国政府虽然在1952年发表"泰特函件"后开始实行限制豁免主义的新政策，但1955年美国国务卿给司法部部长的信函指出：根据国际法，外国国家财产的执行豁免不受泰特函件的影响。事实上，直到1976年美国制定《外国主权豁免法》以前，美国法院一直都坚持执行豁免方面的绝对豁免主义立场。

1972年《欧洲国家豁免公约》基本上也采取"完全区分"的立场。该公约从第1条至第13条详细列举了国家管辖豁免的各种例外事项，因而明确采取了限制豁免主义立场。但在执行豁免问题上，欧洲公约不仅原则上禁止对缔约国财产采取强制执行和诉讼保全措施，而且还将对国家财产的强制执行作为国家责任而由执行国承担。①

（二）"部分区分说"

"部分区分说"主要为英美等国家立法所采用。"部分区分说"表现为一方面对管辖豁免和执行豁免都采用了限制主义立场，但另一方面仍然不同程度地对管辖豁免和执行豁免加以区别对待。比如，多数国家的立法明文规定外国国家对管辖豁免的放弃不及于执行豁免，而且，对于某些特殊种类的国家财产，许多国家仍然承认享有绝对豁免，这些具体的规定和内容会在后文中具体进行分析。

（三）相关国际公约和案例

关于国家财产执行豁免与管辖豁免区别对待的观点，已在于2004年签署的《联合国国家豁免公约》中得到了支持，该公约的第20条规定：

---

① 参见《欧洲国家豁免公约》第20~23条。

"同意管辖对强制措施的效力虽然必须按照第 18 条和第 19 条表示同意采取强制措施，但按照第 7 条的规定同意行使管辖并不构成默示同意采取强制措施。"

该条文的措辞，结合条约第 18、19 条的规定，很清楚地体现了条约对国家财产的管辖豁免和执行豁免的区分对待的态度，即使国家同意接受管辖豁免，但如果没有明确表示放弃执行豁免，就不能认定国家已经放弃执行豁免。该条约明显遵循了国际社会的通行做法，区别对待管辖豁免和执行豁免，同时也确立了在诉讼过程中，国家接受了受诉法院的管辖，放弃了管辖豁免，并不意味着接受法院对国家财产强制执行的判决，放弃执行豁免。各国在一些具体的案例中都对"区分说"的支持都有所体现。

(1)英国。在 Duff Development v. Kelantan Government 一案①中，英国法院认为 Kelantan 政府愿意将争议提交本法院管辖，寻求英国法院的公正审理，并不表明其愿意接受英国法院的强制执行措施，放弃执行豁免。实际上，英美的相关国家豁免法律都规定，在当事国明示作出放弃执行豁免的承诺前，不能因为当事国已经接受本国法院的管辖放弃管辖豁免而认为其也同时放弃了执行豁免。②

(2)法国。在 Yugoslavia v. SEEE 一案③中，法国法院曾作出"对管辖豁免的放弃不包括对执行豁免的放弃"这一论断，该论断一直为后来法国的法院所遵循。

第二节　特定种类国家财产的执行豁免

第二次世界大战以前，国际社会已经广泛接受了对国家财产给予执行豁免的观点。虽然一些特定种类的国家财产可以免于强制执行措施，但对这些特定种类国家财产给予执行豁免的规则却落后于执行豁免的限制豁免主义规则的发展。对通常认为的五种特殊的国家财产给予执行豁免的规则，随着《联合国国家豁免公约》的通过而为各国所认可。《联合国国家豁免公约》第 21 条确定了五种特定的国家财产享有执行豁免，这些国家财产将不会被认定为是用于或意图用于商业交易目的而被剥夺执行豁免。

《联合国国家豁免公约》第 21 条：

(1)一国的以下各类财产尤其不应被视为第 19 条(c)项所指被一国具体用于或意图用于政府非商业性用途以外目的的财产：

①该国外交代表机构、领事机构、特别使团、驻国际组织代表团、派往国际组织的机关或国际会议的代表团履行公务所用或意图所用的财产，包括任何银行账户款项；

---

① ［1924］AC 797; 2 ILR 140.

② The UK Act requires express written consent to execution on any property of a foreign state: SIA, s. 13 (3). The US and Canadian statutes also require a separate waiver but allow it to be either express or implicit; the US Act, however, limits such waiver to property in commercial use in the United States: FSIA, s. 1610(a).

③ Yugoslavia v. SEEE, 6 July 1970, France, Trib. de Grande Instance; 65 ILR 47 at 49; Ct of Appeal, Paris, 21 April 1982; JDI (1983) 145. The order granting an exequatur for the award does not, however, constitute a measure of execution but merely a preliminary a to that process declaring the validity of the award and as a necessary sequel to the award. The pronouncement of an exequatur does not, therefore, violate the immunity from execution of a foreign state.

②属于军事性质，或用于或意图用于军事目的的财产；

③该国中央银行或其他货币当局的财产；

④构成该国文化遗产的一部分或该国档案的一部分，且非供出售或意图出售的财产；

⑤构成具有科学、文化或历史价值的物品展览的一部分，且非供出售或意图出售的财产。

（2）第 1 款不妨碍第 18 条（a）项和（b）项。

以下将分别对这五种特定的国家财产的执行豁免进行探讨：

一、外交财产（银行账户）

早在 18 世纪初，外交大使的民事活动豁免权就已经确立了，随之给予了大使馆房产和大使的动产的豁免权。① 1961 年《维也纳外交关系公约》明确规定了对使馆的房产及其他财产，所在国不得侵犯。该条约的第 22 条第 3 款详细地规定：使馆的房产，及其设施物品和其他财产，包括交通工具，均免于搜查、征收、征用和强制执行。

对外交使馆的房产和其他财产给予执行豁免，已经成为国家豁免理论下的基本原则，被各国立法和司法实践所广泛认可。《美国外国主权豁免法》第 1610 条第 4 款第 2 项规定位于美国领土范围内的用于商业交易目的的外国财产不享有执行豁免，但不包括外交和领事馆的财产。美国法院主张给予外交使领馆的房产执行豁免，反对为了满足诉讼方的要求而强制执行，这一原则也是《维也纳外交关系公约》第 22 条第 3 款的要求。② 即使在极端情况下，国会启动法律程序对外交使领馆的房产采取强制执行措施，但美国的国内法院也会对执行措施进行干预，防止外交使领馆的房产受到侵害。

除了以上对外交使领馆房产和其他财产执行豁免的规定外，《联合国国家豁免公约》第 21 条第 1 款第 1 项特别突出了对使领馆的银行账户的执行豁免，这直接牵涉到国家的基本利益，需要具体进行分析。

关于使领馆账户的执行豁免问题，1961 年《维也纳外交关系公约》没有明确规定。英、美等国的豁免立法也都没有专门规定。因此，关于使领馆银行账户法律地位的国家实践，主要还是通过一些国家判例来表明的。

随着西方各国在执行豁免方面采用限制主义，也出现了对使领馆银行账户的扣押或冻结。例如，奥地利最高法院 1958 年在审理"诺伊施泰因诉印度尼西亚共和国案"中，认为外国的银行账户包括使领馆的银行账户可分为完全用于主权目的和用于商业交易两种情况。不过，由于案件涉及的银行账户具体用途没有确定，所以法院判决不得扣押。美国联邦哥伦比亚地区法院在 1980 年"伯奇航运公司诉坦桑尼亚大使馆案"中，就允许对外国使馆的银行账户采取强制执行措施。该法院认为使馆银行账户中有一部分是用于商业用

---

① Legation Building（Execution case），Supreme Court，Austria，15 March 1921；1 ILR 219；Immunity of Immovable Properties of the Embassy of Hungary，1929；4 ILR 371.

② Third Avenue Associates v. Permanent Mission of the Republic of Zaire，805 F Supp. 701（2nd Cir. 1992）；99 ILR 195（unpaid rent）；SS Machinery Co. v. Masinexportimport，802 F Supp. 1109（1992）；107 ILR 239（consular premises）.

途的。

但是，允许执行和扣押外国使馆银行账户的个别判例没有得到多少支持，反而遭到多数国家的反对。联邦德国宪法法院 1977 年对"菲律宾大使馆银行账户案"的判决①，具有重要意义。虽然宪法法院认为并不存在完全禁止对非用于主权事项的外国财产强制执行的国际习惯法规则，但明确承认外国使馆银行账户享有完全的执行豁免。法院认为要判断外国使团的职能是否被妨害是较困难的，应该给予外国使馆更全面的保护。

很多国家采取了同样的立场。加拿大安大略省高等法院在 1980 年的"关于加拿大皇家银行和科里沃案"中，就明确承认外国使馆的银行账户应享有绝对的执行豁免。瑞士联邦法院 1982 年在"格里桑案"中，也指出外国使团的财产享有执行豁免。

英国上诉法院在 1983 年"阿尔科姆有限公司诉哥伦比亚案"中，曾允许扣押外国使馆银行账户，但这一判决立即引起英国政府的担心，并很快被上议院撤销。英国上议院 1984 年明确指出，对外国使馆的银行存款不能分割，除非债权人证明外国使馆账户专门拨出款项用以清偿债务，否则不得采取强制执行措施。

对于前述的 1958 年"诺伊施泰因诉印度尼西亚共和国案"，在 1986 年"A 共和国使馆银行案"②中，奥地利高院改变了过去的观点，认为外国使馆的银行账户不能进行以往的那种区分，不能对其进行强制执行。

从以上的案例中可以发现，虽然一些国家曾经出现过对外交使领馆的银行账户采取强制执行的情况，但多数国家对该项国家财产享有执行豁免的立场是基本一致的，《联合国国家豁免公约》对此的规定也是综合各国的立场后作出选择的结果。

二、用于军事目的的财产

对于军舰的豁免早在 18 世纪或更早已经作为基本准则被广泛认可，而现代对军事财产的种类有更宽泛的界定。《美国外国主权豁免法》第 1611 条第 2 款第 2 项对军事财产就采用一种非常宽泛的界定标准，对享有执行豁免的军事财产界定为：已经用于或意图用于军事活动目的，并且满足两个条件，第一，具有军事性质，第二，在军事当局或国防机构的控制之下。这种界定不仅包括了所有种类的武器装备及相关运输工具，还包含了用于军事需要的基本物资储备，如食品、服装和燃料等。③

按照美国众议院司法委员会的解释，第一个条件即具有军事性质的财产包括武器、弹药、军用运输工具、军舰、坦克以及通信设施等广义的军用设备。而第二个条件的目的是保护包括粮食、服装、燃料以及办公设备等其他实际用于军事行动的财产。

---

① The Philippine Embassy Case, 46 BverfGe, 342; 65 ILR 140; UN Legal Materials 297 December 1977, at 395.

② Republic of a Embassy Account Case, Austrian Supreme Ct, 3 April 1986; 77 ILR 489.

③ The House Report lists military equipment (weapons, ammunition, military transport, warships, tanks, communications equipment) under category (a) but stresses that both the character and the function of the property must be military. The second category, the House Report continues, is intended to protect food, clothing, fuel, and office equipment: House Report, 31. Cf. a similar definition of military property in s. 3(10) of the Australian FSIA.

《加拿大国家豁免法》第 11 条第 3 款基本上仿效了《美国外国主权豁免法》的规定。英国及其他国家的豁免立法没有对用于军事目的的财产专门规定豁免事项，《澳大利亚外国国家豁免法》第 32 条第 3 款第 1 项规定：商业财产是指，除外交或军事财产以外，外国国家为商业目的而使用的财产。

通过各国的立法和相关国际公约的规定可以发现对于用于军事目的的财产，各国基本一致地给予执行豁免。

三、中央银行的财产

至今各国实践没有能够形成统一惯例的问题之一就是外国中央银行是否能够成为国家豁免的主体。大陆法系国家一般将中央银行的财产和外国国家的其他财产同等对待。在英美法系中，立法和判例都给予中央银行的财产以特别的保护。2004 年《联合国国家豁免公约》第 21 条第 1 款将"外国中央银行或其他货币当局的财产"排除在具体用于或意图用于政府非商业性用途以外目的的财产之外，规定不得在另一国法院的诉讼中被采取强制执行措施。可见，《联合国国家豁免公约》将外国中央银行的财产作为特定种类的财产给予特别的保护。2005 年 10 月 25 日第十届全国人民代表大会常务委员会第 18 次会议通过了中国第一部有关国家及其财产豁免的专门立法——《中华人民共和国外国中央银行财产司法强制措施豁免法》，该法第 1 条规定，"中华人民共和国对外国中央银行财产给予财产保全和执行的司法强制措施的豁免；但是，外国中央银行或者其所属国政府书面放弃豁免的或者指定用于财产保全和执行的财产除外"。我国在国家财产执行豁免的问题上的明确规定在这部法律中得到了充分的体现，可见，中央银行财产的执行豁免问题确实值得进行深入探讨。

（一）中央银行的性质和功能

关于中央银行的性质，各国的规定不一致，理论上也有不同。主要分歧在对中央银行是国家机关还是企业，或是两者兼有的界定上。回顾中央银行产生、发展的历史，结合国际社会多数国家的情况来看，中央银行在职能上应属于调控宏观经济、实施必要金融监管、提供金融公共服务、维护金融稳定和安全的特殊国家机关。而作为国家机关，中央银行有自己的特殊性，需要经营银行金融业务，在这个方面，与金融企业有一定的相似性。当然，作为中央银行，要履行国家金融管理维护和保障的责任，而从事金融业务是履行职责的必要方式，因此，中央银行仍属于国家机关性质。

中央银行的职能主要表现在以下几个方面：首先，各个国家的中央银行的性质有所不同，中央银行可以是政府行政机关，也可以是独立的市场主体。即使在同一个国家，在不同的实践，中央银行的功能也可能不同。比如，法国法院在 2001 年审理的一起案件中确认，哈瓦那银行曾在同一时间内以商业银行和中央银行的双重身份进行经营活动，但在 1997 年后就不再具有商业银行性质，只具有中央银行的职能。其次，在通常情况下中央银行具有多项职能：确保汇率的稳定、监督资本市场及在国家经济活动中保证国家信誉，维持本国金融市场的持续、稳定、健康发展。再次，中央银行除了具有作为货币发行和调控机构，掌握着国家的存款储量，有时还涉及别国的货币储量，正因为中央银行的特殊职能，中央银行为了公共目的所掌握的财产与涉及国家或个人商业交易的商业资金是有本质区别的。

显然，中央银行因其特殊的性质和职能，对一个国家及政府的生存和发展具有无可替代的作用。但在各国的司法实践中，只有诸如国际货币基金组织（IMF）和世界银行（WB）这样的国际金融组织才具享有外交豁免而不受国家的国内法院管辖，更不会对其财产采取强制措施。20世纪70年代，英国法院认为用于商业交易的中央银行资金部享有审判前的财产保全措施。德国法院持与英国法院相同的理由，在一起案件中，执行了尼日利亚中央银行在德国的资金，这个案例会在后面提到，德国法院认为，将来可能用于国家贸易但目前并未被用于公共目的的中央银行资金不享有执行豁免。法国和瑞士法院对涉及中央银行担保的外国国家机构的商业行为不给予管辖豁免并允许对中央银行发出执行令。20世纪70年代以来，虽然限制豁免主义在立法上已被一些国家确立，但作为外国国家的投资中心的美英等发达国家，仍认为有必要给予中央银行财产一定豁免权。加拿大立法仅规定非用于或意图用于商业交易的中央银行财产享有执行豁免；澳大利亚立法仅规定涉及执行豁免的条款适用于外国中央银行。《联合国国家豁免公约》的相关规定也给予了中央银行享有执行豁免的地位。

各国由于国情不同，对中央银行性质的规定也不尽相同，对中央银行的法律地位的认定也没有统一的立场，因此对中央银行的财产能否享有执行豁免是有分歧的。

（二）否认中央银行财产享有绝对豁免

在欧洲大陆法系国家的司法实践中，一般认为外国中央银行的财产并不享受执行豁免。法国最高法院1969年在"英格兰德诉捷克斯洛伐克国家银行案"中①，认为艾克斯上诉法院仅因不能区分公共资金和私人资金而允许外国国家银行的财产免于执行的判决是错误的，撤销了这一判决。联邦德国法兰克福州法院在1975年"尼日利亚中央银行案"中②，认为尼日利亚中央银行是独立法人，为其政府购买水泥而开出信用证的业务属于私法行为，对尼日利亚中央银行的现金和有价证券应认定为非用于公共目的财产而可以进行扣押。瑞士联邦法院在1985年"利比亚诉阿克蒂蒙公司案"中，认为不能将外国中央银行的财产都自动划归为行使主权职能的财产，还存在用于私法领域交易的财产。

（三）承认中央银行财产享有绝对豁免

英、美等国在国家豁免立法中都对外国中央银行的财产作了特别的保护性规定。《美国外国主权豁免法》第1611条第2款规定："尽管有本章第1610条的各项规定，如有下述情况，某外国的财产仍应享有扣押或执行豁免：（1）此项财产是某外国中央银行或者金融机关自己所有的，除非该银行、金融机关或者它们的政府已经在辅助执行扣押问题上或者在执行问题上明确放弃其豁免权。对此项弃权，除根据弃权的条件予以撤回者外，该银行、金融机关或政府可能声称的任何撤回均属无效……"

---

① Englander v. Statri Banka Cscekoslovenska, Fr. Ct of Cassation, 11 February 1969; 52 ILR 335.

② Non-Resident Petitioner v. Central Bank of Nigeria（1977）UN Legal Materials 290, at 292.

实际上，该条款对外国中央银行财产享有绝对豁免规定了三个条件：第一，拥有财产的主体必须是中央银行或金融机构；第二，该财产必须是该主体自身账户所有；第三，没有明示放弃。

《英国国家豁免法》第 14 条第 4 款规定："国家中央银行或其他金融机构的财产，不得认为是第 13 条第（4）款所指用于或拟用于商业目的的财产；在此种银行或机构为独立实体时，第 13 条第（1）（2）款适用于国家的规定，亦适用于它们。"还有一些国家，如新加坡、巴基斯坦、南非等国家的国家豁免法也与英国的基本相同。[①]

对于外国中央银行的财产是否应给予特别保护，在各国实践中并没有形成统一的惯例。欧洲大陆法系国家一般仍将中央银行的财产和外国国家其他财产同等对待。而英美法系国家，是通过国内立法的形式给予外国中央银行财产特别的保护。《联合国国家豁免公约》的规定显然对中央银行的财产给予执行豁免的保护。

四、国家文化遗产和国家档案

"文化财产"一词首先在 1954 年《关于发生武装冲突时保护文化财产的海牙公约》中出现，该公约对"文化财产"是这样界定的，"文化财产"，不问其来源或所有权如何，应包括：

对各国人民的文化遗产具有重大意义的动产或不动产，例如建筑、艺术或历史上的纪念物，不论是宗教性的或者是世俗的；考古遗址；具有历史或艺术上价值的整套建筑物；艺术品；手稿、书籍和其他具有艺术、历史或考古价值的其他物品；以及科学珍藏和书籍或档案的重要珍藏或者上述各物的复制品。

1970 年联合国教科文组织公约《关于禁止和防止非法进出口文化财产和非法转让其所有权的方法的公约》将文化财产定义为：每个国家，根据宗教的或世俗的理由，明确指定为具有重要考古、史前史、历史、文学、艺术或科学价值的财产。[②] 许多国家的法律都禁止或限制文化财产的出口，对文化财产都给予特殊的保护。

有关对文化财产给予执行豁免的案例并不多，比如，1984 年瑞士外交事务部认定在日内瓦展览的一件埃及文物属于国家主权活动所包含的财产，据此对该文物免于强制执行。[③] 1971 年在"NV 影片合伙人案"[④]中，荷兰一个影片公司受托为利比亚总统访问欧洲拍摄了纪录片，因费用没有得到支付，比利时法院请求扣押该影片胶卷及其拷贝。比利时布鲁塞尔民事法院认为本案中涉及的影片是用于主权目的的财产，因此判决免于扣押。

[①] 《新加坡国家豁免法》第 16 条第 4 款，《巴基斯坦国家豁免法令》第 15 条第 4 款，《南非外国主权豁免法》第 15 条第 3 款。

[②] Merry, Two Ways of Thinking About Cultural Property AJIL（1986）831；George, Using Customary International Law to Identify "Fetishistic" Claims to Cultural Property NYULR 80（2003）1207.

[③] Note of the Direction du Droit International Public, Federal Dept of Foreign Affairs, 26 October 1984, Schw J Il 41（1985）178；Kiss and Shelton, Systems Analysis of International Law's NYIL 17（1986）45, at 56.

[④] 龚刃韧：《国家豁免问题的比较研究——当代国际公法、国际私法和国际经济法的一个共同课题》（第二版），北京大学出版社 2005 年版，第 296 页。

五、用于展览的具有科学、文化或历史价值的财产

虽然给予用于展览的具有科学、文化或历史价值的财产以执行豁免的案例很少，但一般认为用于展览的这些财产更有可能会被免于强制执行措施。2004年，瑞士外交事务部阐述了一个观点，那就是外国用于展览的文化财产应该享有执行豁免，而这一观点的由来就是瑞士外交事务部对一起案件作出的认定，NOGA公司是瑞士的一家贸易公司，要求对莫斯科普希金博物馆送展到瑞士的一幅画作采取扣押措施，而这一请求遭到了瑞士外交事务部的驳回，该画作被顺利送还俄罗斯莫斯科普希金博物馆。①

德国出现过这样的案例，德国政府收到一封查询函件，要求对捷克国家机构送展德国科隆的一幅画作的所有权进行调查，继而德国宪法法院对该画作的所有权进行调查，认为该画作是别国所占有且用于展览的文化财产，享有执行豁免，不得对其进行扣押。

依据 *Immunity Seizure Act of 1966*，对于临时送展美国的美术作品和具有文化价值的物品，可免于扣押、征收或其他司法强制措施，但必须在这些财产进入美国境内以前才可以主张这种豁免。②

结合《联合国国家豁免公约》的规定，可见对用于展览的具有科学、文化或历史价值的财产，各国逐渐形成相对一致的立场。

第三节 我国关于执行豁免特定财产的立法与实践

一、中国的立法及实践

(一)国内立法现状

过去我国并未针对国家豁免问题专门立法，对国家财产执行豁免的规定也很少，因此只能从相关的法规中寻求我国关于此问题的立场。1992年的《领海于毗连区法》第10条规定：中国主管当局对于外国军用船舶和外国政府的非商业船舶不实行管辖。这表明我国对外国船舶是区别对待的，认为那些从事商业活动的外国的政府船舶不享有豁免权。此外，该法第8条还规定，外国船舶违反中国法律、法规的，由我国的有关机关依法处理。这里的外国船舶显然是指那些具有外国国籍但又不享有豁免权的船舶。1999年通过的《中华人民共和国海事诉讼特别程序法》第23条也只规定从事军事、政府公务的船舶不得被扣押，而没有提及商船。当然，这对外交特权豁免的规范是否可以扩大和涵盖"国家豁免"还有

---

① RSDIE 14 (2004) 674; "1 bn of Seized Art to be Returned" The Times (17 November 2005). An emergency court declaration relating to aboriginal bark exhibitions on exhibition in the Museum Victoria, Australia Designed to prevent their return to Britain was subsequently discharged. "Aborigines Hijack Artifacts Loaned by Britain" The Times (26 July 2004).

② Application is made to the US State Department by letter containing a list of objects to be exhibited, a statement of their cultural significance, and a copy of the loan agreement with the museum or other place where the objects will be exhibited. Recently inquiry as to the provenance of the objects may be made.

待进一步的司法解释。2005 年通过的《中华人民共和国外国中央银行财产司法强制措施豁免法》，在国家财产执行豁免的立法上迈出了重要的一步，将对以后的相关立法工作产生有益的影响。

2023 年 9 月 1 日，中华人民共和国第十四届全国人民代表大会常务委员会第五次会议审议通过了《中华人民共和国外国国家豁免法》，自 2024 年 1 月 1 日起施行，该法的颁布施行，为解决司法实践中的具体问题提供了依据，该法第 13～16 条对外国国家财产是否适用执行豁免作出了明确规定：

"第十三条 外国国家的财产在中华人民共和国的法院享有司法强制措施豁免。外国国家接受中华人民共和国的法院管辖，不视为放弃司法强制措施豁免。

第十四条 有下列情形之一的，外国国家的财产在中华人民共和国的法院不享有司法强制豁免：

(一)外国国家以国际条约、书面协议或者向中华人民共和国的法院提交书面文件等方式明示放弃司法强制措施豁免；

(二)外国国家已经拨出或者专门指定财产用于司法强制措施执行；

(三)为执行中华人民共和国的法院的生效判决、裁定，对外国国家位于中华人民共和国领域内、用于商业活动且与诉讼有联系的财产采取司法强制措施。

第十五条 下列外国国家的财产不视为本法第十四条第三项规定的用于商业活动的财产：

(一)外交代表机构、领事机构、特别使团、驻国际组织代表团或者派往国际会议的代表团用于、意图用于公务的财产，包括银行账户款项；

(二)属于军事性质的财产，或者用于、意图用于军事的财产；

(三)外国和区域经济一体化组织的中央银行或者履行中央银行职能的金融管理机构的财产，包括现金、票据、银行存款、有价证券、外汇储备、黄金储备以及该中央银行或者该履行中央银行职能的金融管理机构的不动产和其他财产；

(四)构成该国文化遗产或者档案的一部分，且非供出售或者意图出售的财产；

(五)用于展览的具有科学、文化、历史价值的物品，且非供出售或者意图出售的财产；

(六)中华人民共和国的法院认为不视为用于商业活动的其他财产。

第十六条 对于外国国家及其财产民事案件的审判和执行程序，本法没有规定的，适用中华人民共和国民事诉讼法及其他相关法律的规定。"

(二) 条约实践

早在 1958 年，中国和苏联就缔结了通商航海条约及附件，该附件确定了双方的商务代表处在对方领域内的法律地位。其中第 4 条规定即肯定了缔约国双方商务代表处的豁免权，又确定了放弃商务代表处的一些豁免权作为例外。此外，我国还参加了一些关于国家及其财产豁免的国际公约。我国参加的 1969 年《国际油污损害民事责任公约》第 10 条规定："本公约各项规定不适用于军舰或其他为国家所有或经营的在当时仅用于政府的非商业性服务的船舶。"1980 年的《国际油污损害民事责任公约》第 11 条第 1 款规定："本公约各项规定不适用于军舰或其他为国家所有或经营的在当时仅用于政府的非商业性服务的船舶。"这表明这些船舶是享有豁免权的。我国参与起草并签署的《联合国国家豁免公约》是我国对国家豁免问题基本态度的具体体现。

(三) 外交实践

在中国政府有关国家主权豁免的外交实践中，除了非常积极地参加联合国国家法委员会关于《联合国国家豁免公约》草案的起草和准备工作以外，主要还表现在中国政府在国家及其财产在外国法院被诉时所采取的态度上。可以通过两个案例来看中国政府在国家财产执行豁免方面的态度，一个是"湖广铁路债券案"①，另一个是"两航公司案"②。

从湖广铁路债权案的经过可以看出，中国政府对其在外国法院被诉的情形下一贯坚持国家豁免原则，并坚决反对外国法院对中国国家财产采取强制措施。另外，在美国法院审理该案过程中，中国政府虽然开始完全拒绝应诉，但后来经过和美国政府的外交交涉，聘请当地律师出庭抗辩并提出撤销"缺席判决"的动议，这说明在国家管辖豁免及执行豁免问题上，被诉国在坚持国家豁免原则的前提下，还应掌握和灵活运用法院地国的法律手段来维护本国权益。

在两航公司案中，我们认为，"根据国际法上国家财产的司法管辖豁免原则，一国不得受理对外国财产的诉讼，除非财产所属国自己同意应诉，更不得对财产采取强制措施"，而在这个案例中，中国政府对于在香港的两航空公司案以及其他在外国法院提起的

---

① 1979年10月，美国公民杰克逊等九人在美国亚拉巴马州联邦地区法院对中华人民共和国提起诉讼，要求偿还清政府1911年发行的湖广铁路债券本息共2.2亿美元。10月31日，该法院向中国外交部部长黄华发出传票和诉讼通知，并限令在20天内作出答辩。对于这些文件，中国方面一概予以退回，拒绝应诉。1981年10月20日，美国亚拉巴马州联邦地区法院发出了决定受理湖广铁路债券案的命令并于1982年作出判决，要求中国政府向原告赔偿41313038美元。在判决中，美国法院多次引用《外国主权豁免法》第1603~1605条等条文，说明"在美国售卖、发行、或委托发行债券构成了由外国国家所从事的商业活动"，因而中国政府不能免除美国联邦法院或州法院的管辖权。1983年2月，中华人民共和国外交部为此向美国国会提出了备忘录。在备忘录中，中国政府郑重声明："中国作为一个主权国家，无可非议地享有司法豁免权。美国地方法院对一个主权国家作为被告的诉讼行使管辖权，作出缺席判决，甚至以强制执行其判决相威胁，完全违反国家主权平等的国际法原则，违反《联合国宪章》。对于这种将美国国内法强加于中国，损害中国主权，损害中华民族尊严的行为，中国政府坚决拒绝。"

② 1949年10月1日中华人民共和国成立后，宣布对旧中国政府在国外的财产享有合法的继承权利。由此，1949年11月被转移到香港的原属旧中国交通部的中国航空公司和中央航空公司的财产就应由中央人民政府占有和支配。然而，被推翻的国民党残余集团在美国政府的参与下，密谋将位于香港的两航公司的财产盗卖给美籍华人，后者又"转卖"给在美国突然临时成立并由其控制的所谓"民用航空公司"。1950年这家民用航空公司以两航公司财产阻留和未交付为理由，在香港法院以美籍华人为被告提起诉讼，被告又将责任推给第三当事人，并同意原告请求任命财产接收人，但第三当事人以不能对外国国家起诉为由反对任命接收人。1952年，英国枢密院公然宣告将中国中央航空公司所属的40架飞机及其他资财判给"美国民用航空公司"。同日，香港英国政府出动武装警察劫夺了两航公司的留港资财，包括70架飞机在内。对此，中国提出严重抗议。中国政府对于在香港的两航空公司飞机案以及其他在外国法院提起的涉及中国的国家财产的诉讼，一贯反对外国国家法院受理，拒绝应诉。除此之外，对于英国侵犯中国国家主权豁免的行为，中国政府除了提出严正抗议外，事后还断然采取了相应的报复措施。

涉及中国的国家财产的诉讼，反对外国国家法院的受理，拒绝应诉，是正确坚持国家豁免原则的体现。对于事后我采取相应的报复措施也是合乎法理的。很明显，我国在执行豁免问题上秉持着绝对豁免主义立场。

二、我国应采取的措施

我国已经签署了《联合国国家豁免公约》，虽尚未批准，但已经表明了我国正逐步认同限制豁免立场，限制豁免已经成为一种发展趋势，我国也已经顺应发展的基本趋势，于2023年9月1日出台了《中华人民共和国外国国家豁免法》，转向了限制豁免。

(一) 国内立法

以《联合国国家豁免公约》为蓝本，结合我国参与国际民商事活动的实际情况，制定专门的国家豁免法，以明确表明我国在外国国家财产执行豁免问题上的主张和政策。

《联合国国家豁免公约》是发达国家与发展中国家利益折中的产物维护的强烈主张。既反映了发达国家对本国人保护的强烈要求，也反映了发展中国家对国家主权、平等地位和可供独立的诉求以及其在全球治理中希望获得更公平的对待的主张。该《公约》对发展中国家尤其像我国这样实行社会主义公有制国家的利益保护起着积极的作用。

2005年10月25日，全国人大常委会第八次会议通过了《中华人民共和国外国中央银行财产司法强制措施豁免法》，只有四条法律条文：

"第一条　中华人民共和国对外国中央银行财产给予财产保全和执行的司法强制措施；但是，外国中央银行或者其所属国政府书面放弃豁免的或者指定用于财产保全和执行的除外。

第二条　本法所称外国中央银行，是指外国的和区域经济一体化组织的中央银行或者履行中央银行职能的金融管理机构。

本法所称外国中央银行财产，是指外国中央银行的现金、票据、银行存款、有价证券、外汇储备、黄金储备以及该银行的不动产和其他财产。

第三条　外国不给予中华人民共和国中央银行或者中华人民共和国特别行政区金融管理机构的财产以豁免，或者所给予的豁免低于本法规定的，中华人民共和国根据对等原则办理。

第四条　本法自公布之日起施行。"

这是我国第一部专门针对执行外国中央银行财产的国内法，很明显，结合前一章对中央银行财产的规定，我国显然采取了坚持对依照本国法律界定为中央银行的各种资产采取对等的执行豁免主义立场。第1条，设定前提条件，如果外国中央银行或所属国政府书面放弃，即采取了明示豁免主义原则；加之如果已经指定用于财产保全和执行的财产，即属于前面所述的例外的承认默示放弃，这是受《联合国国家豁免公约》影响的具体表现。第2条，界定中央银行的内涵，明确享受执行豁免的主体资格。第3条，明确表明我国在对外国中央银行财产享受执行豁免上坚持对等原则，要求在国际社会获得同等的待遇和尊重。该法体现出我国注意借鉴其他国家和《联合国国家豁免公约》的有关规定，在细化对特殊种类的国家财产的执行豁免限制。

但该法的内容仅仅与《联合国国家豁免公约》第四部分"在法院诉讼中免于强制措施的国家豁免"的内容有关，还没有就法院如何审理有关管辖豁免及执行豁免的案件作出具体规定，因此需要通过制定国内法，对国家及其财产管辖豁免及执行豁免领域的规则予以具体化，这样，才能使我国法院在处理这类问题时有法可依，也能使同我国进行经济贸易往来的外国国家及其自然人、法人了解中国法律的现状，促进我国对外经济、贸易的顺利发展。

2023 年 9 月 1 日，中华人民共和国第十四届全国人民代表大会常务委员会第五次会议审议通过了《中华人民共和国外国国家豁免法》，自 2024 年 1 月 1 日起施行，其中有关国家财产执行方面的规定，明确我国在这一问题上的价值取向和立场所在，相信在以后的司法实践中，会有更多的案例出现，促进这部法律不断的完善。

(二) 对外政策

1. 克服司法冷漠，积极应诉

克服司法冷漠，积极应诉。在发生国际诉讼时，仅申明本国采取绝对豁免而对外国法院的诉讼文书不予理睬，对问题的解决毫无帮助，只会贻误时机，为之后的司法进程设置障碍，反而对涉诉国不利。虽然最终可以选择外交途径来解决，但外交途径并不是解决国际纠纷的唯一手段。因此，外国针对我国的诉讼，我国应该积极应诉，以维护我们的诉权，维护国家和国民的利益。

2. 根据发展中国家的实际需要，积极提出各种新提案，化被动为主动

由于发达国家和发展中国家在国家及其财产豁免问题上的利益取向不同，因此，我们发展中国家应该结合各国自身的实际，在缔结双边或多边协定时主动提出对本国或是发展中国家有利的议案或条款，争取在条约中最大限度地实现自身的利益，同时为以后相关诉讼的顺利进行创造有利条件。

第十四章 国际商事仲裁中的国家豁免

随着国际经济交往的日益频繁，国家越来越多地参加国际商事关系，在国际商事仲裁中出现了一些以主权国家为一方当事人的情况。由于主权国家的介入，产生了一些一般国际商事仲裁所不具有的特殊问题，其中最主要的就是国家豁免问题。本章从仲裁协议与国家豁免、国际商事仲裁实践中的具体问题、关于解决投资争端国际中心（ICSID）仲裁的国家豁免问题等几个方面对国际商事仲裁中的国家豁免问题作一些初步探讨。

第一节 仲裁协议与国家豁免的放弃

一、限制豁免论与国家豁免的例外

国家及其财产享有豁免权是国际法上的一项重要原则。所谓国家及其财产豁免权，是一个国家及其财产未经该国同意免受其他国家的管辖与执行的权利。国家及其财产所享有的豁免权是国家主权派生出来的权利。根据"平等者之间无管辖权"的原则，主权国家在国际关系中具有平等性和独立性，必然应享有国家豁免权。国家豁免的内容一般认为包括两方面：第一，管辖豁免，即未经一国同意，不得在另一国法院对它提起诉讼或将该国财产作为诉讼标的；第二，执行豁免，是指即使一国同意在他国法院作为被告或主动作为原告参加民事诉讼，在未经前者同意时，仍不得对它的财产采取诉讼保全措施和根据法院判决对其实行强制执行。[①] 关于国家豁免，国际社会的立法与实践中主要有绝对豁免与限制豁免两种理论。近年来，在立法中采用限制豁免理论是一个普遍的世界性的趋势。

（一）限制豁免论的盛行

近代由于国家参与通常属于私人经营范围的活动逐渐增多，欧洲大陆的一些国家开始对国家豁免实行限制。至 19 世纪末和 20 世纪初期，出现了两种不同的倾向，并形成了两种理论，即绝对豁免论和限制豁免论。绝对豁免论是指，除国家放弃豁免外，对其所从事的公法上的行为和私法上的行为，都给予豁免。在限制豁免论出现之前，国家豁免原则即指国家享有绝对豁免。而限制豁免论是指一个国家的主权行为或统治权行为或公法行为在他国享有豁免，而一个国家的非主权行为或事务权行为或私法行为在他国则不享有豁免。二者的分歧在于对于国家行为是否要进行区分，对国家的私法行为是否要一样给予豁免。

在现代国际法中，限制豁免论逐渐比绝对豁免论占有了更大的优势，从而处于更为流

---

① 参见黄进：《国家及其财产豁免问题研究》，中国政法大学出版社 1987 年版，第 1~6 页。

行的地位。1972 年的《欧洲国家豁免公约》在前言中指出："国际法的趋势是限制国家在外国法院主张豁免。"英国和美国都曾经是坚持绝对豁免论的代表性国家，但是美国于 1976 年颁布《外国主权豁免法》，英国于 1978 年颁布《国家豁免法》，不再采用绝对豁免论而在立法上确立了限制豁免论的地位。自从苏联解体和东欧剧变以来，越来越多的国家主张限制豁免论。① 联合国国际法委员会于 1991 年通过的《国家及其财产的管辖豁免条款草案》的二读草案也明确采用了限制豁免论。② 虽然限制豁免论并未被确立为国际习惯法上的规则，但是不可否认，限制豁免主义已成为一种世界性的趋势。③

(二)国家行为的划分标准

限制豁免理论的基点是把国家行为划分为主权行为与非主权行为，或统治权行为与事务权行为。国家的商业交易行为覆盖了大部分事务权行为，商业交易行为已发展成为限制豁免的核心内容或主要对象。④ 无论是国内立法或判例还是国际立法都将商业行为作为国家豁免的主要例外和限制对象。但是，对于商业行为的定义和范围，在国际范围内还没有一个统一的观点。从有关国家立法和国际条约看，一般都对商业行为作广义的解释。商业行为或商业活动不仅限于商品买卖以及提供劳务等狭义的商业行为，还包括工业、金融、贸易以及营业等内容的活动，甚至包括国家在经济领域里的所有活动。⑤

国家的主权行为和商业行为的区分在理论上十分清楚，但是在实践中却很难实行。⑥ 因此限制豁免理论在实际应用中不能不面对以什么标准来划分国家行为，如何确定国家的行为是商业行为的问题。对此，国际社会存在两种不同的标准：行为性质标准和行为目的标准。行为性质标准主张对国家行为进行表面上的分析，看该具体行为是只有国家或以国家的名义才能从事的还是私人也能从事的，前者为主权行为，而后者一般认为是商业行为。行为目的标准认为，如果根据性质标准审查的结果认为国家的特定行为构成商业交易行为，则须进一步调查国家行为的目的，调查是否涉及政府的公共目的。⑦

在所有的国家行为背后总是存在公共利益的。⑧ 国家的许多行为表面上是商业行为，但是分析其背后的目的往往又发现完全排除了商业目的，而是为了行使国家主权或保护社

---

① 黄进等：《国家及其财产管辖豁免的几个悬而未决的问题》，载《中国法学》2001 年第 4 期，第 140 页。

② 参见 1991 年《国家及其财产的管辖豁免条款草案》，第 10~17 条。

③ 参见黄进等：《国家及其财产管辖豁免的几个悬而未决的问题》，载《中国法学》2001 年第 4 期，第 150 页。

④ 龚刃韧：《国家豁免问题的比较研究——当代国际公法、国际私法和国际经济法的一个共同课题》，北京大学出版社 1994 年版，第 275 页。

⑤ 韩健：《现代国际商事仲裁法的理论与实践》，法律出版社 2000 年版，第 498 页。

⑥ Redfern & Martin Hunter, *Law and Practice of International Commercial Arbitration*(3rd ed.), Sweet Maxwell, 1999, p. 478.

⑦ 黄进等：《国家及其财产管辖豁免的几个悬而未决的问题》，载《中国法学》2001 年第 4 期，第 140 页。

⑧ A. Remiro Brotons, *La Reconnaissance et l'Execution des Sentences Arbitrales Etrangeres*, Recueil des Cours, Tome. 184, 1984(Ⅰ), p. 257.

会公共利益的目的，因而采用目的标准的限制豁免论接近于绝对豁免论。而依据性质标准，商业行为较为容易成立，国家的管辖豁免权受到了更大的限制，所以说，它是严格的限制豁免理论。①

行为目的标准受到了西方学者的广泛批评。他们认为，将为公共目的而进行的商业行为也列为可以享受豁免的行为中是没有很充足的理由的。"为什么要认为士兵们穿靴子、抽烟、吃面包等这些行为比普通人的这些行为要享受更多的特权呢？在商业行为的认定上，采用目的标准只会使问题陷入更复杂的境地。"②在西方国家，国家直接参与贸易活动较少，而发展中国家的情况正好相反。因而在国际商事交往中，他们更倾向于保护私人的利益，从而更倾向于采用行为性质标准。联合国《国家及其财产的管辖豁免条款草案》的二读草案第2条第2款在国家商业行为的判断上采用了一种折中的做法："首先应考虑合同或交易的性质，但是，如果在作为其缔约国一方的国家的实践中该合同交易的目的与确定其非商业性质有关，则也应予以考虑。"不管采用什么标准，在实践中国家的具体行为的性质的认定最终仍取决于管辖法院的具体立场，法官在这一问题上也具有很大的自由裁量权。③ 从理论上来说，在国际商事仲裁中，所涉及的国家行为往往是商事行为，而不是"主权行为"。

（三）国家豁免的主体

国家豁免的主体问题主要涉及哪些机关以及个人有权代表国家并援引国家豁免。在判定是否准予国家豁免主张人享有国家豁免特权时，必须先对该主张者的法律地位作出准确判断。在国际商事仲裁中，代表国家从事商事行为的往往是国家的机构或部门，对国家机构或部门的法律地位的判断是一个重要问题。

关于国家机构或部门，还缺乏统一的定义，联合国1991年《国家及其财产的管辖豁免条款草案》在关于"用语"的第2条中使用了"国家机构或部门和其他实体"。国际法委员会认为这一概念"从理论上说可能包括国家企业或国家设立的从事商业交易的其他实体"。

在这类国家机构或部门及其他实体是否国家豁免的主体这一问题上，主要存在两种不同的立场或判断标准。一种是"结构主义"，主要指从国家机构或部门在国内法上的地位来考察，以国家机构或部门和其他实体是否具有法律人格、持有财产的能力、诉讼能力以及政府的控制程度等为主要的判定根据，结构主义的主要表现是严格区分国家机构或部门与国家本身的关系，原则上不承认具有独立法人资格的外国机构或实体享有管辖豁免。另一种是"职能主义"，即无论国家实体的国内法地位如何，主要根据行为的性质来决定是否能享有管辖豁免，职能主义将外国机构或部门与外国国家同等对待。结构主义实际上是

---

① 黄进等：《国家及其财产管辖豁免的几个悬而未决的问题》，载《中国法学》2001年第4期，第140页。

② A. Remiro Brotons, *La Reconnaissance et l'Execution des Sentences Arbitrales Etrangeres*, Recueil des Cours, Tome. 184, 1984(Ⅰ), p. 257.

③ 如美国国会众议院司法委员会在关于《美国外国主权豁免法》的报告中曾指出："对什么是商业行为，法院有很大的自由裁量余地。"

一种主体标准，而职能主义则是一种行为标准。①

结构主义的立法往往明确规定，外国"国家"不包括国家机构或部门，这类实体的行为一般不能享有国家豁免，但是这些实体在行使主权权力时的行为为例外。如《英国国家豁免法》第 14 条，1972 年《欧洲国家豁免公约》第 27 条等。而职能主义对国家豁免的主体的考察通过对其行为性质的分析来进行，因而采用这种做法的立法往往明确规定"外国国家"包括"外国的机构或部门"，如《美国外国主权豁免法》《澳大利亚国家豁免法》。但是，不论是结构主义还是职能主义都不能完全解决国家豁免的主体认定问题，在实践中，两者的区别也并不很明显。从某种意义上来说，这两种立场的区别对于采用限制豁免论的国家来说并不那么重要。因为根据限制豁免主义理论，即使国家或政府机关本身也只有在行使主权权力或"统治权行为"时才能援引管辖豁免，而在从事"管理权行为"时则不再享有这种权利。联合国 1991 年《国家及其财产的管辖豁免条款草案》采用了折中的处理方法。"国家机构或部门和其他实体"属于"国家"的范畴，但是同时又规定了"国家机构或部门和其他实体"享有国家豁免的限定条件，即只有在"授权为行使国家主权权力而行为"时才有权援引国家豁免。

二、国家豁免的放弃

国家豁免的放弃是指某一国家对其特定行为不行使国家豁免权，并表示服从另一国法院的管辖。这种放弃是国家对外国国内法院行使管辖权所表示的一种"同意"。国家豁免是国家基于主权原则所享有的权利，国家对国家豁免的放弃也是国家行使国家主权的一种方式。如果有关国家没有明确表示放弃豁免，通常就应推定该国仍享有国家豁免权。②

国家豁免的放弃可以通过国际协定、合同以及具体的诉讼行为等形式来进行。国家可以通过书面或口头声明表示接受外国法院管辖。明示放弃的方式主要有：国际协定，包括双边条约、多边条约和书面合同；国家在争端发生后，以书面或口头形式明确表示就特定争端接受外国法院管辖；国家通过事先的立法或声明单方面事先放弃管辖豁免。国家也可以以实际行为来放弃国家豁免，如：主动就外国国家提起诉讼或参与、介入诉讼等。不管采用什么方式，国家豁免的放弃必须是自愿的、明确的。对国家豁免的放弃的认定必须建立在对国家意志和意图的考察和确立的基础之上。

一旦国家放弃了豁免是否还能重新主张国家豁免？外国国家"向法院"提出的或通过国际条约表示的明示的放弃，都不可撤回，这是很清楚的。问题在于国家与外国私人合同中通过合同条款所作出的放弃。③ 过去，以英国为代表的国家只承认向法院作出的放弃为有效，因而已通过合同放弃豁免的外国国家仍然可以重新向法院主张国家豁免。但是近年

---

① 参见龚刃韧：《国家豁免问题的比较研究——当代国际公法、国际私法和国际经济法的一个共同课题》，北京大学出版社 1994 年版，第 194 页。

② 龚刃韧：《国家豁免问题的比较研究——当代国际公法、国际私法和国际经济法的一个共同课题》，北京大学出版社 1994 年版，第 217 页。

③ 斯德哥尔摩商会编：《瑞典的仲裁》，周子亚、卢绳祖、李双元等译，法律出版社 1984 年版，第 19 页。

来，类似英国的这种做法已逐渐被抛弃。如美国 1976 年《外国主权豁免法》第 1605 条第 1 款第 1 项明文规定不允许外国国家撤回放弃，除非按照放弃的条款规定可以撤回。英国 1978 年《国家豁免法》承认包括合同形式在内的事先书面协定放弃的效力，因此以前的判例法的传统规则实际上已被抛弃。其实，如果主权一方已经放弃豁免，该方就应受协议的约束。而国内立法和判例也不必给予外国国家以过于宽松的放弃撤回权利。过于严重损害外国政府利益和尊严的危险，可以通过对执行判决或裁决的权力限制来加以避免。

三、仲裁协议与默示放弃豁免

在国家没有明示放弃豁免的情况下，同意仲裁是否就应被视为对豁免的默示放弃则成为一个问题。国家是否放弃豁免关系到整个仲裁程序的进行及最终仲裁裁决的执行，可以说，这一问题在国家参与的国际商事仲裁中是一个基础性的问题。

从仲裁协议的法律效力来看，其中重要的一点就是排除国内法院的管辖，这和国家放弃豁免而接受国内法院的管辖刚好是相悖的。因此，国家签订仲裁协议同意仲裁在原则上并不能等同于在外国法院放弃豁免。但是，由于国内法院对在其境内进行的仲裁有某些监督职能，与仲裁有关的某些特定事项必须服从仲裁地国内法院的管辖，这是外国国家所十分清楚的，由此可以认为仲裁协议的签订也隐含着当事国就与仲裁有关的事项默示放弃管辖豁免的意义。目前许多国家特别是西方国家的实践和理论一般都倾向于承认国家同意仲裁构成了对管辖豁免的默示放弃。仲裁庭的裁定、国际公约①、国内成文法②、国内法院的声明③都赞成：作为仲裁协议一方当事人的国家不能为了阻挠仲裁协议目的的实现而主张其豁免。④

但是，在国家签订仲裁协议构成默示放弃国家豁免的对象问题上，即在国家同意仲裁是仅就仲裁地法院的管辖放弃豁免，还是构成一般地放弃管辖豁免这一问题上，各国的立场有些分歧。美国法院一直以仲裁地为依据，对同意在美国仲裁的外国国家行使一定范围的监督管辖。而对于仲裁地不在美国的有关案件，美国法院的判例却不大一致。其中一些美国法院的判例认为对仲裁地在美国之外的案件仍然可以行使管辖权，而另一些判例对于仲裁地不在美国的案件，则认为有关国家并没有在美国法院放弃管辖豁免。法国法院在传统上承认外国国家签订仲裁协定不等于一般地放弃管辖豁免，法院仅对仲裁地在法国的案件就与仲裁有关事项行使管辖权。但是，近年来即使仲裁地不在法国，法国法院也倾向于解释有关外国国家就仲裁事项放弃了管辖豁免。⑤

尽管我们可以一般性地认为国家签订仲裁协议同意仲裁可以构成对国家豁免的默示放

---

① 如 1972 年《欧洲国家豁免公约》第 12 条第(1)款。

② 如《英国国家豁免法》第 9 条、《美国外国主权豁免法》第 1605 条第 1 款。

③ 如 1996 年法国卢昂上诉法院在 Societe Bec Freres v. Office des Cereales de Tunisie 案中认为突尼斯政府同意临时仲裁，接受了国际商事一般规则的适用，从而放弃了其管辖和执行豁免。

④ Delaume, *State Contracts and Transnational Arbitration*, American Journal of International Law, Vol. 75, No. 4, 1981, p. 786.

⑤ 参见龚刃韧：《国家豁免问题的比较研究——当代国际公法、国际私法和国际经济法的一个共同课题》，北京大学出版社 1994 年版，第 252~257 页。

弃，但是这一做法并未形成习惯国际法规则。事实上，也仅有少数国家接受这一理论的自动适用性。接受这一观点的国家也仍须逐个案件地辨认国家的真实意图，其中仲裁协定是他们考虑的一个重要因素。① 在 Islamic Republic of Iran et al v. Eurodif et al 案②中，法国巴黎上诉法院认为：对放弃豁免的认定，要求对该国放弃豁免的意图有明确的证明，而不是仅仅根据仲裁条款的执行或根据《国际商会仲裁院仲裁规则》来认定，1988 年《国际商会仲裁院仲裁规则》第 24 条并不具有对国家放弃豁免的参考价值。③ 在 Creighton v. Qatar 案④中，美国哥伦比亚特区联邦上诉法院认为："《外国主权豁免法》并未明确解释何谓默示放弃豁免"；根据《外国主权豁免法》的立法史并不能得出结论，即仅仅因为外国政府同意其签订的合同适用他国法律或在他国进行仲裁就要求该外国服从美国法院管辖。

四、仲裁协议默示放弃豁免的范围

有学者认为，在国际商事仲裁中，国家豁免问题的产生或提出分为两个阶段：一个是国家作为被诉人被提交仲裁的阶段；另一个是出于将来执行仲裁裁决的需要，对国家的资产申请采取保全措施或者在针对国家的仲裁裁决作出后，裁决的债权人申请强制执行国家资产的阶段。这两个阶段分别涉及国家的仲裁管辖豁免和国家的司法管辖豁免也即执行管辖豁免。国家签订仲裁协议所默示放弃豁免，该豁免的放弃不仅包括仲裁管辖豁免的放弃，还包括执行仲裁裁决和为执行仲裁裁决所采取的查封、扣押等保全措施的豁免的放弃。⑤

这种对仲裁协议默示放弃豁免的范围的表述值得商榷。在国际商事仲裁中，国家豁免问题的产生或提出的确可以分为对仲裁庭所提出的豁免，以及对国内法院提出的豁免。对仲裁庭提出的豁免主张可以称为仲裁管辖豁免，尽管这一说法的合理性值得考虑，但是，对国内法院提出的豁免仍应区分为司法管辖豁免和执行豁免。国家通过签订仲裁协议而默示放弃豁免，是否包括执行豁免，国际社会对此并无统一的认识。

国家财产的执行豁免是指一国财产免于在另一国法院诉讼中所采取的包括扣押、查封、扣留和执行等强制措施。在任何国家的法院，管辖程序和执行程序都存在着基本的区别。管辖程序是法院确定诉讼当事人双方权利和义务的过程；而执行程序是在事实上作成使债权者的索赔请求获得满足状态的程序。在国家豁免问题上，管辖豁免的对象主要是指外国国家的有关行为，而执行豁免的对象则只限于外国国家的财产。对于管辖豁免和执行豁免之间的关系存在"一体说"和"区分说"两种观点。按照"一体说"，如果国家在一定情形下不享有管辖豁免，同样其财产也不应享有执行豁免，瑞士、德国、比利时等国的某些判例曾采用了这种理论。但是，到目前为止，"区分说"则长期得到大多数国家实践的支

---

① A. Remiro Brotons, La Reconnaissance et l'Execution des Sentences Arbitrales Etrangeres, Recueil des Cours, Tome. 184, 1984(Ⅰ), p. 257.

② 21 April 1982, RCDIP 1983. 101.

③ 1988 年《国际商会仲裁院仲裁规则》第 24 条规定："……当事人将毫不迟延地执行裁决并放弃其他救济方式……"

④ Creighton Ltd. v. Government of the State of Qatar, 181 F. 3d 118(D. C. Cir. 1999).

⑤ 参见韩健：《现代国际商事仲裁法的理论与实践》，法律出版社 2000 年版，第 504~505 页。

持和国际法学者的认可。①

根据"区分说",应对管辖豁免和执行豁免区别对待和处理。在各国实践中,根据对"区分说"适用程度的差异,又可以具体分为"完全区分说""部分区分说"等不同的观点。在 20 世纪 80 年代以前,各国实践和 1972 年《欧洲国家豁免公约》②基本上采取"完全区分"的立场,坚持外国国家享有绝对的执行豁免。有些国家虽然在原则上采用限制豁免主义立场,但是仍禁止对外国国家财产进行执行。而根据"部分区分说",虽然对管辖豁免和执行豁免都采用了限制主义立场,但是仍对二者加以区别对待。如明文规定外国国家对管辖豁免的放弃不及于执行豁免,某些特殊种类的外国财产仍享有绝对豁免等。英美等国的豁免立法一般都采取了"部分区分说"。1986 年、1991 年联合国《国家及其财产的管辖豁免条款草案》也基本采取了"部分区分说",即区别对待管辖豁免和执行豁免,对外国财产的强制措施问题采取更为严格的限制。目前,"部分区分说"为越来越多的国家所接受,③ 是一种占主流地位的观点。作为区分管辖豁免和执行豁免的一个必然结果,国家对于管辖豁免的放弃效力通常不及于执行豁免,对于执行豁免必须另行表示放弃或同意。这一规则不仅体现在许多国家法院的判例中,而且也为近年来一些国家的豁免立法④所遵循。有关国际条约及联合国国际法委员会条款草案中也都从不同角度确认了执行豁免必须另行放弃的规则⑤。国家对执行豁免的"另行同意规则"可以说是一项为各国实践和理论所确立的国际法规则。⑥ 在有关国际商事仲裁中的国家豁免问题上,我们也应对国家的管辖豁免和执行豁免区别对待。

关于国家通过签订仲裁协议是否也可以构成对执行豁免的放弃,国际社会并无统一做法,不仅各国立场不同,就是同一国家的法院在相同的案件中都可能作出前后相反的判决。法国法院在 Creighton v. Qatar⑦ 案中,巴黎大审法院和巴黎上诉法院都认为 Creighton 公司没有提供证明卡塔尔已放弃执行豁免的证据,同意仲裁并不足以证明该项放弃;最高法院则认为当一个主权国家签订国际商会仲裁规则或其他类似规则时,它就放弃了对其仲裁裁决执行的豁免。有学者指出法官应根据仲裁协议所使用的措辞及个案的具体现实情况来考察该国家是否有清楚、明确的意愿确实要放弃执行豁免。⑧ 关于仲裁协议与执行豁免

---

① 参见龚刃韧:《国家豁免问题的比较研究——当代国际公法、国际私法和国际经济法的一个共同课题》,北京大学出版社 1994 年版,第 351~355 页。

② 参见《欧洲国家豁免公约》第 20~23 条。

③ 龚刃韧:《国家豁免问题的比较研究——当代国际公法、国际私法和国际经济法的一个共同课题》,北京大学出版社 1994 年版,第 355 页。

④ 如《英国国家豁免法》第 13 条第 3 款,《新加坡国家豁免法》第 15 条第 3 款,《南非外国主权豁免法》第 14 条第 2 款,《澳大利亚外国国家豁免法》第 31 条第 1 款等。

⑤ 如 1961 年《维也纳外交关系公约》第 32 条第 4 款,1972 年《欧洲国家豁免公约》第 23 条、第 24 条和第 26 条,1991 年联合国《国家及其财产的管辖豁免条款草案》第 18 条第 2 款。

⑥ 参见龚刃韧:《国家豁免问题的比较研究——当代国际公法、国际私法和国际经济法的一个共同课题》,北京大学出版社 1994 年版,第 360~365 页。

⑦ Cass. 1e civ., 6 July 2000.

⑧ A. Remiro Brotons, La Reconnaissance et l' Execution des Sentences Arbitrales Etrangeres, Recueil des Cours, Tome. 184, 1984(I), p. 257.

的默示放弃之间有无关系、有什么关系，在实践中很大程度上还是依靠法官建立在个案分析基础上的自由裁量。无论如何，有一点是可以肯定的，国际社会在这一问题上采取比对管辖豁免的认定更为谨慎、更为严格的态度。

五、当事人在国家合同中应尽量明确约定国家豁免问题

"为使他们之间的关系更具可预见性，国家合同双方当事人最好通过在合同中明确约定的方式来直接处理国家豁免问题。"①尽管现实中在国际商事交易的某些领域，似乎国家豁免的放弃越来越普遍，进而形成了一些一般性的做法，但是关于国家豁免问题国际社会仍然存在一些分歧。一旦争议产生，因为国家豁免问题，争议的解决仍存在很多不确定的因素。当事人所能采取的最好的方式就是在合同中对国家豁免问题进行明确的约定。仲裁协议固然一般具有默示放弃豁免的作用，但是明确的明示放弃豁免的作用更为可靠。在仲裁协议条款之外，再订有国家豁免条款，则合同的履行及由之而产生的争议的解决都具有了更大的可预见性。

第二节　国际商事仲裁实践中的具体问题

在一方当事人为国家的国际商事仲裁中，国家豁免涉及各个阶段的各个具体问题。在国际商事仲裁中作为被裁判的对象的国家，在仲裁程序及法院监督程序的各个阶段都可能提出国家豁免的主张。因此，国际商事仲裁中的国家豁免的具体问题可以包括：向仲裁庭提出的免于仲裁的豁免；向仲裁地国内法院提出的豁免，其中包括对认定仲裁协议效力程序、仲裁裁决的撤销程序等的豁免及对临时保全措施的豁免，向国家财产所在地法院提出的承认与执行仲裁裁决的豁免等。下文将对这些具体问题做具体论述。

一、对仲裁庭提出的免于仲裁的豁免

当仲裁协议的私人方当事人将争议提交仲裁时，作为另一方当事人的国家可能向仲裁庭主张国家豁免而要求免于仲裁。对仲裁庭提出的国家豁免主张往往不能获得支持。较普遍的看法认为，国家豁免理论对仲裁管辖不具有可适用性。② 本书也赞同这种看法。一般意义上，管辖权是国家对人和物实行管辖的权力。管辖权主要涉及立法和执行法律，包括行政管辖权和司法管辖权，在有些国家，管辖权的行使往往通过司法机关即法院，因此某些情况下管辖权和司法管辖权是等同的。管辖权在一般意义上是一个公法概念，根据"平等者之间无管辖权"原则，国家豁免的本意是指一个主权国家免于外国公权力的管辖。但是，通说认为仲裁具有民间性，是当事人为解决彼此间已经或将来发生的争议的一种契约性安排，而法院则是行使审判权的国家机构，仲裁与诉讼在本质上是截然不同的。③ 国际

---

① Delaume, *State Contracts and Transnational Arbitration*, American Journal of International Law, Vol. 75, No. 4, 1981, p. 786.

② 参见韩健：《现代国际商事仲裁法的理论与实践》，法律出版社2000年版，第506页。

③ 宋连斌：《国际商事仲裁管辖权研究》，法律出版社2000年版，第46页。

商事仲裁管辖权是以当事人的合意为基础，不具有强制性，将某一争议提交某个仲裁机构必须以双方的协议为前提。可以说，管辖权之于国际商事仲裁是转介，即国际商事仲裁机构或仲裁庭、仲裁员有权对特定的国际商事争议进行审理并作出有拘束力的裁决的依据。归根结底，即使在机构仲裁的情况下，仲裁管辖权实际上就是仲裁员的管辖权。[①] 对这样具有私法性质的仲裁庭的管辖权，主张主权豁免是不适当的。

不过，在客观实践中，也有些国际仲裁庭以一旦国家签订仲裁协议就构成了该国家对豁免的放弃为由，而拒绝国家当事人的国家豁免请求。如在国际商会仲裁院受理的"韦斯特兰直升机有限公司诉阿拉伯工业化组织、阿拉伯联合酋长国、沙特阿拉伯王国、卡塔尔国、埃及阿拉伯共和国和阿拉伯不列颠直升机公司"案中，埃及的代理人认为埃及在该仲裁案中应享有豁免权，而仲裁庭认为仲裁条款的签订就是默示放弃豁免，从而否定了关于主权豁免的抗辩。

在国家为一方当事人的仲裁程序中，仲裁的进行仅仅是基于相关国家同意仲裁的意愿。国家豁免并不阻止国家或国家机构同意服从仲裁庭的权力。有学者指出："主权国家应受仲裁协议的约束而将合同争议提交仲裁，这是一项已经建立的国际法规则。"[②]

二、国内法院为仲裁而采取的一些辅助程序和监督程序中的国家豁免

一般国内法院都有责任对在其境内进行的仲裁采取一些辅助程序，以保证仲裁程序有效进行；这些法院也有权力对发生在其境内的仲裁进行监督。这里所要讨论的在法院进行的与仲裁有关的程序包括：仲裁协议的有效性、仲裁协议的强制执行、仲裁裁决的撤销。国家在这些程序中都可能主张国家豁免。这些程序都仅涉及国家的管辖豁免，所以可以放在一起讨论。

这些程序对于仲裁程序的关系如此密切，从逻辑上来讲，当事人在签订仲裁协议时应该料想到仲裁地法院可能进行这些程序，则当事人通过签订仲裁协议放弃国家豁免应包括对这些程序的豁免的放弃。那些认为国家同意仲裁就放弃了管辖豁免的国家往往持上述观点。一方当事人为国家的仲裁协议往往被认为是对国家豁免的放弃，这种放弃还被认为延伸至对仲裁地法院对仲裁进行监督的管辖权豁免的放弃。[③] 如 1978 年《英国国家豁免法》第 9 条规定：除仲裁协议中有相反约定外，国家把已发生或可能发生的争议，以书面协议提交仲裁时，在联合王国法院涉及该项仲裁的诉讼中，该国家不得享有豁免。显然，其中就包含了上述几项程序。1972 年《欧洲国家豁免公约》第 12 条第 1 款规定：当一缔约国以书面形式同意将已发生或可能发生的民事或商事争议提交仲裁时，该国不得在另一缔约国法院就有关下列诉讼程序主张管辖豁免，除非仲裁协议另有规定：（1）仲裁协议的有效性或解释；（2）仲裁程序；（3）仲裁裁决的撤销。

[①] 宋连斌：《国际商事仲裁管辖权研究》，法律出版社 2000 年版，第 39 页。

[②] Redfern & Martin Hunter, *Law and Practice of International Commercial Arbitration* (3rd ed.), Sweet Maxwell, 1999, p. 478.

[③] Redfern & Martin Hunter, *Law and Practice of International Commercial Arbitration* (3rd ed.), Sweet Maxwell, 1999, p. 479.

在有关国家豁免和仲裁的国内立法和国际立法中，基本上都确认仲裁协议的国家当事人被排除了主张豁免以阻碍执行仲裁协议的权利。《美国联邦仲裁法》第 15 条规定："不得基于国家行为说，对仲裁协议的执行，仲裁裁决的确认和基于该确认之命令的判决的执行予以拒绝。"在《外国主权豁免法》第 1605 条第 1 款和第 1610 条第 1 款中增补了若干内容，明确规定不得基于国家行为说拒绝实施仲裁协议，美国法院对已经或打算在美国进行的仲裁、受在美国生效的国际条约约束的仲裁，有权就有关仲裁协议的执行行使管辖权。

对于仲裁裁决的撤销程序，外国国家当事人更不应在国内法院享受豁免。外国国家对仲裁裁决撤销提出豁免的情况应该发生在该外国已经取得了有利于它的裁决，而对方正在对裁决提出反对意见。它之所以要提出豁免，是为了维护它所获得的有利裁决。这一诉讼程序是豁免被放弃或否决后程序的继续，该外国不能基于已被认定不能适用豁免的事实再坚持用豁免来维护所取得的有利于自己的结果。这和适用于反诉的情况是一样的。① 因此，仲裁协议所包含的放弃豁免，不仅涉及仲裁程序本身及法院的辅助程序，也与以后为了对裁决提出异议而进行的司法监督程序有关。

三、对"裁决作出前的扣押"的豁免

在仲裁庭进行仲裁的过程中，一方当事人可能为了保证以后作出的仲裁裁决的实际执行，而要求对仲裁标的物采取临时性的保全措施(interim measures)，如收存、查封、扣押或冻结等。在一方当事人为国家的国际商事仲裁中，私人方当事人出于对仲裁裁决执行的担忧，很可能提出这种临时保全措施的要求，要求对涉诉国家的财产采取扣押或冻结。我们在这里讨论的临时保全措施特指"裁决作出前的扣押(prejudgment attachment)"。

许多国家的法律授权仲裁庭可以作出采取临时措施的命令，包括对仲裁标的物采取临时保全措施的命令，只要临时措施针对的标的物为当事人所持有或控制。但是，一般的原则是仲裁庭只可以发布指令当事人的强制性命令，如果命令超出了这一限制范围，这些命令则必须由有管辖权的当地国内法院发布。② 如：申诉人希望获得的冻结或扣押被诉人在银行账户的款项，由于银行不是仲裁案的当事人，只能由经国家授权具有管辖权的法院发布。与许多国家的做法不一样，我国法律没有将采取临时保全措施的权力授予仲裁庭，只有法院才能采取这类措施。③ 2000 年《中国国际经济贸易仲裁委员会仲裁规则》第 23 条也规定："当事人申请财产保全，仲裁委员会应将当事人的申请提交被申请人住所地或其财产所在地的人民法院作出裁定。"

在仲裁程序开始之前或进行中，当事人可以寻求临时保全措施，为了确保裁决的执行而通过诉讼对财产进行扣押。当事人可以要求仲裁庭或国内法院来发布命令实行这些措

---

① 斯德哥尔摩商会编：《瑞典的仲裁》，周子亚、卢绳祖、李双元等译，法律出版社 1984 年版，第 25 页。

② 参见韩健：《现代国际商事仲裁法的理论与实践》，法律出版社 2000 年版，第 222 页。

③ 参见 1991 年《中华人民共和国民事诉讼法》第 258 条，1994 年《中华人民共和国仲裁法》第 28、46 条。

施。这种选择权为许多仲裁规则所承认，如 ICC 仲裁规则和 UNCITRAL 规则。① 对外国家财产的临时保全措施要求，当事人更愿意向法院提出。在没有明示放弃豁免的情况下，国家豁免规则将是采用临时措施的障碍。但是对于外国国家提出的临时保全措施的豁免要求，也没有一般规则和一般做法。每个案件都应分别考虑，根据各国国内法规则来考虑，因国家豁免主张人和被执行的财产类型不同而不同。②

裁决前的扣押措施和仲裁裁决的执行一样都须对外国国家财产采取强制措施，也和仲裁裁决的执行一样受到更多的限制，而外国国家的豁免主张也受到更多的保护。但是，临时保全措施比裁决的执行更具敏感性，可能扣押的财产和争议事由无任何关系，对外国财产的"裁决作出前的扣押"有可能引起国际摩擦，外国也有可能对本国财产采取同样的措施。基于以上这些理由，各国在这一问题的处理上也十分谨慎，不敢对外国国家的豁免主张给予过多的限制。如在《美国外国主权豁免法》的制定过程中，美国国务院曾极力反对关于临时保全的规定。③

在美国，在《泰特公函》之后，《外国主权豁免法》制定之前的一个时期，这种判决前的扣押曾经可以构成美国法院对外国国家行使管辖权的基础。《美国外国主权豁免法》最终否定了基于临时扣押某外国国家财产而获得对其管辖权的做法，最高法院认为：对外国国家的管辖权仅仅建立在对外国国家财产的扣押基础上，而诉讼事由和双方当事人都和美国法院无任何其他联系时，该管辖权是违反正当程序原则的。《外国主权豁免法》中规定了一个限制性条款，允许仅在以下条件下，才可以在正式判决之前对外国国家用于商业活动的财产进行扣押：外国国家(包括外国代理机构和媒介)明示放弃其豁免，且扣押的目的是满足已经作出或可能最终作出的针对外国的判决的执行，而不是为了获得管辖权。④ 这里的"明示"放弃是指该放弃行为是明确针对判决前的扣押措施的。美国法院对外国政府是否"明示"放弃了对判决前的扣押措施的豁免一般作谨慎的限制性解释。⑤

但是，澳大利亚立法有不同的规定。澳大利亚法律改革委员会认为：对外国国家拥有管辖权的法院应当有权作出合适的、在其权力范围之内的这类命令(包括临时的或最后的命令、程序性或实体性命令)。一般原则是如果管辖权是被允许的，则法院应有权将它付诸实施。该原则被《澳大利亚外国国家豁免法》所采纳，该法第 29 条规定允许澳大利亚法院，除了在雇佣合同案件中，在不违反法律规定的国家豁免的情况下，可以对外国国家作出任何命令(包括临时命令和最后命令)。⑥ 这种规定难免会纵容对国家的判决前扣押

---

① 参见 1975 年 ICC 仲裁规则第 8 条第 5 款，UNCITRAL 规则第 25 条。

② Delaume, *State Contracts and Transnational Arbitration*, American Journal of International Law, Vol. 75, No. 4, 1981, p. 795.

③ P. D. Trooboff, *Foreign State Immunity*：*Emerging Consensus on Principles*, Recuiel des Cours, Tome. 200, 1986(Ⅴ), p. 380.

④ 参见《美国外国主权豁免法》第 1610 条第 5 款。

⑤ P. D. Trooboff, *Foreign State Immunity*：*Emerging Consensus on Principles*, Recuiel des Cours, Tome. 200, 1986(Ⅴ), pp. 381-382.

⑥ P. D. Trooboff, *Foreign State Immunity*：*Emerging Consensus on Principles*, Recuiel des Cours, Tome. 200, 1986(Ⅴ), p. 385.

措施的滥用。

关于这一问题，联合国国际法委员会关于国家豁免问题的第一任专题报告员曾经认为"一般情况下，针对国家的财产而未获其同意的判决前的扣押措施并未获得支持"。"判决前的、预防性的扣押措施是不应该被鼓励的，并无必要对国家债务的债权人给予过多的保护，任何形式的强制措施都不能为外国国家的争议提供理想的解决，最终判决的存在已经足以成为外交协商的基础。"① 但是，该主张在联合国《国家及其财产的管辖豁免条款草案》一读、二读草案中均未被接纳，公约草案倾向于认为判决前的扣押措施不应比判决后的执行措施本身受到更多的限制。2000 年最后订正的公约草案却在立法上对判决前强制措施和判决后执行进行了明确区分，对判决前强制措施予以了更多的限制。对判决前强制措施的豁免只受两个条件的限制，即国家明示同意和国家确定以此财产清偿；而国家在判决后执行豁免上则受到更大的限制，即通过对国家财产的分类，确定为商业用途的，则不享有豁免权。在判决前强制执行问题上，不能以财产的商业用途来制约豁免权。这有力保护了被执行国一方，有效防止了判决前强制措施的滥用。②

四、仲裁裁决的承认与执行中的国家豁免

国际商事仲裁中的私人方当事人获得对自己有利的仲裁裁决，并不表示就赢得了最后的胜利，更复杂、更棘手的问题将是如何将裁决付诸执行。向外国国家财产所在地的法院要求承认与执行仲裁裁决的过程中，该外国将会不断主张国家豁免。裁决的承认及最终的执行将取决于被请求国法院所采取的主权豁免规则及管辖权行使规则。

在执行问题被考虑之前，应先解决一个前提问题。执行仅在裁决被承认之后采取。承认程序的性质仍是一个有争议的问题，它可以被认为是仲裁程序的最后阶段还是执行程序的初始阶段。③ 可以理解，国家当事人常常支持第二种观点。但是，各国法院的实践并不赞同该观点。正因为如此，荷兰、美国和法国的法院曾主张：当一个国家同意仲裁从而放弃豁免时，其放弃豁免的范围及于对裁决的确认和承认。这些法院的决定所代表的观点更值得赞赏，因为若采用第二种观点，即裁决的承认为执行的初始阶段，则主权豁免可能会造成对仲裁程序的一种歪曲。仲裁裁决的承认与执行是两个不同的概念。有学者认为，仲裁裁决的承认是任何仲裁协议都具有的约束力特征的自然补充，不应被仅适合于执行事项的国家豁免问题所影响和削弱。④ 虽然国家豁免并不是仅适用于仲裁裁决的执行事项，但是不可否认，在有关国家豁免问题上，仲裁裁决的承认与执行具有不同的性质，前者涉及

---

① P. D. Trooboff, *Foreign State Immunity*：*Emerging Consensus on Principles*，Recuiel des Cours，Tome. 200，1986(V)，p. 387.

② 参见黄进等：《国家及其财产管辖豁免的几个悬而未决的问题》，载《中国法学》2001 年第 4 期，第 148 页。

③ Delaume，*State Contracts and Transnational Arbitration*，American Journal of International Law，Vol. 75，No. 4，1981，p. 815.

④ Delaume，*State Contracts and Transnational Arbitration*，American Journal of International Law，Vol. 75，No. 4，1981，p. 816.

国家的管辖豁免，而后者涉及执行豁免。对二者加以区分最具代表性的国家是法国。法国法院以发布许可令的方式来承认仲裁裁决，许可令较为容易取得，但是，对于执行仲裁裁决，法院仍采取较为严谨的立场。

各国对外国国家的执行豁免的处理采取了更为谨慎的态度。执行对国家的主权和尊严的损害比判决更强。一方面人们担心敏感的外交纠纷的产生，另一方面如果本国法律不承认对本国国家财产的执行措施，则如何能够否认外国政府也享有这种豁免？现实情况也表明，当一国家在仲裁裁决的承认程序中主张豁免未获支持时，它马上就寻求执行豁免，且往往能获得成功。对争议双方来说，它们在争议裁判中地位能够平等，但是最终国家主权仍处于优势地位。①

但是，关于执行豁免的规则远比有关管辖豁免的规则更为杂乱。有的国家继续拒绝对外国国家财产的执行，甚至在判决或裁决作出后也是这样，这往往是一些仍坚持绝对豁免论的发展中国家。有些国家要求对外国国家财产实施执行措施之前要先获得政府部门的同意，如意大利、希腊和荷兰。即使在那些认为在国家不享有管辖豁免时就不享有执行豁免的国家里，这个一般原则往往要受到很多例外情况的限制，或要满足一些特殊要求，如要求涉诉的交易和被要求执行国之间有合理的领土联系等。② 混乱、矛盾和不和谐构成了关于该问题的背景。Liamco 公司所要求执行的针对利比亚的 1977 年 5 月 12 日的仲裁裁决在美国、法国、瑞典和瑞士的命运就是很好的证明。③ 面对这一纷繁复杂的问题，对那些完全拒绝对外国国家财产进行执行的国家，我们没有讨论的余地；我们试图找出了一些各国法院在确定是否执行仲裁裁决的过程中，往往考虑的一些因素，或者称为审查标准，希望对这一问题有一个初步的认识。

（一）仲裁当事国对仲裁裁决执行豁免的放弃

在很多案例中，被请求执行仲裁裁决的法院以仲裁当事国放弃了仲裁裁决执行豁免为由，最终对当事国国家财产采取强制措施。对仲裁当事国的执行豁免的放弃的考察，在裁决的执行问题的处理中是一个重要的因素。

如果在仲裁双方当事人之间存在关于执行豁免放弃的约定，则问题会简单很多。当事人之间并无相关约定时，国家通过签订仲裁协议是否也可以构成对执行豁免的默示放弃呢？正如我们在前文所述，国际社会并无统一做法，不仅各国立场不同，就连同一国家的法院在相同的案件中都可能作出前后相反的判决。

传统的做法是作限制性解释，国家签订仲裁协议一般不构成对执行豁免的放弃。如在 Eurodif et Sofidif v. Etat iranien 案中，巴黎上诉法院认为仲裁程序采用的 ICC 规则中的第

---

① A. Remiro Brotons, *La Reconnaissance et l'Execution des Sentences Arbitrales Etrangeres*, Recueil des Cours, Tome. 184, 1984（Ⅰ）, p. 257.

② Delaume, *State Contracts and Transnational Arbitration*, American Journal of International Law, Vol. 75, No. 4, 1981, p. 817.

③ A. Remiro Brotons, *La Reconnaissance et l'Execution des Sentences Arbitrales Etrangeres*, Recueil des Cours, Tome. 184, 1984（Ⅰ）, p. 257.

24 条"构成一种自愿服从判决和承认其强制力的保证，并不构成对执行豁免的任何暗示"。这种传统做法遭到了有些学者的批评：按此种标准，则除了明文的和字面上的明示放弃以外，再也没有其他的放弃执行豁免的方式了。① 较为激进的做法和前者刚刚相反。1980 年瑞典上诉法院在"利美石油公司素利比亚"案中，就认为利比亚通过仲裁协定放弃了执行豁免，因而判决准予执行仲裁裁决的请求。②

不容忽视的是，保守的做法受到了越来越多的挑战。1988 年美国国会通过对《联邦仲裁法》和《外国主权豁免法》的修正案明确规定，不得基于国家行为说拒绝执行就确认仲裁裁决作出的判决，也即不得基于国家行为说拒绝执行仲裁裁决。而欧洲代表国家法国法院似乎也在向美国成文法所体现的立场靠拢：一个外国主权国家，签订仲裁条款要求进行在本国法院管辖范围内的仲裁或主动参加仲裁，则可以认为该国在本国法院放弃了对该仲裁裁决的执行豁免。③

在 Creighton v. Qatar 一案中，Creighton 是一家营业所在美国田纳西州的公司，1982 年它和卡塔尔城市事务和农业部签订了在卡塔尔的多哈建设医院的合同。合同中规定：所有争议将"最终根据 ICC 的仲裁调解规则解决"。1986 年，卡塔尔城市事务和农业部因不满意 Creighton 公司对合同的执行而要求 Creighton 公司停止了工程建设。1987 年 Creighton 公司提起了要求卡塔尔方赔偿损失的仲裁。由于双方的合同未规定仲裁地点，ICC 仲裁庭根据其规则决定在巴黎进行仲裁。据后来美国法院的一项判决称，卡塔尔主动参加了仲裁。1993 年仲裁庭作出了两项裁决，要求卡塔尔支付 Creighton 公司损失外加利息和仲裁费用总计 80 万美元。1994 年，卡塔尔以 Creighton 公司指定的仲裁员在其独立性声明中，未披露他以前与该公司之间的接触为由，向法国法院提起诉讼要求撤销这两项裁决。次月，Creighton 公司控制了在巴黎的卡塔尔国家银行和法兰西银行中卡塔尔城市事务和农业部账户上的存款，并在两家银行扣押了其政府债券和股权。卡塔尔从巴黎大审法院获得的和在上诉中从巴黎上诉法院获得的判决都拒绝了卡塔尔要求撤销裁决的要求，但是认为卡塔尔并未放弃其执行豁免。根据法国法，被 Creighton 公司扣押的财产应免于扣押，该决定是根据 1984 年法国最高法院在 Eurodif v. Iran 案中确立的规则"作为一个原则性问题，外国国家享有的执行豁免，仅在以下条件下可以不予考虑，即若被扣押的财产是用于或用于经济或商事私法行为且该行为是争议产生的事由"而作出的。换言之，被控制的财产被用于或拟用于引起争议产生的商事行为或项目。巴黎大审法院和巴黎上诉法院都认为在本案中，Creighton 公司没有提供证明卡塔尔已经放弃执行豁免的证据，同意仲裁并不足以证明该项放弃。另外，上诉法院认为 Creighton 公司没有提供足够的证据证明被扣押的财产被卡塔尔用于与医院有关的商业活动。Creighton 公司向法国最高法院提起上诉。2000 年 7

---

① A. Remiro Brotons, *La Reconnaissance et l'Execution des Sentences Arbitrales Etrangeres*, Recueil des Cours, Tome. 184, 1984（Ⅰ）, p. 257.

② 参见龚刃韧:《国家豁免问题的比较研究——当代国际公法、国际私法和国际经济法的一个共同课题》，北京大学出版社 1994 年版，第 259 页。

③ Nancy B. Turk, *French and US Courts Define Limits of Sovereign Immunity in Execution and Enforcement of Arbital Awards*, Arbitration International, Vol. 17, No. 3, 2001, p. 341.

月 6 日，最高法院推翻了上诉法院的判决，认为通过签订 ICC 仲裁协议，卡塔尔默示放弃了其执行豁免。最高法院的决定是根据支配仲裁的 1988 年 ICC 仲裁规则第 24 条第 2 款：同意将争议提交 ICC 进行仲裁，则双方当事人可以被认为同意不延迟地执行最后裁决，且放弃寻求任何形式上诉的权利。法国最高法院认为，和主权国家签订合同的对方当事人若要确定该主权国家不寻求仲裁裁决执行的豁免，应满足如下条件：准备在法国根据 ICC 规则或类似规则进行仲裁；该主权国家在法国拥有财产。① 该决定和美国立法和美国法院解释的立场相同。②

(二) 对外国国家财产"商业性"的认定

按照限制豁免理论的立场，外国国家的商业用途财产可以在本国被执行，不必考查外国国家是否就其执行放弃豁免。根据《澳大利亚国家豁免法》规定，并不是所有的仲裁协议都意味着对仲裁裁决的执行豁免的放弃；在外国因为商业交易，同意接受本国法院管辖或其他该法规定的原因不享有豁免的情况下，该外国的仲裁协议使该外国不再享有仲裁裁决执行豁免。③《英国国家豁免法》第 13 条给了法院对外国国家用于商业目的的财产进行仲裁裁决执行更广泛的权力。2000 年联合国《国家及其财产的管辖豁免条款草案》采用了与英国相同的立场。英、美、澳的立法都为仲裁裁决的执行提供了更宽松的条件，对国家的执行豁免给予了更多的限制。法国最高法院在"伊朗伊斯兰共和国诉欧罗蒂夫案"中确认：当基于诉讼要求而被扣押的财产是用于私法性质的经济或商业活动时，外国国家不享有执行豁免。也正是在该案中，法国最高法院指出，在确定对外国国家财产是否采取执行措施时，法院应对有关外国财产的用途进行分析。④

至于如何对可以执行的外国国家的财产进行分析，现有的几个国家的成文立法在允许对外国国家的商业性财产采取执行措施时，采用了不同的模式：英国法要求被执行财产现在用于或将被用于商业目的；澳大利亚法要求被执行财产"基本上或大体上"被涉讼国家用于商业目的。而美国，对针对国家本身的执行和针对国家代理机构或媒介的执行作出区分；要求在对国家本身执行的案件中，被扣押财产和作为诉因的商业行为之间有一定的联系。1991 年联合国《国家及其财产的管辖豁免条款草案》对国家财产执行豁免进行了一项重大限制，即商业用途的国家财产不享有执行豁免。草案对国家财产的商业用途的界定主要通过以下三个方面：①确定国家财产与商业用途的时间关系，即国家财产现在被用于或拟用于商业用途；②国家财产与商业用途的地点关系，即要求国家财产须处于法院地国领土上；③国家财产与国家有关行为的关系，即要求财产和诉讼所基于的行为之间存在必要的联系。⑤

在其他主张限制豁免论的国家，一些案例也表明，与外国国家商业性财产有关的仲裁

---

① Cass. 1e civ., 6 July 2000.

② Nancy B. Turk, *French and US Courts Define Limits of Sovereign Immunity in Execution and Enforcement of Arbital Awards*, Arbitration International, Vol. 17, No. 3, 2001, p. 327.

③ 《澳大利亚国家豁免法》第 17 条。

④ Revue Critique de Droit Internationale, Tome 111, 1984, p. 598.

⑤ 参见黄进等：《国家及其财产管辖豁免的几个悬而未决的问题》，载《中国法学》2001 年第 4 期，第 148 页。

裁决可以获得执行。如荷兰海牙上诉法院 1968 年在"科伯伦特有限公司诉伊朗国家石油公司案"中，认为被告公司从事了私法性质的行为，判决根据在瑞士作出的关于本案争端的仲裁裁决，对伊朗国家石油公司的财产进行扣押。①

但是，在实践中，"商业行为"标准的实行也存在一些困难：一般国家财产的用途并没有特定，用于公共目的和私法目的之间并没有明显的区分；往往总是由执行申请人来提供证明国家财产用于商业用途的证据，这项任务因为对外国国家的尊重和银行的保密措施而十分困难。②

与商业性财产不同的是，国家的特定种类财产可以享受绝对的执行豁免，英、美、澳、加的国内立法规定外国财产中的特定种类财产可绝对受到执行豁免的保护，如国家用于军事目的的财产。同时，由于纽约、伦敦为外国国家储备的主要投资地，所以英、美的国内法规定外国中央银行或金融机关的财产也免于执行。③

(三) 仲裁与法院地国的联系

有些国家国内法院并不重视有关仲裁和法院地国的联系。如英国和澳大利亚在其各自的国家豁免法律中，均未对有关仲裁裁决承认与执行诉讼中的商业行为、仲裁地、国际条约适用等问题作出任何限制性的要求。荷兰法院也只是强调诉讼事由的性质，而不重视有关仲裁与荷兰之间的领土联系。④

另外一些被请求承认与执行仲裁裁决的国内法院，往往要考察该仲裁与本国的联系，来确定该外国是否放弃了在本国法院的豁免，进而决定是否对该裁决进行承认与执行。

1. 美国

根据《美国外国主权豁免法》第 1605 条第 1 款第 6 项，外国国家同意在另一国仲裁则默示放弃豁免。对于"另一国"是特指美国，还是指在该外国领土以外的其他国家，美国法院的判例存在争议。在一个有关荷兰公司和尼日利亚之间的合同的案件中，合同包含一个将争议提交国际商会仲裁院在法国巴黎进行仲裁的协议，法院对该问题采用了前一种更严格的解释，即要求仲裁地在美国则同意仲裁意味着默示放弃豁免。法院认为，当仲裁地不在美国时，该外国将不被排除在美国法院主张豁免的权利。但是，在很多案例中，法院都强调这样的事实：仲裁地国为《纽约公约》的成员国时，美国承担了公约义务，要赋予仲裁协议和裁决以效力。⑤ 1978 年《美国外国主权豁免法》第 1605 条第第 1 款第 6 项也规定：如果仲裁协议或仲裁裁决是根据对美国生效的要求承认与执行仲裁裁决的条约或国际

---

①　《国际法判例汇编》(第 47 卷)，第 138 页；转引自龚刃韧：《国家豁免问题的比较研究——当代国际公法、国际私法和国际经济法的一个共同课题》，北京大学出版社 1994 年版，第 368 页。

②　A. Remiro Brotons, *La Reconnaissance et l'Execution des Sentences Arbitrales Etrangeres*, Recueil des Cours, Tome. 184, 1984(Ⅰ), p. 257.

③　参见《美国外国主权豁免法》第 1611 条第 2 款第 1 项，《英国国家豁免法》第 14 条(4)款。

④　龚刃韧著：《国家豁免问题的比较研究——当代国际公法、国际私法和国际经济法的一个共同课题》，北京大学出版社 1994 年版，第 368 页。

⑤　Delaume, *State Contracts and Transnational Arbitration*, American Journal of International Law, Vol. 75, No. 4, 1981, p. 788.

协定而作出的，则在要求确认根据仲裁协议作出的仲裁裁决的诉讼中，作为当事人的外国国家将不能在美国法院主张管辖豁免。美国法院还曾有判例，如 Seetransport Wiking Trader v. Navimpex Centrala 案①，认定外国政府同意在《纽约公约》成员国进行仲裁构成默示放弃，其条件是该外国也是《纽约公约》成员国。因为当一个国家成为该公约成员国时，公约的相关规定使它必须考虑到裁决在其他成员国的执行的诉讼。当仲裁地国不是《纽约公约》成员国时，同意仲裁又是否意味着在美国法院放弃豁免呢？

在司法实践中，美国法院往往通过分析仲裁争议与美国是否存在"最低联系"，美国法院对该争议是否存在诉讼标的管辖权、属人管辖权来确定对针对外国国家的仲裁裁决的承认与执行。在 Creighton v. Qatar 案②中，1994 年 Creighton 公司向美国华盛顿特区法院提起诉讼要求承认在法国作出的 ICC 裁决。特区法院根据《纽约公约》第 5 条驳回起诉。1997 年当其上诉在法国最高法院未决时，Creighton 公司又向美国哥伦比亚特区联邦地区法院提起诉讼要求美国执行巴黎上诉法院的判决和仲裁裁决。联邦地区法院支持卡塔尔的抗辩，认为法院不具备对卡塔尔的属人管辖权。法院认为：首先应确定法院对案件是否有诉讼标的管辖权，《外国主权豁免法》提供了对外国国家行使诉讼标的管辖权的唯一根据，该法明文规定的外国不享有豁免的例外情况。然后，法院必须分析它对一个外国国家是否具有属人管辖权，法院认为它必须确定关于该特定合同关系，卡塔尔是否和美国之间有特定"最低联系"，以决定法院是否对卡塔尔有属人管辖权。而 Creighton 公司无法证明卡塔尔和美国之间有最低联系，地区法院驳回了起诉。Creighton 公司上诉。1999 年，美国哥伦比亚特区联邦上诉法院维持了地区法院判决，上诉法院讨论了《外国主权豁免法》对一方当事人为外国国家的仲裁的适用问题。上诉法院认为，根据《外国主权豁免法》，它仅在外国国家根据《外国主权豁免法》第 1605~1607 条规定或适用任何国际协定不享有豁免时，对针对外国国家提起的民事诉讼拥有诉讼标的管辖权。上诉法院关于卡塔尔国家豁免的决定的关键，以及在《外国主权豁免法》规定国家豁免例外情况下是否存在该国家豁免，其答案都在于该特定国家是否某国际公约（如《纽约公约》）的缔约国。卡塔尔未加入《纽约公约》，但是上诉法院判决认为：毫无疑问，《纽约公约》适用于 Creighton 公司在法国获得的针对卡塔尔的裁决，该裁决在美国法院也是可以执行的。这是因为仲裁双方的住所与该公约的适用无关，关键因素是裁决的地点。如果该地点位于《纽约公约》成员国内，则其他公约缔约国都有义务承认与执行该裁决。1978 年《外国主权豁免法》第 1605 条第 1 款第 6 项规定：如果仲裁协议或仲裁裁决是根据对美国生效的要求承认与执行仲裁裁决的条约或国际协定而作出的，则在要求确认根据仲裁协议作出的仲裁裁决的诉讼中，作为当事人的外国国家将不能在美国法院主张管辖豁免。上诉法院据此认为它对卡塔尔有诉讼标的管辖权。但是，法院同时认为，卡塔尔同意在法国进行仲裁并不表示放弃在美国法院对其属人管辖权提出异议。最后，上诉法院分析了双方的合同，根据"最低联系"原则认为，不是《纽约公约》缔约国的卡塔尔并未意图在合同中利用美国法律并且未准备冒将自己拉入美国法院诉讼的危险。在 S. & Davis International，Inc. v. Republic of Yemen 案③中，原告

① 989 F. 2d 572, 578(2nd Cir. 1993).

② Creighton Ltd. v. Government of the State of Qatar, 181 F. 3d 118(D. C. Cir. 1999).

③ S. & Davis International, Inc. v. Republic of Yemen, 218 F. 3d 1292, 1299-1300 (11th Cir. 2000).

在伦敦获得了针对也门政府贸易和供应部的裁决，在美国寻求该裁决的执行。美国法院在该案中认为，尽管美国和英国都是《纽约公约》成员国，但是也门不是；仅仅同意在公约成员国仲裁，并不证明必定在美国放弃主权豁免。但是和 Creightons 案不同的是，法院最后确实发现根据双方当事人的合同，该案和美国有足够的联系。

2. 瑞士

瑞士的领土联系要求在仲裁裁决的承认与执行中发挥着特殊的作用。自 1918 年，瑞士联邦法院就已接受限制豁免理论。但是，瑞士法院主张对外国国家财产的执行需受两个条件的限制：该国家财产并不是专门用于国家政府职能的行使；"充分联系（Binnenbeziehung）"的存在，即在对外国国家的权利主张和瑞士领土之间存在一种特殊的联系。瑞士法院从未对这一"联系"要求的基础作过明确的解释。似乎这一要求主要是根据瑞士国内法和对外国公法的尊重。瑞士法院曾指出：在执行问题上，对诉讼事由和瑞士领土之间存在联系的要求是出于对瑞士国内法的考虑，而并不来自国际法。这种要求是瑞士本国利益（政治和经济的）的体现，特别在有关外国政府在瑞士银行的存款及对这些存款的扣押问题时。在 Liechtenstein company v. Guinea 案中，瑞士联邦法院认为 Liechtenstein 公司取得的针对几内亚政府的美国仲裁协会（AAA）裁决要在瑞士获得执行，必须要求"引起争议的法律关系和瑞士领土之间有必要联系"。最终因为原告在瑞士有住所，仲裁裁决获得执行。在 1980 年"利比亚诉利美石油公司案"中，尽管仲裁地是在瑞士，但是瑞士联邦最高法院仍认为仅有这一事实并不能提供诉讼事由与瑞士之间有法律联系的充分证据，因此，判决下级法院为执行仲裁裁决而发出的扣押令无效。[①]

（四）关于大使馆银行账户

关于使馆银行账户的执行豁免，1961 年《维也纳外交关系公约》没有明确规定。随着西方各国在执行豁免方面采用限制主义，也曾出现扣押或冻结使馆账户的"令人惊恐的趋向"。但是，那些允许执行扣押外国使馆银行账户的个别法院判例不仅没有得到广泛支持，反而却为多数国家的判例所否认。[②] 例如，《英国国家豁免法》对外国大使馆银行账户的执行豁免未作规定，而英国最高上诉法院认为：外国大使宣称该大使馆在伦敦银行的账户不用于商业目的，即可作为对该问题的充分证明，除非有相反证明账户大部分仅仅被用于商业目的。[③] 这实际上使对外国使馆银行账户的执行几乎成为不可能。

在 Noga v. Russian Federation 案[④]中，即使俄罗斯联邦在合同中放弃了执行豁免，即使俄罗斯联邦不能主张豁免以撤销一个与仲裁有关的自己败诉的判决，但是最终法国巴黎上诉法院于 2000 年 8 月 10 日仍确认俄罗斯大使馆银行账户享有执行的外交豁免（diplomatic

---

① P. D. Trooboff, *Foreign*, *State Immunity*：*Emerging Consensus on Principles*, Recueil des Cours, Tome. 200, 1986（Ⅴ）, p. 388.

② 参见龚刃韧：《国家豁免问题的比较研究——当代国际公法、国际私法和国际经济法的一个共同课题》，北京大学出版社 1994 年版，第 381~384 页。

③ Alcom Ltd. v. Republic of Columbia and others［1984］A. C. 580.

④ Nancy B. Turk, *French and US Courts Define Limits of Sovereign Immunity in Execution and Enforcement of Arbital Awards*, Arbitration International, Vol. 17, No. 3, 2001, pp. 330-331.

immunity against execution）。

在该案中，1991 年，一家瑞士公司，Noga 公司与当时的苏联签订了一项贷款协议，1992 年该公司又与俄罗斯政府签订了一项新的贷款协议。在 1991 年的合同第 14 条和 1992 年的合同第 15 条中规定：双方在争议协商不成的情况下，提交斯德哥尔摩国际商会仲裁，争议的解决适用瑞士法；仲裁裁决将是最终的，对双方当事人都有约束力。"双方放弃对仲裁裁决的上诉，且借贷方在有关本协议的仲裁裁决的针对它的执行中放弃任何豁免权利。"俄罗斯联邦在 1991 年合同第 8 条和 1992 年合同第 9 条中保证它在有关本协议规定的义务上，遵守民商法律；借方的借贷行为、根据协议履行其义务的行为构成私法上的商业行为；在有关借方根据本协议的义务的诉讼、执行、扣押或其他司法程序中，借方不得就其自身或其财产、收入主张任何豁免。由此，俄罗斯联邦明示放弃了它对诉讼、执行、扣押的任何豁免。1997 年，位于斯德哥尔摩的仲裁庭先后作出两个裁决，裁定由俄罗斯联邦支付给 Noga 公司 2729.45 万美元。

1998 年 6 月，俄罗斯联邦向斯德哥尔摩初审法院起诉，就裁决赔偿数额提出异议被驳回后，又向瑞典上诉法院上诉，上诉法院于 1999 年 3 月再次确认了裁决的赔偿数额。2000 年 3 月 15 日，巴黎大审法院就裁决在法国的执行发布了执行令。5 月 18 日，Noga 公司扣押了俄罗斯联邦在巴黎的欧洲商业银行的存款。2000 年 6 月 20 日，俄罗斯联邦驻法国大使馆、驻法国商务办公室、在 UNESCO 的常驻代表团联合在巴黎大审法院向 Noga 公司提起诉讼，要求取消对其财产的扣押。2000 年 7 月 17 日，巴黎大审法院支持扣押，俄罗斯联邦上诉。Noga 公司要求巴黎上诉法院确认俄罗斯联邦政府已经放弃了管辖和执行豁免。上诉法院注意到俄罗斯联邦在和 Noga 公司的合同中放弃了所有它根据习惯国际法和国际公约所享有的豁免。但是，巴黎上诉法院认为俄罗斯作为 1961 年《维也纳公约》成员国，公约中对成员国的外交权利作了规定，对于其他公约未规定的事项应仍根据国际习惯法。在公约的前言中，指出了公约所规定的特权和豁免的目的，即保证外交人员能够有效地行使代表他们各国国家的职能，完成外交使命。法院认为，享有这些豁免的并不限于外交人员和外交机构，还包括成员国为行使其外交职能而必需的财产。法院认为俄罗斯联邦，虽然放弃了所有权利和豁免，却并未表示其有明确的意愿，对于 Noga 公司放弃其所有的免于执行的外交豁免以至于妨碍大使馆在法国的代表职能的行使。上诉法院指出，《维也纳公约》第 25 条要求成员国给予外国使馆所有它行使职能完成使命必需的设施，法院认为这就包括成员国必须保护外国使馆为行使其在该国的公共职能而必需的银行账户的义务。上诉法院撤销了扣押措施并命令 Noga 公司支付 3 万法郎的诉讼费用。巴黎上诉法院最终确认：尽管被告俄罗斯联邦共和国不能援引主权豁免来避免关于它与 Noga 公司的仲裁裁决的执行，在法国以俄罗斯大使馆的名义只用于使馆在法国的公共事业的存款及用于在 UNESCO 的长期事务的财产都因外交豁免而免于执行。

2000 年 2 月 15 日布鲁塞尔上诉法院在 Leica AG v. Central Bank of Iraq and the State of Iraq 案①中也根据《维也纳公约》第 25 条作出了相同的结论。Leica AG，一家瑞士公司，1997 年扣押了一家比利时银行中伊拉克驻比利时大使馆的账户。布鲁塞尔上诉法院根据

---

① Brussels Court of Appeal, 8th Chamber, 15 February 2000.

25 条认为，大使馆的银行账户必须在所驻国享有豁免，此项外交豁免只在该使馆银行账户中的存款是"外交职能或使命的行使所必需的"这一条件下被行使。澳大利亚最高法院、英国上议院和荷兰法院都曾对有关公约第 25 条表示了相同的观点。巴黎上诉法院和许多欧洲法院一样保护用于在成员国的公共职能所必需的外国国家财产的豁免权。[①] 这一立场和美国关于《外国主权豁免法》和《维也纳公约》的解释一致。

有学者认为，对于大使馆账户这一问题，欧美国家的立场使"主权行为"和"商业行为"的区分没有任何意义。私人要求者几乎无法证明大使馆账户会用于商业行为，从而欧美国家出于实际目的或外国国家利益的这些决定使绝对豁免理论重新被采用，即意味着现代豁免规则被取代。应要求由国家一方当事人承担证明其大使馆账户用途的责任。[②] 这种观点未免过于倾向于保护私人当事人的利益。

第三节　解决投资争端国际中心（ICSID）仲裁的国家豁免问题

1965 年各国在华盛顿签署了《解决国家与他国国民间投资争端公约》（简称《华盛顿公约》），根据该公约的有关规定，成立了"解决投资争端国际中心"（ICSID）。《华盛顿公约》明确给予私人投资者在有关投资争端解决中与外国国家相对抗的地位；通过排除至少在最初阶段考虑外国国家豁免的需要，使得有关商事或投资争端非政治化。[③] 因为它的这些特殊性，在关于国家豁免上，ICSID 仲裁具有了一些其他国际商事仲裁所不具有的特点。

一、缔约国对 ICSID 管辖豁免的放弃

1965 年《华盛顿公约》第 25 条第 1 款规定："中心的管辖权应扩及于缔约国（或缔约国指派到中心的该国的任何组成部分或机构）和另一缔约国国民之间直接因投资而产生的任何法律争端，而该争端经双方书面同意提交给中心，当双方表示同意后，不得单方面撤销其同意。"根据上述规定，参加该公约的国家，如果签订了根据该公约交付仲裁的仲裁协议，显然应视为默示放弃了对该中心仲裁管辖主张豁免的权利，而接受该公约下的解决投资争端国际中心的仲裁管辖。国际仲裁实践中的一些案例也证明了这一点。在这些仲裁案例中，仲裁庭援引或依据默示放弃豁免说否定了当事人的豁免请求。由《华盛顿公约》所确认的这种默示放弃豁免的确定性是其他国际商事仲裁协议无法比拟的。

另外，1965 年《华盛顿公约》第 45 条第 2 款还规定："如果一方在程序的任何阶段未出席或陈述其案情，另一方可以请求仲裁庭处理向其提出的问题并作出裁决。"上述规定

---

① Nancy B. Turk, *French and US Courts Define Limits of Sovereign Immunity in Ececution and Enforcement of Arbital Awards*, Arbitration International, Vol. 17, No. 3, 2001, p. 342.

② Redfern & Martin Hunter, *Law and Practice of International Commercial Arbitration*（3rd ed.）, Sweet Maxwell, 1999, p. 481.

③ 参见龚刃韧：《国家豁免问题的比较研究——当代国际公法、国际私法和国际经济法的一个共同课题》，北京大学出版社 1994 年版，第 266 页。

首次确立了国际商事仲裁中的一个原则：一旦国家已经同意提交仲裁，后来又拒绝参加仲裁程序，仲裁可缺席进行。[1]

二、ICSID仲裁裁决的承认与执行中的国家豁免

仲裁裁决的承认与执行的区别在《华盛顿公约》条款中有很清楚的体现。公约规定了一个成员国承认 ICSID 裁决的简单、有效的程序，同时公约承认该程序不得解释为背离任何缔约国现行的关于免除该国或任何外国予以执行的法律。[2] 在 Benvenuti & Bonfant v. The Government of the People's Republic of Gongo[3]案中，巴黎上诉法院认为《华盛顿公约》第54条第2款的目的是使 ICSID 仲裁裁决在成员国的承认与执行更为便利，它对被要求承认裁决的法院审查已由 ICSID 秘书长所证明的裁决的真实性的职能进行了限制。法院重申其立场即对仲裁裁决的承认并不构成执行措施。[4]

在华盛顿公约审议过程中，曾有一位代表提出过执行豁免的放弃问题，但是未得到任何回应。[5] 最后《华盛顿公约》虽然要求成员国承认与执行 ICSID 裁决，但是裁决的执行仍应遵守被请求国的国内国家豁免制度。公约为在其缔约国承认公约下的裁决提供了简单有效的程序，并在第54条中规定："每一个缔约国应承认依照本公约作出的裁决具有约束力，并在其领土内履行该裁决所加的金钱上的义务，如同该裁决是该国法院的最后裁决一样。"但是该公约同时规定："第54条的规定不得解释为背离任何缔约国现行的关于免除该国或任何外国予以执行的法律。"[6]根据这一条如果缔约国不放弃豁免并依据现行法可以享有执行豁免时，便可以根据这条规定进行抗辩。

因为《华盛顿公约》将执行措施交由成员国有关国家豁免的国内法支配，则和其他仲裁裁决一样，ICSID 裁决在成员国也将受到不同的"待遇"。虽然这种可能性不能被忽视，然而在 ICSID 裁决债权人和其他一般裁决债权人之间仍有明显的区别。虽然公约成员国在加入《华盛顿公约》时，未放弃其免于执行的豁免权，但是这一事实并未解除成员国根据公约承担执行 ICSID 裁决的义务。特别是，如果一个作为争议当事人的成员国为阻挠裁决的执行而主张执行豁免，则它将违背执行裁决的义务。并且，它将面对各种制裁，因为裁决未获执行将使同为公约成员国的裁决债权人国籍国重新获得对其国民行使外交保护的权力、代表裁决债权人发表国际声明的权力，或者使该成员国有权向国际法庭提起针对该违约国的诉讼。[7] 换句话说，虽然《华盛顿公约》并未意欲改变现有的执行豁免规则，但是

---

① 参见韩健：《现代国际商事仲裁法的理论与实践》，法律出版社 2000 年版，第 512 页。

② 参见 1965 年《华盛顿公约》第 54、55 条。

③ Decision of June 26, 1981, *Court of Appeal*, International Legal Materials, Vol. 20, 1981, p. 878.

④ Delaume, *State Contracts and Transnational Arbitration*, American Journal of International Law, Vol. 75, No. 4, 1981, p. 816.

⑤ Redfern & Martin Hunter, *Law and Practice of International Commercial Arbitration* (3rd ed.), Sweet Maxwell, 1999, p. 478.

⑥ 参见 1965 年《华盛顿公约》第 55 条。

⑦ 1965 年《华盛顿公约》第 27 条第(1)款规定："缔约国对于它本国的一个国民和另一缔约国根据本公约已同意交付或已交付仲裁的争端，不得给予外交保护或提出国际要求，除非该另一缔约国未能遵守和履行对此项争端所作出的裁决。"

它仍给予了现有的游戏规则一种新的精神。[1]

三、ICSID 仲裁当事国在其他国家国内法院的豁免

《华盛顿公约》第 26 条规定："除非另有说明，双方同意根据本公约交付仲裁，应视为同意排除任何其他补救办法而交付仲裁。"该中心建立了一种自治性的仲裁结构，排除在仲裁审理的任何阶段上国内法院干预的可能性。因此，在多数情况下，国内法院都承认解决投资争端国际中心仲裁的自治性和排他性，并且一般都抑制行使管辖权。[2]

作为 ICSID 仲裁地国的美国，其国内法院一般承认 ICSID 仲裁当事国的国家豁免权，而否认本国法院对该国有管辖权。如 1982 年在"海上国际被提名者公司诉几内亚共和国案"[3]中，双方当事人在协议中曾订立了 ICSID 仲裁条款，美国哥伦比亚地区联邦上诉法院认为：同意交付解决投资争端国际中心的仲裁协定不等于几内亚放弃了主权豁免，因为尽管仲裁应在美国进行，但该协定并不打算接受美国法院介入，因而支持几内亚的国家豁免主张，而认为法院对该案没有管辖权。

不管在 ICSID 仲裁协议执行阶段，还是在仲裁裁决执行阶段，当事人向《华盛顿公约》缔约国国内法院就 ICSID 仲裁提出诉讼，法院往往不行使管辖权，这从另一个方面来说却实际上是确认仲裁中的国家当事人的国家豁免权。

第四节　我国的立法与实践

在 2023 年《外国国家豁免法》颁布以前，我国在国家豁免问题上的立法仅有《外国中央银行财产司法强制措施豁免法》。根据该法，我国对外国中央银行财产给予财产保全和执行的司法强制措施的豁免，除非外国国家书面放弃豁免或指定用于财产保全和执行的财产。该法只是涉及了外国国家的特定财产即中央银行财产的执行豁免问题，对于外国国家的其他财产的执行豁免、外国国家及其财产的管辖豁免问题，我国都没有立法规定。

我国曾经长期采用绝对豁免论的立场，因此我国的仲裁机构和法院一般不受理针对外国国家的仲裁或诉讼案件。我国实践中涉及外国国家的相关案件，可能仅有卡塔尔国驻广州总领事馆与中国当事人之间的仲裁及其裁决的执行案，不过在该案中卡塔尔国驻广州总领事馆为仲裁及相关诉讼案件的申请人。[4] 然而，与此同时，我国在与其他国家签订的大量投资保护协定中，规定投资者可就特定范围的事项(一般限于有关征收或国有化的补偿争议或争议双方同意的其他争议)或与投资有关的事项的争议提交仲裁。实践中我国也已

---

[1]　Delaume, *State Contracts and Transnational Arbitration*, American Journal of International Law, Vol. 75, No. 4, 1981, p. 818.

[2]　参见龚刃韧：《国家豁免问题的比较研究——当代国际公法、国际私法和国际经济法的一个共同课题》，北京大学出版社 1994 年版，第 269 页。

[3]　参见《国际法判例汇编》(第 72 卷)，第 152 页。

[4]　参见广州仲裁委员会(2017)穗仲案字第 6644 号裁决、广东省佛山市中级人民法院(2018)粤06 执 299 号之一执行裁定书、广东省佛山市中级人民法院(2019)粤 06 执异 250 号执行裁定书。

经在多个投资仲裁案件中被诉。① 这客观上造成了我国在与外国当事人的争端解决中处于不对等的地位。此外，如果当事人向我国法院申请承认与执行败诉方为我国政府或外国政府的仲裁裁决时，我国法院应如何处理呢？《华盛顿公约》还规定，有关承认与执行仲裁裁决的规定"不得解释为背离任何缔约国现行的关于免除该国或任何外国予以执行的法律"。而在我国没有这方面立法的情况下，不仅使法院处理案件时无所适从，而且也可能影响到我国对国际义务的履行。②

　　2023 年我国制定通过了《外国国家豁免法》，结束了我国在国家豁免问题上无法可依的局面，也宣告我国从绝对豁免论转向了限制豁免论。尽管根据该法第 13 条和第 14 条的规定，外国国家同意仲裁并不会导致其司法强制措施豁免受到限制，但该法第 12 条明确规定了外国国家管辖豁免的仲裁例外。根据该条规定，对于外国国家与其他国家的私人之间的商事或投资争议，在外国国家书面同意仲裁的情况下，对于仲裁协议的效力、仲裁裁决的承认与执行、仲裁裁决的撤销等仲裁的司法审查事项，外国国家在我国法院不再享有管辖豁免。这一立法为我国法院受理一方当事人为外国国家的仲裁司法审查案件提供了法律基础。此外，在此之前，我国的相关仲裁机构如中国国际经济贸易仲裁委员会、北京仲裁委员会已经分别于 2017 年和 2019 年发布了自己的国际投资仲裁规则，③ 为这些仲裁机构受理以外国国家为被申请人的投资者争端仲裁案件作出了制度安排。在此背景之下，可以预见在国际商事仲裁中的国家豁免问题上，未来我国将会有越来越多的仲裁与司法实践。

---

　　① 梁咏：《国际投资仲裁中的涉华案例研究——中国经验和完善建议》，载《国际法研究》2017 年第 5 期，第 98~116 页。

　　② 参见徐宏：《国际民事司法协助》，武汉大学出版社 1996 年版，第 361~363 页。

　　③ 参见《中国国际经济贸易仲裁委员会国际投资争端仲裁规则（试行）》《北京仲裁委员会国际投资仲裁规则》。

第十五章 国家豁免之美国法的历史演进
及其发展新动向

国家及其财产豁免是国际法上一个古老而又常新的话题，同时又是一个重大的理论和实践问题，尽管在范围和程度上有所争议，但国家及其财产享有免于被审判和执行的豁免特权是国际法上公认的一项普遍原则。美国曾经是绝对豁免主义的典型代表，国家的一切行为，无论是统治权行为（acts jure imperii），还是事务权行为（acts jure gestionis），一律都享有司法豁免权；国家的一切财产，无论是商用财产还是非商用财产，也一律享有司法豁免权。比较而言，美国向限制豁免主义的转变在时间上是落后的，但在转变的幅度上却是跨越式的。1952 年泰特公函的发表是这一转变过程的开始，1976 年《美国外国主权豁免法》（以下简称 FSIA）的颁布则是这一转变全面完成的标志，而 1988 年和 1997 年对 FSIA 的两次修订则是这一转变的继续和扩充。

有趣的是，以判例法著称的美国，其有关国家豁免的法律却成为世界上最早的关于国家主权豁免问题的专门成文立法。这部法律是一个奇怪的杂合体，它一方面宣称坚持主权豁免的原则地位，走限制豁免的道路，但是另一方面美国法院又不完全局限于限制豁免的立场，对某些非商业行为，甚至是带有主权性的行为，也行使管辖权，同时又对某些财产无论是否商用，都给予执行豁免。不管怎么说，这部法律在豁免问题上对一些国家甚至国际公约的起草产生了相当大的影响。联合国大会第六委员会 1999 年成立的"国家及其财产管辖豁免公约"工作组对 1991 年联合国国际法委员会二读通过的《国家及其财产管辖豁免条款草案》进行了专门审议，2000 年第 55 届联合国大会决定成立"国家及其财产管辖豁免公约"特设委员会就"国家及其财产管辖豁免"专题制定国际文件，这标志着"国家及其财产管辖豁免"问题的国际立法已经进入了一个实质性的阶段。美国无疑将继续对公约的起草和制定发挥重要的作用，并会力图将其国内的一些法律概念、规则和制度反映到公约中来。因此，对美国国家豁免法的历史演进及其主要内容进行全面系统的梳理和考察，无论从国内立法还是从国际立法的角度上来看，都是很有裨益的。事实上，目前我国国内对美国国家豁免法近年发展的关注不多，因此，我们就有必要对此进行深入的研究。

第一节 美国国家豁免法的历史演进

一、美国是否确立了绝对豁免主义

（一）1812 年"斯库诺交易号诉麦克法登"案：绝对豁免的先例，抑或限制豁免的开端

在美国，外国国家豁免法是与其州的豁免权问题紧密联系在一起的。《美国宪法》第 3

条第 1 款规定，合众国司法权及于"一州和他州人之间的诉讼"，该款规定并没有明确联邦司法权的行使是否需要州的同意。1793 年，美国最高法院审理了齐泽姆诉佐治亚州案（Chisholm v. Georgia），多数法官认为联邦法院按宪法第 3 条对一州和他州公民之间的争议行使管辖权并不需要该州的同意。不过，由于当时州权至上的呼声很高，所以国会提出了宪法第 11 条修正案："在普通法或衡平法上，他州人或外国人控诉合众国任何一州的案件，不得由合众国法院受理"，该修正案于 1798 年 1 月 8 日颁布。这一规定成为美国各州享有联邦司法管辖豁免权的基础，也成为美国早期赋予外国国家绝对豁免的国内法根源。[1]

19 世纪美国关于外国国家管辖豁免的判例并不多，其中时间最早影响最大的就是 1812 年美国最高法院审理的"斯库诺交易号诉麦克法登"案（The Schooner Exchange v. McFaddon），该案影响深远，为后来的美国司法实践奠定了基础并确立了标准。1810 年，原为美国人所有的船舶"交易号"在公海上被法国海军捕获并被编入法军舰队。第二年该船因在海上遇难而驶入美国港口，原船主在美国联邦地区法院提起诉讼主张所有权，于是该船被扣押。地区法院根据检察官的要求驳回了原告的请求，但在上诉审中巡回法院撤销了地区法院的判决。因此，联邦检察官将此案提交到美国联邦最高法院。最高法院确认美国法院无权受理该案并且撤销了上诉审的判决。

当时的联邦最高法院首席大法官马歇尔（Marshall）在判决中就国家豁免问题发表了闻名于世、意义非凡的见解，尽管现在看来他的意见可能并不十分明确。他指出"一国在其领域内的管辖权必然是排他和绝对的，对此并不存在任何外在的限制。……所以，对一国在其领域内享有的充分、完整权力的任何例外，都必须基于该国自身的同意。除此之外，别无其他正当理由。""这种同意可以是明示的，也可以是默示的。"他还指出："一个主权者在任何方面都不从属于另一主权者，源于主权本性的责任便是不把主权者或其主权权力置于另一主权者的管辖之下，从而贬损其国家尊严，它理应只在明确的特许下或确信存在属于其独立主权国家的豁免权时……才进入另一国的领土。""主权者的这种完全平等与绝对独立，以及迫使他们相互交往和彼此友好的共同利益，导致主权者放弃一部分完全排他性的领土管辖权的情况出现……"[2]

由于美国最高法院在判决中一般性地阐述了国家管辖和豁免的原理，所以这一判决不仅对确立外国军用船舶的管辖豁免具有直接的意义，而且对一般的外国国家及其财产豁免也产生了深远的影响。长期以来，这一判决都被视为绝对豁免主义的先例，为美国法院所频繁援引。[3] 然而，近年来，对于"交易号"案的判决能否构成绝对豁免的先

---

[1]　参见黄进：《国家及其财产豁免问题研究》，中国政法大学出版社 1987 年版，第 137 页。

[2]　Markin Dixon & Robert McCorquodate, *Case & Material on International Law* (4th ed.), Oxford University Press, 2003, p. 308. 另见黄惠康、黄进编著：《国际公法国际私法成案选》，武汉大学出版社 1987 年版，第 193~197 页。

[3]　Peter D. Trooboff, *Foreign State Immunity: Emerging Consensus on Principles*, Collected Courses, Tome 200, Vol. 5, 1986, p. 255.

例，不少美国学者提出了质疑。① 有些学者甚至认为"交易号"案判决应构成限制豁免主义的先驱。②

把"交易号"案判决视为限制豁免主义先驱的解释是不妥当的。一方面是因为该判决明确表示"一个主权者在任何方面都不从属于另一主权者，源于主权本性的责任便是不把主权者或其主权权力置于另一主权者的管辖之下，从而贬损其国家尊严"。更重要的是，长期以来该案在美国无论是理论上还是实践中都是作为绝对豁免主义的经典表述来看待的。另一方面，美国最高法院在判决中没有提到"统治权行为"（acta jure imperii）和"事务权行为"（acta jure gestionis）的分类，而这正是限制豁免主义理论的基础。另外，虽然判决对财产作了公和私的区分，但这与限制豁免主义的区分有明显的不同。根据限制豁免主义，对外国财产的区分主要表现为对同属于外国国家所有的财产、根据其用途而分为商用财产和非商用财产，而上述判决只是对国有财产与私有财产作了区分。显然，这两种分类是完全不同的。

我们认为，美国联邦最高法院 1812 年"交易号"案判决的意义在于阐述了国际法上的一项基本原则，即国家享有完全排他性的领土管辖权，同时在明示或默示的情况下，国家在他国领土内也享有管辖豁免权。这最多也只是表明豁免权是领土管辖权的例外罢了，时代的局限性使法院尚未表现出绝对豁免或限制豁免的明确倾向。因此，无论是将这一判决视为绝对豁免主义理论的先例，还是将其看作限制豁免主义理论的开端，都是不充分的。而后来美国之所以长期将"交易号"案判决作为绝对豁免主义的先例来加以解释和遵循，这既有美国国内法的原因，也是美国进行国际政治斗争的需要。

---

① 他们认为：第一，美国最高法院的判决是将外国豁免作为领土管辖权的例外而给予承认的。按照该判决所说，国家在其领域内所拥有的管辖权是排他和绝对的，对于国家在其领域内管辖权的任何例外都必须基于该国的同意。这样，外国国家享有的管辖豁免来自领土国对其管辖权的自愿限制，因而是领土管辖权这样一个更高层次或更基本的原则的一个例外。因此，外国国家的管辖豁免不可能成为"绝对"的。

第二，美国最高法院在判决中所提到的外国管辖豁免主体，只限于外国主权者（the person of the sovereign），外国外交官员（foreign ministers）以及外国军队（the troops of a foreign prince）这三类。而这三类主体从来都没有成为绝对豁免主义和限制豁免主义的争论重点。

第三，本案涉及的对象是外国军舰。而外国军舰的管辖豁免作为国际法上的一条规则从未引起过绝对豁免主义和限制豁免主义之间的争论。因此，美国最高法院的这一判决，并没有为绝对豁免主义提供直接的根据。

第四，美国最高法院在判决中阐述了对外国的某些财产区别为公与私的见解。例如在该案判决中，首席大法官马歇尔就主张不仅应严格区别外国普通私人性质的商船和构成外国军事力量一部分的具有公有性质的外国军舰，而且还应该区别外国君主个人的私有财产和类似外国军舰的公有财产。正是这种对财产的"公"与"私"的区分，给人们留下该判决遵循限制豁免主义理论的印象。

第五，马歇尔本人具有限制豁免的意识。在美国最高法院 1824 年审理"美国银行诉佐治亚银行案"中，马歇尔就明确指出：州政府在成为任何商业贸易公司伙伴的场合下，其主权性质就被放弃。参见龚刃韧：《国家豁免问题的比较研究——当代国际公法、国际私法和国际经济法的一个共同课题》，北京大学出版社 1994 年版，第 37～40 页。

② 巴德尔就认为，美国最高法院的这一判决"可以确切地说是限制豁免主义理论的先驱，而不是像通常认为的那样是绝对豁免主义理论的出发点"。

（二）1926 年"贝里兹兄弟公司诉佩萨罗号"案：绝对豁免的完全确立，抑或限制豁免的真正典型

尽管 1812 年美国最高法院对"交易号"案的判决没有明确地表现出豁免原则适用范围的基本立场，但是具有明显的绝对豁免主义的意味。所以，在后来的一段时期内，对外国政府实际占有的从事商业运输的船舶，美国法院的判例一般承认其具有管辖豁免权。1926年美国联邦最高法院审理的"贝里兹兄弟公司诉佩萨罗号"（Berizzi Brothers Co. v. S. S. Pesaro）案又是一个标志性的案件，通常认为该案的判决在司法上最终明确地确立了绝对豁免主义的立场。[1]

1921 年，为意大利政府所拥有并经营的商船"佩萨罗号"从事由意大利向纽约运送人造丝的航运业务。原告以该船的部分货物没有按合同交付为由，在美国法院提起对物诉讼。对此，意大利驻美大使向美国政府提出了管辖豁免的要求，但美国国务院认为该船系商船，该争议为纯粹的商事争议，故拒绝了其豁免请求。然而，在该案上诉审中，美国联邦最高法院基于该院 1812 年"斯库诺交易号诉麦克法登"案判决所阐述的原理，判决美国法院对"佩萨罗"号无管辖权，理由是该船属于意大利政府所有和占有，经营该船是为其利益服务的。最高法院在判决中还指出："我们认为，这些原则适用于一国政府为公共目的而拥有和使用的一切船舶，当一国政府为了发展其人民的贸易，或为增加财政收入而获得、配备并经营船只用来从事贸易时，这些船舶如同军舰一样属于公共船舶。据我们所知，没有任何国际惯例承认和平时期维持并增加人民的经济福利比维持和训练海军更缺少公共目的。"[2]

一般认为，美国最高法院的上述判决，将外国政府商船视为和军舰一样的公共船舶，因而把同最高法院在 100 余年前对"交易号"案的判决原则进一步扩大适用到外国政府商船上。这表明绝对豁免主义的立场已在美国法院得到了完全的确立。[3] 不过现在看来，这一观点也是值得商榷的。因为按照限制豁免主义的一种，即目的论限制豁免主义的观点，本案实在可以说是限制豁免的真正典型。因为，法院在判决中始终强调意大利政府获得、掌管并经营船舶是为了"公共目的"，而且在和平时期维持并增加人民的经济福利并不比维持和训练海军更缺少"公共目的"。因此，"贝里兹兄弟公司诉佩萨罗号"案似乎又理所

---

[1]　正是在这一年，一些国家制定了《关于统一国有船舶豁免若干规则的公约》，即《布鲁塞尔公约》，该公约规定国有商船和此种船舶所载的国有货物不享受豁免。美国是唯一没有参加该公约的西方大国。该公约规定，对于缔约国所有而用于商业目的的船舶，每一国都应接受公约规定的管辖权，并放弃一切以主权国地位为根据的抗辩。

[2]　271 US562（1926）；Peter D. Trooboff, *Foreign State Immunity: Emerging Consensus on Principles*, Collected Courses, Tome 200, Vol. 5, 1986, p. 257. 另见黄惠康、黄进编著：《国际公法国际私法成案选》，武汉大学出版社 1987 年版，第 313~314 页。

[3]　值得注意的是，虽然美国政府已明确表态否认意大利政府商船享有管辖豁免，但最高法院仍然判决对该案无管辖权。这意味着在国家豁免问题上，当时的美国法院与美国政府的意见并不一致，不过美国法院拥有最终决定权，同时这也暗示着绝对豁免主义在美国并没有稳固的基础，从而为后来绝对豁免在美国的颠覆埋下了伏笔。

当然地成为限制豁免主义的有力证明。

不过，目的论限制豁免虽名为"限制豁免"，但实是绝对豁免论者为了对抗性质论限制豁免而提出的主张，它实质上与绝对豁免更为接近，可以说本来就相差无几。因为几乎所有的国家行为都或多或少地在一定的"公共目的"，因此，也就不必为此案到底定性为"绝对豁免"还是"限制豁免"而斤斤计较了，这没有任何实际意义，重要的是对其在理论上有清晰的认识和恰当的把握。

"斯库诺交易号诉麦克法登"案和"贝里兹兄弟公司诉佩萨罗号"案长期被认为是美国确立其绝对豁免主义的关键性支撑判例，但是现在学者们对这两个案例的定性都提出了不同看法，认为它们不仅不能构成绝对豁免的先例，而且恰恰相反地成为限制豁免的典型，这种看法听起来也不无道理。当一切习见都被质疑、打破和否定时，人们就变得茫然不知所从了，于是顿悟："历史原来是由人来解释的。"在此，笔者姑且认同传统看法，即认为美国确立了绝对豁免主义。

二、实践中法院与政府的对垒与互动

尽管在1926年经典的"贝里兹兄弟公司诉佩萨罗号"案中，最高法院似乎确立了绝对豁免主义的立场，但这与美国政府的立场是一致的。美国政府认为国家商船在其他国家领海不能享有和军舰同样的管辖豁免，即使这种船舶为国家所拥有，也应和普通商船一样服从国内法院的管辖。甚至在更早以前，美国政府就已经对外国政府商船在国内法院的法律地位问题表明了限制豁免(而且是行为性质论的限制豁免)的态度。1918年美国国务卿兰辛在一封给司法部部长的公函中就这样写道："在外国政府所拥有的船舶从事商业的情形下，如果要享有利益和利润，就应该服从贸易上的义务和限制。"[①]可以说，在相当长的时期内，法院和政府之间关于主权豁免的立场是相矛盾的。所以，在考察美国国家豁免法的历史演进时，我们不能不研究美国法院和美国政府之间的相互关系。事实上也可以这么说，在国家豁免问题上，美国法院和政府之间的微妙关系构成了从绝对豁免主义到相对豁免主义历史演变的一条主线。

在1921年的"单方面的(Ex parte) 廖尔"案中，美国联邦最高法院曾经指出外国除了通过其外交代表直接出庭外，还可以向美国国务院提出管辖豁免请求。如果国务院承认该项豁免请求，应采用适当的建议形式向法院陈述。据此，在外国主权管辖豁免问题上美国政府才具有了判例法上的发言权。但是，管辖豁免的决定权依然掌握在法院手中。

在后来的几个美国最高法院涉及外国国家豁免的判例中，法院和政府的关系则发生了进一步的变化。1938年在"纳维玛尔号"案中，西班牙一家公司的商船在纽约卸货时，西班牙驻纽约领事根据其政府命令征收了该船。为此，原船主在美国法院提起对物诉讼。在该案上诉审中，美国最高法院首先确认了该法院对"佩萨罗号"的判决原则，指出外国政府占有和使用的船舶属于公共船舶，即使从事商业运输也在美国法院享有

---

① 转引自龚刃韧：《国家豁免问题的比较研究——当代国际公法、国际私法和国际经济法的一个共同课题》，北京大学出版社1994年版，第63页。

管辖豁免权。与此同时，最高法院又提出了有关外国国家豁免问题上的法院与政府相互关系的新规则：如果外国政府的豁免请求"为美国政府的行政机关所承认和许可，那么根据美国司法部部长或按其指示行事的其他官员作出的适当建议，释放该船则是法院的义务"①。从此，美国政府在涉及外国豁免的诉讼案件中开始具有决定性的发言权，这也表明在外国国家的管辖豁免权问题上，美国已经从法院一家作主的单轨制转变为法院和政府共同决定的双轨制。而鉴于政府限制豁免的一贯立场，绝对豁免主义本来就不是很牢靠的根基就更加动摇了。

例如，在1945年发生的一起关于船舶碰撞事件的"墨西哥共和国诉霍夫曼"案（Republic of Mexico v. Hoffman）中，该案所涉船舶"巴嘉·加利福尼亚号"虽为墨西哥政府所有，但实际上为一家公司所占有和使用。墨西哥驻美大使向美国国务院提出了管辖豁免的请求。但是，美国国务院对该项请求未置可否。于是美国最高法院在判决中以墨西哥政府没有实际占有或控制该船为理由，否认了墨西哥方面的请求，并指出，在涉及外国豁免问题的诉讼中，决定是否行使管辖权的指导性原则是：法院的决定不应使政府在处理外交事务方面感到为难。在本案中由于国务院没有许可墨西哥的管辖豁免，所以若法院仍然给予管辖豁免，就会使保护美国利益的政府窘迫。美国最高法院的上述判决进一步强调了法院应遵从政府意见的义务，甚至在美国政府没有反对而只是没有承认或许可给予外国被告管辖豁免的事实也可成为法院对外国国家及其财产行使审判管辖的一个根据。美国法院对这个案件的处理表明，美国已经开始逐步从绝对豁免走向限制豁免。②

这样，第一次世界大战以后，美国最高法院一方面通过1926年对"佩萨罗号"案的判决确定了绝对豁免主义的立场，另一方面又通过1921年的"廖尔案"、1938年的"纳维玛尔号案"、1943年的"秘鲁案"③以及1945年的"墨西哥诉霍夫曼"案这几个判决，确立了在外国国家豁免问题上法院必须遵从政府意见的判例法规则，因而，绝对豁免主义经受着政治方面的严重挑战，已很难说有在全部案件中一以贯之的主义了。这正是"双轨制"的必然结果。

管中窥豹，在法治程度颇高的美国，其法院都不得不在与政府的互动中保持灵活和妥协的睿智态度。事实上，这也正是美国法院的一个传统。

三、哈佛研究草案：来自学界的声音

1932年由美国哈佛大学法学院倡导和组织的、以杰瑟普为主报告人并有许多美国国

---

① Peter D. Trooboff, *Foreign State Immunity: Emerging Consensus on Principles*, Collected Courses, Tome 200, Vol. 5, 1986, p. 260.

② 参见黄惠康、黄进编：《国际公法国际私法成案选》，武汉大学出版社1987年版，第351～353页。

③ 1943年在"单方面的（Ex parte）秘鲁案"中，秘鲁一家国营轮船公司给商船"乌卡亚里号"因被指控没有履行运输砂糖的合同，在美国法院被提起对物诉讼。秘鲁驻美大使按照美国最高法院在"廖尔案"中规定的程序，向美国国务院提出了管辖豁免的请求。美国国务院通过副国务卿向司法部部长的函件表示"国务院已接受秘鲁大使关于'乌卡亚里号'船的声明是真实的，并承认和允许豁免的请求"。在这种情形下，美国最高法院便根据国务院的建议在该案判决中承认秘鲁方面享有管辖豁免。

际法学者参加起草的"关于法院对外国国家管辖权限的条款草案"发表了。草案共有六部分28条，其中第三部分"国家在他国法院作为被告"(第7条至第13条)是整个草案的核心内容。

草案首先肯定了国家豁免的原则地位。其第7条规定："除本公约另有规定外，不得使一个国家在他国法院的诉讼程序中成为被告。"接着，该草案又规定在下列情形下国家可以成为他国法院的被告：(1)国家放弃管辖豁免(第8条)；(2)有关不动产的诉讼(第9条)；(3)有关财产的继承和赠与的诉讼(第10条)；(4)有关工业、商业等行为的诉讼(第11条)；(5)关于依法院地法设立的公司、社团股东所有权以及其他权利义务的诉讼(第12条)；(6)外国国家在对物诉讼中对诉讼所涉及财产提出权利主张(第13条)。

关于国家豁免的主体，其第1条规定："国家"包括国家政府和国家元首，但不包括一个国家的政治区分单位。这里的政治区分单位，除殖民地、被保护国等非主权实体外，还包括联邦国家的组成单位。关于"国家代理或媒介机构"(agency or instrumentality of state)，草案采用的是法律特征标准，其26条规定：由国家分别组建的具有法人资格的诸如公司或社团等实体，无论政府利益或对其控制的性质和程度如何，都不享有管辖豁免。同时，"如果一个国家没有被承认或法院地国没有与之维持外交关系，则法院地国可以拒绝允许该国在其法院起诉或进行诉讼"(第3条)。

关于豁免的放弃，草案第8条第3款明确肯定放弃豁免权的契约条款的有效性，第5款也承认外国国家可以通过事先的立法、条例或声明放弃管辖豁免。

由此可见，在审判管辖方面，美国哈佛研究草案采取的是限制豁免的立场，这一点在其第11条体现得最为明显，它规定："当一个国家在另一个国家领域内从事私人也可以进行的工业、商业、金融以及其他经营活动，或在那里为某种与此等企业经营有关的行为，可以使该国成为他国法院诉讼程序中的被告，只要诉讼是基于此等企业的经营或此类行为的。"这是强调领土联系必要性的立场，后来FSIA的规定与此一脉相承。该条还将国家的公债行为作为保留事项，承认其豁免权。[①]

另外，从草案第五部分"法院命令的执行"的规定来看，在强制执行方面，草案也存在着明显的限制豁免的倾向。其中第23条规定："国家可以允许对外国国家非用于外交或者领事目的的财产强制执行本国法院的命令或判决，只要：(a)该财产是不动产时；或(b)该财产被用于和第11条所述经营活动相关时。"这一点也为后来的FSIA所继承。

草案的编撰起草是建立在对各国实践和理论广泛研究的基础上的，而且与其他研究成果相比也更为全面和详密，所以在美国很有影响力。草案的限制豁免立场对当时绝对豁免主义实践占优势的美国来说，无疑是一个强烈的冲击，这也为后来《美国外国主权豁免法》的制定奠立了理论基础。绝对豁免主义自此受到了政府和学术界两方面的夹击，面对如此形势，素以灵活性著称的美国法院当然不会不识时务地固守是否确为绝对豁免仍然存在疑问的先例，而自然会采取"和其光，同其尘"的态度以顺应美国国内新的政治经济形势，后来的司法实践也表明美国法院确实是这样做的。

---

① Peter D. Trooboff, *Foreign State Immunity：Emerging Consensus on Principles*, Collected Courses, Tome 200, Vol. 5, 1986, p. 264.

四、战后美国立场的全面转变：从绝对豁免到限制豁免

(一)转折点：泰特公函——政府限制豁免立场的重申

如前所述，美国政府一直是持限制豁免主义立场的，1918 年美国国务卿兰辛在一封给司法部部长的公函和 1926 年"贝里兹兄弟公司诉佩萨罗号"案中，美国政府都认为国家商船在其他国家领海不能享有和军舰相同的管辖豁免，即使这种船舶为国家所有，也应和普通商船一样服从他国法院的管辖。也就是说，虽然美国法院在战前似乎是采取绝对豁免主义立场，但美国政府并不总是支持这种做法。而且由于联邦最高法院通过一系列的判决，在外国国家豁免问题上逐渐确立了法院必须遵从政府意见的判例法规则，所以在外国国家豁免的问题上美国政府就越来越具有决定权。这也意味着美国迟早会从绝对豁免转向限制豁免。

1952 年一封由美国国务院法律顾问泰特署名的给司法部部长的公函，即泰特公函(Tate's Letter)是美国国家立场开始转变的标志，它再次表明了美国政府关于国家豁免的政策立场。在这封公函中，泰特声称"国务院今后在考虑外国政府的豁免要求时将实行限制豁免的政策"，其理由是："实行国营贸易的国家越来越刻板地坚持绝对豁免理论，正是美国应当改变其政策的最有说服力的理由。而且，若美国法院给予外国政府豁免，则与美国政府就合同和不法行为在相同法院服从诉讼的行为是极不一致的，同时也与美国政府长期确立的在外国法院对其商业船舶不要求豁免的政策也是不一致的。最后，美国政府认识到，由于各国政府从事商业活动的大量增加，法院有必要确定与这些外国政府进行交易的个人权利。"① 虽然，这封公函没有提到区分外国行为的具体标准，也没有提及有关外国财产执行豁免的问题，但是如果从美国国务院对豁免问题的态度进行历史考察以及从后来的司法实践来看，无疑应当认为它属于性质论的限制豁免。

美国政府的政策随后就反映到法院的判例上。战后多数情况下美国法院都是遵从国务院的决定对外国政府行使管辖权。而 1964 年在"胜利运输公司"案(Victory Transport Inc. v. Comisaril General de Abastecimientos Y Transports)中，联邦第二巡回法院甚至在没有美国政府建议的情形下，根据泰特公函的精神自行判决对外国的商业行为享有管辖权。在该案中，西班牙商业部所属机构向原告租船运输小麦，该船在西班牙卸货时受到损害。原告根据租船合同中的仲裁条款，在美国法院请求强制仲裁。联邦第二巡回上诉法院基于以下理由拒绝了被告的豁免要求：由于没有来自美国政府承认被告豁免的建议，而且诉讼所基于的行为确属商业性质。除非外国从事行政、立法、军事、外交以及公债等严格意义上的政治活动，美国法院有权拒绝外国的豁免要求。② 事实上，这就已经与劳特派特的"废除豁

---

① 在"俄罗斯号案"中，美国当局于 1948 年扣押了来到纽约的苏联船舶"俄罗斯号"，原因是两名旅客在该船中因海上颠簸受了伤，他们分别在纽约南区和东区的联邦地区法院提起了诉讼。苏联驻美大使馆奉命，提请美国国务院注意不得扣押属于外国国家因而享有豁免权的船舶，同时对美国当局的上述行为提出抗议。在苏联提出这个强硬的抗议之后，纽约南区和东区的联邦地方法院不得不决定撤销对该船的扣押。

② 参见黄惠康、黄进编：《国际公法国际私法成案选》，武汉大学出版社 1987 年版，第 196～199 页。

免论"已相差无几了，好在这还不是最高法院的判决。

然而，虽然绝对豁免主义在美国已经站不住脚了，而且美国国务院已经决定采用限制豁免主义政策，但是在具体案件中，决定是否承认外国豁免问题又往往不得不顾虑到政治外交关系的不利后果。因此，尽管按照泰特公函的精神本可以对外国的某些行为行使管辖权，但美国国务院在一些诉讼中仍然违心地建议法院给予外国被告豁免。这样，美国国务院的形象就从限制豁免的旗手转变为绝对豁免主义的最后一根救命稻草，这当然是与当时美国国内的政治经济形势不相符的，于是在新的历史条件下，在外国主权豁免方面一场从法院必须遵从政府意见的"双轨制"改为法院一家作主的"单轨制"的国会运动开始了。法院重新获得了关于外国主权豁免的完全决定权，但是其立场已经完全走到了反面，从一般认为的绝对豁免主义者变成了坚定的限制豁免论者。

(二)大转折：1976 年

1976 年是美国国家豁免史上非常重要的一年，是大转折的一年。在这一年当中，有两件事对美国判例法产生了巨大深远的影响。一件是美国联邦最高法院对"伦敦艾尔弗雷德·邓希尔股份有限公司诉古巴共和国"案的判决，[1] 另一件就是美国国会制定出了 FSIA。

国家豁免法的成文化是 20 世纪 70 年代以后国际上出现的一个显著现象。那些以判例法为主要渊源的英美法系国家(包括在历史上与英国法有特殊联系的国家)在法典化方面却走在民法法系国家的前面。1976 年美国国会制定的 FSIA 第一次以国内立法的形式把国家及其财产豁免这一国际法问题纳入国内法的范围。该法以限制豁免理论为基调，而且在限制豁免的道路上走得很远。因为它支持一种"超过 1972 年《欧洲国家豁免公约》、其他国际文件、最近联邦德国宪法法院判决以及英国枢密院司法委员会判决所达到的那种地步的限制主权豁免学说"[2]。

美国制定 FSIA 主要有以下几个方面的考虑[3]：首先，双轨制的存在使得法院在决定外国国家豁免问题时始终没有明确一致的标准，这就造成了美国法院长期交替采用限制豁免与绝对豁免的混乱状况。FSIA 制定后，法院享有国家豁免问题上的完全决定权，对于在法院诉讼中涉及美国重大利益的外交关系问题，国务院只能以"法庭之友"的身份提出建议。

其次，美国政府在外国法院被诉时的政策有了变化。在 20 世纪 50 年代，美国政府只要在外国法院被诉，无论何种情况都主张绝对管辖豁免。然而，在有关合同或不动产方面

---

① "邓希尔公司案"本来是一件关于"国家行为理论"的诉讼案件。古巴政府征收了五家外国制造雪茄烟的公司，这些公司的前所有者们在美国法院以古巴为被告提起诉讼。美国联邦最高法院在该案的判决中指出，对于由外国主权国家所从事的纯粹的商业活动已不再适用"国家行为理论"，同时也不应享有管辖豁免的见解。

② 转引自李泽锐：《国家豁免问题的回顾与前瞻》，载《中国国际法年刊》(1986 年)，中国对外翻译出版公司 1987 年版，第 266~267 页。

③ 参见龚刃韧：《国家豁免问题的比较研究——当代国际公法、国际私法和国际经济法的一个共同课题》，北京大学出版社 1994 年版，第 129~130 页。

的诉讼中，美国政府的管辖豁免要求常常为实行限制豁免主义的西欧国家法院所否认。①进入 20 世纪 60 年代后，美国政府在外国法院被诉时，则根据法院地国家的豁免立场来决定是否要求管辖豁免。自 70 年代起，美国政府的政策又发生了进一步的变化，即不论美国政府在任何外国法院被诉，基本上都根据泰特公函的限制豁免立场来决定是否提出管辖豁免要求。

再次，1976 年以前由于美国国内法缺少对外国国家的对人诉讼方面的送达程序规定，迫使当事人一方常以扣押外国国家财产作为对外国起诉的手段，这就引起了不少外交上的麻烦。

最后，由于美国战后一直奉行外国财产的绝对豁免主义，使得美国私人企业即使能对外国起诉，在结果上仍然得不到实际的救济。这样，通过立法来解决上述问题就被提到议事日程。②

(三)《外国主权豁免法》的两次修正

1976 年以后，在美国针对外国国家的诉讼飙升，FSIA 的制定是决定性的因素。不过，日益丰富的实践反倒使法院和国会觉得 FSIA 越趋不敷运用。于是，1988 年 11 月美国国会第一次通过了关于 FSIA 的修正案，这是与仲裁相关的几个事项，其主要内容如下：

第一，在美国法典第一编第一章中增加一个条款，即"不得基于国家行为理论拒绝实施仲裁协议、确认仲裁裁决和执行基于确认这种裁决之命令的判决"。很明显，这一新增条款的主要用意就是为了在有关仲裁事项方面排除美国法院适用"国家行为理论"，从而扩大法院的管辖权。

第二，该修正案还增加了一项新的管辖豁免例外条款，作为其第 1605 条第 1 款第 6 项。据此，在如下情形下，外国国家均不享有管辖豁免权：(1)如果当事人在美国法院提起诉讼，请求执行外国国家与私方当事人之间订立的将其就某种法律关系的已经或可能产生的任何争议提交仲裁的协议，不论是否为契约性，只要根据美国法该争议标的具有可仲裁性；(2)或者请求确认根据该仲裁协议作出的仲裁裁决，只要仲裁业已或准备在美国进行，或仲

---

① Hearings ON h. r. 11315 concerning "Jurisdiction of US Courts in Suits Against Foreign States", Before the Subcomm. on Administrative Law and Governmental Relations of the House Comm. on the Judiciary, 94th Cong., 2d Sess. 32(1976). 例如，1960 年，美国在意大利法院被一家意大利公司起诉，该诉讼涉及那家意大利公司为美国后勤司令部建下水道。美国通过外交途径请求豁免，其理由是该案产生于具有主权者地位的美国政府活动。意大利最高法院判定对美国不予豁免，因为它以为尽管交易是为了军事目的，但该交易是私法性质的。另参见黄进：《论限制国家豁免理论》，载《中国国际法年刊》(1986 年)，中国对外翻译出版公司 1987 年版，第 289 页。欧洲的一些国家很早以前就有了限制豁免的判例。美国相对来说较晚从绝对豁免主义走向限制豁免主义，但它在限制豁免主义的道路上迈出的步子更大。

② 美国众议院司法委员会是这样解释制定《外国主权豁免法》的基本目的：第一，通过立法将主权豁免的限制主义规则法典化；第二，把决定外国豁免的权限全部从政府转归法院专属，采用确定的限制豁免立场；第三，规定对外国人诉讼方面的送达程序；第四，与法院限制外国国家的管辖豁免相适应，对外国财产的执行方面也同样实行限制豁免主义立场。参见 Robert B. von Mehren, *The Foreign Sovereign Immunities Act of 1976*, Columbia Journal of Transnational Law, Vol. 17, 1978, pp. 33-34.

裁协议或裁决由在美国生效的请求承认与执行仲裁裁决的条约或其他国际协定支配；(3)或根据本条或第1607条，如果没有仲裁协议，请求原本可在美国法院提出，或外国国家放弃抗辩等。这里主要强调有关仲裁事项与美国的联系。这里提到的有关国际条约也是美国法院对外国仲裁裁决进行管辖的依据，这主要是指《纽约公约》《美洲国家间关于国家商事仲裁的公约》等类似的公约。问题在于这一规定没有清楚地界定美国法院在相关仲裁事项中到底是行使实质上的管辖权，还是只是行使仲裁监督上的管辖权，这是非常关键的一个问题。

第三，在关于执行豁免例外的第1610条第1款中增加了第6段，即当"判决根据针对外国国家的仲裁裁决的确认命令作出，如果依照判决的扣押或执行不与仲裁协议的任何规定相矛盾"时，法院就可执行仲裁裁决。

除了此次修正，随着美国国家安全问题的日益突出，尤其是在1995年俄克拉何马城大爆炸之后，为了应付猖獗的恐怖活动，美国采取了一系列的措施，其中之一就是美国国会1997年通过了对FSIA的第二次修正案，其主要内容是再增加一项新的管辖豁免例外事项，作为其第1605条第1款第7项。① 该条款可以被称之为"恐怖活动例外"，它规定如果原告针对外国国家提起有关人身伤害或死亡的金钱损害赔偿诉讼，而这种人身伤害或死亡是由于外国国家的官员、雇员或代理人，在其职权、雇佣或代理权限范围内实施的酷刑、司法外杀戮、破坏航空器、劫持人质的行为，或为此类行为提供物资支持或资源所致，则该外国国家不能享有管辖豁免。但是如果存在下列情况，法院应该拒绝管辖：作为被告的外国国家在上述行为发生时尚未被1979年《出口管制法》或1961年《对外援助法》确定为支持恐怖活动的国家，且后来该外国也未因上述行为而被确定为支持恐怖活动的国家；尽管某一外国国家已被确定为支持恐怖活动的国家，如若致害行为发生于该国，但原告没有给该国合理机会以按照公认的国际仲裁规则进行仲裁，或原告或受害人在致害行为发生时，根据美国《移民与国籍法》不是美国公民。另外，根据1997年修正案增加第1605条第6款的规定，该赔偿请求不得在诉因行为发生10年之后提出。② 相应地，在执行方面，1997年修正案增加第1610条第1款第7项和第1610条第5款规定只要外国国家不能依据1605条第1款第7项得到豁免，则无论其财产现在或过去是否与诉讼请求所基于的恐怖活动有关，而且外国通过美国法律(如《禁止与敌贸易法》)所禁止或管制的交易所取得的财产都可以得到执行。财政部部长和国务卿应采取一切手段充分、及时和有效地协助执行判决。总的来说，恐怖活动例外是非商业侵权例外的扩大和发展，但它并不要求恐怖活动发生在美国境内。

1997年修正案还增加规定了"发现程序的限制"作为第1605条第7款，其内容是：在

① 其实早在1986年美国国会就对是否在FSIA中增订"恐怖活动例外"召开过听证会，不过由于国务院认为当时的关于非商业侵权例外能够满足需要，在实践中也没有因过窄地解释或适用法律而造成不公正，而且国务院在非商业侵权中会寻求外交压力等原因而作罢。参见 M. Feldman, *Foreign Sovereign Immunity in the United States Courts 1976—1986*, Vander Journal of Transnational Law, 1986, Vol. 19, pp. 34-54; Peter D. Trooboff, *Foreign State Immunity*: *Emerging Consensus on Principles*, Collected Courses, Tome 200, Vol. 5, 1986, pp. 276-277。

② Working Group of the American Bar Association, *Reforming the Foreign Sovereign Immunities Act*, Columbia Journal of Transnational Law, Vol. 40, 2002, p. 602.

如果不是"恐怖活动例外"外国国家就能够得到豁免的案件中，法院根据司法部部长的请求，应该暂停司法部部长确信任何将对刑事调查或起诉，或将对国家安全造成严重干扰的关于发现程序的请求、要求或命令，直到司法部部长告知法院此类请求、要求或命令不再构成妨碍时为止。发现程序暂停令自发布之日起 12 个月内有效。如果调查仍对刑事调查或起诉，或国家安全造成严重干扰，法院应该根据司法部的提议再发布一个有效期为 12 个月的暂停发现程序的命令。但是行为发生 10 年后将不允许发布暂停令，只有当法院认为发现程序对人的生命或人身安全存在严重威胁或存在影响美国国际合作能力等情况的实质可能性时才可以暂停。

当然 FSIA 还有其他方面的一些修正，比如在第 1605 条增加了"船舶抵押权"例外的第 4 款，第 1610 条第 1 款第 2 项还把"用于或过去用于诉基行为的财产"更换为"现在或过去与诉基行为相关的财产"等，这样的修改幅度虽然不大，但是缩小了执行豁免的范围，扩大了可供采取强制措施的对象。

值得注意的是，除加拿大外，其他国家制定的外国国家豁免法都没有"恐怖活动例外"，《联合国国家豁免公约》也未规定"恐怖活动例外"。这也是美国虽然在起草《公约》的过程中发挥了重要影响，但是并未签署《公约》的主要原因。鉴于在当前政治、安全情势下，美国废除"恐怖活动例外"的可能性极小，故美国近期成为《公约》当事国的可能性也微乎其微。[1]

第二节　美国国家豁免法揽要

该法以外国国家在国际协定的范围内享有豁免权为原则，第 1604 节规定"当美国是某些现行国际协定的缔约国之一，则这些国际协定中的外国应当不受联邦法院和各州法院的管辖"。然后该法规定了外国国家豁免权的一般例外。

一、管辖豁免的主体

"外国国家"是豁免权的主体，根据美国 FSIA 第 1603 条第 1 款的规定，该法所指的外国国家除了包括外国国家本身之外，还包括外国国家的政治区分单位(political subdivision)[2]和

---

[1]　孙昂：《国家豁免案件的法律适用问题研究——在司法与外交复合语境中的探讨》，载《国际法研究》2021 年第 2 期，第 3~43 页。

[2]　也有学者翻译为"政治区划""政治分支""政治分机构"等。《布莱克法律辞典》解释说，政治区分单位是指"国家的适当当局所设立的国家的一个部门，在宪法权力范围内活动，目的在于实现国家的一部分职能，出于长期的惯例和政府固有的需要，这些职能始终被认为是公职"。联合国国际法委员会"国家及其财产管辖豁免"专题第一任报告员素差伊库(S·Sucharitkul)认为，外国国家的政治区分单位是"诸如联邦的各邦和部分主权国，诸如缺乏完全对外主权的被保护国"，倪征日奥则认为，政治区分单位既是指中央政府下属各部门，也包括地方政府。转引自李泽锐：《国家豁免问题的回顾与前瞻》，载《中国国际法年刊》(1986 年)，中国对外翻译出版公司 1987 年版，第 267 页。而美国 FSIA 立法报告认为外国国家政治区分单位是指所有处于中央政府之下包括地方政府在内的政府单位。转引自张茂：《美国国际民事诉讼法》，中国政法大学出版社 1999 年版，第 141 页。

外国国家的代理或媒介机构(agency or instrumentality of state)①。关于国家的代理或媒介机构，该法第 1603 条第 2 款定义如下：

"外国的代理或媒介机构为以下情况的任何一个实体：

(1)独立的社团法人或非社团法人；②

(2)外国国家或其政治区分单位的机关，或外国国家或其政治区分单位拥有多数股票或其他所有者权益的实体；

(3)既非本编第 1332 节(c)和(d)两小节所规定的美国某州公民，亦非依照任何第三国法律设立的实体。"③

可见，在美国 FSIA 主体问题上"外国国家"的范围是极其广泛的，而且原则上把外国国家的"代理或媒介机构"与外国国家本身同样对待，同时对于外国"代理或媒介机构"的解释也非常宽泛。美国国会在《外国主权豁免法》立法报告中列出的此种"机构"包括国营贸易公司、采矿企业、航运公司、航空公司、钢铁公司、中央银行、出口协会、政府采购机构等。可见，《美国外国主权豁免法》一方面限制豁免事项，另一方面扩大了豁免主体，豁免主体范围比《联合国国家豁免公约》和我国《外国国家豁免法》中的豁免主体还要宽泛。④ 这种做法实质上就是假定外国政府所有的企业从事主权行为，因而豁免例外的证明责任就转移到了原告身上，⑤ 这当然对主张豁免的实体非常有利。不过从中也可看出 FSIA 的立法语言在逻辑上是不严密的，甚至可以说在概念上有些混乱，尤其对代理或媒介机构依然没有界定清楚，给人一头雾水的感觉，很庞杂。这种模糊在实践中也给法院带来了困惑，因此需要澄清和明确界定。此外，还有美国学者认为承认外国政府所有的企业的国家地位是在挖限制豁免理论和 FSIA 所立目标的墙脚。⑥

不过，在美国法院，未被承认的外国国家或政府不能作为原告(这在前面哈佛研究草案中也有体现)，相应的也不能作为被告，也就是说，未被承认的外国国家或政府事实上

---

① "agency or instrumentality of state"的官方翻译为"机构或部门"，有的学者翻译为"国家代理或执行机构"，参见孙昂：《国家豁免案件的法律适用问题研究——在司法与外交复合语境中的探讨》，载《国际法研究》2021 年第 2 期，第 3～43 页；有的学者翻译为"国家代理或媒介机构"，参见孙心依、杜涛：《美国 FSIA 侵权例外规则的司法适用与中国应对》，载《武大国际法评论》2022 年第 5 期，第 48～71 页。也有学者翻译为"代理机构或服务机构"等。

② 依照美国众议院司法委员会的解释，"独立的社团法人或非社团法人"包括"公司、社团、基金会，或任何其他根据所成立的外国国家法律可以以自己的名义起诉或被诉、订立合同或持有财产的实体"。

③ 美国假定依第三国法律设立的实体肯定是从事私法行为的。

④ 参见孙昂：《国家豁免案件的法律适用问题研究——在司法与外交复合语境中的探讨》，载《国际法研究》2021 年第 2 期，第 3～43 页。

⑤ 这种做法在全世界范围内都是独此一家。参见 Sunil R. Harjani, *Litigating Claims over Foreign Government-Owned Corporations Under the Commercial Activities Exception to the Foreign Sovereign Immunities Act*, Northwestern School of Law Journal of International Law & Business, Fall, Vol. 20, 1999, p. 181。

⑥ 这种做法在全世界范围内都是独此一家。参见 Sunil R. Harjani, *Litigating Claims over Foreign Government-Owned Corporations Under the Commercial Activities Exception to the Foreign Sovereign Immunities Act*, Northwestern School of Law Journal of International Law & Business, Fall, Vol. 20, 1999, p. 181。

享有绝对的豁免。美国法院强调承认的政治性质以避免给美国政府带来干扰。然而，在美国转向限制豁免主义之后，已被承认的外国国家只能享受相对豁免权，而未被承认的外国国家却似乎享有绝对豁免权，这种做法值得斟酌。

二、管辖豁免的例外

美国 FSIA 第 1605 条和 1607 条列举了外国国家享有管辖豁免权的一般例外，这些例外是美国法院对外国国家行使管辖权的全部根据，它们分别是：外国国家自愿放弃豁免；从事商业活动；违反国际法取得财产；通过继承或赠与而取得的在美国的财产权利或者在美国的不动产权利；非商业侵权；相关仲裁事项；恐怖活动；基于商业活动而发生的海事留置权；反诉，等等。除了上述相关仲裁事项和恐怖活动外，下面对其中几个主要的例外进行介绍。

(一)外国国家放弃豁免

FSIA 第 1605 条第 1 款第 1 项规定外国可以明示或默示地放弃其豁免权。一些法院曾根据不同的理由允许已放弃豁免的外国国家重新请求管辖豁免，但是美国 FSIA 明文规定不允许外国国家撤回放弃，除非按照放弃的条件可以撤回。

1. 放弃与反诉

外国国家在美国法院提起诉讼或参与诉讼是法定的默示放弃形式，[1] 对对方当事人由此提起的反诉，该外国国家原则上不享有豁免权。反诉又分为直接反诉[2]和独立反诉[3]。对于直接反诉，外国国家是完全不能享有管辖豁免权的；至于独立反诉，按照该法第1607 条第 3 款的规定，如果"反诉所要求的赔偿在数量上没有超过或者在种类上也不异于外国的索赔"，则该外国国家也不能享有管辖豁免权。但 FSIA 并没有对放弃的主体、时间和地点进行任何规定。

2. 放弃与一般商事仲裁

美国法院在 1976 年以前一直以仲裁地为依据，主张对同意在美国仲裁的外国国家行使一定范围内的监督管辖。根据当时美国的司法实践，外国国家的仲裁协议构成了对仲裁地法院在强制仲裁或任命仲裁员方面行使管辖的同意。FSIA 制定以后，这一判例法规则继续被美国法院遵循。然而，1976 年 FSIA 没有直接规定仲裁协议与豁免权放弃的关系，它只是在第 1605 条第 1 款第 1 项中笼统地提到"外国国家已经明示地或默示地放弃其豁免"，按照美国国会的立法解释，默示放弃包括"某一外国国家已经同意在另一国家仲裁的情形"。如前所述，1988 年修正案已经对此作出了新的明确规定。但是同意在另一国家

---

① 美国国会的立法报告认为"就默示放弃而言，在外国国家同意在第三国进行仲裁或外国国家同意合同由某一特定国家的法律管辖的案件中，法院已经确认了此类弃权。外国国家在诉讼中提交了答辩书状而未提出外国国家主权豁免抗辩，也属于弃权的一种情形"。

② 哈佛研究草案认为"直接反诉"是指"由原告的请求所基于的事实或交易而产生的反诉"。

③ 哈佛研究草案认为"独立反诉"是指"由与原告的请求所基于的事实或交易在本质上无关的事实和交易而产生的反诉"。

仲裁就等于放弃在美国法院的豁免权吗?①

3. 放弃与解决投资争端国际中心的仲裁

美国法院对于有关解决投资争端国际中心仲裁的案件,一般都否认有强制履行仲裁协议的管辖权。1982年"海上国际被提名者公司诉几内亚共和国"案中,原告是列支敦士登的一个公司,1971年其和几内亚签署了一项在几内亚组建从事装运铝土矿的协定。该协定中载有对有关争端由解决投资争端国际中心主席选任的仲裁员裁决的条款。按照该国际中心仲裁程序规则第13条的规定,除非当事人双方另有协议,一般应在中心所在地华盛顿进行仲裁。争端发生以后,由于几内亚不同意通过仲裁解决,该公司请求美国联邦地区法院按照《美国仲裁法》作出了强制仲裁的命令。依据法院的命令,美国仲裁协会在几内亚缺席的情况下作出了有利于公司的裁决。联邦地区法院承认了上述裁决,几内亚在美国法院提起上诉。美国哥伦比亚联邦上诉法院判决联邦地区法院没有管辖权,其主要理由是:同意交付解决投资争端国际中心的仲裁协议不等于几内亚放弃了主权豁免,因为尽管仲裁应在美国进行,但该协定并不打算接受美国法院介入。② 不过,美国法院在解决投资争端国际中心裁决的执行方面,则依据《华盛顿公约》第54条的规定承认享有管辖权。③

(二) 商业活动

在FSIA诸多条款中,美国法院最常援引的是第1605条第1款第2项商业活动例外条款。根据Westlaw数据库的检索结果,2000年1月至2022年7月,与FSIA相关的美国联邦法院的2694个判例中,高达27.87%的案件援引了商业活动例外条款。④

FSIA第1603条第4款对商业活动的定义为"或者是商业行为的正常过程,或者是特定的商业交易或行为"。这个定义不仅比较抽象而且是一种循环论,简直是不知所云,这无疑是为了授予法院以更大的自由裁量权。对此,美国众议院司法委员会解释说,商业活动包括从事诸如商业企业、采矿公司、航空公司以及国家贸易公司等活动。另据《美国对外关系法重述(第三次)》的解释,商业活动是指"有关物品的生产、销售或购买、财产的借贷、金钱的借贷、服务的履行或因履行服务为目的之合同的缔结以及由自然人或法人从事同种类的活动"。

1. 商业活动的判断标准

以什么标准来决定某一行为是商业活动?是以行为本身的性质,还是以行为的目的为标准?或者两者都要考虑?FSIA第1603条第4款规定:"一项活动的商业性质应根据该

---

① 关于豁免与仲裁的更多论述可以参见 Iris Goldne, *Arbitration and Public Policy: States and State-Controlled Corporations in International Commercial Arbitration*, Croatian Arbitration Yearbook, Vol. 7, 2000, pp. 163-164。

② 《华盛顿公约》第26条规定:"除另有声明外,当事人对本公约下仲裁的同意应视为是对任何其他救济的排除。"

③ 《华盛顿公约》第54条规定:"裁决的执行应受被请求在其领土内执行的国家关于执行判决的现行法律支配。"

④ 参见孙心依、杜涛:《美国FSIA侵权例外规则的司法适用与中国应对》,载《武大国际法评论》2022年第5期,第48~71页。

行为的过程或特定交易或行为的性质决定，而不是根据其目的来决定。"对此，美国众议院司法委员会解释道："的确，如果一项活动在习惯上是为营利而进行的，其商业性质便可以容易推定"，但另一方面，该委员会又指出："一个单独的合同，如果具有私人也可以订立的性质，可以构成一种特殊的商业交易和行为"，"通过合同提供物品和服务是为了用于公共目的的事实无关紧要，只有行为和交易基本的商业性质才是关键的。因此，外国政府为武装力量或为建造政府建筑物而签订的购买必需品或设备的合同构成商业行为。同样，签订有关维修大使馆馆舍的合同也是如此。即使这些合同的最终目的是为了促进公共职能，也应视为商业合同"。这里，美国国会强调只有合同的性质才是判定商业活动的标准。然而，如果完全按照性质标准的话，是很容易给外交关系带来不利影响的，而这正是 FSIA 所要尽量避免的事情。而且，性质标准与目的标准并不是绝缘的，没有认识到这一点显然是不科学的，法院在实践中不可能完全排除行为的目的来说明行为的性质。①

2. 对商业活动行使管辖权的领土联系要求

美国 FSIA 以自己的方式规定了领土联系的必要性，该法第 1605 条第 1 款第 2 项就法院对外国商业活动行使管辖，规定了以下三个方面的条件：

(1)该诉讼基于外国国家在美国进行的商业活动；或者

(2)基于外国国家在美国进行的某项行为，而该行为与该外国国家在别处的商业活动有关；或者

(3)基于外国国家在美国领土之外进行的与该外国国家在别处的商业活动有关的行为，但该行为对美国产生了直接影响。

根据 FSIA 第 1603 条第 6 款的解释，第一项条件即"外国国家在美国进行的商业活动"是指该国所进行的与美国有"实质联系"的商业活动。对于外国国家商业活动与美国的实质联系，美国法院并不要求该活动从头到尾都在美国进行，只要部分地在美国履行，就构成了法院行使管辖权的要件。国会的立法报告解释道：这种定义涵盖了全部或部分在美国履行的商事交易、涉及购买或销售美国财物的进出口交易、在美国发生的商事侵权……以及由于外国国家在美国谈判或履行贷款协议，或接受位于美国境内的私人或官方借贷机构的融资而造成的亏欠。② 相反，对美国公民或公司在外国遭受经济损失，或者对在美国领土之外发生的有关损害赔偿的诉讼案件，美国法院一般都不主张行使管辖权。另外，对仅通过电传谈判或仅预定通过美国银行以信用证方式支付等行为，美国法院也以与美国领土之间不存在"最低限度的联系"为理由而拒绝行使审判管辖权。也有美国学者认为该款规定赋予法院对外国国家的一般管辖权，即使对于不是根据在美国进行的商业活动提起的诉讼，当事人也应服从。

对于第二项条件，美国众议院司法委员会解释为包括外国代理在美国的代位继承、该行为导致基于不当得利而请求恢复原状的诉讼；在美国违反有价证券法的行为以及非法解雇在美国的外国雇员、而该雇员的被雇与在第三国的商业活动有关，等等。

① Peter D. Trooboff, *Foreign State Immunity*: *Emerging Consensus on Principles*, Collected Courses, Tome 200, Vol. 5, 1986, pp. 279-282.

② 转引自张茂：《美国国际民事诉讼法》，中国政法大学出版社 1999 年版，第 98 页。

关于第三项条件中的直接影响的含义，美国众议院司法委员会并没有直接给予明确的立法说明，但其提到这一规定与《美国对外关系法重述（第二次）》第 18 条所规定的"客观领土管辖权原则"是一致的。按照该规定，法院对发生在领土之外但对其领土产生效果的行为有管辖权，其主要条件是对该领土产生的效果是"实质性的、直接的和可预见的"。

在 FSIA 刚制定后不久的一段时期内，美国法院一般都倾向于遵循美国国会的立法说明，对直接效果进行比较严格的解释。然而，进入 20 世纪 80 年代以后，美国法院对直接影响的解释和适用出现了两种明显不同的意见：一种仍然是继续对该条款作严格解释；而另一种则采用广义解释。后者突出地体现于联邦第二巡回上诉法院 1981 年对"得克萨斯贸易公司等诉尼日利亚"案的判决中。该法院认为，美国众议院司法委员会关于直接影响与《美国对外关系法重述（第二次）》第 18 条所规定的原则一致的解释，"是不合理的推论"。该法院还把美国公司遭受经济损失作为适用直接影响的最主要标准。值得注意的是，美国最高法院在 1992 年的"阿根廷共和国诉韦尔特奥弗有限公司"案中，认为只要被告的行为有"即刻的后果"，就产生"直接影响"，这被认为是对"实质性的、直接和可预见的"标准的否定。总而言之，在领土联系问题上，由于美国 FSIA 第 1605 条第 1 款第 2 项的规定本身比较复杂，美国各法院在具体适用中也产生了不一致的解释意见，特别是关于直接影响条款的适用表现得更为复杂和混乱。到目前为止，美国法院在运用商业活动例外的领土联系要求方面一直处于变化之中，而且有脱离立法报告的解释进行更加宽泛认定的趋势。①

3. 政府公债

在 20 世纪 70 年代以前，美国法院一直都将外国政府的公债行为视为主权或公法行为，并且通常都准予管辖豁免。这在哈佛研究草案中也有明确的规定。在立法方面，美国 1976 年 FSIA 虽然没有关于公债行为的明文规定，但美国众议院司法委员会在对该法的立法解释中提到"诸如外国政府提供服务和出售产品、出借财产、借款等行为，应包括在（商业交易）定义之中"。这里，外国政府的"借款"行为，当然也包括了公债行为。此外，1987 年在对《美国对外关系法重述（第三次）》第 453 条"商业行为"的评注中也明确地将"借款和贷款"列为商业行为。

4. 开发自然资源

相比之下，美国法院在涉及外国开发自然资源活动的诉讼管辖方面比较谨慎。例如，在 1979 年的"国际机械师和航空工作者协会诉石油国家输出组织（欧佩克）"案中，原告以"欧佩克"及其 13 个成员国的石油提价行为违反美国反托拉斯法为理由，在美国法院提起

---

①　在 Voest-Alpine v. Bank of China，（5th Cir. 1998）一案中，第五巡回法院认为中国银行是中国的国家媒介机构，因为其大多数所有权权益为中国政府持有。中国银行开出了以原告为受益人的信用证，由于银行认为单证不符而拒绝兑付，原告于是起诉到美国法院。中国银行主张它是美国 FSIA 下的"外国国家"享有豁免权。第五巡回法院认为商业活动例外第三条可以适用于本案，中国银行在美国领域外的行为导致原告在美国的银行账户没有收到资金，所以在美国产生了直接影响。本案的关键在于法院支持了美国原告在美国的资金损失足以在美国产生直接影响的观点。参见 Sunil R. Harjani，*Litigating Claims over Foreign Government-Owned Corporations Under the Commercial Activities Exception to the Foreign Sovereign Immunities Act*，Northwestern School of Law Journal of International Law & Business，Fall，Vol. 20，1999，p. 181.

诉讼。联邦加利福尼亚地区法院首先断定美国 FSIA 只适用于外国国家，而不适用于国际组织。至于确定欧佩克成员国的行为是政府性质还是商业性质，法院认为应该考察国际法上所承认的标准：联合国反复承认主权国家具有控制其自然资源的唯一权力的原则。对此美国政府也表示了同意。美国法院还认为，欧佩克成员国控制石油资源的行为是特殊的主权职能，因为石油税是这些国家主要的收入来源，对其人民的福利至关紧要，最后，法院利用"国家行为理论"解决了这一案件。① 玻利维亚农村开发咨询案也是如此。②

(三) 违反国际法取得财产

FSIA 第 1605 条第 1 款第 3 项规定"违反国际法取得的财产，其权利尚有争议并且该财产或者用该财产交换的任何财产位于美国并与该外国国家在美国进行的商业活动有关；或者该财产或者用该财产交换的任何财产为该外国国家在美国从事商业活动的代理或媒介机构所拥有或使用"，也可以成为国家豁免的例外。本条的规定实际上是针对外国国家的征收和国有化的。从条文来看，该豁免例外的条件还是很严格的，而且体现了外国国家与外国媒介机构的区别。在所有关于外国国家豁免的立法中，只有美国 FSIA 对违反国际法取得的财产进行了专门的规定，这反映了美国保护美国私人在外资产利益的强烈意图。但是这一条规定在"管辖豁免的一般例外"中有点不妥，如果规定在"执行豁免的一般例外"中似乎更为恰当。

关于"违反国际法所取得的财产"的含义，美国众议院司法委员会解释，违反国际法首先包括对财产实施国有化或征收的国家没有满足国际法所要求的"及时、充分及有效的补偿"。其次，性质上"专断的和歧视性的取得行为"也被认为是违反国际法的。

然而，众议院司法委员会又解释说，这一条款仅适用于国家豁免事项，不影响国家行为理论的适用。美国法院也多根据国家行为理论判决对外国国家的国有化行为无管辖权。因此，在美国财界的压力下，又出现了在国有化方面也排除适用国家行为理论的动向。例如，1985 年美国参议院议员玛赛厄斯根据美国律师协会建议提出的议案，建议增加条 1606 条第 2 款，规定对于没有基于及时、充分及有效的补偿，或基于其他违反国际法，或者基于违反合同而进行的征收或取得财产，不适用国家行为理论。不过，在 1988 年正式通过的 FSIA 的修正案中，上述有关国有化不适用国家行为理论的建议并没有被采纳。

事实上，近 40 年来发展中国家为了吸引外资，促进本国经济的长期发展，各国对于外国人的财产很少采用征收或国有化措施。

(四) 非商业侵权行为

在 FSIA 诸多条款中，非商业侵权例外条款的援引比例是仅将商业活动排除在外的。根据 Westlaw 数据库的检索结果，2000 年 1 月至 2022 年 7 月，与 FSIA 相关的美国联邦法

---

① Peter D. Trooboff, *Foreign State Immunity: Emerging Consensus on Principles*, Collected Courses, Tome 200, Vol. 5, 1986, p. 280.

② Peter D. Trooboff, *Foreign State Immunity: Emerging Consensus on Principles*, Collected Courses, Tome 200, Vol. 5, 1986, pp. 279-280.

院的 2694 个判例中，有 355 个判例援引了第 1605 条第 1 款第 5 项（占案件总数的 13.17%）。[①]

美国 FSIA 也将外国国家侵权行为列为国家豁免的例外事项。其第 1605 条第 1 款第 5 项规定外国国家在以下诉讼中不得援引主权豁免，即"由于外国国家或其官员、雇员在职务或雇佣范围内的行动中的侵权行为或不作为（tortuous act or omission），在美国造成人身伤害、死亡或者财产损失或灭失，因而向该外国国家请求金钱损害赔偿的"诉讼。

美国众议院司法委员会认为这一条款的目的是"允许交通事故或其他非商业侵权行为的受害人对外国维持诉讼"。尽管 FSIA 对于"非商业侵权行为"的具体内容没有明示列举，但上述美国国会的解释却隐含了所有的侵权行为。然而，在现实中侵权行为却往往与商业活动结合在一起，对于这类情况，美国法院一般还是侧重以商业活动作为行使审判管辖权的根据。

1980 年"莱特利尔等诉智利共和国"案是美国关于外国侵权行为的重要判例。[②] 在该案中，由于美国联邦地区法院在判决中表明侵权行为乃外国豁免的例外，不仅独立于商业行为，而且也不必区分"统治权行为"和"事务权行为"，因此，这一判决成为美国法院对外国政府的政治性侵权行为进行管辖的一个重要先例。此后，多数美国判例认为对外国侵权行为的管辖可及于主权行为。如有关美国驻伊朗大使馆被扣人质的案件，有关逮捕和监禁美国外交官的案件等，美国法院都没有以其行为性质作为确定有无管辖权的主要理由。因此，美国 FSIA 虽然是以限制豁免为基调，但它并不是严格的限制豁免主义，它并不完全排除对某些"主权性行为"的管辖权，尤其是当这些行为被美国法院认为是严重违反人权的时候。

当然，也不是所有引起人身伤害或者财产损失的外国国家侵权行为都必然要受到法院的管辖。一个主要的限制性条件就是外国侵权行为必须存在与法院地之间的领土联系。而

---

① 参见 Peter D. Trooboff, *Foreign State Immunity: Emerging Consensus on Principles*, Collected Courses, Tome 200, 1986, Vol. 5；孙心依、杜涛：《美国 FSIA 侵权例外规则的司法适用与中国应对》，载《武大国际法评论》2022 年第 5 期，第 48~71 页。

② 莱特利尔在智利阿连德执政时期曾先后担任驻美大使和外交部长，智利发生军事政变后流亡到了美国。1976 年他在华盛顿遭到暗杀。死者的亲属和私人代表在美国联邦地区法院以智利共和国及其情报机关为被告提起诉讼。1978 年地区法院通过国务院向智利送达了传票和诉状的副本。次年，智利外交部向美国国务院发出外交照会，指称智利国家情报机关不是独立法人，智利共和国不会默认美国法院对此案的管辖权。在这种情形下，美国法院开始对智利进行缺席审判。后来，智利又向美国国务院发出了照会和备忘录，重申了否认美国法院管辖权的主张。而且，智利一方面否认卷入了这场暗杀事件，另一方面又指出即使智利卷入了该事件，也不能适用外国主权豁免法第 1605 条第 1 款第 5 项，因为该条款不包括外国类似暗杀这样的公共和政府性质的行为。1980 年，美国联邦哥伦比亚地区法院还是对本案作出了缺席判决。法院认为在美国豁免法第 1605 条第 1 款第 5 项的语言中并没有表示侵权行为只限于"事务权行为"，而且，根据国会的立法解释，该条款作为一般性词语不仅适用于交通事故，还适用于所有的外国侵权行为。同时，法院还认为像暗杀这样的行为，明显违反了国际法和国内法上都承认的人道主义规则，不属于"自由裁量行为"。因此，法院判决对本案有管辖权。该事件的赔偿问题最后是通过 1990 年美国和智利之间达成的协定解决的，根据这个协定，智利不承认对此争端负有责任，但出于恩惠（ex gratia）同意支付赔偿。

且从该款的字面意义来看，FSIA 只是规定"损害发生地原则"，但是美国法院的判例并非总是如此，往往还要求行为实施地也必须在美国。美国 FSIA 第 1605 条第 1 款第 5 项的侵权例外除了"损害发生地"的条件以外，还受到如下条件的限制：

1. 该行为首先应是在职务或雇佣范围内的行为

在 1980 年"卡斯特罗诉沙特阿拉伯"案①（Castro v. Saudi Arabia，1980）中，原告因在美国接受军事训练的沙特阿拉伯士兵驾车引起的交通事故而受伤，以沙特阿拉伯为被告提起要求损害赔偿的诉讼。对此，美国联邦得克萨斯西区法院认为，两国之间的训练协议是政府间的非营利性的协定，不是商业行为，而是政府性的，应当受到豁免保护，而且该案涉及的沙特阿拉伯士兵不是在训练时间肇事的，脱离了所属国的控制，因此，沙特阿拉伯对该交通事故没有责任。②

2. 该行为不是自由裁量行为

FSIA 第 1605 条第 1 款第 5 项为了与《美国联邦侵权行为求偿法》（Federal Tort Claims Act，FTCA）相协调还规定，"基于行使和履行或者失于行使和履行自由裁量权（discretionary function）而提起的任何权利请求，不管此项自由裁量是否被滥用"，不适用该条款。所谓自由裁量行为，按照美国联邦最高法院在一个国内法判例中的解释，是指"对政策判断和决定有余地的行为"。美国联邦哥伦比亚特区法院在 1980 年"莱特利尔等诉智利共和国"案中，还认为外国国家明显的"违法行为"不属于"自由裁量行为"。在判断特定行为是否可自由裁量时，美国大多数法院主要考虑两种因素：第一，行为的实施或对适当行为的选择是否能够自由裁量；第二，作出的决定是否基于社会、经济或政治政策的需要。③

3. 该行为不是诬告、诽谤等行为

在 FSIA 关于"侵权行为"的第 1605 条第 1 款第 5 项中，还规定在下列情形下也排除对该条款的适用，即由于恶意起诉、滥用程序、书面和口头诽谤、污蔑、欺诈或者干涉合同权利而引起的任何权利请求的情形。1976 年在"叶塞宁-沃尔平诉苏联新闻社"案（Yessenin-Volpin v. Novosti Press Agency et al，1976）中，原告首先在纽约州最高法院提起诉讼，声称被告提供了损害其名誉的文章，因而要求损害赔偿。后来该案被移交到联邦地区法院。美国联邦纽约南区法院 1978 年在判决中指出，该项不能适用 FSIA 关于"侵权行为"的规定，因为该条款明确排除了诽谤的情形。④

2007 年 YoumingJin 等诉中国国安部、公安部及中央电视台案（以下称 YoumingJin 案）中，自由裁量权例外成为了被告中国国安部、公安部能否享有国家豁免的关键点。该案中，原告指控几名受雇于被告的人员对其进行攻击、殴打和恐吓，原告就因此受到的人身

---

① 510 F. Supp. 309（W. D. Tex. 1980）（Suttle，J.）

② Peter D. Trooboff, *Foreign State Immunity*：*Emerging Consensus on Principles*, Collected Courses, Tome 200，Vol. 5，1986，p. 259.

③ 转引自张茂：《美国国际民事诉讼法》，中国政法大学出版社 1999 年版，第 155 页。

④ 443 F. Supp. 849（S. D. N. Y. 1978）；Peter D. Trooboff, *Foreign State Immunity*：*Emerging Consensus on Principles*, Tome 200，Vol. 5，1986，p. 278. 另见中国国际法学会、外交学院国际法研究所编辑：《国际法资料》（第二辑），法律出版社 1988 年版，第 213~218 页。

伤害索赔。原告在起诉状中声称被告的行为属于 FSIA 下的侵权例外，企图使被告失去主权豁免资格。作为被告之一的中央电视台认为，原告的索赔基于"恶意起诉、滥用程序、书面和口头诽谤、污蔑、欺诈，或者干涉合同权利"，属于侵权例外不适用的情形，据此要求驳回起诉。中国国际私法学会提出"法庭之友"意见对侵权行为主体的认定、侵权行为的领土联系均作出了分析，表示美国法院对本案被告没有对事管辖权，但对自由裁量权例外的适用只字未提。最终，华盛顿特区联邦地方法院对"自由裁量权"例外的适用进行了独立审查，认为被告雇佣、培训和管理雇员的人力资源决定显然"涉及一定程度的政策判断"，因此，被告两部委和中央电视台被指控的行为构成自由裁量权的运用，不构成 FSIA 下的侵权例外。[1]

由于侵权例外条款适用条件上的限制，援引侵权例外条款破除外国国家的豁免权非常困难。美国司法实践也表明，2000 年至 2022 年侵权例外相关案件的数量虽呈增长趋势，但在 65 个案件中仅有 6 个案件因侵权例外条款适用而导致被告无法享有 FSIA 赋予的主权豁免，原告通过援引侵权例外突破管辖豁免的成功率仅为 9.2%，远低于商业活动例外的同期数据。[2]

(五) 船舶优先权和船舶抵押权

FSIA 第 1605 条第 2 款规定，如果一方当事人以外国国家为被告在美国法院提起海事诉讼，请求对外国国家的船舶或货物行使船舶优先权(maritime lien)，而该船舶优先权基于该外国的商业活动，则在对有关人员和外国国家作出一定通知的条件下，该外国不得享有管辖豁免权。1997 年修正案增加的第 4 款还规定，原告如果在美国法院针对外国国家提起诉讼，请求取消美国 1920 年《船舶抵押法》中界定的抵押品赎回权，则该外国国家也不能享有管辖豁免权。此类诉讼应根据 FSIA 的规定、法律的原则和对物诉讼实践中的规则予以审理和判决。

三、国家财产的执行豁免

随着欧美各国战后在管辖豁免方面全面转向限制豁免主义，在执行豁免方面也出现了限制主义的倾向。作为一个通行的规则，国家对于管辖豁免的放弃效力通常不及于执行豁免，对于后者必须另行表示放弃或同意。这一规则也为美国 FSIA 所遵循。

(一) 可以成为强制措施对象的财产

尽管外国财产存在于法院地国是扣押和执行的客观前提，但有关外国财产是否一定要在法院地国领土内从事商业活动，各国的做法则不一致。FSIA 第 1610 条第 1 款规定，可以成为强制措施对象的财产首先必须是"位于美国并在美国从事商业活动"的财产。比较

---

① 参见孙心依、杜涛：《美国 FSIA 侵权例外规则的司法适用与中国应对》，载《武大国际法评论》2022 年第 5 期，第 48~71 页。

② 参见孙心依、杜涛：《美国 FSIA 侵权例外规则的司法适用与中国应对》，载《武大国际法评论》2022 年第 5 期，第 48~71 页。

起来，美国的这个条件还是比较严格的。

美国 FSIA 第 1610 条第 1 款和第 2 款第 1 项规定外国国家可以放弃财产的执行豁免权。外国国家或其媒介机构对执行豁免的放弃既可以明示也可以默示。按照美国众议院司法委员会的解释，关于执行豁免的明示放弃和默示放弃，受该法第 1605 条第 1 款第 1 项关于放弃管辖豁免权相同的原则支配。因此，在放弃形式方面，FSIA 在管辖豁免和执行豁免方面并没有作出区分。

美国 FSIA 第 1610 条第 1 款第 2 项规定，财产被用于或者曾经用于诉讼请求所基于的商业活动的，则作为例外不享受执行豁免权，可以成为强制措施的对象。这说明要在美国对外国国家的商用财产采取强制措施的一个条件就是该商用财产还必须与诉讼行为相关。这与其他一些国家包括联合国国际法委员会的草案都不一样，它们往往规定"用于或者意图用于"商业活动的财产在一定条件下可以成为强制措施的对象。[①] 比较而言，美国要求财产与诉讼行为有关的规定对执行外国财产限制得更严。

美国 FSIA 第 1610 条第 1 款第 3 项规定外国国家违反国际法所取得的财产，或与违反国际法取得的财产交换而来的财产不享有执行豁免。这与前面的管辖豁免例外一样都体现了美国的特色，体现了美国保护海外财产的强烈意图。

美国 FSIA 第 1610 条第 1 款第 4 项规定，外国国家通过继承或赠与取得的财产权利，或位于美国的不动产权利(但外交或领事使团用房及使团团长居所除外)不享有执行豁免。

同样第 5 项还规定合同责任或由合同责任产生的任何收益也可以成为强制措施的对象。

另外，美国国会 1988 年通过的关于 FSIA 修正案第 1610 条第 1 款新增加了第 6 项，它规定基于确认外国国家仲裁裁决的判决，允许扣押和执行。这一新条款没有要求商用财产和外国有关商业活动之间的联系。因此，有的法学家建议私方债权人应利用这一规定，选择仲裁作为解决有关贷款争议的手段。

关于使馆银行账户的执行豁免问题，1961 年《维也纳外交关系公约》没有明确规定。美国豁免立法也没有专门规定。因此，关于使馆银行账户的法律地位主要还是通过判例来表明的。美国联邦哥伦比亚特区法院在 1980 年"伯奇公司诉坦桑尼亚共和国大使馆"案中，竟允许对外国使馆的银行账户采取强制措施。该法院认为在使馆银行账户中至少有一部分是用于商业用途的，如雇佣当地人作为使馆职员或者为购买物品和服务报酬的费用都属于这一类。[②]

(二)财产执行上的绝对豁免情形

尽管在执行豁免问题上美国大体上是以限制主义为原则的，只有商用财产才可成为执行的对象，但对两类特殊财产则基本上是采取绝对豁免的态度。首先 FSIA 对外国中央银

---

①　在英国、德国、瑞士、加拿大和澳大利亚，无论是对法院判决的执行还是对仲裁裁决的执行都不要求商用财产与诉讼请求之间的特定联系。

②　参见龚刃韧：《国家豁免问题的比较研究——当代国际公法、国际私法和国际经济法的一个共同课题》，北京大学出版社 1994 年版，第 382 页。

行的财产作了特别的保护性规定。美国 FSIA 第 1611 条第 2 款规定："尽管有本章第 1610 节的规定，外国的财产仍应免予扣押和执行，如果：(1)此项财产是外国中央银行或货币当局为其自身的利益所拥有的，除非该银行、当局或其政府已经明确放弃为辅助执行的扣押和执行豁免……"豁免法没有将外国中央银行财产区分为商用财产和非商用财产，而只是规定外国中央银行"为自身的利益所拥有的财产"享有执行豁免。按照美国众议院司法委员会的解释，所谓"为自身的利益所拥有的财产"，是指与中央银行的活动有联系的财产，以此区别专为其他实体和外国国家的商业交易而筹措的资金。这里，美国国会也没有分析中央银行的活动是否可以分为商业活动和非商业活动。这样在美国的外国中央银行在管辖和执行方面就是绝对豁免的。美国之所以这样做，一方面是担心造成重大的外交问题，但另一方面是为了保证其世界金融中心和投资中心的地位。

另外一个特别保护的是"与军事活动有关的财产"，虽然军舰享有绝对豁免是早就已确立的国际习惯法规则，但对其他用于军事目的的财产的豁免问题，仍然缺乏明确统一的惯例和规则。这一问题通常都是由有关国家之间的双边条约来安排的。拥有许多海外军事基地和驻军的美国，1976 年在 FSIA 第 1611 条第 2 款第 2 项中率先规定，"用于和意图用于与军事活动有关的财产，同时具有军事性质或者在军事当局或国防机构的控制之下"的财产享有绝对豁免。按照美国众议院司法委员会的解释，第一个条件即有军事性质的财产包括武器、弹药、军用运输工具、军舰、坦克以及通信设施等广义的军用设备。此外，FSIA 规定的第二个条件的目的是保护包括粮食、服装、燃料以及办公设备等其他实际用于军事活动的财产。

(三) 判决前扣押

在国家豁免问题上，判决前扣押是指国内法院在判决作出之前为保护私方当事人的权益免受损失，对外国财产采取的查封、扣押或冻结等临时性救济措施，这也是对外国财产的一种强制措施。

美国虽然自 1952 年泰特公函以来在管辖豁免方面允许私人和法人在美国法院对外国或其政府起诉，但由于 1976 年以前美国国内法上没有对外国国家送达传票的程序规定，债权人往往根据美国民事诉讼法通过扣押财产来获得法院的管辖。美国国务院对此也采取认可态度。当然，由于美国那时在执行豁免方面还坚持绝对主义立场，所以即使允许对在美国的外国财产的临时扣押，也只是为了管辖的目的，不能用扣押的外国资产来执行判决。

然而，美国 1976 年制定了 FSIA 以后，外国国家在一些情形下不再享有执行豁免。但是，该法却一般地禁止为取得法院管辖权而在判决前对外国国家(包括外国代理或媒介机构)的财产采取扣押措施，除非该外国国家在判决前"明示放弃"。对此，美国众议院司法委员会解释道：首先，除非外国国家财产偶然地存在于法院管辖区域内，否则财产保全没有任何意义；其次，为取得管辖权而扣押外国国家财产会引起美国和有关外国关系之间的严重摩擦；最后，按照 FSIA 第 1610 条的规定外国用于商业用途的财产已被允许执行，因而审判之前取得管辖权的扣押措施便显得没有必要。所以，FSIA 生效以后，美国法院便不再允许仅仅为取得管辖权而对外国国家财产采取临时扣押措施，但是为了保证履行某项已经或最终可能作出的判决的扣押则是允许的。

四、与国家媒介机构相关的几个问题

(一)国家媒介机构与国家本身的区别

根据 FSIA 第 1603 条第 1 节的规定,除了在送达方面外,国家媒介机构(agency or instrumentality of state)与政治区分单位(political subdivisions of the state)一样属于"外国国家"的范围,与国家享有一样的权利。但实际上,这条规定如果不是欺人之谈,那么就再次彰显了 FSIA 的前后矛盾,国家媒介机构与国家本身的区别即使按照 FSIA 的明文规定也绝不仅限于送达问题。

首先,在管辖权例外方面,根据 FSIA 第 1605 条的规定,对于国家本身违反国际法取得财产,则在"该财产或者用该财产交换的任何财产现在美国境内且与该外国国家在美国境内从事的商业活动有关"的条件下,外国国家才不享有豁免权。但是只要违反国际法取得的财产或者用该财产交换的任何财产为在美国境内从事商业活动的外国国家媒介机构所有或经营,不管该财产是否在美国境内,也无论其是否与在美国境内,从事的商业活动有关,该外国国家媒介机构都不享有豁免权。

其次,在承担责任的范围方面,两者所享受的待遇也是不一样的,按照 FSIA 第 1606 条的规定,如果不能享有管辖豁免权,则该外国国家应按一个私人在类似情况下适用的方式和范围负责,但是国家本身对于惩罚性的损害赔偿不负责任,而外国国家媒介机构对于惩罚性的损害赔偿是要承担责任的。

再次,在送达方面,根据 FSIA 第 1608 条的规定,对外国国家的送达程序与对国家媒介机构的送达程序是大不相同的。

最后,在执行豁免上,根据 FSIA 第 1610 条第 1 款第 2 项的规定,对于国家本身财产的扣押或执行,除了要求该财产位于美国境内并用于商业活动外,对于商业活动执行豁免例外还要求该财产现在或者过去与诉基行为有关。但是,根据 1610 条第 1 款第 2 项的规定,对于在美国境内从事商业活动的外国国家媒介机构的任何财产都不能免于执行豁免,无论该财产是否与诉基行为有关。

(二)连带责任问题

关于国家媒介机构与国家本身,以及国家媒介机构之间是否承担连带责任也是一个重大的问题。对国有企业或其他国家媒介机构因国家政治行为违反合同而引起的诉讼,美国法院通常承认外国国家媒介机构免责,而且有时还直接确认有关外国国家的行为是主权行为应享有管辖豁免。①

---

① 例如,在 1978 年"凯里和新英格兰石油公司诉国家石油公司和利比亚阿拉伯共和国案"中,利比亚石油公司因利比亚政府对美国的石油禁运而违反了和原告签订的提供石油的合同。对此,联邦纽约南部地区法院认为石油禁运不构成商业行为的一部分,而是外交政策的武器,因此判决没有管辖权。1985 年"德·桑切斯诉尼加拉瓜中央银行案"中,由于尼加拉瓜发生严重的外汇短缺以及政府更迭,尼加拉瓜中央银行拒绝为原告兑现美元支票。对此,联邦第五巡回上诉法院认为是主权行为,享有管辖豁免。另外,美国法院有时还根据"国家行为理论"对类似案情的案件判决没有管辖权。

对于国家本身的债务，原则上国家媒介机构不承担连带责任，具有独立法人资格的国有企业不必用其财产来清偿。① 法院同时也认为原则上国家不对其国有企业或其他国家媒介机构的责任负连带责任，美国《对外关系法重述(第三次)》也表明了这种见解，它认为"通常，国内法院应尊重另一国家代理或媒介机构的独立法律人格，特别是为从事商业活动而以公司的形式设立的，如国家所有的汽车制造厂或航空公司那样的机构。当某一国家机构基于本章不享有豁免时，例如因请求产生于商业活动，则这些请求通常只应对该实体提出"。

至于国家媒介机构之间的连带关系，1976 年美国众议院司法委员会的报告从保护美国在外资产利益的立场上也承认：关于外国代理或媒介机构财产执行的 FSIA 第 1610 条第 2 款，不能解释为允许用某一国家媒介机构的财产来清偿对另一无关的国家媒介机构的判决。这是有强制性理由的。如果美国法律不尊重不同的代理机构或媒介机构之间的独立法律资格，那将鼓励外国司法机关无视不同的美国公司之间或者某一美国公司和其独立的子公司之间的法律区别。②

五、立法追溯力和文书送达问题

FSIA 没有关于追溯力的明文规定。然而，美国在一些判例中也产生了对 1976 年以前能否适用该法的问题。在前述 1976 年"叶塞林-沃尔平诉苏联新闻社"案的判决中，法院认为美国 FSIA 只是编纂了 1952 年以来美国根据"泰特公函"所提出的限制主权豁免的理论，回溯适用 FSIA 对当事人双方的法律地位没有任何影响。在 1986 年联邦第十一巡回上诉法院在"杰克逊等诉中华人民共和国"案判决中，否认对产生于 1911 年的中国清朝政府铁路债券的诉讼适用 1976 年 FSIA。该法院也认为，FSIA 的追溯期限应以泰特公函发表以后为宜。

FSIA 还弥补了送达程序方面的缺漏，根据该法第 1608 条第 1 款第 1 项的规定，对外国国家或其政治区分单位的送达，除按照原告与外国国家或其政治区分单位之间关于送达传票所作的特别协议或关于司法文书送达的国际公约送达诉讼文书外，美国法院还可用邮递方式由法院书记员把传票等诉讼文书邮寄给有关外国的外交部部长或经美国国务院通过外交途径送达该外国政府。根据第 1608 条第 1 款第 2 项的规定，对外国国家媒介机构的送达，除按照原告与国家媒介机构之间关于送达传票所作的特别协议或关于司法文书送达的国际公约送达诉讼文书外，美国法院还可用邮递方式由法院书记员把传票等诉讼文书邮寄给有关国家媒介机构的主管职员或依法可以接受诉讼文书的任何代理人。如果仍然无法送达，但能合理预见可实际通知，则可将有关诉讼文书依照法院所作的与受送达地区法律

---

① 1984 年，美国联邦第二巡回上诉法院在"莱特利尔等诉智利共和国和智利国家航空公司"上诉案判决中，表达了这样的见解。该案原告曾对智利政府的侵权行为提起诉讼，并获得缺席判决。为了执行判决，原告又请求美国法院对智利国家航空公司在美国的财产加以扣押。但是，联邦上诉法院认为，智利航空公司是独立法人实体，其财产不是智利的国家财产，因而应免于执行。美国学者德拉彭纳也认为，除非人们能为"揭穿公司面纱"证明一个合适的理由，执行只能对判决所针对的法律实体的财产实施。转引自龚刃韧：《国家豁免问题的比较研究——当代国际公法、国际私法和国际经济法的一个共同课题》，北京大学出版社 1994 年版，第 406 页。

② 转引自龚刃韧：《国家豁免问题的比较研究——当代国际公法、国际私法和国际经济法的一个共同课题》，北京大学出版社 1994 年版，第 213、215、407 页。

相符的命令寄出。

作为被告的外国国家或其政治区分单位或其媒介机构应该在传票送达后 60 天内答辩，除非原告能提出令法院满意的证据证明其请求或权利，否则法院不得进行缺席判决。

从以上关于美国国家豁免法的历史演进和基本内容的全景式的介绍和述评中，我们了解到关于美国国家豁免法的理论上的进步和纷争、立法上的成绩和缺陷以及司法实践中的发展和混乱，它本身是一个杂乱的混合体，应该说，限制豁免主义正确处理了领土管辖权与国家豁免权的国际公法关系和国家当事人与私方当事人之间的国际私法关系，具体体现了国际民商事新秩序的发展要求，但是该法在语言逻辑上存在矛盾和模糊之处，具体规定也存在不全面不明确的问题，在指导思想和具体条文上也有很大冲突和缺陷。这引起了美国许多学者的关注，因此，修改并完善美国 FSIA 就作为一项议程被提了出来。

第三节　美国国家豁免法发展新动向

一、概述

FSIA 是世界上第一个把外国主权豁免规则法典化的系统成文法，它包含了"用于解决外国国家在美国联邦和州法院提出的主权豁免问题的完全的和排他性的标准"，并且得到了广泛的关注。在过去的 28 年里，该法的司法解释进一步显示了它的一些缺点、模糊之处和存在的问题。这些问题包括"外国国家"的范围，豁免的例外、送达，司法判决的执行和其他一些经常发生的诉讼问题。该法的管辖权结构也是独一无二的，语言复杂晦涩。它把关于外国主权豁免的联邦实体法与对人管辖权和联邦法院诉讼标的管辖权交杂在一起。而且，禁止陪审团在美国联邦法院审判国家豁免案件的条款也引起了争论。美国法院对 FSIA 中"商业活动"定义的缺失和大量的循环定义也感到遗憾，而且该法不同部分在解释和适用方面也存在其他的难题。

正如美国国会所希望的那样，美国法院已经解决了其中的一些问题。例如，他们已经厘清了决定豁免时的基本关系、美国联邦法院的诉讼标的管辖权、对被告的对人管辖权和准许采取临时限制措施的必要性、豁免中的前期发现程序。美国法院使该法的许多其他部分也得到了明确，比如商业活动的定义和与之相关的"基于"要求。然而，问题依然存在。举例来说，"外国国家"包括第二级或第三级的政治区分单位（subsidiaries）吗？包括主要由两个而不是由一个国家拥有的企业吗？关于判决执行的条款应该并能够得到加强吗？在美国法院作出判决之前美国应与外国国家的商业活动有什么联系？

美国律师协会国际法律和实务部国际诉讼委员会工作组（以下简称工作组）在《哥伦比亚跨国法杂志》上专门发表了一个关于 FSIA 的改革报告，讨论了这些广泛与 FSIA 有关的诉讼中经常发生的问题。该报告试图解决美国法院和当事人所面临的这些问题和困难并且提出相关修正措施，并提出了替代和改进 FSIA 的修正意见以便改进该法的运作。下面将以工作组的成立、相关问题以及该报告的内容为主要部分，同时参考其他资料对美国国家豁免法的新动向进行全面的介绍。借此，我们不仅可以知晓美国 FSIA 所存在的问题和发展新动向，而且可以进一步了解美国立法程序过程中的许多方面。

(一) 工作组的成立和工作指南

考虑到 FSIA 司法解释的不协调以及该法的复杂晦涩,同时鉴于美国律师协会(ABA)与 FSIA 长期的历史关系,① 工作组在 1998 年得以成立以便考察该法存在的问题和它颁布以来所取得的经验。工作组对该法的运作和适用过程进行了评估并考虑了所有应被提出的完善该法的建议。② 通过澄清和改进该法中存在的模糊和概念循环问题的条款,该工作组希望 FSIA 在未来的适用更确定、更有可预见性并且更加有效。

在决定是否提出建议时,该工作组坚持了如下几个原则。第一个原则是使建议符合宪法和国际法的规定;③ 第二个原则是使建议符合美国国家的一般目的、政策和现行立法以及立法报告中的价值取向,也就是说,工作组是在既有的法律框架内工作。他们希望这些改变能为律师和法官们较容易地理解和适用,并尽量减少对法律条文修改的数量。第三个原则是尽可能避免对美国的内外政策有任何新的重大暗示,避免对政治敏感问题或对政治决断或价值选择问题给出建议。

(二) 报告的概要

报告的第二部分考察了 FSIA 的管辖权结构,这包括对人的管辖权、美国联邦法院的诉讼标的管辖权和诉讼中的豁免。工作组的结论是对此没有修正的必要,美国法院已经熟悉了这个结构,而且改变这个结构在一些案件中将会带来宪法问题。在豁免问题解决以前,法院一直很注意对与美国几乎没有什么联系的外国国家或其媒介机构对人管辖权的正当程序和对外国国家被告在繁重的发现程序中的保护。

第三部分考虑了几个与 FSIA 范围有关的问题。

(1)讨论了"外国国家"和"代理或媒介机构"(agency or instrumentality)含义的清晰化问题。FSIA 对"外国国家"的现行定义令人迷惑,因为它有时只指国家,有时既指国家又指媒介机构。

(2)工作组讨论外国国家与媒介机构的区分标准,结论是"法律特征"标准(legal characteristics)要比"核心职能"标准(core functions)能更好地服务于 FSIA 的目的。美国法院应该根据某一实体的法律特征来决定其是否独立于外国国家,即该实体是否具有独立人格,是否拥有充足的资本,是否遵守公司规程,是否能以自己的名义缔约,是否能独立起诉或被诉。虽然政府部门和其他政府单位被视为典型的政府本身的一部分,但有时它们也具有这些法律特征,他们建议外国国家的定义应明确包括其政府部门、武装力量和独立的管制机构。

---

① 美国律师协会极大地促进了 1976 年 FSIA 的颁布,其 1984 年提出的修正建议得到了美国众多州参议院的支持,其中一部分为 1988 年的修正案所接受。

② Working Group of the American Bar Association, *Reforming the Foreign Sovereign Immunities Act*, Columbia Journal of Transnational Law, Vol. 40, 2002, p. 494.

③ 按照工作组的意思,"国际法"指的是联合国国际法委员会的《国家及其财产管辖豁免公约》和《美国对外关系法重述(第三次)》。

（3）考察了"分层式实体"（tier）和"共有式实体"（pool）的问题，即间接被一个外国国家拥有的实体和被一个以上外国国家拥有的实体的问题。他们提议法律应该既适用于主要由一个以上外国国家拥有的实体，也适用于最终为一个外国国家所有的所有层级的下属实体。

（4）讨论了当作为被告的外国国家或其媒介机构在从争议发生到法院受理的时间内，若其地位发生了变化，则该法是否能够适用的问题。工作组认为既可根据在起诉时的被告地位，又可根据在法院受理时的被告地位来适用豁免法。

（5）改革报告还建议该法的适用范围明确扩及作为外国国家或其媒介机构的官员或雇员的个人和那些在其职务范围内行事的个人。报告未建议该法也适用于国家元首，同时也未对此表明态度。通过制定适当的条款，把政府官员作为外国国家的一部分来对待，把媒介机构的主管和雇员作为媒介机构的一部分来对待。他们建议明确地顾及和保护国家元首豁免，保护符合美国国际条约和联邦立法的外交、领事和其他豁免。

该报告接下来的几部分探讨了国家豁免的例外问题。第四部分是关于豁免放弃例外的三个问题。（1）FSIA对在美国领土内豁免的明示放弃缺乏明确要求，这已经带来了一些问题，但是根据传统的合同解释方法，一个外国国家或其媒介机构对主权豁免的放弃即表示同意在美国被诉。（2）由于默示放弃的不确定性，FSIA应对默示放弃限制在外国国家或其媒介机构作为被告参与诉讼且没有适当地提出主权豁免辩护的情形。（3）工作组还建议应用明确的语言规定谁有真正确定的权利来放弃主权豁免。

关于商业活动例外的唯一重大的修改建议是，适用第1605条第1款第2项处理发生在美国境外商业活动时应要求该商业活动在美国有"实质"和"直接"的影响。报告第五部分认为美国联邦最高法院对现行"直接影响"的解释给下级法院带来了迷惑和混乱，并且允许美国法院解决仅与美国具有最疏远联系的商业活动的争议。

第六部分建议对侵权例外采取两个清晰化的修正措施。（1）应明确只要侵权行为或不履行责任的行为的实质部分发生在美国，该法就予以适用，而损害发生地则无关紧要。（2）应明确某些类型的争议，如诽谤、欺诈和恶意告发，不属于侵权行为例外，而应属于商业活动例外。工作组也考察了侵权例外部分对面临随意起诉的豁免保护问题。

第七部分考虑了送达程序的几个问题。虽然美国法院关于什么是"实质遵守"见解不一，但是许多美国法院认为对国家媒介机构实质遵守送达规则是适当的。工作组认为，美国法院应严格执行对外国国家或其媒介机构的送达规则，但法律对实质遵守送达规则予以明确则是不可接受的。当诉讼文书出现小的技术性瑕疵时，只要送达方式符合程序规则，美国法院应当保留适当送达的权力。当原告对国家媒介机构或其领导、雇员的送达存在困难时，允许法院采取特殊方式送达。

在FSIA现行条款下，胜诉原告执行针对外国国家的判决存在困难。报告的第八部分提议通过放松对在美国境内的外国国家财产执行的限制来解决这个问题。虽然明确的财产豁免种类将被保留，政府、外交和领事的财产也将得到明确，但是，实质上在美国境内的任何用于商业活动的财产都能用来满足美国的判决。因为判决执行的现行规则同样适用于国家媒介机构，所以对国家媒介机构的判决执行标准与针对外国国家的判决执行标准也是相适应的。

这种受限的执行豁免导致外国国家财政压力和他们债权人权利之间的不平衡。报告的第九部分研究了这个问题并提供了几个解决办法，其中就包括了对这种可能性的探讨，即：FSIA 明确授予美国法院暂时停止针对外国国家的诉讼或暂时停止执行针对外国国家的判决的权力。尽管在 FSIA 中增加美国法院的暂停权有其优点，但是该工作组在参考大量的评论后认为，这样做超出了 FSIA 的范围而应成为考虑国家破产程序更加广泛努力的一部分，国家破产程序将有助于繁荣国家债务市场。

二、管辖权问题的发展新动向

FSIA 规定，除了一些例外，外国国家在美国法院享有诉讼豁免权。FSIA 同时也明确了美国法院在诉讼中对外国国家拥有对人管辖权和诉讼标的管辖权的条件。在 FSIA 中，对人管辖权、诉讼标的管辖权与豁免问题相互杂糅在一起。如果对外国国家被告能够作出正当送达，在拥有联邦诉讼标的管辖权的基础上，对人管辖权则在任何诉求中都可存在。而"在所有对人诉讼的求偿问题中，只要外国国家没有豁免权"，那么联邦诉讼标的管辖权就会存在。FSIA 也明确规定了主权豁免的几个例外。在此种结构下，美国法院必须判定外国国家被告是否享有诉讼豁免权，同时也要查明美国法院是否拥有对人管辖权和诉讼标的管辖权。如果美国法院发现被告享有豁免权，法院就没有对人管辖权和诉讼标的管辖权。相反，如果发现存在豁免例外并已正当送达且没有违反正当程序时，法院则自动享有对人管辖权和诉讼标的管辖权。

(一)可能的改变

工作组考虑了改变这种结构，把标的管辖权和对人管辖权以某种方式分开的可能性。对此美国国内主要有三种观点：(1)现行的杂糅结构使法院感到迷惑。① 一个联邦上诉法院在 1981 年的调查表明 FSIA 的管辖权结构已经给地区法院带来了大量的困惑；另一个联邦地区法院曾于 1982 年说 FSIA 的结构是"古怪"和"非常愚蠢"的。(2)FSIA 的现行结构可以提高对正当程序的关注。在现行结构下，对人管辖权支配外国国家被告而无论何时正当送达也不管是否存在豁免例外。主权豁免"与美国有联系"的要求并不总能满足正当程序的要求。(3)因为管辖问题与豁免问题相关，美国法院经常不能应对管辖权方面的挑战。因此在 FSIA 下，存在不必要的危险和潜在的发现程序的负担，从而削弱了主权豁免的利益。确实，一些美国法院已经注意到允许证实外国主权豁免的例外与保护外国国家或国家机构正当的豁免请求之间的紧张关系。

(二)工作组的分析和结论

虽有上述观点，该工作组的结论是 FSIA 的管辖权结构不必改变，理由如下：(1)FSIA 的结构不再给美国法院带来实质性的影响。(2)单独规定豁免的诉讼标的管辖权可能带来新的宪法层面的不确定性。(3)正当程序的问题并不突出而且已经得到了妥当的解

---

① 　Karen Halverson, *Is a Foreign State a "Person"? Does It Matter?: Personal Jurisdiction, Due Process, And the Foreign Sovereign Immunities Act*, N. Y. U. J. Int'l L. & Pol., Fall, Vol. 34, 2001, p. 117.

决。（4）尽管 FSIA 可能加重发现程序不必要的负担，但至少在一些豁免例外的案件中发现程序是不可避免的。更重要的是美国法院通常会对面临过分的发现程序危险的外国国家被告进行保护。

（三）法院的困惑

虽然 FSIA 的杂糅结构在美国法院中产生了一些困惑，但这再也不是一个重要的问题。FSIA 的结构在美国联邦最高法院最近的系列判决中已经被正确地陈述和充分地界定。在 Argentine Republic v. Amerada Hess Shipping Co. 案中，美国联邦最高法院就正确地指出：当某外国国家享有豁免权时，第 1604 条禁止联邦和州法院行使管辖权；而当某外国国家不享有豁免权时，第 1330 条第 1 款就赋予联邦地区法院受理由美国公民和外国人起诉的权力。同样，较低级法院，部分因为他们已从最高法院的解释中受益，所以近年来在理解 FSIA 结构时已不存在困难。

（四）宪法上的担忧

改变 FSIA 的管辖权结构可能产生宪法上的担忧。如前所述，当存在豁免例外时，FSIA 赋予美国法院拥有针对外国国家诉讼的诉讼标的管辖权。美国联邦法院此种权力依赖宪法第 3 条关于诉讼标的管辖权的规定。两类最常见的美国联邦法院诉讼标的的管辖权是涉及外国当事人案件的"外国事项管辖权"（diversity jurisdiction）和根据联邦宪法、法律和国际条约起诉案件的"联邦事项管辖权"（federal question jurisdiction）。一些外国人根据 FSIA 起诉外国被告的案件不符合外国事项管辖权。另外一些案件只是涉及基于州法或外国法的诉求，因此它们是否符合联邦事项管辖权也存在着争论。

美国联邦最高法院在 1980 年 Verlinden B. V. v. Central Bank of Nigeria 案中化解了这个担忧。该荷兰公司因尼日利亚中央银行预期违反信用证而在美国联邦法院起诉该银行。该外国原告诉外国被告的案件，其诉求并非根据联邦法提起。不过，美国联邦最高法院最后认定该案符合联邦事项管辖权的规定。FSIA 的杂糅结构对这个结论的得出起着重要的作用。

为了理解美国联邦最高法院对此问题的见解，还应该明确一点，即如果仅仅存在联邦法律赋予管辖权这一点，就根据联邦法起诉还是不够的。为满足宪法第 3 条联邦事项管辖权的规定，案件必须包括一些实质性的联邦法问题。此外，第 3 条可能还要求实质性的联邦法问题在案件中被提起的可能性不是渺茫的。

在 Verlinden 案中，美国联邦最高法院认定该案依 FSIA 同时具备这些条件，因为，在每个 FSIA 案件中，实质性的联邦法问题最初都会被提出。该院解释"在地区法院受理的针对某外国国家的每个诉讼的开始阶段，美国法院要确信存在豁免的某个例外与否，它必须适用豁免法条文规定的条件"。该院也特别提到，由于 FSIA 的杂糅结构，"根据豁免法的针对某外国国家的每个诉讼，在其开始阶段都必须提出实质性的联邦法问题，这就明显与宪法第 3 条的规定一样了"。

如果改变 FSIA 的结构，把诉讼标的管辖权从豁免中分离出来，则根据 FSIA 提起的部分案件可能会产生合宪性的问题。果真如此的话，就不必在豁免案件的开始阶段提出实质性的联邦法问题，而且，美国法院只需确信符合诉讼标的管辖权的条件就可以受理此类案件。然而这并不足以使案件符合宪法第 3 条联邦事项管辖权的规定。第 3 条的界限是不确定的，因此，把管辖权从豁免中分出来的做法并不违反宪法，且豁免实质问题最终还是会在案件中被提出，但是这样一来至少会产生宪法上的不确定性。

(五) 正当程序

工作组认为 FSIA 现有的管辖权结构不必修改。首先，在大多数案件中，FSIA 的豁免例外将符合正当程序的要求。FSIA 的立法报告表明国会意图把正当程序的概念运用到豁免例外中去，继而也运用到对人管辖权中去。与此意图相适应的是，除了最罕见的情况，符合豁免例外的行为也就符合了正当程序"最低联系"的要求。其次，虽然大多数美国法院已经假定外国国家被告有权享受正当程序的充分保护，但在具体的案件中这并不完全清晰。美国联邦最高法院认为联邦国家的州不是正当程序条款下的"人"，正当程序保护并不适用于外国国家。工作组认为这是一个由美国联邦最高法院而不是通过立法解决的事情。最后，美国法院承认对被告是否与美国有充分联系作出独立的决定是宪法的需要，也是正当程序的要求。传统上美国法院采取两个步骤来评估对人管辖权：首先看是否存在关于管辖和送达的立法授权；如果存在，则进一步判断对人管辖权的授予是否符合正当程序的要求。因此美国法院要同时决定 FSIA 是否授予对人管辖权和这种授予是否为宪法所允许。许多法院正是这样做的。

(六) 发现程序

工作组认为不必修改 FSIA 的管辖权结构以解决程序中存在的问题。尽管一些案例表明 FSIA 的杂糅结构导致了一些不必要的发现程序，但美国法院对这个问题通常是敏感的，并对外国国家被告的利益加以保护。例如一些美国法院已经限制原告在诉讼早期就质疑"管辖权发现程序"。另外，美国法院经常不允许这种无视法院管辖决定权的发现程序。在那些过多地考虑发现程序的地方，美国上诉法院就会采取措施加以调整。事实上，在最近的一个 FSIA 案中，上诉法院已经发布训令要求美国地区法院尽可能少地考虑发现程序了。

三、享有推定豁免权的实体和个人问题的发展新动向

FSIA 的适用范围，即哪些实体和个人享有推定豁免权是一个很重要的问题，因为 FSIA 所包含的主体不仅享有推定的豁免权，而且即使适用豁免例外时还享受许多程序性保护措施。[①]不少问题受到了关注，比如"外国"这一定义的模糊性，区别外国国家和国家媒介机构时的困难，FSIA 是只适用于直接为一个外国国家所有的公司还是也适用于两个或更多国家所拥有的公司时所产生的混淆，以及未提及诸如政府官员之类的个人等。

FSIA 第 1603 条明确了外国国家和外国代理和媒介机构的定义，从而确定了该法案的

---

① 根据该法，被告可获得如下程序性利益：原告没有在联邦法院享受陪审团审判的权利，向联邦法院移交州案件的权利，要求特别送达的权利，以及免受判决前财产扣押和强制执行的特别保护权利。

适用范围：为本节的目的，除了在第 1608 条使用之外，"外国国家"应包括外国的政治区分单位或外国代理和媒介机构。"外国代理和媒介机构"指独立的法人、公司；或者外国或其政治区分单位的机关（organ），或大部分股权或其他所有权利益归外国或其政治区分单位所有的任何实体；既非美国某州公民，也非依任何第三国法律设立的实体。

（一）外国国家和外国媒介机构的区分

工作组认为，FSIA 第 1603 条中"外国国家"和"外国国家的代理和媒介机构"的定义导致了不必要的混淆并造成了 FSIA 解释上的困难。其中突出的问题是外国国家双重定义的使用。大多数法条中，"外国国家"这一术语既指外国国家本身又指其代理或媒介机构，而在规定送达程序、答辩时间和缺席审判的第 1608 条中又另有所指，这导致了法条适用上的混淆。

规定最终审判地条款的第 1391 条第 6 款第 4 项被自然理解为允许在哥伦比亚特区法院起诉外国国家本身但不能起诉其代理或媒介机构，但是对其严格的理解则应当允许外国国家和其媒介机构都可以在那里被诉。这种双重定义也已经产生了不必要的复杂性。例如，第 1606 条中所规定的就是"除了代理或媒介机构以外的外国国家"。

因此，工作组在所有情况下都将外国国家和国家媒介机构的定义区分开来。但该意图并不是要改变法院确定某一实体是否外国国家的方法。工作组还建议澄清"外国国家"这一术语，它包括国家政府及其部、署和政治区分单位，而政治区分单位则包括海外属地和领土，如百慕大和阿鲁巴。

"外国国家的代理或媒介机构"的术语应被缩短为外国的"媒介机构"。使用"机构""代理"（agency）这一术语会产生混淆，因为它看起来包括属于外国国家概念的部、署。它还造成了不必要的冗长和麻烦。不过，工作组还参照其他对该定义的修改意见，将判例法中对"代理或媒介机构"这一术语的解释适当地适用于"媒介机构"一词。随着媒介机构从外国国家中被分离出来，工作组认为有必要对相关法案作出修改。

（二）外国国家与其媒介机构的区分标准

区分外国国家及其媒介机构是很有意义的，因为它影响外国实体在美国 FSIA 的很多章节中所获得的保护程度，包括送达程序、缺席审判和执行条款。[①]

在美国，有一类案件认为媒介机构地位的确定应考察该外国实体能否具有明显独立于外国国家的法律特征，即：缔约、起诉和被诉以及以自己的名义拥有财产的能力。另一类案件将"核心职能"作为区分标准，即：如果某一外国实体的核心职能主要是商事性而不是政府性的，它就被认为是媒介机构。其中核心职能标准是唯一得到美国上诉法院和国务院认可的标准，但工作组认为适用法律特征标准来区分外国国家和媒介机构更为适当。

---

① 例如，国家媒介机构对送达程序的要求就远不及外国国家迫切；FSIA 第 1391 条第 2 款意图使哥伦比亚特区成为任何对抗外国国家而非媒介机构的案件的适当审判地；依据 FSIA 第 1606 条，惩罚性赔偿只适用于媒介机构而不适用于外国国家。

1. 核心职能标准

适用核心职能标准的典型案例是 Transaero Inc. v. La Fuerza Aerea Boliviana 案。美国国务院作为"法庭之友"在致法院的一份摘要中提出了"核心职能"标准。他认为如果实体法律地位的区分依赖于立法报告所提供的一系列标准，包括该实体是否可以"以自己的名义起诉、被诉、缔约和拥有财产"，那么大量的政府实体将被视为"独立法人"。

FSIA 最初的立法报告规定，"独立法人"标准"倾向于包含公司、合伙、基金会或依照设立地国的法律可以以自己的名义起诉、被诉、缔约和拥有财产的其他任何实体"。外国的国家媒介机构"可以采取多种形式，包括国有贸易公司、矿产开发公司、诸如航运和空运这样的运输公司、钢铁公司、中央银行、出口联合会、政府采购媒介机构或能以自己名义行事和诉讼的部、署"。实际上这种列举容易令人产生误解，因为它将传统上被视为国家一部分的实体，特别是部、署的特征描述成了媒介机构。美国国务院因此提出两分法来确定某一实体是否外国国家的一部分，即法院应该考察：(1)需要确定是否属于外国国家存在疑问的某一实体的核心职能；(2)决定国家财产是否可以成为判决对象的核心职能标准背后的实质。

美国华盛顿特区巡回法院采用了与国务院相似的方法，即认为如果某一实体的核心职能是商事性的，则该实体应为媒介机构。虽然立法报告的某些语言似乎暗示确定一个媒介机构的地位应根据其缔约和起诉能力等"法律特征"，但根据 Transaero 案的法院判决，这些语言并不具有决定性。美国法院注意到即使美国非常便利地赋予国务院和国防部缔约和起诉能力，但这些实体仍能被视为政治区分单位而不能视为代理或媒介机构。最后，法院认为，核心职能标准与法律特征标准相比更便于适用，因为法庭和当事人已经习惯于在 FSIA 的其他部分中作政府性的/商事性的划分。适用核心职能标准，法院认为某一外国主权的武装力量原则上与国家结构紧密相连，在任何情况下都应把它视为"外国"本身而非该国独立的"代理或媒介机构"。

在 Segni 诉西班牙商务部一案中，美国伊利诺伊州北区法院运用了核心职能标准来确定西班牙商务部是一个政治区分单位还是国家媒介机构。根据立法报告，法院认为"区分的界限在于一个实体是外国国家政治结构的必备部分，还是该实体最主要的结构和功能是商事性的"。最终法院确定西班牙商务部是西班牙政府的政治区分单位，因为其职能与政府的官方行为是紧密联系的。

2. 法律特征标准

适用法律功能标准最具代表性的案例是 Hyatt Corp. v. Stanton 案，该案中法院考虑了芬兰政府担保基金(GGF)①是否具有国家媒介机构的资格。纽约南区法院认为 FSIA 的条文和立法报告都暗示了"法律特征"是适宜标准。立法报告将媒介机构定义为可以起诉、被诉、缔约或拥有财产的实体，据此法院认为法律特征应构成判断标准的基础。法院认为 FSIA 没有区分商业实体和政府实体，同时，立法报告也列举了商业实体和非商业实体两方面的例子来描述实体的特征。由于 FSIA 的商业活动例外最终剥夺了商业性实体的豁免权，目前没有必要作政府和商业的区分，因此拒绝适用核心职能标准。通过适用法律特征

① 该基金由芬兰国会设立，用以保障芬兰银行的安全以及处理芬兰银行的危机。

标准法院发现，虽然芬兰政府对 GGF 的职能多加控制，但是 GGF 仍为一个代理和媒介机构，因为它"能以自己的名义起诉、被诉、拥有财产及缔约"。GGF 还可以在存款银行和资产管理公司持有股份并能担保贷款。①

在 Unidyne Corp. v. Aerolines Argentinas 一案中，美国弗吉尼亚东区法院在决定阿根廷海事委员会(ANC)——阿根廷海军的一个媒介机构，是否 FSIA 所指的政治区分单位时也使用了法律特征标准。法院认为政治区分单位与代理或媒介机构的区别在于政治区分单位包括"中央政府下的所有政府单位"，而代理或媒介机构必须能以自己的名义起诉或被诉、缔约和拥有财产。由于 ANC 的成员完全由阿根廷海军军官组成，他们向阿根廷大使汇报工作并享受外交待遇。阿根廷海军代表 ANC 进行合同谈判且 ANC 不能以自己的名义拥有财产和起诉，② 因此，ANC 不具有任何独立于阿根廷政府的法律特征，是一个政治区分单位。我们认为，在本案中，运用"核心职能"标准即使不能更好更有效地说明，那么至少同样能确定 ANC 是一个政治区分单位。

工作组认为还有其他的案例为法律特征标准提供了间接支持。这些案例涉及对国有公司是否应被认为是国家自身的一部分或是否"独立的法律实体"的查明，以确定其责任而非豁免问题。即使某一实体从豁免角度而言是"外国国家"，但从责任角度而言它们是"独立的"。决定某实体独立的司法地位时所作的划分在区别政治区分单位和媒介机构方面还是有帮助的。

在 First National City Bank v. Banco Para el Comercio Exterior de Cuba("Bancec")③一案中，美国最高法院认为古巴为了免责将资产转移给独立法律实体违反了国际法，并允许花旗银行以古巴银行的资产来弥补其被古巴政府没收的资产。法院考虑了传统国际法并认定，被外国作为独立法律实体对待的政府公司通常对于针对国家的诉讼请求不承担责任。法院认为在确定责任时，影响某一国有公司能否被视为独立于国家的实体的各种法律特征包括：该媒介机构可以作为一个"具备持有和出售资产、起诉和被诉权力的独立法律实体"来设立，应"首先对其自身的金融状况负责"并是一个"独立的经济体……不受政府机构必须遵守的预算和人事要求的约束"。为了责任的目的，法院还创造了"尊重外国政府给予其媒介机构独立法律地位的决定"的预设，虽然这种预设可能因为该决定的不平等或不公正而被推翻。该法院还拒绝采用与核心职能标准相似的标准，表示"有疑问的媒介机构是否履行了'政府职能'"不构成判断标准。④

3. 工作组的建议

在工作组看来，法律特征标准是更为适合的标准。"它是由国际法建立起来的标准，也得到了判例法的支持，前后更为一致并更具可预测性。正如在 Bancec 一案中所称的那

---

① Hyatt，945F. Supp.，at 685.

② Unidyne，590F. Supp.，at 400.

③ 该案中，一家古巴银行设法以花旗银行发行的信用证付款，在花旗银行尚未答复之前，其在古巴的所有资产都被古巴政府扣押并国有化。Bancec 在美国起诉要求对以上信用证进行赔偿，花旗银行反诉要求抵销其在古巴被扣押的财产的价值。于是法院必须确定 Bancec 是否"独立的司法实体"以决定花旗银行是否可以申请抵销。

④ First Nat，l City Bank，462 US，pp. 624-625.

样，法律特征标准是国际法中用以确定某一实体是否具有不同于国家的自主权的方法。FSIA 的明确含义表明国会同样采用了这一标准。而核心职能标准则被认为具有不确定性和不可预见性，并且与后续诉讼阶段中使用的确定被告是否有豁免权的商业活动的分析方法是完全相同的。"①

因此，工作组认为，法院应依据 FSIA 第 1603 条第 2 款通过分析某一实体的法律特征来确定其是否为独立的法人。这就包括该实体是否保持独立的人格，是否有充足的资本，是否遵守公司规程、保有企业记录，以自己的名义拥有财产、缔约并起诉与被诉。Bancec 案中确定某一实体是否为独立法人的一系列因素被大量用于处理揭开法人面纱的国际和国内案件。因此，判例法对于法院适用法律特征标准是有指导作用的。

工作组认为，正如美国法院在 Transaero 案指出的，为了便利，一些政府给予某些实体以缔约和起诉的权利，但这并不意味着该实体能独立于国家而运作。政府司局、部署、管制机构都属于这种情况。因此，在区分外国国家本身和作为独立法人的媒介机构时，除了 1976 年的立法报告和以上提到的因素外，法院还应考虑，如果原告获得不利于外国实体的裁决时，国家财产能否被执行，该实体能否并在多大程度上提供自己的金融资金或获得政府拨款，该实体能否雇用公务员等。

工作组建议修改"外国"的定义从而明确国家包括政府部、署，类似地，武装媒介机构和独立的管制机构也应是国家的一部分，因为它们传统上即被视为国家本身的一部分，并且其成员通常由公务员组成，其资金大部分来自政府拨款。

工作组决定保留"机关"（organ）的语词和概念并将其作为媒介机构的一种类型。美国一些法院在很多特殊情况下已使用过这一概念以扩大 FSIA 的适用范围，使其延伸至与国家有着紧密联系但非主要为国家所有的实体。法院认为完全将它们从该法的适用范围排除可能引发外交问题，并明确了考察机关是否具有外国实体地位的各种相关因素。② 工作组建议，除了极少数情况，如受到了外国国家监控或与之有着紧密联系，某一实体不能被视为机关，因此不能适用该法。按照美国法律的一般理解，"机关"指的是政府公共机关，③ 工作组把"机关"保留在"媒介机构"的范畴之内，这与其试图把"国家"和"媒介机构"明确清晰地作出区分的努力是自相矛盾的。

（三）《外国主权豁免法》对外国国家间接拥有或两个以上外国国家共同拥有的实体的适用

FSIA 不仅适用于外国国家，也适用于主要为外国国家所有的公司。依据该法，这些外国公司是媒介机构的一种类型。随着世界各国经济、政治和法律状况的日益复杂化，主

---

① Working Group of the American Bar Association, *Reforming the Foreign Sovereign Immunities Act*, Columbia Journal of Transnational Law, Vol. 40, 2002, p. 515.

② 如法院应考虑该实体是否代表外国政府从事公共活动，并考察以下因素如该实体设立的目的，其相对于政府的独立性，其依照内国法所享有的权利以及获得的政府财政支持的水平。

③ Patrickson v. Dole Food Co. 251 F. 3d 795, 807（9th Cir. 2001）；Kelly v. Syria Shell Petroleum Development B. V., 213 F. 3d 84, 846-48（5th Cir），cert. denied, 121, S. Cr. 426（2000）；Alpha Therapeutic Corp. v. Nippon Hoso KYOKAI, 199. 3d 1078（9th Cir. 1999）.

体中出现了两种新情况，因此需要讨论一下它们的法律地位，即它们是否属于国家媒介机构。第一种情况是某一公司的主要所有权不直接归属于外国国家而是归属于另一公司，但后者的所有权直接为外国国家所有，这种公司叫作"分层式"实体；第二种情况是某一公司主要为两个或两个以上外国国家直接所有，每一国都拥有不超过50%的公司股份，这种公司叫作"共有式"实体。

在分层式和共有式实体是否符合 FSIA 关于"主要为外国国家所有的公司"的定义从而是否享受 FSIA 所提供的保护的问题上，美国一直存在争论，工作组建议国会修改 FSIA 以澄清以下问题：(1)一个媒介机构获得推定豁免和本法中的程序性保护并不要求其主要所有权直接属于外国国家；(2)一个外国公司可以通过两个或两个以上的外国"共有"所有权来满足主要所有权要求从而获得可能的推定豁免和程序性保护。

1. FSIA 第 1603 条第 2 款的目的

在美国国会通过 FSIA 之前，美国法院对外国国有公司适用的是"独立实体"规则。依照该规则，法院推定，某一外国国有公司如果作为一个独立的法律存在则不得豁免。仅当该"公司作为公共机构或组织行使职能或显示其独立于政府的证据不充分"时法院才能忽略这一推定并给予此类公司豁免权。国会在通过 FSIA 的过程中否决了独立实体规则并推翻了上述推定。FSIA 第 1603 条第 2 款现在推定拥有独立法律地位的外国国有公司可以豁免，除非其行为满足 FSIA 的例外规定，其目的在于通过规定外国主权豁免的原则和标准给在美国法院的起诉者提供确定性和一致性，从而促进外国国家及其媒介机构被诉案件的统一，防止由于区别对待而对外交关系产生不利影响。

2. 司法解释

美国各法院对第 1603 条第 2 款第 2 项作了前后不一的解释，对于外国是否应采用分层式或共有式所有权以及是否仍可获得 FSIA 的主要所有权条款的保护提出了不一致的观点。

(1)分层式。美国多数法院认为主要为外国国家所有的公司适用 FSIA，只要最上层的母公司本身为外国所有。他们认为第 1603 条第 1 款定义的"外国国家"广泛包括了外国的政治区分单位和"代理或媒介机构"，该定义适用于除第 1608 节外的 FSIA 的所有章节。既然第 1603 条第 2 款第 2 项将"代理或媒介机构"定义为主要为"外国国家"所有的实体，因此，该节也应包括主要为"代理或媒介机构"所有的实体。于是法院得出结论：只要外国直接或间接的所有权超过50%，该公司即适用 FSIA。[①]

其他法院认为间接为外国所有的公司不适用 FSIA。这些法院针对第 1603 条作了不同解释，认为某一媒介机构必须主要为外国国家或政治区分单位而不能为另一媒介机构所有。他们表示，第 1603 条第 2 款第 2 项定义的"代理或媒介机构"是指主要为"外国及其政治区分单位"所有的实体而不包括主要为媒介机构所有的实体。这些法院还指出 FSIA 的立法报告也支持了他们的这一结论。例如，在 FSIA 所附的报告中，国会解释说，为了适用第 1603 条第 2 款的主要所有权条款，"某一实体的主要股份或其他所有权必须被某一

---

① e. g., Roselawn, 96F. 3d at 940; In Re Aircraft, 96 F. 3d at 939; Hyatt Corp. v. Stanton, 945 F. Supp. 675, 686-87 (S. D. N. Y. 1996).

外国国家所有(或被外国政治区分单位所有)"。既然国会意识到了外国国家与政治区分单位之间的区别,法律条文本应表述为:"代理或媒介机构"也可能主要为其他代理或媒介机构所有,但是它并没有这样表述,这足以说明问题。①

该法院还认为 FSIA 已经为外国国家、外国机关或政治区分单位、外国或其政治区分单位的媒介机构提供了推定豁免。"增加所列的那些为代理或媒介机构所有的实体的数目可能使推定豁免大为膨胀,因为它将为公司链中的每一个附属公司提供推定豁免,只要第一个公司是外国或其政治区分单位的机关或主要股权为外国或其政治区分单位所有,而不管其附属地位如何低。"而这肯定不是国会的意图。最后,这些法院还表示,随着法律实体与主权实体渐行渐远,给予法律实体以主权待遇的需要也将消失。而主权安排和控制在共有式公司中极少体现,因此不应假设此类实体参与主权或政府活动应享受豁免法的特别保护。

(2)共有式。在两个或两个以上的外国直接拥有某一公司的主要所有权,但各国单独拥有的公司股份少于50%的案件中,绝大多数法院允许该公司将所有外国的股份共有合计以达到第1603条第2款第2项的主要所有权要求。② 虽然这些法院承认1603条第2款第2项没有明示允许共有式,但他们认为共有式能更好地为 FSIA 的宗旨服务,而排除共有式会导致荒谬的结果:一个50.01%股份为外国所有而剩余股份为私人所有的公司可以获得推定豁免的保护,而两个各拥有50%股份的外国国家所有的实体却不能获得豁免。

第1603条第2款第3项排除了 FSIA 对"依照第三国法律创立"的公司的保护,③ 因此有原告称既然共有式公司通常是依它们的外国所有者之一的法律创立的,那么该公司相对于另一外国所有者而言就是"依第三国法律创立"的,因此必须排除 FSIA 对共有式公司的保护。法院否决了原告的意见,认为一个公司只要是以外国国家所有者之一的法律设立的即满足第1603条第2款第3项"非依第三国法律设立"的要求。④

一些法院在是否允许共有式实体的豁免问题上表现出了迟疑。例如,一个地区法院表示第1603条第2款第2项的要求主要所有权"为一个外国国家"而非"多国"所有,另一些法院仅当某公司是依国际法设立时才允许共有式,否则认为其是多国合资企业。⑤

3. 工作组的建议

在认真考虑了判例法和 FSIA 的宗旨和结构后,工作组得出结论:该法既应适用于主要为媒介机构所有或持有的实体(分层式),又应适用于主要为多个外国国家所有的实体(共有式)。

(1)分层式。工作组建议对主要部分间接为外国所有的公司适用推定主权豁免的主要理由是,一些国家利用分层式公司管理和控制了诸如自然资源这样事关国家利益的重要领

---

① Gates, 54 F. 3d, at 1462.

② In re Air Crash, 96 F. 3d at 939; LeDonne v. Gulf Air, Inc., 700 F. Supp. 1400, 1406 (E. D. Va. 1988); Credit Lyonnais v. Getty Square Associates, 876 F. Supp. 517 (S. D. N. Y. 1995).

③ 美国国会依照如下假设排除了此种公司,即"某一外国依照另一国法律设立或拥有一家依照另一国法律设立的公司的目的在于从事私营商业活动,而不是公共的非商业活动"。

④ Roselawn, 96 F. 3d, at 938.

⑤ Gardiner, 896 F. Supp., at 131.

域。但是依照工作组推荐的方法，大量的公司可能拥有推定豁免并能获得 FSIA 的程序性利益。然而，由于公司与国家距离越远，原告就越不可能意识到该实体的豁免利益，因此就越不可能在合同中得到豁免的明示放弃或在诉讼初期符合 FSIA 的要求，从而处于不利境地。为了解决这些问题，工作组认为 FSIA 应包含一个明确的推定，即相对于所有权直接归外国国家的实体，主要为媒介机构所有的独立法律实体是从事商业活动的。虽然工作组主张将推定豁免和 FSIA 的程序性利益的适用扩大至分层式公司，因为外国主权利益不必然随着公司链的延伸而消失，但他们仍然相信，在绝大多数案件中，较低层次的公司是从事商业活动的。外国的主权利益在直接为国家所有的公司中比在较低层次的公司中可能表现得更为显著。因此，主要为媒介机构所有的公司应被推定从事商业活动。即便被告能提供有效证据证明其是外国国家的媒介机构，原告也不必提供证据证明被告从事商业活动以证明存在豁免例外；被告应承担不适用商业活动例外的举证责任并对说服法官适用豁免规则承担最终责任。① 工作组相信，如果把推定豁免扩大到所有分层式的法律实体，但同时又推定第二层或更低层的实体从事商业活动，法案就可以在不给原告施加不公平的调查与举证压力的情况下平衡美国国家利益，保持其与贸易伙伴的良好关系。但实际上这种翻来覆去的假设和颠三倒四的做法不仅过于复杂，也不全面，而且更没有贯彻其所主张的法律特征标准，因为按照这一标准绝不会给予具有相同法律特征的实体以相反的对待。如果撕去工作组所附加的标签，我们就会发现上述分析其实是比较地道的"核心职能"标准。"核心职能"标准可以直接如实地反映某一实体的法律地位，免除那些不必要并且令人困惑的假设。

工作组还对主要为一个或多个其他媒介机构所有的实体从事商业活动的假定提出了一种例外情况，这个例外就是拥有媒介机构资格的外国中央银行。中央银行的重要性决定了不应对其作出商业活动的假定，然而，判断中央银行在具体案件中相关活动是否符合豁免例外还应适用通常的规则。②

另外，在某一实体的名称和运作方法均未暗示其是国家媒介机构时，从表面上看，该实体就是私人企业，间接所有权难以被预先确认。因此会频繁发生这样一种情况，即原告直到提出诉讼请求时才知道他所对抗的实体已经为某一外国所有了。③ 因此，工作组建议外国国家在媒介机构名称上附加标志性词语以揭示该实体的地位，第二个建议是法院不应处罚在不知情的情况下使用普通送达方式而非 FSIA 规定的特殊送达方式的原告，他们应无条件获准遵照该法再次送达。④

---

① 依照美国现行法律，被告对证实其享有豁免权不存在任何豁免例外情形负有最终的举证责任。通常的规则是被告必须提供其是外国主权者或媒介机构的初步证据，其次由原告提供适用豁免例外的证据，然后再由被告提供更充分的证据证明豁免例外不能适用。

② Working Group of the American Bar Association, *Reforming the Foreign Sovereign Immunities Act*, Columbia Journal of Transnational Law，Vol. 40，2002，p. 525.

③ 可能出现的情况例如，美国的某地产所有权人将地卖给了某不动产投资商，而此投资商实际是一个外国政府实体。

④ Working Group of the American Bar Association, *Reforming the Foreign Sovereign Immunities Act*, Columbia Journal of Transnational Law，Vol. 40，2002，p. 525.

（2）共有式。工作组认为允许共有式主要是出于外交利益的考虑，因为无论外国单独还是作为集团诉讼的一员被诉，都会影响美国的外交利益，而且，起诉一个 95% 直接为两个外国所有的公司和起诉一个 51% 为一个外国所有的公司具有同样重大或是更大的政治内涵。因此，如果把"主要所有权"条款解释为禁止共有式或对共有式附加条件并不能促进对外交政策的关注。而且，共有式主要涉及外国国家的直接所有权，不会引起不确定性。原告也更能意识到只要公司主体为两个或更多外国国家直接所有，该公司就潜在地符合了 FSIA 的豁免规定。因此，工作组建议 FSIA 将"媒介机构"的定义适用于为一个以上外国国家所有的公司。

4. 被告取得外国国家或媒介机构资格的时间

某一实体在诉讼过程中是否取得"外国国家"或"媒介机构"的资格，美国法院通常是依据争议发生时（at the time the Claim Arose）被告的地位来决定的，但也有法院认为应以立案时（at the time the Complaint was Filed）该实体的地位为准，还有的法院则认为两个时间都是可行的。工作组也认为在任何一个时间上为外国国家或媒介机构的被告都可适用 FSIA 享受豁免。然而，如果一个被告在争议产生时是私营者，仍应视为豁免例外而允许该诉讼继续进行，工作组建议对这类案件适用一个新的例外。[1]

（1）依据争议发生时的状况确定被告的法律地位。一些美国法院认为 FSIA 的推定豁免只有在引起争议的事件出现时被告是外国国家或媒介机构才适用，而无论该被告在诉讼请求立案时是何地位。在 General Elec. Capital Co. v. Grossman 一案中，原告提起了对一公司的诉讼，该公司在指控的违法情形出现之时为加拿大政府所有，但后来它又变为私有。为了避免对既成的政府决定作出裁判，Grossman 案中法院认为，即使在诉讼请求立案时该公司不再是国家媒介机构，其仍享有主权豁免。[2]

在 Peré 诉 Nuovo Pignone 一案中，第五巡回法院引用了 Grossman 案的理由，也认为只要被告在争议发生时是主权者 FSIA 就可适用。但 Grossman 案和 Peré 案都没有提出当争议发生之后被告变为主权者这一相反情形出现时能否适用主权豁免的问题。

第九巡回法院不认为这个问题"像其他巡回法院全体认为的那么简单"。它回顾了支持和反对适用 FSIA 两方面的意见，发现"将豁免扩大至现在是私有但在被指控时是国营者的实体的做法是否有助于推进 FSIA 的政策尚不明确"。然而，该法院最终也没能解决这一问题。

（2）依据立案时的状况确定被告的法律地位。[3] 一些美国法院认为外国的地位应该在立案时确定，而不论被告先前的地位。在 Straub 案中，第九巡回法院是这样描述 Grossman

---

①　Working Group of the American Bar Association, *Reforming the Foreign Sovereign Immunities Act*, Columbia Journal of Transnational Law, Vol. 40, 2002, p. 527.

②　Capital Corp. v. Grossman, 991 F. 2D 1376(8th Cir. 1993).

③　有学者认为，"立案时"标准有三个优点：（1）争议时标准缺乏合理的理论基础；（2）立案时标准符合外国主权豁免法尊重外国主权的原理；（3）只有立案时标准能够避免潜在的宪法问题：FSIA 剥夺了陪审团审判针对地位改变的外国当局的案件的权利。Clinton L. Narver, *Putting the "Sovereign" Back in the Foreign Sovereign Immunities Act the Case for a Time of Filing Test for Agency or Instrumentality Status*, Boston University International Law Journal Fall, Vol. 19, 2001, p. 163.

案的：该案仅确定了 FSIA 可以适用于在争议发生之时具有公共属性的实体，但被告在立案时是外国能否适用 FSIA 还未得而知。Straub 认为如果被告在立案时具有外国国家地位，FSIA 的豁免就可以适用。而且，在 Ocasek v. Flintkote Corp. 案中，伊利诺依州北区法院认为立案时间应作为确定依 FSIA 适用豁免的排他性时间。

（3）依据以上时间之一时的状况确定被告的法律地位。一些美国法院明确说外国国家地位可以在涉嫌的违法行为发生之时或立案之时的任一时间确定。例如在 Belgrade v. Sidex Int'l Furniture Corp. 案中，纽约南区法院认为正确的方法是：询问所诉行为的发生是否在外国的监管之下，即使在诉讼之时该国不再控制此当事方；或者被告现在是否为外国，而不论其在所诉行为发生之时的地位。

其他地区法院也已经暗示他们愿意采用任一时间来决定外国的地位。在 Papapanos v. Lufthansa 案中，法院认为由于被告在涉嫌行为出现时具有外国地位，FSIA 就应适用，即使到诉讼之时被告的地位发生了改变。这些法院认为对一种方法的使用不会排除另一种方法。

（4）工作组的建议。工作组认为很有必要修改 FSIA 来消除以上混淆和司法中的矛盾。FSIA 颁布的目的在于为确定主权豁免要求提供清晰的规则，并避免外国国家因美国法院的判决产生对美国对外关系的偏见。当被告在诉讼请求被立案时具有外国国家地位的，FSIA 倾向于通过提供特殊保护程序和清晰的分析规则来减轻对美国外交关系的潜在损害。同样，即使某一实体在被卖掉或以其他方式失去其外国国家或媒介机构的地位后，外国国家的行为仍具有潜在的政治敏感性。[1]

然而，这种方法带来的困难之一是，通过适用推定豁免，与后来变为国家媒介机构的某私人公司进行对抗的个人可能会被置于不利境地。这样的个人根本没有机会就能否适用主权豁免的问题进行交涉，因此其请求不应该由于另一方地位的改变就被简单地拒绝。解决办法是为此类实体提供 FSIA 的程序保护以使对美国对外关系的潜在损害最小化，但同时，应为豁免提供例外以使诉讼继续进行。

5. FSIA 对国家元首和外国国家或媒介机构官员的适用

美国法院有义务考虑作为国家元首或外国国家或媒介机构的官员或雇员的个人是否可以适用法案规定的豁免。大多数美国法院认为外国国家或媒介机构的官员或雇员在特定情况下可以获得 FSIA 的豁免。相反，没有法院对国家元首适用 FSIA。[2] 工作组建议应将法案的范围扩大至非美国公民或永久居民的、行使官方职能的外国官员或雇员，但没有说明 FSIA 的范围是否应该包括外国元首。

（1）背景。FSIA 仅豁免"外国国家"。"外国国家"被定义为包括"外国的政治区分单位或外国的代理或媒介机构"，"外国的代理或媒介机构"在 FSIA 第 1603 条第 2 款中有定义。值得考虑的问题是：① FSIA 是否应理解为豁免个人行为；② 如果是，这种豁免是否

---

① Working Group of the American Bar Association, *Reforming the Foreign Sovereign Immunities Act*, Columbia Journal of Transnational Law, Vol. 40, 2002, p. 530.

② Working Group of the American Bar Association, *Reforming the Foreign Sovereign Immunities Act*, Columbia Journal of Transnational Law, Vol. 40, 2002, p. 531.

应被限制于作为外国官员行事的个人；③ 为了使 FSIA 的适用范围包括个人，应如何定义官方行为。

从 FSIA 条文术语可以看出，该法排除了对个人的适用。关键的文字可以在 FSIA 第 1603 条第 2 款第 1 项中找到，其在定义"外国国家或媒介机构"时仅指作为"独立法人、公司或其他"的"实体"。第 1603 条第 2 款第 2 项还提到了作为"外国及其政治区分单位机关"的实体。使用诸如"实体""法人"和"机关"这样的术语似乎是要排除将"外国代理或媒介机构"延伸至个人，甚至是行使官方职能的官员的可能性。

这一结论在第 1603 条第 2 款的 FSIA 的立法报告中也得到了支持。报告在讨论"代理或媒介机构"这一术语时列举了这样一些实体，如国家贸易、航空、钢铁公司，中央银行，出口联合会，政府采购机构和政府部署。

（2）美国现行法律对个人的一般规定。尽管有法律条文的线索和立法意图的指示，法院通过解释仍然将 FSIA 的适用延伸到了代表外国政府行使官方职能的个人，其中典型的案例是 Chuidian v. Philippine National Bank 案。① 美国第九巡回法院认为个人应包含于第 1603 条第 2 款的外国"代理或媒介机构"之中。该上诉法院认为，FSIA 之前的法律本欲将豁免扩大至代表外国主权行使官方职能的个人，如果将第 1603 条第 2 款对个人是否具有豁免的沉默理解为拒绝给予个人以豁免，将出现一种"实质背离处于优位的普通法"的情况。Chuidian 案的逻辑还被华盛顿特区巡回法院所引用，该法院还从中提炼了确定一个官员个人的行为能否准确地归因于外国主权的标准。然而 Chuidian 似乎更注重个人被诉行为的自然属性而不是引发这些行为的动机，华盛顿特区巡回法院还注意考察了这些行为是否"既非个人的，又非私有的，而仅仅是代表主权而采取的"行为。②

只有第九巡回法院和华盛顿特区巡回法院将第 1603 条第 2 款可以给予个人豁免保护作为一项结论性规则定了下来，这个问题在其他法院仍未被确定。而且，在这些法院审理的大量案件即使能够确定 FSIA 适用于个人，但当诉讼牵涉对人权的侵犯时，法院应拒绝适用。这些法院规定践踏人权超越了官员的为豁免目的的职权范围。

（3）国家元首的豁免。FSIA 中没有特别提到为外国元首提供的豁免，该法的立法报告也没有任何内容指向"国家元首"。即使有独立于 FSIA 规定的国家元首豁免，其含义和范围也是依赖于习惯国际法的模糊概括并受美国国务院"建议"的约束。

"国家元首豁免"的概念与外国国家豁免原则一样，根源于国家主权平等，尤其是某些形式的豁免对于国家元首代表主权国家"在内国和外国自由的行使其职责"是很必要的。事实上，在 1976 年 FSIA 颁布之前，国家元首的豁免似乎就已经成为国家豁免本身的一部分。早期的主权豁免决定，例如在"斯库诺交易号诉麦克法登"案中，提到了外国国家豁

---

① 该案中 Chuidian 就莫科斯总统掌权时期菲律宾国家银行发行的信用证起诉该行。他还起诉了新政府主席委员会的 Raul Daza，此人当时正在负责调查 Macos 滥用权力一事；Daza 命令该行不得兑现以上信用证。Chuidan v. Philippine Nat'l Bank，912 F. 2d 1095(9th Cir. 1990).

② Jungquist v. Nahyan，940 F. Supp. 312，317(D. D. C. 1996). Rev'd on Other Grounds，115F. 3d 1020(D. C. Cir. 1997). First American Corp. v. Sheikh Zayed bin Sultan Al-Nahyan，948 F. Supp. 1107，1120(D. D. C. 1996).

免的人称形式，使用了"他"来代表外国主权，而不是现在的"它"。随着 20 世纪政府形式的转换，继续区分君主或其他国家元首与国家本身已经没有意义，这种实践也逐渐被废止。1976 年在美国出现了对外国国家以及相关实体进行诉讼的高潮，FSIA 随之颁布，其中许多案件起诉的就是外国国家元首，而不是外国本身。在绝大多数案件中，法院都简单地采纳了给予外国国家元首豁免的国务院建议。依照这种建议，"国家元首"被延伸至了非国家元首的首相和国家元首的妻子及其他家属，甚至延伸至了在建议作出前流亡已经超过两年的前总统。另一方面，尽管国务院建议适用国家元首豁免，法院对国家元首豁免的请求仍采取了详细审查和有限适用原则，拒绝因为简单原因而给予豁免。

这些决定所依赖的基础是外国国家元首享受绝对豁免保护的习惯国际法原则，该原则在国务院的建议中也被引用。根据该原则，即使外国国家元首由于旅行或在美国时发生的完全与公职无关的个人或商业活动被诉而受到了长臂管辖，亦可得以豁免。

（4）对个人的送达。FSIA 对外国官员的适用，无论他们是否国家元首，应在送达程序方面将他们与外国国家区别对待。美国有条约义务授予外交和领事官员某种管辖豁免，这些豁免应受到尊重。送达和其后就官方商务对外国元首或政府官员的管辖可能导致对这些个人的冒犯并可能违反外交豁免。基于上述理由，对政府官员的送达方法必须考虑他们所处的特殊环境。不应要求外国通过正式渠道来为这种送达提供协助。另外，一个外国政府官员在美国时应该从这种"属人送达"（personal service）中获得豁免；当他们在美国进行官方访问或从事官方商务时，如果属人管辖权（personal jurisdiction）单纯基于"属人送达"时，也应该获得管辖权豁免。这些特殊的豁免规则仅适用于具有外交、领事或在送达时享有类似豁免权的个人。

（5）工作组的意见。工作组对于 FSIA 是否应适用于国家元首没有发表意见，理由是：首先，国家元首，就像外国国家一样，当他们的行为不代表主权而仅是私人或商业活动或其他类似的行为时，就应该能成为被诉的主体，失去豁免权的保护。《英国国家豁免法》、国际法委员会《国家及其财产管辖豁免条款草案》也采用了该方法。其次，现在国务院对豁免的建议权类似于其以前对豁免的决定权，只是后来 FSIA 刻意排除了国务院的决定权。最后，尽管国家元首豁免的范围作为一项习惯国际法规则而言缺乏法条应有的良好定义和确定性，工作组认为这一问题应由适当的当局继续寻找恰当的处理办法。美国还没有法院对国家元首适用 FSIA，目前国家元首豁免的问题在美国也并不是经常出现，而且大多数案件的处理能使有关的外国官员和国家满意。①

工作组建议修改 FSIA 以纠正其适用范围遗漏了政府官员这一问题。涉及个人豁免的诉讼在美国法院非常普遍，这些案件可能成为与其他国家发生冲突的根源。因此，国会应立法规定外国主权豁免延伸至个人，这种立法比在司法过程中实际的做法更为可取，因为那些做法不能成功地与有关国家本身豁免的条款相协调。工作组认为，这可以通过将第1603 条第 1 款中的"外国国家"和"媒介机构"的定义扩大至包括外国国家或媒介机构的任何官员或雇员来实现，因为当他在职务或雇佣范围内行事时，诉讼请求是基于其个人行为

---

① Working Group of the American Bar Association, *Reforming the Foreign Sovereign Immunities Act*, Columbia Journal of Transnational Law, Vol. 40, 2002, p. 538.

或疏忽。但 FSIA 适用于外国官员或雇员并不表明也适用于国家元首，工作组的建议是，当一个人是官员(或在有关时间曾是)并因为职务行为被诉时，他应享受推定豁免和 FSIA 规定的程序性保护。个人行动的职务属性可以通过其行为产生时是在职务授权范围或在雇佣范围之内来证明。"与外国国家相联系、行使职权的个人应严格作为外国国家对待，与媒介机构相联系、行使职权或受雇佣的个人应作为媒介机构对待；如果适用豁免例外，则该诉讼可以继续进行。"①第 1606 条还明确，这种对个人适用豁免例外的方法并不是为了扩大他们的责任范围。例如，一个政府官员依职权代表外国签订合同，不能因为外国违约而依据商业活动例外承担个人责任。

为了适用上的一致，工作组选择了"个人的职务或雇佣范围"这一术语，因为同样的术语在第 1605 条第 1 款第 5 项的侵权例外中也使用了。工作组意识到，在根据侵犯国际人权而指控外国官员的案件中，可能出现这些问题：该行为是否在"个人的职务或雇佣范围"之内，或者，如果是，依据侵权例外，该国家或官员是否应该保持豁免。工作组建议不修改第 1605 条部分的语言而留给各法院作出个案决定，对 FSIA 是否适用于起诉外国国家、媒介机构和官员个人的刑事案件也没有表态。

工作组解释说将官员纳入外国国家的定义并不意味着替代现有的条约、国际协定和法律对同样可能受益于 FSIA 的官员个人的保护。因此，法院应根据现有联邦法律在适当的案件中继续适用外交和领事豁免。因此，规定外国国家豁免的第 1605 条因此应修改为："本法任何条文不得改变或替代任何国家元首豁免或依任何条约、国际协定或美国联邦法律享有的任何外交、领事豁免或其他豁免。"

如果个人被纳入了 FSIA 的适用范围，法律必须为他们规定送达程序，而目前还没有这种条款。工作组建议国会修改 FSIA 中与送达程序相关的第 1608 条，规定对因为在担任外国国家或媒介机构官员期间的行为而被诉的官员个人的送达内容，并再次明确，外交、领事和相似的送达豁免不受影响。

6. 工作组的修改建议

基于以上讨论的关于第 1603 条的各种考虑，工作组建议国会对该章作如下修改：

"(a)'外国'包括其政府及其政治区分单位、各部、署、军队和独立的管制机构。它还包括其官员或雇员，只要该个人不是美国的公民或永久居民并且起诉是基于其个人职责或雇佣范围内的行为或疏忽。外国国家不包括国家的媒介机构。

(b)外国国家的'媒介机构'指以下实体——

(1)独立法人、企业或非企业实体；

(2)外国国家的机关(organ)、主要股权或其他所有权利益直接或间接通过一个或更多其他媒介机构为一个或更多外国国家所有的实体；

(3)依第 1603(b)(2)条所指的一国或多国法律设立的实体，且该实体不是第 1332 (c)和(d)条定义的美国各州公民。

(c)外国国家媒介机构包括其主管、官员、雇员及相似地位的个人，只要该个人不是

---

① Working Group of the American Bar Association, *Reforming the Foreign Sovereign Immunities Act*, Columbia Journal of Transnational Law, Vol. 40, 2002, p. 539.

美国公民或永久居民，且诉讼是基于其在职务或雇佣范围内的行为或疏忽。

（d）外国国家或媒介机构都不包括最近在 USC § 288a 制订的国际组织豁免法所定义的实体。

（e）如果被告在争议发生时或立案时拥有外国国家或媒介机构地位则应取得相应待遇。"

国会也应该修改第 1605 条第 1 款第 2 项的商事活动例外，以建立一种假设即第二层或更低层的代理或媒介机构从事商事活动。

被另一个媒介机构而不是外国国家本身所有的媒介机构被推定为从事商事活动。但其可以通过有效证明自己没有从事商事活动来反驳这种推定。原告承担证明被告的商事活动与美国有必要联系的初步举证责任。这一推定不适用于外国中央银行。

国会应该为那些在争议发生时不是外国国家或媒介机构但后来成为外国国家或媒介机构的实体增加豁免例外。第 1605 条应当增加第 1 款第 8 项："在争议发生时还不具有外国国家或媒介机构地位的实体。"

最后，国会还应该修改法案第 1608 条的送达部分，以便依该法提供针对个人的送达：

"（c）在美国联邦及各州法院的个人送达应该依第 1603 条的规定进行，但是第 1608（c）条的任何内容不能改变或替代国家元首的送达豁免或任何依条约、国际协定或美国联邦法律的外交、领事或其他的送达豁免：

（1）如果个人在送达时是外国国家的官员或雇员，则送达根据第 1608（a）（1）或（2）条而非（a）（3）或（4）条进行，或者依照第 1608（a）（1）或（2）条不能实现送达，则送达可由法院书记员向当事人寄交签收邮件的方式进行；或者

（2）如果个人在被送达时是媒介机构主管、官员、职员或具有相似地位，通过适用第 1608（b）条所确定的方式而送达到本人或其送达意义上的代理人，而不是送达至其管理机构、总代理或其他代理，而且原告不是通过邮件直接送达到媒介机构。

（3）如果在送达时第 1608（c）（1）~（2）条的规定不能适用于个人，则根据联邦民事程序规则或州法院的规则进行送达。"

四、豁免权放弃例外问题的发展新动向

FSIA 规定，如果一个外国国家"已经明示或默示地放弃其豁免权，除根据弃权的条件予以撤回者外，该外国可能声称的任何撤回均属无效，此时该外国国家将不能享有豁免权"。这些语言留下了几个重要的未决问题。第一，在这种情形下，一个法院对外国国家行使对人管辖权所要求的联系不甚明确。第二，怎样的合同语言或外国国家行为才足以构成"默示的"弃权不甚明确。第三，法院应适用什么法律来决定一个私人或实体是否有权放弃一个外国国家的豁免权亦不甚明确。

（一）管辖权联系

豁免权的一种例外情形是，如果满足弃权之例外并且有适当的传票送达，那么 FSIA 就对外国国家被告享有对人管辖权。然而，弃权例外并没有明晰外国国家被告与美国之间的任何管辖权上的联系。但是工作组认为，这并不会构成严重的正当程序问题。首先我们

有理由质疑限制对人管辖权的正当程序是否适用于以外国国家为被告的诉讼。① 无论如何，对于事先或诉讼期间同意接受管辖的一方当事人行使对人管辖权并没有违背正当程序。② 如果一个外国国家已经根据 FSIA 放弃美国法院的管辖权豁免，则表明该外国国家同意了对人管辖权的存在。③ 而且，只要对默示的弃权严加限制，对正当程序的关注就会进一步减少。最后，如果一个外国国家被告与法院的联系变弱，法院仍有权依不方便法院原则驳回起诉。

在此唯一的问题就是合同的解释问题：被告是否已同意在美国被诉？如果一项弃权的意图普遍地适用于世界各地的诉讼，那么决定其地域范围并不会成为问题。法院应适用合同解释的传统方法来决定当事人是否有服从美国法院管辖权的意图。如果一项弃权局限于特定的管辖权，那么美国法院应尊重这种限制。

(二) 默示放弃

豁免例外导致的最大不确定性在于它允许默示放弃。FSIA 的立法报告表明，法院"在外国国家同意在另一国仲裁或同意合同由某一特定国家的法律管辖的案例中"发现默示放弃的情形。报告还表明默示放弃"应当……包含一个外国国家在诉讼中没有提出主权豁免而提交了答辩状这样一种情形"。法院一般对明示放弃作狭义的解释，并寻求被告表明愿意在美国被诉的言辞或行为。最高法院认为，一项有意的弃权必须指明放弃诉讼豁免权或明确表示愿意参与诉讼。④

因此，工作组建议默示放弃应限于外国国家通过诉讼行为来表明被诉意愿的情形。⑤ 若在最初的答辩状中未提出豁免异议并且参加在美国进行的诉讼，则该外国国家应被视为已经放弃了豁免权。这与《联邦民事诉讼程序规则》第 12 条第 8 款第 1 项关于确定放弃对人管辖权的抗辩采用了相同的标准。

我们认为工作组的提议与国际惯例是相符的。例如，澳大利亚、英国和加拿大的国家豁免法都规定默示放弃仅限于外国国家参加诉讼的情形。相似地，联合国国际法委员会起草的《国家及其财产管辖豁免公约草案》也将默示放弃限于"在诉讼法院出庭"。⑥ 最后，1994 年国际法协会推荐的《国家豁免法公约草案》也将默示放弃限于"在法院地国出庭"。

---

① 参见 Argentina v. Weltover, 504 US607, 619(1992)，其中根据《宪法第十四修正案》的目的质疑外国国家是否是"人"；Flatow v. Islamic Republic of Iran, 999F. Supp. 1, 19(D. D. C. 1998)，其中根据正当程序条款推断外国国家不是"人"。

② Insurance Corp. of Ireland, Ltd. v. Compagnie Des Bauxites, 456US694, 702, 704(1982)；National Equip. Rental, Ltd. v. Szukhent, 375 US311, 315-16(1964).

③ Harris Corp. v. Nat'l Iranian Radio & Television, 691 F. 2d 1344, 1350(11th Cir. 1992)；Marlowe v. Argentine Naval Comm'n, 604 F. Supp. 703, 709-11(D. D. C. 1985).

④ Working Group of the American Bar Association, *Reforming the Foreign Sovereign Immunities Act*, Columbia Journal of Transnational Law, Vol. 40, 2002, p. 546.

⑤ 法律已经规定如果一个外国国家在美国法院提起一个诉讼，则在有关的反诉中不享有豁免权，这是默示放弃的一种情形。

⑥ International Law Association, Revised Draft Articles for a Convention on State Immunity, art. Ⅲ(A)(2)(a)(Rep. of 66th Conf., Buenos Aires1994).

(三) 放弃豁免权的权力

决定外国国家或媒介机构的某一官员或雇员是否有权明示或默示地放弃豁免权是一个潜在的冲突法难题。国会在 FSIA 及其立法报告中都没有规定确定弃权权力的准据法。

工作组建议，合理的方法是区分实际的权力和表面的权力。实际的权力应由赋予权力的国家的法律来决定。表面的权力以行为的不容反悔为基础，而且必须由与事件联系最明显的法律来决定，这常常是行为发生地或法院地的法律。某些外国国家的法律禁止政府及其机构放弃主权豁免，这与实际的权力有关。至于表面的权力，例如，根据美国国家豁免法，在美国的外国国家的外交代表团的首要负责人总是有放弃豁免的表面权力，有权签订合同的个人在与合同相关的方面也总是有表面的权力。工作组建议实际权力问题应由外国国家或媒介机构的法律管辖，表面权力的问题则应由弃权地的法律决定。

(四) 工作组的建议

工作组对第 1605 条第 1 款第 1 项的修改建议如下：

"在下列情形下，不应免除美国或各州的法院对外国国家管辖权：

无论外国国家采用何种形式的言辞明确表示同意在美国被诉、作为被告，或根据《海事补充规定 C》作为申请人在美国参加诉讼，若没有根据联邦民事程序规则或所适用的州法院的规则，在要求的时间内提出管辖豁免的抗辩，主张法院缺乏对人管辖权，即已放弃其管辖豁免权。适用该段时：(A)依外国法行使实际权力、依弃权地的法律行使表面权力的任何人可以作出明确的弃权；(B)除非符合弃权的条件，否则一个外国国家不可撤回弃权；且(C)除了弃权自身，无须对管辖权同意作出单独表示。"

总的来看，工作组关于明确地将默示放弃豁免权严格地限定在被告国家通过诉讼行为来表明被诉意愿情形的建议，无论在科学性和操作性上都更加合理。

五、商业活动例外问题的发展新动向

商业活动豁免乃法律规定中最重要的例外情形，而且也是法律所蕴含的限制豁免理论形成的基础。在第 1605 条第 1 款第 2 项中有三个条款规定了商业活动豁免。其规定："在以下任何情形中，一个外国国家不应享有在美国及其各州法院的管辖权豁免：

诉讼的发生基于：(i)外国国家在美国从事的商业活动；或(ii)在美国从事的与外国国家在别处的商业活动有关的活动；或(iii)在美国领土外从事的与外国国家在别处的商业活动有关而且在美国带来直接影响的活动。"

每个条款都要求对诉基行为进行衡量，对行为是否为"商业活动"或与"商业活动"是否有关，以及与美国有何种程度的关联进行确认。

(一)"商业活动"的含义

在 Republic of Argentina v. Weltover① 和 Saudi Arabia v. Nelson② 案的多数意见中，美

---

① Republic of Argentina v. Weltover, 504US607(1992).

② Saudi Arabia v. Nelson, 507US349, 356-58 (Souter, J.), 364 (White, J.), 370 (Kennedy, J.) (1993).

国最高法院在与 1976 年 FSIA 立法报告相一致的程度上解释并阐明了商业活动的含义。该院认为，当一个外国国家以私人或公司的名义进入市场参与商业活动，仅行使私人所能行使的权力，而且没有行使主权者专属权力时；当外国政府不是以主权管理者的身份，而是以私人参与的方式行事时，这样的外国主权者行为就是 FSIA 意思上的"商业"行为。"……问题在于该外国国家所做的特定行为（无论背后的动机为何）是否是一个私方当事人从事'贸易和交通或商务'的行为类型……"①

立法报告也表明商业活动包括"范围广泛的行为"，"通常为了利润而进行"的行为，"可以由私人订立的合同"，以及诸如服务或产品销售、财产租赁、金钱借贷、劳动雇佣、代理、证券投资等行为。"通过合同获得的商品或服务将用于公共目的，这是无关紧要的……因此，外国政府为军队购买供给或装备的合同或为建设政府建筑的合同构成商业活动。"②

在遇到异常情况时，法院应避免机械地适用这些标准。它们应该评估所有的与行为的实质有关的事实，同时也不应置任何一个事实因素的不确定性于不顾或过分侧重某一因素。例如，合同或利润动机的存在经常指向商业活动，但这不是一成不变的。另一个问题与自然资源有关，一些法院已说过关于自然资源的管理是一项主权者的职能，但这种定论必须在相关国家法律背景和法律体系的范围内作出。如果一个外国国家机构在特定领域让渡采矿权，而且当地法律仅仅规定主权者有权授予此类权利，那么让渡就是主权性的。如果当地法律允许私人土地所有者对其财产授予此类权利，那么让渡就是商业性的。③

(二) 与美国的联系要求

第 1605 条第 1 款第 2 项第三款适用于"在美国领土外从事的与外国国家在别处的商业活动有关而且在美国带来直接影响的活动"所引发的案件。"直接影响"的司法解释引起了疑惑和混乱，而且模糊了商业活动例外三个条款的区别。

商业活动例外三个条款的描述与美国地域联系的重要性是趋弱的。当诉讼基于在美国的商业活动或与美国有实质性联系的商业活动时，适用第一条款。虽然没有太多的案例争论第二个条款，但在 2/5 的巡回法院意见中的评论表明，一般认为美国法律"适用于在美国发生的与外国国家在别处的商业活动有关的非商业活动"④，但是工作组认为这种解释是不正确的。法律、立法报告或评论所依据的最高法院的决定都丝毫没有将第二条款中特指的行为限于非商业活动。无论何时只要某一行为发生于美国并与在国外的商业活动有联系则第二条款的要求得以满足。而且，当在美国的行为本身具有足够的重要性，它将被认

---

① Republic of Argentina v. Weltover, 504US614(1992)；Saudi Arabia v. Nelson, 507US359-61.

② Foreign Sovereign Immunities Act, Pub. L. No. 94-583, 1976USC. C. A. N. (90Stat. 2891)6614-15.

③ Working Group of the American Bar Association, *Reforming the Foreign Sovereign Immunities Act*, Columbia Journal of Transnational Law, Vol. 40, 2002, p. 553.

④ Voest-Apine Trading USA Corp. v. Bank of China, 142F. 3d887, 892n. 5(5th Cir. 1998)；Byrd v. Corporation Forestal y Industrial de Olancho S. A., 182F. 3d380, 390(5th Cir. 1999).

定为是在美国的商业活动并满足第一条款的要求。①

当引起诉讼的行为和商业活动皆发生于美国领域外，但对美国产生"直接影响"时，第三条款得以适用。立法报告这样叙述第三条款："第三种情形……将包括在美国领域内有直接影响的国外商业活动，依 1965 年《美国对外关系法重述(第二次)》第 18 节所确立的原则，这种影响使该行为服从美国的管辖权。"

与美国领土有联系的要求出于两个理由。一个是确保依美国法律和国际法对于一个特定的案件适用美国 FSIA 存在恰当的根据。美国必须有一个合理的根据并有合理的利益来适用其法律，并允许诉讼程序在其法院进行，确立与美国有联系的立法要求保证了这个根据。

要求与美国有联系以满足商业活动例外的第二个目的在于确保与法律的另一部分，即第 1330 条第 1 款的协调。该部分允许当豁免例外存在时法院能对被告主张对人管辖权。通过要求被告与美国有一定量的联系来满足商业活动例外，美国国会规定了美国法院对被告行使对人管辖权的一个基础。

(三) 对"直接影响"的司法解释

在 Weltover 一案中，最高法院解释了第三条款中"直接影响"这一用语。该案件与阿根廷国家的决定有关。该决定对在纽约、伦敦、苏黎世或法兰克福(由债权人自行决定)市场交易而以美元偿还的政府债券重定了还款时间。当阿根廷单方面决定延迟债券的偿还期时，三个已指定了纽约作为偿还地并在偿还期重定前在那里获得过偿付的非美国实体在美国联邦法院起诉了阿根廷。

法院考虑了阿根廷的行为是否在美国引起了直接的影响。法院判决这种影响必须不是微不足道的，但也不需要实质性或可预见性才可称其为直接影响。法院考虑了立法报告中第二次重述第 18 条的意见并对之加以驳斥，该法院主张如果一个影响是作为被告所希望的立即后果而发生，则是直接的。法院主张阿根廷关于延期偿付债券的单方决定在美国产生了"直接影响"：

"(原告)已经指定了其在纽约的账户为偿付地，而阿根廷在宣布延期偿付之前已向这些账户支付了一些利息。因此，纽约是阿根廷最终合同义务的履行地，而重定履行这些义务的时间必然在美国会有'直接影响'：预定作为存款本应转移至纽约银行的款项并没有汇入。我们否定了阿根廷的建议，该建议认为当原告是与美国无任何其他联系的外国公司时，不能满足'直接影响'的要求。"

(四) 工作组的建议

工作组认为，与美国的实质联系要求具有重要的作用：针对外国国家的诉讼与美国之间的联系必须足够强烈，使美国关于外国主权豁免标准得以适用，使美国法院判决具有合法性，并减少外国国家在美国诉讼中提出抗辩的可能性。根据直接影响要求，正如当前最

---

① Working Group of the American Bar Association, *Reforming the Foreign Sovereign Immunities Act*, Columbia Journal of Transnational Law, Vol. 40, 2002, p. 553.

高法院界定并由低级法院所适用的，美国法院正把与美国仅有微弱联系的纠纷纳入其司法范围。因此，他们提议在第三条款中添加"实质性的"这一词语，使其可适用于因"在美国领土外从事的与外国国家在别处的商业活动有关而且在美国带来直接的影响的活动"而产生的诉讼。

建议增加的"实质性的"一词意指显著的或重要的。增加"实质性的"一词的目的是提醒法院遵循原则，即依国际法和美国宪法，在没有明显的充分的基础时，不应适用美国的FSIA。保留"直接"一词是因为其同意 Weltover 一案中法院所认为的在美国的影响应该是立刻的后果，而非遥远和微弱的。

(五) 商业活动例外中的一般管辖权

引起争论的另一个观点是，外国国家在美国的商业活动是否可以宽泛到使其服从这里的一般管辖。一般管辖是一个对人管辖的概念，它是指被告可于特定地点以任何请求被诉，不管该请求是否与该地点有联系。在 Nelson 一案中，Stevens 法官认为第 1605 条第 1款第 2 项的第一款规定了一般管辖，但大多数法院仍坚持诉讼与美国之间的联系，① 这些法院拘泥于法律的字面言辞，即在每个特定情形中的"行为"必须是"基于"与美国有联系的商业活动、行为或影响，而且关键的立法报告也表明除了弃权条款，每个豁免权规定都"要求诉讼与美国的某种联系"。工作组认同这一点，否定了外国国家可以受美国法院的一般管辖的说法。

六、侵权例外问题的发展新动向

《美国法典》第 28 章第 1605 条第 1 款第 5 项规定，在下列任何情形下不应免除对外国国家的管辖权：

"尽管不包括商业活动例外，但属于因发生于美国的而由外国国家或其官员或雇员在他的权力或职务范围内行事时的侵权行为或过失所导致的人身伤害、死亡或财产损失、灭失而向外国国家主张金钱赔偿的情形；但该段不适用于——

（A）任何基于自由裁量权的行使或履行，或者失于行使或履行的诉求，无论自由裁量权是否被滥用，或

（B）任何基于恶意起诉、程序滥用、毁谤、污蔑、不当代理、欺诈或对合同权利的干涉的诉求。"

国会对 FSIA 的报告解释说非商业侵权行为例外过去是"主要针对交通事故问题"，但无论如何"包括适用于所有为金钱损失而提起的侵权诉讼的一般规定，尽管商业活动例外

---

① 参见 Goodman Holdings v. Rafidain Bank，26 F. 3d 1143，1146(D. D. Cir1994)，根据第一条款提起的案件，"商业行为"要求和"与美国的联系"要求相结合，以要求原告的诉讼至少有一个因素是基于宣称在美国发生的商业行为的；Santos v. Compagnie Nationale Air France，934 F. 2d890(7th Cir. 1991)；Vencedora Oceanica Navigation v. Compagnie National Algerienne de Navigation，730F. 2d195(5th Cir. 1984)；Nazarian v. Compagnie Nationale Air France，989F. Supp. 504(S. D. N. Y. 1998)，FSIA 管辖权仅约束那些诉讼，例如其构成因素要求证明法国航空在美国的商业活动，诉讼必须是关于与美国管辖权有关的行为的，不能仅因为一个外国政府机构在美国从事商业而确立管辖权。

未包括之"。报告也指出，为了适用例外，"侵权行为或过失必须在美国管辖范围内发生"。最后，报告阐明例外是"意在包括基于严格责任和过失责任的诉因"。

(一)地域连结点

法院在适用侵权例外时面临的一个不确定点就是其地域范围。规定明确要求所涉的伤害或损害必须在美国领域内发生。但是，规定没有明确要求侵权行为或过失必须在美国发生。然而，大多数阐述过该观点的法院都认为，侵权行为和伤害后果都必须发生在美国。在最高法院的判决中也有相同的法官意见。[①]

除了案例的实质效力，该结论值得质疑，即如目前所起草的，非商业活动例外要求侵权行为或过失在美国发生。第一，FSIA 的字面言辞并没有提出这种要求，法律关于损害或伤害的地域限制的规定也能理解为排除其他的地域限制。第二，要求侵权行为或过失发生于美国的法院已将实质性的重点放在 FSIA 立法报告中"侵权行为或过失必须在美国管辖范围内发生"的表述。然而，这个表述是模糊的，因为"在美国管辖范围内"并不必然指"在美国领域内"。第三，美国律师协会在其具影响力的《美国对外关系法重述(第三次)》中解释，无论何时，只要伤害发生于美国就可适用非商业活动例外，"不管导致伤害的行为或过失在哪里发生"。第四，美国最高法院仍未合理地规定这个联结点，而将实质性的重点放在表面的文字上，并倾向于谨慎地使用立法报告。

除了考虑侵权行为或过失是否必须在美国发生这个不确定点外，在仅有部分侵权行为或过失发生在美国的情形中，法院适用侵权行为例外也面临着困难。例如在一个案件中，一架由墨西哥政府所有且由其运营的飞机在飞往提乔安那途中在美国坠毁。诉讼中的许多行为和过失皆归因于该坠机，其中一些行为在墨西哥发生，另外的则在美国发生。墨西哥引用其他判决辩称，要满足地域要求则所有的侵权行为或过失必须全部发生在美国。然而，第九巡回法院驳回了该抗辩，理由是，仅仅因为外国国家可表明其部分侵权行为发生于美国之外就其在美国的侵权行为或过失予以豁免权是不公正的。[②]

大多数法院一直主张，对于侵权行为或过失应有地域限制，理由是如果对于侵权行为或过失没有地域限制，那么，只要行为在美国有影响，外国国家就可能因其在世界各地所为的侵权行为而受制于美国法院的诉讼。比如，受制于因外国国家行为而发生的精神损害、配偶权利和其他非身体损害以及早期由国外的物质或行为引起的而在美国慢慢产生的潜在的人身伤害而提起的诉讼。外国主权者很可能对这些案件尤其反感，在起因问题上也会产生困难，并给原本就积案过多的联邦法院系统增加负担。这些案件也会使非商业活动例外的适用更复杂更不确定。此外，允许这些诉讼将导致异常现象，即外国侵权行为的某

[①] 从司法判例的角度，法院在确定具体的领土联系规则时经历了从"至少一部分"侵权行为到"主要的"侵权行为在美国境内实施的变化。最终，最高法院于 1989 年通过阿根廷与阿美拉达赫斯航运公司案首次确立了完整侵权规则(entire tort doctrine)——要求"全部的侵权行为或不作为，以及侵权的损害结果均须发生在美国境内"。由此可见，侵权例外的领土联系要求较商业活动例外的效果标准更为严格。参见孙心依、杜涛：《美国 FSIA 侵权例外规则的司法适用与中国应对》，载《武大国际法评论》2022 年第 5 期，第 48~71 页。

[②] Olsen ex rel Sheldon v. Government of Mexico, 729 F. 2d 641, 646 (9th Cir. 1984).

些直接受害者不能依据 FSIA 起诉(因为侵权行为和人身伤害发生于国外)，而某些因同样的侵权行为而受影响的第三方反而能够起诉。最后，一般来说，似乎最适合允许在美国法院诉讼的外国侵权行为案件，即涉及在国外制造而在美国导致人身伤害的产品责任诉讼，可能已经根据 FSIA 的商业活动例外来管辖。考虑到如上文所述的墨西哥坠机一案的多国侵权情形，法律应只要求一部分"实质性的"的行为或过失在美国发生。这个要求将确保侵权行为例外限于侵权行为与美国有重大联系的情形，同时也避免仅仅因为部分行为发生于美国之外而不允许诉讼的不公平现象。

最后，目前关于人身伤害或损害必须在美国发生的要求应该去掉。首先，判定人身伤害或损害发生的地点可能是复杂和困难的，尤其是商务侵权行为。其次，在侵权行为领域严格要求地域限制的主要原因是为了避免允许仅仅基于在美国有影响而提起的诉讼，然而，只要行为或过失的实质性部分在美国发生，这个目的就可以实现；不需要对伤害或损害提出额外的地域要求。除去该要求还允许美国法院对以美国为运营基地而在别地导致损害或伤害的外国国家被告行使管辖权。在其他情形下，如适用证券欺诈规则，法院已认识到，在此过程中排除在美国的地域要求对美国有利。

(二) 自由裁量的限制

关于非商业侵权例外的另一个不确定的地方是"自由裁量"限制的范围。侵权例外不适用于"任何基于自由裁量权的行使或履行，或者失于行使或履行的诉求，无论自由裁量权是否被滥用"。《美国联邦侵权行为求偿法》(*Federal Tort Claims Act*，FTCA)以相似的规定模仿了 FSIA 的该自由裁量权限制，该规定管辖以美国联邦政府为被告的诉讼。因此在适用自由裁量功能限制时，法院经常寻求 FTCA 方面的判决。先例判决认为，自由裁量权涉及"有政策决断和决定余地"的情形。法院一般将重点置于相关行为的性质上；行为越是与决定的行使有关，越是以社会、经济和政治政策为由，法院越有可能发现其为自由裁量权的行使。[①] 工作组认为，这种做法是合理的。

然而，在涉及不法行为的外国官员是否可以适用自由裁量权限制的规定这个问题上，法院也有些分歧。一些法院主张行为的不法性并不必然使其被排除于自由裁量权限制规定之外。另一些法院则主张，依据外国官员自己的国内法明显是不法行为的则不在自由裁量权限制规定之内。最高法院判决，"当联邦法律、法规或政策为官员详细地规定了其应遵从的行为过程时"不适用 FTCA 的自由裁量权限制，因为在此情况下，"官员除了遵从指示外没有权利选择"。低级法院对该判决作出解释说，联邦法律、法规或规章禁止联邦官员所为的行为没有包括在自由裁量权限制的范围内。在这种情况下，法院推断作出此类行为的官员是在其自由裁量权力之外的。通过分析，工作组总结道：外国国家国内法所禁止

---

① 一些法院也已经重视政府对所争议的决定的负责程度，认为如果决定源于"计划"而非"操作性"的，则为自由裁量型的。参见 Olsen ex rel Sheldon v. Government of Mexico，729 F. 2d 641，647(9th Cir. 1984)；然而，在 FTCA 背景下最高法院现在已经不赞成这种区分了，参见 United States v. Gaubert，499 US 315，325(1991)；Varg，467 US at 813，因此法院可以决定在 FSIA 案件中不继续适用这种区分，参见 Risk v. Halvorson，936 F. 2d 393，396(9th Cir. 1991)，根据 FTCA 的决定正在放弃这种区分。

的外国国家官员的行为不应在 FSIA 自由裁量权限制的范围内。

然而，在判定有关 FSIA 中行为的合法性时，FTCA 的判例给美国法院的帮助很少。尽管在合法性方面法院间有分歧，但相对而言没有几个判决分析过这个问题，甚至合法性限制的发展是法院而非成文法促成的。这种普通法的路径允许法院在其他事情上区别各类非法性。在 FSIA 规定中，鉴于对外关系的复杂性，一种个案分析的方法似乎尤其合适。因此工作组在该点上推崇普通法而非成文法的方法。

(三) 与商业活动例外的联系

侵权例外并不适用于所有的侵权。如上文所讨论的，它不适用于涉及自由裁量权的侵权，也不适用于"任何基于恶意起诉、滥用程序、毁谤、污蔑、歪曲、欺诈或干涉合同权利的诉求"。这些限制是否适用于其他豁免权例外尤其是商业活动例外，美国法院目前还有分歧。

非商业侵权例外的字面言辞表明这些限制仅仅适用于侵权例外。限制适用于"本段"，这似乎明显是指包含侵权例外的段落。而且，非商业侵权例外作为整体适用于"不包括商业活动例外"的案件。主要是因为此表述，大多数法院已经总结说其他豁免权的例外，如商业活动例外，并不受限于侵权行为例外所列举的限制。某些法院还指出这样安排限制规定的结构是为了使任何一条限制都不适用于其他例外，而且它们推断说将自由裁量权限制适用于商业活动例外是没有意义的，因为这样做会使大部分例外失去意义。

在工作组看来，应该修订 FSIA 以确认占多数的看法。每个豁免权例外都包括其自身的要求和限制，而且没有重要的理由来将侵权例外的限制适用于其他例外。而且，对这些案件的管辖将与 FSIA 所体现的限制豁免理论相一致。当外国国家像私人实体一样在市场行为时，限制豁免理论表明其应服从于可以针对私人实体提起的所有类型的诉讼。私人实体当然在作出诸如歪曲或毁谤行为时没有豁免权。因此工作组提议在第 1605 条第 1 款第 5 项增加一款，以明晰所列举的限制仅适用于非商业侵权例外。

(四) 工作组的建议

基于上述讨论，工作组建议对第 1605 条第 1 款第 5 项的初始条文作出如下改变：

在下列任何情形下，不应免除对外国国家的管辖权：尽管不包括商业活动例外，但属于因外国国家或其官员或雇员在其权力或职务范围内行事时，实质性部分发生于美国的侵权行为或过失所导致的人身伤害或死亡，或财产的损失或灭失而向外国国家主张金钱赔偿的情形；但该段不应适用于……

第 5 段(A)(B)将保持不变。但在商业活动例外中增加一句以明确(A)(B)中的限制不适用于基于商业活动提起的诉讼："依据商业活动例外的行动可能导致第 5 段(A)或(B)规定的诉讼。"

七、传票送达问题的发展新动向

在《美国法典》第 28 编第 1608 条中，FSIA 含有关于送达传票的专门规定。第 1608 条第 1 款规定了向外国国家送达的规则，第 1608 条第 2 款含有向媒介机构送达的规则。一

些法院认为对于媒介机构只要与送达规则"实质相符"就足够了，但美国法院之间对实质相符的构成要件有分歧；一些法院几乎允许任何途径的送达，只要被告实际上收到诉讼的通知，另外一些法院则认为对法律最为技术性的违反不构成合格的送达。工作组的意见是，法院无论是对外国国家，还是其媒介机构都应严格地执行送达规则，而且应增加新的法律用语以说明与送达规则"实质相符"是不可接受的，鼓励法院在原告向媒介机构或与其有关的个人送达有困难时寻求适合的送达途径。

(一)对于外国国家的送达

与国家媒介机构的待遇相反，当被告是一个外国国家时，法院更倾向于严格适用FSIA 的送达要求。在 Transaero v. La Fuerza Aerea Boliviana 一案中，哥伦比亚特区巡回法院主张在涉及外国国家时与第 1608 条第 1 款的送达程序严格相符是必要的。① 法院驳回了原告的申诉，因其没有适当的代表。法院遵从立法报告对待外国国家的送达应比对媒介机构的送达要求更为严格的判定。比如，法院陈述说第 1608 条第 1 款的立法报告"规定了对外国国家送达的特定程序"，但又指出第 1608 条第 2 款的立法报告未包含这样的规定。此外，法院陈述道，第 1608 条第 2 款"'如果合理预见可实际通知'则允许简单的送达"，但其发现第 1608 条第 1 款对实际通知只字未提。法院也阐释了国会区分对媒介机构与对外国国家的送达的一个原因是为了给予外国国家更多更充分的通知。外国国家不像频繁参与国际商事活动的一般商业媒介机构，其了解美国法律体系的可能性更小。因此，法院主张对外国国家或政治区分单位的送达必须与第 1608 条第 1 款的条文严格相符，否则对其提起的诉讼将被驳回。

尽管适用"严格相符"标准，一些法院允许起诉外国国家的原告弥补有缺陷的送达。当然也有少数法院表示，即使当被告乃外国国家时实质相符的标准仍是充分的。

(二)对国家媒介机构的送达

一些判决肯定了与第 1608 条第 2 款"实质相符"，向外国媒介机构进行送达的做法。例如，在 Straub v. A. P. Green 一案中，第九巡回法院采纳了实质相符的标准，而且主张即使传票没有依第 1608 条第 2 款第 3 项要求的由法院书记员送达也是有效的。② 在 Straub 一案中，法院判决"关键的因素在于被告是否受到实际的通知并且没有因为未与 FSIA 相符而受损害"③。但是，适用法律的一致性已经成为实质相符规则的一大问题。在 Gerritsen v. Consulado General de Mexico 一案中，第九巡回法院认为，未能提供传票和原告起诉书的译本会构成送达的瑕疵。④ 审判 Straub 一案的法院在处理 Gerritsen 一案时指出，未能提供译本是一个根本的缺陷，以至于其既不构成"严格相符"，也不构成"实质相

---

① Transaero v. La Fuerza Aerea Boliviana, 30 F. 3d 148 (D. C. Cir. 1994).

② Straub v. AP Green, Inc., 38F. 3d448 (9th Cir. 1994).

③ 参见 Magness v. Russian Federation, 247F. 3d 609(5th Cir. 2001)，实质相符与实际通知相结合足以有效地向某个媒介机构送达，但与外国国家的送达要求严格相符。

④ Gerritsen v. Consulado General de Mexico, 989 F. 2d 340 (9th Cir. 1993).

符"。相反地，在 Sherer v. Construcciones Aeronauticus, S. A. 一案中，第六巡回法院认为，尽管原告未能提供传票和原告起诉书的译本，但其已与第 1608(b) 节的要求实质相符。①

并非所有的法院都接受实质相符的规则，此外，一些要求严格相符的法院已经允许原告在可能的情况下弥补其有缺陷的送达。

(三) 工作组的建议

大多数法院同意当被告为外国国家时应严格遵守送达规则，而且工作组也建议将该规则纳入成文法之内。实质相符难以统一适用，而且在 FSIA 案件中也已经引起国际关系、礼让和美国判决可执行性的潜在的反作用。将该规则写入法律将纠正少数法院的送达途径并预防以后对规则的脱离。

严格相符规则也应适用于国家媒介机构。尽管很多媒介机构从事商业活动，但其与私人实体不同，因为它们的绝大多数所有权归属于一个或更多的国家。因此，对媒介机构的送达体现了对避免美国外交纷争的关注。无论如何，很多法院在私人实体间的诉讼中也拒绝使用实质相符的途径送达，并要求送达方式与法律或法规完全一致。而法院对适用于国家媒介机构的规则不应该比适用于纯私人诉讼的规则有更大的自由。在工作组看来，更好的做法可能是对外国国家及其媒介机构都要求严格相符，并且在第 1608 条第 1 款和第 2 款的引言中增加"严格与下列规定相符"的言辞加以明确。当然，如果只是待送达的文书的形式存在微小的技术缺陷，只要送达方法与规则一致，法院就必须给予恰当的送达。此外，严格相符不应妨碍法院帮助在特定案件中向媒介机构或与之有关的个人送达遇到意外的原告，法院应作好补救准备，给予原告额外的时间来弥补缺陷并根据法律向被告重新送达。工作组还建议对第 1608 条做一些调整，即允许法院在原告根据第 1608 条作确规定的方法之一对媒介机构无法送达或有困难时授权其使用一种特殊的送达方法。

工作组建议，除了如上述的要求严格相符的言词外，其对送达的建议由以下文字进行补充：

"当根据向媒介机构或个人送达的规定，不能合理送达时，如果可行，法院应原告的请求可以通过命令直接送达传票、原告起诉书的副本和上述各件的该外国国家官方语言的译本，该送达应经过合理计算以确保给予实际通知，与送达地法律相一致，且未为国际协定所禁止。本节不适用于对外国国家或外国政府官员的送达。"

八、执行问题的发展新动向

FSIA 关于执行豁免的规定尤其是第 1610 条，通常被认为是该法中最难以实现的。值得注意的就是胜诉原告在请求执行判决时遇到的困难。对此，工作组建议修改第 1610 条第 1 款以简化语言并允许对外国国家的财产进行扣押和执行而无须证明其与请求有关。这些修正意见仅针对判决的财产扣押和执行，而与判决前的扣押无关。关于执行豁免的第 1609、1610、1611 条的所有保护措施仍然保留，外交和使馆豁免下的财产保护措施需要

---

① Sherer v. Construcciones Aeronauticus，987F. 2d 1246(6th Cir. 1993).

阐明。

(一)有争议的规定及其背景

FSIA 有三节规定了执行豁免。第 1609 条确立了"除第 1610、1611 条规定外,外国国家财产享有扣押和执行豁免"的一般规定。第 1610 条第 1 款为外国国家和媒介机构创设了各种执行豁免的例外。总体而言,这些例外与第 1605 条第 1 款的诉讼豁免的例外平行:

本章第 1603 条第 1 款界定的,在美国的外国国家财产用于在美国的商业活动,于本法生效后不免予根据美国联邦法院或州法院判决的扣押或执行,如果:

"(1)该外国国家已经明示或默示地放弃扣押或执行的豁免。除非根据弃权条款,否则该外国国家关于弃权的任何撤回无效,或;

(2)该财产正用于或过去用于诉讼所基于的商业活动,或;

(3)此执行与某项确认下述财产权的判决相关:该财产权是违反国际法获得的,或是与违反国际法获得的财产交换而所得的,或;

(4)此执行与某项确认下述财产权的判决相关——

(A)该财产因继承或赠予而获得,或;

(B)该财产是位于美国的不动产:如果其非用于外交或领事使团的用房或该使团团长的官邸,或;

(5)该财产包括任何合同义务或由此产生的任何收益,它们是按照汽车保险、其他责任保险或者意外保险等保险单赔偿外国国家或其雇员、或使其不受损害并且用来满足判决书中所载的权利要求的;

(6)判决根据针对外国国家的仲裁裁决的确认命令作出,如果依判决的扣押或执行不与仲裁协议的任何规定相矛盾;

(7)判决与依第 1605(a)(7)条外国国家不享有豁免权的诉讼相关,不管财产现在或过去是否涉及诉基行为。"

第 1610 条第 2 款为"涉及在美国从事商业活动的外国国家媒介机构的在美国的财产"规定了执行豁免的其他例外。第 1610 条第 4 款则处理"判决前的扣押"问题。

第 1611 条界定了通常享有执行豁免的几类财产。其中包括由国际组织支付的资金,"外国中央银行或金融机构为其自身目的所有的"财产,"除非该银行或机构,或其母国政府已明示放弃了扣押或执行的豁免",以及"在使用上与军事活动有关的"财产。

(二)现行立法

与 FSIA 执行相关的一些问题已被提出。首先是外国主权的执行豁免的性质和范围问题。这个问题在第 1610 条有规定,而该规定在结构上有两个缺陷:

第一个缺陷是第 1610 条实在是过于错综复杂,令人迷惑。第 1610 条在第 1 款赋予外国国家财产和媒介机构的执行豁免,比其在第 2 款赋予在美国进行商业活动的媒介机构的执行豁免的程度更高。第 1610 条规定的又一个区别在于第 1、2 条中的扣押或执行与第 4 条中的判决前扣押。获得判决前扣押的理由甚至比执行判决或扣押的理由更有限制。最后是财产执行或扣押的弃权例外表明合同一方如果意图放弃主权豁免则必须就管辖权、执行

和判决前扣押的豁免分别单独的表示弃权。第二个缺陷在于第 1610 条的实际适用造成了对外国主权国家的判决执行的范围极其有限。当外国国家拒绝自愿遵守对其不利的判决时，胜诉原告的请求就不能得到满足。

几个因素综合起来使得对外国国家的执行效果极其有限。按照第 1610 条规定的要求，申请扣押或执行的财产必须是"用于在美国的商业活动"。这就把大量可能用于执行以实现针对外国主权者判决的财产排除在外。第 1611 条进一步分类性地限制了可能用于执行的财产的种类和性质。

寻求针对外国主权者执行的一方必须对用于商业活动的财产提起诉讼，而且接着必须满足第 1610 条第 1 款规定的例外。这些例外与第 1605 条第 1 款诉讼程序豁免的规定有相同的分析结构。直到今天，这些例外中有的并不会引起明显的困难，诸如违背国际法取得的那些相关的财产权利，继承、赠与或不动产的权利，裁决书的执行，这主要是因为它们极少用到。此外，国会最近修改第 1610 条允许对进行第 1605 条第 2 款第 7 项规定的某些恐怖活动的外国主权者采取执行措施。

关于执行豁免例外的条约的要点包含于第 1610 条第 1 款第 1 项、第 1 款第 2 项、第 1 款第 5 项。第 1610 条第 1 款第 1 项规定了当外国主权者明示或默示地放弃其执行豁免时的例外。但法院对其适用有困难，尤其是它对默示放弃的允许。法院通常对执行豁免的默示放弃作出狭义的解释，并倾向于拒绝。工作组甚至认为应在法律上把允许执行豁免的默示放弃的言辞删掉。[1] 尽管执行豁免的明示放弃在涉及外国主权者的交易中更为常见，但它们不常引发诉讼。

第 1610 条第 1 款第 2 项规定了"现在或过去用于诉讼所基于的商业活动"的财产的执行豁免例外。该例外旨在与管辖豁免的商业活动例外相对应。如果基本请求基于某一商业活动并导致该执行豁免例外，那么被执行的财产必须与请求相关。当读到第 1610 条第 1 款规定执行限于在美国的商业财产的引言时，原告寻求对外国主权者的执行就有了双重负担。真正的困难在于理解什么是过去用于诉基行为的财产。外国国家仅在极少的情况下在美国有财产"过去用于"诉基行为，如涉及外国国家对货物或服务的偿付不能，或者雇佣合同或租赁合同的违约，根本就没有与诉求相关的外国国家的财产存在，位于美国的就更少了。鉴于有关商业活动例外的案件居主要地位，第 1610 条第 1 款第 5 项的言辞尤其易于引起麻烦。

第 1610 条第 1 款第 5 项乃责任保险或意外保险的例外，并且其意在与第 1605 条第 1 款第 5 项中的非商业侵权例外相对应。该例外对在美国的侵权的潜在责任规定不充分，因为可能不存在保险，可能没有足够的金额，或可能不构成在美国的财产。

此外，FSIA 还规定某些财产完全不能用于执行。这些特定财产大部分在第 1611 条中有规定。考虑到财产的可执行性，这些例外包括：(1)国际组织将向外国主权者支付的资金；(2)在没有弃权的情况下，外国中央银行或金融机构的财产；(3)在使用上与军事活动有关的财产；(4)用于外交或领事使团用房或该使团团长官邸的财产。尽管法院在确定

---

① Working Group of the American Bar Association, *Reforming the Foreign Sovereign Immunities Act*, Columbia Journal of Transnational Law, Vol. 40, 2002, p. 585.

使馆的银行存款的豁免权时有些困难，但这些例外相对而言争议较少。

(三) 工作组的建议

工作组认为应加强执行的规定以使胜诉原告有更多的机会从不自愿执行判决的外国国家那里获得补偿。工作组建议完善执行豁免规定的两个最明显的缺陷：①第 1610 条第 1 款第 2 项中商业活动案件的执行限于与同一商业活动相关的财产的要求；②除了利用美国保单外，第 1610 条第 1 款第 5 项规定的其他非商业侵权案件缺乏执行救济。

工作组建议对 FSIA 执行规定的修改应集中在第 1610 条第 1 款的例外上。引言将保持不变。第 1610 条第 1 款第 1 项的弃权例外将改变以消除默示放弃的可能性，并使关于管辖豁免放弃的第四部分所解释的修改得以实现。然而，通过出庭表示的弃权将不适用于执行豁免。第 1610 条第 1 款的其余部分将删去并由新的第 1 款第 2 项取代："判决与根据第 1605 条不予豁免的外国国家的诉讼请求有关，该判决是根据针对外国国家的仲裁裁决的确认命令作出的。依照判决的扣押或执行不得与仲裁协议的规定不同。"

工作组认为，新的第 1610 条第 1 款第 2 项的言辞保留了执行豁免的重要方面，同时明晰：(1) 外国主权者的商业财产可用于满足依第 1605 条第 1 款第 5 项的非商业侵权例外作出的判决；(2) 被扣押或执行的财产与基本争议之间无须关联。这些修改不仅简化了法律用语，也因此确保了对执行豁免的一贯尊重，也与相关的国际法规定相符。①

工作组还认为第 1610 条第 1 款的修改意见使该节在执行上既能适合于外国国家也能适合于外国国家的媒介机构，在第 1610 条第 2 款中单独规定对外国国家的媒介机构的执行再也没有必要。放松第 1610 条第 1 款执行上的限制使其与现行的第 2 款的规定大体一致，从而使第 2 款的规定显得多余。更重要的是，就执行豁免而言，没有其他国家的主权豁免法典对外国国家本身和外国国家媒介机构之间进行区分。②

工作组的修改意见是对执行部分大致保持不变。第 1609 条执行豁免的一般规定应予以维持。同样地，不应修改判决前扣押的规定和第 1611 条特定财产执行例外的规定。唯一的修改建议是明确外交和领事财产的豁免。结合"只有用于商业活动的外国国家的财产才可执行"的原则，FSIA 应免除受条约、国际协定或联邦法律保护的官方、外交或领事财产的执行。工作组建议第 1611 条第 2 款增加如下规定：

"依据第 1610(f)(1) 条，受维也纳外交关系公约、维也纳领事关系公约或其他条约、国际公约、国际协定或美国缔结的其他关于外国国家或其媒介机构财产的联邦法律保护的财产免于执行。"

九、保护外国国家，衡平执行豁免

FSIA 对外国国家扣押和执行豁免范围的缩小，可能会使"保护金融危机中的外国国

---

① Working Group of the American Bar Association, *Reforming the Foreign Sovereign Immunities Act*, 40 Columbia Journal of Transnational Law 588(2002).

② Working Group of the American Bar Association, *Reforming the Foreign Sovereign Immunities Act*, 40 Columbia Journal of Transnational Law 588(2002).

家"与"尊重外国国家的债权人权利"这两个目的有所失衡。

(一)针对欠债的主权者缺乏破产规则所引发的问题

当外国国家试图重整债务时,债权人权利和保护国家债务人之间的衡平问题就凸显出来。尽管公司破产和清算规则规定了合理的程序以平衡债权人和私人债务人的利益,对外国国家却不存在这样的规则。① 这个法律空白已经多次给债权人和国家债务人带来一系列的难题。一些债权人抱怨许多国家降低其债务的商业价值或者不充分披露其财政状况。政府官员则表示一些国家债权人运用一般债权人的欠债还钱的信念,在发展中国家还没有偿还能力时也要求其全额偿付。在现行的法律条件下,债权人对国家债务人没有与对私人债务人一样的权利,同样地,外国国家也没有像个人和公司一样从债务中解脱出来的相同机会。这些问题已经受到关注。缩小外国国家执行豁免范围的建议鼓励就此问题展开进一步的工作,因为给予与外国国家缔约的当事人执行国家债务的更大保证并不能解决债务国面临的财政或其他方面的极度困境。解决该问题的一个可能的途径是授权法院在一定的范围内暂停针对外国国家的诉讼程序或执行的明确的法律权力。

(二)法院控制诉讼程序和决定判决执行的权力

根据一系列的法律原则和成文法规定,在某些情况下法院已经享有暂停诉讼程序和暂缓判决执行的自由裁量权。美国最高院主张联邦法院有暂停诉讼的固有权力。在涉及外国当事人的案件中这种权力已得到运用。例如,依据国际礼让原则,一些美国法院的诉讼程序已被暂停或驳回以尊重外国国家的破产或清算程序。尽管美国的公共政策大力支持合同和义务的可执行性,法院暂停或暂缓执行的权力还未威胁该原则。例如,一个法院判决执行债权文书,尽管外国国家的请求认为该判决将产生"破坏性的金融后果",而且该请求是受国际货币基金组织(IMF)支持的。②

然而,执行机构已经意识到诉讼可能被不适当地运用而加重对外国国家的损害。在一个仅由债权人之一提起的破坏了巴西债务重组协商的诉讼案件中,司法部重申了确保合同执行的强烈的美国政策,声明中说道:"整个政策是基于这样的理解,即当当事人可能同意重新协商付款的条件时,基于此而产生的付款义务无论如何应保持合法并可执行。"然而,司法部同时提醒法院注意诉讼的滥用,指出:"美国也注意到这种诉讼可能会不适当地促使其他商业债权人试图通过诉讼获取其在善意协商中得不到的外国债务人的妥协。"③

在一个相似的情形中,第二巡回法院支持了地方法院在判决之前命令暂停仅由一个债

---

① Steven L. Schwarcz, Global, *Decentralization and the Subnational Debt Problem*, Duke Law Journal, February, Vol. 51, 2002, p.1182.

② Allied Bank International v. Banco Credito Agricola de Cartago, 757 F. 2d 516(2nd Cir. 1985); Pravin Banker Associates, Ltd. v. Banco Popular del Peru, 109 F. 3d 850, 855(2nd Cir. 1997).

③ CIBC Bank and Trust Co., Ltd. V. Banco Central Do Brasil, S. A. And Citibank, N. A., 94 Civ. 4733, at 11 (S. D. N. Y1994), citing Allied, 757 F. 2d at 519-20.

权人针对秘鲁政府提起诉讼的做法。① 在命令暂停时，地方法院已经发现诉讼将破坏秘鲁被 IMF 描述为"激励性的而且意义深远的"的经济调整计划，以及其与商业债权人协商根据布莱迪美国援助计划重新调整债务的努力。法院也指出国际礼让要求美国法院为了秘鲁国有银行清算程序的顺利进行而延迟诉讼。第二巡回法院总结说，地方法院"在确保成功、自愿的解决到期外国债务和依据美国法律保持合同的可执行性时，适当地权衡了相互冲突的利益"，暂停从长远来看并没有威胁债务的可执行性。

法院已经在其他各种情形下行使它们的自由裁量权来防止对外国国家产生的不合理的困难。在 Meridien Int'l Bank v. Liberia 一案中，法院取消了针对利比里亚海事信托基金的判决前扣押的单方面命令，因其发现该命令已经导致且可能继续引起"严重的……对利比里亚人民的后果"。② 在 Interpetrol Bermuda Ltd v. Trinidad and Tobago Oil Co. 一案中，法院因为原告不能证明石油公司已经放弃主权豁免或扣押对于确保最后判决的执行是必要的而取消了扣押令。法院还指出，被告已经证明扣押所导致的日益增加的成本对其造成的困境，并将其视为取消扣押令的另一个原因。③ 在 Elliott Associates. L. P. v. Republic of Peru 一案中，法院拒绝了判决前扣押的命令，并发现扣押命令对于确保最后判决的执行是不必要的，但却会引起破坏秘鲁及其商业债权人之间债务重组的协议的"一个本可避免的风险"。④

FSIA 第 1610 条已经规定执行的有限制的暂停，直到法院认为"判决作出后一段合理的时间已经过去"。⑤ 因此，判决后的扣押和执行只能通过法院的命令进行。该节的目的在于在采取措施执行判决前，为外国国家以通常的程序履行判决提供充分的时间。而且，一些州和联邦法律规定法院有权调整判决执行的方式和时间，规定法院采用一种"实际的方法来保护债务人避免合法的执行程序所经常产生的严重后果"⑥。在行使这种权力时，法院也应避免走得过远。

(三) 工作组的建议

因此，授予法院明确的中止诉讼程序或判决执行的法定权力，是解决债权人和主权者债务人之间权利不平衡的一种可能方法。但是工作组建议不规定一个明确的暂停条款。解决两者之间利益不平衡的任何建议应该在比修改 FSIA 更大的背景下考虑，如果进一步限制外国国家执行豁免的修改意见被接受，则更应如此。

---

① Pravin Banker Associates, Ltd. v. Banco Pop. ular del Peru, No. 93Civ. 0094, 1995 US Dist. Lexis 2730(S. D. N. Y. Mar. 8, 1995), aff'd. 109 F. 3d 850 (2nd Cir. 1997).

② 参见 Meridien Int'l Bank v. Govt. of Republic of Liberia, No. 92 Civ, 7039, 1996 WL 22338, ＊6 (S. D.)。法院陈述道："取消该判决前扣押还有一个独立的理由：'如果扣押很可能是严重的，如这里的情况，而且可能产生不可补救的困难时，不利结果的承受者可以要求法院裁量进行援助'。"

③ Interpetrol Bermuda, 513N. Y. S. 2d 598, 604-05(Sup. Ct. 1987).

④ Elliott Assoc. L. P. v. Banco de la Nacion, 948 F. Supp. 1203, 1213-14(S. D. N. Y. 1996).

⑤ 28 USC. 1610(c) (2001).

⑥ In re Persky, 893 F. 2d 15, 18 (2nd Cir. 1989).

参 考 文 献

一、中文著作

(一)著作

1. 李庆明：《美国的外国主权豁免理论与实践研究》，人民日报出版社 2022 年版。

2. 中华人民共和国外交部条约法律司编著：《中国国际法实践案例选编》，世界知识出版社 2018 年版。

3. 许凯：《惩罚性赔偿的国际私法问题研究》，法律出版社 2018 年版。

4. 胡联合：《全球反恐轮 恐怖主义何以发生与应对》，中国大百科全书出版社 2011 年版。

5. 梁西主编：《国际法》，武汉大学出版社 2011 年版。

6. 刘静仑：《比较国家赔偿法》，群众出版社 2011 年版。

7. 刘仁山、尹生、简基松、邓烈主编：《国际恐怖主义法律问题研究》，中国法制出版社 2011 年版。

8. 齐树洁：《美国民事司法制度》，厦门大学出版社 2011 年版。

9. 沈娟主编：《国际私法学的新发展》，中国社会科学出版社 2011 年版。

10. [美]斯蒂芬·布雷耶：《积极自由》，田雷译，中国政法大学出版社 2011 年版。

11. 夏林华：《不得援引国家豁免的诉讼——国家及其财产管辖豁免例外问题研究》，暨南大学出版社 2011 年版。

12. [英]马尔科姆·N. 肖：《国际法》，白桂梅等译，北京大学出版社 2011 年版。

13. 曾文革、杨树明：《国际法》，中国政法大学出版社 2010 年版。

14. 李庆明：《美国〈外国人侵权请求法〉研究》，武汉大学出版社 2010 年版。

15. 秦前红：《宪法》，武汉大学出版社 2010 年版。

16. 阙占文：《跨界环境损害赔偿责任导论》，知识产权出版社 2010 年版。

17. 邵沙平：《国际法》，中国人民大学出版社 2010 年第 2 版。

18. [英]安东尼奥·卡萨斯：《国际法》，蔡从燕等译，法律出版社 2009 年版。

19. 王秀梅：《国家对国际社会整体的义务》，法律出版社 2009 年版。

20. 肖冰等：《国际经济法学》，南京师范大学出版社 2009 年版。

21. 廖诗评：《条约冲突基础问题研究》，法律出版社 2008 年版。

22. 马怀德：《完善国家赔偿立法基本问题研究》，北京大学出版社 2008 年版。

23. 肖永平：《法理学视野下的冲突法》，高等教育出版社 2008 年版。

24. ［英］伊恩·布朗利：《国际公法原理》，曾令良、余敏友等译，法律出版社2007年版。

25. 韩德培主编：《国际私法》，高等教育出版社、北京大学出版社2007年第2版。

26. 黄进、宋连斌、徐前权：《仲裁法学》（第三版），中国政法大学出版社2007年版。

27. 黄俊平：《普遍管辖原则研究》，中国人民公安大学出版社2007年版。

28. 江伟主编：《民事诉讼法》，高等教育出版社2007年版。

29. 李双元：《国际私法(第二版)》，北京大学出版社，2007年版。

30. 阮传胜：《恐怖主义犯罪研究》，北京大学出版社2007年版。

31. 邵津：《国际法》，高等教育出版社，北京大学出版社2007年版。

32. 魏振瀛主编：《民法》，北京大学出版社、高等教育出版社2007年版。

33. 杨泽伟：《国际法》，高等教育出版社2007年版。

34. 张文显：《法理学》，高等教育出版社、北京大学出版社2007年版。

35. 张仲伯：《国际私法学》，中国政法大学出版社2007年版。

36. 章尚锦、徐青森：《国际私法》(第三版)，中国人民大学出版社2007年版。

37. 顾功耘，《国有经济论》，北京大学出版社2006年版。

38. 何其生：《域外送达制度研究》，北京大学出版社2006年版。

39. 梁西著：《国际法》，武汉大学出版社2006年第2版。

40. 杨泽伟：《主权论——国际法上的主权问题及其发展趋势》，北京大学出版社2006年版。

41. 张新宝：《侵权责任法》，中国人民大学出版社2006年版。

42. ［意］莫诺·卡佩莱蒂：《比较法视野中的司法程序》，徐昕、王奕译，清华大学出版社2005年版。

43. 杜新丽：《国际私法实务中的法律问题》，中信出版社2005年版。

44. 龚刃韧：《国家豁免问题的比较研究——当代国际公法、国际私法和国际经济法的一个共同课题》(第二版)，北京大学出版社2005年版。

45. 刘敏：《裁判请求权研究》，中国人民大学出版社2005年版。

46. 杨晖：《反恐新论》，世界知识出版社2005年版。

47. 杨泽伟：《国际法》，武汉大学出版社2005年版。

48. 郑远民、黄小喜、唐锷主编：《国际反恐怖法》，法律出版社2005年版。

49. 高家伟：《国家赔偿法》，商务印书馆2004年版。

50. 徐亚文：《程序正义论》，山东大学出版社2004年版。

51. ［英］伊恩·布朗利：《国际公法原理》，曾令良、余敏友等译，法律出版社2003年版。

52. 付济熙编著：《核损害的民事责任与赔偿》，原子能出版社2003年版。

53. 王名扬：《法国行政法》，中国政法大学出版社2003年版。

54. 张卫平主编：《外国民事证据制度研究》，清华大学出版社2003年。

55. ［日］谷口安平：《程序的正义与诉讼》，王亚新、刘荣军译，中国政法大学出版

社 2002 年版。

56. ［德］奥托·迈耶：《德国行政法》，刘飞译，商务印书馆 2002 年版。

57. 何力：《国际经济法论》，上海人民出版社，2002 年版。

58. 王运祥、刘杰：《联合国与人权保障国际化》，中山大学出版社 2002 年版。

59. 翁岳生：《行政法》，中国法制出版社 2002 版。

60. 郑远民等：《国际私法——国际民事诉讼法与国际商事仲裁法》，中信出版社 2002 年版。

61. 陈安：《国际投资争端案例精选》，复旦大学出版社 2001 年版。

62. 李双元、谢石松：《国际民事诉讼法概论》，武汉大学出版社 2001 年第 2 版。

63. 李双元：《国际私法（冲突法篇）》，武汉大学出版社 2001 年版。

64. 刘想树：《国际私法基本问题研究》，法律出版社 2001 年版。

65. 汤雄建：《美国民事司法制度与民事诉讼程序》，中国法制出版社 2001 年版。

66. 徐卉：《涉外民商事诉讼管辖权冲突研究》，中国政法大学出版社 2001 年版。

67. 董立坤：《国际私法论》，法律出版社 2000 年版。

68. 韩健：《现代国际商事仲裁法的理论和实践》，法律出版社 2000 年版。

69. 江平主编：《民法学》，中国政法大学出版社 2000 年版。

70. 宋连斌：《国际商事仲裁管辖权研究》，法律出版社 2000 年版。

71. 谢兴权：《通向正义之路》，中国政法大学出版社 2000 年版。

72. ［法］莱昂·狄骥：《公法的变迁——法律与国家》，郑戈等译，辽海出版社、春风文艺出版社 1999 年版。

73. ［意］桑德罗·斯奇巴尼：《物与物权》，范怀俊译，中国政法大学出版社 1999 年版。

74. 顾宝炎主编：《国外国有企业的管理和改革》，中国人事出版社 1999 年版。

75. 黄进主编：《国际私法》，法律出版社 1999 年版。

76. 余先予主编：《冲突法》，上海财经大学出版社 1999 年版。

77. 张茂：《美国国际民事诉讼法》，中国政法大学出版社 1999 年版。

78. 陈致中：《国际法案例》，法律出版社 1998 年版。

79. 马俊驹、余延满：《民法原论》（上），法律出版社 1998 年版。

80. 皮纯协、何寿生：《比较国家赔偿法》，中国法制出版社 1998 年版。

81. 万鄂湘等：《国际条约法》，武汉大学出版社 1998 年版。

82. 肖扬：《当代司法体制》，中国政法大学出版社 1998 年版。

83. 杨建顺：《日本行政法通论》，中国法制出版社 1998 年版。

84. 余能斌、马俊驹主编：《现代民法学》，武汉大学出版社 1998 年版。

85. ［英］詹宁斯、瓦茨修订：《奥本海国际法》（第一卷第二分册），中国大百科全书出版社 1998 年版。

86. 韩德培主编：《国际私法新论》，武汉大学出版社 1997 年第 1 版。

87. 梁淑英主编：《国际法教学案例》，中国政法大学出版社 1997 年版。

88. 白桂梅、龚刃韧、李鸣等：《国际法上的人权》，北京大学出版社 1996 年版。

89. 顾昂然：《新中国的诉讼、仲裁和国家赔偿制度》，法律出版社 1996 年第 1 版。

90. 王利明、杨立新编著：《侵权行为法》，法律出版社 1996 年版。

91. 徐宏：《国际民事司法协助》，武汉大学出版社 1996 年版。

92. ［英］詹宁斯、瓦茨修订：《奥本海国际法》（第一卷第一分册），王铁崖等译，中国大百科全书出版社 1995 年版。

93. 王名扬：《美国行政法》，中国法制出版社 1995 年版。

94. 王铁崖：《国际法》，法律出版社 1995 年版。

95. 张潇剑：《国际强行法论》，北京大学出版社 1995 年版。

96. 马怀德：《国家赔偿的理论与实务》，中国法制出版社 1994 年版。

97. 皮纯协：《国家赔偿法释论》，中国法制出版社 1994 年版。

98. 肖峋：《中华人民共和国国家赔偿法理论与实用指南》，中国民主法治出版社 1994 年版。

99. 余劲松：《国际投资法》，法律出版社 1994 年版。

100. 周相：《罗马法原论》，商务印书馆 1994 年版。

101. 王铁崖、田如萱编：《国际法资料选编（续编）》，法律出版社 1993 年版。

102. ［德］赫尔姆特·斯泰恩贝格：《联邦宪法法院对外国豁免权问题的判决》，载《当代联邦德国国际法律论文集》，北京航空航天大学出版社 1992 年版。

103. ［德］迪特尔·格罗塞尔：《德意志联邦共和国经济政策及实践》，上海翻译出版公司 1992 年版。

104. 杨贤坤主编：《中外国际私法案例评选》，中山大学出版社 1992 年版。

105. 王家福主编：《民法债权》，法律出版社 1991 年版。

106. 张俊浩主编：《民法学原理》，中国政法大学出版社 1991 年版。

107. ［德］沃尔夫：《国际私法》，李浩培等译，法律出版社 1988 年版。

108. 中国国际法学会、外交学院国际法研究所编辑：《国际法资料》（第二辑），法律出版社 1988 年版。

109. 黄惠康、黄进编著：《国际公法国际私法成案选》，武汉大学出版社 1987 年版。

110. 黄进：《国家及其财产豁免问题研究》，中国政法大学出版社 1987 年版。

111. ［美］伯纳德·施瓦茨：《行政法》，徐炳译，群众出版社 1986 年版。

112. 杨仁寿：《法学方法论》，中南政法大学出版社 1986 年版。

113. ［英］戈尔-布斯：《萨道义外交实践指南》，上海译文出版社 1984 年版。

114. 斯德哥尔摩商会编：《瑞典的仲裁》，周子亚、卢绳祖、李双元等译，法律出版社 1984 年版。

115. 张宏生主编：《西方法律思想史》，北京大学出版社 1983 年版。

116. 王铁崖、田如萱：《国际法资料选编》，法律出版社 1982 年版。

117. 曹竞辉：《国家赔偿法之理论与实务》，新文丰出版社公司 1981 版。

118. 周鲠生：《国际法》，商务印书馆 1981 年版。

119. 《中华人民共和国对外关系文件集》（第二集），世界知识出版社 1958 年版。

（二）论文

1. 张晓君、马小晴：《外国国家豁免法的理解与适用》，载《人民检察》2023 年第 23 期。

2. 何志鹏：《〈外国国家豁免法〉的司法功能与话语功能》，载《当代法学》2023 年第 6 期。

3. 李庆明：《论中国〈外国国家豁免法〉的限制豁免制度》，载《国际法研究》2023 年第 5 期。

4. 孙心依、杜涛：《美国 FSIA 侵权例外规则的司法适用与中国应对》，载《武大国际法评论》2022 年第 5 期。

5. 王佳：《对外关系法中的国家豁免问题研究》，载《武大国际法评论》2023 年第 7 期。

6. 李庆明：《中国在美国法院的主权豁免诉讼述评》，载《国际法研究》2022 年第 5 期。

7. 刘志阳：《惩罚性赔偿适用中的实体正义与程序正义》，载《法制与社会发展》2022 年第 1 期。

8. 徐树：《中国国家豁免立法中的对等原则：概念内涵、法理依据及制度设计》，载《国际法研究》2022 年第 2 期。

9. 叶研：《论当代中国的国家豁免政策选择》，载《国际法研究》2022 年第 1 期。

10. 郭玉军、王岩：《美国域外管辖权限制因素研究——以第三和第四版〈美国对外关系法重述〉为中心》，载《国际法研究》2021 年第 6 期。

11. 乔雄兵、郎雪：《我国国家豁免立法现状及展望》，载《长江论坛》2021 年第 5 期。

12. 孙昂：《国家豁免案件的法律适用问题研究——在司法和外交复合语境中的探讨》，载《国际法研究》2021 年第 2 期。

13. 龚柏华、丁伯韬：《中国政府在美国被诉引用主权豁免抗辩的法律探析》，载《上海政法学院学报（法治论丛）》2020 年第 6 期。

14. 霍政欣：《国内法的域外效力：美国机制、学理解构与中国路径》，载《政法论坛》2020 年第 2 期。

15. 廖诗评：《中国法域外适用法律体系：现状、问题与完善》，载《中国法学》2019 年第 6 期。

16. 王蕾凡：《美国国家豁免法中"恐怖主义例外"的立法及司法实践评析》，载《环球法律评论》2017 年第 1 期。

17. 郭玉军、刘元元：《国际强行法与国家豁免权的冲突及其解决——以德国诉意大利案为视角》，载《河北法学》2013 年第 1 期。

18. 李华成：《中国国家豁免立法中的初审法院——由"中铁刚果（金）案"谈起》，载《太原理工大学学报（社会科学版）》2012 年第 3 期。

19. 李庆明：《国家豁免与诉诸法院之权利——以欧洲人权法院的实践为中心》，载《环球法律评论》，2012 年第 6 期。

20. 辛润：《国家管辖豁免与强行法的关系初探——从德国诉意大利案分析》，载《法制与社会》2012年第10期。

21. 杨玲：《论国际商事仲裁裁决执行中的国家豁免》，载《当代法学》2012年第5期。

22. 毕玉谦：《关于民事诉讼中缺席判决救济制度的立法思考》，载《清华法学》2011年第3期。

23. 陈海明：《国际法宪政问题研究》，载《太平洋学报》2011年第1期。

24. 陈卫东：《从国际法角度谈WTO协定的实施》，载《法学评论》2011年第2期。

25. 杜颖，王国立：《知识产权行政授权及确权行为的性质解析》，载《法学》2011年第8期。

26. 郭玉军、王卿：《对国家作出缺席判决的风险及其预防措施——以现有国家豁免立法和实践为中心》，载《学习与实践》，2011年第9期。

27. 刘帅：《浅谈我国恐怖主义犯罪的主要类型及防范策略》，载《才智》2011年第9期。

28. 陆寰：《美国国家豁免法管辖豁免中的商业例外及其新发展》，载《学习与实践》2011年第9期。

29. 秦前红、黄明涛：《对香港终审法院就刚果金案提请人大释法的看法》，载《法学》2011年第8期。

30. 屈凌：《试论公共秩序保留制度的发展趋势》，载《贵州社会科学》2011年第3期。

31. 谭秋桂：《德、日、法、美四国民事诉讼送达制度的比较分析》，载《比较法研究》2011年第4期。

32. 魏春明、王春梅：《论司法独立的相对性》，载《求实》2011年第7期。

33. 吴贞辉：《反思酷刑的民事管辖权》，载《法制与社会》2011年第28期。

34. 肖芳：《国际投资仲裁裁决在中国的承认与执行》，载《法学家》2011年第6期。

35. 杨玲：《欧洲的国家豁免立法与实践——兼及对中国相关立场与实践的反思》，载《欧洲研究》2011年第5期。

36. 赵大龙：《我国国家赔偿的赔偿标准可行性分析》，载《唯实》2011年第7期。

37. 高成栋：《中外BITS对香港特区的适用及争议解决——以谢业深诉秘鲁政府案为例》，载《国际经济法学刊》2010年第1期。

38. 龚柏华：《中国政府及国有企业在美国法院面临的主权豁免问题分析——兼评美国Walters夫妇就"中国制造"手枪质量问题导致儿子死亡告中华人民共和国政府缺席判决执行案》，载《国际商务研究》2010年第4期。

39. 刘秀明：《对两大法系"缺席判决主义"本质之思考》，载《现代法学》2010年第5期。

40. 吕孝晨：《相对豁免原则的国际法应用及其对中国的启示——以"华晨案"和"中航油案"为例》，载《法学之窗》2010年第8期。

41. 张潇剑：《ICSID仲裁裁决的承认与执行》，载《西北大学学报》（哲学社会科学版）2010年第4期。

42. 钟澄：《论国际商事仲裁中国家对豁免的放弃》，载《仲裁研究》2010年第21辑。

43. 龚柏华、曹姝：《加拿大天宇网络公司就合资企业被迫解散在美国法院告四川省政府案评析》，载《国际商务研究》2009 年第 3 期。

44. 李浩：《国际法上的"强行法"规则初探》，载《现代法学》2009 年第 1 期。

45. 李浩：《民事诉讼专属管辖制度研究》，载《法商研究》2009 年第 1 期。

46. 邵景春、朱丁普：《欧共体非合同义务法律适用条例评析》，载《河北法学》2009年第 2 期。

47. 孙宝财、吴志飞：《谈恐怖主义的形成发展及反恐对策》，载《武警学院学报》2009 年第 5 期。

48. 肖永平、张帆：《从天宇公司案看美国法院关于"直接影响"的认定》，载《河南省政法管理干部学院学报》2009 年第 2 期。

49. 卜璐：《外国公法适用的理论变迁》，载《武大国际法评论》2008 年第 2 期。

50. 黄进、李庆明：《加拿大公司诉四川省政府案》，载《中国审判》2008 年第 1 期。

51. 兰红燕：《国家豁免与外交豁免之比较》，载《贵州民族学院学报(哲学社会科学版)》2008 年第 2 期。

52. 王明远：《论环境权诉讼——通过私人诉讼维护环境公益》，载《比较法研究》2008 年第 3 期。

53. 陈纯一：《国家豁免主体问题之研究》，载《台北大学法学论丛》2007 年第 61 期。

54. 杜涛：《互惠原则与外国法院判决的承认与执行》，载《环球法律评论》2007 年第 1 期。

55. 黄进、李庆明，《2007 年莫里斯诉中华人民共和国案述评》，载《法学》2007 年第 9 期。

56. 王立君：《国家及其财产管辖豁免规则的新发展——兼论我国的立法和实践》，载《法商研究》2007 年第 3 期。

57. 夏林华：《论国家及其财产豁免中商业交易的判断依据》，载《云南大学学报法学版》2007 年第 6 期。

58. 肖建国：《民事诉讼级别管辖制度的重构》，载《法律适用》2007 年第 6 期。

59. 肖永平、张帆：《美国国家豁免法的新发展及其对中国的影响》，载《武汉大学学报(社会科学版)》2007 年第 6 期。

60. 徐祖林：《侵权法归责原则的论争及其解析》，载《法律科学》2007 年第 6 期。

61. 许军珂：《论公私法的划分对冲突法的影响——外国公法作为准据法的可行性分析》，载《当代法学》2007 年第 3 期。

62. 杨剑：《论民事诉讼的临时措施》，载《广州大学学报(社会科学版)》2007 年第 7 期。

63. 杨松：《从仰融案看跨国诉讼中的国家豁免问题》，载《政治与法律》2007 年第 1 期。

64. 张新军：《民间对日索赔诉讼上的变迁和中国政府的回应》，载《清华法学》2007 年第 4 期。

65. 高建军：《国家豁免：理论争议与国际法实践——兼论对日民间求偿的国内诉讼

问题》，载《南京政治学院学报》2006年第4期。

66. 曲波：《〈联合国国家及其财产管辖豁免公约〉评析》，载《行政与法》2006年第5卷。

67. 任明艳：《美国国家行为原则评析》，载《法学》2006年第7期。

68. 王存刚：《霸权主义是恐怖主义的重要诱因——关于恐怖主义产生根源的一种解析》，载《社会主义研究》2006年第4期。

69. 袁元、杨莎：《对〈联合国国家及其财产管辖豁免公约〉侵权例外条款的分析》，载《法制与社会》2006年第21期。

70. 朱文奇：《国际法追究个人刑事责任与管辖豁免问题》，载《法学》2006年第9期。

71. 曾涛：《中国在国家及其财产豁免问题上的实践及立场》，载《社会科学》2005年第5期。

72. 杜新丽：论海牙《域外送达公约》的适用范围，载《中国司法》2005年第10期。

73. 郭玉军、徐锦堂、王菁、张飞凤：《美国国家豁免法的历史演进及其发展新动向》，载《国际法与比较法论丛》2005年第12辑。

74. 郭玉军、徐锦堂等：《美国国家豁免法的历史演进及其新动向》，载《国际法与比较法论丛》2005年卷。

75. 何其生：《我国域外送达机制的困境与选择》，载《法学研究》2005年第2期。

76. 何志鹏：《对国家豁免的规范审视与理论反思》，载《法学家》2005年第2期。

77. 马怀德、张红：《论国家侵权精神损害赔偿》，载《天津行政学院学报》2005年第1期。

78. 汤鸿沛、张玉娟：《德国、法国与中国国家赔偿制度比较》，载《人民司法》2005年第2期。

79. 张红：《中美国家赔偿法学术研讨会综述》，载《行政法学研究》2005年第4期。

80. 张建文：《社会转型与国有财产制度的变迁》，载《长白学刊》2005年第5期。

81. 张露藜：《论国家豁免在国家从事侵权行为中的适用》，载《四川理工学院学报（社会科学版）》2005年第4期。

82. 张乃根：《国家及其财产管辖豁免对我国经贸活动的影响》，载《法学家》2005年第6期。

83. 陈义真：《国际法的性质及其效力依据之剖析》，载《湖南社会科学》2004年第6期。

84. 江国青：《国际法实施机制与程序法律制度的》，载《法学研究》2004年第2期。

85. 李悦勤：《试论国际恐怖主义以蔓延的原因》，载《武警学院学报》2004年第3期。

86. 邱红梅：《论国际强行法的演进》，载《厦门大学法律评论》2004年第8辑。

87. 覃宇翔：《美国属人管辖及其在互联网案件中新发展》，载《网络法律评论》2004年第1期。

88. 张作华：《论我国国家法律人格的双重性——兼谈国家所有权实现的私法路径》，载《私法》2004年第3辑第2卷。

89. 唐颖侠：《国际法与国内法的关系及国际条约在中国国内法中的适用》，载《社会

科学战线》2003 年第 1 期。

90. 郭玉军、肖芳：《国际商事仲裁中的国家豁免问题》，载《珞珈法学论坛》2003 年第 3 卷。

91. 郭玉军、徐锦堂：《论国家豁免的相对性》，载《武大国际法评论》2003 年第 1 期。

92. 马俊驹、宋刚：《民事主体功能论——兼论国家作为民事主体》，载《法学家》2003 年第 6 期。

93. 曲义铭：《谈国家赔偿法精神损害赔偿的加入》，载《商业研究》2003 年第 2 期。

94. 杨建顺：《公共选择理论与司法权的界限》，载《法学论坛》2003 年第 3 期。

95. ［美］西蒙尼德斯：《20 世纪末的国际私法——进步还是退步？》，宋晓译、黄进校，载《民商法论丛》2002 年第 24 卷。

96. 车丕照：《身份与契约——全球化背景下对国家主权的观察》，载《法制与社会发展》2002 年第 5 期。

97. 丁伟：《我国对涉外民商事案件实行集中管辖的利弊分析——评〈最高人民法院关于涉外民商事诉讼管辖权若干问题的规定〉》，载《法学》2002 年第 8 期。

98. 冯寿波：《评统一论与分割论间的关系》，载《湖南省政法管理干部学院学报》2002 年第 2 期。

99. 傅郁林：《审级制度建构原理—从民事程序视角分析》，载《中国社会科学》2002 年第 4 期。

100. 刘波等：《国内起诉：民间对日索赔的可行性》，载《中国律师》2002 年第 3 期。

101. 刘仁山、胡炜：《直接适用的法的若干问题》，载《当代法学》2002 年第 8 期。

102. 刘正：《论日本拒绝中国民间索赔的国家责任》，载《南京经济学院学报》2002 年第 5 期。

103. 谭岳奇：《美国州主权豁免理论之透视》，载李双元主编：《国际法和比较法论丛》2002 年第 3 辑。

104. 章武生、吴泽勇：《论我国缺席判决制度的改革》，载《政治与法律》2002 年第 5 期。

105. 郭洪波：《对精神损害赔偿法律制度的若干思考》，载《当代法学》2001 年第 2 期。

106. 黄进等：《国家及其财产豁免的几个悬而未决的问题》，载《中国法学》2001 年第 4 期。

107. 黄进、邹国勇：《"展望 21 世纪国际法发展"武汉研讨会综述》，载《法学评论》2001 年第 4 期。

108. 孙世彦：《国际人权法下国家的义务》，载《法学评论》2001 年第 2 期。

109. 杨开湘：《论诉讼的程序偏差——基于诉讼程序运行的初步考察》，载《华东政法学院学报》2001 年第 3 期。

110. 郭玉军、甘勇：《美国法院的"长臂管辖"——兼论确立国际民事案件管辖权的合理性原则》，载《比较法研究》2000 年第 3 期。

111. 梁淑英：《浅析国家豁免的几个问题》，载《政法论坛》2000 年第 2 期。

112. 徐崇利：《被告财产所在地涉外民事管辖适用问题探讨》，载《法律科学》2000 年第 4 期。

113. 赖紫宁：《国际民事诉讼管辖权的根据及其新发展》，载《中外法学》1999 年第 2 期。

114. 刘勇、陈华：《试论国家作为民事主体》，载《华侨大学学报（哲社版）》1999 年第 1 期。

115. 司平平：《国家行为原则及其发展》，载《法学》1999 年第 1 期。

116. 陈桂明、李仕春：《缺席审判制度研究》，载《中国法学》1998 年第 4 期。

117. 陈瑞华：《程序正义论纲》，载《诉讼法论丛》1998 年第 1 期。

118. 龙宗智、李常青：《论司法独立与司法受制》，载《法学》1998 年第 2 期。

119. 张承耀等：《世界各国国有企业改革的经验教训》，载《中国经贸导刊》1998 年第 22 期。

120. 张庆麟：《析外汇管制域外效力》，载《中国国际私法与比较法年刊》1998 年版。

121. 周晓林：《审判管辖与国家豁免》，载《中国国际法年刊》1998 年版。

122. 后藤武秀：《判例在日本近代化中的作用》，载《比较法研究》1997 年第 1 期。

123. 王丽萍：《当代国外联邦制研究概述》，载《政治学研究》1996 年第 4 期。

124. 赵建文：《联合国海洋法公约与有限豁免原则》，载《政治与法律》1996 年第 2 期。

125. 郭延曦：《中国关于主权豁免问题的对策》，载《法学》1995 年第 3 期。

126. 杨力军：《关于国家及其财产管辖豁免的几个问题》，载《外国法译评》1995 年第 2 期。

127. 龚刃韧：《外国侵权行为与国内法院管辖》，载《法学研究》1992 年第 5 期。

128. 龚刃韧：《国家豁免的历史形成过程》，载《中外法学》1991 年第 1 期。

129. 龚刃韧：《国家豁免原则的历史起源》，载《中国法学》1991 年第 5 期。

130. 韩德培：《国际私法的晚近发展趋势》，载《中国国际法年刊》1988 年版。

131. 姜兆东：《外国国家主权豁免规则与有关国际商事仲裁的诉讼》，载《中国国际法年刊》1987 年版。

132. 黄进：《论"废除豁免论"》，载《现代法学》1986 年第 1 期。

133. 江山：《试论国家豁免原则及其发展趋势》，载《外交学院学报》1986 年 1 期。

134. 李泽锐：《国家豁免问题的回顾和前瞻》，载《中国国际法年刊》1986 年版。

135. 汪瑄：《评所谓湖广铁路债券案》，载《中国政法大学学报》1984 年第 2 期。

136. 陈体强：《国家豁免与国际法》，载《中国国际法年刊》1983 年版。

137. 李双元：《美国 1976 年〈外国主权豁免法〉所奉行的"限制豁免论"批判》，载《法学评论》1983 年第 1 期。

138. 倪征：《关于国家豁免的理论和实践》，载《中国国际法年刊》1983 年版。

139. 李浩培：《强行法与国际法》，载《中国国际法年刊》1982 年版。

140. 余先予、冯之栋、王中一译：《英国 1978 年国家豁免法》，李双元校，载《法学评论》1982 年 5 期。

二、外文文献

(一)著作

1. Paul B. Stephan and Sarah H. Cleveland, The Restatement and Beyond, Oxford University Press, 2020.

2. Alex P. Schmid, The Routledge Handbook of Terrorism Research, Routledge, 2011.

3. Pierre F. Walter, Esq., Sovereign Immunity Litigation in the United States and Canada, Sirius-C Media Galaxy LLC., 2010.

4. Andrea K. Bjorklund, State Immunity and the Enforcement of Investor-State Arbitral Awards, in International Investment Law for 21st Century: Essays in Honor of Christoph Schreuer, Oxford University Press, 2009.

5. Hazel Fox, The Law of State Immunity (2th ed.), Oxford University Press, 2008.

6. Beth Stephens, International Human Rights Litigation in US Courts, Martinus Nijhoff Publishers, 2008.

7. Dhisadee Chamlongrasdr, Foreign State Immunity and Arbitration, Cameron May Ltd., 2007.

8. Gerhard Hafner, Murselo G. Kohen, Susan Breau, State Practice Regarding State Immunities, Martinus Nijhoff publishers, 2006.

9. Andrew Dickinson, Rae Lindsay and James P Loonam, State Immunity Selected Materials and Commentary, London, Oxford University Press, 2004.

10. Markin Dixon, Robert McCorquodate, Case & Material on International Law (4th ed.), Oxford University Press, 2003.

11. Joseph W. Dellapenna, Suing Foreign Governments and Their Corporations (2nd ed.), Transnational Publishers, Inc., 2003.

12. Allan Gerson, Jerry Adler, The Price of Terror, New York, Harper, 2001.

13. Redfern, Martin Hunter, Law and Practice of International Commercial Arbitration (3rd ed.), Sweet Maxwell, 1999.

14. Ralph G. Steinhardt, Anthony D. Amato, The Alien Tort Claims Act: An Analytical Anthology, Transnational Publishers, 1999.

15. Brownlie, Principles of Public International Law, Oxford University Press, 1998.

16. Jorgen Brohomer, State Immunity and the Violation of Human Rights, Martinus Nijhoff Publishers, 1997.

17. Gary B. Born, International Civil Litigation in United States Courts: Commentary and Materials(3rd ed.), Rutledge 1996.

18. Barry E. Carter, Phillip R. Trimble, International Law, Little Brown Company, 1994.

19. Henkin, Louis, Richard C. Paugh, Oscar Schachter, Hans Smit, International Law, Case and Materials, St. Paul, Minn: West Publishing Co. (3rd ed.), 1993.

20. Responsibility for Nuclear Damage, International Liability of Environment Pollution, Graham & Trotman Press, 1991.

21. Gordon, Michael Wallace, Foreign State Immunity in Commercial Transactions, Butterworth Legal Publishers, 1991.

22. Montesquieu, The Spirit of the Laws, edited by Anne M. Cohler, Basia Carolyn Miller and Harold Samuel Stone, London, Cambridge University Press, 1989.

23. Schreuer, Christoph, State Immunity: Some Recent Developments, Grotius, 1988.

24. Gamal M. Badr, State Immunity: An Analytical and Prognostic View, The Hague Marinus Nijhoff Publishers, 1984.

25. Istvan Szaszy, International Civil Procedure, A Comparative Study, A. W. Sijthoff Press, 1967.

26. C. Wilfred Jenks, The Prospects of International Adjudication, Stevens & Sons Press, 1964.

27. Borchard, The Diplomatic Protection of Citizens Abroad, Banks Law Publishing Co., 1915.

28. Bryan A. Garner Chief ed., Black's Law Dictionary (8th ed.), West Group, 2004.

(二) 论文

1. Mees Brenninkmeijer and Fabien Gélinas, Execution Immunities and the Effect of the Arbitration Agreement, 37 Journal of International Arbitration, 549, 2020.

2. Gissou Nia, Canadian Civil Authorities: Closing the Accountability Gap on Human Rights Violators in the Islamic Republic of Iran through Global Civil Litigation Strategies, Atlantic Council, 2020.

3. Rachael E. Hancock, Mob-Legislating: JASTA's Addition to the Terrorism Exception to Foreign Sovereign Immunity, Cornell Law Review 103, 2018.

4. Perot Bissell V, Joseph R. Schottenfeld, Exceptional Judgments: Revising the Terrorism Exception to the Foreign Sovereign Immunities Act, The Yale Law Journal 127, 2018.

5. Theodore Hammers, The Foreign Sovereign Immunities Act: Effects on the Victims and Families of 9/11, Willamette Journal of International Law and Dispute Resolution 25, 2018.

6. Thomas Weatherall, Flatow v. Iran, American Journal of International Law 110, 2016.

7. Andrew Lyubarsky, Clearing the Road to Havana: Settling Legally Questionable Terrorism Judgments to Ensure Normalization of Relations Between the United States and Cuba, New York University Law Review 91, 2016.

8. Cedric Ryngaert, Embassy Bank Account and State Immunity from Execution: Doing Justice to the Financial Interests of Creditors, Leiden Journal of International Law, 26, 2013.

9. George L. Blum, J. D, Sufficiency of Service of Process Under Foreign Sovereign Immunities Act (FSIA), 28 USC. A. § 1608, American Law Reports ALR Federal 2d, 2012.

10. Adeline chong, Transnational Publicy in Civil and Commercial Matters, L. Q. R. 128

2012.

11. Stefan Talmon, Jus Cogens after Germany v. Italy: Substantive and Procedural Rules Distinguished, Leiden Journal of International Law 25, 2012.

12. J. F. Hulston, Chinese Assaults Rifles, Giant Pandas, and Perpetual Litigation: The "Rights Without Remedies" Dead-End of the FSIA, 77 Mo. L. Rev. 511, 2012.

13. Lewis S. Yelin, Head of State Immunity as Sole Executive Lawmaking, Vanderbilt Journal of Transnational Law, 2011.

14. Sévrine Knuchel, State Immunity and the Promise of Jus Cogens, Northwestern University Journal of International Human Rights, 9 NWUJIHR, 2011.

15. Bernard H. Oxman, Maria Gavouneli, Ilias Banterkas, Sovereign Immunity Tort Exception Jus Cogens Violations World War II Reparations International Humanitarian Law, American Journal of International Law, 2011.

16. Beth Stephens, The Modern Common Law of Foreign Official Immunity, 79 FDMLR 2669, 2011.

17. Crowell & Moring LLP, The Foreign Sovereign Immunities Act: 2010 Year in Review, Law & Business Review of the American, 2011.

18. Michele Potestà, State Immunity and Jus Cogens Violations: The Alien Tort Statute Against the Backdrop of the Latest Developments in the "Law of Nations", 28 Berkeley J. Int'lL. 571, 2010.

19. Tyler B. Robinson, Erin Bradrick, Judgment Enforcement in the United States Against Sovereign States: Some Interesting Procedural Questions, 4 DISP. RESOL. INT'L 151, 2010.

20. Andrea K. Bjorklund, Sovereign Immunity as a Barrier to the Enforcement of Investor-State Arbitration Awards: The Re-Politicization of International Investment Disputes, 21 Am. Rev. Int'l Arb. 211, 2010.

21. Michael Feit, Responsibility of the State Under International Law for the Breach of Contract Committed by a State-Owned Entity, 28 Berkeley J. Int'l L. 142, 2010.

22. Thomas Henquet, International Organisations in the Netherlands: Immunity from the Jurisdiction of the Dutch Courts, NILR 2010.

23. Aryeh S. Portnoy, Katherine J. Nesbitt, Laurel Pyke Malson, Birgit Kurtz, Joshua L. Dermott, Bteh Goldman and Marguerite Walter, The Foreign Sovereign Immunities Act: 2008 Year in Review, Law & Business Review of the Americas, 2010.

24. Laurel Pyke Malson, Katherine Nesbitt, Aryeh Portnoy, Birgit Kurtz, John Murino, Joshua Dermott, Beth Goldman, Marguerite Walter and Howard Yuan, The Foreign Sovereign Immunities Act: 2009 Year in Review, Law & Business Review of the Americas, 2011.

25. Benedetta UBERTAZZI, Intellectual Property and State Immunity from Jurisdiction in the New York Convention of 2004, Yearbook of Private International Law11, 2009.

26. Frédéric Bachand, Overcoming Immunity-Based Objections to the Recognition and Enforcement in Canada of Investor-State Awards, 26 J. Int'l Arb. 59, 2009.

27. Alexis Blane, Sovereign Immunity as a Bar to The Execution of International Arbitral Awards, International Law and Politics 41, 2009.

28. Ronald J. Bettauer, Claims of Victims of Terrorism Against Foreign States in US Courts, American Society of International Law 102, 2008.

29. Prasanna Ranganathan, Survivors of Torture, Victims of Law: Reforming State Immunity in Canada by Developing Exceptions for Terrorism and Torture, Saskatchewan Law Review, 71 Sask. L. Rev. 343, 2008.

30. Molly Steele, Michael Heinlen, Challenges to Enforcing Arbitral Awards Against Foreign States in the Unites States, 42 Int'l Law. 87, 2008.

31. Michael A. Granne, Defining "Organ of a Foreign State" Under the Foreign Sovereign Immunities Act of 1976, 42 U. C. Davis L. Rev. 1, 2008.

32. Gregory C. Sisk, The Continuing Drift of Federal Sovereign Immunity Jurisprudence, Wiliam and Mary Law Review 50, 2008.

33. Lorna McGregor, Addressing the Relationship Between State Immunity and Jus Cogens Norms: A Comparative Assessment, International Prosecution of Human Rights Crimes 2, 2007.

34. Alexander Orakhelashvili, State Immunity and Hierarchy of Norms: Why the House of Lords Got it Wrong, 18Eur. J. Int'lL. 955, 2007.

35. Richard Gardiner: UN Convention on State Immunity: Form and Function, International and Comparative Law Quarterly 55, 2006.

36. Dinah Shelton, Normative Hierarchy in International Law, American Journal of International Law 100, 2006.

37. Christopher Keith Hall, UN Convention on State Immunity: The Need for a Human Right Protocol, International and Comparative Law Quarterly 55, 2006.

38. Lorna McGregor, State Immunity and Jus Conges, International and Comparative Law Quarterly 55, 2006.

39. Christopher Keith Hall, UN Convention on State Immunity: The Need for a Human Rights Protocol, International & Comparative Law Quarterly 55, 2006.

40. August Reinisch, European Court Practice Concerning State Immunity from Enforcement Measures, The European Journal of International Law 17, 2006.

41. Andrea Gattini, War Crimes and State Immunity in the Ferrini Decision, J. I. C. J. 3 2005.

42. David P. Stewart, Current Development: The UN Conventions on Jurisdiction Immunities of States and Their Property, 99 Am. J. Int'l L. 194, 2005.

43. Mark J. Chorazak, Clarity and Confusion: Did Republic of Austria v. Altmann Revive State Department Suggestions of Foreign Sovereign Immunity? 55 Duke L. J. 373, 2005.

44. Ruthanne M. Deutsch, Suing State-Sponsors of Terrorism Under the Foreign Sovereign Immunities Act: Giving Life to the Jurisdictional Grant After Cicippio-Puleo, The International Lawyer 38, 2004.

45. Leland R. Miller, Personal Injuries and Global Remedies: International Terror Torts in United States' Courts, SSRN Electronic Journal, 2004.

46. Lee M. Caplan, State Immunity, Human Rights, and Jus Cogens: A Critique of the Normative Hierarchy Theory, The American Journal of International Law 97, 2003.

47. Allison Taylor, Another Front in the War on Terrorism? Problems with Recent Changes to the Foreign Sovereign Immunities Act, Arizona Law Review 45, 2003.

48. Paul L. Lee, Central Bank and Sovereign Immunity, 41 Colum. J. Transnat'l L. 327, 2003.

49. MATSUI A., Intellectual Property Litigation and Foreign Sovereign Immunity: International Law Limit to the Jurisdiction over the Infringement of Intellectual Property, in IIP Bulletin, 2003.

50. Symeon C. Symeonides, Choice of Law in the American Courts in 2002: Sixteenth Annual Survey, 51 American Journal Compare Law, 2003.

51. George, Using Customary International Law to Identify "Fetishistic" Claims to Cultural Property NYULR 80, 2003.

52. Kerstin Bartsch and Björn Elberling, Jus Cogens v. State Immunity, Round Two: The Decision of the European Court of Human Rights in the Kalogero-poulou et al. v. Greece and Germany Decision, German Law Journal 4, 2003.

53. Lee M. Caplan, State Immunity, Human Rights and Jus Cogens, 97 Am. J. Int'L. 741, 2003.

54. Jonathan R. Siegel, Waivers of State Sovereign Immunity and the Ideology of the Eleventh Amendment, Duke Law Journal 52, 2003.

55. Sarah C. Rispin, Cooperative Federalism Constructive Waiver of State Sovereign Immunity, University of Chicago of Law Review 70, 2003.

56. Michael A. Rosenhouse, J. D., State-Sponsored Terrorism Exception to Immunity of Foreign States and Their Property Under Foreign Sovereign Immunities Act of 1976, 28 USC. A. § 1605(a)(7), American Law Reports ALR Federal, 2002.

57. Steven L. Schwarcz, Global, Decentralization and the Subnational Debt Problem, Duke Law Journal 51, 2002.

58. William S. Dodge, Breaking the Public Law Taboo, Harvard International Law Journal 40, 2002.

59. Tams, Schwierigkeiten mit dem Ius Cogens, 40 Archiv des Völkerrechts 331, 2002.

60. Working Group of the American Bar Association: Reforming the Foreign Sovereign Immunities Act, Columbia Journal of Transnational law 40, 2002.

61. Symeon C. Symeonides: Choice of Law in the American Court in 2001: Fifteenth Annual Survey, The American Journal of comparative Law 50, 2002.

62. Karen Halverson, Is a Foreign State a "Person"? Does It Matter?: Personal Jurisdiction, Due Process, and The Foreign Sovereign Immunities Act, N. Y. U. J. Int'l L. &

Pol. 34, 2001.

63. Clinton L. Narver, Putting the "Sovereign" Back in the Foreign Sovereign Immunities Act the Case for a Time of Filing Test for Agency or Instrumentality Status, Boston University International Law Journal 19, 2001.

64. Michael Reisman, Monica Hakimi, 2001 Hugo Black Lecture: Illusion and Reality in the Compensation of Victims of International Terrorism, Ala. L. Rev., 2001.

65. Beth Van Schaack, The Civil Redress: The Domestic Enforcement of Human Rights Norms in the Context of the Proposed Hague Judgment Convention, Harvard International Law Journal 42, 2001.

66. Marin Roger Scordato, Federal Preemption of State Tort Claims, UC Davis Law Review 35, 2001.

67. Hazel Fox, Access to Justice and State Immunity, L. Q. R. 117, 2001.

68. Joseph W. Dellapenna, Refining the Foreign Sovereign Immunities Act, 9 Willamette J. Int'l L. & Disp. Resol. 57, 2001.

69. Vincent O. Orlu Nmehielle, Enforcement Arbitration Awards under the International Convention for the Settlement of Investment Disputes (ICSID Convention), Annual Survey of Int'l & Comp. L. 7, 2001.

70. Nancy B. Turk, French and US Courts Define Limits of Sovereign Immunity in Execution and Enforcement of Arbitral Awards, Arbitration International 17, 2001.

71. Richard T. Micco, Putting the Terrorist-Sponsoring State in the Dock: Recent Changes in the Foreign Sovereign Immunities Act and the Individual's Recourse Against Foreign Powers, C. I. C. L. J. 14, 2000.

72. Iris Goldne, Arbitration and Public Policy: States and State-Controlled Corporations in International Commercial Arbitration, Croatian Arbitration Yearbook 7, 2000.

73. VOLOKH E E, Sovereign Immunity and Intellectual Property, Southern California L. Rev., 2000.

74. Nicolaos Georgilis, Eisigitiki Ekthessi, Final Report on the Exercise of Universal Jurisdiction in Respect of Gross Human Rights Offences, International Law Association, Committee on International Human Rights Law and Practice 69, 2000.

75. Sunil R. Harjani, Litigating Claims over Foreign Government-Owned Corporations under the Commercial Activities Exception to the Foreign Sovereign Immunities Act, Northwestern School of Law Journal of International Law & Business 20, 1999.

76. Celia Wasserstein Fassberg, Rule and Reason in the Common Law of Foreign Judgments, Canada Journal Law & Jurist 12, 1999.

77. Steven L. Schooner, Diving a Purpose of the Statutory Scheme: Waiving Sovereign Immunity to What End? Public Contract Law Journal 635, 1999.

78. Ilias Banterka, State Responsibility in Private Civil Action-Sovereign Immunity-Immunity for Jus Cogens Violations-Belligerent Occupation-Peace Treaties, American Journal of

International Law, 1998.

79. Steven H. Thomas, Two Faces of the Trader: Guidelines for Distinguishing Between Governmental and Commercial Acts Under the Foreign Sovereign Immunities Act of 1976, Tex. Int'l L. J. 23, 1998.

80. K. I. Vibhute, Waiver of State Immunity by an Agreement to Arbitrate and International Commercial Arbitration, J. B. L., 1998.

81. Jurgen Brohmer, State Immunity and The Violation of Human Rights, Kluwer Law International, 1997.

82. J. G. Caste, Immunity of a Foreign State from Execution: French Practice, The American Journal of International Law 46, 1997.

83. Justin Lu, Jurisdiction over Non-State Activity Under the Alien Tort Claims Act, Columbia Journal of Transnational Law 35, 1997.

84. Harold Hongju Koh, Is International Law Really State Law, Harvard Law Review 111, 1997.

85. Betsy J. Grey, Make Congress Speak Clearly: Federal Preemption of State Tort Remedies, Berkley University Law Review 77, 1997.

86. Mark Browning, Who Can Waive State Immunity, 15-JAN Am. Bankr. Inst. J. 10, 1997.

87. Michael H. Cardozo, A Note on Sovereign Immunity, Virginia Journal of International Law 17, 1997.

88. Yuji Iwasawa, Japan's Interactions with International Law: Western or Nonwestern Approaches? The Case of State Immunity, Japan and International Law: Past, Present and Future, International Symposium in Commemoration of the Centennial of the Japanese Association of International Law, 1997.

89. David Rickard, Can a Foreign Bank Use the Doctrine of Sovereign Immunity to Avoid Patent Protection by Circulating Bank Notes in a Foreign Jurisdiction Which Infringe a Patent? P. W., 1996.

90. Hock, The State Immunity Act 1978 and Its Interpretation by English Court, Austrian Journal of Public International Law 48, 1995.

91. Mathias Reimann, A Human Rights Exception to Sovereign Immunity: Some Thoughts on Princz v. Federal Republic of Germany, Mich. J. Int'lL 16, 1995.

92. Kokott, Mißbrauch und Verwirkung von Souveränitätsrechten bei Gravierenden Völkerrechtsverstößen, Beyerlin et al. (ed.): Recht Zwischen Umbruch und Bewahrung, Festschrift fur Rudolf Bernhardt, 1995.

93. Andreas Zimmermann, Sovereign Immunity and Violations of International Jus cogens-Some Critical Remarks, MICH. JIL 16, 1995.

94. H. Fox, States in the Market Place, the Law Quarterly Review 110, 1994.

95. Singher, Abandoned Sovereignty Limit Exemption: Analysis on Legal Jurisdiction,

Harvard Human Rights Journal 26, 1994.

96. Joan E. Donoghue, The Public Face of Private International Law: Prospects for a Convention on Foreign State Immunity, 57 Law & Contemp. Probs. 305, 1994.

97. Hazel Fox, A Commercial Transaction Under the State Immunity Act 1978, ICLQ 43, 1994.

98. Hartmut Hillgenberg, State Immunity and Diplomatic and Consular Immunity in German Practice, Documentation for the Use of the Members of the Committee on State Immunity of the International Law Association, 1994.

99. Konstantinos D. Kerameus, Phaedon J. Kozyris, Judicial Organization and Civil Procedure, in Introduction to Greek Law, 1993.

100. Burkhard Hef, The International Law Commission's Draft Convention on the Jurisdictional Immunities of States and Their Property, Eur. J. Int'l L 4, 1993.

101. Joseph W. Dellapenna, Foreign State Immunity in Europe, New York International Review 5, 1992.

102. Nicolas J. Evanoff, Direct Effect Jurisdiction Under the Foreign Sovereign Immunities Act of 1976: Ednding the Chaos in the Circuit Courts, Houston Law Review 28, 1991.

103. Christoph Schreuer, Comments on the Preliminary Report on Developments in State Immunity by Prof. Ress, Leiden J. of Int. L. 4, 1991.

104. Thomas S. Blackburn, Attachment and Execution Disallowed Pursuant to Intangible Claims, Brewer v. Socialist People's Republic of Iraq, 14 Suffolk Transnat'l L. J. 711, 1991.

105. F. Enderlein, The Immunity of State Property from Foreign Jurisdiction: Doctrine and Practice of Netherlands, Netherlands International Law Review 6, 1991.

106. Motoo Ogiso, Second Report on Jurisdictional Immunities of States and Their Property, Year Book of International Law Commission 2, 1989.

107. H. Fox, State Responsibility and Tort Proceedings Against a Foreign State in Municipal Court, Netherlands Yearbook of International Law 20, 1989.

108. Brodsky, Peter, Martin v. Republic of South Africa: Alienating Injured Americans, Brooklyn Journal of International Law 21, 1989.

109. Adam C. Belsky, Mark Merva and Naomo Roht-Arriaza, Comment, Implied Waiver Under the FSIA: A Proposed Exception to Immunity for Violations of Peremptory Norms of International Law, Cal. L. Rev. 77, 1989.

110. Albert Jan Van Den Berg, The New York Arbitration Convention of 1958: Consolidated Commentary Cases Reported in Volumes XIV, Yearbook Commercial Arbitration, 14 Kluwer Law International, 1989.

111. Greig, Forum State Jurisdiction and Sovereign Immunity Under the International Law Commission's Draft Articles, I. C. L. Q. 38, 1989.

112. George R. Delaume, Sovereign Immunity and Transnational Arbitration, J Int'l Arb 3, 1987.

113. Susan E. Craig, The Right of Foreign Soverigns to Contest Federal Court Jurisdiction Pro Se, Fordham International Law Journal 11, 1987.

114. Pamela S. Malkin, Foreign Sovereign Immunity Act-Jurisdiction-Reintroduction of Executive Branch in Immunity Area, Jackson v. People's Republic of China, Suffolk Transnational Law Journal 11, 1987.

115. M. Feldman, Foreign Sovereign Immunity in the United States Courts 1976-1986, Vander Journal of Transnational Law 19, 1986.

116. Peter D. Trooboff, Foreign State Immunity: Emerging Consensus on Principles, Collected Courses, Tome 200, 1986.

117. Morris V., Sovereign Immunity: The Exception for Intellectual Property, Vanderbilt J. Trans. L., 1986.

118. Meron, On a Hierarchy of International Human Rights, American Journal International Law, 1986.

119. Kiss and Shelton, Systems Analysis of International Law's NYIL 17, 1986.

120. William R. Casto, The Federal Courts' Protective Jurisdiction over Torts Committed in Violation of the Law of Nations, Connell Law Review 18, 1986.

121. Miguel Angel Gonzalez Felix, The Foreign Sovereign Immunities Act: Fair Play for Foreign States and the Need for Some Procedural Improvements, Hous. J. Int'l L. 8, 1986.

122. Hazel Fox, Enforcement Jurisdiction, Foreign State Property and Diplomatic Immunity, International & Comparative Law Quarterly 34, 1985.

123. Kenneth C. Randall, Federal Jurisdiction over International Law Claims: Inquiries into the Alien Tort Statute, New York University Journal of International Law & Politics 41, 1985.

124. J G Wetter, Pleas of Sovereign Immunity and Act of Sovereignty Before International Arbitration Tribunals, J Int' l Arb 7, 1985.

125. Georges R. Delaume, Economic Development and Sovereign Immunity, The American Journal of International Law 79, 1985.

126. Arthur L. George, A Practical and Theoretical Analysis of Service of Process Under the Foreign Sovereign Immunities Act, Int'l L. 19, 1985.

127. Mann, The Doctrine of International Jurisdiction Revisited After Twenty Years, RECUEIL DES COURS 19, 1984.

128. A. Remiro Brotons, La Reconnaissance et l'Execution des Sentences Arbitrales Etrangeres, Recueil des Cours, Tome, 1984.

129. Crowford, International Law and Foreign Sovereign: Transaction Immunity, England Yearbook of International Law 54, 1983.

130. George R. Delaume, Foreign Soveregin Immunity: Impact on Arbitration, Arb. Jr. 34, 1983.

131. G. B. Sullivan, Implicit Waiver of Sovereign Immunity by Consent to Arbitration:

Territorial Scope and Procedural Limits, Texas International Law Journal 18, 1983.

132. J. R. Crawford, International Law and Foreign Sovereigns: Distinguishing Immune Transactions, The British Yearbook of International Law 54, 1983.

133. Higgins, Certain Unresolved Aspects of the Law of State Immunity, NILR 29, 1982.

134. J. A. Blair & K. E. M. Parker, The Foreign Sovereign Immunities Act and International Human Rights Agreements: How They Co-exit, University of San Francisco Law Review 17, 1982.

135. James Crawford, Execution of Judgments and Foreign Sovereign Immunity, The American Journal of International Law 75, 1981.

136. G. Delaume, State Contracts and Transnational Arbitration, American Journal of International Law 75, 1981.

137. Leo J. Bouchez, The Nature and Scope of State Immunity from Jurisdiction and Execution, Netherlands Yearbook of International Law 5, 1980.

138. Andreas F. Lowenfeld, Public Law in International Area: Conflict Law, International Law, and Some Suggestion for Their Interaction, Recueil Des Curs 163, 1979.

139. George Kahale III & Matins A. Vega, Immunity and Jurisdiction: Toward a Uniform Body of Law in Actions against Foreign States, Columbia Journals Transnational Law 18, 1979.

140. J. F. Lalive, "Swiss Law and Practice in Relation to Measures of Execution Against the Property of a Foreign State", Netherlands Yearbook of International Law 10, 1979.

141. F. Enderlein, The Immunity of State Property from Foreign Jurisdiction and Education: Doctrine and Practice of the German Democratic Republic, Netherlands International Law Reciew 10, 1979.

142. R. Von Mehren, The Sovereign Immunities Act of 1976, Columbia Journal of Transnational Law 17, 1978.

143. Robert B. von Mehren, The Foreign Sovereign Immunities Act of 1976, Columbia Journal of Transnational Law 17, 1978.

144. Sucharitkul, Immunities of Foreign States Before National Authorities, Recueil des Cours 149, 1976.

145. George R. Delaume, Transnational Contracts: Applicable Law and Statement of Disputes, Oceana Publications Inc., 1975.

146. Donald Shelby Chisum, The Allocation of Jurisdiction Between State and Federal Courts in Patent Litigation, Washion Law Review 46, 1970.

147. Matsui Yoshiro, "Kokusaihō ni Okeru Kokka kōi ron", Hōsei Ronshō 44, 1968.

148. Mann, The Doctrine of Jurisdiction in International Law, RECUEIL DES COURS 111, 1964.

149. Joseph M. Sweeney, the International Law of Sovereign Immunity, Washington D. C. Department of State, 1963.

150. Paul J. Mishkin, The Variousness of "Federal Law": Competence and Discretion in

The Choice of National and State Rules for Decision, University Paneey Law Review 105, 1957.

151. Letter from Jack B. Tate, Acting Legal Adcisor of the Department of State, to Philip B. Perlman, Acting Attorney General, Deparment Sate Bulletin 26, 1952.

152. H. Lauterpacht, The Problems of Jurisdictional Immunities of Foreign States, BYIL 28, 1951.

153. Lauterpacht, The Problem of Jurisdictional Immunities of Foreign States, British Yearbook of International Law 28, 1951.

154. Joan P. Bullington, Treatment of Private Property of Aliens on Land in Time of Peace, the Meeting Record of American Society of International Law 27, 1933.

155. W. W. B., International Law: State Immunity: Waiver: Execution, Michigan Law Review 29, 1931.

三、英文案例

1. Opati v. Republic of Sudan, 140 S. Ct. 1601 (2020).

2. In re Republic of Iran, Judgement Civil 2019TALCH01/00116, No. 177266 (2019);

3. Warmbier v. Democratic People's Republic of Korea, 356 F. Supp. 3d 30 (D. D. C. 2018).

4. Sullivan v. Republic of Cuba, 289 F. Supp. 3d 231 (D. Me. 2017).

5. Bell Helicopter Textron, Inc. v. Islamic Republic of Iran., No. 06-1694, 2012 US Dist. LEXIS 136559 (D. D. C. Sept. 25, 2012).

6. Havlish v. bin Laden, 30-MDL-1570 (S. D. N. Y. 2012).

7. Leibovitch v. Islamic Republic of Iran, 697 F. 3d 561, 562 (7th Cir. 2012).

8. Democratic Republic of the Congo and Others v. FG Hemisphere Associates LLC, [2011] HKEC 1213.

9. Fir Tree Capital Opportunity Master Fund, LP. v. Anglo Irish Bank Corporation Limited. (S. D. N. Y. 2011).

10. First Inv. Corp. v. Fujian Mawei Shipbuilding, Ltd., E. D. La., June 27, 2011 (2011 US Dist. LEXIS 68648).

11. NML Capital Ltd. v. Republic of Argentina, Brussels Court of Appeals, RG No. 2009/AR/3338, 21 June 2011, at 10-11.

12. Rubin v. The Islamic Republic of Iran, 637 F. 3d 783, 800-01 (7th Cir. 2011).

13. Walters v. Industrial and Commercial Bank of China, Ltd., 2011 WL 2643697 (2nd Cir. March 29, 2011).

14. Daoudi v. France, No. 19576/08, ECHR, 2010.

15. Fly Braz. Group, Inc. v. Gov't of Gabon, 709 F. Supp. 2d 1274 (S. D. Fla. 2010)

16. Kuwait Airways Corp. v. Iraq, 2010 SCC 40, [2010]2 S. C. R. 571.

17. Lautsi v. Italy, No. 30814/06, ECHR, 2010.

18. Murphy v. Islamic Republic of Iran, 740 F. Supp. 2d 51(2010).

19. Peterson v. Islamic Republic of Iran, 627 F. 3d 1117 (9th Cir. 2010).

20. Samantar v. Yousuf, 130 S. Ct. 2278, 2289 (2010).

21. Alperin v. Vatican Bank, 360 F. App'x 847, 849 (9th Cir. 2009).

22. Andrulewicz v. Poland, No. 40807/07, ECHR, 2009.

23. Colakoglu v. Turkey, No. 29503/03, ECHR, 2009.

24. Rein v. Socialist People's Libyan Arab Jamahiriya, 568 F. 3d 345 US App (2nd Cir. 2009).

25. Waguih Elie George Siag and Clorinda Vecchi v. The Arab Republic of Egypt, ICSID Case No. ARB/05/ 15, Award, 1 June, 2009.

26. Yousuf v. Samantar 552 F. 3d 371, 379-83 (4th Cir. 2009).

27. Big Sky Network Canada, Ltd. v. Sichuan Provincial Gov't, 533 F. 3d 1183 (10th Cir. 2008).

28. FG Hemisphere Associates LLC v. Democratic Republic of the Congo and Others, HCMP 928/2008, para. 55.

29. In re Terrorist Attacks on September 11, 2001, 538 F. 3d 71, 81 (2nd Cir. 2008).

30. Mary v. Syrian Arab Republic, 266 Fed. Appx. 1, 2008 WL 441828 (C. A. D. C.).

31. Ocean Line Holdings Ltd. v. China Nat'l Chartering Corp. 578 F. Supp. 2d 621(2008).

32. Saludes v. Republic of Cuba, 577 F. Supp. 2d 1243 (S. D. Fla. 2008).

33. United Arab Shipping Company v. Eagle Systems, Inc. 2008 WL 4087121 (S. D. Ga. Sept. 2, 2008).

34. Bosn. & Herz. v. Serb. & Montenegro), Judgment, 2007 I. C. J. Rep. 43, (Feb. 26).

35. Donegal International Ltd. v. Zambia and Another, [2007] EWHC 197 (Comm.).

36. Fang v. Jiang, High Court, [2007] NZAR p. 420; 141 ILR 702.

37. Greek citizens v. Federal Republic of Germany, case No. III ZR 245/98, See Vol. 129 international law report 2007, p. 56.

38. Jones v. Saudi Arabia, House of Lords, [2007] 1 AC 270; 129 ILR629.

39. Kalogeropoulou and Others v. Greece and Germany. (2007). International Law Reports, 129, 537-555.

40. Nikbin v. Islamic Republic of Iran, 471 F. Supp. 2d 53, 60-61 (D. D. C. 2007).

41. Jone v. Ministry of Interior Al-Mamlaka Al-Arabyia AS Saudiya(the Kingdom of Saudi Arabia)([2006] UKHL 16).

42. Jones v. Ministry of Interior of the Kingdom of Saudi Arabia. Case No. [2006] UKHL 26.

43. Owens v. Republic of Sudan, 412 F. Supp. 2d 99 (D. D. C. 2006).

44. Republic of Kenya v. Nedermar Technology BV Ltd., District Court of The Hague, 2006, LJN No. AY6030, NJF (2006) No. 527, NIPR (2006) No. 316.

45. Rux v. Republic of Sudan, 461 F. 3d 461, 470(2006).

46. Vine v. Republic of Iraq, 459 F. Supp. 2d 10, 22（D. D. C. 2006）.

47. Yang Rong v. Liaoning Provincial Gov't, 452 F. 3d 883, 890（D. C. Cir. 2006）.

48. AIG Capital Partners Inc and another v. Republic of Kazakhstan, ［2005］EWHC Comm. 2239, October 20, 2005.

49. Burnett v. Al Baraka Inv. & Dev. Corp., 349 F Supp 2d 765, 793-794（SDNY 2005）.

50. Distomo v. Germany, 129 International Law Reports, p. 513,（2005）.

51. Enahoro v. Abubakar, 408 F. 3d 877, 881-83（7th Cir. 2005）.

52. Franz Sedelmayer v. The Russian Federation（UNCITRAL）, 2 Stockholm International Arbitration Review（2005）.

53. Wyatt v. Syrian Arab Republic, 362 F. Supp. 2d 103, 111（D. D. C. 2005）.

54. Cicippio-Puleo v. Islamic Republic of Iran, 353 F. 3d 1024（D. C. Cir. 2004）.

55. Doe v. Rafael Saravia, 348 F. Supp. 2d 112（E. D. Cal. 2004）.

56. Ferrini v. Federal Republic of Germany, Decision No. 5044/2004（Rivista di Diritto Internazionale, Vol. 87, 2004, p. 539; 128 ILR 658.

57. Herero People's Reparations Corp. v. Deutsche Bank, 370 F. 3d 1192（D. C. Cir. 2004）.

58. Kilburn v. Socialist People's Libyan Arab Jamahiriya, 376 F. 3d 1123, 1130（D. C. Cir. 2004）.

59. Moore v. United Kingdom, 384 F. 3d 1079（9th Cir. 2004）.

60. Republic of Aus. v. Altmann, 541 US 677（2004）, p. 690.

61. Walker International Holdings Ltd. v. The Republicof Congo, 395 F. 3d 229（5th Cir. 2004）.

62. Ye. v. Zemin, 2004 US App. LEXIS 18944（7th Cir., September 8, 2004）.

63. ABCI v. Banque Franco-Tunisienne and Others, ［2003］EWCA Civ 205.

64. Acree v. Republic of Iraq, 276 F. Supp. 2d 95（D. D. C. 2003）.

65. Bettis v. Islamic Republic of Iran, 315 F. 3d 325（D. C. Cir. 2003）.

66. Bouzari and Others v. Islamic Republic of Iran, 124 International Law Reports, pp. 427-250,（2003）.

67. Dole Food Co. v. Patrickson, 538 US 468 Ct. 1655, 155 L. Ed. 2d 643, 188 A. L. R. Fed. 661(2003）.

68. Emmanuel Voyiakis, Access to Court v. State Immunity, I. C. L. Q. 2003, 52(2）, p. 318.

69. Smith v. Islamic Emirate of Afghanistan, 262 F. Supp. 2d 217, 228−32, 240−41（S. D. N. Y. 2003）.

70. USX Corp. v. Adriatic Ins. Co., 345 F. 3d 190, 209（3d Cir. 2003）.

71. Keller v. Cent. Bank of Nigeria, 277 F. 3d 811, 815（6th Cir. 2002）.

72. Margellos v. Federal Republic of Germany, case No. 6/2002, Vol. 129, International Law Report, p. 525.

73. Papa v. United States, 281 F. 3d 1004, (9th Cir. 2002).

74. Price v. Socialist People's Libyan Arab Jamahiriya, 294 F 3d 82, 93 (D. C. Cir. 2002).

75. Weinstein v. Islamic Republic of Iran, 184 F Supp, 2d 13, 16(DDC2002).

76. Al-Adsani v. United Kingdom (GC), No. 35763/97ECHR 2001.

77. Egypt v. Cine-television International, International Law Report, Vol. 118 (2001), p. 425.

78. Hill v. Republic of Iraq, 175F Supp, 2d36, 38n4(DDC 2001).

79. Leica AG v. Central Bank of Irau et Etat Irakien, Cour d'appel, Brussels, 15 Feb. 2000(2001) JT6.

80. Magness v. Russian Federation, 247F. 3d 609(5th Cir. 2001).

81. Martinez v. Republic of Cuba, No. 99-18208 (Fla. 11th Cir. Ct. 2001).

82. McElhinney v. Ireland, App. No. 31253/96 (Eur. Ct. H. R. Nov. 21, 2001).

83. Patrickson v. Dole Food Co. 251 F. 3d 795, 807(9th Cir. 2001).

84. Sampson v. Federal Republic of Germany 250 F. 3d 1145 (7th Cir. 2001).

85. Sandru and Others v. Romania, No. 22465/03, ECHR, 2001.

86. Tachiona v. Mugabe, 169 F. Supp. 2d 259 (S. D. N. Y. 2001).

87. Glencore Denrees Paris v. Depaterment of National Store Branch (Vietnam), 2000 WL 913843 (SDNY 2000).

88. Haven v. Polska, 531 US1014 (2000).

89. Kelly v. Syria Shell Petroleum Development B. v., S. Cr. 426(2000).

90. Leonard I. Eisenfeld v. Iran, 172 F. Supp. 2d 1 (2000).

91. Russian Federation v. Noga Import/Export Company, France, Court of Appeal of Paris (First Chamber), 127 ILR 160, 2000.

92. Spanish v. L'Hotel, Court of Cassation, 1998, International Law Report, Vol. 116, 2000, p. 61.

93. Wiwa v. Royal Duch Petroleum Co., 226 F. 3d 88, (2nd Cir. 2000).

94. Alpha Therapeutic Corp. v. Nippon Hoso KYOKAI, 199. 3d 1078(9th Cir. 1999).

95. Byrd v. Corporacion Forestal y Industrial de Olancho, 182 F. 3d 380, 388 (5th Cir. 1999).

96. Coll. Sav. Bank v. Fla. Prepaid Postsecondary Educ. Bd., 527 US 627 (1999).

97. Creighton Ltd. v. Government of the State of Qatar, 181 F. 3d 118, 123 (D. C Cir. 1999).

98. Littrell v. United States, England, Court of Appeal, 115 International Law Reports, pp. 435-441(1999).

99. Spanish State Tourist Office, Oberlandesgericht Frankfurt, International Law Report, Vol. 115 (1999), p. 140.

100. Creighton Ltd. v. Minister of Finance of Qatar and Others, Cour d'Appel,

Paris, [1998] Revue de l' arbitrage 417, 527.

101. Crescent Oil and Shipping Services Ltd. v. Importang UEE and others, [1997] 3 All ER 428, [1998] 1 WLR 919.

102. Flatlow v. Iran, 999 F. Supp. 134 (D. D. C. 1998).

103. National Iranian Oil Company Pipeline Contracts, F. R. Germany, Oberlandesgericht Frankfurt, 1998, International Law Report, Vol. 121, 2002, p. 212.

104. Nazarian v. Compagnie Nationale Air France, 989F. Supp. 504 (S. D. N. Y. 1998).

105. Sea Hunt, Inc. v. Unidentified Shipwrecked Vessel, 22 F. Supp. 2d 521 (E. D. Va. 1998).

106. Voest-Apine Trading USA Corp. v. Bank of China, 142F. 3d887, 892 (5th Cir1998).

107. Alejandre v. Republic of Cuba, 996 F. Supp. 1239 (S. D. Fla. 1997).

108. Doty v. Magnum Research, 994 F. Supp. 894(N. D. Ohio 1997).

109. Med. Corp. v. McGonigle, 955 F. Supp. 374, 379 (E. D. Pa. 1997).

110. Pravin Banker Associates, Ltd. v. Banco Popular del Peru, 109 F. 3d 850, 855 (2nd Cir. 1997).

111. Prefecture of Voiotia v. Federal Republic of Germany. Case No. 137/1997.

112. Smith v. Socialist People's Libyan Arab Jamahiriya, 520 US1204 (1997).

113. Supra Medical Corp. v. McGonigle, 955 F. Supp. 374, 379 (1997) (DC Eastern District Pennsylvania.

114. Walker v. Banker of New York Bank Inc., 104 International Law reports, pp. 277-284, (1997).

115. Abmed v. Government of Saudi Arabia [1996] 104 ILR 629.

116. Abmed v. Government of the kingdom of Saudi Arabia [1996]I. C. R. 25.

117. Arab Republic of Egypt v. Gamal Eldin and Another, [1996] 2 ALL ER 237. Kunglig Jarnvagsstyrelsen v. Dexter and Carpenter, 300 Fed. 891(1922).

118. BMW of North America, Inc. v. Gore, 517 US 559 (1996).

119. El-Fadl v. Cent. Bank of Jordan, 75 F. 3d 668, 671 (D. C. Cir. 1996).

120. Compania Interamericana Export-Import, S. A. v. Compania Dominicana De Aviacion, 88 F. 3d 948; 1996 US App. LEXIS 18141.

121. Corporacion Mexicana de Servicios Maritimos v. M/T Respect, 89 F. 3d 650, 655 (9th Cir. 1996).

122. Elliott Assoc. L. P. v. Banco de la Nacion, 948 F. Supp. 1203, 1213-14(S. D. N. Y. 1996).

123. First American Corp. v. Sheikh Zayed bin Sultan Al-Nahyan, 948 F. Supp. 1107, 1120(D. D. C. 1996).

124. Hyatt Corp. v. Stanton, 945 F. Supp. 675 (S. D. N. Y. 1996).

125. Jungquist v. Nahyan, 940 F. Supp. 312, 317(D. D. C. 1996).

126. Kadice v. Karadzic 70 F. 3rd 232 (2nd Cir. 1995), Rehearing Denied, 74 F. 3rd 377 (2nd Cir. 1996) Cert. Denied 518 US 1005 (1996).

127. Credit Lyonnais v. Getty Square Associates, 876 F. Supp. 517 (S. D. N. Y. 1995).

128. Gates v. Victor Fine Foods, 54 F. 3d 1457 (9th Cir. 1995).

129. Kuwait Airways Corp v. Iraqi Airways Co and others, [1995] 3 All ER 694.

130. London Branch of the Nigerian Universities Commission v. Bastians [1995] I. C. R. 358.

131. Matter of Sedco, International Law Report, Vol. 101 (1995), p. 529.

132. North Star Steel Co. v. Thomas, 515 US 29, 35(1995).

133. Raprocki v. German State [1995] 104 I. L. R. 684.

134. Chu v. Taiwan Tobacco & Wine Monopoly Bur., 30 F. 3d 139 (9thCir. 1994).

135. CIBC Bank and Trust Co., Ltd. v. Banco Central Do Brasil, S. A. And Citibank, N. A., 94 Civ. 4733, at 11 (S. D. N. Y1994).

136. Friedar v. Government of Israel, International Law Report, Vol. 99 (1994), p. 187-209.

137. Goodman Holdings v. Rafidain Bank, 26 F. 3d 1143, 1146(D. D. Cir1994).

138. Hugo Princz v. Federal Republic of Germany, 998 F. 2d 1, 2 (D. C. Cir. 1994).

139. Inter-Science v. Mozambique, Supreme Court, International Law Report, Vol. 99 (1994), p. 689.

140. Lafontant v. Aristide, 844 F. Supp. 128 (E. D. N. Y. 1994).

141. National Iranian Oil Co. v. Legal Status, International Law Report, Vol. 94 (1994), p. 199.

142. Stranb v. AP Green Inc. 38 F. 3d 448 (9th Cir. 1994).

143. Transaero, Inc. v. La Fuerza Aerea Boliviana, 30 F. 3d 148 (D. C. Cir. 1994).

144. Capital Corp. v. Grossman, 991 F. 2D 1376(8th Cir. 1993).

145. Didi v. Destra Shipping Co., Ltd., 1993 US Dist. LEXIS 8662, 1993 WL 232075, p. 2 (E. D. La. Jun. 17, 1993).

146. Gerritsen v. Consulado General de Mexico, 989 F. 2d 340 (9th Cir. 1993).

147. Intercont'l Dictionary Series v. DeGruyter, 822 F. Supp. 662, 673 (C. D. Cal. 1993).

148. N. v. Cabolent v. National Iranian Oil Company, Court of Appeal at the Hague, International Law Report, Vol. 91 (1993), p. 138.

149. Ponce v. Alitalia Linee Airee, 840 F. Supp. 550 (N. D. Ill. 1993), p. 551.

150. Saudi Arabia v. Nelson, 507 US 349 (1993).

151. Saudi Arabia, King Faisal Specialist Hospital and Royspec, Petitioners v. Scott Nelson et ux. 113 S. Ct 1471 (1993).

152. Sherer v. Construcciones Aeronauticus, SA, 987 F. 2d 1246(6th Cir. 1993).

153. Vemenlen v. Renault, USA, 985 F. 2d 1534, 1545(11th Cir. 1993)

154. Argentina v. Weltover, 504 US607, 619(1992).

155. Condor and Filvem v. Ministry of Justice, Case No. 329, 15 July 1992; 101 ILR 394, 402.

156. Republic of Argentina and Banco Central De La Republic Argentina, Petitioners v. Welsoverr, INC., et al. 112 S. Ct. 2160 (1992).

157. Siderman de Blake v. Republic of Argentina, 965 F. 2d 699 (9th Cir. 1992).

158. SS Machinery Co. v. Masinexportimport, 802 F Supp. 1109 (1992); 107 ILR 239 (consular premises).

159. Third Avenue Associates v. Permanent Mission of the Republic of Zaire, 805 F Supp. 701(2nd Cir. 1992).

160. Trajano v. Marcos 978 F. 2d 493, 503(9th Cir 1992).

161. Richmark Corp. v. Timber Falling Consultants, Inc., 937 F. 2d 1444 (9th Cir. 1991).

162. Risk v. Halvorson, 936 F. 2d 393, 396(9th Cir. 1991).

163. Santos v. Compagnie Nationale Air France, 934 F. 2d890(7th Cir. 1991).

164. Shapiro v. Republic of Bolivia, 930 F. 2d 1013 (2nd Cir. 1991).

165. Shooting Range Extension Case, Federal Republic of Germany, Supreme Administrative Court. 86 International Law Reports, pp. 532-536 (1991).

166. Stena Rederi AB v. Comision de Contratos Del Comite Ejecutivo General, 923 F. 2d 380 (5th Cir. 1991), p. 385.

167. Weltover, Inc. v. Republic of Argentina, 753 F. Supp. 1201 (S. D. N. Y. 1991).

168. Burnham v. Superior Court 495 US 604 (1990) Yeazell, pp. 150-157.

169. Chuidan v. Philippine Nat'l Bank, 912 F. 2d 1095(9th Cir. 1990).

170. Argentine Republic v. Amerada Hess Shipping Corp., 488 USR. 428 (1989).

171. Brewer v. Socialist People's Republic of Iraq, 890 F. 2d 97 (8th Cir. 1989).

172. H Rayner Ltd. v. Department of Trade and Industry, Ch72 CA 1989.

173. LeDonne v. Gulf Air, 700 F. Supp. 1400, (E. D. Va. 1988).

174. Maritime Ventures Int'l Inc. v. Caribbean Trading & Fidelity Ltd, 689 F. Supp. 1340, 1345 (S. D. N. Y. 1988).

175. Millen Industries, Inc. v. CCNAA, 855 F. 2d 879 (D. C. Cir 1988).

176. Societe Enterprises v. Yugoslavia, Netherlands, Supreme Court, 1988, International Law Report, Vol. 94, 1994, p. 356.

177. Socit Ouest Africaine des Btons Industriels (SOABI) v. Senegal, Case No. ARB/ 82/ 1, Award, February 25, 1988, 6 ICSID Rev. -FILJ 125 (1991), 2 ICSID Rep. 114 (1994).

178. Martin v. Republic of South Africa, 836 F. 2d 91, 95 (2nd Cir. 1987).

179. Jackson v. People's Republic of China, 794 F. 2d 1490, 11th Cir. 1986.

180. Liberian Eastern Timber Co. (LETCO) v. Republic of Liberia, Case No. ARB/ 83/

2, Award, Marc h 31, 1986, 2 ICSID Report 346.

181. Military and Paramilitary Activities in and Against Nicaragua (Nicar. v. US), Merits, 1986 I. C. J. Rep. 14 (June 27).

182. Republic of A Embassy Account case, Austrian Supreme Ct, 3 April 1986; 77 ILR 489.

183. Republic of Philippines v. Marcos, 806 F. 2d 344, 360 (2nd Cir. 1986).

184. Allied Bank International v. Banco Credito Agricola de Cartago, 757 F. 2d 516(2nd Cir. 1985).

185. De Sanchez v. Banco Central de Nicaragua, 770 F. 2d 1385 (5th Cir. 1985).

186. Frolova v. Union of Soviet Socialist Republics, 761 F. 2d 370 (7th cir. 1985).

187. Marlowe v. Argentine Naval Comm'n, 604 F. Supp. 703, 709-11(D. D. C. 1985).

188. Société Sonatrach v. Migeon, Cour de cassation(1st Civil Chamber), 1 Oct. 1985, 77 ILR 525.

189. Von Dardel v. Union of Soviet Socialist Republics, 623 F. Supp. 246(D. D. C. 1985).

190. Alcom Ltd. v. Republic of Colombia [1984] 2 All ER 6, 74 ILR 170, 187(HL).

191. Apple Computer, Inc. v. Franklin Computer Corp., 464US 1033 (1984).

192. Ciniglio v. Indonesian Emabssy in Italy, 65 International Law Reports, p. 268, (1984).

193. Filartiga v. Pena-Irala, 577 F. Supp. 860 (E. D. N. Y. 1984).

194. Islamic Republic of Iran v. Société Eurodif and Others, France, Court of Cassation, First Civil Chamber, 14 March 1984, 77 ILR 513.

195. O'Connell Machinery Co. v. M. v. "Americana,"734 F. 2d 115 (2nd Cir. 1984).

196. Persinger v. Islamic Republic of Iran, 729 F. 2d 835 (D. C. Cir. 1984).

197. Vencedora Oceanica Navigation v. Compagnie National Algerienne de Navigation, 730F. 2d195(5th Cir. 1984).

198. Yendall v. Commonwealth of Australia, Employment Appeals Tribunal, 11 October 1984, 107 ILR 590.

199. Immigration and Naturalization Service v. Chadha, 462 US 963 (1983).

200. Intpro Properties (UK) v. Sauvel, [1983] Q. B. 1019.

201. Mckeel v. Islamic Republic of Iran, 722 F. 2d 329 (9th Cir. 1983).

202. S & S Machinery v. Masin Export Import, 706 F. 2d 411 (2nd Cir. 1983).

203. Skeen v. Federative Republic of Brazil, 566 F. Supp. 1414(D. D. C. 1983).

204. Verlinden BV v. Central Bank of Nigeria, 461 US480(1983).

205. Harris Corp. v. National Iranian Radio and Television, 691 F. 2d 1344(11th Cir. 1982).

206. Insurance Corp. of Ireland, Ltd. v. Compagnie Des Bauxites, 456US694, 702, 704 (1982).

207. Jafari v. Islamic Republic of Iran, 539 F. Supp. 209 (D. C. Ill., 1982).

208. Libra Bank v. Banco Nacional de Costa Rica, 676 F. 2d 47(2nd Cir. 1982), 21 ILM 618 (1982).

209. Maritime International Nominees Establishment v. Republic of Guinea, 693F. 2d 1094 (D. C. Cir. 1982).

210. République Ialamique d'Iran et consorts v. Sociétés Eurodif et Sofidif, Cour d'appel Paris, 21 Apr. 1982, 65 ILR 93, 97.

211. Sperry International Trade v. Government of Israel, 532 F. Supp. 901(S. D. N. Y. 1982).

212. Benvenuti et Bonfant v. Government of the People's Republic of Congo, Decision of 26 June 1981, 65 ILR 88.

213. Rios v. Marshall, 530 F. Supp. 351, 371 (S. D. N. Y. 1981).

214. Tel-Oren v. Libyan Arab Republic, 517 F. Supp. 542 (D. D. C. 1981).

215. Texas Trading & Miling Corp. v. Federal Republic of Nigeria, 647 F. 2d 300 (2nd Cir. 1981).

216. Irving Trust Co. v. Government of Iran and Bank Omran, 79 Civ. 6369 (CES) 1980.

217. Letelier v. Republic of Chile, 488 F. Supp. 665 (D. D. C. 1980).

218. Libyan American Oil Co. v. Socialist People's Repulbic of Libya, Svea Court of Appeal (18 June 1980), 62 ILR 224.

219. New England Merchants National Bank v. Iran Power Generation & Transmission Co., 495 F. Supp. 73 (S. D. N. Y. 1980).

220. Patersan, Zochonis, Ltd v. Compania United Arrow 493 F. Supp. 621 (S. D. N. Y. 1980).

221. Sompong Sucharitkul, Second Report of Jurisdictional Immunities of States and Their Property, YBILC 1980, Vol. 2, p. 216.

222. Behring International Inc. v. Imperia Iranian Air Force, 475 F. Supp. 383, 392-393 (D. N. J. 1979).

223. East Europe DISC v. Terra, F. Supp. 383 (S. D. N. Y. 1979).

224. International Assoc. of Machinists & Aerospace Workers v. OPEC, 477 F. Supp. 553 (C. D. Cal. 1979).

225. République Arabe d'Egypte v. Cinetel, Tribunal fédéral Suisse, 20 july 1979, 65 ILR 425, 430.

226. Banque Centrale de la Republique de Turquie v. Weston Compagnie de Finance et d'Investissement SA and Another, Tribunal fédéralSuisse, 15 Nov. 1978, ATF 104 Ia 367, 65 ILR 417.

227. Jet Line Servs., Inc. v. M/V Marsa El Hariga, 462 F. Supp. 1165, 1172 (D. C. Md. 1978).

228. National American Corp. v. Federal Republic of Nigeria and The Central Bank of

Nigeria, 1978, International Law Report, Vol. 63, 1982, p. 137.

229. Uganda Co. v. The Government of Uganda, High Court, Queen's Bench Division, 1978, 64 International Law Reports, p. 209 (1983).

230. Upton v. Empire of Iran, 459 F. Supp. 264 (D. D. C. 1978).

231. Yessenin Volpin v. Novosti Press Agency, Tass etc., 443 F Supp. 849 (SDNY 1978).

232. Non-Resident Petitioner v. Central Bank of Nigeria (1977) UN Legal Materials 290 at 292.

233. Owners of the Philippine Admiral v. Wallem Shipping (Hong Kong) Ltd (The Philippine Admiral), [1977] A. C. 373.

234. Trendtex Trading Corp v. Central Bank of Nigeria [1977] Q. B. 529.

235. Alfred Dunhill of London Inc. v. Republic of Cuba, 425 USR. 682 (1976).

236. Central Bank of Nigeria, Germany, Oberlandesgericht Frankfurt, 1975, International Law Report, Vol. 65, 1984, p. 131.

237. Carried Lumber Co. v. USA, Philippines, Court of Appeals, 1974, International Law Report, Vol. 64, 1983, p. 661.

238. Solel Boneh Int'l Ltd. (Israel) and Water Resources Development Int'l (Israel) v. The Republic of Uganda and National Housing and Construction Corp. of Uganda, ICC Award No. 2321 (4 July 1974), 1976.

239. Spacil v. Crowe, 489 F. 2d 614, 5th Cir (1974).

240. First Nat'l City Bank v. Banco Nacional de Cuba, 406 US 759 (1972).

241. Swiss-Israel Trade Bank v. Government of Salta, [1972] 1 Lloyd's Rep. 497.

242. S. E. E. E. v. Républicue Socialiste fédérale de Yougoslavie, 98 F. D. I 131 (1971).

243. Cabolent v. NIOC, The Hague Court of Appeal, 28 Nov. 1968, 1 NYIL (1970) 225; 47 ILR 138, 148.

244. Collision with Foreign Government-Owned Motor Car, 40 International Law Reports, p. 73, (1970).

245. Feldman Karpa v. United Mexican States, International Law Reports Vol. 40, (1970).

246. Parkin v. Government of the Republique Démocratique du Congo and Another, South Africa, Supreme Court (Witwatersrand Local Divison), 28 October 1970, 64 ILR 668, 671.

247. Yugoslavia v. SEEE, 6 July 1970, France, Trib. de Grande Instance; 65 ILR 47 at 49; Ct of Appeal, Paris, 21 April 1982; JDI(1983) 145.

248. Clerget v. Banque Commerciale pour l'Europe and Others, French. Ct of Appeal, 7 June 1969; 52ILR310.

249. Englander v. Statri Banka Cscekoslovenska, Fr. Ct of Cassation, 11 February 1969; 52 ILR 335.

250. Penthouse Studios Inc. v. Venezuela, Canada, Quebec Court of Appeal, 1969, International Law Report, Vol. 64, 1983, p. 20.

251. Scott v. Baker [1969] 1 Q. B. 659.

252. NV Cabolent v. NIOC, The Hague Court of Appeal (28 Novermber 1968), 47 ILR 138.

253. Chateau-Gai Wines Ltd. v. Le Gouvernement de la R6publique FranCaise, Judgment of Apr. 11, 1967, Exchequer Court, Can., 61 2d D. L. R. 709, 53I. L. R. 284.

254. Petrol Shipping Corp. v. Kingdom of Greece, 360 F. 2d 103, 1966 US App. LEXIS 6406.

255. Hellenic Lines, Ltd. v. Moore, 120 US App. D. C. 288, 345 F. 2d 978, 980-81 (D. C. Cir. 1965).

256. Banco Nacional de Cuba v. Sabbatino, 376 US 398 (1964).

257. Flota Maritiam Browning de Cuba v. M. v. Cuidad de la Habana, 335 F. 2d 619 (1964).

258. National Equip. Rental, Ltd. v. Szukhent, 375 US311, 315-16(1964).

259. Victory Transport Inc. v. Comisaril general de abastecimientos Y transports, 336 F. 2d 354(1964).

260. United States v. Harris and Company Advertising, Inc., 149 So. 2d 384 (Fla. 1963).

261. United Arab Republic v. Mrs. X, Swiss Federal Tribunal (1960), 65 ILR384, 392.

262. Baccus SRL v. Servicio Nacional del Trigo, [1957] 1 QB 438.

263. Textile Workers v. Lincoln Mills, 353 US 448 (1957).

264. Kingdom of Greece v. Julius Bar and Co., Swiss Federal Tribunal, 6 June 1956; ATF 82(1956)75; 23ILR 1956.

265. Dollfus Mieg et Compagnie SA v. Bank of England, [1952] A. C. 582.

266. Johore v. Abubakar Tunku Aris Bendahar [1952] A. C. 318.

267. Kahan v. Pakistan Federation, [1951] 2 KB 1003.

268. Socobelge v. The Hellenic State, Tribunal civil de Bruxelles(1951); 15ILR 3.

269. Fogarty v. USA, 340 US 8 (1950).

270. Mullane v. Central Hanover Bank & Trust Co., 339 US 306, 70 S. Ct. 652 (1950).

271. Republic of Mexico v. Hoffman, 324 US30 (1945).

272. Berizzi Brothers CO. v. S. S. pesaro, 271 US562 (1926).

273. Compania Mercantil Argentina v. United States Shipping Board, 18 Ll. L. Rep. 369 (1924).

274. Duff Development Co, Ltd. v. Kelantan Government and another, [1924] AC 797.

275. Kunglig Jarnvagsstyrelsen v. Dexter and Carpenter, 300 Fed. 891(1922).

276. Legation Building (Execution case), Supreme Court, Austria, 15 March 1921; 1 ILR 219.

277. K. K. Oesterreichisches Finanzministerium v. Dreyfus, Tribunal fédéral Suisse, 13 Mar. 1918, ATF 44149, 5 Ann. Dig. (1929-1930) 122.

278. In re Republic of Bolivia Exploration Syndicate, Ltd., [1914] 1 Ch. 139.

279. Hellfeld(Von) v. Russian Government, Reported in 5 Am. J. Int. L. 1911, 490.

280. Underhill v. Hernandez, 168 US250 (1897).

281. Taylor v. Best, 14 C. B. 487 (1854).

282. Schooner Exchange v. Mcfaddon, 11 US(7 Cranch) 116, 137(1812).

283. Marbury v. Madison, 5 US 137 (1803).

四、报纸、媒体文献

1. 江玮:《评估是否立案三一诉奥巴马案首次听证》,载《21 世纪经济报道》第 2012 年 11 月 30 日,第 2 版。

2. 张颖:《中国平安状告比利时,就投资富通亏损提起国际仲裁》,载《国际金融报》2012 年 11 月 16 日,第 7 版。

3. 陈鹏:《重庆大轰炸惨案受害者首度本土起诉日本政府》,载《中国青年报》2012 年 09 月 11 日,第 3 版。

4. 傅涛:《香港特区终审法院提请释法意义重大》,载《人民日报》2011 年 6 月 13 日,第 11 版。

5. 汪恩民:《中国海外侨胞超 4500 万》,载《广州日报》2010 年 6 月 17 日,第 A18 版。

6. 苏清:《俄罗斯人是欧洲人权法院起诉大户》,载《青年参考》2010 年 2 月 9 日,第 4 版。

7. 宋连斌:《商事仲裁与民事诉讼的关系探微》,载《人民法院报》2009 年 4 月 22 日,第 5 版。

8. 辛崇阳:《中国民间对日索赔权法律分析》(下),载《法制日报》2007 年 7 月 1 日,第 4 版。

9. 何兵、袁永忠:《公产致害的赔偿责任》,载《人民法院报》2005 年 11 月 7 日,第 B4 版。

10. 王亚新:《再谈"答辩失权"与"不应诉判决"》,载《人民法院报》2005 年 5 月 11 日,第 B1 版。

11. 汤维建:《答辩失权是大势所趋》,载《人民法院报》2005 年 4 月 20 日,第 B1 版。

12. 傅郁林:《答辩失权的基础性问题》,载《人民法院报》2005 年 4 月 13 日,第 B1 版。

13. 王亚新:《我国民事诉讼不宜引进"答辩失权"!》载《人民法院报》2005 年 4 月 6 日,第 B1 版。

14. 中华人民共和国外交部:《中华人民共和国外交部备忘录》,载《中华人民共和国国务院公报》1983 年第 3 号。

五、硕博士论文

1. 侯鹏：《国家侵权行为的管辖豁免例外》，武汉大学 2012 年硕士学位论文。

2. 周道红：《论美国〈外国主权豁免法〉之恐怖活动例外》，武汉大学 2012 年硕士学位论文。

3. 王晓峰：《国家及其财产豁免问题探析》，复旦大学 2011 年硕士学位论文。

4. 李庆明：《〈美国外国人侵权请求法〉研究》，武汉大学 2009 年博士学位论文。

5. 王彦志：《侵权法律选择的法经济学分析》，吉林大学 2010 年博士学位论文。

6. 王钦杰：《英美侵权法上注意义务研究》，山东大学 2009 年博士学位论文。

7. 浦智华：《国家主权有限豁免问题研究》，华东政法大学 2009 年硕士学位论文。

8. 张帆：《中国在美被诉主权豁免问题研究》，武汉大学 2008 年博士学位论文。

9. 冯娜：《国家赔偿责任理念与机制研究》，吉林大学 2008 年博士学位论文。

10. 李承东：《我国恐怖主义犯罪对策研究》，中山大学 2008 年硕士学位论文。

11. 杨巍：《国际人权法与国际强行规则》，湘潭大学 2007 年硕士学位论文。

12. 彭丹丹：《国家豁免问题研究》，郑州大学 2007 年硕士学位论文。

13. 陆晓燕：《恐怖主义在我国发展的现状、趋势及反恐对策》，上海大学 2006 年硕士学位论文。

14. 杨少南：《证券侵权法律制度研究》，西南政法大学 2005 年博士学位论文。

六、网络文献

1.《在 2002 年英国上议院受理的"科威特航空公司（KAC）诉伊拉克航空公司（IAC）"案》，http://www.lexisnexis（TM）academic-document/sovereign imm Kuweit,Iraqi.htm.

2.《专家称我国签署国家及其财产管辖豁免公约有利》，http://news.sina.com.cn/c/2005-09-29/11227066892s.shtml.

3. 刘贵祥：《关于涉外商事审判机制与法律适用的几个问题》，http://www.ccmt.org.cn/showexplore.php？id=4146.

4.《外交部发言人洪磊 2011 年 6 月 9 日主持例行记者会上的发言》，http://www.china.com.cn/international/txt/2011-06/09/content_22749043.htm.

5. 郑飞飞：《普通法系民事诉讼中的诉讼费担保制度》，http://bjgy.chinacourt.org/public/detail.php？id=97138.

6. Jurisdictional Immunities of the State（Germany v. Italy：Greece Intervening），http://www.icj-cij.org/docket/files/143/16883.pdf.

7.《中华人民共和国外国国家豁免法建议稿》，http://www.cuplfil.com/shownews.php？NewsID=1131.

8.《商务部、国家统计局、国家外汇管理局联合发布〈2011 年度中国对外直接投资统计公报〉》，http://www.mofcom.gov.cn/aarticle/i/jyjl/k/201209/20120908317332.html.

9. 在经济发达省份江苏，南通中院具有研究生学历或硕士学位的干警占法院干警总数的 47.13%，其法官高学历、高学位占比为全省首位、全国居前列，http://news.

ntonline.cn/news/nantong/272132.shtml.

10. 最高人民法院《人民法院工作年度报告》（2010），http://www.court.gov.cn/xwzx/xwfbh/twzb/201105/P020110524500968740242.doc.

11.《希腊请求以非当事国身份参加德国诉意大利"国家管辖豁免案"并获得国际法院同意》，http://www.gjfyjs.com/Articleshow.asp? bookid=173.

12.《联合国大会第六十五届会议国际法院的报告》（中文版），http://www.un.org/zh/ga/65/docs/4/5_12.html.

13.《时任外交部长李肇星代表中国政府签署了〈联合国国家及其财产管辖豁免公约〉》，http://www.fmprc.gov.cn/chn/pds/wjdt/sjxw/t212432.htm.

14.《宋杰：战争受害者"求告无门"》，http://review.uschinapress.com/2012-02/13/content_1265693.htm.

15.《2008 年上海曾发生新西兰籍华人抗拒强行拆迁被关押事件，引起国内外的广泛反响》，http://news.skykiwi.com/na/sh/2009-11-23/88596.shtml.

16. Bill Text 108th Congress（2003-2004）H. R. 2344. IH, http://thomas.loc.gov/cgi-bin/query/z? c108:H.R.2344:.

17.《车捷：涉外诉讼显真功》，http://finance.ifeng.com/news/corporate/20111102/4979029.shtml.

18.《美国称正面临 9·11 来最严峻安全形势》，http://www.chinadaily.com.cn/hqgj/2011-02/10/content_11974431.htm? navigation=1.

19.《美国再将伊朗等四国列入支持恐怖主义黑名单》，http://www.chinadaily.com.cn/hqgj/2010-08/06/content_11107759.htm? navigation=1.

20.《美国恐怖主义例外黑名单》，https://www.state.gov/j/ct/list/ c14151.htm.

21. Jurisdiction：International Court of Justice, http://www.icj-cij.org/jurisdiction/index.php? p1=5.

22. United Nations Convention on Jurisdictional Immunities of States and Their Property, http://untreaty.un.org/English/Notpubl/English_3_I3.Pdf, Dee.2, 2004.

23. Jennifer K. Elsea,"Justice for United States Victims of State Sponsored Terrorism Act：Eligibility and Funding", Congressional Research Service, https://crsreports.congress.gov/product/pdf/IF/IF10341.

24. George Bush," Memorandum of Disapproval ", https://georgewbush-whitehouse.archives.gov/ news/releases/2007/12/20071228-5.

25. The White House," Veto Message from the President ", https://obamawhitehouse.archives.gov/the-press-office/2016/09/23/veto-message-president-s2040.

26. Barack Obama," Veto Message from the President—S. 2040, National Archives and Records Administration", https://obamawhitehouse.archives.gov/thepress-office/2016/09/23/veto-message-president-s2040.

27. CarrieLyn D. Guymon," Digest of United States Practice in International Law 2020", https://www.state.gov/digest-of-united-states-practice-in-international-law-2020/.

28. Mohammed Cherkaoui, The US JASTA: An Asset or a Liability for America Abroad, http://studies.aljazeera.net/en/reports/2016/12/jasta-asset-liability-america-161228101858709.html〔http://perma.cc/SX65-R3J9〕.

29. William S. Dodge, Does JASTA Violate International Law, https://www.justsecurity.org/33325/jasta-violate-international-law-2/.

30. George Bush, Memorandum of Disapproval, https://georgewbush-whitehouse.archives.gov/news/releases/2007/12/20071228-5.html.

31. Geneva-Saudi Minister Confirms Warning on Proposed US Law on 9/11", https://www.vosizneias.com/237570/2016/05/02/geneva-saudi-minister-confirms-warning-on-proposed-u-s-law-on-911/.

七、其他

1.《联合国国家及其财产管辖豁免公约》。

2.《欧洲国家豁免公约》。

3.《关于统一国有船舶豁免若干规则的公约》

4. 最高人民法院:《关于审理军队、武警部队、政法机关移交、撤销企业和与党政机关脱钩企业相关纠纷案件若干问题的规定》, 2001 年 2 月 6 日最高人民法院审判委员会第 1158 次会议通过。

5. International Law Report, 2005.

6. International Law Report, 2003.

7. International Law Report, 2000.

8. International Law Report, 1999.

9. International Law Report, 1996.

10. International Law Report, 1993.

11. International Law Report, 1992.

12. International Law Report, 1991.

13. International Law Report, 1988.

14. Jurisdiction of USCourts in Suits Against Foreign States, Hearings on H. R. 11315 Before the Subcomm.

15. Yearbook of the International Law Commission, 1991.

16. Resolution of l'Institut de Droit International on Contemporary Problems Concerning the Immunity of States in Relation to Questions of Jurisdiction and Enforcement, Basel Session 1991, 64 Annuaire de l'Institue de Droit.

17. American Law Institute, Restatement of Foreign Relations Law of the United States, 3rd ed. Vol. 2. 1987.

18. Report of the International Law Commission to the General Assembly, 39 U.N. GAOR Supp. (No. 10) at 162, U.N. Doc. A/39/10 (1984).

19. Foreign State Immunity, Australian Law Reform Commission Report No. 24, 1984.

20. United Nations, Materials on Jurisdictional Immunities of States and Their Property, U.N. Doe. ST/LEG/SER. B/20 at 294, 1982.

21. On Administrative Law and Governmental Relations of the House Comm. On the Judiciary, 94th Cong., 2nd Sers., 1976.

22. Legislative History of Foreign Sovereign Immunities Act of 1976, House Report No. 94-1478, UN State Immunity Materials.

23. Circular Note Transmitted by the Government of the Federal Republic of Germany to Foreign Embassies in Bonn on 20 December 1973, UN State Immunity Materials.

24. Reparation for Injuries Suffered in the Service of the United Nations, ICJ Reports, 1949.

25. Canada House of Commons, Standing Committee on Justice and Legal Affairs, Minutes of Proceedings and Envidence 60.

26. The Foreign Sovereign Immunity Act.

27. Canada State Immunity Act.

28. Australia Foreign State Immunity Act.

29. U. K. State Immunity Act.

30. South Africa Foreign State Immunity Act.

31. Israel Foreign States Immunity Law.

32. Singapore State Immunity Act.

33. Pakistan The State Immunity Ordinance.

34. Inter-American Draft Convention on Jurisdiction Immunity of States.

35. Convention for the Unification of Certain Rules Concerning the Immunity of State-owned Ships.

36. Immunity of Foreign State from the Jurisdiction of Argentinean Courts.

37. E. Lauterpacht, C. J. Greenwood, ed., International Law Reports, Vol. 113, 1999.

38. E. Lauterpacht, C. J. Greenwood, ed., International Law Reports, Vol. 95, 1994.

39. E. Lauterpacht, C. J. Greenwood, ed., International Law Reports, Vol. 90, 1992.

40. E. Lauterpacht, C. J. Greenwood, ed., International Law Reports, Vol. 64, 1983.

41. E. Lauterpacht, C. J. Greenwood, ed., International Law Reports, Vol. 45, 1971.

42. Annual Digest of International Law Cases, Vol. 4 (1927-1928).

43. Annual Digest of International Law Cases, Vol. 1 (1919-1922).

44. Annual Digest and Reports of International Law Cases, Vol. 9, 1938-1940.

45. UN Doc. A/53/274/Add. 1.

46. UN Doc. A/48/313.

47. UN Doc. A/C. 6/48.

48. UN Doc. A/C. 6/47.

49. UN Doc. A/C. 6/49.

50. UN Doc. A/C. 6/54/SR. 18.

51. UN Doc. A/C. 6/55/L. 12.

52. UN Doc. A/C. 4. /SER. A.

53. The Rio Declaration on Environment and Development, 1992, Principle 2.

54. European Union Delegation to the United States of America (Sept. 19, 2016).

55. Report of the Commission to the General Assembly on the Work of Its Forty-third Session, YBILC Vol. 2 A/CN4. /SER. A/1991/Add. 1.

56. American Law Institute, Restatement of the Law: The Foreign Relations of the United States, 3rd ed., 1987

57. State Responsibilities: Document A/CN. 4/96: International responsibility, report by F. V. Garcia Amador, Special Rapporteur, Yearbook of the International Law Commission, Vol. II, 1956.

58. Fifth report on jurisdictional immunities of States and their property, Year Book of International Law Commission, Vol. II, 1983.

59. Report of the Forty-Third Conference of International Law Commission, 1991.

60. International Liability for Injuries Consequences arising out of Acts not Prohibited by International Law, Year Book of International Law Commission, 1984.

附　　录

一、中华人民共和国外国国家豁免法

(2023 年 9 月 1 日第十四届全国人民代表大会常务委员会第五次会议通过)

第一条　为了健全外国国家豁免制度，明确中华人民共和国的法院对涉及外国国家及其财产民事案件的管辖，保护当事人合法权益，维护国家主权平等，促进对外友好交往，根据宪法，制定本法。

第二条　本法所称的外国国家包括：

(一)外国主权国家；

(二)外国主权国家的国家机关或者组成部分；

(三)外国主权国家授权行使主权权力且基于该项授权从事活动的组织或者个人。

第三条　外国国家及其财产在中华人民共和国的法院享有管辖豁免，本法另有规定的除外。

第四条　外国国家通过下列方式之一明示就特定事项或者案件接受中华人民共和国的法院管辖的，对于就该事项或者案件提起的诉讼，该外国国家在中华人民共和国的法院不享有管辖豁免：

(一)国际条约；

(二)书面协议；

(三)向处理案件的中华人民共和国的法院提交书面文件；

(四)通过外交渠道等方式向中华人民共和国提交书面文件；

(五)其他明示接受中华人民共和国的法院管辖的方式。

第五条　外国国家有下列情形之一的，视为就特定事项或者案件接受中华人民共和国的法院管辖：

(一)作为原告向中华人民共和国的法院提起诉讼；

(二)作为被告参加中华人民共和国的法院受理的诉讼，并就案件实体问题答辩或者提出反诉；

(三)作为第三人参加中华人民共和国的法院受理的诉讼；

(四)在中华人民共和国的法院作为原告提起诉讼或者作为第三人提出诉讼请求时，由于与该起诉或者该诉讼请求相同的法律关系或者事实被提起反诉。

外国国家有前款第二项规定的情形，但能够证明其作出上述答辩之前不可能知道有可主张豁免的事实的，可以在知道或者应当知道该事实后的合理时间内主张管辖豁免。

第六条　外国国家有下列情形之一的，不视为接受中华人民共和国的法院管辖：

（一）仅为主张豁免而应诉答辩；

（二）外国国家的代表在中华人民共和国的法院出庭作证；

（三）同意在特定事项或者案件中适用中华人民共和国的法律。

第七条　外国国家与包括中华人民共和国在内的其他国家的组织或者个人进行的商业活动，在中华人民共和国领域内发生，或者虽然发生在中华人民共和国领域外但在中华人民共和国领域内产生直接影响的，对于该商业活动引起的诉讼，该外国国家在中华人民共和国的法院不享有管辖豁免。

本法所称商业活动是指非行使主权权力的关于货物或者服务的交易、投资、借贷以及其他商业性质的行为。中华人民共和国的法院在认定一项行为是否属于商业活动时，应当综合考虑该行为的性质和目的。

第八条　外国国家为获得个人提供的劳动或者劳务而签订的合同全部或者部分在中华人民共和国领域内履行的，对于因该合同引起的诉讼，该外国国家在中华人民共和国的法院不享有管辖豁免，但有下列情形之一的除外：

（一）获得个人提供的劳动或者劳务是为了履行该外国国家行使主权权力的特定职能；

（二）提供劳动或者劳务的个人是外交代表、领事官员、享有豁免的国际组织驻华代表机构工作人员或者其他享有相关豁免的人员；

（三）提供劳动或者劳务的个人在提起诉讼时具有该外国国家的国籍，并且在中华人民共和国领域内没有经常居所；

（四）该外国国家与中华人民共和国另有协议。

第九条　对于外国国家在中华人民共和国领域内的相关行为造成人身伤害、死亡或者造成动产、不动产损失引起的赔偿诉讼，该外国国家在中华人民共和国的法院不享有管辖豁免。

第十条　对于下列财产事项的诉讼，外国国家在中华人民共和国的法院不享有管辖豁免：

（一）该外国国家对位于中华人民共和国领域内的不动产的任何权益或者义务；

（二）该外国国家对动产、不动产的赠与、遗赠、继承或者因无人继承而产生的任何权益或者义务；

（三）在管理信托财产、破产财产或者进行法人、非法人组织清算时涉及该外国国家的权益或者义务。

第十一条　对于下列知识产权事项的诉讼，外国国家在中华人民共和国的法院不享有管辖豁免：

（一）确定该外国国家受中华人民共和国法律保护的知识产权归属及相关权益；

（二）该外国国家在中华人民共和国领域内侵害受中华人民共和国法律保护的知识产

权及相关权益。

第十二条 外国国家与包括中华人民共和国在内的其他国家的组织或者个人之间的商业活动产生的争议，根据书面协议被提交仲裁的，或者外国国家通过国际投资条约等书面形式同意将其与包括中华人民共和国在内的其他国家的组织或者个人产生的投资争端提交仲裁的，对于需要法院审查的下列事项，该外国国家在中华人民共和国的法院不享有管辖豁免：

（一）仲裁协议的效力；

（二）仲裁裁决的承认与执行；

（三）仲裁裁决的撤销；

（四）法律规定的其他由中华人民共和国的法院对仲裁进行审查的事项。

第十三条 外国国家的财产在中华人民共和国的法院享有司法强制措施豁免。

外国国家接受中华人民共和国的法院管辖，不视为放弃司法强制措施豁免。

第十四条 有下列情形之一的，外国国家的财产在中华人民共和国的法院不享有司法强制措施豁免：

（一）外国国家以国际条约、书面协议或者向中华人民共和国的法院提交书面文件等方式明示放弃司法强制措施豁免；

（二）外国国家已经拨出或者专门指定财产用于司法强制措施执行；

（三）为执行中华人民共和国的法院的生效判决、裁定，对外国国家位于中华人民共和国领域内、用于商业活动且与诉讼有联系的财产采取司法强制措施。

第十五条 下列外国国家的财产不视为本法第十四条第三项规定的用于商业活动的财产：

（一）外交代表机构、领事机构、特别使团、驻国际组织代表团或者派往国际会议的代表团用于、意图用于公务的财产，包括银行账户款项；

（二）属于军事性质的财产，或者用于、意图用于军事的财产；

（三）外国和区域经济一体化组织的中央银行或者履行中央银行职能的金融管理机构的财产，包括现金、票据、银行存款、有价证券、外汇储备、黄金储备以及该中央银行或者该履行中央银行职能的金融管理机构的不动产和其他财产；

（四）构成该国文化遗产或者档案的一部分，且非供出售或者意图出售的财产；

（五）用于展览的具有科学、文化、历史价值的物品，且非供出售或者意图出售的财产；

（六）中华人民共和国的法院认为不视为用于商业活动的其他财产。

第十六条 对于外国国家及其财产民事案件的审判和执行程序，本法没有规定的，适用中华人民共和国的民事诉讼法律以及其他相关法律的规定。

第十七条 中华人民共和国的法院向外国国家送达传票或者其他诉讼文书，应当按照下列方式进行：

（一）该外国国家与中华人民共和国缔结或者共同参加的国际条约规定的方式；

（二）该外国国家接受且中华人民共和国法律不禁止的其他方式。

通过前款方式无法完成送达的，可以通过外交照会方式送交该外国国家外交部门，外交照会发出之日视为完成送达。

按照本条第一款、第二款规定的方式进行送达的诉讼文书，应当依照该外国国家与中华人民共和国缔结或者共同参加的国际条约的规定附上有关语言的译本，没有相关国际条约的，附上该外国国家官方语言的译本。

向外国国家送达起诉状副本时，应当一并通知该外国国家在收到起诉状副本后三个月内提出答辩状。

外国国家在对其提起的诉讼中就实体问题答辩后，不得再就诉讼文书的送达方式提出异议。

第十八条　经送达完成，外国国家未在中华人民共和国的法院指定期限内出庭的，法院应当主动查明该外国国家是否享有管辖豁免。对于外国国家在中华人民共和国的法院不享有管辖豁免的案件，法院可以缺席判决，但应当在诉讼文书送达之日的六个月以后。

中华人民共和国的法院对外国国家作出的缺席判决，应当按照本法第十七条的规定送达。

外国国家对中华人民共和国的法院缺席判决提起上诉的期限为六个月，从判决书送达之日起计算。

第十九条　中华人民共和国外交部就以下有关国家行为的事实问题出具的证明文件，中华人民共和国的法院应当采信：

（一）案件中的相关国家是否构成本法第二条第一项中的外国主权国家；

（二）本法第十七条规定的外交照会是否送达以及何时送达；

（三）其他有关国家行为的事实问题。

对于前款以外其他涉及外交事务等重大国家利益的问题，中华人民共和国外交部可以向中华人民共和国的法院出具意见。

第二十条　本法规定不影响外国的外交代表机构、领事机构、特别使团、驻国际组织代表团、派往国际会议的代表团及上述机构的相关人员根据中华人民共和国的法律、中华人民共和国缔结或者参加的国际条约享有的特权与豁免。

本法规定不影响外国国家元首、政府首脑、外交部长及其他具有同等身份的官员根据中华人民共和国的法律、中华人民共和国缔结或者参加的国际条约以及国际习惯享有的特权与豁免。

第二十一条　外国给予中华人民共和国国家及其财产的豁免待遇低于本法规定的，中华人民共和国实行对等原则。

第二十二条　中华人民共和国缔结或者参加的国际条约同本法有不同规定的，适用该国际条约的规定，但中华人民共和国声明保留的条款除外。

第二十三条　本法自 2024 年 1 月 1 日起施行。

The Law of the People's Republic of China on Foreign State Immunity

(Adopted at the Fifth Meeting of the Standing Committee of the Fourteenth National People's Congress on September 1, 2023)

Article 1

This Law is enacted pursuant to the Constitution of the People's Republic of China to improve China's foreign state immunity system and define the jurisdiction of the courts of the People's Republic of China over civil cases involving a foreign State and its property with a view to protecting the lawful rights and interests of the parties concerned, safeguarding the sovereign equality of States, and promoting friendly exchanges with other countries.

Article 2

In this Law, a foreign State means:

1. a foreign sovereign State;

2. a State organ or a constituent part of a foreign sovereign State; or

3. an organization or an individual, authorized by a foreign sovereign State, that exercises sovereign authority and conducts activities in accordance with such authorization.

Article 3

Unless otherwise provided by this Law, a foreign State and its property enjoy immunity from the jurisdiction of the courts of the People's Republic of China.

Article 4

A foreign State shall not enjoy immunity from the jurisdiction of the courts of the People's Republic of China in proceedings instituted with regard to a particular matter or case if it has expressly submitted to the jurisdiction of the courts of the People's Republic of China with regard to the matter or case:

1. in an international treaty;

2. in a written agreement;

3. in a written document filed with the court of the People's Republic of China handling the case;

4. in a written document submitted to the People's Republic of China through diplomatic or other channels; or

5. in other manner of express submission to the jurisdiction of the courts of the People's Republic of China.

Article 5

A foreign State shall be considered as having submitted to the jurisdiction of the courts of the People's Republic of China with regard to a particular matter or case if it has:

1. instituted proceedings in a court of the People's Republic of China as a plaintiff;

2. participated in proceedings before a court of the People's Republic of China as a defendant, and made a defense on the merits of the case or a counterclaim;

3. participated in proceedings before a court of the People's Republic of China as a third party; or

4. been counterclaimed on the basis of the same legal relationship or facts during proceedings it instituted as a plaintiff or in the claims it made as a third party before a court of the People's Republic of China.

Notwithstanding the provision of sub-paragraph 2 of the preceding paragraph, where a foreign State can prove that it could not have acquired knowledge of facts on which a claim to immunity can be based until after it made the defense, it can claim immunity within a reasonable period after it knew or ought to have known about those facts.

Article 6

A foreign State shall not be considered as having submitted to the jurisdiction of the courts of the People's Republic of China if:

1. it makes a defense for the sole purpose of claiming immunity;

2. its representative appears before a court of the People's Republic of China as a witness; or

3. it consents to the application of the law of the People's Republic of China to a particular matter or case.

Article 7

A foreign State shall not enjoy immunity from the jurisdiction of the courts of the People's Republic of China in any proceedings arising out of a commercial activity between the foreign State and an organization or an individual of another State including the People's Republic of China, which takes place in the territory of the People's Republic of China, or takes place outside the territory of the People's Republic of China but causes a direct effect in the territory of the People's Republic of China.

In this Law, a commercial activity means any act of transaction of goods or services, investment, lending, or any other act of a commercial nature, which is not an exercise of sovereign authority. The courts of the People's Republic of China, in determining whether an act is a commercial activity, shall consider all factors relating to the nature and purpose of the act.

Article 8

A foreign State shall not enjoy immunity from the jurisdiction of the courts of the People's Republic of China in any proceedings arising out of a contract concluded by the foreign State for labor or services provided by an individual where the contract is performed, in whole or in part, in the territory of the People's Republic of China, except where:

1. the procurement of labor or services provided by the individual is for the purpose of performing specific functions in the exercise of sovereign authority of the foreign State;

2. the individual providing labor or services is a diplomatic agent, a consular officer, a staff

of a representative office of an international organization in China enjoying immunity, or any other personnel enjoying the relevant immunity;

3. the individual providing labor or services, at the time when the proceedings are instituted, is a national of the foreign State and has no habitual residence in the territory of the People's Republic of China; or

4. the foreign State has agreed otherwise with the People's Republic of China.

Article 9

A foreign State shall not enjoy immunity from the jurisdiction of the courts of the People's Republic of China in any proceedings for compensation arising out of personal injury or death or damage to or loss of movable or immovable property caused by the relevant conduct of the foreign State in the territory of the People's Republic of China.

Article 10

A foreign State shall not enjoy immunity from the jurisdiction of the courts of the People's Republic of China in any proceedings concerning property matters in respect of:

1. any rights, interests or obligations of the foreign State in immovable property located in the territory of the People's Republic of China;

2. any rights, interests or obligations of the foreign State in movable or immovable property arising by way of gift, testamentary gift, succession or vacant succession; or

3. rights, interests or obligations of the foreign State in the management of trust property or bankruptcy estate, or in the liquidation process of a legal person or an unincorporated organization.

Article 11

A foreign State shall not enjoy immunity from the jurisdiction of the courts of the People's Republic of China in any proceedings concerning intellectual property matters in respect of:

1. the determination of ownership and related rights and interests in an intellectual property of the foreign State that is protected by the law of the People's Republic of China; or

2. the infringement by the foreign State, in the territory of the People's Republic of China, of an intellectual property and related rights and interests protected by the law of the People's Republic of China.

Article 12

If a foreign State

· has entered into an agreement in writing according to which a dispute arising out of a commercial activity between the foreign State and an organization or an individual of another State, including the People's Republic of China, is submitted to arbitration; or

· has agreed in an international investment treaty or otherwise in writing to submit an investment dispute between the foreign State and an organization or an individual of another State, including the People's Republic of China, to arbitration,

the foreign State shall not enjoy immunity from the jurisdiction of the courts of the People's

Republic of China in the following matters which are subject to review by the courts:

1. the validity of the arbitration agreement;

2. the recognition and enforcement of the arbitration award;

3. setting aside of the arbitration award; or

4. other matters related to arbitration which are subject to review by the courts of the People's Republic of China as provided by the law.

Article 13

The property of a foreign State enjoys immunity from compulsory judicial measures in the courts of the People's Republic of China.

Submission by a foreign State to the jurisdiction of the courts of the People's Republic of China shall not be considered as its waiver of immunity from compulsory judicial measures.

Article 14

The property of a foreign State shall not enjoy immunity from compulsory judicial measures in the courts of the People's Republic of China if:

1. the foreign State has expressly waived immunity from compulsory judicial measures by an international treaty, a written agreement, a written document filed with a court of the People's Republic of China, or other means;

2. the foreign State has allocated or earmarked the property for the enforcement of compulsory judicial measures; or

3. the compulsory judicial measures are taken to enforce a valid judgment or ruling rendered by a court of the People's Republic of China, and the property of the foreign State is located in the territory of the People's Republic of China, used for a commercial activity, and connected to the proceedings.

Article 15

The following property of a foreign State shall not be considered as property used for a commercial activity provided for in sub-paragraph 3 of Article 14 of this Law:

1. property, including bank account, of diplomatic missions, consular posts, special missions, missions to international organizations, and delegations to international conferences, which is used for the performance of official functions or intended for such use;

2. property of a military character, or property which is used for military purpose or intended for such use;

3. property of the central bank or a financial regulatory administration exercising central bank functions of a foreign State or of a regional economic integration organization, including cash, notes, bank deposits, securities, foreign exchange reserves, gold reserves, and the immovable property and other property of the central bank or a financial regulatory administration exercising central bank functions;

4. property which forms part of the cultural heritage or archives of a foreign State, and which is not placed or intended to be placed for sale;

5. object of scientific, cultural or historical value used for exhibition, which is not placed or intended to be placed for sale as property; and

6. other property which a court of the People's Republic of China considers as not being used for a commercial activity.

Article 16

Where there is no applicable provision in this Law, the civil procedure law and other relevant laws of the People's Republic of China shall apply to the adjudication and enforcement proceedings of civil cases involving a foreign State and its property.

Article 17

The courts of the People's Republic of China shall effect service of writs of summons or such other litigation documents on a foreign State in accordance with:

1. the means specified in international treaties to which the foreign State and the People's Republic of China are contracting or acceding parties; or

2. other means accepted by the foreign State and not precluded by the law of the People's Republic of China.

Where the service cannot be effected by means specified in the preceding paragraph, service may be effected by transmitting a diplomatic note to the diplomatic authorities of the foreign State, and the service shall be deemed to have been effected on the date of the issuance of the diplomatic note.

The litigation documents served by means specified in the first and second paragraphs of this Article shall be accompanied by copies of their translation into the language stipulated in the international treaties to which the foreign State and the People's Republic of China are contracting or acceding parties, or, in the absence of such treaties, into the official language of the foreign State.

When serving a copy of the statement of claim on a foreign State, the foreign State shall, at the same time, be notified to file a defense within three months from the date of receipt of the copy of the statement of claim.

A foreign State that filed a defense on the merits of the case in proceedings instituted against it shall not thereafter challenge the means by which the service of the litigation documents had been effected.

Article 18

If a foreign State on which the service of litigation documents is effected fails to appear before a court of the People's Republic of China within the time limit specified by the court, the court shall, on its own motion, find out whether the foreign State enjoys jurisdictional immunity. The court of the People's Republic of China may render a default judgment on a case involving a foreign State which does not enjoy immunity from the jurisdiction of the courts of the People's Republic of China six months after the date on which the service of the litigation documents is effected.

A default judgment rendered by a court of the People's Republic of China against a foreign State shall be served in accordance with Article 17 of this Law.

The time limit for a foreign State to appeal a default judgment rendered by a court of the People's Republic of China is six months from the date on which the service of the judgment is effected.

Article 19

The courts of the People's Republic of China shall accept the certifying documents issued by the Ministry of Foreign Affairs of the People's Republic of China on the following questions of fact concerning acts of State:

1. whether the State involved in a case constitutes a foreign sovereign State as defined in sub-paragraph 1 of Article 2 of this Law;

2. whether and when the service of the diplomatic note specified in Article 17 of this Law is effected; and

3. other questions of fact concerning acts of State.

The Ministry of Foreign Affairs of the People's Republic of China may provide an opinion to the courts of the People's Republic of China on issues concerning major national interests such as foreign affairs other than those mentioned in the preceding paragraph.

Article 20

The provisions of this Law shall not affect the privileges and immunities enjoyed by diplomatic missions, consular posts, special missions, missions to international organizations, delegations to international conferences of a foreign State and members of the foregoing missions or delegations in accordance with the law of the People's Republic of China and the international treaties to which the People's Republic of China is a contracting or acceding party.

The provisions of this Law shall not affect the privileges and immunities enjoyed by heads of State, heads of government, foreign ministers and other officials of equivalent status of a foreign State in accordance with the law of the People's Republic of China, the international treaties to which the People's Republic of China is a contracting or acceding party, and international custom.

Article 21

If the immunity accorded by a State to the People's Republic of China and its property is less favorable than those provided by this Law, the People's Republic of China applies the principle of reciprocity.

Article 22

Where an international treaty to which the People's Republic of China is a contracting or acceding party provides otherwise, the provisions of the international treaty shall apply, with the exception of provisions on which the People's Republic of China has declared reservations.

Article 23

This Law shall come into force on January 1, 2024.

二、联合国国家及其财产管辖豁免公约

（2004 年 12 月 2 日联合国大会第 59/38 号决议通过）

本公约缔约国，

考虑到国家及其财产的管辖豁免为一项普遍接受的习惯国际法原则，

铭记《联合国宪章》所体现的国际法原则，

相信一项关于国家及其财产的管辖豁免国际公约将加强法治和法律的确定性，特别是在国家与自然人或法人的交易方面，并将有助于国际法的编纂与发展及此领域实践的协调，

考虑到国家及其财产的管辖豁免方面国家实践的发展，

申明习惯国际法的规则仍然适用于本公约没有规定的事项，

议定如下：

第一部分　导言

第 1 条　本公约的范围

本公约适用于国家及其财产在另一国法院的管辖豁免。

第 2 条　用语

1. 为本公约的目的：

（a）"法院"是指一国有权行使司法职能的不论名称为何的任何机关；

（b）"国家"是指：

（一）国家及其政府的各种机关；

（二）有权行使主权权力并以该身份行事的联邦国家的组成单位或国家政治区分单位；

（三）国家机构、部门或其他实体，但须它们有权行使并且实际在行使国家的主权权力；

（四）以国家代表身份行事的国家代表；

（c）"商业交易"是指：

（一）为销售货物或为提供服务而订立的任何商业合同或交易；

（二）任何贷款或其他金融性质之交易的合同，包括涉及任何此类贷款或交易的任何担保义务或补偿义务；

（三）商业、工业、贸易或专业性质的任何其他合同或交易，但不包括雇用人员的合同。

2. 在确定一项合同或交易是否为第 1 款(c)项所述的"商业交易"时，应主要参考该合同或交易的性质，但如果合同或交易的当事方已达成一致，或者根据法院地国的实践，合同或交易的目的与确定其非商业性质有关，则其目的也应予以考虑。

3. 关于本公约用语的第 1 款和第 2 款的规定不妨碍其他国际文书或任何国家的国内法对这些用语的使用或给予的含义。

第 3 条　不受本公约影响的特权和豁免

1. 本公约不妨碍国家根据国际法所享有的有关行使下列职能的特权和豁免：

（a）其外交代表机构、领事机构、特别使团、驻国际组织代表团，或派往国际组织的机关或国际会议的代表团的职能；和

（b）与上述机构有关联的人员的职能。

2. 本公约不妨碍根据国际法给予国家元首个人的特权和豁免。

3. 本公约不妨碍国家根据国际法对国家拥有或运营的航空器或空间物体所享有的豁免。

第4条　本公约不溯及既往

在不妨碍本公约所述关于国家及其财产依国际法而非依本公约享有管辖豁免的任何规则的适用的前提下，本公约不应适用于在本公约对有关国家生效前，在一国法院对另一国提起的诉讼所引起的任何国家及其财产的管辖豁免问题。

第二部分　一般原则

第5条　国家豁免

一国本身及其财产遵照本公约的规定在另一国法院享有管辖豁免。

第6条　实行国家豁免的方式

1. 一国应避免对在其法院对另一国提起的诉讼行使管辖，以实行第5条所规定的国家豁免；并应为此保证其法院主动地确定该另一国根据第5条享有的豁免得到尊重。

2. 在一国法院中的诉讼应视为对另一国提起的诉讼，如果该另一国：

（a）被指名为该诉讼的当事一方；或

（b）未被指名为该诉讼的当事一方，但该诉讼实际上企图影响该另一国的财产、权利、利益或活动。

第7条　明示同意行使管辖

1. 一国如以下列方式明示同意另一国对某一事项或案件行使管辖，则不得在该法院就该事项或案件提起的诉讼中援引管辖豁免：

（a）国际协定；

（b）书面合同；或

（c）在法院发表的声明或在特定诉讼中提出的书面函件。

2. 一国同意适用另一国的法律，不应被解释为同意该另一国的法院行使管辖权。

第8条　参加法院诉讼的效果

1. 在下列情况下，一国不得在另一国法院的诉讼中援引管辖豁免：

（a）该国本身提起该诉讼；或

（b）介入该诉讼或采取与案件实体有关的任何其他步骤。但如该国使法院确信它在采取这一步骤之前不可能知道可据以主张豁免的事实，则它可以根据那些事实主张豁免，条件是它必须尽早这样做。

2. 一国不应被视为同意另一国的法院行使管辖权，如果该国仅为下列目的介入诉讼或采取任何其他步骤：

（a）援引豁免；或

（b）对诉讼中有待裁决的财产主张一项权利或利益。

3. 一国代表在另一国法院出庭作证不应被解释为前一国同意法院行使管辖权。

4. 一国未在另一国法院的诉讼中出庭不应被解释为前一国同意法院行使管辖权。

第 9 条　反诉

1. 一国在另一国法院提起一项诉讼，不得就与本诉相同的法律关系或事实所引起的任何反诉向法院援引管辖豁免。

2. 一国介入另一国法院的诉讼中提出诉讼请求，则不得就与该国提出的诉讼请求相同的法律关系或事实所引起的任何反诉援引管辖豁免。

3. 一国在另一国法院对该国提起的诉讼中提出反诉，则不得就本诉向法院援引管辖豁免。

第三部分　不得援引国家豁免的诉讼

第 10 条　商业交易

1. 一国如与外国一自然人或法人进行一项商业交易，而根据国际私法适用的规则，有关该商业交易的争议应由另一国法院管辖，则该国不得在该商业交易引起的诉讼中援引管辖豁免。

2. 第 1 款不适用于下列情况：

（a）国家之间进行的商业交易；或

（b）该商业交易的当事方另有明确协议。

3. 当国家企业或国家所设其他实体具有独立的法人资格，并有能力：

（a）起诉或被诉；和

（b）获得、拥有或占有和处置财产，包括国家授权其经营或管理的财产，其卷入与其从事的商业交易有关的诉讼时，该国享有的管辖豁免不应受影响。

第 11 条　雇用合同

1. 除有关国家间另有协议外，一国在该国和个人间关于已全部或部分在另一国领土进行，或将进行的工作之雇用合同的诉讼中，不得向该另一国原应管辖的法院援引管辖豁免。

2. 第 1 款不适用于下列情况：

（a）招聘该雇员是为了履行行使政府权力方面的特定职能；

（b）该雇员是：

（一）1961 年《维也纳外交关系公约》所述的外交代表；

（二）1963 年《维也纳领事关系公约》所述的领事官员；

（三）常驻国际组织代表团外交工作人员、特别使团成员或获招聘代表一国出席国际会议的人员；或

（四）享有外交豁免的任何其他人员；

（c）诉讼的事由是个人的招聘、雇用期的延长或复职；

（d）诉讼的事由是解雇个人或终止对其雇用，且雇用国的国家元首、政府首脑或外交部长认定该诉讼有碍该国安全利益；

（e）该雇员在诉讼提起时是雇用国的国民，除非此人长期居住在法院地国；或

（f）该雇员和雇用国另有书面协议，但由于公共政策的任何考虑，因该诉讼的事由内容而赋予法院地国法院专属管辖权者不在此限。

第 12 条　人身伤害和财产损害

除有关国家间另有协议外，一国在对主张由可归因于该国的作为或不作为引起的死亡或人身伤害、或有形财产的损害或灭失要求金钱赔偿的诉讼中，如果该作为或不作为全部或部分发生在法院地国领土内，而且作为或不作为的行为人在作为或不作为发生时处于法院地国领土内，则不得向另一国原应管辖的法院援引管辖豁免。

第 13 条　财产的所有、占有和使用

除有关国家间另有协议外，一国在涉及确定下列问题的诉讼中，不得对另一国原应管辖的法院援引管辖豁免：

（a）该国对位于法院地国的不动产的任何权利或利益，或该国对该不动产的占有或使用，或该国由于对该不动产的利益或占有或使用而产生的任何义务；

（b）该国对动产或不动产由于继承、赠予或无人继承而产生的任何权利或利益；或

（c）该国对托管财产、破产者财产或公司解散前清理之财产的管理的任何权利或利益。

第 14 条　知识产权和工业产权

除有关国家间另有协议外，一国在有关下列事项的诉讼中不得向另一国原应管辖的法院援引管辖豁免：

（a）确定该国对在法院地国享受某种程度、即使是暂时的法律保护的专利、工业设计、商业名称或企业名称、商标、版权或任何其他形式的知识产权或工业产权的任何权利；或

（b）据称该国在法院地国领土内侵犯在法院地国受到保护的、属于第三者的（a）项所述性质的权利。

第 15 条　参加公司或其他集体机构

1. 一国在有关该国参加具有或不具有法人资格的公司或其他集体机构的诉讼中，即在关于该国与该机构或该机构其他参加者之间关系的诉讼中，不得向另一国原应管辖的法院援引管辖豁免，但有以下条件：

（a）该机构的参加者不限于国家或国际组织；而且

（b）该机构是按照法院地国法律注册或组成，或其所在地或主要营业地位于法院地国。

2. 但是，如果有关国家同意，或如果争端当事方之间的书面协议作此规定，或如果建立或管理有关机构的文书中载有此一规定，则一国可以在此诉讼中援引管辖豁免。

第 16 条　国家拥有或经营的船舶

1. 除有关国家间另有协议外，拥有或经营一艘船舶的一国，在另一国原应管辖的法院有关该船舶的经营的一项诉讼中，只要在诉讼事由产生时该船舶是用于政府非商业性用途以外的目的，即不得援引管辖豁免。

2. 第 1 款不适用于军舰或辅助舰艇，也不适用于一国拥有或经营的、专门用于政府

非商业性活动的其他船舶。

3. 除有关国家间另有协议外，一国在有关该国拥有或经营的船舶所载货物之运输的一项诉讼中，只要在诉讼事由产生时该船舶是用于政府非商业性用途以外的目的，即不得向另一国原应管辖的法院援引管辖豁免。

4. 第 3 款不适用于第 2 款所指船舶所载运的任何货物，也不适用于国家拥有的、专门用于或意图专门用于政府非商业性用途的任何货物。

5. 国家可提出私有船舶、货物及其所有人所能利用的一切抗辩措施、时效和责任限制。

6. 如果在一项诉讼中产生有关一国拥有或经营的一艘船舶，或一国拥有的货物的政府非商业性质问题，由该国的一个外交代表或其他主管当局签署并送交法院的证明，应作为该船舶或货物性质的证据。

第 17 条　仲裁协定的效果

一国如与外国一自然人或法人订立书面协议，将有关商业交易的争议提交仲裁，则该国不得在另一国原应管辖的法院有关下列事项的诉讼中援引管辖豁免：

（a）仲裁协议的有效性、解释或适用；

（b）仲裁程序；或

（c）裁决的确认或撤销，

但仲裁协议另有规定者除外。

第四部分　在法院诉讼中免于强制措施的国家豁免

第 18 条　免于判决前的强制措施的国家豁免

不得在另一国法院的诉讼中针对一国财产采取判决前的强制措施，例如查封和扣押措施，除非：

（a）该国以下列方式明示同意采取此类措施：

（一）国际协定；

（二）仲裁协议或书面合同；或

（三）在法院发表的声明或在当事方发生争端后提出的书面函件；或

（b）该国已经拨出或专门指定该财产用于清偿该诉讼标的的请求。

第 19 条　免于判决后的强制措施的国家豁免

不得在另一国法院的诉讼中针对一国财产采取判决后的强制措施，例如查封、扣押和执行措施，除非：

（a）该国以下列方式明示同意采取此类措施：

（一）国际协定；

（二）仲裁协议或书面合同；或

（三）在法院发表的声明或在当事方发生争端后提出的书面函件；或

（b）该国已经拨出或专门指定该财产用于清偿该诉讼标的的请求；或

（c）已经证明该财产被该国具体用于或意图用于政府非商业性用途以外的目的，并且处于法院地国领土内，但条件是只可对与被诉实体有联系的财产采取判决后强制措施。

第 20 条　同意管辖对强制措施的效力

虽然必须按照第 18 条和第 19 条表示同意采取强制措施，但按照第 7 条的规定同意行使管辖并不构成默示同意采取强制措施。

第 21 条　特定种类的财产

1. 一国的以下各类财产尤其不应被视为第 19 条(c)项所指被一国具体用于或意图用于政府非商业性用途以外目的的财产：

(a) 该国外交代表机构、领事机构、特别使团、驻国际组织代表团、派往国际组织的机关或国际会议的代表团履行公务所用或意图所用的财产，包括任何银行账户款项；

(b) 属于军事性质，或用于或意图用于军事目的的财产；

(c) 该国中央银行或其他货币当局的财产；

(d) 构成该国文化遗产的一部分或该国档案的一部分，且非供出售或意图出售的财产；

(e) 构成具有科学、文化或历史价值的物品展览的一部分，且非供出售或意图出售的财产。

2. 第 1 款不妨碍第 18 条和第 19 条(a)项和(b)项。

第五部分　杂项规定

第 22 条　诉讼文书的送达

1. 送达传票或对一国提起诉讼的其他文书应按以下方式进行：

(a) 按照对法院地国和有关国家有约束力的任何可适用的国际公约；或

(b) 如果法院地国法律未作禁止，则按照求偿方和有关国家关于送达诉讼文书的特殊安排；或

(c) 如无此公约或特殊安排，则：

(一) 通过外交渠道送交有关国家的外交部；或

(二) 采取有关国家接受的不受法院地国法律禁止的任何其他方式。

2. 以第 1 款(c)(一)项所指的方式送达诉讼文书时，外交部收到该项文书即视为该项文书已送达。

3. 在必要时，送达的文书应附有译成有关国家正式语文或正式语文之一的译本。

4. 任何国家在对其提起的诉讼中就实质问题出庭，其后即不得声称诉讼文书的送达不符合第 1 款和第 3 款的规定。

第 23 条　缺席判决

1. 不得对一国作出缺席判决，除非法院已查明：

(a) 第 22 条第 1 款和第 3 款规定的要求已获遵守；

(b) 从按照第 22 条第 1 款和第 2 款送达传票或其他起诉文书之日算起，或视为已送达之日算起至少已经四个月；并且

(c) 本公约不禁止法院行使管辖权。

2. 对一国作出任何缺席判决，应通过第 22 条第 1 款所指的一种方式并按该款规定将判决书的副本送交该有关国家，必要时附上译成有关国家正式语文或正式语文之一的译

本。

3. 申请撤销一项缺席判决的时限不应少于四个月，时限应从有关国家收到判决书副本或视为有关国家收到判决书副本之日算起。

第 24 条　法院诉讼期间的特权和豁免

1. 如一国未能或拒绝遵守另一国法院为一项诉讼的目的所下达的关于要求它实行或不实行一项特定行为，或提供任何文件，或透露任何其他资料的命令，则这种行为除了对该案的实质可能产生的后果外，不应产生任何其他后果。特别是，不应因此对该国处以任何罚款或罚金。

2. 一国对它在另一国法院作为被告方的任何诉讼，均无须出具无论何种名称的担保、保证书或保证金保证支付司法费用或开支。

第六部分　最后条款

第 25 条　附件

本公约附件为公约的组成部分。

第 26 条　其他国际协定

本公约不影响与本公约所涉事项有关的现有国际协定对缔约国所规定的，适用于这些协定缔约方之间的权利和义务。

第 27 条　争端的解决

1. 缔约国应致力通过谈判解决关于本公约的解释或适用方面的争端。

2. 两个或两个以上的缔约国之间关于本公约的解释或适用方面的任何争端，不能在六个月内谈判解决的，经前述任一缔约国要求，应交付仲裁。如果自要求仲裁之日起六个月内，前述缔约国不能就仲裁的组成达成协议，其中任一缔约国可以依照《国际法院规约》提出请求，将争端提交国际法院审理。

3. 每一个缔约国在签署、批准、接受或核准本公约或加入本公约时，可以声明本国不受第 2 款的约束。相对于作出这项保留的任何缔约国，其他缔约国也不受第 2 款的约束。

4. 依照第 3 款的规定作出保留的任何缔约国，可以随时通知联合国秘书长撤回该项保留。

第 28 条　签署

本公约应在 2007 年 1 月 17 日之前开放给所有国家在纽约联合国总部签署。

第 29 条　批准、接受、核准或加入

1. 本公约须经批准、接受、核准或加入。

2. 本公约持续开放给任何国家加入。

3. 批准书、接受书、核准书或加入书应交存联合国秘书长。

第 30 条　生效

1. 本公约应自第三十份批准书、接受书、核准书或加入书交存联合国秘书长之日后第三十天生效。

2. 对于在第三十份批准书、接受书、核准书或加入书交存以后批准、接受、核准或

加入本公约的每一国家，本公约应在该国将批准书、接受书、核准书或加入书交存之后第三十天生效。

第 31 条　退出

1. 任何缔约国可书面通知联合国秘书长退出本公约。

2. 退出应自联合国秘书长接到通知之日起一年后生效。但本公约应继续适用于在退出对任何有关国家生效前，在一国法院对另一国提起的诉讼所引起的任何国家及其财产的管辖豁免问题。

3. 退出决不影响任何缔约国按照国际法而非依本公约即应担负的履行本公约所载任何义务的责任。

第 32 条　保存机关和通知

1. 联合国秘书长应为本公约的保存机关。

2. 联合国秘书长作为本公约的保存机关，应将以下事项通知所有国家：

（a）本公约的签署及按照第 29 条和第 31 条交存批准书、接受书、核准书或加入书或退出通知的情况；

（b）本公约按照第 30 条生效之日期；

（c）与本公约有关的任何文书、通知或来文。

第 33 条　作准文本

本公约的阿拉伯文、中文、英文、法文、俄文和西班牙文文本同等作准。

本公约于 2005 年 1 月 17 日在纽约联合国总部开放供签字。下列签署人经各自政府正式授权在本公约上签字，以昭信守。

United Nations Convention on Jurisdictional Immunities of States and Their Property

(Adopted by the General Assembly of the United Nations on 2 December 2004.)

The States Parties to the present Convention,

Considering that the jurisdictional immunities of States and their property are generally accepted as a principle of customary international law,

Having in mind the principles of international law embodied in the Charter of the United Nations,

Believing that an international convention on the jurisdictional immunities of States and their property would enhance the rule of law and legal certainty, particularly in dealings of States with natural or juridical persons, and would contribute to the codification and development of international law and the harmonization of practice in this area,

Taking into account developments in State practice with regard to the jurisdictional immunities of States and their property,

Affirming that the rules of customary international law continue to govern matters not regulated by the provisions of the present Convention,

Have agreed as follows:

PART I INTRODUCTION

Article 1 Scope of the present Convention

The present Convention applies to the immunity of a State and its property from the jurisdiction of the courts of another State.

Article 2 Use of terms

1. For the purposes of the present Convention:

(a) "court" means any organ of a State, however named, entitled to exercise judicial functions;

(b) "State" means:

(i) the State and its various organs of government;

(ii) constituent units of a federal State or political subdivisions of the State, which are entitled to perform acts in the exercise of sovereign authority, and are acting in that capacity;

(iii) agencies or instrumentalities of the State or other entities, to the extent that they are entitled to perform and are actually performing acts in the exercise of sovereign authority of the State;

(iv) representatives of the State acting in that capacity;

(c) "commercial transaction" means:

(i) any commercial contract or transaction for the sale of goods or supply of services;

(ii) any contract for a loan or other transaction of a financial nature, including any obligation of guarantee or of indemnity in respect of any such loan or transaction;

(iii) any other contract or transaction of a commercial, industrial, trading or professional nature, but not including a contract of employment of persons.

2. In determining whether a contract or transaction is a "commercial transaction" under paragraph 1(c), reference should be made primarily to the nature of the contract or transaction, but its purpose should also be taken into account if the parties to the contract or transaction have so agreed, or if, in the practice of the State of the forum, that purpose is relevant to determining the non-commercial character of the contract or transaction.

3. The provisions of paragraphs 1 and 2 regarding the use of terms in the present Convention are without prejudice to the use of those terms or to the meanings which may be given to them in other international instruments or in the internal law of any State.

Article 3　Privileges and immunities not affected by the present Convention

1. The present Convention is without prejudice to the privileges and immunities enjoyed by a State under international law in relation to the exercise of the functions of:

(a) its diplomatic missions, consular posts, special missions, missions to international organizations or delegations to organs of international organizations or to international conferences; and

(b) persons connected with them.

2. The present Convention is without prejudice to privileges and immunities accorded under international law to heads of State *ratione personae*.

3. The present Convention is without prejudice to the immunities enjoyed by a State under international law with respect to aircraft or space objects owned or operated by a State.

Article 4　Non-retroactivity of the present Convention

Without prejudice to the application of any rules set forth in the present Convention to which jurisdictional immunities of States and their property are subject under international law independently of the present Convention, the present Convention shall not apply to any question of jurisdictional immunities of States or their property arising in a proceeding instituted against a State before a court of another State prior to the entry into force of the present Convention for the States concerned.

PART II　GENERAL PRINCIPLES

Article 5　State immunity

A State enjoys immunity, in respect of itself and its property, from the jurisdiction of the courts of another State subject to the provisions of the present Convention.

Article 6　Modalities for giving effect to State immunity

1. A State shall give effect to State immunity under article 5 by refraining from exercising

jurisdiction in a proceeding before its courts against another State and to that end shall ensure that its courts determine on their own initiative that the immunity of that other State under article 5 is respected.

2. A proceeding before a court of a State shall be considered to have been instituted against another State if that other State:

(a) is named as a party to that proceeding; or

(b) is not named as a party to the proceeding but the proceeding in effect seeks to affect the property, rights, interests or activities of that other State.

Article 7   Express consent to exercise of jurisdiction

1. A State cannot invoke immunity from jurisdiction in a proceeding before a court of another State with regard to a matter or case if it has expressly consented to the exercise of jurisdiction by the court with regard to the matter or case:

(a) by international agreement;

(b) in a written contract; or

(c) by a declaration before the court or by a written communication in a specific proceeding.

2. Agreement by a State for the application of the law of another State shall not be interpreted as consent to the exercise of jurisdiction by the courts of that other State.

Article 8   Effect of participation in a proceeding before a court

1. A State cannot invoke immunity from jurisdiction in a proceeding before a court of another State if it has:

(a) itself instituted the proceeding; or

(b) intervened in the proceeding or taken any other step relating to the merits.

However, if the State satisfies the court that it could not have acquired knowledge of facts on which a claim to immunity can be based until after it took such a step, it can claim immunity based on those facts, provided it does so at the earliest possible moment.

2. A State shall not be considered to have consented to the exercise of jurisdiction by a court of another State if it intervenes in a proceeding or takes any other step for the sole purpose of:

(a) invoking immunity; or

(b) asserting a right or interest in property at issue in the proceeding.

3. The appearance of a representative of a State before a court of another State as a witness shall not be interpreted as consent by the former State to the exercise of jurisdiction by the court.

4. Failure on the part of a State to enter an appearance in a proceeding before a court of another State shall not be interpreted as consent by the former State to the exercise of jurisdiction by the court.

Article 9   Counterclaims

1. A State instituting a proceeding before a court of another State cannot invoke immunity from the jurisdiction of the court in respect of any counterclaim arising out of the same legal relationship or facts as the principal claim.

2. A State intervening to present a claim in a proceeding before a court of another State cannot invoke immunity from the jurisdiction of the court in respect of any counterclaim arising out of the same legal relationship or facts as the claim presented by the State.

3. A State making a counterclaim in a proceeding instituted against it before a court of another State cannot invoke immunity from the jurisdiction of the court in respect of the principal claim.

PART III　PROCEEDINGS IN WHICH STATE IMMUNITY CANNOT BE INVOKED

Article 10　Commercial transactions

1. If a State engages in a commercial transaction with a foreign natural or juridical person and, by virtue of the applicable rules of private international law, differences relating to the commercial transaction fall within the jurisdiction of a court of another State, the State cannot invoke immunity from that jurisdiction in a proceeding arising out of that commercial transaction.

2. Paragraph 1 does not apply:

(a) in the case of a commercial transaction between States; or

(b) if the parties to the commercial transaction have expressly agreed otherwise.

3. Where a State enterprise or other entity established by a State which has an independent legal personality and is capable of:

(a) suing or being sued; and

(b) acquiring, owning or possessing and disposing of property, including property which that State has authorized it to operate or manage,

is involved in a proceeding which relates to a commercial transaction in which that entity is engaged, the immunity from jurisdiction enjoyed by that State shall not be affected.

Article 11　Contracts of employment

1. Unless otherwise agreed between the States concerned, a State cannot invoke immunity from jurisdiction before a court of another State which is otherwise competent in a proceeding which relates to a contract of employment between the State and an individual for work performed or to be performed, in whole or in part, in the territory of that other State.

2. Paragraph 1 does not apply if:

(a) the employee has been recruited to perform particular functions in the exercise of governmental authority;

(b) the employee is:

(i) a diplomatic agent, as defined in the Vienna Convention on Diplomatic Relations of 1961;

(ii) a consular officer, as defined in the Vienna Convention on Consular Relations of 1963;

(iii) a member of the diplomatic staff of a permanent mission to an international organization or of a special mission, or is recruited to represent a State at an international conference; or

(iv) any other person enjoying diplomatic immunity;

(c) the subject-matter of the proceeding is the recruitment, renewal of employment or reinstatement of an individual;

(d) the subject-matter of the proceeding is the dismissal or termination of employment of an individual and, as determined by the head of State, the head of Government or the Minister for Foreign Affairs of the employer State, such a proceeding would interfere with the security interests of that State;

(e) the employee is a national of the employer State at the time when the proceeding is instituted, unless this person has the permanent residence in the State of the forum; or

(f) the employer State and the employee have otherwise agreed in writing, subject to any considerations of public policy conferring on the courts of the State of the forum exclusive jurisdiction by reason of the subject-matter of the proceeding.

Article 12　Personal injuries and damage to property

Unless otherwise agreed between the States concerned, a State cannot invoke immunity from jurisdiction before a court of another State which is otherwise competent in a proceeding which relates to pecuniary compensation for death or injury to the person, or damage to or loss of tangible property, caused by an act or omission which is alleged to be attributable to the State, if the act or omission occurred in whole or in part in the territory of that other State and if the author of the act or omission was present in that territory at the time of the act or omission.

Article 13　Ownership, possession and use of property

Unless otherwise agreed between the States concerned, a State cannot invoke immunity from jurisdiction before a court of another State which is otherwise competent in a proceeding which relates to the determination of:

(a) any right or interest of the State in, or its possession or use of, or any obligation of the State arising out of its interest in, or its possession or use of, immovable property situated in the State of the forum;

(b) any right or interest of the State in movable or immovable property arising by way of succession, gift or bona vacantia; or

(c) any right or interest of the State in the administration of property, such as trust property, the estate of a bankrupt or the property of a company in the event of its winding up.

Article 14　Intellectual and industrial property

Unless otherwise agreed between the States concerned, a State cannot invoke immunity from jurisdiction before a court of another State which is otherwise competent in a proceeding which relates to:

(a) the determination of any right of the State in a patent, industrial design, trade name or business name, trademark, copyright or any other form of intellectual or industrial property which enjoys a measure of legal protection, even if provisional, in the State of the forum; or

(b) an alleged infringement by the State, in the territory of the State of the forum, of a right

of the nature mentioned in subparagraph （a） which belongs to a third person and is protected in the State of the forum.

Article 15　Participation in companies or other collective bodies

1. A State cannot invoke immunity from jurisdiction before a court of another State which is otherwise competent in a proceeding which relates to its participation in a company or other collective body, whether incorporated or unincorporated, being a proceeding concerning the relationship between the State and the body or the other participants therein, provided that the body:

（a）has participants other than States or international organizations; and

（b）is incorporated or constituted under the law of the State of the forum or has its seat or principal place of business in that State.

2. A State can, however, invoke immunity from jurisdiction in such a proceeding if the States concerned have so agreed or if the parties to the dispute have so provided by an agreement in writing or if the instrument establishing or regulating the body in question contains provisions to that effect.

Article 16　Ships owned or operated by a State

1. Unless otherwise agreed between the States concerned, a State which owns or operates a ship cannot invoke immunity from jurisdiction before a court of another State which is otherwise competent in a proceeding which relates to the operation of that ship if, at the time the cause of action arose, the ship was used for other than government non-commercial purposes.

2. Paragraph 1 does not apply to warships, or naval auxiliaries, nor does it apply to other vessels owned or operated by a State and used, for the time being, only on government non-commercial service.

3. Unless otherwise agreed between the States concerned, a State cannot invoke immunity from jurisdiction before a court of another State which is otherwise competent in a proceeding which relates to the carriage of cargo on board a ship owned or operated by that State if, at the time the cause of action arose, the ship was used for other than government non-commercial purposes.

4. Paragraph 3 does not apply to any cargo carried on board the ships referred to in paragraph 2, nor does it apply to any cargo owned by a State and used or intended for use exclusively for government non-commercial purposes.

5. States may plead all measures of defence, prescription and limitation of liability which are available to private ships and cargoes and their owners.

6. If in a proceeding there arises a question relating to the government and non-commercial character of a ship owned or operated by a State or cargo owned by a State, a certificate signed by a diplomatic representative or other competent authority of that State and communicated to the court shall serve as evidence of the character of that ship or cargo.

Article 17   Effect of an arbitration agreement

If a State enters into an agreement in writing with a foreign natural or juridical person to submit to arbitration differences relating to a commercial transaction, that State cannot invoke immunity from jurisdiction before a court of another State which is otherwise competent in a proceeding which relates to:

(a) the validity, interpretation or application of the arbitration agreement;

(b) the arbitration procedure; or

(c) the confirmation or the setting aside of the award,

unless the arbitration agreement otherwise provides.

PART IV   STATE IMMUNITY FROM MEASURES OF CONSTRAINT IN CONNECTION WITH PROCEEDINGS BEFORE A COURT

Article 18   State immunity from pre-judgment measures of constraint

No pre-judgment measures of constraint, such as attachment or arrest, against property of a State may be taken in connection with a proceeding before a court of another State unless and except to the extent that:

(a) the State has expressly consented to the taking of such measures as indicated:

(i) by international agreement;

(ii) by an arbitration agreement or in a written contract; or

(iii) by a declaration before the court or by a written communication after a dispute between the parties has arisen; or

(b) the State has allocated or earmarked property for the satisfaction of the claim which is the object of that proceeding.

Article 19   State immunity from post-judgment measures of constraint

No post-judgment measures of constraint, such as attachment, arrest or execution, against property of a State may be taken in connection with a proceeding before a court of another State unless and except to the extent that:

(a) the State has expressly consented to the taking of such measures as indicated:

(i) by international agreement;

(ii) by an arbitration agreement or in a written contract; or

(iii) by a declaration before the court or by a written communication after a dispute between the parties has arisen; or

(b) the State has allocated or earmarked property for the satisfaction of the claim which is the object of that proceeding; or

(c) it has been established that the property is specifically in use or intended for use by the State for other than government non-commercial purposes and is in the territory of the State of the forum, provided that post-judgment measures of constraint may only be taken against property that has a connection with the entity against which the proceeding was directed.

Article 20　Effect of consent to jurisdiction to measures of constraint

Where consent to the measures of constraint is required under articles 18 and 19, consent to the exercise of jurisdiction under article 7 shall not imply consent to the taking of measures of constraint.

Article 21　Specific categories of property

1. The following categories, in particular, of property of a State shall not be considered as property specifically in use or intended for use by the State for other than government non-commercial purposes under article 19, subparagraph (c):

(a) property, including any bank account, which is used or intended for use in the performance of the functions of the diplomatic mission of the State or its consular posts, special missions, missions to international organizations or delegations to organs of international organizations or to international conferences;

(b) property of a military character or used or intended for use in the performance of military functions;

(c) property of the central bank or other monetary authority of the State;

(d) property forming part of the cultural heritage of the State or part of its archives and not placed or intended to be placed on sale;

(e) property forming part of an exhibition of objects of scientific, cultural or historical interest and not placed or intended to be placed on sale.

2. Paragraph 1 is without prejudice to article 18 and article 19, subparagraphs (a) and (b).

PART V　MISCELLANEOUS PROVISIONS

Article 22　Service of process

1. Service of process by writ or other document instituting a proceeding against a State shall be effected:

(a) in accordance with any applicable international convention binding on the State of the forum and the State concerned; or

(b) in accordance with any special arrangement for service between the claimant and the State concerned, if not precluded by the law of the State of the forum; or

(c) in the absence of such a convention or special arrangement:

(i) by transmission through diplomatic channels to the Ministry of Foreign Affairs of the State concerned; or

(ii) by any other means accepted by the State concerned, if not precluded by the law of the State of the forum.

2. Service of process referred to in paragraph 1 (c) (i) is deemed to have been effected by receipt of the documents by the Ministry of Foreign Affairs.

3. These documents shall be accompanied, if necessary, by a translation into the official

language, or one of the official languages, of the State concerned.

4. Any State that enters an appearance on the merits in a proceeding instituted against it may not thereafter assert that service of process did not comply with the provisions of paragraphs 1 and 3.

Article 23   Default judgment

1. A default judgment shall not be rendered against a State unless the court has found that:

(a) the requirements laid down in article 22, paragraphs 1 and 3, have been complied with;

(b) a period of not less than four months has expired from the date on which the service of the writ or other document instituting a proceeding has been effected or deemed to have been effected in accordance with article 22, paragraphs 1 and 2; and

(c) the present Convention does not preclude it from exercising jurisdiction.

2. A copy of any default judgment rendered against a State, accompanied if necessary by a translation into the official language or one of the official languages of the State concerned, shall be transmitted to it through one of the means specified in article 22, paragraph 1, and in accordance with the provisions of that paragraph.

3. The time-limit for applying to have a default judgment set aside shall not be less than four months and shall begin to run from the date on which the copy of the judgment is received or is deemed to have been received by the State concerned.

Article 24   Privileges and immunities during court proceedings

1. Any failure or refusal by a State to comply with an order of a court of another State enjoining it to perform or refrain from performing a specific act or to produce any document or disclose any other information for the purposes of a proceeding shall entail no consequences other than those which may result from such conduct in relation to the merits of the case. In particular, no fine or penalty shall be imposed on the State by reason of such failure or refusal.

2. A State shall not be required to provide any security, bond or deposit, however described, to guarantee the payment of judicial costs or expenses in any proceeding to which it is a respondent party before a court of another State.

PART VI   FINAL CLAUSES

Article 25   Annex

The annex to the present Convention forms an integral part of the Convention.

Article 26   Other international agreements

Nothing in the present Convention shall affect the rights and obligations of States Parties under existing international agreements which relate to matters dealt with in the present Convention as between the parties to those agreements.

Article 27   Settlement of disputes

1. States Parties shall endeavour to settle disputes concerning the interpretation or application

of the present Convention through negotiation.

2. Any dispute between two or more States Parties concerning the interpretation or application of the present Convention which cannot be settled through negotiation within six months shall, at the request of any of those States Parties, be submitted to arbitration. If, six months after the date of the request for arbitration, those States Parties are unable to agree on the organization of the arbitration, any of those States Parties may refer the dispute to the International Court of Justice by request in accordance with the Statute of the Court.

3. Each State Party may, at the time of signature, ratification, acceptance or approval of, or accession to, the present Convention, declare that it does not consider itself bound by paragraph 2. The other States Parties shall not be bound by paragraph 2 with respect to any State Party which has made such a declaration.

4. Any State Party that has made a declaration in accordance with paragraph 3 may at any time withdraw that declaration by notification to the Secretary-General of the United Nations.

Article 28　Signature

The present Convention shall be open for signature by all States until 17 January 2007, at United Nations Headquarters, New York.

Article 29　Ratification, acceptance, approval or accession

1. The present Convention shall be subject to ratification, acceptance or approval.

2. The present Convention shall remain open for accession by any State.

3. The instruments of ratification, acceptance, approval or accession shall be deposited with the Secretary-General of the United Nations.

Article 30　Entry into force

1. The present Convention shall enter into force on the thirtieth day following the date of deposit of the thirtieth instrument of ratification, acceptance, approval or accession with the Secretary-General of the United Nations.

2. For each State ratifying, accepting, approving or acceding to the present Convention after the deposit of the thirtieth instrument of ratification, acceptance, approval or accession, the Convention shall enter into force on the thirtieth day after the deposit by such State of its instrument of ratification, acceptance, approval or accession.

Article 31　Denunciation

1. Any State Party may denounce the present Convention by written notification to the Secretary-General of the United Nations.

2. Denunciation shall take effect one year following the date on which notification is received by the Secretary-General of the United Nations. The present Convention shall, however, continue to apply to any question of jurisdictional immunities of States or their property arising in a proceeding instituted against a State before a court of another State prior to the date on which the denunciation takes effect for any of the States concerned.

3. The denunciation shall not in any way affect the duty of any State Party to fulfil any

obligation embodied in the present Convention to which it would be subject under international law independently of the present Convention.

Article 32   Depositary and notifications

1. The Secretary-General of the United Nations is designated the depositary of the present Convention.

2. As depositary of the present Convention, the Secretary-General of the United Nations shall inform all States of the following:

(a) signatures of the present Convention and the deposit of instruments of ratification, acceptance, approval or accession or notifications of denunciation, in accordance with articles 29 and 31;

(b) the date on which the present Convention will enter into force, in accordance with article 30;

(c) any acts, notifications or communications relating to the present Convention.

Article 33   Authentic texts

The Arabic, Chinese, English, French, Russian and Spanish texts of the present Convention are equally authentic.

IN WITNESS WHEREOF, the undersigned, being duly authorized thereto by their respective Governments, have signed this Convention opened for signature at United Nations Headquarters in New York on 17 January 2005.

三、国家对国际不法行为的责任条款草案①

（2001 年联合国国际法委员会第 53 届会议通过）

第一部分　一国的国际不法行为

第一章　一般原则

第 1 条　一国对其国际不法行为的责任

一国的每一国际不法行为引起该国的国际责任。

第 2 条　一国国际不法行为的要素

一国国际不法行为在下列情况下发生：

（a）由行为或不行为构成的行为依国际法归于该国；并且

（b）该行为构成对该国国际义务的违背。

第 3 条　把一国的行为定性为国际不法行为

在把一国的行为定性为国际不法行为时须遵守国际法。这种定性不因国内法把同一行为定性为合法行为而受到影响。

第二章　把行为归于一国

第 4 条　国家机关的行为

1. 任何国家机关，不论行使立法、行政、司法职能，还是任何其他职能，不论在国家组织中具有何种地位，也不论作为该国中央政府机关或一领土单位机关而具有何种特性，其行为应视为国际法所指的国家行为。

2. 机关包括依该国国内法具有此种地位的任何个人或实体。

第 5 条　行使政府权力要素的个人或实体的行为

虽非第 4 条所指的国家机关但经该国法律授权而行使政府权力要素的个人或实体，其行为依国际法应视为该国的行为，但以该个人或实体在特定情况下以此种资格行事者为限。

第 6 条　一国交另一国支配的机关的行为

一国交另一国支配的机关，若为行使支配国的政府权力要素而行事，其行为依国际法应视为支配国的行为。

第 7 条　逾越权限或违背指示

国家机关或经授权行使政府权力要素的个人或实体，若以此种资格行事，即使逾越权限或违背指示，其行为仍应视为国际法所指的国家行为。

---

①　该条款摘自联合国国际法委员会第五十三届会议工作报告第四章 E 部分，大会正式记录第 A/56/10 号文件。

第 8 条　受到国家指挥或控制的行为

如果一人或一群人实际上是在按照国家的指示或在其指挥或控制下行事，其行为应视为国际法所指的一国的行为。

第 9 条　正式当局不存在或缺席时实施的行为

如果一人或一群人在正式当局不存在或缺席和在需要行使政府权力要素的情况下实际上正在行使政府权力要素，其行为应视为国际法所指的一国的行为。

第 10 条　叛乱运动或其他运动的行为

1. 成为一国新政府的叛乱运动的行为应视为国际法所指的该国的行为。

2. 在一个先已存在的国家的一部分领土或其管理下的某一领土内组成一个新国家的叛乱运动或其他运动的行为，依国际法应视为该新国家的行为。

3. 本条不妨碍把不论以何种方式涉及有关运动的、按照第 4 至第 9 条规定应视为该国行为的任何行为归于该国。

第 11 条　经一国确认并作为其本身行为予以采取的行为

按照前述各条款不归于一国的行为，在并且只在该国确认和作为其本身行为予以采取的行为的情况下，依国际法应视为该国的行为。

第三章　违背国际义务

第 12 条　违背国际义务行为的发生

一国的行为如不符合国际义务对它的要求，即为违背国际义务，而不论该义务的起源或特性为何。

第 13 条　对一国为有效的国际义务

一国的行为不构成对一国际义务的违背，除非该行为发生时该义务对该国有约束力。

第 14 条　违背国际义务行为在时间上的延续

1. 没有持续性的一国行为违背国际义务时，该行为发生的时刻即为违背义务行为发生的时刻，即使其影响持续存在。

2. 有持续性的一国行为违背国际义务时，该行为延续的时间为该行为持续，并且一直不遵守该国际义务的整个期间。

3. 一国违背要求它防止某一特定事件之国际义务的行为开始于该事件发生的时刻，该行为延续的时间为该事件持续，并且一直不遵守该义务的整个期间。

第 15 条　一复合行为违背义务

1. 一国通过被一并定义为不法行为的一系列行为或不行为违背国际义务的时刻，开始于一行为或不行为发生的时刻，该行为或不行为连同其他行为或不行为看待，足以构成不法行为。

2. 在上述情况下，该违背义务行为持续的时间为一系列行为或不行为中的第一个开始发生到此类行为再次发生并且一直不遵守该国国际义务的整个期间。

第四章　一国对另一国行为的责任

第 16 条　援助或协助实施一国际不法行为

援助或协助另一国实施其国际不法行为的国家应该对此种行为负国际责任，如果：

（a）该国在知道该国际不法行为的情况下这样做，而且

（b）该行为若由该国实施会构成国际不法行为。

第 17 条　指挥或控制一国际不法行为的实施

指挥或控制另一国实施其国际不法行为的国家应该对该行为负国际责任，如果：

（a）该国在知道该国际不法行为的情况下这样做；而且

（b）该行为若由该国实施会构成国际不法行为。

第 18 条　胁迫另一国

胁迫另一国实施一行为的国家应该对该行为负国际责任，如果：

（a）在没有胁迫的情况下，该行为仍会是被胁迫国的国际不法行为；而且

（b）胁迫国在知道该行为的情况下这样做。

第 19 条　本章的效力

本章不妨碍实施有关行为的国家或任何其他国家根据这些条款的其他规定应该承担的国际责任。

第五章　解除行为不法性的情况

第 20 条　同意

一国以有效方式表示同意另一国实施某项特定行为时，该特定行为的不法性在与该国家的关系上即告解除，但以该行为不逾越该项同意的范围为限。

第 21 条　自卫

一国的行为如构成按照《联合国宪章》采取的合法自卫措施，该行为的不法性即告解除。

第 22 条　对一国际不法行为采取的反措施

一国不遵守其对另一国国际义务的行为，在并且只在该行为构成按照第三部分第二章针对该另一国采取的一项反措施的情况下，其不法性才可解除。

第 23 条　不可抗力

1. 一国不遵守其国际义务的行为如起因于不可抗力，即有不可抗拒的力量或该国无力控制、无法预料的事件发生，以致该国在这种情况下实际上不可能履行义务，则该行为的不法性即告解除。

2. 在下列情况下第 1 款不适用：

（a）不可抗力的情况是由援引此种情况的国家的行为单独导致或与其他因素一并导致；或

（b）该国已承担发生这种情况的风险。

第 24 条　危难

1. 就一国不遵守该国国际义务的行为而言，如有关行为人在遭遇危难的情况下为了挽救其生命或受其监护的其他人的生命，除此行为之外，别无其他合理方法，该行为的不法性即告解除。

2. 在下列情况下第 1 款不适用：

（a）危难情况是由援引此种情况的国家的行为单独导致或与其他因素一并导致；或

（b）有关行为可能造成类似的或更大的灾难。

第 25 条　危急情况

1. 一国不得援引危急情况作为理由解除不遵守该国某项国际义务的行为的不法性，除非：

（a）该行为是该国保护基本利益，对抗某项严重迫切危险的唯一办法；而且

（b）该行为并不严重损害作为所负义务对象的一国或数国的基本利益或整个国际社会的基本利益。

2. 一国不得在以下情况下援引危急情况作为解除其行为不法性的理由：

（a）有关国际义务排除援引危急情况的可能性；或

（b）该国促成了该危急情况。

第 26 条　遵守强制性规范

一国违反一般国际法某一强制性规范所产生的义务的任何行为，不得以本章中的任何规定作为理由而解除其不法性。

第 27 条　援引解除行为不法性的情况的后果

根据本章援引解除行为不法性的情况不妨碍：

（a）在并且只在解除行为不法性的情况不再存在时遵守该项义务；

（b）对该行为所造成的任何物质损失的赔偿问题。

第二部分　一国国际责任的内容

第一章　一般原则

第 28 条　国际不法行为的法律后果

一国依照第一部分的规定对一国国际不法行为的国际责任，产生本部分所列的法律后果。

第 29 条　继续履行的责任

本部分所规定的一国际不法行为的法律后果不影响责任国继续履行所违背义务的责任。

第 30 条　停止和不重复

国际不法行为的责任国有义务：

（a）在从事一项持续性的不法行为时，停止该行为；

（b）在必要情况下，提供不重复该行为的适当承诺和保证。

第 31 条　赔偿

1. 责任国有义务对国际不法行为所造成的损害提供充分赔偿。

2. 损害包括一国国际不法行为造成的任何损害，无论是物质损害还是精神损害。

第 32 条　与国内法无关

责任国不得以其国内法的规定作为不能按照本部分的规定遵守其义务的理由。

第 33 条　本部分所列国际义务的范围

1. 本部分规定的责任国义务可能是对另一国、若干国家或对整个国际社会承担的义务，具体取决于该国际义务的特性和内容及违反义务的情况。

2. 本部分不妨碍任何人或国家以外的实体由于一国的国际责任可能直接取得的任何权利。

第二章　赔偿损害

第 34 条　赔偿方式

对国际不法行为造成的损害充分赔偿，应按照本章的规定，单独或合并地采取恢复原状、补偿和抵偿的方式。

第 35 条　恢复原状

在并且只在下列情况下，一国际不法行为的责任国有义务恢复原状，即恢复到实施不法行为以前所存在的状况：

（a）恢复原状并非实际上办不到的；

（b）从恢复原状而不要求补偿所得到的利益不致与所引起的负担完全不成比例。

第 36 条　补偿

1. 一国际不法行为的责任国有义务补偿该行为造成的任何损害，如果这种损害没有以恢复原状的方式得到赔偿。

2. 这种补偿应该弥补在经济上可以评估的任何损害，包括可以确定的利润损失。

第 37 条　抵偿

1. 一国际不法行为的责任国有义务抵偿该行为造成的损失，如果这种损失不能以恢复原状或补偿的方式得到赔偿；

2. 抵偿可采取承认不法行为、表示遗憾、正式道歉，或另一种合适的方式。

3. 抵偿不应与损失不成比例，而且不得采取羞辱责任国的方式。

第 38 条　利息

1. 为确保充分赔偿，必要时，应支付根据本章所应支付的任何本金金额的利息。应为取得这一结果规定利率和计算方法。

2. 利息应从支付本金金额之日起算，至履行了支付义务之日为止。

第 39 条　促成损害

在确定赔偿时，应考虑到提出索赔的受害国或任何人或实体由于故意或疏忽以作为或不作为促成损害的情况。

第三章　严重违背依一般国际法强制性规范承担的义务

第 40 条　本章的适用

1. 本章适用于一国严重违背依一般国际法强制性规范承担的义务所产生的国际责任。

2. 违背此类义务如涉及责任国严重或系统性地不履行该义务，则为严重违约行为。

第 41 条　严重违背依本章承担的一项义务的特定后果

1. 各国应进行合作，通过合法手段制止第 40 条含义范围内的任何严重违背义务行为。

2. 任何国家均不得承认第 40 条含义范围内的严重违背义务行为所造成的情况为合法，也不得协助或援助保持该状况。

3. 本条不妨碍本部分所指的其他后果和本章适用的违背义务行为可能依国际法引起的进一步的此类后果。

第三部分　一国国际责任的履行

第一章　一国责任的援引

第 42 条　一受害国援引责任

一国有权在下列情况下作为受害国援引另一国的责任：

（a）被违背的义务是个别地对该国承担的义务；或

（b）被违背的义务是对包括该国在内的一国家集团或对整个国际社会承担的义务；而违背该义务

（一）特别影响该国；或

（二）彻底改变了该义务所对的所有其他国家对进一步履行该义务的立场。

第 43 条　一受害国通知其要求

1. 援引另一国责任的受害国应将其要求通知该国。

2. 受害国可具体指明：

（a）从事一项持续性不法行为的责任国应如何停止该行为；

（b）应根据第二部分的规定采取哪种赔偿形式。

第 44 条　可否提出要求

在下列情况下不得援引一国的责任：

（a）不是按照涉及要求国籍的任何适用规则提出要求；

（b）该项要求适用用尽当地救济规则，却未用尽可利用的有效当地救济。

第 45 条　援引责任权利的丧失

在下列情况下不得援引一国的责任：

（a）受害国已以有效方式放弃要求；或

（b）受害国基于其行为应被视为已以有效方式默许其要求失效。

第 46 条　数个受害国

在数个国家由于同一国际不法行为而受害的情况下，每一受害国可分别援引实施了该国际不法行为的国家的责任。

第 47 条　数个责任国

1. 在数个国家应为同一国际不法行为负责任的情况下，可对每一国家援引涉及该行

为的责任：

2. 第 1 款：

（a）不允许任何受害国取回多于所受损失的补偿；

（b）不妨碍对其他责任国的任何追索权利。

第 48 条　受害国以外的国家援引责任

1. 受害国以外的任何国家有权按照第 2 款在下列情况下援引另一国的责任：

（a）被违背的义务是对包括该国在内的一国家集团承担的、为保护该集团的集体利益而确立的义务；或

（b）被违背的义务是对整个国际社会承担的义务。

2. 有权按照第 1 款援引责任的任何国家可要求责任国：

（a）按照第 30 条的规定，停止国际不法行为，并提供不重复的承诺和保证；和

（b）按照前几条的规定履行向受害国或被违背之义务的受益人提供赔偿的义务。

3. 受害国根据第 43 条、第 44 条和第 45 条援引责任的必要条件，适用于根据第 1 款有权援引责任的国家援引责任的情况。

第二章　反措施

第 49 条　反措施的目的和限制

1. 一受害国只在为促使一国际不法行为的责任国依第二部分履行其义务时，才可对该国采取反措施。

2. 反措施限于采取措施的国家暂不履行对责任国的国际义务。

3. 反措施应尽可能允许恢复履行有关义务。

第 50 条　不受反措施影响的义务

1. 反措施不得影响下列义务：

(a)《联合国宪章》中规定的不得实行武力威胁或使用武力的义务；

(b) 保护基本人权的义务；

(c) 禁止报复的人道主义性质的义务；

(d) 依一般国际法强制性规范承担的其他义务。

2. 采取反措施的国家仍应履行其下列义务：

(a) 实行它与责任国之间任何适用的解决争端程序；

(b) 尊重外交或领事人员、馆舍、档案和文件之不可侵犯性。

第 51 条　相称

反措施必须和所遭受的损害相称，并应考虑到国际不法行为的严重程度和有关权利。

第 52 条　与采取反措施有关的条件

1. 一受害国在采取反措施以前应：

（a）根据第 43 条要求责任国履行第二部分规定的义务；

（b）将采取反措施的任何决定通知责任国并提议与该国进行谈判。

2. 虽有第 1 款(b)项的规定，受害国可采取必要的紧急反措施以维护其权利。

3. 在下列情况下不得采取反措施，如已采取，务必停止，不得无理拖延：

（a）国际不法行为已经停止，并且

（b）已将争端提交有权作出对当事国具有约束力之裁决的法院或法庭。

4. 若责任国不秉诚履行解决争端程序，第 3 款即不适用。

第 53 条　终止反措施

一旦责任国按照第二部分履行其与国际不法行为有关的义务，即应尽快终止反措施。

第 54 条　受害国以外的国家采取的反措施

本章不妨碍依第 48 条第 1 款有权援引另一国责任的任何国家，对该另一国采取合法措施，以确保停止该违背义务行为和使受害国和被违背之义务的受益人得到赔偿。

第四部分　一般规定

第 55 条　特别法

在并且只在一国际不法行为的存在条件或一国国际责任的内容或履行应由国际法特别规则规定的情况下，不得适用本条款。

第 56 条　本条款中没有明文规定的国家责任问题

在本条款中没有明文规定的情况下，关于一国对一国际不法行为的责任问题，仍应遵守可适用的国际法规则。

第 57 条　国际组织的责任

本条款不影响一国际组织依国际法承担的，或任何国家对一国际组织的行为所负的责任的任何问题

第 58 条　个人的责任

本条款不影响以国家名义行事的任何人在国际法中的个人责任问题。

第 59 条　《联合国宪章》

本条款不妨碍《联合国宪章》的规定。

Responsibility of States for Internationally Wrongful Acts
2001

PART ONE   THE INTERNATIONALLY WRONGFUL ACT OF A STATE

CHAPTER I   GENERAL PRINCIPLES

Article 1   Responsibility of a State for its internationally wrongful acts

Every internationally wrongful act of a State entails the international responsibility of that State.

Article 2   Elements of an internationally wrongful act of a State

There is an internationally wrongful act of a State when conduct consisting of an action or omission：

(a) is attributable to the State under international law; and

(b) constitutes a breach of an international obligation of the State.

Article 3   Characterization of an act of a State as internationally wrongful

The characterization of an act of a State as internationally wrongful is governed by international law. Such characterization is not affected by the characterization of the same act as lawful by internal law.

CHAPTER II   ATTRIBUTION OF CONDUCT TO A STATE

Article 4   Conduct of organs of a State

1. The conduct of any State organ shall be considered an act of that State under international law, whether the organ exercises legislative, executive, judicial or any other functions, whatever position it holds in the organization of the State, and whatever its character as an organ of the central Government or of a territorial unit of the State.

2. An organ includes any person or entity which has that status in accordance with the internal law of the State.

Article 5   Conduct of persons or entities exercising elements of governmental authority

The conduct of a person or entity which is not an organ of the State under article 4 but which is empowered by the law of that State to exercise elements of the governmental authority shall be considered an act of the State under international law, provided the person or entity is acting in that capacity in the particular instance.

Article 6   Conduct of organs placed at the disposal of a State by another State

The conduct of an organ placed at the disposal of a State by another State shall be considered an act of the former State under international law if the organ is acting in the exercise of elements of the governmental authority of the State at whose disposal it is placed.

Article 7   Excess of authority or contravention of instructions

The conduct of an organ of a State or of a person or entity empowered to exercise elements of the governmental authority shall be considered an act of the State under international law if the organ, person or entity acts in that capacity, even if it exceeds its authority or contravenes instructions.

Article 8   Conduct directed or controlled by a State

The conduct of a person or group of persons shall be considered an act of a State under international law if the person or group of persons is in fact acting on the instructions of, or under the direction or control of, that State in carrying out the conduct.

Article 9   Conduct carried out in the absence or default of the official authorities

The conduct of a person or group of persons shall be considered an act of a State under international law if the person or group of persons is in fact exercising elements of the governmental authority in the absence or default of the official authorities and in circumstances such as to call for the exercise of those elements of authority.

Article 10   Conduct of an insurrectional or other movement

1. The conduct of an insurrectional movement which becomes the new Government of a State shall be considered an act of that State under international law.

2. The conduct of a movement, insurrectional or other, which succeeds in establishing a new State in part of the territory of a pre-existing State or in a territory under its administration shall be considered an act of the new State under international law.

3. This article is without prejudice to the attribution to a State of any conduct, however related to that of the movement concerned, which is to be considered an act of that State by virtue of articles 4 to 9.

Article 11   Conduct acknowledged and adopted by a State as its own

Conduct which is not attributable to a State under the preceding articles shall nevertheless be considered an act of that State under international law if and to the extent that the State acknowledges and adopts the conduct in question as its own.

CHAPTER III   BREACH OF AN INTERNATIONAL OBLIGATION

Article 12   Existence of a breach of an international obligation

There is a breach of an international obligation by a State when an act of that State is not in conformity with what is required of it by that obligation, regardless of its origin or character.

Article 13   International obligation in force for a State

An act of a State does not constitute a breach of an international obligation unless the State is bound by the obligation in question at the time the act occurs.

Article 14   Extension in time of the breach of an international obligation

1. The breach of an international obligation by an act of a State not having a continuing character occurs at the moment when the act is performed, even if its effects continue.

2. The breach of an international obligation by an act of a State having a continuing character extends over the entire period during which the act continues and remains not in conformity with the international obligation.

3. The breach of an international obligation requiring a State to prevent a given event occurs when the event occurs and extends over the entire period during which the event continues and remains not in conformity with that obligation.

Article 15　Breach consisting of a composite act

1. The breach of an international obligation by a State through a series of actions or omissions defined in aggregate as wrongful occurs when the action or omission occurs which, taken with the other actions or omissions, is sufficient to constitute the wrongful act.

2. In such a case, the breach extends over the entire period starting with the first of the actions or omissions of the series and lasts for as long as these actions or omissions are repeated and remain not in conformity with the international obligation.

CHAPTER IV　RESPONSIBILITY OF A STATE IN CONNECTION WITH THE ACT OF ANOTHER STATE

Article 16　Aid or assistance in the commission of an internationally wrongful act

A State which aids or assists another State in the commission of an internationally wrongful act by the latter is internationally responsible for doing so if:

(a) that State does so with knowledge of the circumstances of the internationally wrongful act; and

(b) the act would be internationally wrongful if committed by that State.

Article 17　Direction and control exercised over the commission of an internationally wrongful act

A State which directs and controls another State in the commission of an internationally wrongful act by the latter is internationally responsible for that act if:

(a) that State does so with knowledge of the circumstances of the internationally wrongful act; and

(b) the act would be internationally wrongful if committed by that State.

Article 18　Coercion of another State

A State which coerces another State to commit an act is internationally responsible for that act if:

(a) the act would, but for the coercion, be an internationally wrongful act of the coerced State; and

(b) the coercing State does so with knowledge of the circumstances of the act.

Article 19　Effect of this chapter

This chapter is without prejudice to the international responsibility, under other provisions of these articles, of the State which commits the act in question, or of any other State.

CHAPTER V CIRCUMSTANCES PRECLUDING WRONGFULNESS

Article 20 Consent

Valid consent by a State to the commission of a given act by another State precludes the wrongfulness of that act in relation to the former State to the extent that the act remains within the limits of that consent.

Article 21 Self-defence

The wrongfulness of an act of a State is precluded if the act constitutes a lawful measure of self-defence taken in conformity with the Charter of the United Nations.

Article 22 Countermeasures in respect of an internationally wrongful act

The wrongfulness of an act of a State not in conformity with an international obligation towards another State is precluded if and to the extent that the act constitutes a countermeasure taken against the latter State in accordance with chapter II of part three.

Article 23 Force majeure

1. The wrongfulness of an act of a State not in conformity with an international obligation of that State is precluded if the act is due to force majeure, that is the occurrence of an irresistible force or of an unforeseen event, beyond the control of the State, making it materially impossible in the circumstances to perform the obligation.

2. Paragraph 1 does not apply if:

(a) the situation of force majeure is due, either alone or in combination with other factors, to the conduct of the State invoking it; or

(b) the State has assumed the risk of that situation occurring.

Article 24 Distress

1. The wrongfulness of an act of a State not in conformity with an international obligation of that State is precluded if the author of the act in question has no other reasonable way, in a situation of distress, of saving the author's life or the lives of other persons entrusted to the author's care.

2. Paragraph 1 does not apply if:

(a) the situation of distress is due, either alone or in combination with other factors, to the conduct of the State invoking it; or

(b) the act in question is likely to create a comparable or greater peril.

Article 25 Necessity

1. Necessity may not be invoked by a State as a ground for precluding the wrongfulness of an act not in conformity with an international obligation of that State unless the act:

(a) is the only way for the State to safeguard an essential interest against a grave and imminent peril; and

(b) does not seriously impair an essential interest of the State or States towards which the obligation exists, or of the international community as a whole.

2. In any case, necessity may not be invoked by a State as a ground for precluding wrongfulness if:

(a) the international obligation in question excludes the possibility of invoking necessity; or

(b) the State has contributed to the situation of necessity.

Article 26　Compliance with peremptory norms

Nothing in this chapter precludes the wrongfulness of any act of a State which is not in conformity with an obligation arising under a peremptory norm of general international law.

Article 27　Consequences of invoking a circumstance precluding wrongfulness

The invocation of a circumstance precluding wrongfulness in accordance with this chapter is without prejudice to:

(a) compliance with the obligation in question, if and to the extent that the circumstance precluding wrongfulness no longer exists;

(b) the question of compensation for any material loss caused by the act in question.

PART TWO　CONTENT OF THE INTERNATIONAL RESPONSIBILITY OF A STATE

CHAPTER I　GENERAL PRINCIPLES

Article 28　Legal consequences of an internationally wrongful act

The international responsibility of a State which is entailed by an internationally wrongful act in accordance with the provisions of part one involves legal consequences as set out in this part.

Article 29　Continued duty of performance

The legal consequences of an internationally wrongful act under this part do not affect the continued duty of the responsible State to perform the obligation breached.

Article 30　Cessation and non-repetition

The State responsible for the internationally wrongful act is under an obligation:

(a) to cease that act, if it is continuing;

(b) to offer appropriate assurances and guarantees of non-repetition, if circumstances so require.

Article 31　Reparation

1. The responsible State is under an obligation to make full reparation for the injury caused by the internationally wrongful act.

2. Injury includes any damage, whether material or moral, caused by the internationally wrongful act of a State.

Article 32　Irrelevance of internal law

The responsible State may not rely on the provisions of its internal law as justification for failure to comply with its obligations under this part.

Article 33　Scope of international obligations set out in this part

1. The obligations of the responsible State set out in this part may be owed to another State, to several States, or to the international community as a whole, depending in particular on the character and content of the international obligation and on the circumstances of the breach.

2. This part is without prejudice to any right, arising from the international responsibility of a State, which may accrue directly to any person or entity other than a State.

CHAPTER II　REPARATION FOR INJURY

Article 34　Forms of reparation

Full reparation for the injury caused by the internationally wrongful act shall take the form of restitution, compensation and satisfaction, either singly or in combination, in accordance with the provisions of this chapter.

Article 35　Restitution

A State responsible for an internationally wrongful act is under an obligation to make restitution, that is, to re-establish the situation which existed before the wrongful act was committed, provided and to the extent that restitution:

(a) is not materially impossible;

(b) does not involve a burden out of all proportion to the benefit deriving from restitution instead of compensation.

Article 36　Compensation

1. The State responsible for an internationally wrongful act is under an obligation to compensate for the damage caused thereby, insofar as such damage is not made good by restitution.

2. The compensation shall cover any financially assessable damage including loss of profits insofar as it is established.

Article 37　Satisfaction

1. The State responsible for an internationally wrongful act is under an obligation to give satisfaction for the injury caused by that act insofar as it cannot be made good by restitution or compensation.

2. Satisfaction may consist in an acknowledgement of the breach, an expression of regret, a formal apology or another appropriate modality.

3. Satisfaction shall not be out of proportion to the injury and may not take a form humiliating to the responsible State.

Article 38　Interest

1. Interest on any principal sum due under this chapter shall be payable when necessary in order to ensure full reparation. The interest rate and mode of calculation shall be set so as to achieve that result.

2. Interest runs from the date when the principal sum should have been paid until the date

the obligation to pay is fulfilled.

Article 39　Contribution to the injury

In the determination of reparation, account shall be taken of the contribution to the injury by wilful or negligent action or omission of the injured State or any person or entity in relation to whom reparation is sought.

CHAPTER III　SERIOUS BREACHES OF OBLIGATIONS UNDER PEREMPTORY NORMS OF GENERAL INTERNATIONAL LAW

Article 40　Application of this chapter

1. This chapter applies to the international responsibility which is entailed by a serious breach by a State of an obligation arising under a peremptory norm of general international law.

2. A breach of such an obligation is serious if it involves a gross or systematic failure by the responsible State to fulfil the obligation.

Article 41　Particular consequences of a serious breach of an obligation under this chapter

1. States shall cooperate to bring to an end through lawful means any serious breach within the meaning of article 40.

2. No State shall recognize as lawful a situation created by a serious breach within the meaning of article 40, nor render aid or assistance in maintaining that situation.

3. This article is without prejudice to the other consequences referred to in this part and to such further consequences that a breach to which this chapter applies may entail under international law.

PART THREE　THE IMPLEMENTATION OF THE INTERNATIONAL RESPONSIBILITY OF A STATE

CHAPTER I　INVOCATION OF THE RESPONSIBILITY OF A STATE

Article 42　Invocation of responsibility by an injured State

A State is entitled as an injured State to invoke the responsibility of another State if the obligation breached is owed to:

(a) that State individually; or

(b) a group of States including that State, or the international community as a whole, and the breach of the obligation:

(i) specially affects that State; or

(ii) is of such a character as radically to change the position of all the other States to which the obligation is owed with respect to the further performance of the obligation.

Article 43　Notice of claim by an injured State

1. An injured State which invokes the responsibility of another State shall give notice of its

claim to that State.

2. The injured State may specify in particular:

(a) the conduct that the responsible State should take in order to cease the wrongful act, if it is continuing;

(b) what form reparation should take in accordance with the provisions of part two.

Article 44   Admissibility of claims

The responsibility of a State may not be invoked if:

(a) the claim is not brought in accordance with any applicable rule relating to the nationality of claims;

(b) the claim is one to which the rule of exhaustion of local remedies applies and any available and effective local remedy has not been exhausted.

Article 45   Loss of the right to invoke responsibility

The responsibility of a State may not be invoked if:

(a) the injured State has validly waived the claim;

(b) the injured State is to be considered as having, by reason of its conduct, validly acquiesced in the lapse of the claim.

Article 46   Plurality of injured States

Where several States are injured by the same internationally wrongful act, each injured State may separately invoke the responsibility of the State which has committed the internationally wrongful act.

Article 47   Plurality of responsible States

1. Where several States are responsible for the same internationally wrongful act, the responsibility of each State may be invoked in relation to that act.

2. Paragraph 1:

(a) does not permit any injured State to recover, by way of compensation, more than the damage it has suffered;

(b) is without prejudice to any right of recourse against the other responsible States.

Article 48   Invocation of responsibility by a State other than an injured State

1. Any State other than an injured State is entitled to invoke the responsibility of another State in accordance with paragraph 2 if:

(a) the obligation breached is owed to a group of States including that State, and is established for the protection of a collective interest of the group; or

(b) the obligation breached is owed to the international community as a whole.

2. Any State entitled to invoke responsibility under paragraph 1 may claim from the responsible State:

(a) cessation of the internationally wrongful act, and assurances and guarantees of non-repetition in accordance with article 30; and

(b) performance of the obligation of reparation in accordance with the preceding articles, in

the interest of the injured State or of the beneficiaries of the obligation breached.

3. The requirements for the invocation of responsibility by an injured State under articles 43, 44 and 45 apply to an invocation of responsibility by a State entitled to do so under paragraph 1.

CHAPTER II   COUNTERMEASURES

Article 49   Object and limits of countermeasures

1. An injured State may only take countermeasures against a State which is responsible for an internationally wrongful act in order to induce that State to comply with its obligations under part two.

2. Countermeasures are limited to the non-performance for the time being of international obligations of the State taking the measures towards the responsible State.

3. Countermeasures shall, as far as possible, be taken in such a way as to permit the resumption of performance of the obligations in question.

Article 50   Obligations not affected by countermeasures

1. Countermeasures shall not affect:

(a) the obligation to refrain from the threat or use of force as embodied in the Charter of the United Nations;

(b) obligations for the protection of fundamental human rights;

(c) obligations of a humanitarian character prohibiting reprisals;

(d) other obligations under peremptory norms of general international law.

2. A State taking countermeasures is not relieved from fulfilling its obligations:

(a) under any dispute settlement procedure applicable between it and the responsible State;

(b) to respect the inviolability of diplomatic or consular agents, premises, archives and documents.

Article 51   Proportionality

Countermeasures must be commensurate with the injury suffered, taking into account the gravity of the internationally wrongful act and the rights in question.

Article 52   Conditions relating to resort to countermeasures

1. Before taking countermeasures, an injured State shall:

(a) call upon the responsible State, in accordance with article 43, to fulfil its obligations under part two;

(b) notify the responsible State of any decision to take countermeasures and offer to negotiate with that State.

2. Notwithstanding paragraph 1 (b), the injured State may take such urgent countermeasures as are necessary to preserve its rights.

3. Countermeasures may not be taken, and if already taken must be suspended without undue delay if:

(a) the internationally wrongful act has ceased; and

(b) the dispute is pending before a court or tribunal which has the authority to make decisions binding on the parties.

4. Paragraph 3 does not apply if the responsible State fails to implement the dispute settlement procedures in good faith.

Article 53   Termination of countermeasures

Countermeasures shall be terminated as soon as the responsible State has complied with its obligations under part two in relation to the internationally wrongful act.

Article 54   Measures taken by States other than an injured State

This chapter does not prejudice the right of any State, entitled under article 48, paragraph 1, to invoke the responsibility of another State, to take lawful measures against that State to ensure cessation of the breach and reparation in the interest of the injured State or of the beneficiaries of the obligation breached.

PART FOUR   GENERAL PROVISIONS

Article 55   Lex specialis

These articles do not apply where and to the extent that the conditions for the existence of an internationally wrongful act or the content or implementation of the international responsibility of a State are governed by special rules of international law.

Article 56   Questions of State responsibility not regulated by these articles

The applicable rules of international law continue to govern questions concerning the responsibility of a State for an internationally wrongful act to the extent that they are not regulated by these articles.

Article 57   Responsibility of an international organization

These articles are without prejudice to any question of the responsibility under international law of an international organization, or of any State for the conduct of an international organization.

Article 58   Individual responsibility

These articles are without prejudice to any question of the individual responsibility under international law of any person acting on behalf of a State.

Article 59   Charter of the United Nations

These articles are without prejudice to the Charter of the United Nations.

四、国家及其财产的管辖豁免条款草案

（1991 年联合国国际法委员会第 43 届大会通过）

第一部分　导言

第一条　本条款的范围

本条款适用于国家及其财产对另一国法院的管辖豁免。

第二条　用语

1. 为本条款的目的：

（a）"法院"是指一国有权行使司法职能的不论名称为何的任何机关；

（b）"国家"是指：

（一）国家及其政府的各种机关；

（二）联邦国家的组成单位；

（三）授权为行使国家主权权力而行为的国家政治区分单位；

（四）国家机构或部门和其他实体，只要它们授权为行使国家主权权力而行为；

（五）以国家代表身份行为的国家代表；

（c）"商业交易"是指：

（一）为出售货物或为提供服务而订立的任何商业合同或交易；

（二）任何贷款或其他金融性质之交易的合同。包括与任何此类贷款或交易有关的任何担保义务或保赔义务；

（三）商业、工业、贸易或专业性质的任何其他合同或交易，但不包括雇用人员的合同。

2. 确定本条第 1 款（c）项下的合同或交易是否属于"商业交易"时，首先应考虑合同或交易的性质，但是。如果在作为其缔约一方的国家的实践中该合同或交易的目的与确定其非商业性质有关，则也应予以考虑。

3. 关于本条款用语的第 1 和第 2 款的规定不妨碍其他国际文书或任何国家的国内法对这些用语的使用或给予的含义。

第三条　不受本条款影响的特权和豁免

1. 本条款不妨碍一国根据国际法所享有的有关行使下列职能的特权和豁免：

（a）其使馆、领馆、特别使节团、驻国际组织代表团或派往国际组织的机关或国际会议的代表团的职能；和

（b）与上述机构有关联的人员的职能。

2. 本条款同样不妨碍根据国际法给予国家元首个人的特权和豁免。

第四条　本条款不溯及既往

在不妨碍本条款所列、不以本条款为转移而根据国际法制约国家及其财产的管辖豁免的任何规则之适用的条件下，本条款不应适用于在本条款对有关国家生效前，在另一国法院对该国提起的诉讼所引起的任何国家及其财产的管辖豁免问题。

第二部分　一般原则

第五条　国家豁免

国家本身及其财产遵照本条款的规定对另一国法院享有管辖豁免。

第六条　实行国家豁免的方式

1. 一国应避免对在其法院对另一国提起的诉讼行使管辖，以实行第五条所规定的国家豁免；并应为此保证其法院主动地确定第五条所规定的对该另一国的豁免得到遵守。

2. 在一国法院中的诉讼应视为对另一国提起的诉讼，如果该另一国：

（a）被指名为该诉讼的当事一方；

（b）未被指名为该诉讼的当事一方。但该诉讼实际上企图影响该另一国的财产、权利、利益或活动。

第七条　明示同意行使管辖

1. 一国如以下列方式明示同意另一国对一个事项或案件行使管辖，则不得在该法院就该事项或案件提起的诉讼中援引管辖豁免：

（a）国际协定；

（b）书面合同；或

（c）在法院对特定诉讼发表的声明或对特定诉讼的书面函件。

2. 一国同意适用另一国的法律，不应被解释为同意该另一国的法院行使管辖权。

第八条　参加法院诉讼的效果

1. 一国如有下列情况，则在另一国法院的诉讼中不得援引管辖豁免：

（a）该国本身提起该诉讼，或

（b）介入该诉讼或采取与案情实质有关的任何其他步骤。但如该国使法院确信它在采取这一步骤之前不可能知道可据以主张豁免的事实，则它可以根据那些事实主张豁免，条件是它必须尽早这样做。

2. 一国不应被视为同意另一国的法院行使管辖权，如果该国仅为下列目的介入诉讼或采取任何其他步骤：

（a）援引豁免；或

（b）对诉讼中有待裁决的财产主张一项权利或利益。

3. 一国代表在另一国法院出庭作证不应被解释为前一国同意法院行使管辖权。

4. 一国未在另一国法院的诉讼中出庭不应被解释为前一国同意法院行使管辖权。

第九条　反诉

1. 一国在另一国法院提起一项诉讼，不得就与主诉相同的法律关系或事实所引起的任何反诉援引法院的管辖豁免。

2. 一国介入另一国法院的诉讼中提出诉讼要求，则不得就与该国提出的诉讼要求相同的法律关系或事实所引起的任何反诉援引管辖豁免。

3. 一国在另一国法院对该国提起的诉讼中提出反诉，则不得就主诉援引法院的管辖豁免。

第三部分　不得援引国家豁免的诉讼

第十条　商业交易

1. 一国如与一外国自然人或法人进行一项商业交易，而根据国际私法适用的规则，有关该商业交易的争议应由另一国法院管辖，则该国不得在该商业交易引起的诉讼中援引管辖豁免。

2. 第 1 款不适用于下列情况：

(a) 国家之间进行的商业交易；

(b) 该商业交易的当事方另有明确协议。

3. 国家享有的管辖豁免在一个国家企业或国家设立的其他实体所从事商业交易的有关诉讼中不应受影响，该国家企业或其他实体具有法人资格，并有能力：

(a) 起诉或被诉；和

(b) 获得、拥有或占有和处置财产，包括国家授权其经营或管理的财产。

第十一条　雇用合同

1. 除有关国家间另有协议外，一国在该国和个人间关于已全部或部分在另一国领土进行或将进行的工作之雇用合同的诉讼中，不得对该另一国原应管辖的法院援引管辖豁免。

2. 第 1 款不适用于下列情况：

(a) 征聘该雇员是为了履行与行使政府权力密切有关的职务；

(b) 该诉讼的主题是个人的征聘、雇用期的延长或复职；

(c) 该雇员在签订合同时既非法院地国的国民，也非其长期居民；

(d) 该雇员在提起诉讼时是雇用国的国民；或

(e) 该雇员和雇用国另有书面协议，但由于公共政策的任何考虑，因该诉讼的事项内容而赋予法院地国法院专属管辖权者不在此限。

第十二条　人身伤害和财产损害

除有关国家间另有协议外，一国在对据称由归因于该国的行为或不行为引起的人身死亡或伤害或有形财产的损害或灭失要求金钱补偿的诉讼中，如果该作为或不作为全部或部分发生在法院地国领土内，而且作为或不作为的行为人在作为或不作为发生时处于法院地国领土内，则不得对另一国原应管辖的法院援引管辖豁免。

第十三条　财产的所有权、占有和使用

除有关国家间另有协议外，一国在涉及下列问题之确定的诉讼中，不得对另一国原应管辖的法院援引管辖豁免：

(a) 该国对位于法院地国的不动产的任何权利或利益，或该国对该不动产的占有或使用，或该国由于对该不动产的利益或占有或使用而产生的任何义务；

(b) 该国对动产或不动产由于继承、赠与或绝产而产生的任何权利或利益；或

(c) 该国对托管财产、破产者产业或公司结业时的财产的管理的任何权利或利益。

第十四条　知识产权和工业产权

除有关国家另有协议外，一国在有关下列事项的诉讼中不得对另一国原应管辖的法院

援引管辖豁免：

（a）确定该国对在法院地国享受某种程度，即使是暂时的法律保护的专利、工业设计、商业名称或企业名称、商标、版权或任何其他形式的知识产权或工业产权的任何权利；或

（b）据称该国在法院地国领土内侵犯在法院地国受到保护的、属于第三者的（a）项所述性质的权利。

第十五条　参加公司或其他集体机构

1. 一国在有关该国参加具有或不具有法人资格的公司或其他集体机构的诉讼中，即在关于该国与该机构或该机构其他参加者之间关系的诉讼中，不得对另一国原应管辖的法院援引管辖豁免，但有以下条件：

（a）该机构的参加者不限于国家或国际组织；而且

（b）该机构是按照法院地国的法律注册或组成或其所在地或主要营业所位于法院地国。

2. 但是，如果有关国家同意，或如果争端当事方之间的书面协议作此规定，或如果据以建立或管理有关机构的文书中载有此一规定，则一国可以在此诉讼中援引管辖豁免。

第十六条　国家拥有或经营的船舶

1. 除有关国家间另有协议外，拥有或经营一艘船舶的一国，在另一国原应管辖的法院有关该船舶的经营的一项诉讼中，只要在诉讼事由产生时该船舶是用于政府非商业性用途以外的目的，即不得援引管辖豁免。

2. 第1款不适用于军舰、辅助舰艇，也不适用于一国拥有或经营的、专门用于政府非商业性活动的其他船舶。

3. 为本条的目的，"有关该船舶的经营的诉讼"一语，除其他外，是指同确定下列要求有关的任何诉讼：

（a）碰撞或其他航行事故；

（b）协助、救助和共同海损；

（c）修理、供应或有关船舶的其他合同；

（d）海洋环境污染引起的后果。

4. 除有关国家间另有协议外，一国在有关该国拥有或经营的船舶所在载货物之运输的一项诉讼中，只要在诉讼事由产生时该船舶是用于政府非商业性用途以外的目的，即不得对另一国原应管辖的法院援引管辖豁免。

5. 第4款不适用于第2款所指船舶所载运的任何货物，也不适用于国家拥有的、专门用于或意图专门用于政府非商业性用途的任何货物。

6. 国家可提出私有船舶、货物及其所有人所能利用的一切抗辩措施、时效和责任限制。

7. 如果在一项诉讼中产生有关一国拥有或经营的一艘船舶或一国拥有的货物的政府和非商业性质问题，由该国的一个外交代表或其他主管当局签署并送达法院的证件。应作为该船舶或货物性质的证据。

第十七条　仲裁协定的效力

一国如与一外国自然人或法人订立书面协定，将有关商业交易的争诉提交仲裁，则该国不得在另一国原应管辖的法院就有关下列事项的诉讼中援引管辖豁免：

（a）仲裁协定的有效性或解释；

（b）仲裁程序；或

（c）裁决的撤销。

但仲裁协定另有规定者除外。

第四部分　在法院诉讼中免于强制措施的国家豁免

第十八条　免于强制措施的国家豁免

1. 不得在另一国法院的诉讼中采取针对一国财产的强制措施，例如查封、扣押和执行措施，除非：

（a）该国以下列方式明示同意就该有关财产采取此类措施：

（一）国际协定；

（二）仲裁协定或书面合同；或

（三）在法院发表的声明或在当事方发生争端后提出的书面函件；

（b）该国已经拨出或专门指定该财产用于清偿该诉讼标的的要求；或

（c）该财产在法院地国领土上，并且被该国具体用于或意图用于政府非商业性用途以外的目的，而且与诉讼标的的要求有关，或者与被诉的机构或部门有关。

2. 按照第七条的规定同意行使管辖并非默示同意按第 1 款采取强制措施，关于强制措施必须另行表示同意。

第十九条　特定种类的财产

1. 一国的以下各类财产尤其不应被视为第十八条第 1 款（c）项所指被一国具体用于或意图用于政府非商业性用途以外目的的财产：

（a）用于或意图用于该国使馆、领馆、特别使节团、驻国际组织代表团、派往国际组织的机关或国际会议的代表团用途的财产，包括任何银行账户款项；

（b）属于军事性质，或用于或意图用于军事目的的财产；

（c）该国中央银行或其他货币当局的财产；

（d）构成该国文化遗产的一部分或该国档案的一部分、并非供出售或意图出售的财产；

（e）构成具有科学、文化或历史价值的物品展览的一部分，并非供出售或意图出售的财产。

2. 第 1 款不妨碍第十八条第 1 款（a）项和（b）项。

第五部分　杂项规定

第二十条　诉讼文书送达

1. 以传票或对一国提起诉讼的其他文件送达诉讼文书应按以下方式进行：

（a）按照对法院地国和有关国家有约束力的任何适用的国际公约；或

（b）如无此公约，则：

（一）通过外交渠道送交有关国家的外交部；或

（二）采取有关国家接受的不受法院地国法律禁止的任何其他方式。

2. 以第 1 款(b)（一）项所指的方式送达诉讼文书时，外交部收到该项文书即视为该项文书已送达。

3. 在必要时，送达的文书应附有译成有关国家正式语文或正式语文之一的译本。

4. 任何国家在对其提起的诉讼中就实质问题出庭，其后即不得声称诉讼文书的送达不符合第 1 款和第 3 款的规定。

第二十一条　缺席判决

1. 不得对一国作出缺席判决，除非法院已认定：

（a）第二十条第 1 款和第 3 款规定的要求已获遵守；

（b）从按照第二十条第 1 和第 2 款送达传票或其他起诉文件之日算起或认为已送达之日算起至少已经四个月；并且

（c）本条款不禁止法院行使管辖权。

2. 对一国作出任何缺席判决，应通过第二十条第 1 款所指的一种方式并按该款规定将判决书的抄本送交该有关国家，必要时附上译成有关国家正式语文或正式语文之一的译本。

3. 提请撤销一项缺席判决的时限不应少于四个月，时限应从有关国家收到判决书抄本或认为有关国家收到判决书抄本之日算起。

第二十二条　法院诉讼期间的特权和豁免

1. 如一国未能或拒绝遵守另一国法院为一项诉讼的目的所下达的关于要求它实行或不实行一项特定行为或提供任何文件或透露任何其他资料的命令，则除了这种行为对该案的实质可能产生的后果外，不应产生任何其他后果。特别是，不应因此对该国处以任何罚款或罚金。

2. 一国对它在另一国法院作为当事一方的任何诉讼，均无须出具无论何种名称的担保、保证书或保证金保证支付司法费用或开支。

Draft Articles on Jurisdictional Immunities of States and Their Property

1991

PART I　INTRODUCTION

Article 1　Scope of the present articles

The present articles apply to the immunity of a State and its property from the jurisdiction of the courts of another State.

Article 2　Use of terms

1. For the purposes of the present articles:

(a) "court" means any organ of a State, however named, entitled to exercise judicial functions;

(b) "State" means:

(i) the State and its various organs of government;

(ii) constituent units of a federal State;

(iii) political subdivisions of the State which are entitled to perform acts in the exercise of the sovereign authority of the State;

(iv) agencies or instrumentalities of the State and other entities, to the extent that they are entitled to perform acts in the exercise of the sovereign authority of the State;

(v) representatives of the State acting in that capacity;

(c) "commercial transaction" means:

(i) any commercial contract or transaction for the sale of goods or supply of services;

(ii) any contract for a loan or other transaction of a financial nature, including any obligation of guarantee or of indemnity in respect of any such loan or transaction;

(iii) any other contract or transaction of a commercial, industrial, trading or professional nature, but not including a contract of employment of persons.

2. In determining whether a contract or transaction is a "commercial transaction" under paragraph 1 (c), reference should be made primarily to the nature of the contract or transaction, but its purpose should also be taken into account if, in the practice of the State which is a party to it, that purpose is relevant to determining the non-commercial character of the contract or transaction.

3. The provisions of paragraphs 1 and 2 regarding the use of terms in the present articles are without prejudice to the use of those terms or to the meanings which may be given to them in other international instruments or in the internal law of any State.

Article 3　Privileges and immunities not affected by the present articles

1. The present articles are without prejudice to the privileges and immunities enjoyed by a

State under international law in relation to the exercise of the functions of:

(a) its diplomatic missions, consular posts, special missions, missions to international organizations, or delegations to organs of international organizations or to international conferences; and

(b) persons connected with them.

2. The present articles are likewise without prejudice to privileges and immunities accorded under international law to Heads of State *ratione personae*.

Article 4 Non-retroactivity of the present articles

Without prejudice to the application of any rules set forth in the present articles to which jurisdictional immunities of States and their property are subject under international law independently of the present articles, the articles shall not apply to any question of jurisdictional immunities of States or their property arising in a proceeding instituted against a State before a court of another State prior to the entry into force of the present articles for the States concerned.

PART II GENERAL PRINCIPLES

Article 5 State immunity

A State enjoys immunity, in respect of itself and its property, from the jurisdiction of the courts of another State subject to the provisions of the present articles.

Article 6 Modalities for giving effect to State immunity

1. A State shall give effect to State immunity under article 5 by refraining from exercising jurisdiction in a proceeding before its courts against another State and to that end shall ensure that its courts determine on their own initiative that the immunity of that other State under article 5 is respected.

2. A proceeding before a court of a State shall be considered to have been instituted against another State if that other State:

(a) is named as a party to that proceeding; or

(b) is not named as a party to the proceeding but the proceeding in effect seeks to affect the property, rights, interests or activities of that other State.

Article 7 Express consent to exercise of jurisdiction

1. A State cannot invoke immunity from jurisdiction in a proceeding before a court of another State with regard to a matter or case if it has expressly consented to the exercise of jurisdiction by the court with regard to the matter or case:

(a) by international agreement;

(b) in a written contract; or

(c) by a declaration before the court or by a written communication in a specific proceeding.

2. Agreement by a State for the application of the law of another State shall not be interpreted as consent to the exercise of jurisdiction by the courts of that other State.

Article 8　Effect of participation in a proceeding before a court

1. A State cannot invoke immunity from jurisdiction in a proceeding before a court of another State if it has:

(a) itself instituted the proceeding; or

(b) intervened in the proceeding or taken any other step relating to the merits. However, if the State satisfies the court that it could not have acquired knowledge of facts on which a claim to immunity can be based until after it took such a step, it can claim immunity based on those facts, provided it does so at the earliest possible moment.

2. A State shall not be considered to have consented to the exercise of jurisdiction by a court of another State if it intervenes in a proceeding or takes any other step for the sole purpose of:

(a) invoking immunity; or

(b) asserting a right or interest in property at issue in the proceeding.

3. The appearance of a representative of a State before a court of another State as a witness shall not be interpreted as consent by the former State to the exercise of jurisdiction by the court.

4. Failure on the part of a State to enter an appearance in a proceeding before a court of another State shall not be interpreted as consent by the former State to the exercise of jurisdiction by the court.

Article 9　Counterclaims

1. A State instituting a proceeding before a court of another State cannot invoke immunity from the jurisdiction of the court in respect of any counterclaim arising out of the same legal relationship or facts as the principal claim.

2. A State intervening to present a claim in a proceeding before a court of another State cannot invoke immunity from the jurisdiction of the court in respect of any counterclaim arising out of the same legal relationship or facts as the claim presented by the State.

3. A State making a counterclaim in a proceeding instituted against it before a court of another State cannot invoke immunity from the jurisdiction of the court in respect of the principal claim.

PART III　PROCEEDINGS IN WHICH STATE IMMUNITY CANNOT BE INVOKED

Article 10　Commercial transactions

1. If a State engages in a commercial transaction with a foreign natural or juridical person and, by virtue of the applicable rules of private international law, differences relating to the commercial transaction fall within the jurisdiction of a court of another State, the State cannot invoke immunity from that jurisdiction in a proceeding arising out of that commercial transaction.

2. Paragraph 1 does not apply:

(a) in the case of a commercial transaction between States; or

(b) if the parties to the commercial transaction have expressly agreed otherwise.

3. The immunity from jurisdiction enjoyed by a State shall not be affected with regard to a proceeding which relates to a commercial transaction engaged in by a State enterprise or other entity established by the State which has an independent legal personality and is capable of:

(a) suing or being sued; and

(b) acquiring, owning or possessing and disposing of property, including property which the State has authorized it to operate or manage.

Article 11　Contracts of employment

1. Unless otherwise agreed between the States concerned, a State cannot invoke immunity from jurisdiction before a court of another State which is otherwise competent in a proceeding which relates to a contract of employment between the State and an individual for work performed or to be performed, in whole or in part, in the territory of that other State.

2. Paragraph 1 does not apply if:

(a) the employee has been recruited to perform functions closely related to the exercise of governmental authority;

(b) the subject of the proceeding is the recruitment, renewal of employment or reinstatement of an individual;

(c) the employee was neither a national nor a habitual resident of the State of the forum at the time when the contract of employment was concluded;

(d) the employee is a national of the employer State at the time when the proceeding is instituted; or

(e) the employer State and the employee have otherwise agreed in writing, subject to any considerations of public policy conferring on the courts of the State of the forum exclusive jurisdiction by reason of the subject-matter of the proceeding.

Article 12　Personal injuries and damage to property

Unless otherwise agreed between the States concerned, a State cannot invoke immunity from jurisdiction before a court of another State which is otherwise competent in a proceeding which relates to pecuniary compensation for death or injury to the person, or damage to or loss of tangible property, caused by an act or omission which is alleged to be attributable to the State, if the act or omission occurred in whole or in part in the territory of that other State and if the author of the act or omission was present in that territory at the time of the act or omission.

Article 13　Ownership, possession and use of property

Unless otherwise agreed between the States concerned, a State cannot invoke immunity from jurisdiction before a court of another State which is otherwise competent in a proceeding which relates to the determination of:

(a) any right or interest of the State in, or its possession or use of, or any obligation of the State arising out of its interest in, or its possession or use of, immovable property situated in the State of the forum;

(b) any right or interest of the State in movable or immovable property arising by way of

succession, gift or *bona vacantia*; or

(c) any right or interest of the State in the administration of property, such as trust property, the estate of a bankrupt or the property of a company in the event of its winding-up.

Article 14　Intellectual and industrial property

Unless otherwise agreed between the States concerned, a State cannot invoke immunity from jurisdiction before a court of another State which is otherwise competent in a proceeding which relates to:

(a) the determination of any right of the State in a patent, industrial design, trade name or business name, trade mark, copyright or any other form of intellectual or industrial property, which enjoys a measure of legal protection, even if provisional, in the State of the forum; or

(b) an alleged infringement by the State, in the territory of the State of the forum, of a right of the nature mentioned in subparagraph (*a*) which belongs to a third person and is protected in the State of the forum.

Article 15　Participation in companies or other collective bodies

1. A State cannot invoke immunity from jurisdiction before a court of another State which is otherwise competent in a proceeding which relates to its participation in a company or other collective body, whether incorporated or unincorporated, being a proceeding concerning the relationship between the State and the body or the other participants therein, provided that the body:

(a) has participants other than States or international organizations; and

(b) is incorporated or constituted under the law of the State of the forum or has its seat or principal place of business in that State.

2. A State can, however, invoke immunity from jurisdiction in such a proceeding if the States concerned have so agreed or if the parties to the dispute have so provided by an agreement in writing or if the instrument establishing or regulating the body in question contains provisions to that effect.

Article 16　Ships owned or operated by a State

1. Unless otherwise agreed between the States concerned, a State which owns or operates a ship cannot invoke immunity from jurisdiction before a court of another State which is otherwise competent in a proceeding which relates to the operation of that ship, if at the time the cause of action arose, the ship was used for other than government non-commercial purposes.

2. Paragraph 1 does not apply to warships and naval auxiliaries nor does it apply to other ships owned or operated by a State and used exclusively on government non-commercial service.

3. For the purposes of this article, "proceeding which relates to the operation of that Ship" means, inter alia, any proceeding involving the determination of a claim in respect of:

(a) collision or other accidents of navigation;

(b) assistance, salvage and general average;

(c) repairs, supplies or other contracts relating to the ship;

(d) consequences of pollution of the marine environment.

4. Unless otherwise agreed between the States concerned, a State cannot invoke immunity from jurisdiction before a court of another State which is otherwise competent in a proceeding which relates to the carriage of cargo on board a ship owned or operated by that State if, at the time the cause of action arose, the ship was used for other than government non-commercial purposes.

5. Paragraph 4 does not apply to any cargo carried on board the ships referred to in paragraph 2 nor does it apply to any cargo owned by a State and used or intended for use exclusively for government non-commercial purposes.

6. States may plead all measures of defence, prescription and limitation of liability which are available to private ships and cargoes and their owners.

7. If in a proceeding there arises a question relating to the government and non-commercial character of a ship owned or operated by a State or cargo owned by a State, a certificate signed by a diplomatic representative or other competent authority of that State and communicated to the court shall serve as evidence of the character of that ship or cargo.

Article 17 Effect of an arbitration agreement

If a State enters into an agreement in writing with a foreign natural or juridical person to submit to arbitration differences relating to a commercial transaction, that State cannot invoke immunity from jurisdiction before a court of another State which is otherwise competent in a proceeding which relates to:

(a) the validity or interpretation of the arbitration agreement;

(b) the arbitration procedure; or

(c) the setting aside of the award;

unless the arbitration agreement otherwise provides.

PART IV STATE IMMUNITY FROM MEASURES OF CONSTRAINT IN CONNECTION WITH PROCEEDINGS BEFORE A COURT

Article 18 State immunity from measures of constraint

1. No measures of constraint, such as attachment, arrest and execution, against property of a State may be taken in connection with a proceeding before a court of another State unless and except to the extent that:

(a) the State has expressly consented to the taking of such measures as indicated:

(i) by international agreement;

(ii) by an arbitration agreement or in a written contract; or

(iii) by a declaration before the court or by a written communication after a dispute between the parties has arisen;

(b) the State has allocated or earmarked property for the satisfaction of the claim which is the object of that proceeding; or

(c) the property is specifically in use or intended for use by the State for other than government non-commercial purposes and is in the territory of the State of the forum and has a connection with the claim which is the object of the proceeding or with the agency or instrumentality against which the proceeding was directed.

2. Consent to the exercise of jurisdiction under article 7 shall not imply consent to the taking of measures of constraint under paragraph 1, for which separate consent shall be necessary.

Article 19　Specific categories of property

1. The following categories, in particular, of property of a State shall not be considered as property specifically in use or intended for use by the State for other than government non-commercial purposes under paragraph 1 (c) of article 18:

(a) property, including any bank account, which is used or intended for use for the purposes of the diplomatic mission of the State or its consular posts, special missions, missions to international organizations, or delegations to organs of international organizations or to international conferences;

(b) property of a military character or used or intended for use for military purposes;

(c) property of the central bank or other monetary authority of the State;

(d) property forming part of the cultural heritage of the State or part of its archives and not placed or intended to be placed on sale;

(e) property forming part of an exhibition of objects of scientific, cultural or historical interest and not placed or intended to be placed on sale.

2. Paragraph 1 is without prejudice to paragraph 1 (a) and (b) of article 18.

PART V　MISCELLANEOUS PROVISIONS

Article 20　Service of process

1. Service of process by writ or other document instituting a proceeding against a State shall be effected:

(a) in accordance with any applicable international convention binding on the State of the forum and the State concerned; or

(b) in the absence of such a convention:

(i) by transmission through diplomatic channels to the Ministry of Foreign Affairs of the State concerned; or

(ii) by any other means accepted by the State concerned, if not precluded by the law of the State of the forum.

2. Service of process referred to in paragraph 1 (b) (i) is deemed to have been effected by receipt of the documents by the Ministry of Foreign Affairs.

3. These documents shall be accompanied, if necessary, by a translation into the official language, or one of the official languages, of the State concerned.

4. Any State that enters an appearance on the merits in a proceeding instituted against it may

not thereafter assert that service of process did not comply with the provisions of paragraphs 1 and 3.

Article 21   Default judgement

1. A default judgement shall not be rendered against a State unless the court has found that:

(a) the requirements laid down in paragraphs 1 and 3 of article 20 have been complied with;

(b) a period of not less than four months has expired from the date on which the service of the writ or other document instituting a proceeding has been effected or deemed to have been effected in accordance with paragraphs 1 and 2 of article 20; and

(c) the present articles do not preclude it from exercising jurisdiction.

2. A copy of any default judgement rendered against a State, accompanied if necessary by a translation into the official language or one of the official languages of the State concerned, shall be transmitted to it through one of the means specified in paragraph 1 of article 20 and in accordance with the provisions of that paragraph.

3. The time-limit for applying to have a default judgement set aside shall not be less than four months and shall begin to run from the date on which the copy of the judgement is received or is deemed to have been received by the State concerned.

Article 22   Privileges and immunities during court proceedings

1. Any failure or refusal by a State to comply with an order of a court of another State enjoining it to perform or refrain from performing a specific act or to produce any document or disclose any other information for the purposes of a proceeding shall entail no consequences other than those which may result from such conduct in relation to the merits of the case. In particular, no fine or penalty shall be imposed on the State by reason of such failure or refusal.

2. A State shall not be required to provide any security, bond or deposit, however described, to guarantee the payment of judicial costs or expenses in any proceeding to which it is a party before a court of another State.

五、欧洲国家豁免公约

（1972 年 5 月 16 日订于巴塞尔）

签署本公约的欧洲会议成员国，

考虑到欧洲会议的目的在于实现其成员国相互间的更大的团结；

注意到在国际法内有一种对一国在外国法院被诉案件中得主张的豁免权加以限制的趋势；

为了制定关于在它们相互关系中，一国得免于受另一国法院管辖的范围的及有利于保证对另一国作出的判决能被遵从的共同规则；

考虑到采行此项规则将有助于欧洲会议成员国在法律范围内承担的协调工作的进展，

兹议定如下：

第一章　司法管辖的豁免

第一条

一、缔约国在另一缔约国法院提起或参加诉讼时，即系就各该诉讼自愿接受该国法院的管辖。

二、该缔约国不得向另一缔约国法院就下列任何反诉主张豁免：

（一）反诉所根据的法律关系或事实与本诉相同者；

（二）反诉如以独立的诉讼程序单独提出，依本公约的规定，该国亦不得主张豁免者；

三、缔约国在另一缔约国法院提起反诉时，即不仅单就反诉部分而且并就本诉部分，也自愿接受了该国法院的管辖。

第二条　缔约国不得在另一缔约国法院主张豁免，如果由于下列缘由，该国已承担了接受该法院管辖的义务：

（一）由于国际协定；

（二）由于在书面合同中包含了一项明示的条款；或

（三）由于在双方当事人间发生争端以后，已曾作出一项明示的同意。

第三条

一、缔约国如在主张豁免前，已经参加有关实质性问题的诉讼程序，即不得再主张免于另一缔约国法院的管辖。但如该国能使法院确信，倘非先参加此项程序，即无法获悉可据以提出豁免的事实时，得根据这些事实主张豁免，但以尽可能及时提出此项主张为限。

二、如果缔约国为了主张豁免而在另一缔约国出庭，该缔约国不得视为已放弃豁免。

第四条

一、除第五条另有规定外，缔约国不得主张免于另一缔约国法院的管辖，如果该诉讼涉及该国的一项债务，而依照合同，此项债务应在法庭地国家的领土内履行者。

二、第一款不适用于：

（一）合同是由国家相互间缔结的情况；

（二）合同双方当事人另有书面约定时；

（三）以某国为一方的合同是在该国缔结的，而其所承担的债务又是受其行政法支配的。

第五条

一、缔约国不得主张免于另一缔约国法院的管辖，如果该诉讼涉及该国与个人的雇用合同而其工作又必须在法庭地国家领土内履行者。

二、第一款不适用于下列情况：

（一）在提起诉讼时，该个人系雇用国的国民；

（二）在订立合同时，该个人既非法庭地国家的国民，又非其惯常居住户；或

（三）合同双方当事人另有相反的书面约定，但合同的主要内容依法庭地国的法律系专属该国法院管辖者除外。

三、对于受雇于第七条所述的办事处、代理机构或其他组织的工作人员，本条第二款（一）项和（二）项仅适用于在订立合同时，该个人在雇用他的缔约国有惯常居所的为限。

第六条

一、缔约国不得主张免于另一国法院的管辖，如它参加了与私人，一人或若干人，共同组织的、设在法庭地国领土内或在其领土内有实际和法定所在地、登记事务所或主营业所的公司、社团或其他法律实体，而该诉讼涉及以该国为一方，以该实体或其他参加者为另一方之间，在由于参加了此项实体而发生的事件中的相互关系。

二、如有相反的书面约定，第一款不适用之。

第七条

一、如缔约国在法庭地国的领土上设有办事处、代理机构或其任何形式的组织，通过它，和私人一样，从事于商业、工业或金融业的活动，而诉讼与该办事处、代理机构或其他任何形式的组织的此项活动有关时，不得主张免于另一缔约国的司法管辖。

二、如各方当事人均为国家或如另有相反的书面约定时，第一款不适用之。

第八条 缔约国不得主张免于另一缔约国法院的管辖，如诉讼涉及：

（一）专利、工业设计、商标、服务标志或其他类似权利，此项权利在法庭地国已申请、登记或注册或得到其他保护，而该国即是此项权利的申请者或所有者；

（二）被指控在法庭地国领土内，侵害属于第三者的并受法庭地国保护的此项权利；

（三）被指控在法庭地国领土内，侵害属于第三者的并受法庭地国保护的著作权；

（四）在法庭地国使用商号的权利。

第九条 缔约国不得主张免于另一缔约国法院的管辖，如诉讼涉及：

（一）其对不动产的权利或利益，或其使用或占有；或

（二）由于对不动产的权利或利益，或其使用或占有而发生的债务或责任，而且该财产系位于裁判地国领土之内的。

第十条 缔约国不得主张免于另一缔约国法院的管辖，如诉讼涉及由于继承、赠与或取得无主物而发生的关于动产或不动产的权利。

第十一条 缔约国不得主张免于另一缔约国法院的管辖，如诉讼涉及因人身伤害或毁损有形财物而请求损害赔偿，而造成伤害或毁损的事实又发生于法庭地国的领域内，其伤害和毁损的肇事者在发生此项事实时，亦在该领域内。

第十二条

一、缔约国已书面同意将已发生或可能发生的民事或商事争议交付仲裁时，该国不得主张免于另一缔约国法院的管辖，如仲裁系或将在该国领土内，或依照该国的法律进行，而诉讼又涉及下列有关事项：

（一）仲裁协议的效力及其解释；

（二）仲裁程序；

（三）仲裁裁决的废弃；

但仲裁协议另有相反规定时，不在此限。

二、第一款不适用于国家间的仲裁协议。

第十三条　非当事人的缔约国就涉讼于另一缔约国法院中作为诉讼标的的财产主张享有权利或利益，而依其情况，如向该缔约国提起诉讼、该缔约国应有权享受豁免时，则不适用第一条第一款的规定。

第十四条　不得援用本公约的任何条款以另一缔约国对该项财产享有权利或利益这个惟一事实为理由，阻止各缔约国法院对财产的管理，诸如为信托财产、破产财团进行管理、监督或调解。

第十五条　缔约国应有享受免受另一缔约国法院管辖之权，如诉讼不属于第一条至第十四条的范围；法院应拒绝受理此类诉讼，即使相关国家并未到庭。

第二章　程序规则

第十六条

一、在另一缔约国法院对缔约国进行诉讼，应适用下列规则。

二、法庭地国主管部门应将下列文件。

（一）起诉文件的原本或副本；

（二）对被告国所为任何缺席判决的副本。

通过外交途径送交被告国的外交部；如认为恰当，并请转送其他主管部门这些文件，必要时，应附具被告国官方语言或官方语言之一种的译本。

三、在该外交部收到时，第二款所述的文件应认为已完成送达。

四、一国应到庭应讯或就缺席判决提出上诉的期限为两个月，自该国外交部收到起诉文件或判决书副本之日后起算。

五、如到庭应讯或就缺席判决提出上诉的期限系由法院规定时，则法院应给予该国不少于两个月的期限，自该国外交部收到起诉文件或判决书副本之日后起算。

六、缔约国到庭应诉应视为已放弃对送达方法的异议。

七、缔约国如不到庭，只有在证实起诉文件已依照第二款送达以及第四款和第五款规定的到庭应讯期限已经遵守的情况下，才得对之作出缺席判决。

第十七条　法庭地国如对其国民或在其国内有住所或居所之人并不要求为缴纳裁判费用或开支提供担保，则缔约国亦不得被要求提供担保，不论是何种保证书或担保品。缔约国如在另一缔约国法院为原告时，应支付可能应由其负担的一切裁判费用和开支。

第十八条　缔约国在另一缔约国法院的诉讼中为当事人时，不得由于其未能提示或拒

绝提示任何文件或其他证据而对之采用任何强制措施或加以处罚。但法院得根据其未能提示或拒绝提示作出它认为适当的任何结论。

第十九条

一、法院对以缔约国为当事人而提起的诉讼，应在一方当事人的请求下，或如其本国法律许可，得依职权拒绝该案件的进行或中止诉讼程序，如该同一当事人之间，根据同一事实，并为了同一目的已另有诉讼：

（一）正由该缔约国法院受理并系首先提起的；或

（二）正由任何另一缔约国法院受理，并系首先提起，而可能导致一项判决，依照第二十条或第二十五条的规定，该诉讼中的国家一方必须赋予效力的。

二、任何缔约国，如其法律对于在同一当事人之间，根据同一事实，并为了同一目的，正涉讼于另一缔约国法院的案件，规定由法院斟酌情况拒绝该案的进行或中止诉讼程序者，得向欧洲理事会秘书长发出通知，宣布该法院不受第一款规定的约束。

第三章　判决的效力

第二十条

一、缔约国应给另一缔约国法院作出的判决以效力，如：

（一）依照第一条至第十三条的规定，该国不得主张司法豁免者；以及

（二）为缺席判决而不得或不再得予以废弃，或该判决为不得，或不得再进行上诉、或依其他通常程序请求复审或予以撤销者。

二、但有下列任何情况之一时，缔约国对该项判决并无给予效力的义务，如：

（一）给予效力显将违反该国的公共政策，或，依其情况，有一方当事人未曾有适当的机会以充分地陈述其案情时；

（二）在相同当事人间，根据相同事实，为了相同的目的，已另有诉讼：

1. 正在该国法院涉讼，而且系首先提出者；以及

2. 正在另一国法院涉讼，而且系首先提出，并可能导致一项判决，而对该项判决根据本公约条款，该诉讼中的国家一方必须给予效力者。

（三）该判决的结果和对同一当事人间所作另一判决的结果互相矛盾或不一致：

1. 该另一判决系由该缔约国的法院作出，而诉讼系在该法院首先提出者，或该另一判决系在该判决前作出并已符合第一款（二）项规定的条件者；或

2. 该另一判决系由另一缔约国法院作出而且系首先符合本公约规定的要求者。

（四）第十六条规定未被遵守，而该国亦未到庭或对缺席判决提起上诉者。

三、此外，第十条规定的案件，缔约国对其判决无给予效力的义务：

（一）判决地国法院若准用了被诉国奉行的司法管辖权的规定（指本公约《附件》以外者）即不得享有管辖权者；

（二）如该法院未依照被诉国国际私法规则适用应适用的法律而适用了其他法律，从而导致结果不同的判决时。

但，缔约国不得援用上述（一）和（二）项列举的拒绝理由，如该国受其与法庭地国所订的关于承认与执行判决的协定的约束，而该判决又符合协定中有关管辖的要求，又如协

定中尚有有关适用法律的要求时，而该判决亦符合此项要求时。

第二十一条

一、如向缔约国作出判决而该缔约国不给以效力，引用该判决的一方当事人有权要求该国主管法院作出应否依第二十条赋予效力的决定。此项诉讼亦可由被判决的国家向该法院提出，如果其法律是这样允许的。

二、除了为适用第二十条而有此必要时，该主管法院不得就该判决的实质性问题进行审查。

三、依第一款向一国法院提起诉讼时：

（一）在诉讼进行中应给予各方当事人以到庭陈述的机会；

（二）要引用该判决的一方当事人提供的文件无须再经过合法认可或其他类似手续；

（三）不得由于国籍、住所或居所的原因向要引用该判决的一方当事人要求提供任何种类的担保或担保品；

（四）引用该判决的一方当事人应有享受司法救助的权利，其待遇应不低于定居或住在该国的国民的条件。

四、各缔约国在交存其批准书、接受书或加入书等文件时，应指定第一款所述的法院一所或若干所，并将此通知欧洲理事会秘书长。

第二十二条

一、缔约国对该国作为当事人一方在另一缔约国法院进行诉讼中所作的和解应给予效力；第二十条规定不适用于此项和解。

二、如该国不使此项和解生效，得适用第二十一条规定的程序。

第二十三条　不得对缔约国在另一缔约国领土内的财产采取任何执行措施或保全措施，但个别案件，经缔约国以书面明示同意时，在其同意的范围内，不在此限。

第四章　任意选择条款

第二十四条

一、虽有第十五条的规定，但任何国家均得在签署本公约时或交存其批准书、接受书或加入书时，或其后任何日期，以向欧洲理事会秘书长发出通知书的方式，声明凡不属于第一条至第十三条的案件，该国法院应有权受理对另一缔约国的诉讼，其范围与受理对非缔约国的诉讼同。此项声明应无损于外国就其行使国家主权的行为，享有司法豁免权。

二、但曾为第一款声明的国家的法院仍无权受理对另一缔约国的诉讼，如其管辖权系完全根据本公约《附件》所述的一项或多项理由，除非另一缔约国已经参加涉及实质性问题的诉讼程序而未首先对法院的管辖权提出异议。

三、依本条对缔约国提起的诉讼，适用第二章的规定。

四、依第一款作出的声明得以向欧洲理事会秘书长发出通知书的方式予以撤销。撤销应在通知书收到之日后经过三个月发生效力，但并不影响在撤销生效日期以前已提出的诉讼。

第二十五条

一、曾为第二十四条声明的任何缔约国，应给予为同样声明的其他缔约国的法院对不

属第一条至第十三条案件所为的判决以效力：

（一）如第二十条第一款（二）项规定的条件已完成，并且

（二）如该法院依下列各款应认为具有管辖权。

二、但，缔约国对此项判决亦得不给予效力，如：

（一）具有第二十条第二款规定的拒绝给予效力的理由；或

（二）第二十四条第二款的规定未被遵守。

三、除应受第四款规定的约束外，缔约国法院应被认为依第一款（二）项规定有管辖权，如：

（一）经法庭地国家和另一缔约国参加的协议条款承认其管辖权时；

（二）两国间对民事判决的承认与执行无协议，如法庭地国法院准用被判决的国家国内施行的管辖权规则（在本公约《附件》规定以外者）应视为有权受理时。本条款不适用于由于合同所发生的问题。

四、缔约国，在为第二十四条规定的声明后，通过对本公约的补充协议，得确定其法院依本条第一款（二）项规定应认为具有管辖权的情事。

五、如缔约国对该判决不给以效力，得适用第二十一条规定的程序。

第二十六条 尽管有第二十三条的规定缔约国和私人一样从事于工业或商业活动从而在诉讼中被判决败诉时，法庭地国对其专用于此项活动的国家的财产，得根据判决予以执行，如：

（一）法庭地国及被判决的国家均曾为第二十四条的声明；

（二）导致判决的诉讼属第一条至第十三条规定以内或是依照第二十四条第一款和第二款提出的；

（三）该判决是符合第二十条第一款（二）项规定的要求的。

第五章 一般规定

第二十七条

一、本公约所称"缔约国"不包括与其有区别的、可以起诉或被诉的缔约国的任何法律实体，亦不因该实体经被授予公共职能而有所不同。

二、对第一款所述的实体得和对私人一样在另一缔约国法院对之起诉，但法院对有关实体行使国家主权的行为，不得受理。

第二十八条

一、在不影响第二十七条规定的情况下，组成联邦国家的各邦不享有豁免权。

二、但作为本公约一方的联邦国家得向欧洲理事会秘书长发出通知，声明其所属各邦得援用适用于缔约国的规定并承担相同的义务。

三、在联邦国家依据第二款作出声明后，对联邦各邦送达文件应依照第十六条向联邦国家的外交部为之。

四、只有联邦国家有权作出本公约规定的各种声明、通知或照会，也只有联邦国家得为依第三十四条所为诉讼的当事人。

第二十九条 本公约不适用于涉及下列事项的诉讼：

（一）社会保障；

（二）原子事件造成的财产损失或人身伤害；

（三）进出口税收、国内税收或罚金。

第三十条　本公约不适用于涉及关于缔约国所有或经营的航行远洋的船舶的活动，或关于此项船舶的货运及客运，或关于缔约国所有的货物通过商船货运所发生的请求权的诉讼。

第三十一条　本公约任何条款均不得影响缔约国武装部队，在另一缔约国领土内时，其一切行为或不行为，或其他有关事项，享有的豁免权或特权。

第三十二条　本公约任何条款均不影响与外交使团、领事馆及其有关人员的执行职务有关的特权和豁免权。

第三十三条　本公约任何条款均不影响现有的或将来的涉及本公约所述各事项而在特殊方面缔结的国际条约。

第三十四条

一、在两个以上的缔约国之间，就本公约的解释或适用发生的任何争议，应依争议一方的申请，或依特别协议，提交国际法院，但有关各方同意他种和平解决争议的方法时，不在此限。

二、但是，不得向国际法院提出涉及下列事项的诉讼：

（一）在缔约国于另一缔约国法院被控告的诉讼中所发生的争议，在该院尚未作出符合第二十条第一款（二）项规定条件以前者；

（二）在依照第二十一条第一款向缔约国法院提出的诉讼中发生的争议，在该院尚未就此项诉讼作出终局决定以前者。

第三十五条

一、本公约只适用于在其生效后提出的诉讼。

二、在本公约生效后才成为本公约成员的国家，本公约只适用于对该国生效以后提出的诉讼。

三、本公约任何条款均不适用于由于在其开放签字日期以前的行为、不行为或事实而发生的诉讼，或以其为根据的判决。

第六章　最后条款

第三十六条

一、本公约对欧洲理事会的成员国开放签字，并需经批准或接受。批准书或接受书应交存于欧洲理事会秘书长处。

二、自交存第三份批准书或接受书之日后满三个月，本公约应即生效。

三、关于其后批准或接受的签字国，本公约应自其交存批准书或接受书之日后满三个月开始生效。

第三十七条

一、本公约生效以后，欧洲理事会的部长会议得经投票国一致的同意票，邀请任何非成员国参加本公约。

二、参加以向欧洲理事会秘书长交存参加书为之，并自交存参加书之日后满三个月生效。

三、但是，如在该参加尚未生效前，已参加本公约的国家反对该非会员国的参加，则本公约即不得适用于该两国之间的关系。

第三十八条

一、任何国家均得在签署或交存其批准书、接受书或参加书时，限制本公约仅适用于其特定的领土的一处或若干处。

二、任何国家在交存其批准书、接受书或参加书时，或在其后任何日期，均得向欧洲理事会秘书长提出声明，将本公约扩及适用于其声明中具体规定的，由该国对其国际关系负有责任并有权代其承担义务的其他一处或若干处领土。

三、依照前款所作的任何声明，就关于此项声明中所述的任何领土，得根据本公约第四十条规定的程序予以撤销。

第三十九条 对于本公约不允许作任何保留。

第四十条

一、任何缔约国，就其本国一切有关事项，得向欧洲理事会秘书长发出通知，废止本公约。

二、此项废止应在秘书长收到通知之日后满六个月开始生效。但本公约仍应适用于在通知生效前已经提出的诉讼及此项诉讼中作出的判决。

第四十一条 欧洲理事会秘书长应通知欧洲理事会成员国及已参加本公约的任何国家：

（一）任何签署；

（二）任何批准书、接受书或参加书的交存；

（三）依照本公约第三十六条及第三十七条，本公约开始生效的日期；

（四）依照第十九条第二款的规定收到的任何通知；

（五）依照第二十一条第四款的规定收到的任何照会；

（六）依照第二十四条第一款的规定收到的任何通知；

（七）依照第二十四条第四款的规定作出的撤销通知；

（八）依照第二十八条第二款的规定收到的任何通知；

（九）依照第三十七条第三款的规定收到的任何通知；

（十）依照第三十八条的规定收到的任何声明；

（十一）依照第四十条的规定收到的任何通知及废止生效的日期。

下列签署人，经本国政府正式授权，签署本公约，以资证明。

1972年5月16日订于巴塞尔，用英文和法文写成，两种文本具有同等效力，合成正本一份，交存欧洲理事会档案库。欧洲理事会秘书长应将经核证无误的副本分送各签字国和加入国。

European Convention on State Immunity

Basle, 16. V. 1972

The member States of the Council of Europe, signatory hereto,

Considering that the aim of the Council of Europe is to achieve a greater unity between its members;

Taking into account the fact that there is in international law a tendency to restrict the cases in which a State may claim immunity before foreign courts;

Desiring to establish in their mutual relations common rules relating to the scope of the immunity of one State from the jurisdiction of the courts of another State, and designed to ensure compliance with judgments given against another State;

Considering that the adoption of such rules will tend to advance the work of harmonization undertaken by the member States of the Council of Europe in the legal field,

Have agreed as follows:

Chapter I – Immunity from jurisdiction

Article 1

1. A Contracting State which institutes or intervenes in proceedings before a court of another Contracting State submits, for the purpose of those proceedings, to the jurisdiction of the courts of that State.

2. Such a Contracting State cannot claim immunity from the jurisdiction of the courts of the other Contracting State in respect of any counterclaim:

(a) arising out of the legal relationship or the facts on which the principal claim is based;

(b) if, according to the provisions of this Convention, it would not have been entitled to invoke immunity in respect of that counterclaim had separate proceedings been brought against it in those courts.

3. A Contracting State which makes a counterclaim in proceedings before a court of another Contracting State submits to the jurisdiction of the courts of that State with respect not only to the counterclaim but also to the principal claim.

Article 2

A Contracting State cannot claim immunity from the jurisdiction of a court of another Contracting State if it has undertaken to submit to the jurisdiction of that court either:

(a) by international agreement;

(b) by an express term contained in a contract in writing; or

(c) by an express consent given after a dispute between the parties has arisen.

Article 3

1. A Contracting State cannot claim immunity from the jurisdiction of a court of another Contracting State if, before claiming immunity, it takes any step in the proceedings relating to

the merits. However, if the State satisfies the Court that it could not have acquired knowledge of facts on which a claim to immunity can be based until after it has taken such a step, it can claim immunity based on these facts if it does so at the earliest possible moment.

2. A Contracting State is not deemed to have waived immunity if it appears before a court of another Contracting State in order to assert immunity.

Article 4

1. Subject to the provisions of Article 5, a Contracting State cannot claim immunity from the jurisdiction of the courts of another Contracting State if the proceedings relate to an obligation of the State, which, by virtue of a contract, falls to be discharged in the territory of the State of the forum.

2. Paragraph 1 shall not apply:

(a) in the case of a contract concluded between States;

(b) if the parties to the contract have otherwise agreed in writing;

(c) if the State is party to a contract concluded on its territory and the obligation of the State is governed by its administrative law.

Article 5

1. A Contracting State cannot claim immunity from the jurisdiction of a court of another Contracting State if the proceedings relate to a contract of employment between the State and an individual where the work has to be performed on the territory of the State of the forum.

2. Paragraph 1 shall not apply where:

(a) the individual is a national of the employing State at the time when the proceedings are brought;

(b) at the time when the contract was entered into the individual was neither a national of the State of the forum nor habitually resident in that State; or

(c) the parties to the contract have otherwise agreed in writing, unless, in accordance with the law of the State of the forum, the courts of that State have exclusive jurisdiction by reason of the subject-matter.

3. Where the work is done for an office, agency or other establishment referred to in Article 7, paragraphs 2(a) and (b) of the present article apply only if, at the time the contract was entered into, the individual had his habitual residence in the Contracting State which employs him.

Article 6

1. A Contracting State cannot claim immunity from the jurisdiction of a court of another Contracting State if it participates with one or more private persons in a company, association or other legal entity having its seat, registered office or principal place of business on the territory of the State of the forum, and the proceedings concern the relationship, in matters arising out of that participation, between the State on the one hand and the entity or any other participant on the other hand.

2. Paragraph 1 shall not apply if it is otherwise agreed in writing.

Article 7

1. A Contracting State cannot claim immunity from the jurisdiction of a court of another Contracting State if it has on the territory of the State of the forum an office, agency or other establishment through which it engages, in the same manner as a private person, in an industrial, commercial or financial activity, and the proceedings relate to that activity of the office, agency or establishment.

2. Paragraph 1 shall not apply if all the parties to the dispute are States, or if the parties have otherwise agreed in writing.

Article 8

A Contracting State cannot claim immunity from the jurisdiction of a court of another Contracting State if the proceedings relate:

(a) to a patent, industrial design, trade-mark, service mark or other similar right which, in the State of the forum, has been applied for, registered or deposited or is otherwise protected, and in respect of which the State is the applicant or owner;

(b) to an alleged infringement by it, in the territory of the State of the forum, of such a right belonging to a third person and protected in that State;

(c) to an alleged infringement by it, in the territory of the State of the forum, of copyright belonging to a third person and protected in that State;

(d) to the right to use a trade name in the State of the forum.

Article 9

A Contracting State cannot claim immunity from the jurisdiction of a court of another Contracting State if the proceedings relate to:

(a) its rights or interests in, or its use or possession of, immovable property; or

(b) its obligations arising out of its rights or interests in, or use or possession of, immovable property

and the property is situated in the territory of the State of the forum.

Article 10

A Contracting State cannot claim immunity from the jurisdiction of a court of another Contracting State if the proceedings relate to a right in movable or immovable property arising by way of succession, gift or bona vacantia.

Article 11

A Contracting State cannot claim immunity from the jurisdiction of a court of another Contracting State in proceedings which relate to redress for injury to the person or damage to tangible property, if the facts which occasioned the injury or damage occurred in the territory of the State of the forum, and if the author of the injury or damage was present in that territory at the time when those facts occurred.

Article 12

1. Where a Contracting State has agreed in writing to submit to arbitration a dispute which has arisen or may arise out of a civil or commercial matter, that State may not claim immunity from the jurisdiction of a court of another Contracting State on the territory or according to the law of which the arbitration has taken or will take place in respect of any proceedings relating to:

(a) the validity or interpretation of the arbitration agreement;

(b) the arbitration procedure;

(c) the setting aside of the award,

unless the arbitration agreement otherwises provides.

2. Paragraph 1 shall not apply to an arbitration agreement between States.

Article 13

Paragraph 1 of Article 1 shall not apply where a Contracting State asserts, in proceedings pending before a court of another Contracting State to which it is not a party, that it has a right or interest in property which is the subject-matter of the proceedings, and the circumstances are such that it would have been entitled to immunity if the proceedings had been brought against it.

Article 14

Nothing in this Convention shall be interpreted as preventing a court of a Contracting State from administering or supervising or arranging for the administration of property, such as trust property or the estate of a bankrupt, solely on account of the fact that another Contracting State has a right or interest in the property.

Article 15

A Contracting State shall be entitled to immunity from the jurisdiction of the courts of another Contracting State if the proceedings do not fall within Articles 1 to 14; the court shall decline to entertain such proceedings even if the State does not appear.

Chapter II – Procedural rules

Article 16

1. In proceedings against a Contracting State in a court of another Contracting State, the following rules shall apply.

2. The competent authorities of the State of the forum shall transmit

– the original or a copy of the document by which the proceedings are instituted;

– a copy of any judgment given by default against a State which was defendant in the proceedings,

through the diplomatic channel to the Ministry of Foreign Affairs of the defendant State, for onward transmission, where appropriate, to the competent authority. These documents shall be accompanied, if necessary, by a translation into the official language, or one of the official languages, of the defendant State.

3. Service of the documents referred to in paragraph 2 is deemed to have been effected by their receipt by the Ministry of Foreign Affairs.

4. The time-limits within which the State must enter an appearance or appeal against any judgment given by default shall begin to run two months after the date on which the document by which the proceedings were instituted or the copy of the judgment is received by the Ministry of Foreign Affairs.

5. If it rests with the court to prescribe the time-limits for entering an appearance or for appealing against a judgment given by default, the court shall allow the State not less than two months after the date on which the document by which the proceedings are instituted or the copy of the judgment is received by the Ministry of Foreign Affairs.

6. A Contracting State which appears in the proceedings is deemed to have waived any objection to the method of service.

7. If the Contracting State has not appeared, judgment by default may be given against it only if it is established that the document by which the proceedings were instituted has been transmitted in conformity with paragraph 2, and that the time-limits for entering an appearance provided for in paragraphs 4 and 5 have been observed.

Article 17

No security, bond or deposit, however described, which could not have been required in the State of the forum of a national of that State or a person domiciled or resident there, shall be required of a Contracting State to guarantee the payment of judicial costs or expenses. A State which is a claimant in the courts of another Contracting State shall pay any judicial costs or expenses for which it may become liable.

Article 18

A Contracting State party to proceedings before a court of another Contracting State may not be subjected to any measure of coercion, or any penalty, by reason of its failure or refusal to disclose any documents or other evidence. However the court may draw any conclusion it thinks fit from such failure or refusal.

Article 19

1. A court before which proceedings to which a Contracting State is a party are instituted shall, at the request of one of the parties or, if its national law so permits, of its own motion, decline to proceed with the case or shall stay the proceedings if other proceedings between the same parties, based on the same facts and having the same purpose:

(a) are pending before a court of that Contracting State, and were the first to be instituted; or

(b) are pending before a court of any other Contracting State, were the first to be instituted and may result in a judgment to which the State party to the proceedings must give effect by virtue of Article 20 or Article 25.

2. Any Contracting State whose law gives the courts a discretion to decline to proceed with a case or to stay the proceedings in cases where proceedings between the same parties, based on the same facts and having the same purpose, are pending before a court of another Contracting

State, may, by notification addressed to the Secretary General of the Council of Europe, declare that its courts shall not be bound by the provisions of paragraph 1.

Chapter III – Effect of Judgment

Article 20

1. A Contracting State shall give effect to a judgment given against it by a court of another Contracting State:

(a) if, in accordance with the provisions of Articles 1 to 13, the State could not claim immunity from jurisdiction; and

(b) if the judgment cannot or can no longer be set aside if obtained by default, or if it is not or is no longer subject to appeal or any other form of ordinary review or to annulment.

2. Nevertheless, a Contracting State is not obliged to give effect to such a judgment in any case:

(a) where it would be manifestly contrary to public policy in that State to do so, or where, in the circumstances, either party had no adequate opportunity fairly to present his case;

(b) where proceedings between the same parties, based on the same facts and having the same purpose:

(i) are pending before a court of that State and were the first to be instituted;

(ii) are pending before a court of another Contracting State, were the first to be instituted and may result in a judgment to which the State party to the proceedings must give effect under the terms of this Convention;

(c) where the result of the judgment is inconsistent with the result of another judgment given between the same parties:

(i) by a court of the Contracting State, if the proceedings before that court were the first to be instituted or if the other judgment has been given before the judgment satisfied the conditions specified in paragraph 1. b; or

(ii) by a court of another Contracting State where the other judgment is the first to satisfy the requirements laid down in the present Convention;

(d) where the provisions of Article 16 have not been observed and the State has not entered an appearance or has not appealed against a judgment by default.

3. In addition, in the cases provided for in Article 10, a Contracting State is not obliged to give effect to the judgment:

(a) if the courts of the State of the forum would not have been entitled to assume jurisdiction had they applied, mutatis mutandis, the rules of jurisdiction (other than those mentioned in the annex to the present Convention) which operate in the State against which judgment is given; or

(b) if the court, by applying a law other than that which would have been applied in accordance with the rules of private international law of that State, has reached a result different from that which would have been reached by applying the law determined by those rules.

However, a Contracting State may not rely upon the grounds of refusal specified in

subparagraphs a and b above if it is bound by an agreement with the State of the forum on the recognition and enforcement of judgments and the judgment fulfils the requirement of that agreement as regards jurisdiction and, where appropriate, the law applied.

Article 21

1. Where a judgment has been given against a Contracting State and that State does not give effect thereto, the party which seeks to invoke the judgment shall be entitled to have determined by the competent court of that State the question whether effect should be given to the judgment in accordance with Article 20. Proceedings may also be brought before this court by the State against which judgment has been given, if its law so permits.

2. Save in so far as may be necessary for the application of Article 20, the competent court of the State in question may not review the merits of the judgment.

3. Where proceedings are instituted before a court of a State in accordance with paragraph 1:

(a) the parties shall be given an opportunity to be heard in the proceedings;

(b) documents produced by the party seeking to invoke the judgment shall not be subject to legalisation or any other like formality;

(c) no security, bond or deposit, however described, shall be required of the party invoking the judgment by reason of his nationality, domicile or residence;

(d) the party invoking the judgment shall be entitled to legal aid under conditions no less favourable than those applicable to nationals of the State who are domiciled and resident therein.

4. Each Contracting State shall, when depositing its instrument of ratification, acceptance or accession, designate the court or courts referred to in paragraph 1, and inform the Secretary General of the Council of Europe thereof.

Article 22

1. A Contracting State shall give effect to a settlement to which it is a party and which has been made before a court of another Contracting State in the course of the proceedings; the provisions of Article 20 do not apply to such a settlement.

2. If the State does not give effect to the settlement, the procedure provided for in Article 21 may be used.

Article 23

No measures of execution or preventive measures against the property of a Contracting State may be taken in the territory of another Contracting State except where and to the extent that the State has expressly consented thereto in writing in any particular case.

Chapter IV - Optional provisions

Article 24

1. Notwithstanding the provisions of Article 15, any State may, when signing this Convention or depositing its instrument of ratification, acceptance or accession, or at any later date, by notification addressed to the Secretary General of the Council of Europe, declare that, in cases not falling within Articles 1 to 13, its courts shall be entitled to entertain proceedings

against another Contracting State to the extent that its courts are entitled to entertain proceedings against States not party to the present Convention. Such a declaration shall be without prejudice to the immunity from jurisdiction which foreign States enjoy in respect of acts performed in the exercise of sovereign authority (*acta jure imperii*).

2. The courts of a State which has made the declaration provided for in paragraph 1 shall not however be entitled to entertain such proceedings against another Contracting State if their jurisdiction could have been based solely on one or more of the grounds mentioned in the annex to the present Convention, unless that other Contracting State has taken a step in the proceedings relating to the merits without first challenging the jurisdiction of the court.

3. The provisions of Chapter II apply to proceedings instituted against a Contracting State in accordance with the present article.

4. The declaration made under paragraph 1 may be withdrawn by notification addressed to the Secretary General of the Council of Europe. The withdrawal shall take effect three months after the date of its receipt, but this shall not affect proceedings instituted before the date on which the withdrawal becomes effective.

Article 25

1. Any Contracting State which has made a declaration under Article 24 shall, in cases not falling within Articles 1 to 13, give effect to a judgment given by a court of another Contracting State which has made a like declaration:

(a) if the conditions prescribed in paragraph 1. b of Article 20 have been fulfilled; and

(b) if the court is considered to have jurisdiction in accordance with the following paragraphs.

2. However, the Contracting State is not obliged to give effect to such a judgment:

(a) if there is a ground for refusal as provided for in paragraph 2 of Article 20; or

(b) if the provisions of paragraph 2 of Article 24 have not been observed.

3. Subject to the provisions of paragraph 4, a court of a Contracting State shall be considered to have jurisdiction for the purpose of paragraph 1(b):

(a) if its jurisdiction is recognised in accordance with the provisions of an agreement to which the State of the forum and the other Contracting State are Parties;

(b) where there is no agreement between the two States concerning the recognition and enforcement of judgments in civil matters, if the courts of the State of the forum would have been entitled to assume jurisdiction had they applied, mutatis mutandis, the rules of jurisdiction (other than those mentioned in the annex to the present Convention) which operate in the State against which the judgment was given. This provision does not apply to questions arising out of contracts.

4. The Contracting States having made the declaration provided for in Article 24 may, by means of a supplementary agreement to this Convention, determine the circumstances in which their courts shall be considered to have jurisdiction for the purposes of paragraph 1. b of this

article.

5. If the Contracting State does not give effect to the judgment, the procedure provided for in Article 21 may be used.

Article 26

Notwithstanding the provisions of Article 23, a judgment rendered against a Contracting State in proceedings relating to an industrial or commercial activity, in which the State is engaged in the same manner as a private person, may be enforced in the State of the forum against property of the State against which judgment has been given, used exclusively in connection with such an activity, if:

(a) both the State of the forum and the State against which the judgment has been given have made declarations under Article 24;

(b) the proceedings which resulted in the judgment fell within Articles 1 to 13 or were instituted in accordance with paragraphs 1 and 2 of Article 24; and

(c) the judgment satisfies the requirements laid down in paragraph 1. b of Article 20.

Chapter V – General provisions

Article 27

1. For the purposes of the present Convention, the expression "Contracting State" shall not include any legal entity of a Contracting State which is distinct therefrom and is capable of suing or being sued, even if that entity has been entrusted with public functions.

2. Proceedings may be instituted against any entity referred to in paragraph 1 before the courts of another Contracting State in the same manner as against a private person; however, the courts may not entertain proceedings in respect of acts performed by the entity in the exercise of sovereign authority (acta jure imperii).

3. Proceedings may in any event be instituted against any such entity before those courts if, in corresponding circumstances, the courts would have had jurisdiction if the proceedings had been instituted against a Contracting State.

Article 28

1. Without prejudice to the provisions of Article 27, the constituent States of a Federal State do not enjoy immunity.

2. However, a Federal State Party to the present Convention, may, by notification addressed to the Secretary General of the Council of Europe, declare that its constituent States may invoke the provisions of the Convention applicable to Contracting States, and have the same obligations.

3. Where a Federal State has made a declaration in accordance with paragraph 2, service of documents on a constituent State of a Federation shall be made on the Ministry of Foreign Affairs of the Federal State, in conformity with Article 16.

4. The Federal State alone is competent to make the declarations, notifications and communications provided for in the present Convention, and the Federal State alone may be party

to proceedings pursuant to Article 34.

Article 29

The present Convention shall not apply to proceedings concerning:

(a) social security;

(b) damage or injury in nuclear matters;

(c) customs duties, taxes or penalties.

Article 30

The present Convention shall not apply to proceedings in respect of claims relating to the operation of seagoing vessels owned or operated by a Contracting State or to the carriage of cargoes and of passengers by such vessels or to the carriage of cargoes owned by a Contracting State and carried on board merchant vessels.

Article 31

Nothing in this Convention shall affect any immunities or privileges enjoyed by a Contracting State in respect of anything done or omitted to be done by, or in relation to, its armed forces when on the territory of another Contracting State.

Article 32

Nothing in the present Convention shall affect privileges and immunities relating to the exercise of the functions of diplomatic missions and consular posts and of persons connected with them.

Article 33

Nothing in the present Convention shall affect existing or future international agreements in special fields which relate to matters dealt with in the present Convention.

Article 34

1. Any dispute which might arise between two or more Contracting States concerning the interpretation or application of the present Convention shall be submitted to the International Court of Justice on the application of one of the parties to the dispute or by special agreement unless the parties agree on a different method of peaceful settlement of the dispute.

2. However, proceedings may not be instituted before the International Court of Justice which relate to:

(a) a dispute concerning a question arising in proceedings instituted against a Contracting State before a court of another Contracting State, before the court has given a judgment which fulfils the condition provided for in paragraph 1. b of Article 20;

(b) a dispute concerning a question arising in proceedings instituted before a court of a Contracting State in accordance with paragraph 1 of Article 21, before the court has rendered a final decision in such proceedings.

Article 35

1. The present Convention shall apply only to proceedings introduced after its entry into force.

2. When a State has become Party to this Convention after it has entered into force, the

Convention shall apply only to proceedings introduced after it has entered into force with respect to that State.

3. Nothing in this Convention shall apply to proceedings arising out of, or judgments based on, acts, omissions or facts prior to the date on which the present Convention is opened for signature.

Chapter VI – Final provisions

Article 36

1. The present Convention shall be open to signature by the member States of the Council of Europe. It shall be subject to ratification or acceptance. Instruments of ratification or acceptance shall be deposited with the Secretary General of the Council of Europe.

2. The Convention shall enter into force three months after the date of the deposit of the third instrument of ratification or acceptance.

3. In respect of a signatory State ratifying or accepting subsequently, the Convention shall enter into force three months after the date of the deposit of its instrument of ratification or acceptance.

Article 37

1. After the entry into force of the present Convention, the Committee of Ministers of the Council of Europe may, by a decision taken by a unanimous vote of the members casting a vote, invite any non-member State to accede thereto.

2. Such accession shall be effected by depositing with the Secretary General of the Council of Europe an instrument of accession which shall take effect three months after the date of its deposit.

3. However, if a State having already acceded to the Convention notifies the Secretary General of the Council of Europe of its objection to the accession of another non-member State, before the entry into force of this accession, the Convention shall not apply to the relations between these two States.

Article 38

1. Any State may, at the time of signature or when depositing its instrument of ratification, acceptance or accession, specify the territory or territories to which the present Convention shall apply.

2. Any State may, when depositing its instrument of ratification, acceptance or accession or at any later date, by declaration addressed to the Secretary General of the Council of Europe, extend this Convention to any other territory or territories specified in the declaration and for whose international relations it is responsible or on whose behalf it is authorised to give undertakings.

3. Any declaration made in pursuance of the preceding paragraph may, in respect of any territory mentioned in such declaration, be withdrawn according to the procedure laid down in Article 40 of this Convention.

Article 39

No reservation is permitted to the present Convention.

Article 40

1. Any Contracting State may, in so far as it is concerned, denounce this Convention by means of notification addressed to the Secretary General of the Council of Europe.

2. Such denunciation shall take effect six months after the date of receipt by the Secretary General of such notification. This Convention shall, however, continue to apply to proceedings introduced before the date on which the denunciation takes effect, and to judgments given in such proceedings.

Article 41

The Secretary General of the Council of Europe shall notify the member States of the Council of Europe and any State which has acceded to this Convention of:

(a) any signature;

(b) any deposit of an instrument of ratification, acceptance or accession;

(c) any date of entry into force of this Convention in accordance with Articles 36 and 37 thereof;

(d) any notification received in pursuance of the provisions of paragraph 2 of Article 19;

(e) any communication received in pursuance of the provisions of paragraph 4 of Article 21;

(f) any notification received in pursuance of the provisions of paragraph 1 of Article 24;

(g) the withdrawal of any notification made in pursuance of the provisions of paragraph 4 of Article 24;

(h) any notification received in pursuance of the provisions of paragraph 2 of Article 28;

(i) any notification received in pursuance of the provisions of paragraph 3 or Article 37;

(j) any declaration received in pursuance of the provisions of Article 38;

(k) any notification received in pursuance of the provisions of Article 40 and the date on which denunciation takes effect.

In witness whereof the undersigned, being duly authorised thereto, have signed this Convention.

Done at Basle, this 16th day of May 1972, in English and French, both texts being equally authoritative, in a single copy which shall remain deposited in the archives of the Council of Europe. The Secretary General of the Council of Europe shall transmit certified copies to each of the signatory and acceding States.

六、中华人民共和国外国中央银行财产司法强制措施豁免法

（2005 年 10 月 25 日第十届全国人民代表大会常务委员会第十八次会议通过）

第一条　中华人民共和国对外国中央银行财产给予财产保全和执行的司法强制措施的豁免；但是，外国中央银行或者其所属国政府书面放弃豁免的或者指定用于财产保全和执行的财产除外。

第二条　本法所称外国中央银行，是指外国的和区域经济一体化组织的中央银行或者履行中央银行职能的金融管理机构。

本法所称外国中央银行财产，是指外国中央银行的现金、票据、银行存款、有价证券、外汇储备、黄金储备以及该银行的不动产和其他财产。

第三条　外国不给予中华人民共和国中央银行或者中华人民共和国特别行政区金融管理机构的财产以豁免，或者所给予的豁免低于本法的规定的，中华人民共和国根据对等原则办理。

第四条　本法自公布之日起施行。

七、国际刑事法院罗马规约(节选)

(1998 年 7 月 17 日联合国大会设立国际刑事法院全权代表外交会议第 183/9 号决议通过)

第十一条　属时管辖权

(一)本法院仅对本规约生效后实施的犯罪具有管辖权。

(二)对于在本规约生效后成为缔约国的国家,本法院只能对在本规约对该国生效后实施的犯罪行使管辖权,除非该国已根据第十二条第三款提交声明。

第十二条　行使管辖权的先决条件

(一)一国成为本规约缔约国,即接受本法院对第五条所述犯罪的管辖权。

(二)对于第十三条第 1 项或第 3 项的情况,如果下列一个或多个国家是本规约缔约国或依照第三款接受了本法院管辖权,本法院即可以行使管辖权:

1. 有关行为在其境内发生的国家;如果犯罪发生在船舶或飞行器上,该船舶或飞行器的注册国。

2. 犯罪被告人的国籍国。

(三)如果根据第二款的规定,需要得到一个非本规约缔约国的国家接受本法院的管辖权,该国可以向书记官长提交声明,接受本法院对有关犯罪行使管辖权。该接受国应依照本规约第九编规定,不拖延并无例外地与本法院合作。

第十三条　行使管辖权

在下列情况下,本法院可以依照本规约的规定,就第五条所述犯罪行使管辖权:

1. 缔约国依照第十四条规定,向检察官提交显示一项或多项犯罪已经发生的情势。

2. 安全理事会根据《联合国宪章》第七章行事,向检察官提交显示一项或多项犯罪已经发生的情势;或

3. 检察官依照第十五条开始调查一项犯罪。

第十四条　缔约国提交情势

(一)缔约国可以向检察官提交显示一项或多项本法院管辖权内的犯罪已经发生的情势,请检察官调查该情势,以便确定是否应指控某个人或某些人实施了这些犯罪。

(二)提交情势时,应尽可能具体说明相关情节,并附上提交情势的国家所掌握的任何辅助文件。

第十五条　检察官

(一)检察官可以自行根据有关本法院管辖权内的犯罪的资料开始调查。

(二)检察官应分析所收到的资料的严肃性。为此目的,检察官可以要求国家、联合国机构、政府间组织或非政府组织,或检察官认为适当的其他可靠来源提供进一步资料,并可以在本法院所在地接受书面或口头证言。

(三)检察官如果认为有合理根据进行调查,应请求预审分庭授权调查,并附上收集到的任何辅助材料。被害人可以依照《程序和证据规则》向预审分庭作出陈述。

(四)预审分庭在审查请求及辅助材料后,如果认为有合理根据进行调查,并认为案件显然属于本法院管辖权内的案件,应授权开始调查。这并不妨碍本法院其后就案件的管

辖权和可受理性问题作出断定。

（五）预审分庭拒绝授权调查，并不排除检察官以后根据新的事实或证据就同一情势再次提出请求。

（六）检察官在进行了第一款和第二款所述的初步审查后，如果认为所提供的资料不构成进行调查的合理根据，即应通知提供资料的人。这并不排除检察官审查根据新的事实或证据，就同一情势提交的进一步资料。

第十六条　推迟调查或起诉

如果安全理事会根据《联合国宪章》第七章通过决议，向本法院提出要求，在其后十二个月内，本法院不得根据本规约开始或进行调查或起诉；安全理事会可以根据同样条件延长该项请求。

第十七条　可受理性问题

（一）考虑到序言第十段及第一条，在下列情况下，本法院应断定案件不可受理：

1. 对案件具有管辖权的国家正在对该案件进行调查或起诉，除非该国不愿意或不能够切实进行调查或起诉。

2. 对案件具有管辖权的国家已经对该案进行调查，而且该国已决定不对有关的人进行起诉，除非作出这项决定是由于该国不愿意或不能够切实进行起诉。

3. 有关的人已经由于作为控告理由的行为受到审判，根据第二十条第三款，本法院不得进行审判。

4. 案件缺乏足够的严重程度，本法院无采取进一步行动的充分理由。

（二）为了确定某一案件中是否有不愿意的问题，本法院应根据国际法承认的正当程序原则，酌情考虑是否存在下列一种或多种情况：

1. 已经或正在进行的诉讼程序，或一国所作出的决定，是为了包庇有关的人，使其免负第五条所述的本法院管辖权内的犯罪的刑事责任。

2. 诉讼程序发生不当延误，而根据实际情况，这种延误不符合将有关的人绳之以法的目的。

3. 已经或正在进行的诉讼程序，没有以独立或公正的方式进行，而根据实际情况，采用的方式不符合将有关的人绳之以法的目的。

（三）为了确定某一案件中是否有不能够的问题，本法院应考虑，一国是否由于本国司法系统完全瓦解，或实际上瓦解或者并不存在，因而无法拘捕被告人或取得必要的证据和证言，或在其他方面不能进行本国的诉讼程序。

第十八条　关于可受理性的初步裁定

（一）在一项情势已依照第十三条第 1 项提交本法院，而且检察官认为有合理根据开始调查时，或在检察官根据第十三条第 3 项和第十五条开始调查时，检察官应通报所有缔约国，及通报根据所得到的资料考虑，通常对有关犯罪行使管辖权的国家。检察官可以在保密的基础上通报上述国家。如果检察官认为有必要保护个人、防止毁灭证据或防止潜逃，可以限制向国家提供的资料的范围。

（二）在收到上述通报一个月内，有关国家可以通知本法院，对于可能构成第五条所述犯罪，而且与国家通报所提供的资料有关的犯罪行为，该国正在或已经对本国国民或在

其管辖权内的其他人进行调查。根据该国的要求,检察官应等候该国对有关的人的调查,除非预审分庭根据检察官的申请,决定授权进行调查。

(三)检察官等候一国调查的决定,在决定等候之日起六个月后,或在由于该国不愿意或不能够切实进行调查,情况发生重大变化的任何时候,可以由检察官复议。

(四)对预审分庭作出的裁定,有关国家或检察官可以根据第八十二条第二款向上诉分庭提出上诉。上诉得予从速审理。

(五)如果检察官根据第二款等候调查,检察官可以要求有关国家定期向检察官通报其调查的进展和其后的任何起诉。缔约国应无不当拖延地对这方面的要求作出答复。

(六)在预审分庭作出裁定以前,或在检察官根据本条等候调查后的任何时间,如果出现取得重要证据的独特机会,或者面对证据日后极可能无法获得的情况,检察官可以请预审分庭作为例外,授权采取必要调查步骤,保全这种证据。

(七)质疑预审分庭根据本条作出的裁定的国家,可以根据第十九条,以掌握进一步的重要事实或情况发生重大变化的理由,对案件的可受理性提出质疑。

第十九条 质疑法院的管辖权或案件的可受理性

(一)本法院应确定对收到的任何案件具有管辖权。本法院可以依照第十七条,自行断定案件的可受理性。

(二)下列各方可以根据第十七条所述理由,对案件的可受理性提出质疑,也可以对本法院的管辖权提出质疑:

1. 被告人或根据第五十八条已对其发出逮捕证或出庭传票的人。

2. 对案件具有管辖权的国家,以正在或已经调查或起诉该案件为理由提出质疑;或

3. 根据第十二条需要其接受本法院管辖权的国家。

(三)检察官可以请本法院就管辖权或可受理性问题作出裁定。在关于管辖权或可受理性问题的程序中,根据第十三条提交情势的各方及被害人均可以向本法院提出意见。

(四)第二款所述任何人或国家,只可以对某一案件的可受理性或本法院的管辖权提出一次质疑。这项质疑应在审判开始前或开始时提出。在特殊情况下,本法院可以允许多次提出质疑,或在审判开始后提出质疑。在审判开始时,或经本法院同意,在其后对某一案件的可受理性提出的质疑,只可以根据第十七条第一款第3项提出。

(五)第二款第2项和第3项所述国家应尽早提出质疑。

(六)在确认指控以前,对某一案件的可受理性的质疑或对本法院管辖权的质疑,应提交预审分庭。在确认指控以后,应提交审判分庭。对于就管辖权或可受理性问题作出的裁判,可以依照第八十二条向上诉分庭提出上诉。

(七)如果质疑系由第二款第2项或第3项所述国家提出,在本法院依照第十七条作出断定以前,检察官应暂停调查。

(八)在本法院作出裁定以前,检察官可以请求本法院授权:

1. 采取第十八条第六款所述一类的必要调查步骤。

2. 录取证人的陈述或证言,或完成在质疑提出前已开始的证据收集和审查工作;和

3. 与有关各国合作,防止已被检察官根据第五十八条请求对其发出逮捕证的人潜逃。

(九)提出质疑不影响检察官在此以前采取的任何行动,或本法院在此以前发出的任

何命令或逮捕证的有效性。

（十）如果本法院根据第十七条决定某一案件不可受理，检察官在确信发现的新事实否定原来根据第十七条认定案件不可受理的依据时，可以请求复议上述决定。

（十一）如果检察官考虑到第十七条所述的事项，等候一项调查，检察官可以请有关国家向其提供关于调查程序的资料。根据有关国家的请求，这些资料应予保密。检察官其后决定进行调查时，应将曾等候一国进行调查的程序通知该国。

第二十条　一罪不二审

（一）除本规约规定的情况外，本法院不得就本法院已经据以判定某人有罪或无罪的行为审判该人。

（二）对于第五条所述犯罪，已经被本法院判定有罪或无罪的人，不得因该犯罪再由另一法院审判。

（三）对于第六条、第七条或第八条所列的行为，已经由另一法院审判的人，不得因同一行为受本法院审判，除非该另一法院的诉讼程序有下列情形之一：

1. 是为了包庇有关的人，使其免负本法院管辖权内的犯罪的刑事责任；或

2. 没有依照国际法承认的正当程序原则，以独立或公正的方式进行，而且根据实际情况，采用的方式不符合将有关的人绳之以法的目的。

第二十一条　适用的法律

（一）本法院应适用的法律依次为：

1. 首先，适用本规约、《犯罪要件》和本法院的《程序和证据规则》。

2. 其次，视情况适用可予适用的条约及国际法原则和规则，包括武装冲突国际法规确定的原则。

3. 无法适用上述法律时，适用本法院从世界各法系的国内法，包括适当时从通常对该犯罪行使管辖权的国家的国内法中得出的一般法律原则，但这些原则不得违反本规约、国际法和国际承认的规范和标准。

（二）本法院可以适用其以前的裁判所阐释的法律原则和规则。

（三）依照本条适用和解释法律，必须符合国际承认的人权，而且不得根据第七条第三款所界定的性别、年龄、种族、肤色、语言、宗教或信仰、政见或其他见解、民族本源、族裔、社会出身、财富、出生或其他身份等作出任何不利区别。

八、中华人民共和国领海及毗连区法

（1992 年 2 月 25 日第七届全国人民代表大会常务委员会第二十四次会议通过）

第一条 为行使中华人民共和国对领海的主权和对毗连区的管制权，维护国家安全和海洋权益，制定本法。

第二条 中华人民共和国领海为邻接中华人民共和国陆地领土和内水的一带海域。

中华人民共和国的陆地领土包括中华人民共和国大陆及其沿海岛屿、台湾及其包括钓鱼岛在内的附属各岛、澎湖列岛、东沙群岛、西沙群岛、中沙群岛、南沙群岛以及其他一切属于中华人民共和国的岛屿。

中华人民共和国领海基线向陆地一侧的水域为中华人民共和国的内水。

第三条 中华人民共和国领海的宽度从领海基线量起为十二海里。

中华人民共和国领海基线采用直线基线法划定，由各相邻基点之间的直接连线组成。

中华人民共和国领海的外部界限为一条其每一点与领海基线的最近点距离等于十二海里的线。

第四条 中华人民共和国毗连区为领海以外邻接领海的一带海域。毗连区的宽度为十二海里。

中华人民共和国毗连区的外部界限为一条其每一点与领海基线的最近点距离等于二十四海里的线。

第五条 中华人民共和国对领海的主权及于领海上空、领海的海床及底土。

第六条 外国非军用船舶，享有依法无害通过中华人民共和国领海的权利。

外国军用船舶进入中华人民共和国领海，须经中华人民共和国政府批准。

第七条 外国潜水艇和其他潜水器通过中华人民共和国领海，必须在海面航行，并展示其旗帜。

第八条 外国船舶通过中华人民共和国领海，必须遵守中华人民共和国法律、法规，不得损害中华人民共和国的和平、安全和良好秩序。

外国核动力船舶和载运核物质、有毒物质或者其他危险物质的船舶通过中华人民共和国领海，必须持有有关证书，并采取特别预防措施。

中华人民共和国政府有权采取一切必要措施，以防止和制止对领海的非无害通过。

外国船舶违反中华人民共和国法律、法规的，由中华人民共和国有关机关依法处理。

第九条 为维护航行安全和其他特殊需要，中华人民共和国政府可以要求通过中华人民共和国领海的外国船舶使用指定的航道或者依照规定的分道通航制航行，具体办法由中华人民共和国政府或者其有关主管部门公布。

第十条 外国军用船舶或者用于非商业目的的外国政府船舶在通过中华人民共和国领海时，违反中华人民共和国法律、法规的，中华人民共和国有关主管机关有权令其立即离开领海，对所造成的损失或者损害，船旗国应当负国际责任。

第十一条 任何国际组织、外国的组织或者个人，在中华人民共和国领海内进行科学研究、海洋作业等活动，须经中华人民共和国政府或者其有关主管部门批准，遵守中华人

民共和国法律、法规。

违反前款规定，非法进入中华人民共和国领海进行科学研究、海洋作业等活动的，由中华人民共和国有关机关依法处理。

第十二条　外国航空器只有根据该国政府与中华人民共和国政府签订的协定、协议，或者经中华人民共和国政府或者其授权的机关批准或者接受，方可进入中华人民共和国领海上空。

第十三条　中华人民共和国有权在毗连区内，为防止和惩处在其陆地领土、内水或者领海内违反有关安全、海关、财政、卫生或者入境出境管理的法律、法规的行为行使管制权。

第十四条　中华人民共和国有关主管机关有充分理由认为外国船舶违反中华人民共和国法律、法规时，可以对该外国船舶行使紧追权。

追逐须在外国船舶或者其小艇之一或者以被追逐的船舶为母船进行活动的其他船艇在中华人民共和国的内水、领海或者毗连区内时开始。

如果外国船舶是在中华人民共和国毗连区内，追逐只有在本法第十三条所列有关法律、法规规定的权利受到侵犯时方可进行。

追逐只要没有中断，可以在中华人民共和国领海或者毗连区外继续进行。在被追逐的船舶进入其本国领海或者第三国领海时，追逐终止。

本条规定的紧追权由中华人民共和国军用船舶、军用航空器或者中华人民共和国政府授权的执行政府公务的船舶、航空器行使。

第十五条　中华人民共和国领海基线由中华人民共和国政府公布。

第十六条　中华人民共和国政府依据本法制定有关规定。

第十七条　本法自公布之日起施行。

九、关于向国外送达民事或商事司法文书和司法外文书公约

(1965 年 11 月 15 日订于海牙，1969 年 2 月 10 日生效)

本公约缔约国，

希望创立适当方法，以确保须予送达到国外的司法文书和司法外文书在足够的时间内为收件人所知悉，

希望通过简化并加快有关程序，改进为此目的而进行相互司法协助的体制，

为此目的，兹决定缔结一项公约，并议定下列各条：

第一条 在所有民事或商事案件中，如有须递送司法文书或司法外文书以便向国外送达的情形，均应适用本公约。

在文书的受送达人地址不明的情况下，本公约不予适用。

第一章　司法文书

第二条 每一缔约国应指定一个中央机关，负责根据第三条至第六条的规定，接收来自其他缔约国的送达请求书，并予以转递。

每一缔约国应依其本国法律组建中央机关。

第三条 依文书发出国法律有权主管的当局或司法助理人员应将符合本公约所附范本的请求书送交文书发往国中央机关，无须认证或其他类似手续。

请求书应附有须予送达的文书或其副本。请求书和文书均须一式两份。

第四条 如中央机关认为该请求书不符合本公约的规定，应及时通知申请者，并说明其对请求书的异议。

第五条 文书发往国中央机关应按照下列方法之一，自行送达该文书，或安排经由一适当机构使之得以送达：

(一)按照其国内法规定的在国内诉讼中对在其境内的人员送达文书的方法，或

(二)按照申请者所请求采用的特定方法，除非这一方法与文书发往国法律相抵触。

除本条第一款第(二)项规定外，均可通过将文书交付自愿接受的收件人的方法进行送达。

如依上述第一款送达文书，则中央机关可要求该文书以文书发往国的官方文字或其中之一写成，或译为该种文字。

依本公约所附格式填写的请求书中包括被送达文书概要的部分应连同文书一并送达。

第六条 文书发往国中央机关或该国为此目的可能指定的任何机关应依本公约所附范本格式出具证明书。

证明书应说明文书已经送达，并应包括送达的方法、地点和日期，以及文书被交付人。如文书并未送达，则证明书中应载明妨碍送达的原因。

申请者可要求非中央机关或司法机关出具的证明书由上述一个机关副署。

证明书应直接送交申请者。

第七条 本公约所附范本的标准栏目均应用法文或英文写成，亦可用文书发出国的官

方文字或其中之一写成。

相应空格应用文书发往国文字或法文或英文填写。

第八条　每一缔约国均有权直接通过其外交或领事代表机构向身在国外的人完成司法文书的送达，但不得采用任何强制措施。

任何国家均可声明其对在其境内进行此种送达的异议，除非该文书须送达给文书发出国国民。

第九条　此外，每一缔约国有权利用领事途径将文书送交另一缔约国为此目的指定的机关，以便送达。

如有特别情况需要，每一缔约国可为同一目的使用外交途径。

第十条　如送达目的地国不表异议，本公约不妨碍：

（一）通过邮寄途径直接向身在国外的人送交司法文书的自由；

（二）文书发出国的司法助理人员、官员或其他主管人员直接通过送达目的地国的司法助理人员、官员或其他主管人员完成司法文书的送达的自由；

（三）任何在司法程序中有利害关系的人直接通过送达目的地国的司法助理人员、官员或其他主管人员完成司法文书的送达的自由。

第十一条　本公约不妨碍两个或更多缔约国达成协议，允许采用上述各条所规定的递送途径以外的途径，特别是通过其各自机关直接联系的途径，以便送达司法文书。

第十二条　发自缔约一国的司法文书的送达不应产生因文书发往国提供服务所引起的税款或费用的支付或补偿。

申请者应支付或补偿下列情况产生的费用：

（一）有司法助理人员或依送达目的地国法律主管人员的参与；

（二）特定送达方法的使用。

第十三条　如果送达请求书符合本公约的规定，则文书发往国只在其认为执行请求将损害其主权或安全时才可拒绝执行。

一国不得仅根据下列理由拒绝执行，即：依其国内法，该国主张对该项诉讼标的专属管辖权，或其国内法不允许进行该项申请所依据的诉讼。

在拒绝执行的情况下，中央机关应迅速通知申请者，并说明拒绝的理由。

第十四条　在为了送达而递送司法文书的过程中可能产生的困难，应通过外交途径解决。

第十五条　如需根据本公约向国外递送传票或类似文书，以便送达，而被告没有出庭，则在确定以下情况之前，不得作出判决：

（一）该文书已依文书发往国的国内法所规定的在国内诉讼中对在其境内的人送达文书的方法予以送达；或

（二）该文书已依本公约规定的其他方法被实际交付被告或其居所。

并且，在上述任何一种情况下，送达或交付均应在能保证被告进行答辩的足够时间内完成。

每一缔约国均可声明，只要满足下述条件，即使未收到送达或交付的证明书，法官仍可不顾本条第一款的规定，作出判决：

（一）已依本公约所规定的一种方法递送该文书；

（二）法官根据具体案件认为自递送文书之日起不少于六个月的适当期间已满；

（三）尽管为获取证明书已通过文书发往国的主管机关尽了一切合理的努力，但仍未收到任何种类的证明书。

虽有上述各款规定，法官仍可在紧急情况下决定采取任何临时性或保护性的措施。

第十六条 如需根据本公约向国外递送传票或类似文书，以便送达，且已对未出庭的被告作出败诉判决，则在满足下述条件的情况下，法官有权使被告免于该判决因上诉期间届满所产生的丧失上诉权的效果：

（一）被告非因自己的过失，未能在足够期间内知悉该文书，以便提出答辩，或未能在足够期间内知悉该判决，以便提起上诉，并

（二）被告对该案的实质问题提出了表面可以成立的答辩理由。

被告只能在其知悉该判决后的合理期间内提出免除丧失上诉权效果的申请。

每一缔约国均可声明对在该声明中所指明的期间届满后提出的申请不予受理，但这一期间在任何情况下均不得少于自判决之日起的一年。

本条不适用于有关人的身份或能力的判决。

第二章　司法外文书

第十七条 缔约一国的机关和司法助理人员发出的司法外文书可依本公约的方法并按照本公约各条规定递送到缔约另一国，以便送达。

第三章　一般条款

第十八条 每一缔约国除指定中央机关外，还可指定其他机关，并应确定这些机关的主管范围。

但在任何情况下，申请者均有权将请求书直接送交中央机关。

联邦制国家有权指定一个以上的中央机关。

第十九条 只要缔约国的国内法允许使用上述各条规定之外的其他方法递送来自国外的文书，以便在其境内送达，本公约不影响此类规定。

第二十条 本公约不妨碍两个或更多的缔约国达成协议，以免除下列规定的适用：

（一）第三条第二款关于须予递送的文书必须一式两份的要求；

（二）第五条第三款和第七条关于文字的要求；

（三）第五条第四款的规定；

（四）第十二条第二款的规定。

第二十一条 每一缔约国均应在其交存批准书或加入书时或在此之后，就下述事项通知荷兰外交部：

（一）根据第二条和第十八条指定的机关；

（二）根据第六条指定的有权出具证明书的机关；

（三）根据第九条指定的有权接收通过领事途径递送的文书的机关。

适当时，每一缔约国还应通知荷兰外交部：

（一）对使用第八条和第十条所规定的递送方法所提出的异议；

（二）根据第十五条第二款和第十六条第三款所作出的声明；

（三）对上述指定、异议和声明的任何修改。

第二十二条　如本公约当事国亦为 1905 年 7 月 17 日和 1954 年 3 月 1 日订于海牙的两个《民事诉讼程序公约》或其中之一的缔约国，则本公约应在这些国家之间取代上述两公约第一条至第七条的规定。

第二十三条　本公约不应影响 1905 年 7 月 17 日订于海牙的《民事诉讼程序公约》第二十三条和 1954 年 3 月 1 日订于海牙的《民事诉讼程序公约》第二十四条的适用。

但只在使用与上述公约规定一致的联系方法时才应适用这些条款。

第二十四条　1905 年和 1954 年公约当事国之间缔结的补充协定应被认为同样适用于本公约，除非上述当事国另有协议。

第二十五条　在不损害第二十二条和第二十四条规定的情况下，本公约不损及缔约国已经或将要成为当事国并含有本公约所规定事项的条款的其他公约。

第二十六条　本公约应开放供出席海牙国际私法会议第十届会议的国家签署。

本公约须经批准，批准书应交存荷兰外交部。

第二十七条　本公约自第二十六条第二款所指的第三份批准书交存后的第六十天起生效。

对于此后批准本公约的签署国，本公约自其交存批准书后的第六十天起对其生效。

第二十八条　在本公约依第二十七条第一款规定生效后，任何未出席海牙国际私法会议第十届会议的国家均可加入本公约。加入书应交存荷兰外交部。

如该加入书交存前已批准本公约的国家在荷兰外交部将这一加入行为通知该国之日后六个月期间内并未通知荷兰外交部表示异议，则本公约对该加入国生效。

如未提出任何异议，则本公约自前款所指的最后期间届满后下个月的第一天起对该加入国生效。

第二十九条　任何国家均可在签署、批准或加入时声明，本公约应扩展适用于其为之负责国际关系的全部领土，或其中一个或几个部分。这类声明自本公约对有关国家生效之日起发生效力。

在其后任何时候，此类扩展适用事项均应通知荷兰外交部。

本公约自前款所指的通知发出后第六十天起对扩展适用通知中所提及的领土生效。

第三十条　本公约自依第二十七条第一款规定生效之日起五年有效，即使对后来批准或加入本公约的国家亦如此。

如未经通知退出，本公约应每五年自动展期一次。

任何退出通知均须在五年期满的至少六个月前通知荷兰外交部。

这类退出通知可仅限于适用本公约的某些领土。

此项退出通知只对通知退出的国家有效。本公约对其他缔约国应继续有效。

第三十一条　荷兰外交部应将下述事项通知第二十六条所指的国家以及已依第二十八条加入本公约的国家：

（一）第二十六条所指的签署和批准；

（二）本公约依第二十七条第一款生效的日期；

（三）第二十八条所指的加入及其生效日期；

（四）第二十九条所指的扩展适用及其生效日期；

（五）第二十一条所指的指定、异议和声明；

（六）第三十条第三款所指的退出通知。

下列签署人经正式授权，签署本公约，以昭信守。

1965 年 11 月 15 日订于海牙，用英文和法文写成，两种文本同一作准。正本一份，存于荷兰政府档案库。经证明无误的副本应通过外交途径送交出席海牙国际私法会议第十届会议的各国。

十、维也纳领事关系公约

(联合国领事关系会议 1963 年 4 月 24 日通过)

本公约各当事国，

查各国人民自古即已建立领事关系，

察及联合国宪章关于各国主权平等、维持国际和平与安全以及促进国际间友好关系之宗旨及原则，鉴于联合国外交往来及豁免会议曾通过维也纳外交关系公约，该公约业自一九六一年四月十八日起听由各国签署，深信一项关于领事关系、特权及豁免之国际公约亦能有助于各国间友好关系之发展，不论各国宪政及社会制度之差异如何，认为此等特权及豁免之目的不在于给与个人以利益而在于确保领馆能代表本国有效执行职务，确认凡未经本公约明文规定之事项应继续适用国际习惯法之规例，爰议定条款如下：

第一条　定义

一、就本公约之适用而言，下列名称应具意义如次：

(一)称"领馆"者，谓任何总领事馆、领事馆、副领事馆或领事代理处；

(二)称"领馆辖区"者，谓为领馆执行职务而设定之区域；

(三)称"领馆馆长"者，谓奉派任此职位之人员；

(四)称"领事官员"者，谓派任此职承办领事职务之任何人员，包括领馆馆长在内；

(五)称"领馆雇员"者，谓受雇担任领馆行政或技术事务之任何人员；

(六)称"服务人员"者，谓受雇担任领馆杂务之任何人员；

(七)称"领馆人员"者，谓领事官员、领馆雇员及服务人员；

(八)称"领馆馆员"者，谓除馆长以外之领事官员、领馆雇员及服务人员；

(九)称"私人服务人员"者，谓受雇专为领馆人员私人服务之人员；

(十)称"领馆馆舍"者，谓专供领馆使用之建筑物或建筑物之各部分，以及其所附属之土地，至所有权谁属，则在所不问；

(十一)称"领馆档案"者，谓领馆之一切文书、文件、函电、簿籍、胶片、胶带及登记册，以及明密电码、纪录卡片及供保护或保管此等文卷之用之任何器具。

二、领事官员分为两类，即职业领事官员与名誉领事官员。本公约第二章之规定对以职业领事官员为馆长之领馆适用之；第三章之规定对以名誉领事官员为馆长之领馆适用之。

三、领馆人员为接受国国民或永久居民者，其特殊地位依本公约第七十一条定之。

第一章　一般领事关系

第一节　领事关系之建立及处理

第二条　领事关系之建立

一、国与国间领事关系之建立，以协议为之。

二、除另有声明外，两国同意建立外交关系亦即谓同意建立领事关系。

三、断绝外交关系并不当然断绝领事关系。

第三条　领事职务之行使

领事职务由领馆行使之。此项职务亦得由使馆依照本公约之规定行使之。

第四条　领馆之设立

一、领馆须经接受国同意始得在该国境内设立。

二、领馆之设立地点、领馆类别及其辖区由派遣国定之，惟须经接受国同意。

三、领馆之设立地点、领馆类别及其辖区确定后，派遣国须经接受国同意始得变更之。

四、总领事馆或领事馆如欲在本身所在地以外之地点设立副领事馆或领事代理处亦须经接受国同意。

五、在原设领馆所在地以外开设办事处作为该领馆之一部分，亦须事先征得接受国之明示同意。

第五条　领事职务

领事职务包括：

(一)于国际法许可之限度内，在接受国内保护派遣国及其国民——个人与法人——之利益；

(二)依本公约之规定，增进派遣国与接受国间之商业、经济、文化及科学关系之发展，并在其他方面促进两国间之友好关系；

(三)以一切合法手段调查接受国内商业、经济、文化及科学活动之状况及发展情形，向派遣国政府具报，并向关心人士提供资料；

(四)向派遣国国民发给护照及旅行证件，并向拟赴派遣国旅行人士发给签证或其他适当文件；

(五)帮助及协助派遣国国民——个人与法人；

(六)担任公证人，民事登记员及类似之职司，并办理若干行政性质之事务，但以接受国法律规章无禁止之规定为限；

(七)依接受国法律规章在接受国境内之死亡继承事件中，保护派遣国国民——个人与法人——之利益；

(八)在接受国法律规章所规定之限度内，保护为派遣国国民之未成年人及其他无充分行为能力人之利益，尤以须对彼等施以监护或托管之情形为然；

(九)以不抵触接受国内施行之办法与程序为限，遇派遣国国民因不在当地或由于其他原因不能于适当期间自行辩护其权利与利益时，在接受国法院及其他机关之前担任其代表或为其安排适当之代表，俾依照接受国法律规章取得保全此等国民之权利与利益之临时措施；

(十)依现行国际协定之规定或于无此种国际协定时，以符合接受国法律规章之任何其他方式，转送司法书状与司法以外文件或执行嘱托调查书或代派遣国法院调查证据之委托书；

(十一)对具有派遣国国籍之船舶，在该国登记之航空机以及其航行人员，行使派遣国法律规章所规定之监督及检查权；

(十二)对本条第(十一)款所称之船舶与航空机及其航行人员给予协助，听取关于船

舶航程之陈述，查验船舶文书并加盖印章，于不妨害接受国当局权力之情形下调查航行期间发生之任何事故及在派遣国法律规章许可范围内调解船长船员与水手间之任何争端；

(十三)执行派遣国责成领馆办理而不为接受国法律规章所禁止、或不为接受国所反对、或派遣国与接受国间现行国际协定所订明之其他职务。

第六条　在领馆辖区外执行领事职务

在特殊情形下，领事官员经接受国同意，得在其领馆辖区外执行职务。

第七条　在第三国中执行领事职务

派遣国得于通知关系国家后，责成设于特定国家之领馆在另一国内执行领事职务，但以关系国家均不明示反对为限。

第八条　代表第三国执行领事职务

经适当通知接受国后，派遣国之一领馆得代表第三国在接受国内执行领事职务，但以接受国不表反对为限。

第九条　领馆馆长之等级

一、领馆馆长分为四级，即：

(一)总领事；

(二)领事；

(三)副领事；

(四)领事代理人。

二、本条第一项之规定并不限制任何缔约国对馆长以外之领事官员设定衔名之权。

第十条　领馆馆长之委派及承认

一、领馆馆长由派遣国委派，并由接受国承认准予执行职务。

二、除本公约另有规定外，委派及承认领馆馆长之手续各依派遣国及接受国之法律规章与惯例办理。

第十一条　领事委任文凭或委派之通知

一、领馆馆长每次奉派任职，应由派遣国发给委任文凭或类似文书以充其职位之证书，其上通例载明馆长之全名，其职类与等级，领馆辖区及领馆设置地点。

二、派遣国应经由外交途径或其他适当途径将委任文凭或类似文书转送领馆馆长执行职务所在地国家之政府。

三、如接受国同意，派遣国得向接受国致送载列本条第一项所规定各节之通知，以替代委任文凭或类似文书。

第十二条　领事证书

一、领馆馆长须经接受国准许方可执行职务，此项准许不论采何形式，概称领事证书。

二、一国拒不发给领事证书，无须向派遣国说明其拒绝之理由。

三、除第十三条及第十五条另有规定外，领馆馆长非俟获得领事证书不得开始执行职务。

第十三条　暂时承认领馆馆长

领事证书未送达前，领馆馆长得暂时准予执行职务。遇此情形，本公约之各项规定应

即适用。

第十四条　通知领馆辖区当局

领馆馆长一经承认准予执行职务后，接受国应立即通知领馆辖区之各主管当局，即令系属暂时性质，亦应如此办理。接受国并应确保采取必要措施，使领馆馆长能执行其职责并可享受本公约所规定之利益。

第十五条　暂时代理领馆馆长职务

一、领馆馆长不能执行职务或缺位时，得由代理馆长暂代领馆馆长。

二、代理馆长之全名应由派遣国使馆通知接受国外交部或该部指定之机关；如该国在接受国未设使馆，应由领馆馆长通知，馆长不能通知时，则由派遣国主管机关通知之。此项通知通例应事先为之。如代理馆长非为派遣国驻接受国之外交代表或领事官员，接受国得以征得其同意为承认之条件。

三、接受国主管机关应予代理馆长以协助及保护。代理馆长主持馆务期间应在与领馆馆长相同之基础上适用本公约各项规定。惟如领馆馆长系在代理馆长并不具备之条件下始享受便利、特权与豁免时，接受国并无准许代理馆长享受此种便利、特权与豁免之义务。

四、遇本条第一项所称之情形，派遣国驻接受国使馆之外交职员奉派遣国派为领馆代理馆长时，倘接受国不表反对，应继续享有外交特权与豁免。

第十六条　领馆馆长间之优先位次

一、领馆馆长在各别等级中之优先位次依颁给领事证书之日期定之。

二、惟如领馆馆长在获得领事证书前业经暂时承认准予执行职务，其优先位次依给予暂时承认之日期定之；此项优先位次在颁给领事证书后，仍应维持之。

三、两个以上领馆馆长同日获得领事证书或暂时承认者，其相互间之位次依委任文凭或类似文书或第十一条第三项所称之通知送达接受国之日期定之。

四、代理馆长位于所有领馆馆长之后，其相互间之位次依遵照第十五条第二项所为通知中述明之开始担任代理馆长职务日期定之。

五、名誉领事官员任领馆馆长者在各别等级中位于职业领馆馆长之后，其相互间之位次依前列各项所订定之次序及规则定之。

六、领馆馆长位于不任此职之领事官员之先。

第十七条　领事官员承办外交事务

一、在派遣国未设使馆亦未由第三国使馆代表之国家内，领事官员经接受国之同意，得准予承办外交事务，但不影响其领事身份。领事官员承办外交事务，并不因而有权主张享有外交特权及豁免。

二、领事官员得于通知接受国后，担任派遣国出席任何政府间组织之代表。领事官员担任此项职务时，有权享受此等代表依国际习惯法或国际协定享有之任何特权及豁免；但就其执行领事职务而言，仍无权享有较领事官员依本公约所享者为广之管辖之豁免。

第十八条　两个以上国家委派同一人为领事官员

两个以上国家经接受国之同意得委派同一人为驻该 国之领事官员。

第十九条　领馆馆员之委派

一、除第二十条、第二十二条及第二十三条另有规定外，派遣国得自由委派领馆馆

员。

二、派遣国应在充分时间前将领馆馆长以外所有领事官员之全名、职类及等级通知接受国，俾接受国得依其所愿，行使第二十三条第三项所规定之权利。

三、派遣国依其本国法律规章确有必要时，得请接受国对领馆馆长以外之领事官员发给领事证书。

四、接受国依其本国法律规章确有必要时，得对领馆馆长以外之领事官员发给领事证书。

第二十条　领馆馆员人数

关于领馆馆员人数如无明确协议，接受国得酌量领馆辖区内之环境与情况及特定领馆之需要，要求馆员人数不超过接受国认为合理及正常之限度。

第二十一条　领馆领事官员间之优先位次

同一领馆内领事官员间之优先位次以及关于此项位次之任何变更应由派遣国使馆通知接受国外交部或该部指定之机关，如派遣国在接受国未设使馆，则由领馆馆长通知之。

第二十二条　领事官员之国籍

一、领事官员原则上应属派遣国国籍。

二、委派属接受国国籍之人为领事官员，非经该国明示同意，不得为之；此项同意得随时撤销之。

三、接受国对于非亦为派遣国国民之第三国国民，得保留同样权利。

第二十三条　认为不受欢迎之人员

一、接受国得随时通知派遣国，宣告某一领事官员为不受欢迎人员或任何其他领馆馆员为不能接受。遇此情事，派遣国应视情形召回该员或终止其在领馆中之职务。

二、倘派遣国拒绝履行或不在相当期间内履行其依本条第一项所负之义务，接受国得视情形撤销关系人员之领事证书或不复承认该员为领馆馆员。

三、任何派为领馆人员之人得于其到达接受国国境前——如其已在接受国境内，于其在领馆就职前——被宣告为不能接受。遇此情形，派遣国应撤销该员之任命。

四、遇本条第一项及第三项所称之情形，接受国无须向派遣国说明其所为决定之理由。

第二十四条　向接受国通知委派到达及离境

一、下列事项应通知接受国外交部或该部指定之机关：

(一)领馆人员之委派，委派后之到达领馆，其最后离境或职务终止，以及在领馆供职期间所发生之身份上任何其他变更；

(二)与领馆人员构成同一户口之家属到达及最后离境；任何人成为或不复为领馆人员家属时，在适当情形下，亦应通知；

(三)私人服务人员之到达及最后离境；其职务之终止，在适当情形下，亦应通知；

(四)雇用居留接受国之人为领馆人员或为得享特权与豁免之私人服务人员时，其雇用及解雇。

二、到达及最后离境，于可能范围内，亦应事先通知。

第二节　领事职务之终了

第二十五条　领馆人员职务之终止

除其他情形外，领馆人员之职务遇有下列情事之一即告终了：

(一)派遣国通知接受国谓该员职务业已终了；

(二)撤销领事证书；

(三)接受国通知派遣国谓接受国不复承认该员为领馆馆员。

第二十六条　离开接受国国境

接受国对于非为接受国国民之领馆人员及私人服务人员以及与此等人员构成同一户口之家属，不论其国籍为何，应给予必要时间及便利使能于关系人员职务终止后准备离境并尽早出境，纵有武装冲突情事，亦应如此办理。遇必要时，接受国尤应供给彼等本人及财产所需之交通运输工具，但财产之在接受国内取得而于离境时禁止出口者不在此列。

第二十七条　非常情况下领馆馆舍与档案及派遣国利益之保护

一、遇两国断绝领事关系时：

(一)接受国应尊重并保护领馆馆舍以及领馆财产与领馆档案，纵有武装冲突情事，亦应如此办理；

(二)派遣国得将领馆馆舍以及其中财产与领馆档案委托接受国可以接受之第三国保管；

(三)派遣国得委托接受国可以接受之第三国代为保护派遣国及其国民之利益。

二、遇领馆暂时或长期停闭，本条第一项第(一)款规定应适用之。此外，

(一)派遣国在接受国境内虽未设使馆，但设有另一领馆时，得责成该领馆保管已停闭之领馆之馆舍以及其中财产与领馆档案，又经接受国同意后，得责令其兼理已停闭领馆辖区内之领事职务。

(二)派遣国在接受国内并无使馆或其他领馆时，本条第一项第(二)款及第(三)款之规定应适用之。

第二章　关于领馆职业领事官员及其他领馆人员之便利、特权与豁免

第一节　关于领馆之便利、特权与豁免

第二十八条　领馆工作之便利

接受国应给予领馆执行职务之充分便利。

第二十九条　国旗与国徽之使用

一、派遣国有权依本条之规定在接受国内使用本国之国旗与国徽。

二、领馆所在之建筑物及其正门上，以及领馆馆长寓邸与在执行公务时乘用之交通工具上得悬挂派遣国国旗并揭示国徽。

三、行使本条所规定之权利时，对于接受国之法律规章与惯例应加顾及。

第三十条　房舍

一、接受国应便利派遣国依接受国法律规章在其境内置备领馆所需之馆舍，或协助领馆以其他方法获得房舍。

二、接受国遇必要时，并应协助领馆为其人员获得适当房舍。

第三十一条　领馆馆舍不得侵犯

一、领馆馆舍于本条所规定之限度内不得侵犯。

二、接受国官吏非经领馆馆长或其指定人员或派遣国使馆馆长同意，不得进入领馆馆舍中专供领馆工作之用之部分。惟遇火灾或其他灾害须迅速采取保护行动时，得推定领馆馆长已表示同意。

三、除本条第二项另有规定外，接受国负有特殊责任，采取一切适当步骤保护领馆馆舍免受侵入或损害，并防止任何扰乱领馆安宁或有损领馆尊严之情事。

四、领馆馆舍、馆舍设备以及领馆之财产与交通工具应免受为国防或公用目的而实施之任何方式之征用。如为此等目的确有征用之必要时，应采取一切可能步骤以免领馆职务之执行受有妨碍，并应向派遣国为迅速、充分及有效之赔偿。

第三十二条　领馆馆舍免税

一、领馆馆舍及职业领馆馆长寓邸之以派遣国或代表派遣国人员为所有权人或承租人者，概免缴纳国家、区域或地方性之一切捐税，但其为对供给特定服务应纳之费者不在此列。

二、本条第一项所称之免税，对于与派遣国或代表派遣国人员订立承办契约之人依接受国法律应纳之捐税不适用之。

第三十三条　领馆档案及文件不得侵犯

领馆档案及文件无论何时，亦不论位于何处，均属不得侵犯。

第三十四条　行动自由

除接受国为国家安全设定禁止或限制进入区域所订法律规章另有规定外，接受国应确保所有领馆人员在其境内行动及旅行之自由。

第三十五条　通讯自由

一、接受国应准许领馆为一切公务目的之自由通讯，并予保护。领馆与派遣国政府及无论何处之该国使馆及其他领馆通讯，得采用一切适当方法，包括外交或领馆信差，外交或领馆邮袋及明密码电信在内。但领馆须经接受国许可，始得装置及使用无线电发报机。

二、领馆之来往公文不得侵犯。来往公文系指有关领馆及其职务之一切来往文件。

三、领馆邮袋不得予以开拆或扣留。但如接受国主管当局有重大理由认为邮袋装有不在本条第四项所称公文文件及用品之列之物品时，得请派遣国授权代表一人在该当局前将邮袋开拆。如派遣国当局拒绝此项请求，邮袋应予退回至原发送地点。

四、构成领馆邮袋之包裹须附有可资识别之外部标记，并以装载来往公文及公务文件或专供公务之用之物品为限。

五、领馆信差应持有官方文件，载明其身份及构成领馆邮袋之包裹件数。除经接受国同意外，领馆信差不得为接受国国民，亦不得为接受国永久居民，但其为派遣国国民者不在此限。其于执行职务时，应受接受国保护。领馆信差享有人身不得侵犯权，不受任何方式之逮捕或拘禁。

六、派遣国，其使馆及领馆得派特别领馆信差。遇此情形，本条第五项之规定亦应适用，惟特别信差将其所负责携带之领馆邮袋送交收件人后，即不复享有该项所称之豁免。

七、领馆邮袋得托交预定在准许入境地点停泊之船舶船长或在该地降落之商营飞机机长运带。船长或机长应持有官方文件，载明构成邮袋之包裹件数，但不得视为领馆信差。

领馆得与主管地方当局商定，派领馆人员一人径向船长或机长自由提取领馆邮袋。

第三十六条　与派遣国国民通讯及联络

一、为便于领馆执行其对派遣国国民之职务计：

(一)领事官员得自由与派遣国国民通讯及会见。派遣国国民与派遣国领事官员通讯及会见应有同样自由。

(二)遇有领馆辖区内有派遣国国民受逮捕或监禁或羁押候审、或受任何其他方式之拘禁之情事，经其本人请求时，接受国主管当局应迅即通知派遣国领馆。受逮捕、监禁、羁押或拘禁之人致领馆之信件亦应由该当局迅予递交。该当局应将本款规定之权利迅即告知当事人。

(三)领事官员有权探访受监禁、羁押或拘禁之派遣国国民，与之交谈或通讯，并代聘其法律代表。领事官员并有权探访其辖区内依判决而受监禁、羁押或拘禁之派遣国国民。但如受监禁、羁押或拘禁之国民明示反对为其采取行动时，领事官员应避免采取此种行动。

二、本条第一项所称各项权利应遵照接受国法律规章行使之，但此项法律规章务须使本条所规定之权利之目的得以充分实现。

第三十七条　关于死亡、监护或托管及船舶毁损与航空事故之通知

倘接受国主管当局获有有关情报，该当局负有义务：

(一)遇有派遣国国民死亡时，迅即通知辖区所之之领馆；

(二)遇有为隶籍派遣国之未成年人或其他无充分行为能力人之利益计，似宜指定监护人或托管人时，迅将此项情事通知主管领馆。惟此项通知不得妨碍接受国关于指派此等人员之法律规章之施行。

(三)遇具有派遣国国籍之船舶在接受国领海或内国水域毁损或搁浅时，或遇在派遣国登记之航空机在接受国领域内发生意外事故时，迅即通知最接近出事地点之领馆。

第三十八条　与接受国当局通讯

领事官员执行职务时，得与下列当局接洽：

(一)其辖区内之主管地方当局；

(二)接受国之主管中央当局，但以经接受国之法律规章与惯例或有关国际协定所许可且在其规定范围内之情形为限。

第三十九条　领馆规费与手续费

一、领馆得在接受国境内征收派遣国法律规章所规定之领馆办事规费与手续费。

二、本条第一项所称规费与手续费之收入款项以及此项规费或手续费之收据，概免缴纳接受国内之一切捐税。

第二节　关于职业领事官员及其他领馆人员之便利、特权与豁免

第四十条　对领事官员之保护

接受国对于领事官员应表示适当尊重并应采取一切适当步骤以防其人身自由或尊严受任何侵犯。

第四十一条　领事官员人身不得侵犯

一、领事官员不得予以逮捕候审或羁押候审，但遇犯严重罪行之情形，依主管司法机

关之裁判执行者不在此列。

二、除有本条第一项所规定之情形外，对于领事官员不得施以监禁或对其人身自由加以任何其他方式之拘束，但为执行有确定效力之司法判决者不在此限。

三、如对领事官员提起刑事诉讼，该员须到管辖机关出庭。惟进行诉讼程序时，应顾及该员所任职位予以适当之尊重，除有本条第一项所规定之情形外，并应尽量避免妨碍领事职务之执行。遇有本条第一项所称之情形，确有羁押领事官员之必要时，对该员提起诉讼，应尽速办理。

第四十二条　逮捕、羁押或诉究之通知

遇领馆馆员受逮捕候审或羁押候审，或对其提起刑事诉讼时，接受国应迅即通知领馆馆长。倘领馆馆长本人为该项措施之对象时，接受国应经由外交途径通知派遣国。

第四十三条　管辖之豁免

一、领事官员及领馆雇员对其为执行领事职务而实施之行为不受接受国司法或行政机关之管辖。

二、惟本条第一项之规定不适用于下列民事诉讼：

(一)因领事官员或领馆雇员并未明示或默示以派遣国代表身份而订契约所生之诉讼；

(二)第三者因车辆船舶或航空机在接受国内所造成之意外事故而要求损害赔偿之诉讼。

第四十四条　作证之义务

一、领馆人员得被请在司法或行政程序中到场作证。除本条第三项所称之情形外，领馆雇员或服务人员不得拒绝作证。如领事官员拒绝作证，不得对其施行强制措施或处罚。

二、要求领事官员作证之机关应避免对其执行职务有所妨碍。于可能情形下得在其寓所或领馆录取证言，或接受其书面陈述。

三、领馆人员就其执行职务所涉事项，无担任作证或提供有关来往公文及文件之义务。领馆人员并有权拒绝以鉴定人身份就派遣国之法律提出证言。

第四十五条　特权及豁免之抛弃

一、派遣国得就某一领馆人员抛弃第四十一条、第四十三条及第四十四条所规定之任何一项特权和豁免。

二、除本条第三项所规定之情形外，特权及豁免之抛弃概须明示，并应以书面通知接受国。

三、领事官员或领馆雇员如就第四十三条规定可免受管辖之事项，主动提起诉讼，即不得对与本诉直接相关之反诉主张管辖之豁免。

四、民事或行政诉讼程序上管辖豁免之抛弃，不得视为对司法判决执行处分之豁免亦默示抛弃，抛弃此项处分之豁免，须分别为之。

第四十六条　免除外侨登记及居留证

一、领事官员及领馆雇员，以及与其构成同一户口之家属应免除接受国法律规章就外侨登记及居留证所规定之一切义务。

二、但本条第一项之规定对于任何非派遣国常任雇员，或在接受国内从事私人有偿职业之领馆雇员，应不适用，对于此等雇员之家属，亦不应适用。

第四十七条　免除工作证

一、领馆人员就其对派遣国所为之服务而言，应免除接受国关于雇用外国劳工之法律规章所规定之任何有关工作证之义务。

二、属于领事官员及领馆雇员之私人服务人员，如不在接受国内从事其他有偿职业，应免除本条第一项所称之义务。

第四十八条　社会保险办法免于适用

一、除本条第三项另有规定外，领馆人员就其对派遣国所为之服务而言，以及与其构成同一户口之家属，应免适用接受国施行之社会保险办法。

二、专受领馆人员雇用之私人服务人员亦应享有本条第一项所规定之豁免，但以符合下列两项条件为限：

(一)非为接受国国民且不在该国永久居留者；

(二)受有派遣国或第三国所施行之社会保险办法保护者。

三、领馆人员如其所雇人员不享受本条第二项所规定之豁免时，应履行接受国社会保险办法对雇用人所规定之义务。

四、本条第一项及第二项所规定之豁免并不妨碍对于接受国社会保险制度之自愿参加，但以接受国许可参加为限。

第四十九条　免税

一、领事官员及领馆雇员以及与其构成同一户口之家属免纳一切对人或对物课征之国家、区域或地方性捐税，但下列各项不在此列：

(一)通常计入商品或劳务价格内之一类间接税；

(二)对于接受国境内私有不动产课征之捐税，但第三十二条之规定不在此限；

(三)接受国课征之遗产税、遗产取得税或继承税及让与税，但第五十一条第(二)项之规定不在此限；

(四)对于自接受国内获致之私人所得，包括资本收益在内，所课征之捐税以及对于在接受国内商务或金融事业上所为投资课征之资本税；

(五)为供给特定服务所征收之费用；

(六)登记费、法院手续费或记录费、抵押税及印花税，但第三十二条之规定不在此限。

二、领馆服务人员就其服务所得之工资，免纳捐税。

三、领馆人员如其所雇人员之工资薪给不在接受国内免除所得税时，应履行该国关于征收所得税之法律规章对雇用人所规定之义务。

第五十条　免纳关税及免受查验

一、接受国应依本国制定之法律规章，准许下列物品入境并免除一切关税以及贮存、运送及类似服务费用以外之一切其他课征：

(一)领馆公务用品；

(二)领事官员或与其构成同一户口之家属之私人自用品，包括供其初到任定居之用之物品在内。消费用品不得超过关系人员本人直接需用之数量。

二、领馆雇员就其初到任时运入之物品，享有本条第一项所规定之特权与豁免。

三、领事官员及与其构成同一户口之家属所携私人行李免受查验。倘有重大理由认为其中装有不在本条第一项第(二)款之列之物品或接受国法律规章禁止进出口或须受其检疫法律规章管制之物品，始可查验。此项查验应在有关领事官员或其家属前为之。

第五十一条　领馆人员或其家属之遗产

遇领馆人员或与其构成同一户口之家属死亡时，接受国：

(一)应许可亡故者之动产移送出国，但任何动产系在接受国内取得而在当事人死亡时禁止出口者不在此列；

(二)对于动产之在接受国境内纯系因亡故者为领馆人员或领馆人员之家属而在接受国境内所致者，应不课征国家、区域或地方性遗产税、遗产取得税或继承税及让与税。

第五十二条　免除个人劳务及捐献

接受国应准领馆人员及与其构成同一户口之家属免除一切个人劳务及所有各种公共服务，并免除类如有关征用、军事捐献及屯宿等之军事义务。

第五十三条　领事特权与豁免之开始及终止

一、各领馆人员自进入接受国国境前往就任之时起享有本公约所规定之特权与豁免，其已在该国境内者，自其就领馆职务之时起开始享有。

二、领馆人员之与其构成同一户口之家属及其私人服务人员自领馆人员依本条第一项享受特权及豁免之日起，或自本人进入接受国国境之时起，或自其成为领馆人员之家属或私人服务人员之日期起，享有本公约所规定之特权与豁免，以在后之日期为准。

三、领馆人员之职务如已终止，其本人之特权与豁免以及与其构成同一户口之家属或私人服务人员之特权与豁免通常应于各该人员离接受国国境时或其离境之合理期间终了时停止，以在先之时间为准，纵有武装冲突情事，亦应继续有效至该时为止。就本条第二项所称之人员而言，其特权与豁免于其不复为领馆人员户内家属或不复为领馆人员雇用时终止，但如此等人员意欲于稍后合理期间内离接受国国境，其特权与豁免应继续有效，至其离境之时为止。

四、惟关于领事官员或领馆雇员为执行职务所实施之行为，其管辖之豁免应继续有效，无时间限制。

五、遇领馆人员死亡，与其构成同一户口之家属应继续享有应享之特权与豁免至其离接受国国境时或其离境之合理期间终了时为止，以在先之时间为准。

第五十四条　第三国之义务

一、遇领事官员前往就任或返任或返回派遣国道经第三国国境或在该国境内，而该国已发给其应领之签证时，第三国应给予本公约其他条款所规定而为确保其过境或返回所必需之一切豁免。与领事官员构成同一户口而享有特权与豁免之家属与领事官员同行时或单独旅行前往会聚或返回派遣国时，本项规定应同样适用。

二、遇有类似本条第一项所述之情形，第三国不应阻碍其他领馆人员或与其构成同一户口之家属经过该国国境。

三、第三国对于过境之来往公文及其他公务通讯，包括明密码电信在内，应比照接受国依本公约所负之义务，给予同样之自由及保护。第三国遇有已领其所应领签证之领馆信差及领馆邮袋过境时，应比照接受国依本公约所负之义务，给予同样之不得侵犯权及保

护。

四、第三国依本条第一项、第二项及第三项规定所负之义务，对于各该项内分别述及之人员与公务通讯及领馆邮袋之因不可抗力而在第三国境内者，亦适用之。

第五十五条　尊重接受国法律规章

一、在不妨碍领事特权与豁免之情形下，凡享有此项特权与豁免之人员均负有尊重接受国法律规章之义务。此等人员并负有不干涉该国内政之义务。

二、领馆馆舍不得充作任何与执行领事职务不相符合之用途。

三、本条第二项之规定并不禁止于领馆馆舍所在之建筑物之一部分设置其他团体或机关之办事处，但供此类办事处应用之房舍须与领馆自用房舍隔离。在此情形下，此项办事处在本公约之适用上，不得视为领馆馆舍之一部分。

第五十六条　对于第三者损害之保险

领馆人员对于接受国法律规章就使用车辆、船舶或航空机对第三者可能发生之损害所规定之任何保险办法，应加遵守。

第五十七条　关于私人有偿职业之特别规定

一、职业领事官员不应在接受国内为私人利益从事任何专业或商业活动。

二、下列人员不应享受本章所规定之特权及豁免：

(一)在接受国内从事私人有偿职业之领馆雇员或服务人员；

(二)本项第(一)款所称人员之家属或其私人服务人员；

(三)领馆人员家属本人在接受国内从事私人有偿职业者。

第三章　对于名誉领事官员及以此等官员为馆长之领馆所适用之办法

第五十八条　关于便利、特权及豁免之一般规定

一、第二十八条、第二十九条、第三十条、第三十四条、第三十五条、第三十六条、第三十七条、第三十八条、第三十九条、第五十四条第三项、第五十五条第二项及第三项对于以名誉领事官员为馆长之领馆应适用之。此外，关于此等领馆所享之便利、特权及豁免应适用第五十九条、第六十条、第六十一条及第六十二条之规定。

二、第四十二条及第四十三条、第四十四条第三项、第四十五条、第五十三条及第五十五条第一项之规定应适用于名誉领事官员。此外，关于此等领事官员所享之便利、特权及豁免应适用第六十三条、第六十四条、第六十五条、第六十六条及第六十七条之规定。

三、名誉领事官员之家属及以名誉领事官员为馆长之领馆所雇用雇员之家属不得享受本公约所规定之特权及豁免。

四、不同国家内以名誉领事官员为馆长之两个领馆间，非经两有关接受国同意，不得互换领馆邮袋。

第五十九条　领馆馆舍之保护

接受国应采取必要步骤保护以名誉领事官员为馆长之领馆馆舍使不受侵入或损害，并防止任何扰乱领馆安宁或有损领馆尊严之情事。

第六十条　领馆馆舍免税

一、以名誉领事官员为馆长之领馆馆舍，如以派遣国为所有权人或承租人，概免缴纳

国家、区域或地方性之一切捐税，但其为对供给特定服务应纳之费者不在此列。

二、本条第一项所称之免税，对于与派遣国订立承办契约之人依接受国法律规章应纳之捐税不适用之。

第六十一条　领馆档案及文件不得侵犯

领馆以名誉领事官员为馆长者，其领馆档案及文件无论何时亦不论位于何处，均属不得侵犯，但此等档案及文件以与其他文书及文件，尤其与领馆馆长及其所属工作人员之私人信件以及关于彼等专业或行业之物资、簿籍或文件分别保管者为限。

第六十二条　免纳关税

接受国应依本国制定之法律规章，准许下列物品入境并免除一切关税以及贮存、运送及类似服务费用以外之一切其他课征，但以此等物品系供以名誉领事官员为馆长之领馆公务上使用者为限：国徽、国旗、牌匾、印章、簿籍、公务印刷品、办公室用具、办公室设备以及由派遣国或应派遣国之请供给与领馆之类似物品。

第六十三条　刑事诉讼

如对名誉领事官员提起刑事诉讼，该员须到管辖机关出庭。惟诉讼程序进行时，应顾及该员所任职位予以适当尊重，且除该员已受逮捕或羁押外，应尽量避免妨碍领事职务之执行。遇确有羁押名誉领事官员之必要时，对该员提起诉讼，应尽速办理。

第六十四条　对名誉领事官员之保护

接受国负有义务对名誉领事官员给予因其所任职位关系而需要之保护。

第六十五条　免除外侨登记及居留证

名誉领事官员，除在接受国内为私人利益从事任何专业或商业活动者外，应免除接受国法律规章就外侨登记及居留证所规定之一切义务。

第六十六条　免税

名誉领事官员因执行领事职务向派遣国支领之薪酬免纳一切捐税。

第六十七条　免除个人劳务及捐献

接受国应准名誉领事官员免除一切个人劳务及所有各种公共服务，并免除类如有关征用、军事捐献及屯宿等之军事义务。

第六十八条　名誉领事官员制度由各国任意选用

各国可自由决定是否委派或接受名誉领事官员。

第四章　一般条款

第六十九条　非为领馆馆长之领事代理人

一、各国可自由决定是否设立或承认由派遣国并未派为领馆馆长之领事代理人主持之领事代理处。

二、本条第一项所称之领事代理处执行职务之条件以及主持代理处之领事代理人可享之特权及豁免由派遣国与接受国协议定之。

第七十条　使馆承办领事职务

一、本公约之各项规定，在其文义所许可之范围内，对于使馆承办领事职务，亦适用之。

二、使馆人员派任领事组工作者，或另经指派担任使馆内领事职务者，其姓名应通知接受国外交部或该部指定之机关。

三、使馆执行领事职务时得与下列当局接洽：

(一)其辖区内之地方当局；

(二)接受国之中央当局，但以经接受国之法律规章与惯例或有关国际协定所许可者为限。

四、本条第二项所称使馆人员之特权与豁免仍以关于外交关系之国际法规则为准。

第七十一条　接受国国民或永久居民

一、除接受国特许享有其他便利、特权与豁免外，领事官员为接受国国民或永久居民者，仅就其为执行职务而实施之公务行为享有管辖之豁免及人身不得侵犯权，并享有本公约第四十四条第三项所规定之特权。就此等领事官员而言，接受国应同样负有第四十二条所规定之义务。如对此等领事官员提起刑事诉讼，除该员已受逮捕或羁押外，诉讼程序之进行，应尽量避免妨碍领事职务之执行。

二、其他为接受国国民或永久居民之领馆人员及其家属，以及本条第一项所称领事官员之家属，仅得在接受国许可之范围内享有便利、特权与豁免。领馆人员家属及私人服务人员本人为接受国国民或永久居民者，亦仅得在接受国许可之范围内享有便利、特权及豁免。但接受国对此等人员行使管辖时，应避免对领馆职务之执行有不当之妨碍。

第七十二条　无差别待遇

一、接受国适用本公约之规定时，对各国不得差别待遇。

二、惟下列情形不以差别待遇论：

(一)接受国因派遣国对接受国领馆适用本公约之任何规定时有所限制，对同一规定之适用亦予限制；

(二)各国依惯例或协定彼此间给予较本公约规定为优之待遇。

第七十三条　本公约与其他国际协定之关系

一、本公约之规定不影响当事国间现行有效之其他国际协定。

二、本公约并不禁止各国间另订国际协定以确认或补充、或推广、或引申本公约之各项规定。

第七十四条　签署

本公约应听由联合国或任何专门机关之全体会员国，或国际法院规约当事国及经联合国大会邀请成为本公约当事一方之任何其他国家签署，其办法如下：至一九六三年十月三十一日止在奥地利共和国联邦外交部签署，其后至一九六四年三月三十一日止在纽约联合国会所签署。

第七十五条　批准

本公约须经批准。批准文件应送交联合国秘书长存放。

第七十六条　加入

本公约应听由属于第七十四条所称四类之一之国家加入。加入文件应送交联合国秘书长存放。

第七十七条　生效

一、本公约应于第二十二件批准或加入文件送交联合国秘书长存放之日后第三十日起发生效力。

二、对于在第二十二件批准或加入文件存放后批准或加入本公约之国家，本公约应于各该国存放批准或加入文件后第三十日起发生效力。

第七十八条　秘书长之通知

联合国秘书长应将下列事项通知所有属于第七十四条所称四类之一之国家：

（一）依第七十四条、第七十五条及第七十六条对本公约所为之签署及送存之批准或加入文件；

（二）依第七十七条本公约发生效力之日期。

第七十九条　作准文本

本公约之原本应交联合国秘书长存放，其中文、英文、法文、俄文及西班牙文各本同一作准；秘书长应将各文正式副本分送所有属于第七十四条所称四类之一之国家。

为此，下列全权代表，各秉本国政府正式授予签字之权，谨签字于本公约，以昭信守。

公历一千九百六十三年四月二十四日订于维也纳。

十一、维也纳外交关系公约

（1961 年 4 月 18 日联合国外交和豁免问题会议通过）

本公约各当事国：

鉴于各国人民自古即已确认外交代表之地位，

察及联合国宪章之宗旨及原则中有各国主权平等、维持国际和平与安全、以及促进国际间友好关系等项，

深信关于外交往来，特权及豁免之国际公约当能有助于各国间友好关系之发展—此项关系对于各国宪政及社会制度之差异，在所不问，

确认此等特权与豁免之目的不在于给与个人以利益而在于确保代表国家之使馆能有效执行职务。

重申凡未经本公约明文规定之问题应继续适用国际习惯法之规例，

爰议定条款如下：

第一条 就适用本公约而言，下列名称之意义，应依下列规定：

（a）称"使馆馆长"者，谓派遣国责成担任此项职位之人；

（b）称"使馆人员"者，谓使馆馆长及使馆职员；

（c）称"使馆职员"者，谓使馆外交职员、行政及技术职员，及事务职员；

（d）称"外交职员"者，谓具有外交官级位之使馆职员；

（e）称"外交代表"者，谓使馆馆长或使馆外交职员；

（f）称"行政及技术职员"者，谓承办使馆行政及技术事务之使馆职员；

（g）称"事务职员"者，谓为使馆仆役之使馆职员；

（h）称"私人仆役"者，谓充使馆人员佣仆而非为派遣国雇用之人；

（i）称"使馆馆舍"者，谓供使馆使用及供使馆馆长寓邸之用之建筑物或建筑物之各部分，以及其所附属之土地，至所有权谁属，则在所不问。

第二条 国与国间外交关系及常设使馆之建立，以协议为之。

第三条

一、除其他事项外，使馆之职务如下：

（a）在接受国中代表派遣国；

（b）于国际法许可之限度内，在接受国中保护派遣国及其国民之利益；

（c）与接受国政府办理交涉；

（d）以一切合法手段调查接受国之状况及发展情形，向派遣国政府具报；

（e）促进派遣国与接受国间之友好关系，及发展两国间之经济、文化与科学关系。

二、本公约任何规定不得解释为禁止使馆执行领事职务。

第四条

一、派遣国对于拟派驻接受国之使馆馆长人选务须查明其确已获得接受国之同意。

二、接受国无须向派遣国说明不予同意之理由。

第五条

一、派遣国向有关接受国妥为通知后，得酌派任一使馆馆长或外交职员兼驻一个以上国家，但任何接受国明示反对者，不在此限。

二、派遣国委派使馆馆长兼驻另一国或数国者，得在该馆长不常川驻节之国内，设立以临时代办为馆长之使馆。

三、使馆馆长或使馆任何外交职员得兼任派遣国驻国际组织之代表。

第六条 两个以上国家得合派同一人为驻另一国之使馆馆长，但接受国表示反对者不在此限。

第七条 除第五条、第八条、第九条及第十一条另有规定外，派遣国得自由委派使馆职员。关于陆、海、空军武官，接受国得要求先行提名，征求该国同意。

第八条

一、使馆外交职员原则上应属派遣国国籍。

二、委派属接受国国籍之人为使馆外交职员，非经接受国同意，不得为之；此项同意得随时撤销之。

三、接受国对于第三国国民之亦非为派遣国国民者，得保留同样之权利。

第九条

一、接受国得随时不具解释通知派遣国宣告使馆馆长或使馆任何外交职员为不受欢迎人员或使馆任何其他职员为不能接受。遇此情形，派遣国应斟酌情况召回该员或终止其在使馆中之职务。任何人员得于其到达接受国国境前，被宣告为不受欢迎或不能接受。

二、如派遣国拒绝或不在相当期间内履行其依本条第一项规定所负义务，接受国得拒绝承认该员为使馆人员。

第十条

一、下列事项应通知接受国外交部或另经商定之其他部：

（a）使馆人员之委派，其到达及最后离境或其在使馆中职务之终止；

（b）使馆人员家属到达及最后离境；遇有任何人成为或不复为使馆人员家属时，亦宜酌量通知；

（c）本项（a）款所称人员雇用之私人仆役到达及最后离境；遇有私人仆役不复受此等人员雇用时，亦宜酌量通知；

（d）雇用居留接受国之人为使馆人员或为得享特权与豁免之私人仆役时，其雇用与解雇。

二、到达及最后离境，于可能范围内，亦应事先通知。

第十一条

一、关于使馆之构成人数如另无协议，接受国得酌量本国环境与情况及特定使馆之需要，要求使馆构成人数不超过该国认为合理及正常之限度。

二、接受国亦得在同样范围内并在无差别待遇之基础上，拒绝接受某一类之官员。

第十二条 派遣国非经接受国事先明示同意，不得在使馆本身所在地以外之地点设立办事处，作为使馆之一部分。

第十三条

一、使馆馆长依照接受应予划一适用之通行惯例。在呈递国书后或在向接受国外交部

或另经商定之其他部通知到达并将所奉国书正式副本送交后，即视为已在接受国内开始执行职务。

二、呈递国书或递送国书正式副本之次第依使馆馆长到达之日期及时间先后定之。

第十四条

一、使馆馆长分为如下三级：

（a）向国家元首派遣之大使或教廷大使，及其他同等级位之使馆馆长；

（b）向国家元首派遣之使节、公使及教廷公使；

（c）向外交部长派遣之代办。

二、除关于优先地位及礼仪之事项外，各使馆馆长不应因其所属等级而有任何差别。

第十五条 使馆馆长所属之等级应由关系国家商定之。

第十六条

一、使馆馆长在其各别等级中之优先地位应按照其依第十三条规定开始执行职务之日期及时间先后定之。

二、使馆馆长之国书如有变更而对其所属等级并无更动时，其优先地位不受影响。

三、本条规定不妨碍接受国所采行关于教廷代表优先地位之任何办法。

第十七条 使馆外交职员之优先顺序应由使馆馆长通知外交部或另经商定之其他部。

第十八条 各国接待使馆馆长，对于同一等级之馆长应适用划一程序。

第十九条

一、使馆馆长缺位或不能执行职务时，应由临时代办暂代使馆馆长。临时代办姓名应由使馆馆长通知接受国外交部或另经商定之其他部；如馆长不能通知时，则由派遣国外交部通知之。

二、使馆如在接受国内并无外交职员时，派遣国得于征得接受国同意后，指派行政或技术职员一人，主持使馆日常行政事务。

第二十条 使馆及其馆长有权在使馆馆舍，及在使馆馆长寓邸与交通工具上使用派遣国之国旗或国徽。

第二十一条

一、接受国应便利派遣国依照接受国法律在其境内置备派遣国使馆所需之馆舍，或协助派遣国以其他方法获得房舍。

二、接受国遇必要时，并应协助使馆为其人员获得适当之房舍。

第二十二条

一、使馆馆舍不得侵犯。接受国官吏非经使馆馆长许可，不得进入使馆馆舍。

二、接受国负有特殊责任，采取一切适当步骤保护使馆馆舍免受侵入或损害，并防止一切扰乱使馆安宁或有损使馆尊严之情事。

三、使馆馆舍及设备，以及馆内其他财产与使馆交通工具免受搜查、征用、扣押或强制执行。

第二十三条

一、派遣国及使馆馆长对于使馆所有或租赁之馆舍，概免缴纳国家、区域或地方性捐税，但其为对供给特定服务应纳之费者不在此列。

二、本条所称之免税，对于与派遣国或使馆馆长订立承办契约者依接受国法律应纳之捐税不适用之。

第二十四条　使馆档案及文件无论何时，亦不论位于何处，均属不得侵犯。

第二十五条　接受国应给予使馆执行职务之充分便利。

第二十六条　除接受国为国家安全设定禁止或限制进入区域另订法律规章外，接受国应确保所有使馆人员在其境内行动及旅行之自由。

第二十七条

一、接受国应允许使馆为一切公务目的自由通讯，并予保护。使馆与派遣国政府及无论何处之该国其他使馆及领事馆通讯时，得采用一切适当方法，包括外交信差及明密码电信在内。但使馆非经接受国同意，不得装置并使用无线电发报机。

二、使馆之来往公文不得侵犯。来往公文指有关使馆及其职务之一切来往文件。

三、外交邮袋不得予以开拆或扣留。

四、构成外交邮袋之包裹须附有可资识别之外部标记，以装载外交文件或公务用品为限。

五、外交信差应持有官方文件，载明其身份及构成邮袋之包裹件数；其于执行职务时，应受接受国保护。外交信差享有人身不得侵犯权，不受任何方式之逮捕或拘禁。

六、派遣国或使馆得派特别外交信差。遇此情形，本条第五项之规定亦应适用，但特别信差将其所负责携带之外交邮袋送交收件人后，即不复享有该项所称之豁免。

七、外交邮袋得托交预定在准许入境地点降落之商营飞机机长转递。机长应持有官方文件载明构成邮袋之邮包件数，但机长不得视为外交信差。使馆得派馆员一人径向飞机机长自由取得外交邮袋。

第二十八条　使馆办理公务所收之规费及手续费免征一切捐税。

第二十九条　外交代表人身不得侵犯。外交代表不受任何方式之逮捕或拘禁。接受国对外交代表应特示尊重，并应采取一切适当步骤以防止其人身、自由或尊严受有任何侵犯。

第三十条

一、外交代表之私人寓所一如使馆馆舍应享有同样之不得侵犯权及保护。

二、外交代表之文书及信件同样享有不得侵犯权；其财产除第三十一条第三项另有规定外，亦同。

第三十一条

一、外交代表对接受国之刑事管辖享有豁免。除下列案件外，外交代表对接受国之民事及行政管辖亦享有豁免：

（a）关于接受国境内私有不动产之物权诉讼，但其代表派遣国为使馆用途置有之不动产不在此列；

（b）关于外交代表以私人身份并不代表派遣国而为遗嘱执行人、遗产管理人、继承人或受遗赠人之继承事件之诉讼；

（c）关于外交代表于接受国内在公务范围以外所从事之专业或商务活动之诉讼。

二、外交代表无以证人身份作证之义务。

三、对外交代表不得为执行之处分，但关于本条第一项（a）、（b）、（c）各款所列之案件，而执行处分复无损于其人身或寓所之不得侵犯权者，不在此限。

四、外交代表不因其对接受国管辖所享之豁免而免除其受派遣国之管辖。

第三十二条

一、外交代表及依第三十七条享有豁免之人对管辖之豁免得由派遣国抛弃之。

二、豁免之抛弃，概须明示。

三、外交代表或依第三十七条享有管辖之豁免之人如主动提起诉讼即不得对与主诉直接相关之反诉主张管辖之豁免。

四、在民事或行政诉讼程序上管辖豁免之抛弃，不得视为对判决执行之豁免亦默示抛弃，后项抛弃须分别为之。

第三十三条

一、除本条第三项另有规定外，外交代表就其对派遣国所为之服务而言，应免适用接受国施行之社会保险办法。

二、专受外交代表雇用之私人仆役亦应享有本条第一项所规定之豁免，但以符合下列条件为限：

（a）非接受国国民且不在该国永久居留者；

（b）受有派遣国或第三国之社会保险办法保护者。

三、外交代表如其所雇人员不得享受本条第二项所规定之豁免，应履行接受国社会保险办法对雇主所规定之义务。

四、本条第一项及第二项所规定之豁免不妨碍对于接受国社会保险制度之自愿参加，但以接受国许可参加为限。

五、本条规定不影响前此所订关于社会保险之双边或多边协定，亦不禁止此类协定之于将来议订。

第三十四条　外交代表免纳一切对人或对物课征之国家、区域、或地方性捐税，但下列各项，不在此列：

（a）通常计入商品或劳务价格内之间接税；

（b）对于接受国境内私有不动产课征之捐税，但其代表派遣国为使馆用途而置有之不动产，不在此列；

（c）接受国课征之遗产税、遗产取得税或继承税，但以不抵触第三十九条第四项之规定为限；

（d）对于自接受国内获致之私人所得课征之捐税，以及对于在接受国内商务事业上所为投资课征之资本税；

（e）为供给特定服务所收费用；

（f）关于不动产之登记费、法院手续费或记录费、抵押税及印花税；但第二十三条另有规定者，不在此列。

第三十五条　接受国对外交代表应免除一切个人劳务及所有各种公共服务，并应免除关于征用、军事募捐及屯宿等之军事义务。

第三十六条

一、接受国应依本国制定之法律规章，准许下列物品入境，并免除一切关税及贮存、运送及类似服务费用以外之一切其他课征：

（a）使馆公务用品；

（b）外交代表或与其构成同一户口之家属之私人用品，包括供其定居之用之物品在内。

二、外交代表私人行李免受查验，但有重大理由推定其中装有不在本条第一项所称免税之列之物品，或接受国法律禁止进出口或有检疫条例加以管制之物品者，不在此限。遇此情形，查验须有外交代表或其授权代理人在场，方得为之。

第三十七条

一、外交代表之与其构成同一户口之家属，如非接受国国民，应享有第二十九条至三十六条所规定之特权与豁免。

二、使馆行政与技术职员暨与其构成同一户口之家属，如非接受国国民且不在该国永久居留者，均享有第二十九条至第三十五条所规定之特权与豁免，但第三十一条第一项所规定对接受国民事及行政管辖之豁免不适用于执行职务范围以外之行为。关于最初定居时所输入之物品，此等人员亦享有第三十六条第一项所规定之特权。

三、使馆事务职员如非接受国国民且不在该国永久居留者，就其执行公务之行为享有豁免，其受雇所得酬报免纳捐税，并享有第三十三条所载之豁免。

四、使馆人员之私人仆役如非接受国国民且不在该国永久居留者，其受雇所得酬报免纳捐税。在其他方面，此等人员仅得在接受国许可范围内享有特权与豁免。但接受国对此等人员所施之管辖应妥为行使，以免对使馆职务之执行有不当之妨碍。

第三十八条

一、除接受国特许享受其他特权及豁免外，外交代表为接受国国民或在该国永久居留者，仅就其执行职务之公务行为，享有管辖之豁免及不得侵犯权。

二、其他使馆馆员及私人仆役为接受国国民或在该国永久居留者仅得在接受国许可之范围内享有特权与豁免。但接受国对此等人员所施之管辖应妥为行使，以免对使馆职务之执行有不当之妨碍。

第三十九条

一、凡享有外交特权与豁免之人，自其进入接受国国境前往就任之时起享有此项特权与豁免，其已在该国境内者，自其委派通知外交部或另经商定之其他部之时开始享有。

二、享有特权与豁免人员之职务如已终止，此项特权与豁免通常于该员离境之时或听任其离境之合理期间终了之时停止，纵有武装冲突情事，亦应继续有效至该时为止。但关于其以使馆人员资格执行职务之行为，豁免应始终有效。

三、遇使馆人员死亡，其家属应继续享有应享之特权与豁免，至听任其离境之合理期间终了之时为止。

四、遇非为接受国国民且不在该国永久居留之使馆人员或与其构成同一户口之家属死亡，接受国应许可亡故者之动产移送出国，但任何财产如系在接受国内取得而在当事人死亡时禁止出口者，不在此列。动产之在接受国纯系因亡故者为使馆人员或其家属而在接受国境内所致者，应不课征遗产税、遗产取得税及继承税。

第四十条

一、遇外交代表前往就任或返任或返回本国，道经第三国国境或在该国境内，而该国曾发给所需之护照签证时，第三国应给予不得侵犯权及确保其过境或返回所必需之其他豁免。享有外交特权或豁免之家属与外交代表同行时，或单独旅行前往会聚或返回本国时，本项规定同样适用。

二、遇有类似本条第一项所述之情形，第三国不得阻碍使馆之行政与技术或事务职员及其家属经过该国国境。

三、第三国对于过境之来往公文及其他公务通讯，包括明密码电信在内，应一如接受国给予同样之自由及保护。第三国于已发给所需护照签证之外交信差及外交邮袋过境时，应比照接受国所负之义务，给予同样之不得侵犯权及保护。

四、第三国依本条第一项、第二项及第三项规定所负之义务，对于各该项内分别述及之人员与公务通讯及外交邮袋之因不可抗力而在第三国境内者，亦适用之。

第四十一条

一、在不妨碍外交特权与豁免之情形下，凡享有此项特权与豁免之人员，均负有尊重接受国法律规章之义务。此等人员并负有不干涉该国内政之义务。

二、使馆承派遣国之命与接受国洽商公务，概应径与或经由接受国外交部或另经商定之其他部办理。

三、使馆馆舍不得充作与本公约或一般国际法之其他规则、或派遣国与接受国间有效之特别协定所规定之使馆职务不相符合之用途。

第四十二条 外交代表不应在接受国内为私人利益从事任何专业或商业活动。

第四十三条 除其他情形外，外交代表之职务遇有下列情事之一即告终了：

（a）派遣国通知接受国谓外交代表职业已终了；

（b）接受国通知派遣国谓依第九条第二项之规定该国拒绝承认该外交代表为使馆人员。

第四十四条 接受国对于非为接受国国民之享有特权与豁免人员，以及此等人员之家属，不论其国籍为何，务须给予便利使能尽早离境，纵有武装冲突情事，亦应如此办理。遇必要时，接受国尤须供给其本人及财产所需之交通运输工具。

第四十五条 遇两国断绝外交关系，或遇使馆长期或暂时撤退时：

（a）接受国务应尊重并保护使馆馆舍以及使馆财产与档案，纵有武装冲突情事，亦应如此办理；

（b）派遣国得将使馆馆舍以及使馆财产与档案委托接受国认可之第三国保管；

（c）派遣国得委托接受国认可之第三国代为保护派遣国及其国民之利益。

第四十六条 派遣国经接受国事先同意，得应未在接受国内派有代表之第三国之请求，负责暂时保护该第三国及其国民之利益。

第四十七条

一、接受国适用本公约规定时，对各国不得差别待遇。

二、但下列情形不以差别待遇论：

（a）接受国因派遣国对接受国使馆适用本公约任一规定有所限制，对同一规定之适用

亦予限制；

（b）各国依惯例或协定，彼此给予较本公约所规定者更为有利之待遇。

第四十八条　本公约应听由联合国或任何专门机关之全体会员国，或国际法院规约当事国及经联合国大会邀请成为本公约当事一方之任何其他国家签署，其办法如下：至1961年10月31日止在奥地利联邦外交部签署，其后至1962年3月31日止在纽约联合国会所签署。

第四十九条　本公约须经批准。批准文件应送交联合国秘书长存放。

第五十条　本公约应听由属于第四十八条所称四类之一之国家加入。加入文件应送交联合国秘书长存放。

第五十一条

一、本公约应于第二十二件批准或加入文件送交联合国秘书长存放之日后第三十日起发生效力。

二、对于在第二十二件批准或加入文件存放后批准或加入本公约之国家，本公约应于各该国存放批准或加入文件后第三十日起发生效力。

第五十二条　联合国秘书长应将下列事项通知所有属于第四十八条所称四类之一之国家：

（a）依第四十八条、第四十九条及第五十条对本公约所为之签署及送存之批准或加入文件；

（b）依第五十一条本公约发生效力之日期。

第五十三条　本公约之原本应交联合国秘书长存放，其中文、英文、法文、俄文及西班牙文各本同一作准；秘书长应将各文正式副本分送所有属于第四十八条所称四类之一之国家。

为此，下列全权代表，各秉本国政府正式授予签字之权，谨签字于本公约，以昭信守。

公历1961年4月18日订于维也纳。

十二、关于统一国有船舶豁免若干规则的公约

（1926 年 4 月 10 日订于比利时布鲁塞尔）

各缔约国（缔约国名单略）

承认共同制定关于政府所有船舶豁免权的若干统一规则是有益的，决定为此目的而签订本公约，并指派全权代表如下：

（全权代表名单从略）

上述各代表经正式授权，议定下列各条：

第一条 国家所有或国家经营的海船、国家所有的货物或政府船舶所载运的货物和旅客，以及拥有或经营这种船舶，或拥有这种货物的国家，在经营这种船舶或载运这种货物所发生的索赔方面，应当受到与适用于私有船舶、货载和设备者相同的责任和义务规则的约束。

第二条 为了实施上述责任和义务，应适用与私有商船、货载及其所有人所适用者相同的法院管辖权，法律诉讼和程序方面的规则。

第三条

一、上述两条规定不适用于军用船舶、政府快艇、巡逻船舶、医院船、辅助船、供应船、以及国家所有或国家经营而在诉因发生时完全为政府使用而非用于商业目的的其他船舶，而且对上述船舶不得以任何法律程序进行拿捕、扣押或滞留，亦不得对其提起对物之诉。

虽然如此，对于下列诉讼，索赔人有权向拥有或经营这种船舶的国家主管法庭提起诉讼，而该国不得主张豁免权。这些诉讼是：

（1）关于碰撞或其他航行事故的诉讼；

（2）关于救助、打捞和共同海损的诉讼；

（3）关于船舶修理、供应或有关该船的其他契约的诉讼。

二、上述规定也适用于前述船舶所载运的国家所有的货物。

三、对于为政府所有而非用于商业目的的商船所载国家所有的货物，不得依法没收、扣押或滞留，亦不得对其提起对物之诉。

虽然如此，关于碰撞和其他航行事故、救助和打捞、共同海损以及关于这种货物的契约方面的诉讼，都可向根据第二条规定而拥有管辖权的法庭提起。

第四条 国家可以援用私有船舶及其所有人所能采取的有关抗辩、时效和责任限制方面的一切措施，进行辩诉。

如有必要采用或修改关于这种抗辩、时效和责任限制等措施的规定，以便使其适用于第三条范围内的军用船舶或政府船舶，便应为此目的而缔结一项公约；在此以前，可以通过国内法采取符合于本公约精神和原则的任何必要措施。

第五条 在第三条所述情况下，如果法庭对于船舶或货载是为政府服务而非属于商业性质一事持有怀疑，则通过受诉法院或法庭所属国家的调处而提出的、由有关船舶或货物所属缔约国外交代表签署的证明书，应作为证明上述船舶或货物属于第三条规定范围之内

的证据，但其目的应仅限于解除依法进行的拿捕(没收)、扣押或滞留。

第六条　本公约中的规定应适用于各缔约国，但附有这一保留条件，即公约的利益不得推及于非缔约国及其国民，而且公约的适用可以互惠为条件。

但各缔约国根据本国法律在本国法庭对其国民行使权利，不受妨碍。

第七条　各缔约国保留在战时中止适用本公约的权利，其办法是，向其他缔约国提出声明，略称，发生战争时，任何外国法院都不得对该缔约国所有或经营的船舶及其所属货物施行拿捕、扣押或滞留。但索赔人有权根据第二条和第三条向具有管辖权的法院提起诉讼。

第八条　本公约中的任何规定，都不得影响缔约各国根据中立国的权利和义务要求采取任何措施的权利。

第九条　自本公约签字之日起二年以内，比利时政府应通知已声明准备批准本公约的各缔约国政府，以便决定应否使本公约生效。批准书应交存布鲁塞尔，交存日期由上述各国政府协议规定。第一批批准书的交存应载入记事录，该记事录由参加交存各国代表和比利时外交部长签字。

以后交存批准书，应以书面通知寄交比利时政府，并随附批准文件。

比利时政府应立即通过外交途径，将关于交存第一批批准书的核证无误的记事录副本、前款所指通知书，以及随同通知书一并寄交的批准书，分发本公约各签字国或参加国。在前款规定的情况下，比利时政府应同时告知各国收到通知书的日期。

第十条　非属本公约的签字国，不论有无代表出席布鲁塞尔国际会议，均可加入本公约。

愿意加入的国家，应将其意图以书面通知比利时政府，并附送加入书，交存比利时政府档案库。

比利时政府应立即将通知书和加入书的核证无误的副本，注明收到通知书的日期，分送在本公约签字或加入本公约的所有国家。

第十一条　缔约各国可在签字、批准或加入时声明，他们之接受本公约，并不包括其任何或全部自治领、殖民地、海外领地、保护国或在其主权或权力管辖的领土在内。它们日后可以代表在其声明中除外的任何自治领、殖民地、海外领地、保护国或在其主权或权力管辖下的领土，分别加入。它们可以按照公约的规定，分别代表任何自治领、殖民地、海外领地、保护国或权力管辖下的领土，退出本公约。

第十二条　本公约对参加第一批交存批准书的国家，应于记载交存事项的记事录作为一年后生效；对以后批准或加入的国家，以及按照第十一条所述在以后使之生效的国家，应于比利时政府收到第九条第二款和第十条第二款所规定的通知书后六个月起生效。

第十三条　缔约国如欲退出本公约，应向比利时政府书面声明退出。该政府应将核证无误的通知书副本，立即分送所有其他国家，并告知收到通知书的日期。

退出本公约，仅对提出通知书的国家于通知书到达比利时政府满一年后生效。

第十四条　缔约国中任何一国都有权要求召开新的会议，以便考虑可能进行的修改。

行使此项权利的国家，应于事前一年将其意图通过比利时政府通知其他国家，由比利时政府对召开会议作出安排。

十三、**Australian Foreign State Immunities Act 1985**①

Foreign States Immunities Act 1985

Compilation No. 4（Compilation date：21 October 2016）

Part I—Preliminary

1　Short title

This Act may be cited as the *Foreign States Immunities Act* 1985.

2　Commencement

The provisions of this Act shall come into operation on such day as is, or such respective days as are, fixed by Proclamation.

3　Interpretation

（1）In this Act, unless the contrary intention appears：

agreement means an agreement in writing and includes：

（a）a treaty or other international agreement in writing；and

（b）a contract or other agreement in writing.

Australia when used in a geographical sense, includes each of the external Territories.

bill of exchange includes a promissory note.

court includes a tribunal or other body（by whatever name called）that has functions, or exercises powers, that are judicial functions or powers or are of a kind similar to judicial functions or powers.

Department of Foreign Affairs means the Department administered by the Minister who administers the *Diplomatic Privileges and Immunities Act* 1967.

diplomatic property means property that, at the relevant time, is in use predominantly for the purpose of establishing or maintaining a diplomatic or consular mission, or a visiting mission, of a foreign State to Australia.

foreign State means a country the territory of which is outside Australia, being a country that is：

（a）an independent sovereign state；or

（b）a separate territory（whether or not it is selfgoverning）that is not part of an independent sovereign state.

initiating process means an instrument（including a statement of claim, application, summons, writ, order or third party notice）by reference to which a person becomes a party to a proceeding.

law of Australia means：

---

① 本法英文文本摘自澳大利亚联邦法律网站：https://www.legislation.gov.au/Details/C2016C00947，2023 年 12 月 2 日访问。

(a) a law in force throughout Australia; or

(b) a law of or in force in a part of Australia;

and includes the principles and rules of the common law and of equity as so in force.

military property means:

(a) a ship of war, a Government yacht, a patrol vessel, a police or customs vessel, a hospital ship, a defence force supply ship or an auxiliary vessel, being a ship or vessel that, at the relevant time, is operated by the foreign State concerned (whether pursuant to requisition or under a charter by demise or otherwise); or

(b) property (not being a ship or vessel) that is:

(i) being used in connection with a military activity; or

(ii) under the control of a military authority or defence agency for military or defence purposes.

Minister for Foreign Affairs means the Minister who administers the *Diplomatic Privileges and Immunities Act* 1967.

proceeding means a proceeding in a court but does not include a prosecution for an offence or an appeal or other proceeding in the nature of an appeal in relation to such a prosecution.

property includes a chose in action.

separate entity, in relation to a foreign State, means a natural person (other than an Australian citizen), or a body corporate or corporation sole (other than a body corporate or corporation sole that has been established by or under a law of Australia), who or that:

(a) is an agency or instrumentality of the foreign State; and

(b) is not a department or organ of the executive government of the foreign State.

(2) For the purposes of the definition of *separate entity* in subsection (1), a natural person who is, or a body corporate or a corporation sole that is, an agency of more than one foreign State shall be taken to be a separate entity of each of the foreign States.

(3) Unless the contrary intention appears, a reference in this Act to a foreign State includes a reference to:

(a) a province, state, selfgoverning territory or other political subdivision (by whatever name known) of a foreign State;

(b) the head of a foreign State, or of a political subdivision of a foreign State, in his or her public capacity; and

(c) the executive government or part of the executive government of a foreign State or of a political subdivision of a foreign State, including a department or organ of the executive government of a foreign State or subdivision;

but does not include a reference to a separate entity of a foreign State.

(4) A reference in this Act to a court of Australia includes a reference to a court that has jurisdiction in or for any part of Australia.

(5) A reference in this Act to a commercial purpose includes a reference to a trading, a

business, a professional and an industrial purpose.

(6) A reference in this Act to the entering of appearance or to the entry of judgment in default of appearance includes a reference to any like procedure.

4 External Territories

This Act extends to each external Territory.

5 Act to bind Crown

This Act binds the Crown in all its capacities.

6 Savings of other laws

This Act does not affect an immunity or privilege that is conferred by or under the *Consular Privileges and Immunities Act* 1972, the *Defence (Visiting Forces) Act* 1963, the *Diplomatic Privileges and Immunities Act* 1967 or any other Act.

7 Application

(1) Part II (other than section 10) does not apply in relation to a proceeding concerning:

(a) a contract or other agreement or a bill of exchange that was made or given;

(b) a transaction or event that occurred;

(c) an act done or omitted to have been done; or

(d) a right, liability or obligation that came into existence;

before the commencement of this Act.

(2) Section 10 does not apply in relation to a submission mentioned in that section that was made before the commencement of this Act.

(3) Part III and section 36 do not apply in relation to a proceeding instituted before the commencement of this Act.

(4) Part IV only applies where, by virtue of a provision of Part II, the foreign State is not immune from the jurisdiction of the courts of Australia in the proceeding concerned.

8 Application to courts

In the application of this Act to a court, this Act has effect only in relation to the exercise or performance by the court of a judicial power or function or a power or function that is of a like kind.

Part II—Immunity from jurisdiction

9 General immunity from jurisdiction

Except as provided by or under this Act, a foreign State is immune from the jurisdiction of the courts of Australia in a proceeding.

10 Submission to jurisdiction

(1) A foreign State is not immune in a proceeding in which it has submitted to the jurisdiction in accordance with this section.

(2) A foreign State may submit to the jurisdiction at any time, whether by agreement or otherwise, but a foreign State shall not be taken to have so submitted by reason only that it is a party to an agreement the proper law of which is the law of Australia.

(3) A submission under subsection (2) may be subject to a specified limitation, condition or exclusion (whether in respect of remedies or otherwise).

(4) Without limiting any other power of a court to dismiss, stay or otherwise decline to hear and determine a proceeding, the court may dismiss, stay or otherwise decline to hear and determine a proceeding if it is satisfied that, by reason of the nature of a limitation, condition or exclusion to which a submission is subject (not being a limitation, condition or exclusion in respect of remedies), it is appropriate to do so.

(5) An agreement by a foreign State to waive its immunity under this Part has effect to waive that immunity and the waiver may not be withdrawn except in accordance with the terms of the agreement.

(6) Subject to subsections (7), (8) and (9), a foreign State may submit to the jurisdiction in a proceeding by:

(a) instituting the proceeding; or

(b) intervening in, or taking a step as a party to, the proceeding.

(7) A foreign State shall not be taken to have submitted to the jurisdiction in a proceeding by reason only that:

(a) it has made an application for costs; or

(b) it has intervened, or has taken a step, in the proceeding for the purpose or in the course of asserting immunity.

(8) Where the foreign State is not a party to a proceeding, it shall not be taken to have submitted to the jurisdiction by reason only that it has intervened in the proceeding for the purpose or in the course of asserting an interest in property involved in or affected by the proceeding.

(9) Where:

(a) the intervention or step was taken by a person who did not know and could not reasonably have been expected to know of the immunity; and

(b) the immunity is asserted without unreasonable delay;

the foreign State shall not be taken to have submitted to the jurisdiction in the proceeding by reason only of that intervention or step.

(10) Where a foreign State has submitted to the jurisdiction in a proceeding, then, subject to the operation of subsection (3), it is not immune in relation to a claim made in the proceeding by some other party against it (whether by way of setoff, counterclaim or otherwise), being a claim that arises out of and relates to the transactions or events to which the proceeding relates.

(11) In addition to any other person who has authority to submit, on behalf of a foreign State, to the jurisdiction:

(a) the person for the time being performing the functions of the head of the State's diplomatic mission in Australia has that authority; and

(b) a person who has entered into a contract on behalf of and with the authority of the State has authority to submit in that contract, on behalf of the State, to the jurisdiction in respect of a

proceeding arising out of the contract.

11 Commercial transactions

(1) A foreign State is not immune in a proceeding in so far as the proceeding concerns a commercial transaction.

(2) Subsection (1) does not apply:

(a) if all the parties to the proceeding:

(i) are foreign States or are the Commonwealth and one or more foreign States; or

(ii) have otherwise agreed in writing; or

(b) in so far as the proceeding concerns a payment in respect of a grant, a scholarship, a pension or a payment of a like kind.

(3) In this section, *commercial transaction* means a commercial, trading, business, professional or industrial or like transaction into which the foreign State has entered or a like activity in which the State has engaged and, without limiting the generality of the foregoing, includes:

(a) a contract for the supply of goods or services;

(b) an agreement for a loan or some other transaction for or in respect of the provision of finance; and

(c) a guarantee or indemnity in respect of a financial obligation; but does not include a contract of employment or a bill of exchange.

12 Contracts of employment

(1) A foreign State, as employer, is not immune in a proceeding in so far as the proceeding concerns the employment of a person under a contract of employment that was made in Australia or was to be performed wholly or partly in Australia.

(2) A reference in subsection (1) to a proceeding includes a reference to a proceeding concerning:

(a) a right or obligation conferred or imposed by a law of Australia on a person as employer or employee; or

(b) a payment the entitlement to which arises under a contract of employment.

(3) Where, at the time when the contract of employment was made, the person employed was:

(a) a national of the foreign State but not a permanent resident of Australia; or

(b) a habitual resident of the foreign State;

subsection (1) does not apply.

(4) Subsection (1) does not apply where:

(a) an inconsistent provision is included in the contract of employment; and

(b) a law of Australia does not avoid the operation of, or prohibit or render unlawful the inclusion of, the provision.

(5) Subsection (1) does not apply in relation to the employment of:

(a) a member of the diplomatic staff of a mission as defined by the Vienna Convention on Diplomatic Relations, being the Convention the English text of which is set out in the Schedule to the *Diplomatic Privileges and Immunities Act* 1967; or

(b) a consular officer as defined by the Vienna Convention on Consular Relations, being the Convention the English text of which is set out in the Schedule to the *Consular Privileges and Immunities Act* 1972.

(6) Subsection (1) does not apply in relation to the employment of:

(a) a member of the administrative and technical staff of a mission as defined by the Convention referred to in paragraph (5)(a); or

(b) a consular employee as defined by the Convention referred to in paragraph (5)(b);

unless the member or employee was, at the time when the contract of employment was made, a permanent resident of Australia.

(7) In this section, permanent resident of Australia means:

(a) an Australian citizen; or

(b) a person resident in Australia whose continued presence in Australia is not subject to a limitation as to time imposed by or under a law of Australia.

13 Personal injury and damage to property

A foreign State is not immune in a proceeding in so far as the proceeding concerns:

(a) the death of, or personal injury to, a person; or

(b) loss of or damage to tangible property;

caused by an act or omission done or omitted to be done in Australia.

14 Ownership, possession and use of property etc.

(1) A foreign State is not immune in a proceeding in so far as the proceeding concerns:

(a) an interest of the State in, or the possession or use by the State of, immovable property in Australia; or

(b) an obligation of the State that arises out of its interest in, or its possession or use of, property of that kind.

(2) A foreign State is not immune in a proceeding in so far as the proceeding concerns an interest of the State in property that arose by way of gift made in Australia or by succession.

(3) A foreign State is not immune in a proceeding in so far as the proceeding concerns:

(a) bankruptcy, insolvency or the winding up of a body corporate; or

(b) the administration of a trust, of the estate of a deceased person or of the estate of a person of unsound mind.

15 Copyright, patents, trade marks etc.

(1) A foreign State is not immune in a proceeding in so far as the proceeding concerns:

(a) the ownership of a copyright or the ownership, or the registration or protection in Australia, of an invention, a design or a trade mark;

(b) an alleged infringement by the foreign State in Australia of copyright, a patent for an

invention, a registered trade mark or a registered design; or

(c) the use in Australia of a trade name or a business name.

(2) Subsection (1) does not apply in relation to the importation into Australia, or the use in Australia, of property otherwise than in the course of or for the purposes of a commercial transaction as defined by subsection 11(3).

16 Membership of bodies corporate etc.

(1) A foreign State is not immune in a proceeding in so far as the proceeding concerns its membership, or a right or obligation that relates to its membership, of a body corporate, an unincorporated body or a partnership that:

(a) has a member that is not a foreign State or the Commonwealth; and

(b) is incorporated or has been established under the law of Australia or is controlled from, or has its principal place of business in, Australia;

being a proceeding arising between the foreign State and the body or other members of the body or between the foreign State and one or more of the other partners.

(2) Where a provision included in:

(a) the constitution or other instrument establishing or regulating the body or partnership; or

(b) an agreement between the parties to the proceeding;

is inconsistent with subsection (1), that subsection has effect subject to that provision.

17 Arbitrations

(1) Where a foreign State is a party to an agreement to submit a dispute to arbitration, then, subject to any inconsistent provision in the agreement, the foreign State is not immune in a proceeding for the exercise of the supervisory jurisdiction of a court in respect of the arbitration, including a proceeding:

(a) by way of a case stated for the opinion of a court;

(b) to determine a question as to the validity or operation of the agreement or as to the arbitration procedure; or

(c) to set aside the award.

(2) Where:

(a) apart from the operation of subparagraph 11(2)(a)(ii), subsection 12(4) or subsection 16(2), a foreign State would not be immune in a proceeding concerning a transaction or event; and

(b) the foreign State is a party to an agreement to submit to arbitration a dispute about the transaction or event;

then, subject to any inconsistent provision in the agreement, the foreign State is not immune in a proceeding concerning the recognition as binding for any purpose, or for the enforcement, of an award made pursuant to the arbitration, wherever the award was made.

(3) Subsection (1) does not apply where the only parties to the agreement are any 2 or more of the following:

(a) a foreign State;

(b) the Commonwealth;

(c) an organisation the members of which are only foreign States or the Commonwealth and one or more foreign States.

18　Actions *in rem*

(1) A foreign State is not immune in a proceeding commenced as an action *in rem* against a ship concerning a claim in connection with the ship if, at the time when the cause of action arose, the ship was in use for commercial purposes.

(2) A foreign State is not immune in a proceeding commenced as an action *in rem* against a ship concerning a claim against another ship if:

(a) at the time when the proceeding was instituted, the ship that is the subject of the action *in rem* was in use for commercial purposes; and

(b) at the time when the cause of action arose, the other ship was in use for commercial purposes.

(3) A foreign State is not immune in a proceeding commenced as an action *in rem* against cargo that was, at the time when the cause of action arose, a commercial cargo.

(4) The preceding provisions of this section do not apply in relation to the arrest, detention or sale of a ship or cargo.

(5) A reference in this section to a ship in use for commercial purposes or to a commercial cargo is a reference to a ship or a cargo that is commercial property as defined by subsection 32 (3).

19　Bills of exchange

Where:

(a) a bill of exchange has been drawn, made, issued or indorsed by a foreign State in connection with a transaction or event; and

(b) the foreign State would not be immune in a proceeding in so far as the proceeding concerns the transaction or event;

the foreign State is not immune in a proceeding in so far as the proceeding concerns the bill of exchange.

20　Taxes

A foreign State is not immune in a proceeding in so far as the proceeding concerns an obligation imposed on it by or under a provision of a law of Australia with respect to taxation, being a provision that is prescribed, or is included in a class of provisions that is prescribed, for the purposes of this section.

21　Related proceedings

Where, by virtue of the operation of the preceding provisions of this Part, a foreign State is not immune in a proceeding in so far as the proceeding concerns a matter, it is not immune in any other proceeding (including an appeal) that arises out of and relates to the firstmentioned

proceeding in so far as that other proceeding concerns that matter.

22 Application of Part to separate entities

The preceding provisions of this Part (other than subparagraph 11(2)(a)(i), paragraph 16(1)(a) and subsection 17(3)) apply in relation to a separate entity of a foreign State as they apply in relation to the foreign State.

Part III—Service and judgments

23 Service of initiating process by agreement

Service of initiating process on a foreign State or on a separate entity of a foreign State may be effected in accordance with an agreement (wherever made and whether made before or after the commencement of this Act) to which the State or entity is a party.

24 Service through the diplomatic channel

(1) Initiating process that is to be served on a foreign State may be delivered to the AttorneyGeneral for transmission by the Department of Foreign Affairs to the department or organ of the foreign State that is equivalent to that Department.

(2) The initiating process shall be accompanied by:

(a) a request in accordance with Form 1 in the Schedule;

(b) a statutory declaration of the plaintiff or applicant in the proceeding stating that the rules of court or other laws (if any) in respect of service outside the jurisdiction of the court concerned have been complied with; and

(c) if English is not an official language of the foreign State:

(i) a translation of the initiating process into an official language of the foreign State; and

(ii) a certificate in that language, signed by the translator, setting out particulars of his or her qualifications as a translator and stating that the translation is an accurate translation of the initiating process.

(3) Where the process and documents are delivered to the equivalent department or organ of the foreign State in the foreign State, service shall be taken to have been effected when they are so delivered.

(4) Where the process and documents are delivered to some other person on behalf of and with the authority of the foreign State, service shall be taken to have been effected when they are so delivered.

(5) Subsections (1) to (4) (inclusive) do not exclude the operation of any rule of court or other law under which the leave of a court is required in relation to service of the initiating process outside the jurisdiction.

(6) Service of initiating process under this section shall be taken to have been effected outside the jurisdiction and in the foreign State concerned, wherever the service is actually effected.

(7) The time for entering an appearance begins to run at the expiration of 2 months after the date on which service of the initiating process was effected.

（8）This section does not apply to service of initiating process in a proceeding commenced as an action *in rem*.

25　Other service ineffective

Purported service of an initiating process upon a foreign State in Australia otherwise than as allowed or provided by section 23 or 24 is ineffective.

26　Waiver of objection to service

Where a foreign State enters an appearance in a proceeding without making an objection in relation to the service of the initiating process, the provisions of this Act in relation to that service shall be taken to have been complied with.

27　Judgment in default of appearance

（1）A judgment in default of appearance shall not be entered against a foreign State unless：

（a）it is proved that service of the initiating process was effected in accordance with this Act and that the time for appearance has expired；and

（b）the court is satisfied that, in the proceeding, the foreign State is not immune.

（2）A judgment in default of appearance shall not be entered against a separate entity of a foreign State unless the court is satisfied that, in the proceeding, the separate entity is not immune.

28　Enforcement of default judgments

（1）Subject to subsection（6）, a judgment in default of appearance is not capable of being enforced against a foreign State until the expiration of 2 months after the date on which service of：

（a）a copy of the judgment, sealed with the seal of the court or, if there is no seal, certified by an officer of the court to be a true copy of the judgment；and

（b）if English is not an official language of the foreign State：

（i）a translation of the judgment into an official language of the foreign State；and

（ii）a certificate in that language, signed by the translator, setting out particulars of his or her qualifications as a translator and stating that the translation is an accurate translation of the judgment；

has been effected in accordance with this section on the department or organ of the foreign State that is equivalent to the Department of Foreign Affairs.

（2）Where a document is to be served as mentioned in subsection（1）, the person in whose favour the judgment was given shall give it, together with a request in accordance with Form 2 in the Schedule, to the AttorneyGeneral for transmission by the Department of Foreign Affairs to the department or organ of the foreign State that is equivalent to that Department.

（3）Where the document is delivered to the equivalent department or organ of the foreign State in the foreign State, service shall be taken to have been effected when it is so delivered.

（4）Where the document is delivered to some other person on behalf of and with the authority of the foreign State, service shall be taken to have been effected when it is so delivered.

（5）The time, if any, for applying to have the judgment set aside shall be at least 2 months

after the date on which the document is delivered to or received on behalf of that department or organ of the foreign State.

(6) Where a judgment in default of appearance has been given by a court against a foreign State, the court may, on the application of the person in whose favour the judgment was given, permit, on such terms and conditions as it thinks fit, the judgment to be enforced in accordance with this Act against the foreign State before the expiration of the period mentioned in subsection (1).

29 Power to grant relief

(1) Subject to subsection (2), a court may make any order (including an order for interim or final relief) against a foreign State that it may otherwise lawfully make unless the order would be inconsistent with an immunity under this Act.

(2) A court may not make an order that a foreign State employ a person or reinstate a person in employment.

Part IV—Enforcement

30 Immunity from execution

Except as provided by this Part, the property of a foreign State is not subject to any process or order (whether interim or final) of the courts of Australia for the satisfaction or enforcement of a judgment, order or arbitration award or, in Admiralty proceedings, for the arrest, detention or sale of the property.

31 Waiver of immunity from execution

(1) A foreign State may at any time by agreement waive the application of section 30 in relation to property, but it shall not be taken to have done so by reason only that it has submitted to the jurisdiction.

(2) The waiver may be subject to specified limitations.

(3) An agreement by a foreign State to waive its immunity under section 30 has effect to waive that immunity and the waiver may not be withdrawn except in accordance with the terms of the agreement.

(4) A waiver does not apply in relation to property that is diplomatic property or military property unless a provision in the agreement expressly designates the property as property to which the waiver applies.

(5) In addition to any other person who has authority to waive the application of section 30 on behalf of a foreign State or a separate entity of the foreign State, the person for the time being performing the functions of the head of the State's diplomatic mission in Australia has that authority.

32 Execution against commercial property

(1) Subject to the operation of any submission that is effective by reason of section 10, section 30 does not apply in relation to commercial property.

(2) Where a foreign State is not immune in a proceeding against or in connection with a ship

or cargo, section 30 does not prevent the arrest, detention or sale of the ship or cargo if, at the time of the arrest or detention:

(a) the ship or cargo was commercial property; and

(b) in the case of a cargo that was then being carried by a ship belonging to the same or to some other foreign State—the ship was commercial property.

(3) For the purposes of this section:

(a) commercial property is property, other than diplomatic property or military property, that is in use by the foreign State concerned substantially for commercial purposes; and

(b) property that is apparently vacant or apparently not in use shall be taken to be being used for commercial purposes unless the court is satisfied that it has been set aside otherwise than for commercial purposes.

33　Execution against immovable property etc.

Where:

(a) property:

(i) has been acquired by succession or gift; or

(ii) is immovable property; and

(b) a right in respect of the property has been established as against a foreign State by a judgment or order in a proceeding as mentioned in section 14;

then, for the purpose of enforcing that judgment or order, section 30 does not apply to the property.

34　Restrictions on certain other relief

A penalty by way of fine or committal shall not be imposed in relation to a failure by a foreign State or by a person on behalf of a foreign State to comply with an order made against the foreign State by a court.

35　Application of Part to separate entities

(1) This Part applies in relation to a separate entity of a foreign State that is the central bank or monetary authority of the foreign State as it applies in relation to the foreign State.

(2) Subject to subsection (1), this Part applies in relation to a separate entity of the foreign State as it applies in relation to the foreign State if, in the proceeding concerned:

(a) the separate entity would, apart from the operation of section 10, have been immune from the jurisdiction; and

(b) it has submitted to the jurisdiction.

Part V—Miscellaneous

36　Heads of foreign States

(1) Subject to the succeeding provisions of this section, the *Diplomatic Privileges and Immunities Act* 1967 extends, with such modifications as are necessary, in relation to the person who is for the time being:

(a) the head of a foreign State; or

(b) a spouse of the head of a foreign State;

as that Act applies in relation to a person at a time when he or she is the head of a diplomatic mission.

(2) This section does not affect the application of any law of Australia with respect to taxation.

(3) This section does not affect the application of any other provision of this Act in relation to a head of a foreign State in his or her public capacity.

(4) Part III extends in relation to the head of a foreign State in his or her private capacity as it applies in relation to the foreign State and, for the purpose of the application of Part III as it so extends, a reference in that Part to a foreign State shall be read as a reference to the head of the foreign State in his or her private capacity.

37 Effect of agreements on separate entities

An agreement made by a foreign State and applicable to a separate entity of that State has effect, for the purposes of this Act, as though the separate entity were a party to the agreement.

38 Power to set aside process etc.

Where, on the application of a foreign State or a separate entity of a foreign State, a court is satisfied that a judgment, order or process of the court made or issued in a proceeding with respect to the foreign State or entity is inconsistent with an immunity conferred by or under this Act, the court shall set aside the judgment, order or process so far as it is so inconsistent.

39 Discovery

(1) A penalty by way of fine or committal shall not be imposed in relation to a failure or refusal by a foreign State or by a person on behalf of a foreign State to disclose or produce a document or to furnish information for the purposes of a proceeding.

(2) Such a failure or refusal is not of itself sufficient ground to strike out a pleading or part of a pleading.

40 Certificate as to foreign State etc.

(1) The Minister for Foreign Affairs may certify in writing that, for the purposes of this Act:

(a) a specified country is, or was on a specified day, a foreign State;

(b) a specified territory is or is not, or was or was not on a specified day, part of a foreign State;

(c) a specified person is, or was at a specified time, the head of, or the government or part of the government of, a foreign State or a former foreign State; or

(d) service of a specified document as mentioned in section 24 or 28 was effected on a specified day.

(2) The Minister for Foreign Affairs may, either generally or as otherwise provided by the instrument of delegation, delegate by instrument in writing to a person his or her powers under subsection (1) in relation to the service of documents.

(3) A power so delegated, when exercised by the delegate, shall, for the purposes of this

Act, be deemed to have been exercised by the Minister.

(4) A delegation under subsection (2) does not prevent the exercise of the power by the Minister.

(5) A certificate under this section is admissible as evidence of the facts and matters stated in it and is conclusive as to those facts and matters.

41　Certificate as to use

For the purposes of this Act, a certificate in writing given by the person for the time being performing the functions of the head of a foreign State's diplomatic mission in Australia to the effect that property specified in the certificate, being property:

(a) in which the foreign State or a separate entity of the foreign State has an interest; or

(b) that is in the possession or under the control of the foreign State or of a separate entity of the foreign State;

is or was at a specified time in use for purposes specified in the certificate is admissible as prima facie evidence of the facts stated in the certificate.

42　Restrictions and extensions of immunities and privileges—general

(1) Where the Minister is satisfied that an immunity or privilege conferred by this Act in relation to a foreign State is not accorded by the law of the foreign State in relation to Australia, the GovernorGeneral may make regulations modifying the operation of this Act with respect to those immunities and privileges in relation to the foreign State.

(2) Where the Minister is satisfied that the immunities and privileges conferred by this Act in relation to a foreign State differ from those required by a treaty, convention or other agreement to which the foreign State and Australia are parties, the GovernorGeneral may make regulations modifying the operation of this Act with respect to those immunities and privileges in relation to the foreign State so that this Act as so modified conforms with the treaty, convention or agreement.

(3) Regulations made under subsection (1) or (2) that are expressed to extend or restrict an immunity from the jurisdiction may be expressed to extend to a proceeding that was instituted before the commencement of the regulations and has not been finally disposed of.

(4) Regulations made under subsection (1) or (2) that are expressed to extend or restrict an immunity from execution or other relief may be expressed to extend to a proceeding that was instituted before the commencement of the regulations and in which procedures to give effect to orders for execution or other relief have not been completed.

(5) Regulations in relation to which subsection (3) or (4) applies may make provision with respect to the keeping of property, or for the keeping of the proceeds of the sale of property, with which a proceeding specified in the regulations is concerned, including provision authorising an officer of a court to manage, control or preserve the property or, if, by reason of the condition of the property, it is necessary to do so, to sell or otherwise dispose of the property.

(6) Regulations under this section have effect notwithstanding that they are inconsistent with

an Act (other than this Act) as in force at the time when the regulations came into operation.

(7) Jurisdiction is conferred on the Federal Court of Australia and, to the extent that the Constitution permits, on the courts of the Territories, and the courts of the States are invested with federal jurisdiction, in respect of matters arising under the regulations but a court of a Territory shall not exercise any jurisdiction so conferred in respect of property that is not within that Territory or a Territory in which the court may exercise jurisdiction and a court of a State shall not exercise any jurisdiction so invested in respect of property that is not within that State.

42   An Extension of immunities—emergency prevention and management

(1) This section applies if the Minister is satisfied that a foreign State (or a separate entity of a foreign State) is providing, or is to provide, assistance or facilities:

(a) to the Australian Government, or the government of a State or Territory; and

(b) for the purposes of preparing for, preventing or managing emergencies or disasters (whether natural or otherwise) in Australia.

(2) The GovernorGeneral may make regulations excluding or modifying the application of section 13 (personal injury and damage to property) with respect to the foreign State (or the separate entity of the foreign State) in relation to acts or omissions done or omitted to be done by the foreign State (or the entity) in the course of the provision of the assistance or facilities.

43   Regulations

The GovernorGeneral may make regulations, not inconsistent with this Act, prescribing matters:

(a) required or permitted by this Act to be prescribed; or

(b) necessary or convenient to be prescribed for carrying out or giving effect to this Act.

十四、Canada Foreign State Immunity Act①

State Immunity Act

R. S. C., 1985, c. S-18

An Act to provide for state immunity in Canadian courts

Short Title

1　This Act may be cited as the _State Immunity Act_.

Interpretation

Definitions

2　In this Act,

agency of a foreign state means any legal entity that is an organ of the foreign state but that is separate from the foreign state; (_organisme d'un État étranger_)

commercial activity means any particular transaction, act or conduct or any regular course of conduct that by reason of its nature is of a commercial character; (_activité commerciale_)

foreign state includes

（a）any sovereign or other head of the foreign state or of any political subdivision of the foreign state while acting as such in a public capacity,

（b）any government of the foreign state or of any political subdivision of the foreign state, including any of its departments, and any agency of the foreign state, and

（c）any political subdivision of the foreign state; (_État étranger_)

political subdivision means a province, state or other like political subdivision of a foreign state that is a federal state. (_subdivision politique_)

terrorist activity in respect of a foreign state has the same meaning as in subsection 83. 01（1）of the _Criminal Code_, provided that a foreign state set out on the list referred to in subsection 6. 1（2）does the act or omission on or after January 1, 1985. (_activité terroriste_)

Meaning of supports terrorism

2. 1 For the purposes of this Act, a foreign state supports terrorism if it commits, for the benefit of or otherwise in relation to a listed entity as defined in subsection 83. 01（1）of the _Criminal Code_, an act or omission that is, or had it been committed in Canada would be, punishable under any of sections 83. 02 to 83. 04 and 83. 18 to 83. 23 of the _Criminal Code_.

State Immunity

3　（1）Except as provided by this Act, a foreign state is immune from the jurisdiction of any court in Canada.

Court to give effect to immunity

---

① 本法英文文本摘自加拿大政府法律网站：https://laws-lois. justice. gc. ca/eng/acts/S-18/FullText. html，2023 年 12 月 2 日访问。

(2) In any proceedings before a court, the court shall give effect to the immunity conferred on a foreign state by subsection (1) notwithstanding that the state has failed to take any step in the proceedings.

Immunity waived

4 (1) A foreign state is not immune from the jurisdiction of a court if the state waives the immunity conferred by subsection 3(1) by submitting to the jurisdiction of the court in accordance with subsection (2) or (4).

State submits to jurisdiction

(2) In any proceedings before a court, a foreign state submits to the jurisdiction of the court where it

(a) explicitly submits to the jurisdiction of the court by written agreement or otherwise either before or after the proceedings commence;

(b) initiates the proceedings in the court; or

(c) intervenes or takes any step in the proceedings before the court.

Exception

(3) Paragraph (2)(c) does not apply to

(a) any intervention or step taken by a foreign state in proceedings before a court for the purpose of claiming immunity from the jurisdiction of the court; or

(b) any step taken by a foreign state in ignorance of facts entitling it to immunity if those facts could not reasonably have been ascertained before the step was taken and immunity is claimed as soon as reasonably practicable after they are ascertained.

Third party proceedings and counter-claims

(4) A foreign state that initiates proceedings in a court or that intervenes or takes any step in proceedings before a court, other than an intervention or step to which paragraph (2)(c) does not apply, submits to the jurisdiction of the court in respect of any third party proceedings that arise, or counter-claim that arises, out of the subject-matter of the proceedings initiated by the state or in which the state has so intervened or taken a step.

Appeal and review

(5) Where, in any proceedings before a court, a foreign state submits to the jurisdiction of the court in accordance with subsection (2) or (4), that submission is deemed to be a submission by the state to the jurisdiction of such one or more courts by which those proceedings may, in whole or in part, subsequently be considered on appeal or in the exercise of supervisory jurisdiction.

Commercial activity

5 A foreign state is not immune from the jurisdiction of a court in any proceedings that relate to any commercial activity of the foreign state.

Death and property damage

6 A foreign state is not immune from the jurisdiction of a court in any proceedings that

relate to

(a) any death or personal or bodily injury, or

(b) any damage to or loss of property

that occurs in Canada.

Support of terrorism

6. 1 (1) A foreign state that is set out on the list referred to in subsection (2) is not immune from the jurisdiction of a court in proceedings against it for its support of terrorism on or after January 1, 1985.

List of foreign states

(2) The Governor in Council may, by order, establish a list on which the Governor in Council may, at any time, set out the name of a foreign state if, on the recommendation of the Minister of Foreign Affairs made after consulting with the Minister of Public Safety and Emergency Preparedness, the Governor in Council is satisfied that there are reasonable grounds to believe that the foreign state supported or supports terrorism.

Establishment of list

(3) The list must be established no later than six months after the day on which this section comes into force.

Application to be removed from list

(4) On application in writing by a foreign state, the Minister of Foreign Affairs must, after consulting with the Minister of Public Safety and Emergency Preparedness, decide whether there are reasonable grounds to recommend to the Governor in Council that the applicant no longer be set out on the list.

Notice of decision to applicant

(5) The Minister of Foreign Affairs must without delay give notice to the applicant of that Minister's decision respecting the application.

New application

(6) A foreign state set out on the list may not make another application under subsection (4), unless there has been a material change in its circumstances since the foreign state made its last application or the Minister of Foreign Affairs has completed the review under subsection (7).

Review of list

(7) Two years after the establishment of the list, and every two years after that, the Minister of Foreign Affairs must

(a) review the list in consultation with the Minister of Public Safety and Emergency Preparedness to determine whether there are still reasonable grounds, as set out in subsection (2), for a foreign state to be set out on the list and make a recommendation to the Governor in Council as to whether the foreign state should remain set out on the list; and

(b) review the list in consultation with the Minister of Public Safety and Emergency Preparedness to determine whether there are reasonable grounds, as set out in subsection (2),

for a foreign state that is not set out on the list to be set out on the list and make a recommendation to the Governor in Council as to whether the foreign state should be set out on the list.

Effect of review

(8) The review does not affect the validity of the list.

Completion of review

(9) The Minister of Foreign Affairs must complete the review as soon as feasible, but in any case within 120 days, after its commencement. After completing the review, that Minister must without delay cause a notice to be published in the *Canada Gazette* that it has been completed.

Effect of removal from list on proceedings

(10) If proceedings for support of terrorism are commenced against a foreign state that is set out on the list, the subsequent removal of the foreign state from the list does not have the effect of restoring the state's immunity from the jurisdiction of a court in respect of those proceedings or any related appeal or enforcement proceedings.

Terrorist activity

(11) Where a court of competent jurisdiction has determined that a foreign state, set out on the list in subsection (2), has supported terrorism, that foreign state is also not immune from the jurisdiction of a court in proceedings against it that relate to terrorist activity by the state.

Maritime law

7 (1) A foreign state is not immune from the jurisdiction of a court in any proceedings that relate to

(a) an action *in rem* against a ship owned or operated by the state, or

(b) an action *in personam* for enforcing a claim in connection with a ship owned or operated by the state,

if, at the time the claim arose or the proceedings were commenced, the ship was being used or was intended for use in a commercial activity.

Cargo

(2) A foreign state is not immune from the jurisdiction of a court in any proceedings that relate to

(a) an action *in rem* against any cargo owned by the state if, at the time the claim arose or the proceedings were commenced, the cargo and the ship carrying the cargo were being used or were intended for use in a commercial activity; or

(b) an action *in personam* for enforcing a claim in connection with any cargo owned by the state if, at the time the claim arose or the proceedings were commenced, the ship carrying the cargo was being used or was intended for use in a commercial activity.

Idem

(3) For the purposes of subsections (1) and (2), a ship or cargo owned by a foreign state includes any ship or cargo in the possession or control of the state and any ship or cargo in which the state claims an interest.

Property in Canada

8 A foreign state is not immune from the jurisdiction of a court in any proceedings that relate to an interest or, in the Province of Quebec, a right of the state in property that arises by way of succession, gift or *bona vacantia*.

Procedure and Relief

Service on a foreign state

9 (1) Service of an originating document on a foreign state, other than on an agency of the foreign state, may be made

(a) in any manner agreed on by the state;

(b) in accordance with any international Convention to which the state is a party; or

(c) in the manner provided in subsection (2).

Idem

(2) For the purposes of paragraph (1)(c), anyone wishing to serve an originating document on a foreign state may deliver a copy of the document, in person or by registered mail, to the Deputy Minister of Foreign Affairs or a person designated by him for the purpose, who shall transmit it to the foreign state.

Service on an agency of a foreign state

(3) Service of an originating document on an agency of a foreign state may be made

(a) in any manner agreed on by the agency;

(b) in accordance with any international Convention applicable to the agency; or

(c) in accordance with any applicable rules of court.

Idem

(4) Where service on an agency of a foreign state cannot be made under subsection (3), a court may, by order, direct how service is to be made.

Date of service

(5) Where service of an originating document is made in the manner provided in subsection (2), service of the document shall be deemed to have been made on the day that the Deputy Minister of Foreign Affairs or a person designated by him pursuant to subsection (2) certifies to the relevant court that the copy of the document has been transmitted to the foreign state.

Default judgment

10 (1) Where, in any proceedings in a court, service of an originating document has been made on a foreign state in accordance with subsection 9(1), (3) or (4) and the state has failed to take, within the time limited therefor by the rules of the court or otherwise by law, the initial step required of a defendant or respondent in those proceedings in that court, no further step toward judgment may be taken in the proceedings except after the expiration of at least sixty days following the date of service of the originating document.

Idem

(2) Where judgment is signed against a foreign state in any proceedings in which the state

has failed to take the initial step referred to in subsection (1), a certified copy of the judgment shall be served on the foreign state

(a) where service of the document that originated the proceedings was made on an agency of the foreign state, in such manner as is ordered by the court; or

(b) in any other case, in the manner specified in paragraph 9(1)(c) as though the judgment were an originating document.

Idem

(3) Where, by reason of subsection (2), a certified copy of a judgment is required to be served in the manner specified in paragraph 9(1)(c), subsections 9(2) and (5) apply with such modifications as the circumstances require.

Application to set aside or revoke default judgment

(4) A foreign state may, within sixty days after service on it of a certified copy of a judgment under subsection (2), apply to have the judgment set aside or revoked.

No injunction, specific performance, etc., without consent

11 (1) Subject to subsection (3), no relief by way of an injunction, specific performance or the recovery of land or other property may be granted against a foreign state unless the state consents in writing to that relief and, where the state so consents, the relief granted shall not be greater than that consented to by the state.

Submission not consent

(2) Submission by a foreign state to the jurisdiction of a court is not consent for the purposes of subsection (1).

Exception

(3) This section does not apply either to an agency of a foreign state or to a foreign state that is set out on the list referred to in subsection 6. 1(2) in respect of an action brought against that foreign state for its support of terrorism or its terrorist activity.

Execution

12 (1) Subject to subsections (2) and (3), property of a foreign state that is located in Canada is immune from attachment and execution and, in the case of an action *in rem*, from arrest, detention, seizure and forfeiture except where

(a) the state has, either explicitly or by implication, waived its immunity from attachment, execution, arrest, detention, seizure or forfeiture, unless the foreign state has withdrawn the waiver of immunity in accordance with any term thereof that permits such withdrawal;

(b) the property is used or is intended to be used for a commercial activity or, if the foreign state is set out on the list referred to in subsection 6. 1(2), is used or is intended to be used by it to support terrorism or engage in terrorist activity;

(c) the execution relates to a judgment establishing rights in property that has been acquired by succession or gift or in immovable property located in Canada, or

(d) the foreign state is set out on the list referred to in subsection 6. 1(2) and the

attachment or execution relates to a judgment rendered in an action brought against it for its support of terrorism or its terrorist activity and to property other than property that has cultural or historical value.

Property of an agency of a foreign state is not immune

(2) Subject to subsection (3), property of an agency of a foreign state is not immune from attachment and execution and, in the case of an action *in rem*, from arrest, detention, seizure and forfeiture, for the purpose of satisfying a judgment of a court in any proceedings in respect of which the agency is not immune from the jurisdiction of the court by reason of any provision of this Act.

Military property

(3) Property of a foreign state

(a) that is used or is intended to be used in connection with a military activity, and

(b) that is military in nature or is under the control of a military authority or defence agency

is immune from attachment and execution and, in the case of an action *in rem*, from arrest, detention, seizure and forfeiture.

Property of a foreign central bank immune

(4) Subject to subsection (5), property of a foreign central bank or monetary authority that is held for its own account and is not used or intended for a commercial activity is immune from attachment and execution.

Waiver of immunity

(5) The immunity conferred on property of a foreign central bank or monetary authority by subsection (4) does not apply where the bank, authority or its parent foreign government has explicitly waived the immunity, unless the bank, authority or government has withdrawn the waiver of immunity in accordance with any term thereof that permits such withdrawal.

Assistance for judgment creditors

12.1　(1) At the request of any party in whose favour a judgment is rendered against a foreign state in proceedings referred to in section 6.1, the Minister of Finance or the Minister of Foreign Affairs may, within the confines of his or her mandate, assist, to the extent that is reasonably practical, any judgment creditor in identifying and locating the following property, unless the Minister of Foreign Affairs believes that to do so would be injurious to Canada's international relations or either Minister believes that to do so would be injurious to Canada's other interests:

(a) in the case of the Minister of Finance, the financial assets of the foreign state that are held within Canadian jurisdiction; and

(b) in the case of the Minister of Foreign Affairs, the property of the foreign state that is situated in Canada.

Disclosure of information

(2) In exercising the power referred to in subsection (1), the Minister of Finance or the

Minister of Foreign Affairs, as the case may be, may not disclose

(a) information that was produced in or for a government institution, without the authorization of the government institution; and

(b) information produced in circumstances other than those referred to in paragraph (a), without the authorization of the government institution that first received the information.

Definition of *government institution*

(3) In subsection (2), *government institution* means any department, branch, office, board, agency, commission, corporation or other body for the administration or affairs of which a minister is accountable to Parliament.

No fine for failure to produce

13 (1) No penalty or fine may be imposed by a court against a foreign state for any failure or refusal by the state to produce any document or other information in the course of proceedings before the court.

Exception

(2) Subsection (1) does not apply either to an agency of a foreign state or to a foreign state that is set out on the list referred to in subsection 6. 1(2) in respect of an action brought against that foreign state for its support of terrorism or its terrorist activity.

General

Certificate is conclusive evidence

14 (1) A certificate issued by the Minister of Foreign Affairs, or on his behalf by a person authorized by him, with respect to any of the following questions, namely,

(a) whether a country is a foreign state for the purposes of this Act,

(b) whether a particular area or territory of a foreign state is a political subdivision of that state, or

(c) whether a person or persons are to be regarded as the head or government of a foreign state or of a political subdivision of the foreign state,

is admissible in evidence as conclusive proof of any matter stated in the certificate with respect to that question, without proof of the signature of the Minister of Foreign Affairs or other person or of that other person's authorization by the Minister of Foreign Affairs.

Idem

(2) A certificate issued by the Deputy Minister of Foreign Affairs, or on his behalf by a person designated by him pursuant to subsection 9(2), with respect to service of an originating or other document on a foreign state in accordance with that subsection is admissible in evidence as conclusive proof of any matter stated in the certificate with respect to that service, without proof of the signature of the Deputy Minister of Foreign Affairs or other person or of that other person's authorization by the Deputy Minister of Foreign Affairs.

Governor in Council may restrict immunity by order

15 The Governor in Council may, on the recommendation of the Minister of Foreign

Affairs, by order restrict any immunity or privileges under this Act in relation to a foreign state where, in the opinion of the Governor in Council, the immunity or privileges exceed those accorded by the law of that state.

Inconsistency

16　If, in any proceeding or other matter to which a provision of this Act and a provision of the *Extradition Act*, the *Visiting Forces Act* or the *Foreign Missions and International Organizations Act* apply, there is a conflict between those provisions, the provision of this Act does not apply in the proceeding or other matter to the extent of the conflict.

Rules of court not affected

17　Except to the extent required to give effect to this Act, nothing in this Act shall be construed or applied so as to negate or affect any rules of a court, including rules of a court relating to service of a document out of the jurisdiction of the court.

Application

18　This Act does not apply to criminal proceedings or proceedings in the nature of criminal proceedings.

十五、Inter-American Draft Convention on Jurisdictional Immunity of States

(Approved by the Inter-American Juridical Committee on January 21, 1983)①

I. JURISDICTIONAL IMMUNITY

Article 1

A State is immune from the jurisdiction of any other State.

Article 2

For purposes of this Convention, the definition of State includes:

a) the government and its departments, its decentralized agencies and self-governing or self-sustaining entities;

b) its agencies, whether or not endowed with a separate legal personality, and any other entity, of legal national interest, whatever its technical and legal form;

c) national, regional or local political or administrative institutions.

The preceding list is not all-inclusive.

Article 3

A State is granted immunity from jurisdiction for acts performed by virtue of governmental powers.

Immunity from jurisdiction applies equally to activities regarding property owned and to assets which the State uses by virtue of its governmental powers.

Article 4

Notwithstanding Article 1 provisions, a State may be brought before the adjudicatory authorities of another State under the circumstances foreseen in this Convention.

II. EXCEPTIONS TO JURISDICTION AL IMMUNITY

Article 5

States shall not invoke immunity against claims relative to trade or commercial activities undertaken in the State of the forum.

Trade or commercial activities of a State are construed to mean the performance of a particular transaction or commercial or trading act pursuant to its ordinary trade operations.

Article 6

States shall not claim immunity from jurisdiction either:

a) in labor affairs or employment contracts between any State and one or more individuals, when the work is performed in the forum State;

---

① Organization of American States: Inter-American Draft Convention on Jurisdictional Immunity of States, *International Legal Materials*, Vol. 22, No. 2, 1983, pp. 292–297.

b) in proceedings for the distribution of assets, be they of a civil, trade or commercial nature;

c) in actions involving real property located in the State of the forum with the exceptions contained in international treaties or in diplomatic or consular practices;

d) in tax matters regarding activities under paragraph one of Article 5, for property located in the forum State;

e) in proceedings for losses and damages on tort liabilities arising from the activities mentioned in Article 5, paragraph one; and

f) when the judgement includes court costs.

Article 7

Otherwise, the adjudicatory authorities of a State shall exercise jurisdiction over another State, subject to this Convention, when the latter State:

a) institutes proceedings before them;

b) defends a suit or joins in proceedings or brings legal action against the merits of the case without explicit claiming immunity, when such immunity would be applicable;

c) counterclaims or brings a third-party claim.

A State is not deemed to have accepted the jurisdiction of the adjudicatory authorities merely by appearing before a court of another State in order to assert immunity.

III. RULES OF PROCEDURE

Article 8

Notwithstanding the provisions of this Convention, a State Party to proceedings filed before an adjudicatory authority of another State shall be subject to the procedural rules of the forum.

Article 9

To summon or notify a foreign State of a claim, the competent adjudicatory authority of the forum State shall send letters rogatory to the applicable adjudicatory authority of the foreign State through the Ministry of Foreign Affairs of the forum State. The latter shall forward said letters rogatory to the Ministry of Foreign Affairs of the foreign State through diplomatic channels within' fifteen working days. The Ministry in turn shall notify the addressee of the summons or notice, within an identical time-limit, in accordance with due legal procedure.

Article 10

The letters rogatory shall be supplemented by certified copies of the claim filed and attachments thereto, and a copy of the resolution supporting the summons or notice served the defendant.

The above documents shall be exempt from authentication bat must be translated into the language of the receiving State, if required. Compliance with the letters rogatory shall not imply recognition of competence of the plaintiff adjudicatory authority.

Article 11

The foreign State shall have a time limit of forty working days from the date in which the

notice mentioned at the end of Article 9 is served to come before the appropriate adjudicatory authorities to exercise its rights and, at its discretion, to claim immunity from jurisdiction.

Upon a well-founded request by the foreign State, the court should extend the above-mentioned time limit by a maximum of another forty working days.

Article 12

Should the foreign State claim immunity from jurisdiction it shall be free to appoint to the proceeding a special agent assisted by an attorney registered in the State of the forum.

Article 13

A foreign State claiming immunity from jurisdiction shall not be required to go into the substance of the dispute nor submit evidence at such occasion.

Nevertheless, should a challenge arise as to the qualification of an entity as per Article 2 of this Convention, the burden of proof shall fall upon the challenger.

Should immunity be disputed, the adjudicatory authority shall issue a decision on the matter without going into the merit of the claim.

Article 14

Final judgement given in accordance with this Convention shall be executed in the foreign State Party to the proceeding, subject to the provisions of treaties in effect between the States involved or, in default thereof, to its national legislation.

Article 15

The foreign State shall always be immune to foreclosure or other preventive measures, unless it formally waives immunity.

Actions on real property listed under Article 6 item d) are excepted from the provisions of the foregoing paragraph, unless granted international protection.

IV. SPECIAL RULES

Article 16

No provision of this Convention shall affect privileges and immunities applicable under international treaties currently in force.

V. GENERAL PROVISIONS

Article 17

This Convention applies only to proceedings initiated after it has entered into force.

For States acceding hereto after enforcement date, this Convention shall be in effect for any proceeding commenced immediately following the thirtieth day after the respective ratification document is deposited.

Article 18

Should any dispute arise between Contracting Parties regarding acceptance or rejection of immunity from jurisdiction under this Convention, the defendant State shall be entitled to appeal to the International Court of Justice without need of prior agreement, for a definitive judgement on the matter, unless said parties agree to resolve the dispute otherwise.

Enforcement of this article shall cause the immediate stay of the proceedings.

VI. FINAL PROVISIONS

Article 19

This Convention shall be open to the signature of Member States of the Organization of American States.

Article 20

This Convention is subject to ratification. The instruments of ratification shall be deposited with the General Secretariat of the Organization of American States.

Article 21

This Convention shall remain open for accession by any other State. The instruments of accession shall be deposited with the General Secretariat of the Organization of American States.

Article 22

This Convention shall enter into force on the thirtieth day following the date of deposit of the second instrument of ratification.

For each State ratifying or acceding to the Convention after the deposit of the second instrument of ratification, the Convention shall enter into force on the thirtieth day after deposit by such State of its instrument of ratification or accession.

Article 23

One third of the Contracting Parties may request that a Conference be called to revise or amend this Convention five years after it has entered into force.

The Conference shall be called by the Secretary General of the Organization of American States within one year of the request, in accordance with this article.

Article 24

This Convention shall remain in force indefinitely, but any of the States Parties may denounce it. The instrument of denunciation shall be deposited with the General Secretariat of the Organization of American States. After one year from the date of deposit of the instrument of denunciation, the Convention shall no longer be in force for the denouncing State, except for proceedings under way in which such State is a party, but shall remain in force for the other States.

Article 25

The original instrument of this Convention, the English, French, Portuguese and Spanish texts of which are equally authentic, shall be deposited with the General Secretariat of the Organization of American States, which will forward an authenticated copy of the text to the Secretariat General of the United Nations for registration and publication in accordance with Article 102 of its Charter. The General Secretariat of the Organization of American States shall notify Member States of that Organization and the States that have acceded to the Convention of the signatures and deposits of instruments of ratification, accession and denouncement.

十六、The UK State Immunity Act 1978①

1978 CHAPTER 33

An Act to make new provision with respect to proceedings in the United Kingdom by or against other States; to provide for the effect of judgments given against the United Kingdom in the courts of States parties to the European Convention on State Immunity; to make new provision with respect to the immunities and privileges of heads of State; and for connected purposes.

[20th July 1978]

Part I Proceedings in United Kingdom by or against other States

Immunity from jurisdiction

1 General immunity from jurisdiction.

(1) A State is immune from the jurisdiction of the courts of the United Kingdom except as provided in the following provisions of this Part of this Act.

(2) A court shall give effect to the immunity conferred by this section even though the State does not appear in the proceedings in question.

Exceptions from immunity

2 Submission to jurisdiction.

(1) A State is not immune as respects proceedings in respect of which it has submitted to the jurisdiction of the courts of the United Kingdom.

(2) A State may submit after the dispute giving rise to the proceedings has arisen or by a prior written agreement; but a provision in any agreement that it is to be governed by the law of the United Kingdom is not to be regarded as a submission.

(3) A State is deemed to have submitted—

(a) if it has instituted the proceedings; or

(b) subject to subsections (4) and (5) below, if it has intervened or taken any step in the proceedings.

(4) Subsection (3)(b) above does not apply to intervention or any step taken for the purpose only of—

(a) claiming immunity; or

(b) asserting an interest in property in circumstances such that the State would have been entitled to immunity if the proceedings had been brought against it.

(5) Subsection (3)(b) above does not apply to any step taken by the State in ignorance of facts entitling it to immunity if those facts could not reasonably have been ascertained and immunity is claimed as soon as reasonably practicable.

---

① 本法英文文本摘自英国政府法律网站：https://www.legislation.gov.uk/ukpga/1978/33，2023 年 12 月 3 日访问。

(6) A submission in respect of any proceedings extends to any appeal but not to any counter-claim unless it arises out of the same legal relationship or facts as the claim.

(7) The head of a State's diplomatic mission in the United Kingdom, or the person for the time being performing his functions, shall be deemed to have authority to submit on behalf of the State in respect of any proceedings; and any person who has entered into a contract on behalf of and with the authority of a State shall be deemed to have authority to submit on its behalf in respect of proceedings arising out of the contract.

3　Commercial transactions and contracts to be performed in United Kingdom.

(1) A State is not immune as respects proceedings relating to—

(a) a commercial transaction entered into by the State; or

(b) an obligation of the State which by virtue of a contract (whether a commercial transaction or not) falls to be performed wholly or partly in the United Kingdom.

(2) This section does not apply if the parties to the dispute are States or have otherwise agreed in writing; and subsection (1)(b) above does not apply if the contract (not being a commercial transaction) was made in the territory of the State concerned and the obligation in question is governed by its administrative law.

(3) In this section "commercial transaction" means—

(a) any contract for the supply of goods or services;

(b) any loan or other transaction for the provision of finance and any guarantee or indemnity in respect of any such transaction or of any other financial obligation; and

(c) any other transaction or activity (whether of a commercial, industrial, financial, professional or other similar character) into which a State enters or in which it engages otherwise than in the exercise of sovereign authority;

but neither paragraph of subsection (1) above applies to a contract of employment between a State and an individual.

4　Contracts of employment.

(1) A State is not immune as respects proceedings relating to a contract of employment between the State and an individual where the contract was made in the United Kingdom or the work is to be wholly or partly performed there.

(2) Subject to subsections (3) and (4) below, this section does not apply if—

(a) at the time when the proceedings are brought the individual is a national of the State concerned; or

(b) the State concerned is a party to the European Convention on State Immunity and at the time when the contract was made the individual was neither a national of the United Kingdom nor habitually resident there; or

(c) the parties to the contract have otherwise agreed in writing.

(3) Where the work is for an office, agency or establishment maintained by the State in the United Kingdom for commercial purposes, subsection (2)(a) and (b) above do not exclude the

application of this section unless the individual was, at the time when the contract was made, habitually resident in that State.

(4) Subsection (2)(c) above does not exclude the application of this section where the law of the United Kingdom requires the proceedings to be brought before a court of the United Kingdom.

(5) In subsection (2)(b) above "national of the United Kingdom" means—

(a) a British citizen, a British Dependent Territories citizen a British National (Overseas) or a British Overseas citizen; or

(b) a person who under the British Nationality Act 1981 is a British subject; or

(c) a British protected person (within the meaning of that Act)

5　Personal injuries and damage to property.

A State is not immune as respects proceedings in respect of—

(a) death or personal injury; or

(b) damage to or loss of tangible property,

caused by an act or omission in the United Kingdom.

6　Ownership, possession and use of property.

(1) A State is not immune as respects proceedings relating to—

(a) any interest of the State in, or its possession or use of, immovable property in the United Kingdom; or

(b) any obligation of the State arising out of its interest in, or its possession or use of, any such property.

(2) A State is not immune as respects proceedings relating to any interest of the State in movable or immovable property, being an interest arising by way of succession, gift or bona vacantia.

(3) The fact that a State has or claims an interest in any property shall not preclude any court from exercising in respect of it any jurisdiction relating to the estates of deceased persons or persons of unsound mind or to insolvency, the winding up of companies or the administration of trusts.

(4) A court may entertain proceedings against a person other than a State notwithstanding that the proceedings relate to property—

(a) which is in the possession or control of a State; or

(b) in which a State claims an interest,

if the State would not have been immune had the proceedings been brought against it or, in a case within paragraph (b) above, if the claim is neither admitted nor supported by prima facie evidence.

7　Patents, trade-marks etc.

A State is not immune as respects proceedings relating to—

(a) any patent, trade-mark, design or plant breeders' rights belonging to the State and

registered or protected in the United Kingdom or for which the State has applied in the United Kingdom;

(b) an alleged infringement by the State in the United Kingdom of any patent, trade-mark, design, plant breeders' rights or copyright; or

(c) the right to use a trade or business name in the United Kingdom.

8　Membership of bodies corporate etc.

(1) A State is not immune as respects proceedings relating to its membership of a body corporate, an unincorporated body or a partnership which—

(a) has members other than States; and

(b) is incorporated or constituted under the law of the United Kingdom or is controlled from or has its principal place of business in the United Kingdom,

being proceedings arising between the State and the body or its other members or, as the case may be, between the State and the other partners.

(2) This section does not apply if provision to the contrary has been made by an agreement in writing between the parties to the dispute or by the constitution or other instrument establishing or regulating the body or partnership in question.

9　Arbitrations.

(1) Where a State has agreed in writing to submit a dispute which has arisen, or may arise, to arbitration, the State is not immune as respects proceedings in the courts of the United Kingdom which relate to the arbitration.

(2) This section has effect subject to any contrary provision in the arbitration agreement and does not apply to any arbitration agreement between States.

10　Ships used for commercial purposes.

(1) This section applies to—

(a) Admiralty proceedings; and

(b) proceedings on any claim which could be made the subject of Admiralty proceedings.

(2) A State is not immune as respects—

(a) an action in rem against a ship belonging to that State; or

(b) an action in personam for enforcing a claim in connection with such a ship,

if, at the time when the cause of action arose, the ship was in use or intended for use for commercial purposes.

(3) Where an action in rem is brought against a ship belonging to a State for enforcing a claim in connection with another ship belonging to that State, subsection (2)(a) above does not apply as respects the first-mentioned ship unless, at the time when the cause of action relating to the other ship arose, both ships were in use or intended for use for commercial purposes.

(4) A State is not immune as respects—

(a) an action in rem against a cargo belonging to that State if both the cargo and the ship carrying it were, at the time when the cause of action arose, in use or intended for use for

commercial purposes; or

(b) an action in personam for enforcing a claim in connection with such a cargo if the ship carrying it was then in use or intended for use as aforesaid.

(5) In the foregoing provisions references to a ship or cargo belonging to a State include references to a ship or cargo in its possession or control or in which it claims an interest; and, subject to subsection (4) above, subsection (2) above applies to property other than a ship as it applies to a ship.

(6) Sections 3 to 5 above do not apply to proceedings of the kind described in subsection (1) above if the State in question is a party to the Brussels Convention and the claim relates to the operation of a ship owned or operated by that State, the carriage of cargo or passengers on any such ship or the carriage of cargo owned by that State on any other ship.

11 Value added tax, customs duties etc.

A State is not immune as respects proceedings relating to its liability for—

(a) value added tax, any duty of customs or excise or any agricultural levy; or

(b) rates in respect of premises occupied by it for commercial purposes.

Procedure

12 Service of process and judgments in default of appearance.

(1) Any writ or other document required to be served for instituting proceedings against a State shall be served by being transmitted through the Foreign, Commonwealth and Development Office to the Ministry of Foreign Affairs of the State and service shall be deemed to have been effected when the writ or document is received at the Ministry.

(2) Any time for entering an appearance (whether prescribed by rules of court or otherwise) shall begin to run two months after the date on which the writ or document is received as aforesaid.

(3) A State which appears in proceedings cannot thereafter object that subsection (1) above has not been complied with in the case of those proceedings.

(4) No judgment in default of appearance shall be given against a State except on proof that subsection (1) above has been complied with and that the time for entering an appearance as extended by subsection (2) above has expired.

(5) A copy of any judgment given against a State in default of appearance shall be transmitted through the Foreign, Commonwealth and Development Office to the Ministry of Foreign Affairs of that State and any time for applying to have the judgment set aside (whether prescribed by rules of court or otherwise) shall begin to run two months after the date on which the copy of the judgment is received at the Ministry.

(6) Subsection (1) above does not prevent the service of a writ or other document in any manner to which the State has agreed and subsections (2) and (4) above do not apply where service is effected in any such manner.

(7) This section shall not be construed as applying to proceedings against a State by way of counter-claim or to an action in rem; and subsection (1) above shall not be construed as affecting

any rules of court whereby leave is required for the service of process outside the jurisdiction.

13 Other procedural privileges.

(1) No penalty by way of committal or fine shall be imposed in respect of any failure or refusal by or on behalf of a State to disclose or produce any document or other information for the purposes of proceedings to which it is a party.

(2) Subject to subsections (3) and (4) below—

(a) relief shall not be given against a State by way of injunction or order for specific performance or for the recovery of land or other property; and

(b) the property of a State shall not be subject to any process for the enforcement of a judgment or arbitration award or, in an action in rem, for its arrest, detention or sale.

(2A) Subject to subsection (3) below—

(a) where, on a complaint under section 111 of the Employment Rights Act 1996, an employment tribunal finds that a member of the staff of a diplomatic mission or a member of the consular staff of a consular post was unfairly dismissed, relief shall not be given against the State concerned by way of an order under section 113 of that Act; and

(b)where, on a complaint under Article 145 of the Employment Rights (Northern Ireland) Order 1996, an industrial tribunal finds that a member of the staff of a diplomatic mission or a member of the consular staff of a consular post was unfairly dismissed, relief shall not be given against the State concerned by way of an order under Article 147 of that Order.

(3) Subsections (2) and (2A) above do not prevent the giving of any relief or the issue of any process with the written consent of the State concerned; and any such consent (which may be contained in a prior agreement) may be expressed so as to apply to a limited extent or generally; but a provision merely submitting to the jurisdiction of the courts is not to be regarded as a consent for the purposes of this subsection.

(4) Subsection (2) (b) above does not prevent the issue of any process in respect of property which is for the time being in use or intended for use for commercial purposes; but, in a case not falling within section 10 above, this subsection applies to property of a State party to the European Convention on State Immunity only if—

(a) the process is for enforcing a judgment which is final within the meaning of section 18 (1) (b) below and the State has made a declaration under Article 24 of the Convention; or

(b) the process is for enforcing an arbitration award.

(5) The head of a State's diplomatic mission in the United Kingdom, or the person for the time being performing his functions, shall be deemed to have authority to give on behalf of the State any such consent as is mentioned in subsection (3) above and, for the purposes of subsection (4) above, his certificate to the effect that any property is not in use or intended for use by or on behalf of the State for commercial purposes shall be accepted as sufficient evidence of that fact unless the contrary is proved.

(6) In the application of this section to Scotland—

(a) the reference to "injunction" shall be construed as a reference to "interdict";

(b) for paragraph (b) of subsection (2) above there shall be substituted the following paragraph—

"(b) the property of a State shall not be subject to any diligence for enforcing a judgment or order of a court or a decree arbitral or, in an action in rem, to arrestment or sale."; and

(c) any reference to "process" shall be construed as a reference to "diligence", any reference to "the issue of any process" as a reference to "the doing of diligence" and the reference in subsection (4)(b) above to "an arbitration award" as a reference to "a decree arbitral".

(7) In subsection (2A) above—

"member of the consular staff of a consular post" is to be construed in accordance with Article 1(h) of the Vienna Convention on Consular Relations done at Vienna on 24 April 1963; and

"member of the staff of a diplomatic mission" is to be construed in accordance with Article 1 (c) of the Vienna Convention on Diplomatic Relations done at Vienna on 18 April 1961.

Supplementary provisions

14   States entitled to immunities and privileges.

(1) The immunities and privileges conferred by this Part of this Act apply to any foreign or commonwealth State other than the United Kingdom; and references to a State include references to—

(a) the sovereign or other head of that State in his public capacity;

(b) the government of that State; and

(c) any department of that government,

but not to any entity (hereafter referred to as a "separate entity") which is distinct from the executive organs of the government of the State and capable of suing or being sued.

(2) A separate entity is immune from the jurisdiction of the courts of the United Kingdom if, and only if—

(a) the proceedings relate to anything done by it in the exercise of sovereign authority; and

(b) the circumstances are such that a State (or, in the case of proceedings to which section 10 above applies, a State which is not a party to the Brussels Convention) would have been so immune.

(3) If a separate entity (not being a State's central bank or other monetary authority) submits to the jurisdiction in respect of proceedings in the case of which it is entitled to immunity by virtue of subsection (2) above, subsections (1) to (4) of section 13 above shall apply to it in respect of those proceedings as if references to a State were references to that entity.

(4) Property of a State's central bank or other monetary authority shall not be regarded for the purposes of subsection (4) of section 13 above as in use or intended for use for commercial purposes; and where any such bank or authority is a separate entity subsections (1) to (3) of

that section shall apply to it as if references to a State were references to the bank or authority.

(5) Section 12 above applies to proceedings against the constituent territories of a federal State; and Her Majesty may by Order in Council provide for the other provisions of this Part of this Act to apply to any such constituent territory specified in the Order as they apply to a State.

(6) Where the provisions of this Part of this Act do not apply to a constituent territory by virtue of any such Order subsections (2) and (3) above shall apply to it as if it were a separate entity.

15　Restriction and extension of immunities and privileges.

(1) If it appears to Her Majesty that the immunities and privileges conferred by this Part of this Act in relation to any State—

(a) exceed those accorded by the law of that State in relation to the United Kingdom; or

(b) are less than those required by any treaty, convention or other international agreement to which that State and the United Kingdom are parties,

Her Majesty may by Order in Council provide for restricting or, as the case may be, extending those immunities and privileges to such extent as appears to Her Majesty to be appropriate.

(2) Any statutory instrument containing an Order under this section shall be subject to annulment in pursuance of a resolution of either House of Parliament.

16　Excluded matters.

(1) This Part of this Act does not affect any immunity or privilege conferred by the Diplomatic Privileges Act 1964 or the Consular Relations Act 1968; and—

(a) section 4 above does not apply to proceedings relating to a contract of employment between a State and an individual if the individual is or was employed under the contract as a diplomatic agent or consular officer;

(aa) section 4 above does not apply to proceedings relating to a contract of employment between a State and an individual if the individual is or was employed under the contract as a member of a diplomatic mission (other than a diplomatic agent) or as a member of a consular post (other than a consular officer) and either—

(i) the State entered into the contract in the exercise of sovereign authority; or

(ii) the State engaged in the conduct complained of in the exercise of sovereign authority;

(b) section 6(1) above does not apply to proceedings concerning a State's title to or its possession of property used for the purposes of a diplomatic mission.

(1A) In subsection (1)—

"consular officer" is to be construed in accordance with Article 1(d) of the Vienna Convention on Consular Relations done at Vienna on 24 April 1963;

"diplomatic agent" is to be construed in accordance with Article 1(e) of the Vienna Convention on Diplomatic Relations done at Vienna on 18 April 1961;

"member of a consular post" is to be construed in accordance with Article 1(g) of the

Vienna Convention on Consular Relations done at Vienna on 24 April 1963;

"member of a diplomatic mission" is to be construed in accordance with Article 1(b) of the Vienna Convention on Diplomatic Relations done at Vienna on 18 April 1961.

(2) This Part of this Act does not apply to proceedings relating to anything done by or in relation to the armed forces of a State while present in the United Kingdom and, in particular, has effect subject to the Visiting Forces Act 1952.

(3) This Part of this Act does not apply to proceedings to which section 17(6) of the Nuclear Installations Act 1965 applies.

(4) This Part of this Act does not apply to criminal proceedings.

(5) This Part of this Act does not apply to any proceedings relating to taxation other than those mentioned in section 11 above.

17   Interpretation of Part I.

(1) In this Part of this Act—

"the Brussels Convention" means the International Convention for the Unification of Certain Rules Concerning the Immunity of State-owned Ships signed in Brussels on 10th April 1926;

"commercial purposes" means purposes of such transactions or activities as are mentioned in section 3(3) above;

"ship" includes hovercraft.

(2) In sections 2(2) and 13(3) above references to an agreement include references to a treaty, convention or other international agreement.

(3) For the purposes of sections 3 to 8 above the territory of the United Kingdom shall be deemed to include any dependent territory in respect of which the United Kingdom is a party to the European Convention on State Immunity.

(4) In sections 3(1), 4(1), 5 and 16(2) above references to the United Kingdom include references to its territorial waters and any area designated under section 1(7) of the Continental Shelf Act 1964.

(4A) In sections 4 and 16(1) above references to proceedings relating to a contract of employment include references to proceedings between the parties to such a contract in respect of any statutory rights or duties to which they are entitled or subject as employer or employee.

(5) In relation to Scotland in this Part of this Act "action in rem" means such an action only in relation to Admiralty proceedings.

Part II Judgments against United Kingdom in Convention States

18   Recognition of judgments against United Kingdom.

(1) This section applies to any judgment given against the United Kingdom by a court in another State party to the European Convention on State immunity, being a judgment—

(a) given in proceedings in which the United Kingdom was not entitled to immunity by virtue of provisions corresponding to those of sections 2 to 11 above; and

(b) which is final, that is to say, which is not or is no longer subject to appeal or, if given

in default of appearance, liable to be set aside.

(2) Subject to section 19 below, a judgment to which this section applies shall be recognised in any court in the United Kingdom as conclusive between the parties thereto in all proceedings founded on the same cause of action and may be relied on by way of defence or counter-claim in such proceedings.

(3) Subsection (2) above (but not section 19 below) shall have effect also in relation to any settlement entered into by the United Kingdom before a court in another State party to the Convention which under the law of that State is treated as equivalent to a judgment.

(4) In this section references to a court in a State party to the Convention include references to a court in any territory in respect of which it is a party.

19　Exceptions to recognition.

(1) A court need not give effect to section 18 above in the case of a judgment—

(a) if to do so would be manifestly contrary to public policy or if any party to the proceedings in which the judgment was given had no adequate opportunity to present his case; or

(b) if the judgment was given without provisions corresponding to those of section 12 above having been complied with and the United Kingdom has not entered an appearance or applied to have the judgment set aside.

(2) A court need not give effect to section 18 above in the case of a judgment—

(a) if proceedings between the same parties, based on the same facts and having the same purpose—

(i) are pending before a court in the United Kingdom and were the first to be instituted; or

(ii) are pending before a court in another State party to the Convention, were the first to be instituted and may result in a judgment to which that section will apply; or

(b) if the result of the judgment is inconsistent with the result of another judgment given in proceedings between the same parties and—

(i) the other judgment is by a court in the United Kingdom and either those proceedings were the first to be instituted or the judgment of that court was given before the first-mentioned judgment became final within the meaning of subsection (1)(b) of section 18 above; or

(ii) the other judgment is by a court in another State party to the Convention and that section has already become applicable to it.

(3) Where the judgment was given against the United Kingdom in proceedings in respect of which the United Kingdom was not entitled to immunity by virtue of a provision corresponding to section 6(2) above, a court need not give effect to section 18 above in respect of the judgment if the court that gave the judgment—

(a) would not have had jurisdiction in the matter if it had applied rules of jurisdiction corresponding to those applicable to such matters in the United Kingdom; or

(b) applied a law other than that indicated by the United Kingdom rules of private international law and would have reached a different conclusion if it had applied the law so

indicated.

(4) In subsection (2) above references to a court in the United Kingdom include references to a court in any dependent territory in respect of which the United Kingdom is a party to the Convention, and references to a court in another State party to the Convention include references to a court in any territory in respect of which it is a party.

Part III Miscellaneous and Supplementary

20 Heads of State.

(1) Subject to the provisions of this section and to any necessary modifications, the Diplomatic Privileges Act 1964 shall apply to—

(a) a sovereign or other head of State;

(b) members of his family forming part of his household; and

(c) his private servants,

as it applies to the head of a diplomatic mission, to members of his family forming part of his household and to his private servants.

(2) The immunities and privileges conferred by virtue of subsection (1)(a) and (b) above shall not be subject to the restrictions by reference to nationality or residence mentioned in Article 37(1) or 38 in Schedule 1 to the said Act of 1964.

(3) Subject to any direction to the contrary by the Secretary of State, a person on whom immunities and privileges are conferred by virtue of subsection (1) above shall be entitled to the exemption conferred by section 8(3) of the Immigration Act 1971.

(4) Except as respects value added tax and duties of customs or excise, this section does not affect any question whether a person is exempt from, or immune as respects proceedings relating to, taxation.

(5) This section applies to the sovereign or other head of any State on which immunities and privileges are conferred by Part I of this Act and is without prejudice to the application of that Part to any such sovereign or head of State in his public capacity.

21 Evidence by certificate.

A certificate by or on behalf of the Secretary of State shall be conclusive evidence on any question—

(a) whether any country is a State for the purposes of Part I of this Act, whether any territory is a constituent territory of a federal State for those purposes or as to the person or persons to be regarded for those purposes as the head or government of a State;

(b) whether a State is a party to the Brussels Convention mentioned in Part I of this Act;

(c) whether a State is a party to the European Convention on State Immunity, whether it has made a declaration under Article 24 of that Convention or as to the territories in respect of which the United Kingdom or any other State is a party;

(d) whether, and if so when, a document has been served or received as mentioned in section 12(1) or (5) above.

22　General interpretation.

(1) In this Act "court" includes any tribunal or body exercising judicial functions; and references to the courts or law of the United Kingdom include references to the courts or law of any part of the United Kingdom.

(2) In this Act references to entry of appearance and judgments in default of appearance include references to any corresponding procedures.

(3) In this Act "the European Convention on State Immunity" means the Convention of that name signed in Basle on 16th May 1972.

(4) In this Act "dependent territory" means—

(a) any of the Channel Islands;

(b) the Isle of Man;

(c) any colony other than one for whose external relations a country other than the United Kingdom is responsible; or

(d) any country or territory outside Her Majesty's dominions in which Her Majesty has jurisdiction in right of the government of the United Kingdom.

(5) Any power conferred by this Act to make an Order in Council includes power to vary or revoke a previous Order.

23　Short title, repeals, commencement and extent.

(1) This Act may be cited as the State Immunity Act 1978.

(2) Section 13 of the Administration of Justice (Miscellaneous Provisions) Act 1938 and section 7 of the Law Reform (Miscellaneous Provisions) (Scotland) Act 1940 (which become unnecessary in consequence of Part I of this Act) are hereby repealed.

(3) Subject to subsection (4) below, Parts I and II of this Act do not apply to proceedings in respect of matters that occurred before the date of the coming into force of this Act and, in particular—

(a) sections 2(2) and 13(3) do not apply to any prior agreement, and

(b) sections 3, 4 and 9 do not apply to any transaction, contract or arbitration agreement, entered into before that date.

(4) Section 12 above applies to any proceedings instituted after the coming into force of this Act.

(5) This Act shall come into force on such date as may be specified by an order made by the Lord Chancellor by statutory instrument.

(6) This Act extends to Northern Ireland.

(7) Her Majesty may by Order in Council extend any of the provisions of this Act, with or without modification, to any dependent territory.

十七、The US Foreign Sovereign Immunities Act of 1976①

PL 94-583（HR 11315）

October 21, 1976

An Act to define the jurisdiction of United States courts in suits against foreign states, the circumstances in which foreign states are immune from suit and in which execution may not be levied on their property, and for other purposes.

Be it enacted by the Senate and House of Representatives of the United States of America in Congress assembled, That this Act may be cited as the "Foreign Sovereign Immunities Act of 1976".

Sec. 2. (a) That chapter 85 of title 28, United States Code, is amended by inserting immediately before section 1331 the following new section:

"Section 1330. Actions Against Foreign States

"(a) The district courts shall have original jurisdiction without regard to amount in controversy of any nonjury civil action against a foreign state as defined in section 1603 (a) of this title as to any claim for relief in personam with respect to which the foreign state is not entitled to immunity either under sections 1605—1607 of this title or under any applicable international agreement.

"(b) Personal jurisdiction over a foreign state shall exist as to every claim for relief over which the district courts have jurisdiction under subsection (a) where service has been made under section 1608 of this title.

"(c) For purposes of subsection (b), an appearance by a foreign state does not confer personal jurisdiction with respect to any claim for relief not arising out of any transaction or occurrence enumerated in sections 1605—1607 of this title.".

(b) By inserting in the chapter analysis of that chapter before—,

"1331. Federal question; amount in controversy; costs."

the following new item:

"1330. Action against foreign states.".

Sec. 3. That section 1332 of title 28, United States Code, is amended by striking subsections (a) (2) and (3) and substituting in their place the following:

"(2) citizens of a State and citizens or subjects of a foreign state;

"(3) citizens of different States and in which citizens or subjects of a foreign state are additional parties; and

"(4) a foreign state, defined in section 1603 (a) of this title, as plaintiff and citizens of a

---

① 本法英文文本摘自美国政府信息网站：https://www.govinfo.gov/content/pkg/STATUTE-90/pdf/STATUTE-90-Pg2891.pdf，2023 年 12 月 3 日访问。

State or of different States.".

Sec. 4. (a) That title 28, United States Code, is amended by inserting after chapter 95 the following new chapter:

"Chapter 97. —JURISDICTION IMMUNITIES OF FOREIGN STATES

"Sec.

"1602. Findings and declaration of purpose.

"1603. Definitions.

"1604. Immunity of a foreign state from jurisdiction.

"1605. General exceptions to the jurisdictional immunity of a foreign state.

"1606. Extent of liability.

"1607. Counterclaims.

"1608. Service; time to answer default.

"1609. Immunity from attachment and execution of property of a foreign state.

"1610. Exceptions to the immunity from attachment or execution.

"1611. Certain types of property immune from execution.

"Section 1602. Findings and declaration of purpose

"The Congress finds that the determination by United States courts of the claims of foreign states to immunity from the jurisdiction of such courts would serve the interests of justice and would protect the rights of both foreign states and litigants in United States courts. Under international law, states are not immune from the jurisdiction of foreign courts insofar as their commercial activities are concerned, and their commercial property may be levied upon for the satisfaction of judgments rendered against them in connection with their commercial activities. Claims of foreign states to immunity should henceforth be decided by courts of the United States and of the States in conformity with the principles set forth in this chapter.

"Section 1603. Definitions

"For purposes of this chapter—,

"(a) A 'foreign state', except as used in section 1608 of this title, includes a political subdivision of a foreign state or an agency or instrumentality of a foreign state as defined in subsection (b).

"(b) An 'agency or instrumentality of a foreign state' means an entity—,

"(1) which is a separate legal person, corporate or otherwise, and

"(2) which is an organ of a foreign state or political subdivision thereof, or a majority of whose shares or other ownership interest is owned by a foreign state or political subdivision thereof, and

"(3) which is neither a citizen of a State of the United States as defined in section 1332 (c) and (d) of this title, nor created under the laws of any third country.

"(c) The 'United States' includes all territory and waters, continental or insular, subject to the jurisdiction of the United States.

"(d) A 'commercial activity' means either a regular course of commercial conduct or a particular commercial transaction or act. The commercial character of an activity shall be determined by reference to the nature of the course of conduct or particular transaction or act, rather than by reference to its purpose.

"(e) A 'commercial activity carried on in the United States by a foreign state' means commercial activity carried on by such state and having substantial contract with the United States.

"Section 1604. Immunity of a foreign state from jurisdiction

"Subject to existing international agreements to which the United States is a party at the time of enactment of this Act a foreign state shall be immune from the jurisdiction of the courts of the United States and of the States except as provided in sections 1605 to 1607 of this chapter.

"Section 1605. General exceptions to the jurisdictional immunity of a foreign state

"(a) Foreign state shall not be immune from the jurisdiction of courts of the United States or of the States in any case—,

"(1) in which the foreign state has waived its immunity either explicitly or by implication, notwithstanding any withdrawal of the waiver which the foreign state may purport to effect except in accordance with the terms of the waiver;

"(2) in which the action is based upon a commercial activity carried on in the United States by the foreign state; or upon an act performed in the United States in connection with a commercial activity of the foreign state elsewhere; or upon an act outside the territory of the United States in connection with a commercial activity of the foreign state elsewhere and that act causes a direct effect in the United States;

"(3) in which rights in property taken in violation of international law are in issue and that property or any property exchanged for such property is present in the United States in connection with a commercial activity carried on in the United States by the foreign state; or that property or any property exchanged for such property is owned or operated by an agency or instrumentality of the foreign state and that agency or instrumentality is engaged in a commercial activity in the United States;

"(4) in which rights in property in the United States acquired by succession or gift or rights in immovable property situated in the United States are in issue; or

"(5) not otherwise encompassed in paragraph (2) above, in which money damages are sought against a foreign state for personal injury or death, or damage to or loss of property, occurring in the United States and caused by the tortious act or omission of that foreign state or of any official or employee of that foreign state while acting within the scope of his office or employment; except this paragraph shall not apply to—,

"(A) any claim based upon the exercise or performance or the failure to exercise or perform a discretionary function regardless of whether the discretion be abused, or

"(B) any claim arising out of malicious prosecution, abuse of process, libel, slander, misrepresentation, deceit, or interference with contract rights.

"(b) A foreign state shall not be immune from the jurisdiction of the courts of the United States in any case in which a suit in admiralty is brought to enforce a maritime lien against a vessel or cargo of the foreign state, which maritime lien is based upon a commercial activity of the foreign state: *Provided*, That—,

"(1) notice of the suit is given by delivery of a copy of the summons and of the complaint to the person, or his agent, having possession of the vessel or cargo against which the maritime lien is asserted; but such notice shall not be deemed to have been delivered, nor may it thereafter be delivered, if the vessel or cargo is arrested pursuant to process obtained on behalf of the party bringing the suit—unless the party was unaware that the vessel or cargo of a foreign state was involved, in which event the service of process of arrest shall be deemed to constitute valid delivery of such notice; and

"(2) notice to the foreign state of the commencement of suit as provided in section 1608 of this title is initiated within ten days either of the delivery of notice as provided in subsection (b) (1) of this section or, in the case of a party who was unaware that the vessel or cargo of a foreign state was involved, of the date such party determined the existence of the foreign state's interest.

Whenever notice is delivered under subsection (b) (1) of this section, the maritime lien shall thereafter be deemed to be an in personam claim against the foreign state which at that time owns the vessel or cargo involved: *Provided*, That a court may not award judgment against the foreign state in an amount greater than the value of the vessel or cargo upon which the maritime lien arose, such value to be determined as of the time notice is served under subsection (b) (1) of this section.

"Section 1606. Extent of liability

"As to any claim for relief with respect to which a foreign state is not entitled to immunity under section 1605 or 1607 of this chapter, the foreign state shall be liable in the same manner and to the same extent as a private individual under like circumstances; but a foreign state except for an agency or instrumentality thereof shall not be liable for punitive damages; if, however, in any case wherein death was caused, the law of the place where the action or omission occurred provides, or has been construed to provide, for damages only punitive in nature, the foreign state shall be liable for actual or compensatory damages measured by the pecuniary injuries resulting from such death which were incurred by the persons for whose benefit the action was brought.

"Section 1607. Counterclaims

"In any action brought by a foreign state, or in which a foreign state intervenes, in a court of the United States or of a State, the foreign state shall not be accorded immunity with respect to any counterclaim—,

"(a) for which a foreign state would not be entitled to immunity under section 1605 of this chapter had such claim been brought in a separate action against the foreign state; or

"(b) arising out of the transaction or occurrence that is the subject matter of the claim of the

foreign state; or

"(c) to the extent that the counterclaim does not seek relief exceeding in amount or differing in kind from that sought by the foreign state.

"Section 1608. Service; time to answer; default

"(a) Service in the courts of the United States and of the States shall be made upon a foreign state or political subdivision of a foreign state:

"(1) by delivery of a copy of the summons and complaint in accordance with any special arrangement for service between the plaintiff and the foreign state or political subdivision; or

"(2) if no special arrangement for exists, by delivery of a copy of the summons and complaint in accordance with an applicable international convention on service of judicial documents; or

"(3) if service cannot be made under paragraphs (1) or (2), by sending a copy of the summons and complaint and a notice of suit, together with a translation of each into the official language of the foreign state, by any form of mail requiring a signed receipt, to be addressed and dispatched by the clerk of the court to the head of the ministry of foreign affairs of the foreign state concerned, or

"(4) if service cannot be made within 30 days under paragraph (3), by sending two copies of the summons and complaint and a notice of suit, together with a translation of each into the official language of the foreign state, by any form of mail requiring a signed receipt, to be addressed and dispatched by the clerk of the court to the Secretary of State in Washington, District of Columbia, to the attention of the Director of Special Consular Services—and the Secretary shall transmit one copy of the papers through diplomatic channels to the foreign state and shall send to the clerk of the court a certified copy of the diplomatic note indicating when the papers were transmitted.

As used in this subsection, a 'notice of suit' shall means a notice addressed to a foreign state and in a form prescribed by the Secretary of State by regulation.

"(b) Service in the courts of the United States and of the States shall be made upon an agency or instrumentality of a foreign state:

"(1) by delivery of a copy of the summons and complaint in accordance with any special arrangement for service between the plaintiff and the agency or instrumentality; or

"(2) if no special arrangement exists, by delivery of a copy of the summons and complaint either to an officer, a managing or general agent, or to any other agent authorized by appointment or by law to receive service of process in the United States; or in accordance with an applicable international convention on service of judicial documents; or

"(3) if service cannot be made under paragraphs (1) or (2), and if reasonably calculated to give actual notice, by delivery of a copy of the summons and complaint, together with a translation of each into the official language of the foreign state—,

"(A) as directed by an authority of the foreign state or political subdivision in response to a

letter rogatory or request or

"(B) by any form of mail requiring a signed receipt, to be addressed and dispatched by the clerk of the court to the agency or instrumentality to be served, or

"(C) as directed by order of the court consistent with the law of the place where service is to be made.

"(c) Service shall be deemed to have been made—,

"(1) in the case of service under subsection (a) (4), as of the date of transmittal indicated in the certified copy of the diplomatic note; and

"(2) in any other case under this section, as of the date of receipt indicated in the certification, signed and returned postal receipt, or other proof of service applicable to the method of service employed.

"(d) In any action brought in a court of the United States or of a State, a foreign state, a political subdivision thereof, or an agency or instrumentality of a foreign state shall serve an answer or other responsive pleading to the complaint within sixty days after service has been made under this section.

"(e) No judgment by default shall be entered by a court of the United States or of a State against a foreign state, a political subdivision thereof, or an agency or instrumentality of a foreign state, unless the claimant establishes his claim or right to relief by evidence satisfactory to the court. A copy of any such default judgment shall be sent to the foreign state or political subdivision in the manner prescribed for service in this section.

"Section 1609. Immunity from attachment and execution of property of a foreign state

"Subject to existing international agreements to which the United States is a party at the time of enactment of this Act the property in the United States of a foreign state shall be immune from attachment arrest and execution except as provided in sections 1610 and 1611 of this chapter.

"Section 1610. Exceptions to the immunity from attachment or execution

"(a) The property in the United States of a foreign state, as defined in section 1603 (a) of this chapter, used for a commercial activity in the United States, shall not be immune form attachment in aid of execution, or from execution, upon a judgment entered by a court of the United States or of a State after the effective date of this Act, if—,

"(1) the foreign state has waived its immunity from attachment in aid of execution or from execution either explicitly or by implication, notwithstanding any withdrawal of the waiver the foreign state may purport to effect except in accordance with the terms of the waiver, or

"(2) the property is or was used for the commercial activity upon which the claim is based, or

"(3) the execution relates to a judgment establishing rights in property which has been taken in violation of international law or which has been exchanged for property taken in violation of international law, or

"(4) the execution relates to a judgment establishing rights in property—,

"(A) which is acquired by succession or gift, or

"(B) which is immovable and situated in the United States: *Provided*, That such property is not used for purposes of maintaining a diplomatic or consular mission or the residence of the Chief of such mission, or

"(5) the property consists of any contractual obligation or any proceeds from such a contractual obligation to indemnify or hold harmless the foreign state or its employees under a policy of automobile or other liability or casualty insurance covering the claim which merged into the judgment.

"(b) In addition to subsection (a), any property in the United States of an agency or instrumentality of a foreign state engaged in commercial activity in the United States shall not be immune from attachment in aid of execution, or from execution, upon a judgment entered by a court of the United States or of a State after the effective date of this Act, if—,

"(1) the agency or instrumentality had waived its immunity from attachment in aid of execution or from execution either explicitly or implicitly, notwithstanding any withdrawal of the waiver the agency or instrumentality may purport to effect except in accordance with the terms of the waiver, or

"(2) the judgment relates to a claim for which the agency or instrumentality is not immune by virtue of section 1605 (a) (2), (3), or (5), or 1605 (b) of this chapter, regardless of whether the property is or was used for the activity upon which the claim is based.

"(c) No attachment or execution referred to in subsections (a) and (b) of this section shall be permitted until the court has ordered such attachment and execution after having determined that a reasonable period of time has elapsed following the entry of judgment and the giving of any notice required under section 1608 (e) of this chapter.

"(d) The property of a foreign state, as defined in section 1603 (a) of this chapter, used for a commercial activity in the United States, shall not be immune from attachment prior to the entry of judgment in any action brought in a court of the United States or of a State, or prior to the elapse of the period of time provided in subsection (c) of this section, if—,

"(1) the foreign state has explicitly waived its immunity from attachment prior to judgment, notwithstanding any withdrawal of the waiver the foreign state may purport to effect except in accordance with the terms of the waiver, and

"(2) the purpose of the attachment is to secure satisfaction of a judgment that has been or may ultimately be entered against the foreign state, and not to obtain jurisdiction.

"Section 1611. Certain types of property immune from execution

"(a) Notwithstanding the provisions of section 1610 of this chapter, the property of those organizations designated by the President as being entitled to enjoy the privileges, exemptions, and immunities provided by the International Organizations Immunities Act shall not be subject to attachment or any other judicial process impeding the disbursement of funds to, or on the order of, a foreign state as the result of an action brought in the courts of the United States or of the

States.

"(b) Notwithstanding the provisions of section 1610 of this chapter, the property of a foreign state shall be immune from attachment and from execution, if—,

"(1) the property is that of a foreign central bank or monetary authority held for its own account, unless such bank or authority, or its parent foreign government, has explicitly waived its immunity from attachment in aid of execution, or from execution, notwithstanding any withdrawal of the waiver which the bank, authority or government may purport to effect except in accordance with the terms of the waiver; or

"(2) the property is, or is intended to be, used in connection with a military activity and

"(A) is of a military character, or

"(B) is under the control of a military authority or defense agency."

(b) That the analysis of "PART IV. — JURISDICTION AND VENUE" of title 28, United States Code, is amended by inserting after—,

"95. Customs Court.",

the following new item:

"97. Jurisdictional Immunities of Foreign States.".

SEC. 5. That section 1391 of title 28, United States Code, is amended by adding at the end thereof the following new subsection:

"(f) A civil action against a foreign state as defined in section 1603 (a) of this title may be brought—,

"(1) in any judicial district in which a substantial part of the events or omissions giving rise to the claim occurred, or a substantial part of property that is the subject of the action is situated;

"(2) in any judicial district in which the vessel or cargo of a foreign state is situated, if the claim is asserted under section 1605 (b) of this title;

"(3) in any judicial district in which the agency or instrumentality is licensed to do business or is doing business, if the action is brought against an agency or instrumentality of a foreign state as defined in section 1603 (b) of this title; or

"(4) in the United States District Court for the District of Columbia if the action is brought against a foreign state or political subdivision thereof.".

SEC. 6. That section 1441 of title 28, United States Code, is amended by adding at the end thereof the following new subsection:

"(d) Any civil action brought in a State court against a foreign state as defined in section 1603 (a) of this title may be removed by the foreign state to the district court of the United States for the district and division embracing the place where such action is pending. Upon removal the action shall be tried by the court without jury. Where removal is based upon this subsection, the time limitations of section 1446 (b) of this chapter may be enlarged at any time for cause shown.".

Sec. 7. If any provision of this Act or the application thereof to any foreign state is held

invalid, the invalidity does not affect other provisions or applications of the Act which can be given effect without the invalid provision or application, and to this end the provisions of this Act are severable.

Sec. 8. This Act shall take effect ninety days after the date of its enactment.

Approved October 21, 1976.

十八、Montevideo Convention on the Rights and Duties of States

(December 26, 1933)

Who, after having exhibited their Full Powers, which were found to be in good and due order, have agreed upon the following:

ARTICLE 1

The state as a person of international law should possess the following qualifications:

(a) a permanent population;

(b) a defined territory;

(c) government; and

(d) capacity to enter into relations with the other states.

ARTICLE 2

The federal state shall constitute a sole person in the eyes of international law.

ARTICLE 3

The political existence of the state is independent of recognition by the other states. Even before recognition the state has the right to defend its integrity and independence, to provide for its conservation and prosperity, and consequently to organize itself as it sees fit, to legislate upon its interests, administer its services, and to define the jurisdiction and competence of its courts.

The exercise of these rights has no other limitation than the exercise of the rights of other states according to international law.

ARTICLE 4

States are juridically equal, enjoy the same rights, and have equal capacity in their exercise. The rights of each one do not depend upon the power which it possesses to assure its exercise, but upon the simple fact of its existence as a person under international law.

ARTICLE 5

The fundamental rights of states are not susceptible of being affected in any manner whatsoever.

ARTICLE 6

The recognition of a state merely signifies that the state which recognizes it accepts the personality of the other with all the rights and duties determined by international law. Recognition is unconditional and irrevocable.

ARTICLE 7

The recognition of a state may be express or tacit. The latter results from any act which implies the intention of recognizing the new state.

ARTICLE 8

No state has the right to intervene in the internal or external affairs of another.

ARTICLE 9

The jurisdiction of states within the limits of national territory applies to all the inhabitants.

Nationals and foreigners are under the same protection of the law and the national authorities and the foreigners may not claim rights other or more extensive than those of the nationals.

ARTICLE 10

The primary interest of states is the conservation of peace. Differences of any nature which arise between them should be settled by recognized pacific methods.

ARTICLE 11

The contracting states definitely establish as the rule of their conduct the precise obligation not to recognize territorial acquisitions or special advantages which have been obtained by force whether this consists in the employment of arms, in threatening diplomatic representations, or in any other effective coercive measure. The territory of a state is inviolable and may not be the object of military occupation nor of other measures of force imposed by another state directly or indirectly or for any motive whatever even temporarily.

ARTICLE 12

The present Convention shall not affect obligations previously entered into by the High Contracting Parties by virtue of international agreements.

ARTICLE 13

The present Convention shall be ratified by the High Contracting Parties in conformity with their respective constitutional procedures. The Minister of Foreign Affairs of the Republic of Uruguay shall transmit authentic certified copies to the governments for the aforementioned purpose of ratification. The instrument of ratification shall be deposited in the archives of the Pan American Union in Washington, which shall notify the signatory governments of said deposit. Such notification shall be considered as an exchange of ratifications.

ARTICLE 14

The present Convention will enter into force between the High Contracting Parties in the order in which they deposit their respective ratifications.

ARTICLE 15

The present Convention shall remain in force indefinitely but may be denounced by means of one year's notice given to the Pan American Union, which shall transmit it to the other signatory governments. After the expiration of this period the Convention shall cease in its effects as regards the party which denounces but shall remain in effect for the remaining High Contracting Parties.

ARTICLE 16

The present Convention shall be open for the adherence and accession of the States which are not signatories. The corresponding instruments shall be deposited in the archives of the Pan American Union which shall communicate them to the other High Contracting Parties.

IN WITNESS WHEREOF, the following Plenipotentiaries have signed this Convention in Spanish, English, Portuguese and French and hereunto affix their respective seals in the city of

Montevideo, Republic of Uruguay, this 26th day of December, 1933.

RESERVATIONS

The Delegation of the United States of America, in signing the Convention on the Rights and Duties of States, does so with the express reservation presented to the Plenary Session of the Conference on December 22, 1933, which reservation reads as follows:

The Delegation of the United States, in voting "yes" on the final vote on this committee recommendation and proposal, makes the same reservation to the eleven articles of the project or proposal that the United States Delegation made to the first ten articles during the final vote in the full Commission, which reservation is in words as follows:

"The policy and attitude of the United States Government toward every important phase of international relationships in this hemisphere could scarcely be made more clear and definite than they have been made by both word and action especially since March 4. I [Secretary of State Cordell Hull, chairman of US delegation] have no disposition therefore to indulge in any repetition or rehearsal of these acts and utterances and shall not do so. Every observing person must by this time thoroughly understand that under the Roosevelt Administration the United States Government is as much opposed as any other government to interference with the freedom, the sovereignty, or other internal affairs or processes of the governments of other nations.

"In addition to numerous acts and utterances in connection with the carrying out of these doctrines and policies, President Roosevelt, during recent weeks, gave out a public statement expressing his disposition to open negotiations with the Cuban Government for the purpose of dealing with the treaty which has existed since 1903. I feel safe in undertaking to say that under our support of the general principle of non-intervention as has been suggested, no government need fear any intervention on the part of the United States under the Roosevelt Administration. I think it unfortunate that during the brief period of this Conference there is apparently not time within which to prepare interpretations and definitions of these fundamental terms that are embraced in the report. Such definitions and interpretations would enable every government to proceed in a uniform way without any difference of opinion or of interpretations. I hope that at the earliest possible date such very important work will be done. In the meantime in case of differences of interpretations and also until they (the proposed doctrines and principles) can be worked out and codified for the common use of every government, I desire to say that the United States Government in all of its international associations and relationships and conduct will follow scrupulously the doctrines and policies which it has pursued since March 4 which are embodied in the different addresses of President Roosevelt since that time and in the recent peace address of myself on the 15th day of December before this Conference and in the law of nations as generally recognized and accepted". The delegates of Brazil and Peru recorded the following private vote with regard to article 11: "That they accept the doctrine in principle but that they do not consider it codifiable because there are some countries which have not yet signed the Anti-War Pact of Rio de Janeiro 4 of which this doctrine is a part and therefore it does not yet constitute positive international law suitable for codification".

后 记

国家豁免是国际法上一个古老而常新的话题。在国际交往的发展历史上，人们逐渐达成了国家之间主权平等的共识，继而发展出平等的主权国家之间无管辖权的观念。当一个国家和另一国主体之间发生民事争议时，该国并不能在另一国法院被诉，除非其自愿接受管辖，争议应通过外交途径解决，这种观点被称为绝对豁免主义。长期以来，绝对豁免得到各国的普遍认同。20世纪以来，国家逐渐深入参与国际民商事交往的各个方面，国有经济贸易蓬勃发展，国家主体许多时候如同私人主体一般和其他私人主体进行交易，若其不可被诉容易导致对方主体处于不公平的境地。由此，限制豁免主义应运而生，该理论认为国家的豁免权并非源于身份而是源于行为，当国家从事商业行为、侵权行为等非主权行为时不应享有豁免权。现代国家豁免理论和实践在两种立场并存的情势下发展，逐渐地，限制豁免取代绝对豁免成为国际社会的主流观点。20世纪70年代以来，世界上出现了大量以限制豁免主义为基础的国家豁免专门立法，如1976年《美国外国主权豁免法》、1978年《英国国家豁免法》、1979年《新加坡外国国家豁免法》、1981年《巴基斯坦国家豁免法令》、1981年《南非外国国家豁免法》、1985年《加拿大国家豁免法》、1985年《澳大利亚外国国家豁免法》等。在国际公约层面，欧洲会议成员国在1972年签订了《欧洲国家豁免公约》，1991年联合国国际法委员会通过了《国家及其财产的豁免管辖条款草案》，2004年联合国大会通过了《联合国国家豁免公约》，这些条约都采纳限制豁免主义，表明限制豁免得到越来越多国家的支持。

中国对国家豁免的立场也经历了由绝对豁免逐步转向限制豁免的过程。中华人民共和国成立之初面临大量旧时代遗留的基于不平等条约的债务诉讼，坚持绝对豁免立场并积极通过外交斡旋消弭纠纷，是党和政府为了充分维护国家主权和利益作出的时代选择。随着时代的发展，中国的绝对豁免立场逐渐有所缓和，一方面坚持中国不管辖他国也不受他国管辖，另一方面也同意在国际公约层面上制定一些例外规定以平衡私方当事人的利益。2005年，中国在《联合国国家豁免公约》上签字。近年来，随着国内外形势的变化，以限制豁免为基础制定一部专门的国家豁免立法成为中国法律界的主流呼声。党的二十大强调，要统筹推进国内法治与涉外法治，加强重点领域、新兴领域、涉外领域立法。制定国家豁免法事关我国主权、安全和发展利益，是我国推进高水平对外开放、深化涉外法治建设的必然要求。2023年9月1日，第十四届全国人大常委会第五次会议表决通过了《中华人民共和国外国国家豁免法》，该法是深入贯彻习近平法治思想和习近平外交思想，落实党的二十大关于加强涉外领域立法、统筹推进国内法治和涉外法治的重大战略部署，完善我国涉外法律体系的重要成果，标志着我国的外国国家豁免立场正式转向限制豁免。法律的颁布只是一个起点，《外国国家豁免法》在具体案件中的落实乃至中国国家豁免理论对

于实践中疑难问题的回答尚待中国法学研究者和从业者探索。

《国家豁免法》一书是武汉大学法学院郭玉军教授团队历时十余年潜心钻研创作的成果，是一部从国际法与比较法视野出发全面、系统、深入地研究国家豁免问题的著作，是教育部人文社会科学重点研究基地重大项目"中国国家豁免立法研究"（项目编号：10JJD820004）的研究成果。在国际关系错综复杂、国际形势加速演变、世界格局深刻调整、全球治理亟待改革完善的百年未有之大变局下，本书以中国国情为立足点，由点及面，由浅入深，从国际、国内两个维度研究考察了主要国家和国际组织的国家豁免相关立法与司法实践，全面涉猎国家豁免各方面、各环节的问题，在充分介绍和吸收国内外学界在国家豁免领域的优秀研究成果的基础上，结合我国国家豁免实践和立法的最新状况，为我国国家豁免立法的发展完善与实践中国家豁免问题的处理建言献策。

郭玉军教授是我国著名的国际法学家，在国家豁免领域进行了数十年持续深入的研究，成果丰硕。在判断国家豁免主体的标准问题上，她认为主体的性质是次要的，行为自身的性质才是实质性的，应当根据该实体行为是作为"国家"还是作为"媒介"而存在，从而决定其能否享有国家豁免权。在国家豁免与国际强行法的关系问题上，她指出国家对国际强行法的违反并不会导致其豁免权丧失，也不会从根本上对国家豁免权进行否认，国家豁免的理论基础依然是国家之间的主权平等，国家豁免仍是国际法的基本原则。她梳理了美国从绝对豁免转向相对豁免的历史演进，对《美国外国主权豁免法》涉及的主体、例外、程序等问题进行了深入研究。对于该法近年修订中增设的恐怖主义例外条款，她认为美国通过单边主义的方式创设恐怖主义例外并赋予其域外效力未违反国际法。然而，恐怖主义例外的具体内容以及法院的适用等方面均存在对国际法与国内法不同程度的违反，缺乏正当性：在国内层面，其未充分考虑三权的定位，限制了各机构功能的发挥；在国际层面，其规定过于宽泛且缺乏必要限制，忽视了外交保护的作用，从而给国际关系与秩序造成了负面影响。

郭玉军教授很早就开始呼吁我国采取限制豁免立场，指出限制豁免不仅能够正确处理领土管辖权与国家豁免权的国际公法关系，还可公平应对国家当事人与外国私方当事人之间的国际私法关系，体现了国际民商事新秩序发展的要求。2011年，全国人大常委会针对我国香港法院受理的美国FG公司诉刚果（金）案进行了释法，即香港在国家豁免问题上与内地保持同一立场。她对此案进行了分析，认为鉴于目前国际社会的现状以及中国签署《联合国国家豁免公约》的情况，中国应适时接受限制豁免立场并考虑将其内国化，制定专门的国家豁免立法。服务于中国国家豁免实践的迫切需求，她承接了"中国国家豁免立法研究"这一重大项目，对国家豁免的适用主体、判断标准、适用例外、诉讼程序、涉华诉讼的应对等问题进行了全面深入的研究，并带头草拟了《中华人民共和国外国国家及其财产豁免法（建议稿）》。她的学术成果填补了中国国家豁免法研究的空白，对中国国家豁免理论的发展具有重要推动作用，为维护中国主权、安全和发展利益提供了重要理论支撑。郭玉军教授对我国《外国国家豁免法》的最终出台作出了卓越贡献，推动了我国从绝对豁免向限制豁免立场的转变。

郭玉军教授以其远见卓识和丰富经验带领本书编写团队夙兴夜寐、殚精竭虑，历时十余年对本书进行了创作和完善。本书坚守法治信仰和法治精神，坚守国际法基本价值理

念，坚守国际法基本原则和国际关系基本准则，致力于推动全球治理体系变革和建设，推动构建新型国际关系，推动构建人类命运共同体。本书不拘一孔之论，不囿一家之言，力求旁征博引、博采众长，纳入海内外法学研究者和从业者在国家豁免问题上的思想精髓。参与编写本书的作者们长期从事国家豁免法研究，他们在本书中倾注了大量心血，数易其稿，秉持理论化、体系化、实践化思维，坚持问题导向，在基于历史宝贵经验和现有理论研究的基础上结合时代刚性需求，详细分析了国家豁免法方方面面的问题，力求令本书全面反映国家豁免这一国际法领域的最新发展动态与内涵，为构建具有中国特色的涉外法治体系贡献自身智慧与力量。

在当今错综复杂的国际关系格局中，寻求法律的衡平与公正，是法律人面临的时代重任。国家豁免法律框架的构建既要考虑各国的利益博弈，又需平衡全球正义与道德准则，这无疑增加了本书写作的难度。本书的创作是一项艰巨浩繁的工程，其不仅考验作者在国际法、国际关系领域的学术积累，也对团队成员在资料搜集、内容整合等方面的沟通协作提出了极高要求。每一章的撰写都需要经过反复的讨论与推敲，从而确保其内容的严谨性与全面性，最终方能呈现出一部具有学术价值和现实意义的权威著作。面对诸多挑战，团队成员始终以严谨认真的态度携手克服困难，力求为读者提供一部兼具理论深度与实践指导意义的学术著作。起初，本书编写团队在构思和规划阶段投入了大量的时间和精力，精心设计了本书的结构框架和主题内容。这一阶段，团队不断提出问题、寻求解答，力求从宏观和微观两个层面上准确把握国家豁免问题的主线和疑难点。郭玉军教授在多次出国访学中积极收集国家豁免领域的相关文献，针对部分不外借的珍贵外文图书制作阅读笔记，在回国后提供给写作团队学习。每次组织团队成员讨论分工前，她都会事先准备大量的文献资料并打印出来分发给所有人。课题分工会议当时持续了四五个小时，在郭玉军教授的主持与讲解下，每位成员都对国家豁免有了更深层次的认知，也根据各自的兴趣选择了各自要承担的任务。受到郭玉军教授的启发，个别博士生还以国家豁免的相关内容作为博士论文写作主题。她鼓励大家只要选题有价值，前期准备工作做得充分，任何相关内容都是可以写的，让大家勇于发现值得研究的问题。从郭玉军教授办公室出来后，成员们纷纷感慨她在国家豁免领域倾注的大量心血，钦佩她严谨的治学态度与才识的博学，欣喜于研究思路在老师的点拨下如同醍醐灌顶般打开，一个个都跃跃欲试，充满了干劲。

随后，团队进入资料的收集和整理阶段。为了确保内容的准确性和权威性，成员们不仅检索和阅读了大量的国内外相关书籍和论文，还对其内容进行了甄别和筛选。郭玉军教授作为团队的"总设计师"，不论自己公务多么繁忙，总会抽出时间用心倾听团队成员在写作过程中遇到的困难，并耐心地探讨解决方案，讨论中甚至忘却了时间的流逝。至本书成稿时，郭玉军教授书桌边与之相关的纸质资料已经有半人多高。除了她的办公室，老师的家门也时刻向学生们敞开着。成员们时常会去郭玉军教授家中请教阅读资料中发现的新问题，在古色古香的小楼里接受老师的指导有一种不同寻常的庄严感。有一次，几位团队成员和老师讨论得热火朝天而错过了饭点，郭玉军教授便亲自下厨给学生们做了她最拿手的北方烙饼和几道家常菜。在暖黄的灯光下，那香气四溢的烙饼和家常菜，伴着老师热情洪亮的招呼声，让学生们至今记忆犹新！

写作和编辑阶段更是一个漫长而复杂的过程。编写者对每一个段落、每一个论点都进

行了反复的打磨和推敲，以确保语言的流畅性和逻辑的严密性。郭玉军教授对每个人的写作内容都进行了严格把关，大到文章的框架，小到每一个标点符号。一个个满是红色修订痕迹的文档都是她坚韧不拔、孜孜以求的学术精神的完美写照。团队成员递交给老师的每一版稿件都得到了认真对待。她奉行鼓励式教育，善于发现学生身上的闪光点并毫不吝啬地给予表扬，从不会严厉批评学生，也从不会否定学生的努力，总是在肯定之余，为学生指点改进的方向。在写作之余，郭玉军教授还会时不时地请团队成员小聚，她不仅在学术上给予学生指导，还会在学生遇到生活问题时指点迷津。她不仅仅是团队成员们的导师，更是学生们可以倾诉心事的朋友。她是一个与时俱进、心态年轻的好导师，和弟子们在一起时，她会闲谈生活中的趣事，会介绍喜爱的画作，也会讲述她在各个公众号、新闻软件上看到的时事新闻。她会幽默风趣地指出一些事件中的潜在法律问题与学生们探讨，丝毫没有导师的架子，以完全平等的姿态与学生们交流，开放地接受大家的各种观点。她深爱着她的弟子们，就和弟子们深爱着她一样。在弟子们眼中，她是博学睿智、和蔼风趣的老师。在我眼中，她温和坚毅、热爱生活、无所不能，是世界上最好的母亲。妈妈不只是受人爱戴，连小动物也被她具有亲和力的磁场吸引。她在家中撰写本书时，我家的蓝猫"灰灰"总是黏在她身旁。它会安静地横躺在桌子上，从母亲的笔记本电脑屏幕后探出脑袋。母亲曾打趣道，灰灰是一只爱学习的猫，以后就由灰灰来监督我学习。没想到一语成谶。父亲有栽种盆景、侍弄花草的爱好。在很多个母亲写作的清晨，父亲会在浇花之余专程折下家中栽种的红玫瑰插到母亲书桌旁的小花瓶。虽然每年玫瑰花开的时间很短暂，但是记忆中每年父亲都有摘花送给母亲的习惯。家中的花草与生灵都见证着母亲潜心写作的岁月。

2023年4月22日郭玉军教授的不幸离世，对团队成员而言无疑是晴天霹雳。对于本书的问世，这不仅是一个沉痛的打击，更是一次严峻的考验。每一位团队成员都深知，最好的悼念不是停留在言语，而是通过实际行动，将郭玉军教授生前未竟的事业继续发扬光大。悲痛之余，团队成员空前团结，励志将这部书打磨成精品，并以此向郭玉军教授的学术精神与学术理念致敬。在《中华人民共和国外国国家豁免法》出台后，团队成员基于《外国国家豁免法》颁布的最新情势对书稿内容进行了修改、完善和校对，力求研究成果能反映和指导当下的实践。在每一次的讨论和修订中，团队成员都能够感受到恩师就在身边，她的学术追求、专业精神和拳拳师恩激励着团队成员不断前进，在团队成员面对困难和挑战时，为团队成员提供不竭的动力。有学生深情地追忆道："三载传道解人惑，能高德范身砥砺。厄寒难处暖如母，三劝叮咛未敢疵。政务通和勤勉励，粹尽博才福楚民。星灯熬眠批文刊，华章天下满桃李。春蚕诚魂丝方尽，蜡炬如灰泪始离。玉质君魂珞珈光，照吾前行不孤迷。"

在此，我要特别向每一位团队成员表达我最深切的谢意。正是因为他们的不懈努力、团结无私和对学术的深沉热爱，这本书才得以最终呈现在读者面前。他们广泛而深入的讨论与研究，确保了本书内容的准确性、全面性和理论深度。他们每个人的智慧和心血，都是本书能够高质量完成的重要保障。他们是郭玉军教授精神的继承者、发扬者与实践者，也是将这份精神传承下去的宝贵力量。我还要感谢所有支持和鼓励我们的老师、同仁和朋友们。感谢李双元老师在本书写作过程中给予的关注和建议，感谢武汉大学人文社科资深

教授黄进教授为本教材欣然作序；感谢武汉大学人文社科资深教授、国际法研究所所长肖永平教授在本书写作出版过程中给予的鼓励与支持；感谢武汉大学国际法研究所邓朝晖副所长对本书出版给予的帮助；感谢武汉大学法学院国际私法教研室乔雄兵副教授、甘勇副教授、邹国勇副教授等老师对本书的关注与支持；感谢湖北省公益学术著作出版专项资金资助项目对本书出版的资助；感谢武汉大学出版社的大力支持及责任编辑胡荣和美术编辑涂驰的辛苦劳动；感谢李华成、付鹏远、陈泰男、陈毅颖在书稿整理和校对工作的贡献；感谢收藏家蔡兴先生一直以来对本书的关心、支持和帮助，他带领我们走出阴霾，化悲痛为力量，在本书的编写过程中倾注了大量心血。在这段艰难的时期，是你们的支持给了我们前行的力量。正是有了你们的帮助和鼓励，我们的努力才得以结出硕果，这本书才能够顺利地呈现在读者面前。我们相信，郭玉军教授的精神和智慧，将通过这本书继续影响着更多人，激励着大家在学术道路上不断探索与前行。本书不仅是对郭玉军教授的纪念，更是对知识与智慧的传承，愿它能够激发更多的思考与创新，为我国的涉外法治建设和学术进步贡献力量。

感谢全国人大和中国法学会，《国家豁免法》一书的编写得到了国内高校和有关部门的大力支持与认可。在学术和出版资源极为宝贵，国家对于学术研究与传播的重视程度日益增强的背景下，本书有幸被纳入了"十四五"国家重点出版物出版规划。这不仅是对于本书学术价值和研究视野的一种肯定，同时也是对国家豁免法在国际法领域重要性的认同。特别值得一提的是，本书还得到了来自湖北省公益学术著作出版专项资金资助项目的慷慨资助。这项资助不仅为项目的持续研究提供了必要的资金支持，也促进了研究成果的进一步深化与完善，使得本书在理论与实践的结合上得到了更加丰富的资源。我们深知，这些支持和认可反映的是国家对学术研究的重视以及对知识传播的期待。因此，团队成员将不忘初心，继承并弘扬郭玉军教授遗志，继续在国家豁免法这一具有重大理论和实践意义的研究领域深入探索，持续奉献高质量的学术成果。

在《国家豁免法》即将付梓之际，道不尽诸多感谢，数不尽诸多思绪。本书的诞生是一段漫长而充满挑战的过程，也是一段学习和成长的旅程。我们相信，随着国际交往的日益紧密，国家豁免这一法律议题将变得更为重要。希望本书能够启发有志于国家豁免法事业的研究者不断探索，对《外国国家豁免法》实施中的具体问题，中国采取限制豁免立场后在涉外国家豁免诉讼中的疑难问题等开展进一步深入研究，充分应对百年未有之大变局下我国涉外法治领域的新挑战。愿《国家豁免法》能成为连接理论与实践，过去与未来的桥梁，为中国国家豁免理论的发展和涉外法治事业的进步提供有益的思考。

2024 年 8 月 7 日